中国年鉴精品工程
High Quality Project of China's Yearbook

韶关年鉴 2023

韶关市人民政府地方志办公室　编

方志出版社
Publishing House of Local Records

图书在版编目（CIP）数据

韶关年鉴. 2023 / 韶关市人民政府地方志办公室编.—北京:
方志出版社, 2023.12
ISBN 978-7-5144-6059-9

Ⅰ. ①韶… Ⅱ. ①韶… Ⅲ. ①韶关－2023－年鉴
Ⅳ. ①Z526.53

中国国家版本馆CIP数据核字(2023)第253194号

责任编辑：刘方圆
责任校对：张玉霞
责任印制：梅中英
出 版 者：方志出版社
地　　址：北京市朝阳区潘家园东里 9 号（国家方志馆4层）
邮　　编：100021
网　　址：http://www.zgfzcb.cn
发　　行：方志出版社图书营销中心（010-67110500）
印　　刷：韶关市典经社彩印有限公司
开　　本：889毫米×1194毫米　1/16
印　　张：34.75
字　　数：1251千字
版　　次：2023年12月第1版
印　　次：2023年12月第1次印刷
定　　价：300.00元

撰稿人名单

（排名不分先后）

王　珏	王文樟	王仲元	王贵妹	王晓光	王新刚	方　媛
方田瑛	邓　佳	邓之祺	邓昌龙	邓桂文	卢　颖	叶伟标
丘艳珍	成志军	朱　莹	朱　益	朱玉娟	朱伟红	朱红梅
朱丽娟	朱秀荣	朱思武	朱彩云	伍　遥	伍雪龙	华彩虹
向　婧	向丽霞	刘　珊	刘　涛	刘　萍	刘　蔚	刘子文
刘云刚	刘文霞	刘步乾	刘明涛	刘建谦	刘姣妹	刘耿萍
刘锡禧	刘筱玲	刘慧明	闫　莹	许少强	许丹丹	许文颖
苏东平	李　敏	李　阎	李平安	李红艳	李寿榕	李国华
李陶猛	杨　飞	杨　萍	杨文怡	杨方文	杨玉璇	杨伟剑
杨荷舒	杨晓鸿	杨慧萍	杨慧颖	肖建喻	吴　为	吴开亦
吴云籼	吴丹丹	吴柳亭	吴禹权	吴悦嘉	吴朝阳	邱拨文
何玉霞	何兰军	何晓文	何晓丽	何益民	余汉清	余雯雯
邹　云	沈碧初	张　宇	张艺伟	张建明	张春玲	张晓磊
张钰廷	张家洪	张唯娟	陈　彦	陈　恺	陈于兵	陈文顺

陈文婷	陈立新	陈华宏	陈晓聪	陈彬岚	陈铭杰	陈惠韶
陈静茹	林　志	林芷渝	林县华	欧阳宛华	欧闻歌	欧彩秀
罗钦洪	岳倩雯	周　彦	周　笑	周　煜	周月英	周园萍
周晓飞	周晓琳	周筱倩	庞雅文	练秀萍	赵卫星	赵伯佬
赵湘敏	柯　学	钟达贵	钟朝正	侯志萍	洪　涛	贺　权
骆丽桦	袁　丹	徐文涛	徐珈颖	唐裔谊	黄　平	黄　靖
黄　乔	黄　磊	黄天敏	黄云峰	黄文华	黄文武	黄远习
黄志浩	黄诗荣	黄琼洲	黄婷婷	黄瑞玲	梁恬馨	琚荣荣
彭启为	彭海东	彭鹏飞	彭僖华	葛妍妤	韩　微	植宇欣
曾　莹	曾小清	曾慧娴	温　菁	温　舜	温祖娟	温清连
谢嘉文	赖少颖	赖俊宇	雷思昀	廖敬煌	谭景成	熊　勤
颜　华	霍建林	戴甲文				

序

国务院办公厅2015年8月印发的《全国地方志事业发展规划纲要（2015—2020年）》（以下简称《规划纲要》）要求，到2020年要做到地方综合年鉴一年一鉴，公开出版，实现省、市、县三级综合年鉴全覆盖。《规划纲要》还要求，坚持存真求实，正确处理质量与进度的关系，将精品意识贯穿于年鉴编纂出版工作全过程。2015年12月，中国地方志指导小组办公室启动中国年鉴精品工程，将其与先期实施的中国志书精品工程视为姊妹工程，一道作为加强地方志质量建设的重要抓手。

实施中国年鉴精品工程有助于推动中华优秀传统文化传承发展。近年来，在党中央、国务院的高度重视和关心支持下，全国地方志事业发展迎来最好的发展时期。年鉴编纂发端于欧洲，鸦片战争后被引入我国，在我国走过了100多年的发展历史。在长期的编纂中，年鉴在内容和形式上不断发展，逐渐演变成为适合反映中国国情、具有鲜明中国特色的一种文化载体，并在改革开放后出现了快速发展的局面。2006年5月，国务院《地方志工作条例》颁布施行，明确将地方综合年鉴纳入地方志工作范畴，年鉴工作走上了有法可依的轨道。《规划纲要》出台，为从依法编鉴转变到依法治鉴指明了方向。2016年12月，中国地方志指导小组印发《全国年鉴事业发展规划（2016—2020年）》，更进一步明确了到2020年全国年鉴事业的任务书、时间表、路线图。经过多年的发展，年鉴工作已经成为地方志工作的重要组成部分，成为中华民族优秀文化传统的有机组成部分，其存史、育人、资政作用日益彰显。实施中国年鉴精品工程，是年鉴工作者紧扣时代脉搏、坚持创新发展的一项重要举措，对于坚定文化自信，传承弘扬好中华优秀传统文化意义重大。

实施中国年鉴精品工程有助于为全面建成小康社会提供更多智力支持和历史借鉴。党的十八大作出全面建成小康社会的战略部署。党的十八届五中全会提出到2020年如期实现全面建成小康社会的目标要求。完成《规划纲要》确定的目标任务是年鉴工作者的神圣使命，更是年鉴工作者以自身力量为全面建成小康社会献上的厚礼。一方面，可以更好地利用年鉴这种年度资料性文献，及时记录各地区在全面建成小康社会伟大征程中每年取得的新成绩和新经验、出现的新情况和新问题、涌现的优秀人物和典型事迹等；另一方面，可以更好地积累地情、国情资料，为推动经济社会发展和深化改革提供智力支持，为推进国家治理体系和治理能力现代化提供历史借鉴。

实施中国年鉴精品工程有助于全面推进地方志事业转型升级。地方志不是单纯修志编鉴工作，而是全体方志人“修志问道，以启未来”的一项事业，这项事业包含着巨大的时代担当与使命追求。地方志工作要在“五大建设”总体布局和“四个全面”战略布局中发挥与其自身价值、功能相匹配的作用，就要因时而谋、乘势而上、顺势而为，全面推进地方志事业转型升级。转型升级，当下最重要的目标就是完成“两全”目标，包括“年鉴全覆盖”目标；长远的目标就是基本形成地方志编修体系、理论研究和学科建设体系、质量保障体系、资源开发利用体系、工作保障体系“五位一体”的地方志事业发展综合体系，包括“五位一体”的年鉴事业发展综合体系。中国年鉴精品工程是一项探索工程，也是一项创新工程，是推进地方志事业转型升级的重要内容。通过实施中国年鉴精品工程，不仅有助于确保年鉴质量，不断编纂出版具有鲜明时代特征、年度特点和地域特色的精品年鉴，也有助于推动年鉴工作适应经济社会发展形势和时代需要，不断改革创新，与时俱进。

多年来，在中国地方志指导小组办公室的指导和全国各级地方志工作机构的共同努力下，年鉴种类数量快速增长，年鉴成果粲然可观，为实施中国年鉴精品工程奠定了坚实的基础。实施中国年鉴精品工程，就是要在全国地方志系统起到示范作用，进一步培育精品意识，打造精品年鉴，以点带面，在提高年鉴质量方面探索出一条切实可行之路，使这项探索工程和创新工程能够积累经验，发挥引领作用。

“万山磅礴，必有主峰；龙衮九章，但挈一领。”实施中国年鉴精品工程，是筑牢地方志事业特别是年鉴事业发展根基之举，其意义与价值不言而喻。但编修出年鉴精品佳作，绝非朝夕之功，需要付出长期艰辛的努力。希望通过实施中国年鉴精品工程，能够进一步推进年鉴质量建设，使年鉴真正成为传承中华民族优秀传统文化的重要载体，成为展示中国国情、地情的重要窗口，成为“为当代提供资政辅治之参考、为后世留下堪存堪鉴之记述”的资源宝库，在全面建成小康社会过程中作出更大贡献。

是为序。

中 国 社 会 科 学 院 原 副 院 长

原中国地方志指导小组常务副组长 李培林

编辑说明

一、《韶关年鉴》是由韶关市人民政府地方志办公室编纂，系统记述韶关市自然、政治、经济、文化、社会和生态文明建设等方面情况的年度资料性文献。于1986年创办，逐年编纂出版，《韶关年鉴（2023）》为第20卷。

二、《韶关年鉴（2023）》坚持以马克思列宁主义、毛泽东思想、邓小平理论、“三个代表”重要思想、科学发展观、习近平新时代中国特色社会主义思想为指导，坚持辩证唯物主义和历史唯物主义的立场、观点和方法，全面、客观地记述2022年韶关市取得的重大成就，突出反映广大党员干部群众众志成城、打赢了抗洪灾、抗疫情、打森林山火三场硬仗，全面建设社会主义现代化中的新举措、新进展、新成效，充分体现时代特征、韶关特色和年度特点。

三、《韶关年鉴（2023）》记述时限为2022年1月1日至2022年12月31日。为保持兰花、制笔产业等内容的资料完整性和连续性，根据记述需要，部分资料适当上溯或下延。凡在文中直书月、日的，均指2022年内的日期。“是年”“年内”和“年末”均指“2022年”。

四、《韶关年鉴（2023）》结构采用类目、分目、条目等层次，卷首设专题图片、特载、专文、大事记、市情概览，卷末附有人物·荣誉、附录、索引，正文百科设中国共产党韶关市委员会、韶关市人民代表大会、韶关市人民政府、中国人民政治协商会议韶关市委员会、中国共产党韶关市纪律检查委员会韶关市监察委员会、民主党派·工商联、群众团体、法治、军事、经济管理、开放型经济、数字经济、农业、工业、建筑业、商贸服务业、金融业、房地产业、旅游业、交通 水利、城市建设、乡村振兴、区域发展、生态建设、科学技术、教育、文化、卫生健康、体育、收入与分配、社会事务、应急管理、县（市、区）等33个类目。

五、《韶关年鉴（2023）》在保持原有框架相对稳定的基础上，为了充分体现韶关市进入新时代的新发展、新变化，对部分内容进行了审慎的调整和充实。为充分反映韶关市地域特色及年度特点，新增“区域发展”类目和“‘红三角’合作”“广韶同城发展”“国家生态公园”等分目。

六、《韶关年鉴（2023）》数字用法、标点符号用法分别采用国家标准《出版物上数字用法》（GB/T 15835—2011）、《标点符号用法》（GB/T 15834—2011），计量单位采用国家技术监督局1993年12月发布的《量和单位》系列国家标准。涉及全市经济与社会发展全局的数据由市统计局提供。凡市统计局未予统计和提供的，则采用各供稿单位提供的数据。书中所有数据、资料，均经供稿单位审核。本卷年鉴条目中没有使用主语的，主语均为“韶关市”。

七、《韶关年鉴（2023）》配备双重检索系统，书前刊有目录、书后备有索引。索引采用内容分析法，款目按汉语拼音顺序排列。全书内容在广东省情网（http：//dfz.gd.gov.cn）上同步推出。

韶关市行政区

比例尺 1:730 000

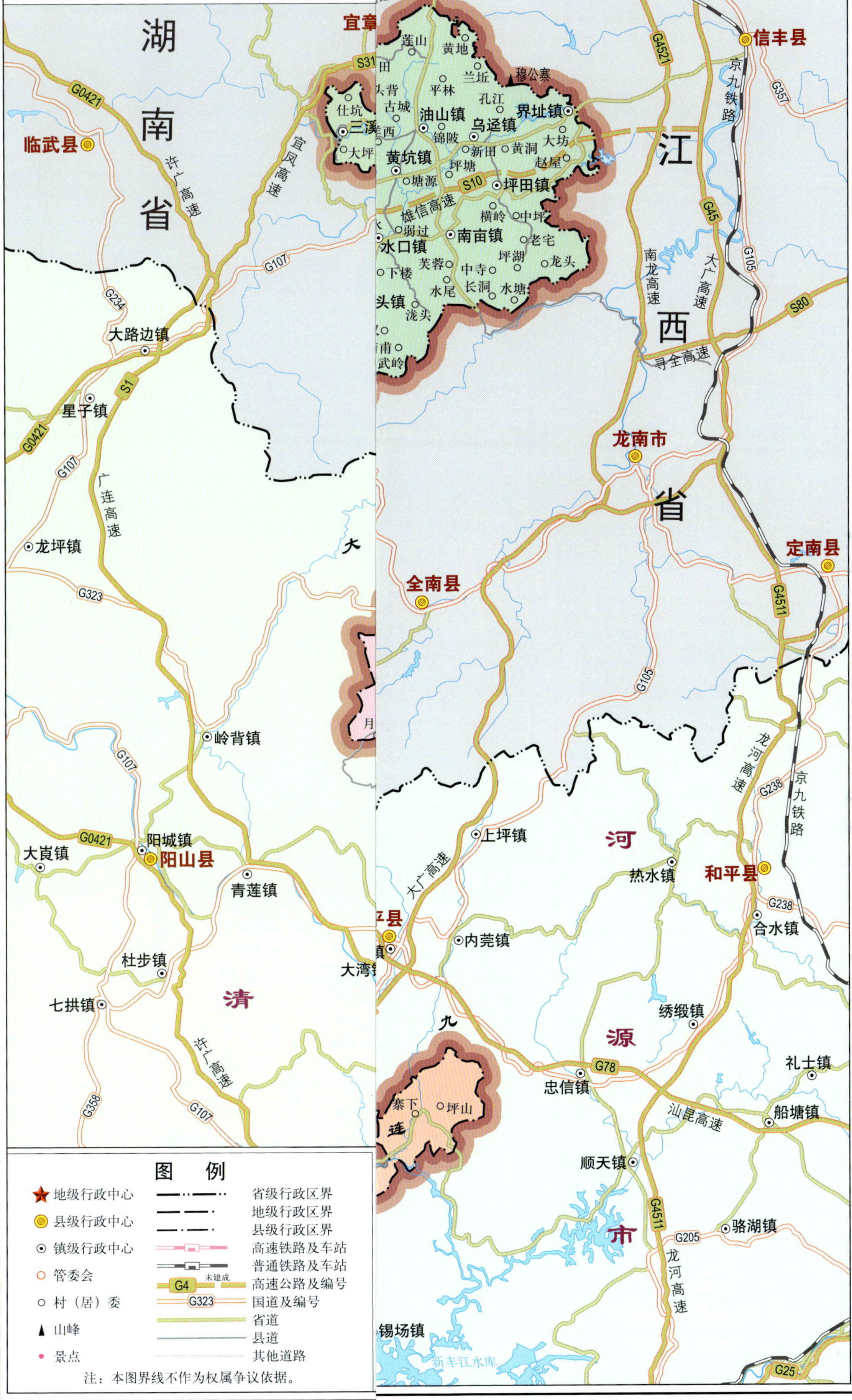

审图号：粤FS（2023）40号　本图资料截止时间为2022年12月31日

城市荣誉

◆ 全国一体化算力网络粤港澳大湾区国家枢纽节点城市

（发展改革委、中央网信办、工业和信息化部能源局，2022年2月）

◆ 国家森林城市

（林草局，2022年11月）

◆ 国有林场森林碳汇试点名单

（林草局，2022年11月）

◆ 国家生态文明建设示范区

（中国生态文明研究与促进会，2022年11月）

◆ 国家跨境电子商务综合试验区

（国务院，2022年2月）

◆ 国家第三批绿色货运配送示范工程创建城市

（交通运输部、公安部、商务部，2022年10月）

韶关数字·2022

- 辖区面积：1.84万平方千米
- 年末户籍人口：336.71万人
- 地区生产总值：1563.93亿元
- 第一产业增加值：224.56亿元
- 第二产业增加值：556.7亿元
- 第三产业增加值：782.67亿元
- 第一、第二、第三产业构成：14.4∶35.6∶50.0
- 农林牧渔业总产值：376.01亿元
- 全社会固定资产投资比上年下降：19.7%
- 全社会消费品零售总额：493.97亿元
- 地方一般公共预算收入：94.52亿元
- 地方一般公共预算支出：355.19亿元
- 各项税收：43.64亿元
- 金融机构存款余额：2423.78亿元
- 全体居民人均可支配收入：31411元
- 城镇居民人均可支配收入：38742元
- 农村居民人均可支配收入：21234元
- 全日制高等学校学生数：4.65万人
- 技工学校学生数：1.82万人
- 普通中学学生数：17.51万人
- 医疗卫生床位数：2.21万张
- 境内公路通车里程：1.72万千米
- 国家级自然保护区面积：11.27万公顷
- 外贸出口总额：90.9亿元
- 外贸进口总额：107.1亿元
- 实际利用外资总额：5.2亿元
- 接待旅游总人次：908.72万人次
- 旅游总收入：74.07亿元

新时代十年

从2012年到2022年，经过300多万韶关市民的齐心建设，韶关成就“善美蜕变”。韶关经济总量迈上新台阶，先后突破1000亿元、1500亿元大关，从2012年的818.55亿元到2022年的1563.93亿元，同全国一道如期打赢脱贫攻坚战，如期全面建成小康社会，为开启全面建设社会主义现代化新征程奠定坚实基础。韶关近十年来在生态建设、城市建设、经济发展、文明创建等方面取得喜人变化。

韶关市市区三江六岸（张伟　摄）

新时代十年韶关市经济指标对比表

第一产业增加值

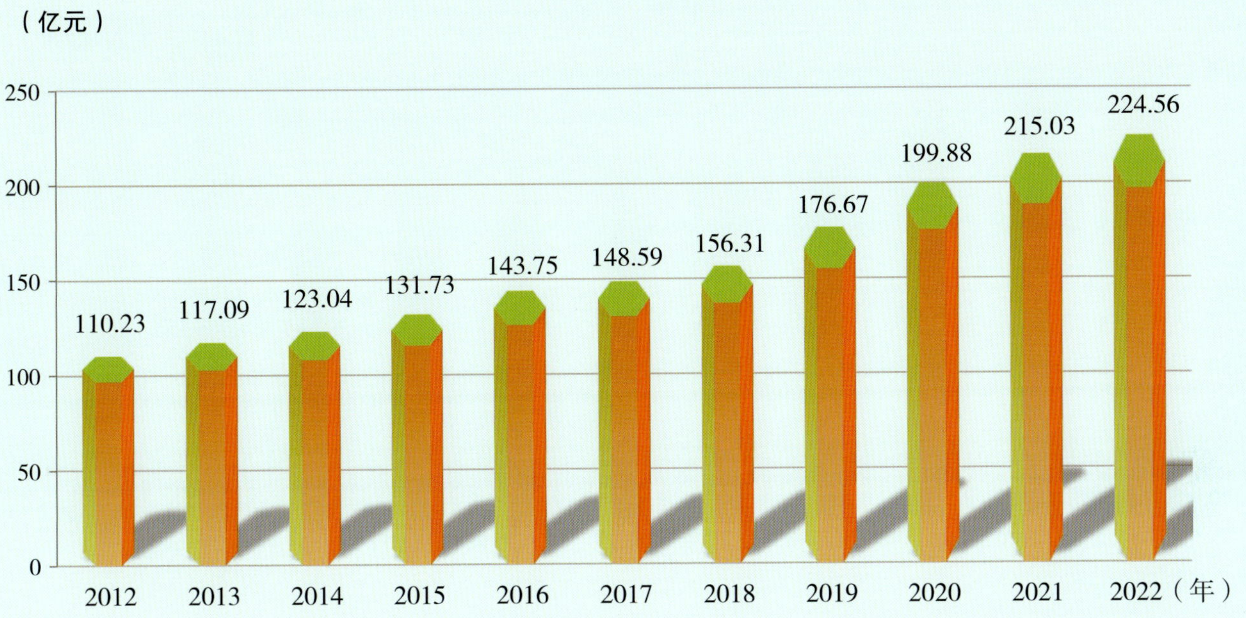

第二产业增加值

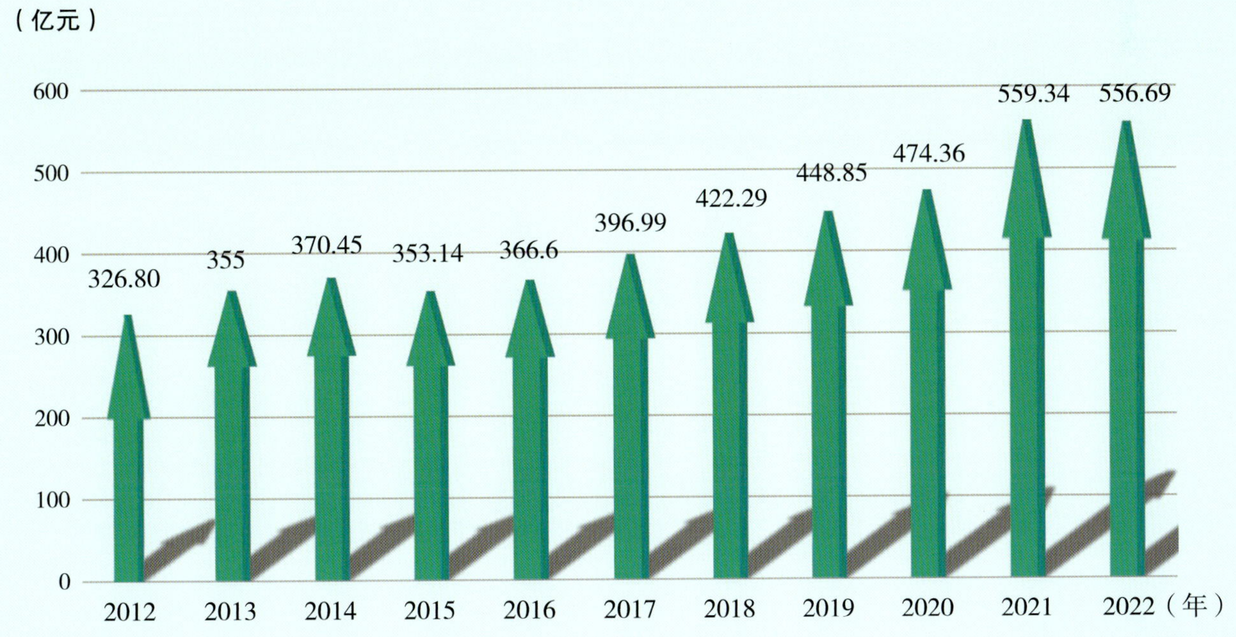

工业增加值

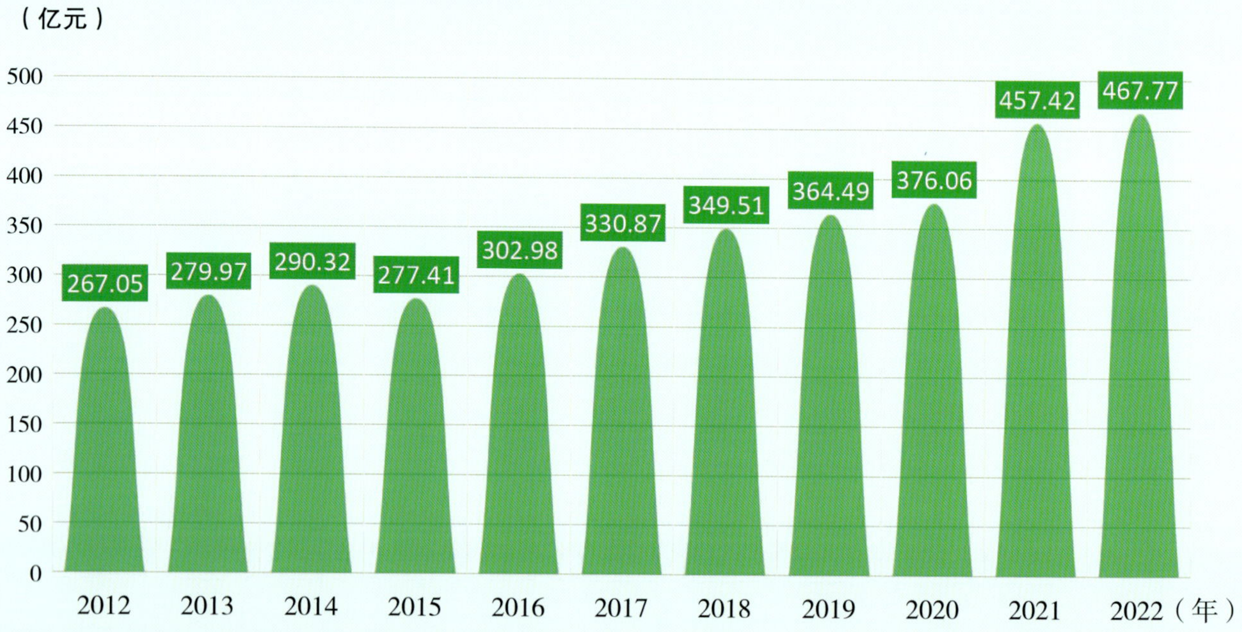

建筑业增加值

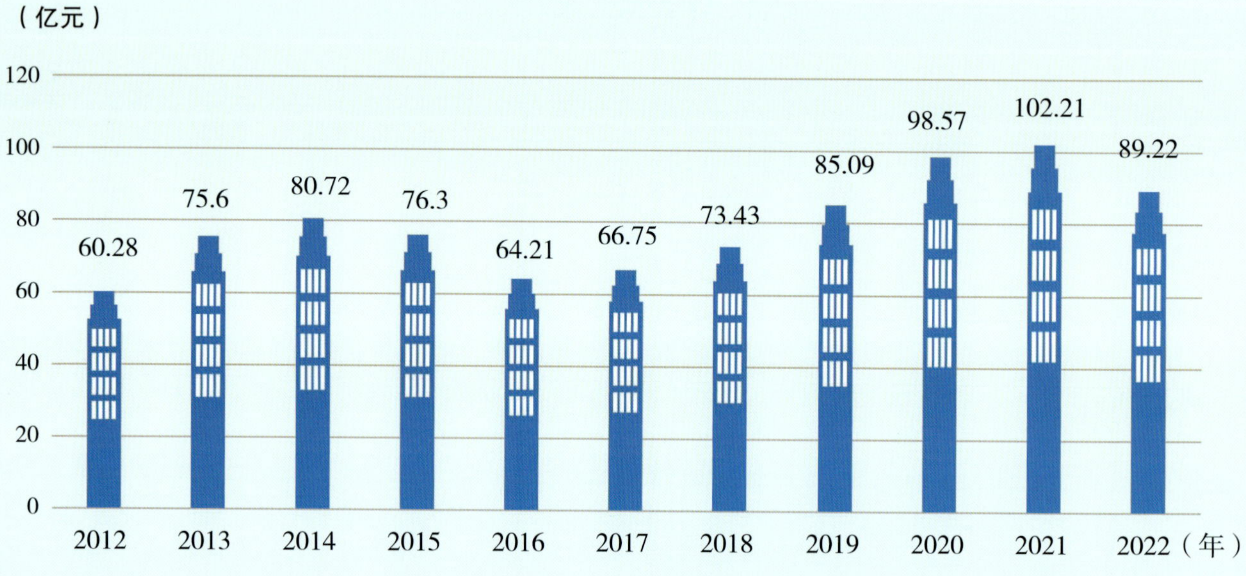

第三产业增加值

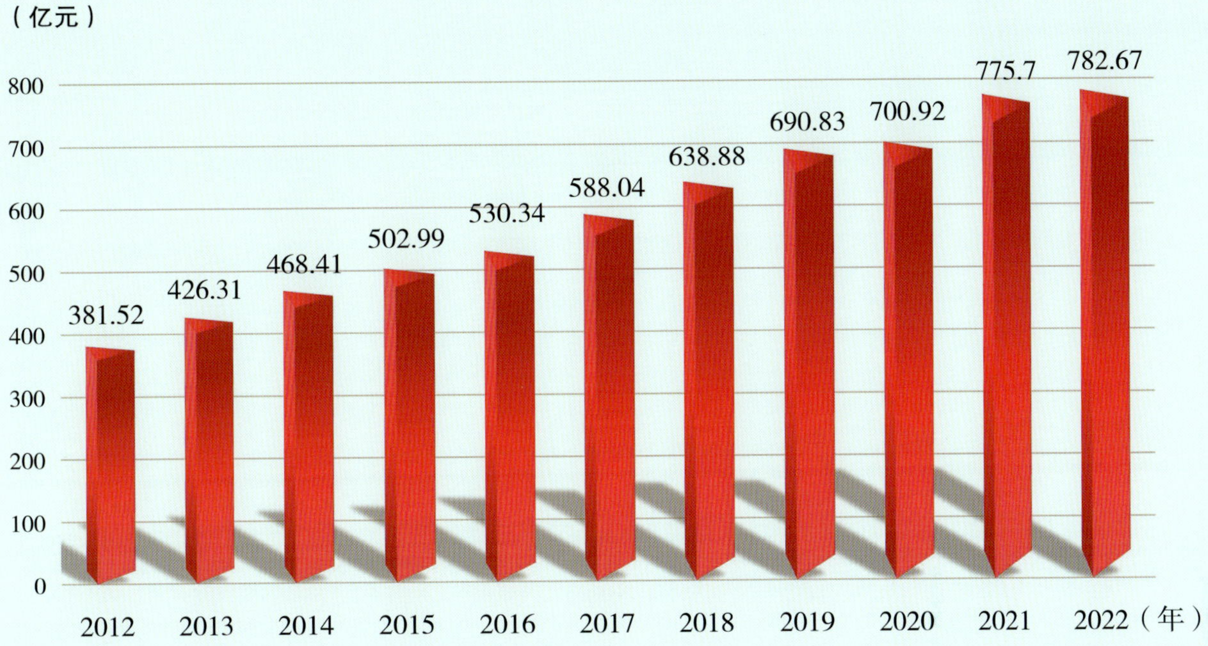

人均地区生产总值

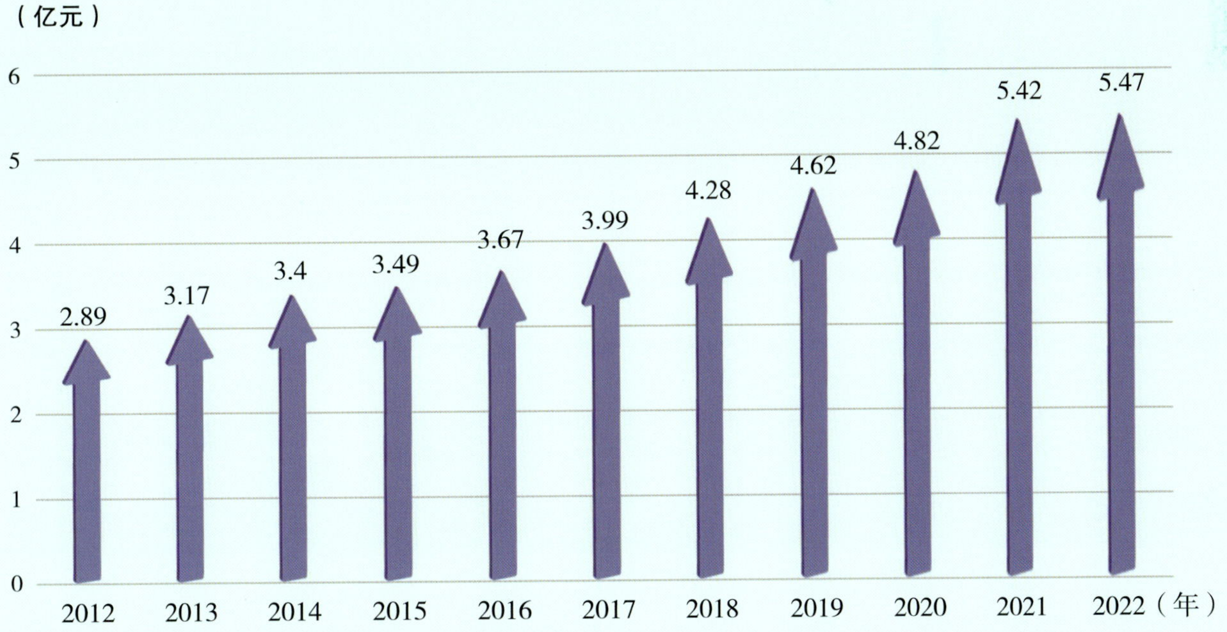

政治建设

新时代十年来，韶关市把学习贯彻习近平新时代中国特色社会主义思想作为头等大事和首要政治任务，深入学习领会习近平总书记对广东工作系列重要指示精神，把党性教育摆在突出位置，持续深化“群众路线”、“两学一做”学习教育、“不忘初心、牢记使命”“党史学习教育”、习近平新时代中国特色社会主义思想主题教育。红色资源助学、领导干部导学、知识竞赛比学、“双周讲坛”促学，引导广大党员干部坚定理想信念、践行初心使命。以党建引领基层治理、推动社区、乡村发展。全面推进村（社区）党组织标准化规范化建设。发挥政治建设主阵地作用，完成广东南岭干部学院建设，打造一批红色教育主题基地，以党建促示范。

◆ 2022年，中国共产主义青年团韶关市委员会组建“百人团”——韶关共青团学习贯彻党的二十大精神青年讲师团。举办青少年备课50余场，宣讲320余场次。开展“喜迎二十大、永远跟党走、奋进新征程”主题教育实践活动，开展主题团日活动3.38万次，有效覆盖青少年群体30万人。图为5月4日，在团市委、市教育局联合举办的“青春心向党 建功新时代”2022年韶关市新团员示范性入团仪式暨五四主题团日活动上，团员青年重温入团誓词（市教育局　供图）

◆ 2022年，韶关市委理论学习中心组学习习近平新时代中国特色社会主义思想和中共二十大精神等16次，举办专题培训班10期，培训干部3700余名。图为6月1日，团市委、市教育局、市文明办在市青少年宫举办的“喜迎二十大·争做好队员”为主题的韶关市少先队庆祝“六·一”儿童节主题队日活动暨2022年“最美韶关少年”表彰会现场（市教育局　供图）

◆ 2022年8月24日，新时代文明实践风度文明大篷车开展“喜迎二十大　欢乐进万家”2022年韶关市曲江区戏曲进乡村展演活动

（市文明办　供图）

◆ 2017年10月26日至11月4日，党的十九大代表仁化县锦江电力开发总公司职工冯金英已到9个单位开展15场党的十九大精神宣讲活动，参加人数3300多人次。图为10月27日，党的十九大代表冯金英（中）向同事宣讲党的十九大精神

（谭玉玲　摄）

◆ 2017年，市直机关工委按照市委的安排部署，推进“两学一做”常态化、制度化，推动全面从严治党突出“关键少数”并向基层延伸。11月16日，市直机关工委单独对非参公管理的事业单位、党组织关系在工委管辖的中省驻韶各有关单位的500多名党员代表开展学习贯彻党的十九大精神专题培训班，实现在职党员集中轮训全覆盖。图为培训班现场

（市直机关工委　供图）

◆ 2018年，市直属机关工委坚持每个季度开展一期“千名科级党员干部大培训”，实现对市直机关科级及科级以下党员干部学习培训全覆盖。图为9月27日，市直机关开展学习贯彻习近平新时代中国特色社会主义思想大培训

（市直机关工委　供图）

◆ 2019年，韶关市各级党组织开展集体学习习近平新时代中国特色社会主义思想3.68万次、宣讲活动2500多场。图为10月30日，韶关市“不忘初心、牢记使命”主题教育先进事迹报告会现场（张伟　摄）

◆ 2021年，韶关市组织全市党员研读习近平《论中国共产党历史》等4本指定书目和重要参考书目，市委理论学习中心组开展8次学习，各级党委（党组）开展学习研讨5000多次，全市19.3万多名党员参与党史学习教育，实现党史学习教育全覆盖。图为6月25日，韶关市“党在我心中”党史知识竞赛活动现场（市委党史研究室　供图）

◆ 2022年6月29日，韶关市在广东南岭干部学院组织开展“光荣在党50年 薪火相传永向前”——韶关市“光荣在党50年”纪念章颁发暨新党员入党宣誓仪式。图为市领导与20名获得“光荣在党50年”纪念章老党员代表合影（市直机关工委　供图）

经济建设

新时代十年来，韶关市坚持推动经济高质量发展，筑牢粤北生态屏障，构建现代化产业体系。坚持制造业当家，聚焦农业农村经济建设，深化改革攻坚，用好莞韶对口帮扶机制，发挥韶关绿色优势。发展好一批特色乡村产业，建设好一批特色乡村，搭建起一批新兴产业平台。韶关市地区生产总值从2012年的888.48亿元增长到2022年的1563.93亿元。

◆ 2022年2月27日11：06时，中国在文昌航天发射场用长征八号遥二运载火箭成功将“韶关一号”等卫星发射升空，并顺利进入预定轨道。图为发射现场（韶关日报社　供图）

◆ 2022年10月29日，交通运输部、公安部、商务部公布第三批绿色货运配送示范工程创建城市名单，韶关市是2022年全省唯一入选此名单的城市。图为韶关港乌石综合交通枢纽一期工程投产运营（张伟　摄）

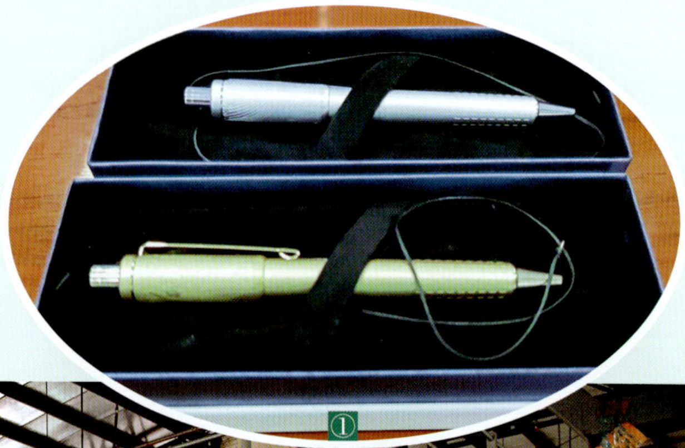

① 2022年6月5日10时44分，神舟十四号载人飞船成功发射成功，由韶关盛怡文具有限公司生产的“太空笔”产品由神州十四号再次载入太空。图为由韶关盛怡文具有限公司生产的“太空笔”产品（邓斌　摄）

② 韶关盛怡文具有限公司生产车间

（始兴县史志办　供图）

◆ 2022年8月
东省第十六届
比赛甲组女子
体赛事中获得
市射击项目近
上再次获得金
（市文

◆ 2022年9月
《国乐大典》
江区龙归镇稻
音乐会”。闻
龙乐团、慈溪
媒体人气歌手
琴、双排键演
演出14首国风
9月“稻田里
（市

◆ 2022年6月
家以钢铁为主
区—“多彩韶
区”举行国家
牌暨开园仪式
文化园景区内
铁路花海、7
个主要景点，
业文化旅游线
光线、历史文
条旅游线路。
慧·艺术，韶
游线路被评为
旅游精品线路
股份有限公司
（中南股份

◆ 2021年9月30日，韶关保利广场开业，韶关保利广场是由保利发展控股投资12亿元打造，项目规模14万平方米，配置1020个停车位，是集零售、餐饮、娱乐、休闲等多种潮流于一体的城市商业综合体。图为2022年韶关保利广场内景

（张伟　摄）

◆ 2021年9月8日，韶关市孟洲坝夜市开业。该夜市总占地面积3000平方米，设立格子商铺和自由摊位300多个。2022年7月以来，韶关市孟洲坝夜市升级打造“孟洲坝夜市2.0Plus”高质量品牌，将“孟洲坝夜市”品牌刻入“善美韶关·魅力武江”的名片中。孟洲坝夜市平均每日游客1万人次，每月产生经济效益300万元。图为2021年孟洲坝夜市（张伟　摄）

争创国家公园

◆ 2022年3月，丹霞山国家自然保护区被命名为2021—2025年第一批全国科普教育基地。全年丹霞山景区接待游客60.22万人次，实现旅游收入1600.98万元。丹霞山由600余座相对高差50米以上的山峰、岩堡、岩墙等组成，最低点浈江河谷海拔50米，最高峰巴寨峰海拔619.2米。九九天梯位于阳元山西南面，从西面登细美寨，需爬九十九级石阶，在山体一侧缓坡上远看，犹如一部有台阶的天梯挂在崖上，故称“九九天梯”。图为2022年游人爬九九天梯（丹霞山管委会　供图）

◆ 丹霞山（中国红石公园），位于广东省韶关市仁化县境内，风景区由本体山峰2.5平方千米和外围景观两部分组成，总面积292平方千米，开放游览面积12平方千米。丹霞山正在创建国家公园。2022年底，国家林业和草原局等四部门联合印发《国家公园空间布局方案》，丹霞山已被纳入49个候选区之一。图为2022年游客到丹霞山世界地质公园参观（张伟　摄）

◆ 广东南岭国家森林公园位于广东省韶关市乳源瑶族自治县境内，是一处国家级森林公园，规划总面积273平方千米。广东南岭国家森林公园海拔1902米（石坑崆），境内有2000多种植物和200多种野生动物。图为南岭国家森林公园（市林业局　供图）

目 录

特 载

韶关新时代十年经济社会发展成就……1

2022年抗洪救灾工作综述……5

专 文

莞韶对口帮扶成效纪实……7

大事记

1月……9

2月……9

3月……10

4月……11

5月……11

6月……12

7月……13

8月……13

9月……15

10月……15

11月……15

12月……16

市情概览

自然地理……17

位置面积……17

地形地貌……17

气候水文……17

资源物产……17

环境质量……18

建置区划……18

建置沿革……18

行政区划……18

界线管理……18

历史人文……19

历史文化……19

红色文化……20

方言……20

风俗……20

人口 民族 宗教……20

人口……20

民族……21

宗教……21

韶关标识……21

客家文化聚居地……21

广府文化发祥地……21

马坝人的故乡 …… 21
石峡文化发祥地 …… 22
经济社会发展 …… 22
经济建设 …… 22
改革开放 …… 23
人民生活 …… 23
社会事业 …… 24
生态环境建设 …… 24

中国共产党韶关市委员会

综述 …… 25
政治建设 …… 25
统筹经济社会发展 …… 25
中共二十大精神学习宣传贯彻 …… 25
改革攻坚规范治理年 …… 25
重大风险防范化解 …… 26
督查工作 …… 26
重要会议 …… 26
中共韶关市委十三届二次全会 …… 26
中共韶关市委十三届三次全会 …… 26
市委常委会（扩大）会议 …… 27
市委议军会 …… 27
十三届韶关市委财经委员会第一次会议 …… 27
组织工作 …… 27
概况 …… 27
基层党组织建设 …… 27
干部理论培训 …… 28
干部队伍建设 …… 28
干部监督管理 …… 28
公务员管理 …… 28
人才队伍建设 …… 28
“百团千才万匠”人才引育 …… 28
南岭团队人才计划实施 …… 29
“丹霞英才计划”实施 …… 29
“韶州工匠计划”实施 …… 29
优化“社区吹哨党员报到机制” …… 29
粤港澳大湾区人才韶关行 …… 30
“头雁工程”实施 …… 30
物业行业党委成立 …… 30
宣传工作 …… 30
概况 …… 30
党的创新理论学习和宣传 …… 31
重大题材宣传 …… 31
社会宣传 …… 31
对外宣传工作 …… 31
创建全国文明城市 …… 32
新时代文明实践中心建设 …… 32
公民道德建设 …… 32
未成年人思想道德建设 …… 32
华南虎宣传 …… 32
“风度有理”百姓宣讲 …… 33
统战工作 …… 33
概况 …… 33
政党协商 …… 33
非公有制经济人士统战工作 …… 33
党外知识分子及新的社会阶层人士统战工作 …… 33
党外代表人士队伍建设 …… 33
侨务工作 …… 33
涉台事务 …… 34
2022年在穗常住台胞国情研学营 …… 34
第二届韶台禅宗文化交流活动 …… 34
网信工作 …… 34
概况 …… 34
互联网平台管理 …… 34
网络数据安全管理 …… 34
“网络安全宣传周”活动 …… 34
政策研究 …… 34
概况 …… 34
调查研究 …… 35
政策文稿起草 …… 35
市直机关党建 …… 35
概况 …… 35
基层组织建设 …… 35

党员教育培训 …… 35
作风建设 …… 35
党风廉政建设 …… 35
机关绩效考核 …… 36
第六届机关工作创新创优竞赛 …… 36
机构编制管理 …… 36
概况 …… 36
镇街体制改革 …… 36
行政机构编制管理 …… 36
事业单位改革 …… 36
单位转企改制 …… 37
专项领域改革 …… 37
法规学习宣传 …… 37
机构编制监督检查 …… 37
“三项机制”盘活用好镇街编制资源 …… 37
老干部工作 …… 37
概况 …… 37
党组织建设 …… 37
离退休干部服务管理 …… 38
离休干部“一人一策” …… 38
老干部学习调研活动 …… 38
老干部红色记忆展 …… 38
“喜迎二十大、奋进新时代”主题宣传教育活动 …… 38
保密工作 …… 39
概况 …… 39
保密监督检查 …… 39
技术服务保障 …… 39
保密宣传教育 …… 39
绩效考核 …… 39
2022年韶关市利用红色故事开展保密工作宣传 …… 39
关心下一代工作 …… 39
概况 …… 39
未成年人帮扶 …… 40
思想道德主题活动 …… 40
“三教”结合工作 …… 40
关爱保护工程 …… 40
普法宣传教育 …… 40
农村创业青年培训服务 …… 40
党校工作 …… 41
概况 …… 41
教学工作 …… 41
科研工作 …… 41
教师队伍建设 …… 41
新增现场教学点 …… 41

韶关市人民代表大会

综述 …… 42
人大代表和机构设置 …… 42
履职能力提升 …… 42
工作研究及宣传 …… 42
重要会议 …… 42
市十五届人大一次会议 …… 42
市十五届人大二次会议 …… 43
市十五届人大三次会议 …… 43
市人大常委会会议 …… 43
人大立法 …… 44
重要决定 人事任免 …… 44
概况 …… 44
重要决定 …… 44
市人大常委会任免 …… 44
人大监督 …… 46
概况 …… 46
听取和审议专项报告 …… 46
财经工作监督 …… 46
视察调研工作 …… 46
规范性文件备案审查 …… 46
法律监督 …… 47
司法监督 …… 47
人大监督筑牢森林防火安全防线 …… 47
牵头推进“改革攻坚规范治理年”工作 …… 47
代表工作 …… 47
概况 …… 47

人大代表构成 …… 47
代表履职平台建设 …… 47
议案建议办理 …… 48
人大代表主题活动 …… 48

韶关市人民政府

综述 …… 50
决策咨询 …… 50
经济发展 …… 50
民生实事 …… 50
项目落实 …… 50
督查工作 …… 51
重要会议 …… 51
概况 …… 51
市政府常务会议 …… 51
市政府党组会议 …… 51
政务服务 …… 52
概况 …… 52
政务服务体系建设 …… 52
行政审批改革 …… 53
公共资源交易平台运行 …… 53
远程异地评标活动 …… 53
政务公开 …… 53
电子政务 …… 54
“12345”政务服务便民热线 …… 54
营商环境优化 …… 54
“数字政府”政务云平台建设和应用 …… 54
“数字政府”网络信息安全保障 …… 54
首宗林地林木资产公开流转交易 …… 55
信访工作 …… 55
概况 …… 55
信访工作举措 …… 55
信访案件化解 …… 55
信访源头治理 …… 55
《信访工作条例》贯彻落实 …… 55
外事工作 …… 55
概况 …… 55
涉外人员服务 …… 56
友好交流 …… 56
友城交往 …… 56
民间交流 …… 56
组织韶关市企业参加德国汽车制造行业供需对接会 …… 56
港澳事务 …… 56
概况 …… 56
文化经贸交流 …… 56
港韶两地互动 …… 57
人事管理 …… 57
概况 …… 57
专业技术人才职称评定 …… 57
人力资源服务 …… 57
人事人才公共服务 …… 57
事业单位管理 …… 57
深入实施“粤菜师傅”“广东技工”“南粤家政”三项工程 …… 57
市直机关事务管理 …… 58
概况 …… 58
公务用车管理 …… 58
机关安全保卫 …… 58
资产管理 …… 58
市直机关食堂健全制止餐饮浪费工作机制 …… 58

中国人民政治协商会议韶关市委员会

综述 …… 59
政协机构设置 …… 59
团结联谊 …… 59
委员走访 …… 59
政协委员构成 …… 59
重要会议 …… 59
概况 …… 59
政协第十三届韶关市委员会第一次会议 …… 60
政协第十三届韶关市委员会常务委员会会议 …… 60
提案工作研究会二届一次全会 …… 60

协商议政 …… 60
概况 …… 60
协商议政平台建设 …… 60
专题协商议政 …… 60
发展战略建言 …… 61
民生实事建言 …… 61
韶关市政协首批委员工作站启用 …… 61
民主监督 …… 62
概况 …… 62
专题视察 …… 62
提案办理 …… 62
视察监督韶关市宗教寺院内部文物管理工作 …… 62
委员工作 …… 63
概况 …… 63
履职平台深化拓展 …… 63
委员提案 …… 64
委员履职培训及考核 …… 64
建言献策 …… 64
概况 …… 64
围绕推进改革攻坚规范治理建真言 …… 64
围绕推进经济高质量发展献良策 …… 64
围绕推进乡村振兴发展出实招 …… 64
助力办好办实民生实事 …… 64
助力提升城市治理水平 …… 64
韶关市政协调研“乡村公共文化基础设施现状” …… 64

中国共产党韶关市纪律检查委员会 韶关市监察委员会

综述 …… 65
纪委监委机构设置 …… 65
纪检监察体制改革 …… 65
工作创新 …… 65
重要会议 …… 65
中共韶关市十三届纪委二次全会 …… 65
群众反映强烈突出问题专项整治动员部署会 …… 66
全市巡察工作会议暨十三届市委第一轮巡察工作动员部署会 …… 66
党风廉政建设 …… 66
概况 …… 66
“四风”问题纠治 …… 66
“不敢腐不能腐不想腐”一体推进 …… 66
廉洁文化建设 …… 66
第二届特约监察员聘请会议暨“特约监察员走进机关”活动 …… 66
监督执纪 …… 66
概况 …… 66
政治监督 …… 67
中心工作落实情况监督 …… 67
“一把手”和领导班子等“关键少数”监督 …… 67
建立领导干部廉洁档案制度 …… 67
韶关市监察委员会聘请第二届特约监察员 …… 68
“四种形态”运用 …… 68
腐败惩治 …… 68
概况 …… 68
高压惩腐 …… 68
重点领域腐败案惩治 …… 68
整治群众身边腐败问题和不正之风 …… 68
巡察工作 …… 68
概况 …… 68
市县巡察工作规范 …… 68
十三届市委第一轮巡察 …… 69
十三届市委第二轮巡察 …… 69
土地房屋征收问题专项巡察 …… 69
乡村振兴资金管理使用暨农村集体“三资”管理专项巡察 …… 69
十三届市委第一轮提级巡察 …… 69
以巡促改促建促治 …… 69
市巡察服务保障中心设立 …… 69

民主党派·工商联

中国国民党革命委员会韶关市委员会 …… 70
概况 …… 70

思想建设 …… 70
参政议政 …… 70
社会服务 …… 71
普法下基层 …… 71
中国民主同盟韶关市委员会 …… 71
概况 …… 71
思想建设 …… 71
组织建设 …… 72
参政议政 …… 72
社会服务 …… 73
民盟南雄市总支“盟员之家”挂牌成立 …… 73
中国民主建国会韶关市委员会 …… 73
概况 …… 73
思想建设 …… 73
参政议政 …… 74
社会服务 …… 74
民建韶关市委青年和妇女委员会成立 …… 74
举办多党合作史讲座 …… 74
中国民主促进会韶关市委员会 …… 74
概况 …… 74
思想建设 …… 74
参政议政 …… 75
社会服务 …… 75
开展“小微公益聚善力”实践 …… 75
中国农工民主党韶关市委员会 …… 75
概况 …… 75
思想建设 …… 76
参政议政 …… 76
社会服务 …… 77
韶关市政协农工党界别委员工作站建成 …… 77
市委出题　党派调研 …… 77
九三学社韶关市委员会 …… 77
概况 …… 77
思想建设 …… 77
参政议政 …… 77
社会服务 …… 78
红色教育学习活动 …… 78
韶关市工商业联合会 …… 78
概况 …… 78
参政议政 …… 78
招商引资 …… 78
民营经济营商环境优化 …… 78
企业服务 …… 79
乳源东阳光实业发展有限公司被命名为“全国和谐劳动关系创建示范企业” …… 79

群众团体

韶关市总工会 …… 80
概况 …… 80
基层工会组织建设 …… 80
劳模先进评选 …… 80
劳动和技能竞赛 …… 80
普惠帮扶 …… 81
职工维权工作 …… 81
产业工人队伍建设改革 …… 81
职工文体活动 …… 81
中南股份产改经验入选全国总工会“五小”群众性创新活动典型案例 …… 82
中国共产主义青年团韶关市委员会 …… 82
概况 …… 82
共青团主题教育 …… 82
青年创新创业 …… 82
志愿服务 …… 83
青少年维权工作 …… 83
希望工程 …… 83
新时代韶关市少先队社会化工作体系构建 …… 83
韶关市妇女联合会 …… 83
概况 …… 83
思想引领 …… 83
妇女创业就业 …… 84
妇女儿童实事项目 …… 84
妇女儿童关爱 …… 84
妇女合法权益维护 …… 85

乡村振兴巾帼志愿宣讲员项目启动 …… 85
韶关市科学技术协会 …… 85
概况 …… 85
科普工作 …… 85
服务科技工作者 …… 85
科技学会工作 …… 85
青少年科技创新 …… 86
“最美科技工作者”学习宣传活动 …… 86
始兴县、仁化县、南雄市摘取“全国科普示范县”牌匾 …… 86
韶关市归国华侨联合会 …… 86
概况 …… 86
侨界慈善公益和归侨侨眷帮扶 …… 86
海外交流联谊 …… 87
侨界权益维护 …… 87
参政议政 …… 87
侨情调研 …… 87
2022年“亲情中华·为你讲故事”侨联网上夏令营活动 …… 87
韶关市文学艺术界联合会 …… 87
概况 …… 87
文艺人才队伍建设 …… 87
文艺活动 …… 88
“礼赞新时代 奋进新征程”韶关摄影作品展开展 …… 88
韶关市书法精品展开展 …… 88
韶关市残疾人联合会 …… 89
概况 …… 89
残联改革 …… 89
康复与帮扶 …… 89
就业与教育 …… 89
组织建设和权益维护 …… 89
宣传工作和文体活动 …… 89
韶关市残联开展“汇爱工程·助听行动”活动 …… 90
韶关市红十字会 …… 90
概况 …… 90
人道救助 …… 90
救护培训和设备配置 …… 90
造血干细胞捐献 …… 90
遗体和人体器官捐献 …… 90
红十字志愿服务 …… 90
应急救援抗洪救灾 …… 90
韶关市启动“红十字博爱送万家”活动 …… 90

法 治

人大立法 …… 91
概况 …… 91
坚持党对立法工作的领导 …… 91
地方性法规制定 …… 91
部门参与立法 …… 91
全民参与立法 …… 91
《韶关市红色资源保护条例》颁布实施 …… 91
政法委与综治 …… 92
概况 …… 92
平安韶关建设 …… 92
“一十百”治理工程推进 …… 92
创新“绿红蓝”治理路径 …… 92
翁源家促会 …… 92
法治政府建设 …… 92
概况 …… 92
全面依法治市 …… 92
法治政府机制建设 …… 92
行政执法规范化建设 …… 93
行政复议 …… 93
行政应诉 …… 93
行政执法监督 …… 93
韶关市开展各级公共法律服务实体平台整合工作 …… 93
公安 …… 93
概况 …… 93
社会治安管理 …… 93
警情管理 …… 93
刑事案件侦破 …… 94

经济案件侦破 …… 94
禁毒工作 …… 94
道路交通安全管理 …… 94
护照签证管理 …… 94
派出所建设 …… 94
见义勇为表彰奖励 …… 94
公安“一件事”改革 …… 95
检察 …… 95
概况 …… 95
刑事检察 …… 95
民事检察 …… 95
行政检察 …… 95
公益诉讼检察 …… 95
未成年人检察 …… 95
法治化营商环境营造 …… 95
民生领域检察监督 …… 95
助力社会治理 …… 96
检务公开 …… 96
韶关市检察院聘任首批特邀检察官助理 …… 96
涉案企业合规改革试点 …… 96
法院 …… 97
概况 …… 97
刑事案件审判 …… 97
民商事案件审判 …… 97
环境资源案件审判 …… 97
行政案件审判 …… 97
民生案件审判 …… 97
执行工作 …… 97
审判执行质效提升 …… 98
审判改革 …… 98
审判体制综合配套改革 …… 98
韶关法院创新探索网上立案容缺受理机制 …… 98
司法行政 …… 98
概况 …… 98
普法教育 …… 98
公共法律服务 …… 99
法律援助 …… 99
司法鉴定 …… 99
社区矫正 …… 99
安置帮教 …… 99
人民调解 …… 99
韶关市强制隔离戒毒所开展戒毒工作改革 …… 99
仲裁 …… 100
概况 …… 100
劳动人事争议仲裁 …… 100
仲裁委员会换届 …… 100
仲裁案件管理 …… 100
仲裁法律宣传 …… 100
矛盾纠纷多元化解 …… 100
经济纠纷仲裁 …… 100
韶关市搭建“法院+仲裁”解纷模式 …… 100

军 事

韶关军分区 …… 101
概况 …… 101
思想政治教育 …… 101
备战基础建设 …… 101
战备训练 …… 101
民兵建设 …… 101
征兵工作 …… 101
双拥工作 …… 101
部队安全管理 …… 102
国防动员 …… 102
纪律教育 …… 102
装备保障 …… 102
党管武装述职 …… 102
执行应急任务 …… 102
军分区党委十二届六次全体（扩大）会议 …… 102
韶关军分区党委第十二届第六次全体（扩大）会议 …… 102
韶关军分区举行2022年军地青年联谊活动 …… 103
武警韶关支队 …… 103
概况 …… 103

思想政治建设 ……103
强军文化活动 ……103
执勤战备 ……103
抢险救援 ……104
人民防空……104
概况 ……104
人防警报建设管理 ……104
人防法规宣传 ……104
人防工程建设管理 ……104
韶关市开展人防法治宣传教育“五进”工作 ……104

经济管理

宏观经济调控……105
概况 ……105
统筹经济发展 ……105
年度计划编制与执行 ……105
经济运行监测 ……105
固定资产投资 ……105
产业结构优化 ……106
重点项目建设 ……106
老工业基地调整改造 ……106
“双变”改革试点 ……106
服务业企业扶持 ……106
自然资源管理……106
概况 ……106
用地保障 ……107
不动产登记 ……107
自然资源统一确权登记 ……107
自然资源执法监察 ……107
自然资源调查监测 ……107
自然资源信息化建设 ……107
测绘地理信息管理 ……108
韶关市完成第三次全国国土调查 ……108
国有资产监管……108
概况 ……108
国有企业改革改制 ……108
国有资产运营 ……108
国有资产考核评价 ……109
国资国企监管机制 ……109
市工贸集团 ……109
韶关市国资国企在线监管平台通过验收 ……109
韶关国资系统上线首个水电气共享营业厅 ……109
财政……110
概况 ……110
财政政策落实 ……111
预算编制 ……112
非税收入 ……112
财政支持经济建设 ……112
财政支持工贸发展 ……112
财政管理体制改革 ……112
政府投资基金 ……113
政府和社会资本合作 ……113
预算绩效管理 ……113
政府采购管理 ……113
国库管理 ……113
政府性债务管理 ……113
会计管理 ……114
行政事业单位国有资产管理 ……114
财政监督 ……114
广东省财政厅选定的非税电子缴款书首批唯一一个试点上线地市 ……114
财政管理考核持续走在全省前列 ……114
税务……114
概况 ……114
税收征管 ……114
减税降费 ……115
纳税服务 ……116
依法治税 ……116
税收宣传 ……116
营商环境体验师项目 ……117
税收稽查 ……117
构建“1+N”税费服务新体系 ……117
推出“红利账单”智能外呼特色服务 ……117

金融监管……118
概况……118
金融风险防控……118
货币政策……118
外汇管理……118
反洗钱工作……118
银行业监管……119
保险业监管……119
地方金融机构监管……119
征信服务助力中小微企业高质量发展……119
金融改革助力营商环境持续优化……120
审计……120
概况……120
重大政策措施落实情况跟踪审计……120
财政审计……121
领导干部经济责任审计……121
政府重大工程投资审计……121
资源环保审计……121
民生审计……121
内部审计……121
审计信息化……122
审计问题整改……122
市属国有企业审计协同监督工作机制建立……123
巩固拓展脱贫攻坚成果同乡村振兴有效衔接相关政策落实的审计问题整改……123
广东粤北南岭山区山水林田湖草生态保护修复工程试点专项资金管理使用的审计问题整改……123
统计……123
概况……123
统计改革……124
统计数据质量……124
统计基层基础建设……124
统计服务……124
依法治统……124
统计监督……124
国家统计调查……125
韶关市政府表彰镇村统计能力建设先进单位……125
“数说新时代 奋进新征程”第十三届“统计开放日”活动……125
价格管理……125
概况……125
价格监督检查……126
价格调整……126
价格临时补贴……126
价格监测……126
价格认定……126
成本调查监审……126
收费监管……126
保供稳价……126
浈江区价格认定工作实现“三零”目标……126
市场监督管理……127
概况……127
市场主体准入制度改革……127
市场监管稽查执法……127
公平竞争秩序维护……128
市场监管智慧化建设……128
网络市场监管……128
广告监管……128
投诉举报受理……128
消保维权……128
质量强市建设……129
品牌培育……129
工业产品质量安全监管……129
特种设备安全监察……129
认证认可与检验检测……129
计量监管……129
标准化工作……130
食品安全监管……130
药品安全监管……130
医疗器械、化妆品监管……130
2022民生领域“铁拳”行动十大典型案例……130
知识产权保护……132
概况……132
知识产权创造……132

知识产权运用 ……133
知识产权保护管理 ……133
知识产权服务 ……133
知识产权宣传 ……134
2022年知识产权行政执法典型案例 ……134
信用体系建设 ……135
概况 ……135
信用监管 ……135
信用服务 ……136
信用惩戒 ……136
纳税信用建设 ……136
信用制度建设 ……136
信用信息平台建设 ……136
信用分级分类监管工作全覆盖 ……136

开放型经济

参与“一带一路”建设 ……137
概况 ……137
“一带一路”共建国家和地区贸易 ……137
“一带一路”共建国家和地区产业投资 ……137
“一带一路”共建国家和地区服务贸易合作 ……137
招商引资 ……137
概况 ……137
招商引资大工作格局 ……137
招商引资管理 ……137
利用外资及港澳台资 ……138
武江科创园招商项目集中签约仪式 ……138
对外及对港澳台贸易 ……139
概况 ……139
外贸结构 ……139
韶关市企业参加第131届、132届广交会 ……140
组织企业参加2022粤澳名优商品展览会 ……140
港澳台对韶关投资 ……140
韶关与港澳台贸易 ……140
对外经济技术合作 ……143
概况 ……143
对外投资 ……143
北江纺织（越南）有限公司项目 ……143
国家跨境电子商务综合试验区 ……143
概况 ……143
中国（韶关）跨境电子商务综合试验区获批 ……143
跨境电商制度政策 ……144
跨境电商产业园建设 ……144
跨境电商人才培养 ……144
广东自贸试验区联动发展区 ……144
概况 ……144
广东自贸试验区韶关联动发展区成功申报 ……144
《中国（广东）自贸试验区韶关联动发展区建设实施方案》印发实施 ……144
经贸促进 ……144
概况 ……144
生态产业招商 ……145
服务企业 ……145
经贸摩擦预警 ……145
商事认证出证 ……145
国际商会建设 ……145
韶关市推出2022年促进消费若干措施 ……145
海关监管 ……146
概况 ……146
海关助力外贸发展 ……146
关税征管 ……146
口岸营商环境优化 ……146
企业培育认证 ……146
海关检验检疫 ……147
打击走私 ……147
海关助力食品出口 ……147
支持扩大国内名优特色农食产品出口 ……147
开发区建设 ……147
概况 ……147
韶关高新区 ……147
韶关乳源高新技术产业开发区 ……148
南雄高新技术产业开发区 ……149
曲江经济开发区 ……149

乐昌经济开发区 ……149
始兴工业园区 ……149
仁化县产业转移工业园区 ……149
翁源经济开发区 ……150
新丰县产业转移工业园区 ……150
广东省韶钢产业园 ……150
华南先进装备产业园 ……150
武江区建设新产业发展载体 ……151

数字经济

综述……152
数字经济产业 ……152
数字社会化服务 ……152
“数字政府”政务云平台建设和应用 ……152
数据要素市场培育建立 ……152
数字经济保障 ……152
数字经济领域人才服务保障 ……153
数字基础设施建设……153
概况 ……153
数据中心集群通信基础设施建设 ……154
数据中心项目引进 ……154
“韶关数据中心集群开拓性建设”获评“粤有数”优秀案例 ……154
数字产业化……155
概况 ……155
大数据和云计算 ……155
数字经济产业创新发展 ……155
软件和信息服务业 ……155
电子信息产业 ……155
首届“东数西算”粤港澳大湾区（广东）算力产业大会举办 ……156
广东韶关数据产业投资发展有限公司成立 ……156
2022中国韶关大数据创新创业大赛启动 ……156
产业数字化……157
概况 ……157
工业数字化 ……157
农业数字化 ……157
智慧金融 ……157
2022年制造业数字化转型活动会召开 ……158
仁化县“村品通”商城电子商务平台 ……158
通信业……158
概况 ……158
5G网络建设 ……158
中国电信 ……159
中国移动 ……159
中国联通 ……159
无线电管理 ……159
联通在线沃音乐AI影像计算中心揭牌 ……160
数字政府建设……160
概况 ……160
数字文旅 ……160
数字教育 ……160
数字医疗 ……161
数字邮政 ……161
数字交通 ……161
数字水利 ……161
“粤系列”韶关专版建设 ……161
电子印章应用推广 ……162
电子证照推广应用 ……162
“粤治慧”平台建设推进 ……162
大数据中心建设应用 ……162
市公共数据开发服务有限公司揭牌 ……162

农　业

综述……163
农业产业发展 ……163
农业结构调整 ……163
农业保险 ……163
农业综合行政执法 ……164
休闲农业创建 ……164
种植业……164
概况 ……164

粮食种植 ……164
油料种植 ……164
蔬菜种植 ……164
水果种植 ……164
花卉种植 ……165
粮食种植结构调整 ……165
高标准农田建设 ……165
绿色蔬菜产业基地 ……165
“四小园”建设 ……165
土肥植保 ……165
粮食生产责任制落实 ……165
化肥农药减量增效 ……165
农膜回收 ……166
农业植物检疫 ……166
种植补贴补助 ……166
“兰花贷”助力翁源县兰花产业 ……166
林业 ……166
概况 ……166
林业病虫害防治 ……166
林业经济 ……166
油茶发展 ……167
林政管理 ……167
在全省率先推动“政策性油茶种植保险” ……167
畜牧业 ……167
概况 ……167
畜禽养殖 ……168
生猪稳产保供 ……168
标准化养殖 ……168
饲料生产 ……168
畜禽疫病防控 ……168
畜禽粪污资源化利用 ……168
兽药监管 ……168
畜禽屠宰 ……168
武江区一企业入选国家2022年畜禽养殖标准化示范场名单 ……168
渔业 ……169
概况 ……169
淡水养殖 ……169
渔业补贴 ……169
渔业增殖放流 ……169
水产品加工 ……169
渔业安全生产 ……169
渔政执法 ……170
放鱼日活动 ……170
种业 ……170
概况 ……170
水产种业 ……170
种植业种业 ……171
畜牧良种繁育 ……171
应急种子调拨 ……171
种子市场监管 ……171
优良品种示范推广 ……171
省级良种场—始兴县水产良种场 ……171
农业科技 ……172
概况 ……172
农业科技创新与推广 ……172
渔业科技 ……172
畜禽科技 ……173
重大农业科技项目 ……173
新型农民培育 ……173
农技推广服务 ……173
“黑皮鸡枞菌大棚覆土栽培技术”被列入2022年省农业主推技术 ……173
轻骑兵乡村行 ……174
农业机械化 ……174
概况 ……174
农机购置补贴 ……174
农机推广和社会化服务 ……174
农机安全管理 ……174
曲江区狮坪农机专业合作社 ……174
农业园区建设 ……174
概况 ……174
国家级农业平台创建 ……174
省级现代农业产业园创建 ……175

武江区蔬菜产业园 ……175
曲江区预制菜产业园 ……175
南雄市丝苗米产业园（扩容提质） ……175
乳源油茶产业园 ……176
农业产业化经营……176
概况 ……176
“6+6”现代农业产业 ……176
农业龙头企业 ……176
农民合作社 ……176
家庭农场 ……176
预制菜产业 ……176
国家级重点龙头企业 ……176
农产品质量建设……177
概况 ……177
农产品质量认证 ……177
农产品品牌建设 ……177
农产品质量安全监管 ……178
农产品“12221”市场体系建设工作 ……178
粤港澳大湾区“菜篮子”韶关配送中心 ……178

工　业

综述……179
工业经济发展 ……179
产业转型升级 ……179
工业投资 ……179
工业和信息化融合 ……179
工业企业服务 ……179
工业倍增计划 ……180
先进材料产业……180
概况 ……180
先进材料科技创新 ……181
重点项目 ……181
重点企业 ……181
装备制造业……184
概况 ……184
技术创新 ……184
项目建设 ……184
重点企业 ……186
现代轻工业……187
概况 ……187
重点项目 ……187
重点企业 ……187
木材加工业……189
概况 ……189
竹产业 ……189
项目建设 ……189
重点企业 ……190
食品工业……190
概况 ……190
技术创新 ……190
项目建设 ……190
重点企业 ……191
盒马有机山茶油成为首个碳中和食品 ……192
电子信息制造业……192
概况 ……192
项目建设 ……192
重点企业 ……193
生物医药产业……193
概况 ……193
技术创新 ……193
项目建设 ……194
重点企业 ……194
新能源产业……195
概况 ……195
项目管理 ……195
项目建设 ……196
重点企业 ……196
新能源综合开发 ……196
争取发展稀土产业支持 ……197
新能源汽车及充电设施建设 ……197
韶关碳市场服务中心揭牌 ……197
电力工业……197
概况 ……197

项目建设 ……198
重点企业 ……199

建筑业

综述 ……200
建筑企业管理 ……200
建筑人才培养 ……200
建筑合规管理 ……200
建筑工程质量监督 ……200
营商环境评价 ……200
开展2021年度民用建筑能源资源消耗统计调查 ……201
落实推行建筑行业机构改革 ……201
勘察设计 ……201
概况 ……201
全市勘察设计质量检查 ……201
韶关地质工程勘察院有限公司 ……201
韶关市建筑设计院有限公司 ……202
施工管理 ……202
概况 ……202
工程造价管理 ……202
工程招投标管理 ……202
工程建设监理管理 ……202
工程安全质量监督 ……202
韶关市2021年度优秀诚信AAA级、AA级企业 ……203
建筑市场管理 ……203
概况 ……203
建筑业检查 ……203
建筑工程管理 ……203
政府投资工程建设管理 ……203
建设工程行政审批服务 ……204
建筑原材料监管 ……204
散装水泥应用 ……204
建筑工程消防管理 ……204
装配式建筑 ……204
绿色建筑 ……204
混凝土搅拌企业管理 ……205
建筑企业信用宣贯 ……205
重点建筑公司选介 ……205
概况 ……205
广东第五建筑工程有限公司 ……205
韶关市第一建筑工程有限公司 ……205
中铁五局集团第四工程有限责任公司 ……205

商贸服务业

商贸流通 ……206
概况 ……206
商业综合体 ……206
连锁经营 ……206
老字号 ……207
农贸市场管理 ……207
夜间经济 ……207
百货批发零售 ……207
汽车销售处置 ……207
君临·新天地广场开业 ……207
住宿餐饮业 ……208
概况 ……208
住宿业 ……208
餐饮业 ……208
“文明诚信餐厅”评选 ……208
制止餐饮浪费的长效机制建立 ……209
电子商务 ……209
概况 ……209
农村电子商务 ……210
直播电商 ……210
网络电商 ……210
跨境电商 ……210
物流业 ……211
概况 ……211
商贸物流设施建设 ……211
物流园区建设 ……211
港航物流 ……211
智慧物流建设 ……211

物流项目建设 ……211
重点企业 ……213
《关于促进我市商贸物流高质量发展的实施意见（试行）》印发 ……213
供销合作 ……213
概况 ……213
专业化农资农技服务网络构建 ……213
公共型冷链区域网建设 ……213
放心农产品产销对接网络构建 ……213
农村合作金融服务 ……213
城乡综合服务 ……213
粤北区域农业一体化综合服务中心建设 ……213
物资和粮油储备 ……213
概况 ……213
粮食储备 ……214
粮油应急保供 ……214
粮食流通监管 ……214
粮食安全保障 ……214
粮食安全宣传 ……214
2022年全市粮食应急供应和安全生产培训暨粮食应急供应和安全生产应急综合演练活动 ……214
成品油销售 ……214
概况 ……214
成品油监督管理 ……214
成品油销售 ……214
中国石化销售股份有限公司广东韶关石油分公司 ……215
中海油销售韶关有限公司 ……215
中国石油股份有限公司广东韶关销售分公司 ……215
烟草专卖 ……215
概况 ……215
黄烟生产 ……215
烟业服务 ……215
涉烟执法 ……215
烟制品零售 ……216
食盐销售 ……216
概况 ……216
食盐经销 ……216
落实韶关市食品安全“两个责任”工作机制 ……216
邮政 快递 ……216
概况 ……216
邮政绿色发展 ……216
快递服务 ……217
邮政普遍服务 ……217
寄递运输安全保障 ……217
邮政快递行业监管 ……217
快递员权益保障 ……218
邮政经营 ……218
市邮政业安全中心正式揭牌成立 ……218
会展业 ……218
概况 ……218
韶关首届房产交易展销会 ……218
广东种业大会粤北（翁源）分会场活动 ……218
参加2022广东国际旅游产业博览会 ……219
参加第十届澳门国际旅游（产业）博览会 ……219
粤贸全国-2022韶关市夜经济消费节暨“绿色出行·智慧生活”新能源车&智能家电快闪集市 ……219
新兴服务业 ……219
广告业 ……219
律师服务 ……219
公证服务 ……219
会计服务 ……220
新型科技服务 ……220
人力资源服务 ……220
拍卖 ……220
家政服务业 ……220
养老服务业 ……220
2022年度“韶关保姆”“丹霞月嫂”推荐评选活动 ……221
诚信“红黑榜”制度建立 ……221
养老服务质量建设“双随机、一公开”专项检查 ……221

金融业

综述……222
金融业发展……222
金融支持制造业……222
小微企业金融服务……222
企业股改上市……222
金融助企纾困……222
金融保民生……222
金融支持招商……222
支持乡村振兴建设……223
银行业……223
概况……223
减费让利……223
中国农业发展银行韶关市分行……224
中国工商银行股份有限公司韶关分行……224
中国农业银行股份有限公司韶关分行……225
中国银行股份有限公司韶关分行……225
中国建设银行股份有限公司韶关市分行……225
交通银行股份有限公司韶关分行……226
中国邮政储蓄银行股份有限公司韶关市分行……226
广发银行股份有限公司韶关分行……227
东莞银行股份有限公司韶关分行……227
广州银行股份有限公司韶关分行……227
韶关农商行……227
汇丰银行（中国）有限公司韶关分支行……228
“韶关市首贷服务中心”揭牌运作……228
韶关银行业机构产品创新助力乡村振兴……228
保险业……228
概况……228
消费者权益维护……229
保险服务乡村振兴……229
保险赔付和给付……229
中国人民财产保险股份有限公司韶关分公司……230
中国人寿保险股份有限公司韶关分公司……231
珠江人寿保险股份有限公司韶关分公司……231
中国平安财产保险股份有限公司韶关中心支公司……231
韶关市民保……231
证券业……233
概况……233
广发证券股份有限公司韶关营业部……233
安信证券股份有限公司韶关分公司……233
“韶关市-粤知保-长江楚越1—3期知识产权资产支持证券专项计划”启动……234
其他非银行金融机构……234
概况……234
小额贷款有限公司……234
融资担保公司……234
典当行……234

房地产业

房地产开发经营……235
概况……235
土地出让……235
房屋征收与补偿……235
房地产开发……235
房地产销售……235
韶关商品房销售分析……236
2022年韶关楼市年度成交榜……238
韶关城市宜居推介会……238
房地产中介和租赁服务……246
概况……246
房地产中介服务……247
房屋租赁管理……247
二手房交易……247
二手房“带押过户”……247
房地产市场监管……247
概况……247
房屋质量管理……247
房产产权管理……247
房地产市场调控……247

商品房交易管理 ……248
商品房预售资金监管 ……248
房屋交易合同网签备案 ……248
地下车位销售 ……248
房地产风险防控 ……248
房地产专项检查 ……248
交房即交证 ……248
物业管理……249
概况 ……249
物业服务 ……249
老旧小区物业引进 ……249
住宅专项维修资金管理 ……249
停车场建设 ……249
物业小区电动自行车安全专项整治 ……249
充电桩公共场所全覆盖 ……249

旅游业

综述……250
旅游接待 ……250
旅游产业规划 ……250
旅游惠民惠企政策实施 ……250
全域旅游 ……250
文旅融合 ……250
旅游资源……251
概况 ……251
旅游重点项目建设 ……251
景区建设 ……252
韶关市丹霞山风景名胜区 ……252
曲江区曹溪温泉度假村 ……252
珠玑巷·梅关古道景区 ……252
满堂客家大围 ……253
旅游业态……253
概况 ……253
工业遗产游 ……253
乡村民宿游 ……253
文化体验游 ……254
红色教育游 ……254
休闲度假游 ……254
生态和谐游 ……254
仁化县石塘镇石塘村入选全国乡村旅游重点村 ……254
韶关钢铁工业之旅被评为广东省第二批工业旅游精品线路 ……254
旅游营销……256
概况 ……256
旅游市场开发 ……256
旅游节会活动 ……256
节会参展推介 ……257
旅游商品开发 ……257
旅游宣传推广 ……257
“大桥石鲤”禾花鱼美食文化旅游节入围丰收节庆特色活动名单 ……257
旅游管理……257
概况 ……257
旅游市场管理 ……257
旅游安全管理 ……257
旅游饭店管理 ……257
导游管理 ……258
旅行社管理 ……258
韶关市星级饭店从业人员服务技能竞赛举行 ……258
2022年度韶关市星级乡村旅游民宿评定 ……258
仁化县禅意客栈被认定为全国乙级旅游民宿 ……258
韶关8家旅游企业入选全省2022年首批建立“首席质量官”“标杆服务员”旅游企业名单 ……258
旅游公共服务……258
概况 ……258
旅游厕所 ……259
公园建设 ……259
旅游服务平台建设 ……259
旅游年卡管理 ……259
文明旅游 ……259
10条乡村旅游精品线路发布暨“一机游韶关”上线 ……259

交通 水利

公路……260
概况……260
公路养护……260
“四好农村路”建设……260
高速公路建设……260
路政管理……261
农村客运……261
运政管理……261
道路客运……261
道路货运……261
共享单车……261
出租汽车管理……261
机动车维修与检测……261
驾驶员培训……262
交通综合改革……262
韶关市入选全国第三批绿色货运配送示范工程创建城市名单……262
铁路……262
概况……262
铁路客运……262
铁路安全……262
铁路服务……262
韶关站……262
韶关东站……263
航空……263
概况……263
航运线路……263
机场服务管理……263
丹霞机场建设……263
全年开通7条13个城市的航线……264
航道……264
概况……264
航道建设……264
航道养护……264
航道技术服务……265
航道工程建设安全监管……265
航运企业管理……265
航标维护……265
船闸养护……265
船舶养护……265
船舶污染防治……266
船舶安全监督管理……266
内河水上交通安全管理……266
海事智慧监管……266
水上应急搜救……266
船员管理……266
韶关市举办“守护三江 善美韶关”水上突发事件应急演练……266
港口……267
概况……267
港口建设与管理……267
韶关港乌石综合交通枢纽一期工程正式投产运营……267
韶关市交通旅游投资集团有限公司……267
水利……268
概况……268
水利项目改造加固……268
水利行业监管……268
水利改革创新……268

城市建设

城市规划……269
概况……269
城镇空间规划……269
历史文化保护规划……269
道路桥梁……269
市政公用事业……269
概况……269
公共交通……270
城市排水供水……270
供电……270

供气 ……271
城市照明 ……271
城市水利 ……271
污水处理 ……271
碧道建设 ……271
园林绿化 ……271
餐饮场所“瓶改管”试点 ……272
“获得电力”服务 ……272
城市更新……272
概况 ……272
“439”县城品质提升三年行动 ……273
老旧小区改造 ……273
棚户区改造 ……273
道路改造 ……273
政府投资项目建设 ……274
城市投资发展 ……274
韶关市第三污水处理厂完工 ……275
城市管理……275
概况 ……275
城市管理检查考核 ……275
城市市容综合管理 ……275
户外广告管理 ……275
环境卫生管理 ……275
垃圾处理管理 ……276
城市管理综合行政执法 ……276
房屋征收 ……276
“439”县城品质提升三年行动 ……276
历史留用地解决专项行动 ……276

乡村振兴

脱贫攻坚成果巩固拓展……277
概况 ……277
防返贫监测及帮扶 ……277
脱贫人口结对帮扶 ……277
农民增收新模式 ……278
金融服务乡村振兴 ……278
驻镇帮镇扶村行动 ……278
创建乡村振兴车间的做法入选全国巩固脱贫攻坚成果同乡村振兴有效衔接成果展 ……278
农村改革……279
概况 ……279
农村土地流转 ……279
农村集体产权制度改革 ……279
农村宅基地改革 ……279
南雄市推进全国农村宅基地制度改革试点 ……279
乡村产业……280
概况 ……280
农村基本经营制度 ……280
特色产业高质量发展 ……280
省级特色小镇建设 ……281
“千企帮千镇·万企兴万村”行动 ……281
乡村振兴“3510”工程 ……281
善美韶农入选2022中国区域农业形象品牌影响力指数入围名单 ……281
乡村建设……281
概况 ……281
村镇规划 ……281
农村危房改造 ……282
农村改厕 ……282
“139+”美丽圩镇建设 ……282
农村基础设施建设 ……282
乡村建设管理 ……282
农村水利水电 ……282
韶关市首届“农行杯”“个十百”乡村振兴擂台赛 ……283
乡村文化建设……283
概况 ……283
乡村文化活动 ……283
乡村文化平台 ……283
乡村文化传承保护 ……283
乡村文化人才培育 ……283
农村移风易俗 ……284
乡村文明创建 ……284

"稻田里"南岭乡村文化节系列活动 ……………284
乡村治理……………………………………………284
概况 ……………………………………………284
治理示范建设 ……………………………………285
农户积分制 ………………………………………285
万名乡贤帮千村 …………………………………285
乡村执法 …………………………………………285
韶关市某米业公司侵犯水稻植物新品种权案入选全国农业执法10个典型案例 ……………………285

区域发展

广韶同城发展……………………………………286
概况 ……………………………………………286
经济合作 …………………………………………286
文化旅游合作 ……………………………………286
社会合作 …………………………………………286
深韶对接…………………………………………286
概况 ……………………………………………286
经济合作 …………………………………………286
韶关市政府与深圳市农科集团有限公司战略合作框架协议签订 ……………………………………287
深圳文博会韶关亮相 ……………………………287
韶关朗科SMT工厂生产项目产品投产 ……………287
莞韶对口帮扶……………………………………287
概况 ……………………………………………287
产业共建 …………………………………………287
乡村振兴助力 ……………………………………287
防汛救灾及灾后重建献力 ………………………287
园区帮扶 …………………………………………287
华南装备园建设 …………………………………288
莞韶"圆梦助学"活动 ……………………………288
华南虎文化品牌共建 ……………………………288
第三轮莞韶对口帮扶任务完成 …………………288
广佛肇清云韶经济圈合作………………………288
概况 ……………………………………………288
产业转移 …………………………………………288
融湾产业转移平台建设 …………………………288
旅游交流合作 ……………………………………288
环保合作 …………………………………………288
广佛肇清云韶经济圈环保专责小组联席会议 ……289
"红三角"合作……………………………………289
概况 ……………………………………………289
交通基础建设合作 ………………………………289
"跨省通办"政务合作 ……………………………289
旅游宣传推介与合作 ……………………………289
药品监管稽查工作合作 …………………………289
沿线地区合作……………………………………289
概况 ……………………………………………289
周边地区对韶关投资 ……………………………290
交通基础设施互联互通 …………………………290
文旅产业合作 ……………………………………290
区域教育合作 ……………………………………290
社会领域合作 ……………………………………290
生态治理联动 ……………………………………290
林业有害生物联防联控和防控效能评价活动 ……290
老区促进…………………………………………291
概况 ……………………………………………291
老区苏区红色遗址利用情况调查研究 ……………291
老区刊物 …………………………………………291
烈士后裔助学 ……………………………………291
妇幼健康国奶养育工程 …………………………291
光亮工程 …………………………………………291

生态建设

综述………………………………………………292
环境影响评价 ……………………………………292
生态环境保护合作交流 …………………………292
生态环境保护宣传教育 …………………………292
生态环境质量……………………………………293
概况 ……………………………………………293
空气环境质量 ……………………………………293
水环境质量 ………………………………………293

声环境质量 ……293
土壤环境质量 ……298
辐射环境质量 ……298
中央生态环境保护督察整改成效显著 ……298
粤北南岭山水林田湖草生态保护……298
概况 ……298
水生态修复 ……298
矿山生态修复 ……298
林业生态修复 ……298
粤北南岭山水林田湖草生态保护修复试点工程……299
水资源保护……299
概况 ……299
水量水质量监测 ……299
水土保持及地下水监测 ……299
水库灌区建设 ……299
水源地保护 ……300
水资源管理 ……300
河长制工作 ……300
韶关市水生态环境保护“十四五”规划 ……301
韶关南雄市瀑布灌区入选国家级节水型灌区 ……301
土地资源保护……304
概况 ……304
耕地保护 ……305
拆旧复垦 ……305
土壤生态环境保护 ……305
耕地“进出平衡”工作 ……305
地质矿产资源保护……305
概况 ……305
地质公园保护管理 ……306
历史遗留矿山生态修复 ……306
绿色矿山创建 ……306
全国国土绿化试点示范项目 ……306
全国绿色矿业发展示范区 ……307
地质项目 ……307
丹霞山和张家界两个世界地质公园缔结友好姊妹公园 ……308
森林和自然保护地保护……308
概况 ……308
国家森林城市创建 ……308
绿美韶关建设 ……308
林业资源管护 ……308
森林和湿地保护 ……309
林长制实施 ……309
自然保护地划定和管理 ……309
韶关市绿色投资发展有限公司成立 ……309
国家生态公园……309
概况 ……309
南岭国家公园 ……310
丹霞山国家公园 ……310
丹霞山科普研学 ……310
生物多样性保护……310
概况 ……310
物种资源普查 ……310
陆生野生动物资源调查 ……310
韶关华南虎繁育研究基地 ……311
生物生境保护修复 ……311
“广东宏远”认养韶关华南虎“宏宏” ……312
节能减排……312
概况 ……312
工业污染物减排 ……312
公共机构节能减排 ……312
循环经济 ……312
韶关市循环经济环保园 ……312
乐昌循环经济环保园 ……313
韶关市2022年节能宣传周和低碳日主题活动 ……313
污染防治……313
概况 ……313
大气污染防治 ……313
固体废物处置 ……313
危险化学品处置 ……313
重金属污染防治 ……313
核辐射环境管理 ……313

农村生活污水治理 ……314
农村黑臭水体治理 ……314
农业面源污染防治 ……314
城市生活污水处理 ……314
工业污染防治 ……314
生态环境监管……314
概况 ……314
生态环境监测 ……315
生态环境保护执法 ……315
生态环境科技监管 ……315
广东省第三届生态环境监测专业技术人员练兵比武决赛 ……315

科学技术

科技项目……316
概况 ……316
重大科技项目 ……316
科技支撑乡村振兴 ……316
“县域固废综合处理与资源化利用”示范项目落户韶关 ……316
产学研合作……317
概况 ……317
引进产学研研究项目 ……317
高耐蚀环氧涂层钢筋关键技术研究及产业化 ……317
多孔介质燃烧技术产学研合作 ……317
两家企业获批省新型研发机构 ……317
创明（韶关）绿色能源材料技术研究院开院仪式暨签约仪式 ……317
科技平台……318
概况 ……318
科技创业平台 ……318
“季华实验室—欧莱新材科技成果孵化基地”揭牌 ……318
科技创新……318
概况 ……318
高新技术产业发展 ……318
公共创新平台 ……318
科学创新支撑服务 ……319
“韶关一号”卫星成功发射 ……319
科技创新大会 ……319
科学研究……319
概况 ……319
核工业研究 ……319
林业科学研究 ……320
矿产应用研究 ……320
碳中和研究 ……321
发展研究 ……321
科技人才……321
概况 ……321
科技人才引进 ……321
大数据技能人才 ……321
韶关市“最美科技工作者”评选 ……321
科普工作……322
概况 ……322
科技主题教育活动 ……322
2022年韶关市科技活动周 ……323
韶关市科普讲解大赛暨“广东省科普讲解大赛”韶关市预赛 ……323
2022年韶关市全国科普日科普嘉年华活动 ……323

教 育

综述……324
教师队伍建设 ……324
教育督导 ……324
教育科研 ……324
教育信息化 ……325
教育交流 ……325
教研服务 ……325
校园安全管理 ……325
学前教育……325
概况 ……325
幼儿园建设 ……325

幼小衔接教育 ……325
义务教育……325
概况 ……325
义务教育学位和招生 ……325
进城务工人员随迁子女义务教育 ……326
初中学业水平考试 ……326
中考招生 ……326
乡村小规模学校整合优化 ……326
中山大学与韶关市教育局结对帮扶签约仪式在乐昌市第二中学举行 ……326
韶关市获得全省《广东省学校安全条例》知识竞赛奖项 ……326
韶关中小学生在2022年广东省“非遗少年说”青少年展示展演活动获得7个奖项 ……327
“百千计划”培养项目 ……327
仁化县上榜义务教育优质均衡先行创建县名单……327
武江第一小学投用 ……327
普通高中教育……328
概况 ……328
高考招生 ……328
始兴中学入选新课程新教材实施省级示范校 ……328
2022年高中招生政策发布 ……328
中等职业教育……328
概况 ……328
职业学校建设 ……328
专业和实训基地建设 ……329
职业技术教育 ……329
校企合作产教融合 ……329
普通高等教育……329
概况 ……329
韶关学院 ……329
广东松山职业技术学院 ……329
广东松山职业技术学院张沈宁团队获德国红点奖 ……330
特殊教育……330
概况 ……330
教学建设 ……330
广东省特殊教育建设项目推广暨送教下乡 ……330
韶关首所公办专门教育学校揭牌 ……330
广东省特殊教育内涵建设示范项目特殊教育示范学校——韶关市特殊教育学校 ……331
民族教育……331
概况 ……331
乳源民族实验学校 ……331
始兴县深渡水乡民族学校 ……331
乳源民族实验学校获评广东省“非遗少年学”优秀乡村传承学校 ……331
素质教育……332
概况 ……332
德育教育 ……332
体育教育 ……332
艺术教育 ……333
语言文字教育 ……333
素质教育实践基地建设 ……333
韶关市认定26所学校为韶关市劳动教育特色学校 ……333
韶关市2022年教师信息素养提升实践活动 ……333
成人教育……333
概况 ……333
社区教育 ……333
老年教育 ……333
非学历教育培训 ……333
社会考试 ……333
自学考试 ……334
韶关开放大学 ……334
民办教育……334
概况 ……334
民办非学历教育机构设置 ……334
民办非学历培训 ……334
校外培训机构专项治理 ……334

文　化

文化场馆……335
概况 ……335
韶关市图书馆 ……335

韶关市文化馆 ……335
韶关博物馆 ……336
中共广东省委粤北省委历史陈列馆 ……336
韶关市北伐战争纪念馆 ……336
红军长征粤北纪念馆 ……336
风度书房 ……337
新华书店 ……337
农家书屋 ……337
韶关市粤北采茶戏保护传承中心 ……337
“两融两改”模式推广 ……339
群众文化……339
概况 ……339
文化惠民 ……339
全民阅读 ……339
南国书香节 ……339
“4·23”世界读书日活动 ……339
粤北华南教育抗战历史展 ……340
2022“我最OK”广东全民才艺大比拼韶关赛区决赛 ……340
2022韶关歌手大赛暨“同饮一江水”韶关总决赛举办 ……340
文学艺术……340
概况 ……340
文学创作 ……340
文化艺术创作 ……340
摄影创作 ……341
书法创作 ……341
美术创作 ……341
影视创作 ……341
演艺创作 ……341
广播电视作品 ……341
文艺院团演出 ……341
韶关有戏——家门口的小剧场 ……341
文化遗产保护……342
概况 ……342
韶关考古 ……342
韶关文物 ……342
非物质文化遗产保护 ……342
历史文化名城保护 ……342
2022年“文化和自然遗产日”韶关市非物质文化遗产宣传展示活动 ……342
新闻出版……348
概况 ……348
版权管理 ……348
报刊管理 ……348
扫黄打非 ……348
韶关日报社 ……348
韶关日报社获第32届中国新闻奖重大主题报道二等奖 ……349
广播影视……349
概况 ……349
广播电视频道栏目 ……349
广电网络 ……350
电影放映 ……350
全媒体融合 ……350
首届粤港澳大湾区算力产业大会全媒体传播 ……350
新媒体……350
概况 ……350
韶关家园网 ……350
韶关民声网 ……350
善美韶关抖音号 ……350
韶关星直播 ……350
韶关发布 ……351
哲学社会科学……351
概况 ……351
社科普及 ……351
社科规划 ……351
社科学会管理工作 ……351
委托课题研究 ……352
社科研究基地工作 ……352
韶关文化研究 ……352
“尚善尚美”社科专家基层行活动 ……353
党史编研……353
概况 ……353

党史研究 ……353
党史著作编辑出版 ……353
党史文化服务 ……353
党史宣讲 ……353
韶关市史志部门“学党史 讲党史 喜迎二十大”宣讲会 ……354
地方志……354
概况 ……354
地情书籍编辑出版 ……354
韶关市党史方志馆建设 ……354
地方志理论研究 ……354
地情文化服务 ……355
地情文化宣传 ……355
年鉴编纂 ……355
韶关市首批党史方志驿站揭牌 ……355
韶关市首届地方志理论研讨会 ……355
档案管理……356
概况 ……356
市档案馆建设 ……356
城市建设档案馆 ……356
档案馆业务建设评价 ……356
机关档案综合检查 ……356
档案宣传教育培训 ……356
档案专业职称评审 ……356
档案接收征集 ……357
档案利用服务 ……357
档案编研开发 ……357
馆藏档案整理抢救 ……357
档案信息化建设 ……357
文化产业……357
概况 ……357
华南教育历史研学基地建设 ……357
文化创意产业 ……357
文化品牌打造 ……357
文化服务平台体系建设 ……358
“韶关历史文献丛书”首发仪式暨出版精品座谈会 ……358
文化市场管理……358
概况 ……358
公共文化服务 ……358
印刷业发行行业监管 ……358
影院行业管理 ……358
广播行业管理 ……358
文化市场监管 ……359
文化市场综合执法 ……359
文化市场扫黄打非 ……359
韶关市仁化县丹影文化传播有限公司获“全国服务农民、服务基层文化建设基层电影服务先进集体”称号 ……359

卫生健康

综述……360
健康城市建设 ……360
卫生健康规划发展 ……360
卫生健康宣传 ……360
医疗卫生基础建设 ……360
医疗卫生信息化建设 ……360
分级诊疗体系建设 ……361
医疗科研 ……361
卫生健康人才发展 ……361
疾病预防控制……361
概况 ……361
传染病监测防控 ……361
突发公共卫生事件处理 ……361
免疫规划 ……362
慢性病防控 ……362
麻风防治 ……362
结核病防治 ……362
艾滋病防治 ……362
地方病与寄生虫病防治 ……363
公共卫生监测 ……363
基层医疗卫生……363
概况 ……363

基层医疗卫生机构 ……363
基本公共卫生服务 ……363
公立医院改革 ……363
基层医疗服务能力建设 ……363
基本公共卫生服务 ……364
家庭医生签约服务 ……364
妇幼保健……364
概况 ……364
妇幼保健体系建设 ……364
乳腺癌和宫颈癌防控 ……364
出生缺陷综合防治 ……364
艾滋病、梅毒和乙肝母婴传播阻断 ……364
妇幼保健机构绩效考核 ……364
适龄女生HPV疫苗接种完成 ……364
爱国卫生……365
概况 ……365
卫生城镇村创建 ……365
洪涝灾后消杀 ……365
健康教育与健康促进 ……365
2022年居民健康素养知识竞赛 ……365
职业健康……365
概况 ……365
职业病预防治理服务 ……366
放射诊疗机构职业健康监管 ……366
职业病危害因素监测 ……366
职业卫生监督 ……366
职业健康宣传教育 ……366
《广东省职业病防治“十四五”规划》宣传 ……367
老龄健康……367
概况 ……367
老年健康管理 ……367
老年健康服务 ……367
医养结合服务 ……367
卫生监督……367
概况 ……367
卫生监督行政执法 ……367
公共场所卫生监督 ……367
医疗机构卫生监督 ……368
传染病卫生监督工作 ……368
学校卫生监督 ……368
生活饮用水卫生监督 ……368
消毒产品和餐饮具卫生监督 ……368
职业卫生和放射卫生监督 ……368
“双随机、一公开”专项检查 ……369
中医药事业……369
概况 ……369
中医药体系建设 ……369
中医药发展 ……369
中医药服务 ……369
韶关市中医医院被列为国家中医特色重点医院项目储备库单位 ……369
市中医院和平分院整体搬 ……369
医政药政管理……369
概况 ……369
医政管理 ……369
医卫教育培训 ……370
药事管理 ……370
国家谈判药品“双通道”管理 ……370
医药价格 ……370
药品耗材采购 ……370
医保基金监管 ……370
护理服务 ……370
采血献血 ……370
关爱无偿献血志愿者活动 ……370
医疗单位选介……370
概况 ……370
粤北人民医院 ……370
粤北第二人民医院 ……371
粤北第三人民医院（韶关市复退军人医院、韶关市精神卫生中心） ……371
韶关市第一人民医院 ……371
韶关市第二人民医院 ……372

韶关市第三人民医院……372
韶关市中医院……372
韶关市妇幼保健院……373
韶关市慢性病防治院……373
前海人寿韶关医院……373

体　育

体育设施……374
概况……374
竞技体育场馆建设……375
韶州体育中心建成……375
群众体育……375
概况……375
体育社团……376
社会体育指导员培养……376
国民体质监测……376
全民健身……376
“我为群众办实事”——2022年广东省国民体质监测万里行活动……376
全国2022年“全民健身日”主题示范活动——韶关市“全民健身日”启动仪式暨第六届健身气功比赛……377
竞技体育……377
概况……377
竞技体育人才培养……377
体育赛事管理……377
韶关组队参加广东省第十六届运动会……377
广东省第十三届中学生运动会在韶关举行……377
体育产业……378
概况……378
体育彩票……378
场馆经营……378
2022年广东省青少年乒乓球锦标赛品牌赛事在韶关举行……378

收入与分配

收入消费……379
概况……379
城镇居民收入……380
城镇居民消费……380
农村居民收入……381
农村居民消费……381
“韶关市2022年促进消费若干措施”新闻发布会……381
就业创业……381
概况……381
劳动就业……381
创业投资……382
职业能力培育……382
职业技能培训……382
和谐劳动关系构建……383
劳动保障监察执法……383
韶关市第四届“粤菜师傅”技能工匠大赛暨“韶州客家菜”文化交流活动……383
社会保险……383
概况……383
失业保险……383
养老保险……383
工伤保险……384
生育保险……384
医保服务……384
全民医疗保障制度建设……384
医疗保障政策调整……384
韶关市医疗保障事业管理中心揭牌成立……384
社会救助……384
概况……384
最低生活保障……385
医疗救助……385
特困救助……385
教育救助……385
临时救助……385

困难慰问 ……385
流浪人员救助 ……385
慈善救助 ……385
2022年韶关市“广东扶贫济困日”活动 ……385
社会福利……386
概况 ……386
福利彩票 ……386
老龄福利 ……386
儿童福利 ……386
福利彩票公益金活动 ……386
“公益福彩，你我同行”关爱困境儿童活动 ……386
住房保障……387
概况 ……387
公共租赁住房管理 ……387
保障性住房建设 ……387
住房公积金管理 ……387
《韶关市区城镇住房保障实施办法》出台 ……387

社会事务

人口家庭……388
概况 ……388
人口监测 ……388
户籍人口管理 ……388
流动人口管理 ……388
生育服务 ……388
婚姻登记 ……388
收养登记 ……388
殡葬管理 ……389
和谐家庭建设 ……389
入选全国五好家庭、全国最美家庭、全国家庭工作先进个人 ……389
老龄事务……389
概况 ……389
养老机构建设管理 ……389
养老服务活动 ……389
养老服务管理 ……389
养老护理员管理 ……389
打造家门口的社区“养老院” ……389
残疾人事务……389
概况 ……389
残疾人补贴救助 ……390
残疾人康复服务 ……390
残疾人管理 ……390
残疾人就业培训 ……390
无障碍建设 ……390
韶关市残疾人就业创业孵化之家揭牌成立 ……390
退役军人事务……391
概况 ……391
退役军人安置 ……391
退役军人就业创业 ……391
优抚优待 ……391
双拥工作 ……392
烈士纪念 ……392
韶关最美退役军人、最美军嫂评选 ……392
韶关首个退役军人创业孵化专区揭牌 ……392
社区建设……392
概况 ……392
基层自治 ……393
社工队伍建设 ……393
社区（村）服务体系建设规划 ……393
村改居试点工作 ……393
社会工作 ……393
曲江钢之魂 ……393
社会组织管理……393
概况 ……393
社会组织建设 ……393
社会团体治理 ……394
社会组织企业服务 ……394
2022年度社会组织等级评估授牌仪式 ……394
区划管理……394
概况 ……394

界线联检 ……394
界限管理宣传 ……394
地名管理 ……394
民族宗教事务……395
概况 ……395
民族团结管理 ……395
民族宣传教育 ……395
民族政策法规 ……395
民族公共服务 ……395
民族工作调研检查 ……395
扶持民族地区发展 ……395
宗教事务 ……396
云门寺被中央统战部评为首届全国宗教界先进集体 ……396
2022年传授二部僧三坛大戒法会 ……396

应急管理

综述……397
自然灾害和安全生产综合普查 ……397
安全生产责任体系建设 ……397
应急救援力量体系建设 ……397
应急预案 ……397
应急指挥体系建设 ……397
应急值班值守 ……398
防汛抗旱……398
概况 ……398
水文测报 ……398
防洪预报调查 ……399
防汛测报 ……399
汛情防治 ……399
旱情防治 ……399
水环境监测 ……400
“龙舟水”防御 ……400
全国科普教育基地申报 ……400
气象防灾……400
概况 ……400
气象测报 ……400
气象灾害应急处置 ……400
气象科技创新 ……401
气象服务保障 ……401
“减轻灾害风险，守护美好家园”防灾减灾科普知识进校园志愿服务活动 ……401
地质灾害防治……402
概况 ……402
地震风险普查 ……402
震情预警预测 ……402
防震减灾科普宣传 ……402
地质灾害防御 ……402
“使命2022”地震救援实战拉动演练 ……402
安全生产监督管理……402
概况 ……402
安全生产基础设施建设 ……403
安全生产隐患排查 ……403
安全生产专项整治 ……403
安全生产监督执法 ……403
安全生产事故调查处置 ……403
安全生产岗位人员管理 ……403
农业安全生产 ……404
建筑安全生产 ……404
林业安全生产和森林防火 ……404
“百日清零”专项执法行动 ……404
消防救援……404
概况 ……404
火灾普查 ……405
消防基础建设 ……405
消防应急演练 ……405
消防救援 ……405
消防宣传 ……405
消防执法 ……405
森林火灾防控 ……406
“119消防宣传月”活动启动仪式 ……406
消防救援站“开放日”活动 ……406
开展战勤保障实战拉动演练 ……406

县（市、区）

浈江区……407
概况……407
农业……407
工业……407
服务业……407
城乡建设……408
社会事业……408
犁市镇入选第十二批全国“一村一品”示范村镇……408
海大集团花坪奎塘益豚猪场、犁市大岭新建猪场建成投产……409
韶关酱油酿造技艺入选省级非物质文化遗产代表性名录……409
中农联·粤北农产品流通中心落户浈江区……409
武江区……410
概况……410
工业……410
农业……410
服务业……411
城乡建设……411
社会事业……411
武江科创园创新综合体……412
打造3个千亩蔬菜种植基地……412
打造孟洲坝网红夜市……412
粤北首个国际标准飞盘场建成……412
曲江区……413
概况……413
工业……413
农业……414
服务业……414
城乡建设……414
社会事业……414
中国（广东韶关）RCEP食用菌国际采购交易中心落户曲江……415
韶关市首个省级预制菜产业园申报……415
以生态环境导向的煤矸石综合利用项目成为全省首个入选全国第二批生态环境导向的开发（EOD）模式试点项目……415
乐昌市……416
概况……416
工业……416
农业……416
服务业……417
城乡建设……417
社会事业……417
九峰镇入选国家级全域森林康养试点镇……418
北乡镇黄坌村被命名为“全国民主法治示范村”……418
2022中国（乐昌）黄金柰李国际网络节暨乐农优品云展会……418
南雄市……420
概况……420
工业……420
农业……420
服务业……420
城乡建设……421
社会事业……421
南雄市获评“四好农村路”全国示范县……421
南雄市获评国家乡村振兴示范县创建名单……421
仁化县……423
概况……423
工业……423
农业……423
服务业……423
城乡建设……424
社会事业……424
仁化县被确定为2021年全国义务教育优质均衡先行创建县……424
仁化县获“中国摄影创作基地”称号……424
仁化县入选2022年全国休闲农业重点县公示名单……425

始兴县……426
概况……426
工业……426
农业……426
服务业……426
城乡建设……426
社会事业……427
始兴县首个屋顶分布式光伏电站并网发电……427
2022年成功申报“国家学前教育普及普惠县”试点……427
“新时代始兴十景”……427
翁源县……429
概况……429
工业……429
农业……429
服务业……429
城乡建设……430
社会事业……430
青云山年产1500吨功能性食品项目二期投产……430
新丰县……431
概况……431
工业……431
农业……431
服务业……432
城乡建设……432
社会事业……432
丰城街道高桥获评全国民主法治示范村……432
佰旺汽车配件一期投产……432
海螺鸿丰入选省“两化融合”管理体系贯标试点企业……432
乳源瑶族自治县……433
概况……433
工业……434
农业……434
服务业……434
城乡建设……434
社会事业……434
2家企业入选国家级专精特新“小巨人”企业名单……434
广东省第七届少数民族传统体育运动会在乳源瑶族自治县举办……435
全国中药材仓储物流广东区（乳源）基地揭牌……435

人物·荣誉

先进人物……436
全国五一劳动奖章获得者……436
全国优秀人民警察……436
全国“人民满意的公务员”……436
“全国三八红旗手”称号获得者……437
全国巾帼建功标兵……437
烈士……437
先进集体……446

附　录

组织机构和负责人名录……455
重要文献选录……466
重要文件辑录……482
统计资料……484

索　引

主题索引……498
表格索引……518
图照索引……520

韶关新时代十年经济社会发展成就

从2012年到2022年，经过300余万韶关市民的齐心建设，成就韶关的“善美蜕变”。韶关经济总量迈上新台阶，先后突破1000亿元、1500亿元大关，同全国一道如期打赢脱贫攻坚战，如期全面建成小康社会，为开启全面建设社会主义现代化新征程奠定坚实基础。韶关近十年来在生态建设、城市建设、经济发展、文明创建等方面取得喜人变化。

一、高水平生态保护成效显著

污染防治攻坚战深入开展，获得国务院2019年度环境质量改善成效明显督查激励表彰。生态系统修复成效显著，被列为国家山水林田湖草生态保护修复试点。生态保护空间优化，自然保护地优化整合和生态保护红线评估调整开展，拟建南岭国家公园在韶关范围内的面积1143.47平方千米、占总面积的53.9%，自然保护地整合优化后面积4350平方千米、约占全市辖区面积的23.6%。获评全国绿化模范城市。环保基础设施短板加快补齐，市区和乐昌循环经济环保园动工建设，建成65座乡镇污水处理厂，新增镇级污水管网464.5千米，实现乡镇污水处理全覆盖，完成56个镇级生活垃圾填埋场治理。生态文明体制机制不断健全，推进东江流域省内生态保护补偿试点，争取省完善生态补偿资金管理办法，生态补偿一般性转移支付资金提升至2020年的16.84亿元。

“十四五”期间，韶关市获得“国家森林城市”称号，入选国家林业碳汇试点市、全国第六批生态文明建设示范区和省碳中和试点示范市。推进国家储备林项目建设，打造5个省级林业特色产业发展基地，数量居全省第一。截至2022年年底，全市森林覆盖率74.52%，林地面积144.64万公顷，森林蓄积量1亿立方米，三项指标均稳居全省前列，自然保护区面积和各种野生动植物数量居全省之首。山水林田湖草生态修复成效明显。落实《广东粤北南岭山区山水林田湖草生态保护修复试点实施方案》，完成粤北南岭山区山水林田湖草生态保护修复试点工程，19项试点绩效指标全面达标；南雄市梅关古驿道重点线路生态修复项目入选“广东省第二届国土空间生态修复十大范例”。落实林长制，截至2022年完成造林和生态修复1.46万公顷、森林抚育3.07万公顷、水源林建设0.84万公顷。推进矿山石场治理复

2022年，韶关市94个乡镇实现污水处理设施覆盖，图为仁化县周田镇污水处理厂
（市住管局 供图）

绿工作，完成矿山地质环境治理恢复面积378.2公顷，在全省率先超额完成2022年矿山石场治理复绿任务，凡口铅锌矿和大宝山新山片区历史遗留矿山2个生态修复项目获评“广东省首届国土空间生态修复十大范例”。建立区域耕地土壤治理修复示范区605.95公顷，建立耕地安全利用示范区3333.33公顷，2022年全市受污染耕地安全利用率95.54%。

“十四五”期间，韶关市深入打好污染防治攻坚战，环境质量持续改善。2022年市区空气质量指数优良率92.1%，连续5年90%以上，六项监测指标全部达到国家环境空气质量二级标准。全市13个地表水国考断面水质优良率、县级以上在用集中式饮用水源水质达标率均100%，北江（韶关段）、新丰江流域水环境质量改善明显，与清远、河源交界断面水质综合指数下降。推进区域土壤、固体废物污染防治工作，截至2022年，全市重点建设用地安全利用率、工业危险废物安全处置率和医疗废物安全处置率均达100%。中央生态环境保护督察整改推动老工业城市生态发展成效显著，连续两年获国务院督查激励，被列为广东省“督察整改看成效”5个正面典型案例之一。

二、融入“双区”建设成效明显

汕昆高速公路、武深高速公路、北江航道扩能升级工程等重点交通项目相继竣工，韶新高速公路、韶关丹霞机场建成，基本建成“八高三铁两航”综合交通骨架网，与“双区”互联互通的交通运输体系完善，基本实现融入大湾区城市1小时生活圈。“十三五”期间，新增高速公路里程201千米，完成投资268亿元；加快国省道改造建设，改造里程480千米；韶关港动工建设，港产城“一体化”发展格局初步显现。粤港澳大湾区优质农产品供应基地建设取得新的成效，获认定粤港澳大湾区“菜篮子”基地25家、省级“菜篮子”基地27家。东莞与韶关对口帮扶深入开展，第三轮对口帮扶开展良好，推动产业园区建设全面提速。“广韶同城”战略深入实施，广州韶关战略合作框架协议全面深化落实，产业、社会事业等方面合作加强。加快融入广佛肇清云韶“3+3”经济圈和广州都市圈，编制实施《广佛肇清云韶经济圈发展规划（2019—2025年）》，广州都市圈规划出台。

三、城乡协调发展水平稳步提升

“东进”“西融”“北优”“南拓”中心城区发展战略深入实施，中心城区扩容提质成效显著。芙蓉新区和韶关高新区加速融合，韶关新区建设全面提速，丹霞大道等骨干道路、综合客运枢纽一期、城投商务中心、广东省韶关实验学校相继建成投入使用，芙蓉、西联、车头新村等安置新村建设全面推进，妇幼保健院新院建成并投入使用，前海人寿三甲医院建成投入使用，市第一人民医院迁建项目进展顺利，金融集聚区项目加快推进，碧桂园太阳城、恒大城、保利大都会商住小区初显规模。以“绣花”功夫推动老城区改造提质取得显著成果，先后建成韶州公园、滨江景观带等一批城市提升项目，中心城区道路贯通联网“10+1”和“一桥三园三路”工程加快推进，主要交通节点和重要干线景观提升工程基本建成，全国老旧小区试点改造加快推进。曲江区城市建设加快，莲花大道、铜鼓大道、韶州大桥相继建成，城市基础设施加快向曲江城区延伸。城市管理加强，“六乱”整治开展，全国文明城市创建工作推进。城乡面貌改善，县城“439”、乡镇“139”计划实施，农村人居环境综合整治全域推进，所有行政村完成环境基础整治任务。

四、重点领域改革深化

供给侧结构性改革推进，“十三五”期间累计淘汰落后钢铁产能315万吨，累计完成补短板投资350亿元，累计为企业降成本147.64亿元以上。“放管服”改革深化，营商环境优化。商事登记实现全程电子化，企业开办时间压缩至1个工作日，开办便利度居粤东西北首位。“数字政府”改革全面推进，“一门式一网式”系统延伸到所有镇村，建立“全市通办”服务模式，推行同一事项无差别受理。投资审批改革全面推进，建成工程建设项目审批管理系统，政府投资项目、社会投资项目审批时间分别压缩至100个、42个工作日内。行政审批中介服务市场化改革有效开展，“网上中介服务超市”上线运行，建成覆盖市、县、镇三级统一的平台。新型市场监管制度健全，基本实现市场监管检查和执法检查事项随机抽查全覆盖，守信联合激励和失信联合惩戒实现制度化。行政管理体制改革推进，行政许可事项精简。国资国企改革推进，市属国有企业改革重组完成。财政体制改革深化，财政管理水平提升。

五、人民获得感幸福感增强

打赢精准扶贫攻坚战，获评“十佳精准扶贫创新城市”，实现278个省定贫困村和32376户82823名贫困人口脱贫出列，韶关市全面建成小康社会。城乡居民人均可支配收入达到2.73万元，年均增长8.5%，居广东北部生态发展区第一位。教育现代化全面推进，成功创建广东省推进教育现代化先进市和省现代职业教育综合改革示范市，公办幼儿园和普惠性民办幼儿园覆盖率87.9%，在广东省山区市率先普及15年基础教育，教育综合改革推进，韶州中学、张九龄纪念中学等一批教育项目陆续建成投入使用。卫生强市创建工作开展，三级医院集群发展战略实施，粤北人民医院入围省“登峰计划”，韶州人民医院等项目建设顺利，基层医疗卫生补短板取得显著成果，乐昌市、南雄市和翁源县第二人民医院建成开业，县域医共体建设推进。就业保障加强，累计实现城镇新增就业15.9万人，城镇登记失业率控制在3.5%以内。社会保障水平提升，医疗保险基本实现全覆盖，城乡居民医保补助标准提高到550元，企业退休人员月人均基本养老金提高至2463元，每千名老年人口养老床位35张。文化体育建设取得丰硕成果，风度书房等文化惠民工程广获点赞，张九龄纪念公园、红军长征粤北纪念馆、广东南岭干部学院相继建成，红色革命文化得到活化利用；韶州体育中心建成，举办穿越丹霞山50公里徒步赛、环丹霞山自行车赛、丹霞山山地马拉松赛，擦亮韶关户外运动赛事品牌。平安韶关建设推进，市域社会治理试点工作推进，扫黑除恶行动开展，社会保持和谐稳定。

六、现代产业发展提质增效

现代农业产业构建现代特色精致农业产业体系，制定出台韶关市水果、茶、食用菌等三个产业高质量发展三年行动方案，推动特色水果、茶叶、食用菌等产业向规模化、高端化、品牌化方向发展。农业产业园建设取得新的突破，翁源兰花产业园入选国家产业园名单，国家级农业产业园实现“零”的突破；2022年新增丝苗米、油茶、预制菜、兰花等省级现代农业产业园4家，省级现代农业产业园数量居全省第一；乳源瑶族自治县成功获批广东省农业科技园区，省级农业科技园区数量3个。“一村一品、一镇一业”工作推进，截至2022年年底，全市累计认定省级“一村一品、一镇一业”专业镇47个、专业村247个，数量均居全省首位。培育新型农业经营主体，截至2022年，全市有国家级农业龙头企业2家、省级农业龙头企业70家、市级农业龙头企业164家。2022年，全市农林牧渔业增加值增长4.9%，粮食播种面积12.23万公顷、总产量75.9万吨，实现面积、产量“四连增”。农业品牌打造有新成效。加强农业品牌和农产品“12221”市场体系建设，2022年新增乳源瑶乡大米、南雄牛肉干、南雄五黑鸡等全国名特优新农产品21个，累计入选全国名特优新农产品名录64个，数量居全省第一。做大“善美韶农”农业品牌体系，打造“韶关茶”“韶关珍果”区域公用品牌，成功举办特色农产品走进粤港澳大湾区、“春暖花开•茶飘香”2022年“韶关茶”等一系列品牌推介活动，擦亮韶关农产品品牌。

先进材料产业。利用地域铅锌铜、稀土和钨等有色金属矿山资源集聚及铝加工材优势发展有色金属产业，建设和拓展绿色钢铁产业链，韶钢产业园获批广东省特色产业园区。打造“千亿级”先进铜基结构材料新产业，韶关新材料产业园启动，精密铜线、高端连铸连轧低氧光亮铜杆、电气化铁路架空铜合金导线等一批重点项目推进。推进精细化工产业向“专精特新”发展，开发一批低污染、高附加值产品，南雄市涂料产业集群被工信部认定为广东6家之一、粤北地区唯一一家2022年度中小企业特色产业集群。2022年，全市先进材料产业集群实现工业总产值820.5亿元，工业增加值145.98亿元。

先进装备制造业。发展装备（机械）基础零部件、汽车电子等零配件产业，打造矿山及建筑工程设备产业基地。与广汽集团合作共建的南方（韶关）智能网联新能源汽车试验检测中心项目推进，力促比亚迪公司增资扩产20亿元新能源汽车冲压模具项目，助力智能网联新能源汽车产业集聚。产业转型成效显著，专用工程机械及关键零部件产业集群获批国家级创新型产业集群、高新技术产业化基地、火炬特色产业基地。推动华南装备园建设发展，截至2022年年底，华南装备园累计引进招商引资项目80个，有规模以上企业26家，实现规模以上工业总产值20.69亿元，比2021年增长超过50%。2022年，全市先进装备制造业实现工业总产值216.1亿元，工业增加值37.22亿元。

现代轻工产业。发展烟草制品、玩具及纺织服装、竹木资源深加工及文化办公用品、食品饮料等四大现代轻工产业，在曲江区、乐昌市、南雄市、仁化县、始兴县、新丰县等地打造多个以现代轻工产业为核心的特色园中园，模具创新园等优质项目动工，截至2022年，全市现代轻工产业集群实现工业总产值262.8亿元，工业增加值101.11亿元。其中，烟草产业生产规模和产品质量双提升，省烟科所建设如期完成，南雄片区、始兴片区“中国焦甜醇甜香型烟叶标志性产品”品牌建设推进，2022年全市销售烟叶30.59万担，销售卷烟11.92万箱，实现“两烟”销售总收入50.89亿元，比2021年增长4.31%；实现税利总额12.39亿元，比2021年增长2%。

电子信息制造业。制定印发《韶关市加快促进电子信息制造业招商引资若干支持政策（试行）》《〈韶关市加快促进电子信息制造业招商引资若干支持政策（试行）〉实施细则》等一系列扶持政策，引进华天科技、朗科科技等头部企业，推动韶华科技等一批重点项目建成投产，忠信世纪电子材料、东阳光化成箔、建滔积层板等优质项目推进。2022年，全市电子信息制造业实现工业总产值77.50亿元，工业增加值17.99亿元。

生物医药产业。加快建设韶关高新区甘棠生物医药专业园区和翁源创新原料药科技产业园，引进大型药企及医疗器械企业，广东萱嘉医品等项目竣工投产，广州朗圣药业、炬光科技医疗、东阳光新型宠物药、岭南制药二期等在建项目推进，初步形成以利民制药厂、乳源东阳光、丹霞生物制药等为龙头，岭南制药、青云山药业等多家企业共同发展的生物医药产业格局。截至2022年，全市有生物医药产业集群规模以上工业企业11家，实现工业总产值14.0亿元，工业增加值5.72亿元。

工业园区扩能增效提质。韶关高新区创建国家高新区深入推进，浈江片区、武江片区加快移交，“一区十园”发展新格局完善，设立“韶关高新区科技创业种子基金”，“1+4”政策体系健全；2022年，韶关高新区规模以上工业企业200家，占全市的31.5%；工业总产值841.16亿元，占全市的52.13%，产业规模日益壮大。推进县级产业园区提质增效，推动乐昌产业园区、翁源产业园区申报省级高新区，组织南雄产业转移工业园、仁化产业转移工业园申请设立省级经济开发区。推进“厂区变园区、产区变城区”改革试点，陆续开展3批11个“双变”改革试点建设，统筹推进韶钢电解水制氢和加氢站等210个“双变”项目建设，完成投资100.3亿元；推进老工业基地调整改造和产业转型升级工作获发展改革委通报表扬，产业转型升级示范区建设2022年度考核获得优秀等次。2022年，全市园区固定资产投资增长20.1%，建成标准厂房65万平方米，产业承载能力持续提升。

文旅体活动异彩纷呈。举办莞韶旅游年等系列活动，提高韶关的知名度和影响力。2022年举办“文化和自然遗产日”暨韶关市“非遗购物节”“韶关有戏—家门口的小剧场”等

2022 年 4 月 9 日，韶关华南虎繁育研究基地华南虎双胞胎“莲花”“芙蓉”满百日 （张伟 摄）

80 余场文旅体活动，丰富群众精神文化生活。加大新媒体宣传力度，举办“守护华南虎”等系列活动，连续 5 年成为广东国际旅游产业博览会全国唯一“旅游目的地合作伙伴”，“善美韶关”知名度提升。

七、科技创新驱动发展战略取得实效

高新区创新引领作用显著增强。园区高新技术产业快速发展，形成以高端装备制造产业为主导，新材料、生物医药、现代服务业特色发展的“1+3”现代产业体系，2022 年高新技术产业产值 588.81 亿元。园区企业自主创新、成果转化能力加强，截至 2022 年年底，高新区建有省级以上科技创新平台 83 家，其中国家级 5 家；中国广州分析测试中心韶关实验室获得国家级 CMA 资质认证，旭日国际、丹霞生物获得国家级 CNAS 资质认证。人才聚集态势加速形成，2019 年以来，高新区累计引进国家高层次人才 9 人，“十百千”高层次创新型人才 4 人，各类创新人才 169 人，人才结构层次提升。

创新机构量质齐升。“十四五”期间，全市新增省级工程技术研究中心 31 家，新增数量居粤东西北首位；新增省级新型研发机构 2 家，省级新型研发机构总量 8 家，居全省第七位。新增“高端牛仔产品低碳智造技术广东省重点实验室”和“广东省粤北食药资源利用与保护重点实验室”2 家省级重点实验室，高水平研究院总量 11 家。与鹏城实验室签订战略合作协议，在科研能力提升、人才互聘共引、成果转化运用等方面开展深度合作。季华—欧莱科技成果孵化基地挂牌运行。2022 年，韶关市万人发明专利拥有量比 2021 年增长 43.69%，发明专利授权量比 2021 年增长 73.23%，增幅居全省第一。

孵化育成体系持续完善。成立韶关孵化联盟，增强联盟成员间的信息交流、资源共享、优势互补，有 30 余家联盟单位。探索孵化育成体系新模式，韶关（广州）离岸孵化器、深圳（韶关）离岸孵化器揭牌运营。截至 2022 年，全市拥有国家级孵化器 2 个、省级孵化器 1 个、市级孵化器 3 个、省级众创空间 3 个、市级众创空间 4 个；拥有省级以上创业服务机构 32 家，其中国家级 5 家；创新主体和服务机构集聚效应开始突显。

八、数字经济发展加快

推动粤港澳大湾区国家枢纽节点韶关数据中心集群建设。制订印发《韶关数据中心集群建设工作方案》，编制完成《韶关市数据中心大数据产业链发展分析研究报告》《粤港澳大湾区枢纽节点韶关数据中心集群起步区通信基础设施专项规划》等专项文件，为进行产业布局提供指导，推动韶关升级为国家网络骨干节点。举办首届“东数西算”粤港澳大湾区（广东）算力产业大会，现场集中签约一批大数据产业项目。与鹏城实验室合作成立大数据产业研究院，促进数字经济发展要素加快集聚、融合、创新、落地。

构建大数据服务产业生态圈。把握全国一体化算力网络粤港澳大湾区国家枢纽节点数据中心集群落户韶关的重大机遇，制定《韶关市促进大数据产业创新发展办法》《韶关市大数据产业招商引资工作方案》，推动中国电信、中国移动、中国联通、广东广电、万国数据等 12 个数据中心项目签约落地，总投资 400 亿元。依托省级大数据产业园“华南数谷”，聚集华韶数据谷项目、中国联通智慧客服南方中心项目、中国互联网金融协会南方数据中心项目等一批大数据产业项目。成立韶关数投公司，导入服务器生产企业，引进易事特、基业电气等大数据上游制造业企业。举办 2022 中国韶关大数据创新创业大赛，258 个项目参加初赛，推动 6 个项目落地韶关，助力韶关大数据产业高质量发展。

数字化公共服务持续拓展。推动省级信息系统、远程医疗平台、“智慧药监”平台等落地见效，基本建设完成省市县镇四级远程医疗系统，在全市 34 家公立医疗机构上线“一码通”，实现全市健康医疗业务“一张网”。打造“粤教翔云”数字教材应用平台、校园“互联网 + 明厨亮灶”系统、韶关市教师发展中心服务平台，促进“教科研训”一体化，截至 2022 年，打造 21 所数字教材应用示范学校，845 家学校全覆盖接入“互联网 + 明厨亮灶”系统。借助“粤省事”“粤商通”等微信小程序建立就业供需对接信息化平台，推广“广东人社”“掌上 12333”“广东社保”“粤省事”小程序、智慧眼和自助终端等平台，70 项社保经办服务业务实现在线申办。

（市委办、市发改局）

2022年抗洪救灾工作综述

2022年，韶关市于5月21日出现有气象记录以来最强“龙舟水”以来，连续遭遇6轮暴雨和特大暴雨袭击，全市累计平均降水量847.2毫米，是历史同期的2.9倍。“龙舟水”刚结束，于7月4—8日又迎来台风“暹芭”带来的强降雨，全市平均雨量192.5毫米。整个降水过程，持续时间之长、降雨强度之大、覆盖范围之广、影响人数之多历史罕见。肆虐的洪水，给全市人民群众生产生活和经济社会发展带来重大影响，特别是市辖三区、翁源县、始兴县、新丰县等局部地区受淹受涝异常严重。全市受灾人口54万人，倒塌房屋4941间、水利工程损毁2968宗、农业受灾面积3.86万公顷，直接经济损失67亿元。

省委、省政府高度关心关注韶关防汛救灾工作，时刻心系韶关人民群众安危，省委书记李希、省长王伟中多次作出指示批示，并带领张福海、张虎、张晓强等省领导深入韶关市一线检查督导、慰问灾区群众，给予韶关关怀和指导。省人大常委会主任黄楚平到韶关调研，指导韶关市做好灾后恢复重建工作。省委常委张福海从分管的党建工作专项经费中划拨450万元，支持帮助韶关防汛救灾和灾后重建。常务副省长张虎多次连线韶关，对防汛救灾工作进行具体指导。省三防指挥部关注韶关汛情灾情发展趋势，与韶关市保持联系会商，发布抢险救灾指令。省自然资源厅、省住建厅、省交通运输厅、省水利厅、省农业农村厅、省应急管理厅、省气象局、省消防救援总队等部门第一时间派出工作组抵达韶关，帮助韶关市做好抗洪抢险救灾工作。省妇联到韶关走访慰问受灾的巾帼创业基地和企业，关爱帮助韶关市妇女儿童。省农科院派遣专家团队分别到韶关各县（市、区），开展农业减灾复产技术指导。东莞市派出力量驰援韶关，发动东莞企业、单位、爱心人士献爱心、举善事，以市委、市政府等名义向韶关捐款捐物超1200万元。莞韶对口帮扶市县两级指挥部、东莞市和省直有关部门等99个在韶关驻镇帮镇扶村工作队主动请缨，支持韶关市抢险救灾和灾后恢复重建工作。广州市、深圳市、佛山市等兄弟市，派出专家和排水队伍支援韶关。

面对历史罕见的严重洪涝灾害，韶关做好防汛救灾各项工作，经过全市上下的共同努力，韶关防汛救灾工作取得重大成果、夺取抗洪斗争的阶段性胜利。

韶关市以强大的组织力，织密责任网。汛情来袭，市委、市政府严格落实党政同责和以行政首长负责制为核心的三防责任制，建立健全市、县、镇、村、组高效联动、协调统一的指挥调度体系，以战时思维、战时状态、战时纪律，一级抓一级、层层抓落实，形成强大工作合力。

韶关市以强大的处置力，筑牢防洪墙。面对有气象记录以来最强“龙舟水”，坚持以大概率思维应对小概率事件，科学研判、精准调度，做好预案、队伍和物资准备，综合运用拦、蓄、泄、削、排等措施，调度水利枢纽、大中型水库等骨干工程，做好主要江河堤防、城市河堤等重点部位安全防范，构筑起铜墙铁壁。

韶关市以强大的战斗力，搭起快速生命舟。在抗洪救灾大战大考中，市县两级投入救援力量7.6万人次、冲锋舟橡皮艇1858艘次，安全转移和避险群众超12万人、解救被困群众1万人，人民群众生命财产安全得到保护。广大党员干部，驻韶部队指战员、武警官兵、消防救援指战员、民兵预备役人员和公安民警辅警发挥主力军作用，不畏艰险、顽强拼搏，守住堤坝、救助群众，在洪水和生命之间蹚出安全航线。

凝聚干群人心。面对受灾的城市和人民，水务、交通、住管、供电、通信等部门夜以继日地工作，抢修被损毁的各种基础设施；发改、商务、民政等部门筹集和发放各种救灾物资，确保受灾群众有热饭吃、有净水喝、有暖衣穿、有地方住；公安、信访等部门加强治安保卫，疏导灾民情绪，维护灾区社会稳定；卫健、疾控等部门救治伤病人员，开展防病防疫，预防灾后疫情的发生；工信、农业等部门深入企业车间、田间地头，指导开展生产自救；教育部门保障高考、中考，没有因灾情影响考试。各县（市、区）、各镇

2022年6月22日，韶关城市内涝，韶关市消防救援支队全力抗洪抢险解救被困群众

（韶关市消防救援支队　供图）

2022 年 6 月 15 日，广东省省长王伟中（前左三）赴韶关翁源检查指导防汛抢险救灾工作，实地察看灾情，慰问受灾群众 （张伟 摄）

（街）、各村（居）和广大志愿者在完成抗洪任务后，迅速转战清淤一线，特别是浈江区、武江区、曲江用最短时间抽干辖区地下车库积水、清理路面淤泥垃圾、搞好小区环境卫生，让韶城美丽重现。广大新闻工作者坚守一线，用镜头记录历史、用笔杆传递温暖，营造全市同舟共济、齐心抗洪救灾的浓厚氛围。广大人民群众发扬主人翁精神，凝心聚力、自救互助，听从调度、配合转移，许多群众还主动穿上“红马甲”，成为抗洪救灾志愿者；有的饭店老板把爱心餐及时送到一线人员和志愿者手上。有许多支持亲人在前线安心工作，默默奉献、无怨无悔的家属，他们是最坚强的后盾。在这场大战大考中，见证许多民族团结、瑶汉一家亲的感人场景，乳源瑶族自治县瑶胞、始兴县深渡水乡瑶胞同各族干部群众一起，抗洪水、抢大险、大转移，汉族干部背起瑶族群众劈洪踏水，瑶族群众到汉族同胞家中安置过夜，风雨同舟、手足相亲，筑牢各民族抗洪救灾的“同心堤”。社会各方面慷慨解囊、鼎力相助，市佛教协会捐款 645 万元、三峡新能源集团捐款 300 万元、东阳光公司捐款 300 万元、宝武集团中南钢铁公司捐款 200 万元、广东亚北公司捐款捐物 146 万元、韶关卷烟厂捐款 140 万元，中金岭南凡口铅锌矿、中金岭南韶关冶炼厂、中金岭南丹霞冶炼厂、韶钢公司、韶能公司、南兴装备公司、大宝山矿业公司、广府人珠玑巷后裔海外联谊会等分别捐款 100 万元……市内外企业和爱心人士纷纷捐款捐物，成为推动灾后恢复重建的巨大能量。通过生死与共的考验、风雨同舟的经历，干群血肉联系、军民鱼水之情更加深厚。

回顾这场抗洪救灾大战大考，全市上下、党政军民在危急中凝聚、在磨难中成长、在风雨中前行，充分彰显不畏难、不惧险，勇担当、善作为，舍小家、顾大家，心连心、共时艰的精神风貌。韶关经受住严峻考验，也收获深刻启示，概括起来就是三个词：党、百姓、责任！

党——任何时候，都是我们战胜风险挑战的指路明灯和定海神针。汛情紧急、各地告急、群众有难，各级党组织贯彻落实习近平总书记、党中央决策部署，充分发挥党建引领作用，主要负责人第一时间指挥在前、冲锋在前，团结带领广大党员干部，统筹各方面力量，最大限度地保护人民群众生命财产安全，党旗始终在防汛救灾一线高高飘扬。实践再次证明，党永远是老百姓黑夜里的指明灯、守护神、定海神针，是我们做好任何工作的主心骨、定盘星，只要我们坚持党的领导、加强党的建设，坚定不移贯彻党中央决策部署和省委工作要求，坚定不移发挥基层党组织战斗堡垒作用和党员先锋模范作用，上下贯通、层层负责，就一定能够克服一切艰险、战胜一切挑战、破解一切难题，让韶关高质量发展的航船乘风破浪、行稳致远。

百姓——任何时候，都是我们心头永远的挂念和最大的依靠。面对抗洪大考，韶关老百姓识大体、顾大局，自觉遵守各项防汛规定，不给大局添乱、不给大众添堵。受灾农户不等不靠、主动作为，全力补种改种、抢险抢修、重建家园；沿街商铺以主人翁的姿态和担当，清淤排险、消毒防疫、恢复营业；身穿“红马甲”的志愿者们活跃在防汛救灾一线，在风雨中筑起一道道暖暖的“安全堤”；爱心企业以及爱心人士勇担社会责任，纷纷捐款捐物、奉献人间大爱；广大网友喊出“韶关加油、韶关挺住”最强音，为家乡加油打气、传递能量。这些场景行动，无不传递出韶关老百姓守望相助、甘于奉献的高贵品德，迸发出众志成城、万众一心的强大力量，展现出“善美韶关”城市形象。实践证明，老百姓是我们战胜一切风险挑战的力量源泉，只要我们心中装着老百姓、想着老百姓，为了老百姓、依靠老百姓，与老百姓同频共振，就一定能够战胜前进道路上的任何艰难险阻，韶关的发展就更有希望、韶关的明天就更加灿烂。

责任——任何时候，都是要由干部来率先承担，干部是我们做好一切工作的中坚力量和决定性因素。在这场英勇坚毅的斗争中，我们的干部，我们的人民子弟兵，大灾面前有担当、大灾面前显本色、大灾面前见精神。各级各条战线干部闻“汛”而动，关键时刻拼在一线、冲在一线，冒着被洪水冲走和倒塌房屋砸伤的危险，在洪流中穿行，不分昼夜巡查防守，不眠不休转移群众，不遗余力抢修堤防，不辞辛苦推进灾后重建，日夜奋战在抗洪抢险救灾的最前沿，用平凡的血肉之躯为广大人民群众筑起坚实的安全防线。实践证明，韶关干部充满责任感、使命感、荣誉感，是能够打硬仗、打胜仗的，只要我们将不惧困难、敢于担当、舍身忘我的劲头转化为干事创业的强大动力，就没有克服不了的困难，就没有解决不了的问题，就一定能够推动韶关各项事业实现新突破、见到新气象、取得新成效。

（市应急管理局）

莞韶对口帮扶成效纪实

2020年1月至2022年10月第三轮对口帮扶工作开展以来，莞韶对口帮扶指挥部（以下简称“莞韶指挥部”）产业共建成绩斐然，新签约项目639个，合同总投资3320.9亿元，分别完成本轮任务目标的1.8倍、2.8倍。新开工项目665个，计划总投资1116.1亿元。报省工信厅新开工亿元以上工业项目152个，在全省8个指挥部中排名前列。全面帮扶亮点纷呈，投入近3亿元，实施全覆盖帮扶，突出教育、医疗、就业等帮扶重点。其中，配套专项资金1.06亿元，帮扶韶关民族地区高质量发展。脱贫攻坚任务完成，东莞帮扶的209个村（占韶关省定贫困村的75%）、2.4万名贫困人口全部脱贫出列，省级考核韶关排名第一位。乡村振兴开启新程，对口帮扶韶关30个镇，以工业带动农业，实施项目157个，设立乡村振兴车间44家，新增“家门口”就业岗位3000余个。三年来，莞韶指挥部及下属单位获得全省脱贫攻坚先进集体、抗击新冠疫情先进集体等省级荣誉5项，获韶关市招商引资突出单位、先进基层党组织等市级荣誉15项；18名东莞干部获脱贫攻坚国家级、省级表彰，15名东莞干部被授予韶关市荣誉市民称号。

第三轮对口帮扶工作开展以来，莞韶指挥部统筹落实财政资金1.12亿元，聚焦“产业共建、脱贫攻坚、全面帮扶”三大重点任务，在支持扶贫产业发展、扶持公共服务建设、提升新农村建设水平、发展瑶族特色文化等方面取得阶段性成效。

2020年8月5日，东莞市委常委、统战部部长陈志伟率东莞市各民主党派、工商联及无党派代表人士到韶关，开展东莞统一战线帮扶韶关民族地区加快高质量发展项目签约、捐赠活动，帮扶金额1100万元，统筹落实财政资金1.12亿元。

三年来，东莞市委市政府始终把对口帮扶韶关民族地区加快高质量发展作为一项重要工作，有效构建起市县乡三级帮扶架构，坚持“共商共建、互促互惠”的原则，不断完善对口帮扶工作机制。

莞韶两市党政领导多次到韶关民族地区实地调研，先后4次召开市委常委会、工作专题会，研究出台《东莞市帮扶韶关市乳源瑶族自治县及深渡水瑶族乡加快高质量发展工作方案》，明确帮扶工作重点任务、工作要求、队伍配备及资金安排等事项。由莞韶指挥部与市经协办牵头，会同莞韶两市市委统战部、市文广旅体局、市商务局、市自然资源局等有关部门，与乳源瑶族自治县、始兴县两县深度对接、密切协作，不断优化细化具体帮扶举措。

韶关是为数不多的广东省少数民族主要聚居区之一，辖区有一个自治县（乳源瑶族自治县）和一个民族乡（始兴县深渡水瑶族乡）。世居少数民族为瑶族和畲族，其中瑶族3.4万人，畲族0.6万人。韶关的瑶族主要分布在乳源和始兴，乳源就有110个瑶族村寨。

按照省委省政府的工作部署，东莞自2019年5月起对口帮扶韶关乳源瑶族自治县、始兴县深渡水瑶族乡两个民族地区。东莞长安、塘厦两镇累计派出20人组成工作组，常驻乳源瑶族自治县和始兴县深渡水乡，专人跟进落实帮扶举措、帮扶项目，确保“产业共建、脱贫攻坚、全面帮扶”各领域工作推进。

三年来，东莞统筹落实财政资金1.12亿元，重点围绕创建省级示范村、提升农村人居环境、打造民族特色村寨等方面打造亮点、形成示范。其中，市级专项帮扶资金1.06亿元，重点帮扶30个行政村、86个自然村，规划建设116个帮扶项目，惠及群众7.6万人；塘厦镇自筹专项资金600万元重点帮扶深渡水瑶族乡打造特色产业及民生工程。

省级示范村带动成效初步显现。

2022 年 11 月 30 日，创新产业园桩基施工完成　　（东韶公司　摄）

在创建省级示范村方面，累计投入 3000 万元高标准打造乳源瑶族自治县上阳陂村、草田坪村、上营村等 3 个省级示范村创建点，示范带动成效初步显现。

在提升农村人居环境方面，累计投入 6000 余万元，整治乳源瑶族自治县 9 个乡镇、70 个自然村的村巷道、明渠暗沟，有效解决道路泥泞、污水横流的问题，其中，购买环卫车辆 33 辆，逐步推动农村生活垃圾集中收运、集中处理；建成文明实践站 16 个，进一步丰富村民文化生活设施。

对口帮扶韶关民族地区工作取得阶段性成效。莞韶指挥部、长安乳源指挥部、塘厦始兴指挥部的每一名的帮扶人员都在产业共建、全面帮扶上下狠功夫，花大力气，推动韶关民族地区加快高质量发展。

在产业项目招引方面，探寻珠三角有意向外溢的企业，建立招引项目库，逐个拜访企业，协助引进硕源生物膜、胜蓝电子等 37 个产业项目，计划总投资 168.5 亿元。他们紧抓项目建设这个“牛鼻子”，开展挂图作战，安排专人跟进督导，定期走访企业，和企业交心交情。推动东阳光宠物药、恒扬科技等 51 个产业项目动工建设，完成投资 26.2 亿元。其中，东阳光集团已经成为当地龙头企业，为韶关工业经济增长做出积极贡献。

在商贸业发展方面，加大对韶关民族地区税收优惠政策宣传推介力度，成功引进常盈投资、新融管理咨询等 121 个商贸项目，计划总投资 262.5 亿元，支持商贸经济发展壮大，商贸批发业销售额 440 亿元。

在促进特色农业发展方面，发挥韶关民族地区农副产品资源优势，将韶关民族地区打造成为粤港澳大湾区“菜篮子”“果盘子”“米袋子”“茶罐子”，推动东莞启信农产品展销中心、乳源蔬菜基地、始兴养蜂基地等项目建设，带动韶关民族地区农民增收致富。

在教育精准帮扶方面，统筹协调东莞 62 名基础教育骨干教师、82 名大学生到韶关民族地区支教，协调推动一批韶关民族地区的教师到东莞市交流学习。统筹开展莞韶“圆梦助学”活动，发动 7 家东莞企业、商协会捐赠 31.2 万元资助 152 名民族地区困难学生。

在提升医疗服务能力方面，推动东莞市和乳源瑶族自治县中医院、妇幼保健院结对共建，组织东莞市中医院、东莞市妇幼保健院 45 名医务人员到韶关民族地区支援，累计向韶关民族地区捐赠价值 37 万元的医疗物资。

在助力民族地区干部培训方面，组织韶关民族地区 198 名村干部到东莞跟岗锻炼，深入学习东莞农村基层党建、美丽乡村建设等方面的经验做法。

三年来，莞韶指挥部严格按照资金管理办法，履行好专项资金使用管理的主体责任，用足用好帮扶资金，坚持将资金用在刀刃上，按照“资金跟着项目走”的原则，重点围绕新农村建设和民族特色文旅项目等方面，加大项目谋划，精准投向，推动韶关民族地区工作高质量发展，体现出“东莞担当、韶关水平”。

（莞韶指挥部）

2022 年 9 月 22 日，莞韶“圆梦助学”2022—2023 学年捐赠活动举行

（王松平　摄）

大事记

1月

5日 9时起，"央视新闻"App开启24小时线上直播，让全国观众一起"云守护"至华南虎"双胞胎"满月。

7—9日 中国人民政治协商会议第十三届韶关市委员会第一次会议在碧桂园凤凰城酒店召开。

8—10日 韶关市第十五届人民代表大会第一次会议在广东南岭干部学院召开。大会选举王瑞军为韶关市人大常委会主任，林岚、陈曦、凌振伟、沈河民、胡德宁、邓彩虹为副主任；选举陈少荣为韶关市人民政府市长，邹振宇、蒋红林、蒋文泓、张岩、李再丰、罗海俊为副市长；选举廖锦添为韶关市监察委员会主任，陈小飞为韶关市中级人民法院院长，高波为韶关市人民检察院检察长。

11日 市委书记、市人大常委会主任王瑞军，副省长许瑞生一行到翁源县青云山自然保护区调研。

同日 国务院第一次全国自然灾害综合风险普查领导小组办公室对2021年度第一次全国自然灾害综合风险普查工作情况和典型经验做法进行通报，韶关1个集体、1名个人获表扬。

13日 市委书记、市人大常委会主任王瑞军在新丰县遥田镇、省人大常委会党组书记黄楚平一行开展春节送温暖慰问活动。

同日 省人大常委会党组书记黄楚平一行到新丰县遥田镇、梅坑镇调研乡村振兴工作情况。

15日 南雄市举行神舟十二号载人飞船搭载中草药野生种子拆封交接仪式，见证载人飞船搭载中草药野生种子的播种育苗和产业化项目落地南雄。

16日 全市党史学习教育总结会议在市委会议中心四楼会议室召开，王瑞军、陈少荣、胡海运、凌振伟等市四套班子领导参加，省委党史学习教育第一巡回指导组副组长黄添胜、洪润青及相关成员到会指导。

17日 "韶关一号"卫星出征仪式在位于长春市的航天信息产业园举行。

20日 武江区统计局获得"第七次全国人口普查先进单位"荣誉称号，叶永茂等2人获得"第七次全国人口普查先进个人"荣誉称号。

21日 由中国联合网络通信有限公司韶关市分公司和广东华韶数智科技有限公司共同主办的联通沃音乐AI影像计算中心揭牌仪式在韶关华韶数据谷举行，中国联通华韶数据谷数据中心投入运营。

27日 车八岭生态发展人才驿站揭牌仪式在始兴县举行。

同日 2022年全市固定资产投资及重点项目建设工作推进会暨第一季度项目集中开竣工活动在始兴县举行。

28日 中国共产党韶关市第十三届纪律检查委员会第二次全体会议第一次大会在市委会议中心召开。

29日 青岛—韶关—揭阳航线开通。

31日 在韶关华南虎繁育研究基地出生的华南虎"双胞胎"满月，央视新闻启动华南虎"双胞胎"全球有奖征名活动。

同日 中央编办对韶关市在党政机关事业单位网上名称管理工作中取得的显著成效给予书面表扬。

同日 乐昌市鸿宁五金制品有限公司在韶关海关申领RCEP原产地证书，这是自2022年1月1日《区域全面经济伙伴关系协定》(RCEP)生效以来的全市首份出口日本的RCEP原产地证书。

2月

7日 发展改革委、中央网信办、工业和信息化部、国家能源局复函同意粤港澳大湾区启动建设全国一体化算力网络国家枢纽节点。根据复函，粤港澳大湾区枢纽将在韶关高新区设立数据中心集群，承接广州、深圳等地实时性算力需求，引导温冷业务向西部迁移，构建辐射华南乃至全国的实时性算力中心。

8日 2022年"竞逐新赛道 再造新韶关"全域创建国家森林城市新春植树活动在韶关国家森林公园举行。

同日 国务院批复同意在韶关市等27个城市和地区设立跨境电子商务综合试验区。韶关获批为国家跨境电子商务综合试验区。

15日 中共韶关市委十三届二次全会在市委会议中心召开。会议表决通过韶关市推荐提名广东省出席中共二十大代表候选人推荐人选建议名单和《中共韶关市委关于深化改革攻坚加强规范治理的实施意见》以及《中国共产党韶关市第十三届委员会第二次全体会议决议》。

16日 中国足球协会发布《关于组织2022年全国2007年龄段女足精英球员训练营的通知》，曲江初级中学学生赖子珺入选国足女队集训营。

16—17日 广东省委副书记、省长王伟中到广东乳源南水湖国家湿地公园、韶钢松山股份有限公司、南华禅寺、莞韶大厦调研并召开座谈会。

18日 国家卫生健康委、国家中医药局发文通报表扬在2021年“优质服务基层行”活动中表现突出、服务优质的机构，韶关市8家乡镇卫生院上榜。

23日 “多孔介质燃烧及热工装备”技术成果推介现场会在韶关举办。会上，松山湖材料实验室与中金岭南韶关冶炼厂、韶钢集团分别签署全面战略合作协议。

25日 全市科技创新大会在华美达酒店三楼国际宴会厅召开。

同日 广东省稀土产业高质量发展座谈会在华美达酒店三楼国际宴会厅召开。

27日 11时6分，在文昌航天发射场用长征八号遥二运载火箭将“韶关一号”等卫星发射升空，进入预定轨道。此次任务火箭为不带助推器的新构型首飞，同时也是一次多用户共享发射，共发射“韶关一号”在内的22颗卫星，创造中国一箭多星的最高纪录。

3月

2日 俄乌局势不断升级，形势进一步恶化，给在乌克兰中国公民造成安全风险。韶关市为在乌克兰同胞提供救助，7名在乌克兰的留学生成功撤离。

3日 韶关市与广东一方制药有限公司关于建设粤北道地药材产业发展平台举行框架合作协议签约仪式。

同日 韶关市6名驻韶关市全国人大代表到北京参加十三届全国人大五次会议。

9日 国家农业信息化工程技术研究中心主任、中国工程院院士赵春江一行到韶关调研并作专题讲座，加快数字农业技术推广应用，为韶关高质量发展赋能。

同日 央视新闻播出《遇见美好生活》特别节目第四期——生态建设篇，直播韶关中金岭南凡口铅锌矿实施生态修复工程情况。

11日 韶关市未成年人救助保护中心揭牌。

18日 由韶关市人民政府、亚琦集团联合举办的中国韶关·亚琦国际商贸城项目签约仪式在韶举行，合作推进现代大型商贸创新园区建设，助力韶关打造成为高效联通湾区与内陆、“南货北运”“北货南运”的区域性商贸物流枢纽节点城市。项目总投资9亿元，总占地面积13.87公顷。

同日 推进韶关高水平医院集群建设重点项目之一的前海人寿韶关医院对外接诊。

19日 广东宝创环保新材料制品有限公司防疫物资捐赠仪式在韶关市政府会议室举行。仪式上，宝创公司向市红十字会捐赠FFP2KN95口罩8.04万只，一护宝防护口罩4.5万只，总价值23.79万元。

22日 粤科金融集团与韶关市人民政府在广州签署战略合作框架协议。

24日 广东自由能科技股份有限公司防疫物资捐赠仪式在韶关市政府会议室举行。仪式上，自由能公司向市红十字会捐赠75%酒精消毒喷剂6000支，凝胶消毒洗手液1.2万支，总价值82.2万元。

28日 韶关市人民政府印发《韶关市促进全域旅游发展扶持办法》(以下简称《办法》)，通过给予“项目品质提升奖励和补贴”“公共基础设施项目建设补助”“旅游项目发展扶持资金”“节庆活动及赛事宣传补贴”“开展研学旅行补贴”等多种扶持措施，释放政策“红利”。《办法》适用于全市各县(市、区)人民政府和在本市范围内从事旅游业活动的企业、社会团体和个人。

30日 市委书记、市人大常委会主任王瑞军在韶州宾馆与全国政协委员、南方国际友好联络会会长黄先耀座谈交流。

31日 韶关市人民政府与科大讯飞股份有限公司在韶州宾馆签订战略合作框架协议，市委书记、市人大常委会主任王瑞军出席签约仪式并见证签约。

同日 韶关市十五届人大常委会第二次会议在市委会议中心四楼大会议室召开，任命韶关市十五届人大常委会各工作机构、市政府、市法院、市检察院等一批国家机关工作人员。

同日 韶关、中山两地签署远程异地评标合作框架协议，共享优质资源，优化营商环境。

同日 “扶溪大米”通过国家知识产权局审核，注册为地理标志证明商标，是继“翁源三华李”“乐昌黄金柰李”“马坝油粘”后韶关市的第四件国家地理标志商标，也是仁化县的第一件地理标志商标。

同日 全国妇联妇女发展部联合新华网开展的“蓄力向上，致敬新时代最美家政人”故事征集活动结果公布，韶关市乳源瑶族自治县安安家政服务中心月嫂钟瑶妹上榜“全国最美家政人”。

同日 在省妇联的支持下，广东省妇女儿童基金会和邓老金方药业集团、厦门万泰集团养生堂公司向韶关市捐赠抗疫物资总价值67.87万元。

同日 丹霞呵叻蛛、丹霞铁马鞭、丹霞铁角蕨、东方卷柏4个新物种先后正式发表，再次刷新丹霞山物种纪录。

同日 韶钢松山检测中心顺利获得LNG低温钢筋低温拉伸检测能力CMA(中国检测机构和实验室强制认证)资质认定证书，成为全国第二家具备LNG低温钢筋低温拉伸检测能力CMA资质认定的实验室。

同日 韶关市自动体外除颤仪(以下简称AED)投放地点上线百度地图,2022年底已接入全市安装到位的62个AED点位。

是月 南雄市入选全国科普示范县。

4月

1日 "韶关历史文献丛书"(以下简称"丛书")首发仪式暨出版精品座谈会在韶关书城举办。市委书记、市人大常委会主任王瑞军,广东开放大学党委书记、"韶关历史文献丛书"主编刘启宇等领导嘉宾共同为"丛书"及《韶关简史》《曹溪通志》等出版精品揭幕。

同日 韶关市乡村振兴局、广东开放大学乡村振兴学院推动乡村人才振兴合作框架协议签约仪式在韶关新华书店(韶关书城)二楼举行。

2日 中国科学技术协会公布2021—2025年第一批全国科普教育基地名单,广东省韶关丹霞山国家级自然保护区管理局、广东省水文局韶关水文分局、广东车八岭国家级自然保护区3家单位入选。加上早前申报成功的市科技馆,至此,韶关市共有国家级科普教育基地4家。

6日 在中央广播电视总台播出的《新闻联播》栏目中,广东丹霞山亮相"大美中国"展示环节,向全国公众展示丹霞山独特的地质地貌景观和生态美景。

7日 韶关市人民政府印发《韶关市新型城镇化规划(2021—2035年)》。

12日 中共韶关市委十三届三次全会在市委会议中心四楼会议室召开,会议投票确定韶关市出席省第十三次党代会代表候选人预备人选,审议通过《关于召开中国共产党韶关市代表会议的决议(草案)》。

14日 由曲江区人民政府、韶关市商务局主办,韶关市交旅集团、韶关市城投集团、中国邮政韶关分公司协办的"打造大湾区农产品供应链暨粤港澳大湾区'菜篮子'产品韶关配送中心战略合作签约仪式"在广东亚北农副产品有限公司举行。

19日 中国摄影家协会通报继续授予40家单位"中国摄影之乡""中国摄影创作基地"称号的决定,其中仁化县再次被授予"中国摄影创作基地"称号,是广东省唯一被认定的"中国摄影创作基地"地区。

25日 中国共产党韶关市代表会议在市委会议中心召开,会议选举韶关市出席省第十三次党代会代表。

同日 南雄市梅香古驿道重点线路生态修复项目上榜广东省生态修复十大范例。

26日 生态环境部、国家发展改革委、国家开发银行联合印发《关于同意开展第二批生态环境导向的开发(EOD)模式试点项目的通知》,公布58个EOD试点项目名单。其中,"韶关市曲江区以生态环境为导向煤矸石综合利用试点项目"入选,成为广东省首个入选项目,属国内首创。

27日 中国科协办公厅公布2021—2025年度第二批全国科普示范县(市、区)创建单位增补名单。其中,韶关南雄入选,是广东省唯一入选的创建单位。至此,韶关市已经有南雄市、始兴县和仁化县3个县(市)被确定为2021—2025年度全国科普示范县(市、区)创建单位。

28日 韶关市总工会召开全市2022年庆祝"五一"国际劳动节暨劳动模范座谈会,并为受表彰的先进集体和个人颁奖。

同日 由中共韶关市委、韶关市人民政府与腾讯公益慈善基金会共同发起的"腾爱兴村帮镇"韶关项目举行签约仪式。

29日 全市第二季度项目集中开竣工暨炬光科技医疗健康产业基地项目开工活动在韶关高新区举行,此次活动共有186个项目参加,总投资233.64亿元。活动主会场所在的炬光科技医疗健康产业基地项目,总投资5亿元,用地面积1.73公顷,规划建筑面积4.3万平方米,拟建设家用激光嫩肤模块、家用净肤模块研发、专业级激光无创溶脂模块三类产品的研发和生产设施,完全达产后预计年产值10亿元。该项目于1月26日签约。

同日 乐业路上跨京广铁路桥正式建成通车。

30日 新丰县丰城摩托车电子化考场正式投入使用,是韶关市首个摩托车智能化电子考场。

是月 发展改革委办公厅印发通知,对全国20个2021年推进老工业基地调整改造和产业转型升级工作成效明显的城市给予通报表扬,韶关是广东省唯一获此殊荣的城市。

是月 专家团队在广东车八岭国家级自然保护区内发现155种苔藓植物保护区新记录种,其中广东省新记录种6种。至此,车八岭保护区内苔藓植物记录有68科145属313种,占广东省总数691种的45.3%。

是月 始兴南山省级自然保护区工作人员在野外考察中,首次发现国家二级保护植物桫椤。

5月

5日 广东省人民政府发布《中国(韶关)跨境电子商务综合试验区实施方案》,全面推进中国(韶关)跨境电子商务综合试验区建设。

10日 正威韶关新材料科技示范城项目一期投产暨二期动工活动在浈江产业园举行,项目总投资228亿元,开创韶关招商引资重大项目当年洽谈、当年签约、当年动工、10个月内投产的"韶关新速度"。

同日 中国韶关·亚琦国际商贸城项目开工活动在韶关新区举行。

12日 韶关民生实事公益肠癌早筛检测项目签约暨粤北人民医院—华大基因共建韶关市精准医学中心揭牌活动在粤北人民医院举行。

14日 由深圳市关爱行动公益基金会、广东粤北华南虎省级自然保护区管理处共同发起的"守护华南虎行动"在韶关华南虎繁育研究基地启动。

14—15日 "绿色韶关·生态南岭"人才活动在乳源瑶族自治县举行。活动期间,韶关市举行"粤港澳大湾区人才韶关行"系列活动发布仪式和"绿色韶关·生态南岭"人才沙龙。

15日 由广东省教育厅、广东省体育局主办,韶关市教育局、韶关市文化广电旅游体育局承办，广东省羽毛球协会协办的广东省青少年羽毛球锦标赛在韶关开赛。

17日 工业和信息化部中小企业局公布关于建议支持的国家级专精特新"小巨人"企业名单（第三批第一年），其中，韶关市的广东硕成科技股份有限公司入选，成为粤东粤西粤北地区唯一入选的企业。

18日 市政府与融通地产（广东）有限责任公司、融通农业发展（广州）有限责任公司举行战略合作框架协议签约仪式。

19日 韶关碳市场服务中心揭牌仪式在韶州宾馆举行。

同日 广东韶关数据产业投资发展有限公司和韶关市绿色投资发展有限公司成立大会在市委会议中心召开。

同日 市人民政府与深圳市农科集团有限公司举行战略合作框架协议签约仪式。

20日 韶关市4家茶企的6款茶叶在"中茶杯"第十二届国际鼎承茶王赛春季赛上分获特别金奖、金奖。其中，广东齐民农林科技有限责任公司的"烟竹红杏仁香"获红茶组特别金奖，"红山银刀白毫银针""红山银刀白牡丹王"获白茶组金奖，乳源瑶族自治县华瑶茶叶有限公司的"粤白牌白茶"获白茶组特别金奖，乐昌市沿溪山茶场有限公司的"雾翔牌沿溪山白毛尖"获绿茶组金奖，始兴车八岭茶业有限公司的"车八岭有机红茶"获红茶组金奖。

5月20日至6月21日 全市平均降水量847.2毫米，比常年同期（294.4毫米）偏多1.9倍，比2021年同期（189.2毫米）偏多3.5倍，突破同期历史极值。

27日 韶关市入选广东自贸区联动发展区。韶关联动区发展总面积117.41平方千米，覆盖韶关高新区核心区、翁源片区、新丰片区三个片区。

29—30日 算联全球·数聚韶关—首届"东数西算"粤港澳大湾区（广东）算力产业大会在韶举行。粤港澳大湾区国家枢纽节点韶关数据中心集群正式揭牌并启动建设。

6月

1日 广东省首家以钢铁为主题的工业旅游景区——"多彩韶钢—工业文化园景区"举行国家AAA级旅游景区授牌暨开园仪式。

2日 南雄市丝苗米产业园入选广东省2022年特色产业现代农业产业园名单。

5日 10时44分，长征二号F运载火箭运载神舟十四号飞船，在酒泉卫星发射中心发射。由始兴制造的中国航天员太空专用笔再次进入太空。

8日 韶关市第二批"双变"改革试点项目中金岭南丹霞冶炼厂炼锌渣绿色化升级改造项目闪速熔炼炉整体联动试车取得成功。

10日 韶州体育公园工程建设基本完工，韶州体育馆全面完工，并投入使用。

11日 由省教育厅、省体育局主办，韶关市教育局、韶关市文化广电旅游体育局承办，省学生体育艺术联合会乒乓球协会、省乒乓球协会、韶州中学、中建三局集团有限公司协办的2022年广东省青少年乒乓球锦标赛在韶州体育公园开赛，来自省内10多个地市的67个代表队、432名运动员参赛。

同日 韶关市印发《关于促进房地产市场平稳健康发展的若干意见》并正式施行，有效期至2022年12月31日。

14日 "赓续星火时代共进"2022年华南研学主题系列活动暨《烽烟不绝读书声——粤北华南教育抗战历史展》开幕仪式在市博物馆举行。

15日 广东省委副书记、省长王伟中到翁源县检查指导防汛抢险救灾工作。

20日 中国农村卫生协会对2021—2022年度先进会员和先进单位进行表彰，广东省有18人获表彰，其中韶关市武江区西河镇卫生院院长邓伟华被评为"2021—2022年度优秀乡镇卫生院院长"。

21日 韶关市启动防汛Ⅰ级应急响应。

同日 省委书记李希到韶关百旺大桥、宝能内涝点调研城市河道水情和防汛救灾工作，晚上召开工作座谈会。

同日 中国旅游景区协会公布中国旅游景区创意大赛获奖名单，"广东省韶关曲江文旅IP——马坝人先生"项目获营销模式开发类作品全国示范奖。

22日 省委书记李希到乐昌市长来镇和村、大源镇永济桥村委狐狸坪附近滑坡点、乐昌峡水利枢纽调研防汛救灾工作。

25日 韶关市人民政府与鹏城实验室举行网点筹建合作框架协议签约仪式。

28日 广东省人民政府新闻办举行广东自贸试验区联动发展区建设新闻发布会，批准在广州、深圳、珠海、汕头、佛山、韶关、惠州、汕尾、东莞、中山、阳江、湛江、茂名13个地市设立广东自贸试验区联动发展区。其中，韶关联动发展区区域范围涵盖韶关高新区核心片区、翁源片区、新丰片区。基本思路为与南沙片区在大数据和高端装备制造业等领域开展合作，加强与前海蛇口片区在金融领域联动发展，对接横琴片区高端医疗健康和旅游等产业。

29日 韶关市举办走向大航天时代的数字韶关——空间信息助力数字韶关创新建设论坛，加快政产学研用协同布局，推动卫星遥感大数据产业高质量发展。论坛上，韶关卫星遥感大数据应用技术联合实验室正式揭牌成立；韶关学院、韶关市测绘研究院有限公司、广东碳中和研究院（韶关）分别与长光卫星技术股份有限公司签订战略合作协议。

同日 韶关市举办2022年韶关市"广东扶贫济困日"全社会助力乡村振兴活动仪式暨灾后复产重建爱心捐赠活动。捐赠活动上，市四套班子有关领导、市直及驻韶有关单位主要负责人及爱心企业、爱心社团和爱心人士代表参加捐赠活动并进行捐款。活动现场9家爱心企业举牌认捐1309万元。

同日 创明（韶关）绿色能源材料技术研究院揭牌，市科学技术局与季华实验室、创明(韶关)绿色能源材料技术研究院有限公司举行季华—创明(韶关)科技成果转化中心战略合作框架协议签约仪式。

30 日 2022 年全市第三季度项目集中开竣工活动暨明德电器(韶关)智能电网装备产业基地投产活动在明德电器(韶关)产业基地举行。

7月

5—6 日 广东省人大常委会主任黄楚平到韶钢、新华街道沙洲尾社区卫生服务中心、粤北华南虎省级自然保护区、曲江区马坝镇人大代表中心联络站调研。

5 日 广东省民族宗教事务委员会、广东省体育局、韶关市人民政府在乳源瑶族自治县召开广东省第七届少数民族传统体育运动会新闻发布会。

同日 在此新闻发布会上公布广东省第七届民族运动会的主题为“相会岭南新瑶乡，携手奋进新时代”，将于 8 月 22—28 日在韶关市乳源瑶族自治县举行。

10 日 周田电商小镇运营启动仪式暨省商务厅、省建工集团驻周田镇帮镇扶村项目推进会在仁化县周田镇举行。

13 日 韶关模具创新创业产业园动工暨集中签约活动在韶关高新区举行。现场举行产业园进驻企业集中签约活动，广东世承机械有限公司、东莞市锐锋精密刀具有限公司、东莞市禹林精密工业五金有限公司等 7 家企业与韶关模具创新创业产业园签约。

15 日 广府人联谊会支持韶关市抗洪救灾捐赠仪式在广州举行。

18—19 日 广东省人大常委会副主任叶贞琴带队到新丰县调研乡村振兴驻镇帮扶工作。

21 日 华南虎“梦梦”于 0 时 50 分在韶关华南虎繁育研究基地产下一只雄性华南虎幼崽，这是该基地开展繁育研究工作以来诞生的第五只雄性华南虎。“梦梦”在 2021 年创下“1 年 3 胎 4 崽”的纪录。

24 日 广东省第十三届中学生运动会开幕式以线上播出方式举行，全省各中小学校组织师生观看。赛程为 15 天，全省 21 个地市的 6000 余名运动员参加 12 个大项 252 个小项的比赛。

2022 年 7 月 10 日，仁化县周田电商小镇运营启动仪式暨广东省商务厅、省建工集团驻周田镇帮镇扶村项目推进会在仁化县周田镇举行。图为启动仪式现场 （张伟杰 摄）

25 日 中国(广东韶关)RCEP 食用菌国际采购交易中心建设暨“善美韶农”农产品推介出口活动在曲江区举办。在活动现场，中国(广东韶关)RCEP 食用菌国际采购交易中心正式揭牌，韶关预制菜产业联盟正式成立；韶关市重点产业企业代表与 RCEP 国家采购商签订合作协议，3 辆满载韶关食用菌的货柜车由海关查验封关，在与会代表的见证下举行发车仪式，正式启动出口泰国。

27 日 在专业品牌机构 Asiabrand 发起主办，中国亚洲经济发展协会、亚洲品牌网联合主办的“2022 品牌强国论坛暨中国科技创新品牌 500 强发布会”上，以韶关城投为第一大股东的深圳市朗科科技股份有限公司获“2022 中国科技创新品牌 500 强”和“中国科技创新最具潜力品牌”两项大奖。

29 日 由广东粤北华南虎省级自然保护区管理处、深圳市关爱行动公益基金会共同主办的“守护华南虎”中外交流故事会在华南虎园举行。

29—30 日 中国循环经济协会在 2022 年全国循环经济科技创新工作会议上颁发 2021 年“中国循环经济协会科学技术奖”，由韶钢、广东华欣环保科技有限公司、广东韶钢嘉羊新型材料有限公司、广州大学等单位共同完成的“钢铁工业固废协同激发新材料研究及应用”项目获一等奖。

31 日 韶关市举办庆祝中国人民解放军建军 95 周年活动，为 2022 年“韶关最美退役军人”“韶关最美军嫂”颁奖，并举行韶关市爱国拥军促进会和韶关市退役军人就业创业促进会合署办公揭牌仪式。

8月

1 日 粤港澳大湾区枢纽韶关数据中心集群起步区第一批项目集中开工活动在韶关高新区浈江产业园举行。5 个项目包括中国电信、中国移动、中国联通、广东广电以及中瀚云韶关数据中心项目集中开工，总投资 215 亿元。

同日 全市抗洪救灾总结暨灾后重建部署会议在市委会议中心召开。

5 日 由海南航空股份有限公司执飞的海口—韶关—西安航线开通。

6 日 由海南航空股份有限公司执飞的海口—韶关—沈阳航线开通。

7 日 广东省第十三届中学生运动会颁奖仪式在市区举行。广州市、深圳市、佛山市、中山市、东莞市、韶关市、湛江市、肇庆市代表队获得团体总分一等奖；珠海市、惠州市、清远市、江门市、梅州市、茂名市、汕头市、阳江市代表队获得团体总分二等奖；潮州市、河源市、揭阳市、汕尾市、云浮市获得团体总分三等奖。广州市等 21 个代表团获得“体育道德风尚奖”，韶关市人民政府、广州市教育局等 63 个单位获得“优秀组织单位”荣誉称号。

8 日 广东省第十三届中学生运动会闭幕。闭幕式以线上全流程展示方式举行。

9 日 韶关市人民政府办公室印发《韶关市卫生健康事业发展“十四五”规划》。

10 日 韶关市举办重型地中海贫血患者造血干细胞移植帮扶救助项目启动仪式。仪式上，举行韶关市重型地贫患者造血干细胞移植帮扶救助项目捐赠仪式，为在近一年内进行造血干细胞移植手术的 17 名家庭困难患儿，提供每人 5 万元的帮扶救助。

11 日 市委书记王瑞军主持召开市委常委会（扩大）会议、全市领导干部大会，省委常委、组织部部长张福海宣布粤委干〔2022〕392 号文件通知，省委决定：陈少荣任韶关市委书记，免去王瑞军的韶关市委书记、常委、委员职务；粤委干〔2022〕393 号文件通知，省委批准：提名陈少荣为韶关市人大常委会主任候选人，王瑞军不再担任韶关市人大常委会主任职务。

12 日 发展改革委、科技部、工业和信息化部、自然资源部等四部委公布 2021 年度产业转型升级示范区建设评估结果，韶关市再获优秀等次。

12—13 日 由广东省人民政府新闻办公室，香港、澳门中联办宣文部共同举办的“水•融”粤港澳大湾区人文摄影活动走进韶关。

17 日 在广东省第十六届运动会射击手步枪比赛甲组女子 10 米气步枪 60 发团体赛事中，韶关市代表队黄珍婷联合广州队区晓桐、欧阳永琦获得首枚金牌，这是韶关市射击项目近 20 年来在省运会上再次获得金牌。

同日 十三届市委第二轮巡察动员部署会在市委会议中心召开。市委常委、市纪委书记、市监委主任、市委巡察工作领导小组组长廖锦添出席会议并作动员讲话，市委常委、组织部部长、市委巡察工作领导小组副组长张丽传达中央、省委有关巡视巡察工作会议精神，宣布十三届市委第二轮巡察组长授权任职及任务分工决定。

18 日 韶关市首个税银互融“税 e 站”在中国农业银行浈江复兴支行揭牌启用，自此，“税 e 站”税费服务新模式在韶关全面落地。

同日 市公共数据开发服务有限公司揭牌仪式在市区举行。

19 日 第二十届广东省科协学术活动月开幕式暨粤港澳大湾区质量科技创新论坛在市区举行。

22 日 广东省委常委、政法委书记袁古洁到韶关市督导中共二十大维稳安保工作并召开调研座谈会。

23—27 日 由广东省民族宗教委、广东省体育局、韶关市人民政府主办的广东省第七届少数民族传统体育运动会在乳源瑶族自治县召开。来自全省 22 个代表团、37 个少数民族的 3300 余名代表和包括港澳台人士、宗教界人士在内的社会各界人士相聚乳源。2600 余名代表角逐 12 个竞赛项目前 8 名和 22 个表演项目的一等奖、二等奖、三等奖。在比赛中涌现的优秀选手，将代表广东省参加 2024 年在海南省举行的第十二届全国民族运动会。韶关代表团获得 8 个一等奖、21 个二等奖、14 个三等奖。

25 日 乳源政务服务中心被评为全省区县级标杆大厅。

29 日 全国政协经济委副主任、国务院参事、北京大学新结构经济学研究院院长林毅夫到韶关与市委书记、市长陈少荣在韶州宾馆会面。

同日 国家林草局生态保护修复司一级巡视员陈建武、省林业局局长陈俊光一行与市委书记、市长陈少荣在韶州宾馆会面。

同日 韶关市十五届人大常委会召开第五次会议。经过表决，决定接受王瑞军辞去韶关市人大常委会主任职务；推选凌振伟为韶关市第十五届人民代表大会常务委员会代理主任；任命张名泉为广东省韶关市人民检察院检察委员会委员。

30 日 粤闽赣湘桂五省（区）松材线虫病联防联治和防控效能评价活动在韶关举行。

31 日 广东国粤韶关综合利用发电扩建项目动工活动在国粤（韶关）电力公司举行。

月底 韶华科技项目一期建设试生产。

是月 广东粤北华南虎自然保护区工作人员通过红外相机拍摄到国家二级保护动物藏酋猴，这是该区域首次记录到藏酋猴活动的视频影像，也是该区域首次发现灵长类动物。

2022 年 8 月 23 日，广东省第七届少数民族传统体育运动会开幕式现场

（张伟 摄）

9月

2日 广东省委常委、宣传部部长陈建文一行到南华禅寺、马坝人遗址、韶阳楼、中共粤北省委五里亭旧址、灵潭村调研。

3日 市委书记陈少荣主持召开第46次市委常委会（扩大）会议，省委批准：陈志清任韶关市委委员、常委、副书记；提名陈志清为韶关市市长候选人，陈少荣不再担任韶关市市长职务。

同日 市委书记陈少荣主持召开市委十三届第47次常委会会议，市委决定：陈志清任韶关市人民政府党组书记，陈少荣不再担任韶关市人民政府党组书记职务。市委同意：提名陈志清为韶关市代理市长候选人。

4—5日 广东省委书记李希到车八岭国家级自然保护区、红围（中共广东省委粤北省委机关旧址）、周前古村、深渡水瑶族乡樟树林公园、全美花卉科技公司、万艺电商文创中心、湖心坝客家围楼群调研。

6日 韶关市十五届人大常委会召开第六次会议。会议决定接受陈少荣辞去韶关市人民政府市长职务；决定任命陈志清为韶关市人民政府副市长，决定陈志清为韶关市人民政府代理市长。

7日 全国“12345”政务热线运行质量排行榜出炉，韶关在全国普通地级市中排名第十五。

9日 乳源东阳光新能源材料有限公司年产5万吨磷酸铁锂正极材料扩建项目开工活动在乳源瑶族自治县举行。

同日 韶关市举行韶关数据中心集群第二批数据中心项目签约仪式，引进7家大数据优质企业。

20日 海运货轮顺强远鉴号停泊位于曲江区乌石镇的韶关港，成为首艘停泊韶关市的海运货轮，标志着北江航道告别海船进不了江、江船出不了海的历史，迎来江海直达时代。

23日 中国工程院院士、全国政协常委李卫一行到韶关参加“荟集韶城·璀璨未来”人才韶关行活动，并到企业、研究院等地调研。

26—27日 市第十五届人民代表大会第二次会议在广东南岭干部学院召开，选举韶关市人大常委会主任和韶关市人民政府市长。经无记名投票，陈少荣全票当选韶关市人大常委会主任，陈志清全票当选韶关市人民政府市长。

29日 韶关数据中心集群第三批数据中心项目签约仪式在韶州宾馆举行，引进2家大数据优质企业。

是月 韶关首个全国农作物病虫害绿色防控示范基地稻谷丰收，亩产425千克。

10月

8日 2022年第二批全国名特优新农产品名录公布，广东有36个产品入选，其中包括韶关市曲江沃柑、罗坝南瓜、翁源三华李、乐昌粤牧梅花猪、丽丰加州鲈鱼、南雄青脆李、南雄脐橙、南雄土猪肉8个农产品。韶关是此次入选的农产品数量最多的地级市。

9日 交通运输部、公安部、商务部公布第三批绿色货运配送示范工程创建城市名单，韶关成功入选，是2022年广东省唯一入选的城市。

19日 广东金色丹霞食品有限公司项目在大桥镇开工建设，项目投资1.2亿元。

25日 国家机关事务管理局、中央直属机关事务管理局、国家发展改革委、财政部印发《关于公布第二批节约型机关建成单位名单的通知》，国家税务总局韶关税务局获“节约型机关”称号。

27日 文化和旅游部公布第四批全国乡村旅游重点村名单和第二批全国乡村旅游重点镇（乡）名单，共298个乡村、重点镇（乡）入选。韶关市仁化县石塘镇石塘村入选第四批全国乡村旅游重点村。

同日 教育部教师工作司、中国教师发展基金会发布《关于公布2022年乡村优秀青年教师培养奖励计划人选的通知》，最终确定2022年乡村优秀青年教师培养奖励计划人选教师298人。广东共有12人，其中，韶关市曲江区樟市中学的教师彭紫芬入选。

28日 韶关市第一所公办专门教育学校——韶关市启航学校揭牌成立。

29日 韶关市入选国家第三批绿色货运配送示范工程创建城市。

是月 南雄市获评国家乡村振兴示范县。

11月

3日 省委书记黄坤明，省委副书记、省长王伟中，省委常委、秘书长张晓强到中共粤北省委五里亭旧址、韶阳楼、韶关金喆园生态农业有限公司、广东中南钢铁股份有限公司调研。

同日 国家林业和草原局发布《关于授予北京市石景山区等26个城市“国家森林城市”称号的决定》，韶关名列其中，再添一张“国字号”生态名片。

同日 中国农民丰收节组织指导委员会发出通报，公布100个丰收节庆特色活动名单，韶关乳源瑶族自治县“大桥石鲤”禾花鱼美食文化旅游节是广东省入围的4个活动之一。

9日 韶关市人民政府办公室印发《韶关市加快营利性服务业发展若干措施》。

11日 由科技部指导，科技部火炬中心、广东省科学技术厅主办，韶关市科学技术局承办的第七届中国创新挑战赛（广东·韶关）举办。赛事以“线上”方式展开，需求方、揭榜方及科研院所、行业协会等代表2.2万人在线观看。

14日 广东韶关烟叶复烤有限公司生产的一批重达314吨、货值96.46万美元的烟叶，经韶关海关检验检疫合格后首次发往越南，标志着韶关烟叶成功开拓RCEP市场。

19日 中国生态文明论坛南昌年会对第六批生态文明建设示范区（生态工业园区）、“绿水青山就是金山银山”实践创新基地进行命名，韶关市入选全国第六批生态文明建设示范区。

同日 11时10分，由首都航空公司执飞的JD5773次航班降落韶关丹霞机场，标志着南京—韶关—丽江航线首航成功。

22 日 国家林业和草原局发布《国家林业和草原局办公室关于公布 2022 年度林业碳汇试点市（县）和国有林场森林碳汇试点名单的通知》，全国 18 个市（县）入选，韶关名列其中。

28 日 农业农村部发布 2022 年畜禽养殖标准化示范场名单，全国共有 207 家畜禽养殖场符合标准入选，韶关市武江区优百特养殖有限公司入选。

29 日 中国科协印发《关于命名 2021—2025 年第一批补充认定的全国科普教育基地的决定》，474 个单位入选。其中，韶关市南岭一峰科普生态园位列其间，有效期至 2025 年。

同日 广东省教育厅公布 2022 年广东省中小学科技教育劳动实践活动评选结果。部分优秀作品被推选参加全国学生信息素养提升实践活动。韶关市张九龄纪念中学学生徐炜婧的作品《国粹京剧》获“创新之星”奖。

12月

1 日 《韶关市职工基本医疗保险门诊共济保障实施细则（试行）》施行，标志着国家、省关于职工医保门诊共济保障改革在韶关市全面落地实施，覆盖全市 68.52 万名职工医保参保人。

14 日 农业农村部农产品质量安全中心公布 2022 年第三批全国名特优新农产品名录，韶关市的龙归丝苗米、龙归生猪、长坝沙田柚、翁源鹰嘴桃、翁源水晶梨、翁源红茶、翁源麻鸡、大桥石鲤、乐昌翡翠李、乐昌无花果 10 个农产品榜上有名，入选数量位列全省第一。

2022 年 12 月 20 日，地处珠江水系、位于北江航道濛浬枢纽下游 2 公里处的韶关港乌石综合交通枢纽一期工程投产运营。图为韶关港乌石综合交通枢纽一期工程的悬臂斗轮堆取料机 （张伟杰　摄）

15 日 东莞韶关对口帮扶第十五次联席会议暨乡村振兴工作会议在韶关召开，12 个亿元以上的重大项目在会上进行集中签约。会议举行“莞韶圆梦助学”冠名基金启动仪式。

15—17 日 韶关市第十五届人民代表大会第三次会议在韶关市区召开，依法选出黄楚平等广东省第十四届人民代表大会代表 30 名。

19 日 乐昌市九峰镇被确定为 2022 年国家级全域森林康养试点建设镇。

20 日 2022 年全市重点项目集中开竣工暨韶关港乌石综合交通枢纽一期工程投产活动在曲江区乌石镇韶关港港区举办。

26 日 一品红广东瑞石创新原料药项目动工活动在韶关翁源经济开发区举行。

27 日 共青团中央、教育部、全国少工委联合发布《关于表彰 2022 年度全国优秀少先队员、全国优秀少先队辅导员、全国优秀少先队集体的决定》，授予 656 名少先队员全国优秀少先队员称号，授予 449 名少先队辅导员全国优秀少先队辅导员称号，授予 600 个少先队大、中队全国优秀少先队集体称号。其中，韶关市仁化县城北小学少先队员邓诗琦、韶关市韶钢第四小学少先队总辅导员李亚丽分别获评全国优秀少先队员和全国优秀少先队辅导员，韶关市新丰县城第一小学少先队大队获评全国优秀少先队集体。

同日 中华人民共和国司法部印发《关于表彰全国行政执法先进集体和先进个人的决定》。韶关市乐昌市消防救援大队获评“全国行政执法先进集体”。

是月 位于仁化县境内的丹霞山国家级自然保护区首次发现竹类新变种——丹霞单枝竹，于 12 月在《热带亚热带植物学报》发表。

是月 仁化县被评为广东省第一批国家县城商业建设行动示范县。

（梁志坚　叶志威）

一品红创新原料药项目动工 （张伟　摄）

市情概览

自然地理

【位置面积】 韶关位于广东省北部，北界湖南郴州，东邻江西赣州，东南面、南面和西面分别与本省河源、惠州、广州及清远等市接壤。介于北纬23° 53′ —25° 31′ 、东经112° 53′ —114° 45′ ，东起南雄市界址镇界址村，西至乐昌市三溪镇丫告岭村，北自乐昌市白石镇三界圩村，南至新丰县马头镇路下村。全市总面积1.84万平方千米，居广东省第二位，市区面积2870.66平方千米。

【地形地貌】 韶关地形以山地丘陵为主，河谷盆地分布其中，平原、台地面积约占20%。自北向南三列弧形山系排列成向南突出的弧形，构成粤北地貌的基本格局：北列为蔚岭、大庾岭山地，长140千米；中列为大东山、瑶岭山地，长250千米；南列为起微山、青云山山地，长270千米。其间分布两行河谷盆地，包括南雄盆地、仁化董塘盆地、坪石盆地、乐昌盆地、韶关盆地和翁源盆地。地势北高南低，北部地势为全省最高，位于乳源、阳山、湖南省交界的石坑崆，海拔1902米，为广东第一高峰。南部地势较低，市区海拔最低35米。

【气候水文】 2022年，韶关市天气气候总体特征是开汛偏早，“龙舟水”强，降水极端洪涝严重，高温日数多强度强，9—10月气象干旱明显。全市平均降雨量2131.6毫米，较常年偏多26%。月降水量最多6月732.2毫米，最少10月0.7毫米。全年全市各县（地面遥测站资料）出现降水量≥50毫米的暴雨平均天数9天，较常年平均偏多3.4天。“龙舟水”期间（5月21日至6月21日），全市平均降水量847.2毫米（全省最多），较历史同期偏多1.9倍，突破历史极值。全市年平均气温20.6℃，较常年(20.4℃)偏高0.2℃，最高翁源20.9℃，最低仁化20.2℃。全市平均高温年日数（最高温度≥35℃的日数)49.6天，较常年（29.2天）偏多20.4天。全年全市各地总日照时数为1652小时，比常年平均(1538.6小时）略偏多。全年韶关市有大型水库6座，中型水库33座，小型水库624座，万方以上山塘2186座，水闸22座，总蓄水库容37亿立方米。水利工程年供水量19.43亿立方米，耕地有效灌溉面积178.39千公顷。有小水电站2114宗，总装机容量184万千瓦，多年平均发电量50亿千瓦时。全市地表水资源量249.13亿立方米，折合年径流深1355.1毫米，比2021年偏多66.1%，比多年均值偏多36.1%。全市地下水资源量61.02亿立方米（不含中深层地下水），比2021年偏多66.8%，比多年均值偏多38.3%。全市36座大中型水库，大、中型水库年末蓄水量14.42亿立方米。全年韶关市供用水量18.11亿立方米，其中地表水源占94.9%，地下水源占1.6%，其他水源占3.5%。总用水中：农业用水占75.6%，工业用水占9.4%，城镇公共用水占3.7%，居民生活用水占10.1%，生态环境用水占1.2%。全市用水消耗量9.22亿立方米，水资源利用率7.3%，比2021年减少40.4%。2022年7月以后持续高温少雨，7月11日至10月31日全市平均降雨量124.2毫米，比常年同期(444.1毫米）偏少72%，比2021年同期(349.8毫米)偏少64%，破历史同期雨量最少纪录。（余汉清　刘　蔚）

【资源物产】 2022年，韶关市土地总面积184.13万公顷，居广东省第二位。农用地面积171.65万公顷，建设用地面积8.58万公顷，未利用地面积3.90万公顷。截至2022年12月31日，全市发现矿产有88种（全国173种，广东省151种)，已查明资源储量的有51种(全国162种，广东省104种)，比较典型的有仁化凡口铅锌矿、曲江大宝山铜多金属矿等。韶关市共有采矿权56个，探矿权22个。韶关市森林覆盖率74.52%，林地面积144.59万公顷，森林面积137.23万公顷，森林蓄积1.05亿立方米，碳储量53.59亿吨。公益林Ⅰ级23.7万公顷，占34.49%；Ⅱ级29.95万公顷，占43.59%；Ⅲ级15.06万公顷，占21.92%。全市有国家级公益林29.83万公顷，占43.41%；省级公益林38.88万公顷，占56.59%；防护林35.79万公顷，占70.62%；特用林12.76万公顷，占25.17%；用材林2.11万公顷，占 4.16%；薪炭林 0.02 万公顷，占 0.05%。韶关市发现 6 种新物种，分别是丹霞山铁角蕨、东方卷柏、蓝黑圆孔牛肝菌、丹霞冷水花、短细突野螟和香花荛花；发现 5 种广东省新记录物种，分别是土佐景天、浙江木蓝、墙草、寻乌阴山荠和浙江乳突果；发现 1 种新变种，为丹霞单枝竹。

（朱思武　周　笑）

【环境质量】 2022 年，韶关市区空气中二氧化硫、二氧化氮、可吸入颗粒物、细颗粒物年均浓度、一氧化碳日均浓度（第 95 百分位数）、臭氧日最大 8 小时浓度（第 90 百分位数）分别为每立方米 0.011 毫克、每立方米 0.015 毫克、每立方米 0.035 毫克、每立方米 0.022 毫克、每立方米 0.9 毫克、每立方米 0.155 毫克，均优于国家二级标准。市区全年空气质量指数优、良天数为 336 天，优良率 92.1%。域内各县（市、区）空气质量指数优良率介于 90.8%—99.7%，环境空气六项指标（PM2.5、PM10、二氧化硫、二氧化氮、一氧化碳、臭氧）年均评价浓度均达到国家环境空气质量二级标准。13 个地表水国考断面水质优良率 100%，县级以上集中式饮用水水源水质达标率为 100%。区域生态质量指数（EQI）77.4。有自然保护地 105 个的总面积 4549 平方千米，占辖区面积的比例为 24.71%。

（向丽霞）

建置区划

【建置沿革】 今韶关市所属各县（市、区），因受南岭山脉的阻隔，上古时代与中原联系甚少。秦统一六国，始皇帝三十三年（前 214 年）略定扬越，置南海、桂林、象郡。今粤北各地其时均未建县。高祖建汉后，本境开始建县。元鼎六年（前 111 年）平南越后，以粤北 5 个县内属桂阳郡，郡治在郴（今湖南省郴州市），隶于荆州。东汉时期，省阳山县，并入含洭县。两汉时期，今南雄、始兴一带尚未独立建县，地属扬州豫章郡南野县（古代野同埜，或写作壄）。三国两晋及南北朝时期，开始在粤北设郡置州。南朝时期，朝代更替和州郡废置频繁，建置沿革较为复杂。隋唐时期，全国重新统一，粤北建置渐趋稳定。唐韶州先后领 3 个县、6 个县、3 个县，唐贞观元年（627 年），韶州属岭南道。五代时期，后梁乾化元年（911 年），韶州领 6 个县。宋元以后，南（雄州）、韶（州）、连（州）三地的建置，或为州、为路、为府，辖区大体不变。到元末，设韶州路、南雄路 2 个路及英德州 1 个州，属广东道。明朝英德州降为县，韶州府、南雄府 2 个州辖 8 个县。清沿明制，韶州府建置一直不变，领 6 个县。南雄府于清朝降为直隶州（保昌附郭），领 1 个县。以上府、州，均隶属于广东省。民国时期，粤北属广东省。地方政权建置的变化也甚频繁。1912 年，在粤北初置军事机关南韶连绥靖处，兼管地方行政，驻韶关。下辖 11 个县，包括韶关市全境。到 1949 年 4 月，粤北分置 3 个行政督察区，辖 15 个县。中华人民共和国成立后，粤北境内的行政机构设置及其隶属关系，也有过多次变革。1949 年，先后将南雄、韶关作为韶关市区，1949 年成立韶关市人民政府，辖韶关市区。1949 年、1950 年，北江临时人民行政委员会先后改称北江人民行政督察专员公署、北江区行政督察专员公署，辖 16 个县、1 个市。1951 年，北江区行政督查专员公署辖 15 个县、1 个市。1952 年，设立粤北行政公署，辖 19 个县、1 个市。1956 年，改置韶关专员公署，辖 16 个县、1 个市。1957 年，辖 17 个县、1 个市。1958 年，辖 9 个县、1 个市。1963 年，韶关专区的辖区再度变为 15 个县、1 个市。1977 年 1 月，韶关市升格为省直辖市，脱离地区建署，韶关地区下辖 13 个县，韶关市下辖 1 个县。1983 年 6 月，韶关地区与韶关市合并，统一称为韶关市（地级市），下辖市区和 12 个县。1984 年 9 月，韶关市下辖 3 个区 12 个县。1988 年 1 月，韶关市辖 3 个区 8 个县。1996 年 6 月，韶关市下辖 3 个区、2 个县级市、6 个县。2004 年 5 月 29 日，韶关市设立曲江区。广东省从 2010 年 10 月 1 日开始试行省直管县财政改革，韶关市南雄市、仁化县、乳源瑶族自治县、翁源县分别于 2010 年、2013 年、2014 年、2015 年成为广东省直管县财政改革试点地区。

【行政区划】 2022 年，韶关市辖浈江区、武江区、曲江区、仁化县、始兴县、翁源县、新丰县、乳源瑶族自治县，代管乐昌市、南雄市，有乡镇 95 个（其中 94 个镇，1 个瑶族乡），10 个街道办事处，1207 个行政村，237 个社区。转发《广东省民政厅关于印发〈广东省行政区划变更审核工作指引（试行）〉等 4 个工作指引的通知》文件，指导各地学习准确掌握文件精神实质和要求，共同研究韶关市行政区划设置历史经验，组织开展研究，拟定行政区划总体规划思路。与市直各部门做好工作沟通协调，倡导各单位部门遵循“要坚持行政区划保持总体稳定，做到非必要的不调、拿不准的不动、时机条件不成熟的不改”。对待行政区划更名，不随意更改老地名，不为解决韶关市存在的经济问题、社会问题轻易调整行政区划。逐步完善行政区划调整标准体系，加强行政区划同相关政策、规划、标准的协调衔接。在收到中发〔2022〕24 号文后，市委主要领导要求适时在市委常委会会议传达学习文件精神，并作出批示：由民政牵头，会同相关部门健全体制机制，做好统筹规划，优化行政区划设置。

【界线管理】 2022 年，韶关市完成第四轮赣粤线界线联检工作任务。市民政局会同赣州市民政局，组织相邻县（市）对粤赣线全长 420.71 千米的韶关—赣州段开展联合检查，经各相关县（市）民政部门实地勘察，对照赣粤线勘界协议书及其附图，确认界线实地走向清晰易辨，界线两侧周边地形地貌无明显变化，界桩无损坏，并对联检工作进行总结形成联检报告。印发《韶关市民政局关于做好各级行政区域界线管理工作的通知》，督促各地要规范各级界线日常维护管理工作，并落实各级界线委托管理经费。

（植俊锐）

2022年韶关市行政区划简明一览表

表1

县（市、区）名	镇（乡、街道办）名	乡镇数（个）	街道数（个）	行政村数（个）	社区数（个）
浈江区	花坪镇、犁市镇、乐园镇、十里亭镇、新韶镇、风采街道、东河街道、车站街道	5	3	48	47
武江区	重阳镇、江湾镇、龙归镇、西联镇、西河镇、新华街道、惠民街道	5	2	49	40
曲江区	马坝镇、白土镇、樟市镇、罗坑镇、大塘镇、枫湾镇、小坑镇、沙溪镇、乌石镇、松山街道	9	1	85	25
乐昌市	廊田镇、北乡镇、长来镇、乐城街道、九峰镇、两江镇、沙坪镇、云岩镇、秀水镇、梅花镇、庆云镇、白石镇、黄圃镇、坪石镇、三溪镇、大源镇、五山镇	16	1	195	20
南雄市	界址镇、坪田镇、乌迳镇、油山镇、黄坑镇、邓坊镇、珠玑镇、湖口镇、江头镇、水口镇、南亩镇、主田镇、古市镇、全安镇、帽子峰镇、澜河镇、百顺镇、雄州街道	17	1	208	28
仁化县	董塘镇、石塘镇、丹霞街道、长江镇、扶溪镇、闻韶镇、城口镇、红山镇、周田镇、黄坑镇、大桥镇	10	1	109	16
始兴县	太平镇、马市镇、顿岗镇、沈所镇、城南镇、澄江镇、罗坝镇、司前镇、隘子镇、深渡水瑶族乡	10	0	113	14
翁源县	龙仙镇、坝仔镇、江尾镇、翁城镇、官渡镇、新江镇、周陂镇、铁龙镇	8	0	156	18
新丰县	丰城街道、黄礤镇、马头镇、梅坑镇、沙田镇、遥田镇、回龙镇	6	1	141	16
乳源瑶族自治县	乳城镇、一六镇、游溪镇、桂头镇、必背镇、大桥镇、东坪镇、大布镇、洛阳镇	9	0	103	13
合计		95	10	1207	237

（资料来源：市民政局）

历史人文

【历史文化】 韶关地区自古人文荟萃。侯安都佐陈霸先建立起陈王朝（南朝）。韶关风烈路就是因侯安都的风烈可钦而留传。唐朝名相张九龄开凿梅岭古道，成为连接南北交通的主要孔道，后人誉之为“古代的京广线”，有著名诗篇《感遇》十二首及《望月怀远》传世。北宋时期的政治家、外交家余靖官至工部尚书。余靖在南海做官十年，离任时不带走南海一物，以“风采清华”称颂于世，后人在韶关建风采楼、以“风采”为路名纪念他。唐代诗人邵碣、明朝清官谭太初、明朝大将陈璘、清代文学家廖燕也都生长于此。民国著名茶商池秉德掌舵着一家有"乌龙世家"之称的龙德记茶庄，把乌龙茶贸易拓展到世界各地，被誉为中国近代茶业复兴的先行者。抗日名将张发奎、薛岳为抗日战争做出贡献，革命英雄李任予、余贵等为中国革命事业献出宝贵生命。当代韶关地区名人有数学家朱熹平，美籍油画家涂志伟，运动员侯晓兰，生态专家潘晓玲，植物遗传学家、中国科学院院士刘耀光。韶关地区留有达官显贵、文人墨客在此游历的古迹和史话。唐宋诗人韩愈、苏轼、杨万里等都曾留下歌咏韶关山水的名篇佳作。孙中山曾两度率国民革命军在韶关誓师北伐。中国工农红军二万五千里长征曾在韶关留下足迹。毛泽东、朱德、邓小平、彭德怀、陈毅等革命家都在韶关战斗过。抗战期间，韶关为国民党战时省会。中共广东省委、粤北省委也曾设在韶关。佛教禅宗六祖惠能在韶州弘法 37 年，建寺 1520 年的南华禅寺是禅宗六祖慧能弘扬南宗禅法的发源地，寺内供奉着六祖慧能的真身，保存着中国历史上第一部佛教经典《六祖坛经》和众多文物。韶关市是世界上著名的红层古生物圈恐龙的故乡，是 12.9 万年前"马坝人"的故乡，是石峡文化和海外瑶族的发祥地。韶关素有"岭南名郡"之称，在历史长河中，以石峡文化为开端，形成珠玑姓氏迁徙文化、禅宗文化、红色文化、工矿文化、客家文化、瑶族文化等具有地方特点的"韶文化"。地方剧种有粤北采茶戏等。瑶族盘王节、采茶戏（粤北采茶戏）、瑶族刺绣、龙舞（香火龙）、瑶族民歌、珠玑巷人南迁传说 6 个项目入选国家级非物质文化遗产保护名录。到 2022 年年底，全市有文物保护单位 395 个，其中国家级 10 个、省级 57 个。

【红色文化】 韶关市红色资源丰富，红色古迹和红色故事众多，大革命、红军长征和北江农民革命运动等均在韶关留下过印记。2022 年，韶关市依托仁化县城口镇红军长征粤北纪念馆、石塘镇石塘古村双峰寨等一批红色教育基地，开设一批红色教育精品课程。挖掘红色教育资源。市委党史研究室、市委机要和保密局编撰《韶关市红色保密故事》。活用红色资源。市委老干部局打造"光辉岁月、百炼成钢——韶关老干部红色记忆展"。夯实红色教育阵地。2022 年，韶关市博物馆开展"红色故事进校园""红色小讲解员""红色展览进校园"等活动。市博物馆讲解员利用节假日在市博物馆和中共广东省委粤北省委旧址纪念馆开展小讲解员培训活动，累计培养 35 名青少年讲解员为群众免费讲解 72 场次。将红色主题融入教育工作。韶关市博物馆将《党的光辉照南粤》红色主题展览送入市一中、市八中、余靖小学、红星小学和韶关实验中学 5 所学校，有 2 万名师生参加活动，培养学生讲解员 92 名。打造红色文创精品。组织文创团队对韶关市革命历史资源进行挖掘，打造一批红色文艺精品。推出纪录片《烽火逆行——粤北华南教育抗战史全纪录》、系列微纪录片《红色韶关党史故事》、情景剧《永不消逝的电波》、采茶调音乐剧《又一个春天》、歌舞剧《你来过》、话剧《烽火学堂》《无畏的青春》、采茶戏《智送情报》《花鼓戏守》、歌曲《烽火书声》等文艺精品。深入挖掘、整理、研究红色史料，完善"红色族谱"，出版发行《中共韶关历史简明读本》《韶关革命历史文献资料汇编》《韶关革命历史图文集》《朱德在韶关的革命活动》《广东红路——红军长征在粤北》等红色著作。

【方言】 粤北的汉区，方言土话多。在汉语方言中，依使用人口多少为序，以客家方言为主，粤方言次之，此外还有粤北土话，以及赣方言、湘方言、闽方言、北江船话等。粤北的土著居民最早用各自的母语。客家人和广府人大量入迁以后，粤北土话的地盘不断缩小，被分割形成许多互不相连的方言小区。客家方言分布很广，主要分布在翁源县、始兴县、曲江区、仁化县、乳源瑶族自治县、南雄市、乐昌市。粤方言在粤北的传播最早始于清代来往于曲江等地的广府行商，在当地落籍。到民国初，也有部分广府人从清远、阳山等地迁入。抗日战争期间，广东省府及部分机关、学校迁到韶关市、乐昌市等地，广州话在粤北成为官场、机关、学校的通用语。加之后来铁路、公路和水上交通不断改善，物产集散和人员往来渐广，粤方言成为社会交际的共同语。这些方言主要分布在韶关市区、乐昌市、曲江区、乳源瑶族自治县。粤北土话是粤北土著居民使用的汉语方言。通行的粤北土话有 19 种，分布在韶关市西郊及浈江、武江和北江沿岸的部分村庄，曲江区、南雄市、仁化县、乐昌市的部分乡镇和村。其他汉语方言有赣语、湘语、闽语潮汕话、北江船话等。前三种主要分布在南雄市界址镇、梅岭村、乐昌市老坪石、河南乡镇、乳源瑶族自治县桂头镇杨溪等地。北江船话分布在乐昌市坪石、乐昌市县城及以南等地。

【风俗】 韶关历史悠久，中原文化、岭南文化、外来文化在韶关地区交融渗透，使韶关民俗既有岭南基本的民俗特色，又有中原地区、山区的习俗风貌。二十四节气生产习俗，山区有春种田基豆、冬放野牛、打横塘、捡油茶等各种习俗。经商贸易讲究择吉开张、注重招牌，有赶墟日（定期集市）、赊销等习俗。居住方面，农村多以姓族聚居，讲究风水择地而居，有姓族大屋（檐街屋）、围龙屋、"四点金"住宅、骑楼式住宅、围楼、"小康房"等住宅类型。饮食方面，注重节日饮食，讲究吃"团年饭""团圆饭"，有炒米饼、米糕、油糍、灰水糍、艾糍等十数种有特色的年节食品，民间普遍重视传统节日，有尝新节、冬至节等。婚俗方面，农村仍有哭嫁、送嫁、迎亲、拜堂、闹洞房等古俗遗风。民间重视传宗接代和靠子女养老送终，还有修族谱家谱、春节清明祭祖及订立族规、奖励读书等传统。瑶族、畲族有各自独特的风情习俗，在姓名称呼、起居饮食、衣冠服饰、喜庆禁忌、社会风尚等各方面富有当地民族特色。

人口 民族 宗教

【人口】 2022 年，韶关市户籍人口 336.71 万人、比 2021 年下降 0.01%，其中城镇人口 151.16 万人，户籍人口城镇化率 44.89%。年末常住人口 286.18

万人，比2021年年末增加0.17万人。其中，城镇常住人口167.54万人，比2021年年末增加1.29万人，常住人口城镇化率58.54%，比2021年年末提高0.41个百分点；乡村常住人口118.65万人，比2021年年末减少1.11万人。全年出生人口2.08万人，出生率7.28‰；死亡人口1.91万人，死亡率6.68‰；自然增长人口0.17万人，自然增长率0.60‰。

【民族】 韶关市是广东省少数民族主要聚居区之一，少数民族总人口5.6万人，占全市总人口的1.66%。世居少数民族为瑶族和畲族，其中瑶族3. 4万人、畲族0.6万人，主要分布在乳源瑶族自治县和始兴县、南雄市、曲江区、翁源县、仁化县、乐昌市、武江区8个县(市、区)的51个乡镇、130个行政村。辖有1个自治县即乳源瑶族自治县和1个民族乡——始兴县深渡水瑶族乡。外来少数民族人口约1.6万人，有壮族、苗族、土家族等41个少数民族成分。

【宗教】 2022年，韶关是广东省宗教工作重点市之一。全市有佛教、道教、伊斯兰教、天主教、基督教5种宗教。有全市性宗教团体4个，分别为韶关市佛教协会、韶关市道教协会、韶关市天主教爱国会和韶关市基督教三自爱国会；有宗教活动场所54个（其中佛教22个，道教4个，天主教7个，基督教21个），另有1处伊斯兰教临时聚会点；有登记备案宗教教职人员336人（其中佛教僧、尼282人，道教乾道、坤道10人，天主教神父、修女10人，基督教牧师、长老、传道34人）；有宗教院校2所，分别是广东佛学院曹溪学院和云门学院。有造册备案民间信仰活动场所287处，其中13处实行登记编号管理。 （刘秀易）

韶关标识

【客家文化聚居地】 韶关市拥有290多万客家人，境内90%都是客家人，是广东客家三大聚居地之一，被称为“客家第五州”。韶关被称为“岭南名郡”，也是历代南迁移民的中转站与聚居地。留在韶关的移民与当地土著、少数民族不断融合，形成既不同于本地文化又与外来汉民原有文化不同的新文化——客家文化。韶关市与广东梅州市、河源市、惠州市及福建省闽西地区、江西省赣南地区等地同为客家人的聚居地。在历代移民过程中，中原汉民通过五岭之间的孔道进入岭南，韶关成为入粤第一站。移民或留在这里安家生活，或在此修整过后继续迁移。东晋末年，北方长期战乱迫使大批中原居民南迁，移民在入粤后多在韶关驻足，进而决定去留。唐安史之乱后，北方移民大规模南迁至福建、赣南地区，部分经大庾岭进入韶关，使得韶关户数短期内从7000户增至1.8万户。在宋元交接之际，元军南下至福建，原本驻足在粤北地区的移民再次迁徙，人口的流失使南雄州降为保昌县。从路、州、县的建置变化可以看出当地户口损耗严重，也可以说明韶关地区的发展与移民密不可分。境内多处保存有围屋、堂横屋、围垅屋等客家特色民居，始兴境内更保存有围楼300多座。韶关的纯客县有仁化县、始兴县、翁源县，非纯客县为南雄市、曲江区、乐昌市、乳源瑶族自治县。涌现出唐代名相张九龄、宋代名臣余靖、明代抗倭名将陈璘及抗日名将张发奎、薛岳等大批客家名人。历史名胜古迹有国家AAAAA级旅游景区、世界地质公园丹霞山，禅宗六祖惠能弘扬“南宗禅法”的发源地南华寺等。

【广府文化发祥地】 韶关被誉为“广府文化发祥地”，位于韶关东北部的南雄珠玑古巷是广府人南迁的起点，广府文化诞生于此，被海内外广府人共同认定为故里。因为历史上几次较大规模的人口南迁，韶关基本都在其中，而位于韶关南雄的珠玑巷则逐渐成广府文化的主要发祥地。公元716年，张九龄奉诏开凿大庾岭路，促进中原地区和岭南地区的文化交流和经贸往来的同时，随后许多中原人因各种原因通过梅关驿道来到南雄，一部分在短暂停留之后，陆续迁往如今的广州、佛山、东莞、珠海、中山、江门，乃至中国香港、中国澳门及海外。珠玑古巷位于广东韶关南雄市珠玑镇，古巷全长1500多米，里面基本一栋建筑一个姓氏。从珠玑古巷迁徙出去的姓氏186姓，后裔8000多万人，遍布世界各地，因此，南雄又被誉为“中国姓氏文化名都”。这些姓氏以珠玑古巷为中华民族拓展南疆的中转站，从这里出发，自唐朝开始一路向南迁移，但最重要的迁移事件，发生在北宋末期至元代初期的两百多年间。发生人口迁徙的原因是为逃避天灾地劫，还有战乱。当时，有些人是走陆路，经大庾岭，进入岭南，然后居住在珠玑巷，也有部分是经水路分乘竹排夜船到达。众多族谱都记载宋代这次大迁移。珠玑巷只是一个中转站，这些来自中原的移民，战乱期间，珠玑巷居民又一批一批地结伴同行，南迁到珠江三角洲地区。南迁的中原人除平民，还有不少士大夫阶层，是他们把中原地区先进的文化和农耕技术传播到当时尚属蛮荒之地的岭南地区。珠玑古巷是全国三大寻根地之一，被誉为“中华文化驿站，天下广府根源”。珠玑古巷中有各姓氏的祠堂，在祖居纪念区内，基本上都能找到现居珠三角一带的广府人的姓氏。

【马坝人的故乡】 12.9万年前的旧石器时代的古人类头盖骨于1958年在广东省韶关市曲江区城区西南2公里处的马坝镇被发现。专家因其于曲江马坝发现，故称其为“马坝人”头骨化石，此古人类称其为“马坝人”，由此而称此处为马坝人遗址，韶关成为马坝人的故乡。“马坝人”是介于中国猿人和现代人之间的古人类，它为完善中国原始人类发展序列提供相当重要的资料，是迄今为止广东省唯一的一处古人类化石遗址。马坝人化石的发现扩大中国早期智人的分布范围，在其发现之时填补中国华南人类进化系统上的空白。而其与较晚时期发现的云浮蟠龙洞人、封开罗沙岩人共同初步勾画出华南地区旧石器中期人类的演化进程。1960年，马坝人遗址被韶关市人民政府公布为市级文物保护单位；1961年10月，马坝人遗址被广东省人民政府公布为第一

2022 年马坝人遗址全景　　（市文广旅体局　供图）

批省级文物保护单位；2001 年，马坝人遗址和石峡遗址被评为“中国 20 世纪 100 项考古重大发现”；2001 年 6 月，马坝人遗址和石峡遗址合并，被国务院公布为第五批全国重点文物保护单位。

【石峡文化发祥地】　距今 4000 多年前新石器时代晚期的文物于 1972 年在马坝人遗址所在的狮子岩“狮头”“狮尾”之间的峡谷地带被发现，发现地被称为石峡遗址，石峡遗址留有的房屋遗迹、农作物化石、墓地和出土的石器、陶器、玉石器被称为“石峡文化”。因石峡文化被发现于广东省韶关市曲江区石峡遗址，因此韶关被誉为石峡文化发祥地。1975 年底至 1978 年底，经过三次发掘，揭露面积 3666 平方米，清理墓葬 132 座。石峡遗址有四个时期的文化遗存，分别为新石器时代文化层、新石器晚期文化层、早期青铜文化层、晚期青铜文化层（该层相当于中原地区西周晚期至春秋时期）。遗址内发现有房址、灰坑、陶窑、墓葬等遗存。出土有各种石器、陶器、骨器、玉器等遗物 3000 余件。石峡文化的经济以农业为主，在遗址中已出土发现稻谷等农作物，农具已出现先进石制器械，以石锄、段石锛等石器为代表，劳作效率相对较高。陶器中也出现少量的印纹陶。在石峡遗址中发现的墓地，大部分是二次迁葬墓，而且出土的随葬品，往往是两套，一套是连同人骨从原墓迁移过来的，已经破碎，一套是迁葬时新埋进去的，仍然完整。有的墓葬还随葬有成套的木工工具，说明已经出现当时属于社会上层的专业木匠。晚期大小墓差别明显，反映出贫富分化和社会已出现特殊阶层。石峡文化与岭南地区土著文化明显有别，少数陶器具有良渚文化特征，与北邻的江西赣江流域樊城堆文化关系最为密切，有人将两文化并称为樊城堆—石峡文化。石峡遗址的发现和发掘，填补岭南秦汉以前古文化的空白，为探讨该地与邻近省区及东南沿海地区同时期文化之间的关系提供实物资料。2001 年，石峡遗址被评为“中国 20 世纪 100 项考古大发现”。2001 年 6 月 25 日，石峡遗址被中华人民共和国国务院公布为第五批全国重点文物保护单位。2021 年 10 月 12 日，石峡遗址入选国家“十四五”时期大遗址名单。

（韶关年鉴编辑部）

经济社会发展

【经济建设】　2022 年，韶关市安排市重点项目 319 个，年度计划投资 400.5 亿元，实际完成投资 408 亿元，为年度计划投资的 101.9%。新开工建设韶关市明阳光伏发电、广东国粤韶关综合利用发电扩建等 157 个项目。三次产业结构比重由 2021 年的 13.9∶36.1∶50.0 调整为 14.4∶35.6∶50.0。农林牧渔业总产值 376.01 亿元，比 2021 年增长 4.9%。全年粮食播种面积 12.23 万公顷，比 2021 年增长 1.5%，粮食产量 75.9 万吨，比 2021 年增长 0.6%，实现面积、产量“四连增”。全市现有全国名特优新农产品、省级现代农业产业园、省级“一村一品、一镇一业”专业镇村等总数均居全省第一位，国家级农业产业园实现“零的突破”，曲江区申报预制菜省级现代农业产业园，组建韶关预制菜产业联盟，拥有 70 余家预制菜生产企业、科研院所、金融保险机构和社会组织等加入联盟。韶关市在全省乡村振兴战略实绩考核中，连续 3 年获全省优秀等次，其中，南雄市入选国家乡村振兴示范县创建名单。截至 2022 年年末，规模以上工业企业 634 家，比 2021 年末增加 95 家。全年全部工业增加值 467.77 亿元，比 2021 年下降 0.3%。规模以上工业增加值 377.93 亿元，比 2021 年下降 1.8%。韶关高新区作新签约项目完成 30 个，其中，亿元以上项目 13 个，签约总金额 313.06 亿元，新开工项目 40 个，实际完成总投资 46.45 亿元，实际利用外资 1300 万美元。全年接待旅游者人数 908.72 万人次。旅游总收入 74.07 亿元。年末拥有国家 AAAAA 级旅游景区 1 个、国家 AAAA 级旅游景区 11 个、国家 AAA 级旅游景区 28 个，当年新评定国家 AAA 级旅游景区 1 个。新增省级休闲农业与乡村旅游重点县 1 个（仁化县）、示范镇 1 个（南雄市帽子峰镇）、示范点 6 个，新增数量并列全省第一。累计创建全国休闲农业和乡村旅游示范县 2 个，中国美丽休闲乡村 6 个，广东省休闲农业与乡村旅游重点县 1 个，示范镇 16 个，广东省休闲农业与乡村旅游示范点 38 个。全年现代服务业增加值 377.06 亿元，增长 0.5%。全年批发和零售业增加值 112.46 亿元，比 2021 年下降 1.2%；交通运输、仓储和邮政业增加值 53.30 亿元，下降 3.4%；金融业增加值 81.12 亿元，增长 5.3%；房地产业增加值 113.37 亿元，下降 2.1%。年末公路通车里程 1.72 万千米，其中高速公路里程 766.50 千米。年末民用汽车保有量 55.97 万辆、比 2021 年末增长 8.7%。全年完成电信业务总量 28.01 亿元，增长 20.4%。邮政业务总量 9.60 亿元，增长 10.0%，邮政行业业务收入累计完成 11.24 亿元、增长 10.6%。快递业务量 3464.02 万件，增长 22.1%；快递业务收入 5.52 亿元，增长 7.0%。年末电话总用户 332.20 万户，增长 2.6%。年末固定互联网宽带接入用户 98.8 万户，增长 6.7%，年末移动宽带用户 270.8 万户，增长 3.8%。全年社会消费品零售总额 493.97 亿元，比 2021 年增长 1.2%。全年全市限额以上单位通过公共网络实现商品零售额 6.73 亿元、下降 3.6%，占全市限额以上单位商品零售额的 5.2%。

（欧闻歌　霍建林　潘　懿）

【改革开放】 2022 年，韶关市委、市人民政府将 2022 年定为“改革攻坚规范治理年”，召开市委十三届二次全会专题部署相关工作，成立由市委、市政府主要领导担任组长的韶关市开展“改革攻坚规范治理年”工作领导小组，制定出台“1+1+22+N”系列政策文件，即 1 个实施意见、1 个工作方案、22 个专项行动方案及若干任务清单。全市各地各部门实施 22 个专项行动，落实 18 个重点领域 272 项市级规范治理任务，推动韶关市承担的国家老工业城市和资源型城市产业转型升级示范区等 19 项国家级改革试点、林业改革发展综合试点等 27 项省级改革试点任务落地见效，新争取到中国（韶关）跨境电子商务综合试验区、中国（广东）自由贸易试验区韶关联动发展区等 44 个国家级和省级改革试点落户。全省营商环境评价上升至第三档首位，通过镇（街）高质量发展综合绩效评价促进镇域经济新起步，闲置低效土地处置率位居全省第五，保障新增建设用地指标 314.6 公顷，排名全省第三，曲江煤矸石综合利用项目入选生态环境导向的开发（EOD）模式国家级改革试点，“双变”改革试点和园区社会投资项目“拿地即开工”改革试点成效明显，各系统各领域“立改废”973 项政策制度。外贸进出口总值 198 亿元，比 2021 年下降 10.1%。其中，出口 90.9 亿元，下降 1.7%；进口 107.1 亿元，下降 16.2%。新设外商投资企业（项目）43 个；合同吸收外资 3.49 亿美元；实际利用外资 7905 万美元，下降 21.84%，年度目标任务完成进度 115.40%。浈江区工业园并入韶关高新区，韶关市拥有市县两级产业园 12 个，其中省级产业园 9 个。广东省韶钢产业园（绿色钢铁）被评定为 2022 年度广东省特色产业园。全市省产业园规划总面积 198.66 平方千米，开发面积 67.29 平方千米。批复面积 76.23 平方千米，其中开发面积 35.07 平方千米。省产业园现入园企业 1106 家，建成企业 906 家，其中规模以上企业 443 家，占规模以上企业数的 69%。全市园区基本形成以机械装备制造、汽车零部件、特钢深加工、有色金属新材料、精箔产品、精细化工等为主体的产业布局。全市园区有在建标准厂房项目 29 个，建成标准厂房面积 82 万平方米。全市园区完成基础设施配套投资 53.57 亿元，比 2021 年增长 23.4%；入库项目 236 个，备案金额 294.48 亿元；新增投产项目 168 个，其中新投产企业数 71 家。（方　旋　赖晶石）

【人民生活】 2022 年，韶关市全体居民人均可支配收入 3.14 万元，比 2021 年增长 11.8%。全年韶关居民消费价格比 2021 年上涨 1.9%，其中消费品价格上涨 2.8%，服务价格下降 0.1%。参加城镇职工基本医疗保险 68.71 万人，参加城乡居民医疗保险人数 218.98 万人，参加生育保险人数 44.57 万人。医保基金年总收入 53.95 亿元，总支出 52.92 亿元，当期结余 1.03 亿元。韶关市落实“两个只增不减”，国家财政性教育经费 88.48 亿元，一般公共预算教育经费 61.92 亿元，比 2021 年增长 0.07%，增加 461.29 万元。中小学专任教师 3.84 万人。九年义务教育巩固率 100%，高中阶段教育毛入学率 100%。组织中小学教师资格考试和落实教师定期注册制度，全市认定中小学教师资格人数 3765 人。仁化县上榜国家义务教育优质均衡先行创建县。完成基层医疗机构升级改造 112 家，引进基层医疗卫生人才 255 人。全年改造提升体育场馆 15 个，完成韶州体育公园建设，承办广东省第十三届中学生运动会、广东省第七届少数民族传统体育运动会，韶关代表团参赛成绩取得历史性突破。新建一批风度书房，新增省级非物质文化遗产 4 项、文物保护单位 17 处，在省公共文化服务评价中居粤东西北首位，丹霞山、车八岭、南岭一峰科普生态园被评为全国科普教育基地，始兴县、仁化县、南雄市入选全国科普示范县。完成“村改居”试点建设，“双百工程”（广东兜底民生服务社会工作双百工程）社会工作服务站点实现 100% 覆盖。

（霍建林　邓之琪　邓桂文）

2022 年韶关市“广东扶贫济困日”暨全社会助力乡村振兴活动仪式现场

（市农业农村局　供图）

2022 年 11 月 3 日，韶关市创建成为国家森林城市。图为莲花大道骑行创森主题宣传
（市林业局　供图）

【社会事业】 2022 年，韶关市完成“村改居”试点建设，“双百工程”（广东兜底民生服务社会工作双百工程）社会工作服务站点实现 100% 覆盖。推动一大批信访积案难案化解，实现“三个不发生”目标。全面巩固扫黑除恶斗争、电信网络诈骗综合治理、全民禁毒成果，安全生产态势平稳，食品药品安全考核获“双 A 级”，“双打”考核获全省第一档次。韶关市享受医疗救助困难群众 27.08 万人次，全年安排市级福彩公益金 1616 万元，资助“城市居民居家养老服务试点”“残疾人两项补贴” 等 9 项社会民生事业。全市城乡特困供养对象 7806 人，累计支出特困供养金 9130.53 万元、照料护理费 2332.27 万元。韶关市资助工作实现“三个全覆盖”，即学前教育、义务教育、高中阶段教育，本专科教育，研究生教育所有学段全覆盖，公办民办学校全覆盖，家庭经济困难学生全覆盖。全年全市累计支出临时救助金 623.47 元，开展临时救助 4152 人次。向敬老院、低保户、特困户发放节日补贴 14 万元。全市救助流浪乞讨人员 3353 人次，帮助寻亲送返 750 人次。开展“招善引爱”工作，推动“腾爱兴村帮镇”“爱心助听行动”“地中海贫血防控项目”等设立落户韶关，全市募集善款 1.2 亿元，募集物资折款 3532 万元。韶关慈善总会接收抗洪救灾捐款 1386.32 万元，接收物资折价 103.64 万元，均按捐赠者意愿用于灾后重建等工作。巩固脱贫攻坚成果中退出低保对象落实 6 个月渐退机制。韶关市城乡低保人均月标准为 828 元和 603 元，比 2021 年分别增加 28 元、23 元；至年底，全市城乡低保对象 2.6 万户、5.05 万人，累计支出低保金 3.11 亿元。全市参加企业职工基本养老保险 44.21 万人，企业退休人员月人均基本养老金提高至 2667.17 元。城乡居民基本养老保险 104.34 万人，城乡居民基本养老保险基础养老金最低标准提高至每人每月 190 元，失业保险 35.97 万人，失业保险金标准从每月 1269 元调整为每月 1458 元。工伤保险 46.24 万人，为 2.84 万家企业（42.20 万人）纾困减负 2579.69 万元。社会保险覆盖面扩大。70 项社保经办服务全部实现网上办。

（邱拔文　朱　益　杨方文　张德明）

2022 年 8 月 10 日，韶关市举办重型地贫患者造血干细胞移植帮扶救助项目启动仪式。图为来自南雄市患地贫孩子的受捐者家庭与主办方合影
（范琳珍　摄）

【生态环境建设】 2022 年，韶关市环境空气质量优良比例连续 5 年达 90% 以上，地表水省考以上断面水质优良率连续多年保持 100%，区域生态质量指数（EQI）级别持续为优。创建国家生态文明建设示范区，围绕“厂区变园区、产区变城区”、绿色矿业发展、生物多样性保护、国家森林城市创建、万里碧道建设、土壤污染防治和山水林田湖草修复等特色亮点，落实创建规划，补短板、强弱项，全面推进创建工作，各项建设指标达到要求。10 月 24 日，示范创建工作通过生态环境部核查组现场核查；11 月 3—11 日，生态环境部进行拟命名名单公示，11 月 18 日，生态环境部命名韶关为国家生态文明建设示范区；11 月 19 日在江西省南昌市进行授牌。韶关市成为广东省北部生态发展区首个获得国家生态文明建设示范区称号的地级市。

（向丽霞　周　笑　朱思武）

中国共产党韶关市委员会

综述

【政治建设】 2022年，韶关市全面深入学习宣传贯彻党的二十大精神，领悟“两个确立”的决定性意义，增强“四个意识”、坚定“四个自信”、做到“两个维护”。市委理论学习中心组学习16次。举办贯彻习近平新时代中国特色社会主义思想和中共二十大精神等专题培训班10期，培训干部3700余名。开展“私车公养”问题专项整治及“回头看”，共发现问题438个，严肃处理204人。全市共查处形式主义、官僚主义典型问题129个，给予党纪政务处分111人，通报曝光典型案例12起。全市各级纪检监察机关对民生痛点堵点难点问题实行靶向施治，累计发现并督促整改各类问题1.67万个，推动建立完善制度642项，给予党纪政务处分174人。全年查处“四风”问题144个，给予党纪政务处分126人，通报曝光典型案例103起，持续释放纠治“四风”不止步、不停歇、不放松的强烈信号。听取和审议市政府专项工作报告4项，听取和审议计划、预算及其执行情况报告、审查决算报告草案、预算调整方案报告4项，组织代表视察4次，开展工作调研17项，备案审查规范性文件28件。开展民主监督活动2次、专题视察9次、专题调研4次。

【统筹经济社会发展】 2022年，韶关市人民政府深化供给侧结构性改革，统筹做好改革发展稳定各项工作。全年全市实现地区生产总值1563.93亿元，比2021年增长0.2%。实现一般公共预算收入94.52亿元，下降13.3%。固定资产投资下降19.7%。实现社会消费品零售总额493.97亿元，增长1.2%。进出口总额198.0亿元，下降10.1%。居民消费价格基本稳定，城乡居民人均可支配收入增长4.0%。成功争取国家数据中心集群布局韶关，获批国家跨境电子商务综合试验区，成功入选广东自贸试验区联动发展区，广东省第十三届中学生运动会、广东省第七届少数民族传统体育运动会、广东省航空航天模型锦标赛在韶关市举办，启动鹏城实验室韶关网络节点建设，季华—欧莱科技成果孵化基地挂牌运行，炬光科技、朗圣药业、韶华科技等一批优质项目动工、投产。乐业路上跨京广铁路桥通车，芙蓉北环山路、教育路、韶关高新区宝园路等城市交通“毛细血管”建成通车，韶关港乌石综合交通枢纽一期工程5个千吨级泊位投产。广东省珠江人才实现“零的突破”。国家级农业产业园实现“零的突破”。旧城改造推进力度空前，老旧小区改造83个，被列入韶关市十大民生实事之一，群众住房难问题加快解决。政务服务99.9%事项实现“最多跑一次”，企业开办时间压缩至0.5个工作日，“粤智助”政府服务自助机实现乡镇（街道）和行政村全覆盖，业务量稳居全省前三。《政府工作报告》重点任务和十件民生实事实施。

【中共二十大精神学习宣传贯彻】 2022年，中共韶关市委坚持把学习宣传贯彻中共二十大精神作为当前和今后一个时期的首要政治任务和全部工作重心，通过召开常委会会议专题学习中共二十大精神7次，传达学习贯彻中共二十大和党的二十届一中全会、习近平总书记在省部级主要领导干部“学习习近平总书记重要讲话精神，迎接党的二十大”专题研讨班上的重要讲话、中共二十大广西代表团讨论时的重要讲话、二十届中共中央政治局第一次集体学习时的重要讲话、中共中央政治局会议（研究部署学习宣传贯彻中共二十大精神）、《中共中央关于认真学习宣传贯彻党的二十大精神的决定》及省的有关通知、全省传达贯彻中共二十大精神大会精神，审议并原则通过《中共韶关市委关于认真学习宣传贯彻党的二十大精神的通知》《中共韶关市委办公室关于印发〈学习宣传贯彻党的二十大精神总体工作方案〉的通知》，深化中共二十大精神学习研讨，引导各级党组织和广大党员、干部在全面学习、全面把握、全面落实上下功夫。 （罗玉婷）

【改革攻坚规范治理年】 2022年，中共韶关市委决定开展深化改革攻坚、加强规范治理工作，将2022年定为“改革攻坚规范治理年”，召开市委十三届二次全会专题部署相关工作，成立由市委、市政府主要领导担任组长的韶关市开展“改革攻坚规范治理年”工作领导小组，制定出台“1+1+22+N”系列政策文件，即一个实施意见、一个工作方案、22个专项行动方案及若干任务清单，推动规范治理，激发高质量发展新活力。全市各地各部门推进改革攻坚规范治理工作，实施22个专项行动，落实18个重点领域272项市级规范治理任务，推动韶关市承担的国家老工业城市和资源型城市产业转型升级示范区等19项国家级改革试点、林业改革发展综合试点等27项省级改革试点任务落地见效，新争取到中国（韶关）跨境电子商务综合试验区、中国（广东）自由贸易试验区韶关联动发展区等44个国家级和省级改革试点落户。全省营商环境评价上升至第三档首位，闲置低效土地处置率位居全省第五，保障新增建设用地指标314.6公顷，排名全省第三。曲江煤矸石综合利用项目入选生态环境导向的开发（EOD）模式国家级改革试点，“双变”改革试点和园区社会投资项目“拿地即开工”改革试点成效明显。各系统各领域“立改废”973项政策制度。韶关市谋划制定《市委全面深化改革委员会2022年重点改革工作安排》，并以市委深改委名义印发实施，在全市11个重要领域部署实施100项重点改革任务、46项中央和省改革试点任务、14项市级专项改革试点和19项复制推广改革经验任务。组织召开3次市委深改委会议，审议通过8份重要改革文件，听取3项重点改革工作情况汇报。面向社会公开遴选市委党校等3个团队分别开展招商引资工作机制、创新闲置低效用地盘活机制、土地收储整备机制等改革评估。争取12项国家级、32项省级试点落户韶关，评选出5个市直和5个县级改革创新典型案例。老工业基地调整改造工作连续两年获国务院督查激励，2022年获发展改革委通报表扬；创新“2+10+N”共建园区模式的经验做法在全国范围复制推广；紧密型医共体建设工作连续两年受到省卫健委等部门联合通报表扬；翁源县深化财政管理改革、推动兰花产业高质量发展的经验做法分别被《广东改革工作简报》《广东改革信息专报》采用；韶钢探索老工业基地产城融合发展之路的经验做法被《广东调研》采用。

（刘　萍　方　旋　周文斌）

【重大风险防范化解】 2022年，韶关市委先后召开14次市委常委会会议、4次市委防范化解重大风险工作领导小组会议和3次市委国家安全委员会全体会议，传达学习贯彻习近平总书记在中央国家安全委员会第五次全体会议上的重要讲话精神，关于防范化解重大风险、数据安全工作等重要指示批示精神，省委十二届第339次常委会会议、省委十三届第2次常委会会议、省委国家安全委员会第九次全体会议、全省党委国安办主任会议等会议精神及《中共广东省委关于全力做好党的二十大召开前防范化解重大风险工作的通知》等文件精神，听取各重点领域国家安全风险防范化解工作进展情况汇报，研究部署国家安全重点工作。面对5月21日“龙舟水”、7月4—8日台风“暹芭”等带来的严重洪涝灾害，建立健全市、县、镇、村、组指挥调度体系，动员组织全市2.2万名防汛责任人员投入抗洪抢险。组织开展化解处置涉众金融领域风险“排雷2022”专项行动工作，打击非法集资、传销等涉众型经济犯罪，处置“恒大”等大型企业债务和房地产领域资金链断裂问题，压降政府性债务。全年累计排查出全市“问题楼盘”风险26宗，化解涉劳资矛盾纠纷2237宗，为8720名劳动者追回工资等待遇1.06亿元。开展城镇燃气、危化品、道路运输、非煤矿山、山塘水库、自建房等重点行业领域安全隐患大排查大整治，对事故多发、隐患突出的行业领域实施集中攻坚。开展夏季治安打击整治“百日行动”，打击非法集资、养老诈骗、涉电信网络诈骗等突出犯罪，健全社会治安防控体系，压缩违法犯罪空间。全年全市刑事警情比2021年下降3%。

【督查工作】 2022年，韶关市纳入台账并跟进的政治要件63件，涉及事项223项，均推进并取得进展。督促各地各部门贯彻落实中央八项规定精神，向市委常委会和省委专题报告有关工作落实情况。推进整治形式主义为基层减负工作，制定《市整治形式主义为基层减负专项工作机制2022年工作任务分工安排》，加强“一票否决”和签订责任状事项规范管理。统筹规范督查检查考核事项，制订《韶关市2022年度督查检查考核计划》，完善备案审批机制，跟进督检考计划执行情况。做好疫情防控督查，实地督查28天，发现并推动问题整改428项。聚焦中心工作，强化督促检查，跟进市委全会、市委常委会会议、市委书记专题会议及市委书记批示、调研事项196项。制定印发《市委督查工作指引》，提高督查工作规范化水平。

（方　旋　周文斌）

重要会议

【中共韶关市委十三届二次全会】 2022年2月15日，中共韶关市委十三届二次全会在市委会议中心召开。会议表决通过韶关市推荐提名广东省出席中共二十大代表候选人推荐人选建议名单和《中共韶关市委关于深化改革攻坚加强规范治理的实施意见》及《中国共产党韶关市第十三届委员会第二次全体会议决议》。市委书记王瑞军代表市委常委会作报告，市委副书记、市长陈少荣就《中共韶关市委深化改革攻坚加强规范治理的实施意见（稿）》作说明。会议期间，市委书记、市人大常委会主任王瑞军参加浈江区、仁化县和南雄市分组讨论，市委副书记、市长陈少荣参加新丰县和武江区分组讨论。

【中共韶关市委十三届三次全会】 2022年4月12日，中共韶关市委十三届三次全会在市委会议中心四楼会议室召开，会议投票确定韶关市出席省第十三次党代会代表候选人预备人选，审议通过《关于召开中国共产党韶关市代表会议的决议（草案）》。市委书记、市人大常委会主任王瑞军主持会议，市委常委、组织部部长张丽作关于投票确定韶关市出席省第十三次党代会代表候选人预备人选和《关于召开中国共产党韶关市代表会议决议(草案)》的说明。十三届市委委员出席会议。

(穆　青)

【市委常委会(扩大)会议】 2022年，韶关市委召开常委会会议(含扩大会议)63次。主要内容：省委组织部领导宣读陈少荣任韶关市委书记，免去王瑞军的韶关市委书记、常委、委员职务。传达学习贯彻习近平总书记重要指示批示及重要讲话精神，中央其他领导和省委、省政府领导指示批示及讲话精神，党的十九届七中全会、二十大、二十届一中全会和省第十三次党代会、省委十三届一次和二次全会、粤东西北地区经济形势研判会等中央和省重大会议精神，中央和省重要文件精神。听取市人大常委会、市政府、市政协、市中院、市检察院、市总工会、市妇联党组、团市委和市纪委监委、市委组织部、市委宣传部、市委统战部、市委政法委等部门专题工作汇报。统筹推进中共二十大精神学习、经济社会发展工作，融入和服务粤港澳大湾区，支持深圳开展建设中国特色社会主义先行示范区综合改革试点，支持横琴粤澳深度合作区、前海深港现代服务业合作区建设，推动全面深化改革、规范治理、资源资产价值化、科技创新、招商引资、新型工业化和新型城镇化、重大基础设施项目建设，全面推进乡村振兴、生态文明建设(含生态环境保护督察问题整改)，保障和改善民生，常态化开展扫黑除恶斗争，防范化解重大风险，开展安全生产、依法治市、市域社会治理现代化试点、防汛救灾、人才队伍建设、市县两级党委巡察等工作。审议并原则通过《中共韶关市委关于认真学习宣传贯彻党的二十大精神的通知》《中共韶关市委办公室关于印发〈学习宣传贯彻党的二十大精神总体工作方案〉的通知》《韶关市创建国家生态文明建设示范区工作方案》《关于支持韶关建设国家资源枯竭型城市和老工业城市产业转型升级示范区的若干意见》《韶关市农业农村发展“十四五”规划(2021—2025年)》《韶关市青年发展规划(2021—2025年)》《韶关市人口发展规划(2021—2035年)》《韶关市公共服务“十四五”规划》《关于深化改革攻坚加强规范治理的实施意见》《韶关市关于构建更加完善的要素市场化配置体制机制的实施方案》《韶关市推动基础教育高质量发展行动计划》《韶关市加快促进电子信息制造业招商引资若干支持政策(试行)》《韶关市国家储备林基地建设项目工作方案》《韶关市推进长征国家文化公园(广东段)建设保护工作实施方案》《关于加快新时代人才强市建设的实施意见》等一批重要文件。讨论研究人事和干部处分有关事项。

(罗玉婷)

【市委议军会】 2022年12月31日，韶关市委议军会在市委会议中心四楼召开。会议传达学习习近平总书记关于加强国防和军队建设的重要讲话精神，分析当前韶关市武装工作形势，研究解决国防动员、后备力量建设及需要解决的具体问题。

(王仲元)

【十三届韶关市委财经委员会第一次会议】 2022年4月21日，十三届韶关市委财经委员会召开第一次会议，听取第一季度经济工作情况汇报，研究部署下一阶段工作任务。市委书记、市委财经委主任王瑞军主持会议并讲话，市长、市委财经委副主任陈少荣参加会议并讲话。2022年，全市上下抓好经济社会发展和疫情防控“双统筹”，做好“六稳”工作，落实“六保”任务，推动全市经济运行实现“开门稳”的良好态势，守住不出现疫情规模性反弹、不发生规模性返贫和保障粮食安全的底线，社会大局保持和谐稳定。会议以视频形式开至各县(市、区)。市委财经委员会委员，不是市委财经委员会委员的有关市领导，市委财经办成员单位、联络单位主要负责人，有关院校、有关企业代表等参加会议。 (林宇宽)

组织工作

【概况】 截至2022年12月底，韶关市有党的基层组织9491个，其中基层党委534个，党总支部859个，党支部8098个。全市中国共产党党员总数19.7万名，比2021年底增加1091名。其中，女党员5.82万名，少数民族党员3430名，大专及以上学历党员9.66万名，30岁以下党员1.55万人。全市发展党员3663名，7个市管基层党委完成换届选举。建立1020支机关企事业单位精锐品牌志愿服务队。举办各类干部培训班90余期，870名干部参加上级举办的培训班。审核干部人事档案5.2万份，更新1.13万名副科级以上干部的信息。实施韶关新时代“百团千才万匠”人才工程，引进培育创新创业人才11名、专业技术人才51名。招聘青年人才626名。新录用公务员1085人、选调生54名。举办学习贯彻习近平新时代中国特色社会主义思想和中共二十大精神等专题培训班10期，培训干部3700余名。

【基层党组织建设】 2022年，中共韶关市委组织部推进基层党组织规范化建设，全市发展党员3663名，7个市管基层党委完成换届选举。实施城市基层党建“整区提升、示范引领”行动，完善街道“大工委”、社区“大党委”工作机制，建立1020支机关企事业单位精锐品牌志愿服务队，开展“为群众办实事”结对共建项目1080个。新组建“两新”党组织88个，推动有党员的728家非公企业实现党组织“应建尽建”“应联尽联”“应纳尽纳”。实施“头雁”工程，开展村(社区)党组织书记(储备人选)学历提升教育，举办全市村党组织书记培训示范班暨乡村产业振兴专题班、基层党务工作者能力提升示范培训班等。落实市县镇村书记抓乡村振兴机制，用好“三个在先”“民情夜访”机制，开展“打擂比武”活动，确定37个村开展2022年扶持壮大村级集体经济试点工作，全市1035个行政村村集体经济收入达10万元以上，占比85.8%。

建立 3.7 万多个“村到组、组到户、户到人”的农村三级党建网格和 700 余个社区综合网格，开展农村党员“亮身份、亮职责、亮承诺”活动，2.7 万多名农村党员认领治安巡逻、政策宣传等岗位，带动群众全面参与基层治理。在项目一线、招商引资等工作中成立临时党组织，开展“项目一线党旗红”活动。聚焦构建“5 分钟党群服务圈”，141 个设在村（社区）党群服务中心实现“便民化”改造升级，新建村小组党群服务室 1289 个，1200 余个村（社区）党群服务中心推出长者饭堂、街坊议事堂、乡村夜校、康园中心、暖心驿站等特色服务。并做到“三亮四有”（即亮阵地、亮职责、亮服务，渴了有地方喝水、热了有地方乘凉、累了有地方歇脚、烦了有地方倾诉），构建横向到边、纵向到底的党群服务体系。

【干部理论培训】 2022 年，中共韶关市委组织部依托广东南岭干部学院、市委党校先后举办中青年领导干部培训班、县处级干部任职培训和进修学习班、党外干部培训班及数字化转型与治理能力提升培训班等 90 余期，选派 870 名领导干部参加上级部门举办的培训班。围绕学习贯彻习近平新时代中国特色社会主义思想和中共二十大精神，发挥广东南岭干部学院和市县镇三级党校主阵地作用，举办专题培训班 10 期，培训干部 3700 余名；组织“百人讲师团”送教下乡、镇街党员干部送教到村（社区），全年开课 6778 次，培训 24.9 万人次。广东南岭干部学院通过中组部的评估，被列入省（区、市）党性教育干部学院目录（全国共 72 家）。

【干部队伍建设】 2022 年，中共韶关市委组织部选派 16 名年轻干部到东莞挂职锻炼、36 名市直单位年轻干部到基层项目一线锻炼。开展激励约束干部专项行动，常态化推进“一线考察干部”工作，对在防汛救灾、招商引资、改革攻坚规范治理等市委市政府中心工作、重点工作中表现突出的 25 名干部纳入实绩档案管理，集中表彰 200 名在防汛救灾工作中表现突出的干部，提拔使用 567 名在抗击疫情、抗洪救灾和扑灭森林大火的“三场硬仗”中表现突出的干部。开展选人用人专项检查、领导干部违规兼职取酬问题专项整治、集中化解涉组涉干信访积案等工作，干部日常监督更加精准严密。开展干部人事档案信息规范提升工作，全市审核干部人事档案 5.2 万份，更新 1.13 万名副科级以上干部的信息。

【干部监督管理】 2022 年，韶关市推进领导干部个人有关事项报告随机抽查核实工作，开展违规兼职取酬专项整治，从严做好因私出国（境）管理工作，强化公务员辞去公职后从业管理，织密织牢干部“监督网”。开展干部人事档案信息规范提升工作，全市审核干部人事档案 5.2 万份，更新副科级以上干部信息 1.13 万人，推进干部人事档案工作科学化、制度化、规范化。

【公务员管理】 2022 年，中共韶关市委组织部规范做好公务员考录、调任、转任等工作，完成 2022 年度选调优秀大学毕业生和考试录用公务员工作，报考韶关市公务员人数 2.86 万人，在全省 21 个地级以上市中排名第七，为历年之最。新录用公务员 1085 人、选调生 54 人，市直机关转任公务员 149 人。推进公务员分类管理改革，研究市场监管、生态环保、交通运输、城市管理等领域工作特点，设置行政执法类公务员职位 3475 个，入轨 2742 人，推动行政执法类公务员队伍建设。1 人被评为全国“人民满意的公务员”，5 名公务员和 4 个公务员集体通过第六届广东省“人民满意的公务员”“人民满意的公务员集体”初审，全年晋升四级调研员以上职级 198 人次。

【人才队伍建设】 2022 年，中共韶关市委组织部实施韶关新时代“百团千才万匠”人才工程，聚焦传统产业转型升级和大数据、新能源、电子信息、新材料、生物医药、先进装备制造等新兴产业集群发展，用好南岭团队、丹霞英才、韶州工匠三大人才计划，1 名博士入选省重点人才计划，实现“零”的突破；全市新增 10 家博士工作站，新增数位居全省第六、粤东西北地区第二。开展“粤港澳大湾区人才韶关行”系列活动，依托市县镇三级人才驿站服务体系，设计 10 条人才行专属线路，先后举办“绿色韶关·生态南岭”人才行、“东数西算”论坛和大数据人才韶关行等活动 82 场次，85 名院士和 1882 名专家到韶关考察。实施“大数据产业人才振兴计划”，鹏城实验室韶关网络节点启动建设，季华—欧莱科技成果孵化基地挂牌运行，新增省级工程技术研究中心 17 家，新增数居粤东西北首位；新入选国家专精特新“小巨人”企业 5 家，新增数连续三年居粤东西北首位。

【“百团千才万匠”人才引育】 2022 年，韶关市实施新时代“百团千才万匠”人才工程，评选 2 期创新创业人才、专业技术人才，认定创新创业人才 16 人、专业技术人才 62 人，发放“韶州工匠”人才补贴 374 人次，为经济社会发展提供人才支撑。围绕构建“35N”产业发展格局、打造现代化产业体系，聚焦传统产业转型升级和大数据、新能源、电子信息、稀土、机械装备等新兴产业集群发展，组织实施南岭团队、丹霞英才、韶州工匠三项人才计划。通过《韶关日报》、“南方 +”、韶关先锋等多个媒体平台将人才工程政策文件、申报指南等向社会发布，扩大人才工程政策知晓面；制定全年引才工作责任目标，分配任务指标至各地各单位，分期分批认定南岭团队和创新创业人才、专业技术人才，常年引进培育青年人才、韶州工匠；每季度对各地各单位引才情况进行盘点调度，分析研判薄弱环节，协调解决存在问题；建立各级领导普遍联系服务高层次人才工作机制，通过实地调研、谈心谈话等方式了解人才工作生活情况，帮助解决遇到的困难问题，加快集聚高水平创新创业人才、高层次专业技术人才和五大重点领域青年人才，推进全市人才队伍建设。全年全市认定南岭团队 10 个，培育创新人才 13 名、专业技术人才

19 名、青年人才 285 名，认定“韶州工匠”1011 人。1 名海外人才入选广东省重点人才计划，实现韶关历史上“零的突破”。新增博士工作站 10 家，新增数位居全省第六、粤东西北第二，创 2018 年韶关市开展该项工作以来新增数最高，全市总量已达 42 家。新增国家专精特新“小巨人”企业 5 家，重点“小巨人”企业 1 家，数量居粤东西北首位。（钟达贵）

【南岭团队人才计划实施】 2022 年，韶关市引进南岭人才团队 6 个、项目团队核心成员 30 人，其中博士 21 人，占比 70%。广东碳中和研究院（韶关）全职人员 36 人，在韶关购买社保 25 人，占比 70%。韶关市组织 3 批次南岭团队的申报和评审，立项支持 11 个团队，累计支持资金 5250 万元，引育 70 多名尖端人才致力于“双碳”、新能源、大数据、防灾减灾等重点领域创新创业，并实现成果转化。南岭团队人才计划作为人才入县下乡十条措施重要组成部分，突出支撑“百县千镇万村高质量发展工程”，围绕大数据、新能源、电子信息、新材料、生物医药、五金模具、机械装备、汽车零配件、稀土等工业产业，以及现代农业、林业经济、商贸物流、文化旅游、大健康等特色优势产业，认定南岭团队 10 个，培育创新人才 13 名、专业技术人才 19 名、青年人 285 名，认定“韶州工匠”1011 人。1 月，韶关市启动实施南岭团队人才计划，其中明确，“十四五”期间，全市从国内外引进和本土培育不少于 100 个南岭团队，对入选的南岭团队可给予最高 1000 万元内工作经费支持。市科技局找准“基础研究 + 技术攻关 + 成果转化 + 科技金融 + 人才支撑”全链条核心点发力，通过打造高质量创新平台，培育创新主体，推动项目实施等举措，加大招才引智力度。（葛妍妤）

【“丹霞英才计划”实施】 2022 年，韶关市牵头实施“丹霞英才计划”，组织开展 2 期韶关市创新创业人才、专业技术人才申报评审工作，评审认定创新创业人才 16 人、专业技术人才 62 人。完成 2 期青年人才认定结果收集备案工作，全市有 98 人备案为青年人才。发挥人才驿站平台效能，开展各类人才活动 300 余场次，服务专家学者 500 余人次。加强高层次人才服务专区建设，办理新版“丹霞英才卡”679 人次，协助各类人才办理子女入学（园）、申请贷款等事项 350 人次。“丹霞英才计划”主要聚焦引育创新创业人才、专业技术人才、青年人才三类人才。其中，创新创业人才、专业技术人才主要围绕韶关重点发展产业链，突出创新能力、创业精神和成果转化能力评价，引进培育能够增强韶关产业发展能级的拔尖人才。青年人才主要紧扣教育教学、医疗卫生、宣传文化、产业科技、企业经营管理等领域，引进培育具有一定实践经验，以及较好学业背景和专业基础的高层次人才。

【“韶州工匠计划”实施】 2022 年，韶关市落实“韶州工匠计划”人才补贴政策，完善细化补贴申报程序，收集制定企业名录，制定印发《关于开展“韶州工匠计划”补贴申办工作的通知》。拓宽畅通补贴申报渠道，开发“韶州工匠计划”补贴申办平台并不断优化，完善自主申报系统和微信小程序功能。加强“韶州工匠计划”政策宣传，通过微信公众号、微博、《韶关日报》等平台宣传补贴政策，深入技工（职业）院校和重点企业开展政策宣讲，普及补贴政策有关事项和申办流程。发放“韶州工匠”人才补贴 374 人次，发放资金 293.07 万元。“韶州工匠计划”是贯彻落实“实体经济为本、制造业当家”的重要举措，目的是通过培育和引进知识型、创新型、复合型技能人才，服务产业高质量发展。通过开展“订单式”技能人才培养，定期开展企业入校就业指导活动，组织学生到企业开展见习活动，宣传引导毕业生留韶就业，提高人才留韶率。每月组织就业服务专员深入企业走访、座谈，了解企业技工需求岗位和专业要求，梳理并建立重点企业技能人才需求台账。根据规上工业企业技能人才需求制订招聘计划，举办“韶州工匠人才招聘”等各类主题招聘活动，帮助企业缓解技能人才需求。（邱拔文）

【优化“社区吹哨党员报到机制”】 截至 2022 年 12 月 31 日，韶关市 1700 多个机关和企事业单位党组织、7 万多名在职党员深入城乡社区开展“为群众办实事”实践活动 3.1 万个，报到服务时长超过 160 万小时。聚焦“社区大党委”成员优势，开展共建式服务。制定出台《关于组织市直机关和企事业单位党组织到社区报到开展服务的工作方案》《关于党建引领基层治理实现“社区吹哨、党员报到”“街社呼叫、部门销号”的工作方案》等系列文件，建立健全“社区大党委”工作机制，每个“社区大党委”成员单位每年至少完成一个共建服务项目，推动解决一批问题。针对个别社区电信网络诈骗多发的问题，公安部门联合有关单位深入社区开展“无诈社区”创建活动，增强居民防骗意识。针对部分社区党群服务中心服务功能不强等问题，组织部门统筹资金开展社区党群服务中心规范化建设，指导社区开展“便民服务 +”活动，为社区群众提供休息纳凉、充电上网、阅览学习、医药应急、打印复印等便民服务。市律师行业党委统筹全市律师资源，开展《中华人民共和国民法典》等法律知识进社区宣讲 700 多场。教育、司法、文广旅体、卫生健康、人社、民政等职能部门和工青妇等群团组织推行特色服务团队“1+N”社区巡回服务，为社区群众送政策、送温暖、送技能、送知识、送健康。全市开展“为群众办实事”结对共建项目 1080 个，推动单位党建、行业党建、区域党建互联互动，解决群众急难愁盼问题。聚焦群众个性需求，开展网约式服务。专门开发“社区吹哨、党员报到”微信小程序，搭建“居民点单、社区下单、党员接单”网约服务平台，注册的居民群众、党员、各类组织均可 24 小时“云点单”，发布服务需求。经社区党组织对居民发布的需求进行核验和梳理后，综合考虑在职党员及社区服务能力，将居民的“点单”精准“下单”，由党员、领导干部主动“接单”，按约定的时间地点进行报到服务，实现“人人可发起，人人可参与”。全年全市社区党组织围绕疫情防控、防汛救灾、创文创森等重点工作任务吹哨5.1万次，党员志愿者参加报到服务45.3万人次。

【粤港澳大湾区人才韶关行】 2022年，韶关市开展“粤港澳大湾区人才韶关行”系列活动132场，其中依托各级人才驿站开展活动104场，市直各部门开展活动28场，引才942人次，参加活动4978人次。韶关市主动融入粤港澳大湾区高水平人才高地建设，发挥各级人才驿站平台作用，创新开展“粤港澳大湾区人才韶关行”系列活动，加强在韶人才与粤港澳大湾区人才的互动交流，吸引一批粤港澳大湾区人才团队到韶关。制定并印发《“粤港澳大湾区人才韶关行”系列活动工作方案》，建立由市委人才办牵头抓总，全市各级人才驿站、全市26家市直部门协同落实的活动运行机制，明确活动对象、载体、形式、步骤、分工、要求等具体工作内容，确保各项措施落到实处。通过定向举办人才驿站系列活动、柔性邀请人才在韶关开展活动等形式，引导粤港澳大湾区各类专家人才为韶关产业发展提供智力、资金、技术和项目合作支持。重点开展“绿色韶关·生态南岭”人才韶关行活动、“东数西算”大数据人才韶关行活动、清华大学深圳研究生院韶关行活动、百校学子韶关行活动，先后邀请吴清平、高文院士及相关领域顶尖专家团队到韶关，为韶关生态环境保护、绿色资源开发利用、大数据产业发展等方面出谋划策和提供技术支持。打造精品线路，助力人才引育。探索以“人文旅”相结合的新模式，设计发布“韶城历史之旅”“红色记忆之旅”“民俗风情之旅”“绿色康养之旅”“科普研学之旅”“生态农业之旅”“丹山碧水之旅”“禅宗祈福之旅”“美丽乡村之旅”“粤北美食之旅”10条人才行线路，打造人才团队学习培训、研讨交流、户外拓展、科考研学等活动的最佳目的地，为高端人才提供贴心的个性化体验服务，集聚湾区人才来韶关深度体验北部生态发展区绿色发展成果。

【“头雁工程”实施】 2022年，韶关市贯彻落实基层党建三年行动计划，继续实施“头雁工程”，推进基层组织带头人队伍整体优化提升。严格落实村党组织书记任职资格审查办法，开展村党组织书记“村推镇选县考察”。全面实施村党组织书记县级备案管理制度，参照事业单位干部档案管理办法，实行“一人一档”，动态管理。严格落实村党组织书记年终述职评议报告工作，接受镇（街）党（工）委考评、党员群众民主评议。从致富能人、复员退伍军人、外出务工经商人员、返乡大学生等党员中，按1：2比例建立一支2418人的村级党组织书记后备队伍。加大储备人选培养力度，每名储备人选安排1名村“两委”干部进行传帮带，立足新时代需求精准“育”。把村党组织书记培训纳入干部培训整体规划，抓实培训，全面提高村党组织书记能力素质。举办2期党组织书记市级培训示范班，组织200名书记参加培训。通过市县联合办班的形式，举办12期村党组织书记培训班，实现村党组织书记全员轮训。深入实施村党组织书记（储备人选）学历提升工程，逐步提升村党组织书记（储备人选）队伍文化程度和理论水平”，专科录取61人，本科录取216人。选派264名党政机关、企事业单位干部到行政村担任第一书记，教育培养村党组织带头人。落实党组织书记绩效奖励专项经费，鼓励各县（市、区）探索村集体经济与“两委”干部收入正向挂钩机制，落实为符合条件的村“两委”干部购买养老保险，实现村“两委”干部全员参保。

2022年5月15日，“粤港澳大湾区人才韶关行”系列活动发布仪式在乳源茶旅小镇举行，与会嘉宾走进天井山林场落羽杉林了解南岭生物多样性生态保护情况。图为嘉宾交流（张伟杰　冯兆宇　摄）

【物业行业党委成立】 2022年11月7日，中共韶关市物业行业委员会揭牌成立。成立后，中共韶关市物业行业委员会将从“加强政治引领，落实党对物业行业的全面领导”“强化党建引领，推动社区物业党建联建工作”“抓好示范带动，抓好‘红色物业’试点工作”“抓好自身建设，建强物业行业党委”四个方面，加强党对物业行业的领导，推动行业党建与业务工作同研究同部署同落实，以高质量党建推进物业行业高质量发展。

（钟达贵）

宣传工作

【概况】 2022年，韶关市开展市委理论学习中心组学习16次。组建各类宣讲队伍100余支，累计开展宣讲活动5000余场次。组织策划10余场主题宣传活动，协调中省主要媒体、组织市属媒体集中推出相关新闻报道和新媒体产品超 2000 篇，境内外网络平台转载超 15 万条，全网点击量超 15 亿次。协调中央、省、市各级媒体和境外媒体推出网络直播、话题和图文、短视频、海报等新媒体作品 300 余篇，在人流密集场所刊播中共二十大相关宣传海报、宣传标语 20 万余条次。组织开展创文志愿服务活动 2500 余次，参与志愿者 7 万人次。全市累计建成新时代文明实践中心(所、站)1585 个，成立文明实践志愿服务队 2367 支，有文明实践志愿者 24 万多人。韶关市涌现出“中国好人”3 人、“广东好人”3 人，评选出“韶关好人”20 人。市级文明校园创成率 56.2%，县级文明校园创成率 100%。

2022 年 4 月 23 日，韶关市委宣传部举办“少年儿童心向党——亲子共沐书香 强国复兴有我”韶关市 2022 年家庭亲子阅读线上活动（市文明办 供图）

【党的创新理论学习和宣传】 2022 年，中共韶关市委宣传部围绕学习贯彻中共二十大精神、《习近平谈治国理政》第四卷等主题，开展市委理论学习中心组学习 16 次。推进基层理论宣讲工作，围绕中共二十大精神、《习近平谈治国理政》第四卷、省第十三次党代会精神等主题，组建各类宣讲队伍 100 余支，累计开展宣讲活动 5000 余场次。依托风度书房、红色革命遗址等阵地，开展“风度有理”悦享汇活动 4 场，通过“微宣讲 + 众分享”的宣讲方式，增强宣讲的传播力和感染力，取得良好效果，《南方日报》、“南方 +”、“韶关发布”等省市媒体进行宣传报道。

【重大题材宣传】 2022 年，中共韶关市委宣传部组织策划首届“东数西算”粤港澳大湾区(广东)算力产业大会、广东省第十三届中学生运动会、广东省第七届少数民族传统体育运动会、“稻田里”南岭乡村文化节等 10 余场主题宣传活动，协调中央、省级主要媒体，组织市属媒体集中推出相关新闻报道和新媒体产品超 2000 篇，境内外网络平台转载超 15 万条，全网点击量超 15 亿次。韶关市选送的新闻素材 2 次登上中国中央电视台《新闻联播》，中国中央电视台的《遇见美好生活》《走进县城看发展》2 场直播活动走进韶关，累计在线观看量超 1000 万人次；重大活动主题登上微博热搜 10 余次，《人民日报》、新华社、《南方日报》等中央、省级主流媒体刊发头版、专题报道超 50 篇，在新媒体平台首页首屏等重要位置推出；策划推出《广东下一个网红城市，我押它》等精品推文超 30 条，全网阅读量破千万人次。开展防汛救灾舆论宣传，协调中央、省级媒体，组织市属媒体集中推出报道 2000 余篇；收集群众关切，组织市属媒体及时答疑解惑予以回应；指导做好全市抗洪抢险总结宣传片，得到市领导肯定。《韶关全力打好防汛救灾舆论宣传硬仗》经验总结材料在《广东宣传》发表。组织市属媒体策划推出创建全国文明城市主题报道超 200 篇，策划制作《我的城 我的家》《爱上韶关的 N 个理由》《善美韶关少年说》等系列短视频、图文新媒体报道，推出创文进行时、创文回访系列报道。

【社会宣传】 2022 年，中共韶关市委宣传部抓好重大主题社会宣传。在中共二十大召开前后，开设“奋进新征程建功新时代”专栏，推出“非凡十年”“喜迎二十大为民办实事”等报道。在人流密集场所刊播中共二十大相关宣传海报、宣传标语 20 万余条次。做好新冠疫情防控宣传，在人流密集场所滚动播放上级宣传部门统一制作的《坚持就是胜利》《保护心爱的“小绿马”》《疫情防控，不能松懈》《网上拜年，减少聚集》等公益宣传广告 30 万余条次，利用宣传栏、阅报栏等载体刊登《一起撑韶关》等疫情防控公益广告 3200 余处。制作交通安全专题公益视频 31 个，抖音、视频号播放量近 200 万次。制作公益海报模板 30 张，张贴 4000 余处，通过各部门微信公众号、微博等新媒体平台推送公益广告 3000 余条。开展燃气安全宣传教育，利用户外大屏滚动播放近 20 万次，利用乡村应急广播系统播放音频近 4 万条次，利用市属媒体播出相关报道 16 条，制作公益短视频 2 条、海报 6 张，发布推文 21 篇，总浏览量 30 余万人次。做好先锋模范社会宣传，选树市级学雷锋活动示范点 5 个，市级学雷锋活动标兵 4 人，申报并入选省级学雷锋活动示范点 1 处、省级岗位学雷锋标兵 1 人。常态化刊播岗位学雷锋主题公益广告、《强国复兴有我之少年说》、“榜样的力量”系列主题公益广告共计 3 万余次，营造向先锋模范学习的社会氛围。在广东省少数民族运动会、广东省第十三届中学生运动会、“东数西算”大会、“守护华南虎”系列活动召开前后，刊播各类宣传海报、标语、视频 60 万条次。

【对外宣传工作】 2022 年，中共韶关市委宣传部先后围绕韶关华南虎双胞胎出生、满月、命名等重要时间节点及百日见面会、“守护华南虎”行动启动仪式、国际共创营等系列活动，把握时效，协调中央、省、市各级媒体和境外媒体推出网络直播、话题和图文、短视频、海报等新媒体作品 300 余篇，6 次登上新浪微博热搜榜，全网点击量 10 亿人次，创下韶关单个新闻全网点击量之最。特别是争取 NHK、CGTN、《中国日报》等外宣媒体走进韶关做采访报道，联系新华社海外版等外宣重点栏目多次关注刊播新闻，让“韶关华南虎”真正走向海外。通过宣传策划和媒体服务，让“韶关华南虎”成为韶关历年登中央电视台新闻栏目最多、在中央电视台开通慢直播最早的一个新闻事件。联合中国外文局原融媒体中心，围绕韶关广府文化和九龄文化策划推出 2 集中英文短视频，发布于中国外文局外宣短视频品牌 China Matters 视界中国海外社交平台，美联社、德新社等外媒参与发布 600 条，累计阅读量 2000 万次。（刘芸妃）

【创建全国文明城市】 2022 年，韶关市文明办组织召开 2 次创建全国文明城市工作推进会，市委主要领导在会上对创文工作进行部署和推进。市委、市政府主要领导率队督导检查创文工作 3 次，参加创文志愿服务活动 2 次。加大督导检查力度，建立“每日通报、每周通报、每月简报”工作机制，印发 75 期创文工作情况通报。指导市辖三区和各有关单位推进“牛皮癣”广告整治、乱拉设空中缆线整治、市场及周边环境整治、交通秩序整治等，组织开展环境卫生清扫、清理“牛皮癣”广告等创文志愿服务活动 2500 余次，参与志愿者 7 万人次。发放《文明创建应知应会》15 万份。

【新时代文明实践中心建设】 2022 年，韶关市于 8 月 1 日印发《韶关市拓展新时代文明实践中心建设工作方案》，于 9 月 6 日印发《韶关市新时代文明实践示范中心（所、站）建设工作方案》，于 5 月 16 日印发《韶关市文明实践综合体建设工作方案》，于 4 月 2 日印发《关于持续深入开展韶关市 2022 年新时代文明实践活动的通知》等，完善新时代文明实践中心建设工作顶层设计。5 月 23 日，在翁源县翁城镇召开拓展新时代文明实践中心建设工作现场推进会，部署推进拓展新时代文明实践中心建设工作。建立市委宣传部领导班子成员和副处级干部挂点联系新时代文明实践中心建设工作制度。督促和指导各地各单位围绕学习实践科学理论、宣传宣讲方针政策、培育践行主流价值、倡导文明生活方式等内容开展文明实践活动。建成新时代文明实践服务平台，培育“情暖童心”新时代文明实践志愿服务品牌，为广大群众提供便民服务。截至 12 月 31 日，全市累计建成新时代文明实践中心（所、站）1585 个，成立文明实践志愿服务队 2367 支，有文明实践志愿者 24 万多人。全年深入新时代文明实践阵地开展理论宣讲 50 余场次，受众 1 万多人次。指导 15 支市级新时代文明实践志愿服务大队常态化到农村基层开展新时代文明实践活动 60 余场次，受众 2 万人次。各地各有关单位围绕迎接宣传贯彻中共二十大精神，开展倡导文明健康绿色环保生活方式、家庭文化、道德模范和身边好人选树宣传、诚信宣传教育等各类文明实践活动 300 余场次，受众 6 万多人次。

【公民道德建设】 2022 年，韶关市涌现出“中国好人”3 人、“广东好人”3 人，评选出“韶关好人”20 人。举办第二十个全国公民道德宣传日系列活动，受众 3 万人次。制定刊播《2022 年清明文明祭祀倡议书》，号召全体市民文明拜祭、网上祭祀。组织广大网民在韶关文明网、善美韶关微信公众号等平台参与 2022 年韶关市“清明网上祭英烈”活动，共 20.7 万人参加。于 3 月 7 日制定印发《韶关市推进诚信建设制度化 2022 年工作要点》，加大对诚实守信类别身边好人的选树宣传力度。指导各地各有关单位常态化开展“我们的节日”等群众性主题实践活动 100 余场次，受众 3 万人次。组织各地各有关单位开展学雷锋志愿服务月活动，围绕重大活动、扶贫救灾、敬老救孤、恤病助残、法律援助、文化支教、环境保护、健康指导等，开展志愿服务活动 300 余场次，受众 6 万人次。擦亮“善美圈”“河小青”等志愿服务活动特色品牌，打造“志愿之城”。

【未成年人思想道德建设】 2022 年，韶关市有中小学校 393 所。其中，全国文明校园 4 所。省级文明校园 1 所。市级文明校园 221 所，县（市、区）级文明校园 378 所。正在创建全国文明校园先进学校 3 所、省级文明校园先进学校 9 所、市级文明校园先进学校 15 所。市级文明校园创成率 56.2%。县级文明校园创成率 100%。开展“扣好人生第一粒扣子”等主题教育实践活动，通过学雷锋纪念日、网上献花祭奠先烈、“童心向党·探索红色密码”等主题教育实践活动，深化未成年人思想道德建设教育。1 人获 2022 年度广东“新时代好少年”称号，11 人获 2021 年下半年韶关市“新时代好少年”称号，1 人获广东第七届“最美南粤少年”称号，60 人获“最美韶关少年”称号。推进乡村“复兴少年宫”建设，运用并发挥当地新时代文明实践中心（站、所）的功能作用，发动志愿服务队上好“四点半课堂”，打通服务留守儿童学生“最后一米”。

【华南虎宣传】 2022 年，韶关市举行“守护华南虎行动”启动仪式及系列活动。韶关抓住华南虎双胞胎满月恰逢农历虎年的良好时机，发起“萌虎平安成长行动”等系列公益行动，在“央视新闻”客户端推出 24 小时线上“陪韶关华南虎双胞胎满月”高清慢直播。结合华南虎双胞胎命名及百日等重要节点，面向全球发起韶关华南虎双胞胎网络征名活动。中央、省主要媒体及 NHK、彭博社、CGTN、香港商报等外文媒体全年推出韶关华南虎相关报道和新媒体作品 500 多条，网络平台转载超 10 万条，全网点击量超 12 亿次，登上新浪微博热搜榜 5 次，成为韶关宣传史上关注度最高的单主题宣传活动。组织“守护华南虎”中外故事交流会。结合 7 月 29 日全球老虎日，举办“守护华南虎”中外交流故事会。结合10月4日世界动物日，举办“守护华南虎”国际设计共创营活动。向海内外发布“守护华南虎”全球倡议书，在建筑设计、公益慈善领域中提升话题热度。在艺术设计、文化传媒等领域开展跨界共创、破圈联动，组织俄罗斯、美国、英国、芬兰、意大利等10多个国家的专业设计师、志愿者及国内外知名高校师生参与“守护华南虎”国际设计共创营，为华南虎繁育基地设计“萌虎幼儿园”、打造华南虎IP形象等。拍摄制作宣传纪录片6部，《守护华南虎》纪录片入选2022年“新时代·新影像”中外联合创作计划的社会价值单元“最佳提案”，《华南虎，你好！》微纪录片在美国夏威夷中文电视台、加拿大新时代电视等电视和新媒体平台播出。依托东莞市与韶关市对口帮扶的重要关系，建立与广东宏远篮球俱乐部共建华南虎品牌合作关系。推动广东宏远篮球俱乐部到韶关市认养1只华南虎，成为“华南虎守护大使”。以广东宏远篮球俱乐部来韶为契机，策划开展“华南虎”遇见华南虎、“华南虎上山”等传播活动，借助易建联等篮球明星的影响力，扩大韶关华南虎品牌知名度，促进华南虎保护和虎文化传播。

【“风度有理”百姓宣讲】2022年，韶关市以打响做强“风度有理”百姓宣讲品牌为引擎，紧贴群众需求，围绕解决“谁来讲、讲什么、怎么讲”根本性问题，在队伍、阵地、内容、形式上持续发力，推进全市基层理论宣讲活动。采取“1+11+N”宣讲队伍多点布阵方式，做好队伍建设文章；以“风度有理”百姓宣讲“六进”活动为抓手，做好差异化分众宣讲文章；采取“理论+”模式，做好特色宣讲文章。全年累计开展“风度有理”百姓宣讲活动1500多场次，受众10万人次，“风度有理”百姓宣讲逐步成为韶关宣传文化工作一张名片。（彭倩华）

统战工作

【概况】2022年，中共韶关市委统一战线工作部加强中国特色社会主义参政党建设，开展干部选拔任用工作，强化党外代表人士教育培养，完成韶关市第十五届工商联（总商会）换届选举工作，开展侨情普查工作，指导武江区成立全市首个党外知识分子联络服务站，实现县级知联会组织建设全覆盖，全市统战工作实现高质量发展。引导统一战线成员参与“6·30”广东扶贫济困日活动、韶关“龙舟水”灾后重建及教育、医疗等各项民生事业建设，全年累计收到统一战线各领域捐资捐物总值1500万元。

【政党协商】2022年，中共韶关市委统一战线工作部协助韶关市委召开市各民主党派负责人暑期座谈会，听取各民主党派负责人对韶关经济社会发展提出的意见建议。“两会”期间，民主党派成员通过各级人大代表、政协委员身份提交提案建议308件。协助各民主党派开展“矢志不渝跟党走，携手奋进新时代”政治交接主题教育，通过落实好“第一议题”深入学习贯彻习近平总书记系列重要讲话精神，加强与代表人士走访联系和谈心谈话，召开各民主党派专职副主委、秘书长联席会议等。于3月15日出台《中共韶关市委2022年政党协商（会议协商）计划》，推动各民主党派参与市委中心工作。举办2022年民主党派新成员培训班、党外中青年干部培训班等，支持各民主党派、无党派人士提升能力水平。协助各民主党派建立健全并落实执行理论学习中心组学习制度，推进各民主党派组织发展工作，规范各民主党派市委会行文，落实民主党派机关负责人外出报备制度，加强中国特色社会主义参政党建设。

【非公有制经济人士统战工作】2022年，中共韶关市委统一战线工作部推进新时代韶关市民营经济人士理想信念教育制度化、常态化，关注把握民营经济人士思想动向，加强对年轻一代民营经济代表人士的思想引导。12月，在乳源瑶族自治县举办韶关市年轻一代民营经济人士培训班暨全市优秀民营企业家培训班。完成韶关市第十五届工商联（总商会）换届选举工作，张红伟当选为韶关市工商联主席。印发民营经济统战工作协调机制，加强韶关市民营经济统战工作的统筹协调。

【党外知识分子及新的社会阶层人士统战工作】2022年，中共韶关市委统一战线工作部推动浈江知联会、曲江新联会、乳源新联会成立，指导武江区成立全市首个党外知识分子联络服务站，实现县级知联会组织建设全覆盖。制定市新联会会员管理系统和积分管理办法，规范理事内部管理。举办韶关市党外知识分子和新的社会阶层代表人士培训班，凝聚代表人士思想共识，提高履职水平。《创新打造同心服务站，着力画出最大同心圆》获评全市第六届机关工作创新创优竞赛活动三等奖（服务群众类）。

【党外代表人士队伍建设】2022年，中共韶关市委统一战线工作部对全市党外干部安排使用情况进行排查统计，协助市直各单位提拔使用党外干部32人次。协助省委统战部做好韶关市十三届省政协委员非中共委员初步人选考察工作。于11月18日出台《市委统战部领导联系服务高层次人才安排方案》，组织开展“寻梦红色经典，追忆革命岁月”中山民盟韶关行和“粤籍港澳代表人士韶关行”2场人才活动。

【侨务工作】2022年，中共韶关市委统一战线工作部推进归侨侨眷权益保护工作，完成侨情普查工作，全市归侨941人，侨眷1777人。建立完善涉侨纠纷联动化解机制，指导各级侨务部门加强与当地人民法院协调合作，成立涉侨纠纷调解室，推进涉侨领域纠纷多元化解工作，依法维护侨界群众的合法权益。组织、指导各级侨务部门开展“惠侨暖企”行动工作，为侨资企业排忧解难并提供公共服务。加强与全球广府知名人士联系，扩大与海外华侨华人的联系交流。优化调整完善华侨回国定居审批、“三侨生”身份确认、归侨身份证明、侨眷身份证明等7项服务事项网上和线上办事指南、办理流程，建立完善侨务政务服务行政审批工作管理制度汇编，为华侨、归侨、侨眷办事提供服务。全年全市受理“三侨生”身份确认5人次，归侨身份证明1人次，侨眷身份证明3人次，华侨回国定居2人次。完善荣誉市民数据库，加强与24名韶关市荣誉市民的沟通联络，在中秋和春节传统节日向荣誉市民致慰问信。

【涉台事务】 2022年，中共韶关市委统一战线工作部举办2022年在穗常住台胞国情研学营、全国台联台胞青年夏令营广东分营、全国对台交流重点项目第二届韶台禅宗文化交流、第九届台湾青年岭南行等活动，关心关爱台胞台属，召开2022年台胞台商台属迎中秋座谈会。解决台资企业法律纠纷、土地租用、用工紧缺等问题，助力在韶关的台资企业发展。

【2022年在穗常住台胞国情研学营】 2022年7月8—10日，由广州市台联、广州市台盟、韶关市台港澳事务局联合举办的2022年在穗常住台胞国情研学营在韶关举办。广州市台联、台盟广州市委会、韶关市委统战部（市民族宗教事务局、市台港澳事务局）等单位有关负责人，以及在穗常住台胞台商等70余人参加。研学营开展党史教育、传统文化、乡村振兴、寻根问祖等主题研学活动，邀请广东南岭干部学院副院长陈伦盛作《党的十九届六中全会精神解读》专题宣讲报告，并组织参观南华禅寺、北伐战争纪念馆、南岭梅关古道等地，缅怀革命先行者孙中山先生的丰功伟绩，了解两岸同根同宗同源文化。

【第二届韶台禅宗文化交流活动】 2022年9月，第二届韶台禅宗文化交流活动在广东韶关曲江区、翁源县等地举办，在韶关台胞台商台属代表、广州市台联代表等42人参加活动。此次活动以禅宗文化交流为主线，围绕“弘扬六祖禅宗文化 祈福两岸人民安康”主题，先后到海峡两岸交流基地南华寺、东华寺体验禅宗文化特色活动，到粤台农业合作试验区参访翁源县兰花产业园，了解台资企业在韶关发展情况。活动过程中，台胞们亲身体验“六祖诞”祈福仪式，并通过社交媒体将活动情况实时分享给远在台湾的亲友，共同祈愿两岸人民幸福安康。 （刘秀易）

网信工作

【概况】 2022年，韶关市委网信办建立属地重点网络平台清单，实行分级分类管理，强化日常沟通监管，遏制传播乱象行为。常态化做好网络和数据安全风险隐患监测处置，引导群众养成良好用网行为习惯。健全上下联动、左右协同的网信工作体系，巩固网络舆情管理工作格局。会同市委宣传部、市委编办等部门开展主题为“网络安全为人民，网络安全靠人民”的网络安全宣传周活动。吸引社会各界关注网络安全、参与网络安全建设。

【互联网平台管理】 2022年，韶关市委网信办建立属地重点网络平台清单，实行分级分类管理，强化日常沟通监管，遏制传播乱象行为。开展政务网络平台内容巡查管理48次，网络阵地管理得到加强。推进网络综合治理，整治网络不良信息、违法违规行为及网络乱象，累计开展专项整治行动30项。发挥韶关市互联网违法和不良信息举报平台作用，引导广大网民参与网络治理举报工作，全年受理举报线索716条次。

【网络数据安全管理】 2022年，韶关市委网信办常态化做好网络和数据安全风险隐患监测处置，全年编发《网络安全风险提示》13期、《网络安全信息通报》23期、《网络安全风险提醒函》36期。组织开展网络安全检查和应急演练，检查全市重点信息系统、网站、网络平台330余个，发现网络安全和数据安全风险漏洞270余个；举办韶关市首届“丹霞杯”网络安全攻防演练，发现整改203个网络安全风险隐患。组织开展“善美韶关 文明有我”——2022年韶关市网络文明宣传暨网络安全宣传周系列活动，举办网络安全、网络文明等主题海报、短视频、歌曲、手抄报、绘画等征集评选活动；以“网络安全为人民，网络安全靠人民”为主题，开展网络安全主题日（校园日、电信日、法治日、金融日、青少年日、个人信息保护日）活动，派发宣传品、宣传资料2.1万余份，引导群众养成良好的用网行为习惯。协调推进数字乡村试点建设，完成国家级试点南雄市、省级试点仁化县黄坑镇、翁源县江尾镇迎接国家、省终期评估工作。

【“网络安全宣传周”活动】 2022年9月5—11日，韶关市委网信办会同市委宣传部、市委编办、市教育局等13个部门，围绕党的十八大以来韶关市网络安全领域取得的新成效新突破，开展主题为“网络安全为人民，网络安全靠人民”的网络安全宣传周活动。通过举办宣传周启动仪式，网络安全知识竞赛，网络安全公益宣传作品征集展示，校园日、电信日、法治日、金融日、青少年日、个人信息保护日等主题活动，网络安全进社区、进农村、进企业、进机关、进校园、进军营、进家庭等线上线下宣传普及活动，派发宣传品、宣传资料2.1万余份，投放LED屏宣传100余个，刊登宣传推文40多篇，吸引社会各界关注网络安全、参与网络安全建设，营造浓厚的宣传氛围。

（李信强 肖建喻）

政策研究

【概况】 2022年，中共韶关市委政策研究室12个重点领域调研。全年形成调研报告10篇，获市委主要领导签批3篇，上稿量在全省地级市党委政研系统位居前列；编印《韶关调研》12期。牵头起草《关于深化改革攻坚加强规范治理的实施意见》《关于开展“改革攻坚规范治理年”的工作方案》等重要政策文件、工作制度，谋划推动形成“1+1+22+N”政策措施体系。组织召开市委财经委员会议2次。

【调查研究】 2022年，中共韶关市委领导调研100余次，全年市委政研室完成调研报告13篇，获市委主要领导签批5篇、市领导签批4篇，在省以上刊物发表10篇，被省级刊物《广东调研》采用8篇、《各地市调研报告摘编》选用2篇，上稿量在全省地级市党委政研系统位居前列；编印《韶关调研》12期；编发《决策参考》31期，获市领导签批7期。《韶关市2022年营商环境现状调查报告》《我市8次集中开竣工活动新开工项目落地建设情况督导调研报告》《关于推进韶关市镇级农业发展公司建设的对策建议》《关于韶关市基础教育高质量发展的调研报告》《关于推动韶关麻竹笋产业高质量发展的调研报告》等转化为市委、市政府相关工作思路和决策部署。统筹指导全市调研工作，引导市直有关单位、县(市、区)、民主党派及市委党校(主体班)开展专题调研，汇聚各方智慧和力量。

【政策文稿起草】 2022年，中共韶关市委政研室紧扣市委"改革攻坚规范治理年"工作部署，牵头起草《关于深化改革攻坚加强规范治理的实施意见》《关于开展"改革攻坚规范治理年"的工作方案》《关于成立韶关市开展"改革攻坚规范治理年工作领导小组的通知》等重要政策文件、工作制度，谋划推动形成"1+1+22+N"政策措施体系。组织召开市委财经委员会会议2次，听取县(市、区)、韶关高新区、相关市直单位经济工作汇报，查摆存在问题，部署下一步经济工作重点，推动市委经济工作决策部署落到实处。 (向　婧)

市直机关党建

【概况】 2022年，韶关市直机关工委直接管理市直机关党组织77个，其中党委(机关党委)51个、总支部6个、支部20个，管理党员1.17万名。以"改革攻坚规范治理年"为契机，深化模范机关创建和"双争双促"主题实践活动，推进新一轮基层党建三年行动计划落实，巩固拓展党史学习教育成果，加强机关作风建设，推动机关党的建设走在前、做表率。2022年市直机关工委机关绩效考核评为"优秀"等次，抓基层党建工作述职评议考核为"好"等次。

【基层组织建设】 2022年，韶关市直机关工委印发实施《韶关市直机关加强流动党员教育管理监督实施办法(试行)》，于4月18日《韶关市直单位机关党委专职副书记履职实绩考核实施意见(试行)》，于6月13日《2022年韶关市机关党建考核实施方案》，于3月23日修订《韶关市直机关党建活动经费使用管理办法(暂行)》，利用党建考核系统加强对市直机关各单位党建工作的分类指导，做好考核培训和指标上线等工作。对76个下辖党组织和10个县(市、区)通过现场指导、座谈交流等方式开展调研，并将调研反馈问题整改情况等纳入市机关党建考核。全年市直机关工委审批新建党组织1个，换届党组织14个，补选党组织25个。建立发展党员专项工作台账，组织207名党员发展对象参加专题培训，采取"工委抽查+单位自查"形式对市直机关各单位发展党员工作进行全覆盖检查，100%完成发展党员指标174个。6月29日，举办韶关市"光荣在党50年"纪念章颁发暨新党员入党宣誓仪式。下拨基层党组织党费48.2万元，慰问困难党员、老党员等482人，联合市财政局划拨党建活动经费397万元，通报2021年度市直机关党费收缴、管理和使用情况。成立工作组对市直机关8个党建示范点进行现场复评，对9个基层申报党组织进行初评工作。开展市直机关参与基层社会治理特色品牌和先进典型评选，完成6期《韶关机关党建》杂志编制印发，刊登宣传经验文章90篇，利用网站宣传报道机关党建工作动态信息100余篇次。全年总结提炼的市直机关党建有关经验做法在市级各类媒体刊登宣传报道32篇。有65篇图文视频被推荐到省级"学习强国"平台。

【党员教育培训】 2022年，韶关市直机关工委利用"千名科级党员干部大培训"平台开展常态化培训，开展送学进机关、下基层活动13场次，3000名党员干部参加培训。落实新一轮基层党建三年行动计划要求，开展基层党支部书记集中轮训，分6期对韶关市机关500余名基层党支部书记进行集中轮训，确保市直机关基层党支部书记学习培训全覆盖。举办党务干部、党员发展对象、兼职党务干部能力提升培训等专题培训班10期，参训人员900余名。组织实施市直机关青年理论学习提升工程，推动各单位成立青年理论学习小组221个，覆盖3500余名机关青年，累计开展青年理论学习活动700余场次。12月8日，举办市直机关"学习强国"知识竞赛，共有55个市直机关单位165名党员干部参赛，8支队伍获奖。

【作风建设】 2022年，韶关市直机关工委在全市机关常态化开展"双争双促"主题实践活动，实施"思想聚力""规范治理""融合创新""典型领航"四大工程。督促指导市直各单位开展"改革攻坚规范治理年，我该怎么做"大讨论，开展"民声热线"，全年举办日常版184期，各单位"一把手"带队上线14期，接到群众来电咨询或投诉事项247件，解决问题困难90余个，群众满意度99.1%。跟踪督办一批群众反映强烈的民生问题，如曲江区罗坑镇谢屋村道路硬化未完善、市区一棉路公交站候车亭建设未落实等问题。举办第六届机关工作创新创优竞赛，48个优秀项目通过竞赛平台，展现党业融合取得的创新成效，其中5个项目晋级省决赛并获三等奖。市直机关工委获优秀组织奖。于3月30日印发实施《关于进一步加强市直机关作风建设的实施方案》，发放调查问卷200份，对9个单位开展作风建设明察暗访。对76个市直机关单位开展民主评议党风政风工作，并将评议结果纳入党建考核，压实作风建设主体责任。

【党风廉政建设】 2022年，韶关市直机关纪检监察工作委员会推进市直机关纪委规范化建设，于9月19

2022年12月8日，市直机关工委举办韶关市直机关"学习强国"知识竞赛决赛 （市直机关工委 供图）

日修订完善《关于加强市直机关部门机关纪委建设的实施方案》，每季度下发市直机关纪委工作指引，推动机关纪委运行规范化、制度化。纪检监察工委做好派驻纪检监察组移送审理案件受理工作，发挥好审核把关、监督制约和执纪平衡的作用。

【机关绩效考核】 2022年1月13日，韶关市机关考核办完成对75个机关单位2021年的绩效考核工作，按照30%优秀、50%良好、20%合格的考核等次比例及"一票评优"规定，依据考核成绩排名，形成考核结果等次，其中优秀等次单位28个（含"一票评优"2个单位），良好等次单位38个，合格等次单位9个。2022年，韶关市机关考核办根据《2022年韶关市机关绩效考核实施方案》要求，围绕市委、市政府确定的年度重点工作，加大考核力度，创新考核方式，依托第三方评估机构和市机关绩效考核系统，做好对76个机关单位履职考核、专项考核、综合评议、加减分项目、"一票否决"事项的分类考核工作。

【第六届机关工作创新创优竞赛】 2022年，韶关市直机关工委开展第六届机关工作创新创优竞赛，对标省"先锋杯"工作创新大赛要求，结合韶关实际，细化竞赛项目内容、要求和标准，研究制定韶关市竞赛工作方案。全市各地各单位报送参赛项目149个，韶关市直机关工委遴选48个优秀项目进入现场竞赛环节，并举办为期3天的现场竞赛，分类别决出一等奖、二等奖、三等奖。推荐27个优秀项目参加省"先锋杯"工作创新大赛复赛，其中5个项目晋级决赛，均获得省级三等奖。注重竞赛成果转化，总结提炼竞赛项目中经验做法，在《韶关机关党建》杂志和网站刊登宣传26篇次，对现场竞赛进行全程录制，制作视频光碟120份，发放至各地各单位进行相互交流学习。加大经费保障力度，对晋级省"先锋杯"工作创新大赛的项目，支持项目完善提升经费17.4万元（含省直机关工委下拨经费4.5万元），解决参赛单位经费不足难题。 （杨文怡）

机构编制管理

【概况】 2022年，韶关市委编办统筹推进体制机制改革、机构编制管理创新和机构编制法治化建设。深化镇街体制改革，将各县（市、区）直部门派驻镇街的自然资源所、市场监督管理所下放镇街属地管理，向镇街下放派驻机构130余个，下沉执法人员编制500余名；建立基层编制动态调整机制，盘活镇街编制500余名用于统筹使用。精简市直事业单位20余家，收回事业编制近700名。全年办理事业单位法人登记200余家，完成法人年度报告200余家。完成市直和各县（市、区）76个单位2021年度机构编制执行情况报告工作。完成15个市直部门和102个县直部门机构改革评估工作，于10月26日形成《韶关市机构改革评估报告》报省和市委编委，检视评估韶关市机构改革成效。指导浈江区、南雄市、翁源县、新丰县等地制定编外人员管理办法，规范编外人员管理。

【镇街体制改革】 2022年，韶关市委编办将各县（市、区）直部门派驻镇街的自然资源所、市场监督管理所下放镇街属地管理，向镇街下放派驻机构130余个，下沉执法人员编制500余名。完善基层统筹协调机制，制定镇街3个委员会运行规则，全年依托3个委员会解决镇街各类问题2000余个。加强镇街执法能力建设，招录镇街执法人员300余名，开展各类培训290余场，培训8000余人次。市委编办会同市委组织部于5月20日印发《关于建立乡镇（街道）编制动态调整机制进一步规范机构编制管理的通知》，建立县域内镇街编制动态调整机制，明确各县（市、区）可结合工作实际和管理任务等对辖区镇街编制进行动态调整，盘活镇街编制500余名用于统筹使用，提升基层编制资源使用效益。

【行政机构编制管理】 2022年，韶关市委编办制定市委巡察办"三定"规定，调整优化市人大常委会机关、市政府办公室，市自然资源局、市住建管理局、市应急管理局、市卫生健康局、市农村工作办公室及韶关高新区管理机构等部门机构职能。做好机构编制信访工作，开展信访积案排查，处理涉及机构编制信访事项3件。做好机构编制年度报告工作。加强机构编制执行情况评估，完成市直和各县（市、区）76个单位2021年度机构编制执行情况报告工作，梳理形成全市总体报告报省和市委编委。

【事业单位改革】 2022年，韶关市完成市直从事生产经营活动事业单位改革，精简事业单位20余家，收回事业编制近700名。加强特殊教育、社会治理、农业科技等领域机构编制保障，研究设立市启航学校、市综治事务中心、韶关国家农业科技园区管理委员会等事业单位。规范事业单位登记管理。做好事业单位日常登记和年度报告工作，全年办理事业单位法人登记200余家，完成法人年度报告200余家。开展应注销未注销事业单位清理，全年清理应注销未注销事业单位60余家。

【单位转企改制】 2022年，韶关市住房与城乡建设管理局贯彻落实《韶关市从事生产经营活动事业单位改革工作领导小组关于印发〈韶关市市直从事生产经营活动事业单位改革方案〉通知》精神，推进并完成韶关市建筑设计院、韶关市房产测绘管理所和韶关市房地产管理所转企改制工作，相继成立韶关市建筑设计院有限公司和韶关市城市建设发展服务有限公司，并相应撤销原韶关市建筑设计院、原韶关市房产测绘管理所和原韶关市房地产管理所。11月9日，2家转企改制公司举办成立揭牌仪式。

【专项领域改革】 2022年，韶关市推进疾病预防控制体系改革，在市、县两级卫生健康部门加挂疾病预防控制局牌子。深化应急管理综合行政执法改革，整合优化全市应急管理系统执法职能，完善执法体系。健全文物保护和考古工作机构职能，在市、县两级文化旅游部门加挂文物局牌子，在市博物馆加挂市文物考古研究所牌子，相应优化调整内设机构设置。加强重点领域编制保障。重新核定市、县两级中小学教职工编制总额，从全市中小学教职工编制周转专户中向编制紧缺的武江区调剂编制130余名，实现中小学教职工编制配备达到国家基本编制标准。优化高层次人才编制服务，为30余名高层次人才提供服务。制定广东南岭干部学院"三定"规定，组建市医保经办机构，理顺医保经办体制，做好粤北人民医院、粤北第三人民医院内设机构优化调整备案工作。

【法规学习宣传】 2022年，韶关市委编办深入贯彻落实《中国共产党机构编制工作条例》(以下简称《条例》)及配套法规。宣传贯彻《条例》及配套法规，推动将《条例》纳入党校主体班培训课程，组织办分管领导为市委党校培训班学员开展专题授课。抓好《机构编制违规违纪违法行为处理和问责规则（试行）》《关于加强机构编制违规违纪违法行为预防教育的指导意见》等配套政策法规的宣传贯彻，印发专门通知，督促指导各地各部门严守机构编制法规制度，全年组织各地各部门470余人次开展学习宣传。

【机构编制监督检查】 2022年，韶关市委编办按照"机构清、编制清、职数清、实有人员清"的要求，完成全市第二次机构编制核查工作，市、县两级核查单位4000个，于2月28日梳理形成《韶关市第二次机构编制核查工作情况报告》报省委编委。强化机构编制日常监督，深入2个县和136个机关事业单位开展专项检查，对发现的机构编制"条条干预"问题，督促单位整改落实。推进"数字编办"建设。完成旧实名制系统备份重建和新旧系统切换工作，推动新实名制系统上线运行；抓好实名制数据库动态更新，更新录入相关台账文件140余份，为组织、财政等部门提供数据信息共享服务。加强网络安全和信息化工作，开展风险排查，对单位计算机进行整体加固和系统修复。

【"三项机制"盘活用好镇街编制资源】 2022年，韶关市聚焦乡镇（街道）"事多人少"的矛盾症结，深度挖潜、盘活存量、内部统筹、保障重点，建立健全编制动态调整、县编乡用及专编专用"三项机制"，优化基层编制资源配置，推动编制资源与职能需求实现科学对接。全市推动向镇街下沉编制2000名、下沉人员1000人，把有限的编制资源用到一线"刀刃"上，缓解基层任务繁重和机构编制紧缺的矛盾，为加快推进全市镇域经济社会高质量发展提供坚强有力的保障。浈江区通过盘活存在常住人口减少、工作任务萎缩等情况的5个乡镇的各类编制，将数十名编制动态调整至辖区内多个重点镇、中心镇。乐昌市为省经济发达镇试点坪石镇分配25名执法编制，乳源瑶族自治县为韶关丹霞机场所在地桂头镇分配15名执法编制，实现"保障基本、侧重急需"的积极效应。 （方田瑛）

老干部工作

【概况】 截至2022年12月31日，韶关市有离退休干部39748人，其中离休干部380人，退休干部3.94万人；离退休干部党员2.28万人。有离退休干部党委1个，离退休干部党总支2个，离退休干部党支部622个（其中离休干部单独建立的党支部8个，退休干部单独建立的党支部316个，离退休干部联合建立的党支部61个，离退休干部为主与其他党员合编的党支部237个）。2022年，全市老干部工作部门把迎接中共二十大胜利召开和学习宣传贯彻《关于加强新时代离退休干部党的建设工作的意见》《关于加强新时代离退休干部党的建设工作的若干措施》作为重要任务，抓实离退休干部党组织建设，做好离退休干部服务管理，引导老干部发挥"正能量"，推动全市老干部工作取得新成绩。8月18日，全省老干部大学和老干部活动中心工作座谈会在韶关市召开。省委老干部局副局长欧天就，省委老干部局二级巡视员谢占球，各地级以上市委老干部局负责人，市级老干部活动中心主任、老干部大学主要负责人参加会议。会议总结党的十八大以来全省老干部大学和活动中心工作的成效和经验，组织与会人员参观韶关市老干学习活动场地建设情况，展示党的十八大以来韶关市老干部大学和活动中心工作建设成效。

【党组织建设】 2022年，中共韶关市委老干部局强化顶层设计，制定《中共韶关市委离退休干部工作委员会工作规则》，明确机构及委员主要职责、议事制度等，规范市离退休干部党工委运作。调整市离退休干部工作领导小组组成人员和市委离退休干部党工委委员，加强与委员单位沟通联系，召开韶关市委离退休干部工委工作会议和离退休干部职工党支部书记座谈会，协调解决离退休干部党建工作中的重要问题。加强组织建设，开展“六好”（组织设置好、班子建设好、党员队伍好、学习活动好、作用发挥好、制度坚持好）示范党支部创建和日常教育管理，提高离退休干部党建工作规范化水平。评选出 20 个离退休干部“六好”示范党支部，举办老干部党建工作培训班 57 期，培训 794 人次。

【离退休干部服务管理】 2022 年，中共韶关市委老干部局出台《关于进一步加强干部荣誉退休工作的意见》，指导各县（市、区）规范落实干部荣退制度，全市 10 个县（市、区）均已建立干部荣退制度。推进全市离退休干部新冠病毒疫苗接种。全年帮扶困难离退休干部及遗属 206 人次，发放困难帮扶资金 78.87 万元。督促各地各部门处理老干部及其家属的来电来信来访，对近三年收到的涉及离休待遇、退休改离休、党籍党龄、人事处理、工资待遇、审查结论等情况的老干部信访事项进行摸排，处理事业单位改制历史遗留问题，离休干部丧葬费和抚恤金发放、退休人员身份认定等问题，防范化解社会维稳风险。

【离休干部“一人一策”】 2022 年，中共韶关市委老干部局整合老干部工作部门、离休干部管理单位、离休干部家庭、相关医疗机构或养老机构、有资质的社工组织等各方资源，建立离休干部“一人一策”服务工作联动机制，落实离休干部各项政治生活待遇。对行动不便、有学习需求的离休干部开展“送学上门”。召开离休干部医疗服务专题座谈会，签订离休干部定点医疗机构医疗服务协议，完善离休干部就医“绿色通道”。与市三甲医院联合开展“送医上门”服务，定期巡诊。为居住在市区范围内的破产企业离休干部建立健康档案，并针对个人病情状况，在治疗、用药、康养、护理等方面提供专业化建议和帮助。全市 10 个县（市、区）和 40 个市直离休干部主管单位均已落实离休干部“一人一策”精准化服务工作，全市范围实施“一对一”“一对多”结对帮扶 425 对，建立离休干部“一人一策”精准化服务信息台账 425 份。

【老干部学习调研活动】 2022 年，中共韶关市委老干部局以“建言二十大”和“我看中国特色社会主义新时代”两个专题调研为载体，发动老干部为党和国家事业发展建言献策。调研活动收集筛选各地各单位稿件 150 篇，形成专题调研报告，并整理老干部感想体悟 5 篇报送省委老干部局，形成调研成果。全市累计开展活动 650 余次，参加老干部 5800 人次、收集心得体会和意见建议 600 条。市委老干部局被中国老年报社评为“喜迎二十大 奋进新征程”2022 年度离退休干部宣传报道工作表现优异单位，在交通运输部“老交通”智库委员会和《中国老年报》联合举办的全国“喜迎党的二十大·老年人助力加快建设交通强国”网上建言暨老年人（残障人士）便利化无障碍交通出行需求调查活动中获优秀组织奖。

2022 年 11 月，市委老干部局开展离休干部“一人一策”精准化服务，为老干部“送医上门” （市委老干部局 供图）

【老干部红色记忆展】 2022 年，中共韶关市委老干部局对“韶关市老干部红色记忆展”进行升级，扩展第三展厅，采用照片 + 实物 + 视频等多媒体技术手段，发挥红色教育功能。馆内陈列全市离退休干部在各个时期物件实物 537 件，旧照片 175 张。该展入选 2022 年广东省离退休干部党建工作创新案例，先后被评为“韶关市直机关党员教育现场教学点”“韶关市青少年红色革命传统教育教学点”“韶关市少先队校外实践教育基地”“韶关市关心下一代红色教育基地”等。

【“喜迎二十大、奋进新时代”主题宣传教育活动】 2022 年，中共韶关市委老干部局开展“七个一”活动（举办一场主题宣讲活动、组织一次主题党日活动、讲好一堂精品党课、开展一次学习体验活动、举办一场文艺演出、展示一批优秀文化作品、宣传一批先进典型）。依托“学习强国”“离退休干部工作”“广东老干部”“韶关市老干部大学”微信公众号等向老干部推送学习内容，通过主题宣讲、主题党日活动、参观考察等形式组织离退休干部学习党的创新理论。组织老同志收听收看中共二十大盛况、聆听习近平总书记所作的报告，畅谈感受认识，分享对中共二十大胜利召开的喜悦心情，多名老同志感言被省市县级平台登载。12 月 26 日，市委老干部局举办“礼赞新时代·奋进新征程”文艺汇演云展播，推动全社会厚植爱党爱国情怀，凝聚奋进新征程的精气神。全市全市召开座谈会 194 次、举办主题宣讲活动 146 次、开展主题党

2022 年 12 月 26 日，市委老干部局举办“礼赞新时代 奋进新征程”文艺汇演云展播 （市委老干部局 供图）

日活动 286 次、为老同志讲党课 217 次、组织离退休干部收看网上专题报告会 4 场次，通过“韶关市老干部大学”微信公众号推送理论学习文章 200 条，开展“送学上门”3000 人次，收集老同志书法、绘画、诗词作品 816 件。 （温 舜）

保密工作

【概况】 2022 年，中共韶关市委机要和保密局对各级考试的保密管理进行巡查巡考。完成全市定密统计分析上报任务。完成市委、市政府会场涉密电视电话会议信号保障 89 场次。开展“两识”（保密知识、保密意识）教育宣讲辅导 18 场次。对全市市直机关单位进行绩效考核现场检查，对县（市、区）科学发展观考核保密工作落实情况进行考核，对做得不到位的单位进行扣分处理。监督指导各地各单位涉密人员和涉密岗位分类管理工作，完成市委党校等机关单位涉密岗位的确认工作。完成全市涉密人员相关情况统计工作，做好保密资质（资格）单位涉密人员备案管理工作。组织全市各级保密组织开展定密统计分析工作，摸清保密管理底数，夯实保密管理基础。组织开展密级变更、解密审核工作，指导各级保密组织建立保密期限届满提醒和定期审核机制，逐步解决“一密定终身”的问题。

【保密监督检查】 2022 年，中共韶关市委机要和保密局对高考、自学考试、成人高考、研究生入学考试、大学英语四六级考试等国家教育统一考试和公务员考试、人事职称考试、法律职业资格考试、教师资格考试、医师资格考试等国家统一考试及中考的保密管理进行巡查巡考。开展互联网政务应用、新冠疫情防控工作保密检查。组织开展邮政机要系统保密专项检查，对保密资质（格）单位进行“双随机”检查，排查保密风险隐患，做到以查促改。

【技术服务保障】 2022 年，中共韶关市委机要和保密局强化保密服务保障，加强市党代会、市委全会等重大会议活动保密技术监管，为机关单位提供涉密会议移动信号屏蔽服务；完成市委、市政府会场涉密电视电话会议信号保障 89 场次。督促指导涉密载体销毁工作，市涉密载体销毁基地全年完成销毁任务 13 批次，销毁硬盘、硒鼓、优盘、光盘等涉密载体及电脑主板、存储条等办公自动化设备一批。

【保密宣传教育】 2022 年，中共韶关市委机要和保密局利用“韶关发布”“韶关普法”“韶关民生网”“韶关新闻网”等平台开展保密普法宣传教育。推动保密教育进机关、进社区、进学校、进企业，将《中华人民共和国保守国家秘密法》纳入广东南岭干部学院主体班课程和“韶关普法”等普法学法考试内容，开展全市保密线上培训，局领导班子成员和业务骨干到市委党校、市退役军人事务局、中国联通韶关分公司等单位和翁源县、乳源瑶族自治县、浈江区等县（市、区）开展“两识”教育宣讲辅导 18 场次。参加全市“4·15”国家安全日、“12·4”宪法日大型普法宣传教育活动，现场派发保密宣传资料 600 份，解答市民咨询问题。5 月，以“保密宣传教育月活动”为契机，组织开展全市“保密故事大家讲”活动。活动收到创作保密作品 27 部。参加全省保密宣传教育月活动，韶关市获得全省优秀组织奖。组织参加全省“保密故事大家讲”活动，其中《我的保密故事——肖光炎》获得一等奖，《保密已成习惯》《永恒的木芙蓉》获得三等奖。

【绩效考核】 2022 年 1 月 7—10 日，中共韶关市委机要和保密局派出检查组，对全市市直机关单位进行绩效考核现场检查，对部分保密管理不规范、不到位的机关单位实行扣分处理，督促其落实整改，提升保密管理水平。1 月 21 日，对县（市、区）科学发展观考核保密工作落实情况进行考核，对部分县（市、区）进行扣分处理。

【2022 年韶关市利用红色故事开展保密工作宣传】 2022 年，韶关市委机要和保密局结合党史学习教育活动，依托本地红色资源，挖掘整理、活化利用红色保密故事，扎实开展保密宣传教育。以创建广东省保密教育示范基地为契机，加强与市委宣传部、市文广旅体局等部门沟通对接，在红军长征粤北纪念馆筹备建设阶段，强化业务指导，提前介入规划设计，指导收录保密历史资料素材，优化保密专题布展内容，增强保密展览效果。 （陈沛豪）

关心下一代工作

【概况】 韶关市关心下一代工作委员会成立于 2000 年 7 月 20 日。2022 年，韶关市关心下一代工作委员会有驻会干部职工 14 人（其中“五老”：9

人)，有宣讲团、艺术团、农业科技专家顾问团成员 96 人（其中“五老”志愿者：77 人）。全市建立关工委 1376 个，关工小组 2523 个，有“五老”志愿者 1.7 万人。2022 年，韶关市关心下一代工作委员会两项工作受到中省关工委表彰，获中省关工委奖牌两块；农村创业青年培训与服务工作在全省关工委电视电话会上作经验交流发言；“中华魂”主题教育、扶贫助学、农村创业青年培训与服务三项工作，已成为具有韶关特色的工作品牌。截至 2022 年年底，全市“五老”（老干部、老战士、老专家、老教师、老模范）队伍有 6417 人，市、县两级关工委有讲师团（宣讲团）、艺术团、农业科技专家顾问团等“五老”服务平台 27 个，“五老”志愿者 660 人。全市安装太阳能路灯 4.23 万盏，覆盖 2000 个村庄。“光亮工程”项目工作被广东省老促会评为特等奖。

【未成年人帮扶】 2022 年，韶关市各级关心下一代工作组织共筹集扶贫助学资金 1012.2 万元，资助困难家庭学生 1923 人。曲江区关工委通过区委、区政府办名义下发《曲江区 2022 年“追梦人扶贫助学”慈善募捐活动倡议书》，筹得善款 123 万多元，使 67 名学生得到资助。南雄市关工委依托南雄市关心下一代爱心企业家促进会，南雄市关心下一代农村创业青年促进会，建立爱心扶困助学长效机制，在 6—7 月，募集爱心善款 120.6 万元，奖励优秀学生、资助困境学生 1050 名。乐昌市关工委通过“五老”，筹到爱心扶困助学金 129.2 万元。新丰县、仁化县选送 26 名困难家庭初中生到市关工委扶贫助学协作单位——深圳德昌电机技术学院免费就读三年。新丰县、乳源瑶族自治县、曲江区等地关工委与地方妇联、乡镇、学校和社区一起建立“留守儿童之家”，依托留守儿童之家开展活动。设立维权服务站，开办留守儿童免费阅读基地、图书阅览角，改善留守儿童课外活动条件。8 月，新丰县关工委联合县教育局、团县委、大学生协会举办为期 2 周的农村留守儿童、困境儿童夏令营活动，活动以“七彩假期，筑梦前行”为主题，全县 190 名 9—13 岁的农村留守儿童参加此次活动。

【思想道德主题活动】 2022 年，韶关市关心下一代工作委员会开展“党史学习月”活动。6 月，全市各级关工委、教育局在全市中小学生中开展“党史学习月”活动。各级组织“五老”人员走进校园宣讲党的历史故事，部分学校组织学生开展网上游红色教育基地、红色纪念展馆活动，参与此次活动的中小学生 35 万人次。开展“老少同声颂党恩，携手喜迎二十大”主题教育活动。5 月，韶关市关工委专门筹集资金 10 万元订购和下发 2.1 万册“中华魂”（中华好家风）主题教育读本，供广大在校师生阅读；9—10 月联合市委组织部、市委宣传部、市文明办、市教育局、市委老干部局、团市委等部门开展“孝老敬贤月”暨“双关爱”主题教育活动，112 名“五老”深入青少年中宣讲党的故事、中华好家风故事 350 多场次，引领 30 多万中小学生学习党史，接受中华好家风教育。全年全市评出“最美五老”36 名。开展 2022 年广东省少年儿童践行社会主义核心价值观主题征文活动。全市各级关工委、教育局及 370 多所中小学、部分中职学校，40 多万师生，10 万名家长参与以“劳动创造幸福”为主题的教育和征文活动，报送市级参评作品 3600 多篇，推荐省参评作品 220 篇，有 15 篇征文作品分别获广东省二等、三等奖和优秀奖，有 15 名教师分别获广东省优秀指导老师奖，韶关市关工委获广东省优秀组织奖。各地关工委组织讲师团“五老”人员，深入学校宣讲“中华好家风”故事、老一辈无产阶级革命家家教家风故事。始兴县、浈江区、武江区、翁源县等地关工委、教育局把“中华好家风”主题教育与开展家庭教育、《家庭教育促进法》宣传活动结合起来抓，引导学生家长注重家教家风教育，使广大中小学生在活动中受到中华好家风的熏陶。

【“三教”结合工作】 2022 年 2 月，韶关市关心下一代工作委员会指导武江区关工委、文明办、教育局、市天朗青少年发展中心等单位，联合举办线上《家庭教育促进法》宣传活动。活动邀请广东省家庭教育金牌讲师、韶关市关工委讲师团副团长罗曼红副教授作题为《落实家庭教育促进法 培养依法育儿能力》的专题辅导报告，此次活动 7 万名家长和教师收观看线上直播。南雄市各级关工委联合新时代文明实践中心各站、所，通过“亲情连线”活动，服务留守儿童超过 1.2 万人次。7—8 月，始兴县、浈江区关工委配合该县（区）教育局召开“创建全国规范化家长学校实验区”会议，推动创建活动的深入开展。

【关爱保护工程】 2022 年，韶关市关工委沟通中国关工委健康体育发展中心在韶关实施“健康童乐园”公益项目，争取到该项目 2000 户指标在翁源县农村地区实施。争取到项目发起实施单位中国关工委健康体育发展中心、安利基金会、腾讯基金会、壹基金会 400 多万元物资和一定工作经费的支持。翁源县农村地区 2000 户儿童家庭的养育环境得到改善。该项目被中国关工委健康体育发展中心确定为全国示范点。

【普法宣传教育】 2022 年，韶关市各级关工委深入青少年中开展法治宣传教育 1100 多场次，使 30 多万师生受到教育。配合有关部门开展《关爱明天 普法先行》《珍惜生命 远离毒品》等法治宣传教育活动。乐昌市关工委组织讲师团成员深入校园举办法治宣传教育讲座。南雄市关工委在各中小学设立“五老”法制副校长，利用相关人员开展法制教育、禁毒教育。曲江区关工委配合区普法办、司法局到大塘镇火山小学为全体师生举办“珍爱生命 远离毒品”禁毒宣传教育课。

【农村创业青年培训服务】 2022 年，韶关各县（市、区）关心下一代工作委员会举办农村创业青年培训班 15 期，培训农村创业青年 996 人。韶关市关工委举办提高班 1 期，培训学员 82 人。全市举办农村创业青年培训班16期，培训学员1078人。农村创业青年培训工作已成为韶关市关工委的一项重要工作品牌，被广东卫视台、广东新闻频道采访报道。9月，在全省山区农村创业青年培训工作电视电话会上，韶关市关工委作相关工作经验介绍。（温祖娟）

2022年中共韶关市委党校（广东南岭干部学院）大门前（市委党校　供图）

党校工作

【概况】2022年，中共韶关市委党校（广东南岭干部学院）迎接中央、省对校（院）开展办学质量评估，广东南岭干部学院通过中组部评估，进入中组部干部学院名录，成为省（区、市）党性教育干部学院（全国72家）。市委党校办学质量得到广东省评估组的肯定，校院发展实现新的突破。全年举办各类班次97期，培训学员5334人次。完成党的十九届六中全会、党的二十大精神等重大主题宣讲306场次。先后有800余名副厅级以上领导干部及院士到韶关参观调研或学习培训，办学知名度和影响力持续提升。

【教学工作】2022年，中共韶关市委党校（广东南岭干部学院）新增广东天井山国家森林公园、大宝山矿、新丰黄礤镇3个现场教学点，打造课程7门。推动案例教学，新增案例教学课程2门，实现启发式讲授、案例式分析、专题式研讨、辩论式交流、情景模拟、现场教学的有机结合；策划邀请中央党校专家、教授打造党建引领抗洪救灾案例教学。落实精品课评选制度，打磨“工农红军在韶关”“红色基因的传承和共产党人的价值追求”等一批精品课程。新增完善1门案例教学课程“突发事件案例考核”，该案例教学课程在中青班、选调生班等班级开设，开展4场次，培训学员200余人次，授课主要对象是科级干部。

【科研工作】2022年，中共韶关市委党校（广东南岭干部学院）围绕市委、市政府重大决策部署进行课题研究、论文撰写，全年课题结项12项，立项13项，参与中组部重点课题1项，教师在各类刊物上公开发表论文41篇，科研成果获奖2项，撰写出版图书1部（《广东红路—红军长征在粤北》）；形成专题调研报告5篇，1篇调研报告获市委主要领导批示。与中央党校出版社建立联系，组织审校、编写教材《韶关干部培训现场教学讲解词》；全年出版发行《韶州论坛》4期。

【教师队伍建设】2022年，中共韶关市委党校（广东南岭干部学院）用好市人才引进有关优惠政策，做好专技人才引进及人员补充，年度招聘教师5名，选调干部1名。优化用人机制，从市“丹霞英才”中择优选取10名“丹霞英才”转入干部学院教师岗位，提升校（院）办学实力。完善教师队伍正向激励机制，组织开展3批次教师竞聘上岗活动，优化师资结构。

【新增现场教学点】2022年，韶关市委党校新增2个现场教学点，分别是大宝山矿、天井山林场。其中，在大宝山矿教学点开展6场次的活动，参加300余人次；在天井山林场开展14场次的活动，参加600余人次。通过亲临现场体验，聆听教师授课，帮助学员深入学习习近平生态文明思想在韶关的实践经验，为学员提供一个深入了解韶关绿色发展的良好平台。（钟朝正）

2022年9月16日，广东省评估组到韶关市委党校评估指导（市委党校　供图）

韶关市人民代表大会

综述

【人大代表和机构设置】 2022年，韶关市有各级人大代表7444名，其中全国人大代表5名，省人大代表30名，市人大代表351名，县（市、区）人大代表2031名，乡镇人大代表5027名。韶关市第十五届人民代表大会设立法制委员会、财政经济委员会和社会建设委员会。韶关市人大常委会是韶关市人民代表大会的常设机构。韶关市人大常委会下设代表资格审查委员会，常委会机关下设10个工作部门：办公室、研究室、法制工作委员会、财政经济工作委员会、城乡建设环境与资源保护工作委员会、农村农业民族宗教工作委员会、教育科学文化卫生华侨外事工作委员会、选举联络人事任免工作委员会、监察和司法工作委员会和社会建设委员会办公室。2022年，韶关市第十五届人民代表大会常务委员会组成人员有37人，其中主任1人，副主任6人，秘书长1人，委员29人。

【履职能力提升】 2022年，韶关市人大常委会通过抓好初任培训、履职培训及选送培训等方式，提升代表的法律素养，执行代表职务的各项能力。采取线上与线下相结合的方式开展代表初任培训。邀请广东省人大常委会选联工委领导、原全国人大代表和连任市人大代表作专题辅导和经验交流，讲授人大业务知识、法律知识，交流分享履职经验；制订新一届市人大代表履职培训两年行动计划，支持和指导县（市、区）人大常委会结合实际，组织开展代表履职培训；组织全国、省人大代表和部分市县乡人大代表参加上一级人大组织的网络培训，整体推进代表队伍的学习培训工作。

【工作研究及宣传】 2022年，韶关市人大常委会坚持宣传工作服从服务于省人代会及三会（市人代会、常委会和主任会议），调动主流媒体参与人大宣传积极性。在省人代会和市人代会期间，分别在《南方日报》和《韶关日报》上发表新闻报道，宣传展示韶关市的经济社会发展和民主法治成就；拓展"韶关人大"微信公众号，全年共在省人大常委会《人民之声》杂志、《韶关日报》、韶关电视台、韶关广播电台等省、市级新闻媒体以上发表文章500余篇；在韶关人大公众号推出1000条信息。基本做到市人大大事要事均报上有报道，网上有图文，广播有声音；组织参加第二十届"广东人大新闻奖"评选活动。报送5篇优秀新闻作品上报省人大常委会，有2篇获二等奖《从一件议案到一部法规—25年持续推动130万人终圆"南水梦"》《政府组成部门首次集中"迎考"》；组织开展"五级人大代表在行动更好发挥人大代表作用"主题活动，完成宣传报道稿10篇，包含韶关市人大常委会机关到翁源为农户送农资在内的6篇视频稿件上传广东电视台"人大代表"栏目，4篇报道被《韶关日报》刊登及部分稿件被市政府网站转载。组织全市人大工作者参加广东省人大制度研究会组织的论文征集、课题研讨活动，向省人大制度研究会报送一批优秀调研论文，其中研究室有1篇论文在《人民之声》杂志登载。（黄远刁）

重要会议

【市十五届人大一次会议】 2022年1月7—10日，韶关市第十五届人民代表大会第一次会议在广东南岭干部学院举行。出席本次会议应有代表351名，实际到会338名，符合法定人数。市十四届人大常委会组成人员，不是市人大常委会市人大代表的市政府组成人员，在韶工作的第十三届全国人民代表大会代表，广东省第十三届人民代表大会代表，市监察委员会、市中级人民法院、市人民检察院各一名负责人，市十五届人大一次会议副秘书长列席会议。会议听取和审议政府工作报告、市人大常委会工作报告、市中级人民法院工作报告、市人民检察院工作报告4个报告，书面审查韶关市2021年国民经济和社会发展计划执行情况及2022年计划草案报告、韶关市2021年预算执行情况和2022年预算草案报告2个报告，会议表决通过关于政府工作报告的决议、关于韶关市2021年国民经济和社会发展计划执行情况与2022年计划的决议、关于韶关市2021年

2022 年 1 月 7—10 日，韶关市第十五届人民代表大会第一次会议在广东南岭干部学院举行。图为会议现场 （张伟 摄）

预算执行情况和 2022 年预算的决议、关于韶关市人民代表大会常务委员会工作报告的决议、关于韶关市中级人民法院工作报告的决议、关于韶关市人民检察院工作报告的决议、关于加强韶关市红色资源保护利用议案的决议 7 项决议。会议依法通过韶关市第十五届人民代表大会法制委员会组成人员名单（11 名）、财政经济委员会组成人员名单（11 名）、社会建设委员会组成人员名单（11 名）。会议依法选出韶关市第十五届人民代表大会常务委员会组成人员 38 名、正副市长 7 名、监察委员会主任 1 名、法院院长 1 名、检察院检察长 1 名。会议对市政府 2022 年度民生实事项目进行票决（差额数为 3 项），扩增公办中小学、幼儿园学位供给等 10 项最终确定为市政府 2022 年实施的民生实事。会议期间，收到代表对韶关市各个方面提出的建议、批评与意见 45 件（包括代表提出 3 件议案转作建议处理）。

【市十五届人大二次会议】 2022 年 9 月 26—27 日，韶关市第十五届人民代表大会第二次会议在广东南岭干部学院举行。出席此次会议的应有代表为 344 名，实际到会 300 名。会议依法补选陈少荣为韶关市第十五届人民代表大会常务委员会主任；陈志清为韶关市人民政府市长。会议通过韶关市第十五届人民代表大会第二次会议选举办法。

【市十五届人大三次会议】 2022 年 12 月 15 日，韶关市第十五届人民代表大会第三次会议在韶关市区开幕，选举韶关市出席广东省第十四届人民代表大会代表。大会应到代表 344 人，实到代表 274 人，符合法定人数。市十五届人大三次会议举行第一次全体会议。会议通过市十五届人大三次会议选举办法。12 月 17 日，韶关市第十五届人民代表大会第三次会议完成各项议程后，在韶关市区闭幕。韶关市第十五届人民代表大会第三次会议举行第二次全体会议。与会代表依据《韶关市第十五届人民代表大会第三次会议选举办法》的规定，以无记名投票的方式，对大会主席团第三次会议通过的省提名的 5 名代表候选人、本市提名的 33 名代表候选人，作为韶关市出席广东省第十四届人民代表大会代表正式候选人进行差额选举。根据计票结果，韶关市第十五届人民代表大会第三次会议依法选出黄楚平等广东省第十四届人民代表大会代表 30 名。根据法律规定，其代表资格须报广东省人民代表大会常务委员会确认。

【市人大常委会会议】 2022 年，韶关市第十五届人民代表大会召开 10 次常委会会议，即市十五届人大常委会第 1 次会议至第 10 次会议。1 月 15 日，韶关市第十五届人民代表大会第一次常委会会议召开，会议依法补选黄楚平、凌振伟为广东省第十三届人民代表大会代表，报广东省人大常委会代表资格审查委员会进行代表资格审查。会议作出《关于接受杨小明辞去广东省第十三届人民代表大会代表职务请求的决定》。会议进行人事任免事项，并举行宪法宣誓仪式。3 月 31 日，韶关市第十五届人民代表大会第二次常委会会议召开，会议依法任命新一届政府组成部门负责人 31 名；依法任命韶关市第十五届人民代表大会代表资格审查委员会组成人员；依法任命市人大常委会法制工作委员会委员、财政经济工作委员会委员、城乡建设环境与资源保护工作委员会委员、农村农业民族宗

2022 年 9 月 26—27 日，韶关市第十五届人大常委会第二次会议召开。图为会议现场 （张伟 摄）

教工作委员会委员、教育科学文化卫生华侨外事工作委员会委员、监察和司法工作委员会委员、选举联络人事任免工作委员会委员；会议进行其他人事任免事项，分别举行宪法宣誓仪式。4 月 25 日，韶关市第十五届人民代表大会第三次常委会会议召开，会议作出《关于开展第八个五年法治宣传教育的决议》。会议进行人事任免事项，并举行宪法宣誓仪式。6 月 28 日至 29 日，韶关市第十五届人民代表大会第四次常委会会议召开，会议作出《关于聘请丁钢全、王少敬等 45 人为韶关市地方立法咨询专家，丁钢全、叶纬等 10 人为韶关市人大常委会规范性文件备案审查咨询专家的决定》。会议进行人事任免事项，并举行宪法宣誓仪式。8 月 29 日，韶关市第十五届人民代表大会第五次常委会会议召开。会议作出《关于接受王瑞军辞职请求的决定》《关于推选凌振伟为韶关市第十五届人民代表大会常务委员会代理主任的决定》2 项决定。会议进行人事任免事项，并举行宪法宣誓仪式。9 月 6 日，韶关市第十五届人民代表大会第六次常委会会议召开，会议作出《关于接受陈少荣辞去韶关市人民政府市长职务请求的决定》《关于陈志清为韶关市人民政府代理市长的决定》2 项决定；会议举行宪法宣誓仪式。9 月 22 日，韶关市第十五届人民代表大会第七次常委会会议召开，会议作出《关于召开韶关市第十五届人民代表大会第二次会议的决定》《关于列席韶关市第十五届人民代表大会第二次会议人员的决定》2 项决定。10 月 25 日，韶关市第十五届人民代表大会第八次常委会会议召开，会议听取和审议市政府关于韶关市企业国有资产(不含金融类企业)管理情况的报告；听取和审议《韶关市红色资源保护条例（草案修改二稿)》审议结果的报告。会议进行人事任免事项，举行宪法宣誓仪式。12 月 12 日，韶关市第十五届人民代表大会第九次常委会会议召开，会议作出关于提请韶关市第十五届人民代表大会第四次会议审议《韶关市人民代表大会议事规则（修订草案)》的决定。会议进行人事任免事项，并举行宪法宣誓仪式。12 月 30 日，韶关市第十五届人民代表大会第十次常委会会议召开，会议作出《关于批准 2022 年预算调整方案的决议》。（黄远习）

人大立法

详见“法治”类目。

重要决定 人事任免

【概况】 2022 年，韶关市人大常委会依法任免新一届政府组成人员和市人大常委会、“一府一委两院”(政府、监察委员会、法院、检察院)工作人员 9 批 149 人次(实际 146 名)，其中任命 124 人次，免职 25 人次。做出 6 次重要决定。

【重要决定】 2022 年 4 月 28 日，韶关市第十五届人民代表大会常务委员会第 3 次会议作出《关于开展第八个五年法治宣传教育的决议》，决定从 2021 年至 2025 年，在韶关市开展第八个五年法治宣传教育。6 月 29 日，韶关市第十五届人民代表大会常务委员会第 4 次会议作出决定，决定批准市政府提出《韶关市红色资源保护利用议案实施方案》。6 月 29 日，韶关市第十五届人民代表大会常务委员会第 4 次会议，决定聘请丁钢全、王少敬、王剑涛等 45 人为韶关市人大常委会地方立法咨询专家，丁钢全、叶纬、江志平等 10 人为韶关市人大常委会规范性文件备案审查咨询专家。8 月 29 日，韶关市第十五届人民代表大会常务委员会第 5 次会议，听取和审议市人民政府《关于 2021 年市级决算草案的报告》，决定批准韶关市 2021 年市级决算。12 月 30 日，韶关市第十五届人民代表大会常务委员会第 10 次会议，听取和审议市人民政府提交的《关于 2022 年预算调整方案的报告》，决定批准 2022 年预算调整方案。9 月 22 日，韶关市第十五届人民代表大会常务委员会第 7 次会议决定，韶关市第十五届人民代表大会第二次会议于 9 月 26—27 日在韶关市区召开，会期 2 天(含预备会议)。建议会议议程：补选韶关市人大常委会主任，补选韶关市市长。9 月 22 日，韶关市第十五届人民代表大会常务委员会第 7 次会议决定，不是市十五届人大代表的市人民政府组成人员，列席韶关市第十五届人民代表大会第二次会议(只以视频方式参加闭幕会)。

【市人大常委会任免】 2022 年 1 月 15 日，韶关市第十五届人民代表大会常务委员会第 1 次会议，决定接受杨小明辞去广东省第十三届人民代表大会代表职务请求，报广东省人民代表大会常务委员会备案、公告。8 月 29 日，韶关市第十五届人民代表大会常务委员会第 5 次会议表决通过，决定接受王瑞军辞去韶关市第十五届人民代表大会常务委员主任职务的请求，报韶关市第十五届人民代表大会备案。8 月 29 日，韶关市第十五届人民代表大会常务委员会第 5 次会议决定推举凌振伟为韶关市第十五届人民代表大会常务委员会代理主任。9 月 6 日，韶关市第十五届人民代表大会常务委员会第 6 次会议决定，接受陈少荣辞去韶关市人民政府市长职务的请求，报韶关市第十五届人民代表大会备案。3 月，市人大常委会任命庄强为韶关市人民政府秘书长，郭先桂为韶关市发展和改革局局长，黄令遥为韶关市教育局局长，谭晓健为韶关市科学技术局局长，欧阳全为韶关市工业和信息化局局长，张岩为韶关市公安局局长，朱增志为韶关市民政局局长，吴文丽为韶关市司法局局长，张毅为韶关市财政局局长，涂为群为韶关市人力资源和社会保障局局长，颜亮为韶关市自然资源局局长，张彬为韶关市生态环境局局长，吕泱为韶关市住房和城乡建设管理局局长，唐明强为韶关市交通运输局局长，胡亮亮为韶关市水务局局长，叶洪番为韶关市农业农村局局长，张雯为韶关市商务局局长，黄宣剑为韶关市文化广电旅游体育局局长，刘国生为韶关市卫生健康局局长，周小明为韶关市退役军人事务局局长，钟定鸿为韶关市审计局局长，陈树川为韶关市人民政府国有资产

2022 年 3 月 31 日，在韶关市第十五届人大常委会第二次会议上，新任命的国家机关工作人员集体向宪法宣誓 （张伟 摄）

监督管理委员会主任，欧新全为韶关市市场监督管理局局长，杨水养为韶关市统计局局长，罗国华为韶关市医疗保障局局长，区毅明为韶关市金融工作局局长，陈刚为韶关市信访局局长，潘卫为韶关市政务服务数据管理局局长，丘德周为韶关市林业局局长，文清年为韶关市民族宗教事务局局长。3 月 31 日，韶关市第十五届人民代表大会常务委员会第二次会议通过任命王果为韶关市监察委员会委员；会议通过免去李再丰、冯应昌的韶关市中级人民法院副院长、审判委员会委员、审判员职务；会议通过任命栾毓为广东省韶关市人民检察院检察员，李伍妹为广东省乐昌中山地区人民检察院副检察长、检察委员会委员，免去陈艳萍、郭玉秋的广东省韶关市人民检察院检察员职务、何泳川的广东省乐昌中山地区人民检察院检察委员会委员职务。4 月 28 日，韶关市第十五届人民代表大会常务委员会第三次会议通过任命张怡婷为韶关市中级人民法院刑事审判第一庭庭长、王华明为韶关市中级人民法院审判监督庭庭长、刘茜为韶关市中级人民法院行政审判庭副庭长、李罡为韶关市中级人民法院民事审判第一庭副庭长、陈理广为韶关市中级人民法院立案庭副庭长。免去张新民的韶关市中级人民法院刑事审判第二庭庭长职务、刘茜的韶关市中级人民法院民事审判第一庭副庭长职务、赖凯文的韶关市中级人民法院立案庭副庭长职务、陈理广的韶关市中级人民法院行政审判庭副庭长职务。6 月 29 日，韶关市第十五届人民代表大会常务委员会第四次会议通过免去文清年的韶关市民族宗教事务局局长职务；任命翁良方为韶关市民族宗教事务局局长；会议通过任命张丽珊为韶关市中级人民法院立案庭副庭长、喻权为韶关市中级人民法院刑事审判第一庭副庭长、戴磊为韶关市中级人民法院刑事审判第二庭副庭长、危晖为韶关市中级人民法院民事审判第三庭副庭长。免去张丽珊的韶关市中级人民法院民事审判第三庭副庭长职务、喻权的韶关市中级人民法院刑事审判第二庭副庭长职务、戴磊的韶关市中级人民法院刑事审判第一庭副庭长职务、危晖的韶关市中级人民法院立案庭副庭长职务。8 月 29 日，韶关市第十五届人民代表大会常务委员会第五次会议通过任命张名泉为广东省韶关市人民检察院检察委员会委员。10 月 25 日，韶关市第十五届人民代表大会常务委员会第八次会议通过任命陈俊文为韶关市中级人民法院刑事审判第二庭庭长、刘茜为韶关市中级人民法院行政审判庭庭长。12 月 12 日，韶关市第十五届人民代表大会常务委员会第九次会议通过任命梁晓芳为韶关市中级人民法院行政审判庭副庭长、凌永芳为韶关市中级人民法院民事审判第一庭副庭长、赖洁华为韶关市中级人民法院民事审判第二庭副庭长。免去林梦的韶关市中级人民法院审判委员会委员、审判员职务，杨建军、郭绍强的韶关市中级人民法院审判员职务。12 月 12 日，韶关市第十五届人民代表大会常务委员会第九次会议通过任命吴雯仪为广东省韶关黄岗地区人民检察院检察员；免去袁瑞刚、赖鹄、刘志强、何剑波的广东省韶关市人民检察院检察员职务。

2022 年 1 月 7—10 日，在韶关市第十五届人民代表大会第一次会议上，韶关市人大常委会党组副书记、副主任凌振伟（前左一）代表本次大会的主席团为当选的市第十五届人大常委会主任王瑞军（前右一）颁发当选证书（张伟 摄）

人大监督

【概况】 2022年，韶关市人大常委会听取和审议市政府专项工作报告4项；听取和审议计划、预算及其执行情况报告、审查决算报告草案、预算调整方案报告4项；组织代表视察4次；开展工作调研17项；备案审查规范性文件28件。综合运用代表视察、专题调研等监督方式，对优化营商环境、重点项目建设、水田垦造、粮食安全、产业园建设、科技创新平台建设、降低企业用气成本等重大事项开展专项监督，同时加大对民生保障工作的监督力度，推进老有所养、幼有所育、弱有所扶等各项民生事业。

【听取和审议专项报告】 2022年，韶关市人大常委会专项听取关于全市基本医疗保障情况的报告，督促政府深化医疗保障制度改革，打赢新冠疫情防控和医疗改革攻坚战；听取关于韶关市红色资源保护利用议案实施方案的报告，作出相关决议，要求市政府抓好方案的落实，加强红色资源保护和利用；听取关于2022年韶关市推进省级现代农业产业园建设情况的报告，建议市政府加大统筹和宣传的力度，推动产业园高质量建设，扩展农产品国际国内市场，以产业园建设助推乡村全面振兴；听取关于韶关市2021年生态环境和目标完成情况的报告，建议市政府及环委会单位要加快补齐生态环境弱项短板，抓好中央生态环境保护督察反馈问题的整改，改善全市生态环境质量，促进韶关经济社会高质量发展。

【财经工作监督】 2022年，韶关市人大常委会听取和审议市政府关于2022年上半年国民经济和社会发展计划执行情况的报告，督促市政府坚持稳中求进，做好经济形势研判，及时解决计划执行出现的突出问题；持续优化营商环境，主动走出去对接，强化“一把手”招商、全员招商，引进更多优质项目落户韶关；抓好产业发展，推动传统产业数字化转型，抓好大数据、新能源等产业发展，培育新兴产业，激发实体企业发展内生动力；做好新冠疫情防控工作，提高卫生健康服务水平，落实各项稳就业保就业政策，推进教育现代化建设。推进各项社会事业协调发展，解决好群众的“急难愁盼”事。办好年初人代会选出的十件民生实事重点项目，兑现好对人大代表和人民群众的承诺。加强预决算审查，听取和审议关于韶关市2021年市级决算草案的报告、关于提请审议2022年预算调整方案的报告，决定批准韶关市2021年市级决算和2022年预算调整方案，作出相关决议。发挥审计监督作用，听取和审议市政府关于2021年度审计查出突出问题整改情况的报告。加强地方政府债务监督，对2021年度市地方政府性债务管理情况报告进行审查的同时，对2021年度存量隐性债务“清零”情况的报告进行审查，在此基础上形成审议意见，印送市政府及相关部门研究处理，要求向市人大常委会书面报告研究处理情况。加强国有资产监督，听取和审议2021年韶关市企业国有资产（不含金融类企业）管理情况专项报告，推动国有资产管理向更加专业化、精细化发展。监督地方政府债券资金安排使用情况，督促政府更加重视债务风险防范化解工作，规范债务管理，提高政府债券资金使用效益。

【视察调研工作】 2022年，韶关市人大常委会组成调研组开展关于粮食安全工作情况的调研，督促政府增强粮食安全责任感，严守耕地红线，调动种粮积极性。针对生活污水管网建设滞后、污水收集率偏低和污水处理效能与质量不高等问题，组织开展关于城市生活污水管网建设工作调研。受省人大常委会委托，组织调研组到南岭、丹霞山、天井山、车八岭等自然保护区，实地调研韶关市自然保护地体系建设情况和碳达峰、碳中和工作情况，对南岭国家公园创建工作等自然保护地体系建设、碳达峰、碳中和工作向广东省人大提出建设性意见建议。组成调研组深入韶关市妇幼保健院、韶关市特殊教育学校、韶关市残疾人康复中心，曲江区特殊教育学校、曲江区残疾人康复中心等单位，对残疾儿童保障工作进行实地调研，提出深化残疾预防工作，把好人生健康第一关；深化康复救助工作，筑牢残疾儿童保障底线；深化特殊教育工作，让每一个孩子都有出彩机会3点监督意见。开展招善引爱工作情况调研，督促政府强化责任落实，帮助社会弱势群体解决实际问题。组织开展农村安全饮用水保障工程、公共型农业社会化服务发展改革试点推进工作，推进林业资源资产价值化，全面推进林长制工作、森林防火工作、乡村振兴驻镇帮镇扶村工作，以及对第七届广东省少数民族体育运动会筹备情况开展调研。组织相关人大代表开展推进落实教育“双减”工作，对科技创新平台建设情况开展调研，提出监督意见。在2021年代表视察中，有代表建议下拨资金，对基层医院独立污水处理系统建设的情况进行跟踪督办，年底组织市、县、镇三级人大代表开展回头看检查。组织相关人大代表组成调研组，开展天然气利用管理情况专题调研。开展视察2021—2022年地方政府债券资金安排使用情况，督促政府加强债券资金管理使用。组织部分市人大代表对优化提升韶关营商环境专项行动情况开展视察活动，将视察报告印送市政府及相关职能部门研究处理，督促政府优化提升营商环境。组织部分代表对规范税收征管专项行动开展情况进行专题视察，促进政府开展规范税收征管专项行动。

【规范性文件备案审查】 2022年，韶关市人大常委会开展规范性文件备案审查工作，市十五届人大常委会第5次会议审议通过《韶关市人大常委会规范性文件备案审查工作办法》，完善备案范围、审查标准、审查方式、处理方式等内容的同时，增加审查工作与重大改革决策等内容，健全规范性文件备案审查体制机制。全年接收报备规范性文件28件，其中市政府规范性文件23件，市人民检察院3件，市中级人民法院1件，县级人大常委会作出的决议决定1件；依法向省人大常委会报备地方性法规 1 件。

【法律监督】 2022 年，韶关市人大常委会开展“八五”普法活动，组织新选举、新任命人员进行宪法宣誓，督促国家机关工作人员带头尊崇和执行宪法，推动全社会尊法、学法、守法和用法。检查《广东省防汛防旱防风条例》实施情况，督促政府应对小概率事件，掌握防灾减灾救灾主动权，确保韶关安全渡过“龙舟水”。组成 2 个执法检查组，分别到翁源县、始兴县、浈江区、武江区、曲江区，采取市、县联动方式，邀请驻县（市、区）市人大代表参加，对《广东省城市绿化条例》开展执法检查。组成执法检查组对《中华人民共和国环境保护法》《广东省环境保护条例》《中华人民共和国长江保护法》《广东省突发公共事件应急办法》《广东省促进老区发展条例》在辖区内贯彻实施情况开展执法检查，将检查情况报告省人大常委会。围绕《中华人民共和国法律援助法》和《广东省法律援助条例》贯彻实施情况，组织部分市人大代表开展专题调研，督促规范和促进法律援助工作，提升法律援助的服务质量和水平，维护困难群众和有关当事人的合法权益。

【司法监督】 2022 年，市十五届人大常委会第 3 次会议听取和审议市政府提请审议《韶关市人民代表大会常务委员会关于开展第八个五年法治宣传教育的决议（草案）》议案，依法作出相关决议，推动“八五”普法工作开展。组成专门调研组开展诉前调解工作情况调研，市人大常委会主任会议听取市中级人民法院关于诉前调解工作情况汇报，化解矛盾纠纷，完善法律制度，健全共建共享治理格局和完善经费保障机制，逐步实现矛盾从源头减量、纠纷化解多元增效的目标。组成检查组开展对生态环境保护公益诉讼情况的检查，听取市检察院有关工作情况汇报，提出加强队伍建设和培训、强化环境司法与行政联动履职、推进法院检察院两院构建公益诉讼协调配合机制等工作建议。将禁毒工作列入常委会每年监督工作议题，对全市禁毒工作情况开展调研，助力全市打赢禁毒攻坚战。

【人大监督筑牢森林防火安全防线】 2022 年 3 月，韶关市人大组成调研组，深入仁化县周田镇、红阳林场，乳源大桥镇、乳阳林场，开展森林防火工作专题调研和防灾减灾监督工作。实地察看防火设施、设备运转情况，防火装备库现状，隐患排查情况（隔离带、隔离区清理）和森林防火队伍的现状，督促相关地区和部门落实好森林防火责任。5 月，市人大常委会农工委组织开展全面推行林长制情况调研，先后前往翁源县、武江区、乐昌市、浈江区实地调研和监督，全方位深入推动林长制工作落实见效，为森林防灭火提供坚实的制度保障。

【牵头推进“改革攻坚规范治理年”工作】 2022 年，韶关市人大常委会重视并落实《中共韶关市委关于深化改革攻坚加强规范治理的实施意见》和市委印发的《关于开展“改革攻坚规范治理年”的工作方案》，开展“改革攻坚规范治理年”工作列入韶关市人大常委会工作要点，成立规范治理年工作领导小组，围绕 3 项市级改革攻坚规范治理任务和 12 项市人大常委会改革攻坚规范治理任务制定具体工作方案，明确任务目标、责任部门和时间表，有序有力地推进实施。截至年底，大部分任务已经完成，并取得明显成效。制定完善《市人大常委会党组向市委请示报告制度》《加强和改进人大监督工作的实施意见》等制度措施，推动人大的立法、监督、代表工作和自身建设取得新进步，代表主题活动月工作得到广东省人大常委会的充分肯定。（黄远习）

代表工作

【概况】 2022 年，韶关市人大常委会完成代表初任培训、履职培训、专题培训；建立健全“双联系”机制（市人大常委会组成人员、专委会主要成员联系市人大代表，市人大代表联系群众），实现县、镇人大代表联系选民全覆盖。加强指导各县（市、区）人大常委会组织召开代表联络站规范化建设现场会，对联络站规范化建设工作进行总结点评、查漏补缺，打通代表联系群众的“最后一公里”。推动解决一批人民群众关心的实际问题，制定代表建议办理工作优秀案例评选方案，成立主题活动工作领导小组，制定主题活动实施方案，动员代表参与，实行省、市、县、镇四级人大五级代表联动，开展推进爱国卫生运动等主题活动。

【人大代表构成】 2022 年，韶关市第十五届人大代表人数 351 名。其中，基层代表 200 名，包括一线工人 33 名，农民 43 名，经济商贸 14 名，金融财税 14 名，各类教育 16 名，政法法律 15 名，科研与工程 19 名，文卫体 14 名，农业技术 8 名，社会与宗教 4 名，其他专业、其他基层代表 20 名；公务员 86 名；事业单位、国有企业和集体企业负责人 20 名；非公有制经济人士 42 名；解放军和武警部队 3 名。综合情况中，党政领导干部 74 名，民主党派或无党派人士 25 名，新的社会阶层人士 22 名，社区工作者 5 名，妇女 100 名，归侨侨眷 5 名，少数民族 8 名。党派构成中，中共党员 247 名，非中共党员 18 名。年龄构成中，50 岁以上 122 名，30 岁以下 5 名。学历构成中，研究生及以上学历 67 名，中专、高中以下学历 28 名。

【代表履职平台建设】 2022 年，韶关市人大常委会组织新一届市人大代表履职培训，完成代表初任培训、履职培训、专题培训；建立健全“双联系”机制（市人大常委会组成人员、专委会主要成员联系市人大代表，市人大代表联系群众），实现县、镇人大代表联系选民全覆盖。制定《韶关市推进人大代表联络站标准化、规范化、常态化建设的工作方案》，推动人大代表联络站标准化建设、规范化管理、常态化运行。全市 105 个镇（街）和 2 个办事处建成的镇一级代表中心联络站，实现省人大提出的“六有”建设标准；1102 个村（居）建有 504

个村一级代表联络站，镇村一级代表联络站合计611个，基本形成“中心联络站+村居代表联络站”的立体布局。健全统一规范管理制度和运行机制。各代表联络站将辖区内人大代表信息及联络站年度接待计划、有关工作制度等上墙公布，制定代表联络站接待群众意见建议处理办法，健全群众意见建议处理工作机制，健全接待选民群众登记表，定期做好接访资料汇总归档，建立接访台账，完善《人大代表联系选民接待登记制度》《人大代表联系选民意见建议处理反馈机制》等制度，对参与联络站接待的人大代表信息及组织机构、工作职责、工作流程、工作制度等统一上墙公布。优化代表履职管理，制作《人大代表履职情况登记表》《人大代表履职评议表》等，提高联系群众工作规范化、制度化、科学化水平。成立专项调研督导组，分工挂点联系县（市、区）开展督导工作，推动镇（街）人大主席（工委主任）亲自抓、人大办主任协助抓，联络员具体落实，做到分工明确、责任到人。加强指导各县（市、区）人大常委会组织召开代表联络站规范化建设现场会，对联络站规范化建设工作进行总结点评、查漏补缺，打通代表联系群众的“最后一公里”。

【议案建议办理】 2022年，市十五届人大一次会议期间收到代表议案1件、建议66件（含3件参阅件），作出议案决议1项。市十五届人大常委会第4次会议审议通过《韶关市红色资源保护利用议案实施方案》，督促政府抓好议案落实，要求市政府定期向市人大常委会报告议案实施进展情况；构建常委会领导领衔督办、专工委督办、人大代表参与督办的“大督办”格局，提高代表建议办理质量。66件代表建议全部办理答复完毕，答复率100%；代表对办理答复综合评价满意45件，基本满意17件，不满意4件，满意和基本满意率93.9%；推动解决一批人民群众关心的实际问题，其中完全解决的35件，部分解决的23件，未解决的6件，问题解决率从上年的14%提升到53%。经市人大常委会重点督办的6项代表建议办成或基本办成率100%，代表满意或基本满意率100%。市人大常委会制定代表建议办理工作优秀案例评选方案，评出市、县（市、区）、乡镇三级人大代表建议工作案例2件。

【人大代表主题活动】 2022年7月，市人大常委会集中开展为期一个月的“更好发挥人大代表作用”主题活动。成立主题活动工作领导小组，制定主题活动实施方案，动员代表参与，实行省、市、县、镇四级人大五级代表联动，开展推进爱国卫生运动主题活动。省人大常委会主任黄楚平以普通代表身份参加韶关代表主题活动“启动日”活动。全市691名人大代表中的各级领导干部以普通人大代表身份参加主题活动。全市各级人大选择人民群众普遍关心的难点、痛点、堵点问题，组织辖区内的各级人大代表以代表小组活动为基本形式，结合开展专题调研、视察、执法检查、走访群众等方式，深入基层收集和反映社情民意，宣传党和国家的方针政策，帮助群众解决急难愁盼问题。各级人大代表冲锋在新冠疫情防控、灾后重建复工复产、督促民生实事项目落实、创文迎检志愿服务等一线，以实际行动践行“我为民、我履职、我行动”的代表情怀。这次代表主题活动，全市有6452名各级人大代表参加，组织人大代表小组活动2993次，形成代表建议423条，收集群众意见建议1106条，这些意见建议大部分已得到解决。省人大常委会主任黄楚平主任专门作出批示，对韶关市代表主题活动给予“有声有色、效果显著、值得肯定”的评价。（黄远习）

2022年韶关市人大常委会制定的重要文献、法规目录

表2

序号	文件题目、法规名称	发文号
1	关于补选黄楚平、凌振伟为广东省第十三届人民代表大会代表的报告	韶常[2022]1号
2	关于接受杨小明辞去广东省第十三届人民代表大会代表职务的报告	韶常[2022]2号
3	关于市人大常委会领导班子成员分工的通知	韶常[2022]4号
4	关于批准《韶关市红色资源保护条例的实施方案》的决议	韶常[2022]11号
5	关于批准韶关市2021年市级决算的决议	韶常[2022]15号
6	关于调整市人大常委会领导班子成员分工的通知	韶常[2022]19号
7	关于报请批准《韶关市红色资源保护条》的报告	韶常[2022]20号
8	关于韶关市选举广东省第十四届人民代表大会代表的报告	韶常[2022]24号

续表2

序号	文件题目、法规名称	发文号
9	关于批准2022年预算调整方案的决议	韶常[2022]25号
10	韶关市红色资源保护条例	韶关市第十五届人民代表大会公告（第7号）

2022年韶关市人大常委会重点办理及督办市十五届人大一次会议代表建议安排一览表

表3

序号	标题	领衔代表	代表团	承办单位		督办单位	牵头领导
				主办单位	会办单位		
1	关于擦亮韶关华南虎名片的建议	汪波	浈江	市林业局	市委宣传部 市科技局 市财政局 市外办	农工委	凌振伟
2	提高中职毕业生留韶就业率，扩大技能人才有效供给的建议	张国柱	曲江	市教育局	市委组织部（市人才办） 市人社局 市发改局 市工信局 各县（市、区）政府	教科文卫工委	林岚
3	关于进一步推进农业数字化营销的建议	李泉洲	南雄	市农业农村局	市商务局 市工信局 市政务服务数据管理局	农工委	沈河民
4	关于优先完善重点区域截污体系建设，有效解决冷水坑、大坡河水质污染整治问题的建议	高金华	浈江	市住建管理局	浈江区政府 市生态环境局 市水投集团	城建工委	陈曦
5	关于促进社区养老服务中心全覆盖的建议	廖招丘	浈江	市民政局	市委宣传部 市财政局 各县（市、区）政府	社会委	胡德宁
6	关于提高镇街综合行政执法能力和水平的建议	王少敬	武江	市司法局	各县（市、区）政府	监司工委	邓彩虹

注：2022年，韶关市安排重点办理和督办的6件代表建议，涵盖韶关生态文明与绿色发展、数字经济与农业现代化、健康中国与卫生事业、职业教育与技工人才就业、法治韶关建设与基层社会治理等领域，均符合中央、省委决策部署和市委工作要求，也是市委、市政府的中心工作和重点工作，在市十五届人大一次会议政府工作报告中都有体现。由市人大常委会各位副主任牵头，各自重点督办一件。

（资料来源：市人大常委会办公室）

韶关市人民政府

综述

【决策咨询】 2022年，市政府办公室围绕综合经济、产业发展、深化改革、城乡建设、扩大开放、招商引资、乡村振兴、生态环保、民生事业等方面，深入一线开展调研，为政府决策提供重要参考。完成《韶关市生态产品价值实现机制研究》《韶关钢铁产业高质量发展研究》《发挥地方金融机构作用助推韶关经济加快发展研究》3个市委书记、市长圈定重大课题。起草完成《关于利用工业炉窑环保处置固危废建议》《关于推动韶关废钢及其主要相关产业高质量发展的建议》并提交研究报告，获市政府批准送有关领导和部门参考。翁源县深化财政管理改革、翁源县推动兰花产业高质量发展的经验做法分别被《广东改革工作简报》《广东改革信息专报》采用，韶钢探索老工业基地产城融合发展之路的经验做法被《广东调研》采用。

【经济发展】 2022年，全国一体化算力网络粤港澳大湾区国家枢纽节点数据中心集群落户韶关，韶关市老工业基地调整改造工作在2020年、2021年连续两年获国务院督查激励的基础上，获发展改革委通报表扬，全国产业转型升级示范区、全国绿色矿业发展示范区、国家产融合作试点城市和全省首批碳中和试点示范市建设推进，创建国家生态文明建设示范区和国家森林城市。全市经济运行实现企稳回升，根据广东省地区生产总值统一核算结果，2022年韶关实现地区生产总值1563.93亿元，比上年增长0.2%。（刘斯亮）

【民生实事】 2022年，韶关市十件民生实事已全部完成，兑现市政府对全市人民的庄严承诺。扩增公办中小学、幼儿园学位供给，强化医防融合建设健康韶关，提高困难群众生活救助水平，实施“粤菜师傅”“广东技工”“南粤家政”三项工程，实施农村生活污水治理攻坚行动，推进城市居家养老服务试点运营，实施高校毕业生志愿服务乡村振兴行动，实施市区100个老旧小区改造，开展自然灾害综合风险普查，推动小型病险水库除险加固。

【项目落实】 2022年，韶关市完成民生实事目标任务。新建改扩建公办幼儿园、小学、九年一贯制学校31所，其中新建19所，改扩建12所，新增中小学、幼儿园公办学位1.65万个，新增校舍面积18万平方米，实际累计投资资金8.07亿元。全市完成HPV疫苗首针接种的初一女生1.95万人，接种率95.36%，完成1.6万名新生儿遗传性耳聋基因免费筛查任务，完成1.1万名40—75周岁人群肠癌筛查任务。累计完成心肺复苏技能培训考核8.11万人，完成进度100.12%，实现取得心肺复苏培训证书的群众占18—59岁普通人群比例的5%。韶关市城乡低保最低月标准分别提高到828元、603元，城乡低保对象最低生活保障人均补差水平分别提高到653元、315元；城乡特困人员按基本生活标准不低于当地最低生活保障标准的1.6倍标准，分别提高到每人每月1325元、965元；韶关市集中供养孤儿基本生活最低养育标准和分散供养孤儿、事实无人抚养儿童基本生活补贴标准，分别从每人每月1883元、1227元提高到1949元、1313元；韶关市困难残疾人生活补贴标准和重度残疾人护理补贴标准，分别从每人每月181元、243元提高到188元、252元。全市105个镇（街）均建成“双百工程”社工站，配备603名社工为困难群众提供专业服务；下拨2022年省、市财政“双百工程”项目资金4399.78万元，完成“双百工程”社工招聘、补录864人。乡镇（街道）社工站设置村（居）社工点，实现社会工作服务点100%覆盖，困难群众和特殊群体社会工作服务100%覆盖。开展“粤菜师傅”培训获证1413人次，完成补贴性培训任务1.33万人次，开展“南粤家政”培训7525人次，市技师学院实现招生3146人。完成120个自然村生活污水治理工程建设并投入试运行。市财政局下拨浈江区、武江区、曲江区城市居家养老服务试点运营经费425万元。19个城市居家养老服务中心开展入户探访、文化娱乐、义诊等活动329场，累计服务1.22万人次。完成102名“志愿服务乡村振兴行动”

志愿者的招募、面试、选拔、培训等有关工作，派遣志愿者至韶关市63个重点帮扶镇和32个巩固提升镇（合计95个镇），围绕产业振兴、人才振兴、文化振兴、生态振兴、组织振兴五大方面从事乡村振兴志愿服务。完成老旧小区改造49个（浈江区11个、武江区24个、曲江区14个），新开工老旧小区改造83个（浈江区18个、武江区55个、曲江区10个）。全市应急、交通、住管、林业、水务、气象、自然资源均完成自然灾害综合风险普查工作。韶关市1：100000地质灾害风险普查成果通过专家组验收，10个县（市、区）1：50000地质灾害风险普查完成。完成33宗小型病险水库除险加固主体工程建设，完成工程形象进度1.16亿元。

【督查工作】 2022年，韶关市人民政府督查室通过灵活的督查方式，注重为基层减轻负担，在推进督查工作中统筹兼顾疫情防控和经济社会发展。全年向市政府提交督办专报25份，发出交办通知23份、督办提醒函13份，日常督查事项办结率100%。跟踪督办市政府常务会议事项67项及市政府领导交代事项35项，推动市政府决策落实落地。跟进市政府工作报告重点任务177项、民生实事10件，推动重点任务和实事完成。办理"互联网＋督查"平台问题线索800余条，办结率100%，有效解决群众急难愁盼问题，发现一批具有典型性的案例，推动相关工作的整改和进步。（刘斯亮）

重要会议

【概况】 2022年，韶关市召开市政府常务会议38次，包括十四届市政府第178次常务会议、十五届市政府第1次至37次常务会议。召开市政府党组会议40次。主要内容是传达学习习近平总书记重要讲话重要指示批示精神，中央、省重大会议精神等，审议韶关市重要工作等一批文件，听取政府部门专题工作汇报、党史学习教育总结和专题民主生活会有关工作安排情况、全市疫情防控工作情况等专题汇报等。

【市政府常务会议】 2022年，韶关市召开市政府常务会议38次。主要内容如下：传达学习贯彻习近平总书记重要讲话重要指示批示精神，中央其他领导和省领导指示批示及讲话精神，以及中央和省重大会议精神。学习贯彻《中华人民共和国行政处罚法》《中华人民共和国统计法》《关于印发促进工业经济平稳增长的若干政策的通知》等中央和省重要文件精神。审议《韶关市水利建设发展"十四五"规划》《韶关市人力资源和社会保障事业发展"十四五"规划》《韶关市农业农村发展"十四五"规划（2021—2025年）》《韶关市自然灾害救助应急预案》《韶关市青年发展规划（2021—2025年）》《韶关市促进生物医药产业发展若干措施》《韶关市规范民办义务教育发展工作的实施方案》《韶关市生态环境保护"十四五"规划》《韶关市水生态环境保护"十四五"规划》《韶关市新型城镇化规划（2021—2035年）》《韶关市公共服务发展"十四五"规划》《韶关市人口发展规划（2021—2035年）》《韶关市市场监管体系"十四五"发展规划》《韶关市残疾人就业办法》《韶关市推动基础教育高质量发展行动计划》《韶关市"十四五"残疾人保障和发展规划》《韶关市应急管理"十四五"规划》《韶关市乡镇（街道）高质量发展综合绩效评价办法》《韶关市教育事业发展"十四五"规划》《韶关市妇女发展规划（2021—2030年）》《韶关市儿童发展规划（2021—2030年）》《韶关市促进工业经济平稳增长的若干政策措施》《韶关市加快推进预制菜产业高质量发展实施意见》《韶关市"十四五"土壤污染防治规划》《关于做好2022年全面推进乡村振兴重点工作的实施方案》《韶关市住房发展"十四五"规划》《韶关市卫生健康事业发展"十四五"规划》《韶关市加快营利性服务业发展若干措施（送审稿）》《关于规范和加强我市政府专职消防队伍建设管理的意见（送审稿）》《韶关市基本医疗保险实施办法（送审稿）》《韶关市职工生育保险实施办法（送审稿）》《韶关市贯彻落实〈支持韶关建设国家老工业城市和资源型城市产业转型升级示范区的若干意见〉的实施细则（送审稿）》《韶关市贯彻落实〈关于推动北部生态发展区高质量发展的意见〉的实施方案（送审稿）》《金融改革发展"十四五"规划（送审稿）》等一批重要文件。听取市财政局、市住建管理局、市自然资源局、市工信局、市发改局、市司法局、市生态环境局等部门专题工作汇报。

【市政府党组会议】 2022年，韶关市政府召开市政府党组会议40次。主要内容如下：传达学习贯彻习近平总书记对做好"三农"工作作出的重要指示精神、习近平总书记12月17日在中央全面深化改革委员会第二十三次会议上的重要讲话精神、习近平总书记在中共中央政治局党史学习教育专题民主生活会上的重要讲话精神、习近平总书记在中央党校中青年干部培训班开班式上的重要讲话精神、习近平总书记3月17日在中央政治局会议上的重要讲话精神、习近平总书记在庆祝香港回归祖国25周年大会暨香港特别行政区第六届政府就职典礼上的重要讲话精神、习近平总书记在中共中央政治局第四十次集体学习时的重要讲话精神、习近平总书记在湖北武汉考察时的重要讲话精神、习近平总书记在省部级主要领导干部专题研讨班上的重要讲话精神、习近平总书记在新疆考察时的重要讲话精神、习近平总书记在二十届中共中央政治局第一次集体学习时的重要讲话精神、习近平总书记在江泽民同志追悼大会上致的悼词等重要讲话和重要指示批示精神，党的二十大精神、党的二十届一中全会精神、党的十九届七中全会精神、2月25日中央政治局会议精神、5月5日中央政治局常务委员会会议精神、9月9日中共中央政治局会议精神、10月25日中共中央政治局会议精神、11月10日中共中央政治局会议精神、中央经济工作会议精神等中央重大会议精神，以及省委十三届二次全会精神、省十三届人大五次会议精神、全省传达贯彻习近平总书记重要讲话精神暨全国两会精神干部大会精神、省领导在韶调研指示精神、中共韶关市第十三次代表大会精神、市委十三届二次全会精神、市十五届人大一次会议精神、市政协十三届一次会议精神等省领导讲话和省、市有关会议精神。学习贯彻《中共中央办公厅、国务院办公厅印发〈关于进一步加强生物多样性保护的意见〉的通知》精神、《中共中央办公厅印发〈推进领导干部能上能下规定〉的通知》精神、《中共中央关于认真学习宣传贯彻党的二十大精神的决定》精神，以及省关于认真学习宣传贯彻党的二十大精神的通知和总体工作方案精神等中央、省文件精神。审议《韶关市人民政府关于调整市政府领导班子部分成员分工的通知》等文件。研究 2022 年经济工作收官冲刺和 2023 年市政府重点工作谋划等市级重大工作。听取党史学习教育总结和专题民主生活会有关工作安排情况、全市疫情防控工作情况等专题汇报。

（麦全林）

政务服务

【概况】 2022 年，韶关市市级政府服务大厅办理各类业务 27.8 万件，推进政务服务改革和“无证明城市”建设，落地实施跨域通办，落地工程项目审批改革措施，“一件事一次办”改革 31 个，完成市级 430 个事项的公布实施。韶关市公共资源交易平台交易项目 2327 个，比上年增长 55.44%，交易总金额 212.04 亿元，增长 19.88%。公开发布行政规范性文件 47 件，行政许可处理决定 56.39 万项，行政事业性收费 2.77 亿元。市政府门户网站采编发布信息 5647 条。“12345”政务服务便民热线受理业务 94.17 万件，比上年增长 64.94%，电话接通率 70.28%，工单处理满意率 90.21%，平台服务满意率 99.68%。

【政务服务体系建设】 2022 年，韶关市市级政务服务大厅办理各类业务 27.8 万件。进驻依申请政务服务事项 1740 项，进驻率 95.4%，基本实现政务服务“应进必进”，“一窗”率 93.54%，“网办”率 97.7%，“最多跑一次”占比 99.9%。设置“帮办代办”“办不成事”反映等特色窗口，完善便民服务设施，完成服务大厅适老化适残化改造。开展文明礼仪培训，提升审批及窗口工作人员服务意识，营造良好的政务服务环境。新丰县政务服务中心和乳源瑶族自治县政务服务中心被评为 2022 年广东省县(区)级标杆政务服务中心，新丰县马头镇、武江区重阳镇、曲江区马坝镇、乳源瑶族自治县乳城镇和南雄市乌迳镇政务服务大厅被评为韶关市首届镇级政务服务标杆大厅。会同市政务服务数据管理局对二次统筹要素进行梳理，对广东省统筹可改和未统筹规范的要素细分为 49 个市级必统要素和 37 个自定义要素，完成市县镇村四级 1951 个政务服务事项标准二次统筹，实现韶关市 1.7 万个实施清单、超 83 万个事项要素全市范围的统一。拓展二次统筹运用，制定加装电梯证明、自建住房证明等 7 项基层证明的办理标准和规范，实现事项就近办、马上办。韶关市行政服务中心完成 59 项高频“无证明城市”建设应用场景典型案例的梳理、核验、确认，印发 885 个事项 2114 个证明材料保留清单，清理无法律法规依据的证明材料。推动全市 11 个政务服务中心开通和应用 3358 项粤省事码事项和 2843 项粤商通码事项的“扫码亮证”功能，全市累计调用电子证照 394.5 万次。韶关市行政服务中心推动跨域通办落地实施。梳理 274 个韶关市 2022 年“市内通办”高频事项和 101 个韶关市 2022 年“跨省通办”高频事项，形成 108 个镇村“市内通办”高频事项操作指引和韶关市残疾人办证 8 个业务场景的操作规范与指引，实现全市 198 项事项“跨省通办”、288 项事项“省内通办”、1712 项事项“市内通办”。“市内通办”业务量 1982 件，比 2021 年增长 52.46%。开展第一批工程建设项目告知承诺制的事项和申办材料清单调整，形成 12 项实行告知承诺制的审批事项，21 份申报材料。开展社会投资建设低风险类工程建设项目告知承诺制梳理工作，形成 8 项实行告知承诺制的审批事项、16 份申报材料。工建综合窗口和工建系统累计办理业务 1278 件，涉及项目 793 个，为 205 个项目提供帮办代办服务 355 次。完成“提前还清公积金贷款一件事”“居民医保参保一件事”等 31 个“一件事”主题集成服务的线上线下同步施行。全市“一件事”主题服务累计 1149 个，可网办率 98.78%。年内，“一件事”办理业务量 3598 件，比 2021 年增长 5 倍多。完成韶关市“一门式一网式”政务服务信息系统运维运营立项和政府采购，完成市林业专网、国家粮食储备系统韶关相关单位等接入到市政

2022 年 6 月 23 日，韶关市行政服务中心开展文明礼仪培训

（市行政服务中心　供图）

务外网；推进市政法网与政务外网融合对接；做好市县政务外网骨干网的保障，6 月韶关洪灾期间，半天内拉通翁源县、新丰县的政务外网第三路由，保障政务外网的畅通运行。

（周　煜　李世鸿）

【行政审批改革】 2022 年，韶关市政务服务数据管理局牵头制定《韶关市 2022 年规范行政审批行为改进行政审批工作专项行动方案》，提出 26 条规范行政审批行为的措施。抽检行政审批实施情况，掌握各部门线上线下办事指南、审查工作机制制定、公开行政审批信息等情况，深入政务服务大厅，规范大厅一窗通办、一地通办、自助办等工作，通过全面开展政务服务事项标准“二次统筹”工作，开展事项标准化，实现全市政务服务事项无差别受理、同标准审批。开展违规审批专项整治行动，督促各部门从审批规范性和透明度、事项标准化、窗口管理、行政审批效率、政务服务改革、中介服务监管 6 个方面进行整治，解决审批环节多、时间长、随意性大、公开透明度不够等问题。在全省率先开展“无证明”城市建设，利用电子证照核验、数据共享等方式实现替代、取消证明材料，清理取消 259 个证明材料，用电子证照等方式替代 1746 个证明材料，梳理印发 95 项证照免提交场景，拓展无证明城市应用场景。组织各部门利用省政务大数据中心韶关分节点提出申请数据共享，强化政务服务事项数据共享与应用，由“群众跑”转变为“数据跑”“部门跑”，实现“减证便民”。在全省推进“粤智助”投放的大背景下，市政务服务数据管理局在 4 月初提前 2 个月完成省下达覆盖行政村 100% 的工作任务。国家、省、市、县四级全面实行行政许可事项清单管理，韶关市市县两级完成 2022 年行政许可事项清单的编制，其中，市级 430 个事项公布实施，包括 408 项中央层面设定在韶关市实施的行政许可事项和 22 项省级地方性法规、省政府规章设定的许可事项，涉及 35 个市级主管部门。

（陈　芬）

【公共资源交易平台运行】 2022 年，进入韶关市公共资源交易平台进行交易的项目（不含小额建设工程项目与网上中介服务超市）2327 宗，比 2021 年增长 55.44%，交易总金额 212.04 亿元，增长 19.88%。其中，建设工程交易项目 965 宗，增长 65.52%，交易金额 155.25 亿元，增长 42.30%；政府采购项目 124 宗，增长 19.23%，采购金额 13.91 亿元，增长 57.36%；国土资源交易项目 193 宗，减少 12.27%，交易金额 32.48 亿元，减少 41.29%；产权交易项目 1045 宗，增长 77.12%，交易金额 10.40 亿元，增长 187.63%。全市完成小额建设工程项目 1089 宗，增长 60.15%，交易金额 16.91 亿元，增长 57.14%；网上中介服务超市完成采购交易 15624 宗，增长 39.56%。1 月 25 日，市公共资源交易中心全面取消中心代理的政府采购项目投标保证金，累计减少企业资金占用数千万元，缓解企业资金周转压力。2 月 18 日，市公共资源交易中心联合金融机构推出投标保证金电子保函，实现韶关市公共资源交易领域电子保函“零”的突破。3 月 3 日，建设工程投标保证保险业务承接主体由 2 家扩展到 5 家。全市办理保证保险电子保单 3938 单，替代金额 5.63 亿元，降低投标人财务成本。5 月 16 日，各县（市、区）启用政府采购全流程电子化交易系统，采用公开招标、邀请招标、竞争性谈判、单一来源采购、询价、竞争性磋商 6 种法定采购方式组织实施的政府采购项目，全部通过项目采购系统全流程电子化开展实施，实现政府采购全流程电子化。7 月 26 日，全市启用广东省网上中介服务超市系统，除工程建设项目招标代理机构选取以外，其他项目全部通过广东省网上中介服务超市系统办理。11 月 24 日，市公共资源交易一体化平台全面启用全流程电子化招投标，覆盖进场交易申请、招标文件备案、交易公告发布、开标、发布中标通知书、签订合同、在线异议及回复等交易环节。全业务流程招标代理机构只需跑一次，招标人、投标人实现零见面、零跑腿。

【远程异地评标活动】 2022 年 11 月 30 日，韶关首次跨省与林芝等地公共资源交易平台签订线上远程异地评标合作框架协议，共享专家资源、场地资源和技术资源。推进远程异地评标活动，联合中山市、潮州市公共资源交易中心共同开展全省首例三地远程异地评标活动，联合惠州市、潮州市、云浮市、梅州市等市公共资源交易中心开展 11 场以韶关市为主场政府采购异地评标活动，减少评标专家流动和集中环节。（王文樟）

【政务公开】 2022 年，韶关市依托政府信息公开平台，公开规章文件、组织机构、行政许可、行政处罚、财政预决算等政府信息。公开发布行政规范性文件 47 件，行政许可处理决定 56.39 万项，行政处罚处理决定 52.24 万项，行政强制处理决定 8.11 万项，行政事业性收费 2.77 亿元。收到和办理依申请公开 198 宗，其中自然人申请件 185 宗，法人或其他组织申请件 13 宗，均在法定期限内予以答复。予以公开及部分公开 114 宗，占 57.58%；不予公开 14 宗，占 7.07%；无法提供 49 宗，占 24.75%；不予处理 0 宗，占 0%；其他处理 18 宗，占 9.09%；结转下年度办理 10 宗，占 5.05%。信息公开类行政复议 12 起，诉讼 6 起。市政府现行有效行政规章和规范性文件，通过市政府门户网站权威渠道集中公开。全年刊印韶关市政府公报 12 期，实现市政府公报电子版在“韶关市人民政府公报”微信小程序同步发布，通过“粤智助”政府服务自助机拓宽政府公报查阅渠道。规范政府信息管理，落实政府信息公开审查机制。推进政府网站集约化工作，实现县、市级政府门户网站统一管理、统一防护。做好全市政府网站和政务新媒体的内容安全监测，推进政府网站适老化和无障碍改造工作。制定实施《韶关市贯彻落实国务院办公厅 2022 年政务公开工作要点分工实施方案的通知》，保障政务公开工作落实落地。将政务公开工作纳入绩效考核，分值权重 4%。韶关市政府门户网站优化中小企业和个体工商户、服务业等行业纾困帮扶政策的集中展示宣传。打造“统筹推进疫情防控和经济社会发展”“改革攻坚规范治理年”等政务专题栏目。建成分类分级、集中统一、共享共用、动态更新、自动清理的规范性文件库，实现全市现行有效、失效规范性文件“一网通查”。全市重要政策文件实行 100% 文字解读，配套发布图文并茂的解读材料，政策文件和解读文件相互关联，实现“双向链接”。市政府门户网站采编发布信息 5647 条，浏览量超 1500 万次，比 2021 年增长 172.73%。（陈叶飞　周　煜）

【电子政务】 2022 年，韶关市推进韶关市电子政务短信服务采购项目（2022—2025 年）建设，完成立项和政府采购，项目实施以来累计发送短信 3000 余万条，支撑市直党政机关、“12345”热线服务、政务服务和新冠疫情防控等政务短信发送提醒。（李世鸿）

【“12345”政务服务便民热线】 2022 年，韶关市“12345”政务服务便民热线受理业务 94.17 万件，比 2021 年增长 64.94%，电话接通率 70.28%，15 秒接通率 55.30%，工单处理满意率 90.21%，平台服务满意率 99.68%。在广东省“12345”政务服务便民热线服务能力测评得分 88.50 分，位列全省前十。人民网留言回复率 99.0%，居全省首位。落实线索收集工作和工作专报制度，向《每日舆情》专栏报送线索 3708 条，采纳选登 1089 条；向“韶关发布”微信公众号报送“民生问答”线索 936 条，采纳刊登 266 条；发布月报 12 期。推行接诉即办机制，联合“110”“119”、市疫情指挥部、市网信办等部门，处置紧急工单 8880 件，防范化解重大风险发生，其中，6 月 19—22 日防汛救灾期间，受理相关诉求 3130 件。构建“接诉即办”快速响应机制，咨询类工单压减至 2 个工作日内办结，投诉、举报类工单压减至 10 个工作日内办结。市“12345”热线有效电子工单 66.13 万件，比 2021 年增长 20.67%。其中，咨询类工单 47.63 万件，咨询热点主要集中社会保险、疫情防控、医疗保险等方面，投诉举报类工单 18.5 万件，投诉举报热点主要集中消费维权、市容城管、环境保护等方面。指定为改革攻坚规范治理投诉举报受理专线。全年收集投诉举报线索 6913 件，报送周刊 38 期 671 条线索，内容涉及民生事业、营商环境、生态环境、城镇建设、资源资产、安全生产、农业农村、机关综合效能、基层治理、平安和法治建设、干部管理和作风、土地要素、财税金融、政务服务、宣传文化、国资国企和产业发展及其他 18 项领域。诉求前三的事项类型为民生事业领域类线索 173 件，营商环境领域类线索 110 件，生态环境领域类线索 76 件。（周　煜）

【营商环境优化】 2022 年，韶关市成立由市政府主要领导任组长的专项工作领导小组，下设 19 个指标组和 4 个保障组，形成“市领导 + 牵头部门 + 责任单位”的“1+1+N”营商环境工作推进机制和政策体系。部署开展营商环境领域规范治理专项行动，围绕深化审批服务便利化改革、维护公平竞争秩序等 5 个方面提出 17 项工作任务，破除制约营商环境优化的痛点难点堵点问题。主动对标广州、深圳等市，学习借鉴先进经验做法，谋划 88 项重点改革任务，加快补齐短板弱项。组织参加 2022 年省营商环境评价，韶关处于全省第三档首位，开办企业、纳税等指标处于全省先进水平，被省认定为“优化营商环境工作进步明显”的 7 个城市之一。

【“数字政府”政务云平台建设和应用】 至 2022 年底，韶关市政务云平台有 VCPU（虚拟计算核心）资源 17170 核、内存 44.1TB（指太字节）、存储 2315TB（指太字节），具备提供各种规格云主机、NAS（文件存储）、OBS（对象存储）、BAAS（备份资源服务）等服务的能力，全市政务信息系统迁移上云率超 85%。

【“数字政府”网络信息安全保障】 2022 年，韶关市做好全市政府网站和政务新媒体安全工作。对全市政府网站和政务新媒体的日常管理和内容监测，累计发现错敏信息 5630 余处，通报相关单位对存在问题进行整改，避免涉密信息、敏感信息、错误信息、不良信息在网络上传播；开展网站（系统）安全云防护。委托第三方安全服务公司对市、各县（市、区）政府门户网站、各有关单位政府网站等 140 余个网站（系统）提供安全云防护。全年累计成功拦截攻击 7.6 亿多次，成功保护各政府网站（系统）的安全。开展数字政府网络安全整改工作。对照《广东省数字政府网络安全指标指数体系》，全面排查整改韶关市数字政府网络安全隐患及漏洞，解决 2021 年省数字政府网络安全评估

2022 年 7 月 26 日，韶关市首届“丹霞杯”网络安全攻防演练在中国联通韶关分公司举办（市政务服务数据管理局　供图）

中发现的问题和不足，防范重大网络安全风险，坚决遏制重大网络安全事故，开展韶关市数字政府网络安全整改工作。组织开展韶关市首届“丹霞杯”网络安全攻防演练活动，组织参加“粤盾—2022”数字政府网络安全实战攻防演。韶关市初步建成省市一体化安全运营平台韶关分平台，与省级平台级联对接，实现对政务云的安全运营。开展网络安全检查监测。组织服务商对部署在市政务云平台的应用系统及主机进行安全检测，加强政务外网的网络流量安全监测，对安全检查和监测中发现的安全漏洞和隐患，通知相关单位进行整改修复。12月5日，市委网信办、市委机要和保密局、市委编办、市公安局、市政数局、市通建办等市直部门单位联合制定印发《韶关市电子政务外网网络安全管理办法》，明确各单位在市电子政务外网上建设、运营和运维的网络、云平台、大数据中心、物联网、移动应用、信息系统等系统的安全管理职责，规范韶关市电子政务外网网络安全建设，建立健全网络安全体系，提高数字政府网络安全保障能力。

【首宗林地林木资产公开流转交易】 2022年底，韶关市完成首宗林地林木资产公开流转交易，交易金额5.08亿元，单宗交易额居全省同类项目前列，实现林地林木资产价值化。韶关市林业部门会同韶关市公共资源交易中心谋划林业资源入市交易工作，在韶关市公共资源交易平台完成韶关林场、曲江林场、仁化林场、河口林场、九曲水林场、华溪林场6个国有林场林地林木资产公开流转项目交易工作。这是韶关市首宗林地林木资产公开流转项目，是韶关市国家储备林基地建设项目，对建设生态善美韶关和产业融合发展，实现林地林木资产价值化具有重要意义。

（李世鸿）

信访工作

【概况】 2022年，韶关市群众信访总量5845件人次（含走访1198批2963人次，来信722件，网上信访2160件），信访总量比2021年下降9.5%。信访主要问题集中在拖欠工资、自然资源、征地补偿、住房保障、山林纠纷、涉法涉诉等领域。

2022年5月13日，韶关市深入学习贯彻《信访工作条例》暨“条例在心、信访为民”广场主题宣传活动举行 （市信访局 供图）

【信访工作举措】 2022年，韶关市信访局围绕群众网上信访及走访量多的现状，创新四项举措，通过“面对面”研判、“案对案”接访、“点对点”督导、“件对件”清零4项举措，初次信访满意度评价取得显著成效。全市有2057宗初次信访件被纳入国家满意度评价，满意率92.3%，在全省排名第三；初次信访闭环管理综合质效26次，在全省排名第一。

【信访案件化解】 2022年被确定为韶关市信访工作积案化解年，市信访局开展重复信访、重点领域信访、抓基层打基础专项治理，推进历年信访积案难案化解。2022年，国家信访局交办韶关市两批重复信访积案434件，截至12月底已化解433宗，化解率99.8%；化解省领导的3宗包案和市领导的51宗包案信访件，一批历史积案难案得到有效化解。

【信访源头治理】 2022年，在国家和省、市重大活动期间，市信访工作联席会议办公室（市信访局）组织各县（市、区）和相关职能部门，围绕重点领域开展滚动排查，明确包案领导、责任单位和化解时限。落实市、县、镇三级领导接访下访工作制度，得到省信访工作联席会议、省信访局的通报表扬。市、县、镇三级安排1.37万人次领导干部接访群众9954批1.84万人次，将矛盾化解在基层、解决在萌芽状态。

【《信访工作条例》贯彻落实】 2022年，韶关市信访局制作大型户外宣传栏，拍摄信访普法视频，印发宣传资料5万份，做好《信访工作条例》宣传贯彻；利用线上“云”活动和线下“大讲堂”，举办26期信访业务培训班。对照《信访工作条例》完善更新制度，优化业务流程，规范信访秩序。群众到市委、市政府办公场所上访量下降。

（杨慧颖）

外事工作

【概况】 2022年，中共韶关市委外事工作委员会办公室组织召开全市外国人到韶关管理服务培训会议，在风采街道风度北社区开展预防性海外领事保护宣传进社区活动，接待中国教育国际交流协会秘书处副秘书长傅博一行、德国海外商会联盟大中华区副总裁徐晶波一行等到韶关市参观访问，组织韶关市韶铸集团有限公司和韶能集团韶关宏大齿轮有限公司参加德国汽车制造行业供需对接线上圆桌会议，加强韶关市与韩国荣州市的交流合作，翁源县与韩国全罗南道海南郡缔结国际友好城市，韶关市邀请9个国家12名友好人士担任市友协海外特邀理事，组织韶关市和国际友好交流城市青少年参加2022年GD Youth Link“粤友杯”广东国际青少年书画比赛、第25届日中青少年书画交流等活动。

【涉外人员服务】 2022年4月24日，韶关市制定并印发《韶关市外国人来华邀请函申办管理办法（试行）》至市各有关单位和各县（市、区），规范申办流程，明确各县（市、区）外事部门、市商务局、市教育局、市卫健局工作职责。5月18日，组织召开全市外国人到韶关管理服务培训会议，深入解读疫情防控期间外国人来华签证政策，明确外国人来韶关管理服务要求，缩减外国人来华邀请函申办市级审批时长，加快办理效率，提升外事服务能力水平。8月18日，在风采街道风度北社区开展预防性海外领事保护宣传进社区活动。全年为全市涉外企业、高等院校等机构办理外国高管、外籍教师等人员来华邀请函10批20人次。

【友好交流】 2022年7月9—10日，中国教育国际交流协会秘书处副秘书长傅博一行到韶关市访问，先后考察韶关城市规划馆、广东亚北农副产品有限公司、广东北江中学、仁化县董塘镇新龙村和丹霞山世界地质公园，为中东欧国家驻华外交官中国行（韶关站）做好准备。7月19日，德国海外商会联盟大中华区副总裁徐晶波一行到韶关市参观访问。徐晶波一行先后到韶能集团韶关宏大齿轮有限公司、广东欧莱高新材料股份有限公司、韶钢松山股份有限公司和广东金志利科技有限公司进行考察，实地了解韶关先进装备制造和投资环境等情况，推动德国企业与韶关加强交流合作。8月18日，组织韶关市韶铸集团有限公司和韶能集团韶关宏大齿轮有限公司参加德国汽车制造行业供需对接线上圆桌会议。会上，博世、宝马、科德宝和麦斯睿恩4家德国企业介绍寻求汽车零部件企业共同合作的需求，韶铸集团和韶能宏大齿轮公司参与互动交流，并与相关企业进行合作对接。8月19日，市委外办主任应邀参加新加坡驻穗总领事馆举办的新加坡共和国成立57周年国庆招待会。9月22—23日，市委外办主任应邀出席韩国驻穗总领事馆在广州举办的韩—粤各地市友好交流活动，庆祝中韩建交30周年。

【友城交往】 2022年8月1日，市长陈少荣向新当选的韩国荣州市市长朴南绪致信祝贺，加强韶关市与韩国荣州市的交流合作。8月1日，市长陈少荣拍摄专题视频，祝福韩国“2022荣州世界丰基人参博览会”取得成功。8月24日，协调媒体独家专访韶关市国际友好城市韩国荣州市前市长张彧铉，有关内容在《羊城晚报》和《韶关日报》专版报道。11月2日，韩国驻穗总领事馆总领事韩在爀致信祝贺书记陈少荣和市长陈志清任职，市委外办代拟回信感谢。11月，市政府常务会议和市委常委会会议审议通过翁源县与韩国全罗南道海南郡缔结国际友好城市，报全国友协审批。11月，韶关市邀请美国、加拿大、英国、德国、葡萄牙、格鲁吉亚、日本、韩国、马来西亚9个国家12位友好人士担任市友协海外特邀理事，提升开展民间外交工作的能力和水平。

【民间交流】 2022年4月，中共韶关市委外事工作委员会办公室组织韶关市和国际友好交流城市青少年参加2022年GD Youth Link“粤友杯”广东国际青少年书画比赛，该次活动以“我的祖国（家乡）”“我的冬奥明星”“和平友好”为主题，韶关市40名学生获奖，2名教师获优秀指导教师称号，韶关市人民对外友好协会被广东省人民对外友好协会和《羊城晚报》评为“优秀组织单位”。10月，韶关市青少年参加第25届日中青少年书画交流活动，该次活动以“我的祖国和我的家乡”“中日友好”“我的奥运明星”为主题，韶关市24名青少年分获鸠山奖、中国驻福冈总领事奖、北九州市长奖等13个奖项。

【组织韶关市企业参加德国汽车制造行业供需对接会】 2022年8月18日，中共韶关市委外事工作委员会办公室组织韶铸集团有限公司和韶能集团韶关宏大齿轮有限公司参加德国汽车制造行业供需对接线上圆桌会议。会上，博世、宝马、科德宝和麦斯睿恩等4家德国企业介绍寻求汽车零部件企业共同合作的需求，韶铸集团和韶能宏大齿轮公司参与互动交流，并与相关企业进行合作对接。本次次会议是韶关市制造业企业与国外先进同行学习交流、与对口企业建立联系和拓展业务的机会，同时通过外事部门能够为韶关优秀制造业企业广搭桥多牵线，让企业有更多机会更多途径“走出去”开拓海外市场。

（刘明涛）

港澳事务

【概况】 2022年，韶关市引导港澳韶籍同乡社团、商会等自觉学习践行中共二十大精神，加强港澳同乡社团建设，支持香港特别行政区政府开展抗疫工作，加强工作交流，促进联谊交往，组织庆祝香港回归祖国25周年系列活动、贺中秋庆国庆活动。全年韶关市接待中联办广联部部长范克胜一行、暨南大学“一带一路”与粤港澳大湾区研究院等到韶关开展调研活动，承办省海联会港澳代表人士国情研修暨考察活动。组织同乡社团骨干集中收看庆祝香港回归祖国25周年大会暨香港特别行政区第六届政府就职典礼，学习习近平总书记重要讲话精神。引导港澳韶关籍同乡社团、商会等自觉学习践行中共二十大精神，举办集中学习座谈会6场（次）、立法会议员和各级政协委员领学分享会2场（次），港澳政协委员、代表人士和同乡会乡亲478人参加。5月，指导香港韶关同乡联谊总会第三届会董会和总会义工团换届。

【文化经贸交流】 2022年，韶关市组织开展“6·28”在韶关港人联谊交流活动、“心声贺回归”微视频拍摄活动、庆回归座谈会、爱国教育讲座、参观博物馆、香港本土深度游等大小活动30场，800名乡亲会员参加。组织40名香港青年参与香港新界社团联会联合青晋义工团在港举办的“五光十色 祥龙庆回归”活动。9月23日，香港韶关同乡联谊总会义工团联合正气慈善基金会及青晋义工团在港组织500名中小学生举行庆祝中华人民共和国成立73周年“少年献瑞贺国庆 浩然正气功夫大会演”。指导香港韶关同乡联谊总会和义工团在国庆期间举办庆国庆暨韶港两地关爱义工嘉奖会。指导澳门韶关地区联谊会举办庆祝国庆茶话会，老中青三代韶关籍乡亲欢聚一堂，唱响《我和我的祖国》《歌唱祖国》等歌曲。

【港韶两地互动】 2022年，韶关市各级统战系统调动前后方资源为香港乡亲提供物资援助，其中，财政支出70万元支持前方抗疫，发动市内企业、统一战线成员捐助物资价值27万元，韶关籍同乡社团派出义工772人次参与社区服务。在港乡亲自发筹集100万港元，助力韶关市“龙舟水”灾后复工复产。

（杨荷舒　刘秀易）

人事管理

【概况】 2022年，韶关市组织开展2021年度职称评审5700多人，乡村工匠首批获证537人，排名全省第二。组织开展2021年度全市人力资源服务机构经营情况年度报告工作，提交人力资源服务机构96家。组织各类人事考试10.17万人次，完成首轮556名县以下事业单位管理岗位职员等级晋升工作，居全省前列。落实人才在韶就业政策，发放2021年度扶持高校毕业生在韶就业补贴4093.58万元，惠及5179人。10个单位获批建立广东省博士后工作站，发放博士后资助补助3372万元，开展各类人才活动300余场次。管理事业单位1808个。全市在编事业单位在职员工5.5万人。全市招聘事业单位2900人。

【专业技术人才职称评定】 2022年，韶关市深化职称制度改革，组织开展2021年度职称评审5700余人，乡村工匠首批获证537人，超全省平均水平126.59%，排名全省第二。截至2022年，韶关市有537人首批获得乡村工匠职称，其中正高3人、副高17人、中级175人、初级342人。获评正高级职称的3人分别是全国乡村文化和旅游能人黄影祥、九峰镇绿峰果菜专业合作社理事长潘国平、非遗“广东醒狮”代表传承人卢浩生。组建5个乡村工匠职称评审中级评委会（生产应用、经营管理、家政、烹饪、乡村戏剧），完成乡村工匠的中级、初级首评工作，将一批乡村一线“土专家”“田秀才”等农村实用人才纳入农业农村人才评价体系。韶关市乡村工匠家政专业人才职称评审委员会收到评审资料45件，2022年乡村工匠家政专业人才职称评审工作于11月18日在韶关市武江区惠民北路198号党校北侧（朝阳综合市场）A23号一楼开展。经全体评委会专家细致评审，最终有19位参评人员在职称评审会议中通过评审，获得2022年乡村工匠家政专业人才职称。

【人力资源服务】 2022年，韶关市人力资源和社会保障局制定印发《韶关市贯彻实施〈广东省人力资源市场条例〉工作方案》。加强韶关市人力资源服务产业园运营管理。组织开展2021年度全市人力资源服务机构经营情况年度报告工作，审核提交人力资源服务机构96家，并在省人力资源管理服务信息系统进行公示。规范实施人力资源服务事项，优化完善人力资源服务许可、备案、报告业务的规程，全面实行许可告知承诺制。

【人事人才公共服务】 2022年，韶关市组织各类人事考试10.17万人次，打造“阳光考场”。完成首轮556名县以下事业单位管理岗位职员等级晋升工作，居全省前列，在全省人社工作会议上作经验交流。落实韶关新时代“百团千才万匠”人才工程，牵头实施“丹霞英才计划”和“韶州工匠计划”。落实人才在韶关就业政策，发放2021年度扶持高校毕业生在韶关就业补贴4093.576万元、惠及5179人。加强博士工作平台管理，10个单位获批建立广东省博士工作站、比2021年增长67%，发放资助补助3372万元。开展各类人才活动300余场次，服务专家学者500余人次。办理新版“丹霞英才卡”679人次，协助各类人才办理子女入学（园）、申请贷款等事项350人次。派遣181名“三支一扶”大学生到镇村一线服务，实现全市95个帮扶乡镇全覆盖；组织开展“农村电商”培训，获证886人次。

【事业单位管理】 2022年，韶关市纳入岗位管理的事业单位1808个，其中公益一类事业单位1647个，公益二类事业单位124个，公益三类事业单位（含经营服务类）37个。全市事业单位在职在编工作人员5.55万人。其中，管理岗位5754人，占10.46%；专技岗位4.61万人，占83.80%；工勤岗位3161人，占5.74%。做好市事业单位公开招聘工作人员公告备案和聘用备案工作，全市事业单位公开招聘2900人，其中市直事业单位公开招聘聘用入职467人。

【深入实施“粤菜师傅”“广东技工”“南粤家政”三项工程】 2022年，韶关市人力资源部门推进“粤菜师傅”“广东技工”“南粤家政”三项工程。全年组织“粤菜师傅”培训800人次。加快健全职业技能等级认定、专项职业能力考核等相结合的“粤菜师傅”评价体系，持续推进星级“粤菜师傅”认定工作。组织参加第五届粤港澳大湾区“粤菜师傅”技能大赛。完成“广东技工”补贴性职业技能培训5000人次，组织开展技工院校毕业生本地实习考核工作，推动市属技工院校毕业生留韶实习率达到60%，全年新增取得职业资格证书或职业技能等级证书7500人以上。推进“南粤家政”培训基地和基层服务站建设，推荐符合条件的企业申报认定省级家政服务龙头企业、诚信示范企业和培训示范基地，落实员工制企业补

贴政策，全年开展“南粤家政”培训4000人次。（邱拔文）

市直机关事务管理

【概况】 2022年，韶关市接待办（市机管局）完成接待任务640批次9612人，接待基地（韶州宾馆）完成接待任务524批次5082人，营业总收入385.23万元。全年承担市级会议保障2039场次。完成市政府宿舍东院、西院两院物业管理市场化改革；规范机关大院基建维修流程；规范会务组织和会议服务工作；建立健全制止餐饮浪费的工作机制，推动节约型机关建设；完善公务用车规范管理长效机制，推进公务用车管理信息化建设等深化改革任务。

【公务用车管理】 2022年，韶关市接待办（市机管局）做好公务用车保障工作，全年共动用车辆1.4万辆次，累计安全行车里程80万千米，疫情防控期间抽调驾驶员和中巴车支援粤北第二人民医院确诊阳性患者的隔离救治工作。完成全市公务用车运行费数据录入及公务车辆统计报告工作，全市填报单位740家，公务用车编制数3668个，实有公务用车3599辆。组织对车载卫星定位终端设备的巡检升级及更新换代，对2018年首次安装的终端设备926辆进行更新换代，确保终端设备正常运行，各项数据准确及时上传。规范办理各类公务用车定编业务工作，全年办理1185项车辆配备、车辆报废、车辆划转、单位重组等业务，助力提升全市公务用车信息化规范化管理水平。推广公务用车配备使用新能源汽车，更新配备一般公务用车175辆，新能源汽车占比56%。

【机关安全保卫】 2022年，韶关市接待办（市机管局）投入8万元购买消防维保服务及更换市委机关大院过期失效消防器材。加强视频监控设施建设，投入23.82万元更换市委市政府机关大院重点区域视频监控设备及购买视频监控系统维护保养服务。2月15日，组织市委大院、市政府大院有关单位150人参加消防安全大培训活动，在市四套班子机关大院投放《珍爱生命远离毒品》《逆焰前行护佑人民》等宣传画报。疫情防控期间为市四套班子机关大院门岗配发电子体温测量仪和设置粤康码水牌，对进入机关大院的人员实施体温检测及信息登记，加强外来人员进出管理。

2022年4月，韶关市四套班子机关大院保安员开展安保训练及安保理论培训，切实提高安保人员的素质，全力保障机关大院安全 （市接待办 供图）

【资产管理】 2022年，韶关市接待办（市机管局）加强资产实物的盘查与规范管理，购置固定资产96.08万元。处置6笔报废事项，涉及固定资产账面价值74.23万元，处置4笔无偿调拨（划转）、对外捐赠事项，涉及固定资产账面价值152.05万元，为浈江区风采路社区无偿提供一处面积为96平方米的场所作党群服务中心场所使用，为浈江区峰前路社区无偿提供一处面积为75平方米的空地作便民活动场所使用。加强办公用房和公租房管理工作，对市接待办管辖范围内的90套公租房开展租金缴交情况清查，对拖欠租金的2户租户进行追缴，保障公租房资产安全。商市财政局解决市应急事务中心、市三防指挥部、市突发事件应急委员会的办公用房需求，统筹做好全市10个县（市、区）和117个市直机关办公用房信息统计工作，规范办公用房的使用。

【市直机关食堂健全制止餐饮浪费工作机制】 2022年，韶关市直机关食堂“微改革”推动“大变化”取得积极成效。以世界粮食日、全国粮食安全宣传周及《中华人民共和国反食品浪费法》的出台为契机，加强制止餐饮浪费宣传，先后组织开展志愿者活动5场，出动工作人员230余人次，向韶关市民和各酒店、饭店派发倡议书及宣传手册5000余份，推动形成“厉行节约、反对浪费”良好氛围。制定和完善规范有序的餐饮管理制度，常态开展餐饮浪费整治，开展服务人员服务语言、技巧技能培训，在取餐环节做好引导和提醒，促进文明用餐、减少浪费。结合健康食堂创建工作，在机关食堂增设体重计和平衡膳食宝塔模型等健康计量器具，方便就餐人员餐前餐后进行称量比对，从而做到健康生活、膳食平衡。（李寿榕）

中国人民政治协商会议韶关市委员会

综述

【政协机构设置】 2022年，韶关市政协机关设办公室和提案委、社会法制委、经济委、人口资源环境委、教科卫体委、文化和文史资料委、民族和宗教委、港澳台侨联络委、联络工作委、农业和农村委10个专门委员会。其中，提案委与社会法制委、经济委与人口资源环境委、文化和文史资料委与民族和宗教委合署办公。

【团结联谊】 2022年，韶关市发挥世广会筹备办作用，走访广府人社团、商会、企业家，开展招商引资、招善引爱工作60余次，助推广东威玛增资扩产项目、广东供销天业(翁源)冷链物流产业园等一批项目落地或洽谈推进。密切同非公有制经济人士、新的社会阶层人士的沟通联络，市政协领导调研重点企业、项目264个，推动解决高新技术企业申报、项目用地、受灾企业复工复产等问题50余项。发挥港澳委员“双重积极作用”，联合香港韶关同乡联谊总会和澳门韶关地区联谊会举办“港澳委员学习中共二十大精神专题讲座”；加强与港澳社团、港澳同胞联系，邀请港澳青年企业家组团到韶关考察，组织招商环境介绍会，对接投资项目。全年民主党派、无党派人士在各类协商议政会议发言125人次、提交提案149件。

【委员走访】 2022年，韶关市政协制定实施走访联系委员工作制度，由市政协领导班子成员和各专委，通过集中座谈、组织视察、个别走访、电话联络等方式，对驻韶的省政协委员及市政协委员进行走访。全年走访驻韶的省政协委员、市政协委员305名，实现全覆盖。重点宣传中共二十大精神和中央、省委、市委重大决策部署和重点工作，指导检查委员学习情况；听取委员对韶关市经济社会发展的意见建议，收集社情民意；引导委员发挥优势作用参政议政、履职尽责；协调解决委员在生产经营、工作生活中的困难问题。

【政协委员构成】 2022年，韶关市十三届政协委员人数323名，年龄组成为30岁以下(含30岁)：1名。民族中汉族316名，少数民族7名。受教育程度中，研究生67名、本科194名、大专38名、中专10名、高中9名、初中4名、中技1名。党派中中共党员124名、民革党员12名、民盟盟员18名、民建会员15名、民进会员21名、农工党员13名、九三学社社员9名、无党派人士111名。行业中，机关事业单位人员159名、民营企业家95名、国有企业人员21名、院校人员20名、医疗机构人员17名、宗教人士6名、社会团体人员4名、民办非企业人士1名。 （珺荣荣）

重要会议

【概况】 2022年，中国人民政治协商会议韶关市委员会举行全体会议1次、常委会会议3次、主席会议

2022年1月7日，中国人民政治协商会议第十三届韶关市委员会第一次会议开幕。图为表彰政协韶关市委员会2021年优秀提案(第一批)

（冯兆宇 摄）

5次。其中，1月6—9日召开政协第十三届韶关市委员会第一次会议。5月11日召开十三届第一次常委会会议。7月27日召开十三届第二次常委会会议。11月3日召开十三届第三次常委会会议。

【政协第十三届韶关市委员会第一次会议】 2022年1月6—9日，政协第十三届韶关市委员会第一次会议召开，会议听取和审议政协第十二届韶关市委员会常务委员会工作报告和提案工作情况的报告；列席市十五届人大第一次会议开幕大会，听取和讨论市政府工作报告及其他有关工作报告；召开委员发言大会；听取大会期间提案情况的报告；审议通过政协第十三届韶关市委员会第一次会议决议（草案）。会议选举胡海运为政协第十三届韶关市委员会主席，选举刘大济、张文铭、王德雄、谢天友、卢春燕、刘晓佳、覃峥、林炜东为副主席，选举王刚等55人为常务委员。

【政协第十三届韶关市委员会常务委员会会议】 2022年，政协第十三届韶关市委员会常务委员会召开会议3次。

十三届第一次常委会会议 5月11日召开，市政协主席、副主席、秘书长及常委59人参加，各县（市、区）政协、市纪委监委派驻第二纪检监察组负责人和市政协机关非常委处级干部列席。会议传达学习贯彻习近平总书记在全国两会上的重要讲话精神和全国两会精神、在中共中央政治局常务委员会会议上的重要讲话精神、对湖南长沙居民自建房倒塌事故作出的重要指示精神；审议通过政协第十三届韶关市委员会专门委员会机构设置（草案）；审议通过政协第十三届韶关市委员会副秘书长，各专门委员会主任、副主任、兼职副主任提名人选；部署2022年市政协常委会主要工作，审议通过2022年市政协常委会会议预安排（稿）；审议通过政协韶关市委员会《常务委员提交年度履职报告工作制度（稿）》《提高提案工作质量的实施意见（稿）》；通报市政协十三届一次会议以来提案收集立案和2022年重点提案跟踪督办安排情况。

十三届第二次常委会会议 7月27日召开，市政协主席、副主席、秘书长及常委51人参加，各县（市、区）政协、市纪委监委派驻第二纪检监察组、市农业农村局、市商务局、市卫健局负责人，不是市政协常委的机关处级干部列席。会议传达学习贯彻习近平总书记在庆祝香港回归祖国25周年大会暨香港特别行政区第六届政府就职典礼上的重要讲话精神；审议通过市政协农业和农村委《关于开展脱贫攻坚与乡村振兴有效衔接民主监督活动情况的报告（稿）》、市政协教科卫体委《关于加强我市乡村医生队伍建设的调研报告（稿）》、市政协港澳委《关于推动韶关优质农产品走进粤港澳大湾区的调研报告（稿）》。

十三届第三次常委会会议 11月3日召开，市政协主席、副主席、秘书长及常委49人参加，各县（市、区）政协、市纪委监委派驻第二纪检监察组、市委农办、市教育局、市人社局、市文广旅体局负责人，不是市政协常委的机关处级干部列席。会议传达学习贯彻中国共产党第二十次全国代表大会和中国共产党第二十届中央委员会第一次全体会议精神；审议通过市政协教科卫体委《关于开展大力推进职业教育高质量发展民主监督活动情况的报告（稿）》、市政协文史委《关于我市基层公共文化设施建设及利用的调研报告（稿）》、市政协农业和农村委《关于推进我市农业品牌建设的调研报告（稿）》；审议通过中国人民政治协商会议韶关市委员会《常务委员会工作规则（修订稿）》《专门委员会通则（修订稿）》；同意增补刘平云为十三届市政协委员，并提名为教科卫体委员会副主任。

【提案工作研究会二届一次全会】 2022年10月27日，韶关市政协提案工作研究会召开第二届第一次全体会员大会，研究会单位会员代表和个人会员55人参加会议。会议听取市政协提案工作研究会第一届理事会工作报告。会议选举产生韶关市政协提案工作研究会第二届理事、监事。随后召开研究会第二届理事会第一次会议，选举产生研究会第二届理事会会长、常务副会长、副会长、秘书长。市政协提案委员会主任王刚当选为提案工作研究会理事会会长。

（璐荣荣）

协商议政

【概况】 2022年，韶关市政协联合动员共建委员工作站，搭建协商议政平台，加强对县（市、区）政协工作的指导，联合开展协商、调研等履职活动，更好发挥人民政协制度的整体效能。协助召开市委专题协商会，开展发展战略建言和民生实事建言。

【协商议政平台建设】 2022年，韶关市政协联合、动员各县（市、区）政协和市各民主党派、工商联在社区、街道、企业、行政服务中心等地，建立市、区政协共建委员工作站4个，县（市、区）政协委员工作站16个、委员工作室42个，组织委员就近就地开展基层协商。自运行以来，各级政协委员工作站收集问题194个，其中协商解决91个、正在协商解决103个。全年全市各民主党派、无党派人士在各类协商议政会议发言125人次、提交提案149件。开展“增强粤东西北地区产业承接能力，推动区域协调发展”“推动制造业高质量发展”等调研视察、民主监督活动21次。加强对县（市、区）政协工作的指导，联合开展协商、调研等履职活动，发挥人民政协制度的整体效能。推动解决乐园镇坝厂村3200余村民“出行难”问题、西河镇村头村1.5千米路灯通电问题等一批群众关注的问题。

【专题协商议政】 2022年，韶关市政协协助召开市委专题协商会1次，联合举办“韶商·市长面对面”协商座谈会1次，召开议政会1次、对口协商会9次。8月30日，韶关市政协协助市委召开“推进改革攻坚规范治理全面激发高质量发展新活力”专题协商会，市委书记、市长陈少荣，市政协

2022 年 8 月 30 日，中共韶关市委"推进改革攻坚规范治理全面激发高质量发展新活力"专题协商会在市委会议中心召开 （黄华 摄）

主席胡海运等市领导出席会议。会上各民主党派市委会、市工商联、南雄市和浈江区政协、界别委员代表，围绕加强和改进韶关市联系服务企业工作、发展预制菜产业、加强农村供水工程规范管理、建立健全矿产资源规范治理机制、推进韶关市医养结合养老产业发展、打造新能源全产业链、破除产业园区要素保障体制机制障碍等主题建言献策。12 月 10 日，"韶商•市长面对面"协商座谈会在韶关市区市领导及市直相关职能部门主要负责人、来自全国各地的韶商代表参加会议。会上韶商代表就韶关市优化产业配套政策、支持企业技术创新、吸引留住人才、常态化联系服务企业等方面提出意见建议。11 月 1 日，市政协议政会在市区召开，市政协主席胡海运主持会议，市委常委、副市长罗晓勤和市政府有关职能部门负责人应邀出席。会上，与会委员围绕韶关市优化营商环境、发挥北江航道优势、引进人才培养人才、用好土地资源和竹资源、推进城市建设、推进教育高质量发展等群众关切的问题建言献策。与会的政府有关职能部门负责人逐一回应，深入交流。

【发展战略建言】 2022 年 4 月 28 日，韶关市政协开展"推进行政争议实质性化解工作"对口协商活动；5 月 24 日，开展"强化服务管理，打造优质高效营商环境"对口协商活动；9 月 20 日，开展"更好发挥基层文化设施作用"对口协商活动；10 月 27 日，开展"大力实施专精特新中小企业培育工程"对口协商活动；11 月 22 日，开展"推动韶台合作，助力乡村振兴"对口协商活动；11 月 23 日，开展"推进农村人才振兴"对口协商活动；11 月 30 日，开展"加快推进山水林田湖草生态保护修复工作"对口协商活动。

【民生实事建言】 2022 年 9 月 20 日，韶关市政协开展"完善民生兜底保障工作"对口协商活动。会上，市民政局、市财政局、市人社局、市妇联、市残联等单位分别围绕本单位工作职责介绍相关工作情况。与会的政协委员参与对口协商交流发言，各抒己见，提出意见建议。各政协委员提出市直各有关单位要加强协同联动，形成工作合力，整合相关政策，发挥好政策的综合效应，加强信息化应用建设，打通部门信息壁垒，促进信息互联共享；要加大社会救助资金监管力度，确保社会救助资金科学合理预算、规范有效使用、安全高效运转；要瞄准困难群众的实际需求，实施分类化、差异化救助，在解燃眉之急的同时，帮助他们增强自我发展的动力和能力；要多层次、全覆盖完善社会救助体系，在确保低保制度持续平稳运行的基础上，重点关注失业人员、灵活就业人员、低保边缘人口、防止返贫监测对象等，综合运用各种手段、加大摸排力度、加强动态管理、及时发现救助需求。

【韶关市政协首批委员工作站启用】 2022 年 5 月 12 日，韶关市政协首批 4 家委员工作站正式挂牌成立，拓宽政协委员联系群众、服务群众渠道，协助党委和政府做好联系和服务群众工作，韶关市政协和浈江区政协、武江区政协分别在浈江区行政服务中心和韶州公园兰桂轩、碧水花城社区共建"委员工作站"。制定印发《政协韶关市委员会关于建设"委员工作站"的指导意见(试行)》，对委员工作站建设原则、建设要求、运行管理等作出具体指引。委员工作站立足党委、政府中心工作及民生关切，探索工作模式及机制，充实各项活动内容，将委员工作站建成社情民意的窗口、联系群众的渠道、交流经验的平

2022 年 12 月 10 日，"韶商•市长面对面"协商座谈会在荷花园酒店召开 （张伟杰 摄）

台、凝聚共识的桥梁。（琚荣荣）

民主监督

【概况】 2022年6月中旬至7月上旬，韶关市政协组织驻韶的省、市、县三级政协委员分组到各县（市、区），就各地贯彻落实“脱贫攻坚与乡村振兴有效衔接”情况进行民主监督暨评议活动。9月下旬，市政协组织驻韶的省、市、县三级政协委员到广东松山职业技术学院、市中职学校、市技师学院、曲江中职、始兴中职、振华中职、育威中职等职业院校实地视察，开展“大力推进我市职业教育高质量发展”民主监督活动，实地了解韶关市职业教育工作发展情况，听取各方各界人士的意见建议，向市委、市政府提交民主监督报告。开展民主监督活动2次、专题视察9次、专题调研4次，形成相关调研视察报告。编报《韶关市政协反映社情民意信息专报》12期。出版《韶关政协》6期，征集编印文史资料《冼玉清抗战诗文汇编》。

【专题视察】 2022年，韶关市政协以专门委员会为主体，组织委员开展9次专题视察活动。4月8日，开展“广东省第十三届中学生运动会筹备工作情况”专题视察；4月27日，开展“助力革命老区乡村振兴”专题视察；7月28日，开展“进一步推进城镇污水处理提质增效”专题视察；8月9日，开展“矿山复绿工程推进情况”专题视察；8月30日，开展“中心城区扩容提质、融合发展和城市建设管理情况”专题视察；8月30日，开展“基层文化设施建设状况”专题视察；10月27日，开展“我市与粤港澳大湾区跨区域产业对接”专题视察；10月28日，开展“宗教寺院内部文物管理状况”专题视察；11月17日，开展“粤菜师傅”“广东技工”“南粤家政’工程实施情况”专题视察。

【提案办理】 2022年，韶关市政协十三届一次会议以来，市政协收到提案250件，其中立案203件、立案率81.2%，转意见处理47件。立案提案中，委员提案151件，占74.4%；集体提案52件，占25.6%；经济建设类提案71件，占35%；生态城建交通类提案45件，占22.1%；教科卫体类提案46件，占22.7%；政法社会保障类提案41件，占20.2%。解决或采纳的74件，占36.5%；正在解决或纳入计划解决的125件，占61.6%；暂时不具备条件解决作参考的4件，占1.9%。遴选确定重点提案10件，分别由市委书记陈少荣、市长陈志清和市政协主席胡海运等市领导牵头督办。评选出《关于加快推动大数据产业高质量发展，争创国家算力网络枢纽节点城市的系列提案》《关于加快传统产业绿色低碳化发展的系列提案》等30件提案为优秀提案。协助住韶省政协委员撰写并提交提案19件，助力发出韶关声音、反映韶关诉求。

【视察监督韶关市宗教寺院内部文物管理工作】 2022年10月28日，韶关市政协民族和宗教委员会委员到曲江区南华寺，对市宗教寺院内部文物管理工作进行专题视察和监督。政协委员实地察看该寺院内部文物管理、保护工作的情况，听取南华寺负责人有关工作情况介绍，与市民宗局、市文广旅体局、曲江区文旅体局相关负责人以及特邀的文物管理专家座谈，听取意见、建议。

（琚荣荣）

2022年韶关市政协重点提案跟踪督办安排一览表

表4

序号	提案者	提案名称	提案内容	督办领导
1	市民进、市九三学社	加快推动大数据产业高质量发展，争创国家算力网络枢纽节点城市	打响数据集群品牌名片；高质量编制建设规划；强化大数据产业招商引资；制定韶关市大数据产业发展规划解决好大数据项目能耗指标等	书记陈少荣 副主席刘大济
2	市民进、市民建、市农工党、邓海清等2人	打造韶关“碳达峰、碳中和”先行示范区，擦亮粤北生态绿色发展名片	制订系统实施方案，统筹谋划“双碳”先行示范发展格局；强化政策体系研究，把握碳排放碳汇交易先手机遇；调整优化产业结构，谋划战略新兴和低碳产业发展；持续开展污染防治攻坚战，实现减污降碳协同并行等	市长陈志清 副主席张文铭
3	刘主、潘小坤等4人	关于促进韶关食用菌产业高质量发展的建议	深化政产学研合作；延伸产业发展链条；构建菌种支撑体系；创新联农带农机制；利用特色食用菌资源，打造“韶菌”品牌等。	主席胡海运 副主席林炜东

续表4

序号	提案者	提案名称	提案内容	督办领导
4	市民建	关于进一步推进我市煤矸石资源综合利用的提案	强化煤矸石管理机构职能，优化煤矸石配置管理；出台和完善优惠政策；支持煤矸石制备建筑材料新型设备产业化发展；完善对煤矸石利用的监管机制等	副市长邹振宇
5	谢林茂	关于支持发展仁化县竹产业的提案	加大招商引资力度，引进科技含量高的竹产品深加工企业落地仁化；加强与高等院校、科研机构的合作，引进良种良法，提高产量质量；吸引资本进入，推动“龙头企业+合作社+基地+农户”经营模式，改善竹林基础设施、耕作条件和抚育改造水平等	副主席王德雄
6	市民进	关于大力发展生态康养产业，建设全国康养之城的建议	进行准确定位；明确指导规划；狠抓基地建设；加大政策支持；广泛宣传等	副主席谢天友
7	市民建、市农工党、市九三学社、杨辉煌、黄德乔、雷雨冰	关于加快推进我市养老事业发展的提案	做足顶层设计，谋划韶关市康养产业建设；多层次推进养老服务体系建设；出台扶持政策；推动养老机构提质增效；推进医养结合服务能力等	副主席卢春燕
8	市农工党	盘活利用国有林场资源，促进资源资产价值化	提高政治站位，明确工作目标；理顺管理体制机制，提升国有林场资源资产价值化效能；推动国有林场产业发展；加强对国有林场相关项目的配套支持等	副主席刘晓佳
9	市民盟、市九三学社，肖政、黄小莉、胡竹平、饶国万、雷雨冰、李高龙、卢海等8人	关于加强我市基层医疗人才引进与培养，强化基层医疗卫生服务能力的建议	加强基层卫生人才队伍建设；完善激励机制；加大财政投入等	副主席覃峥
10	市民进	关于推进新时代“城市记忆”工程的几点建议	加强城市记忆档案资源建设和管理工作；引入市场化开发机制参与城市记忆档案资源建设；讲好城市记忆档案故事等	党组成员 李安平

（资料来源：市政协办公室）

委员工作

【概况】 2022年，政协第十三届韶关市委员会有界别29个、委员328人，常务委员会组成人员65人，在韶关的省政协委员12人。政协委员中，中共委员128人，占39.02%；非中共委员200人，占60.98%；妇女委员76人，占23.17%。

【履职平台深化拓展】 2022年，韶关市丰富有事好商量、众人的事情由众人商量的制度化实践，以委员工作站为平台载体，推动协商向基层延伸、委员联系服务界别群众常态化。联合、动员各县（市、区）政协和市各民主党派、工商联在社区、街道、企业、行政服务中心等地，建立市、区政协共建委员工作站4个，县（市、区）政协委员工作站16个、委员工作室42个，组织委员就近就地开展基层协商。市政协领导班子成员率先垂范，带动委员参加值班接访，获得第一手“冒着热气”的社情民意，通过实地调研、现场协商、座谈沟通、提交建议等方式，推动解决乐园镇坝厂村3200余村民“出行难”问题、西河镇村头村1.5千米路灯通电问题等一批群众的身边事、烦心事。收集问题194条，其中协商解决91条、正在协

2022 年 2 月 9 日，韶关市政协党组书记、主席胡海运（右二）到韶冶调研“厂区变园区、产区变城区”改革工作 （韶关冶炼厂　供图）

商解决 103 条。

【委员提案】 2022 年，韶关市政协十三届一次会议以来，市政协委员提出提案 250 件，经审查立案 203 件，立案率 81.2%，其中委员提案 151 件、集体提案 52 件。提案交 58 家单位办理，截至 2022 年 12 月底，全部提案得到办复。其中，解决或采纳的为 74 件，占 36.5%；正在解决或纳入计划解决的为 125 件，占 61.6%；暂时不具备条件解决作参考的为 4 件，占 1.9%。发挥市领导牵头督办重点提案和市政协各专门委员会督办重要提案的示范引领作用，开展提案“回头看”活动，全年进行专题督导 25 次，推动热点难点提案办理。开展优秀提案评选表彰活动，表彰优秀提案 30 件。开展提案办理评价工作，恢复开展优秀承办单位表彰活动，对市发改局等 10 个单位进行表彰，调动各提案办理单位参与政协提案工作的积极性，促进提案质量、办理质量和服务质量提高。

【委员履职培训及考核】 2022 年，韶关市制定委员培训制度，开展 2 次全脱产委员培训，在南岭干部学院举办为期两天的全市政协系统学习贯彻省、市第十三次党代会精神研修班。委员们参与履职活动 1470 人次。履职考核成绩斐然，涌现出 109 名优秀委员，占比 36.1%。

建言献策

【概况】 2022 年，韶关市政协围绕推进改革攻坚规范治理，推进经济高质量发展和乡村振兴发展等方面建言献策，围绕教育、医疗、养老等民生关切提交提案 94 件关注城市现代化建设，围绕城市建设中的地方历史文化特色等议题提交 12 篇报告 45 条建议。

【围绕推进改革攻坚规范治理建真言】 2022 年，市政协将“推进改革攻坚规范治理全面激发高质量发展新活力”定为 2022 年专题协商议题。市政协班子成员分别带领调研小分队，先后深入 10 个县（市、区）、31 个市直单位、21 个商会和行业协会、160 多家企业实地调研、座谈交流，向 67 家市、县单位发出书面调研函，反映 5 个方面 35 类问题 18 件具体事项，提出 4 个方面 39 条建议。

【围绕推进经济高质量发展献良策】

2022 年，市政协聚焦“优化营商环境、推进产业园区提质增效”，联合市政府共同召开“韶商·市长面对面”协商座谈会；邀请省情调查研究中心参与，围绕韶关“市场化、法治化、国际化营商环境建设”开展课题研究，形成专题调研报告；走访超过 100 家商会、企业，梳理提交 106 条企业诉求。

【围绕推进乡村振兴发展出实招】

2022 年，市政协关注食用菌、预制菜产业发展，开展调研、视察、提案督办 13 次，召开专题协商座谈会，所提“创建预制菜产业园、研发韶关特色预制菜、推进冷链物流建设”等 5 条主要建议被纳入韶关市《加快推进预制菜产业高质量发展实施意见》；开展脱贫攻坚与乡村振兴有效衔接民主监督，对镇村经济发展、美丽圩镇建设、农村人居环境整治、低收入人口帮扶 4 个方面工作进行民主评议，助力韶关乡村振兴继续走在全省第一方阵。

【助力办好办实民生实事】 2022 年，市政协关注职业教育高质量发展，组织政协委员到 7 所职校开展民主监督，形成 16 条建议；紧扣基层公共文化设施建设及利用开展调研提交建议案，相关建议成为韶关市深化拓展新时代文明实践中心建设、推进乡村文化振兴的工作着力点；围绕教育、医疗、养老等民生关切提交提案 94 件，一份份温暖的民生答卷浸透着人民政协浓浓的民生情怀。

【助力提升城市治理水平】 2022 年，市政协关注城市现代化建设，围绕城市建设中的地方历史文化特色等议题提交 12 篇报告 45 条建议；关注城市精细化管理，围绕解决城市内涝、加强社区人才队伍建设等编报社情民意信息专报 13 篇，社情民意信息“直通车”优势得到有效发挥。

【韶关市政协调研“乡村公共文化基础设施现状”】 2022 年 8 月 9 日，韶关市政协主要领导和相关部门负责人组成调研组到乐昌市北乡镇和长来镇等地开展“乡村公共文化基础设施现状”专题调研。通过实地察看、现场交流等方式，详细了解基层公共文化基础设施建设、经费来源和日常运作等情况。截至 2022 年底，乐昌市有镇级综合文化站 17 间、行政村综合性文化服务中心 195 间、风度书房 7 间、“粤书吧”1 间，乡村公共文化基础建设取得的明显成效。（瑶荣荣）

中国共产党韶关市纪律检查委员会 韶关市监察委员会

综述

【纪委监委机构设置】 2022年，韶关市纪委监委机关有18个内设机构及机关党委，派驻市一级党和国家机关纪检监察组20个，市直机关纪检监察工委1个，派出监察专员3人。受市委委托，市纪委、市委组织部共同管理5个巡察组。市委巡察办作为市委工作部门，设在市纪委。

【纪检监察体制改革】 2022年，韶关市纪委监委印发《贯彻落实〈关于加强和完善监察执法与刑事司法衔接机制的意见（试行）〉的工作指引》，凝聚反腐败工作合力。与市检察院联合建立加强公益诉讼协作配合机制，规范公益诉讼线索移送、案件查办协作等工作。与市税务局建立纪税协作机制，从问题线索移送、案件查办协作、协同监督、对口联络、人才培养等方面推动纪税双方优势互补、资源共享。加强与审计机关协作配合，综合运用审计监督专业能力和手段，用好用活审计监督成果。加强纪检监察监督与群众监督、舆论监督等其他各类监督贯通协同，增强监督合力。

【工作创新】 2022年，韶关市纪委监委严格依规依纪依法履职。坚守办案安全底线，加强措施使用的审核、监督和管理，制定监督检查、审查调查措施文书规范样式，提级审理下级纪委监委拟移送检察机关的重大、疑难职务犯罪案件，开展案件质量和处分（处理）决定执行情况检查，加强案件处理中的量纪平衡。提升派驻监督和基层监督质效。建立派驻机构负责人定期会商机制，出台派驻机构开展驻点监督工作指引，更好发挥派驻监督"探头"作用。制定印发提升基层监督质效的工作措施、乡镇（街道）纪检监察组织重点监督事项清单等制度，整合基层监督力量，打通全面从严治党"最后一公里"。促进各类监督贯通融合。有效发挥市委反腐败协调小组作用，加强和完善监察执法与刑事司法衔接机制，凝聚反腐败工作合力。加强与有关职能部门协作配合，与检察机关联合制定加强公益诉讼协作配合机制，与税务机关建立纪税协作机制。加强纪检监察监督与人大监督、政协民主监督贯通协同，不断增强监督合力。

（张 宇）

重要会议

【中共韶关市十三届纪委二次全会】 2022年1月28日，中共韶关市十三届纪委二次全会召开。市委书记王瑞军出席会议并讲话，市委副书记、市长陈少荣传达十二届省纪委七次全会精神，市委常委、市纪委书记廖锦添主持会议并代表市纪委常委会作工作报告。全会部署2022年工作任务：强化政治监督，以实际行动捍卫"两个确立"、做到"两个维护"；坚定不移惩治腐败，持续深化不敢腐、不能腐、不想腐一体推进；锲而不舍

2022年1月28日，中国共产党韶关市十三届纪律检查委员会第二次全体会议在市委会议中心五楼会议室召开 （潘志立 摄）

纠“四风”树新风，坚持不懈整治群众身边腐败和不正之风；全面深化政治巡察，充分发挥巡察震慑遏制治本作用；持续深化纪检监察体制改革，不断增强监督治理效能；全面加强自身建设，当好党和人民的忠诚卫士。全会审议通过市纪委常委会的工作报告和全会决议。

【群众反映强烈突出问题专项整治动员部署会】 2022年2月16日，韶关市纪委监委召开2022年分层分类统筹联动开展群众反映强烈突出问题专项整治动员部署会。市纪委监委将在市县镇三级分区域、分重点、分类别、分阶段统筹联动开展群众反映强烈突出问题专项整治工作，其中市级层面开展土地房屋征收工作腐败和作风问题、损害营商环境问题2项专项整治，县级层面开展农村“三资”监管问题、乡村振兴项目管理问题、破坏生态环境问题、校园安全问题4项专项整治。要求各县（市、区）纪委监委指导督促镇（街）纪委结合实际开展专项整治，做到上下联动、同向发力，监督推动解决群众急难愁盼问题。

【全市巡察工作会议暨十三届市委第一轮巡察工作动员部署会】 2022年2月23日，全市巡察工作会议暨十三届市委第一轮巡察工作动员部署会召开。市委常委、市纪委书记、市监委主任、市委巡察工作领导小组组长廖锦添出席会议并作动员讲话。市委常委、组织部部长、市委巡察工作领导小组副组长张丽传达市委书记王瑞军对巡察工作批示精神，宣布十三届市委第一轮巡察组长授权任职及任务分工决定。经市委批准，第一轮巡察采取常规巡察和专项巡察组合方式进行，派出4个市委巡察组对市委外办、市工信局、市民政局、市交通运输局、市农业农村局、市商务局、市市场监管局、市统计局、市代建局、团市委、市妇联、市侨联12个市直单位党组织开展常规巡察，时间为2022年3月上旬至6月上旬；市县一体同步组建9个专项巡察组，采取提级交叉方式，上下联动开展土地房屋征收问题专项巡察，时间为2022年3月上旬至4月下旬。（张　宇）

党风廉政建设

【概况】 2022年，韶关市纪检监察机关开展“四风”问题纠治，落实中央八项规定精神，全市查处“四风”问题144个，处分126人，通报曝光典型问题103起。一体推进“不敢腐不能腐不想腐”工作，开展一批专题警示教育活动和推动完善制度机制若干项。加强廉洁文化阵地建设，打造一批廉洁文化基地。挖掘韶关党史中的廉洁基因，推动摄制《清廉一生的少将彭显伦》等4个廉洁文化故事和《一封家书》廉洁文化宣传片，讲好韶关廉洁故事。

【“四风”问题纠治】 2022年，韶关市纪检监察机关落实中央八项规定精神，全市查处“四风”问题144个，处分126人，通报曝光典型问题103起。通过“大数据”查纠违规吃喝问题，从严从重查处市安委办督查组、浈江区犁市镇领导班子成员顶风违纪问题，精准问责23人并公开通报曝光。部署开展“私车公养”问题专项整治“回头看”，既追究直接责任又严肃追究相关领导责任。对乐昌市大源镇桥头小学长期在临时板房教学问题，责令3家责任单位作出深刻书面检查，问责11人，并举一反三在全市开展中小学和幼儿园校舍安全问题专项监督。针对普遍发生、反复出现的“四风”突出问题，向全市党组织发出坚决反对特权深入纠治“四风”问题的通知，明确“六个严禁”并用典型案例以案释纪；向相关部门发出加强监管的提醒函，防止“四风”问题反弹回潮。印发《关于深挖彻查党员干部和公职人员酒驾醉驾及其背后“四风”问题的通知》，推动“风腐”同查、一案双查。

【“不敢腐不能腐不想腐”一体推进】 2022年，韶关市纪检监察机关制定《韶关市纪委监委以案为鉴以案促改制度（试行）》，在全市生态环保系统和粮食购销领域分别开展专题警示教育活动，推动完善制度机制89项。协助市委并督导10个县（市、区）党委全覆盖召开领导班子以案为鉴以案促改专题民主生活会，提高腐败问题治理效能。协助市委开展纪律教育学习月活动，选取不同层级、系统、领域典型案例拍摄4部警示教育片，编印1本警示教育读本，调整优化市党风廉政建设教育基地功能布局，做实同级同类警示教育。

【廉洁文化建设】 2022年，韶关市纪检监察机关贯彻落实《加强新时代廉洁文化建设的意见》，加强廉洁文化阵地建设，打造一批廉洁文化基地。挖掘韶关党史中的廉洁基因，推动摄制《清廉一生的少将彭显伦》等4个廉洁文化故事和《一封家书》廉洁文化宣传片，讲好韶关廉洁故事。开展廉洁文化微电影微视频征集展播活动，其中《清白在口中　廉洁存心中》公益广告入选省纪委监委“廉润南粤”系列。举办廉洁文化主题宣传活动，开展家庭家教家风建设，推动廉洁文化进家庭、进社区的做法被《中国纪检监察》《党风》等杂志刊发介绍。

【第二届特约监察员聘请会议暨“特约监察员走进机关”活动】 2022年8月18日，韶关市监委召开第二届特约监察员聘请会议暨“特约监察员走进机关”活动，20名特约监察员开启履职“篇章”。会议宣读《韶关市监察委员会关于聘任第二届特约监察员的决定》，为来自市人大代表、市政协委员、民主党派和无党派人士、专家学者、媒体和文艺工作者、一线和基层群众代表等20人颁发聘书，组织特约监察员签订“履职承诺书”，3名特约监察员代表作发言。会议结束后，20名特约监察员应邀到市纪委监委机关，了解纪检监察工作。（张　宇）

监督执纪

【概况】 2022年，韶关市纪委监委跟进开展推进稳经济一揽子政策措施落实情况和防范化解政治安全风险隐患情况专项监督，把履行监督第一职责与服务发展第一要务紧密结合。强对“一把手”和领导班子监督，制定《韶关市关于加强对“一把手”和领导班子监督的责任落实方案》等规定，建立领导干部廉洁档案制度，市监察委员会完成聘请第二届特约监察员运用“四种形态”，全市批评教育和处理一批违规违纪干部，全市问责一批工作不规范党组织。

2022 年 6 月 21 日，仁化县丹霞街道纪检监察干部到胡坑下陂村检查农村住房安全隐患排查情况（市纪委监委　供图）

【政治监督】 2022 年，韶关市纪委监委 4 次启动新冠疫情防控监督战时机制，跟进开展推进稳经济一揽子政策措施落实情况和防范化解政治安全风险隐患情况专项监督。围绕习近平总书记关于耕地保护、粮食安全、撂荒地复耕复种、安全生产、自建房安全、生态环保、城市更新、违建别墅、防汛抢险救灾等重要讲话和重要指示精神，项目化清单化开展监督检查，督促各级党组织坚定不移贯彻执行党中央作出的决策部署。

【中心工作落实情况监督】 2022 年，韶关市纪委监委把履行监督第一职责与服务发展第一要务紧密结合，着眼项目建设，对市重点招商项目、未开工的“集中开竣工项目”、进展较慢的专项债券项目等开展监督，推动项目建设加快推进。着眼绿色发展，对城市污水管网设施建设改造整治、森林防灭火、非法占用耕地及中央环保督察反馈问题整改落实情况等持续跟进监督，保障“绿水青山就是金山银山”理念落到实处。着眼保障民生，对全市 2022 年十件民生实事项目落实情况进行全过程监督，以实际行动提升群众获得感幸福感安全感。着眼国有资产监管，开展国企领导人员违规决策擅自对外投资担保问题专项治理，规范市属国有企业权力运行，维护国有资产安全。着眼提振干事创业精气神，制定纪律作风保障工作方案，推动全市党员干部以过硬作风保障市委“改革攻坚规范治理年”工作部署落地落实。

2022 年 5 月，韶关市纪委监委防汛监督（市纪委监委　供图）

【“一把手”和领导班子等“关键少数”监督】 2022 年，韶关市纪委监委加强对“一把手”和领导班子监督，制定《韶关市关于加强对“一把手”和领导班子监督的责任落实方案》和《韶关市纪委监委以案为鉴以案促改制度（试行）》《韶关市纪委监委领导提醒谈话制度（试行）》《韶关市纪委监委定期向市委市政府领导班子成员通报主管（分管）领域党风廉政建设监督情况制度（试行）》《韶关市纪委监委开展重点地区或领域党风廉政建设情况分析研判制度（试行）》《韶关市纪委监委发现和纠正党委（党组）“一把手”违反决策程序问题制度（试行）》《韶关市领导干部廉政档案制度（试行）》，健全完善“1+6”责任落实体系，打好监督“组合拳”。对全市科级以上干部和企事业单位管理人员全覆盖建立廉政档案，助力精准监督。市县两级纪委书记受上级纪委委托分别对新提拔交流任职的省管市管干部提醒谈话，提醒严格落实中央八项规定精神。审核 71 名市管党组织“一把手”书面述责述廉报告，向 7 名“一把手”反馈意见 18 条。加强人大、政协换届纪律风气监督，营造风清气正换届环境。规范审慎回复党风廉政意见 755 人次。

【建立领导干部廉洁档案制度】 2022 年，韶关市纪委监委对全市科级以上干部和企事业单位管理人员全覆盖建立电子廉政档案。市县两级纪委书记受上级纪委委托分别对新提拔交流任职的省管、市管干部提醒谈话，提醒严守中央八项规定精神。组织审核市管党组织“一把手”书面述责述廉报告，并反馈意见。

【韶关市监察委员会聘请第二届特约监察员】 2022年，韶关市纪委监委深化国家监察体制改革，发挥韶关市纪律检查委员会和市监察委员会合署办公优势，推动监察机关依法接受民主监督、社会监督、舆论监督，市监察委员会决定聘请王少敬、邓晓莲、龙田华、卢艳、仲红卫、刘茜、李赟、李少鸿、李淑英、陈宣平、罗晨辉、胡湘泉、娄平、袁秀兰、徐玉华、扈立家、曾敏青、蓝小威、雷东林、潘国平20人为市监委第二届特约监察员，聘期至2026年12月。

【“四种形态”运用】 2022年，韶关市纪检监察机关把握“三个区分开来”要求，运用“四种形态”，全市批评教育和处理3039人次，第一种至第四种形态占比依次为65.1%、25.1%、4.8%和5.0%。规范实施问责，全市问责党组织9个，问责党员领导干部、监察对象203人。全市有83人向纪检监察机关主动投案或主动交代问题，选择相信组织、依靠组织。

（张　宇）

腐败惩治

【概况】 2022年，韶关市纪检监察机关整治群众身边腐败问题和不正之风，开展23项专项整治。高压严打惩治腐败，接收信访举报1160件次，处置问题线索2531条，立案审查调1155件，处分1030人。深化粮食购销领域腐败问题专项整治，综合纠治省市县三级粮储企业内外勾结、设租寻租、权钱交易、输送利益等“靠粮吃粮”等重点领域腐败问题。

【高压惩腐】 2022年，韶关市纪检监察机关接收信访举报1160件次，处置问题线索2531条，立案审查调查1155件，处分1030人，移送检察机关审查起诉43人，挽回经济损失1.87亿元；立案审查调查处级干部28人、科级干部136人，留置处级干部9人。成功劝返外逃7年的职务犯罪嫌疑人赵某华主动回国投案。坚持受贿行贿一起查，全市移送检察机关审查起诉涉嫌受贿犯罪党员干部23人、涉嫌行贿犯罪人员10人。协助广东省纪委监委机关及其派驻机构、其他地市纪委监委办理协作配合事项62批次，在韶关市留置8人，选派干部参与上级专项工作23人次。

【重点领域腐败案惩治】 2022年，韶关市纪检监察机关深化粮食购销领域腐败问题专项整治，综合纠治省市县三级粮储企业内外勾结、设租寻租、权钱交易、输送利益等“靠粮吃粮”问题，立案审查调查72人、留置14人、移送检察机关审查起诉15人、追缴涉案钱款4500余万元，各项数据均居全省前列。开展土地房屋征收领域腐败和作风问题专项整治，查处滥用职权、权力寻租、贪污受贿、侵占挪用及骗取补偿款等“靠地吃地”党员干部31人，留置5人。紧盯官商勾连损害营商环境、领导干部违规插手工程建设项目等问题，严肃查处刘某锋、邓某雄、马某明、吴某超、朱某林、邱某郁等市管干部，以及乐昌市委原副书记陈某平等利用原职务影响力敛财的辞职官员，产生极大震慑效应，释放反腐败一严到底、永不停歇的强烈信号。

【整治群众身边腐败问题和不正之风】 2022年，韶关市纪检监察机关开展23项专项整治，其中市级层面统筹开展损害营商环境突出问题、土地房屋征收工作腐败和作风问题、医保基金监管领域突出问题、乡村振兴驻镇帮镇扶村领域腐败和作风问题4项整治，指导县（市、区）纪委监委围绕农村“三资”监管等4个专题开展整治，推动镇（街）纪（工）委结合实际开展15项专项整治，督促整改问题1.67万个，摸排线索760条，立案审查调查245人，处分174人，推动建立完善制度642项。巩固深化扫黑除恶斗争和政法队伍教育整顿成果，全市处置涉黑涉恶腐败及“保护伞”问题线索54条，立案审查调查8人。（张　宇）

巡察工作

【概况】 2022年，韶关市纪检监察机关规范市县巡察工作，市本级及南雄市、乳源瑶族自治县巡察服务保障中心投入运作，始兴县巡察服务保障中心获批设立。进行十三届市委第一轮巡察和十三届市委第二轮巡察及土地房屋征收等问题进行巡察，重点围绕贯彻落实习近平总书记对广东系列重要讲话和重要指示批示精神，省委关于打造新发展格局战略支点、构建“一核一带一区”区域发展格局、“1+1+9”工作部署落实情况，市第十三次党代会和市委十三届一次、二次全会各项部署安排，市委推进“六化”建设、打造“六新”韶关、优化营商环境、“改革攻坚规范治理年”各项工作落实情况开展监督。市委巡察机构采取“常规＋专项＋提级”的形式，年内共对25个市直单位党组织开展常规巡察，对19个重点（中心）镇（街）开展提级交叉巡察，市县联动对全市土地房屋征收、乡村振兴资金管理使用暨农村集体“三资”管理领域开展专项巡察。全年市县两级巡察机构共巡察党组织217个，发现问题3524个，移交问题线索117条，已推动立案38人，其中处级干部7人。设立韶关市巡察服务保障中心主要负责为市委巡察工作提供服务保障，负责档案管理、专业技术支持及巡察信息化建设等工作。

【市县巡察工作规范】 2022年，韶关市县两级巡察服务保障中心建设走在全省前列，市本级及南雄市、乳源瑶族自治县巡察服务保障中心投入运作，始兴县巡察服务保障中心获批设立。制定出台《市委巡察工作领导小组成员“包联”县（市、区）党委巡察工作制度》，市县巡察联系点工作取得实质性进展。完成省委巡察指导督导反馈问题阶段性整改任务，完善制度机制13项，推动市县巡察机构增加行政、事业编制25名。完成对县级巡察工作指导督导全覆盖，开展县级巡察工作质量评估，建立组办会商机制，分片区召开县级巡察机构座谈会，组织召开全市涉粮问题、土地房屋征收问题专项巡察经验交流会，联动提升市县巡察工作质效。

【十三届市委第一轮巡察】 2022年2月23日至6月17日，中共韶关市委派出4个巡察组对市委外办、市工信局、市民政局、市交通运输局、市农业农村局、市商务局、市市场监督管理局、市统计局、市政府投资建设项目代建管理局、团市委、市妇联、市侨联等12个单位党组织开展十三届市委第一轮常规巡察。重点围绕贯彻落实习近平总书记对广东系列重要讲话和重要指示批示精神，省委关于打造新发展格局战略支点、构建“一核一带一区”区域发展格局、“1+1+9”工作部署落实情况，市第十三次党代会和市委十三届一次、二次全会各项部署安排，市委推进“六化”建设、打造“六新”韶关、优化营商环境、“改革攻坚规范治理年”各项工作落实情况开展监督。该轮巡察发现问题408个，移交问题线索6条，推动立行立改事项2个，提交专题报告2份。

【十三届市委第二轮巡察】 2022年8月17日至12月9日，中共韶关市委派出5个巡察组对市委老干部局、市科技局、市司法局、市人社局、市生态环境局、市住建管理局、市水务局、市国资委、市委党史研究室、市供销社、韶关日报社、市广播电视台、市红十字会13个单位党组织开展十三届市委第二轮巡察。重点围绕落实习近平总书记对广东系列重要讲话和重要指示批示精神，省委关于打造新发展格局战略支点、构建“一核一带一区”区域发展格局、“1+1+9”工作部署、坚决落实“两个维护”十项制度机制等贯彻执行情况，市第十三次党代会和市委十三届一次、二次全会各项部署安排、“改革攻坚规范治理年”各项工作落实情况开展监督。该轮巡察发现问题437个，移交问题线索10条，提交专题报告4份，提交专题报告2份。

【土地房屋征收问题专项巡察】 2022年2月23日至6月17日，中共韶关市委派出9个专项巡察组对市本级、乐昌市、南雄市、仁化县、始兴县、翁源县、新丰县、乳源瑶族自治县、浈江区、武江区、曲江区土地房屋征收领域党组织开展土地房屋征收问题专项巡察。重点围绕贯彻落实习近平总书记关于土地管理的重要论述精神，党中央决策部署及省委、市委工作要求情况，土地房屋征收管理职能责任落实和廉洁风险防控情况，相关职能部门履行土地房屋征收主体和监管责任情况开展监督。该轮巡察发现问题487个，移交问题线索32条，提交专题报告2份。

【乡村振兴资金管理使用暨农村集体“三资”管理专项巡察】 2022年8月17日至10月28日，中共韶关市委派出12个巡察组开展韶关市乡村振兴资金管理使用暨农村集体“三资”管理专项巡察。其中，市级层面派出2个市委巡察组对市生态环境局、市住建管理局、市交通运输局、市水务局、市农业农村局、市供销社6个单位党组织开展乡村振兴资金管理使用专项巡察；县级层面对县级生态环境分局、住建管理局、交通运输局、水务局、农业农村局、供销社6个单位党组织，乡村振兴资金和农村集体“三资”体量大、问题反映较多的乡镇（街道）、行政村开展专项巡察。重点围绕贯彻落实习近平总书记关于“三农”工作的重要论述和对农村集体“三资”管理重要指示精神开展监督，发现并推动查处乡村振兴资金管理使用和农村集体“三资”管理方面的腐败问题和不正之风，查找监管漏洞和制度短板，促进完善权力监督制约机制，确保惠民利民政策落实到位。本轮巡察发现问题1819个，移交问题线索38条，推动立行立改事项13个，提交专题报告12份。

【十三届市委第一轮提级巡察】 2022年10月28日至12月9日，中共韶关市委派出10个巡察组对乐昌市乐城街道、廊田镇，南雄市乌迳镇、全安镇，仁化县丹霞街道、周田镇，始兴县太平镇、城南镇，翁源县龙仙镇、江尾镇，新丰县马头镇、回龙镇，乳源瑶族自治县乳城镇，浈江区新韶镇、犁市镇，武江区西河镇、龙归镇，曲江区马坝镇、大塘镇等19个重点（中心）镇（街）开展十三届市委第一轮提级巡察。重点围绕贯彻落实习近平新时代中国特色社会主义思想和中共十九大、中共二十大精神，防范化解重大风险、污染防治、乡村振兴战略、镇域经济高质量发展、惠农利民政策落实、土地房屋征收、自建房安全专项整治、扫黑除恶、意识形态等方面开展监督。该轮巡察发现问题681个，移交问题线索18条，推动立行立改事项2个。

【以巡促改促建促治】 2022年，韶关市纪检监察机关制定《市纪委监委市委巡察机构落实〈关于加强巡视整改和成果运用的意见〉任务清单》，完善巡察整改流程指引。统筹推进14项市委书记点人点事问题全面完成整改，跟踪督促13个被巡察党组织完成386项巡察反馈问题阶段性整改，整改率95.6%，推动建章立制209项。发挥巡察推动改革、促进发展作用，向市委提交专题报告4份，为解决行业领域普遍性、系统性问题提供决策参考。

【市巡察服务保障中心设立】 根据2022年9月20日《中共韶关市委机构编制委员会办公室关于设立韶关市巡察服务保障中心的批复的精神》，韶关市巡察服务保障中心为市委巡察办管理的公益一类正科级事业单位，主要负责为市委巡察工作提供服务保障，负责档案管理、专业技术支持及巡察信息化建设等工作。核定事业编制7名，其中主任1名、副主任1名。 （张　宇）

民主党派·工商联

中国国民党革命委员会韶关市委员会

【概况】 截至2022年12月31日，中国国民党革命委员会韶关市委员会（以下简称民革韶关市委）有党员448人，基层组织26个，包括2个基层委员会、2个总支部、22个支部。韶关民革全年共新发展党员5名，平均年龄41岁，大学学历3人，硕士研究生学历1人，博士研究生学历1人。党员主要分布在党政机关、医疗卫生、高等及普通教育、科学技术、文化艺术、法律、公有制经济、非公有制经济等各个领域。全市民革党员平均年龄54岁，大学以上学历占比57%，中高级职称占比47%，党员年龄和学历结构趋向合理。全年共推荐35人次参加中共韶关市委统战部、组织部举办的各类培训班。

【思想建设】 2022年，民革韶关市委员会定期举行理论学习活动，组织党员定期参加报告会、座谈会、研讨会和培训班。全年共召开4次理论学习中心组学习会、1次座谈会，向省民革报送书画作品1批。民革韶关市委学习贯彻中共二十大精神，贯彻落实中共韶关市第十三次党代会、中央统战会议、中共广东省第十三次代表大会、民革广东省第十四次代表大会、民革十四大精神，使相关精神和理论入脑入心，推动全体党员政治判断力、政治领悟力、政治执行力全面提升。开展“矢志不渝跟党走、携手奋进新时代”政治交接主题教育和履职能力建设年活动，使参政党地方组织建设能力得到提升。开展“示范支部”创建和申报。组织进行第二批“示范支部”创建和申报工作，深化“民革党员之家”建设，22个支部被评为达标支部，推荐浈江区第二支部等4个支部参评第二批省级“示范支部”。民革韶关市委荣获2022年度《团结报》宣传发行工作地市及基层组织先进集体优秀奖、2022年度团结报工作先进集体三等奖。民革南雄市总支部获评“广东民革组织工作先进集体”。中国国民党革命委员会韶关市委员会专职副主委娄平被民革中央评为“全国机关先进个人”，民革党员李婷先后被提拔为武江区文学艺术界联合会首任主席、武江区文广旅体局局长。

【参政议政】 2022年，民革韶关市委员会有各级人大代表、政协委员55人次，其中省政协委员1人，市人大代表1人（其中市人大常委1人），市政协委员12人（其中市政协副主席1人、市政协常委2人、市政协委员9人）。在省政协十二届五次会议上，韶关民革党员提交个人提案2件，在韶关市政协十三届一次会议上，民革市委提交大会发言《大力发展水产生态养殖》1篇、集体提案3件，个人提案10件。其中，1件集体

2022年8月16日，民革韶关市委员会召开十二届第十一次全体（扩大）会议和理论学习中心组（扩大）会议，传达学习中央统战工作会议精神

（王龙树　摄）

2022 年 3 月 24 日，民革韶关市委会到韶关市第一中学调研并捐赠防疫物资 （肖建华　供图）

提案被评为韶关市政协提案 2022 年优秀提案二等奖，2 件提案被评为韶关市政协提案 2022 年优秀提案三等奖。在韶关各县（市、区）“两会”上，提交提案 41 件。党员谢冲、赖海、邹佳勇等在 8 月 10 日乐昌市关于办好人民满意教育“市长与政协委员面对面”专题协商议政会上发言。韶关民革开展“我为韶关发展献一策”活动，获广东民革参政议政三等奖。其中，1 件提案被列入乐昌市重点提案。人大代表王笑芳提出的《关于加快推进教师职称小级别晋升聘任政策落地的建议》得到落实。曲江支部提交 2 件提案被列入曲江区政协重点提案。由民革党员中的专家和管理人员组成调研小组，到市内各县（市、区）、有关部门调研，完成《关于大力提高我市粮食生产能力的建议》调研报告。加强与各对口联系单位工作互动，建立由民革市委会退休领导、专家组成的民革韶关市委参政议政咨询委员会，汇聚智慧和力量，提升参政议政综合能力。

【社会服务】 2022 年，民革韶关市委员会支持和鼓励民革党员双岗互动，投身于扶贫济困、乡村振兴、防汛救灾等工作，活动捐款捐物总价值 40 万余元。组织开展“博爱·牵手”活动 30 余次，受益党员群众 3600 余人，资助困难学生 33 人。全年民革全市各级组织开展义诊活动 1 次，受益 200 余人，实施法律援助 18 例，受益人数 75 人，开展法律咨询和普法活动 55 次，开展关爱留守儿童、问题少年、精神疾病少年、心理疾病妇女、单亲家庭、空巢老人活动 25 次，受益人数 68 人。南雄市总支部第一支部对接南雄市江头镇鱼仙村，参与乡村振兴工作，开辟试验田，试种观赏型花木；乳源支部党员张肖在推广应用现代农业新技术、新品种发展，新农村绿色农业产业发展做出突出的成绩而受到该县主流媒体报道；民革松山支部推动广东松山职业技术学院与曲仁办事处共建社区学院和老年大学，与南雄市油山镇挂牌成立乡村振兴人才培训基地。党员冯森波被广东粤电韶关发电厂有限公司授予“抗洪复产先进个人”称号，其负责经营管理的韶关市武江区凯隆餐饮管理有限公司被授予“抗洪复产先进集体”称号。全市民革党员为抗洪抢险救灾累计捐款 15 万元。33 名民革党员医务工作者战斗在患者救治、核酸检测、发热门诊值守等一线岗位；杨竞、简宗辉、谢冲等 10 余名党员干部进行新冠疫情防控宣传和落户摸排；党员林海艳驰援粤北二院为新冠阳性孕妇接生；民革韶关市委报送新冠疫情防控意见建议 1 篇。民革全市各级组织和党员为助力新冠疫情防控捐款总金额 2.84 万元，捐物折合人民币总价值 2.1 万元。

【普法下基层】 2022 年，民革韶关市委员会党员中的法务工作者积极参加“法进社区”“送法进村”“送法下乡”等活动，为贵州省纳雍县助学捐资活动捐款 1000 元，实施法律援助 18 例，受益人数 75 人；党员积极担任韶关电视台《民生关注》栏目及广东电视台《DV 现场》栏目法律讲解嘉宾，为电视台采访报道的节目所涉及的民生、民意法律问题进行深入解读、剖析。 （林芷渝）

中国民主同盟韶关市委员会

【概况】 截至 2022 年 12 月 31 日，中国民主同盟韶关市委员会（以下简称民盟韶关市委员会）直辖 1 个县委会（民盟翁源县委员会，共下辖 9 个支部）、2 个基层委员会（民盟浈江区基层委员会、民盟武江区基层委员会，共下辖 16 个支部）、3 个总支（韶关学院总支、南雄市总支、乐昌市总支）以及 2 个直属支部（曲江区支部、乳源县支部）。全市共有盟员 685 人，平均年龄 55.16 岁。其中，具有中、高级职称的盟员 544 人，占 79.4%；主体界别（教育、文化艺术、科技医卫界）盟员 474 人，占 69.2%。全年安排 5 名骨干盟员参加韶关市社会主义学院 2022 年党外中青年干部培训班开班；安排 7 名盟员参加韶关市民主党派新成员培训班，机关干部全员参加多个专题学习会。2022 年共发展 22 名新盟员，平均年龄 35.59 岁，大学学历 18 人，硕士研究生学历 4 人。

【思想建设】 2022 年，民盟韶关市委员会召开主委会、理论学习中心组学习会 6 次，召开市委委员（扩大）会议 3 次；民盟翁源县委、全市各基层组织召开学习会 51 次，研讨会 23 次，开展现场教学 34 次；8 月，民盟南雄市总支“盟员之家”挂牌成立，成为民盟韶关市委第 5 个“盟员之家”。各级民盟组织和盟员学习贯彻习近平新时代中国特色社会主义思想，中共十九大和二十大精神，习近平总书记

2022年8月13日，民盟韶关市委员会在南雄市博物馆水口分馆召开学习会，学习贯彻习近平总书记出席中央统战工作会议上的重要讲话精神，部署贯彻落实工作　　（民盟韶关市委员会　供图）

出席中央统战工作会议上的重要讲话精神，全国两会、民盟十三大及省第十三次党代会、民盟广东省第十六次代表大会等会议精神。广东民盟盟史馆韶关分馆先后接待中山市等外地民盟组织及市内各级民盟组织前来参观学习。民盟韶关市委到水口战役纪念公园和南雄市博物馆水口分馆开展“重走长征路　筑梦新时代”主题教育实践活动，邀请韶关学院学报编辑部主任、编审王焰安作题为《中国共产党多党合作史》的主题讲座。民盟韶关市委在微信公众号上专门开辟“政治交接主题教育　学习专栏”“喜迎二十大　盟员风采”“聚焦二十大　盟员热议中共二十大报告”等栏目；民盟韶关市委微信公众号推送文章101篇，向各级媒体投稿，被民盟中央和省市相关媒体采用稿件80篇次，《韶关民盟》编辑出版3期。全年有3名盟员撰文参加盟省委参政党理论研讨会和韶关市统一战线理论研究会，2名盟员撰写的论文分别获民盟省委2021年参政党理论研究优秀论文二等奖和三等奖；盟员从伟明、蒋光源、卢成杰的作品入选民盟广东省委主办的“奋进新征程　建功新时代　庆祝广东民盟组织成立80周年盟员书画展”。

【组织建设】 2022年，民盟韶关市委共发展22名新盟员，平均年龄35.59岁，大学学历18人，硕士研究生学历4人。在盟省委开展的庆祝广东民盟组织成立80周年表彰活动中，民盟韶关市文体机关支部获“先进集体”称号，龙仕华、陈伟获“优秀盟员”称号，曾敏青获“优秀盟务工作者”称号。全年共安排5名骨干盟员参加韶关市社会主义学院2022年党外中青年干部培训班开班。安排7名盟员参加韶关市民主党派新成员培训班。机关干部全员参加多个专题学习会。全市各级民盟组织以开展政治交接主题教育为主线，开展形式多样的支部活动，基层活力增强。

【参政议政】 2022年，民盟韶关市委获“2021年度民盟广东省参政议政工作优秀成果奖”“2021年度民盟广东省反映社情民意信息工作先进集体三等奖”。截至2022年年底，民盟韶关市委员会有各级人大代表、政协委员106人次，其中市人大代表4人；市政协委员19人（其中市政协副主席1人、市政协常委4人、市政协委员14人）。在韶关市“两会”期间，提交市级人大建议案1件，集体提案9件、个人提案13件。其中，民盟韶关市委集体提案《关于加强我市基层医疗人才引进与培养，强化基层医疗卫生服务能力的建议》、盟员政协委员刘主提交的《关于促进韶关食用菌产业高质量发展的建议》《韶关市稻草高值化利用——南华草菇产业链的建立》、盟员胡竹平提交的《推动中医药传承创新，育韶字号中医药人才》被列为韶关市政协2022年重点提案；3件提案被评为韶关市政协2021年优秀提案。各级民盟组织提交县（区）级“两会”议案、提案59件，其中，民盟韶关市委确定“依托农业产业园优势，大力发展预制菜产业”作为2022年“市委协商会”的调研课题。在中共韶关市委召开的“推进改革攻坚规范治理全面激发高质量发展新活力”专题协商会议上，民盟韶关市委发言的“关于做大做强韶关数据产业中心集群的对策建议”作为“市委出题、党派调研”的调研课

2022年3月13日，民盟韶关市委会在浈江区韶关阅界民宿，开展主题为“朗诵的二度创作——初步认识朗诵”公益讲座　（民盟韶关市委员会　供图）

题。民盟韶关市委调研组开展“加强农村常态化保洁，狠抓农房管控和乡村风貌提升的建议”“加强直播电商培育，大力宣传推广我市特色农产品的建议”课题调研。民盟韶关市委向省市相关部门报送反映社情民意信息85条，其中盟省委采用4条。指派骨干盟员参加韶关市发展和改革局、韶关市统计局、韶关市科学技术局等9个政府职能部门组织的对口联系活动，组织9位盟员参加市委政研室“推动韶关基础教育高质量发展座谈会”。

【社会服务】 2022年，韶关市各级民盟组织和广大盟员参加市区高速公路便民服务站新冠疫情防控，参与抗洪抢险工作，最大限度地减少新冠疫情和洪涝灾害造成的损失。同时，盟市委和广大盟员还组织为抗疫和抗洪工作提供物资和资金援助。其中，盟市委到乐昌市开展送医送药活动，向大源镇捐赠抗疫物资和药品；盟员曾建国为武江区抗疫隔离点捐赠抗疫生活物资价值3万多元；民盟曲江区支部动员盟员到曲江区乌石镇、马坝镇、沙溪镇等地开展抗洪救灾物资捐赠行动，捐赠食用油、方便面、矿泉水等价值超过7万元。盟市委开展一系列公益活动，同年成立朗诵艺术委员会，并于10月开展首场朗诵活动，并被授权为中国朗诵艺术节·第四届“人艺杯”经典传诵人大会韶关市区承办单位；民盟曲江区支部携手社会爱心企业到曲江区启智学校及贫困户儿童家里开展“情暖中秋”慰问活动，赠送中秋月饼等价值2万元的慰问品；民盟南雄总支开展“建设法治南雄，巾帼维权普法宣讲”送法进乡村、南雄市2022年农村创业青年培训班之“美好生活·民法典相伴”专题法治培训，举办“法律服务”志愿服务活动之民法典主题法律知识讲座，累计参与200人。

【民盟南雄市总支“盟员之家”挂牌成立】 2022年8月13日，民盟南雄市总支举行“盟员之家”揭牌仪式。揭牌仪式上，林炜东、蔡庆娟、王迅东、陈盛荣共同为“盟员之家”揭牌。自2017年9月民盟曲江区支部挂牌成立韶关市第一个“盟员之家”以来，民盟韶关市委先后有民盟乐昌市总支、民盟乳源瑶族自治县支部和民盟翁源县委等基层组织成立“盟员之家”，民盟南雄市总支是第5个成立“盟员之家”的基层组织。“盟员之家”作为民盟思想建设和组织建设的创新平台，是联系团结盟员、推动盟务工作的重要载体。2018年，民盟曲江区支部获全国“优秀盟员之家”称号。（陈于兵）

中国民主建国会韶关市委员会

【概况】 截至2022年12月31日，中国民主建国会韶关市委员会（以下简称民建韶关市委员会）有基层组织31个，其中基层委员会5个、总支部1个、支部25个，会员总数489人。2022年，民建韶关市委获“民建广东省委会先进集体”称号，获评民建广东省委会2021年度参政议政工作先进集体三等奖、社会服务工作先进集体三等奖、网站组稿先进集体三等奖和理论研究优秀组织奖，2021年度全市统战信息工作先进单位二等奖。乐昌市基层委员会、浈江四支部和武江四支部获“民建广东省委会先进基层组织”称号。2022年，中国民主建国会韶关市委员会共有9人获评“民建广东省委会优秀会员”；有5人获评民建广东省委2021年度参政议政工作优秀个人，有7人获评民建广东省委2021年度社会服务优秀个人，有1人获评2021年度民建广东省委网站优秀通讯员，有1人获评2021年度韶关市统战信息工作优秀信息员。

【思想建设】 2022年，民建韶关市委员会成立政治交接主题教育领导小组，做好政治交接主题教育，履行参政党职能。组织实践活动。民建韶关市委组织6个专门委员会成员到省级“红色村”始兴县隘子镇风度村和近两年来获得民建组织、市委统战部表彰的会员到阳江阳西县边海红色展馆、江门梁启超故居等地参观学习。在各基层组织中开展“我为韶关发展献一策”活动，依托韶关民建风度讲堂平台为近三年新入会会员作多党合作史专题讲座，推动主题教育工作落地到位。理论研究和宣传成果突出。严志全撰写的《民建地方组织开展社会服务的路径探析》获民建广东省委会2021年度理论研究成果特等奖。民建韶关官微不断构建“一刊一网一微一讯”宣传平台，截至2022年年底，累计向有关部门报送各类宣传文章260篇次，编辑出版2期《韶关民建》会刊，发布98篇文章到韶关民建门户网站，推送86条信息到韶关民建微信公众号，编印12期《会务简讯》。

2022年1月7—10日，韶关民建会员在市“两会”上履职。图为会员合影

（民建韶关市委 供图）

【参政议政】 2022 年，民建韶关市委员会参政议政，向各级人大、政协提交建议、提案共 65 件，其中全国政协提案 1 件，省政协提案 4 件，市政协提案 36 件（含集体提案 6 件），县（市、区）政协提案 21 件；市人大建议 2 件、县（市、区）人大建议 1 件。提交的提案中有 5 件被选为市政协 2022 年重点督办提案，4 件提案被评为市政协 2021 年优秀提案。开展“一人一议”活动。共报送“一人一议”信息 41 篇，被采用为建言类统战信息 16 篇、民建中央社情民意信息 3 篇、民建省委社情民意信息 5 篇、市政协社情民意信息 1 篇、民建省委报民建中央调研成果 1 篇、市委专题协商会发言材料 1 篇。调研工作做优提质。选定重点课题，并到广西壮族自治区南宁市、玉林市、梧州市和韶关各县（市 / 区）开展实地调研。其中，《关于进一步推动我市光伏能源发展的建议》被选为 2022 年“市委出题、党派调研”课题和 2023 年市政协大会发言材料，《关于加强我市社区人才队伍建设的建议—以浈江区为例》被《韶关调研》刊登。会内人大代表、政协委员参加各级人大政协开展的民主监督视察活动，会内特约监察员、特约审计员、特约教育督导员参加有关部门开展的活动，发挥民主监督职能。近五年来被各级组织采用的优秀参政议政成果完成精选合集，汇编出版《韶关民建参政议政成果选编》(2017—2021)，供会员学习参考。

【社会服务】 2022 年，民建韶关市委员会、各基层组织和广大会员为韶关新冠疫情防控、抗洪救灾、扶贫济困、捐资助学捐款捐物共计 190 万元；做好“关爱革命老兵”社会服务品牌建设，民建韶关市委及乐昌市基层委员会、武江四支部及会员企业家在八一建军节期间相继走访慰问退役老军人。40 余名会员投身到各个社区、交通卡口当志愿者参与新冠疫情防控有关工作，多家会员企业出动机械设备支援抢险、灾后清淤、灾后线路故障排查及复电工作。各基层组织和会员，捐款捐物累计 18 万元。走访、慰问会内老干部和困难会员，到会员企业进行走访调研，做好会员企业的服务工作，搭建好企业服务平台。

【民建韶关市委青年和妇女委员会成立】 2022 年，经民建韶关市委十四届五次全体（扩大）会议决定成立青年和妇女委员会。该专委会是民建韶关市委成立的第 6 个专委会，将重点以青年和妇女会员为主体开展特色活动，并围绕促进青年和妇女发展问题进行课题调研，发挥参政议政职能。民建韶关市委青年和妇女委员会召开 2 次会议、1 次培训。7 月 8 日，韶关民建风度讲堂举办商务礼仪专题讲座，由民建韶关市委青年和妇女委员会主任黄兰为大家授课，70 人参加活动。

【举办多党合作史讲座】 2022 年 7 月 25 日，民建韶关市委员会举办韶关民建风度讲堂（第四讲）暨多党合作史讲座。民建韶关市委专职副主委胡湘泉作题为《民建历史沿革、组织建设与会员个人成长》专题讲座，韶关民建近三年新入会会员及机关专干近 50 人参加培训。此次活动使新会员对民主党派、多党合作政治制度等有进一步认识，明确作为民主党派成员的基本权利和义务，增强作为民主党派成员的自豪感和责任感，增进新会员对中国共产党领导和中国特色社会主义的政治认同、思想认同、理论认同和情感认同。（吴丹丹）

中国民主促进会韶关市委员会

【概况】 截至 2022 年 12 月 31 日，民进韶关市委员会共有会员 461 人。全年新发展会员 14 名，其中硕士研究生以上 3 人，中高级职称 6 人，副科级以上领导干部 3 人，韶关市人大代表 1 人，韶关市政协委员 2 人，乐昌市政协委员 2 人，平均年龄 37.5 岁。1 月 6 日，民进韶关市委会召开 2022 年工作总结大会。是年，中国民主促进会韶关市委员会获“民进全国信息化建设先进集体”“民进全省全面建成小康社会做贡献先进集体”“民进全省新闻宣传（会刊报）工作先进单位”。

【思想建设】 2022 年，民进韶关市委员会坚持开展政治学习活动，提升会员思想政治理论水平。组织会员深入学习贯彻中共二十大精神、习近平总书记在中央统战工作会议、党外人士座谈会、庆祝香港回归祖国 25 周年大会暨香港特别行政区第六届政府就职典礼上的重要讲话精神，贯彻落实《中国共产党统一战线工作条例》和《中国共产党政治协商工作条例》。民进韶关市委会推进政治交接主题教育，组织骨干会员到肇庆叶挺

2022 年 1 月 6 日，民进韶关市委会召开 2022 年工作总结大会
（民进韶关市委员会　供图）

独立团纪念馆、佛山顺德工业产业展览馆等地参观学习，与两地民进组织开展主题教育学习交流。开展理论研究。以主委刘大济为组长的韶关民进课题组向民进中央提交《信息技术发展与民主党派活动方式变革研究》课题并成功中标和结题，民进全国仅17个课题组中标，其中非省会城市市委会仅4个。韶关市委会是全省20个有民进组织的地市（含广州、深圳）唯一中标单位。3篇理论研究课题获得广东省政协理论研究课题立项并结题，2篇理论研究课题获得市委统战部理论研究课题立项并顺利结题，是唯一有2项课题立项的民主党派。

【参政议政】 2022年，民进韶关市委员会、会员人大代表和政协委员在各个领域和热点问题提出一批集体和个人优质提案。在韶关市“两会”期间，民进韶关市委会提交人大代表建议6件、政协提案49件。会员朱玉娟执笔的《关于加快补齐“数字乡村”建设短板，弥合城乡数字鸿沟推动共同富裕的建议》被民进广东省委会选为课题素材向民进中央报送；会员雷检执笔的《关于加快推进新型城镇化建设，补好共同富裕县域发展短板的提案》被省政协列为重点提案，并获常务副省长张虎跟踪督办。会员雷检执笔的《关于尽快补齐我省新型消费短板全方位支撑新业态新模式发展的提案》获“省民进参政议政成果三等奖”。会员刘旭执笔的市政协大会发言材料、民进集体提案《加快推动大数据产业高质量发展，争创国家算力网络枢纽节点城市》获市委书记王瑞军领衔督办；参政议政工委主任朱思武执笔的《打造韶关“碳达峰、碳中和”先行示范区，擦亮粤北生态绿色发展名片》集体提案获市长陈少荣领衔督办，是唯一连续3年该单位有市政协重点提案同期获得书记、市长督办的。市委委员、始兴县总支主委邓海清执笔的《关于抢抓“碳达峰、碳中和”机遇，加快构建韶关生态经济体系的建议》被列为重点提案并案由市长陈少荣督办；市委委员、曲江区总支主委张雪挺，市委委员潘小坤，曲江区总支副主委谭程建联合执笔的《关于促进韶关食用菌产业高质量发展的建议》被列为重点提案由市政协主席胡海运领衔督办；4件提案被列为重点提案由市政协副主席、政协党组成员督办，4件提案获市政协各专门委员会督办。7件提案被评为“市政协优秀提案”。在市委专题协商会上作出《关于建立健全矿产资源规范治理机制的几点建议》发言；在“市委出题，党派调研”工作中，提交《关于进一步规范征收拆迁行为的政策建议》，参加韶关市政协议政会并作发言《关于在城市建设中突出本地历史文化属性的建议》。民进韶关市委会报民进省委会的社情民意信息用稿量和总积分连续多年排名全省第三。社情民意信息被民进中央采用4篇，民进省委会采用35篇，市委办《韶关信息》采用7篇，《韶关日报》采用3篇，《韶关调研》杂志采用4篇，市委统战部《韶关统战信息》采用39篇，市政协《社情民意信息》采用3篇，其中会员朱思武撰写的《关于进一步加强全域核酸检测采样工作规范管理避免疫情风险隐患的建议》获得市领导批示。社情民意信息被《团结报》和民进中央网站刊登。

【社会服务】 2022年，民进韶关市委员会共资助韶关市第五中学困难学生超过200名，助学总金额超40万元；始兴县总支“校园图书角”品牌持续7年，累计捐赠图书9010册，总价值约11.5万元；社会服务工委联合市铁路医院的“地贫之家”项目服务于全市100余名“地贫”患儿，累计为28个地贫移植患儿通过相关机构筹集善款200余万元；12月，市委会还到乳源县开展“关爱地贫，暖冬行动”，为30个患者家庭捐赠总价值1万元的生活用品和1万元慰问金。服务关心教育事业。各基层支部通过举办活动和送艺入校的形式服务和助力教育事业发展，其中，乐昌市支部依托“自信成长，爱在身边心理健康”品牌成立“民乐驿站”心理健康咨询室，为中小学生开展心理健康辅导活动，形成《乐昌市中小学心理健康疏导调研报告》等社会服务调研成果；浈江综合二支部创建“弘扬传统文化，领略戏曲魅力”送戏曲文化进校园服务品牌，截至2022年年底，已累计开展9场送戏曲文化进校园活动。开展乡镇地区社会服务活动。11月，市委会到大桥镇大桥村开展“暖冬行爱传递”慰问活动，为25户困难家庭送去棉被、暖炉、电饭煲等物资；曲江区总支联合区政协科教卫体、农工党曲江支部、九三学社曲江支社到沙溪镇新时代文明所开展送医送药下乡活动；仁化县支部到周田中学开展“本土文化进校园”系列巡讲活动；浈江区综合一支部为历山村特困户送去棉被、电暖炉等防寒物资；武江区综合二支部联合团区委到龙归镇中心小学组织开展“点亮微心愿，圆梦暖童心”活动。

【开展“小微公益聚善力”实践】 2022年，中国民主促进会韶关市委员会秉承“服务就在身边，人人都可参与”的微公益理念奉献社会。廖学成为乳源瑶族自治县县残疾人康复中心捐赠3万元，为新时代文明实践中心捐款5.8万元，加上疫情防控捐赠的1.2万元，全年累计各类捐款达10万元，其公司获乳源瑶族县“热心公益爱心企业”称号；张雪挺引荐广东省第二人民医院到曲江区妇幼保健院洽谈产前诊断、生殖试管婴儿等专科医联体合作；社会服务工委副主任卢俊甫参与引入华大基因，成立韶关市重型地贫患者造血干细胞移植及基因治疗帮扶求助项目，为17位韶关地贫儿童每人募集到5万元移植款；社会服务工委副主任廖进流将自己位于富康广场A幢7层30多平方米的一间办公室无偿作为“民进之家”，供武江区基层委员会开展活动使用；武江区综合二支部主委李婷筹划开展“助听行动、点亮心灯”爱心捐赠活动，为韶关市10名听障儿童配助听器进行募捐。（朱玉娟）

中国农工民主党韶关市委员会

【概况】 截至2022年12月31日，中国农工民主党韶关市委员会（以下简称农工党韶关市委员会）有基层委员会 2 个，总支 2 个，支部 22 个，党员 476 人，其中医药卫生、人口资源和环境保护界占 65.5%；中高级职称以上党员占 77.3%。担任各级人大代表、政协委员的党员有 56 人。2022 年 12 月，农工党韶关市委员会被农工党中央评为 2018-2022 先进表彰集体，吕泱被农工党中央获评 2018—2022 年先进表彰个人。2022 年，农工党韶关市委共发展新党员 13 人。其中，新发展 1 名市人大代表、1 名生态环境领域的代表人士加入农工党。在市政协十三届一次会议上，卢春燕主委全票当选为政协第十三届韶关市委员会副主席，李亶、吕泱、曹正国、李晴波 4 名党员当选为政协第十三届韶关市委员会常务委员。同年，农工党韶关市委结合相关会议精神和自身实际，在韶关市环境科学学会、韶关碧桂园凤凰城社区建成 2 个“农工党党员之家”，以建设“农工党党员之家”为基础，率先在全市建成市政协农工党界别“委员工作站”，并因工作中表现突出，农工党韶关市委韶关市政协通报表扬。

【思想建设】 2022 年，农工党韶关市委员会中国农工党韶关市委会先后召开 5 次专题研讨会或专题学习会，3 月 11 日，农工党韶关市委员会召开市委会扩大会议，传达学习贯彻全国两会精神、习近平总书记在全国两会上的系列重要讲话精神、各民主党派“矢志不渝跟党走、携手奋进新时代”政治交接主题教育动员会精神、王伟中省长在韶调研讲话精神和中共韶关市委十三届二次全会精神。5 月 30 日，农工党韶关市委员会召开市委会议暨理论学习中心组专题学习会，传达学习贯彻中国共产党广东省第十三次代表大会精神、李克强总理在全国稳住经济大盘电视电话会议上的讲话精神和首届“东数西算”粤港澳大湾区(广东)算力产业大会情况。10 月 16 日，农工党韶关市委员会组织市委会委员、监督委员会委员、支部主委和机关干部在市政协四楼会议室集中收看中共二十大开幕会直播，聆听和学习习近平代表十九届中央委员会向大会所作的报告。11 月 1 日，农工党韶关市委员会召开市委会扩大会议暨理论学习中心组专题学习会，传达学习中共二十大精神、习近平总书记在参加广西代表团讨论和在陕西延安和河南安阳考察时的重要讲话精神、省市传达贯彻中共二十大精神大会精神，并对学习贯彻落实工作进行动员部署；邀请中共二十大代表、韶关市星河生物科技有限公司项目组组长周姗分享参加盛会的感悟。12 月 18 日，农工党韶关市委员会召开学习中共二十大精神专题报告会，邀请市委宣讲团专家组成员、市委党校副校长杨斌教授作专题辅导报告。

【参政议政】 2022 年，农工党韶关市委员会组织开展“一人一议”“一支部一建议”活动，党员参加专题协商会议。其中，中国农工党韶关市委会主任委员卢春燕代表农工党韶关市委在会上作题为《关于推进老城区升级改造打造人文“旅游岛”的建议》的发言；党员李晴波作《依法推进行政争议实质性化解工作实现行政与司法良性互动》的书面发言。主动聚焦热点领域。副主委吕泱代表农工党韶关市委在市政协十三届一次会议上就“优化韶关能源结构，促进绿色低碳发展”作大会发言。优化参政议政工作。中国农工党韶关市委会、各级人大代表和政协委员共向各级“两会”提交集体和个人提案和建议 51 件，其中省政协提案 5 件；市政协大会发言 2 件，提案 18 件，市委会集体提案 4 件。其中，卢春燕主委《关于抢救千年古村擦亮九龄文化品牌的提案》被列为省政协提案委督办专题提案；党员李晴波作《加强法治乡村建设助力乡村振兴》大会书面发言；市委会集体提案《关于加快我市绿色发展，打造“绿水青山就是金山银山”广东样本的提案》《关于加快推进我市村级卫生事业发展的提案》及李亶《完善我市农村人居环境整治配套机制的建议》、陈勇胜《关于重视和推进长征国家文化公园（广东段）建设的提案》、黄文《关于加强我市社会急救体系建设的提案》、邱韶东《加快南岭旅游公路建设，打通“江湾—罗坑—大布”县界“断头路”的提案》6 件提案被评为韶关市政协 2021 年优秀提案。4 件提案被市政协列为 2022 年重点提案，其中市委会集体提案《关于优化我市能源结构促进绿色低碳发展的提案》(并案)，由市长陈少荣、市政协副主席张文铭牵头督办；市委会集体提案《关于完善我市“智慧养老”建设，让老年人的生活更幸福的提案》（并案），由市政协副主席卢春燕牵头督办；市委会集体提案《盘活利用国有林场资源，促进资源资产价值化》，由市政协副主席刘晓佳牵头督办；肖政《关于进一步推进我市县级医院中医药工作发展的提案》(并案)，由市政协副主席覃峥牵

2022 年 5 月 12 日，市政协农工党界别“委员工作站”在韶关碧桂园凤凰城社区正式揭牌启用（陈勇胜　摄）

头督办。市委会《关于进一步加强应对疫情心理援助工作的建议》被市政协反映社情民意信息专报采用。6名党员被评为韶关市政协2021年度优秀委员。

【社会服务】 2022年，农工党韶关市委开展捐资抗疫和志愿服务活动。其中，新党员、市人大代表、韶关市星河生物科技有限公司董事长黄清华调动企业资源，蔬菜、菌菇等物资支援香港“同心抗疫”；乐昌市总支吴伟雄、丘兆有、肖垣辉等党员捐赠防疫物资价值2万元。农工党韶关市委联合市生态环境局、市环境科学学会等机关团体，在市区韶州公园举办2022年韶关市六五世界环境日宣传活动暨开展农工党2022年环境与健康宣传周活动；联合市政协办公室、市直机关工委、市退役军人事务局、市接待办等单位在中山公园举办“2022年韶关市创建全国文明城市健康行”主题宣传活动；发动全市农工党员参与广东同心圆工程“99公益日”活动。综合支部在浈江区十里亭镇湾头村开展新春慰问活动，为贫困残障家庭送上物资及慰问金价值3万元；浈江二支部联合综合支部到浈江区车站街道办事处对15户困难残疾人家庭捐赠米面、油、家电、家具等各类物资价值2万元。曲江区支部、韶关学院医学院支部、粤北第二人民医院支部、乐昌市总支和市铁路医院支部分别向各全市基层乡镇开展送医送药下乡活动，为农村老人提供义诊咨询服务，受益群众700人次，发放健康宣传资料1000余份、发放一批相关疾病预防药物。

【韶关市政协农工党界别委员工作站建成】 2022年，农工党韶关市委会在韶关市环境科学学会、韶关碧桂园凤凰城社区建成2个“农工党党员之家”；在建设“农工党党员之家”的基础上，建成市政协农工党界别“委员工作站”。5月12日，韶关市政协农工党界别委员工作站在韶关碧桂园凤凰城社区揭牌启用。市政协主席胡海运，韶关市政协副主席、农工党韶关市委主委卢春燕，中共韶关市委统战部副部长廖雨婷共同为委员工作站揭牌。农工党韶关市委副主委李亶主持揭牌仪式。市政协、市委统战部、农工党韶关市委有关人员，农工党界别部分委员和党员代表30多人参加揭牌仪式。现有农工党界别市政协委员13名。韶关市政协农工党界别委员工作站学习借鉴兄弟市活动工作经验，建立健全委员工作站管理办法、工作制度、学习制度、召集人制度、轮值班制度，设立固定接待日，在委员工作站定时定点接待群众。实行预约接待与群众主动联系相结合，主要收集主体界别、支部党员及支部所在社区街道群众的意见建议。设立意见箱及群众心声栏目，收集意见与建议。做好年度活动计划，组织开展政治理论和业务知识学习、专题调研、集体座谈、群众接待日收集社情民意等各项活动。

【市委出题 党派调研】 2022年11月16日，农工党韶关市委组织调研组就“市委出题，党派调研”课题“以绿色矿业发展示范区建设为契机，推动韶关市矿业经济高质量发展”到凡口矿开展专题调研。市政协副主席、农工党韶关市委主委卢春燕参加调研。凡口矿党委书记、副矿长郭聪等陪同调研。经过调查研究、综合分析和多次讨论，形成《以绿色矿业发展示范区建设为契机，推动韶关市矿业经济高质量发展》的调研报告上报中共韶关市委。（陈晓聪）

九三学社韶关市委员会

【概况】 截至2022年12月31日，九三学社韶关市委员会有8个基层委员会、31个支社，有社员438人，平均年龄50.03岁。其中，高中级职称340人，占社员总数77.6%，女社员167人，占38.1%，退休社员81人、占18.5%。2022年，九三学社韶关市委被九三学社中央评为“九三学社2021—2022年社会服务先进集体”；九三学社韶关市委及韶关学院三支社、浈江三支社、南雄基层委员会、丹霞山支社、韶关新区一支社被九三学社广东省委授予“组织工作先进集体”称号。人才建设工作取得成效。组织一批社员参与青年社员培训，其中市医保局医疗保障基金社会监督员1人、韶关市党外中青班6人、民主党派新成员培训班6人。

【思想建设】 2022年，九三学社韶关市委及各基层组织开展主题教育30余次，参与社员近800人次，举行八届四次全体（扩大）会议，开展政治交接主题教育动员会。九三学社韶关市委组织基层组织主委以上干部，到中共广东省委旧址开展红色教育现场学习活动，组织青年骨干社员，并举办多党合作史讲座。基层组织以“我为韶关发展献一策”活动为契机，提交建议10篇；编发主题教育快报48期。九三学社韶关市委网站全年发布稿件84条、官方微信公众号发布178条、出版《韶关九三》2期，每月编发工作动态。向九三学社中央、九三学社广东省委及韶关政协、《韶关日报》等投稿29件。

【参政议政】 截至2022年年底，九三学社韶关市委社员中有全国人大代表1人，市人大代表4人，市政协委员15人，县级人大代表4人、县级政协委员36人。社韶关市委主要领导及社员参加中共韶关市委、市人大、市政府和市政协组织召开的专题协商会、专题议政会、对口协商会、情况通报会、征求意见座谈会、无主题议政会及各种调研、视察、监督活动52人次。在2022年韶关市“两会”期间，九三学社韶关市委及各市人大代表、市政协委员提交建议及提案18件，其中社韶关市委集体提案《关于加快建设50万标准机架，助推我市数字经济发展的提案》《关于完善我市社区养老服务的提案》《关于我市紧密型县域医共体引才用才的提案》入选市政协2022年重点提案；2件提案被评为市政协2021年优秀提案；提交的社情民意信息，被市委办采用1篇，被市政协《社情民意》采用2篇，被市委统战部采用12篇。

2022 年 11 月 17 日，九三学社韶关市委员会委员到五里亭中共粤北省委机关旧址开展红色教育学习活动　　（九三学社韶关市委员会　供图）

聚焦经济建设、提升参政议政能力。召开参政议政工作会议 5 次，推动社市委 + 支社 + 社员三级联动调研机制，围绕养老产业、科技创新平台建设、“双变”改革、产业数字化等重点课题开展调研 10 余次，完成参政议政调研报告 10 篇；在中共韶关市委“推进改革攻坚规范治理全面激发高质量发展新活力年”专题协商会上，九三学社韶关市委主任委员李再丰作《破解体制机制障碍　推进我市医养结合养老产业发展》发言；九三学社韶关市委主任委员李再丰在 2022 年韶关市民主党派负责人暑期座谈会上，作题为《忠诚拥护“两个确立”、坚决做到“两个维护”，提高新时代参政党市级组织自身建设水平》的发言。

【社会服务】 2022 年，九三学社韶关市委开展一系列社会服务 58 次，共投入资金 240 万余元。联合韶关市残疾人联合会、广东狮子会韶华服务队分别在乳源县桂头镇千家村、乐昌市白石镇雷公塘村，开展敬老助残系列帮扶活动，各为 2 个村捐赠 40 套太阳能路灯和一批敬老扶残关爱物资，价值 17.6 万元；联合广东狮子会春天服务队、韶华服务队，为受洪灾影响严重的曲江区樟市镇群星村筹集救援物资一批，价值 2.7 万元。在“广东扶贫济困日”活动中，广大社员捐款 7 万元；浈江二支社主委沈利明为翁源县捐赠 1.5 万元的防疫物资。加大投入“乡村健康快车”行动。九三学社韶关市委投入 136.5 万元，为 1085 名家庭困难白内障患者实施免费手术治疗，推动爱尔眼科基地医院启动“千人白内障复明”工程实施和深圳慈济基金会在始兴完善免费白内障手术 46 例，发动各界爱心人士和社会团体，并筹措资金 16.51 万元。

【红色教育学习活动】 2022 年 11 月 17 日，九三学社韶关市委委员到五里亭中共粤北省委机关旧址开展红色教育学习活动。参观中共粤北省委机关旧址、中共广东省委粤北省委历史陈列馆，聆听讲解员的讲解，观看陈列实物，回顾革命历程，追忆峥嵘岁月，缅怀革命英烈。（成志军）

韶关市工商业联合会

【概况】 2022 年，韶关市工商业联合会（总商会）通过召开市工商联（总商会）第十五次代表大会，选举产生第十五届执委会，有 219 名执委会委员。其中，有 197 名为思想政治素质好、参政议政能力强、热心工商联事业、企业经营好的优秀民营企业家。在 219 名执委中选举产生 88 名常委，在 88 名常委中选举产生 1 名主席（会长）、23 名副主席、16 名副会长和 1 名秘书长。截至 2022 年年底，全市工商联有入库会员 8459 个（人），其中企业会员 3936 个（人），个人会员 4382 人，团体会员 14.13 万家企业进入优秀民营企业家人才库。

【参政议政】 截至 2022 年年底，韶关市工商业联合会 219 名执委中，有第十三届全国人大代表 1 人，第十三届广东省人大代表 1 人，第十二届广东省政协委员 1 人，韶关市第十五届人大代表 18 人，韶关市第十三届政协委员 23 人，全国工商联第十三届执委 1 人，广东省工商联（总商会）第十三届副会长 1 人、常委 2 人、执委 6 人。

【招商引资】 2022 年，韶关市工商业联合会成立“韶关市工商联（总商会）‘以商招商’委员会”，制订《韶关市工商联 2022 年招商引资工作实施方案》，发动和组织全市民营经济人士、各异地商（协）会主动参与和服务全市招商工作，拓展招商渠道，推动招商引资和项目建设。分别组织民营企业到乐昌市、南雄市考察营商环境和招商引资项目，多次邀请大湾区韶籍客商和社团回乡考察对接招投项目。韶关市工商业联合会引进圣清科技控股集团固废煤矸石综合利用项目在曲江区签约落地，总投资 3.01 亿元；与市环保部门联合引进韶关市韶华能源乳源县域垃圾焚烧建设项目，总投资 2.6 亿元；跟踪服务仁化县毛竹产业园乡村振兴项目，获批广东省级现代农业产业园 18 个特色产业园之一。在会企业中，总投资约 20 亿元的东阳光乳源基地年产 5 万吨磷酸铁锂正极材料扩建项目和总投资 30 亿元广东国粤韶关综合利用发电扩建项目开工建设。广东自由能科技股份有限公司和副会长陈宏海分别获得韶关市高质量招商引资项目引荐人奖励。

【民营经济营商环境优化】 2022 年，韶关市工商业联合会制订《市工商联暖企助企优化营商环境活动工作方案》，收集上报企业诉求、问题

2022年6月16日，韶关市纾困发展和稳增长惠企政策宣讲在荷花园酒店召开
（韶关日报　供图）

60余个，及时反映和推动解决韶关市民营企业急难愁盼的问题；召开营商环境建设调研座谈会，听取企业家代表在营商环境上的意见建议；指导开展"万家民营企业评营商环境调研"，组织189家会员企业完成503份问卷填报，收集整理民营企业生产经营中的突出问题、需求和困难并向相关政府部门反映，韶关市总体营商环境得到优化。

【企业服务】 2022年，韶关市工商业联合会先后15次调研基层商会、重点民营企业，开展以"送政策、问需求、摸情况、听建议"为主要内容的调研走访活动，向企业提供帮助。通过"韶关市工商联"微信公众号平台，先后推送国家、省、市各项惠企政策40余个。加强与韶关市财政、工信、市场监管等部门联系配合，组织企业参与纾困发展和稳增长惠企政策系列宣讲培训11次。联合韶关市工业和信息化局举办纾困发展和稳增长惠企政策宣讲培训活动，组织全市60余家企业代表参加培训活动。联合韶关海关举办"稳外贸 拓市场 助力民营企业国际化"专题交流活动。联合乐昌市委、乐昌市政府和韶关农商银行系统举办金融惠企行动，组织8家农商银行签订战略合作协议，开展"惠普金融促融资"，为企业提供多项金融配套服务和保障。举办银企对接会，为7家企业协调解决融资需求2.5亿元。承办广东省工商业联合会、广东省法院等部门联合举办的2022年广东非公有制经济组织法律宣传月第三期巡讲活动（韶关），组织基层商会、企业代表100余人参加，引导企业坚持合法合规经营。联合韶关市司法局等部门，组织民营企业代表参加法治体检座谈会，指导、帮扶企业防范法律风险、维护合法权益、完善公司治理、加快纠纷解决。开展送法进商会"民营企业法律服务大讲堂"活动，指导商会规范化运作。启动第三方监督评估机制，引导企业主动适应经济发展新常态。推动商会建立人民调解委员会，其中韶关市江西商会建立商会人民调解委员会。组织工商联系统和各商会协会参与法律服务示范点创建，韶关市工商联、乐昌市工商联、韶关市浙江商会、翁源县周陂商会被认定为广东省工商业联合会法律服务示范点。

【乳源东阳光实业发展有限公司被命名为"全国和谐劳动关系创建示范企业"】 2022年9月，人力资源社会保障部、中华全国总工会、中国企业联合会、中国企业家协会、中华全国工商业联合会联合印发《关于命名全国和谐劳动关系创建示范企业与工业园区的决定》，韶关市乳源瑶族自治县东阳光实业发展有限公司（以下简称"乳源东阳光"）获"全国和谐劳动关系创建示范企业"称号。乳源东阳光把构建和谐劳动关系摆在更加突出的位置，实行劳动合同制度，劳动合同签订率100%；维护职工合法权益，对涉及公司改革、经营决策和职工切身利益的重大事项和制度，通过召开职代会听取职工代表的意见和建议，保障职工的知情权、参与权、监督权；坚持全员参保政策，员工入职当月按时参加五险一金，参保率100%。

（赵伯佬）

2022年，乳源东阳光公司被命名为"全国和谐劳动关系创建示范企业"。图为乳源东阳光公司生产区
（市工信局　供图）

群众团体

韶关市总工会

【概况】 截至2022年年底，韶关市有基层工会组织2946个、工会会员31.8万人。自2020年起，韶关市总工会连续3年获广东省工会工作一等奖。推选全国五一劳动奖章1人、全国工人先锋号1个、省五一劳动奖章9人、省五一劳动奖状4家、省工人先锋号5个。联合韶关市人力资源和社会保障局、韶关市卫生健康局等部门举办市级职工劳动和技能竞赛13项，各级工会开展劳动和技能竞赛879项，参赛职工15.45万人次，建成市级以上创新工作室109家（含全国行业示范性创新工作室2家、省级创新工作室13家）。全年累计筹集资金221.58万元帮扶困难职工家庭814户次、资助困难学子51人。全年组织开展法律宣传服务活动41场次，服务职工会员3063人次，全年新建企业工会239家，新发展会员2.22万人（含新就业形态会员8042人）。谋划部署49个产改试点项目，新建市级职工书屋16家。

【基层工会组织建设】 2022年，韶关市总工会开展工会干部蹲点联系基层活动，推进建会入会工作，把包括新就业形态劳动者在内的广大职工组织到工会中来，全年新建企业工会239家，新发展会员2.22万人（含新就业形态会员8042人），工会组织覆盖面扩大，市总工会获广东省新就业形态劳动者建会入会集中行动一等奖，武江区总工会、南雄市总工会分别获得2022年广东省新就业形态劳动者建会入会创新案例二等奖、优秀案例奖；建成130名社会化工会工作者的专职工会干部队伍，安排到全市乡镇（街道）、园区工会，基层工会工作力量增强。

【劳模先进评选】 2022年，韶关市总工会组织开展全国、省五一劳动奖推荐评选工作，推选全国五一劳动奖章1人、全国工人先锋号1个、省五一劳动奖章9人、省五一劳动奖状4家、省工人先锋号5个。4月18日，韶关市总工会召开全市2022年庆祝“五一”国际劳动节暨劳动模范座谈会，并为受表彰的先进集体和个人颁奖。开展“中国梦·劳动美”“劳动创造幸福”等主题宣传教育，开展劳模工匠进企业、进校园宣讲活动，在媒体上宣传劳模工匠先进事迹，弘扬劳模精神、劳动精神、工匠精神。

【劳动和技能竞赛】 2022年，韶关市总工会开展“建功十四五·奋进新征程·推动韶关高质量发展”主题劳动和技能竞赛，联合韶关市人力资源和社会保障局、韶关市卫生健康局等部门举办市级职工劳动和技能竞赛13项，各级工会开展劳动和技能竞赛879项，参赛职工15.45万人次，累计产生发明创造专利283项、技术革新1204项，为企业降本增效10余亿元。继续深化劳模和工匠人才创新工作室建设，建成市级以上创新工作

2022年4月28日，韶关市总工会召开2022年庆祝“五一”国际劳动节暨劳动模范座谈会

（市总工会 供图）

室 109 家（含全国行业示范性创新工作室 2 家、省级创新工作室 13 家），培养出一批技术能手，助推企业创新创造。

2022 年 6 月 5 日，2022 年韶关市第五届“劳动者杯”篮球赛落幕

（市总工会　供图）

【普惠帮扶】 2022 年，韶关市总工会修订完善《韶关市工会困难职工家庭认定和档案管理办法》，推动困难职工家庭帮扶工作规范化常态化，全年累计筹集资金 221.58 万元帮扶困难职工家庭 814 户次、资助困难学子 51 人。节日走访慰问工作。市、县两级工会累计投入 210 余万元，走访慰问企业 320 余家、慰问各类一线职工代表 8300 余人次；各级工会组织累计投入资金 30 余万元开展春运“暖流行动”，服务异地务工人员超 1 万人次。开展职工互助保障活动。全年纳入职工互助医疗保障计划 10.03 万人，参保金额 1047.79 万元，理赔人数 6942 人，理赔金额 1097 万元。争取省总专项资金和社会慈善资金近 100 万元，为 2700 余名一线职工和困难职工免费体检。关注关心特殊困难群体。筹集资金 263.67 万元慰问核工业特殊困难群体 7500 余人次，连续 3 年将核工业特殊困难人员纳入“韶关市民保”，受理核工业特殊困难群体特惠服务条款相关理赔资料 332 份，理赔金额 66.76 万元。联合韶关市医保局、韶关市金融局等单位推进“韶关市民保”。推进爱心驿站高标准建设，建成省级工会户外劳动者爱心驿站 32 家、全国最美工会户外劳动者服务站点 7 个。智慧工会建设。建成“韶工惠”微信小程序平台。截至 2022 年年底，全市有 2800 余家工会组织已通过平台登记，注册会员 20.7 万人，实名认证会员 17.7 万人。

【职工维权工作】 2022 年，韶关市总工会开展针对职工的相关法律服务。全市“法院 + 工会”诉调对接工作室 11 家全年调解案件 105 宗。投入资金 60 万元与 10 家律师事务所签订协议组成工会律师团，全年组织开展法律宣传服务活动 41 场次，服务职工会员 3063 人次，代拟法律文书 54 件，代理仲裁和诉讼案件 14 件，调解劳动争议和开展诉前调解 50 件，为职工挽回经济损失 400 万元。开展维护劳动领域和重点企业政治安全专项行动，维护职工队伍稳定。接到各类信访案件 103 宗，均已妥善解决，推动 201 家 50 人以上企业建立沟通协商机制、15 家行业协会建立多层级劳资沟通协商机制。

2022 年 4 月 8 日，韶关市总工会召开十八届三次全委（扩大）会议暨困难职工解困脱困总结表彰大会

（韶关市总工会　供图）

【产业工人队伍建设改革】 2022 年，韶关市总工会组织召开深化产业工人队伍建设改革工作现场推进会，谋划部署 49 个产改试点项目，推动产改各项工作举措落地落实，韶关市产改工作考核获广东省一等奖；中南股份（原韶钢松山）产改经验入选全国总工会《“五小”等群众性创新活动典型案例》，并在《工人日报》头版刊载，争取到省总工会试点工作经费 10 万元。

【职工文体活动】 2022 年，韶关市总工会开展多项职工文体活动，持续打造“劳动者”杯篮球赛、象棋赛、围棋赛、职工书屋等品牌。新建市级职工书屋 16 家，“韶关工会”微信公众号全年推送各类信息 900 余条，开展主题征文活动 1 场、征文 700 余篇。9 月 3 日至 4 日，2022 韶关市“劳动者杯”象棋赛在武江市场二楼开展。来自各县（市、区）的 16 个队 80 多位棋手参加此次比赛。由韶关市总工会主办，韶关市五月诗社研究会和韶关市作家协会国有企业分会承办，韶关市工人文化宫和韶关市青年产业工人作家协会协办的“劳动创造幸福”2022年全市职工主题征文活动在全市各基层单位进行。征文活动以“劳动托起中国梦，奋进伟大新征程”为主题。

【中南股份产改经验入选全国总工会“五小”群众性创新活动典型案例】 广东中南钢铁股份有限公司（原名：广东韶钢松山股份有限公司）开展产业工人队伍建设改革较早，推进职工创新创效活动。自2012年成立第一个职工创新工作室后，职工创新活动逐步走上正轨，截至2022年，广东中南钢铁股份有限公司建立全国、省、市级职工创新工作室57个。经历“一张白纸”“专家领衔”“蓝领争先”“全员创新”四个阶段，职工创新活动蓬勃发展。经过十余年的努力，其产业工人在建功立业、素质提升、地位提高等方面取得良好成效。该公司加快跨专业、跨工种、跨企业、跨基地的创新联盟建设，应用云技术、大数据等手段，探索建立高效推进创新成果展示、专利成果推广应用的新技术平台—中南钢铁云创新体系平台。经韶关市总工会推荐，该公司的经验做法被全国总工会《“五小”等群众性创新活动典型案例集》收录，并在工人日报报纸头版报眼刊登。（吴柳亭）

中国共产主义青年团韶关市委员会

【概况】 2022年，韶关市团员人数13.01万人，团干人数（含挂兼职）1.73万人，本级及下级团组织1.18万个，其中基层团委284个，基层团工委49个，团总支321个，团支部1.11万个。“五四”和“六一”期间，10个先进集体、44名优秀个人受到团中央、团省委表彰，选树表彰出市级“两红两优”“优秀少先队员”等先进集体137个、优秀个人414人。截至2022年年底，韶关市注册志愿者59万人，参加活动志愿者34.95万人，志愿者活跃率59%，累计志愿服务时长3936万小时。规范发展团员，坚定从严调控基调，2022年分领域完成分配发展团员编号5720个。

【共青团主题教育】 2022年，中国共产主义青年团韶关市委员会组建“百人团”—韶关共青团学习贯彻中共二十大精神青年讲师团。举办青少年备课50余场，宣讲320余场次。全市各基层团（工）委专职、挂职团干、书记开展“团干讲党团课”活动1150场次，覆盖团员青年13万人次。开展“喜迎二十大、永远跟党走、奋进新征程”主题教育实践活动，开展主题团日活动3.38万次，覆盖青少年群体30万人。组织集中收听收看庆祝中国共产主义青年团成立100周年大会，召开专题传达学习会议。开展“喜迎二十大·争做好队员”主题队日活动，2.4万余名师生通过线上直播参与观看，获得70余万个点赞。全市13万名团员青年、24万名少先队员每周坚持打卡“青年大学习”和“红领巾爱学习”网上主题团队课。推动“爱上广东红”—2022年广东青少年传承红色基因志愿宣讲视频展播2期走进韶关，累计观看量34万人次。举办“学习总书记讲话 奋进新时代征程”韶关市党团课大赛，全市各级团组织200余名参赛选手开展互动式授课、宣讲，评选出22名“韶关青年好讲师”、10名“韶关青年金牌讲师”。推出首批韶关市中学共青团和少先队网络教研精品课程40个，“微团课”21个。组织韶关青年讲师团成员到广东松山职业技术学院开展“青年大学习”宣讲交流进校园暨“喜迎二十大、永远跟党走、奋进新征程”—广东青年五四奖章获得者事迹分享会活动。组织“韶关好网民”走进广东省南方技师学院、韶关市技师学院等院校开展“青网计划”—网络安全宣传周青少年日主题活动。组建15支“青少年传承红色基因”志愿宣讲队，招募169名青少年志愿宣讲队员在全市17个红色革命纪念场所开展志愿宣讲活动。建立20个少先队校外实践教育营地（基地），设计5条红色研学路线，打造韶关地区红色文化“实践教育地图”。

【青年创新创业】 2022年，中国共产主义青年团韶关市委员会开展“展翅计划”大学生就业创业能力提升行动，提供可靠实习、见习平台。发动全市482家企业、单位、社会组织等提供实习见习岗位，全年提供优质实习、见习岗位1776个，完成率161.45%。搭建市级“创青春”大赛平台，共49个项目参赛，推报7个项目参加省赛，其中2个项目获广东省“青农优品”称号。开展韶关青年就业创业环境专题调研，邀请韶关学院组建专家团队共同研究草拟《韶关青年就业创业环境调查问卷》，问卷调查对象包括韶关市三区七县（市）45

2022年7月29日，“学习总书记讲话 奋进新时代征程”韶关市党团课大赛（决赛）落幕（团市委 供图）

岁以下青年6376人，举办3场座谈会，访谈对象60人。9月，形成《韶关青年就业创业环境调研报告》，为服务青年就业创业提供理论依据。

【志愿服务】 截至2022年年底，韶关市注册志愿者59万人，参加活动志愿者34.95万人，志愿者活跃率达59%，累计志愿服务时长3936万小时。开展“3·5”学雷锋志愿服务一条街活动，全市22支志愿服务队伍，超过500余名志愿者为市民群众提供爱心义卖、健康义诊、禁毒防诈、法律援助、应急救援、消防知识宣传等志愿服务活动。开展益苗计划品牌项目活动。全年通过益苗计划评选市级优秀项目9个，推荐省级赛项目14个，加大志愿服务项目扶持孵化力度。常态化开展文明交通、文明旅游、文明餐桌、反诈禁毒等创文志愿服务活动，依托市区5个善美亭学雷锋志愿服务站开展志愿服务活动。助力乡村振兴，招募乡村振兴志愿者418名，深入韶关市各乡镇基层参与助学支教、社工、助农直播带货等乡村振兴志愿服务工作。组织青年志愿者参与省中学生运动会、徒步丹霞、山地马拉松、山地自行车等大型赛事赛会志愿服务活动，累计参与志愿者2万人次。

【青少年维权工作】 2022年，中国共产主义青年团韶关市委员会开展韶关市“失学、失管、失业”青少年帮扶教育项目，为74名有需求的青少年建立档案，开展电访、面谈、家访工作500余人次，开展团体辅导活动等17场次，组织参加青少年志愿服务活动300余人次。推进落实韶关市“善美心房”青少年心理服务项目，全年开展个案心理辅导380余名，团体心理辅导活动190余场，心理讲座30余场，服务人数达1.1万余人。开展“全民禁毒宣传月”活动推动禁毒宣传进学校、进农村、进社区、进场所、进行业、进网络，共开展禁毒宣传活动4场，覆盖3000余人次。组织青少年参与普法活动，线下开展普法进学校、进社区、进基层系列活动77余场，覆盖人数达6800余人。开展省级“青少年零犯罪零受害社区（村）”第三期创建工作，浈江区东河街陵西路社区被确定为创建单位。开展2021—2022年度韶关市“青少年维权岗”创建活动，15个单位获评市级“青少年维权岗”。

【希望工程】 2022年，中国共产主义青年团韶关市委员会继续开展韶城会亲系列活动，调动社会力量，让困难家庭的学生与社会各界爱心人士或企业代表一一结对，为相对困难学生提供生活资助，每年为200名以上的学生提供结对资助，拓展开展点亮微心愿、城市体验的相关活动。组织社会爱心企业到九峰镇中心小学开展韶关共青团2022年“两帮两促”关爱乡村青少年健康成长筑梦青春摄影活动，为56名乡村留守儿童免费拍摄艺术照及制作价值1.05万元的少先队员相册。向省青基会申请杜锋篮球场项目，并获批成为第三批建设名单之一，总价值15万元。开展“99公益日”活动，号召全市广大团员、青年支持“希望乡村教师计划”“1+1爱心助学”“杜峰篮球场项目”等慈善公益项目，吸引超500人次通过“指尖”践行公益，线上捐赠1.03万余元。

【新时代韶关市少先队社会化工作体系构建】 2022年1月21日，团市委联合宣传部、文明办、教育局、科技局、公安局、民政局、司法局、财政局、农业农村局、文广旅体局、文物局、退役军人事务局、妇联、科协、关工委、少工委印发《关于构建新时代韶关市少先队社会化工作体系实施意见的通知》。该通知是为加快构建新时代韶关少先队社会化工作体系，提升韶关少先队社会化工作水平，突出韶关少先队实践育人特色；目的是构建韶关市组织基本覆盖、机制规范运行、资源广泛整合、阵地充分利用、队伍有效动员、活动形式多样、队员参与的新时代韶关少先队社会化工作体系，形成校内外互为补充、有机联动，少年儿童普遍受益的少先队工作新局面。加强街道（乡镇）、社区（村）少先队组织建设，建立该类组织139个。加强青少年宫等校外活动场所少先队组织建设，团属青少年宫2所、非团属青少年宫7所。加强校外辅导员配备，配备校外辅导员5327人。建设韶关少先队校外实践教育营地、基地。（杨　萍）

韶关市妇女联合会

【概况】 截至2022年年底，韶关市妇女联合会有市、县、镇（街道）、村（社区）四级妇联干部1.9万人，其中市妇联机关干部25人。有村、社区（居委会）妇联1442个，机关事业单位妇女组织42个，市级妇联团体会员23个。全市有“妇女之家”1565个（“四新”领域妇女之家15个），省级妇女之家示范点130个、市级妇女之家示范点180个，“妇女微家”330个，巾帼驿站100个。

【思想引领】 2022年，韶关市妇女联合会组织开展“跟党奋进新征程 巾帼建功新时代”主题宣传，全年线上线下开展中共二十大精神和省、市党代会精神等宣讲教育活动，数十万人次群众参与。韶关市妇联获广东省妇联“巾帼心向党 喜迎二十大”群众性主题宣传教育活动优秀组织奖，入选中国妇女报社（全国妇联网络信息传播中心）“2022年度妇女宣传舆论阵地建设优秀榜”。善美韶城巾帼宣讲团、韶关市“传承家风 传诵经典”党史小小宣讲员、韶关市乡村振兴巾帼志愿宣讲队、韶关市清和乐昌巾帼宣讲队、韶关市新丰县云髻巾帼宣讲队共五支队伍被广东省妇联命名为“广东省巾帼志愿示范宣讲队”。联合韶关市广播电视台开办“妇联之窗”栏目，宣传党的方针政策、发出妇联好声音、讲妇联故事，节目全年播出33期，覆盖数10万人次。韶关市妇联工作信息被国家、省、市等各级媒体报道2802条（次），“韶关妇联”微信公众号总阅读量数十万人次。市妇联《妇联之窗——搭起心灵沟通的桥梁》获得市第六届机关工作创新创优竞赛（服务群众类）一等奖。开展乡村振兴巾帼志愿宣讲员项目，组织召开2022年韶关巾帼志愿宣讲员骨干培训暨项目启动仪式。全市有

11个试点村，165名乡村振兴巾帼志愿宣讲员，此项目正处于提质扩效阶段。获省妇联“巾帼心向党 喜迎二十大”群众性主题宣传教育活动优秀组织奖，入选中国妇女报社（全国妇联网络信息传播中心）“2022年度妇女宣传舆论阵地建设优秀榜”。

2022年8月11日，韶关市举行“粤美·家园”2022年乡村振兴巾帼志愿宣讲员骨干培训暨启动仪式 （王瑞红 摄）

【妇女创业就业】 2022年，韶关市妇女联合会推动有关部门和各地落实省妇联《关于支持女性科技人才在科技创新中发挥更大作用的若干措施》，实施“百千万妇女培训计划”，通过举办“科技创新巾帼行动——电商直播带货系列培训班”等，开展农业技术、直播带货、安全生产知识等各类技能培训50余场，线上线下培训妇女数千人次。开展“春风送温暖 就业送真情”2022年春风行动专项活动，发布妇女创业就业等有关推文、招聘岗位相关信息5670条，开展线上招聘、培训活动10场，惠及上千人次，发放失业保险稳岗返还累计14.52万元。命名6个市级女大学生创业实践和就业实习基地，指导创建4个广东省女大学生创业实践和就业实习基地，助推提升女性高校毕业生就业质量。

【妇女儿童实事项目】 2022年，韶关市妇女联合会实施省妇女儿童十项民生实事，开展“春风送温暖就业送真情”春风行动专项活动等，探索妇女灵活就业模式，促进妇女就业创业；为全市16.13万名妇女开展“两癌”免费检查，为5.29万人次妇女赠送“两癌”健康保险，为22名患病困难妇女争取20万元公益金。开展适龄女生HPV疫苗免费接种宣传，联合有关部门、单位，开展韶关市健康宣传巾帼行动之“乳此美丽”女性保健公益活动等，在全市范围线上线下广覆盖地开展HPV疫苗接种的政策宣传，引导适龄女生及家长正确认识HPV疫苗，提高接种积极性。推进公共场所母婴室建设，全市新增38间母婴室，累计建成130间母婴室示范点，实现全市火车站、高铁站、汽车站、公园、行政服务中心等公共场所母婴室全覆盖，推动部分机关、企事业单位开设母婴室。推动建设儿童友好城市先行示范点，推动“儿童友好城市建设”写入市第十三次党代会报告和2022年市政府工作报告，纳入市“十四五”规划和新周期市儿童发展规划重点工程，配合省妇儿工委开展儿童友好城市问卷调查，指导仁化县获评“广东省儿童友好城市示范县”。8月11日，韶关市妇女联合会举行韶关巾帼志愿宣讲员骨干培训暨项目启动仪式，各县（市、区）妇联主席、巾帼志愿宣讲员骨干共49人参加启动仪式及培训活动。全年全市开展巾帼志愿服务活动1887场，服务超6万人次。

2022年1月17日，韶关市“实施家庭教育促进法”主题沙龙，以线上直播的方式进行 （市妇联 供图）

【妇女儿童关爱】 2022年，韶关市妇女联合会协助做好市领导“六一”慰问筹备工作，省委常委、市委书记王瑞军，市长陈少荣，市政协主席胡海运，市人大常委会党组副书记、副主任凌振伟，市委常委、市委政法委书记吴耿淡，市妇儿工委主任、副市长罗海俊等领导分别率队到全市部分县（市、区）开展“六一”慰问活动。开展招善引爱工作，链接社会各界爱心资金和物资价值580万余元（包括6月抗洪救灾资金、物资等价值70万余元）。修订《韶关市各级妇联执委联系妇女儿童工作制度》，并将此项工作列入韶关市委开展改革攻坚规范治理专项行动各单位规范治理任务清单。推进“把爱带回家”“爱心父母大联盟”“爱心家庭＋留守儿童”“童•奔康”、平安小课堂等35个爱心公益项目，带领全市各级妇联开展包括寒暑假儿童关爱服务活动在内的儿童关爱服务活动670余场，开展组织慰问和关爱帮扶困境妇女儿童和家庭23万多人次（户），帮助上百名困境儿童实现“微心愿”。乐昌市梅花镇善美儿童之家增设1个专为留守儿童提供服务的善美儿童之家，善美儿童之家开展2600余场、10万人次的留守儿童受益。全市累计创建省级儿童友好社区19个、市级以上儿童之家1444个，其中善美儿童之家38个。

【妇女合法权益维护】 2022年，韶关市妇女联合会开展“建设法治韶关•巾帼在行动”活动，围绕与妇女儿童家庭密切相关的法律法规及相关知识，开展“倾心说法直播间”普法讲座等线上线下法治宣教及安全教育、健康知识等志愿服务活动2124场次，服务群众30.46万人次。加强信访和“12338”妇女热线服务，全市县级以上妇联受理来电来信来访1528宗，为妇女儿童提供心理咨询服务485人次，个案辅导51宗。省妇联党组书记、主席许红带队到韶关开展妇女儿童权益保障工作专项调研，推进妇儿权益保障工作。全年全市妇联系统共联系服务、走访慰问重点妇女儿童和重点家庭35万余人次、家庭33万余户次，实现重点人群结对帮扶全覆盖。《开设“网上妇联”系列栏目，打造巾帼普法宣传工作品牌》被省普法办评为优秀普法项目；《妇联之窗架桥梁 舒心驿站促和谐》情景剧获2022年韶关市法治文化季法治文艺比赛决赛二等奖；市妇联选手获市法治演讲比赛二等奖。

【乡村振兴巾帼志愿宣讲员项目启动】 2022年8月11日，韶关市妇联创新推出乡村振兴巾帼志愿宣讲员项目启动。活动现场，49名来自韶关市各县（市、区）的乡村振兴巾帼志愿宣讲员骨干参与培训学习。培训内容有专题讲座培训、现场实地教学。此次培训班和项目启动为期一天半。截至2022年，全市有11个试点村，165名乡村振兴巾帼志愿宣讲员，此项目正处于提质扩效阶段。

（李红艳）

韶关市科学技术协会

【概况】 截至2022年年底，韶关市科学技术协会组成单位有市级学会（协会、研究会）27个，县（市、区）科协10个，驻韶中央、省、市属企业科协15个，高校科协1个。2022年，市科学技术协会被中国科协办公厅评为“2022年全国科普日优秀组织单位”，被省科协评为“2022年度基层科协组织建设及提升基层科协组织力‘3+1’工作先进单位”“2022年度省科协系统政务信息建设工作先进单位”，获第三届广东省全民科学素质大赛地级以上市优秀组织奖。

【科普工作】 2022年，韶关市科学技术协会指导各地开展全民性和群众性科普工作。加强制度建设。起草并推动印发《韶关市全民科学素质行动规划纲要实施方案（2021—2025年）》；推动建立韶关市科普工作联席会议制度并抓好落实，9个县（市、区）建立科普工作联席会议制度；修订《韶关市科普教育基地管理办法》，进一步规范科普教育基地管理。做强科普阵地。南雄市、仁化县和始兴县成功创建全国科普示范县；新增国家级科普教育基地4个、省级科普教育基地9个，命名市级科普教育基地19个，丹霞山自然保护区管理局获2022—2023年度广东省十佳科普教育基地称号；全市累计建成全国科普教育基地4个，省级科普教育基地36个，市级科普教育基地107个；韶关市科技馆新建成海洋馆。打造品牌科普活动。开展全国科普日、全国科技活动周、文化科技卫生“三下乡”、科普“四进”、丹霞山科普小镇科普抖音大赛、科普自由行等品牌科普活动，组织2022年线下线上抗疫科普和营养健康宣传、全国食品安全和碳达峰碳中和宣传等特色科普活动。韶关代表队以总分第二获得第三届广东省全民科学素质大赛总决赛二等奖。市科普讲解员姜永斌作为广东三名代表选手之一获2021年全国科普讲解大赛三等奖，创韶关市科普讲解赛事最好成绩。

【服务科技工作者】 2022年，韶关市科学技术协会筹备市科协第九次代表大会，完成参会代表推选和审查，推选出246名正式代表，本次推选的代表行业、年龄结构合理，具有广泛的代表性，符合《韶关市科协系统深化改革实施方案》的有关规定。开展“最美科技工作者”学习宣传活动。推选出20名韶关市“最美科技工作者”，并通过主流新闻媒体进行宣传报道。其中，粤北人民医院检验科主任、副主任技师赵平森获广东省2022年“最美科技工作者”称号。开展科技工作者慰问活动。5月26日，韶关市科协主要领导、市委常委、统战部部长高冬瑞在第六个“全国科技工作者日”走访慰问韶关市科技工作者代表韶关学院副教授赵志广、粤北人民医院检验科主任赵平森、广东省韶铸集团有限公司机械公司技术部工程师田芳红。开展科技志愿服务。与省科学技术协会事业发展中心签订《科技志愿服务及柔性引才工作协议》，在全市征集52家单位近百项人才、技术、项目等需求，于8月11—12日邀请93名省高等院校、科研院所的专家、教授到韶关开展“粤港澳大湾区人才韶关行”系列活动之“科技志愿服务•助力乡村振兴”人才韶关行活动，签订合作意向近百项。

【科技学会工作】 2022年，韶关市科学技术协会推进学术交流活动，发挥学会作用，承办一批学术交流活动。其中，7月26—27日，承办以“推进科技社团学术、公共服务能力建设”为主题的第十五期省级学会秘书长沙龙；8月19日，协助省科协、市政府主办第二十届广东省科协学术活动月开幕式暨粤港澳大湾区质量科技创新论坛，省质量协会联合12家地市质量协会在会上发起成立“广东省质量协会质量强省战略委员会”

倡议书并进行第一批委员签约仪式，收到全省各级科协组织 386 个单位的学术活动 1028 项。发挥学会作用。支持市属学会承接政府转移职能，申请组建韶关市电力工程技术中级职称评审委员会，负责全市电力工程电气、电力管理专业的中、初级职称评审工作，累计有 8 个学会承接政府转移职能；加强韶关市科学技术协会智库建设，本年度在库各类专家数增至 330 人；组织有关学会专家在探索生态发展区发展路径等方面形成调研课题 4 个，举办韶关市第二届“风采杯”名茶评鉴大赛。

2022 年 5 月 26 日，韶关市委常委、统战部部长高冬瑞（右二）带队慰问科技工作者 （市科协 供图）

【青少年科技创新】 2022 年，韶关市科学技术协会组织开展韶关市第 37 届青少年科技创新大赛，全市 8 个县（市、区）79 所学校 900 名学生参加，评出科学成果创新、科学实践活动和科学幻想画 3 个项目，选送优秀选手和作品参加省赛，获得省一等奖 1 个、二等奖 1 个、三等奖 15 个，武江区东岗小学获评全省十佳优秀组织单位。组织第七届“粤港澳大湾区 IT 应用系统开发大赛”韶关市赛区选拔赛，选拔出 3 支队伍代表参加省赛，获得省一等奖 1 项、二等奖 1 项。组织第 38 届韶关市青少年信息学奥林匹克竞赛，5 月 21—22 日在广东北江中学举行，23 所中小学校 170 名学生参加。联合承办中国计算机学会（CCF）推出软件能力认证（CSP）非专业级别的能力认证韶关市活动，第一轮活动于 9 月 18 日在广东北江中学举办，12 所中小学校 121 名学生参加；10 月 29 日组织 6 所中学 62 名学生到东莞市参加第二轮活动，共有 10 人获得全国一等奖、39 人获得二等奖。

【“最美科技工作者”学习宣传活动】 2022 年，韶关市科协联合市委宣传部等单位开展韶关市“最美科技工作者”学习宣传活动，推选出 20 名韶关市“最美科技工作者”，通过主流新闻媒体加强宣传报道，在全社会营造尊重知识、尊重人才的良好氛围。其中，粤北人民医院检验科主任、副主任技师赵平森成为韶关市首位获广东省“最美科技工作者”称号的科技工作者。

【始兴县、仁化县、南雄市摘取“全国科普示范县”牌匾】 2022 年，中国科协官方网站公布《中国科协关于命名 2021—2025 年度第二批全国科普示范县（市、区）的决定》信息，全省 23 个地区入围。其中，韶关市始兴县、仁化县、南雄市榜上有名，摘取“全国科普示范县”牌匾。创建工作开展以来，韶关市始兴县、仁化县、南雄市申报成为创建单位，创建期间推动科普工作取得新成效、迈上新台阶。示范期至 2025 年底。 （吴 为）

2022 年 8 月 12 日，韶关市科协组织中青年科学家在基层开展科技志愿服务 （市科协 供图）

韶关市归国华侨联合会

【概况】 截至 2022 年年底，韶关市有侨联组织 92 个，“侨胞之家”服务阵地 13 个。2022 年，市侨联印发《韶关市侨联关于认真学习宣传贯彻省第十三次党代会精神的通知》《韶关市侨联关于认真学习宣传贯彻党的二十大精神的通知》文件，邀请市委宣讲团成员作 2 场专题宣讲报告会，强化华侨思想政治引领。

【侨界慈善公益和归侨侨眷帮扶】 2022 年，韶关市归国华侨联合会牵线广东省侨界仁爱基金会、广东省侨心慈善基金会在韶关开展“侨爱南粤·助力韶关抗洪救灾”“慈爱基金·侨界奖教奖学金”“侨心居工程”“救护车捐赠”“爱心棉衣捐赠”等慈善公益项目，协调侨界爱心人士及时帮助解决困难侨界群众急难愁盼问题，捐赠款物折合人民币366万元。1月，韶关市归国华侨联合会陪同广东省侨联慰问组到武江区、曲江区慰问困难归侨侨眷。1月底，韶关市侨联走访慰问各县(市、区)困难侨界群众，发放慰问金9.5万元。9月，开展重阳敬老慰问活动，为市辖三区241名70岁以上老归侨发放慰问金3.97万元。开展“爱心助老”项目，为11名困难老归侨发放资金3.96万元。做好贫困归侨扶贫救助补助资金发放工作，为全市37名贫困归侨发放救助补助资金13.6万元。

【海外交流联谊】 2022年7月，韶关市归国华侨联合会联合欧洲文成华侨华人社团联谊总会和意大利罗马中华语言学校举办“亲情中华·为你讲故事”网上夏令营，来自意大利的500余名海外华裔青少年通过云平台走进广东韶关，了解中华文化和善美韶关。11月，牵线新西兰韶关同乡商贸联合会，协助韶关产品亮相2022新西兰——广东商品博览会。运用信息化手段做好“网上侨联”工作，组建海外重点侨领交流群，加强日常联络，宣传推介韶关，涵养侨务资源。

【侨界权益维护】 2022年4月，韶关市归国华侨联合会、韶关市律师协会召开涉侨纠纷联动化解工作会议，签订《关于建立涉侨纠纷联动化解机制备忘录》。召开市侨联法顾委2022年度年会，重新聘任市侨联法顾委主任、副主任、委员。10月，举办“韶关市涉侨纠纷调解员培训班”，提升全市侨联系统涉侨纠纷调解员理论水平和业务能力。12月，转发《关于加强新时代检侨合作依法保护归侨侨眷和海外侨胞合法权益的意见》，推进涉侨检察工作。

【参政议政】 2022年，韶关市归国华侨联合会各级人大代表、政协委员履行参政议政职能，建立健全新一届全市侨界人大代表、政协委员名册，做好联络服务工作，建言献策、反映侨界诉求。其中，市政协的侨联界委员提交的《关于解决张九龄纪念公园交通问题的建议》《关于以筹备第五届世广会为契机开展广府文化回引工作重建珠玑巷广府文化氛围的建议》《关于法治乡村建设助力乡村振兴的建议》等提案、建议均得到相关部门答复。

【侨情调研】 2022年8月，韶关市侨联开展基层侨联领导班子配备、组织建设情况专题调研，撰写《关于我市基层侨联建设情况的调研报告》，为市委及有关部门决策提供参考。10月，联合市委组织部印发《关于开展机关、企事业单位侨情调查工作的通知》，掌握韶关市具有归侨侨眷身份干部情况，建立有侨身份干部名册，为有关部门培养选拔有侨身份干部，优化侨联干部队伍结构打下基础。

2022年7月5日，“侨爱南粤·广东省侨联助力韶关抗洪救灾”捐赠仪式在市政府三楼会议室举行
（市侨联 供图）

【2022年“亲情中华·为你讲故事”侨联网上夏令营活动】 2022年7月25日至8月3日，韶关市侨联承办欧洲文成华侨华人社团联谊总会和意大利罗马中华语言学校参营的2022年“亲情中华·为你讲故事”网上夏令营吸引500名海外华裔青少年参加，通过为期10天的打卡学习，完成“云端”学习中华文化之旅，帮助华裔青少年深入了解中华文化，密切与祖籍国的联系。（陈文顺）

韶关市文学艺术界联合会

【概况】 截至2022年年底，韶关市文学艺术界联合会共有会员5100余人，其中国家级会员125人、省级会员850人。有在职干部职工7人，联系16个市属文学艺术团体，分别是作家协会、美术家协会、书法家协会、摄影家协会、民间文艺家协会、文艺评论家协会、戏剧家协会、曲艺家协会、音乐家协会、舞蹈家协会、电视艺术家协会、文艺志愿者协会12个文艺协会，以及诗社、赏石协会、盆景协会、九龄书画家研究会4个新文艺团体。

【文艺人才队伍建设】 2022年，韶关市文学艺术界联合会继续加强文艺人才培养，做好文艺工作中外出调研学习、集中培训和文艺作品研究等工作。共组织开展艺术采风96场，外出学习交流活动30余场(次)，举办作品研讨会21场，研讨作品86本；举办艺术讲座98场。全年有297人加入市级文艺组织，61人加入省级文艺组织，2 人加入国家级文艺组织。

【文艺活动】 2022 年，韶关市文学艺术界联合会依托市文艺家协会，开展文艺下基层惠民服务 259 场，受众人数 20 万人。开展“送春联送万福”“家风家训进万家”“百姓艺术健康舞”“社区文明大讲堂”“文艺下基层课程”等文艺活动和举办迎新春美术作品展、迎春书画展和“心系戈壁，情寄大漠”美术展。在风度书房定期举办主题公益培训、讲座、读书会。开展庆祝迎接中共二十大主题征文，编辑出版获奖作品《季风》专号。组织长篇小说《岸上灯火》《暖阳》有声作品制作。组织“韶关红色村落”“抗战难童在韶关”“抗疫”等主题写作。组织作家在南国书香节期间主讲“本土作品论坛”讲座。承办“喜迎二十大礼赞新时代”主题摄影作品展和出版同名摄影集。开展“喜迎二十大唱响新时代”群众文化文艺汇演。抗击新冠疫情阻击战中，组织摄影家创作出一批图片。组建摄影小分队，分别到“中运会”各赛场，记录在韶关市举行体育赛事，并汇集成《韶关摄影家眼中的“中运会”摄影作品专辑》。组织摄影小分队参加在乳源瑶族自治县举行的广东省少数民族运动会。举办“2022 始兴县乡村振兴摄影展暨 2021 年北京摄影函授学院广东校区韶关班第一期学员作品展”。在韶关市文学艺术界联合会举办的摄影创造活动中，有 14 幅作品在国家级摄影展览中获奖、65 幅作品在省部级摄影比赛中获奖、80 幅作品在市级比赛中获奖。组织书法家、书法爱好者 100 人次参与送万福进万家大型公益挥春，送出 3000 多幅春联，2000 多个福字，惠及 9000 余民众，辐射人群 2 万人。承办“喜庆二十大，再创新辉煌—韶关市第五届书法篆刻临摹展”和“喜庆二十大，永远跟党走”—韶关市书法精品展活动；市文联推举 1 人参加首届“广东省书法篆刻临创展”获二等奖。举办“我们的节日”2022 年迎新春美术作品展，展出作品 110 件。举办“同心跟党走，共绘新时代”韶关市美术作品展，展出作品 83 件。

2022 年 7 月 8 日，武江区文旅体局、文联和文化馆在区市民文化广场开展喜迎二十大唱响新时代群众文化文艺汇演　　（市文明办　供图）

【“礼赞新时代 奋进新征程”韶关摄影作品展开展】 2022 年 12 月至 2023 年 2 月 8 日，由市文联主办，市摄影家协会承办的“礼赞新时代　奋进新征程”韶关摄影作品展在市图书馆展出，吸引众多摄影爱好者前来观展。展出的作品以党的二十大为主题，聚焦新时代党的建设，展出的 80 幅 / 组优秀作品从全市摄影爱好者提交的 2171 幅 / 组摄影作品中选出，作品内容包含城市建设、文化旅游、生态保护、红色文化、乡村振兴、幸福生活等主题，反映出党的十八大以来，韶关发展变化和人民幸福生活的点滴。

2022 年 1 月 1 日，市文联举办“心系戈壁，情寄大漠”——季从南西北风情·韶关画展　　（市文联　供图）

【韶关市书法精品展开展】 2022 年 12 月 30 日，韶关市文学艺术界联合会作为主办单位之一主办的“启航新征程墨韵新时代——韶关市书法精品展”在韶关市图书馆展览厅开展。此次展览作品从共收到来稿 200 件。展览共评选出 80 幅作品，其中优秀奖 10 幅，提名奖 10 幅，入展作品 60 幅，组织奖 2 名。入展作品坚持守正创新、艺文兼备，风格多样，显示书法作者深厚扎实的艺术功力，呈现书法艺术创新发展的新颖形式。本次展览是韶关市书法家协会传承和弘扬中华优秀传统文化，用毛笔讲好中国故

事，坚持创造性转化、创新性发展的成果。（黄文华）

韶关市残疾人联合会

【概况】 截至2022年年底，韶关市残疾人联合会统计全市持证残疾人9.19万人(办证9.37万人)，其中视力残疾8430人，听力残疾9851人，言语残疾1383人，肢体残疾4.31万人，智力残疾1.08万人，精神残疾1.37万人，多重残疾4692人；重度残疾人(一、二级)4.19万人，其中重度一级1.24万人，重度二级2.95万人。

2022年6月，韶关肢协在广东省第九届残运会坐式排球比赛中摘得桂冠
（市残联　供图）

【残联改革】 2022年，韶关市残疾人联合会完成2项市级改革攻坚规范治理任务。起草《韶关市残疾人就业办法》和《韶关市无障碍环境建设管理规定》，经韶关市政府常务会议审议原则通过，分别以韶府规〔2022〕5号、韶府规〔2022〕8号颁布，均在5月施行。《韶关市“十四五”残疾人保障和发展规划》获市政府批准实施。完成市残联其他的5项规范治理任务。

【康复与帮扶】 2022年，韶关市残疾人联合会重点开展辅具适配服务，全年为3176人提供辅具适配服务，为13833名残疾人提供各种类型的精准康复服务，其中106名残疾人适配假肢，172名残疾儿童适配矫形器。全市有效运营的残疾儿童康复服务定点机构有20家，服务0～6岁残疾儿童1176人次，市残疾人康复中心获得全省巾帼文明单位称号。韶关市每十万人得到康复服务人数为25.01人，残疾儿童服务覆盖率居全省第二位。开展“招善引爱”工作。全年，韶关市筹得善款50余万元，助听器40台价值175.2万元，人工耳蜗9台价值167.4万元，完成40名听障残疾人助听器验配和11名人工耳蜗植入手术。联合腾讯公益定制残障儿童专属爱心保障方案，为仁化县、乳源瑶族自治县和新丰县3个县的637名残障儿童提供关爱保险。防返贫帮扶。全市纳入防止返贫动态监测对象的残疾户14户40人。开展“三个帮扶”，其中，为始兴县隘子镇驻镇帮镇扶村94名残疾人开展辅具适配，为40名残疾人开展农村实用技术培训，为学员赠送实训鸡苗。走访慰问残疾人家庭20户。

【就业与教育】 2022年，韶关市就业年龄段残疾人4.52万人，就业率53.49%，新增城镇就业人员478人，完成率187%，新增农村就业人员2136人，完成率228%。培训城乡残疾人1572人，完成率168%。全市应届残疾人高校毕业生51人，完成调查率、建档率、就业服务率、就业跟踪率“四个100%”。安排残疾人就业用人单位年审1176家，按比例安排残疾人就业2858人，全市残疾人就业保障金征收6266.6万元。组织参加普通高考的残疾考生53人，录取43人；组织报读省培英中专的报名工作，报名21人，录取15人。资助就读中、高等院校的贫困残疾学生306人。实施“南粤扶残助学工程”项目，资助新入学残疾大学生53人，发放助学资金62.5万元。组织参加广东“众创杯”创业创新大赛残疾人公益赛，获1枚银牌1枚铜牌5个优胜奖，其中“誉满中外的‘炮弹香芋’，科学种植、精细化管理”项目获得企业自强组银奖，“残疾人编织文化艺术创意园”项目获得企业助残组铜奖。

【组织建设和权益维护】 2022年，韶关市残疾人联合会持续完善基层残疾人组织建设工作，率先完成全市108个乡镇（街道）残联、1459个村（社区）残协的建设任务，依托基层残疾人组织为残疾人提供免费法律咨询和心理咨询服务。镇级残疾人专职委员全部纳入“双百工程”社会工作服务站管理。推进严重精神障碍患者、疑似残疾孤儿等特殊人群的评残办证工作，开展残疾评定上门服务138次，入户评残人727人，集中评残1904人，做好违规持证清理核查。提供生活关怀。为63名考取汽车驾照的残疾人发放汽车驾驶技能培训一次性补贴12.6万元，对全市823户残疾人家庭开展无障碍改造。

【宣传工作和文体活动】 2022年，韶关市残疾人联合会开展文化进残疾人家庭“五个一”项目，惠及100户残疾人家庭。韶关电视推出手语AI电视节目（每天一期）和制作每周一期的《爱在人间》残疾人专题栏目(开播52期)。在广东省残联主办的“强国复兴有我”主题作品征集活动中，韶关市残疾人代表分获一等奖、二等奖、三等奖。在广东省残疾人声乐独唱大赛中获得多个二等奖、三等奖。组织30名残疾运动员集训备战广东省第九届残疾人运动会。韶关市代表队在第九届省残运会获得群体项目坐式排球比赛冠军；在特奥乒乓球项目收获1枚金牌1枚铜牌，2个第四名、1个第八名；在象棋比赛中获得2枚银牌；刘永富在特奥田径赛获得2枚银牌。5月，广东省作家协会残联分会出品的《暖阳》《高歌》在韶关举行新书首发式。《暖阳》是国内首部残疾人作家有声美文读物，由广东省作协残联分会汇编成册，内含42篇作品，按照体裁和内容分为《心香》《行旅》《话本》三部分，由十余名国内一流的演播专家，以声音演绎和再创作。《高歌》则是一部广东省残疾人作家创作的红色作品集。内含38篇作品，按照体裁和内容分为《高歌》《清歌》《雄歌》三部分。

【韶关市残联开展“汇爱工程·助听行动”活动】 2022年3月1日，在第23次全国爱耳日来临之际韶关市残联开展“汇爱工程·助听行动”活动，为听障残疾人助听器适配活动分别在韶关市、始兴县进行，现场有专业验配师讲解助听器科学使用、佩戴及保养方法。韶关市残联配合做好助听器适配工作，让听障人士顺利戴上助听器，更好地工作和学习，并鼓励现场的残疾儿童及家长发扬自尊、自信、自强精神，克服困难、尽早康复。

（黄婷婷）

韶关市红十字会

【概况】 截至2022年年底，韶关市红十字会设2个独立建制县级红十字会（始兴县、仁化县）；有红十字志愿服务队3支，有高校大学生红十字志愿服务组织2个（韶关学院、韶关医学院）。11月22日召开第八届会员代表大会，推荐产生新一届红十字会理事会、监事会人选。市红十字会做好“三救”（应急救灾、应急救护、应急救助）、“三献”、志愿服务和人道主义救援等工作。在12月5日“国际志愿者日”建立“韶关市红十字会”微信公众号，开始运用社交平台开展韶关红十字会宣传工作。调整更新网站信息，对照《中国红十字会信息公开指南》，逐项规范信息公开。全年，市红十字系统在各级媒体发布宣传信息156篇，其中国家级媒体1篇，省级媒体8篇。

【人道救助】 2022年，韶关市红十字系统筹集捐赠款物1475.63万元，助力政府改善民生，其中，接收捐赠款物557.58万元支援抗疫工作，筹集款物132.03万元用于抗洪救灾工作。开展“5·8”世界红十字日和“9·9”公益日募捐活动，完成网络筹款37.68万元，排名全省红十字系统第八。实施“红十字博爱送万家”活动，全市红十字系统共慰问困难家庭490户，开展“迎新春 送温暖”敬老助老等活动，为全市41所敬老院、福利院老人和孩子送去红十字的关怀与慰问；开展“红十字天使计划”和“红十字扶贫救心”救助活动，资助22名白血病患儿获取“小天使基金”和10名先天性心脏病患儿完成手术治疗，全市红十字系统慰问和资助救助金额292.21万元。推动人道文化传播。韶关市红十字会参加全省红十字系统第五届“坚定跟党走，建功红十字”演讲征文比赛，获得征文比赛三等奖和演讲比赛优秀奖。

【救护培训和设备配置】 2022年，韶关市红十字系统开展应急救援5场次，受益437人。联合卫生健康部门共同开展应急救护培训334场次，培训2.05万人。开展防户外危险宣传。深入校园开展防溺水知识宣讲8期，惠及师生4662人。新增持证救护员576人，公共场所累计配置AED（心脏骤停自动体外除颤器）76台。

【造血干细胞捐献】 2022年，韶关市新招募造血干细胞捐献志愿者1076人，累计4656人；年度完成造血干细胞捐献8例，年度数据均实现历史突破，累计25例；年度人体器官捐献15例，累计捐献626例，实施“健康韶关”工作。首次获得广东省管理中心授予“2022年度造血干细胞捐献工作优质工作站”称号。

【遗体和人体器官捐献】 2022年，韶关市红十字会器官捐献工作领导小组成立，负责全市人体器官捐献工作的宣传动员工作，明确乳源瑶族自治县红十字会曾凯鸿为协调员，负责对韶关市辖区的捐献见证服务等工作。曾凯鸿被广东省红十字会评为“广东省优秀协调员”。

【红十字志愿服务】 2022年，韶关市红十字会推动红十字志愿服务发展，红十字志愿者全年参加多次新冠疫情防控工作、协助开展洪涝应急救护工作和防灾减灾宣传工作等。加强志愿服务队伍建设。全年全市红十字系统登记红十字志愿者1337人，组织开展应急救护、水上救援、创文巩卫和新冠疫情防控等志愿服务活动632场次，红十字志愿服务时长4.73万小时，人均35.4小时。3月，红十字志愿者胡党福在2021年度广东省学雷锋志愿服务先进典型宣传推选活动中被广东省精神文明建设委员会评为“最美志愿者”。

【应急救援抗洪救灾】 2022年6月，韶关市红十字会主动参与抗洪救灾工作，动员工作人员和志愿者投身抗洪救灾一线，全市红十字系统共252人次参与救援，转移受灾群众437人。筹集款物132.03万元，购置救灾物资第一时间送到受灾群众手中。

【韶关市启动“红十字博爱送万家”活动】 2022年1月11日，韶关市红十字会启动2022年“红十字博爱送万家”活动。深入乡村、社区走访慰问困难群众。韶关市红十字会筹集价值27万元物资，用于慰问400多户困难群众。“红十字博爱送万家”是中国红十字会总会发起的一项在元旦春节期间面对困难群众的人道救助活动，是“人道、博爱、奉献”的红十字精神在基层传播的有效载体，也是红十字会践行以人民为中心发展思想的生动实践。韶关市红十字会响应省委省政府号召，已连续14年开展此项活动，助推形成以人为本、关注弱势群体、扶危济困的社会风尚。

（黄诗荣）

人大立法

【概况】 2022年，韶关市人大常委会履行宪法法律赋予的职责，完成各项目标任务。颁布《韶关市红色资源保护条例》，加大对红色资源的保护力度。编制《韶关市人大常委会2022年—2026年立法规划》，由人大主导、政府依托、公众参与的立法工作格局得到坚持和完善，以良法促发展、保善治、惠民生，凝聚起全市立法工作的合力。

【坚持党对立法工作的领导】 2022年，韶关市人大常委会坚持党对立法工作的领导，始终把地方立法工作放到党的全局工作中思考、谋划，制定《中共韶关市人大常委会党组关于加强党领导立法工作的若干规定》，紧跟党中央和省委、市委决策部署，谋划开展工作，聚焦事关全市改革发展稳定的重大问题，编制五年立法规划和年度立法计划，把市委的重大决策部署转变为国家意志和人民群众的自觉行动。落实立法规划、立法计划及立法中涉及重大体制、重大政策调整等立法事项向市委请示报告制度。一年来，向市委专题汇报立法工作6次，立法重大问题3次，有关条例事项2次。

【地方性法规制定】 2022年，《韶关市红色资源保护条例》于10月25日在市十五届人大常委会八次会议表决通过，并将于2023年5月1日起施行。推进《韶关市珠玑古巷保护条例》《韶关市城市绿地管理条例》立法调研和起草等工作；启动研究制定《韶关市人大常委会关于加强矿产资源管理的决定》《韶关市殡葬管理条例》《南水水库水质保护条例》；组织开展《韶关市农村住房建设管理条例》《韶关市文明行为促进条例》等条例的立法后评估工作。市人大常委会加强对立法工作的通盘考虑和统筹安排解决群众的现实问题，群众关心的热点、难点问题，进行“小切口”“小快灵”立法，以良法促发展、保善治、惠民生，推进韶关高质量发展。编制《韶关市人大常委会2022年—2026年立法规划》，下好立法“先手棋”。市人大常委会加强对制定的地方性法规进行“回头看”，为今后修改完善打好基础，提高立法质量。

【部门参与立法】 2022年，韶关市人大常委会加强与市政府在立法工作上衔接配合，注重发挥政府及其相关部门在立法过程中的基础性作用。市十五届人大常委会第10次主任会议通过《韶关市人民代表大会常务委员会立法工作协调办法》，实行法规起草“双组长”制（由市人大常委会分管立法的副主任和市政府分管立法的副市长分别担任立法项目领导小组组长），保障法规草案起草、审议工作推进。为此，确定乐昌市人大常委会、乳源瑶族自治县人大常委会、武江区人大常委会、市司法局、广东天行健律师事务所、广东众同信律师事务所6个基层立法联系点。完善专家“智库”的工作方式。市人大常委会组建地方立法咨询专家和规范性文件备案审查咨询专家队伍，深化与地方立法研究中心合作，改进专家咨询工作方式，拓展专家参与工作深度，完善立法咨询专家和备案审查专家智库“外脑”建设，签署相关协议，实现资源共享、优势互补，共同推进韶关地方立法的理论和应用研究。

【全民参与立法】 2022年，韶关市人大常委会扩大社会对立法工作的参与，把立法过程转化为体现民意、集中民智、凝聚民心的过程。坚持民主立法、开门立法，向市直部门单位、县（市）区、社会各界征集到立法项目、法规草案意见建议133条；完善代表参与立法工作制度机制，邀请代表参加立法座谈、立法调研等立法工作11次，使立法更好地接地气、察民情、聚民智、惠民生。

【《韶关市红色资源保护条例》颁布实施】 2022年，韶关市人大常委会完成《韶关市红色资源保护条例》的立法任务。该条例于10月25日经韶关市人大常委会第8次会议审议通过，并于11月30日经广东省第十三届人民代表大会常务委员会第47次会议批准，12月2日由韶关市人大常委会发布第7号公告，自2023年5月1日施行。条例全文共6章40条4890字，包括总则、调查和认定、保

护和管理、合理利用、法律责任和附则等方面内容。（黄远刁）

政法委与综治

【概况】 2022年，韶关市委政法委推动市级层面出台《关于进一步健全政法工作机制推动韶关政法工作高质量发展的实施意见》。市委政法委获评平安广东建设先进集体。系统集成打造一批具有韶关特色“国字号”经验做法，被中央政法委《政法动态》和《长安》刊发；“绿红蓝”元素打造“善治韶关”做法被《法治日报》报道。市委政法委统筹推进全面依法治市，完成《韶关红色资源保护条例》立法，启动《韶关市珠玑古巷保护条例》《韶关市城市绿地管理条例》立法程序。市检察院37项案件质量评价指标排名全省前十。生态环境和资源保护公益诉讼成效明显，追偿生态环境公益损失4.35亿元，修复被破坏土11.13公顷，生态环境司法保护工作连续两年被《人民法院报》专题报道。法律援助申请“市域通办”改革成效显著，推进公共法律服务实体平台升级改造，建成仲裁网络办案系统，实现网上立案、网上交费、网上开庭。创新开展人民调解员等级评定工作，相关做法被司法部《人民调解》刊发。

【平安韶关建设】 2022年，韶关市委政法委以护航中共二十大为主线，在全省率先启动工作专班战时机制，处置浈江韶亭荟等“骨头案”，实现“五个不发生”目标，在全省迎接中共二十大维稳安保专班总结大会上作经验发言。常态化开展扫黑除恶斗争，打掉黑社会性质组织1个、恶势力犯罪集团2个，处置“黑财”变现入市级财库5189万元。加大打击违法犯罪力度，全市刑事案件立案数比2021年下降11.9%，破案数上升11.8%。创新实施市域社会治理“一十百”（高质量推进市级打造一张名片、县级树立十个品牌、镇级实施一百个创新案例样板）工程，打造一张“善治韶关”名片、十个县（市、区）治理品牌和百个镇（街）治理样板，涌现出曲江“钢之魂”、翁源“家促会”等众多基层社会治理创新案例。

【“一十百”治理工程推进】 2022年，韶关市委政法委在全省率先开展市校合作，与韶关学院联合成立市域社会治理研究中心，形成《市域社会治理现代化的韶关实践与探索》等理论研究成果，《韶关市建立完善“三四五”闭环体系 推动严重精神障碍患者服务管理上新台阶》等创新经验被中央政法委推广。打造10个县级品牌。全市塑造17个市域社会治理品牌，仁化县创新开展“民情夜访”活动，收集群众意见建议形成“民情日记”，构建“夜访+调处+救助”工作模式，仁化县在2022年全省群众安全感调查中排名第一。打造百个镇级样板。全市打造111个市域社会治理创新案例样板，如新丰县梅坑镇大岭村高质量打造村级议事协商平台，为群众排忧解难，相关经验做法被中央农办《乡村治理动态》刊发。

【创新“绿红蓝”治理路径】 2022年，韶关市委政法委立足韶关自然禀赋和优势，提取“绿红蓝”善美元素注入“善治韶关”治理架构，出版市域社会治理“绿红蓝”专刊，相关做法被《法治日报》报道。守好“绿色”屏障。坚持良法促善治，出台系列法律法规，推动包括林长、河长等生态保护在内的事项入格，加快发展绿色经济，群众“获得感”更加充实。深耕“红色”高地。坚持党建引领，重点打造一批红色镇（街）、村（社区）平安示范点，发挥党员先锋模范作用，将传承和发扬“红色基因”与为民服务具体实践相结合，让群众“幸福感”更有保障。筑牢“蓝色”盾牌。发挥“政法蓝”平安韶关、法治韶关主力军作用，维护社会稳定，让群众“安全感”更可持续。

【翁源家促会】 2022年，韶关市委政法委创新成立全市首家促进家庭教育的公益性组织——翁源县家促会，利用家促会资源优势，推动翁源县周陂中心小学、万豪书院等一批中小学创建成为家校共育示范校，常态化实施家庭教育百场公益大讲堂“五进”工程，构建现代家庭教育的指导平台。探索建立“政府主导、部门点题、家促会执行、全社会参与”的工作机制，聚焦留守儿童、青少年叛逆等难点问题，通过开展父母培训、青少年心理疏导等公益宣讲，架起父母与孩子沟通的桥梁，减少家庭对抗，营造良好的家庭氛围。全年举办家庭教育讲座100多场，受益家长3万多人次。（朱　益）

法治政府建设

【概况】 2022年，韶关市委、市人民政府推动党政主要负责人法治政府建设第一责任人职责履行，落实法治政府建设情况及重大法治政府建事项报告制度，强化经济社会发展法治保障。编制《韶关市人民政府2022年度重大行政决策事项目录》，出具法律意见580件次，审核重大合同81件（次）。审查（核）市政府规范性文件25件、市直部门规范性文件13件，备案审查县（市、区）政府规范性文件20件。强化法治政府创建，推动武江区税务局入选第一批省法治政府建设示范项目，3个村（社区）被命名为第九批“全国民主法治示范村（社区）”、20个村（社区）被评为2022年省“民主法治示范村（社区）”。

【全面依法治市】 2022年，中共韶关市委全面依法治市委员会办公室制定《韶关市2022年全面依法治市工作要点》及其分工方案；健全完善法治建设考核制度，推进市、县级党政主要负责人年终述法全覆盖工作，制定出台《2022年度法治韶关建设考评实施方案》《2022年依法治市绩效考核细则》《韶关市乡镇（街道）法治建设工作评价办法》，压实各级党政机关法治建设推进责任。中共韶关市委办公室文电法规科被评为广东省依法治省工作先进单位，市委政法委林日成、翁源县司法局陈艳娟、韶州公证处商丽杰3人被评为广东省依法治省工作先进个人。

【法治政府机制建设】 2022年，韶关市制定《韶关市法治政府建设实施方案》，落实法治政府建设年度报告制度，建立对县（市、区）法治建设专项考核制度，将法治韶关建设考评结果作为衡量各县市区领导班子和领导干部工作实绩重要内容。首次完成法治韶关建设考评工作，市委书记陈少荣在考评工作情况报告上作出肯定批示。将法治建设作为重点工作纳入《韶关市乡镇（街道）高质量发展综合绩效量化评价办法》，出台《韶关市乡镇（街道）法治建设工作评价办法》，压实基层党政机关法治建设推进责任。

【行政执法规范化建设】 2022 年，市司法局印发《韶关市贯彻实施〈中华人民共和国行政处罚法〉专项行动方案》，抓好新行政处罚法的贯彻实施工作。推动行政执法信息化建设。1 月 6 日，启用广东省一体化行政执法平台，组织平台使用培训 44 场次，培训 2429 人。平台系统上线 359 家行政执法主体，累计办理行政检查、行政处罚、行政强制案件 2318 宗，办理文书 5339 份。深化镇街综合行政执法改革，下放市场监管所和自然资源所归乡镇属地管理；收回部分专业性、技术性强和镇（街）极少使用的事项，将下放镇（街）执法事项由 547 项调整为 208 项。做好全市行政执法人员中华人民共和国行政执法证申领工作，新办理行政执法证 2868 个，换证 7738 个。

【行政复议】 2022 年，韶关市各级行政复议机关收到公民、法人或其他组织的行政复议申请（监督申请）495 件，比 2021 年增长 17%，其中，立案受理 467 件，不予受理 28 件。印发《韶关市行政复议决定履行情况督导工作方案》《韶关市行政复议决定履行与监督规定（试行）》。

【行政应诉】 2022 年，韶关市一审行政诉讼案件 659 件，其中市政府单独作为应诉机关的案件 3 件，市政府部门作为应诉机关的案件 78 件；县（市、区）政府作为应诉机关的案件 114 件，县（市、区）政府部门作为应诉机关的案件 315 件；乡镇（街道）政府作为应诉机关的案件 171 件。推进行政机关负责人出庭应诉，对应出庭而不出庭、不积极履行出庭职责的行政机关以发提醒函等方式督促各级行政机关负责人出庭应诉。韶关市行政机关负责人出庭应诉率达 95.3%。

【行政执法监督】 2022 年，韶关市司法局推进包容审慎监管，完成《韶关市包容审慎监管减免责清单汇编（第一批）》，内容涉及市场监管、文广旅体、医疗保障、自然资源、生态环境等 11 个执法领域 193 项减免责事项，其中从轻处罚 39 项，减轻处罚 19 项，免处罚 133 项，免强制 2 项。开展行政执法领域突出问题专项整治，成立以副市长、市公安局局长张岩为组长的整治工作领导小组，围绕行政执法管辖、执法资格、案件受理、案件调查取证、案件审查决定、案件实体处理、自由裁量权行使、送达执行、礼仪规范、执法信息化 10 个方面在全市行政执法领域开展专项整治。 （彭海东）

【韶关市开展各级公共法律服务实体平台整合工作】 2022 年，韶关市开展全市各级公共法律服务实体平台整合法律服务资源工作，优化法律服务。全年共接受法律咨询 24140 人次、开展办事服务 10515 件；制定《韶关市村（社区）法律顾问工作检查评估指引》《韶关市村（社区）法律顾问律师述职工作指引》《韶关市关于推进公职律师工作的实施计划》，深化一村（社区）一法律顾问工作，发展公职律师；推动企业“法治体检”常态化、制度化，组织律师通过“律师进园区”“百所联百会”“一所惠十企”等工作机制为本地企业开展“法治体检”26 场次，举办法治讲座和法务培训 26 场，解答法律咨询 1160 次，参与纠纷调解 32 宗；优化老年人、妇女、未成年人、残疾人、农民工等特殊群体法律援助服务措施，受理审批法律援助案件 4636 宗，深化法律援助申请“市域通办”改革，受理市域通办申请 54 宗；实施优化公证服务更好利企便民专项行动，建成仲裁网络办案系统，实现网上立案、网上交费、网上开庭。 （彭海东）

公安

【概况】 2022 年，韶关市公安机关开展防风险、保安全、护稳定、促发展工作，全市政治社会大局平安稳定。开展全警实战大练兵，累计调训民警辅警 3304 人次。制订勤务模式下爱警暖警 11 项措施推进“团聚计划”，帮助困难民警解决一批后顾之忧，慰问因公负伤民警 70 人次、辅警 92 人次。强化表彰激励和典型选树，全市公安机关有 76 个集体、637 名个人获得表彰奖励。

【社会治安管理】 2022 年，韶关市公安局从 6 月 22 日至 9 月底，开展为期百日的夏季治安打击整治“百日行动”。开展 3 次全国夏夜治法治安巡查宣防集中统一行动、9 次“每周一专项”集中夜查统一行动，全市刑事案件破案数、刑拘数较上年同期分别上升 129.18%、10.61%。以开展“猎火 2022”专项行动为抓手，建立火灾警情快速反应机制，建设侦办森林火灾案件人才队伍，强化森林火灾案件的查处，加强森林防灭火履责情况督导检查，配合开展森林防火宣传、火灾隐患排查、重点区域巡护、违规用火处罚等。开展人、地、物、事、组织“五大要素”风险隐患摸排管控行动，推广应用“粤居码”，强化校园、出租屋、精神障碍患者、刀具、枪爆物品等安全管控，开展 9 轮校园安全检查并整改一批安全隐患等，加强治安管控。注重打防并举，全市破电诈案件数较上年上升 98.2%；建立精准预警劝阻机制，预警劝阻潜在被骗人员 47.3 万人次，避免财产损失 7.08 亿余元，带动电诈案件、诈骗案件发案数“双下降”。抓好经营性自建房风险隐患排查、枪爆物品管理、大型活动监管等工作。省公安厅异地容灾备份中心大楼土建、机房设施和电力系统 3 个项目完成施工。联合教育部门推进专门学校建设，于 10 月 28 日挂牌成立韶关市启航学校。

【警情管理】 2022 年，韶关市公安局推进警务机制改革，成立市县两级网上网下合成作战中心，并保持全天候运作。完善“平安厅”信箱联席工作会议运行机制，为群众解决急难愁盼问题252个，收到群众表扬感谢信176封。于8月10日印发《关于进一步加强快反机动队伍建设的意见（试行）》；于7月12日网发《韶关市县级公安关“110”受警室工作规定（试行）》和各类警情处置工作指引18份，强化与韶关市“12345”政务服务便民热线中心沟通协调，统筹开展重复警情治理和非警务警情分流，专项治理重复警情7万余条、矛盾纠纷警情111条。

【刑事案件侦破】 2022年，韶关市公安局常态化开展扫黑除恶斗争，加强建章立制、串并打击，深挖打掉黑社会性质犯罪组织1个、恶势力犯罪集团2个，侦破“九类关注案件”130宗，完成“铁网8”目标对象追逃任务，查封冻结扣押一批涉案资产。紧盯诈骗、盗窃、黄赌、食药环知森等突出违法犯罪，坚持以打开路、打防结合，强力开展夏季治安打击整治“百日行动”等专项打击工作，带动提升打防成效，全市刑事案件发案同比下降9.4%、破案率同比上升11.3%，破案数同比上升20.3%。深入开展打击整治养老诈骗专项行动，严厉打击、严密防范养老诈骗违法犯罪，追赃2918.97万元。紧盯重点难点、做实打击主业，推进打击治理电信网络诈骗犯罪，抓获犯罪嫌疑人、破获案件比上年分别上升190.6%、75.3%，电信诈骗案、诈骗案发案数分别下降7.1%、8.5%，预警劝阻人次、避免财产损失金额分别上升108%、122.9%。

【经济案件侦破】 2022年，韶关市公安局以“党的二十大胜利召开”维稳安保工作为主线，以“利剑2022”行动为牵引，以地下钱庄、虚开骗税、商业贿赂等重点领域为抓手，严厉打击、严密防范各类经济犯罪，破经济犯罪案件同比上升5.71%。发起涉税会战1宗。试点运行涉案资金“阳光冻结”平台，为企业和群众提供高效快速的账户查询和申诉绿色渠道。新丰县公安局经侦大队被公安部评为“全国公安机关爱民模范先进集体”。

【禁毒工作】 2022年，韶关市公安机关落实“应打尽打、应检尽检、应收尽收、应帮尽帮”措施，破获涉毒刑事案件41宗。注重创新经验提升，打击整治滥用依托咪酯做法在全省推广，“注重点线面体精准发力全面提升吸毒人员服务管控质效”做法被长安杂志微信公众号刊发。“韶关禁毒”微信公众号在中央政法委第四届“四个一百”（一百个微信公众号、一百个微博账号、一百个视频类账号、一百个资讯类账号）优秀政法新媒体评选中入选“优秀微信公众号”。

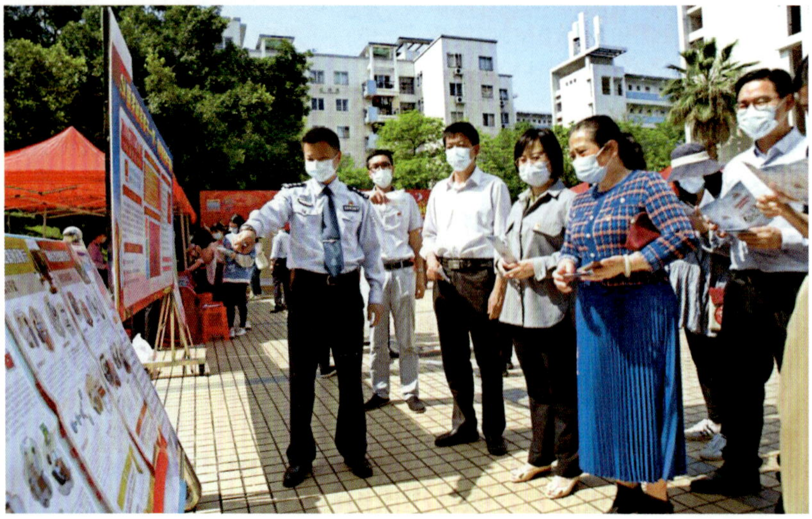

2022年4月15日，韶关市公安机关开展国家安全日宣传活动

（市公安局 供图）

【道路交通安全管理】 2022年，韶关市公安局组织开展全市道路交通安全整治专项行动和“减量控大”工作，加强恶劣天气交通安全应急处置，完成隐患路段治理任务，未发生较大以上道路交通事故和水上交通事故。建设2家机动车回收站并提供“一站式”服务。乐昌粤北、南雄珠玑、仁化武深、仁化城口、翁源坝仔5个省际公安检查站“升级增效”全部完成。开展高速公路无人机智能交通管理工作改革。

【护照签证管理】 2022年，韶关市公安局优化窗口服务管理，强化“等一等走得慢的人”服务理念，提升人性化服务能力水平。完善出入境证件受理审批程序，加强实质性审查工作，打击骗取证件违法行为。联合韶关市科技局开设外国人来华工作许可和居留许可“一窗通办、并联审批”便利服务窗口，制定《出入境管理科公安信息查询有关规定》，主动服务韶关优化营商环境和人才引进工作。受理各类出入国（边）境证件、签注1.11万人次。

【派出所建设】 2022年，韶关市公安机关开展公安派出所“精准脱困”“两队一室”改革、星级派出所创建工作。完成派出所“精准脱困”任务43家。优化机构设置，推进派出所“两队一室”改革14家。深化城乡社区警务，全市充实配备社区民警699人、社区辅警797人、警务助理（治保主任兼职）312人，实现“一区一警两辅”和“一村一辅警”全覆盖。健全警种部门支援派出所机制，建立“常态、专项、安保、应急”四种任务模式。

【见义勇为表彰奖励】 2022年，韶关市公安局牵头完成韶关市见义勇为评定委员会换届工作，推动成立韶关市见义勇为基金会，制定《韶关市见义勇为基金会章程》《财务管理制度》等制度规范。全市评定见义勇为人员30人，发放奖励金61.5万元；为见义勇为牺牲人员家属发放慰问金22万元。

【公安“一件事”改革】 2022年，韶关市公安局推进交管、出入境、户政等部门11项政务服务“一件事”改革，制定《韶关市公安机关推动优化营商环境助力经济稳定15项措施》，推行新办企业4枚印章免费刻制，落实优化营商环境措施。全年办理“一件事”业务近18万件，实现“跨省通办、省内通办”服务事项54项、“市内通办”服务事项154项。围绕交通安全、执法突出问题、违规冻结问题开展专项整治，联合市检察院出台《关于推进韶关市侦查监督与协作配合机制落实的工作意见》《执法司法监督数据和信息共享机制》等，整改落实执法问题158个(宗)。 （韩 微）

检察

【概况】 截至2022年年底，韶关市有市检察院1个，县(市、区)检察院10个，派出检察院2个。2022年，全市检察机关办理各类案件2.12万件。其中，刑事检察案件4230件，民事、行政检察案件650件，公益诉讼检察案件347件，其他法律监督案件1.59万件。14个集体20名个人获省级以上表彰奖励。

【刑事检察】 2022年，韶关市检察机关依法打击刑事犯罪，批捕1175人，起诉2903人。开展常态化扫黑除恶斗争，建立涉黑恶案件介入侦查全覆盖机制，起诉涉黑恶犯罪44人。开展打击治理洗钱违法犯罪活动，起诉洗钱犯罪11人。加强刑事诉讼监督，健全侦查监督与协作配合办公室协作机制，实现市县两级全覆盖，监督立案41件，监督撤案28件，书面纠正侦查活动违法104件，书面纠正审理活动违法3件，提出抗诉6件。受理职务犯罪一审公诉案件63件73人，起诉39件46人；受理司法工作人员相关职务犯罪线索10条，立案侦查2件3人。加强刑事执行监督，审查减刑、假释、暂予监外执行案件14528件，书面提出纠正意见703件，全部得到采纳。对省内3所监狱开展交叉巡回检察，对市内4所监狱开展常规及专项巡回检察；全面推进看守所巡回检察，实现看守所巡回检察全覆盖；开展社区矫正巡回检察，推动执行机关规范执法。

【民事检察】 2022年，韶关市检察机关针对虚假诉讼、公民违法代理、执行失信限制消费等重点监督领域，发出再审检察建议9件、民事审判程序违法行为监督检察建议181件、民事执行检察建议21件，法院采纳率均为100%。加大支持起诉力度，维护弱势群体合法权益，受理案件20件，支持起诉15件，起诉意见均被法院采纳。

【行政检察】 2022年，韶关市检察机关实质性化解行政争议50件，发出行政非诉执行监督检察建议126件，采纳率108%；发出行政违法行为监督检察建议23件，采纳率121%。先后与法院、公安、民政等部门会签《关于完善行政诉讼监督协调工作机制若干问题的意见》《韶关市关于妥善处理以冒名顶替或者弄虚作假的方式办理婚姻登记问题专项工作机制》《韶关市行政争议实质性化解工作规程（试行）》，完善行政检察监督工作机制。

【公益诉讼检察】 2022年，韶关市检察机关服务筑牢粤北生态屏障，开展公益诉讼守护美好生活、文物和文化遗产保护、古树名木保护等专项监督行动，搜集线索502条，立案347件，比2021年分别增长52.58%和41.63%。其中，排查涉环境资源领域案件线索249条，立案154件，提起公益诉讼22件，修复被破坏土地11.09公顷，追偿生态环境公益损失4.35亿余元。延伸公益诉讼监督触角，成立“丹霞山生态保护检察联络室”，凝聚生态领域检察司法与行政执法保护合力。强化国有财产、国有土地使用权出让领域监督，推动全市国有物业资产规范管理，督促国有土地使用权出让金依法收缴，挽回国有财产损失5902万余元。全市有17个案件入选最高检正义网“千案展示”平台；翁源县检察院办理的督促整治违规实施高风险施工作业行政公益诉讼案入选全省安全生产领域典型案例。

【未成年人检察】 2022年，韶关市检察机关落实未成年人检察业务集中统一办理，搭建涉罪未成年人综合帮教平台，加大打击侵害未成年人犯罪力度，批捕191人，起诉285人。强化涉案未成年人家庭教育职责，发出《督促监护令》26份，从源头防治未成年人犯罪问题。针对部分娱乐、住宿、烟酒销售场所违法招用未成年人、未落实强制报告和入职查询制度等问题，向行政执法部门发出检察建议6份。落实“谁执法谁普法”责任制，两级检察院检察长担任法治副校长，走进学校以案释法，武江区检察院创新开展“云课堂”法治进校园宣讲，实现“线上线下”普法全覆盖。

【法治化营商环境营造】 2022年，韶关市检察机关推开涉案企业合规改革，建立第三方监督评估机制，实现第三方监督评估机制管委会市县两级全覆盖，组建68名专家组成的第三方监督评估机制专业人员库，督促4家涉案企业合规整改，以能动检察履职助力企业纾困发展。深化知识产权综合保护，市检察院制定《关于全面加强新时代知识产权检察工作的实施意见》，推动知识产权检察职能集中统一履行，审查起诉制售假冒伪劣商品等破坏市场经济秩序犯罪122件209人。落实宽严相济刑事政策，对涉罪但无社会危险性的民营企业人员依法不批捕4人，不起诉11人。

【民生领域检察监督】 2022年，韶关市检察机关加大食品药品安全领域公益诉讼案件办理力度，排查线索72条，立案38件，起诉3件。开展打击整治养老诈骗专项行动，重点惩治以提供“养老服务”、投资“养老项目”、销售“养老产品”为名实施的侵害老年人合法权益犯罪，批捕12人，起诉19人，工作经验获省检察院推广。推进根治欠薪专项行动，解决工人烦“薪”事，浈江、武江检察院共同办理的张某飞拒不支付劳动报酬案，为劳

2022年7月13日，韶关市检察院召开韶关市涉案企业合规第三方监督评估机制管理委员会成立大会暨第一次联席会议　　（市检察院　供图）

动者追回被拖欠款项122万余元。

【助力社会治理】 2022年，韶关市检察机关办理群众信访1744件，七日内程序性回复和三个月内办理过程或结果答复均实现100%。综合运用领导包案、公开听证、司法救助等措施，化解矛盾纠纷，全市两级检察院检察长包案办理首次信访案件72件，化解率96%。一体推进“司法救助助力巩固拓展脱贫攻坚成果助推乡村振兴”和“关注困难妇女群体，加强专项司法救助”专项活动，向因案致困的128名当事人发放司法救助金205万余元。深化诉源治理效能，制发社会治理类检察建议27份，助力提升环境、卫生、安全生产和资源保护等领域治理水平。市检察院就加强地热资源保护向行政机关发出的检察建议获评全省检察机关检察建议典型案例。

【检务公开】 2022年，韶关市检察机关邀请人大代表、政协委员、人民监督员视察检察工作、观摩公开听证、参加检察开放日等活动530余人次。发布案件程序性信息4191条、重要案件信息45条。加强检察听证，规范听证室建设，实现“中国检察听证网”同步直播；评选205名听证员组成全市听证员库，制定听证工作指引，举办公开听证75场，以公开审查、公开听证促公正赢公信。

【韶关市检察院聘任首批特邀检察官助理】 2022年5月26日，韶关市检察院举行特邀检察官助理聘任仪式，11名市直行政机关业务专家受聘担任首批特邀检察官助理。市人社局、市自然资源局、市生态环境局、市住建局、市农业农村局、市卫健局、市审计局、市市场监管局、市林业局9家单位分管领导及代表，市检察院领导班子成员及各部门负责人和业务骨干到场见证。开展行政机关专业人员兼任检察官助理工作，是全面贯彻习近平法治思想，落实中央全面深化司法体制改革部署的重要举措。在市检察院的示范引领下，全市各基层检察院开展该项工作。首批聘任的特邀检察官助理都是生态环境、资源保护、食品药品安全、金融、税务、行政执法等领域的行家。各对口业务部门加强信息沟通、业务交流，将务实的合作转化成新时代检察为大局服务、为人民司法、为群众办实事方面的具体行动、举措和成效；建章立制，强化行政执法和检察司法工作合力，借助“外脑”提升办案质效，提升司法公信力，优势互补，促进相关部门依法行政，实现双赢多赢共赢。

【涉案企业合规改革试点】 2022年7月13日，韶关市涉案企业合规第三方监督评估机制管理委员会成立大会暨第一次联席会议在市检察院召开。韶关市涉案企业合规第三方监督评估机制管理委员会由市检察院、市工商联、市司法局、市国资委、市生态环境局、市财政局、市税务局、市市场监督管理局、市贸促会9家单位组成。涉案企业合规第三方监督评估机制，是指人民检察院在办理涉企犯罪案件时，对符合企业合规改革试点适用条件的，交由第三方监督评估机制管理委员会进行调查评估、监督和考察，考察结果作为人民检察院依法处理案件的重要参考。涉案企业合规改革的目的不仅在于督促涉案企业履行合规承诺，更是以合规建设杜绝涉案企业的再犯可能性和社会危险性，让涉案企业既感受到法律的刚性，又感受到法律的温情。2022年，韶关市

2022年5月26日，韶关市人民检察院举行首批特邀检察官助理聘任仪式
（韶关市检察院　供图）

检察机关深入开展涉案企业合规改革试点工作，推动第三方机制管委会和第三方机制专业人员名录库组建，在促进企业刑事犯罪诉源治理、营造安商惠企法治化营商环境、助力经济高质量发展方面取得实效。7 月 13 日，韶关市涉案企业合规第三方监督评估机制管理委员会第一次联席会议审议通过《韶关市涉案企业合规第三方监督评估机制实施细则（试行）》，规范韶关市涉案企业合规第三方监督评估机制管理委员会以及第三方监督评估机制相关工作有序开展。11 月 16 日，韶关市人民检察院检察委员会第 14 届 8 次会议审议通过《韶关市人民检察院办理涉案小微企业合规案件工作规定（试行）》，规范涉案小微企业合规案件办理。

（张瑞锋　刘　杰　周园萍）

法院

【概况】 2022 年，韶关市中级人民法院辖 10 个基层法院，基层法院有派出法庭 22 个。全市法院受理各类案件 5.93 万件，比 2021 年下降 3.03%，新收案件五年来首次出现下降，办结 5.47 万件，法官人均结案 231.78 件；其中，市中院受理各类案件 1.14 万件，办结 1.08 万件。8 月 18 日，韶关市中级人民法院举办特约监督员聘任仪式暨征求意见座谈会，聘任 10 名社会各界人士为特约监督员。全年全市法院有 12 个集体和 8 名个人获得市级以上表彰。市中院研究室被评为全国法院先进集体、曲江法院被中国审判杂志社评为全国法院司法审判宣传先进单位、市中院法警支队和仁化法院法警大队被评为全省法院一级警队。

【刑事案件审判】 2022 年，韶关法院依法审结故意杀人、故意伤害、抢劫等严重暴力犯罪一审案件 288 件。审结盗窃、诈骗等多发性侵犯财产权利犯罪一审案件 428 件，依法对涉电信网络诈骗犯罪的 73 名被告人判处刑罚，罗秋桂诈骗医保基金案入选国家医保局公布的欺诈骗保典型案例。建立落实常态化扫黑除恶“十件实事”机制，审结涉黑恶犯罪一审案件 6 件。市中院被评为平安韶关建设先进集体。开展打击整治养老诈骗专项行动，审结以“投资养老”“扶贫建房”之名诈骗老年人钱财的犯罪案件 7 件，追赃挽损 743.77 万元。对 971 名罪行较轻的被告人判处缓刑、管制或免予刑事处罚。

【民商事案件审判】 2022 年，韶关法院审结民商事一审案件 2.35 万件。深入开展营商环境问题专项整治，推动 114 项优化营商环境措施落地落实。深化破产审判机制创新，推动成立市破产管理人协会，建立破产预重整机制，受理破产案件 12 件，办理韶关粲徽投资公司破产清算案，盘活闲置土地 10.51 公顷。处置“问题楼盘”纠纷，推进万佳和房地产公司重整案，推动“盛世华庭”项目交付房屋 131 套。

【环境资源案件审判】 2022 年，韶关法院审结非法采矿、林地承包等各类涉环保一审案件 425 件，李泽球等跨市倾倒“废油渣”案入选广东法院环境资源司法保护十大典型案例。制定《关于建立生态环境修复司法机制的意见（试行）》，建立“补植复绿”“增殖放流”等多种生态修复模式，督促被告人补种林木 29.4 公顷、投放鱼苗 2 万尾。

【行政案件审判】 2022 年，韶关法院助力法治韶关建设，支持行政机关实施“放管服”改革，审结行政诉讼一审案件 684 件，依法判决撤销或纠正不规范行政执法行为，维护行政相对人合法权益。延伸审判职能，向相关行业组织、企事业单位发送司法建议 50 份，帮助堵塞管理漏洞。推进行政争议实质性化解，联合市司法局等单位出台行政争议实质性化解实施方案，设立行政争议诉前调解中心，化解行政争议案件 17 件。

【民生案件审判】 2022 年，韶关法院依法保障民生权益，审结涉住房、物业、医疗等涉民生一审案件 2376 件。处理婚姻家庭纠纷，审结继承、赡养等案件 3058 件，发出人身安全保护令 7 份。审结欠薪等劳动争议一审案件 787 件，帮助追回“血汗钱”1544.41 万元。部署开展十大民生实事项目，审结涉“三农”案件 214 件，为经济困难群众缓减免诉讼费 241.07 万元，发放司法救助金 186.09 万元。打造群众“家门口”的法庭，在偏远乡镇设立网上巡回法庭 60 个。持续优化线上诉讼服务，率先推行网上立案容缺受理机制，网上立案通过率超 90%，相关经验被《法治日报》推广报道。

【执行工作】 2022 年，韶关法院深化综合治理、源头治理，执结案件 1.68 万件，执行到位 18.31 亿元。联合公安机关建立“查人扣车”机制，与

2022 年 8 月 18 日，韶关市中级人民法院举办特约监督员聘任仪式暨征求意见座谈会，聘任 10 名社会各界人士为特约监督员

（韶关市中级人民法院　供图）

2022 年 3 月 8 日，韶关中院妇委会组织干警开展送法进社区活动

（韶关市中级人民法院　供图）

金融机构开展“法拍贷”合作，破解“查人找物难”“财产变现难”等问题。开展“南粤执行风暴”等专项执行行动，限制消费 1.24 万人次，发布失信名单 9320 人次，打击规避执行、拒不履行行为。推进信用修复机制建设，修复信用 4874 人次，乐昌法院推出自动履行正向激励机制，把“要我履行”变成“我要履行”。

【审判执行质效提升】 2022 年，韶关法院开展提升审判执行质效三年行动，建立“6+7”审判管理体系，完善瑕疵案件评定、长期未结案件监管、司法委托归口管理等机制，多项指标排在全省法院前列，案件平均审理期限比 2021 年度减少 9 天。提升审判执行质效的经验在全省法院推广。强化智慧法院建设成果运用，探索开发智能化辅助办案系统，在办案系统嵌入证据标准、类案检索等功能，为当事人立案提供预期。市中院与中国邮政韶关分公司合作开发“睿法智达”电子送达平台，浈江区法院以“法院＋邮政”推进电子、集约送达，电子送达率 95.75%。

【审判改革】 2022 年，韶关法院打造群众“家门口”的法庭，在偏远乡镇设立网上巡回法庭 60 个。优化线上诉讼服务，率先推行网上立案容缺受理机制，网上立案通过率超 90%，相关经验被《法治日报》推广报道。推进审级职能定位改革试点工作，完善案件级别管辖和提级管辖机制，落实知识产权审判领域改革，推动知识产权民事、行政一审案件由翁源县法院江尾法庭集中管辖，全市法院审结知识产权一审案件 449 件。

【审判体制综合配套改革】 2022 年，韶关法院推进审级职能定位改革试点工作，完善案件级别管辖和提级管辖机制，落实知识产权审判领域改革，推动知识产权民事、行政一审案件由翁源法院集中管辖，全市法院审结知识产权一审案件 449 件。强化智慧法院建设成果运用，探索开发智能化辅助办案系统，在办案系统嵌入证据标准、类案检索等功能，为当事人立案提供预期。市中院与中国邮政韶关分公司合作开发“睿法智达”电子送达平台，浈江法院以“法院＋邮政”推进电子、集约送达，电子送达率 95.75%。

【韶关法院创新探索网上立案容缺受理机制】 2022 年，韶关法院创新探索网上立案容缺受理机，打造低成本、高效率、方便群众立案的诉讼服务，实现诉讼“一网通办”，体现办案公平正义。在推广网上立案的同时，韶关法院探索推进网上立案容缺受理机制，2022 年网上立案通过率为 91.5%。韶关中院以“为群众办实事示范法院”创建活动为契机，经充分调研、讨论后决定全面推行网上立案容缺受理机制，并扩大该机制适用范围，确定可容缺受理的案件类型包括一审民商事、知识产权、执行和民商事再审案件，可容缺受理的案件数约占韶关法院年均新收案件的 90%。（温　菁）

司法行政

【概况】 2022 年，韶关市司法局落实市“改革攻坚规范治理年”工作部署，14 项规范治理任务全部完成，“立改废”制度文件 15 份。开展“律师进园区”活动，推动韶关市 9 家省级工业园区与律师事务所签约，为本地企业提供法律咨询 1721 次，开展公益法律讲座、“法治体检”499 场次。韶关市实施省民生实事——法律援助申请“市域通办”改革取得成效，被作为全省推进“市域通办”改革工作参考；全市推进矛盾纠纷大排查大化解专项行动有关做法在全省人民调解工作会议上作经验交流，人民调解员等级评定工作经验做法被司法部《人民调解》杂志推介；韶关市司法局获“2020—2021 年度平安韶关建设先进集体”称号，韶关市强制隔离戒毒所连续 20 年实现“六无”安全目标。

【普法教育】 2022 年，韶关市司法局开展“善美之城法治韶关”“民主法治示范（社区）”系列法治宣传志愿服务暨创建活动。开展以“学习宣传贯彻党的二十大精神，推动全面贯彻实施宪法”为主题的“宪法宣传周”活动，其中“宪法宣传周”线上有奖竞答活动，参与 26.33 万人次；“宪”在进行时——“宪”与您合影和法治元素“随手拍”主题作品征集活动参与 1.14 万人次。组织开展“善美之城·法治韶关”系列法治宣传志愿服务活动 18 场次。开展“促进文明行为养成提升公民法治素养”系列法治宣传活动，宣传《韶关市文明行为促进条例》《韶关市农村饮用水水源保护条例》。组织开展 2022 年韶关市国家机关“谁执法谁普法”履职报告评议活动，8 个被评议单位均获得优秀等次。10 月 30 日，韶关市普法办公室、韶关市司法局联合相关部门举办 2022 年法治文化季普法小使者技能比赛决赛。组织国家安全法专题学考活动，全市参考人数 12.00 万人，参考率 98.88%；优秀人数 11.85 万人，优秀率 98.74%。

【公共法律服务】 2022 年，韶关市有市公共法律服务中心 1 个，县（市、区）公共法律服务中心 10 个，镇（街道）公共法律服务工作站 109 个，村（社区）公共法律服务工作室 1470 个。全年公共法律服务实体平台接受法律咨询 3.12 万人次、开展办事服务 1.31 万件、组织服务资源 7.86 万人次；群众通过公共法律服务网络平台进行法律咨询 8640 人次、开展办事服务 84 件；通过公共法律服务语音平台开展法律咨询 2.36 万人次、开展办事服务 73 件。组织执业律师上线公共法律服务网络平台开展驻网服务 928 人次，办理公共法律服务工单 31 件。

【法律援助】 2022 年，韶关市设立 11 个法律援助机构、法律援助工作站 194 个、法律援助联络点 1454 个，473 名村（社区）法律顾问律师担任法律援助联员。全市各级法律援助机构受理审批指派代理（代书）或辩护类法律援助案件 5086 宗，其中市法律援助处受理法律援助案件 588 宗。实施法律援助申请"市域通办"，打造全市跨层级、跨区域法律援助受理新模式，建立市域跨区指派律师机制，受理市域通办法律援助申请 64 宗。完善法律援助案件抽查督查、互查互评、责任追究和质量回访制度，选聘 22 名优秀律师组建法律援助案件质量评估专家库，韶关市在全省案件质量同行评估中优良率排名全省第二。

【司法鉴定】 2022 年，韶关市有司法鉴定机构 13 家，鉴定人 90 人。全年办理司法鉴定行政许可 41 件，司法鉴定机构办理司法鉴定 1.11 万件。制订《韶关市司法鉴定行业 2022 年"双随机、一公开"检查工作方案》，常态化开展"双随机、一公开"检查，合计抽查 5 家司法鉴定机构。下发《关于开展司法鉴定专项检查工作的通知》，全覆盖开展专项检查，并组织鉴定人进行法律知识和专业技术知识考试，强化从业人员依法依规执业意识。

【社区矫正】 2022 年，韶关市 108 个乡镇（街道）成立本级社区矫正委员会乡镇（街道）社区矫正委员，实现社区矫正委员会市县镇三级全覆盖。各级社区矫正委员会由本级党委副书记或政法委书记担任主任，加强对社区矫正工作的组织领导，对社区矫正工作统筹协调、牵头抓总、督促落实。配合市检察院以新丰县和曲江区作为试点，首次开展社区矫正工作巡回检察。推进"智慧矫正中心"创建工作，纳入首批试点单位的仁化县和曲江区智慧矫正中心完成验收申报。开展社区矫正"一县区一品牌"活动，仁化利用本地红色资源，打造"红色之旅"品牌；浈江授人以渔，打造"助力启航"品牌；曲江通过帮助社区矫正对象，解决困难问题，打造"暖心助矫"品牌等等。

【安置帮教】 2022 年，韶关市安置帮教核查成功率全省排名第六，衔接成功率全省排名第五。制定《关于进一步规范做好刑满释放人员解除社区矫正对象安置帮教工作的通知》，对矫正对象多渠道开展帮困扶助，发挥安置帮教基地功能作用，10 个县（市、区）均已建立安置帮教社会工作者队伍和社会志愿者队伍。

【人民调解】 2022 年，韶关市各级调解组织开展矛盾纠纷排查 7680 次，成功预防纠纷 2568 宗；受理各类矛盾纠纷 1.45 万宗，调解成功 1.44 万宗，调解成功率 99.27%，涉及金额 2.02 亿元。全市有人民调解组织 1794 个。其中，乡镇（街道）人民调解委员会 108 个，村（居）人民调解委员会 1460 个，其他人民调解组织 226 个，调解组织实现乡镇（街道）、村（居、社区）全覆盖。建立涉及道路交通事故、医疗纠纷、婚姻家庭纠纷、知识产权纠纷、金融纠纷、物业纠纷、劳资纠纷等 9 类行业性专业性人民调解委员会 208 个。建立邓玉霞、邓火坚、刘日红、谭尚朝、高英、冯水清 6 家个人调解工作室，9 个县（市、区）推行"庭所共建"试点工作，法院、公安局、司法局 3 家政法部门共同签订"庭所共建"协议，实现矛盾纠纷多元化解。仁化县司法局、浈江区司法局、乳源瑶族自治县司法局被中华全国人民调解协会、广东省调解协会通报表扬为人民调解工作先进单位。

（彭海东）

【韶关市强制隔离戒毒所开展戒毒工作改革】 2022 年，韶关市强制隔离戒毒所发挥规范化、科学化、专业化

2022 年 10 月 30 日，韶关市普法办公室、韶关市司法局联合相关部门举办 2022 年法治文化季普法小使者技能比赛决赛 （韶关市司法局 供图）

戒治优势，做好戒毒工作改革发展，提升教育矫治质量。做好心理摸排和健康评估，准确掌握戒毒人员心理健康情况，及时发现心理异常人员，有针对性地做好个案心理咨询工作。利用心理咨询师灵活开展心理辅导，消除戒毒人员焦虑等不良情绪，提升戒毒人员心理健康水平和自我调适能力。开展“六个一”专题教育，增强戒毒人员组织纪律观念和集体观念。因地制宜抓好戒毒人员康复训练，提升戒毒人员身体素质。落实期区流转工作要求，确保统一戒毒模式和教育矫治工作科学有序开展。（彭海东）

仲裁

【概况】 2022年，韶关仲裁委员会受理各类经济纠纷案件475宗，案件总标的额3.99亿元，案件受理数创韶关仲裁委员会成立以来的历史新高。案件调解数211宗，案件调解率44%，案件调解数和案件调解率在全省仲裁机构中排在前列。已经结案319宗，占受案总数的67%。案件主要包括房屋装饰、租赁、商品房买卖、保险、建设工程施工、承揽、商标、交通事故损害赔偿等10余种类型。受理案件的范围宽广，新类型案件增多，案件办理质量得到提高，人民群众对仲裁的认识和信任度不断提高。仲裁案件被人民法院撤销0件、不予执行的案件0件。

【劳动人事争议仲裁】 2022年，韶关市劳动人事争议调解成功率78.09%，劳动人事争议仲裁结案率96.63%，法定审限内结案率100%。落实劳动人事争议“网上办”，推广“互联网+仲裁”，全面推行“粤省事”劳动人事调解仲裁小程序。推行“要素式”办案模式，裁决结案平均时间缩短20%，提高劳动人事争议案件处理质效。印发实施《关于调整全市劳动人事争议案件管辖范围的通知》和《韶关市劳动人事争议仲裁办案指引》，完善仲裁办案制度体系。联合市总工会、市企业家协会、市工商联印发《关于印发〈韶关市劳动人事争议三方联合调解工作方案〉的通知》，设立韶关市劳动人事争议三方联合调解中心，共同开展劳动人事争议诉前联合调解，构建多元共治的争议化解格局。

【仲裁委员会换届】 2022年，提请市政府的《关于同意韶关仲裁委员会换届的请示》获得市领导批示。起草《第四届韶关仲裁委员会工作总结》《关于完善仲裁工作及对新一届仲裁委员会工作规划的意见建议》等换届材料，组织研究仲裁员选聘和仲裁委成员聘任工作，上述材料均同步征求省司法厅、仲裁委员会委员单位和委员的意见，相关回复意见基本收集完毕，正在起草换届材料的起草说明，待有关单位再研究后即提交市领导审阅，以便按程序召开相关会议。

【仲裁案件管理】 2022年，针对韶关市出现的保险合同纠纷、承包合同纠纷等与以往不同的纠纷情况，对一些关系复杂、难度较大、问题较棘手的案件，韶关市仲裁委员会组织案件研讨会，邀请资深律师、行业专家和大学教授进行研讨。通过研究，相互交流，听取不同意见，减少对案件的误判误裁，提高办案水平。加强办案监督，对办案文书和庭审笔录经常进行抽查，实行奖优罚劣，规范文书制作，提高仲裁文书的质量，保证仲裁文书能够全面、准确地反映案件审理的真实情况。

【仲裁法律宣传】 2022年，韶关仲裁委员会办公室受邀参加韶关市银行业公会组织召开的法律事务委员会工作会议，20家会员单位法律业务部门负责人参加会议。座谈会上各成员代表纷纷发言，韶关仲裁委员会办公室在会上对各成员单位提出的金融纠纷和法律问题均做解答。韶关仲裁委员会办公室先后与农业银行、交通银行、广发银行、韶关市农商银行、东莞银行和建设银行开展仲裁普法进企业活动，宣传仲裁法，提高仲裁法的知晓度和普及率。

【矛盾纠纷多元化解】 2022年，韶关仲裁委员会办公室分别与新丰县人民法院、南雄市人民法院、翁源县人民法院、武江区人民法院签订合作协议，开展矛盾纠纷多元化解工作，进驻法院人员已经到位，相关制度如《关于提高银行抵押类与信用类案件调解质效的指导意见》逐步建立，半年来累计调撤案件80宗，分流案件110宗。

【经济纠纷仲裁】 2022年，韶关仲裁委员会受理各类经济纠纷案件475宗，案件总标的额3.99亿元，案件受理数创韶关仲裁委员会成立以来的历史新高。通过在交通事故处理中心设置调解室的形式专门调解交通事故损害赔偿纠纷案件，调解案件130宗。通过背对背调解、当事人调解、办案秘书调解等形式，促进买卖合同纠纷案件当事人达成调解协议，调解案件20宗。克服小额仲裁案件收费高的难题，通过诉前调解形式降低诉讼成本，建设金融案件调解平台，调解金融借款纠纷案件50宗。

【韶关市搭建“法院+仲裁”解纷模式】 2022年7月1日，韶关市仲裁委员会与武江法院会签订《关于共同建立韶关市武江区民商事纠纷诉调对接工作机制的协议》，搭建“法院+仲裁”解纷模式，扩大解纷力量，促进解纷能力提升。市仲裁委将派出专业调解人员进驻法院开展调解工作。武江法院在立案登记前对适宜由市仲裁委调解的民商事纠纷，引导当事人优先选择调解方式予以解决，让更多矛盾纠纷化解在身边，化解在家门口，满足群众的多元解纷需求。2022年，武江法院共受理调解成功率59.4%，平均调解用时15天，矛盾纠纷多元化解工作成效显著。

（李 阎）

韶关军分区

【概况】 2022年，韶关军分区组织理论学习22次，领导上专题党课30余次，集体交流4次。新建军网备份线路通道，修订完善各类战备和应急抢险等非战争军事行动方案预案。完成地方应急管理指挥系统引接。组织2批全区军官、专武干部、文职人员参加的为期10天的基本技能课目训练和考核。组织国防动员专业分队、民兵应急营、防汛抢险队伍等各类训练。全市大学生和大学毕业生征集比率均超过省下达的征集指导比例。配合市政府完成2期110名公务员国防教育培训。完成全区43所高中高校5万名学生军训工作。对韶关籍生活困难现役军人和退役军人进行走访慰问。先后2次组织安全大检查，梳理整改5个方面100余个具体问题。完成国防动员专业队伍组织整顿。开展2022年度国防动员潜力调查统计工作，完成100余个国防动员重点潜力机构（企业）的信息统计工作。开展民兵整组装备保障和市民兵应急营装备点验、武器装备管理问题清查工作。

【思想政治教育】 2022年，韶关军分区开展“领导干部带头上党课，普通党员上台讲党课”等活动，用好6个学习平台，建立4个机制，组织理论学习22次，领导上专题党课30余次，集体交流4次；到红军长征粤北纪念馆、犁市当铺、中共广东省委粤北省委旧址及曲江区曹家湾乡村振兴示范点参观见学，推动思想政治教育落地生根。

【备战基础建设】 2022年，韶关军分区修订完善各类战备和应急抢险等非战争军事行动方案预案，扩充应急救援手段。完善指挥手段建设，组织全市民兵通信分队骨干集训，完成地方应急管理指挥系统引接。新建军网备份线路通道，提高战备应急通信指挥保障能力。结合抓建“四个秩序”（规范战备秩序、规范训练秩序、规范工作秩序、规范生活秩序），改善工作、学习环境，规范战备秩序，提升备战水平。召开国防动员重难点问题研讨会、省军区小型作战会、方案汇报解析会及演习的复盘总结会。

【战备训练】 2022年，韶关军分区推进构建以市级训练基地为主体、县级训练基地为补充、行业基地为拓展的训练体系。分批分期组织集中轮训，全年组织2批全区干部、文职人员参加的为期10天的基本技能课目训练和考核。组织国防动员专业分队、民兵应急营、防汛抢险队伍等各类训练。联合市应急管理局在韶关市龙舟岛附近水域组织以“转移受灾群众”为课题的防汛救灾演练。开展韶关市2022年群众性练兵暨比武竞赛活动，完成2022年国防动员演习、每季度战备拉练。

【民兵建设】 2022年，韶关军分区深化民兵调整改革成效，召开国动委专题会议部署任务，在曲江区人民武装部组织应急连紧急出动示范观摩，组织韶关市军地联合工作组对10个县（市、区）督导考评，抽查基层武装部，现地点验民兵应急连，推动全市民兵整组任务的完成。全年完成普通民兵、基干民兵整组任务。精简编实建强民兵队伍，着重抓好应急、支援队伍训练，备战能力得到提升。9月，迎接军委国防动员部、省检查组检查验收，军分区机关本级、人武部均达到优秀标准。8月至9月，军分区首长和处以上领导到中国联通、中国电信就企业编兵和民兵优抚情况进行调研了解，并协调开通民兵优惠通信卡业务。

【征兵工作】 2022年，韶关军分区落实兵役制度改革，突出抓好阳光征兵和廉洁征兵。针对疫情影响，全市各级利用新媒体开展线上宣传，坚持每周大交班通报制度，推动基层征兵工作落实，取得较好成绩，全市大学生和大学毕业生征集比率均超过省下达的征集指导比例，各项考核指标创历史新高，走在全省前列。始兴县实现连续68年无责任退兵，完成年度征兵任务。

【双拥工作】 2022年，韶关军分区参与乡村振兴，到韶关学院、大为中学等学校开展助学活动。在广东扶贫济困日对韶关籍生活困难现役军人和退役老兵进行走访慰问，帮助武江区生活困难退役军人新建住房，组织春节困难官兵职工救济和“七一”困难党员慰问活动。协调乐昌市风电、光伏发电项目涉国防军事设施核查工作，协调市供电局供电线路巡查涉军事禁飞事项，确保地方经济建设进展。

【部队安全管理】 2022年，韶关军分区坚持交班会、办公会和节假日开展安全教育，讲评安全管理工作情况，每季度召开安全形势分析会，部署有关安全管理工作，坚持常抓常管，筑牢思想防线。组织隐患排查整治和随机检查督导，先后2次组织安全大检查，梳理整改5个方面100余个具体问题，举一反三抓好纠治整改，全区没有发生重大安全违纪问题。

【国防动员】 2022年，韶关军分区调整完善市、县两级国防动员委员会领导和办事机构，召开国动委专题会议，研究部署国防动员专项任务，修订完善国防动员各类方案，指导各县（市、区）国动委和市本级各专业办公室开展国防动员专业队伍整组。完成国防动员专业队伍组织整顿，进行现场点验。组织基层武装部规范化建设达标考评，并联合市委组织部对全市专武干部进行集中轮训，对拟任专武干部进行资格认证考核，通过率100%。开展2022年度国防动员潜力调查统计工作，完成国防动员重点潜力机构（企业）的信息统计工作，补充录入部分重点潜力单位和新域新质潜力单位，整理编报重点潜力图册。接受南部战区潜力点名调查，参加全省国防动员潜力会审时受到省军区通报表扬。

【纪律教育】 2022年，韶关军分区组织开展首长专题纪律党课教育4次，利用大交班等时机先后20余次集中组织传达党纪文件或开展随机党纪教育，集中组织观看《铁纪强军》纪律教育系列专题片，开展党课教育，组织述学述责述廉组织生活会，组织师团级单位逐人传阅违规违纪人员《忏悔录》，强化党员干部敬畏法纪、收敛知止的思想和行动自觉。

2022年，韶关军分区到韶关学院开展“捐资助学献爱心，军民渔水情更浓”助学活动。图为韶关军分区助学金（第29、30期）颁发仪式

（韶关军分区 供图）

【装备保障】 2022年，韶关军分区抓好军分区“学装、知装、用装、管装”工作。坚持规范民兵装备仓库管理，组织全区装备管理集训。开展民兵整组装备保障和市民兵应急营装备点验工作、武器装备管理问题清查工作，梳理上报全区现役装备编制现有情况、补充装备未到位情况、退役报废装备未上报情况。

【党管武装述职】 2022年1月6日，韶关军分区在市委会议中心四楼召开各县（市、区）人武部党委第一书记2022年度党管武装工作述职会。市委书记、韶关军分区党委第一书记陈少荣主持会议并发表讲话，市长陈志清，韶关军分区司令员，市委常委、韶关军分区政治委员，相关市领导，韶关军分区各处负责人，市国防动员委员会成员单位负责人，各县（市、区）委书记、人武部党委第一书记等出席大会。

【执行应急任务】 2022年，韶关军分区出动民兵参加地方抢险救灾支援活动，包括配合参与新冠疫情防控工作，参加灭火救援工作，参与抗洪抢险工作，配合乳源瑶族自治县地方政府开展广东省少数民族体育运动会活动；曲江区对口保障军兵种民兵分队协助驻军部队战备出动期间的交通管制和安全警戒任务。

【军分区党委十二届六次全体（扩大）会议】 2022年1月25日，在军分区礼堂召开韶关军分区党委十二届六次全体（扩大）会议，深入学习贯彻军委国防动员部党委扩大会议、省军区党委扩大会议精神。会议全面分析总结2021年度工作，研究部署2022年度任务，军分区党委书记、政治委员代表党委常委会围绕“踔厉奋发、积极作为高标准推进军分区部队全面建设”作工作报告，军分区司令员、党委副书记围绕“深入贯彻习近平强军思想，奋力推进军分区部队全面建设高质量发展”讲话。会议通报表彰2021年度先进单位和先进个人。

【韶关军分区党委第十二届第六次全体（扩大）会议】 2022年8月3日，韶关军分区党委十二届七次全体（扩大）会议召开，会议传达学习上级党委全会精神；军分区政治委员、党委书记代表军分区党委常委会作半年工作报告；军分区司令员、党委副书记就下半年工作指导作讲话。会议全面分析总结2022年上半年度工作，研究部署2022年下半年度任务。军分区党委委员出席会议，全体机关干部列席会议。

【韶关军分区举行 2022 年军地青年联谊活动】 2022 年 11 月 8 日，2022 年韶关市军地青年联谊活动在驻韶某部队举行，来自驻韶关部队和韶关各机关、企事业单位的 200 名单身男女青年参加活动。活动旨在为进一步促进军地交流，营造拥军爱军的良好氛围，为军地青年搭建沟通感情、增进友谊、相识相恋的幸福桥梁，活动促成 26 对嘉宾牵手成功。该项军地联谊活动是韶关市双拥工作的创新机制，能促进军地青年喜结连理，促进军民共建，促进社会和谐，满足部队适龄官兵及各单位适龄女青年构建幸福家庭的美好期盼。 （王仲元）

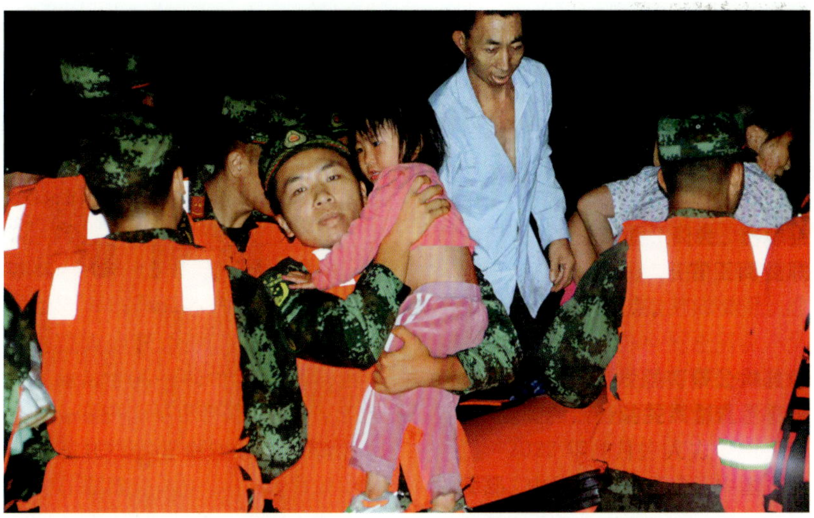

2022 年 6 月 21 日，韶关多个县（市、区）遭受严重洪涝。图为武警韶关支队官兵转移受灾群众 （武警韶关支队 供图）

武警韶关支队

【概况】 2022 年，武警韶关支队组织开展思想政治教育，举办各类仪式教育，宣扬官兵身边 10 名先进典型。开展强军文化活动，开展“强军风采”群众性文化活动，建成 9 个中队的书香军营。组织开展各类集训活动，完成驻地韶关市抗洪抢险救援任务，搜救和转移被困群众 1286 人。

【思想政治建设】 2022 年，武警韶关支队推行教育“三课”实现破冰提质，以主题教育为统领，每月聚焦专题开展经常性思想教育，开展“八个分享”群众性自我教育活动，举办各类仪式教育，宣扬官兵身边 10 名先进典型。有 11 人成功考入军校，1 人参加总队“三会一好”优秀政治教员评比获三等奖。聚焦“忠诚维护核心、矢志奋斗强军”，深化“传承红色基因、担当强军重任”主题教育，围绕拥护“两个确立”，分 3 个专题（拥护“两个确立”、锻铸绝对忠诚；赞颂伟大成就、聚力练兵备战；学习贯彻二十大精神、奋进强军新征程）开展教育授课，引导官兵坚定理想信念，投身强军兴军伟大事业。10 月，党委组织官兵收看大会直播，下发中共二十大报告和应知应会知识要点，指导基层结合教育“三课”、理论“三学”持续深化中共二十大精神学习，通过集中组织原文学习中共二十大报告、阅读主流报刊、制作专题板报等方式，把握大会内涵要义。坚持党委班子带头学习，带头为官兵宣讲大会精神，采取集中宣讲和分专题宣讲相结合的形式，面对面为官兵解读辅导；开展理论轮训，组织学习中共二十大精神主题分享会，开展“致五年后的自己”一封信活动，调动官兵学习中共二十大精神的积极性主动性。9 月 16 日，组织“党员的榜样力量”优秀党员事迹分享会，8 名优秀党员代表用自身亲历分享在本职岗位上坚守初心、践行使命的实际行动。

【强军文化活动】 2022 年，武警韶关支队开展“强军风采”群众性文化活动，举办“强军战歌献给党”歌咏通讯赛、“强军杯”篮球赛、军事体育运动会、读书知识竞赛。推进书香文化建设，建成 9 个中队的书香军营。常态开展“集体生日”“军营小广播”“饭前小演讲”等活动。定期为基层配发图书、文体器材，下基层播放红色电影，规范基层政治文化环境，打造“笑脸”文化。元旦、春节、“五一”国际劳动节、国庆、中秋等节日期间开展文化活动，成立舞龙、舞狮、战鼓队，组织烧烤晚会，组织“一起向未来”春节录播晚会，每次节日后讲评展播基层文化活动视频、录制节日视频等。

【执勤战备】 2022 年，武警韶关支队坚决贯彻落实武警部队新时代执

2022 年 6 月 21 日，韶关市武警支队官兵携带橡皮艇开展防汛救援 （武江区委宣传部 供图）

勤安保规范化集训精神，组织教练员集训、分批轮训、预提指挥警士集训等集（培）训活动。支队被总队表彰为规范化执勤优秀支队，6 个单位被总队表彰为规范化执勤优秀中队，支队参加总队指挥员“周期过关制”比武综合排名第一，参加总队教练员集训综合排名第三，参加总队特战侦察干部骨干集训获评“优胜单位”，军事职业教育综合排名位列总队第四，1 人被总队评为“优秀教练员”，4 人被总队评为“优秀指挥员”。遇有重大活动、节假日等特殊时点，支队担负丹霞机场、韶关火车东站、武广高铁韶关站、市委市政府及西河客运站周边主要街道联勤武装巡逻、环粤检查站警戒设卡，完成任务。

【抢险救援】 2022 年 6 月，驻地韶关多个县（市、区）遭受严重洪涝灾害，人民生命财产受到严重威胁。武警韶关支队官兵第一时间赶到灾区，帮助转移群众，紧急抢运物资，搜救和转移被困群众 1286 人，完成抢险救援任务。（许晓航　黄　彪）

人民防空

【概况】 2022 年，中共韶关市委军民融合办制定全市年度人民防空训练计划，并指导县（市、区）开展训练。在市区城区新增 3 套防空警报设施设备，扩大城区警报音响覆盖范围。在“9·18”纪念日，组织市区及各县（市、区）城区开展防空警报试鸣并多点同步开展人防应急疏散演练。开展人防法规宣传教育，推进人防宣传“五进”工作，开展“中国航天日”宣传活动。结合“9·18”纪念日，在浈江区、武江区、曲江区设立“我与人民防空”宣传咨询点，拓展人防教育宣传面。

【人防警报建设管理】 2022 年，中共韶关市委军民融合办在市区城区新增防空警报设施设备，扩大城区警报音响覆盖范围。在“9·18”纪念日，组织市区及各县（市、区）城区开展防空警报试鸣并获得成功，检测城区防空警报设备设施的性能。其中，曲江区在世纪皇庭小区、乐昌市在市实验学校、新丰县在县第二中学、翁源县在县中等职业技术学院结合警报试鸣同步开展人防应急疏散演练，检验组织指挥程序和人防应急能力，提高防空袭紧急疏散组织指挥能力。

【人防法规宣传】 2022 年，中共韶关市委军民融合办联合市教育局在全市城区中学二年级开展人防知识教育，覆盖全市 54 所初中 2.6 万名学生；9 月，联合市委党校县处级干部任职培训和进修学习班开展人防知识教育。结合“中国航天日”，开展线上线下宣传，全市在 78 个人防宣传阵地张贴“中国航天日”海报 278 张、播放宣传视频 8640 条次，组织各县（市、区）开展宣传“中国航天日”及航天事业发展成就活动 14 场次，发放“中国航天日”笔记本 9000 余本。结合“9·18”纪念日，开展人民防空宣传周活动，利用公共场所屏幕播放人防知识教育宣传影片、图片和标语。在人流密集的场所现场派发宣传资料及接受市民咨询。推进人防宣传教育“进社区”，举办城市防空防灾知识讲座，组织社区居民、工作站志愿者参观该社区配套的结建式人防疏散工程。（刘文霞）

【人防工程建设管理】 2022 年，韶关市住建管理局办理应建防空地下室的民用建筑项目许可事项、易地修建防空地下室的民用建筑项目许可事项和结建式人防工程竣工验收备案事项，促进韶关市人民防空体系的建设。（杨伟剑）

【韶关市开展人防法治宣传教育“五进”工作】 2022 年，韶关市人民防空办公室开展人民防空法治宣传教育“五进”工作，在韶关城区中学向学生开展人防知识教育，发放教材 71000 份，培训 71000 人。在韶关市德育基地设置人防宣传教育场馆，培训中小学生约 2 万名。进入校园开展 11 次防空袭疏散演练，提升防空防灾、应急避险的意识和能力。将人防法律法规列入市委党校主体班次培训计划，参加培训 700 人。加强自身学法，开展理论学习中心组集中学习 11 次，主题宣讲 10 次，普法考试 5 次，在学法和考法中用法，深化法律知识学习宣传效果。在韶关市建成 40 个社区人防工作站，配齐设施设备和宣传资料，结合宪法日等综合性普法活动，开展宣传 10 场次，总计发放宣传品 1 万多件。组建人防宣传教育志愿者服务队，到社区开展共建服务 7 次，培养社区人防志愿者 210 名。全市建成 7 个企业人防工作站，深入企业开展人防和安全生产检查、宣传。申请在“韶司在线”微信公众号推送《中华人民共和国人民防空法》和《广东省实施〈中华人民共和国人民防空法〉办法》。（刘文霞）

2022 年 6 月 9 日，中共韶关市委军民融合办公室组织开展人防宣传进社区活动
（市委军民融合办　供图）

经济管理

宏观经济调控

【概况】 2022年，韶关市统筹疫情防控和经济增长，组织开展实施103条稳经济配套措施，全市地区生产总值增长率由负转正。同时推动新型工业化、新型城镇化、农业农村现代化、资源资产价值化、改革攻坚系统化、治理体系和治理能力现代化，做好“六稳”工作、全面落实“六保”任务。全年安排等市本级政府投资计划项目41个、项目总投资241亿元；安排市本级政府投资计划预备项目9个、总投资51.5亿元。全市安排市重点项目319个，年度计划投资400.5亿元，实际完成投资408亿元，为年度计划投资的101.9%。推动传统产业改造升级和战略性新兴产业培育壮大，加快数字经济产业快速发展，建成全国一体化算力网络粤港澳大湾区国家枢纽节点数据中心。推进老工业基地调整改造和产业转型升级示范区工作成效明显，获得发展改革委通报表扬。

【统筹经济发展】 2022年，韶关市统筹疫情防控与经济发展，全面落实国家和省稳经济一揽子政策，出台《韶关市促进工业经济平稳增长若干政策措施》《韶关市贯彻落实稳经济一揽子政策的接续政策措施工作方案》等系列文件。组织开展实施103条稳经济配套措施，制定《关于贯彻落实〈广东省人民政府办公厅关于印发支持韶关建设国家老工业城市和资源型城市产业转型升级示范区的若干意见〉的实施方案》《关于贯彻落实〈中共广东省委、广东省人民政府关于推动北部生态发展区高质量发展的意见〉的实施方案》《韶关市关于承接粤港澳大湾区产业有序转移促进产业高质量发展的实施方案》等文件，推动《韶关市促进农业转移人口市民化加快新型城镇化的若干政策措施》及6个实施细则、3个行动方案落地实施，部署《韶关市新型城镇化规划（2021—2035年）》《韶关市公共服务“十四五”规划》《韶关市人口发展规划（2021—2035年）》等重要规划文件，全市地区生产总值增长率由负转正。全年全市地区生产总值1563.9亿元，比2021年增长0.2%。其中，第一产业增加值224.56亿元，增长4.9%；第二产业增加值556.69亿元，下降2.5%；第三产业增加值782.67亿元，增长0.7%。全年人均地区生产总值5.47万元，增长0.1%。固定资产投资下降19.7%。社会消费品零售总额494亿元，增长1.2%。地方一般公共预算收入94.5亿元，下降13.3%。外贸进出口198亿元，下降10.1%。居民消费价格指数增长1.9%。城乡居民人均可支配收入3.14万元，增长4.0%。城镇新增就业人数2.05万人。

【年度计划编制与执行】 2022年，韶关市编制《韶关市2021年国民经济和社会发展计划执行情况及2022年计划草案的报告》，下达年度计划，稳市场主体。出台《韶关市2022年促进消费若干措施》，统筹财政资金5300万元开展消费券发放、家电以旧换新等促消费活动，全年实现社会消费品零售总额494亿元，增长1.2%。

【经济运行监测】 2022年，韶关市抓好宏观经济监测调度工作，出台实施稳住经济的103条一揽子政策措施。建立全市经济分析部门联席会议，关注经济运行过程中的苗头性、倾向性问题，研究部署政策措施。加强投资运行监测，紧盯重大支撑项目投资统计数据与形象进度相匹配，确保“能统尽统”。要求各职能部门紧盯每月新增入库项目情况，做好新增入库项目首次报数统计工作，确保项目已发生投资应统尽统。

【固定资产投资】 2022年，韶关市规范市级政府投资项目管理，提高政府投资效益。10月28日，完成《韶关市市本级政府投资管理办法》修订，对政府投资项目实行储备库管理制度。全年安排韶关市中心城区污水管网建设和改造工程、市区污水管网建设与提升项目（首期）、韶关数据中心集群浈江片区基础设施建设项目、韶关高新区基础设施建设项目、华南先进装备产业园基础设施建设项目、广东韶关健康职业学院建设项目、韶州中学建设项目等市本级政府投资计划项目41个、项目总投资241亿元。安排韶关市级公共卫生补短板项目、粤北区域高水平疾控中心综合实验大楼、莞韶城二期等市本级政府投资计划预备项目9个、总投资51.5亿元。当年完成年度投资31亿元，涵盖国省道改造、港航、城市基础设施、信息基础设施、环境保护、水利建设、教育事业、医疗卫生、文化体育、居民保障等多个领域。

【产业结构优化】 2022年，韶关市狠抓传统产业改造升级和战略性新兴产业培育壮大，立足铅锌铜、稀土、钨等有色金属资源富集优势，依托铝加工材产业基础，推进资源产业向下游延伸，产业转型发展政策体系完善。通过推动精细化工向“专精特新”方向发展，丰富产品种类、提高产品附加值。加快企业自动化智能化数字化升级改造，韶钢建成全省最大特钢生产基地，绿色钢铁产业集群逐渐成形。抢抓大数据发展机遇，发展数字经济，争取全国一体化算力网络粤港澳大湾区国家枢纽节点数据中心集群布局韶关，规划418.47公顷土地用于韶关集群建设，引进签约12家数据中心企业，投资规模400亿元，与鹏城实验室合作成立大数据产业研究院，创新组建市级数投公司，加快数字经济产业快速发展，建成全国一体化算力网络粤港澳大湾区国家枢纽节点数据中心。举办首届“东数西算”粤港澳大湾区(广东)算力产业大会，一批重大项目陆续引进落地。

【重点项目建设】 2022年，韶关市安排市重点项目319个，年度计划投资400.5亿元，实际完成投资408亿元，为年度计划投资的101.9%。其中，续建项目173个，年度计划投资218.8亿元，实际完成投资219.4亿元，占年度计划投资的100.3%；新开工项目146个，年度计划投资181.7亿元，实际完成投资175.8亿元，占年度计划投资的96.8%；另有20个预备项目开工，完成投资12.8亿元；有28个项目完成建设，项目个数和全年完成投资皆为历年之最。举办4次集中开竣工活动，470个项目参加活动，实际完成投资171.1亿元。组建重大项目并联审批工作专班，协调解决487个问题，促进韶关市管道天然气、乳源瑶族自治县东阳光璞泰来等152个重要项目提前动工建设。

（欧闻歌）

【老工业基地调整改造】 2022年，韶关市推进老工业基地调整改造和产业转型升级示范区工作成效明显，获得发展改革委通报表扬。2011—2022年获得国家资源枯竭城市转移支付资金43亿元，2020—2022年获得国家重点地区转型发展专项(资源型地区转型发展方向)资金11170万元，其中产业转型升级示范区项目获得7030万元，独立工矿区项目获得4140万元。推进“双变”改革试点，以韶钢、韶冶等龙头企业为试点，探索推出“厂区变园区、产区变城区”改革试点工作，牵引传统产业转型升级，加快产城融合发展示范。推动韶钢、韶冶、乳源东阳光、董塘凡口矿等三批试点工作，三批改革试点盘活土地396.93公顷，新引进已签约项目58个，总投资236亿元，全年完成投资36.9亿元。园区社会投资项目“拿地即开工”改革试点成效明显，改革活力激发、发展空间拓展。（谭桃华）

【“双变”改革试点】 截至2022年，韶关市三批“双变”改革试点共计可盘活利用土地面积1239.67公顷，已盘活416.67公顷，占可盘活利用土地面积的33.6%。新引进签约项目58个，总投资250.7亿元，其中，42个项目已开工建设。谋划主业增资扩产、技术改造、园区基础设施建设、园区生活配套设施建设等152个项目，总投资426.7亿元，其中，40个项目已竣工，60个项目正在建设中。韶关市“双变”(“厂区变园区、产区变城区”)韶关市于2021年开展“双变”(“厂区变园区、产区变城区”)改革试点，“双变”改革试点是韶关市委、市政府部署的重点改革工作，是提高资源资产利用效率，推动传统产业转型发展，实现产城融合的关键举措。市委十二届十二次、十三次、十四次全会部署实施“厂区变园区、产区变城区”改革。两年来开展三批11个“双变”改革试点建设，涉及14个试点企业。各试点单位围绕主导产业，开展招商引资，推进闲置低效用地清理，统筹推进园区新型工业化和新型城镇化，“双变”试点改革取得初步成效。在节能减排、环保控制方面取得好的成效，劳动强度、工作环境都得到提高。通过“双变”改革试点，能够盘活老工矿企业、激发传统企业新活力、腾出高质量发展新空间、提供产城融合新示范。（欧闻歌）

【服务业企业扶持】 2022年，韶关市人民政府办公室印发《韶关市促进服务业领域困难行业恢复发展的若干措施》，涵盖减税降费、房租减免、金融扶持、财政补助、促进消费、新冠疫情防控等46条政策措施，为缓解企业困难、增强从业者信心、助力行业恢复发展提供支持。全年落实退税减税降费54亿元，累计纾困减负8.89亿元，惠及13.25万户次企业，新增登记市场主体1.2万家、增长5.7%。组建重点企业服务工作专班，强化重点行业重点企业的对接服务，落实“走访、对接、协调、交办、反馈”工作闭环机制。市县两级专班响应企业诉求，走访服务企业1094个，发出交办单94张，办结企业诉求331个，推动企业生产经营提质增效。完成营利性服务业增加值总量83.96亿元，比2021年增长1.7%，占GDP比重5.4%。其中，完成其他营利性服务业增加值总量69.78亿元，下降0.1%，占GDP比重4.5%。其他营利性服务业总体呈现发展速度缓慢、规模较小、行业发展不平衡等特点，全市106家规模以上其他营利性服务业企业，全年营收30.33亿元，下降7.5%。其中，信息传输、信息和软件服务业发展较快，全年营收比2021年增长30.7%；租赁和商务服务业、文化、体育和娱乐业受新冠疫情疫情影响较大，营业收入分别比上年下降15.1%、11.1%。（刘生群）

自然资源管理

【概况】 2022年，韶关市自然资源部门完善韶关市本级国有建设用地使用权供应内审制度工作提高产业园区和城市建设闲置土地处置效率，全市完成批而未供处置土地1224.47公顷。推行二手房"带抵押过户"业务模式；实现高频不动产登记业务线下"全市通办"；完成不动产登记系统安全保障任务；全市本级办理不动产登记业务73232件。实施"全链条"遏制违法用地，推进违法用地查处整改"百日攻坚"行动，重点整治违法建筑和占用耕地行为。完成韶关市国土空间基础信息平台建设工作，支撑自然资源数据共建共享，提升自然资源服务水平和治理效能。完成第三次全国国土调查工作，并发布韶关市第三次全国国土调查主要数据成果。

【用地保障】 2022年，韶关市自然资源局组织拟定规范市本级划拨土地供应的制度文件，于7月以市政府办公室的名义印发《韶关市人民政府办公室关于进一步规范市本级划拨土地供应的通知》；于9月组织编制并印发《韶关市自然资源局关于进一步完善韶关市本级国有建设用地使用权供应内审制度的工作方案》；于9月组织制订并报市政府批准《韶关市自然资源局关于委托韶关高新区管理委员会行使闲置土地处置部分职能的工作方案》，委托韶关高新区对市本级各工业园区行使闲置土地处置职能，提高产业园区闲置土地处置效率。开展规范处置闲置低效用地专项行动。市本级下发128宗地的《闲置土地调查通知书》，召开9次闲置土地认定会审会议，对125宗疑似闲置土地进行审议，处置闲置土地442.83公顷，清理出低效用地222.67公顷，处置低效用地12.93公顷。完善土地供应内审制度，形成市本级拟供应地块"净地"供应流程化和标准化完成情况台账模板。健全土地供后监管机制，形成供后监管程序化、标准化工作流程，印发实施。通过"及时录入系统信息""适量延期"等方式消减2022年"新增"闲置土地118.87公顷，核发218宗地开竣工提醒/履约通知单，督促企业抓紧开发建设。推广工业用地带方案出让，指导各县(市、区)开展工业项目带方案出让工作，完成16宗工业用地带设计方案出让。追缴到扬成网络、碧祥房地产、韶屹房地产、长韶实业、绿建住宅、韶关卷烟厂土地出让金、利息、违约金共计7506万元。全市完成批而未供处置1224.47公顷，其中2018前批而未供454.27公顷，年度任务完成率73.67%；完成闲置土地处置371.47公顷，年度任务完成率219.63%。

【不动产登记】 2022年，韶关市推行二手房"带抵押过户"业务模式；实现高频不动产登记业务线下"全市通办"；完成不动产登记系统安全保障任务；全市本级办理不动产登记业务73232件，比2021年增加6.01%；其中办理首次登记174件，一般转移登记25157件，变更登记1568件，抵押登记12584件，注销抵押登记6478件，更正登记920件，补换证登记327件，协助司法查解封登记6483件。发放不动产权证书5.46万本，减少18.19%；开具不动产登记证明2.36万张，减少16.05%；为群众企业开具各类不动产登记信息查询函2.37万份。所有不动产登记业务平均办结用时0.13天，缩短56.67%，其中当天办结的有6.92万宗。规范日常登记信息入库，落实业务审核机制，其中发放不动产单元号439宗，审核权籍报告含确权1.4万户、预告3020户、在建工程抵押1739户、单位建房76户。

【自然资源统一确权登记】 2022年，韶关市完成全市10个县（市、区），共计99个乡镇、1228个行政村的"房地一体"农村宅基地及其地上房屋权籍调查68.7万宗，整合原颁发宅基地和集体建设用地使用权存量数据14万宗，完成"房地一体"宅基地及其地上房屋新发证29万宗；全市化解18个不动产登记历史遗留问题，涉及4747户。完成清理规范林权确权登记历史遗留问题国家试点工作，基本完成原林权类数据库整合工作，梳理出6类116.7万个问题，处理林权登记问题61.3万个，面积18.24万公顷；完成全市6个自然资源确权登记项目的确权登簿工作；1月29日，印发《韶关市自然资源局关于工业物业产权分割及分割转让办理不动产登记有关事项的暂行通知》。

【自然资源执法监察】 2022年，韶关市自然资源局实施"全链条"遏制违法用地，推进违法用地查处整改"百日攻坚"行动，推进全省攻坚整治2022年度新增建设占用耕地违法违规行动，整改面积244.07公顷，疏堵结合遏制新增农村乱占耕地建房成效显著，全市发现上报新增问题住宅类、产业及公共管理服务类比2021年分别下降30%、72%。

【自然资源调查监测】 2022年，韶关市在主要媒体发布韶关市第三次全国国土调查主要数据公报，召开韶关市第三次全国国土调查主要数据成果新闻发布会。以2021年12月31日为标准时点，组织县（市、区）对国家下发的2.14万个含专项图2415个变更调查图斑开展实地调查举证，全面掌握2021年度的地类、面积、属性及相关单独图层信息的变化情况，更新县级国土调查数据库，形成年度国土变更调查成果。

【自然资源信息化建设】 2022年，韶关市自然资源局一站式管理服务系统推广应用至曲江区自然资源局、东莞(韶关)产业转移工业园管委会、华南先进装备园管委会，对委托下放实施的行政审批事项实现信息化管理和市辖三区全覆盖，同步对接全国信用信息共享平台、市"一门式一网式"政务服务信息系统、市工程建设项目审批管理系统，避免二次录入，实现市辖三区规划许可审批信息共享。完成自然资源一站式管理服务系统"督查督办"模块建设，实现市自然资源局205项改革攻坚规范治理工作年度任务全流程电子化管理。完成"金土工程"视频会议系统设备升级改造工作，使用高清视频会议终端，音频、视频效果提升。基于韶关市"多规合一"业务协同平台，实现在项目策划过程中上传区域评估成果和评估成果共享功能，落实优化营商环境和工程建设项目审批制度改革措施整改的工作要求。市自然资源局印发《韶关市自然资源局数据管理制度》，加强对自然资源数据的规范管理及共享应用。完成韶关市国土空间基础信息平台建设工作，支撑自然资源数据共建共享，提升自然资源服务水平和治理效能。

【测绘地理信息管理】 2022 年，《韶关市基础测绘“十四五”规划（2021—2025 年）》印发实施，该文件统筹安排“十四五”期间全市基础测绘工作。截至 2022 年年末，韶关市共有 39 家乙级测绘资质单位，其中 3 家乙级测绘单位取得甲级测绘资质。全年韶关市自然资源局共受理送审地图 12 件，批准通过 12 件。完成工程建设项目联合测绘平台建设工作，实现“一次委托、联合测绘、成果共享、依法监管”。完成韶关市国土空间基础信息平台建设工作，有效支撑自然资源数据共建共享，自然资源服务水平和治理效能不断提升。在 2022 年广东省地理信息公共服务平台（天地图·广东）市级节点综合评估工作中，韶关市获五星级评价，为最高评价级别。

【韶关市完成第三次全国国土调查】 2022 年 4 月 29 日，韶关市人民政府新闻办举行韶关市第三次全国国土调查，韶关市各级自然资源主管部门和三调办全面采用优于 0.2 米—1 米分辨率的卫星遥感影像制作底图，广泛运用“互联网 + 调查”方式方法，全流程严格实行质量管控，约 700 名调查人员历时三年，调查图斑约 80 万个。韶关市“三调”（第三次全国国土调查）结果显示耕地面积 16.1 万公顷，对比“二调”耕地减少较多。耕地减少的主要原因：利用耕地发展果蔬等种植业，因农业结构调整导致耕地面积减少；因乡村人口外出务工，较大量山区耕地无人耕种撂荒、弃耕，或转产发展林果业，“三调”按照林地或园地调查统计；历史上开发、开垦的耕地因管护不到位撂荒、弃耕等，“三调”被认定为非耕地；由于城市发展和交通基础设施建设项目建设占用耕地而减少。韶关市“三调”林地面积 145.6 万公顷，较“二调”增加 4.4 万公顷，林地总量占全省林地的 13.49%，占韶关市国土面积的 79.10%。韶关市建设用地总量 8.4 万公顷，与“二调”数据相比，增加 0.62 万公顷。在“三调”中，对 6.7 万公顷城镇村庄用地进行细化调查，查清全市城镇村庄内部的土地利用现状，包括商业服务业用地、工矿用地、住宅用地、公共管理与公共服务用地和特殊用地等各类土地利用状况。总体看，新增建设用地有力支撑韶关市经济社会发展。（朱思武）

国有资产监管

【概况】 截至 2022 年年底，韶关市国资委监管企业资产总额 224.69 亿元，比 2021 年减少 2.1%；净资产 99.30 亿元，减少 0.4%；负债总额 125.39 亿元，减少 3.4%，资产负债率 55.8%。实现营业收入 28.44 亿元，增长 15.6%；利润总额 2.37 亿元，增长 2.2%，上缴税费 1.75 亿元，减少 23.2%，上缴国资收益 2.82 亿元。

【国有企业改革改制】 2022 年，韶关市从事生产经营活动事业单位转企改制工作进展顺利。完成市政府物业管理中心转企改制主体任务。完成清产核资、原在岗事业编制人员安置等 10 项工作任务。韶关市城区市场开发管理有限公司于 3 月 25 日挂牌运营。8 家不设新公司的涉改单位在岗事业编制人员 26 人接收、安置工作全部完成。7 家涉改单位的新设公司全部成立。配合市自然资源局推动韶关市规划市政设计研究院有限公司、韶关市测绘研究院有限公司设立和监管事宜。健全完善党的领导与公司法人治理相统一的工作机制，确立企业党组织在公司法人治理结构中的法定地位。于 4 月完善中国特色现代企业制度。修订完善《中共韶关市国资委委员会“三重一大”事项清单》。董事会配齐建强深入推进，市属各级企业均落实董事会“应建尽建”。于 4 月修订《韶关市国资委外部董事管理办法》，市属国企全部实现外部董事占多数，优化企业董事队伍结构。完成董事会向经理层授权，保障经理层依法行使主持生产经营管理等职权。推动国有资本优化布局调整。5 月，市绿投公司、市数投公司挂牌成立。健全市场化机制提升国有企业活力效率。市属国企完成经理层成员任期制和契约化管理签约工作，中国特色现代企业制度下的新型经营责任制基本建立。三项制度改革（劳动、人事、分配）取得突破。市国资委印发《韶关市市属国有企业中层干部竞争上岗工作指导意见（试行）》《关于建立韶关市国资系统直接监管企业管理人员末等调整和不胜任退出机制的意见（试行）》，打通管理人员“上下”通道，企业经营活力、发展质效和综合竞争力增强。印发《韶关市国资监管企业人才库建设管理实施办法》，在国资监管企业抓好优秀经营管理人才、优秀党建工作人才和优秀专业技术（高技能）人才队伍建设。市属国企基本实现新进员工公开招聘，基本实现全员绩效考核，“人员能上能下、员工能进能出、收入能增能减”从制度上得到确立。规范市属国资国企经营管理专项行动落地见效。市国资委牵头制定《规范市属国资国企经营管理专项行动方案》。先后印发 12 项国资监管制度及工作指引，实现国资监管重点领域和关键环节事前、事中、事后全过程监管，对监管企业做到“该放的放权到位，该管的管住管好”。构建公司法人治理、投资规划、资产转让、资产租赁、审计协同、资金互助、债务风险管理、竞争上岗、末等岗位调整等多维度综合国资监管体系。

【国有资产运营】 2022 年，韶关市国资委审核监管企业投资事项 27 宗，计划投资金额 33.16 亿元。主要涉及的投资项目有：市城投集团出资设立广东韶关数据产业投资发展有限公司服务韶关市大数据产业，注册资本金 10 亿元；投资建设保税物流中心项目，投资总额 3.22 亿元；投资韶关市辖三区智慧停车建设项目 1.05 亿元。市交旅集团增资并购市旅投公司，增资金额 6.62 亿元；投资设立韶关市绿色投资发展有限公司，注册资本金 1 亿元。市工贸集团参与投资建设翁源县铁龙镇将军屯南部矿区熔剂用白云岩矿项目，项目投资总额4.59亿元。市水投集团投资韶关数据中心集群供水建设工程项目，投资总额3.87亿元。市金财集团投资设立县(市、区)管道天然气项目公司4家，注册资本金4240万元等。市国资委办理产权登记业务24宗，其中，新设立企业8家，注销企业7家，情况变动企业9家。

【国有资产考核评价】 2022年，韶关市国资委修订《韶关市国资委监管企业负责人薪酬考核办法》，调整薪酬考核中党建考核和经营业绩考核的占比，其中，党建考核指标由原来的占比50%，调整为占比30%；经营业绩指标由原来的占比50%，调整为占比70%；以企业效益及市场化为导向，将激励与约束相结合，规范监管企业负责人薪酬管理，确保收入分配制度健全，程序规范，结果合理，促进国有资产保值增值。

【国资国企监管机制】 2022年，韶关市被纳入市国资委监管的国有企业有124户，其中，直接监管企业6户，分别是市工贸集团、市交旅集团、市城投集团、市水投集团、市金财集团、市公汽公司。重要参股企业3户，分别是韶能集团、韶铸集团和韶关粤运。韶关市国资委制定《中共韶关市国资委委员会“三重一大”事项清单(试行)》，包括重大决策、重要人事任命、重大项目安排和大额资金使用，规范市国资委党委对监管企业的监督。修订《韶关市国资委监管企业投资监督管理暂行办法》，依法履行出资人职责，建立健全以管资本为主的国有资产监管体制，推动市属国资监管范围内国有企业规范投资管理构。制定《韶关市国资委监管企业资金互助管理暂行办法》，促进韶关市国资委监管企业间合作，提升资金运营效益、有效降低资金成本。制定《韶关市国资委监管企业加强债务管理严控债务风险暂行办法》，加强监管企业债务风险管理，健全债务风险防控长效机制，推动监管企业加强资产负债约束。与韶关市审计局联合印发《加强市属国有企业审计协同监督工作办法》，为推进市属国资国企审计全覆盖，促进国有企业深化改革，服务国有资本做大做强做优提供制度保障。修订《韶关市国资委监管企业资产转让监督管理暂行办法》，制定《韶关市市直经营性国有资产租赁管理暂行办法》，规范市国资委各监管企业国有资产转让和租赁行为，防止国有资产流失。修订《韶关市国资委监管企业负责人薪酬考核办法（修订稿)》，提高企业负责人薪酬考核的科学性、合理性，规范监管企业负责人薪酬管理。制定《韶关市国资委监管企业公司章程制定管理暂行办法》，规范公司治理，落实企业法人财产权与经营自主权。制定《韶关市市属国有企业中层干部竞争上岗工作指导意见（试行)》《关于建立韶关市国资系统直接监管企业管理人员末等调整和不胜任退出机制的意见(试行)》《韶关市国资委监管企业人员调动管理办法（试行)》，构建管理人员“上下”通道，促进人才合理有序流动和人力资源合理配置。

【市工贸集团】 韶关市工贸发展集团有限公司（以下简称“市工贸集团”)注册资本3.02亿元，由9个子公司及8个部门组成。截至2022年12月底，市工贸集团管理的资产总额23.05亿元，实现营业收入4.41亿元，比2021年增长236.92%；净利润3614.65万元，增长648.64%。系统在册职工520人。2022年，市工贸集团全年组织开展物业公开竞租11期204宗次，营业总收入743.57万元，增长2.68%，委托管理物业租金收入2039.15万元，租金综合收缴率98.9%。推动工贸集团诉韶关市奔腾广告有限公司案等3宗案件胜诉，追回凌兆昌案等3宗案件债权97.36万元及韶关公汽公司、韶关市方信培训公司长年欠款93.7万元，收回正星公司破产财产分配款467.45万元。市工贸集团所接收的“三供一业”(供水、供电、供热和物业管理)物业维修改造任务全面完成，对纳入分离移交财政补助资金清算范围内并完成改造的37个项目3317户进行清算；协助破产管理人加快推进市粤北制革厂等14家破产清算企业司法清算及韶关市红星综合厂等3家企业关闭清算工作；组织完成市属国有退出企业档案整理服务项目验收工作；协助市棚改办完成芙蓉山煤矿等8家企业棚改移交工作。市工贸集团为720户租户减免租金1721万元。市工贸集团解决原市电焊条厂职工被拖欠多年的医疗费报销金额6.69万元。市工贸集团及下属企业参与2022年韶关市“广东扶贫济困日”暨灾后复产复建爱心捐赠累计款项33万元。为群众办理查档手续390份，回复群众信访件18件，处理网络问政45份。（庞雅文）

【韶关市国资国企在线监管平台通过验收】 2022年11月，韶关市人民政府国有资产监督管理委员会(以下简称市国资委)召开韶关市国资国企在线监管平台系统验收会议。会上浪潮集团项目组汇报韶关市国资监管平台系统项目的建设背景、建设内容和成果，对企业组织机构基本信息管理、财务监督、投资管理、资产管理、大额资金动态监控、三重一大决策与运行、党建管理、大数据分析平台、数据采集交换平台、移动应用业务等系统板块进行演示。截至11月中旬上报省国资委监管数据1万余条。浪潮集团为韶关市国资监管平台系统提供运维支持。广发银行配合做好韶关市国资监管平台系统项目相关工作。韶关市国资国企在线监管平台系统上线运行后，将加快韶关国资监管数字化、信息化、智能化转型，全面提升市属国企的信息化管理水平以及国资监管效率效果。

【韶关国资系统上线首个水电气共享营业厅】 2022年4月6日，韶关市首个水电气共享营业厅正式上线，以南方电网韶关供电局韶关市区西河营业厅为试点，设立“水电气联办专窗”，试运行用水、用电、燃气报装等业务一窗通办模式。韶关作为广东的重工业城市，在经济发展势头迅猛的影响下，市民及市场主体对水电气的需求正逐步上升，水电气办理业务量也在持续扩大。以往办理水电气业务却需要分别前往供水、供电、燃气公司三个营业窗口，重复提交申办材料，“分头报”“重复交”的模式为市民带来诸多不便，直接影响企业生产和客户获得感。为进一步优化营商环境，韶关市供电局主动联合市国资委、市水投公司、港华燃气有限公司，积极转变“单独办理、各自为战”的服务模式，打造韶关市首批水电气共享营业厅，融合水电气三项报装业务，优化业务服务流程，搭建“水电气联办”服务平台，以“统一收件、综合受理、统一出件、一次接入”的模式，实现一窗通办的“一站式”服务。

（曾慧娴）

财政

【概况】 2022 年，韶关市一般公共预算收入完成 93.15 亿元，扣除留抵退税因素（9.33 亿元）后下降 7.78%。全市一般公共预算支出完成 356.47 亿元，比 2021 年下降 3.71%。其中，民生领域支出完成 276.24 亿元，占一般公共预算支出的 77.49%，比 2021 年增长 2.02 个百分点；全市各级财政预算安排用于省十件民生实事的资金 5.87 亿元，实拨 6.04 亿元，完成年初预算的 102.9%。

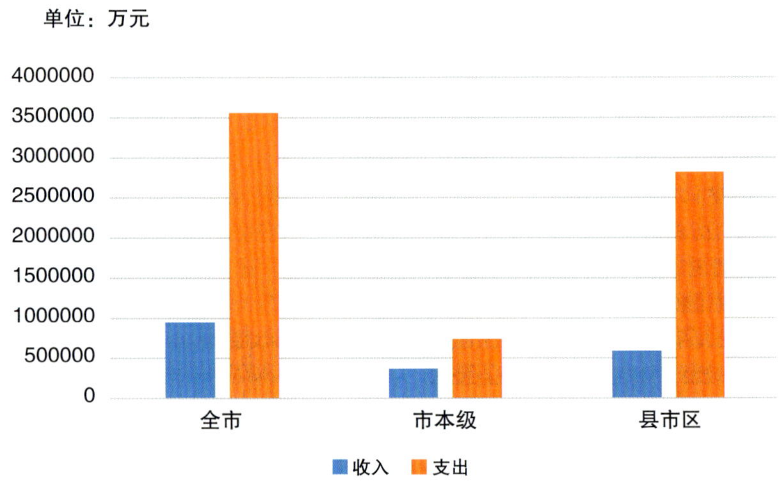

图 1　2022 年韶关市一般公共预算收支情况图（资料来源：市财政局）

2022年度韶关市一般公共预算收入决算录入统计表

表5

科目名称	决算数（万元）
一般公共预算收入	893986
税收收入	436430
非税收入	457556

（资料来源：市财政局）

2022年度韶关市一般公共预算支出决算功能分类录入统计表

表6

科目名称	决算数（万元）
一般公共预算支出	3564661
一般公共服务支出	428663
安全性支出	178603
教育支出	619268
科学技术支出	28979
文化旅游体育与传媒支出	54658

续表6

科目名称	决算数（万元）
社会保障和就业支出	629290
卫生健康支出	380596
节能环保支出	87912
城乡社区支出	161526
农林水支出	545295
交通运输支出	145105
资源勘探工业信息等支出	28896
商业服务业等支出	16895
金融支出	733
自然资源海洋气象等支出	55277
住房保障支出	92525
粮油物资储备支出	11469
灾害防治及应急管理支出	34737
其他支出（类）	4586
债务付息支出	59331
债务发行费用支出	317

（资料来源：市财政局）

【财政政策落实】 2022年，韶关市一般公共预算教育支出61.93亿元，实现一般公共预算教育支出只增不减的目标。完善预防矫治教育体系，对原交通职校进行改造，改建为韶关市第一所专门学校——韶关市启航学校。落实各学段学生资助政策资金1.55亿元，推进教育精准扶贫，确保“不让一个学生因家庭经济困难而失学”。全市科技投入2.9亿元，支持韶关市创新资源引进。推动鹏城实验室、季华实验室、江苏集萃安泰创明先进能源材料研究院等高创新平台与韶关市签约合作。截至2022年年底，累计引进高水平研究院11家，院士及团队项目落地30个（其中评选

2022年10月28日，韶关市启航学校举行揭牌仪式　（市教育局　供图）

出两批共计6个南岭团队，资助金额合计3100万元）。全市一般公共预算文化旅游体育与传媒支出5.47亿元，推进韶关市加快构建公共文化服务体系。落实一般公共预算农林水支出54.51亿元，比上年增长0.42%。市本级财政全年对城乡居民基本养老保险投入6099万元，对城乡居民基本医疗保险投入3855万元。落实公立医院财政投入政策，安排市级医院建设资金3.64亿元，构建完善医疗卫生体系。各级财政投入疫情防控资金3.65亿元，保障韶关市疫情防控工作开展，各项防控措施落实到位。安排各类财政资金6192.21万元用于棚户区改造、租赁补贴发放和公租房维修维护等（其中中央资金800.34万元、省级资金1372.98万元、市级资金4018.89万元）。自然资源领域下达资金4.9亿元，林业资源领域下达资金5.43亿元。

【预算编制】 2022年，韶关市财政局一般公共预算支出完成355.19亿元，其中全市落实民生类支出274.31亿元（包括全市卫生健康支出37.09亿元、疫情防控资金3.65亿元、抗洪救灾和受灾群众帮扶救助资金3亿元等），占一般公共预算支出77.23%；筹集各类资金2.9亿元用于科技创新发展；筹集各类资金1亿元，支持韶关市三大战略性支柱产业集群和三大战略性新兴产业发展。全市政府性基金预算收入完成37.09亿元，同比下降50.12%。全市政府性基金预算支出完成141.79亿元，同比增长7.3%。全市国有资本经营预算总收入2.18亿元，其中本年收入完成1.76亿元。全市国有资本经营预算总支出1.9亿元。全市社会保险基金预算总收入221.87亿元。全市社会保险基金预算总支出226.19亿元。年底完成2023年预算编制，全市一般公共预算收入安排97.36亿元，同比增长3%，其中税收收入53.44亿元、非税收入43.92亿元。全市一般公共预算支出安排368.86亿元。全市政府性基金预算收入60.01亿元，全市政府性基金预算支出56.44亿元。全市国有资本经营预算总收入安排4.4亿元，全市国有资本经营预算总支出安排4.4亿元。全市社会保险基金总收入安排243.3亿元，全市社会保险基金总支出安排236.78亿元。

【非税收入】 2022年，韶关市非税收入49.51亿元，占一般公共预算比例53.15%，补充韶关市公共财力。韶关市深化非税领域“放管服”改革，促进韶关市非税收入收缴管理工作提质增效，推进韶关市非税收入管理信息化改革进程。作为省财政厅选定的首批唯一一个电子非税收入一般缴款书上线试点地市，韶关市财政局历来重视财政信息化建设，此次以电子非税收入一般缴款书试点工作为契机，完善内部控制和财务管理制度、规范电子缴款书管理、规范非税征缴工作。8月18日，广东省第一张电子非税收入一般缴款书在韶关市开出并完成缴款，完成省财政厅交办的任务。实施电子缴款书，以数字信息代替纸质缴款书，通过电子开具、自动核销和电子入账，打通收缴电子化“最后一公里”。加强收费项目目录清单管理，对照全国及省的行政事业性收费目录清单整理出《韶关市省定行政事业性收费目录清单（截至2022年12月27日）》《韶关市政府性基金目录清单（截至2022年12月27日）》《韶关市涉企行政事业性收费目录清单（截至2022年12月27日）》，并将收费目录清单公布在韶关市人民政府门户网站。制订并印发《韶关市市本级非税收费（罚款）专项检查实施方案》，在韶关市本级非税执收单位开展市本级非税收费（罚款）专项检查工作，组织执收单位自查自纠，对部分单位和项目进行专项检查，制止乱收费、乱摊派、乱罚款行为，完善整治乱收费、乱罚款协同治理和联合惩戒机制。通过非税系统排查执收单位非税上缴情况，对发现应缴未缴的单位进行催缴，对拖欠时间长的单位，责令相关单位进行整改。

【财政支持经济建设】 2022年，韶关市财政局统筹财政资金保障政府投资重点项目资金需求，推进新型城镇化，促进城乡融合发展，解决城乡二元结构难题，推动大数据集群建设，启动中心城区污水管网项目。2022年被列入市本级政府投资计划的重点投资项目41个，当年计划完成投资额35.6亿元，财政资金安排10亿元。推进新型城镇化，促进城乡融合发展。安排财政资金2.88亿元用于市区和城镇污水治理、污水设施运维等，2473.98万元用于生活垃圾分类和处理，争取省级机场还建及配套项目资金3亿元，安排专项债券资金95.5亿元用于县（市、区）农村人居环境整治、城镇基础建设工程、产业园基础设施建设、教育和医疗卫生事业。完善农业转移人口配套政策，9月，印发《韶关市农业转移人口市民化奖励资金管理办法》和《关于清算下达2022年农业转移人口市民化奖励资金的通知》，下达各县（市、区）农业转移人口市民化奖励资金8037万元。

【财政支持工贸发展】 2022年，韶关市级财政预算安排3.4亿元支持工贸发展，其中安排科技部门扶持企业资金1亿元，安排商业服务业等支出7000万元，支持制造业高质量发展专项资金4500万元，中小微企业发展专项资金2000万元，将有限的财力聚焦在招商引资、优化营商环境和推动产业高质量发展上来。

【财政管理体制改革】 2022年，韶关市财政局出台《韶关市人民政府关于进一步深化预算管理制度改革的实施意见》和《2022年韶关市市直部门单位财政预算管理考核工作方案》，印发《韶关市人民政府办公室关于明确预算资金审批范围和程序的通知》和《韶关市财政局关于财政资金管理审批规程的通知》，优化完善财政资金管理审批规程，引导各部门积极争取上级资金和政策，集中财力用于“三保”和市委、市政府重大事项。印发《关于提升县（市、区）管财用财水平的意见》和《韶关市财政局关于2021年度地方财政管理工作考核有关事项的通知》，加强对县（市、区）的统筹协调和指导帮扶，做好财政管理绩效评价工作，提升县（市、区）管财用财水平，逐步建立全市财政管理一盘棋格局。年度财政管理工作继续蝉联北部生态发展区第一、全省前列，获得省财政厅通报表扬和2000万元奖励资金。优化乡镇（街道）财税分享机制，指导各县（市、区）制定镇域税收贡献财政奖励政策，明确县（市、区）与乡镇收入划分，匹配乡镇（街道）事权和财权，提高乡镇（街道）工作积极性，推动乡镇（街道）各项事业发展。完成省级对市县“三保”审核试点工作，指导各县（市、区）编制年度“三保”需求和预算，做好可用财力评估和“三保”预算执行情况、库款余额及保障水平的实时监测，合理调配库款，严格“三保”专户管理，落实市对县级“三保”督促帮扶救助责任，筑牢兜实基层“三保”底线。推进农村财务管理规范化建设，落实“村账镇代管”、民主理财、村财务公开，建立健全县镇村各级会计管理、资产管理、报账流程等内控建设，强化农村财务监管，提升农财管理制度执行力和农村财务管理水平。

【政府投资基金】 2022年，韶关市本级设立产业投资基金7支，分别是韶关市达安医疗健康股权投资合伙企业、韶关市众投邦创新创业投资基金企业、韶关市丹霞天使母基金企业、韶关前海熙正产业发展基金企业、广东省韶关韶农发展基金合伙企业、韶关恒韶生物医药产业投资合伙企业、韶关市绿色发展产业投资母基金合伙企业。基金计划募资总规模33.86亿元，到位10.86亿元，其中：政府计划出资24.56亿元，实际出资6.71亿元；社会资本计划出资9.3亿元，实际出资4.15亿元。截至2022年年底，7支基金在投项目27个，在投项目金额6.89亿元，剩余金额3.97亿元。

【政府和社会资本合作】 2022年，韶关市有17个已纳入财政部PPP项目库，项目总投资196.44亿元，17个PPP项目全部进入执行阶段。按项目所属区域分，市本级项目5个，项目总投资151.03亿元；县级项目12个，项目总投资45.41亿元。按项目领域分，市政工程（垃圾处理）领域项目6个，市政工程（污水处理）领域项目7个，水利建设（水库）领域项目1个，交通运输（高速公路）领域项目1个，交通运输（一级公路）领域项目2个。

【预算绩效管理】 2022年，韶关市将推进完善事前绩效评估机制作为重点工作任务，拓展部门整体支出绩效评价覆盖面，强化绩效评价结果应用，做好补短板、堵漏洞。印发《韶关市市级重大财政支出政策和项目事前绩效评估实施办法（试行）》《韶关市预算和绩效管理一体化内部工作规程（试行）》《预算绩效目标申报及事前绩效评估操作指南（2023年）》等相关文件。组织市直部门对使用市级财政资金200万元及以上的部门职能类、基建类、信息化新建类和信息化运维类部门预算项目支出开展事前评估，选取13个重点项目开展财政重点绩效评审，涉及财政资金3.6亿元。组织对2021年度市本级全部财政资金（除保密项目外）开展绩效自评，涵盖全市1592个项目，涉及财政资金57.95亿元。将重点评价范围扩展至国有资本经营预算和专项债，开展机场航线市级补助资金及人才资源开发专项的政策性绩效，铺开部门整体支出评价，委托第三方机构对8个项目、20个部门整体支出开展重点评价。明确公开主体，财政部门负责公开政府预决算，各部门各单位负责公开本部门本单位预决算。严格按照《中华人民共和国预算法》在本级政府财政部门或上级主管部门批复后20日内向社会公开，鼓励部门（单位）在同一天集中公开。设置“预决算信息公开专栏”，各部门（单位）除在本部门门户网站上公开预决算外，须在“预决算公开专栏”集中统一公开，并保持长期公开状态。优化“广东省预决算公开报告填报系统”，将预决算公开的内容要素全部纳入统一制作标准化公开模板。组建专业检查队伍，定期开展预决算公开检查，针对检查发现问题，督促部门立行立改。韶关市预决算公开工作取得全省第二。

【政府采购管理】 2022年，韶关市实施采购计划78.01亿元，实际采购金额75.94亿元，节约资金2.07亿元，资金节约率2.66%，采购规模比上年同期增长11.54%。其中，市本级采购金额9.43亿元，占全市政府采购规模的12.41%。编制《韶关市政府采购负面清单（2022年版）》，推动依法采购，防范采购风险。推进“互联网+政府采购”，实现全流程电子化、不见面的开评标模式，提高采购效率，节约成本，为参与政府采购的各当事人提供交易模式。清理政府采购货物和服务项目违规收取质量保证金，退还违规收取的质量保证金金额602.44万元。建立落实政府采购中小企业扶持政策通报机制，确保政府采购扶持中小企业政策落实到位。实现“一项目一评价”，对各类政府采购当事人开展信用评价工作，并公开评价结果。

【国库管理】 2022年，韶关市财政国库管理规范预算执行，科学调度资金，强化账户管理，全年财政收支实现平稳运行，国库管理水平得到提升。财政预算执行分析、财政总决算、部门决算等工作走在全省前列，受到省财政厅通报表扬。全市增值税留抵退税34.33亿元，制造业中小微企业缓缴税费6.97亿元，“快、好、准、稳”提振市场主体活力。强化库款保障，兜牢“三保”底线。实行市、县两级库款动态监控，研判库款“流量”和“存量”，加强库款管理和调度。县级财政统一开设“三保”专户，严格专户资金收支管理，兜牢“三保”底线。建立健全上下联动工作协调机制，推动直达资金尽快落地见效。获得中央、省直达资72.91亿元，支出进度94.5%，惠及各类市场主体449家，受益群众885.8万人次。建立财政专户管理台账；推进专户资金国库集中支付改革。开展专户资金保值增值工作，通过转出开户行定期存款、协议存款等方式，实现财政资金保值增值。

【政府性债务管理】 2022年，韶关市向省争取地方政府新增债券资金和再融资债券资金143亿元，其中发行新增债券资金114亿元，发行再融资债券29亿元，解决市重大建设项目资金短缺问题，缓解到期债券本金偿还压力。印发《关于进一步加强专项债券项目管理的通知》。成立专项债券支出使用工作专班和重大项目并联审批工作专班，研究推行并联审批、容缺审批、会商审批，推动用地、规划许可、环评、施工许可等项目前期审批手续全面提速。统一政府债务风险指标测算口径，反映政府债务风险状况，开展督导检查，通过实地查看、座谈等方式督促责任单位加快资金支出进度。

【会计管理】 2022年，韶关市财政局组织开展全市会计管理工作体系建设调研工作，做到书面调研全覆盖，选取南雄市和曲江区财政局进行实地走访调研，全面梳理、摸清韶关市会计管理工作现状，厘清工作思路和措施。做好代理记账机构许可审批和监督，实现"全流程网办"。全年审批1家机构，办理年度备案24家，机构信息变更6家。开展代理记账机构监督检查，按照"双随机、一公开"方式选取6家代理记账机构进行重点检查。做好财政支农政策培训。安排年度培训补助资金48万元，其中市级27万元，及时分配、下拨资金。全市举办10期培训班，培训人数1790人，其中，农村财会人员928人，村干部711人，乡镇财政干部74人，其他人员77人。开展全市行政事业单位内部控制编报工作。指导各单位开展内部控制建立和实施工作，全市1559个单位报送2021年度行政事业单位内部控制报告，全部通过财政部审核。加强"广东省会计管理服务平台"管理，做好会计人员继续教育管理工作。全年全市会计人员参加继续教育8426人，通过折算学分申请受理165人。

【行政事业单位国有资产管理】 截至2022年年底，韶关市行政事业单位资产总额871.58亿元，负债总额105.29亿元，净资产总额766.29亿元。2022年，市政府落实国有资产管理情况报告制度，向市人大常委会报送《2020年国有资产管理情况综合报告审议意见落实情况的报告》和《2021年国有资产管理情况的综合报告》。市财政局牵头出台《关于加强市直行政事业单位公务用车处置管理的通知》，规范公务用车处置管理。组织开展资产处置、资产使用用途调整、资产权属证书借阅等日常管理工作。配合开展市直从事生产经营活动事业单位改革涉及的资产管理工作。全市减免承租行政事业单位及其所办企业的国有房屋租金7593.69万元，受惠制造业、服务业小微企业和个体工商户5665户。盘活存量国有房屋合计8.62万平方米，将部分低效闲置房屋调整为社区用房、人才公寓、疫情防控医护人员休整用房使用，将原市交通技工学校旧址改建为市启航学校，将原曲仁中学旧校舍与驻韶关省属高校进行置换，有偿转让市广播电视台房产。

【财政监督】 2022年，韶关市财政局聚焦减税降费、党政机关过紧日子、基层"三保"工作等方面存在的突出问题，开展地方财经秩序专项整治行动，严肃财经纪律，保障财政政策加力提效。防范无预算、超预算列支，转移、隐匿、违规报销"三公"经费。推进预算执行情况和绩效目标实现程度"双监控"，通过线上监控，线下核查，提高预算执行效率和资金使用效益。构建财政"大监督"格局，依托数字财政系统和直达资金系统强化日常监控，通过"双监控"系统落实专项监督。开展会计信息质量监督检查。全年全市安排重点检查户数74户，查处财政违规资金13.95万元，追缴资金12.11万元，发现会计核算资产不实资金4971万元。

【广东省财政厅选定的非税电子缴款书首批唯一一个试点上线地市】 2022年，韶关市作为广东省财政厅选定的非税电子缴款书首批唯一一个试点上线地市，组织谋划，推进韶关市电子非税收入一般缴款书上线工作。8月18日，随着广东省第一张电子非税收入一般缴款书在韶关市开出并完成缴款，标志着韶关市非税收入管理和收缴电子化改革工作迈入电子缴款书新时代，为全省非税电子缴款书上线做出表率。实施电子缴款书，以数字信息代替纸质缴款书，通过电子开具、自动核销和电子入账，打通收缴电子化"最后一公里"，做到"群众少跑腿，数据多跑路"。

【财政管理考核持续走在全省前列】 2022年8月，广东省财政厅通报表扬2021年度全省财政管理工作绩效考核排名前六的地市，韶关市位列其中，在北部生态发展区城市中排名第一，并获得广东省财政2000万元奖励资金。这是韶关市连续第四年获评"全省财政管理工作先进市"，累计获得省财政8000万元奖励资金。2021年以来，面对经济下行压力持续加大、新冠疫情反复、政策性减收因素增多等困难，韶关市财政部门全面落实"疫情要防住、经济要稳住、发展要安全"的要求，树立"大财政、大预算、大资产"理念，加强财政资源统筹、规范预算支出管理、提高资金使用效益，提升财政管理能力，更好发挥财政在经济社会发展中的基础和重要支柱作用，推动韶关市经济恢复和社会稳定发展。 （李　敏）

税务

【概况】 2022年，韶关市税务系统实现税费收入340.39亿元，比2021年增长3.5%，其中，组织国内税收收入160.47亿元，下降17.8%，扣除留抵退税因素还原后，可比下降3.4%；完成市县级税收收入47.81亿元，下降20.9%，可比下降13.7%。海关代征进口税收收入12.21亿元，增长23.6%。办理出口退（免）税7.07亿元，下降36.8%。实现费金收入167.71亿元，增长35.6%。

【税收征管】 2022年，韶关市税务局建立"收核部门统筹，各税费种部门主抓，管理部门跟进落实，多税种联动"的工作机制，保障组织收入平稳。开展税源调查和税收预测分析；推进土增税清算，全年完成清算项

2022年8月18日，全市首个税银互融“税e站”在中国农业银行浈江复兴支行揭牌启用，市税务局推动办税服务转型升级进入新的里程

（韶关市税务局　供图）

目49个，其中全力完成15个“老大难”项目清算审核；加大税务稽查力度，全年立案检查99户，立案数为2021年的6.6倍；加强风险应对，通过风险查补税款1.83亿元；加强所得税汇算清缴管理，3.1万户纳税人参加企业所得税汇算清缴，23.1万人参与个税汇缴申报。开展规范税收征管专项行动。推动建立协税护税新机制，成员单位增加至45家，印发信息交换管理办法和绩效考核方案，建立“一局一清册”，23家数源单位建立81张线上数据需求共享表单，接收数据1000余万条，助力地方税种收入提升。司法与税务协作常态化运转，与市中院签订《关于司法拍卖不动产涉税问题协作机制备忘录》，确保司法拍卖中预留税款，运用协作机制推动工作700余宗（次），实现税费收入4700万元。推动建立非税收入划转工作协调机制，提升土地、矿产出让收入征收质效，制定全市税务系统国有土地出让收入、矿产资源专项收入征收业务指引，推动市住建管理局在12月制定《韶关市征收生活垃圾处理费管理规定》，加速解决韶关市城镇垃圾处理费征收依据文件过期问题。

【减税降费】 2022年，韶关市税务局落实新的组合式税费支持政策，新增减税降费及退税缓税缓费54.02亿元，其中，办理增值税留抵退税34.33亿元，新增减税降费10.71亿元，缓缴税费8.98亿元。全国两会期间，韶关市全国人大代表在中央广播电视总台《新闻联播》为韶关税务落实退税减税政策点赞发声；10月，全省首单居民换购住房个税退税业务在1小时内办理完成；退税减税工作获中央电视台央媒报道41次。2022年11月，《韶关市人民政府关于支持中小企业和个体工商户纾困发展的实施意见》出台实施，从减税降费、金融服务、开拓市场、人才支撑、要素保障等方面帮助中小企业纾困解难，降低企业成本，全市新增退税减税降费缓缴税费56.78亿元。把落实支持中小微企业和个体工商户发展相关税费政策作为重点，定期召开会议，听取政策落实情况。通过线上政策宣传、线下实地走访纾困等方式，利用“税知晓”直播间、“韶关税务”公众号进行税费优惠政策投放，确保符合条件纳税人及时享受税费优惠政策。联合市工信局举办“春雨润小苗　助企稳增长”中小微企业日活动，为现场60余户企业讲解税费优惠、银税互动政策，并根据退税减税降费助企纾困实际情况及时制定精细服务问需纾困工作方案，为中小微市场主体提供暖心、省心服务。创新推出“一把手”信箱，企业可通过线下税务“一把手”信箱和线上“有问题请找我”小程序，直接向“一把手”反馈问题并可在24小时内得到响应，帮助中小微企业纾困解难。在广东省内享受少数民族地区税收优惠政策的三个自治县中，乳源瑶族自治县累计享受优惠户数最多、减免金额最大。是年，乳源瑶族自治县享受少数民族所得税优惠政策的企业801户，累计减免6.84亿元。依托税收政策优势，韶关市税务局通过组建招商引资服务团队，跟随地方党政部门到珠三角参与招商洽谈，为意向企业进行政策宣传解读，为引进企业提供“一对一”跟踪服务，吸引粤港澳大湾区的企业选择落户乳源瑶族自治县。2020—2022年，乳源瑶族自治县累计吸引新增企业1660户，企业数量从2020年年末的2138户增至2022年年末的2993

2022年11月2日，在市局1楼会议室举行韶关市社会保险费纠纷调解工作备忘录签约仪式

（韶关市税务局　供图）

2022年韶关市税费种收入情况统计表

表7

项目	全年累计（万元）	上年同期（万元）	增减（%）
税费收入	3403914	3289190	3.5
一.税收收入总额	1726835	2052189	-15.9
（一）国内税收收入	1604712	1953353	-17.8
国内税收扣除留抵退税因素还原后	1948000	2016341	-3.4
其中：市县级税收收入	478059	604328	-20.9
市县级税收扣除留抵退税因素还原后	529552	613776	-13.7
（二）海关代征进口税收	122123	98836	23.6
二.费金收入合计	1677079	1237001	35.6
出口退（免）税	-70700	-111800	-36.8

（资料来源：市税务局）

户，总户数增长39.99%。

【纳税服务】 2022年，韶关市税务局优化税收营商环境，打造“1+N”智慧税务生态模式，推动全市办税服务厅向智能化服务网点转型升级，建成10个“零窗”模式的新型办税服务厅，前台窗口累计减少124个，减窗率91.8%。全市办税服务厅平均办税时间缩减至3.4分钟、评价率98%、满意率100%，排名全省第一；平均等候时间2分钟，排名全省第二。在全市村（居）委、金融网点及专业市场设立1600余个“税e站”便民办税服务点，推动办税缴费服务“就近办、自助办、一次办”。建立健全“有事请@我”税企直联机制，建立“税知晓”网格化服务群535个，实现100%全覆盖2.3万户纳税主体，编制和推送“税知晓”系列税费宣辅知识。承接省税务局“远程帮办全覆盖”服务攻坚项目，建成跨行政区域的纳税服务运营中心，集约受理全市业务。承接广东省税务局红利账单试点工作，在全省首创“智能外呼”本地特色服务渠道，向全市1.3万户纳税人推送“红利账单”。

【依法治税】 2022年，韶关市税务局狠打团伙式虚开，税警联合侦办“8•5”专案并成功收网，拓展发现海南成品油发票虚开团伙，提交税务总局和公安部列入涉税会战8号全国集群战役。主动查处部分资源性企业大额偷逃税风险，在1月推动出台《矿产资源“净矿”出让和绿色高效开发利用实施方案》。开发“非税收入智慧平台”，成为全省非税线条首个能为多层级提供易查询、快分析、防风险的辅助管理工具，在“智税•2022”大数据竞赛应用创新赛获一等奖，经省税务局推广覆盖全省税务系统，并向税务总局推荐，为全国提供广东非税治理现代化新样板。

【税收宣传】 2022年，韶关市税务局推出“惠游税月”税收文化节，推出涵盖税费优惠政策、纳税信用管理、便捷办税服务指南的“专精特新”企业“税银•惠企优”服务项目，在4月制定《“专精特新”税收专属服务手册》，以“世界咖啡馆”的形式召开税企座谈会，解决纳税人缴费人的堵点、难点、痛点问题。打造“税e站”便民办税服务点，将问办协同的V-Tax远程帮办服务进驻到社区、乡镇、园区、瑶寨等地，开展“云端课堂”“线上直播”“电台之声”等线上宣辅活动，为纳税人缴费人推介“非接触式”办税缴费“隔空”服务，实现“非接触式”办税缴费受众群体宣传“全覆盖”。开展办税厅体验日活动，邀请人大代表、政协委员、纳税服务体验师、“小小税官”进行沉浸式体验“非接触式”办税，感受涉税费咨询线上通查通答和远程可视帮办的便捷。将“税务蓝”融入桃花节、兰花节、枇杷节、盘王节等具有本土特色的旅游节日和少数民族节日，通过物料提供、设点解答开展系列专题宣传，将税收优惠政策送入涉农、旅游、瑶茶瑶绣等企业。将“税宣直通车”开入农技驿站、马坝人遗址柴烧陶艺工作站、粤港澳菜篮子基地等，宣传税法知识、宣讲退税减税政策和便民利民服务举措。

【营商环境体验师项目】 2022 年，韶关市税务局在全省首创推出“营商环境体验师”项目，探索政务领域体验，助力优化税收营商环境。截至 2022 年年底，韶关市体验师队伍扩充至 434 人，位列全省第二，人员构成涵盖纳税人、缴费人、涉税专业服务机构从业人员、专家学者、媒体记者等多类群体，以多元化的成员构成丰富体验视角。5 月，韶关市 2 名体验师代表作为广东省唯一代表参加与国家税务总局局长王军连线的税费服务体验师及企业代表视频座谈会，结合实际对税费支持政策和办税缴费服务谈体会、说感想。全年开展 12 期专题体验活动，收集意见建议 49 条，建立“体验—评价—收集—甄别—分办—反馈—提升”的闭环式链条管理机制。

【税收稽查】 2022 年，韶关市税务局加强风险防范，坚持涉税违法露头就打，年稽查立案检查 99 户，查补入库税款 2.25 亿元。税警联合侦办“8•5”虚开专案并成功收网，拓展发现海南成品油发票虚开团伙，提交税务总局和公安部列入涉税会战 8 号全国集群战役。查处部分资源性企业大额偷逃税风险，在 4 月推动市政府出台《矿产资源“净矿”出让和绿色高效开发利用实施方案》。稽查局获“全省工人先锋号”称号。

【构建“1+N”税费服务新体系】 2022 年，韶关市税务局先行先试，探索构建税费服务新生态，为税收现代化服务中国式现代化贡献智慧和力量。作为广东省税务局组合式税费支持政策“红利账单”精准推送工作试点单位，市税务局在全省首创“智能外呼”特色渠道，从前期的“人工 + 智算”，进阶到目前的“AI 语音 + 短信通知”，24 小时内向全市 1 万余户纳税人完成“红利账单”的推送，在为基层税务机关“减负”的同时，以智能化、精细化服务将“红利明细账”和税收优惠政策送达纳税人缴费人。市税务局积极推动“数字纳服”优势，构建税费服务“数据化、集约化、云端化、智能化”新形态。全省部署一批“12366”智能咨询推广应用单位，韶关市税务局首批响应，拓宽“12366”咨询服务渠道，在门户网站、微信公众号上线“12366”智能咨询功能，与原有服务平台形成互融互通互补服务模式，打造“全天候”税费咨询服务新体系，实现税费咨询“一网通问”，纳税人咨询满意率达 99.29%，打造线上线下一体化运营管理的重要一环。疫情防控常态化的大环境下，市税务局以拓展“非接触式”税费服务为契机，从“零窗”模式办税厅、弹性部署运营中心、节点倍增“税 e 站”三个维度提升质效，探索构建“线下服务无死角、线上服务不打烊、定制服务广覆盖”的税费服务新体系，推动线上线下税费服务融合创新。截至 11 月底，全市办税服务窗口办税笔数同比下降近 80%，与此同时，电子税务局、自助办税终端及 V—Tax 等“线上办”业务量显著上升。全年全市物理窗口减少 124 个，全市实现“零窗”云服务办税厅全覆盖。整合“市局 + 县区局”两级资源，弹性部署 1 个市级运营中心和 7 个县（市）级运营中心，实行“市级调度、县级远程”两级运营，集约受理 240 个主题事项业务，为纳税人缴费人提供统一、标准、规范的高效服务，降低人力成本。融合社会各方资源，在社区、村（居）党群服务中心、专业市场及相关行政单位，部署 1600 余个“税 e 站”，打通便民服务“最后一公里”。在三维立体支撑下，线上线下互通、前台后台贯通、内部外部联通，全市办税缴费服务向“网上办税为主、自助办税为辅，V-Tax 办税兜底”的“非接触式”智能化服务网点转型升级。同时，为双特人群提供个性化、精细化的服务，形成线上线下一体化运营的现代税费服务新体系。

2022 年 3 月 5 日，韶关市税务局开展学雷锋志愿服务活动，向群众派发税费宣传资料和讲解税收政策 （邹子镇 摄）

【推出“红利账单”智能外呼特色服务】 2022 年，韶关市税务局实施组合式税费支持政策“红利账单”精准智能外呼推送服务。韶关市税务局作为广东省税务局组合式税费支持政策“红利账单”精准推送工作试点单位，在前期通过“人工 + 智算”，分批向重点纳税人群体精准推送组合式税费支持政策“红利账单”的基础上，大胆探索智能化服务举措，创新推出“红利账单”智能外呼特色服务渠道，采取“AI 语音 + 短信通知”的服务形式，通过智慧触达机器人智能拨打进行人机对话，24 小时内向全市 1 万余户纳税人完成“红利账单”的推送，为基层税务机关“减负”的同时不减服务，通过组合式税费支持政策“红利账单”智能外呼服务帮助纳税人把“红利账”算的清楚明白，提升纳税人的满意度和获得感。

（丘艳珍 戴善娟）

金融监管

【概况】 2022年，韶关市完善金融应急管理工作机制，开展防范非法集资“七进”宣传活动，清理规范第三方财富管理公司107家企业，处置5起涉众金融风险事件。金融工作机构协助公安机关冻结止付账户6.18万户、涉及金额26.2亿元，助推韶关涉电诈刑事案件下降7.1%。中国人民银行韶关市中心支行强化货币政策工具运用，促进金融资源流向重点领域和薄弱环节。提高外汇管理与服务质效，支持涉外企业发展，提升跨境贸易投融资便利化水平，推动便利化新政落地，办理资本项目实现便利化支付。中国人民银行韶关市中心支行加强反洗钱风险监管，全年以洗钱罪判决4宗案件。金融监督管理机构加强对银行业、保险业和地方金融机构监管，持续提升金融服务水平。

【金融风险防控】 2022年，韶关市制定《韶关市2022年涉众金融领域涉稳问题专项治理工作方案》，于5月30日制定《韶关市金融突发事件应急预案》，完善韶关市金融应急管理工作机制。开展防范非法集资“七进”宣传活动，开展防非宣传教育，推进防非宣传进农村、社区，进机关、企业，进校园、网络。与14家学校签订“银校共建”合作协议，将“青少年财经素养”“反洗钱与金融安全”课程纳入部分学校课程。巩固P2P网贷风险出清工作成果，截至2022年年末，累计压降待兑付金额1593万元、出借人175人实现清零。清理规范第三方财富管理公司107家企业，处置5起涉众金融风险事件。联合各部门、各县(市、区)开展防范和处置虚拟货币交易炒作风险等工作。开展金融机构风险监测与评估，推动打击治理洗钱犯罪，辖区银行业流动性状况总体良好、风险可控，无高风险机构。组织辖内14家小额贷款公司、3家融资担保公司和7家典当行公司分别参加年度监管评级、年审。韶关市获评AA+、BB+、BB等级各1家。中国人民银行韶关市中心支行完善金融风险监测预警处置机制，推动建立韶关市金融风险应急处置指挥部。印发中支金融稳定系列应急预案，指导辖内金融机构制定挤兑风险、流动性风险等多方面的应急预案，做到“应急预案业务全覆盖、风险全覆盖”。指导金融机构做好韶关市“保交楼”专项借款1.75亿元额度的拨付和使用。指导韶关农商银行与2家本土优质民营房企签订战略合作协议，意向授信额度7.9亿元。推动韶关成为全省第一个首套房贷款首付比例低至20%的地级市。推广二手房“带押过户”模式，支持刚性和改善型住房需求。推动住房贷款利率下降。12月，韶关首套房贷主流利率4.1%，二套房贷主流利率4.9%，处于房地产政策规定的利率下限。韶关银保监分局构建“2+3+6+N”的宣传模式，组织开展打击金融违法犯罪百日系列宣传活动1226场次，覆盖155.15万人。组织开展涉养老诈骗风险隐患排查，守护好老年群体的“钱袋子”。中国人民银行韶关市中心支行构建“一行一所”警银联动打击假币模式，全年收缴假人民币数量比上年下降41.71%；开展“征信修复”乱象专项治理“百日行动”；推动打击治理洗钱违法犯罪三年行动，推动4宗案件以洗钱罪判决，其中2宗是“自洗钱”案件。推动全省首例处罚买卖银行账户涉案人员，协助公安机关冻结止付账户6.18万户、涉及金额26.2亿元，助推韶关涉电诈刑事案件下降7.1%。

（颜华　黄乔）

【货币政策】 2022年，中国人民银行韶关市中心支行强化货币政策工具运用，促进金融资源流向重点领域和薄弱环节，向辖内法人银行机构发放普惠小微贷款激励金4421万元，推动法人银行机构对普惠小微贷款投放比年初增加23.29亿元，比2021年增长23.67%；加大再贷款再贴现运用，发放符合科技创新再贷款要求的贷款27.79亿元、符合设备更新改造再贷款要求的贷款5.14亿元、符合交通物流专项再贷款要求的贷款4200万元；截至2022年年末，支农支小再贷款余额12.69亿元；推进政策性开发性金融工具落地韶关5个项目，投放资金1.58亿元。完善融资服务长效机制，加强首贷户拓展和服务工作，打造“9+2+N”首贷服务体系，在130个银行网点设立首贷服务点，对接首贷户646户，促成企业获得首次贷款金额9.63亿元；建立金融支持重点项目和重点企业名单制，引导辖内银行机构对接重点项目56个、重点企业91家。为中小微企业搭建融资桥梁，依托“粤信融”韶关分平台撮合银企融资1522笔、金额62.13亿元；依托中征韶关分平台成交融资81笔、金额37.1亿元；政府采购合同融资业务32笔、金额8194.3万元。推动企业综合融资成本稳中有降，于12月韶关新发放企业贷款加权平均利率3.8%，下降0.48个百分点。

【外汇管理】 2022年，中国人民银行韶关市中心支行提高外汇管理与服务质效，支持涉外企业发展，提升跨境贸易投融资便利化水平，推动便利化新政落地，办理资本项目便利化支付302笔，金额1499.9万美元；办理贸易外汇收支便利化试点业务68笔，金额1.01亿美元；推荐3家企业和3家银行网点参与贸易外汇收支便利化试点，简化相关业务办理流程。拓宽企业融资渠道，为辖区9家企业办理全口径跨境融资业务10笔，签约金额3341万美元，加权平均年利率2.19%，降低企业融资成本；联合各银行深入外贸企业开展汇率风险中性理念宣导，提升企业汇率避险能力，韶关市套保签约金额2.5亿美元，外汇套保比率3.45%，增加套保首办户15户。提高外汇监管水平，完善外贸进出口的监测体系，完成服务贸易外汇业务非现场核查1158笔，涉及企业37家；自主开展银行外汇业务专项检查，打击虚假欺骗性外汇交易和非法金融活动。

【反洗钱工作】 2022年，中国人民银行韶关市中心支行加强风险为本反洗钱监管，督导全辖9家法人银行机构完成基于《法人金融机构洗钱和恐怖融资风险自评估指引》的首次风险自评估；对辖区 67 家反洗钱义务机构开展非现场风险评估或分类评级，针对评估评级反映出的问题和缺陷，实施差异化反洗钱监管，选取 25 家机构分别开展监管提示、监管走访、约见谈话等反洗钱监管措施，监管覆盖面超 36%。建立健全韶关市打击治理洗钱违法犯罪工作机制，印发《韶关市打击治理洗钱违法犯罪三年行动计划工作方案（2022—2024 年）》，成立韶关市打击治理洗钱违法犯罪领导小组，明确各成员单位职责分工、建立沟通合作机制。组织召开推进打击治理洗钱违法犯罪三年行动会议，与公检法部门建立洗钱罪查、诉、判季度情况共享机制，开展情报会商、经验交流等活动，推动有权部门加大洗钱入罪力度。全年韶关有 4 宗洗钱案件以洗钱罪判决（其中 2 宗是“自洗钱”案件判决）。开展“反洗钱知识进高校”三年宣教活动，联合韶关市打击治理洗钱违法犯罪领导小组成员单位、韶关学院数学与统计学院和韶关市金融消费者权益保护协会通过电视台网络直播方式举行“反洗钱知识进高校”三年宣教活动启动仪式，观看超 2 万人次；推动在韶关学院开设一门 2 学分、32 个学时“反洗钱与金融安全”选修课程。

（黄　乔）

【银行业监管】 2022 年，韶关银保监分局对法人机构开展监管评级、公司治理评估、高管履职评价、股权和关联交易专项整治。召开非现场监管委员会会议，强化信用风险专题分析，督促银行机构做实资产分类，加大不良贷款处置力度。全年累计处置不良贷款 17.64 亿元，比 2021 年多处置 10.05 亿元，不良贷款率维持在低位。对 9 家机构开展现场检查 6 项，累计投入工作量 944 人•天，发现问题 59 个，涉及金额 21 亿元。完成 3 家银行机构行政处罚，罚款 120 万元，给予 5 名直接责任人警告处罚。紧盯信用风险，动态监测机构信用风险前瞻性指标和盈利拨备、不良贷款处置能力，针对发现的风险问题采取监管约谈、下发风险提示等监管措施。全年末不良贷款率 0.67%，较年初下降 0.44 个百分点，不良贷款实现“双降”。紧盯法人机构，指导全市法人机构将党的建设写入章程，紧盯“三会一层”、股权结构和关联交易，推动公司治理体系健全完善、有效运作。强化法人机构风险指标监测，开展资产质量排查，组织流动性压力测试，督促提足拨备。加强村镇银行贴身监管，督促制订风险应对计划，跟踪落实情况。修订处理信访事项工作规程和处理银行保险违法行为举报事项工作规程，通报韶关市银行保险机构消费投诉举报情况并提出监管要求。接收银行保险机构信访、投诉、举报 525 件。组织韶关市银行保险机构开展“3•15”教育宣传周、“7•8”全国保险公众宣传日、9 月金融知识宣传月等系列宣传教育活动。中国人民银行韶关市中心支行完成辖区 20 家银行机构 2021 年度综合评估和 2022 年辖内 9 家法人银行机构央行金融机构评级、压力测试等工作，对始兴大众村镇银行流动性风险进行监测，与其母行乌海银行建立经营数据信息共享机制；统筹完成始兴农商综合执法现场检查；韶关辖区银行业流动性状况总体良好、风险可控，无高风险机构。

【保险业监管】 2022 年，韶关银保监分局通过召开服务乡村振兴工作推进会 24 家场次，开展稳经济工作督导 18 家次，传达宣传非车险领域高质量发展政策 11 家次，推动加强新市民保险保障督导 17 家次等。深化车险综合改革，稳定市场秩序。韶关银保监分局组织召开稳定车险市场秩序工作督导会，通报车险市场存在的问题隐患，要求各财产险机构严格规范销售行为，严守监管底线，保护消费者合法权益。指导韶关市保险行业协会召开维护车险市场秩序工作会议 38 次，推动 7 家头部财产险机构每周召开例会，共同探讨市场发展情况及相关业务政策，优化车险业务交流与沟通模式，将辖区车险市场费用持续压降在合理水平。

（朱秀荣）

【地方金融机构监管】 2022 年，韶关市金融工作局配合广东省金融工作局完成辖内 14 家小额贷款楷模评级和 4 家融资担保公司评级及 7 家典当行年审工作，为后续对韶关市小贷公司和融资担保公司实施分级分类监管奠定基础。第三方现场检查。根据第三方会计师事务所针对韶关市辖内小额贷款公司、融资性担保公司、典当行开展的现场检查及风险排查，对 18 家（9 家小贷公司、3 家融资担保公司、6 家典当行）存在问题的公司出具整改报告意见，督促公司开展整改。引导尾部机构退出。韶关市金融工作局引导部分违规、“空壳”等高风险地方金融机构主动退出行业，实现行业风险出清。近 3 年，引导关鑫融资租赁、德杰融资担保、惠德丰典当、鑫诺信典当、凯恒小贷、汇盈小贷等公司退出相关行业，并通知所属县级金融监管部门督促公司依法开展注销工作，向社会公示。

【征信服务助力中小微企业高质量发展】 2022 年，中国人民银行韶关市中心支行（以下简称“人民银行韶关中支”）践行“征信为民”理念，推广应用“粤信融”平台和中征应收账款融资服务平台（以下简称“中征平台”），发挥平台的融资对接作用，拓宽中小微企业融资渠道，推动“政采贷”等各类应收账款融资业务发展，加快信用报告自助查询代理点建设，提升征信服务便利度，在助力中小微企业融资、支持实体经济高质量发展等方面取得成效。“粤信融”平台是由人民银行广州分行联合相关部门建设的省级地方征信平台，旨在通过跨层级跨部门跨地域的信用信息互联互通，帮助金融机构全面客观解企业信用状况，掌握企业融资需求情况，解决银企信息不对称问题。人民银行韶关中支联合韶关市金融工作局等政府部门及全市各银行机构推广应用“粤信融”平台，依托平台整合归集企业信用信息和银行信贷产品，发挥平台的信息查询和融资对接功能，助力中小微企业融资和高质量发展。发挥线上首贷服务中心作用，为首贷企业提供银行信贷产品查询、贷款政策介绍、线上提交贷款申请等服务，提升中小微企业融资的可得性、覆盖率和满意度。截至2022年年末，“粤信融”平台（韶关）累计注册企业3.55万家，撮合银企融资5919笔，金额287.87亿元。中征应收账款融资服务平台是由人民银行征信中心牵头建设的服务于企业应收账款融资的金融基础设施。平台通过集聚应收账款融资参与各方，支持债务人企业在线确认应收账款和债权人企业线上申请融资，盘活中小微企业的应收账款，缓解企业融资面临的抵押物不足问题。截至2022年年末，中征平台（韶关）累计促成应收账款融资业务1058笔，金额242.12亿元；累计办理“政采贷”业务49笔，金额1.22亿元，支持中小微企业融资纾困，助力实体经济高质量发展。人民银行韶关中支指导辖区银行机构合理部署和建设信用报告自助查询代理点，推广线上查询和分时段预约查询，构建“自助查询+互联网查询+柜台查询”的信用报告查询服务新模式。截至2022年年末，韶关有9个人民银行征信服务窗口和25家信用报告自助查询代理点对外服务，覆盖全市各县（市、区）并延伸到部分乡镇，配备企业和个人信用报告自助查询机38台，2022年累计提供企业信用报告自助查询946笔，个人信用报告自助查询12.29万笔。

【金融改革助力营商环境持续优化】 2022年，韶关市金融工作局、人民银行韶关市中心支行、韶关银保监分局围绕韶关市“改革攻坚规范治理年”工作部署，协同合作，突出“三个突出（突出金融支持，夯实经济“稳”基础；突出平台搭建，打通融资“便”通道；突出行业服务，助企纾困“促”发展）”，全面对标、精准发力，完善政策、整合资源、优化服务，加大普惠金融服务供给力度，助力营商环境持续优化。2022年全省营商环境评价工作中，韶关市“获得信贷”指标排全省第11名，较上年度前进6个名次。其中，“中小微企业信用贷款占比”“普惠小微贷款增量”两个子指标分别获得全省第4名和第6名的好成绩。在营商环境持续优化的带动下，截至2022年年底，韶关本外币贷款余额168.85亿元，比上年增长9.4%；存贷比68.95%，较年初增加0.28个百分点。强化融资服务支持。修订印发《韶关市融资服务资金管理办法》，扩大服务对象范围和采用弹性费率，专门帮助申请企业用于短期过渡性周转，解决企业银行贷款到期后的资金周转难和通过民间融资周转贵的问题，鼓励企业申请短期流动资金贷款用于生产经营。助力企业做强做大。健全企业上市全链条服务机制，牵头起草《韶关市推动企业利用资本市场发展扶持办法》，对“全周期、全链条扶持培育上市后备企业”“助企纾困、降低成本”“奖励金额跟企业对我市贡献挂钩”等奖励扶持机制进行完善，加大对韶关市企业挂牌、上市的资金奖补和政策扶持，并重新筛选列入上市后备企业资源库企业，打破韶关市本土企业20多年无上市瓶颈。有27家企业进入资源库，其中上市重点培育类企业19家、新三板培育类企业8家。搭建“韶融码”线上对接模式。在持续推广“中小融”“粤信融”“信易贷”等线上融资对接平台的基础上，聚焦中小微企业和个体工商户融资难、融资贵及金融供求双方信息不对称等问题，依托微信小程序将融资需求、融资产品和融资支持政策，打造面向全市具有融资需求的经营主体或个人的“一站式”综合融资服务平台，年内发布。搭建“政务+金融”首贷服务模式。打造以9个首贷服务中心、2个线上平台为主体、N个银行服务网点为辅助的“政务+金融”线下首贷服务“9+2+N”模式，破解小微企业和个体工商户“首贷难”、银行“获客难”等融资难问题，助力优化地方营商环境。截至12月，首贷服务中心对接首贷户646户，促成获贷9.63亿元。聚焦金融政策宣传纾困。发挥企业与金融机构对接“联络员和服务员”的桥梁纽带作用，组织举办各类政银企融资对接会，引导金融机构为韶关市重点项目、中小微企业等提供精准对接服务，助力企业壮大。聚焦特困企业信贷支持纾困。市金融工作局、人民银行韶关市中心支行、韶关市银保监分局联合印发《关于做好金融支持服务业领域困难行业重点企业工作的通知》，要求各金融机构通过提供优惠利率的应急贷款、专项流动资金贷款等多种方式，加大对特困企业的信贷支持，助力受疫情影响的小微企业纾困减负。完成8批次合计53家特困企业梳理，授信7.01亿元。聚焦暖企走访纾困。树立“一切围着企业转、一切围着项目干”的“店小二”服务理念，落实“一跟到底”工作机制，开展暖企走访，建立完善“暖企”行动诉求、挂点联系企业诉求、上市后备企业诉求、服务业领域困难行业重点企业诉求等台账，线下线上并行解决企业发展“急难愁盼”问题。2022年累计走访、联系企业78家次，完成中小微企业诉求工单38条。

（颜　华）

审计

【概况】 2022年，韶关市审计机关完成审计项目227个，查出非金额计量问题1470个、主要问题金额91.82亿元，审计促进整改落实有关金额16.05亿元（其中为国家增收节支2.71亿元）；提出审计建议699条，审计建议采纳率99.43%；推动健全完善制度41项；移送纪检监察、司法和有关部门处理事项31项，完成党委、政府及其工作部门交办、配合事项61件。市本级提交的审计报告和综合报告得到市委、市政府主要领导批示34篇。

【重大政策措施落实情况跟踪审计】 2022年，韶关市审计局组织市县两级开展国家和省重大政策措施落实情况跟踪审计，重点关注各地各部门落实“六稳”“六保”及推动复工复产复市、优化营商环境、新冠疫情防控等政策措施的落实情况，审计发现部分县（市、区）政府和单位助企纾困政策未有效落实、工业污染源防治力度不足、直达资金使用管理不规范等问题。通过审计督促被审计单位落实落细各项政策措施，如促进16个单位落实房屋租减免政策，28个单位制订面向中小企业预留采购份额的具体方案等。

【财政审计】 2022年，韶关市审计局运用大数据审计方式，确定市级部门预算执行审计重点和问题线索，结合以往年度的审计情况，对预算资金规模较大、项目较多的5个部门单位进行重点审计，审计查出主要问题金额2.1亿元。采用市县联合财政审计模式，实现市审计部门对县级财政审计“下管一级”，构建起“横向到边、纵向到底”财政审计大格局。财政审计“上审下”发现104个问题，涉及问题金额57.38亿元。

【领导干部经济责任审计】 2022年，韶关市审计机关盯住“关键少数”，推进权力集中部门和资金、资源、资产密集领域领导干部经济责任轮审。完成经济责任审计项目76个，审计领导干部85名，审计查出问题金额3.77亿元，通过审计为干部考核、任免、奖惩提供重要参考。

【政府重大工程投资审计】 2022年，韶关市审计局开展莞韶园甘棠生物医药产业园（基础设施）建设情况审计、市中医院（原广东韶州人民医院）工程项目建设情况跟踪审计、市红色教育基地项目建设情况审计等工程审计项目，发掘重点领域重点工程的问题37项，涉及问题金额3513.22万元，为市委市政府节约投资成本、加强项目管理提供决策参考。

2022年7月22日，韶关市审计局在仁化县开展困难群众救助补助资金审计。图为审计人员到困难群众家中了解救助资金发放情况（市审计局　供图）

【资源环保审计】 2022年，韶关市审计局开展大气污染、耕地保护、山水林田湖草等审计项目，揭示个别地区单位在专项资金使用、考核目标完成、遏制耕地“非农化”严控耕地“非粮化”问题整治、高标准农田建设、山水林田湖草生态修复等方面存在的问题35个。市委、市政府高度重视并召开专题会议研究部署相关工作，推动审计发现问题落实整改，同时相关问题线索均依法移送处理，相关责任人被严肃处理。开展市直机关领导干部自然资源任中审计，审计发现问题8个，并提出审计意见建议，促进领导干部履行自然资源资产管理和生态环境保护责任，为筑牢粤北生态屏障发挥审计力量。

2022年8月26日，韶关市审计局在韶关市曲江区白土镇实施曲江区耕地保护审计项目。图为审计人员现场核查违法用地和高标准农田建设问题疑点（市审计局　供图）

【民生审计】 2022年，韶关市审计局选择民生领域教育、就业、社会保障、医疗卫生、保障性住房、环境保护等方面的重点事项、重点资金、重点项目开展各项审计，揭示民生政策落实、任务完成、资金使用、项目建设运营中存在的突出问题和风险隐患，严肃查处民生领域腐败和作风问题，促进健全完善民生管理制度机制，提高民生资金使用绩效，推动民生政策措施落实落地。开展医防融合政策落实、困难群众政策落实、芙蓉新城5个村被征地农民利益保障审计项目，围绕“政治—政策—项目—资金”这条主线，关注政策落实、资金使用和管理、绩效情况，审计发现侵害人民群众利益金额2563万元。

【内部审计】 2022年，韶关市设立内审机构的单位有210个，全市实有内审人员1134人，开展审计项目605个，审计报告反映累计问题金额2.83亿元，审计问题数量2110个，促进制定完善制度或业务流程521项。采取组织自查与重点抽查相结合等方式，首次对38个市直单位内部审计工作进行专项检查，函告被检查单位要求改进相关工作，并向市委、市政府进行专题报告，推动市直单位规范内部审计行为，防范内部审计风险。

2022年韶关市内部审计情况统计表

表8

指标名称	计量单位	总计	企业	机关	事业单位	其他
一、填报单位数	个	1731	200	550	938	43
二、内部审计机构	个	210	19	133	53	5
三、内部审计人员	人	1134	57	888	341	28
其中，专职人员	人	42	2	27	10	3
具有CIA资格	人	1	0	1	0	0
四、审计项目	个	605	89	286	154	76
五、本填报周期内部审计工作量	人日	6782	1342	3661	1500	369
六、审计发现问题金额	万元	28338.55	24645.47	1828.80	1092.69	771.59
七、审计发现问题个数	个	2110	349	604	703	454
其中，金额类问题个数	个	398	68	62	227	41
非金额类问题个数	个	1712	281	542	476	413
八、审计发现问题整改（金额类）	万元	22730.75	24644.99	971.64	982.34	631.78
九、审计发现问题整改（非金额类）	个	1414	213	338	450	413
其中，新制定制度	个	35	13	6	5	11
修订完善制度	个	182	34	68	61	19
优化完善业务流程	个	304	53	58	189	4
其他	个	893	113	206	195	379

（资料来源：市审计局）

【审计信息化】 2022年，韶关市审计局实施“金审工程”三期项目建设，完成标准网络设备的安装，实现省市县三级审计机关互联互通；市县审计机关已完成部署适配终端148台，实现审计业务人员终端配备全覆盖；韶关市审计局从打造适配环境、组织全员培训、试点项目应用3个方面，推进“金审三期”更大范围应用。开展数据库、地理信息系统（GIS）、Python等技术、工具培训，大数据分析、数据可视化等技术取得新突破。大数据审计人才培养取得新进展，市县审计机关25人通过审计署计算机审计中级考试，居粤东西北审计机关通过人数首位。开展大数据审计，坚持“数据先行”和“以用为本”，运用“总体分析、发现疑点、分散核实、系统研究”的数字化审计方式。

【审计问题整改】 2022年，韶关市审计整改落实情况首次纳入市直机关年度绩效考核内容，印发审计整改长效机制的若干措施，建立审计发现问题清单和工作台账、领导批示审计项目整改督办台账，推动审计发现问题销号清零。落实市委书记、市长重点批示事项24项，提请市委、市政府召开整改工作会议7次，开展整改情况现场检查审计项目15个，向市委、市政府提交整改落实情况报告11篇，从高位推动整改难度大的事项。已到整改期审计项目查出问题526个，已整改问题439个，整改到位率83.5%。

【市属国有企业审计协同监督工作机制建立】 2022年，韶关市审计局会同市国资委联合印发《加强市属国有企业审计协同监督工作办法》，总结以往合作中的有效经验做法，依托双方监督范围、监督对象、监督方式的互补性，建立计划协同、项目协同、成果协同、整改协同和日常保障工作机制，探索打造市属国有企业监督管理闭环，形成监督合力，推动市属国有企业高质量发展。6月，市审计局梳理近年来开展的国企审计项目中发现的共性问题及风险防范问题，向市国资委发送风险提示清单，就市属国企在筹融资、资源资产价值化、对外投资等工作推进中存在的问题及风险明确需市国资委协同解决的事项，提出相关审计意见建议。

【巩固拓展脱贫攻坚成果同乡村振兴有效衔接相关政策落实的审计问题整改】 2022年，关于防止返贫动态监测方面存在应纳入未纳入最低生活保障等2个问题。市民政局经核查、公示等法定流程后，将3户边缘易致贫户、11户脱贫不稳定户及21个低收入家庭成员纳入最低生活保障。韶关市健全防止返贫动态监测和帮扶机制，民政、乡村振兴、卫生健康、医保、残联等市各职能部门加强联系，做好数据比对，及时开展针对性帮扶工作。关于驻镇帮镇扶村方面工作队未配齐、人员未规范管理等2个问题。韶关市在2022年高校毕业生“三支一扶”招募中，要求每个帮扶镇上报2个以上服务岗位，共招募乡镇政府服务岗位134个，实现“三支一扶”人员覆盖全部帮扶乡镇。新丰县已将“三支一扶”人员及大学生志愿者的日常管理权限从镇政府移交至驻镇帮镇扶村工作队，专职负责驻镇帮镇扶村工作。脱贫攻坚成果与乡村振兴有效衔接政策落实方面。关于扶贫资产管理不到位的问题。8个县（市、区）建立健全扶贫资产管理长效机制，制定出台规范扶贫资产登记管理制度8项，重新组织2021年扶贫资产确权摸排工作，建立扶贫资产管理台账。南雄市、新丰县开展扶贫项目收益催收工作，收回拖欠款项257.80万元。关于防止返贫动态监测和帮扶机制落实不到位的问题。乐昌市已将1户边缘易致贫户纳入义务教育生活费补助范围。韶关市民政局已将35人（户）返贫监测户、重残或重疾人员纳入最低生活保障。新丰县13个驻村工作队按要求开展交接工作，确保工作连续性。南雄市、新丰县按要求开展驻村工作队交接工作，更正交接清单数据漏登、错登等信息。关于基础设施和公共服务不健全的问题。4个县（市、区）剔除空心村或无需建设集中供水项目的自然村，按实际情况修改目标任务数量，自然村集中供水覆盖率已达到98%以上。市水务局结合“三同五化”改造提升工程推进全市自然村饮用水“一户一表计量收费”工作，力争在2025年12月底前全面完成。市医保局建设运行“韶关市村医通医保结算系统”，实现村卫生站医保业务的联网结算。7个县（市、区）18个行政村综合文化服务中心已按规定配备管理员。南雄市完成13座农村公厕改造升级。

【广东粤北南岭山区山水林田湖草生态保护修复工程试点专项资金管理使用的审计问题整改】 2022年，韶关市关于试点工程统筹实施不合规的问题。浈江区与国粤公司重新修订关于煤矸石取用补充协议，严格区分修复责任主体和修复责任，协调该公司上缴煤矸石资源费和修复资金。曲江区根据土壤实际污染程度和处置能力，对原粤北无机盐厂B地块变更为管控处理，目前土壤修复工作已完成30%。关于试点工程资金使用不规范的问题。广东南岭国家级自然保护区管理局已归垫违规列支工作经费11.41万元。5个县（区）加强工程进度款支付管理，支付滞留资金2219.52万元，退回提前支付工程款2537.87万元。3个县加强试点工程量审核，退回多支付工程款2.43万元。4个县（区）加快14个项目实施进度，资金支出率达到90%。关于试点工程项目监管不到位的问题。5个项目监理单位落实安全监管责任，按时提交监理资料、完善工程资料、开展监测工作。7个试点工程补办航道行政审批、设计变更、施工图审批等手续，推进项目规范实施。4个县（市、区）督促10个试点工程加快施工进度，完成竣工验收。仁化县补办超规模建设的相关手续，要求项目单位严格按照可行性研究报告批复内容设计及施工。关于试点工程实施效果不达标的问题。3个县（区）加强污水收集和处理工程前期论证工作，做好自然村污水管网接驳工程。6个县（市、区）加强污染土壤集中填埋固化处理，持续监测确保修复治理后无超标项目。4个县（市、区）加大对试点工程后期管护力度，提升造林树苗存活率。（朱丽娟）

统计

【概况】 2022年，韶关市统计局组织实施统计调查，提供统计资料，实行统计监督。市统计局获全省统计系统先进集体。在全省统计系统年度17项业务考核中有5项业务工作获评优秀、12个专业获评良好，优良率排名全省第三。完成建立四大统计改革任务。承担省级改革试点1项。开展现场检查。开展统计造假不收手不收敛问题专项纠治工作。开展部门统计工作情况调研，提高科技统计数据质量。成立基层统计“7个一”规范化建设工作领导小组，10月印发《韶关市统计局加强基层统计“7个一”规范化建设实施细则》，全市基层统计基础建设、统计规范化建设得到加强，统计调查能力得到提高。组织开展主要指标月度调研预计，编辑全国、广东和韶关“三重压力”主要指标对比表等专项统计资料，撰写统计分析报告和信息。加强对县（市、区）统计部门的督促和指导，提升监测和研判经济发展能力。做好《统计月报》《统计年鉴》《韶关市2021年国民经济和社会发展统计公报》等统计资料的编印工作。开发人口普查数据，出版《韶关市2020年人口普查年鉴》《韶关市第七次全国人口普查文件汇编》《人口普查优秀分析（课题）汇编》。完成对各县级规范建设质量检查验收抽查评分工作。规范健全统计信用制度建设。5月印发《韶关市统计局企业统计信用管理实施细则》，废止《韶关市统计局企业统计信用建设制度》。首次开展乡镇（街道）高质量发展综合绩效评价，对全市105个乡镇（街道）分类进行评价。

【统计改革】 2022年，韶关市统计局完成建立乡镇（街道）高质量发展评价体系、招商引资项目全生命周期管理制度、构建以房产交易为基础的房地产市场监测体系、改革完善县（市、区）高质量发展评价体系四大统计改革任务。承担省级改革试点1项，即提高镇（街）统计能力和电子统计台账建设试点。

【统计数据质量】 2022年，韶关市统计局6月印发《韶关市统计局入库退库专项检查工作方案》《2022年度韶关市统计执法检查工作方案》《2022年韶关市统计局统计执法“双随机”抽查工作方案》，4月与市市场监督管理局联合印发《2022年部门联合“双随机、一公开”抽查工作方案》，开展现场检查。召开全市统计造假不收手不收敛问题专项纠治工作动员部署视频会议，5月印发《韶关市统计局统计造假不收手不收敛问题专项纠治实施方案》，围绕查权力干预、查“数据寻租”、查执法不严、查入退库、结合重点工作五项主要措施，开展统计造假不收手不收敛问题专项纠治工作。梳理各部门统计指标及统计方法，根据省对市季度GDP核算方法，加强同工信、商务、文广旅体等部门的沟通，向部门有关负责人介绍新的核算方法。开展部门统计工作情况调研，5月印发《关于加强部门统计工作的通知》，4月推动韶关市科技局印发《关于加强科技统计工作的通知》，提高科技统计数据质量。

【统计基层基础建设】 2022年，韶关市统计局与国家统计局韶关调查队5月联合印发《关于建立完善镇村统计人员基础信息台账的通知》《韶关市乡镇（街道）、村（居）统计调查能力建设考核办法》。成立基层统计“7个一”规范化建设工作领导小组，印发《韶关市统计局加强基层统计“7个一”规范化建设实施细则》，全市基层统计基础建设、统计规范化建设得到加强，统计调查能力得到提高。4个县直部门、12个乡镇（街道）、100个村（社区）被市政府授予统计能力建设先进单位。

【统计服务】 2022年，韶关市统计局编印简明统计知识读本《2022统计方法应知应会》，供市、县党政领导和部门主要领导参阅。组织开展主要指标月度调研预计，编辑全国、广东和韶关“三重压力”主要指标对比表等专项统计资料，撰写统计分析报告和信息，为党政领导和部门准确研判当前经济形势提供依据参考。梳理全市及各县（市、区）经济发展的长板及短板，提醒需要重点关注的指标。强化统计专业知识宣讲，举办地区生产总值和固定资产投资统计与运用等业务学习班。做好《统计月报》《统计年鉴》《韶关市2021年国民经济和社会发展统计公报》等统计资料的编印工作。开发人口普查数据，出版《韶关市2020年人口普查年鉴》《韶关市第七次全国人口普查文件汇编》《人口普查优秀分析（课题）汇编》。全年撰写统计信息55篇，统计分析报告55篇，其中获市委、市政府主要领导批示的信息、分析23篇。其中，《韶关市新增工业企业转型升级情况调研报告》获得广东省统计局优秀统计分析报告三等奖。《2021年韶关市兰花产业种植及销售情况调研报告》被广东省统计局《统计思维与实践》2022年第4期收录。

【依法治统】 2022年，韶关市统计局首次开展乡镇（街道）高质量发展综合绩效评价，设置人口和就业、生态环境保护、发展后劲、综合经济、重点工作五大指标，对全市105个乡镇（街道）细分为9个重点镇（街道）、30个中心镇、60个一般乡镇和6个一般街道进行分类评价。市统计局派出业务骨干到县（市、区）培训会上解读评价指标统计方法；与国家统计局韶关调查队分2期举办乡镇（街道）统计业务能力提升班，解读指标体系、计分方法及根据指标体系怎样抓发展，部署统计基础建设工作；开展项目核查，先后到曲江区、乐昌市、仁化县部分乡镇，查看镇级主导的产业项目，核实镇街上报数据的准确性，督促镇一级把好源头数据关。

【统计监督】 2022年，韶关市统计局首次开展乡镇（街道）高质量发展综合绩效评价，设置人口和就业、生态环境保护、发展后劲、综合经济、重点工作五大指标，对全市105个乡镇（街道）分类进行评价。建立乡镇（街

2022年12月22日，韶关市国家机关“谁执法谁普法”履职报告现场评议会在碧桂园凤凰酒店举行。图为参会人员在会场休息时间观看统计宣传展示书籍 （市统计局 供图）

道）高质量发展评价体系，开展镇街经济发展监测。6月，牵头起草《韶关市乡镇（街道）高质量发展综合绩效评价办法（试行）》（以下简称《评价办法》）经市委办公室、市政府办公室印发。根据《评价办法》，市统计局修订完善乡镇（街道）经济发展季度监测指标体系，开展一季度、上半年和前三季度监测，并形成监测报告。从2022年4月起，每月通报乡镇（街道）产业项目投资完成情况。开展乡镇（街道）高质量发展评价的信息在省统计局网站登载后，吸引云浮市、河源市等地到市统计局调研学习，其中云浮市借鉴韶关市的经验和做法，开展镇街发展监测。加强对《评价办法》的解读。二季度，市统计局派出业务骨干，在曲江区、南雄市、始兴县等县（市、区）举办的乡镇（街道）培训会上解读《评价办法》，介绍评价指标统计方法。7月29日和8月2日，与国家统计局韶关调查队分2期举办乡镇（街道）统计业务能力提升班，解读《评价办法》的指标体系、计分方法及根据指标体系怎样抓发展，部署统计基础建设工作。全市200多人参加培训。协调市司法局、市自然资源局、市住建管理局、市农业农村局、市林业局等制定并印发重点工作评价办法。10月，先后到曲江区、乐昌市、仁化县部分乡镇，查看镇级主导的产业项目，核实镇街上报数据的准确性，督促镇一级把好源头数据关。将105个乡镇（街道）分为9个重点镇（街道）、30个中心镇、60个一般乡镇和6个一般街道四类进行评价。7月，市统计局到始兴县开展现场执法检查。8月至10月，到乳源瑶族自治县对10个工业"四上"企业和10个固定资产投资项目开展本部门"双随机"执法检查，与市市场监督管理局到翁源县、新丰县、南雄市对20家"四上"企业开展"双随机"联合抽查，到翁源县对18个"四上"企业和固定资产投资项目开展入库退库专项检查。8月25日，市统计局向市委巡察办提供巡察市科技局、市人社局、市生态环境局、市住建管理局等13个单位在统计工作方面需要重点关注的问题、工作建议及有关单位统计督察整改情况。（霍建林）

【国家统计调查】 2022年，韶关市开展2022年住户调查大样本轮换工作，128个调查小区中申请替换6个，原始抽中样本落实率95.3%，1280户中替换286户，换户率22.3%。韶关城乡一体化住户调查电子记账率98.7%。部分商超进行电子扫描数据采价试点。粮食产量调查具备21个样本村，63个样方的遥感测量调查能力。建立报表报送审核台账、回访登记台账，实现全过程留痕。城乡一体化住户调查完善数据质量审核包干机制，建立各县（市、区）审核台账；工业生产者价格调查推进凭证化管理，要求企业报送数据时配套提供发票、合同、进出单据等凭证。组织开展制度方法课题研究，参与广东总队制度方法课题"统计调查基层基础工作影响因子研究课题"；撰写制度方法研究文章13篇，其中被总队内网采用11篇次，被国家局内网采用4篇次。组织开展"百镇建设提升年，千村万户深调研"，建立"1+4"工作体系，即1个党建引领，制度建设、调查实施、队伍建设、法治建设4个工作重点，印发《关于提高镇（街）统计能力改革试点的实施方案》；开展试点镇基层基础建设。制定《韶关市乡镇（街道）、村（居）统计调查能力建设考核办法》，推进评选工作向村级延伸。开展全面清理纠正违反统计法精神的文件和做法，做好领导干部违规干预统计工作记录台账填报和存档工作。开展数据质量交叉检查和面向调查对象的数据质量检查。开展"双随机"统计执法检查，对16家企业开展统计执法检查，其中对2家企业进行立案并处以警告行政处罚，对4家企业责令整改；对1个县级统计局开展统计执法监督检查。

【韶关市政府表彰镇村统计能力建设先进单位】 2022年12月30日，韶关市人民政府发文对全市统计能力建设工作中取得优秀成绩的4个县直单位、12个乡镇（街道）和100个村（社区）予以通报表扬。2022年以来，各地围绕贯彻落实《韶关市乡镇（街道）经济发展监测实施方案（试行）》《韶关市乡镇（街道）高质量发展综合绩效评价办法（试行）》，结合《广东省统计局加强基层统计"7个一"规范化建设方案》要求，对照《广东省乡镇（街道）统计规范化建设验收标准》，从夯实乡镇（街道）和村（社区）统计调查基础、推进统计调查工作规范化建设、提升基层统计信息化水平等方面，全面提升镇（街）统计调查能力，人口、就业、市场主体、产业投资、粮食生产等数据统计得到加强。在此期间，涌现出一批统计能力建设工作优秀单位，获市政府发文通报表扬。

【"数说新时代 奋进新征程"第十三届"统计开放日"活动】 2022年9月26日，韶关市统计局、韶关调查队在武江乡村振兴培训实践中心联合举办第十三届"中国统计开放日"活动。此次活动紧扣"数说新时代 奋进新征程"统计开放日主题，通过展板、播放宣传视频、发放宣传资料、现场咨询等形式，展现中共十八大以来韶关经济民生发展、乡村振兴、统计调查发展历程，宣传统计法律法规、统计业务、人口普查、经济普查、农业普查知识。活动期间，通过派发统计法治宣传物品和资料，观看遥感测量无人机、手持采价器等现代化调查工具。（彭鹏飞）

价格管理

【概况】 2022年，韶关市市场监督管理部门加强对价格进行监督检查、调整和检测，对韶关市大型批发市场、商超、农贸市场等场所进行重点价格监管。开展价格调整工作，完成全市9个县（市、区）定价成本监审，推动9个县（市、区）制定出台农业分类水价。启动社会救助和保障标准与物价上涨挂钩联动机制，基本覆盖生活困难群体。规范收费管理，5月出台《韶关市2022年实行政府定价的经营服务性收费（含涉企收费）目录清单》，为政府收费定价收费透明度，规范各项收费行为提供参考。

【价格监督检查】 2022年，韶关市市场监管部门加强对批发市场、超市、农贸市场等场所的价格监管，对各类苗头性、倾向性价格情况进行处置，发出价格提醒告诫书6850份。加大涉企收费专项整治力度，检查行政部门及单位1家、金融机构3家、水电气公用事业企业49家、行业协会13家、交通物流企业2家，涉水电气公用事业收费立案5宗。

【价格调整】 2022年，韶关市完成农业水价综合改革面积2.93万公顷，超额完成1326.67公顷。依据灌区农业供水成本价格核算报告书及成本监审办法，对浈江区、曲江区、乐昌市、南雄市、仁化县、始兴县、翁源县、新丰县、乳源瑶族自治县9个县(市、区)开展定价成本监审，推动9个县(市、区)制定出台农业分类水价。

【价格临时补贴】 2022年，韶关市启动社会救助和保障标准与物价上涨挂钩联动机制(简称“价格补贴联动机制”)，对相关困难群众发放9月、10月、12月临时价格补贴，合计784.71万元，受益困难群众26.16万人。10月20日，韶关市启动社会救助和保障标准与物价上涨挂钩联动机制。此次价格补贴联动机制保障对象在城乡低保对象、特困人员、孤儿、事实无人抚养儿童和艾滋病病毒感染儿童等基础上，将低保边缘人口等群体，阶段性新增纳入价格补贴联动机制保障范围。

【价格监测】 2022年，韶关市承担国家和省价格监测任务26项，全市设立价格监测定点单位73个，监测项目涵盖粮食、菜篮子、食盐、生猪、活鸡、居民重要消费品和服务、农业生产资料、能源、房地产、劳动力价格等。承担重大节日、国家及地方重要活动期间价格监测和特殊时期应急监测等任务。全年向国家和省审核并报送各类价格监测数据32.72万条，其中日报31.50万条(含新冠疫情相关商品价格应急监测、节假日和肉类应急监测)、周报8479条、旬报1396条、月报2293条。

【价格认定】 2022年，韶关市共办结价格认定事项1725宗，涉及金额1.69亿元。其中，刑事案件1382宗，涉及金额7254.80万元；违纪案件3宗，涉及金额23.22万元；复核裁定7宗，涉及金额1.69万元；涉行政及涉税案件173宗，涉及金额8714.18万元；其他案件167宗，涉及金额870.45万元。全年全省价格认定工作质量评查，市价格认证中心和浈江区、仁化县价格认证中心获省发改委通报表扬。

【成本调查监审】 2022年，韶关市完成市区停车场成本调查、城镇管道配气及销售价格成本监审、医疗废物集中处理成本监审、江湾镇集中供水工程(围坪村、梁屋村、湖洋村)成本预测、行之实验学校2022年新校区搬迁预测教育培养成本审核、安顺达管道天然气有限公司城镇管道燃气配气定期成本监审、民利燃气有限公司成本监审、江尾福寿园公墓定价成本专项审计、麒麟山陵园管理所一期二期成本监审等23项成本监审和成本调查任务，核减成本0.37亿元。

【收费监管】 2022年5月，韶关市出台《韶关市2022年实行政府定价的经营服务性收费(含涉企收费)目录清单》和《关于公布韶关市2022年实行政府定价管理的价格和收费(含涉企收费)目录清单的通知》，目录清单内容包括收费项目名称、收费标准、收费文件、定价部门、行业主管部门、是否涉企、是否行政审批前置、是否涉进出口环节等信息。《目录清单》清理规范截止时间为2022年3月15日。2021年12月8日市发改局《关于公布韶关市2021年实行政府定价的经营服务性收费(含涉企收费)目录清单的通知》同时废止。通过韶关市发展和改革局门户网站向社会公开，接受社会监督，提高政府定价收费透明度，规范各项收费行为。

【保供稳价】 2022年，韶关市市场监督管理局做好保供稳价工作，确保疫情防控期间市民生活安全有序。强化生活必需品价格监管。市市场监管局做好米、肉、蛋、蔬菜等27种生活必需品的商品价格监测，强化批发市场、超市、农贸市场的价格监管。10月9日，全市检查市场主体220个次，向经营者派发提醒告诫书120份。经巡查检查，尚未发现有囤积居奇、哄抬价格、价格欺诈等损害消费者权益的价格违法行为。目前我市各种防疫物资和生活必需品供应充足，价格基本稳定有序。加强农贸市场物资保障。市市场监管局组织完成45家列入《临时性强化管理区域生活必需物资保障供应点》农贸市场《生活物资保障通行证》的发放工作，确保各市场如期营业，确保管理区域民生商品不断供。要求农贸市场加强管理，对已领取车辆通行证的货运车辆，运送过程实施“点对点”，“快送快出”，确保不与无关人员接触，到达目的地后按规定对车辆及货物进行消杀。约谈督促药品企业落实主体责任。市市场监管局约谈全市药品连锁总部企业，要求各企业落实各项要求：自觉履行疫情防控义务和主动承担社会责任，市辖三区范围内全部停售退热类药品。做好防疫物资配送保障工作，解决药品经营企业跨县(市、区)防疫物资运输车辆及人员通行问题。抓好问题整改，对在督导检查发现的问题要照单全收、主动认领、立即整改。如有相关企业疫情防控不到位，责任落实不严的，市场监管部门将严格依法从快、从重查处其违法行为。提高外卖配送服务效率。组织符合资质的外卖平台提供物资配送服务，协调有关职能部门解决外卖骑手配送物资出入通行的困难，筑牢安全、高效的生活物资输送链条，保障疫情之下的民生需求。畅通医疗防疫物资运输通道。做好防疫物资配送保障工作，协调解决医疗器械经营企业跨县(市、区)防疫物资运输车辆及人员通行问题，为医疗防疫物资运输开通绿色通道，确保运输畅通。

【浈江区价格认定工作实现“三零”目标】 韶关浈江区以网络化为基础、电子化为支撑、智能化为方向，推动价格认定工作实现“零见面”“零跑腿”“零误差”，取得明显成效。浈江区价格认证中心被省发改委评为全省价格认定工作质量分片评查活动优秀单位、全省2021年价格认定“业务上网”表扬单位，工作经验做法被《广东价格认定》等刊物刊登，并多次在全省举办的价格认定综合业务平台应用培训中授课分享经验。通过对接司法机关及行政执法机关，安装价格认定综合业务平台并分配账户和权限，组织工作人员学习综合业务平台基础知识，掌握平台操作方法，确保全区价格认定事项线上办理衔接顺畅。在全面推广使用平台后，建立“网上协助平台交流群”，密切与工作人员的沟通联系，提供服务、解决问题、改进工作、推动落实，打造浈江区“互联网＋价格认定”服务新模式。浈江区价格认证中心实现100%平台办理价格认定业务，利用价格认定综合业务平台受理价格认定业务500件，实现业务受理“零见面”。推进价格认定系统业务平台应用工作。对提出机关工作人员提交的价格认定协助申请材料进行审核，符合条件的材料，导入价格认定综合业务平台，流转进入现场查验、市场调查及测算分析环节。对不符合条件的，在线退回并指导规范填报。市场调查环节由价格认定小组成员全程负责，通过“价格认定移动办公”App，进行外出看标的或采价，系统直接定位，填写好查验信息后直接生成查验报告，减少办事流程、缩短办事时间。录入数据后，系统设置算法、选择测算公式，避免人为计算带来的误差，为后续类似标的认定提供支撑，优化市场调查环节。推广应用价格认定系统业务平台，以信息化带动和提升价格认定业务水平，强化技术、业务、数据的统筹整合与融合创新，实现业务协同办理、资源汇聚共享、决策分析运用的目的，保障纪检监察、司法和行政执法工作顺利进行，为提出机关办理案件提供证据和支撑。（欧闻歌）

市场监督管理

【概况】 2022年，韶关市市场监管局着力稳增长、防疫情、惠民生、促发展，推动各项工作取得新成绩。全年获省政府、省市场监管局、省药监局等通报表扬8次，市委、市政府通报表扬15次，全省食品、药品安全工作考核均获A级，营商环境开办企业指标排名全省第六、粤东西北第一，全省知识产权保护考核排名第九、“双打”考核位列第一档次、企业年报公示全省第七，“韶关市场监管”南方号连续3年获全省政务新媒体“政务公开奖”。2022年，全市登记市场主体218228户[其中，内资(非私营)企业7230户，私营企业36260户，外商投资企业1054户，农民专业合作社3853户，个体工商户1.7万户]，比2021年增加1.18万户，增长5.73%。

【市场主体准入制度改革】 2022年，韶关市市场监管局在1月组织实施新修订的《韶关市商事主体住所登记管理办法》，印发《韶关市商事主体住所登记材料提交规范》，将“一照多址”“申报承诺制”落到实处，使市场准入更加便利。11月，组织出台《韶关市提升开办企业便利度工作制度(试行)》《韶关市优化营商环境领导小组开办企业指标组工作制度》《韶关市市场监督管理局在全市推行企业注册登记“全市通办”的实施方案》等，上线“韶关市商事主体智能化登记审批系统”，深化开办企业“马上办、零成本”“一网通办、一窗通取”“全市通办”“智能审批”，推进开办企业全流程规范化、制度化、便利化，企业开办环节、时间、成本、便利度提高，达到全省最优水平。

【市场监管稽查执法】 2022年，韶关市市场监管系统开展食品安全“守底线、查隐患、保安全”专项行动执法稽查行动和药品安全专项整治行动，联合市教育局、市公安局等部门开展面向未成年人无底线营销食品专项治理工作，全市办理行政处罚案件2620宗（其中省市场监管局挂牌督办案件2宗），案值2348万元，罚没960万元，向社会公布2022食品安全执法办案十大典型案例，形成有效震慑。建立“跨部门协作”的打击食品药品违法犯罪协作工作制度，常态化深入打击食品药品违法犯罪工作并保持严打高压态势，全市共出具食品药品认定意见书54份，移送公安机关立案27宗（其中食品12宗、药品14宗、化妆品1宗），查处重大案件（货值金额50万元以上）1宗，打掉化妆品非法生产窝点1个，有效打击食品药品违法犯罪行为。全市市场监管系统按照“打源头、设防线、卡江口、断链条”的总体思路，在市打私办的统筹协调下，联合市公安局、市发改局、市农业农村局、市交通运输局、韶关市烟草专卖局等部门开展“清湾行动”，查扣走私冻品53.35吨（主要为无合法来源证明进口冻品），查扣走私成品油21.95吨，立案查处7宗。

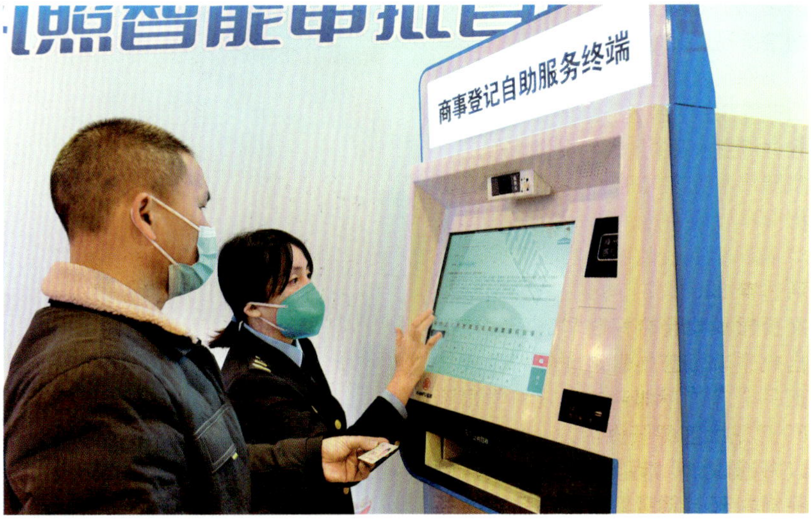

2022年12月26日，韶关市商事主体智能化登记审批系统上线启动，实现“秒批”办理营业执照（欧德亮　摄）

【公平竞争秩序维护】 2022 年，韶关市市场监管局维护公平竞争秩序。推动市县两级公平竞争审查工作部门间联席会议召集人调整由本地政府分管负责人担任，强化组织领导。组织开展韶关市制止滥用行政权力排除限制竞争执法专项行动，抽查市县有关部门发文 4447 份，重点查看涉及市场主体经济活动的文件 101 份，对发现的问题落实整改。组织开展韶关市重点部门重点领域“一事一议”政策文件公平竞争专项抽查，抽查政府采购、招投标公告和文件 484 份，发现相关问题 28 个。组织开展全市存量文件清理和增量文件审查工作，全年清理存量文件 1265 件，审查增量文件 455 件。

【市场监管智慧化建设】 2022 年，韶关市“互联网 + 明厨亮灶”系统推广运用取得新突破，建成市级食品安全智慧监管中心，全市 846 家学校食堂 100% 实施“互联网 + 明厨亮灶”工程，部分重点托管机构食堂、养老机构食堂、集体配餐中心、快检室 90 家接入平台管理，平台功能和系统运用走在粤东西北前列。韶关市市场监管局开展网上巡查 1.41 万次，发现食品安全问题 808 个，下发责令整改通知书 808 份，发布告警信息 5.96 万条。

【网络市场监管】 2022 年，韶关市市场监管局应用国家市场监管总局网络交易监测监管五级贯通系统，做好案件线索的接收、分流、处理、立案反馈等工作，实现监测信息的快速处置。调整完善 11 个部门组成的韶关市网络监管部门间联席会议制度。开展 2022 年网络市场监管专项行动，聚焦群众关注的网络消费难点痛点问题，打击网络市场违法违规行为，配合开展向未成年人销售电子烟、向未成年人无底线营销食品等专项整治行动，规范网络市场经营秩序。

【广告监管】 2022 年，韶关市市场监管局突出导向监管，严守安全底线，强化民生领域广告治理，开展借重大活动从事违法违规商业广告宣传专项整治、虚假违法广告整治、医疗美容行业突出问题专项治理等一系列行动，检查各类广告市场主体 690 家，监测广告 2.15 万条次，查处虚假违法广告案件 39 宗。

【投诉举报受理】 2022 年，韶关市市场监管局优化市场监管热线和信息化平台整合，完成全国“12315”平台话务平台信息录入应用系统项目建设工作，畅通“12315”与“12345”平台的对接运行，做好舆情、信访、重大集体性消费维权投诉处置，全市市场监管部门投诉按时初查率 100%，投诉按时办结率 100%，举报按时核查率 100%。全市各级市场监管部门受理咨询、投诉、举报 1.39 万件，比 2021 年增长 15.11%，为消费者挽回经济损失 645 万元；各级消费者组织解决消费投诉纠纷 868 件，挽回经济损失 165 万元。

【消保维权】 2022 年，韶关市市场监管局聚焦重点食品生产企业、连锁经营企业、网络平台企业、学校食堂等，对销售不合格商品行为予以立案处理，向社会公布、以案预警，维护消费者的合法权益。全市抽检发现不合格食品 483 批次，不合格核查处置率 100%，查处食品安全违法案件 989 宗，涉案货值 663.15 万元。韶关市在风度名城、世纪新城、红星美凯龙、前进国际建材城等商业集中区域启动创建 14 个“放心消费承诺示范街区”、2371 家“放心消费承诺单位”、482 家“线下无理由退货承诺店”，创建活动覆盖韶关市大型商场、超市、零售店等消费市场。推进在线消费纠纷解决机制（ODR）建设，新增 ODR 企业 16 家。联合市养老服务协会和有关社区，举办 7 次消费维权知识小课堂教育活动。通过传统媒体和新媒体平台公布“消费维权典型案例”，开展消费体察直播活动。派发法律法规宣传资料 1.25 万张（册）、向市民推送消费宣传短信 3 万多条，发布权威消费警示信息 15 次，接待来电来访 3500 余人次，受理消费者投诉 868 件，为消费者挽回经济损失 164.5 万元。其中，因经营者有欺诈行为得到加倍赔偿的投诉 18 件，加倍赔偿金额 9458 元。市各级消委会推进放心消费承诺创建工作，开展落实“放心消费承诺单位”“线下无理由退货承诺店”“放心消费承诺示范街区”等创建工作。韶关市消委会发布消费警示提示，提醒消费者正确把握消费和依法规避侵害。市消委会组织开展 2022 年农村消费现状调查评议活动。此次活动采用线上加线下问卷调查、现场面访等方式共获得问卷数据 2207 份，以浈江区、乐昌市、乳源瑶族自治县 3 个县（市、区）为主要调查地，其他 7 个县（市、区）抽取部分农村人口作为调查对象，针对农村居民总体消费水平、消费结构、消费维权意识、消费满意度等内容，通过相关样本数据资料进行汇总整理及分析，

2022 年 6 月 28 日，韶关市在保利广场举行“放心消费承诺”示范街区创建主题活动（罗智毅 摄）

最终形成报告。农村消费水平与消费实力挂钩。农村消费者的工资水平和消费实力总体偏低，消费地点主要集中在超市。一半受访者关注食品安全问题。电商的发展影响农村消费者的消费习惯，农村消费者平常消费方式选择线上和线下两种式。消费维权意识需要再加强。　（欧彩秀）

【质量强市建设】 2022 年，韶关市完成第二届韶关市政府质量奖评审及奖励，QC 小组奖首次进入质量奖评选范围，在全省首开制造业“品质领跑者”认定管理工作，35 家企业获得认定，53 家推广质量认证企业获得市政府奖补，质量品牌 GDP 贡献率 34.9%。开展重点行业质量提升，委托技术机构围绕铅酸蓄电池等 5 个行业，为 41 家企业提供技术帮扶，并指导 2 家企业申报省局重点帮扶企业。推进标准化战略实施，累计发布 15 项市级地方标准（含 14 个地理标志产品市级地方标准），新获省级标准化试点项目 3 个。推进重点领域监管执法。

【品牌培育】 2022 年，韶关市市场监管局组织开展品牌高质量发展论坛。邀请韶关市直各部门领导，质量领域专家，企业代表现场交流分享区域品牌培育、企业品牌建设等方面成功经验。举办第二届韶关市政府质量奖评审活动，9 家企业和组织分别获第二届韶关市政府质量奖、提名奖、质量管理小组奖。韶关市人民政府办公室印发《关于表彰第二届韶关市政府质量奖获奖企业和组织的通报》，为获奖企业和组织发放 240 万元的奖励资金。

【工业产品质量安全监管】 2022 年，韶关市市场监管局组织对全市生产领域 28 类工业产品及流通领域产品开展 2022 年市级产品质量监督抽查，生产领域重点抽查钢筋、水泥、电线电缆等获工业产品生产许可证产品、3C 认证产品和其他重点工业产品，流通领域重点抽查成品油、塑料购物袋、农用地膜等产品，共完成 296 家 419 款产品抽查，对抽查结果进行通

2022 年 5 月 18 日，韶关市政府召开全市质量与品牌工作会议暨首届韶关市制造业品质领跑者认定企业颁奖仪式。图为领奖人合影　（曾伟新　摄）

告并依法对不合格产品进行后处理工作。开展电动自行车、燃气具等产品质量专项整治，印发相关工作方案，开展产品质量专项检查，全面摸查辖区内电动自行车销售单位并建立档案，禁止销售与合格证不一致的电动自行车及无 3C 认证的燃气具等，加大对销售不合格电动自行车、燃气具等行为打击力度。对 61 家企业开展产品质量技术帮扶及产品质量问题“清零”工作，组织“产品医院”及技术机构专家对相关企业开展质量技术“问诊”，针对企业产品质量技术问题并开出质量“处方”。加强对全市 45 家获得工业产品生产许可证企业的后续监管检查，监督相关生产单位保持生产许可证生产能力。开展工业过氧化氢等 17 种产品质量专项监督抽查。此次抽查由韶关市质量计量监督检测所承担抽样、检验工作，抽检 17 种产品，涉及 59 家企业生产的 66 款产品（不涉及出口产品）。经检验，56 家企业生产的 63 款产品合格，发现 3 家企业生产的 3 款产品不合格。此次跟踪抽查 2020 年抽查不合格企业 4 家（配装眼镜店），跟踪抽查 2021 年抽查不合格企业 1 家（配装眼镜店，该眼镜店倒闭），其全部合格。

【特种设备安全监察】 2022 年，韶关市市场监管局开展城镇燃气、危化品集中整治、特种设备超期治理、电梯质量安全、大型游乐设施安全压杆、“黑气瓶”整治等专项行动，检查发现一般事故隐患 2138 项，严重事故隐患 1042 项，发出安全监察指令书 620 份，立案 46 宗。实施气瓶质量、工业气瓶质量和电梯质量安全监督抽查，开展气体充装单位、气瓶检验单位、特种设备生产单位的监督抽查及蒸压釜隐患排查，实现特种设备安全形势持续稳定向好。

【认证认可与检验检测】 2022 年，韶关市市场监管局开展小微企业质量管理体系认证提升工作，9 月制订《韶关市 2022 年度中小微企业质量管理体系认证提升行动工作方案》，通过免费人员培训、专家无偿技术指导、检测费减免等方式，合计为企业节约成本超过 30 万元，解决技术难题 100 余个。开展 CCC 免办证明审核 236 批次，对 204 张 CCC 免办证明使用情况进行证后监管。联合市公安局、市生态环境局等五部门开展“双随机、一公开”省级资质认定检验检测机构监督抽查行动，检查检验机构 27 家，立案查处机构 1 家，规范行业秩序。

【计量监管】 2022 年，韶关市通过测量管理体系 20 家，二级计量保证体系确认企业 5 家，三级计量保证体系确认企业 10 家。加强社会公用计量标准规划建设管理工作，全市社会公用计量标准新增 25 项，累计项 310 项。推进瓶装液化气充装单位、

定量包装商品生产企业、加油站等民生计量领域开展诚信计量自我承诺，全市有自我承诺（示范）单位583家，推行监管新模式的集贸市场4家。

【标准化工作】 2022年，韶关市市场监管局做好扩充标准化专家库工作，选取35名专家入库。推动团体标准公开声明14项，企业自我声明公开标准306项，落实2021年团体标准、企业标准监督检查。新立项2022年度省级农业、服务业（示范点）项目有3个。“广东省传统优势产业（柰李）扶贫标准化试点”等3个项目完成中期评估，“广东省无花果种植标准化示范区”等5个项目完成终期验收。组织做好参与标准制修订奖励项目的评审工作，25个单位参与59个项目申报条件要求，获得奖励434.5万元。

【食品安全监管】 2022年，韶关市于10月印发《关于推动食品安全“两个责任”落地落实工作实施方案》，全市确定食品安全四级包保干部6682人，包保ABCD四类企业3.66万家，防范化解食品安全风险。把推进食品领域民生实事作为提升群众满意度的重要工作。实施食品小作坊生产提质行动，11家湿粉类食品生产单位按照新地标要求完成改造升级。组织开展监督抽检、评价性抽检、风险监测三类抽检，全年累计完成食品抽检1.93万批次，达到每千人6批次以上；在全市重点农贸市场打造15个规范化食品快检室，满足全市每年30万批次的食用农产品快检工作任务量，走在全省前列；全市50家农贸市场快检蔬菜、水产品、畜禽肉蛋类20.24万批次，快检合格率99.54%。完成重大活动食品安全保障31场次，保障超过12万人次，实现零事故、零断供的目标。建成市级食品安全智慧监管中心，全市846家学校食堂100%实施“互联网+明厨亮灶”工程，部分重点托管机构食堂、养老机构食堂、集体配餐中心、快检室90家接入平台管理，平台功能和系统运用走在粤东西北前列。

【药品安全监管】 2022年，韶关市市场监管局开展药品研制生产领域及药品流通领域风险排查，排查药品生产流通环节存在的潜在风险，以高风险产品（生物制品、疫苗、网络销售药品、中药饮片、特殊药品等）和问题药品（抽检不合格药品、召回药品、回收药品）为重点品种，以城乡接合部及农村的药品零售企业、私人诊所和企事业单位医务室等社会医疗机构等为重点对象开展监督检查。定期组织召开药品流通风险信息研判会，汇总分析风险信息，研究制定监管措施。全年累计检查药品生产企业12家次，检查药品批发、零售连锁总部38家次，药品零售企业1330家次，检查疾病预防控制机构及疫苗接种单位204家次，检查覆盖率100%。

【医疗器械、化妆品监管】 2022年，韶关市市场监管局开展新冠疫情防控物资质量安全专项整治、义齿生产企业新冠疫情防控监督检查、医械质量安全风险隐患排查整治、医疗美容药品医疗器械专项检查、化妆品“线上净网线下清源”专项行动等，查处重点领域重点场所生产经营使用违法违规行为，保障群众用械用妆安全。全年检查医疗器械生产企业63家次，医械经营企业1144家次，医械使用单位1193家次，检查化妆品生产企业17家次，化妆品经营企业2044家次。

【2022民生领域“铁拳”行动十大典型案例】 2022年，韶关市市场监督管理局根据国家市场监管总局、广东省市场监管局统一的部署，韶关市各级市场监管部门聚焦“民意最盼、危害最大、市场监管风险和压力最大”的重点领域，加强统筹协调，发挥执法办案集成效应，开展民生领域案件查办“铁拳”行动，查办一批让人民群众广泛称道、对违法分子震慑的“铁案”，让监管“长出牙齿”，提升人民群众的安全感、获得感和满意度。公布2022民生领域“铁拳”行动十大典型案例。某房地产开发有限公司违法发布房地产广告案、某物业服务有限公司使用定期检验不合格的特种设备（电梯）案、某保健服务馆虚假宣传案、欧某涉嫌组织、策划传销案、某商行经营食品标签不符合《食品安全法》规定的预包装食品案、某购销部销售危害未成年人身心健康的食品案、某医疗器械经营部通过虚假折价销售商品案、某车行销售不符合保障人身财产安全的国家标准的电动车案、某商标代理机构以其他不正当手段扰乱商标代理市场秩序案、某商店侵犯奥林匹克标志及吉祥物专有权案。 （陈惠韶）

链接：

1.某房地产开发有限公司违法发布房地产广告案

案情简介：2021年12月14日，市场监督管理局根据线索，依法对某房地产开发有限公司进行立案调查。经查，当事人与广告发布者签订了从2021年10月1日至2021年12月31日的《宣传服务合同》，并将自行编辑制作完成的房地产广告样本分3次交给广告发布者（利用其自营的三爱网微信公众号）进行发布，广告发布费每次3000元。当事人在2021年12月3日自行编辑制作的广告中出现了以下内容：（1）年度最强一波霸气宠粉全“利”以赴真优惠，“最”炫酷的钜惠、“最”缤纷好礼；（2）购房送全屋家电安家好礼享不停，“最”暖心的筑家礼、“最”给力礼品；（3）成交享1年物管费省心安家任性PICK，“最”暖心的物管、“最”暴击折扣；(4)活动时间12月1日起，“最”诗意湖居、“最”成熟配套、“最”有升值潜力、“最”热议楼盘等用语，构成了发布房地产广告内容含有禁止用语和升值承诺的行为。

处理结果：当事人的行为违反了《中华人民共和国广告法》第九条第一款第(三)项、第二十六条第一款第(一)项的规定，属于发布房地产广告内容含有禁止用语和升值承诺的行为。依据《中华人民共和国广告法》第五十七条第一款第(一)项、第五十八条第一款第(八)项的规定，依法责令当事人停止发布广告，在相应范围内消除影响，并对当事人作出罚款30000元的行政处罚。

2. 某物业服务有限公司使用定期检验不合格的特种设备(电梯)案

案情简介：2022年1月17日，市场监督管理局执法人员依法对某物业服务有限公司管理使用的乘客电梯进行检查。经查，当事人作为乘客电梯的使用单位，使用管理的26台乘客电梯于2021年12月2日经广东省特种设备检测研究院韶关检测院定期检验为不合格，当事人未按照法律法规和安全技术规范的要求，立即停止使用电梯，直到我局2022年1月17日检查时一直照常使用。

处理结果：当事人的行为违反了《中华人民共和国特种设备安全法》第四十条第三款的规定，构成了使用定期检验不合格的电梯的事实。依据《中华人民共和国特种设备安全法》第八十四条第(一)项的规定，依法对当事人作出罚款50000元的行政处罚。

3. 某保健服务馆虚假宣传案

案情简介：2022年6月1日，市场监督管理局执法人员依法对某保健服务馆进行调查。经查，当事人在其经营场所内，向进店体验的顾客播放(课件)视频，都市4频道：《冬病夏治正当时系列节目〈养生防病、不妨用艾(上)〉》，内容包括：“《艾灸的功能及适应证》(1)用于治疗寒旋血滞、经络弹阻引起的各种病症，如风寒湿痹、痛经经闭、寒疝腹痛等。(2)用于治疗外感风寒表证及中焦虚寒呕吐、腹痛、泄泻等。(3)用于治疗脾肾阳虚，元气暴脱之证，如久泄、久痢、遗尿、遗精、阳痿、早泄、虚脱、休克等。(4)用于治疗气虚下陷、脏器下垂之证，如胃下垂、肾下垂、子宫脱垂、脱肛等。(5)用于治疗外科疮疡初起，以及瘰疬等，用于疮疡溃久不愈，有促进愈合、生肌长肉的作用。(6)用于治疗气逆上冲的病证，如脚气冲心，肝阳上升之证可灸涌泉治之。(7)防病保健。”而根据《中华人民共和国药典》(一部2020版)记载，“艾叶”的功能与主治只包括：温经止血，散寒止痛；外用祛湿止痒。用于吐血，衄血，崩漏，月经过多，胎漏下血，少腹冷痛，经寒不调，宫冷不孕；外治皮肤瘙痒。醋艾炭温经止血，用于虚寒性出血。当事人通过对“艾叶”的功能作虚假、夸大宣传，令消费者误认为艾灸能够治疗多种疾病，从而达到推销商品的目的。

处理结果：当事人的行为违反了《中华人民共和国反不正当竞争法》第八条第一款的规定，依据《中华人民共和国反不正当竞争法》第二十条第一款的规定，依法责令当事人停止上述违法行为，并对当事人作出罚款10000元的行政处罚。

4. 欧某涉嫌组织、策划传销案

案情简介：2022年3月2日，根据举报，市场监督管理局联合金融部门、公安机关对欧某进行立案调查。经查，欧某以开展中国校园健康行动・校园健康饮水工程项目为由，通过在兰花公园召开招商会为名，吸引众多投资者投资，发展下线，初步统计涉事金额达640万元。

处理结果：当事人的行为涉嫌构成了《禁止传销条例》第七条的规定，根据《禁止传销条例》第二十四条第一款、《“两高一部”关于办理组织领导传销活动刑事案件适用法律若干问题的意见》《中华人民共和国行政处罚法》第二十七条以及《行政执法机关移送涉嫌犯罪案件的规定》第三条的规定，于2022年4月2日移送公安机关处理，公安机关于2022年5月7日对当事人刑事立案调查处理。

5. 某商行经营食品标签不符合《中华人民共和国食品安全法》规定的预包装食品案

案情简介：2022年5月20日，市场监督管理局依法对某商行立案调查。经查，当事人为预包装食品经营者，消费者在其商行一次性购买198元即可成为会员，会员可通过参加活动和购买产品获取快乐豆并可兑换商品。当事人给会员兑换的商品中有一款“富硒大米”(1kg/包)，其包装上标签只标明名称、净含量，未标明生产者的名称、地址、联系方式等内容，且标签标明的“富硒大米”经查实为普通大米，系当事人通过从网上采购标称富硒大米的塑料包装袋和采购普通大米自行包装而成。至案发之日止，已给会员兑换了73包，剩余27包，货值金额为460元。

处理结果：当事人的行为违反了《中华人民共和国食品安全法》第六十七条第一款和第七十一条第一款的规定，依据中华人民共和国食品安全法》第一百二十五条第一款第(二)项和《中华人民共和国行政处罚法》第二十八条的规定，依法责令当事人改正上述违法行为，并对当事人作出如下行政处罚：没收富硒大米27包(1kg/包)，处以罚款10000元。

6. 某购销部销售危害未成年人身心健康的食品案

案情简介：2022年5月9日，市场监督管理局执法人员依法对某购销部进行检查。经查，当事人分别购进了“冻了个奶”清凉牛奶味软糖、“恋爱弹”果味果冻、“吃作业”糯米纸、“猪饲料”墨西哥香辣味薯条等预包装食品对外销售。上述“冻了个奶”清凉牛奶味软糖、“恋爱弹”果味果冻、“吃作业”糯米纸(上面印有“吃掉作业，考试满分”字样)、“猪饲料”墨西哥香辣味薯条(上面印有“这是一包猪饲料，为什么不用好吃的压死我呢！满足吃货一切想象”字样)外包装、标签标识具有色情、暴力、不良诱导内容危害未成年人身心健康。至案发之日止，当事人销售上述预包装食品的货值金额共计676元，违法所得322元。

处理结果：当事人销售外包装、标签标识具有色情、暴力、不良诱导内容食品的行为，违反了《中华人民共和国未成年人保护法》第五十五条和《中华人民共和国食品安全法》第三十四条第一款的规定，属于销售危害未成年人身心健康食品的行为。依据《中华人民共和国食品安全法》第一百二十五条第一款的规定，依法对当事人作出如下行政处罚：没收“冻了个奶”清凉牛奶味软糖伍(5)盒、“恋爱弹”果味果冻肆(4)盒、“吃作业”糯米纸拾肆(14)盒、“猪饲料”墨西哥香辣味薯条柒(7)包；没收违法所得322

元,处以罚款5000元。

7. 某医疗器械经营部通过虚假折价销售商品案

案情简介:2022年7月7日,市场监督管理局依法对某医疗器械经营部立案调查。经查,当事人经营场所的展示台上摆放有一张黑色的多功能温热理疗床,上面写着"优惠活动价 曜石黑色:20800元、象牙白色:19950元,活动日期:6月27日-7月6日",现场的宣传海报显示"曜石黑色原价:¥22000,象牙白色原价:¥21000"。经执法人员依法查阅当事人2021年6月以来上述产品的价格销售记录,发现上述产品没有其标称的原价销售记录。当事人存在通过虚假折价的方式销售多功能温热理疗床的违法行为,本案当事人违法所得共计16210元。

处理结果:当事人通过虚假折价的方式销售多功能温热理疗床的行为,违反了《明码标价和禁止价格欺诈规定》第十九条第三(项)和《中华人民共和国价格法》第十四条第(四)项的规定,依据《中华人民共和国价格法》第四十条的规定,依法责令当事人改正上述违法行为,并对当事人作出没收违法所得16210元的行政处罚。

8. 某车行销售不符合保障人身财产安全的国家标准的电动车案

案情简介:2022年4月8日,根据线索,市场监督管理局依法对某车行进行立案调查。经查,当事人经营的1台"台铃"电动自行车(型号:TDZAB9Z,车架号:236322100312005),擅自加装底托和工具斗,与电动自行车产品合格证简图不一致,不符合《电动自行车安全技术规范》(GB17767-2018第6.3.4.3蓄电池防篡改)电动自行车不得有外设蓄电池托架的要求,违法经营额为3899元。

处理结果:当事人的行为违反了《中华人民共和国产品质量法》第十三条规定,依据《中华人民共和国产品质量法》第四十九条,依法责令当事人停止销售不符合保障人身、财产安全国家标准的产品,并对当事人作出如下行政处罚:没收不符合保障人身、财产安全的国家标准的"台铃"电动自行车1台,处以罚款4000元。

9. 某商标代理机构以其他不正当手段扰乱商标代理市场秩序案

案情简介:2022年2月17日,市场监督管理局依法对某商标代理机构进行立案调查。经查,当事人在为某协会代理办理地理标志集体商标的过程中,擅自通过人工手段篡改了《韶关年鉴》以及《韶关市志》所记载的部分内容,并将篡改后的虚假内容作为申请上述集体商标所需要提交的客观存在及声誉的证据,提交至国家知识产权局,用作集体商标注册申请材料。最终,因上述资料存在造假情况,上述集体商标均没有申请成功,当事人未实际取得合同约定的任何报酬。

处理结果:根据《中华人民共和国商标法实施条例》第八十八条第一款第二项的规定,当事人的行为属于办理商标事宜过程中,违反了《中华人民共和国商标法》第二十七条以及第六十八条的规定,以其他不正当手段扰乱商标代理市场秩序的情形。依据《中华人民共和国商标法》第六十八条第一款第二项的规定,依法对当事人作出警告,处以罚款20000元的行政处罚。

10. 某商店侵犯奥林匹克标志及吉祥物专有权案

案情简介:2022年3月9日,市场监督管理局执法人员依法对某商店进行检查。现场检查发现,当事人经营场所的货架上摆放印有北京2022年冬奥会吉祥物冰墩墩及BEIJING2022奥林匹克五环图案标志的钥匙扣5个,印有北京2022年冬奥会吉祥物冰墩墩、冬残奥会吉祥物雪容融及奥林匹克五环图案标志的1.2皮条加厚电子卡4个,北京2022年冬奥会吉祥物冰墩墩的挂件12个,北京2022年冬奥会吉祥物冰墩墩按动中性笔13盒。经查,当事人在未获得奥林匹克标志权利人授权的情况下,擅自销售侵犯奥林匹克标志、北京2022年冬奥会吉祥物冰墩墩、冬残奥会吉祥物雪容融专用权的商品,货值金额合计298元。

处理结果:当事人的行为违反了《奥林匹克标志保护条例》第四条第二款的规定,构成了侵犯奥林匹克标志专有权的违法行为。依据《奥林匹克标志保护条例》第十二条第一款和《中华人民共和国行政处罚法》第二十八条第一款的规定,依法责令当事人改正上述违法行为,并对当事人作出如下行政处罚:责令停止侵权行为,没收侵权商品,处以罚款500元。

知识产权保护

【概况】 2022年,韶关市在生物医药与健康产业集群和先进材料产业集群开展高价值专利培育布局、产业专利导航、产业知识产权运营。全市拥有国家级知识产权示范企业2家、国家级知识产权优势企业9家、省级知识产权示范企业21家、省级知识产权优势企业13家、知识产权贯标认证企业220家,获得中国专利奖优秀奖3项、广东专利奖优秀奖1项、广东专利奖银奖4项,累计有效注册商标3.35万件,建立商标品牌培育指导站6个。全市万人发明专利拥有量6.94件(比2021年增长43.69%),新增发明专利授权660件(增长73.23%),增幅位居全省第一。

【知识产权创造】 2022年,韶关市市场监管局加大高价值专利培育支持力度,依托韶关先进装备制造业和先进材料两大支柱产业建立两个高价值专利布局中心,培育和布局一批高价值专利;开展产业专利导航,提升产业和企业核心竞争力,推进知识产权试点示范,新增2家企业被评为国家知识产权示范企业,新增3家企业被评为国家知识产权优势企业。加强商标品牌培育,新建商标品牌培育指导站2个。建设地理标志体系,持续做好地理标志商标申报工作,推广

2022年9月19日，韶关实现全市维权援助“一张网”和知识产权纠纷调解机构全覆盖。图为韶关市曲江区知识产权纠纷人民调解委员会揭牌仪式

（罗俊平　摄）

地理标志专用标志使用，新增地理标志商标注册申请7件及核准“扶溪大米”地理标志商标1件。

【知识产权运用】 2022年，韶关市市场监管局于6月修订《韶关市促进知识产权创新发展和强化知识产权保护若干措施》，联合市财政局、市版权局印发《韶关市促进知识产权创新发展和强化知识产权保护若干措施实施指引》，完成资助政策的更迭。突破知识产权质押融资工作，与六大银行签订知识产权质押融资政银合作框架协议。推进知识产权证券化工作，于5月发布实施《韶关市知识产权证券化项目实施方案》，启动全国欠发达地区首支知识产权证券化产品“韶关市—粤知保—长江楚越1—3期知识产权资产支持证券专项计划”。实施知识产权贯标工作，全市新增19家贯标认证单位。加强处置非正常专利申请，3批非正常专利申请处置情况位居全省第一，撤回率99.76%。

【知识产权保护管理】 2022年，韶关市首次将县(市、区)知识产权保护工作纳入考核，全市知识产权保护工作各项指标较往年有提升。建设全市维权援助“一张网”和知识产权纠纷调解机构全覆盖，韶关市(本级)、10个县(市、区)全部成立知识产权维权援助服务站和知识产权纠纷人民调解委员会。与广州知识产权法院、市中院均签订《关于知识产权纠纷行政调解协议司法确认合作框架协议》，与市商务局、市检察院分别签订《韶关市运用知识产权支持招商引资工作协作备忘录》《关于加强知识产权保护合作备忘录》，为构建部门间知识产权协同保护机制提供基础。全市办理知识产权纠纷调解案件49件，专利侵权纠纷行政裁决案件4件，多个县(市、区)专利案件实现“零”的突破，专利侵权纠纷行政裁决得到强化。韶关市市市场监管部门处理专利侵权纠纷案件25宗，同比增长316%；市检察院专门成立知识产权办公室，打击侵犯知识产权犯罪行为。市中院深入推进知识产权案件审判“三合一”改革，连续3年审结知识产权民事纠纷案件调撤率超过50%。

【知识产权服务】 2022年，国家知识产权局商标局在韶关市政务服务大厅设立商标业务受理窗口，窗口可受理国内商标注册申请、变更、转让、续展、商标专用权质权登记申请等业务和相关业务咨询，基本实现商标申请日常业务受理的全覆盖，便利韶关市各类市场主体就近办理商标业务。拓宽商标申请渠道，降低商标申请成本，提高商标业务办理效率，提升知识产权服务水平，推动经济高质量发展。全年知识产权质押融资52宗、融资金额14.42亿元，帮助解决企业资金不足、研发受阻等实际困难。国家知识产权局商标业务韶关受理窗口在该市行政服务中心政务服务大厅启用，提高本地商标注册业务，为企业实现知识产权质押融资提供多种可能。利用政策优势，推进金融产品创新，金融服务优化，提升市场主体质押融资便利度，解决知识产权融资需求。按照政府指引做好、做实、做足、做大知识产权质押融资服务，

2022年7月7日，韶关市市场监管局(知识产权局)携手6大商业银行开展知识产权质押融资战略合作，3年内为韶关提供知识产权质押融资贷款60亿元，解决韶关市企业融资发展难题。图为2022年韶关市知识产权质押融资政银合作签约仪式暨宣讲活动

（陈惠韶　摄）

还创造性地打开新思路，从侧重质押融资的“资产价值”型思维向精准测评科创实力的“大数据”型思维方式转变，从知识产权质押融资实践升级到“技术流”评价体系实践。科技企业“技术流”评价体系解决将知识产权从“无形”转化为“有形”的问题，有助于企业更便利获得融资。形成包括专利质押融资保证保险、地理标志保险、侵犯专利权责任保险等险种。通过走访调研、知识产权“入园惠企”活动等多种方式推动企业运用知识产权金融获得融资，通过整合银行、评估机构等机构力量助力银企对接，帮助企业解决融资痛点、难点。

【知识产权宣传】 2022 年，韶关市以第 22 个世界知识产权日为契机，举办“全面开启知识产权强国建设新征程”宣传活动，推动高质量发展营造良好舆论氛围。市市场监管局加大知识产权保护公益宣传力度，利用市公共汽车公司 10 辆公交车开展为期 1 年的知识产权保护公益宣传。开展知识产权“五进”宣传及满意度调查活动，发放宣传册 200 余份，发放调查问卷 1321 份。结合“中国专利周”开展 2022 年韶关市“中国专利周”宣传活动，评选并公布“韶关市知识产权行政执法十大典型案例”，宣传知识产权保护知识，为韶关市创建国家知识产权强市建设试点城市创造条件。

【2022 年知识产权行政执法典型案例】 2022 年，韶关全市市场监管部门推进知识产权行政执法工作，针对关系人民群众健康安全的重点商品和影响创新发展的突出问题，加大案件查办力度，打击商标侵权、假冒专利等违法行为，强化奥林匹克标志保护，依法查处商标代理违法行为，优化创新环境、营商环境，助力韶关市经济高质量发展。韶关市市场监督管理局选取 10 个典型案件。杨某某侵犯“MCM”等注册商标专用权涉嫌犯罪移送案、杜某某侵犯“贵州茅台”“五粮液”注册商标专用权涉嫌犯罪移送案、梁某等人侵犯“LOREAL 欧莱雅”“SK- Ⅱ”等注册商标专用权涉嫌犯罪移送案、某特价商行侵犯“马坝油粘米”地理标志证明商标专用权案、某特惠商行销售假冒专利产品案、某药房连锁有限公司销售专利标注不规范的药品案、某商标代理机构以其他不正当手段扰乱商标代理市场秩序案、某汽车润滑服务部销售侵犯埃克森美孚公司和壳牌品牌国际股份公司注册商标专用权的商品案、某商店侵犯奥林匹克图案及吉祥物专有权案、某书屋侵犯奥林匹克标志专有权案。（陈惠韶）

链接：

一、杨某某侵犯“MCM”等注册商标专用权涉嫌犯罪移送案

案情简介：2022 年 3 月 10 日，市场监管部门根据相关单位转来的无照经营线索，依法对当事人杨某某的经营场所进行检查。现场查获当事人加工制作涉嫌侵犯“MCM”“BAOBAOISSEYMIYAKE”等注册商标的皮包成品、半成品一批，涉案价值达 334.44 万元。当事人无法提供《营业执照》及相关品牌授权证明书。当事人的行为涉嫌构成犯罪，2022 年 7 月 20 日，市场监管部门依法将该案件移送公安机关处理。

二、杜某某侵犯“贵州茅台”“五粮液”注册商标专用权涉嫌犯罪移送案

案情简介：2022 年 8 月 19 日，市场监管部门联合公安机关依法对当事人杜某某的经营场所进行检查。现场查获贵州茅台酒 29 瓶、五粮液 33 瓶。经鉴定，扣押的 29 瓶茅台酒和 19 瓶五粮液均属假冒注册商标的商品，货值为 10.5 万元，当事人的行为涉嫌构成犯罪，2022 年 9 月 13 日，市场监管部门依法将该案件移送公安机关处理。

三、梁某等人侵犯“LOREAL 欧莱雅”“SK- Ⅱ”等注册商标专用权涉嫌犯罪移送案

案情简介：2022 年 6 月 27 日，市场监管部门根据群众的举报联合公安机关对一家非法生产化妆品厂进行检查，现场查获非法生产的欧莱雅、海蓝之谜、SK- Ⅱ等化妆品约 2 万支，原料 1600 多公斤。当事人梁某现场无法提供《营业执照》《化妆品生产许可证》及上述产品的授权证明。当事人的行为涉嫌构成犯罪，2022 年 6 月 30 日，市场监管部门依法将该违法线索移送公安机关处理。

四、某特价商行侵犯“马坝油粘米”地理标志证明商标专用权案

案情简介：2022 年 5 月 31 日，市场监管部门根据线索依法对当事人某特价商行的经营场所进行检查，现场发现当事人店内摆放着 9 包兴丰牌“马壩油粘”，涉嫌侵犯“马坝油粘”地理标志证明商标专用权。2022 年 8 月 15 日，市场监管部门认定当事人违反了《中华人民共和国商标法》第五十七条第(三)项的规定，属于销售侵犯注册商标专用权的商品的违法行为。依据《中华人民共和国商标法》第六十条第二款的规定，市场监管部门对当事人作出责令停止侵权行为、没收违法所得和并处罚款的行政处罚。

五、某特惠商行销售假冒专利产品案

案情简介：2022 年 9 月 26 日，市场监管部门依法对当事人某特惠商行的经营场所进行检查，现场发现当事人的经营场所摆放有 1 盒“名高•锁具”牌高级球形门锁(型号:3203YB 大匙 70)和 3 盒“名高•锁具”牌双舌弹子门锁(型号:556)，产品外包装均标注有专利号字样，但未标注有专利类别。经查，当事人销售的涉案产品包装盒色彩、图案与产品所标注的外观设计专利所保护的色彩、图案不同，违反了《中华人民共和国专利法实施细则》第八十四条第一款第(二)项规定的情形，构成销售假冒专利的产品的违法行为。依据《中华人民共和国专利法》第六十八条、《中华人民共和国专利法实施细则》第八十四条第三款的规定，2022年10月25日，市场监管部门对当事人作出责令停止销售涉案产品和没收违法所得的行政处罚。

六、某药房连锁有限公司销售专利标注不规范的药品案

案情简介：2022年9月26日，市场监管部门依法对当事人某药房连锁有限公司的天猫旗舰店进行检查，检查发现其经营的桂林天和药业股份有限公司生产的骨通贴膏的专利标识没有采用中文标明专利权的类别行为，违反《专利标识标注办法》第五条第一款第（一）项的规定，构成专利标识标注不规范的行为。2022年9月26日，市场监管部门认定当事人专利标识标注不规范，依据《专利标识标注办法》第八条第一款的规定，市场监管部门对当事人是作出责令立即改正。

七、某商标代理机构以其他不正当手段扰乱商标代理市场秩序案

案情简介：2022年2月17日，市场监管部门依法对某商标代理机构进行立案调查。经查，当事人在为某协会代理办理地理标志集体商标的过程中，擅自通过人工手段篡改了《韶关年鉴》以及《韶关市志》所记载的部分内容，并将篡改后的虚假内容作为申请上述集体商标所需要提交的客观存在及声誉的证据，提交至国家知识产权局，用作集体商标注册申请材料。最终，由于上述集体商标均没有申请成功，当事人未实际取得合同约定的任何报酬。根据《中华人民共和国商标法实施条例》第八十八条第一款第二项的规定，当事人的行为属于办理商标事宜过程中，违反了《中华人民共和国商标法》第二十七条以及第六十八条的规定，以其他不正当手段扰乱商标代理市场秩序的情形。依据《中华人民共和国商标法》第六十八条第一款第二项的规定，市场监管部门依法对当事人作出警告，并处罚款的行政处罚。

八、某汽车润滑服务部销售侵犯埃克森美孚公司和壳牌品牌国际股份公司注册商标专用权的商品案

案情简介：2021年12月13日，市场监管部门根据投诉依法对当事人某汽车润滑服务部的经营场所进行检查，现场查获当事人涉嫌销售侵犯埃克森美孚公司和壳牌品牌国际股份公司注册商标专用权的商品一批，货值金额为33221元。2022年2月24日，市场监管部门认定当事人的上述行为违反《中华人民共和国商标法》第五十七条第(三)项规定，属于销售侵犯注册商标专用权的商品的行为。依照《中华人民共和国商标法》第六十条第一款、第二款的规定，市场监管部门对当事人作出没收侵犯注册商标专用权的商品，并处以罚款的行政处罚。

九、某商店侵犯奥林匹克图案及吉祥物专有权案

案情简介：2022年3月9日，市场监管部门依法对当事人某商店的经营场所进行检查，现场发现当事人销售印有北京2022年冬奥会吉祥物冰墩墩及BEIJING2022奥林匹克五环图案标志的钥匙扣、挂件、中性笔等商品。当事人未能提供进销货台账和奥林匹克权利人相关授权材料。2022年5月5日，市场监管部门认定当事人的行为违反了《奥林匹克标志保护条例》的相关规定，构成侵犯奥林匹克标志专有权的行为。依据《奥林匹克标志保护条例》第十二条第一款规定，市场监管部门对当事人作出责令停止侵权行为、没收侵权商品，并处以罚款的行政处罚。

十、某书屋侵犯奥林匹克标志专有权案

案情简介：2022年3月4日，市场监管部门依法对当事人某书屋的经营场所进行检查，现场发现当事人销售含有“冰墩墩”图案标志的钥匙扣和不倒翁玩具，当事人未能提供授权许可证书或证明文件。2022年4月2日，市场监管部门认定当事人的行为违反了《奥林匹克标志保护条例》的相关规定，构成侵犯奥林匹克标志专有权的行为。依据《奥林匹克标志保护条例》第十二条第一款规定，市场监管部门对当事人作出责令改正违法行为、没收侵权商品、没收违法所得，并处以罚款的行政处罚。

信用体系建设

【概况】 2022年，韶关市完善信用相关制度和标准规范，推动《广东省社会信用条例》贯彻实施，营造诚实守信的社会环境。市信用办在政府资金奖补、财政补助、政府担保授信、评先评优等方面为各部门提供信用核查3000余次。落实守信激励和失信惩戒，召开诚信“红黑榜”新闻发布会，发布诚信“红榜名单”3028个，失信“黑榜名单”311个。优化市信用信息共享平台，强化和规范信用信息归集共享，推进“双随机、一公开”与信用风险分类监管相结合，推进各行业各部门研究制定信用分级分类监管标准，完善分级分类监管制度，根据监管对象信用等级高低采取差异化的监管措施。

【信用监管】 2022年，韶关市完善信用相关制度和标准规范，推动《广东省社会信用条例》贯彻实施，营造诚实守信的社会环境。在税务、生态环境、交通运输、食品药品、产品质量、水利建设市场等46个行业领域开展信用分级分类监管。推进信用承诺制度，引导市场主体主动做出信用承诺，对信用良好的主体实行信用审批。推动各级各部门在政府采购、招标投标、行政审批、市场准入、资质审核等行政管理事项中开展信用核查，扩大信用报告应用范围。全年韶关市企业年报公示位居全省第七，全市应当公示年报的企业户数3.9万户，公示年报的企业户数3.79万户，公示率97.27%，比2021年提升0.68个百分点。市市场监管局推行企业信用风险分类监管，印发《韶关市市场监督管理局企业信用风险分类管理工作方案的通知》，对全市全量企业实施科学分类，全市“信用风险低”企业2.16万户，“信用风险一般”企业1.41万户，“信用风险较高”企业6968户，“信用风险高”企业1604户。开展查处无证无照经营行为专项整治，检查市场主体4204户次，引导办照306户，查处无证无照经营案件78宗。（欧闻歌　陈惠韶）

【信用服务】2022年，韶关市信用办在政府资金奖补、财政补助、政府担保授信、评先评优等方面为各部门提供信用核查3000余次。推进行政处罚信用修复“一口受理、一次办成”改革，提高企业信用修复的便利度，保护市场主体权益，网上受理信用修复1200余条，线下受理信用修复80余条。依托公共信用信息共享平台，推动“政银企”信息共享共用，畅通金融机构与企业之间的信息交流渠道，利用信用贷款优惠政策助力产业发展。推进个人诚信体系建设，加强诚信理念宣传教育，组织诚信主题实践活动，全市各级开展诚信宣传活动200余次。韶关市城市信用监测排名提升，“信用韶关”平台获广东省“地方特色平台网站”。

【信用惩戒】2022年，韶关市落实守信激励和失信惩戒，召开诚信“红黑榜”新闻发布会，发布诚信“红榜名单”3028个，失信“黑榜名单”311个。推动失信约束措施清理规范，开展“屡禁不止、屡罚不改”严重违法失信行为专项治理。

【纳税信用建设】2022年，韶关市税务局不断加强纳税信用管理，有3.47万户纳税人纳入信用评价，评价结果显示A级纳税人、B级纳税人1.86万户，比上年提升12.75%；利用纳税信用广东管控平台信用预警功能，及时提醒纳税人纠正纳税失信行为，全年累计推送预警信息11.49万条，帮助1.78万户（次）纳税人及时完成纳税信用修复；全年公示税务行政许可8501宗、税务行政处罚48宗；强化红黑名单管理制度，向社会公众发布诚信“红黑榜”，通报5户重大税收违法失信主体“黑名单”企业；按照“首违不罚”相关规定，对1309户纳税人不予行政处罚，相关记录不纳入纳税信用评价；通过“银税互动”有效解决企业的融资难题，累计发放贷款19.91亿元，累计发放1421户；联合市工信局举办21场次“春雨润小苗　助企稳增长”系列活动，发放宣传资料8200余份，助力提升纳税人缴费人诚信意识。

【信用制度建设】2022年，韶关市印发《2022年韶关市社会信用体系建设工作要点》和《韶关市信用领域突出问题专项治理工作方案（2022—2023年）》，推动《广东省社会信用条例》贯彻实施，营造诚实守信的社会环境。优化市信用信息共享平台，强化和规范信用信息归集共享，推进“双随机、一公开”与信用风险分类监管相结合，推进各行业各部门研究制定信用分级分类监管标准，完善分级分类监管制度，根据监管对象信用等级高低采取差异化的监管措施。

【信用信息平台建设】2022年，韶关市深化信用信息共享运用，通过多元系统对接“开源式”共享和深化运用“耦合式”共享等方式持续优化信用信息服务。韶关市信用信息共享平台共归集332个部门各类信用信息3921.6万条，全量向省推送所有数据，并接收国家红黑名单信息1006.3万条，实现国家、省、市、县及各部门信息共享，消除“信息孤岛”，为加强信用监管奠定基础。（欧闻歌）

【信用分级分类监管工作全覆盖】2022年，韶关市发展和改革局以改革攻坚规范治理工作为契机，推动各行业各部门制定完善信用分级分类监管标准和制度，根据监管对象信用等级高低采取差异化的监管措施，全市43个行业领域实现信用分级分类监管工作全覆盖。按照“分级分类、区别监管、综合评定、动态升降”的原则，韶关市建立符合行业特征、监管需求的信用评价标准。市科技局、市生态环境局、市住建管理局等28个行业监管部门在各自领域按要求开展信用分级分类监管工作，其中，交通运输、文化旅游市场、医疗卫生等重点领域出台或实施30余项分级分类监管制度，拓宽监管领域。以信息互通、数据共享为导向，韶关市推动信用平台数据与分级分类监管融合，市公共信用信息共享服务平台累计共享1亿余条信用数据，建立重点人群信用档案1万余条。整合信用数据，韶关市在重点行业领域建立信用监管平台，对市场主体信用状况进行量化分析，评价结果定期对外公布。在生态环境领域，开展企业环保信用评价工作，对“环保不良企业”（红牌企业）进行失信惩戒，对“环保警示企业”（黄牌企业）实行严格管理，对“环保良好企业”（蓝牌企业）进行引导改进，对“环保诚信企业”（绿牌企业）进行守信激励。在房地产行业领域，对全市房地产开发企业开展诚信自律评价，定期生成企业得分及排名，公开发布后应用于建筑市场招投标、奖励政策兑现、评优评先等管理环节。全面推进以“双随机、一公开”监管为基本手段、以重点监管为补充、以信用监管为基础的新型监管机制，韶关市随机抽取标识为“信用风险一般”“信用风险较高”“信用风险高”的检查对象，统筹推进企业信用风险分类结果在“双随机、一公开”监管工作中常态化运用。对信用良好、风险较低的企业降低抽查比例，对违法失信、风险较高的企业提高抽查比例，促进市场公平竞争，释放市场主体活力。（欧闻歌）

开放型经济

参与“一带一路”建设

【概况】 2022年，韶关市与共建“一带一路”国家和地区外贸进出口额35.5亿元，比2021年下降0.3%。对外投资企业10家，服务外包业务涉及俄罗斯、巴基斯坦、马来西亚、菲律宾、印度和以色列等15个共建“一带一路”国家，业务类型主要是知识流程外包（KPO），服务外包执行金额37.18万美元，比2021年下降46.1%，占全市服务外包执行总额的3.8%。

【“一带一路”共建国家和地区贸易】 2022年，韶关市与共建“一带一路”国家和地区外贸进出口额35.5亿元，比2021年下降0.3%。其中：出口总额20.9亿元，增长8.1%；进口总额14.6亿元，下降10.2%。其中，对东盟国家进出口总额16.1亿元，比2021年下降13.5%；出口总额10.7亿元，增长7.5%;进口总额5.4亿元,下降37.8%。

【“一带一路”共建国家和地区产业投资】 2022年，韶关市登记备案的对外投资企业10家，其中多为注册地在香港的贸易公司，仅韶关市北江智联纺织股份有限公司在越南广宁省设有生产基地。共建“一带一路”国家在韶关投资设立外商投资企业15家，其中新加坡投资的9家，巴基斯坦、文莱、伊朗、叙利亚、孟加拉国、俄罗斯投资的各1家。以上企业投资总额3770万美元，注册资本2342万美元，合同外资金额2103万美元，累计实际利用外资金额1794万美元。

【“一带一路”共建国家和地区服务贸易合作】 2022年，韶关市服务外包业务规模下降明显。服务外包业务涉及俄罗斯、巴基斯坦、马来西亚、菲律宾、印度和以色列等15个共建“一带一路”国家，业务类型主要是知识流程外包（KPO），服务外包执行金额37.18万美元，比2021年下降46.1%，占全市服务外包执行总额的3.8%。文化贸易稳步发展。文化服务出口业务涉及匈牙利、以色列、新加坡、俄罗斯和爱沙尼亚等14个共建“一带一路”国家，出口金额133.14万美元，与2021年基本持平，占全市文化服务出口总额的19.5%。技术贸易实现“零”的突破。自由类技术出口业务涉及新加坡1个共建“一带一路”国家，技术出口金额36.48万美元，比2021年增长100%，占全市技术出口总额的83.79%。（伍雪龙）

招商引资

【概况】 2022年，韶关市完成招商引资新签约项目346个，签约项目合同投资额1201.76亿元，其中超亿元项目151个。新竣工投产项目127个，新开工建设项目330个。合计完成年度投资额241.75亿元。新设外商投资企业（项目）43个；合同吸收外资3.49亿美元；实际利用外资7905万美元，下降21.84%，年度目标任务完成进度的115.40%。

【招商引资大工作格局】 2022年，韶关市委、市政府把招商引资工作作为推动韶关市高质量发展的首要任务和“一把手”工程。市商务局抓好抓实全市招商引资统筹协调工作，通过市领导挂帅产业链招商、改革招商引资工作机制、压实县（市、区）及产业园区主体责任、拓展社会机构开展中介招商等措施，全市“大招商、招大商、招好商”工作氛围浓厚，一批优质企业陆续落地韶关市投资建设。市商务局通过实施招商引资“一把手”工程，抓实市委“改革攻坚规范治理年”和“市全面深化改革要点任务”工作，做好已签约项目和新开工项目跟踪服务，统筹构建招商引资全流程无缝对接、高效运作的工作机制。强化招商引资工作绩效评价机制，对市级单位突出参与、开展招商引资工作的实际贡献，对县（市、区）突出项目落地和实际到位资金，考核更加突出招商引资实绩。

【招商引资管理】 2022年，韶关市招商引资工作领导小组办公室印发《招商引资项目全生命周期管理办法》，构建项目从“引荐评估—签约—动工—建设—投产—上规”的闭环跟踪服务机制。印发《韶关市招商引资项目引进事前评估办法（试行）》。对投资 5 亿元以上或需求 6.67 公顷及以上工业用地（含仓储物流和商务物流用地）的项目，涉及重大行政决策事项的招商引资项目由项目引进单位或落地辖区报送至市招商办启动项目评估，并纳入市级事前评估项目的评估内容、事前评估流程、监督管理等进行明确。市商务局对《韶关市县（市、区）、韶关高新区招商引资工作绩效评价细则》《韶关市市级部门招商引资工作考核方案》进行修订，修订后的考核更加突出招商引资实绩，通过绩效评价机制倒逼各部门、各县（市、区）和产业园区争先进位，发挥主战场主阵地主引擎作用。

【利用外资及港澳台资】 2022 年，韶关市第二产业吸收外资占比较大，规模居三个产业之首。第一产业实际利用外资及港澳台资 1526 万美元，比 2021 年增长 1312.96%，占 19.30%；第二产业实际利用外资及港澳台资 6021 万美元，增长 43.46%，占 76.17%；第三产业实际利用外资及港澳台投资 358 万美元，下降 93.84%，占 4.53%。投资来源地主要集中在亚洲。其中，来自中国香港的投资 7030 万美元，占 88.93%；来自南美洲的投资 668 万美元，占 8.45%；来自新加坡的投资 146 万美元，占 1.85%；来自大洋洲的投资 35 万美元，占 0.44%；来自中国台湾的投资 16 万美元，占 0.20%；来自中国澳门的投资 10 万美元，占 0.13%。各县（市、区）吸收外资不均衡。其中，始兴县年度实际利用外资 3775 万美元，比 2021 年增长 2069.54%，占 47.75%；韶关高新区实际利用外资 1177 万美元，下降 62.98%，占 14.89%；曲江区实际利用外资额 1021 万美元，下降 65.56%，占 12.92%。

【武江科创园招商项目集中签约仪式】 2022 年 5 月 6 日，韶关市武江区举行 2022 年武江科创园招商项目集中签约仪式。武江科创园占地 6.93 公顷，建筑面积 4.9 万平方米。一期升级改造工程已经完工，并已有 92 家创新企业签约入驻，2021—2022 年，企业纳税额超 4800 万元。二期升级改造工程正在进行，武江区正贯彻落实省委“1+1+9”工作部署和市委“厂区变园区、产区变城区”改革工作，以“双碳”牵引产业绿色低碳循环发展，对标“‘双区’创新资源外溢首选地”的定位，聚焦医药健康、智慧装备、信息技术、科技服务业等战略产业开展招商引资，为武江区建设韶关“双化双融”先行示范区和高质量发展率先突破区提供强力支撑。 （丘俊军）

2022年韶关市直接利用外资和港澳台资完成情况统计表

表9

划分	指标					
	新批项目个数		合同吸收外资及港澳台资金		实际吸收外资及港澳台资金	
	本年数（个）	同比±%	本年数（万美元）	同比±%	本年数（万美元）	同比±%
全市	43	72	34909	456.94	7905	-21.84
一、按产业结构分						
第一产业	1	-50	46	-54.90	1526	1312.96
第二产业	9	28.57	12274	170.71	6021	43.46
第三产业	33	106.25	22589	1284.13	358	-93.84
二、按投资						
中国香港	32	88.24	32723	496.59	7030	-29.59
中国台湾	4	300	84	-70.42	16	—
中国澳门	1	-66.67	70	-78.33	10	-90.90
新加坡	2	0	358	—	146	630

续表9

划分	指标					
	新批项目个数		合同吸收外资及港澳台资金		实际吸收外资及港澳台资金	
	本年数（个）	同比±%	本年数（万美元）	同比±%	本年数（万美元）	同比±%
三、按区域结构分						
浈江区	4	-20	120	-81	31	—
武江区	6	50	104	-76.17	176	780
曲江区	4	100	20735	2411.26	1021	-65.56
乐昌市	3	0	969	87.86	204	-71.23
南雄市	1	—	15	—	46	-14.81
仁化县	2	100	1620	10385.44	434	-34.54
始兴县	3	-40	8806	91.57	3775	2069.54
翁源县	5	400	921	15.13	869	6584.62
新丰县	2	—	37	—	103	-95.54
乳源瑶族自治县	12	500	1004	1414.79	69	176
广东韶关高新区	1	-50	578	—	1177	-62.98

（资料来源：市商务局）

对外及对港澳台贸易

【概况】 2022 年，韶关市对外及对港澳台贸易总额 198 亿元，比 2021 年下降 10.1%，其中，贸易输出总额 90.9 亿元，下降 1.7%；贸易输入总额 107.1 亿元，下降 16.2%。全年对外贸易以外贸出口为重点，中国（广东韶关）区域全面经济伙伴关系协定（RCEP）食用菌国际采购交易中心和跨境电子商务综合试验区两大项目正式启用和批复；成功申报广东自贸试验区联动发展区；韶关市保税物流中心（B 型）和水运口岸等项目快推进。全市全年农产品和高新技术材料出口增长势头凸显，韶关农产品已开拓 20 多个国家和地区市场，贸易输出农产品以食用菌、兰花、蔬菜等优势特色农产品为主。高新技术产品、玩具和未锻轧铝及铝材贸易输出同比分别增长 34.9%、82% 和 62.7%。

（赖晶石　张华玲）

【外贸结构】 2022 年，韶关市进出口均以一般贸易为主。一般贸易出口总额 57.5 亿元，比上年增长 9.6%，占全市出口总额的 63.3%；加工贸易出口总额 33.4 亿元，下降 16.6%，占全市出口总额的 36.7%。一般贸易进口总额 93.7 亿元，下降 14.3%，占全市进口总额的 87.5%；加工贸易进口总额 11.7 亿元，下降 28.4%，占全市进口总额的 10.9%；海关保税监管场所进出境货物进口总额 1.8 亿元，下降 23.6%。出口以外商投资企业和私营企业为主，国有企业、私营企业出口保持增长。全市外商投资企业出口 44.4 亿元，下降 9.6%，占全市出口总额的 48.8%；私营企业出口 41 亿元，增长 12.5%，占全市出口总额的 45.1%；国有企业出口 2.4 亿元，增长 11.8%，占全市出口总额的 2.6%。进口以国有企业为主，国有企业、外商投资企业和私营企业均下降。全市国有企业进口 76.5 亿元，比 2021 年下降 17%，占全市进口总额的 71.4%；外商投资企业进口 18.1 亿元，下降 13%，占全市进口总额的 16.9%；私营企业进口 12.5 亿元，下降 14.6%，占全市进口总额的 11.7%。出口产品以机电产品为主，高新技术产品和玩具出口增长。全市机电产品出口 37.8 亿元，下降 10.3%，占全市出口总额的 41.6%；文化产品出口 21.1 亿元，下降 3%，占全市出口总额的 23.2%；玩具出口 15.5 亿元，增长 2%，占全市出口总额的 17%；高新技术产品出口 10.6 亿元，增长 12.4%，占全市出口总额的 11.6%；服装及衣着附件出口 2 亿元，下降 69.8%，占全市出口总额的 2.2%。进口商品以铁矿砂为主。全市铁矿砂及其精矿进口 68.4 亿元，下降 19%，占全市进口总额的 63.8%；煤及褐煤进口 7.9 亿元，增长 62.3%，占全市进口总额的 7.4%；机电产品进口 15 亿元，下降 7%，占全市进口总额的 14%。出口市场以亚洲、北美洲和欧盟为主。全市对美国出口 25.7 亿元，比 2021 年增长 1.6%，占全市出口总额的 28.2%；对东盟出口 10.7 亿元，增长 7.5%，占全市出口总额的 11.8%；对欧盟(27 国)出口 13.2 亿元，增长 10.8%，占全市出口总额的 14.5%。进口以大洋洲、亚洲地区为主，对日本进口保持增长。全年，全市对澳大利亚进口 46.1 亿元，下降 18.7%，占全市进口总额的 43%；对巴西进口 15.1 亿元，下降 8.6%，占全市进口总额的 14.1%；对东盟进口 5.4 亿元，下降 37.8%，占全市进口总额的 5%；对日本进口 9.6 亿元，增长 23.1%，占全市进口总额的 9%。

【韶关市企业参加第 131 届、132 届广交会】 2022 年 4 月 15 日、10 月 15 日，第 131 届、132 届线上中国进出口商品交易会分别召开。韶关市组织 30 家大型机械及设备、汽车配件、轻工纺织、建筑及装饰材料等行业的外贸企业参展，有 20 家次企业通过“云展厅”平台参与在线直播。2022 年两届广交会结合实际情况实施“扩容升级”，线上参与企业和人数前一届有所增加，韶关市商务局推出相关业务指导和线上洽谈技巧提升韶关市企业参会质量和商务洽谈成功率。成立广交会筹备工作领导小组，帮助参展企业拓展新客户、新市场，做好沟通交流和宣传发动工作。指导和帮助参展人员提高线上云展平台与客户互动对接交流能力，要求参展企业不断提升 3D、VR 展示制作质量，突出产品品牌形象，鼓励企业进行线上直播，并针对重点国家市场和重点客户开展精准营销和客商邀请。展会期间，广交会筹备工作领导小组建立 24 小时人员值班制度，密切与广交会组委会联系，做好展中企业涉及知识产权和贸易纠纷的投诉受理和处置工作。

【组织企业参加 2022 粤澳名优商品展览会】 2022 年 11 月 11—13 日，由广东省商务厅与中国澳门贸易投资促进局联合举办的“2022 粤澳名优商品展览会”在中国澳门召开。韶关市组织 2 家企业参展。韶关市参展企业利用展会平台，与中国澳门工商业开展经贸合作对接交流活动，宣传韶关名优特产品，寻找合作商机。展会期间，市商务局率韶关经贸代表团拜会中国澳门展贸协会，推介韶关投资环境，拓展韶关与中国澳门经贸合作渠道。

【港澳台对韶关投资】 2022 年，中国香港为韶关市外商投资的主要来源地区，港资企业数量占全市外资企业数量的 77.4%。有港资企业 614 家，投资总额约 30.48 亿美元。有中国澳门投资企业 20 家，投资总额 5175.14 万美元。来自中国香港的投资主要有乳源阳之光铝业发展有限公司，投资总额 3.47 亿美元，主要从事电气机械和器材制造业；韶关旭日国际有限公司，投资总额 2.53 亿美元，主要生产玩具；韶关市万国云耀数据科技有限公司，投资总额 6.03 亿美元，主要从事软件和信息技术服务业。来自中国澳门的投资企业主要有韶关市兆丰绿色环保能源科技有限公司，投资总额 841 万美元，主要从事绿色环保能源的研发；韶关市聚福实业有限公司，投资总额 704 万美元，主要从批发零售业；南雄市永骏食品有限公司，投资总额 258.44 万美元，主要从事罐头食品制造。

【韶关与港澳台贸易】 2022 年，韶关市对中国香港贸易总额 9.3 亿元，下降 45.6%，占全市贸易总额的 4.7%；对中国澳门贸易 0.14 亿元，增长 269.5%，占全市贸易总额的 0.1%；对中国台湾贸易 3.8 亿元，下降 12.8%，占全市贸易总额的 1.9%。全市对中国香港贸易输出 9.2 亿元，下降 45.9%，占全市贸易输出总额的 10.1%；对中国澳门贸易输出 0.14 亿元，增长 269.5%，占全市贸易输出总额的 0.2%；对中国台湾贸易输出 1.1 亿元，增长 8%，占全市贸易输出总额的 1.2%。全市对中国香港贸易输入 0.12 亿元，下降 20.2%，占全市贸易输入总额的 0.1%；对中国澳门无贸易输入；对中国台湾贸易输入 2.7 亿元，下降 19.3%，占全市贸易输入总额的 2.5%。（赖晶石）

2022年韶关市对外及对港澳台贸易统计表

表10

指标	累计（亿元）	比2021年同期±（%）
对外及对港澳台贸易总额	198	-10.2
一、出口总额	90.9	-1.7

续表10

指标	累计（亿元）	比2021年同期±（%）
按主要国家及地区分		
美国	25.7	1.6
欧盟（27国）	13.2	10.8
东盟	10.7	7.5
日本	5.9	20.2
韩国	3.2	-23.2
中国香港	9.2	-45.9
中国台湾	1.1	8
中国澳门	0.1	269.5
二、贸易输入总额	107.1	-16.2
按主要国家、地区分		
澳大利亚	46.1	-18.7
巴西	15.1	-8.6
欧盟（27国）	1.5	-11
东盟	5.4	-37.8
日本	9.6	23.1
韩国	3.8	-11.8
中国香港	0.1	-20.2
中国台湾	2.7	-19.3
中国澳门	0	—

（资料来源：市商务局）

2022年韶关市对外及对港澳台贸易主要商品统计表

表11

指标	累计（亿元）	比2021年同期±（%）
对外及对港澳台贸易总额	198	-10.1
一、贸易输出总额	90.9	-1.7
按主要商品分		

续表11

指标	累计（亿元）	比2021年同期±（%）
机电产品	37.8	-10
玩　　具	15.5	2
文化产品	21.1	-3
高新技术产品	10.6	12.4
服装及衣着附件	2	-69.8
未锻轧铝及铝材	7.1	48.1
纸浆、纸及其制品	5.8	39.4
二、贸易输入总额	107.1	-16.2
按主要商品分		
铁矿砂及其精矿	68.4	-19
煤及褐煤	7.9	62.3
机电产品	15	-7

（资料来源：市商务局）

2022年韶关市自营出口十强企业名单统计表

表12

企业名称	出口总值（万元）	比2021年同期±（%）
韶关旭日国际有限公司	104708	-10.5
韶关比亚迪实业有限公司	55579	31.9
万达工业（始兴）有限公司	42305	15
至卓飞高线路板（曲江）有限公司	32787	-15.7
韶能集团绿洲生态（新丰）科技有限公司	30166	457
乳源瑶族自治县阳之光亲水箔有限公司	28555	45.9
韶关市北纺智造科技有限公司	26482	14.2
韶关翁源云门家具制造有限公司	25776	-2.9
韶能集团广东绿洲生态科技有限公司	25397	-21.2
乳源东阳光优艾希杰精箔有限公司	22734	66.7

（资料来源：市商务局）

对外经济技术合作

【概况】 2022年，韶关市对外经济技术合作有突破。全年开展自由类技术进出口合同备案登记7笔，技术进出口总额372.22万美元，其中自由类技术出口43.53万美元，实现近五年来无技术出口"零的突破"。

【对外投资】 至2022年年底，韶关有登记备案的对外投资企业3家。注册地在老挝的公司有老挝国润有限公司、老挝钢铁有限责任公司（共计2家）；注册地在越南的公司有北江纺织(越南)有限公司(共计1家)。韶关现有登记备案的对外投资企业中，仅韶关市北江智联纺织股份有限公司在越南广宁省设有生产基地。韶关市北江智联纺织股份有限公司在越南广宁省投资5.3亿元（7685万美元）建设北江纺织（越南）有限公司，从事纺织面料生产制造。

【北江纺织(越南)有限公司项目】 北江智联纺织股份有限公司创立于2002年，在中国和越南建有两大生产制造基地，全球雇员人数1900人。北江纺织(越南)有限公司项目(以下简称"越南工厂建设项目")项目总投资额9059.73万美元。截至2021年末，项目完成一期、二期建设，此次拟以募集资金4.22亿元投资建设项目第三期。其中，越南工厂建设项目实施主体为北江纺织（越南）有限公司。越南北江依托海河工业园产业平台，致力于国际产业链垂直布局和协同创新。面向终端消费市场，与产业链上游的纺纱企业合作，为下游成衣企业提供牛仔面料。项目主要包括480台织机以及整经机、染色机和定型机等配套设备，经越南广宁省经济区管理局备案。项目计划投资总额9059.73万美元。项目第一、二期工程主要包括厂房建设及224台织机及整经机、染色机和定型机等配套设备的安装与调试，上述设备已全部投产，相应的在建工程已转为固定资产。项目第三期(以下简称"越南工厂三期建设项目")扩建现有织造车间，购置256台织机及整经机、染色机和定型机等配套设备，新增年产2500万米牛仔面料生产能力。公司董事会聘请独立第三方机构，将越南工厂三期建设项目重新编制可研报告。越南工厂三期建设项目总投资3.11亿元，其中，建设投资为1.84亿元，项目地处越南广宁省海河县海河工业区，位于越南北江现有厂区内，项目建筑面积约1.66万平方米。本项目属于扩建项目，对现有织造车间向西扩建，扩建后新旧织造车间连成一体。厂区内已建的浆染、球分经等车间考虑越南工厂三期建设项目新增的染色、整经等生产能力，将新增设备安装到对应车间即可，无须新建厂房。越南工厂三期建设项目计算期11年（含建设期1年），项目建成达产后，年均新增营业收入5.03亿元，年均新增净利润1.07亿元，所得税后财务内部收益率43.06%，投资回收期为3.74年（含建设期1年）。至2022年年底，韶关市北江智联纺织股份有限公司在越南广宁省累计投资5.3亿元(7685万美元)。（伍雪龙）

国家跨境电子商务综合试验区

【概况】 2022年，韶关市获批国家跨境电子商务综合试验区，跨境电商工作机制完善，跨境电商产业园建设取得进展。认定挂牌跨境电商园，入境跨境电商企业12家，规划3个跨境电商线下集聚区出台跨境电商综合试验区发展扶持措施，给予跨境电商企业财政资金补贴举办跨境电商有关培训53场。韶关市已有3家企业通过跨境电商开展出口业务，实现跨境电商出口6900万美元。

【中国(韶关)跨境电子商务综合试验区获批】 2022年2月8日，韶关市等27个城市和地区被国务院批复同意设立跨境电子商务综合试验区。于5月5日《中国(韶关)跨境电商综合试验区实施方案》被广东省人民政府批复。试验区建设以复制推广前五批综合试验区成熟经验做法，做足稳外贸外资基本盘，推进贸易高质量发展。以保障国家安全、网络安全、数据安全、交易安全、国门生物安全、进出口商品质量安全和有效防范交易风险，保护个人信息权益，坚持在发展中规范、在规范中发展。韶关将用三年时间打造辐射粤北地区、粤湘赣周边的跨境电子商务服务基地和跨境电子商务促进制造业转型升级示范区。按照《中国(韶关)跨境电商综合试验区实施方案》，韶关市商务局出台跨境电商政策，支持跨境电商企业做大做强；组织跨境电商交流、展会等活动，鼓励企业"走出去"；开展跨境电商人才培训，储备优秀人才等，落实示范区建设措施。

2022年6月16日，市商务局在韶关全球商品交易中心召开韶关市跨境电商政策宣讲及业务培训会
（市商务局　供图）

【跨境电商制度政策】 2022年7月，韶关市人民政府成立跨境电商综试区建设工作领导小组印发《中国（韶关）跨境电子商务综合试验区建设任务分工方案》，建立健全工作机制，明确部门责任，推进韶关跨境电子商务综合试验区建设。11月底，《关于促进中国（韶关）跨境电子商务综合试验区发展扶持措施》通过市政府印发实施，在完善跨境电商公共服务体系、支持跨境电商线下园区集聚发展、鼓励跨境电商企业做强做大、支持跨境电商通关物流方面，给予财政资金补贴，支持跨境电商加快发展。

【跨境电商产业园建设】 2022年，韶关市制定《韶关市跨境电子商务产业园区认定管理办法》。韶关新区的领创跨境电商产业园区，按照跨境电商园区认定管理办法给予认定挂牌，园区入驻跨境电商企业12家。在实施方案中规划武江区科创园、浈江区鑫金汇产业园、曲江区亚北冷链物流园3个跨境电商线下集聚区。

【跨境电商人才培养】 2022年，韶关市通过电子商务商会、协会，高职院校，举办跨境电商政策宣讲、跨境电商综试区资源对接及培训等活动53场，培训3526人次，为韶关市跨境电商综试区建设提供人才支撑。（邓扬亮）

广东自贸试验区联动发展区

【概况】 2022年5月27日，广东省自贸办印发《关于推进中国（广东）自由贸易试验区联动发展区建设工作方案》，在广州市、深圳市、韶关市等13个市设立第一批联动发展区。韶关市完成申报，成为唯一入选广东省北部生态发展区的地市。广东自贸试验区韶关联动发展区38项复制推广改革创新经验事项现已落地33项，3项推进中，成效明显。

【广东自贸试验区韶关联动发展区成功申报】 2022年5月27日，广东省自贸办印发《关于推进中国（广东）自由贸易试验区联动发展区建设工作方案》，在广州市、深圳市、韶关市等13市设立第一批联动发展区。韶关成为唯一入选广东省北部生态发展区的地市。韶关联动发展区包括韶关高新区核心区翁源片和新丰片，总面积117.41平方千米。截至年底，韶关已依托自由贸易试验区联动发展区在复制推广改革创新经验事项、制度创新、产业建设、优化营商环境等多方面取得成效。其中，广东自贸试验区韶关联动发展区38项复制推广改革创新经验事项已落地33项，3项推进中，成效明显。韶关开办企业全流程办理时间压缩至0.5个工作日内，设立登记0.5小时；实践大企业税收事先裁定，为1户上市公司拟以37亿元处置股权计税成本的确认问题出具涉税处理意见；已在3个领域形成多项制度创新案例。

【《中国（广东）自贸试验区韶关联动发展区建设实施方案》印发实施】 2022年6月30日，韶关市人民政府印发编制的《中国（广东）自贸试验区韶关联动发展区建设实施方案》，明确在以下几个方面开展建设工作：将省方案中在韶关落实的38项复制推广改革创新事项分解落实到市各部门，力争形成独具韶关特色的新成果；对标广东省营商环境评价指标体系，学习借鉴广东自贸试验区先进做法，加快补齐短板，对开办企业、纳税、跨境贸易等16个方面88项具体事项进行优化；根据65项韶关联动发展区重点产业项目清单，探索与广东自贸试验区在新一代信息技术、生物产业、高端装备制造等方面开展合作，以项目合作推动联动发展；落实20项韶关联动发展区与广东自贸试验区联动发展事项清单，结合《中国（广东）自由贸易试验区发展"十四五"规划》，寻求与广东自贸试验区在体制机制、人才、金融、基础设施等方面合作。

经贸促进

【概况】 2022年，中国国际贸易促进委员会韶关市委员会（简称市贸促会）注册企业129家，年内新增2家，全市外资企业共649家，韶关国际商会有会员单位45家。通过国家储备林项目发展生物质发电，推进氢能源项目。牵头引进的氢能源项目，达成项目投资15亿元的协议，收集外资企业诉求共9件，已处理或解决7件。组织全市外贸企业参加各级法律论坛等共10场；签发一般原产地证书773份，RCEP（区域全面经济伙伴关系协定）优惠原产地证书7份，办理国际商事证明书29份、代办领事认证3份。全年组织企业参加RCEP系列专题线上培训5次，组织会员企业参加国际性的交流活动。

2022年8月25日，韶关市在翁源县召开中国（广东）自贸试验区韶关联动发展区工作部署暨培训会议
（市商务局 供图）

2022 年 9 月 28 日，市贸促会与市司法局、市商务局共同举办“2022 年韶关市涉外法律培训暨工作培训会” （市贸促会　供图）

【生态产业招商】 2022 年，韶关市贸促会主动走出去、引进来，围绕韶关生态发展区定位，落实好有意向落户的生态型项目。通过国家储备林项目发展生物质发电，推进氢能源项目。6 月，2022 年韶关市第三季度项目集中开竣工活动中，韶关市贸促会牵头引进的氢能源项目在新丰分会场与凯豪达（佛山）氢能科技公司签订新丰县绿色储能产业园项目投资协议，投资 15 亿元；协助九峰镇申报国家级森林康养建设示范镇。12 月，中国林业产业联合会印发《关于公布 2022 年国家级森林康养试点建设单位的通知》，九峰镇入选 2022 年国家级全域森林康养试点建设镇。

【服务企业】 2022 年 8 月，市贸促会印发《韶关市外资企业服务工作实施方案》，成立以分管副市长为组长的韶关市服务外资企业工作专班领导小组。截至 12 月 31 日，专班已初步摸清全市外资企业 649 家，其中重点外资企业 42 家，开通企业诉求直报热线“0751-8881508”，收集韶关丸仁电子有限公司、韶关旭日国际有限公司等外资企业诉求 9 件，联合职能部门处理或解决 7 件，诉求涉及危废证办理、人员流动等事宜，提升市贸促会精准服务企业水平。

【经贸摩擦预警】 2022 年，韶关市贸促会发布经贸预警信息，为企业提供相关政策，指导企业规避国际贸易风险；组织全市外贸企业参加由中国贸促会法律事务部主办的欧亚、美国片场、欧盟等地区的经贸政策和贸易投资法律风险形势分析线上报告会、跨境服务贸易法律论坛等 10 场；宣传贸促系统法律援助服务工作，帮助企业应对国际市场经营风险，提升全市涉外商事法律服务水平。9 月，与市司法局、市商务局共同举办“2022 年韶关市涉外法律培训暨工作座谈会”，全市 20 家外贸企业参加座谈。特邀请广东省贸促会涉外商事法律专家邝小碧律师为韶关涉外企业作题为“企业国际化经营合规风险与应对建议”的专题授课，引导企业做好风险排查。

【商事认证出证】 2022 年，韶关市贸促会发挥贸促认证平台功能，提高企业办证便利化水平。7 月，下发《韶关市贸促会优惠原产地证申办指南》，指导企业申办优惠原产地证书，享受关税减免政策，提升产品国际竞争力。截至 12 月 31 日，在市贸促会注册企业 129 家，签发一般原产地证书 773 份，涉及金额 7670.89 万美元，优惠原产地证书 133 份，涉及金额 1313.54 万美元，RCEP（《区域全面经济伙伴关系协定》）优惠原产地证书 7 份，涉及金额 7.25 万美元，出口货物总值 8991.68 万美元，出口 50 个国家和地区；办理国际商事证明书 29 份、代办领事认证 3 份；加强 RCEP。对企服务宣传，开展“一对一”贸促业务指导服务，帮助企业合理利用 RCEP 新规则，实现货物出口关税减免和货物出口便利化。1 月 22 日，市贸促会开出韶关市首份 RCEP 原产地证书。全年组织企业参加 RCEP 系列专题线上培训 5 次，内容涵盖落实 RCEP 强化海外知识产权保护、RCEP 协定下的争端解决、RCEP 亚太市场准入及环球认证新规等，帮助企业了解 RCEP 新规则和办理 RCEP 业务。

【国际商会建设】 2022 年，韶关市贸促会组织会员企业参加国际性的交流活动，促进地标产品国际贸易与技术合作，推动形成对外贸易新优势。1 月，组织企业参加在广州市举办的“迪拜世博会广东周系列活动之广东地理标志产品国际合作大会”。帮助韶关金喆园生态农业科技有限公司采集全国地理标志产品信息上报，带领企业携带韶关优质农产品参加中国地理标志产品“走出去”系列——广东地理标志产品国际合作大会进行产品推荐和宣传，帮助企业做大品牌。5 月，组织会员企业开展“走进九峰，走近康养”研学游活动，通过实地调研、座谈探讨，推动国家储备林项目落地，挖掘韶关商业发展潜在商机。9 月至 10 月，宣传并组织 6 家企业参加“2022 年新西兰—广东商品博览会”，通过寄运展品方式，将一次性餐具、韶关特色农产品、皮具、茶具、饰品等样展品 41 种寄至新西兰参展。11 月，《韶关日报》、“南方 +”、今日头条等新闻媒体对此次博览会进行报道。

【韶关市推出 2022 年促进消费若干措施】 2022 年 4 月，韶关市出台《韶关市 2022 年促进消费若干措施》，采取发放消费券、鼓励汽车消费、推动家电消费、引导文旅企业主动促消费、支持市场主体做大做强、开展“有奖发票”活动等 6 个部分共 15 条措施，并筹措财政资金超 5000 万元，以此激发消费热情，稳定消费预期，释放消费潜力。 （闫　莹）

海关监管

2022 年 3 月 10 日，韶关海关关员到关区范围内出口企业，对供港产品实施产地检验（韶关海关 供图）

【概况】 韶关海关关区面积 1.85 万平方千米，在广州各隶属海关中排名第二，关区范围包括韶关市辖 3 个区（曲江区、浈江区、武江区）、7 个县（南雄市、乐昌市、乳源瑶族自治县、始兴县、仁化县、翁源县、新丰县）。2022 年，在韶关海关注册登记的企业 799 家，海关监管现场地点主要位于南郊进出境货运车辆检查场，严格压紧压实企业主体责任和业务科室监管责任，严厉打击走私等违法犯罪活动。韶关海关通过制定外贸增长措施，协调解决通关疑难问题，推广口岸便利化措施，提升地区营商环境，发挥韶关农业产业布局和新业态市场优势，引导企业与 RCEP 成员国实现产业链优势互补、深度融合，推动更多韶关特色农产品进入 RCEP 市场，助力粤北特色食用菌首次出口新加坡、印度尼西亚等 RCEP 国家，提升韶关地区外贸经济高质量发展和多样化水平。

【海关助力外贸发展】 2022 年，韶关海关调研企业 40 余家，制定并出台《韶关海关促进外贸保稳提质十项措施》，协调解决通关疑难问题。推进落实便企惠企措施。建立“专精特新”企业台账，加强 RCEP 关税减让等政策研究，助力企业享受降税红利。全年办理减免税业务 25 票，为企业减免税款 600 余万元。强化统计分析，助推外贸提质。撰写统计要情 21 份、专报 4 份，争取关地协同破解外贸提升难点。2022 年，韶关海关推动农食产品走出国门。推动韶关市特色产品柰李首次出口迪拜、食用菌首次出口新加坡和印度尼西亚、烟叶首次出口越南、糕点饼干首次出口加拿大。扩大 RCEP 市场份额，开展 RCEP 原产地政策服务，助力企业开拓 RECP 市场。全年签发 RCEP 原产地证书 214 份，货值 1757 万美元。支持布局新业态。以韶关港码头、保税物流中心建设为契机，成立工作专班，参与项目建设，助力打开韶关外贸发展新局面。

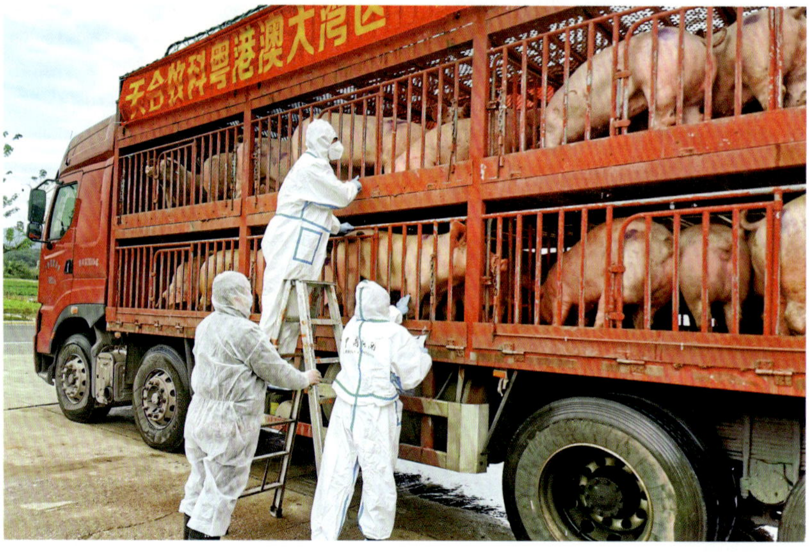

2022 年 7 月 20 月，韶关海关关员到关区内粤港澳大湾区菜篮子工程供应企业，现场监装供港活猪（韶关海关 供图）

【关税征管】 2022 年，韶关海关建立属地纳税人管理台账、“双特”（特许权使用费、特殊关系）台账，跟进大宗散货等重点商品进口情况和量价走势，开展差别化合规管理服务。聚焦风险防控，紧抓税收担保处置时效性等指标节点，实现保金保函“零超期”；强化税收数据全链条的监控分析，掌握税收目标完成进度和趋势。助力跨境电商综合试验区等新业态建设，开辟税源。全年税收入库 12.47 亿元，提前 2 个多月完成全年任务。

【口岸营商环境优化】 2022 年，韶关海关推广便利化措施，使用“两步申报”报关单 307 份，“两步申报”率 18.5%。通过设置专人专岗和定时核查放行、定期排查处置，压缩通关时间，关区整体通关时间保持在进口 5 小时、出口 1 小时以内。建立关地联席会议机制，提前介入谋划海关监管区域设计及布局，助力打破营商环境瓶颈，推广“提前申报”“两步申报”等通关便利化措施，通关时间稳居广州关区前列。参与省营商环境评价组现场评估，获得评价组好评与认可。

【企业培育认证】 2022 年，韶关海关强化高级认证企业合规管理。建立高级认证企业台账，定期分析企业经营状况，引导企业将认证标准融入内部合规管理。提升认证工作质效，汇总建立“一带一路”、RCEP国家贸易企业、“专精特新”企业台账166项，建立认证专业团队，推进落实便利化管理措施。提升信用管理服务水平，全年培育高级认证企业4家（关区累计32家），认证的经营企业进出口总值占韶关市外贸进出口值超七成。

【海关检验检疫】 2022年，韶关海关完善制度机制，制订“国门绿盾2022”行动方案，压紧压实企业主体责任和业务科室监管责任。强化检疫监管，开展入境包装取样检测和出境陆生动物安全风险监控。排查外来物种入侵，做好国门生物安全监测，设定实蝇、外来杂草等监测点81个，开展2次口岸外来物种普查，捕获橘小实蝇1.16万头、瓜实蝇540头，监测到外来杂草15种以上。

【打击走私】 2022年，韶关海关推进稽查改革，完善“注册备案+稽核查”配合机制，建立一体化监管链条；聚焦后续查发，从税收安全和准入安全双向发力，开拓案源，突破打私瓶颈。加强中共二十大安保，办理一级督办的走私AR15枪支配件案；办理邮递渠道走私普通货物案，查扣邮包590个。协同提升打私绩效。坚持关局和地方联动，全年刑事案件立案9宗，比2021年增长2倍；立行政一般案件79起，增长16倍；立行政“快简”案件26起，取得近年来打私最好成绩。

【海关助力食品出口】 2022年，韶关海关通过简化备案手续为韶关食品企业生产的糕点出口提速，通过日常监管、稽核查等手段强化对出口食品生产企业的监管。对韶关辖区的出口食品生产企业开展定期管理类核查对出口食品生产企业进行核查时，会对企业环境卫生、车间设施、生产加工、储存运输过程、化学品管理、检验检测情况等90余项内容进行检查，对于不符合要求的督促企业整改落实。全年在韶关海关的监管下，28批货值21.11万美元韶关产的糕点出口至美国、加拿大等地。

【支持扩大国内名优特色农食产品出口】 2022年，韶关海关加强对出口农食产品企业的技术指导，推进出口导向型农业优质化、特色化、绿色化。联合地方农业农村部门根据输入国家（地区）政策法规、双边协议等要求，对相关企业进行技术辅导，指导农产品企业“控源头、减残留、防壁垒”。对于制度管理体系符合进口国（地区）相关标准的企业，适用优先查检、“5+2”（5天工作日+周六日2天）预约查检等便利化措施，助力农产品出口进入“快通”模式。整合农产品出口预警信息，打造出口服务平台，根据种植/养殖农产品类型、输往国家（地区）农产品及时更新出口预警信息、企业质量管理体系建立情况等，对相关属地企业开展技术指导，提振农产品出口信心。对出口食品原料种植、养殖基地创新实施“优化备案、资质共享”及“资质融合备案”等措施，整合优化食品领域8项特定资质备案业务办理模式，实现“企业提交一次申请材料、海关实施一次现场考核、备案证书一次发放”。实施“企业专人负责制”帮扶政策，开通出口水果“绿色通道”，提供预约查验，实施快速放行，保障新鲜水果和农产品出口。推动韶关特色柰李首次出口迪拜，食用菌首次出口新加坡和印度尼西亚、烟叶首次出口越南、糕点饼干首次出口加拿大。（陈　恺）

开发区建设

【概况】 2022年，韶关市拥有市县两级产业园12个，其中被省级产业园9个，浈江区工业园并入韶关高新区。广东省韶钢产业园（绿色钢铁）被评定为2022年度广东省特色产业园。全市省级产业园规划总面积198.66平方千米，开发面积67.29平方千米。批复面积76.23平方千米，其中开发面积35.07平方千米。省级产业园入园企业1106家，建成企业906家，其中规模以上企业443家，占规上企业数的69%。省级产业园在建工业项目484个，工业投资完成额137.53亿元，规模以上工业总产值1100.1亿元，规模以上工业增加值206.14亿元。全市园区有在建标准厂房项目29个，建成标准厂房面积82万平方米。完成基础设施配套投资53.57亿元，比2021年增长23.4%。已基本形成以机械装备制造、汽车零部件、特钢深加工、有色金属新材料、精箔产品、精细化工等为主体的产业布局，生物医药、半导体电子、大数据、新能源汽车、大健康等新兴产业培育壮大。

【韶关高新区】 截至2022年年底，韶关高新区有规模以上工业企业68家，高新技术企业87家，国家、省、市专精特新企业49家（国家级2家、省级32家、市级15家），国家级孵化器2家、省级孵化器（众创空间）2家、市级孵

韶关高新区高创中心国家级孵化器(2022年)　　（韶关高新区　供图）

化器(众创空间)3家,省级新型研发机构3家、省级以上工程技术研究中心14家、市级工程技术研究中心43家。2022年,韶关高新区完成工业总产值72.01亿元,比上年下降18.8%。完成规模以上工业增加值19.4亿元,比上年减少7.7%。完成固定资产投资52.02亿元,比上年减少39.3%,其中工业投资13.82亿元,比上年增长12.2%,基础设施及配套投资完成12.83亿元。列入市重点建设的18个项目,总投资150亿元,完成投资21.85亿元,完成年度投资计划的100%。实现全口径税收收入9.47亿元。

园区规划建设 2022年,韶关高新区制定《韶关高新区总体发展规划(2021—2035年)》《韶关高新区"十四五"高质量发展规划(2021—2025)》,对高新区未来5年、15年的发展作出规划设计,构建"一区十园"新发展格局。完成《莞韶城一期控规修编》规划成果报批工作;完成武江水泥厂地块和朗盛药业拆迁安置地用地性质控规局部调整工作,协助市自然资源局编制亚琦集团地块一期规划设计条件和二期规划设计要点;与市自然资源局和省规划院对接,协助完成国土空间规划城镇开发边界三区三线划定工作;协助市发改局、市自然资源局完成编制韶关数据中心集群总体规划和控制性详细规划。

招商引资 2022年,韶关高新区招商团队全年累计外出对接企业177家,接洽到韶关考察企业108家,其中到韶关意向投资企业14家,涉及总投资15.6亿元。韶关高新区新签约项目完成30个,完成率100%,其中,亿元以上项目13个,完成率260%,签约总金额313.06亿元,完成率1565%。新开工项目40个,完成率100%;实际完成总投资46.45亿元,完成率101%。实际利用外资1300万美元,完成目标任务的130%。中国电信、中国联通、中国移动、广东广电、中瀚云等9个数据中心项目签约落地。截至12月底,韶关高新区集中开工项目30个,均已开工且纳统入库,总投资115.8亿元,累计已纳统入库35.08亿元,完成总投资的38.7%。完成5个项目共计125公顷集体土地征收,完成17宗地块出让工作,出让总面积68公顷;认定闲置土地面积225.76公顷,完成处置192.24公顷,其中已收回闲置土地73.38公顷,收回违约用地12.93公顷,为项目提供存量空间。

服务企业 2022年,韶关高新区出台《韶关高新区挂点联系重点企业诉求快速响应、一跟到底工作机制》,畅通高新区企业诉求反馈渠道,领导班子责任部门挂点走访企业300余次,解决宏大特种设备公司办理特种设备经营许可证等重点、难点问题30余项,协调交通银行、农商行与12家有融资需求的企业对接,解决企业融资需求。全年下达给企业省、市各类奖补资金超3000万元,组织100余家企业申报国家级专精特新"小巨人"、省级贷款贴息政策、省级技改改造政策、市级倍增计划企业等20余项奖补政策,申报奖补金额超3500万元。办理企业技术改造项目备案20个,完成投资4亿元。实现商事登记"一网通办、一窗通取",多个部门同时办理,0.5天即可办完所有手续,全年已累计办理行政审批和服务事项3261项。召开4场校企供需对接会和人才工程政策宣讲会,做好人力资源保障。

基础设施建设 2022年,韶关高新区投入11.58亿元,完善基础设施配套工程建设。5月底,沐溪片区的高新区基础设施改造提升工程项目(一期)——盛强路延长线、富强路延长线建设投入使用。9月30日,完成芙蓉新城东景路、宝园街、济康路三条道路建设,并开放通行。基础设施改造提升工程项目(二期)——沐阳大道改造于5月进场施工,韶关数据中心集群起步区(浈江片区)基础设施建设项目——土石方工程于10月进场施工。签订投资的大数据企业有7家,其中中国电信、中国联通、中国移动、广东广电、中翰云等5家企业已供地,总用地面积32.08公顷。会同市自然资源局完成带方案出让地块的规划条件、规划总图和建筑单体的审查工作,完成数据中心集群、新材料生产基地、电动车生产等6个项目7宗工业用地"带方案"挂牌出让工作,总出让面积25.79公顷。

科技创新 2022年,韶关高新区高新技术企业净增11家,研发机构建设新增5家,技术合同成交额1800万元。重新修订印发《韶关高新区关于加快科技创新驱动发展的若干政策(试行)》,采取有效措施引导企业营造科创环境,增强创新动力。开发333个科研助理岗位吸纳高校毕业生就业,位列广东省省级高新区第一。组织实施韶关高新区"1+3"政策申报工作,下达科技创新奖励扶持资金1139.15万元。园区34家企业通过高新技术企业认定,高新技术企业总数127家,占全市的30.2%;131家企业通过科技型中小企业认定,占全市的35.9%;2家企业新认定为省级工程技术研究中心,3家企业通过市级工程技术研究中心认定。累计指导推荐14家单位申报南岭团队项目。其中,中震科建等4家企业通过南岭团队公示,资助金额2200万元,当前韶关高新区有7个南岭团队。韶关(广州)离岸孵化器、深圳(韶关)离岸孵化器揭牌运营,组织推荐参加生物医药、科技、金融和文旅等类别14场次85个项目技术的培训、路演活动。组织、引导韶关市高新区30家企业参与韶关市重大科技专项项目指南征集,4家企业参与"揭榜制"项目征集,组织韶能集团韶关宏大齿轮有限公司等9家单位申报市级相关科技计划项目。

管理体制改革 2022年,韶关高新区加强推进甘棠、浈江园区资产移交工作,甘棠园和浈江园管理办公室成立并驻地办公,完成浈江片区、武江片区债权债务清理。推动管委会与韶实集团高效融合,实行"管委会+公司"的改革模式,对韶实集团25家下属公司,通过内部资产重组、资产置换、无偿划转等方式进行改革,改革后韶实集团保留科创、辉越、园投3家业务公司和鼎盛、圆融2家金融公司。 (陈华宏)

【韶关乳源高新技术产业开发区】

2022年,韶关乳源高新技术产业开发区规划总面积561.56公顷,实际开发面积413.67公顷，形成东阳光高科技园、新材料产业园和富源工业园一区三园、一园一产的发展格局。以电子材料、新材料、生物医药为主导产业，重点打造生物医药、医疗器械、绿色食品和保健品等大健康产业体系。园区有高新技术企业30家，国家级“专精特新”企业2家，省级以上“专精特新”企业8家，工程技术研究中心52家，专利数464个，高新技术产品171个，南岭团队1个。新签约项目18个，其中亿元以上项目4个。全年园区内建成工业企业74家，其中规模以上企业47家，全年完成工业生产总值176.3亿元，比2021年增长8.3%；完成规模以上工业增加值36.29亿元，增长10.5%；完成税收5.6亿元，增长28.3%；完成固定资产投资14.84亿元，增长87.4%。推进智慧园区建设，园区有信息化平台39个，其中园区公共服务信息化平台2个，东阳光自建平台37个。

【南雄高新技术产业开发区】 2022年，南雄高新区入园企业135家，投产企业105家，规模以上企业63家，完成工业总产值53.2亿元，工业增加值10.3亿元，固定资产投资7.8亿元。广东金鸿泰化工新材料有限公司“高效环保型UV双固化三防胶”项目获得第七届“创客中国”广东省中小企业创新创业大赛优胜奖，进入“创客广东”企业组前100强。27家企业被省科技厅认定为科技型中小企业，新增1家广东省新型研发机构和1家市级企业技术中心，新增创新型中小企业21家。拥有国家高新技术企业33家，创新型中小企业21家，“专精特新”企业19家，广东省科技专家工作站3家，省级博士工作站3个，省级工业设计中心1个，省市级企业技术中心4个，广东省新型研发机构2家，科技孵化器1个，广东省院士专家（企业）工作站3个，省、市级企业工程技术研究中心35个，获得专利1446个。

【曲江经济开发区】 2022年，广东韶关曲江经济开发区被纳入韶关高新区核心区。申请地方政府债券资金超2亿元用于实施园区基建项目，启动建设园区道路、园区配套设施等19项工程，完成道路提升改造、路灯安装、新建道路、土方平整等项目12项，占总工程量的35%。园区建设用地规划面积1108.6公顷，征地面积1000公顷。处置盘活低效用地4宗9.63公顷。形成金属加工、纺织服装、食品饮料、电子电器、大数据五大主导产业布局，投产企业72家，其中规模以上企业27家，高新技术企业7家。全年签订招商引资项目协议8个，合同投资额104.75亿元，其中5个亿元大数据项目；实现工业总产值70.2亿元，实现工业增加值11.46亿元，完成固定资产投资11.08亿元，其中工业投资6.10亿元，基础设施配套建设投资4.97亿元。

【乐昌经济开发区】 2022年，乐昌经济开发区有高新技术企业25家、省级“专精特新”企业11家、市级“专精特新”企业4家，培育新增规模以上企业9家，新增年产值亿元企业1家，新认定高新技术企业13家、省级“专精特新”企业5家、市级“专精特新”企业3家。完成规模以上工业产值33.78亿元，比2021年增长4.08%；完成工业增加值7.18亿元，增长0.51%；完成固定资产投资24.14亿元，增长7.26%；实现税收0.34亿元。全年招商新签项目26个，合同投资总额74.75亿元，其中亿元以上项目17个，10亿元以上项目2个。

【始兴工业园区】 2022年，始兴工业园区完成规模以上工业产值72.4亿元，完成增加值18.6亿元，完成固定资产投资9.83亿元，（其中工业投资8.63亿元，基础设施及配套项目投资1.2亿元），技术改造固投1.24亿元。园区使用2021年专项债券资金1.8亿元和2022年专项债券资金0.55亿元，推动实施基础设施建设项目28个，建成智慧标准厂房建筑面积7.78万平方米。完成排水管网建设3.7千米、道路建设1.4千米、挡土墙962米、土方平整233万立方米；推动土地“招拍挂”项目6个，出让土地21.13公顷；推动忠信覆铜板产业链中的凯荣德玻璃纤维布一期、胜泉紧固件、宏昌自动化设备、华聚科技、宜华三信等项目投产，澳泉医疗器械、杰冠西厨设备、艾美迪医疗等项目开工，新培育规上工业企业凯荣德（韶关）玻璃纤维有限公司。全年招引项目8个，签约金额15亿元，其中亿元项目5个。

【仁化县产业转移工业园区】 2022年，仁化工业园完成固定资产投资10.14亿元，其中工业投资完成8.67亿元，基础设施完成1.47亿元。规模以上工业总产值22.09亿元，规模以上工业增加值4.94亿元；税收0.7亿元。其中新能源电池材料企业贡献工业生产总值14.34亿元，占64.9%；贡献工业增加值3.63亿元，占73.4%。新签约项目13个（其中亿

翁源华彩工业园（2022）　　（翁源县史志办　供图）

元项目6个），总投资41.2亿元。园区有高新技术企业9家，科技型中小企业7家，省级研发机构3个，市级研发机构8个，拥有高新技术产品35项，授权知识产权106件，其中发明专利10个、实用新型专利96个，2022年技改投入1.9亿元。

【翁源经济开发区】 2022年，翁源经济开发区引进企业154家，其中建成投产企业108家，规模以上企业59家。重点企业有万洋集团、嘉立创、金悦通、广东瑞石制药（一品红）、卡西欧、鹏瑞环保、彤德、韶能集团致能发电厂等。招商新签约项目22个，其中亿元以上项目13个，10亿元以上4个。签约金额109.2亿元规上工业产值82.75亿元，规上工业增加值19.72亿元；全口径税收3.28亿元；固定资产投资17.07亿元。完成标准化厂房建设面积18万平方米，规划范围内收储土地66.49公顷，盘活低效用地79.55公顷。园区新开工项目23个，投资总额20.97亿元。芭田新型肥料项目、凯南二期项目、恒泰项目等项目动工建设，广东卓和公司、韶关东森公司等7个项目建成投产，培育康贝德木业公司等4家企业上规模企业。推动汇泉、台实、金悦诚3家企业申报省级工程技术中心，南田精细化工、鹏炜、东江环保3家企业申报市级工程技术中心；8家企业申报认定高新技术企业，其中4家为2022年新认定（汇泉联骏、鹏炜、杰盛净水、统力），4家为2022年重新认定（宏源、金悦诚、耐迪、云门）。加强园区基础配套设施建设，开通园区“三镇四线”公交车线路，完成融湾产业平台道路提升项目建设；将商务中心区打造成配备“七个一”配套建设示范区，园区商务配套设施工程项目完成主体工程封顶。

【新丰县产业转移工业园区】 2022年，新丰工业园完成新签约项目18个，投资总额14.51亿元。全年完成固定资产投资17.73亿元，比2021年增长70.7%，其中工业投资6.58亿元，增速20.2%；基础设施投资10.73亿元，增长130.1%；税收2.99亿元，增长1.8%；总产值39.9亿元，下降11.5%（规上工业产值38.84，降低-12.7%）；增加值10.43亿元，下降17.1%。截至2022年年底，新丰产业园入园企业47家，其中规上企业26家，高新企业13家，专精特新企业11家。园区引进亿元以上项目5个、新上规企业3家。签约辉达新型墙体材料、中德新亚、开顺实业（东方红）产业园项目、绿色建材新型材料智造基地、新丰县鑫塑源新材料科技园等项目；万洋众创城项目首期地块完成12栋厂房建设，汽配园项目完成东区首期平整工程，食品交流中心项目完成封顶，新盟三期项目竣工，迪殷一期宿舍和厂房主体完成验收，顺威、东江材料项目动工建设，鸿丰绿色工业服务中心项目建成，清爽节能项目基本完成主体建设，广东金丰达陶瓷有限公司、华洁化工（新丰）有限公司、亿美（新丰）实业有限公司3家企业上规；完成松园园区金光线电力迁改工程、马头园区消防通道隔离带高压线地埋工程、园区连接马头镇市场排洪渠工程、紫城园区支路工程项目，完善马头综合应急服务区、马头园区事故应急废水工程等应急设施。（扶　君）

2022年，翁源县推动一批高质量项目建设，图为翁城工业园一品红工程施工现场（翁源县史志办　供图）

【广东省韶钢产业园】 2022年，中南股份广东省韶钢产业园按照创建一流园区总体要求，开展“工改工”（就是将存量低效的工业用地再开发，进行产业链招商，实现产业的转型升级）、技术创新、产业孵化和引进上下游企业。年底，有园区企业52家。全年，广东省韶钢产业园有161个技术改造项目，完成技术改造投资22.44亿元，同比上年增长20%；推动企业转型升级和周边环境改善。广东省韶钢产业园规模以上企业7家。11月，经广东省工业和信息化厅多轮评审，韶钢产业园成为韶关市唯一双省（省产业园和广东省特色产业园）级产业园单位。（陈立新）

【华南先进装备产业园】 华南先进装备产业园于2016年作为第二轮莞韶对口帮扶和产业共建主战场，借鉴广清园共建模式，依托韶关产业优势，由东莞方面主导开发，借助东莞园区管理、人才队伍、运营机制等方面优势，打造珠江西岸先进装备制造产业带配套区核心区。华南先进装备产业园位于韶关市曲江区，规划总面积52平方千米。华南先进装备产业园园区分三期规划，其中首期和二期规划面积31平方千米，三期规划面积3.05平方千米。重点发展装备制造类的基础材料加工、基础零部件（汽车零部件）、成套（台）装备制造、装备服务业及电子信息科技产业类产业，打造特钢全产业链生态圈专业园区。截至2022年12月，华南先进装备产业园招商引资项目73个，主要生产精密铸造、汽车零部件、五金

2022年，广东省韶钢产业园智慧中心稳定运行。图为智慧中心人员工作中
（中南钢铁股份有限公司 供图）

模具、紧固件等产品。园区现有投产企业39家，上规企业26家，已入库动工企业58家。累计完成固定资产投资73.35亿元，其中工业投资累计完成53.61亿元。建立上规企业培育库、固定资产投资（工业投资）项目库，依托项目库形成月度工作计划。2022年，华南先进装备产业园完成固定资产投资26.42亿元，其中工业投资完成额18.36亿元（含技改投资0.3亿元）；工业总产值13.54亿元，同比增速68.0%，工业增加值3.55亿元，同比增速87.8%；装备园本级留存税额4861.73万元。联合莞韶对口帮扶指挥部办公室、东韶公司招商力量精准招商，前往多个招商单位及企业280次。全年累计引进新项目数30个，新签约项目投资额50.42亿元，其中亿元以上项目数25个。完成投资新建项目备案32个，备案总投资40.01亿元，完成企业投资项目核准1个；完成技术改造备案项目5个，备案总投资6.02亿元；完成节能审查项目25个；完成32家企业的营业执照办理；完成7个项目人防易地建设审批，18个项目人防易地建设验收备案；完成1个项目人防设计要点及防空地下室施工核准。全年协助8家企业14名企业员工子女办理入学。完成装备园三期控制性详细规划修编批复工作，规划新增建设用地面积266.67公顷。园区累计完成37宗项目竣工联合验收工作，完成建筑面积97.45万平方米的建设工作；园区在建工程22个，建筑面积约64.97万平方米。完善“六通一平”，园区一期主干市政道路16.35千米修建完成并实现全面通车，园区科技七路延长线1.79千米已建成通车；5月，表面处理站一期竣工验收并投入使用；12月底，表面处理站二期及新型多功能产业园一期基本完成建设。全年园区土方平整完成19.05公顷。园区推行社会投资工业用地项目“带方案”出让土地，完成7宗工业用地“带方案”出让。批复14宗“拿地即开工”。

【武江区建设新产业发展载体】 2022年11月17日，武江区举行城乡融合产业园入园项目签约仪式，引进年产值超亿元项目2个。签约的企业有东莞富增泡棉塑胶有限公司和广东锦胜装配科技有限公司。东莞富增泡棉塑胶有限公司位于东莞市高埗镇，主要生产适用于鞋类、体育用品、服装和音响等的泡棉，企业拟在武江区城乡融合产业园项目投资8000万元建设年产万吨泡棉生产基地项目，建成后预计年产值达1亿元。广东锦胜装配科技有限公司是粤北地区材型生产及建筑行业的骨干企业，年钢结构生产能力达20000吨。企业拟在武江区城乡融合产业园项目投资8000万元建设绿色装配式建筑钢生产项目，建成后预计年产值达到3.12亿元。武江区城乡融合产业园是以“双碳”牵引产业绿色循环发展，以新一代电子信息技术产业、新能源材料、智能制造为主导产业，以高品质精品农业为辅助，探索一、二、三产业相互促进，示范带动城乡融合发展的省级试点平台及广东省内标杆型产城融合示范区。

（雷思昀）

2022年12月10日，华南先进装备产业园新型多功能产业园项目基本完成建设。图为园区鸟瞰图
（董征 摄）

数字经济

综述

【数字经济产业】 2022年，韶关市电子信息制造业企业以生产电子元器件（电容器、线路板、微电机、连接器等）及配套材料（铝箔、消费电子外壳）为主，尚处于起步发展阶段。龙头企业主要包括忠信世纪电子材料、东阳光化成箔、建滔积层板等。全年韶关市电子信息制造业实现规模以上电子信息制造业总产值77.48亿元，实现增加值17.99亿元。大数据及软件信息服务业实现规模以上大数据及软件信息服务业营业收入31.05亿元，比上年增长10.3%，其中，软件和信息技术服务业营业收入增长31.6%。截至2022年，韶关市在库数字经济从业人员3.45万人。通过引进高新技术团队、创新项目等手段，培育高新技术企业。截至年底，韶关市在信息技术与产业范畴内的高新技术企业有39家，其中，全年信息技术与产业领域申报高新技术企业有14家。韶关数据中心集群规划将建成50万架标准机架，投资超500亿元（不含服务器及软件），以承载低时延类业务（时延要求小于20毫秒）的大型、超大型数据中心为主。签订投资协议的数据中心项目12个，计划总投资395亿元，规划建设标准机架数量36.1万个。7月，推荐广东昆仑信息科技有限公司“互联网＋钢铁”数智营销服务平台、制造行业岗位标准化作业新媒体平台项目参加2022年全国工业APP和信息消费大赛。10月，推荐万华禾香板业（韶关）有限公司的“5G+工业互联网工厂”项目申报省级2022年工业互联网试点示范项目。

【数字社会化服务】 2022年，韶关市深化数字社会化服务，政务推行“一网通办”，推动政府治理“一网统管”，加快政府运行“一网协同”，组建数字政府建设运营中心。数字社会化优化营商环境，加强电子证照推广应用，先行试点完成“一门式一网式”政务服务信息系统、工程建设项目审批管理系统与粤省事码、粤商通码对接。提升公共服务、社会治理能力和水平，推进“粤省事”韶关专版应用，为群众提供移动办事服务，截至年底，“粤省事”韶关专版累计上线事项989项。在2021年广东省数字政府改革建设第三方评估中得分93.63分，位居全省第十名，粤东西北并列第二。

【“数字政府”政务云平台建设和应用】 2022年，韶关市138个单位298个系统迁移上云，上云率85%，基本实现“应迁尽迁”。推进政务数据共享与治理。先行先试开展首席数据官制度试点工作，选取8个市直部门和3个县（市、区）为市级试点，并由市长亲自担任市本级首席数据官，成为全省试点城市中唯一由市政府主要领导担任首席数据官的地市。全市使用“一网共享”平台韶关分节点建设编目挂接数据目录6962个，其中系统库表类2368个、文件类4499个、服务接口类20个、电子地图30个，市政务大数据中心汇聚数据13亿条，初步构建涵盖21万多户、自然人340多万条、电子证照21万条的全市法人基础数据库。市各有关单位和各县（市、区）依托“一网共享”平台推进数据开放，截至12月，韶关市在“开放广东”开放数据目录2638个。推进健康医疗、智慧旅游、协税护税、政务服务、市场经济运行等专题数据库建设，通过协税护税数据和税务数据的分析应用，支撑税收风险管理工作，查补缴税款1.83亿元，比上年增长138%；推行“电子印章”“粤企签”“粤省事码”“粤商通码”等数字技术打造智慧新政务，推进全流程网办、跨省通办、全市通办、一件事一次办、免证办、自助办等便民办事模式。

【数据要素市场培育建立】 2022年，韶关市向广州市、深圳市2个已建立数据交易所的试点城市学习，推进数据流通交易。根据数据交易所“一所多基地多平台”体系架构，谋划推进建立区域数据交易服务基地，构建统一协调的公共数据运营管理体系，加快推进公共数据与社会数据融合，建立数据要素流通体系，推进韶关市特色产业数据治理加工和交易。

【数字经济保障】 2022年，韶关市财政预算安排战略性产业项目发展

2022年8月18日，韶关市数字政府建设运营中心和韶关市公共数据开发服务有限公司揭牌成立 （市政数局 供图）

扶持资金900万元，主要用于支持大数据产业发展。下达上级补助资金支持数字经济发展，包括省级首台（套）重大技术装备研制与推广应用专项资金179万元、省级新一代信息技术和产业发展专项资金294万元、首届“东数西算”粤港澳大湾区算力产业高峰论坛工作经费295万元等。落实数字经济的税收优惠政策。成立退税工作专班，确保符合退税条件的企业尽退快退，增值税退税速度居于全省前列，纳税人以最快速度获得退税。开展相关产业税收政策宣贯，市税务局联合市工信局开展“春雨润小苗助企稳增长”暖企行动，内容涵盖2022年新出台政策，支持医药生物、信息软件、先进材料、先进装备制造四大类韶关市重点发展产业，累计开展线上、线下政策宣讲共6场，参与企业超1000家。营造纳税服务良好营商环境，推进“非接触式”税费服务，构建“网上办税为主，自助办税为辅，V-Tax兜底”的非接触式税费服务新生态，建立“统一管理、统一流程、统一标准”的全市纳税服务运营中心，拓展线下办理渠道和功能，延伸“非接触式”税费服务末梢，全市推广建立税e站，方便纳税人门口办、就近办。辖区金融机构推出适应科技创新需要的金融产品与服务，为数字化经济发展提供专业化的金融支持。例如韶关农商行与韶关市科技局签订韶关市科技信贷业务合作协议，开发“金米科技贷”信贷产品，拟对符合条件的韶关市高新技术企业给予信贷资金支持，提供高额度、低利率、绿色审批通道等优惠政策。对接数字经济项目，银团联动贷款满足融资需求，引导辖区金融机构加强对数字经济企业、项目的对接与服务，例如工商银行韶关分行与工商银行东莞分行联合为广东省重点项目广东华韶数智科技有限公司“华韶数据谷”一期项目核定固定资产贷款授信额度5亿元。

【数字经济领域人才服务保障】 2022年，韶关市落实各项人才政策，实施“百团千才万匠”人才工程、落实“丹霞英才计划”，开展2022年韶关市创新创业人才、专业技术人才申报工作，将“电子信息和大数据”列入重点申报行业范围，支持数字经济领域高层次人才申报创新创业人才、专业技术人才项目。增强技能人才供给，面向城乡各类劳动者开展数字技能等各项职业技能培训，深化产教融合、校企合作。在韶关技工院校与华南先进装备产业园签订战略合作协议，与本地企业、高职院校合作共建大数据产业院校，推进新技能学院、先进装备制造产业学院共建工作。韶关市技师学院完成新增、优化云计算技术应用、虚拟现实技术应用，调整机电一体化和大数据等4个大数据专业，全年实现招生408人。韶关市人民政府出台《韶关市促进大数据产业创新发展办法（试行）》，在企业入驻支持、运营补贴、市场培育和研发补助、贡献奖励、人才及培训补贴和固定资产投入补贴6个方面推出115项补贴措施；出台《韶关市加快促进电子信息制造业招商引资若干支持政策（试行）》，在厂房补助、设备补助、人才奖补、重大项目支持4个方面为相关企业提供支持。

（高　燕）

数字基础设施建设

【概况】 2022年2月，发展改革委、工业和信息化部等4部门批复同意

2022年3月10日，韶关片区技工院校·华南先进装备产业园战略合作签约仪式在华南先进装备产业园管委会举行 （董征 摄）

设立全国一体化算力网络粤港澳大湾区国家枢纽节点韶关数据中心集群。截至2022年年底，韶关市宽带网络建设发展综合排名全省第18。其中，固定互联网宽带接入端口212.3万个，FTTH/O（“Fiber To The Home/ONU”的英文缩写，即将光网络单元安装在住家用户或企业用户处）端口199.4万个，FTTH/O端口占比93.9%；PON（“Passive Optical Network”的英文缩写，即无源光网络）端口7.3万个，其中10GPON端口2.3万个，10GPON（“Gigabit Passive Optical Network”的英文缩写，即千兆无源光网络）端口占比31.5%；移动通信基站2.4万个，其中5G基站4807个，5G基站占比为18.4%；固定宽带接入用户98.8万户，家庭宽带接入用户84.6万户，500兆以上用户占比16.9%，1000兆以上用户占比14.1%，FTTH/O用户占比95.5%；移动宽带用户270.8万户，5G用户102.6万户，5G用户占比34.4%。全市自然村及以上实现4G信号连续覆盖，行政村及以上基本实现5G信号连续覆盖，20户以上自然村光网覆盖率100%。

【数据中心集群通信基础设施建设】 2022年，韶关市编制印发《粤港澳大湾区枢纽节点韶关数据中心集群起步区通信基础设施专项规划》，推动韶关升级为国家网络骨干节点，实现枢纽节点之间高速互联，打造“市区1毫秒，大湾区5毫秒，省内10毫秒，枢纽中心和主要省会城市20毫秒”的高速算力时延圈。三大电信运营商已建设粤港澳大湾区超高速400G全光运力网络，实现韶关到广州、深圳单向时延分别达到2毫秒、3毫秒以内。连接韶关集群省际南北走向、东西走向高速光缆工程开工建设，着力把韶关提升为国家骨干网络节点。浈江产业园已完成电信、移动、广电、中瀚云、中联、云下一期地块的土方平整，曲江开发区完成万国一期、联融一期地块的土方平整。220千伏浈江数据1站开工建设。曲江城区供水旧管网改造与新城区扩网工程完成82%。推进浈江地块首期5条道路工程建设，曲江地块园北一路、园北四路、园北五路完成施工。

【数据中心项目引进】 2022年，四大电信运营商、万国数据等12家数据中心龙头企业入驻韶关集群，韶关市大型数据中心项目签订投资协议12个，计划总投资395亿元，规划建设标准机架36.1万个。深化和大湾区的联动发展，韶关市与鹏城实验室合作筹建鹏城实验室韶关网络节点和韶关数字经济研究院。

【“韶关数据中心集群开拓性建设”获评“粤有数”优秀案例】 2022年9月6日，“粤有数”颁奖活动在韶关市华韶数据谷园区举行。活动上，颁发“粤有数”优秀案例奖杯。当日举行“粤有数”数字化治理专家委员会数据中心研究平台落户华韶数据谷揭牌仪式。在各位领导及专家现场见证下，“粤有数”数字化治理专家委员会副秘书长陈阳和广东华韶数智科技有限公司总经理王帅签订战略合作协议，共同筹建“粤有数”数字化治理专家委员会数据中心研究平台。9月6日，“粤有数”数字化治理专家委员会执行主任、华韶数据谷联合创始人兼研究院院长蓝云讲解“粤有数”数据中心研究平台工作任务。“粤有数”数字化治理专家委员会是新型智库公共服务平台，由中国体改会互联网与新经济专委会、广州南方学院（原中山大学南方学院）、广东数字政府研究院联合发起并共建。“粤有数”已经融入广东数字政府“12345+N”工作业务体系。此次成立的“粤有数”数字化治理专家委员会数据中心研究平台就是要强强联合、资源互补，紧密落实中央指示精神，赋能地方实体经济。2022“粤有数”数字化治理交流会于7月15日在广东迎宾馆举行。18个“粤有数”优秀案例广泛覆盖广东各领域、各地市、各行业。“韶关数据中心集群开拓性建设”是“粤有数”18个优秀案例之一，主创单位为韶关市高新区、韶关市工信局、莞韶对口帮扶指挥部、韶关市华韶数据谷研究院。韶关通过实施“一把手”工程，成立大数据产业链招商工作组，紧盯珠三角、长三角、京津冀等重点地区，重点招引服务器、存储、网络、暖通、机电、光电、储能等上游设备制造业和数据采集、标注、分析、交易等下游开发应用产业，推动韶关集群全产业链集聚发展。重点是招引和培育一批服务器、存储、机电、光电、网络、暖通、储能设备等硬件设备制造企业，同步招引和培育一批芯片、线路板、模具等整机企业的配套产业。基业电气、浙江国祥、易事特等一批制造企业先后招商落地韶关开展建设，总投资100多亿元。福辰电气配电柜、朗科存储设备制造项目已投产。韶关制定系列招商引资项目落地实施方案，市委、市政府主要领导带头当好“店小二”“服务员”，无障碍推动企业落地动工建设投产。除早前经常宣传的用地、用能、交通等要素保障，韶关市从人力、科研和金融端发力，为企业项目提供全方位的保障。主动对接广东软件科学园，争取省科技厅的支持，将“广东软件科学园”的成功模式落地韶关，引进软件评测中心、华南技术转移中心等专业化公共服务平台，引进大数据、信息技术服务业企业，推动大数据及软件服务应用创新资源加速在韶关集聚。引导韶关市技工院校合理谋划布局技工院校大数据专业设置，适时新增、优化调整大数据产业相关专业。成功推动韶关学院、广东松山职业学院等本地大中专技院校设立7个大数据技术专业，与华为、联想合作共建粤北大数据产业学院，为韶关集群培育运维人才需求。设立20亿元产业投资母基金，推动韶关市产业投资基金集群达到100亿元。加大韶关地区数字信息基础设施资源投入力度，优化网络架构、降低网络时延，构建新一代通信网络枢纽，将韶关升级为国家网络骨干节点。中国电信国家一级长途干线光缆在韶关建立通道开口，以韶关为起点加强建设到各重要节点的直连光缆，新建4条省内干线光缆，实现韶关至省内20个地市单向传输时延最小1.36毫秒、最大4.36毫秒、平均2.2毫秒，省内传输时延优化15%以上。韶关到广州、深圳的网络时延，已经可以满足大部分企业的

需求。（高　燕）

数字产业化

【概况】 2022年，韶关数据中心集群先后编制印发《韶关数据中心集群起步区总体及控制性详细规划》《韶关数据中心集群绿色低碳综合能源规划》《韶关数据中心集群产业发展规划》，出台《韶关市加快促进电子信息制造业招商引资若干支持政策（试行）》，为加强顶层设计，保障大数据产业发展顺利推进。举办2022年中国韶关大数据创新创业大赛，与鹏城实验室开展战略合作，打造“一网一院”大数据产业底座。成立韶关科技成果转化大数据产业基金，支持数字产业的发展聚焦引进掌握核心技术、大数据产业人才，为大数据领域创新型产业集群的打造、大数据科技成果和创新创业人才的转化落地提供支撑。4月26日，召开2022年制造业数字化转型活动启动会，企业代表与专家在数字化转型实践、工业互联网平台、5G+工业互联网工厂、生产管理系统等方面进行深入交流。6月，组织东阳光优艾希杰精箔公司作为有色金属产业牵头单位，协同凡口铅锌矿、韶关联通等企业，申报有色金属产业集群数字化转型项目。

（李国华）

【大数据和云计算】 2022年，华韶数据谷数据中心建设项目一期第一栋国家A级数据中心机房投入运营，截至2022年年末，联通沃音乐、中国互金会等多家客户完成签约。华韶数据谷大数据产业园引入69家行业企业入驻园区，完善物业管理、员工食堂、政策咨询、用人推荐、项目规划、产业资源对接等配套服务，华韶大数据产业孵化器启动运营，服务大数据行业上下游产业链企业，公司联合院校孵化的大学生创新创业公司入驻园区投产运营。韶关电信公司建设的“一云多芯”（鲲鹏＋飞腾）GC政务云平台项目运用云计算、大数据等先进理念和技术，按照“集约高效、共享开放、安全可靠、按需服务”的原则，以“云网合一、云数联动”为构架。建设完成后，能够为韶关市政务信息系统上云提供1896核VCPU（“Video Compression Processor Unit”的英文缩写，即虚拟中央处理器）、7376G内存、480T（太字节）存储资源。

【数字经济产业创新发展】 2022年，韶关市举办2022年中国韶关大数据创新创业大赛，挖掘国内外资源，主动对接湾区，促进大数据产业技术和项目在韶关市落地产业化，培育一批在细分领域具有较强创新能力的大数据分析及应用企业。与鹏城实验室开展战略合作，打造“一网一院”大数据产业底座。韶关市成立韶关科技成果转化大数据产业基金，通过发挥政府投资基金的引导作用，支持数字产业的发展聚焦引进掌握核心技术、大数据产业人才，为韶关市大数据领域创新型产业集群的打造、大数据科技成果和创新创业人才的转化落地提供支撑。通过引进高新技术团队、创新项目等手段，培育高新技术企业，截至2022年年底，韶关市在信息技术与产业范畴内的高新技术企业共有39家，其中2022年该领域申报高新技术企业有14家。

【软件和信息服务业】 2022年，韶关市规模以上信息传输、软件和信息服务业营业收入合计31.1亿元，比2021年增长10.3%，其中，软件和信息技术服务业营业收入8715万元，增长31.6%。新增规模以上企业1家，在库规模以上信息传输、软件和信息技术服务业企业4家。重点企业有广东昆仑信息科技有限公司、广东烜真科技有限公司、广东优立客科技有限公司、广东云舜综合能源科技有限公司。（高　燕）

【电子信息产业】 2022年，韶关市电子信息制造业产业集群实现产值77.5亿元，比2021年下降15.3%；增加值17.99亿元，下降16.6%，规模以上工业企业28家。重点方向包括新型印刷线路板（PCB）、半导体集成电路、高端元器件和新型电子材料。重点企业有建滔积层板、至卓飞高线路板、旭飞电子、广东韶华科技、韶关国正精密、富之光、东阳光电容器、日本电产三协电子、忠信世纪电子、凯荣德（韶关）玻璃纤维等。先后编制印发《韶关数据中心集群起步区总体及控制性详细规划》《韶关数据中心集群绿色低碳综合能源规划》《韶关数据中心集群产业发展规划》；制定印发《韶关市加快促进电子信息制造业招商引资若干支持政策（试行）》，从厂房补助、设备补助、人才奖补、重大项目支持等六大部分10个方面给予支持，补全电子信息制造业产业招商政策，加快吸引电子信息制造业优质企业及重大项

2022年5月29日，首届“东数西算”粤港澳大湾区（广东）算力产业大会现场，与会嘉宾开展“东数西算”战略下制造业数字化转型的机遇和挑战高峰对话（张伟　摄）

目落地。

【首届“东数西算”粤港澳大湾区（广东）算力产业大会举办】 2022年5月28—30日，由广东省人民政府主办，韶关市人民政府、广东省工信厅等单位共同承办，主题为“算联全球·数聚韶关”的首届“东数西算”粤港澳大湾区（广东）算力产业大会在韶关市举办，这是国家“东数西算”工程启动以来召开的第一个全国性大会。省委常委、副省长王曦，省委常委、韶关市委书记王瑞军出席大会并致辞讲话。大会邀请有关中国工程院院士、高校教授、行业专家学者，华为、华大基因、科大讯飞、浪潮等知名企业负责人出席大会，与会的科研院所、大数据上下游产业链企业人数达670余人。大会采取“线上+线下”的方式，打造“1+2+3”交流平台，即1个主会场、2个分会场、3个主题活动。主会场活动包括院士和专家、华为、华大基因、浪潮等企业负责人主题演讲，举行全国一体化算力网络粤港澳大湾区国家枢纽节点韶关集群揭牌仪式，以及相关战略合作签约仪式。2个分会场即为算力赋能制造业数字化转型和数据中心绿色节能发展两大主题分会场，包括以19个主题演讲及“东数西算”战略下制造业数字化转型的机遇和挑战、推动数据中心绿色低碳发展有效路径为主题的2场高峰对话。3个主题活动涵盖“东数西算”工程算力枢纽节点交流座谈会、数据中心产业项目路演、粤港澳大湾区大数据产业人才韶关行活动。30个重大项目在会上集中签约，总投资额1200亿元。

【广东韶关数据产业投资发展有限公司成立】 2022年5月19日，经国家发展改革委批复同意，韶关市成立广东韶关数据产业投资发展有限公司（简称韶关数投公司）。市委、市政府决定以市城投集团为平台，组建“广东韶关数据产业投资发展有限公司”，注册资本10亿元。2022年，韶关数投公司完成公司筹备、设立和运作三大任务。截至2022年12月底，韶关数投公司总资产为450万元，实现营业收入188万元。韶关数据中心基础设施代建项目计划总投资21.61亿元。该项目代建管理费用942万元，全年实现收入188万元。韶关数据中心基础设施代建项目累计完成产值4400万元，占土石方工程总量的40%。韶关数投公司引进易事特集团股份有限公司，共同组建易事特数字能源（韶关）有限公司，投资韶关数据中心机柜、UPS、光伏逆变器及充电桩等领域业务。易事特数字能源（韶关）有限公司注册资本金1亿元，易事特占股65%，韶关数投公司占股35%。9月，韶关数投公司、易事特集团股份有限公司完成首期1000万元注册资本金认缴，10月18日，易事特数字能源（韶关）有限公司开业运营，是韶关市首个实现韶关数据集群建设与产业项目招商同步落地项目。引进联想集团，与联想科技（江苏）有限公司参股的韶关联融智算数据有限公司，共同组建韶关数联数据产业股份有限公司，在韶关数据产业上游服务器制造、算力基础设施供给、服务器绿色回收再制造等领域开展投资，韶关数联数据产业股份有限公司注册资本金1亿元，韶关联融智算数据有限公司占股90%，韶关数投公司占股10%。双方签订合资公司章程及合作协议。北斗应用在内的数家入园办公意向企业正在办理在韶注册新公司手续落户园区。完成《全国一体化算力网络粤港澳大湾区国家枢纽节点韶关数据中心集群数据中心建设项目申报书》编制和报批工作，并于8月31日通过项目评审。与中能建集团合作建设智能计算数据中心，与中国中铁合作推进央企产业互联网数据中心，与奇安信、国科量子等合作推进安全可信云数据中心，确定客户2.5千瓦标准机柜总需求1.7万个。编制韶关数据中心项目方案，报市领导小组审定。韶关数投公司采用“资产运营+产业运营”模式，将韶关数据中心集群浈江产业园区商业地块（规划用地面积16.67公顷）打造成为“未来数智星城”。韶关数投公司推进项目策划等前期工作，开展项目策划方案遴选工作。韶关数投公司打造全生命周期的一站式服务品牌，开展韶关数据中心集群产业园区公共物业管理运营服务（安全保卫、环境绿化及保洁），拓展韶关数据中心设施设备维护、智慧园区、集中供冷、综合能源等增值服务。形成韶关数据中心集群园区管理运营方案。

【2022中国韶关大数据创新创业大赛启动】 2022年9月，2022中国韶关大数据创新创业大赛启动。大赛启动后，组委会通过22家媒体发布大赛报名征集，收到来自全国的科技企业与科技项目报名。此届大赛收到258家/项企业和团队报名，其中企业166家，团队项目92项，行业集中在大数据与新一代信息技术相关产业。此届大赛的初赛评审工作于11月2日完成。组委会组织行业专家共

2022年5月19日，韶关市召开广东韶关数据产业投资发展有限公司和韶关市绿色投资发展有限公司成立大会 （潘志立 摄）

15人，以现场集中评审方式进行综合评分，根据最终得分择优推荐80家企业/项目进入半决赛。此届大赛旨在通过以赛引商、以赛育产的方式，充分挖掘国内外资源，主动对接湾区，促进大数据产业技术和项目在韶关落地产业化，培育一批在细分领域具有较强创新能力的大数据分析及应用企业。（高 燕 梁曦月）

产业数字化

【概况】 2022年，韶关市推进产业数字化，推动数字化技术在农业、工业及金融、旅游、教育、医疗、邮政快递业、交通运输业、政务服务等公共服务业的推广应用。华韶数据谷大数据产业园引入69家行业入驻园区，韶关电信公司正在建设“一云多芯”GC政务云平台项目，20家工业企业开展信息化项目建设，投资总额超5000万元，韶关移动开展智慧党建、平安乡村、安防监测、云喇叭项目拓展，签约智慧乡镇9个、数智乡村40个。韶关联通打造“数字农业”大数据平台。为50个行政村提供乡村管理和智慧党建平台。韶关电信打造的“韶关市互联网+明厨亮灶”智慧监管平台有900余家单位加入，推动交通基础设施数字化建设，规划建设韶关新一代航运示范系统，开展智慧港口建设，推进智慧水利各业务模块设计开发。

【工业数字化】 2022年4月，韶关市联合市互联网协会及成员单位开展2022年制造业数字化转型进园区、进企业系列活动，组织企业代表与专家在数字化转型实践、工业互联网平台、5G+工业互联网工厂、生产管理系统等方面进行交流，累计服务企业90多家。6月，制定并印发《关于组织开展2022年韶关市制造业高质量发展促进工业互联网应用项目申报工作的通知》，乳源东阳光药业有限公司“药物质量数据采集与智能管理云平台”项目、乳源东阳光优艾希杰精箔有限公司“基于数据深度融合的高精度铝箔材料智能制造工业互联网云平台”项目获得省级奖补资金外的市级配套奖补资金。全年推动10余家重点工业企业开展信息化项目建设，投资超5000万元。2家企业获得省、市促进工业互联网发展政策扶持资金323.4万元。东阳光优艾希杰精箔有限公司联合韶关冶炼厂、凡口铅锌矿、韶关联通等企业申报广东粤北（韶关）有色金属加工产业集群数字化转型工程项目计划投资超7000万元。

【农业数字化】 2022年，韶关建立农业产业大数据平台。利用第三方专业机构开发报价系统，建立市区主要农贸市场和农产品批发市场的价格数据平台，打造重要农产品全产业链监测预警工程。南雄市、仁化县、翁源县等地17家农业企业申报广东省数字农业经营主体和镇村联盟，加入全省的数字农业农村建设大阵营，培育一批数字农业示范龙头企业、建设一批数字农业产业园区。谋划韶关数字农业应用示范项目。韶关市选取翁源兰花、丹霞贡柑、沙田柚、南雄阳光玫瑰葡萄、百香果等优势品种，立足生产基础设施完善、信息化设备先进的标准化生产示范基地，开展包括智能水肥一体化灌溉、物联网、可视化、无人机飞防、加工成套生产线、稻虾立体种养数字化基地集成智能设施设备、物联网技术在内的数字化基地建设。有电子商务平台1家，为仁化县“村品通”商城。该平台于2021年7月22日上线运营，有102家商户入驻。韶关市紫龙网络科技有限公司作为平台经营主体，负责建设运营仁化益农信息社项目，服务全县113个村级电商站点，培养站点经营管理人才，通过站点建设产区经纪人队伍、发展乡村产业、提供村级电商公共服务等，并与京东、中通、极兔快递公司达成战略合作，共建县镇村三级物流公共服务体系。打造“网红+直播+短视频+电商”新模式。结合“中国农民丰收节”，组织始兴枇杷、始兴杨梅、曲江白水蜜桃、乐昌黄金柰李、曲江食用菌、韶关茶等农产品带货活动，拓展销售渠道，缓解部分农产品销售不畅的问题。翁源县江尾镇整合万艺、德芳兰花电商、兰韵翁源农产品销售平台、全美花卉的智能监测系统、粤台智慧农业等资源，在松岗村建设可视化大数据指挥中心。“网红+直播+短视频+电商”新模式在翁源县发展，通过淘宝、拼多多、抖音等平台的直播卖货所占的销售份额逐年上升。韶关移动重点开展智慧党建、平安乡村、安防监测、云喇叭项目拓展。签约智慧乡镇9个、数智乡村40个，打造示范镇3个、示范村10个，其中省级标杆新丰县智慧遥田项目，创新利用移动内外平台，面向农民提供产销对接及内销帮扶，被确定为广东公司2022年度乡村振兴示范点。韶关联通通过“数字农业”大数据平台，实现数据采集和统一管理，助力“百县千镇万村”高质量发展工程。以“双农”平台助力各区县推动农业农村服务平台建设，为50余个行政村提供乡村管理和智慧党建平台，打造市县农业农村一张图。

【智慧金融】 2022年，韶关市引入互联网银行开展县域数字普惠金融项目。项目上线后，全市涉农人口可通过“支付宝”APP，直接申办无抵押无担保全线上的小额数字信贷产品，服务韶关市涉农人口8万余人，合计发放贷款31.45亿元，成为全省第二个全域推广的地市。开发“韶关市科技企业创新能力综合评价平台”（以下简称“科企评价平台”），围绕“扩大科技企业信贷受益面，提高科技金融决策效率”这一核心目标，牵头金融全链条各要素成员单位，为科技型企业打造一条融资通道。依托科企评价平台，对科技企业的申报数据进行穿透分析，横向对比。从盈利能力、偿债能力、运营能力、内控管理、研发能力等九大模块，识别科技企业的区域水平、融资需求、优势标签、经营风险；通过大数据、人工智能等技术，汇集行业、技术、研发、团队、融资、风险等全国数据，纵向评估科技企业的行业评级，量化分析科技企业的投资价值、技术含量；通过企业科技金融数字名片，可视化评价结果，在以财务指标识别企业经营现状的基础之上，辅以创新能力指标，识别企业的未来发展潜力，帮助金融机构“看懂”科技。

【2022 年制造业数字化转型活动会召开】 2022 年 4 月 26 日，由市工业和信息化局主办，市互联网协会承办的韶关市 2022 年制造业数字化转型活动启动会在韶关市华科城莞韶双创中心召开。此次活动以线上、线下形式开展，邀请广东嘉盛环保高新材料服务有限公司、韶关凯鸿纳米材料有限公司、广东信拓网络科技有限公司、广东韶钢松山股份有限公司等 90 家在韶关企业代表参加。会上，市工信局工作人员介绍韶关市制造业数字化转型相关扶持政策，制造业企业代表分别就数字化转型实践、工业互联网平台、5G+ 工业互联网工厂等成功案例进行分享。与会专家与制造业企业代表展开经验分享与交流。韶关市大宝山矿业等 3 家企业入选广东省互联网与工业融合创新试点名单；韶钢全流程生产智慧工厂、丽珠制药厂药品固体制剂智能药厂等 7 个项目入选广东省智能制造试点示范项目；30 多家企业单位获得省、市专项扶持资金超过 1600 余万元，助力企业走上智能化改造和数字化转型之路。

【仁化县“村品通”商城电子商务平台】 由仁化益农信息社运营中心自主开发的“村品通”电商平台（小程序）于 2021 年 7 月上线。2022 年，“村品通”为丹霞街道强镇富村公司开通分销商城专户和县城社区配送专户，通过“双商城、双专户”分别开展农副产品上行高效实施。分销商城专户整合街道辖区大宗和特色农产品企业入驻，快速建立“12221”产区经纪人（推广员）队伍，成员包括镇村两级公职人员，并通过新媒体渠道在仁化本地招募产区经纪人加入推广队伍。通过仁化益农信息社运营中心与街道强镇富村公司的联合推广活动，配套促销策划、渠道推广、物流服务、销售客服等，完善销售全链条，实现业绩真实、纳统规范，推进“全民推广、全民助力”镇域经济发展新模式。其次，社区配送商城重点围绕全县各镇街优质农副产品配送至县城各小区，完成县城 41 个社区配送点和配送团队与入驻“村品通”平台。满足县城群众高品质生活需要，助力其他乡镇农富产品加速消费。社区配送专户实现“供销”功能，计划下一步实现县城各小区牛奶制品、冰鲜肉制品、品质水果等，满足县城群众高品质生活需要的同时，有效降低品质消费成本。把全县各镇的农特产品汇集到平台上售卖，把仁化乡村的产品往县城走，往市区走。拓宽农户的销售渠道，农户需打好包装，销售、售后问题都是由益农信息社仁化运营中心来负责，带动农户增加收入。（高　燕）

通信业

【概况】 2022 年，韶关电信打造中国电信国家网络枢纽节点及中国电信天翼云华南算力枢纽节点。部署有西河、沙湖 2 个云计算中心。韶关移动达到千兆城市标准。国家一体化算力网络枢纽节点城市落户韶关，中国移动粤港澳大湾区国家枢纽节点韶关数据中心项目在浈江产业园开工。打造韶关农行小水电生态流量建设服务项目。建设市级智感安防平台。韶关联通完成中国联通粤港澳大湾区枢纽数据中心集群征地工作，完成广东联通韶关节点骨干云池一、二期建设，形成政务云、XC 云、本地骨干云三朵云新共建共享 5G 基站 500 站，实现千兆网络全市覆盖，提供可信云服务。市工信局受委托办理行政职权 25 项，完成无线电频率许可 1 项、台站设置使用审批 25 项。市工信局开展监测“黑广播”“伪基站”等行动，启用固定站多频段监测、专项重点监测广播频段及通信频段，专项监测人员 63 人次，专项监测时长 119 小时；协调解决多起因翁源县、新丰县村镇安装“村村响”广播调频发射设备产生杂散信号，导致航班的专用通信频率受到广播声音干扰，影响民航飞机安全飞行的问题；做好各类重大考试保障工作，全年保障公务员笔试、普通高考等 33 个类别考试。8 月 1 日，粤港澳大湾区枢纽韶关数据中心集群起步区第一批项目集中开工活动在韶关高新区浈江产业园举行，共有 5 个项目参加第一批项目集中开工，分别是中国电信、中国移动、中国联通、广东广电以及中瀚云韶关数据中心项目。

【5G 网络建设】 2022 年，韶关市完成第五代移动通信技术通信基站建设 2093 个，全市第五代移动通信技术通信基站总数 4807 个。建设农村第五代移动通信技术通信基站 1385 个，基本实现行政村第五代移动通信技术通信信号连续覆盖。2022 年，韶关市将《韶关市 5G 基站站址规划（2020—2025 年）》纳入市国土空间

2022 年 8 月 1 日，粤港澳大湾区枢纽韶关数据中心集群起步区第一批项目集中开工活动在中国电信韶关分公司举行　（韶关电信　供图）

规划，加载至市多规合一平台。全市公共资源累计免费开放用于第五代移动通信技术建设550个，其中公共绿地159个、公共物业391个，开放率99.1%。全年投入4.15亿元建设5G基站2093个，超额完成省下达韶关市任务(1704个)的122.8%。（梁　滨）

【中国电信】 2022年，中国电信股份有限公司韶关分公司主营收入完成6.82亿元，移动期末出账用户数124.83万户，宽带期末用户数52.74万户。响应国家“东数西算”战略，依托中国电信云网融合3.0，打造中国电信国家网络枢纽节点及中国电信天翼云华南算力枢纽节点，至2030年期间在韶关意向投资181.2亿元，容纳14.4万标准机架，为韶关市招商引资和打造高标准产业集群奠定关键数字基础设施。推进云网融合，部署有西河、沙湖2个云计算中心，可扩展面积4000平方米。韶关电信加强产业数字化基础设施的建设投入，运用新兴技术助力传统产业转型升级，两年承建信息化项目200个，合同金额超2亿元，涉及数字政府、政法公安、社会治理、教育医疗、工业金融、乡村振兴、智慧城市等多个行业，内容覆盖云计算、大数据、人工智能、5G、物联网、智能化数字平台等领域。开展服务质量提升一号工程，开展服务攻坚，融入延伸服务。通过一年专项推进，企业服务质量和客户口碑实现双提升，综合满意度、移动业务满意度、宽带业务满意度均从行业第二提升至行业第一，政企客户满意度年度测评达标，实现“三领先一达标”。（刘　涛）

【中国移动】 2022年，中国移动通信集团广东有限公司韶关分公司（以下简称“韶关移动”）总体延续“双领先”发展战略。全年主营能力收入比2021年增长10.8%，超行业2.2定向通信，收入份额63.21%。新增2035个基站，建设量增长52%；机房选址68个，投产25个，创历史新高。新增覆盖家庭宽带15万户、企业宽带3.1万户、楼宇136栋。新增千兆PON口4736个，占比26%，达到千兆城市标准，全千兆小区1291个，增幅315%。攻下14个网络黑点，IDC（数据中心托管服务）出口带宽扩容至320G。打造韶关农行小水电生态流量建设服务项目，被评为全省党政行业优秀案例。建设市级智感安防平台，拓展超过100家集团智感安防产品包，新增超过300条线路。疫情防控期间，公司推出人工智能信息推送卡位项目，助力政府打赢新冠疫情防控阻击战。无线、家企宽网络质量重复投诉率压降至3%以内。专线开通数量增长47%，再创年度新高，平均开通时长缩短0.2天。无线、家企宽网络质量重复投诉率压降至3%以内。家企宽开通满足度提升3%、达86.2%。经受住50年一遇洪灾考验，通过故障管控和重建调优，退服时长占比0.17%，家宽单用户中断时长压降至0.43分钟。网络满意度保持领先，排名全省靠前。“断卡行动”工作部署方面，成立地市“反诈专班”和应急响应机制，建立地市反诈模型30个，提供涉案线索136条，配合公安累计抓捕卡贩子29人，打掉犯罪团伙9个。（聂圣怡）

【中国联通】 2022年，中国联合网络通信有限公司韶关市分公司坚定落实网络强国与数字中国战略，主营业务收入比上年增长10%，创新业务比上年增长34.4%，联通云业务比上年增长59%，大数据业务比上年增长111%。推进信息基础设施建设，提升农村及边远地区5G网络覆盖水平，全年新建基站（含共建共享基站、900兆基站）近2000站，实现乡镇行政村100%覆盖；推进新一轮千兆网络建设，千兆FTTH端口新增7.6万个，千兆端口数量比2021年增长6倍，千兆小区数量增长5倍，实现千兆网络全市覆盖。推进算力资源加快布局，中国联通粤港澳大湾区国家枢纽节点韶关数据中心集群在浈江产业园开工，项目将分4期建成，一期工程占地6.53公顷，将于2025年完成2.88万标准机架建设；年内完成广东联通韶关节点骨干云池一、二期建设，形成政务云、XC云、本地骨干云三朵云。提供可信云服务，其中包括市电子政务办公OA业务系统、市大数据分析平台、韶关粤省事、市公共资源一体化平台等市级重点平台，政务云市场份额占90%，作为唯一运营商参与市级“一网统管”，支撑“政务服务、智慧医疗、社会治理”3个专题建设。数字化赋能爱心助残，建设韶关市残疾人信息共享分析应用平台，拉通公安、人社、卫健等数据，实现多方数据的智能比对，提供服务和发放补贴。在“龙舟水”、台风“暹芭”、森林山火、新冠疫情防控等应急处置过程中主动服务、发送应急短信超过800万条，出动保障人员2283人次，保障车辆1423辆次，支撑应急指挥和人民群众的通信需求。推进“高品质服务2.0行动”，通过现场和AI对营业厅进行巡检，移网网络投诉率提升43%，宽带满意率提升9%，故障满意率88.51%。开展反诈专项攻坚，组建反诈专班，全年公安立案比2021年下降34%；诈骗举报下降70%，向公安机关提供诈骗电话信息线索42条次，协助公安抓获倒卖手机卡团伙18个。（古　越）

【无线电管理】 2022年，受委托办理行政职权25项，完成无线电频率许可1项、台站设置使用审批25项。市工信局开展监测“黑广播”“伪基站”等行动，启用固定站多频段监测、专项重点监测广播频段及通信频段，出动“伪基站”监测车14车次、监测设备51台次、专项监测人员63人次，专项监测时长119小时。打击治理“黑广播”出动车辆42台次，动用监测设备127台次，出动专项监测人员120人次，专项监测时长484小时，未发现新设非法“伪基站”“黑广播”。协调解决多起因翁源县、新丰县村镇安装“村村响”广播调频发射设备产生杂散信号，导致航班的专用通信频率受到广播声音干扰，影响民航飞机安全飞行的问题。运用固定站及移动车结合的监测方法，动用监测设施200余台次，监测人员400余人次，坚持24小时值班制度，全天候监测100天，监测频段1000余段次。做好各类重大考试保障工作，全年保障公务员笔试、普通高考等33个类别

2022 年 1 月 21 日，联通沃音乐 AI 影像计算中心在华韶数据谷揭牌成立
（韶关日报社　供图）

考试，出动车辆 146 台次、人员 334 人次、投入监测设备 146 台(套)、监测时长 650 小时，杜绝考试无线电作弊。

【联通在线沃音乐 AI 影像计算中心揭牌】 2022 年 1 月 21 日，由中国联通韶关市分公司、联通沃音乐、广东华韶数智科技有限公司三方联合主办的联通沃音乐 AI 影像计算中心在中国联通华韶数据谷举办揭牌仪式。韶关市政府副秘书长龙显顺、联通在线沃音乐总经理李韩、韶关联通总经理彭文标等领导出席仪式共同揭牌，开启联通在线沃音乐全新行业应用生态布局。伴随 5G 的不断成熟，超高清、AI、大数据等技术升级，AI 影像成为影视产业发展新方向。联通在线沃音乐紧追时代发展机遇，走在影视产业前沿地带，着手布局 AI 影像领域，构建大数据、人工智能、超高清、XR 等相关技术能力，形成行业领先的技术、资源优势。此次联通在线沃音乐打造 AI 影像计算中心，凭借人工智能 + 超高清 + 大数据的跨界组合，提升数据分析能力，推动 AI 影像能力迈上新台阶。联通在线沃音乐全面打造 AI 影像计算中心、5G·AI/XR 未来影像拍摄基地、万象工作室等多个机构，夯实 AI、大数据、超高清、云计算、裸眼 3D、XR 技术能力，赋能影视行业发展的同时，为国家数字新型基础设施建设贡献力量。影视产业是数字经济的重要组成部分，此次联通在线沃音乐成立 AI 影像计算中心，将驱动影视产业、数字经济发展。（梁　滨）

数字政府建设

【概况】 2022 年，韶关市深化政务服务“一网通办”，推动政府治理“一网统管”，加快政府运行“一网协同”，组建数字政府建设运营中心，数字政府基础设施和公共应用支撑能力进一步增强，营商环境持续优化，公共服务、社会治理能力和水平不断提升。8 月，成立韶关市公共数据开发服务有限公司，构建韶关市数字政府改革建设“政企合作、管运分离”机制，加强全市数字政府各类平台系统运维运营，推动公共数据采集汇聚和分析应用。在 2021 年广东省数字政府改革建设第三方评估中得分 93.63 分，位居全省第十，粤东西北并列第二。

【数字文旅】 2022 年，韶关市建立智慧旅游示范应用场景信息系统。韶关市智慧旅游示范应用被列入省公共数据资源开发利用试点。场景建设专题内容包括 1 个核心能力即数据汇聚能力的数据分析和 5 个功能模块即游客监测专题分析、景区及周边服务监测与分析、应急指挥监测与调度、网络舆情、旅游行业分析。韶关市智慧旅游示范应用场景专题平台于年初试运行。将“12345”平台数据由大数据中心韶关分节点数据库接入智慧旅游示范应用场景。推进韶关市智慧文旅平台建设。制定《提升“一部手机游韶关”平台建设工作方案》，于 9 月推出“一机游韶关”智慧旅游平台。举办 2022 年韶关市文化馆系统公共数字文化建设培训班，累计服务 160 人次。市文化馆及各县（市、区）文化馆场馆发布数量超过 50%。开展“粤新年”2022 广东数字化文化推广活动，累计开展群众文艺活动 99 场次，活动服务 66.65 万人次，其中包含线上活动 55 场次，线上线下结合活动 23 场次，线上服务 62.31 万人次；创建韶关市文化馆视频号，于 1 月投入运营并写成案例《韶关市文化馆视频号在公共数字文化服务工作中的应用》，作为广东省三个基层公共数字文化服务案例之一，上报国家公共文化发展中心。是年，韶关市试运行建立智慧旅游示范应用场景信息系统，9 月推出汇聚“招商合作、红色打卡、酒店预定、景区地图、美食、门票预定、导游、租车、公共服务”等功能的“一机游韶关”智慧旅游平台。2022“我最 OK”广东全民才艺大比拼韶关赛区决赛首次使用韶关市文化馆视频号进行直播，截至 2022 年，开展 3 场活动直播，观众突破 10 万人次。

【数字教育】 2022 年，韶关市推进智慧教育“云网端”建设。提出“万兆到校、千兆进班”的 GPON 模式全光纤组网架构及建设标准。独立建制学校信息化覆盖率 100%，2021—2022 年全市新增(含更新)电脑室 101 间、电脑 6131 台、多媒体平台 2385 套、校园网络 42 套。2021—2022 年使用平台进行网上报名，处理 3 万人次报名信息，通过平台随机派位功能进行市属学校秋季学位派位。韶关市统筹设立 21 所国家课程数字教材应用示范校。组织教师进行信息化教育培训，开展中小学教师信息技术应用能力提升工程 2.0，设立 37 个韶关市教育信息化领航校（园）长及名教师工作室，建设 33 间中小学教师信息技术能力提升工程 2.0 省、市级试点校，完成能力提升工程 2.0 的考核目标，全市完成培训的教师 2.8 万人，完成率99.6%。开展“韶关市科创教育与学科融合创新基地”活动，有11个学校参与基地校建设。全年开展人工智能追梦营活动，在仁化县董塘中学、乳源瑶族自治县民族实验学校建设2间未来教室。全年韶关市师生参加的人工智能专项培训16场，有13名教师参加北师大举办的人工智能教师培训。全市有44间学校、1700多名学生报名参与此项人工智能追梦营活动。建设韶关市“互联网+明厨亮灶”平台，与省平台联网，在全市中小学校、幼儿园食堂，推进“学校视频式明厨亮灶”工程，推进“韶关阳光餐饮智慧监管”和“阳光餐饮手机”APP智慧监管工程建设，打造“监管部门—学校—家长学生”三位一体的互动平台。截至2022年年底，韶关市有学校、幼儿园、托幼机构、集配中心、养老机构、餐饮单位、冷链企业等各行业900余家单位加入“互联网+明厨亮灶”平台。该平台平均每月上报台账17万条，平均每月获取5万条后厨抓拍记录并生成AI分析工单。

【数字医疗】 2022年，韶关市医疗服务上线国家医疗保障信息平台。实现医保业务编码标准统一、医保数据规范统一和医保经办服务统一。在2022年基本建设完成省级远程医疗中心（粤北人民医院）、市级远程医疗中心（1个汇聚点和4家市级医院）、县级远程医疗中心（20家县级医院）、乡镇级远程医疗点（104家乡镇卫生院和15家社区卫生服务中心），构建省市县镇四级远程医疗系统建设。依托市级政务外网资源实现全市健康医疗业务“一张网”的业务专网建设，实现全市二级以上公立医疗机构直接接入省全民健康信息平台。推进医保电子凭证全流程使用、电子处方流转和医保移动支付等项目。韶关市医保电子凭证激活人数233.37万人，激活率83.72%，定点医药机构基本支持医保电子凭证挂号、身份核验、结算、取药、取报告等。做好省电子健康码推广应用，在全市34家公立医疗机构上线，基本实现就诊服务全省（市）“一码通”。发展智慧康养。韶关市核工业四一九医院被国家卫生健康委确定为首批老龄健康医养结合远程协同服务试点机构，启动建设智慧医养结合项目，打造整合照护信息化平台实现医养结合全流程信息化管理。启用医疗保障智能监控系统。“韶关市村医通医保结算系统”，落实解决因基层定点医疗机构位置偏远，医保专线网络无法覆盖，无法实现医保的实时联网结算的问题。

【数字邮政】 2022年，韶关市推动邮政快递业各企业通过加快技术更新改造，通过自动化、智能化设备操作来降低分拣差错率。中国邮政集团有限公司韶关市分公司、广州顺丰速运有限公司韶关市分公司、韶关市丰和速递有限公司、韶关市炬荣中通快递有限公司和韶关市韵达快递有限公司5家企业引进全自动化分拣设备，对韶关市进出港邮件快件进行分拣，上述5家企业全自动分拣流水线日快件处理量分别可达到34万件、20万件、4万件、20万件、20万件。深化“互联网+”农产品出村进城。组织市邮政分公司与顺丰、韵达、中通等9个社会主要快递企业签署《邮政快递合作下乡进村框架协议》，全市10个县域均开展邮快合作。借助乳源瑶族自治县获省级、国家级电子商务示范县，新丰县获省级电子商务示范县的政策利好及资金支持，打造农村三级快递物流体系建设。

【数字交通】 2022年，韶关市有白土作业区一期工程和韶关港乌石综合交通枢纽一期工程2个港口项目在建，均是以数字化智慧港口为核心，打造成为河内港口标杆。白土作业区一期工程从设计上考虑生产设备全电动化、综合大楼集约化设计等，在信息化建设上依托广州港集团资源在内河港口自研TOS、无人地磅、办公自动化等智慧化信息化项目上的应用。韶关港乌石综合交通枢纽一期工程，中央控制室配备港口物流管理信息系统、VHF船岸通信等辅助管理系统，提升港区调度管理能力。武深高速公路始兴联络线项目引入架桥机智能安全监控管理系统，通过监测架梁数据，用“智慧眼”监测肉眼无法观测的状态，提高施工安全系数。雄信高速公路项目创新5.0小型预制构件“智慧工厂”，实现24小时连续自动化生产，产能比传统生产方式提高6倍，废品率由9.5‰降至1.5‰以下。公共交通出行电子支付。韶关市城市公交车辆乘车支持现金支付、银联手机闪付、刷卡支付和二维码支付4大类支付方式。韶新创新推出APP及签订“大客户”合同，采取返利模式，落实差异化收费服务。引入美途（广东）科技有限公司在韶关市发展，该企业先后研发数智化后台系统、货好好运APP小程序，带动韶关市“农产品进城，工业品下乡”的双向城乡物流配送。建设广东省船舶水污染物监测平台。韶关市船舶初始化率99.13%，港口码头和第三方接收公司落实100%绑定，实现船舶水污染接收转运及外置联单信息化管理。探索执法智慧化方式，更新配备5G执法记录仪。韶关市有道路运输车辆北斗导航系统接入率97.65%，韶关市“两客一危一重”车辆智能监管运行情况长期处于总体较好，各项管理指标和技术指标普遍高于全省平均值，一直保持在绿色低风险区域。

【数字水利】 2022年，韶关市推进智慧水利各业务模块设计开发。重点包括：水安全模块，实现对重要堤防、水闸、大坝、泵站和重点水利工程的在线监测，加强水旱灾害预测预警预报，集成各种应急预案；水资源模块，提升流域、区域水资源开发利用动态监测管控能力，构建全省取用水监管智能体系；水环境、水生态模块，接入生态环境、自然资源、工业园区、住房城乡建设、农业农村等部门涉水信息资源，直观反映河湖保护管理、问题处理、监督考核情况；水工程管理模块，实现对重大水利工程投资建设、运行管理等全生命周期的信息化、数字化实时泛在感知。

【“粤系列”韶关专版建设】 截至2022年年底，“粤省事”韶关专版累计上线事项989项（办理类543项，查询类403项，预约类43项），零跑动事项 682 项，本地服务事项数 49 项（办理类 28 项，查询类 21 项，零跑动事项 28 项）。推动粤康码扫码亮码应用，“粤省事”全市注册用户数 374 万人，粤康码累计扫码 1.8 亿次。推进“粤商通”韶关专版应用，为企业提供移动线上服务，上线事项 573 项。“粤商通”平台市场主体注册量超 23.66 万户，实现市场主体注册率 100%，全省排名第一；年度市场主体使用粤商通的日活率全省排名第六。推进“粤政易”移动端应用，推动 OA（办公自动化）等信息系统与“粤政易”移动办公平台对接，支撑公务人员移动办公。全市 OA 系统用户单位可通过粤政易进行公文流转办理，实现政务侧“掌上政府”“指尖办”。制作部门电子印章 5038 个，实现全市 4000 余个单位 9 万多公务人员办文办公移动办、随时办，提升办公办文效率 30% 以上，成本降低 20% 以上。

【电子印章应用推广】 2022 年，韶关市组织开展电子印章制作和应用。推进市自建系统与省统一电子印章平台对接，完成“一门式一网式”政务服务信息系统、市办公业务集约化平台、工程建设项目审批管理系统、公共资源交易一体化平台、市电子证照系统、市教师发展服务平台、市用水报装系统等与省统一电子印章平台对接，在办文办公和业务审批中推进应用。市、县、镇、村各级党政机关、事业单位、群团组织、国有企业累计制作电子印章 5038 枚，基本实现全覆盖，全市电子印章累计调用 1239.7 万次，使用率 89%。

【电子证照推广应用】 2022 年，韶关市先行试点完成“一门式一网式”政务服务信息系统、工程建设项目审批管理系统与粤省事码、粤商通码对接，实现粤省事码、粤商通码扫码授权用证，首批市级 329 个事项可扫码授权用证，县级使用粤省事码、粤商通码授权用证的事项分别达 3300 项、2830 项。截至 12 月，全市调用电子证照 382.6 万次，比 2021 年同期增长 30.37%，其中市级调用电子证照超 50.5 万次。

2022 年 8 月 18 日，韶关市公共数据开发服务有限公司揭牌

（市政数局　供图）

【“粤治慧”平台建设推进】 2022 年，韶关市完成综合态势中心大屏和中屏、应用专题赋能中心、平台管理中心的部署，与省统一身份认证平台实现对接，为各地各单位接入和应用打下基础。完成韶关智慧旅游专题和健康医疗专题对接入驻，上线智慧乳源小屏专题，为有关单位提供态势感知能力。

【大数据中心建设应用】 2022 年，韶关市完成法人和人口数据库的基础数据汇聚和整理，累计清洗整理超 1000 万条数据，初步形成全市法人基础库和自然人口基本信息库。全市使用省政务大数据中心韶关分节点编目挂接数据目录 6034 个，比 2021 年增长 400%，其中系统库表类 2240 个、文件类 3710 个、服务接口类 21 个、电子地图 30 个，无条件共享目录占 86.61%，有条件共享目录占 13.39%，数据质检平均分数 99.80 分，比 2021 年提升；依托省政务大数据中心韶关分节点发起 540 个用数申请单合计 4025 个数据目录的申请和共享，审核通过率 99.1%，配置数据交换任务 7841 个，为政务服务、智慧旅游、医疗健康、公共场所扫码监测等交换共享数据，支撑全市政务数据交换共享和应用。全市依托省政务大数据中心韶关分节点推进数据开放，截至 12 月，全市在开放广东平台开放数据目录 2460 个，比 2021 年增长 500%，新增开放数据 1000 余万条。

【市公共数据开发服务有限公司揭牌】 2022 年 8 月 18 日，韶关市公共数据开发服务有限公司揭牌仪式在市区举行，助力韶关市数字政府建设提档加速。市成立数据开发服务公司是贯彻落实国家、省和市数字政府改革建设及数据要素市场化配置改革的重要工作部署，通过构建韶关市数字政府改革建设“政企合作、管运分离”机制，有利于加强全市数字政府各类平台系统运维运营，推动公共数据采集汇聚和分析应用。该公司以政府数字化、城市智慧化建设和运维运营为基础，以数据要素开发利用和价值化为导向，以建设数字政府、智慧城市，推动韶关大数据应用场景建设为目标，利用公共数据管理部门与国资企业“管运分离”的优势，推动公司稳健、持续、创新、高速发展。对外将提升政务服务能力，优化营商环境，对内可提高部门工作效率，提升部门社会监管和综合治理能力。

（李世鸿）

农 业

综述

【农业产业发展】 2022年，韶关市农业发展呈现出“资源禀赋好、品种特色鲜明、产品质量优、发展空间大”四大特点。农业产业园建设有新突破。新增4个省级特色现代农业产业园。翁源兰花产业园入选国家产业园名单，国家级农业产业园实现“零”的突破。全市已建设1个国家级、25个省级现代农业产业园，省级产业园数量位列全省第一。仁化毛竹产业园、南雄市生猪产业园列入2023年省级现代农业产业园入库重点推荐名单。韶关市有7个镇、19个村被认定为广东省“一村一品、一镇一业”专业镇村，专业镇认定数量排名全省第三，专业村认定数量排名全省第二。全市累计认定省级“一村一品、一镇一业”专业镇47个、专业村247个，累计认定数量均排名全省第一。新增乳源瑶乡大米、南雄牛肉干、南雄五黑鸡等21个全国名特优新农产品，全市累计入选全国名特优新农产品名录64个，位居全省第一。举办“韶关珍果”“韶关茶”等特色农产品走进粤港澳大湾区品牌推介、“春暖花开·茶飘香”2022年“韶关茶”等一系列专场推介及文化活动，发布韶关水果、茶叶区域公用品牌，做大“善美韶农”农业品牌体系。申报曲江区预制菜省级现代农业产业园，组建韶关预制菜产业联盟，有70多家预制菜生产企业、科研院所、金融保险机构和社会组织等加入联盟。加快构建“县生产托管服务中心+镇托管员+村托管员”三级农业生产托管服务协办体系。韶关市曲江区、南雄市、仁化县、翁源县、乐昌市、乳源瑶族自治县6个县(市、区)都已确定县级农业生产托管服务中心的承接主体，并已开始运作。乐昌市、南雄市、始兴县、翁源县各一家农机专业合作社认定为省级“全程机械化+综合农事”服务联合体。韶关市有省级“全程机械化+综合农事”服务联合体7家。新增省级休闲农业与乡村旅游重点县1个(仁化县)、示范镇1个(南雄市帽子峰镇)、示范点6个，新增数量并列全省第一。全计累计成功创建全国休闲农业和乡村旅游示范县2个，中国美丽休闲乡村6个，广东省休闲农业与乡村旅游重点县1个，示范镇16个，广东省休闲农业与乡村旅游示范点38个。全年持续推动广东省粮食和蔬菜、畜禽等重要农产品供应基地建设，累计完成认定粤港澳大湾区“菜篮子”生产基地58家，排名全省第三，累计共建设国家现代农业产业园1个，省级现代农业产业园25个，数量位居全省第一。

【农业结构调整】 2022年，韶关市农林牧渔业总产值376.01亿元，比2021年增长4.9%，其中：农业增长3.7%，畜牧业增长5.1%，渔业增长1.0%。第一产业增加值224.56亿元，增长4.9%。农村居民人均可支配收入2.12万元，增长4.8%。市农业农村局选育出一批优质、高产、高效的品种，重点打造丝苗米、油茶、预制菜、兰花等地方特色优势产业。

【农业保险】 2022年，韶关市政策性种植业、养殖业保险保费收入2.59亿元，比2021年增长29.92%，为农户（企）提供64.28亿元风险保障，在全市范围内创新开办烟叶（提标）、兰花气象指数、食用菌气象指数3个地方特色险，在国家产粮大县南雄市开展晚稻完全成本保险试点，超额完成省下达的目标任务，受到省农业农村厅表扬。参保量分别达12.38万头、114.79万头、230.86万头、4834.2万羽；政策性养殖保险总保费1.74亿元，其中财政补贴资金1.31亿元。6月“龙舟水”暴雨灾害期间，韶关市保险机构实现灾后一周内农业保险已赔付和预付赔款比率93.98%，20余天内完成全部3887.94万元理赔工作，暴雨巨灾指数保险迅速完成理赔8280.46万元。推进农险“扩面、提标、增品”。韶关辖区新增水稻收入保险、种猪养殖保险、烟草种植保额补充保险、水稻种植补充保险、育肥猪养殖完全成本保险、水稻产量保险、玉米产量保险等多个险种，助力乡村振兴战略实施。全市农业保险原保险保费收入3.33亿元，增长28%，超额完成推动农业保险高质量发展中的保费目标任务，为辖区农户、农企提供风险保障248.25亿元，农业保险赔款支出2.18亿元，增长75.4%。全年韶关市政策性种植业、养殖业保险保费收入2.59亿元，比2021年增长29.92%，为农户（企）提供64.28亿元风险保障，在全市范围内创新开办烟叶（提标）、兰花气象指数、食用菌气象指数等3个地方特色险，在国家产粮大县南雄市开展晚稻完全成本保险试点，超额完成省下达的目标任务，受到省农业农村厅表扬。

【农业综合行政执法】 2022年，韶关市农业农村局开展日常执法巡查，针对重点时节和领域，先后开展春节和两会期间农产品质量安全专项执法行动、农资打假专项执法行动、农业综合执法服务种业振兴保障粮食生产安全专项执法行动，出动执法人员7282人次，检查生产经营场所3185个，查处各类农业违法违规案件78件，移送司法机关5件。其中种子类案件8件，农药类10件，兽药类4件，农产品质量类14件，生猪屠宰类8件，动物检疫类15件，渔业类16件，其他3件。罚没金额113.4万元，没收违法所得1.49万元，没收违法财物货值8.44万元。根据举报线索，市农业农村局查办水稻种子侵权案件，保护植物新品种权合法持有人权益和农民粮食生产种子质量安全，所承办案件被农业农村部评为农业执法保障粮食安全十大典型案例和农业新品种保护十大典型案例。开展农资打假。印发《2022年韶关市农资打假专项治理行动实施方案》，针对春耕夏种等时节，重点对种子、农药、肥料、兽药、饲料和饲料添加剂等领域开展专项治理行动。全年全市出动执法人员2680人次，开展巡查检查763场次，案件办理8宗，查处问题数41件。截至年底，全市各级渔业执法部门检查渔船1958艘次，查处无证捕捞案4宗，电鱼案20宗，司法移送案件2宗，司法移送6人，没收涉渔“三无”船舶8艘，没收电鱼机24套，没收网具1532件。 （张家洪）

【休闲农业创建】 韶关市通过开展省级休闲农业与乡村旅游示范创建工作，发展农家乐及新型经营主体，打造休闲农业观光园，争取各级财政资金支持，促进农业与旅游业相结合，开展“广东乡村休闲体验季”消费券发放活动等措施，使休闲农业进入快速发展阶段，直接带动农业观光旅游人数和收入显著增加。韶关市农业农村局联合市文广旅体局开展休闲农业和乡村旅游示范创建工作，努力培育、创建一批产业基础扎实、示范性好、带动力强的休闲农业示范单位。2022年底，全市累计创建全国休闲农业与乡村旅游示范县2个，省级休闲农业与乡村旅游重点县1个，中国美丽休闲乡村6个，广东省休闲农业与乡村旅游示范镇16个、示范点38个。 （麦彬辉）

种植业

【概况】 2022年，韶关市粮食作物总播种面积12.23万公顷，总产量75.90万吨，较上年增加1801.3公顷、0.48万吨，增长1.50%、0.64%，超额完成省下达播种面积不低于12.05万公顷（约束性指标）、总产量不低于75.42万吨（指导性指标）粮食生产目标任务。全年全市油料作物种植面积4.03万公顷，总产量13.97吨，面积较上年增加679公顷，产量较上年减少0.39万吨。其中花生种植面积3.67万公顷，产量13.44万吨，面积较上年减少183公顷，产量较上年减少0.51万吨。

【粮食种植】 2022年，韶关市大宗粮食作物主要包括水稻、玉米、薯类和大豆。在稳定水稻种植的基础上，发展玉米、甘薯等旱杂粮种植。全年水稻种植面积10.36万公顷，产量67.67万吨，面积较上年减少0.04万公顷，产量较上年减少0.66万吨。玉米种植面积1.01万公顷，产量4.83万吨，较上年分别增加0.17万公顷、8465吨。薯类4443公顷，产量2.28万吨（折粮），较上年分别增加249公顷、1954吨（折粮）。大豆面积3154公顷，产量8417吨，较上年分别增加170公顷、591吨。（谢咏麒）

【油料种植】 2022年，韶关市油料作物种植面积4.03万公顷，总产量13.97吨，面积较上年增加679公顷，产量较上年减少0.39万吨。其中花生种植面积3.67万公顷，产量13.44万吨，面积较上年减少183公顷，产量较上年减少0.51万吨。 （何应鹏）

【蔬菜种植】 2022年，韶关市蔬菜播种面积6.24万公顷、产量149.95万吨，较上年增加0.43万公顷、7.62万吨，其中，辣椒、大白菜、白萝卜和油菜种植面积较大，分别为0.81万公顷、0.76万公顷、0.34万公顷和0.33万公顷，产量分别为14.89万吨、19.04万吨、8.41万吨和6.82万吨。

【水果种植】 2022年，韶关市水果栽培品种资源丰富，除柑、橘、橙、李、梨、柚等常规品种外，还有沙田柚、三

始兴县杨梅省级现代农业产业园全景 （始兴县史志办 供图）

华李、黄金柰李、九仙桃、油桃、大果枇杷、杨梅等大批名优特色水果。全年园林水果面积4.81万公顷，产量71.44万吨，面积较上年增加0.11万公顷，产量增加4.20万吨。其中柑、李子、橘、柚子种植面积较大，分别为1.55万公顷、0.98万公顷、0.56万公顷和0.37万公顷，产量分别为26.16万吨、14.63万吨、8.32万吨和4.20万吨。

【花卉种植】 2022年，韶关市花卉播种面积1146.67公顷，较上年减少113.33公顷。全年生产盆栽植物2794.85万盆，鲜切花6661万枝，观赏苗木60.79万株。韶关市已成为全国国兰种植的重要基地，其中翁源县兰花种植面积超1.3万公顷，产值超20亿元，翁源兰花产业园在2022年1月被认定为全国唯一一个国家级的兰花类现代农业产业园，通过建立花卉产业化市级龙头企业动态监测机制，支撑和引导兰花种植申报创建省级示范龙头企业，依托商业银行推出“兰花贷”金融产品，发挥带农惠农和示范引领作用，促进农民增收、促进花卉产业发展助推乡村振兴。

【粮食种植结构调整】 2022年，韶关市大宗粮食作物主要包括水稻、玉米、薯类和大豆。在稳定水稻种植的基础上，发展玉米、甘薯等旱杂粮种植。全年水稻种植面积10.4万公顷，产量67.67万吨，面积与上年基本持平，产量较上年减少0.66万吨。玉米种植面积1.01万公顷，产量4.83万吨，较上年增加0.17万公顷、8465吨。薯类4443公顷，产量2.28万吨（折粮），较上年增加249公顷、1954吨（折粮）。大豆面积3154公顷，产量8417吨，较上年增加170公顷、591吨。（谢咏麒）

【高标准农田建设】 2022年，韶关市高标准农田建设项目21个1万公顷，总体工程进度完成90%以上，在全省进度通报中排名靠前。印发《韶关市高标准农田建设规划（2021—2030年）》，为“十四五”“十五五”期间高标准农田建设提供保障。农田建设资金投入增加，全市争取上级政策资金扶持和发行债券用于农田建设工作，全年高标准农田建设项目亩均投资标准在粤东西北地区率先达到国家要求的3000元/亩。开展整区域推进示范，南雄市编制《广东省南雄市整区域推进高标准农田建设试点实施方案》，代表全省申报全国高标准农田建设整区域推进试点工作，成为全国8个整县级推进高标准农田建设试点之一。在全省2022年度高标准农田建设考核为“优秀”，省农业农村厅给韶关市人民政府发来感谢信。

【绿色蔬菜产业基地】 2022年，韶关市新增粤港澳大湾区“菜篮子”生产基地5家，全市累计认定粤港澳大湾区“菜篮子”生产基地58家，广东省“菜篮子”基地49家，省级农产品出口示范基地20家。6月2日，韶关市武江区蔬菜产业园成功入选广东省级现代农业产业园，武江区蔬菜产业园以龙归镇、重阳镇、西河镇、西联镇、江湾镇5个镇为规划范围产业园发展城郊型休闲观光农业，园内“龙归—江湾”乡村精品线路获评“广东美丽乡村精品线路”，重阳“生态体验+特色产业休闲线”入选韶关首批10大乡村旅游线路，产业化水平不断发展。产业园共有蔬菜相关生产经营企业38家，其中国家级龙头企业2家、省级龙头企业2家，农民专业合作社17家，家庭农场17家。产业园拥有全国名特优新农产品6个（蔬菜类3个）、广东省名牌产品12个（蔬菜类3个）。

【“四小园”建设】 2022年，韶关市加快推进“四小园”（小菜园、小果园、小花园、小公园）建设步伐，鼓励村民合理规划、利用宅前院后闲置土地打造“四小园”，推动建设生态宜居美丽乡村工作，成效显著。截至2022年年底，全市共建立“四小园”4.58万个，其中建设小菜园3.3万个，建设小果园7371个，建设小花园3108个，建设小公园2255个。（杨永富）

【土肥植保】 2022年，韶关市严格管理农药肥料行政许可审批，全年累计办理广东省肥料登记证4个；新增农药生产企业1家，为美地生物技术（广东）有限公司、广东卓粤生物技术有限公司。落实属地管理责任，加强农药肥料日常监管，全年累计送检农药样品10份，检测结果均符合有关规定。推进农药台账管理，加强限制农药追溯体系建设，全年韶关市农药经营门店100%按要求建立台账管理，限制使用农药销售点100%按要求建立限制使用农药溯源台账。做好重大病虫害防治技术指导，主要农作物病虫草鼠害发生2087万亩次，防治2861万亩次，防治效果在95%以上，为害损失率在8%以下。（王丽娟　朱　琳　孙磊磊）

【粮食生产责任制落实】 2022年，韶关市落实粮食安全党政同责。建立市领导包县、县领导包镇、镇领导包村、村干部包组的五级责任机制，推动粮食稳产增产。压实粮食生产目标任务。省下达粮食生产目标任务后，市及时分解下达至各县（市、区），各县（市、区）在第一时间将市下达的粮食生产面积、产量指标层层分解落实到乡镇（街道）、村。推进粮食生产。早造粮食应对特大洪涝灾害，落实“一喷二防”抓好灾后田间管理，减少粮食生产损失；晚造粮食落实“以晚补早”，成立由市委副书记任组长、市政府分管副市长任常务副组长的晚造粮食生产攻坚领导小组，印发《全力以赴坚决完成全年粮食生产目标任务的行动方案》《关于落实“以晚补早”夺取全年粮食丰收的紧急通知》等文件，对粮食生产实行挂图作战，对扩种任务实行台账管理；加强粮食生产督导检查，确保粮食生产目标任务全面落实完成。市农业农村局被省人社厅、省农业农村厅评为“全省粮食生产先进集体”。（何应鹏）

【化肥农药减量增效】 2022年，韶关市以项目示范、宣传推广为主要抓手，推进化肥农药减量增效。全市化肥、农药使用总量分别为9.12万吨、3594吨，分别比2021年减少0.16万吨、71 吨。化肥减量增效，在曲江区、乐昌市、始兴县和南雄市开展施肥新技术新产品新机具“三新”集成推广，项目示范面积 7666.67 公顷；在农药减量增效方面，韶关市转变病虫害防治方式，推广绿色防控技术，推进专业化统防统治，全年全市农作物绿色防控覆盖率 48%，水稻统防统治覆盖率 49.63%。

【农膜回收】 2022 年，韶关市在始兴产烟区开展烟田地膜清除行动，对烟农、合作社或村委会发放烟用地膜回收专项补贴，鼓励地膜回收，项目区烟田地膜清除面积 1533.33 公顷；仁化县在董塘镇全镇范围开展农膜回收处置示范，累计回收废弃农膜 10 吨。

【农业植物检疫】 2022 年，韶关市组织检疫人员对 53 个苗木、草皮等繁育基地、经营等申报单位开展涉及 375 个品种、41 个作物、种植面积 2089.72 公顷、总产量 698.54 万千克产地检疫，开具产地检疫合格证 371 份；开展涉及 10 个调运单位、35 个品种、6 个作物、总数量 1460.9 吨调运检疫，植物检疫证书 19 份。强化统筹安排，对全国植物检疫对象红火蚁、柑橘黄龙病等实施定期监测普查、开展检疫阻截，其中，红火蚁发生面积 1.26 万公顷、实施防治面积 2.27 万公顷，柑橘黄龙病发生面积 1827.8 公顷、实施防治面积 1.93 万公顷，检疫处置 0.56 万株。

【种植补贴补助】 2022 年，韶关市落实耕地地力保护补贴、中央和省级实际种粮农民一次性补贴等强农惠农政策，确保补贴资金发放到位。全市通过“一卡通”账户直接向农户发放耕地地力保护补贴资金 2.01 亿元（含按有关文件精神统筹调整用于发放实际种粮农民一次性补贴等 1877.65 万元），发放中央和省级实际种粮农民一次性补贴资金 6873.83 万元（中央财政第一批 2044.78 万元、中央财政第二批 1951.64 万元、中央财政第三批 957.13 万元，省级财政 1920.28 万元）。

【“兰花贷”助力翁源县兰花产业】 有“中国兰花之乡”之称的翁源县兰花种植面积达 2333.33 公顷，年产值超 30 亿元，是全国最大的兰花种植区。翁源现代农业产业园内有兰花企业 418 家，形成长约 10 千米的兰花长廊。江尾镇是翁源兰花种植的第一大镇。农行广东韶关分行围绕广东省打造“百园强县、千亿兴农”的战略布局，用好用足差异化信贷政策，依托资源禀赋，创新推出“兰花贷”等金融产品，为兰花产业配置专门金融服务方案。高新大棚、温控设备、流水作业，如今的翁源兰花已走上现代化培育之路。2022 年 1 月，翁源兰花产业园被农业农村部、财政部认定为国家现代农业产业园，成为全国唯一一个国家级的兰花类现代农业产业园。农行广东韶关分行累计向翁源县发放兰花产业贷款 3.38 亿元，支持兰花产业客户 184 户，除有效满足产业园传统种养金融需求外，还以兰花培育、电商销售等业态为切入点，支持兰花产业全链发展，为翁源县乡村产业兴旺、打造特色产业品牌注入金融“活水”。 （朱 琳 孙磊磊）

林业

【概况】 2022 年，韶关市争取到全国首批国土绿化试点示范项目，获得中央林业改革发展资金 1.5 亿元。完成造林和生态修复 1.46 万公顷，完成总任务的 106%。完成高质量水源林建设 8420 公顷。实施乡村绿化美化建设 55 个，形成粤北精品森林乡村示范村。全市参加义务植树总人数达 164.01 万人。完成古树名木挂牌保护 8416 株，挂牌保护率 100%。建设南岭生态系统与生物多样性研究院（韶关）和韶关植物园，推动韶关植物园纳入华南国家植物园建设体系，并把华南国家植物园第二种质资源保存与展示基地落地韶关。完成油茶新造 1666.67 公顷，低改 2346.67 公顷。在全省率先推动“政策性油茶种植保险”落地，为韶关市 100 公顷油茶提供 495 万元风险保障。获评首批省级林业特色产业发展基地 5 个、省级林业龙头企业 4 家、国家级森林康养基地（试点）3 家、国家级全域森林康养试点建设乡（镇）1 个。牵头引进 1 亿元以上林业产业项目 3 个，完成《广东省韶关市国家储备林建设总体规划（2022—2035 年）》编制工作，启动项目一期建设。全年共获得林地定额 516 公顷，审批项目 236 宗，缴纳森林植被恢复费 1.35 亿元。发放生态林更新改造采伐证 267 份，采伐面积 947.64 公顷，采伐蓄积 5.81 万立方米。完成商品林采伐面积 1.31 万公顷，采伐蓄积 114.23 万立方米。首次申请省林业局追加省不可预见性采伐限额 7.3 万立方米。

【林业病虫害防治】 2022 年，韶关市申请中央改革发展补助资金、省级涉农资金等 8093 万元用于松材线虫病防治，完成“飞防”2.43 万公顷，实现发生面积、死亡株数双下降。协助省召开六省松材线虫联防会议，获省林业局表扬和市政府表彰。

【林业经济】 2022 年，韶关市林业局通过与中科院华南植物园、武汉植物园深度合作，建设南岭生态系统与生物多样性研究院（韶关）和韶关植物园，推动韶关植物园纳入华南国家植物园建设体系，并把华南国家植物园第二种质资源保存与展示基地落地韶关。开展林业综合改革试点工作，发展油茶、竹子、苗木等特色经济林产业和林下种植、养殖等林下经济产业，推进韶关市油茶新造与低改工作，完成油茶新造 1666.67 公顷，低改 2346.67 公顷。在全省率先推动“政策性油茶种植保险”落地，为韶关市 100 公顷油茶提供 495 万元风险保障。培育新型林业经营主体，获评首批省级林业特色产业发展基地 5 个、省级林业龙头企业 4 家、国家级森林康养基地（试点）3 家、国家级全域森林康养试点建设乡（镇）1 个、第一批广东省森林康养基地 1 家、省级森林康养基地（试点）6 家、第一批南粤森林人家 30 家，数量位居全省第一。牵头引进 1 亿元以上林业产业项目 3 个，完成《广东省韶关市国家储备林建设总体规划（2022—2035 年）》编制工作，启动项目一期建设，完成国储林建设范围内市属国有林场林地林木资源流转的招拍挂工作，韶关市国储林建设有限公司以 5.08 亿元竞得 6 个市属国有林场 9493.33 公顷林地 40 年经营权和其中 9013.33 公顷林木资产，实现国有林场林地林木资源价值化收入。

【油茶发展】 2022 年，韶关市对油茶新造低改造面积进行全面摸底调查，督促各县（市、区）林业主管部门抓紧完成油茶生产任务施工作业、项目验收和资金拨付等工作，完成 2022 年度油茶林新造 1666.67 公顷，完成油茶低改 2313.33 公顷，落地上图任务 3606.67 公顷。贯彻落实党中央、国务院关于发展油茶的决策部署和国家林草原局、省林业局的有关工作要求，成立油茶产业发展领导小组及工作专班，推进油茶扩种、改造等重点工作，协调解决油茶产业发展和政策落实过程中的问题，指导和督促各县（市、区）林业主管部门、直属有关单位贯彻落实扶持油茶相关政策、完善配套措施，推动油茶产业高质量发展。至 2022 年年底，先后出台《韶关市推进农业“一镇一业、一村一品”产业振兴发展指导意见》《韶关全省林业改革发展综合试点市实施方案》等文件，将油茶确定为韶关市农林业重点发展的特色产业，基本形成符合各地实际，布局科学合理、资源效益突出的林业产业发展模式。全面推进林权抵押贷款和政策性森林保险工作，帮助广大农民和林下经济经营者解决发展经济林资金短缺问题。2022 年，推动全省首单“政策性油茶种植保险”落地韶关市。注重培养示范基地，以点带面推动油茶产业发展。全市有省级以上林下经济示范基地 31 个、林下经济示范县 5 个、林业特色产业发展基地 5 个。其中 6 个油茶基地获得省级林下经济示范基地认定、3 个县（市）油茶产业发展基地获得首批广东省林业特色产业发展基地认定。把培育新型林业经营主体作为油茶产业发展的重要举措，推广“龙头企业 + 合作社 + 基地 + 农户”，形成龙头企业、专业合作组织带动，农民共同参与的油茶产业发展新格局，为韶关市油茶产业良性发展提供保障。全市有 8 家油茶企业获得省级林业龙头企业称号、5 家油茶合作社获得省级林业合作社示范社称号。通过与高等院校、科研机构的联系合作、送科技下乡、举办技术培训班、发放技术资料、赠送油茶良种苗木等方式，为广大油茶企业及农户提供优质技术服务。依托小坑林场国家良种油茶苗木培育基地和市林科所等机构，建立林业科技推广服务网络，推广粤韶系列品种、岑软 2 号、3 号，推广标准化种植等良种良法，走优质、高产、高效的路子。针对乳源瑶族自治县、乐昌市等北部山区石漠化现象突出的情况，综合考虑土地、资金、品种、市场和油茶习性等因素，通过统筹财政生态修复和油茶补助资金投入、吸引社会资本参与、经营主体自筹等方式，采取“公司 + 基地 + 农户”等模式推广种植油茶 3333.33 公顷，带动周边农户 1 万多人就业，赏茶花、采茶果成为一道美丽的乡村风景线，推动乡村旅游产业发展，为石漠化地区乡村振兴找到一条有效途径。

【林政管理】 2022 年，韶关市林业局加强与上级沟通，主动汇报，得到省林业局的支持，全年获得林地定额 516 公顷，审批项目 236 宗，缴纳森林植被恢复费 1.35 亿元。保障翁源园洞水库工程、武江区重阳绿色矿山综合开发利用产业园示范项目等国家、省、市重点项目，获得市政府 2022 年度市重大项目土地要素保障工作的通报表扬。抓好生态公益林更新改造审核审批工作，发放生态林更新改造采伐证 267 份，采伐面积 947.64 公顷，采伐蓄积 5.81 万立方米。监管各县（市、区）2022 年度采伐限额执行情况，完成商品林采伐面积 1.31 万公顷，采伐蓄积 114.23 万立方米。首次申请省林业局追加省不可预见性采伐限额 7.3 万立方米，其中商品林采伐限额 5.34 万立方米，公益林采伐限额 2 万立方米，保障各地林农的采伐需求，挽回因冰冻雨雪等灾害造成的损失。

【在全省率先推动“政策性油茶种植保险”】 2022 年 11 月，广东省首单“政策性油茶种植保险”落地韶关市乳源瑶族自治县，将为韶关中顺农业开发有限公司 100 公顷油茶提供 495 万元风险保障。作为全省油茶主产区之一，韶关市高度重视油茶产业发展，“政策性油茶种植保险”的推出，旨在进一步做大做强做优韶关市油茶产业，促进广大油茶种植户增产增收，推进油茶产业高质量发展，助力乡村振兴。8 月，韶关市林业局印发《韶关市“十四五”生态林业产业发展规划》，明确到 2025 年，油茶林总面积达到 2.6 万公顷，打造 1 个省级油茶特色产业发展基地。“政策性油茶种植保险”的实施，为韶关市 1.8 万公顷的油茶产业撑起“保护伞”，为促进广大油茶种植户增产增收、实现油茶产业高质量发展提供保障。此次广东省油茶保险方案相较传统种植保险呈现出三个主要特点：保险责任更宽泛，保险责任不仅涵盖旱灾、暴雨等自然灾害及滑坡、泥石流等意外事故，也涵盖林业有害生物危害及野生动物致害；保障更全面，不仅保障油茶树体也保障油茶鲜果产量，尤其新增加保障因自然灾害或意外事故等导致的油茶鲜果减产损失；方案更灵活，方案根据鲜果预计产量设定 6 档保投保等级，每档等级保险金额从 600 元至 3600 元不等。保费由各级财政补贴 70%，企业或农户只需缴纳 30% 部分保费，减轻广大油茶种植企业和农户的负担。（周　笑）

畜牧业

【概况】 2022 年，韶关市生猪饲养量 474.98 万头，家禽饲养量 7641.45 万羽，山羊饲养量 11.62 万只，肉牛饲养量 4.01 万头，禽蛋产量 1.56 万吨，肉类总产量 31.32 万吨，饲料总产量 101.75 万吨，兽药经营企业 116 家。创建 1 个国家级畜禽养殖标准化示范场。全年生猪和家禽等主要畜禽产品供应能力提升。全年全市未发生区域性重大动物疫病，肉品质量保障水平提升，屠宰行业转型升级步伐加快，兽药行业持续健康发展。

【畜禽养殖】 2022年，韶关市生猪饲养量474.98万头，其中，出栏281.39万头，存栏193.59万头，比2021年同期分别增长2.9%、6.25%和-1.61%；家禽饲养量7641.45万羽，其中，出栏5891.69万羽，存栏1749.76万羽，分别增长7.05%、7.16%和6.71%；山羊饲养量11.62万只，其中，出栏5.80万只，存栏5.82万只，分别增长5.44%、-1.69%和13.67%；肉牛饲养量4.01万头，其中，出栏1.19万头，存栏2.82万头，分别增长6.65%、4.39%和7.63%；禽蛋产量1.56万吨，增长2.63%；肉类总产量31.32万吨，增长6.86%。落实各项生猪复产政策，全年生猪和家禽等主要畜禽产品供应能力提升。全年全市未发生区域性重大动物疫病，养殖、屠宰环节未发生肉品质量安全事故，动物疫病持续保持可防可控态势，肉品质量保障水平提升，屠宰行业转型升级步伐加快，兽药行业持续健康发展。全市8名考生成绩达到执业兽医师合格分数线，4名考生成绩达到执业助理兽医师合格分数线。

【生猪稳产保供】 2022年，韶关市建立生猪产能调控机制，以能繁母猪存栏量变化率为核心调控指标，细化“三抓两保”[抓养殖大县、抓大企业、抓养殖大场，保能繁母猪存栏量底线、保规模猪场(户)数量底线]任务。分级建立生猪产能调控基地，全年创建8个国家级生猪产能调控基地和15个省级生猪产能调控基地。每月5日前，通过市政府网农业农村局频道栏目公布全市生猪规模场存栏量、能繁母猪存栏量、生猪价格、猪肉价格等生猪产能监测情况，合理引导市场预期。（高　驰）

【标准化养殖】 2022年，韶关市开展畜禽养殖标准化示范创建活动，按照生产高效、环境友好、产品安全、管理先进的要求，引入自动饲喂、自动监控、安全饲料生产、人工智能和物联网等新技术，实行种养结合的生态农业模式，从源头减量、过程控制、末端治理全方面实现废弃物循环利用。创建国家级畜禽养殖标准化示范场1个、广东省美丽牧场2个、省级示范场24个。

【饲料生产】 2022年，韶关市有饲料和饲料添加剂生产企业21家，持有饲料和饲料添加剂生产许可证25个。其中，配合、浓缩饲料生产许可证10个，单一饲料生产许可证1个，添加剂预混合饲料生产许可证6个，饲料添加剂生产许可证6个，混合型饲料添加剂生产许可证2个。新建1家配合饲料生产企业韶关立华牧业有限公司。韶关市饲料总产量101.75万吨，比2021年下降8.34%；其中配合饲料101.43万吨，下降8.37%；添加剂预混合饲料0.33万吨，下降7.28%。

【畜禽疫病防控】 2022年，韶关市落实非洲猪瘟防控常态化防控措施。网格化排查猪养殖场（户）1329.3万头/次；开展全覆盖采样监测排查，采集猪血清样品510份，养殖场病原学样品1740份，环境拭子样品1221份，结果均为阴性；落实“两项制度”（落实非洲猪瘟自检制度和官方兽医派驻制度百日行动），对入场生猪进行“批批检、全覆盖”检测；备案生猪运输车辆420台；发放消毒药品45吨，对养殖场户、屠宰厂（场）等相关场所开展“大清洗、大消毒”行动；全年检疫签章生猪运输车辆1.13万辆、生猪161万头；推进无非洲猪瘟小区建设，天种（韶关市）畜牧科技有限公司通过农业农村部专家组现场验收。落实强制免疫制度。全年免疫生猪、牛羊口蹄疫346.5万头，禽流感3629.1万羽，羊小反刍兽疫9.2万头，群体免疫密度90%以上；抽检猪血清720份、牛/羊血清1413份、禽血清2253份进行口蹄疫、小反刍兽疫、H5/H7亚型禽流感、猪瘟、高致病性猪蓝耳病、新城疫等7个项目的免疫抗体监测，合格率均在70%以上；天种（韶关市）畜牧科技有限公司、广东广汇农牧有限公司、翁源县番灵畜牧有限公司、南雄市番雄畜牧有限公司、韶关市武江区兴农畜牧有限公司、韶关市曲江区农胜奶牛畜牧有限公司6家企业通过“省级动物疫病净化场”“省级动物疫病净化创建场”评估。落实动物检疫制度。检疫出栏生猪537.4万头、家禽4707万羽，屠宰检疫生猪71.81万头。落实无害化处理补助政策。全年养殖环节病死猪无害化处理头数6.11万头，屠宰环节病死猪无害化处理头数1231.5头，均按规定核发补助；乳源瑶族自治县、浈江区、曲江区、乐昌市等地启动病死畜禽跨区域处理工作。

【畜禽粪污资源化利用】 2022年，韶关市农业农村部门加强畜禽粪污资源化利用指导服务，配合生态环境部门加强对畜禽养殖场户环境违法行为的监管，全年各级农业农村部门开展检查1950余场次。36个畜禽养殖场被列入2022年主要污染物总量减排工作计划，升级改造内容包括建设高效异位发酵床、完善雨污分流、收集储存设施、污水深度处理系统等，项目已全部完成。

【兽药监管】 2022年，韶关市兽药生产厂家2家，分别是广东天山药业有限公司和广东新科农生物科技有限公司，兽药经营企业116家，均按要求落实兽药生产、经营质量管理规范制度。推进兽用抗菌药使用减量化工作，选定237家养殖场参加试点。

【畜禽屠宰】 2022年，韶关市17家在产生猪屠宰企业，屠宰生猪71.81万头，屠宰量基本与上年持平，其中始兴县食品公司兴民肉联厂创建为广东省生猪屠宰标准化企业，累计有6家省级标准化屠宰企业，乐昌市肉联食品有限公司屠宰厂、广东明雄食品有限公司利民屠宰厂完成异地重建，由市政府颁发生猪定点屠宰证书和生猪定点屠宰标志牌。

【武江区一企业入选国家2022年畜禽养殖标准化示范场名单】 2022年11月，农业农村部发布公示2022年畜禽养殖标准化示范场名单，全国共有207家畜禽养殖场符合标准入选，韶关市武江区优百特养殖有限公司（以下简称“优百特公司”）榜上有名，为韶关市唯一入选企业。优百特公司成立于2016年，是天种（韶关市）畜牧科技有限公司全资子公司。该企业采用高楼养殖工艺，引入生态型养猪理念，建设有4栋高7层并配置“全漏缝—干清粪—免冲洗”自动化喂料和机械刮粪系统的现代化生态环保猪舍。2021年2月企业正式投产运营，年出栏商品猪10万头，直接带动就业400人，间接带动就业1600人。畜禽养殖标准化示范场是指以标准化、现代化生产为核心，生产高效、环境友好、产品安全、管理先进，具有示范引领作用的畜禽规模养殖场。申报生猪养殖标准化示范场必须达到能繁母猪存栏300头以上，或年出栏肉猪1万头以上，两年内无重大动物疫病、主要人畜共患病临床病例和病原学阳性，无产品质量安全事件发生等多项标准。韶关市武江区优百特养殖有限公司重点突出四个方面工作，打造生猪养殖标准化示范场。提高生产质效，通过引进优质猪苗、加大技术投入、合理设计畜禽圈舍及引进先进设施装备等，提高资源转化率、畜禽生产率；致力打造环境友好型养殖闭环，升级完善粪污处理和资源化利用设施，尤其是配备高温菌种发酵病死猪无害化处理设施。保障产品安全，制定科学防疫制度、引进先进防疫设施，规范、实施畜禽疫病综合防控措施，严格遵守饲料、饲料添加剂和兽药使用有关规定。提高生产管理水平，建立健全生产管理、投入品使用、卫生防疫等管理制度并严格执行落实，配备专门养殖、防疫等技术人员及现代化信息管理系统，准确记录生产、防疫等情况。

（叶庆强）

渔业

【概况】 2022年，韶关市水产品总产量82944吨，比2021年减少0.24%，其中捕捞产量2312吨，减少1.53%，养殖产量8.06万吨，减少0.21%，养殖品种以草鱼、鳙鱼、鲢鱼、鲫鱼、罗非鱼、鲤鱼、青鱼为主。渔业总产值15.03亿元，增长1.74%。

丽丰渔业发展（乐昌）有限公司精细化南美白对虾养殖示范基地

（市农业农村局　供图）

全市养殖面积1.57万公顷，比2021年减少42公顷，其中池塘养殖面积9521.21公顷，平均亩产452千克，水库养殖面积6154.73公顷，平均亩产160千克。全市繁殖鱼苗13.48亿尾，其中罗非鱼苗0.97亿尾，各类淡水鱼种9646吨。渔业村3个，渔业户1.57万户，渔业人口8.36万人，其中，传统渔民1.27万人，专业从业人员2.71万人。有1艘捕捞渔船减船转产，截至12月31日，全市登记在册的捕捞渔船561艘，总吨位598吨，其中机动渔船552艘、589吨，主机总功率6434千瓦，非机动渔船9艘、9吨。

【淡水养殖】 2022年，韶关市各级渔业主管部门引导渔业生产向健康、生态养殖的现代渔业方向发展。新创建省级水产健康养殖示范场2家，分别为乳源仙人泉农业科技有限公司、曲江区樟市镇鑫鑫家庭农场。发展瘦身鱼养殖，如乳源仙人泉农业科技有限公司利用地下泉水开展瘦身鱼养殖，提升鱼肉品质，实现优质水资源价值化，3千克以上鳙鱼销售价比收购价高出5元，2021年总产量50万千克。发展稻渔综合种养，2022年养殖面积2400公顷，产量980吨，均位居全省第一，2021年申报的《稻渔综合种养基地稻田标准化改造及技术推广示范项目》《改造300亩稻渔生态绿色健康场示范项目》通过专家评审，各获得600万元专项资金扶持。

【渔业补贴】 2022年，韶关市严格落实珠江禁渔期渔民生产生活补贴政策，对受影响的渔民，每人每年补贴2200元。全年补助1109人，发放补助243.98万元。（倖　芬）

【渔业增殖放流】 2022年，韶关市投入渔业增殖放流资金50万元，放流淡水鱼类460万尾以上，其中放流光倒刺鲃、倒刺鲃、桂华鲮、赤眼鳟等北江特色鱼类30万尾以上，放流其他常规鱼类430万尾。韶关市放生文化协会累计组织开展增殖放流活动20余场次，放流各类鱼苗100余万尾，开展水生野生动物保护、外来水生生物管理等科普宣传，保护水域生态环境。

【水产品加工】 2022年，韶关市在乐昌市有1家水产品加工企业，其他县（市、区）均无水产品加工企业。韶关市渔业生产企业大多为本地市场供应水产品，水产品流通仍是以零星散户为主，面向粤港澳大湾区等地的流通体系不够完善。

【渔业安全生产】 2022年，韶关市对全市562艘渔业船舶进行年度减压检验，检验内容包括渔船的安全性，消防、救生等设备的检查，对发现的问题提出整改意见，整改合格的予以批准生产作业，未整改或者整改不符合安全生产条件的一律禁止进行生产作业。针对北江航道的升级改造，韶关市要求所有渔船都要安装灯号设备，在夜间作业时必须使用，并将捕捞渔船的生产辅助用船纳入日常监管，按照生产作业船及辅助船 1：1 的比例进行登记管理，并要求船主自行参照作业船舶制作辅助船船牌，针对个别船牌安装不规范，信号设备不符合要求等问题，第一时间发出整改通知，在提出整改意见后，全部完成整改。检验率 100%，整改后合格率 100%。

【渔政执法】 2022 年，韶关市各级渔业执法部门出动执法人员 2068 人次，出动执法船艇 126 艘次、执法车辆 613 辆次、执法无人机 28 架次、检查渔船 2261 艘次，查处无证捕捞案 4 宗、电鱼案 22 宗，司法移送案件 2 宗，司法移送 6 人，没收涉渔“三无”船舶 8 艘，没收电鱼机 24 套，没收网具 1596 件、2.03 万米，取得显著成效。禁渔期间，全市各级农业执法部门开展清理非法网具和打击非法捕捞专项行动 383 次，出动执法车辆 319 车次，执法船艇 76 艘次、执法人员 859 人次，清理河中捕捞刺网、地笼、灯光网 1093 件 /16892 米，办理行政案件 6 宗，罚款金额 1.47 万元，司法移送案件 1 宗，司法移送 3 人。市农业农村局与各县（市、区）开展水生野生动物专项检查行动，对养殖、利用、运输等环节进行监督检查。全市出动执法人员 800 人次，执法车辆 125 辆次，检查水生野生动物养殖场所 132 间，检查农贸市场、商场超市、餐饮单位等 215 间。

【放鱼日活动】 2022 年 6 月，由韶关市林业局主办的“共建地球生命共同体”2022 年增殖放流暨国际生物多样性日活动在武江区重阳镇水口村渔舟湾码头举行。活动开始前，工作人员配合公证处人员查验动物检疫合格证明，进行鱼苗规格、数量抽检，确保鱼苗增殖放流活动的合法性、真实性、有效性。参加活动的工作人员和志愿者通过接力的方式，将一批批鱼苗运送到岸边，沿着岸边的水流将鱼苗缓缓放入水中，一条条鱼回归大自然的怀抱。此次活动共放流鱼种 61 万尾，其中草鱼 5 万尾、鳙鱼 5 万尾、鲢鱼 15 万尾、鲮鱼 26 万尾、广东鲂 10 万尾。长期以来，韶关市贯彻落实党的十九大精神，严格执行《中华人民共和国野生动物保护法》《中华人民共和国生物安全法》《中华人民共和国野生植物保护条例》等法律法规，以创建南岭国家公园、全域创建国家森林城市和国家山水林田湖草生态保护修复为契机，严守森林、林地、湿地和物种红线，加快推进布局科学、自然和谐、管护高效地野生动植物保护体系建设。截至 2022 年，韶关共建立各类自然保护地 105 个，总面积超过 45 万公顷，陆域自然保护地面积、省级以上自然保护地数量等反映保护强度和规模的指标均居全省第一。7 月，韶关市农业农村局在市区海关码头举办 2022 年渔业增殖放流活动（第二批），30 万尾北江特色鱼苗回归母亲河怀抱。活动现场，韶州公证处公证人员依照程序，对鱼苗质量数量进行全程监督公证，确保鱼苗增殖放流活动的合法性、真实性、有效性。北江流域生态类型丰富多样，水生动物资源丰富，是中国南方重要的物种基因库。此次放流的鱼苗主要有赤眼鳟、倒刺鲃、光倒刺鲃等，是具有北江特色的名优经济鱼类。通过科学开展增殖放流活动，既可补充和恢复韶关市鱼类资源，改善北江流域生态环境，又可促进渔业增效渔民增收和韶关市渔业持续健康发展。（王　宁）

国家第三批名特优新农产品•扶溪大米的鸭稻共作模式　（龙全明　摄）

种业

【概况】 2022 年，韶关市有水产苗种场 54 家，繁育各类淡水鱼苗 13.48 亿尾。市渔业技术推广站（韶关市水产研究所）杉木湾水产试验示范基地占地 43.33 公顷，年繁育三角鲂苗种能力 1000 万尾以上。始兴县水产良种场是全省唯一一家获评为省级良种场的县级水产良种场。养殖基地占地面积 14.67 公顷，年繁育草鱼苗种能力 1 亿尾以上。韶关市在仁化（市农推中心）、南雄市、乐昌市、翁源县 4 个县（市）合计建立 5 个水稻新品种展示示范基地。韶关市获评广东省食用菌（韶关）种业创新园。有效种畜禽生产经营许可证 23 份。普查实现行政村全覆盖，普查登记群体数量 26 万个。全市调拨省级应急储备水稻种子 10.89 万千克，用于支持灾区恢复粮食生产。全年全市完成种子生产经营网点备案共 540 个，备案单数共 1777 单，全市种子经营门店备案率完成 100%。建立 5 个水稻新品种展示示范基地，完成百亩示范基地 2 个。遴选出 18 个农业主导品种和 18 项主推技术并予以发布，实现主推技术精准进村入户到田。

【水产种业】 2022 年，韶关市有水产苗种场 54 家，其中省级良种场 2 家、繁育场 13 家、培育场 39 家，繁育各类淡水鱼苗 13.48 亿尾。韶关市渔业技术推广站（韶关市水产研究所）杉木湾水产试验示范基地占地43.33公顷，标准化设施水面13.33公顷，年繁育三角鲂苗种能力1000万尾以上。始兴县水产良种场是全省唯一一家获评为省级良种场的县级水产良种场。养殖基地占地面积14.67公顷，建有标准化池塘10公顷、亲本和后备亲本培育池2公顷，年繁育草鱼苗种能力1亿尾以上。

【种植业种业】 2022年，韶关市在仁化（市农推中心）、南雄市、乐昌市、翁源县4个县（市）合计建立5个水稻新品种展示示范基地，其中3个1.2公顷展示基地，2个百亩示范基地，项目实施分早造、晚造进行，全年小面积展示水稻品种10个（含对照品种），大面积示范水稻品种4个（含对照品种）。韶关市获评广东省食用菌（韶关）种业创新园，是广东省十大种业创新园之一。

【畜牧良种繁育】 2022年，韶关市有效种畜禽生产经营许可证23份，全部按省农业农村厅要求在畜牧业综合信息平台完成备案。全市遗传资源普查面上工作完成，将全部数据录入系统审核上报，普查实现行政村全覆盖，普查登记群体数量26万个，主要涉及猪、牛、羊、鸡、蜂等，全市累计上报新发现资源线索30余条。

【应急种子调拨】 2022年，受“龙舟水”影响，韶关市多地遭遇洪涝灾害，给全市早稻生产造成严重损失。为迅速恢复灾后农业生产，稳定粮食面积，全市调拨省级应急储备水稻种子10.89万千克，用于支持灾区恢复粮食生产。

【种子市场监管】 2022年，韶关市印发《2022年韶关市种业监管年活动种子质量监管实施方案的通知》，加强种业监管，强化种业知识产权保护，以督促检查、日常检查和专项检查相结合，组织开展农作物种子生产经营备案、农作物种子质量监督抽查、种子市场检查、种子生产基地专项检查等种子市场监管工作。开展农作物种子生产经营备案。全年全市

2022年4月20日，罗坑鸡养殖技术培训班在罗坑镇人民政府会议室召开
（市畜牧研究所 供图）

完成种子生产经营网点备案共540个，其中受委托代销备案3个，经营不分装备案530个，委托生产备案6个，分支机构备案1个。备案单数共1777单，其中受委托代销备案11单，经营不分装备案1758单，委托生产备案7单，分支机构备案1单，全市种子经营门店备案率完成100%。加强种子质量安全监管。第一季度抽查冬春季种子样品30份，其中水稻51份，蔬菜、玉米4份，水稻企业2家。

【优良品种示范推广】 2022年，韶关市加快推进科技示范基地建设，全面开展优良品种和先进技术示范推广。韶关市建立5个水稻新品种展示示范基地，完成百亩示范基地2个，1.2公顷水稻展示基地3个。印发《关于发布2022年韶关市农业主导产品和主推技术的通知》，遴选出18个农业主导品种和18项主推技术并予以发布，要求各县（市、区）农业农村部门结合发布的农业主导品种和主推技术、地方主导产业发展和农业生产经营者技术需求，及时遴选、发布本地区年度农业主导品种和主推技术，鼓励各地构建“专家＋农技人员＋示范基地＋示范主体＋辐射带动户”的链式推广服务模式，实现主推技术精准进村入户到田，力争全市农业主推技术到位率超过95%。

【省级良种场—始兴县水产良种场】 始兴县水产良种场位于始兴县城南镇沙坪，始建于20世纪60年代，从事推进鱼苗、鱼种繁育、培育、标粗及新品种引进、试验、推广工作。该场年产草鱼鱼苗1亿尾以上，成为山区养殖种苗“自繁自育”“自产自销”“自给自足”的种苗生产平台。2012年，始兴县水产良种场通过专家验收，成为广东省第二个、韶关市首个省级草鱼良种场。多次承担省、市相关草鱼良种选育与养殖示范推广等方面的项目，优选出草鱼良种亲本6000尾，为10多家草鱼种苗场提供3000组草鱼良种亲本。推行草鱼健康高产技术模式示范，通过技术指导、养殖示范等多种形式，全年直接和间接带动养殖户达1万多户，推广草鱼良种养殖水面1.33万公顷，总产量8000吨、总产值9.6亿元。始兴县适合轮捕轮放的养殖模式。始兴县水产良种场占地面积14.67公顷，建筑总面积500平方米。固定资产投资850万元。选育草鱼亲本1000组，设计规模年产草鱼鱼苗鱼种2.5亿尾，销售收入150万元／年，利润总额90万元／年。与中国水产科学研究院珠江水产研究所签订长期的技术合作协议，依靠珠江水产研究所的水产专家的技术力量和研究手段，开展水产良种的种质监测、亲本选育、种苗系列、养殖对比等

科研试验和生产指导工作，生产能力达到设计能力的 75%。2013 年 7 月，良种场从江西省瑞昌长江四大家鱼原种场引进草鱼原种 200 对，经过多年的选育，生产的草鱼良种具有抗病力、抗逆性较强且生长快等优点。良种场已贮备草鱼原种和良种亲鱼 500 组。始兴水产良种场良种草鱼种苗比普通草鱼种苗发病率降低 30%—40%，生长速度快 10%—20%，畸形率控制在 3% 以内。良种场草鱼种苗生产能力达到 2 亿尾。（何妮玲）

农业科技

【概况】 2022 年，韶关市渔业技术推广站推广水产养殖新技术和新品种，服务养殖户 300 余人次。韶关市渔业技术推广站累计生产光倒刺鲃、倒刺鲃、桂华等名优鱼类苗种 400 万尾。至 2022 年底，完成清远水利枢纽鱼类增殖站增殖站设计、建设、运营阶段性任务。获得 2019—2021 年度全国农牧渔业丰收奖一等奖 1 项，三等奖 2 项。新建 4 个县级农技推广服务驿站。发布 17 个农业主导品种和 18 项主推技术。韶关市上报 314 名乡土专家全部通过省评审。合计培育高素质农民 466 人，乡土专家 314 名。至 2022 年，韶关市累计创建省级农技推广服务驿站 8 个，建设农业科技示范基地 40 个，打造网红直播培训室 10 个。

【农业科技创新与推广】 2022 年，韶关市获得 2021 年度广东省农业技术推广奖一等奖 2 项，三等奖 2 项。韶关市渔业技术推广站获得 2019—2021 年度全国农牧渔业丰收奖一等奖 1 项、三等奖 2 项。1 人被评为“2022 年广东十大最美农村乡土专家”，1 人被评为“2022 年广东农技推广能手”，1 人获评 2022 年度农民教育培训“百名优秀学员”保供先锋。并为获奖项目、相关专家争取政策支持。韶关市在续建翁源县、仁化县、曲江区、新丰县 4 个县级农技推广服务驿站的基础上，新建乐昌市、南雄市、始兴县、乳源瑶族自治县 4 个县级农技推广服务驿站。韶关市发布 17 个农业主导品种和 18 项主推技术并予以发布。开展农业科技“三下乡”活动，设置 20 个帐篷设 8 个专题咨询服务台和农业机械展示区，组织市有关专家开设农业农村政策性保险培训专班，现场培训学员 60 余人并吸引 1000 余名群众参加。韶关市农业科技推广中心（以下简称市农推中心）在全市各地区示范推广水稻、蔬菜、果树、食用菌新品种 20 个，推广有机蔬菜标准化种植技术、黄肉猕猴桃高效栽培技术、柑橘设施栽培与无病苗繁育技术、粤北油占优质稻生产技术、水稻机收减损技术、黑皮鸡枞菌大棚覆土栽培技术、南华草菇—鸡腿菇生态循环栽培技术、茶树菇代料栽培技术 8 项新技术。承担省级农作物品种试验、广东省耕地质量监测试验、韶关市水稻新品种展示试验、食用菌新品种出菇（对比）试验、甜赤芝与黑皮鸡枞小规模生产试验、蔬菜新品种试验等省市级科研生产试验任务 6 项。完成水稻新品种试验 153 个；水稻稻瘟病抗性鉴定试验 335 个；对外引进食用菌新品种 14 个；引进蔬菜、果树新品种 60 余个。其中，市农推中心研发的黑皮鸡枞菌大棚覆土栽培技术，被评定为 2022 年广东省农业主推技术。市农推中心示范推广各项高效栽培与病虫害防治、灾后复产等技术 10 余项。先后派遣专家团 6 批近 60 余人分赴全市各地开展灾后复产调研指导和灾情了解，在武江区捐赠辣椒、茄子等蔬菜新品种种苗 20 多万株，组织开展各类科技培训会、观摩会、现场会 8 场，人数 400 多人。（周晓琳）

【渔业科技】 韶关市渔业技术推广站（加挂韶关市水产研究所、广东省韶关区域性水产试验中心、韶关市渔业资源增殖站牌子）在职人员 10 人。2022 年，韶关市渔业技术推广站通过科技下乡、技术咨询等方式，推广水产养殖新技术和新品种，服务养殖户 300 余人次；派出专家 10 人次参与重大项目论证、咨询和职称评审等。开展光倒刺鲃北江水系良种选育、南岭禾花鲤良种选育与推广、水产种质资源普查等项目的研究，获得一批良种群体，为后续选育工作的开展奠定基础。在遭受“6.21”特大洪水的情况下，全年累计生产光倒刺鲃、倒刺鲃、桂华鲮、长臀鮠、南岭禾花鲤、广东鲂、赤眼鳟及黄尾鲴等名优鱼类苗种 400 万尾。参加在广州举办的第三届中国水产种业博览会暨第四届广东省水产种业大会，携带单位选育的三角鲂、光倒刺鲃、倒刺鲃等品种参展，获得组委会颁发的“优秀参展商”称号。完成清远水利枢纽鱼类增殖站建设、运营和增殖放流任务。2017 年起，韶关市渔业技术推广站与清远市水利水电勘测设计院有限公司合作建设和运营清远水利枢纽鱼类增殖站项目，合同为期 4 年，负责为增殖站的设计和建设、运营提供渔业方面技术支持，需每年增殖放流广

香芋省级现代农业产业园——科研中心种苗繁育基地
（乐昌市农业农村局　供图）

东鲂、赤眼鳟、黄尾鲴苗种共计300万尾。至2022年年底，完成增殖站设计、建设、运营阶段性任务。（罗钦洪）

【畜禽科技】 2022年，韶关市畜牧研究所（韶关市畜禽良种繁殖场、广东省（韶关）区域性农业试验中心畜牧业分中心）完成韶关市曲江区罗坑胡须鸡资源调查普查项目、省级乡村振兴农业科技创新及推广（生猪创新团队）项目、动物疫病诊断与病原菌耐药性监测项目、韶关市曲江区罗坑鸡抢救性保护项目、南雄市家禽科技创新养殖对接项目。对本土种质资源韶关市曲江区罗坑镇罗坑鸡的现存数量、外貌特征全面调查，并采集血液样本，送至华南农业大学进行基因组测序及遗传关系分析，检测结果罗坑鸡具备成为中国家禽新种质资源的条件。2月，广东省畜禽遗传资源普查组到罗坑镇开展罗坑鸡遗传资源初步鉴定工作，指出罗坑鸡群体偏小、血缘纯度不足等，需要进行抢救性保护和提纯复壮工作。4月，联合省农科院动物科学研究所、华南农业大学，启动罗坑鸡的抢救性保护工作，从主产区罗坑镇收集罗坑鸡种鸡325羽，到杉木湾科研基地初步建立繁育群，进行扩繁、生产性能测定和繁殖性能测定等工作。开展技术培训三期，联合仁化县农业农村局举办韶关市现代生猪绿色安全养殖技术培训班，联合韶关市曲江区罗坑镇人民政府举办罗坑鸡特色种质资源保护与养殖技术培训班，在乐昌市梅花镇举办梅花猪养殖技术培训班。依托动物疫病诊断与病原菌耐药性监测项目，与韶关学院搭建好服务平台，为韶关市100户养殖场进行动物疫病病原学诊断和药物敏感性检测，反馈检测结果给养殖场（户），提供科学合理用药方案，减少畜禽产品药物残留。（黄 磊）

【重大农业科技项目】 2022年，韶关市农业技术推广中心实施省市各级科研项目7项，分别是省级涉农专项《2022年优质农产品标准化种植示范项目》《柑橘设施栽培与无病苗繁育的技术集成及示范推广项目》、市级科技专项《有机蔬菜标准化种植技术研究与示范推广项目》《黄肉猕猴桃的引进与栽培试验项目》、省级产业技术体系团队建设《果菜产业技术体系创新团队项目》、市级财政专项《韶关市2022年水稻新品种展示示范项目》、广东农技服务轻骑兵重大农业技术乡村行推广项目《粤北农技服务“轻骑兵”乡村行项目》。

2022年，韶关市农推中心科研人员在翁源县江尾镇开展大果朝天椒科研调查 （市农推中心 供图）

【新型农民培育】 2022年，韶关市采取“选拔＋培育＋应用”一体化培训方式，加快培育农业农村现代化急需的高素质农民，合计培育高素质农民466人，乡土专家314名，上线精勤农民培训系统注册学员7.88万人，完成省下达任务。聘请一批高等院校师资，从综合素养课、专业能力课、能力拓展课等方面全面培训，推动农技推广、农业科研院校等专家面向高素质农民开展跟踪服务。

【农技推广服务】 截至2022年，韶关市累计创建省级农技推广服务驿站8个，覆盖全市8个县（市、区），建设农业科技示范基地40个，打造网红直播培训室10个，组织农技人员参加示范培训400人以上。2022年，韶关市印发《韶关市农技推广服务“轻骑兵”乡村行工作方案》，统筹各地农技推广服务和社会化服务力量，组建农技推广服务“善美韶农·轻骑兵”，深入生产一线，开展农技服务乡村行，提升韶关市农技推广服务能力。结合春耕节、“三下乡”等活动，开展“送科技下乡入企进田”科技培训宣传，广东省农科院所属水稻研究所、果树研究所、蔬菜研究所及广东省农科院韶关分院、韶关市农业科技推广中心等单位及韶关市农业农村局相关业务科室出动农业科技人员119人，围绕农作物新品种新技术推介、农业转基因生物安全、种业知识产权保护、新农机推介、农产品质量安全、政策性农业保险、红火蚁防控等农民关心的热点问题开展宣传推广。市农推中心累计开展科技下乡、技术指导100人次，对接服务农业企业、家庭农场和合作社等超过50家，组织和参与技术培训12场次，派发技术资料1000多份，派发玉米、南瓜、豆角等蔬菜种子200多包。

【“黑皮鸡枞菌大棚覆土栽培技术”被列入2022年省农业主推技术】 2022年3月9日，广东省农业农村厅发布《2022年广东省农业主导品种和主推技术》。由韶关市农业科技推广中心、广东省农业科学院蔬菜研究所共同开发的“黑皮鸡枞菌大棚覆土栽培技术”被列入2022年广东省农业主推技术名单。该项技术为2018年韶关市科学技术局批准立项的科技计划项目，经过近年的生产实践检验，该项技术能增产增收，是可复制可推广的先进适用技术。

【轻骑兵乡村行】 2022 年，韶关市农业技术推广中心按照省农技推广中心和市农业农村局的工作布置，市农推中心成立粤北农技轻骑兵团队，组建水稻、蔬菜、食用菌、农机、果树领域的“轻骑兵”小分队，常态化开展轻骑兵乡村行活动，如开展生姜产业、冷凉蔬菜及秋冬反季节蔬菜产业等技术指导；通过组织“传帮带”、“系列培训”等，开展技术培训班、现场观摩会，并发放服务推广资料等构建“轻骑兵”基层组织架构，提升轻骑兵队伍的业务水平和服务能力；通过组织“轻骑兵”小分队深入田间地头，开展用新品种、新技术、新模式田间试验示范，解决新品种新技术落地最后一公里的难题。（何妮玲　周晓琳）

农业机械化

【概况】 2022 年，韶关市落实中央农机购置补贴资金 1095.95 万元；使用财政资金 893.16 万元支持农业机械化建设，新增 16 个稻谷烘干中心项目，增加稻谷日烘干能力 1100 吨；全市农机总动力 177.27 万千瓦，有大中型拖拉机 3576 台，配套机具 9.84 万套，农机装备大型化、智能化趋势显现，农机作业能力增强、服务范围扩大；水稻耕种收综合机械化率 77.35%。

【农机购置补贴】 2022 年，韶关市加大农机购置补贴政策宣传力度，通过手机短信、微信公众号、发放宣传册页等多种方式，向村民介绍农机化的优势、农机补贴的发放标准和申报程序；组织力量进行农机具网格化核查，对购机者的身份信息、社保卡号进行核对，“见人见机”，确保机具型号与农机出厂编号、发动机号一致，并进行人机合影存档；提高农机补贴资金使用的计划性和资金兑付的及时性，保障购机户在核验、排查、申报后能够及时拿到农机补助，让农机补贴切实发挥惠民效果。全年共落实中央农机购置补贴资金 1147 万元，拉动社会资金投入 4800 多万元，补贴农机具 2132 套，受益农户数 2189 户。

【农机推广和社会化服务】 2022 年，韶关市各地开展农业机械化推广演示及技术培训、农机维修技能培训等农业机械化推进活动，为农机大户、种粮大户提供机械化种植、秸秆机械化还田、无人机植保、农机维修等各类农业生产机械化观摩培训服务；全市农机主管部门培育壮大农机社会化服务主体，创建广东省“全程机械化 + 综合农事”服务联合体 4 家；农用无人机植保机械应用发展较快，开展水稻、蔬菜等作物植保服务。

【农机安全管理】 2022 年，韶关市落实紧密推进报废注销所有变型拖拉机工作，至 2022 年年底，实现变型拖拉机清零，报废注销变型拖拉机 6493 台，在全省率先完成省下达的目标任务。全年没有发生严重的农机安全事故。指导做好农机防汛救灾工作，全市农机防汛救灾投入 3800 人次，出动农机防汛抗灾排灌机械 5300 余台次，检修防汛抗旱机具 3800 台（套），启动农机防灾救灾预案，农机应急作业服务队进行突击作业，帮助农户翻耕作业和抢收水稻，为农户挽回损失。

【曲江区狮坪农机专业合作社】 2022 年 10 月，广东省农业厅认定 178 家农民合作社为“广东省 2022 年农民专业合作社省级示范社”，其中韶关市曲江区狮坪农机专业合作社榜上有名。韶关市曲江区狮坪农机专业合作社于 2017 年 12 月 7 日成立，以水稻全程机械化服务为主的农机专化服务型合作社，位于韶关市曲江区沙溪镇。注册资金 505.8 万元，共有社员 54 人。现有各种类型农业装备共计 70 台。在 2020 年，合作社被评为韶关市农民合作社市级示范社。2021 年，狮坪农机专业合作社创始人何水养被评为全省农机使用一线“土专家”；同年，合作社成功申报广东省节能环保型水稻机械化烘干中心建设项目。2021 年，合作社自营土地面积为 25 公顷。在 2021 年工作中，合作社年经营收入 120.4 万元。累计为 300 户贫困家庭提供农业机械服务，服务面积累计 5 万余亩次，提高农村劳动生产效率。为近百名贫困户每年带来约近万元的工作岗位，为贫困户增加收入逾百万元。2021 年对社会化服务总面积 2500.4 万公顷。2017 年，创办合作社，在韶关市率先引进无人机飞防作业，通过直播水稻、施肥、喷洒农药等作业，有效提高农业植保的生产效率。2020 年，合作社创始人何水养重新组建团队并承包种植 65.33 公顷优质水稻，与农科院水稻所的合作，完善无人机水稻直播技术和无人机施肥技术，加上之前完善的无人机施药技术已形成一套完整的无人机种植管理技术。2021 年，团队在佛山承接建地农业的 13.33 公顷水稻种植全程拖管的项目，与曲江丰源公司一起参与曲江区的飞防业务，并自营 25 公顷的优质稻的种植，均通过全村土地流转形式进行托管，有效地提高区域的农业种植效率。通过现代先进机械装备吸引 32 名返乡创业人才从事农业生产。（杨浩锐）

农业园区建设

【概况】 2022 年，韶关市新增 4 个省级特色现代农业产业园，分别为南雄市丝苗米产业园（扩容提质）、乳源瑶族自治县油茶产业园、武江区蔬菜产业园、曲江区预制菜产业园。翁源兰花产业园入选国家产业园名单，国家级农业产业园实现“零”的突破。全市已建设 1 个国家级、25 个省级现代农业产业园，省级产业园数量位列全省第一，乡村振兴和现代农业发展有良好的产业基础。仁化毛竹产业园、南雄市生猪产业园入选 2023 年省级现代农业产业园入库重点推荐名单。（何妮玲）

【国家级农业平台创建】 2022 年 1 月，翁源县兰花产业园被认定为第四批国家现代农业产业园，成为韶关首个国家级现代农业产业园。翁源县国家现代农业产业园以兰花为主导产业，兰花产值超30亿元，规划区域涉及江尾镇、坝仔镇、龙仙镇、官渡镇四个镇域，规划面积13.85万公顷，建设成为全国最大的国兰生产基地。成立广东(翁源)兰花研究院、省农科院翁源专家工作站、博士科研工作站、广东(翁源)兰花学院等科研机构，该县有16家企业建立种苗组培实验室，推进兰花种质资源保护和育种创新。经县(市、区)农业农村局推荐申报和省、市两级组织专家评审，经从生态循环链条构建、生态农业技术应用等方面进行考核，南雄市黄坑海晟家庭农场被农业农村部评为“国家级生态农场”。（廖锦生）

【省级现代农业产业园创建】 2022年5月，韶关市南雄市丝苗米产业园(扩容提质)、韶关市乳源瑶族自治县油茶产业园、韶关市武江区蔬菜产业园、韶关市曲江区预制菜产业园4个产业园被纳入2022年省级现代农业产业园建设名单，全市累计创建省级特色现代农业产业园25个，数量位居全省第一。

【武江区蔬菜产业园】 2022年6月，武江区省级现代农业产业园成功入选省农业农村厅建设名单，产业园规划范围包括该区龙归镇、西河镇、江湾镇、重阳镇和西联镇，按照城郊型蔬菜产业的定位，扩大一产、补齐二产三产的短板，构建比较完整的蔬菜产业链条，促进一、二、三产业融合，推动乡村振兴。该产业园现有6家实施主体，总投资2.1亿元，于7月动工建设，建设期2年，建设内容涵盖13个重点项目和30个子项目。截至年底，30个子项目已动工23个，开工率76%，已完工4个，投入省级财政资金685万元、自筹资金2500万元。6家主体完成土地流转271.4公顷，重阳镇大夫前蔬菜种植基地3.33公顷蔬菜大棚及20公顷水肥一体标准化种植基地建成运营；蔬菜冷链物流配送中心主体工程2万立方米冷库、预制菜车间封顶。

【曲江区预制菜产业园】 2022年6月，韶关市曲江区预制菜产业园(以下简称“产业园”)正式入选省级现代农业产业园，这也是广东省首批、韶关唯一一家省级预制菜产业园，为韶关预制菜产业发展带来新的机遇。曲江区预制菜产业园第一批加工厂房已陆续竣工，正有序安排新设备投产。韶关市星河生物科技有限公司(以下简称“星河生物”)，是曲江预制菜产业园的牵头实施主体之一。星河生物是省级重点农业龙头企业，计划投入3880万元，引进食药用菌预制深加工成套设备，新建1万平方米的标准化加工厂房和冷库设施。产业园实施主体广东兴昶未来食品科技有限公司，也已经完成升级改造，年产量可达8000吨以上。曲江预制菜产业园计划总投资2.06亿元，8家实施主体中包括2家省级重点农业龙头企业和各级农业龙头企业6家。广东亚北农副产品有限公司(以下简称“亚北公司”)与韶关82家大湾区“菜篮子”生产基地建立联系。亚北公司是一家专注农产品冷链物流的省重点农业龙头企业，也是产业园的实施主体之一。依托粤港澳大湾区“菜篮子”产品韶关配送中心，亚北公司搭建“云菜链”供应链综合服务平台。韶关市犇牛农业有限公司(以下简称“犇牛公司”)位于产业园的预制菜加工厂已经建成，所有的资质和手续在办理中。

【南雄市丝苗米产业园(扩容提质)】 2018年，南雄市就已成功创建丝苗米产业园，初步形成生产、加工、仓储、物流、研发、示范、服务等相互融合的产业发展模式，具备省级现代农业产业园扩容提质的优势条件。2022年5月底，南雄丝苗米省级现代农业产业园(扩容提质)(下称“南雄丝苗米产业园(扩容提质)”)申报获得成功。南雄丝苗米产业园(扩容提质)围绕“一镇一业、一村一品、多村一品”发展战略，引导经营主体走品牌发展之路，推进企业向园区集中，倾力打造和建设“有特色、有实力、有品位、有魅力”的农业产业集群，打响做强南雄丝苗特色农业品牌。产业园获得全国名特优新农产品1个，省级农业名牌产品10个，“两品一标”11个，广东省名特优新区域公用品牌2个，涉农商标注册9个，成功发布首批试点产品“紫土香米”，并集聚培育“香溢珠玑”“天润珠玑”“千年珠玑”“粤斌”“金友”“驿稻米”“三佳忆家园”等一系列名优农产品品牌。打造集线上线下为一体的电商展销平台、农村物流配送平台和农村电商孵化平台，以“互联网农业”模式，推动农产品销售网络化，实现产业品牌营销方式的多途径、多样化。南雄市重点引进香米全产链核心技术与高科技成果，提高农业产业竞争力。南雄市扩建现代化的生产加工与低温仓储流通设施设备，推动香米全程生产保香设备购置与升级，解决产业发展掣肘问题。南雄市发展一批农民专业合作社、家庭农场和种植大户等规模新型经营主体。产业园培育以丝苗米产业为主的新型经营主体336家，其中有龙头企业6家(省级2家)、农民专业合作社269家、家庭农场50家、种植大户10家，初步形成以“公司+基地+合作社/协会+家庭农场+农户”的生产经营模式，带动农业产业规模化生产，提升产业园产业化经营水平。丝苗米成为南雄市优势主导产业。2022年，南雄市完成水稻种植面积3.02万公顷，产量19.18万吨。园区内带动农户万人以上，农村居民人均可支配收入达2.06万元，同比增长5.6%，高于当地平均水平，引领县域经济高质量发展。南雄丝苗米产业园(扩容提质)通过标准化种植、精深加工、仓储流通、品牌销售等关键环节，延伸丝苗米全产业链条，带动周边农户从事水稻种植，并通过构建股权合作等模式，建立健全与基地农户、农民合作社“保底+分红”等利益联结关系，确保产业园农民可支配收入到2024年达到27400元，高于全市平均水平15%以上。在联农带农的同时，南雄丝苗米产业园(扩容提质)以珠玑镇为核心，通过新增恒温粮仓，更新现有稻谷烘干设备，提升稻谷机械化烘干、仓储等社会化服务能力。与南雄新供销天润现代农业发展有限公司、南雄市嘉南农业科技服务有限公司、广东金友米业股份有限公司等实力主体合作联动，打造集水稻育苗、种植、统防统治、机械收到、稻谷烘干、仓储到大米加工等为一体的一站式社会化服务样板区和品牌丝苗米产业集群区，为农户稳产保收贡献力量。南雄市农业龙头企业、家庭农场、农民合作社分别达到25家、1530家、831家，其中示范家庭农场61家、农民合作示范社23家，新型农业经营主体发展壮大，农村综合改革持续深化，乡村发展潜能得到释放。

【乳源油茶产业园】 2022年5月，乳源油茶产业园获省农业农村厅批复为省级现代农业产业园，以油茶为主导产业，总体规划项目19个，涵盖育苗、种植、加工、研发、仓储、物流、营销等环节。开工建设项目7个，开工率36.8%，其中宝华粤北高山油茶全链一体化综合开发双创服务中心基础设施建设项目的旧厂房已拆除、土地已平整和设备搬迁、勘探报告已出；亚彩油茶加工示范基地建设项目加工厂房正在建设中；中顺油茶标准化种植示范基地建设项目的油茶示范基地抚育106.67公顷已培土施肥，产业园科技研发公共服务体系建设项目已与华南农业大学签署技术开发合同等项目陆续进行。乳源瑶族自治县油茶产业园按照"油茶育苗+标准化种植+精深加工+仓储流通+品牌销售+科技研发"等全产业链条规划思路，形成"一心两园三区两带"的空间布局，其中核心区已落实建设用地4.16公顷。

农业产业化经营

【概况】 2022年，韶关市立足全市资源禀赋和产业基础，重点打造优质稻、优质蔬菜、优质畜禽、优质水产、优质水果、竹子六大主导产业，培育茶叶、兰花、食用菌、南药、烟叶、油茶六大特色产业，形成韶关"6+6"农业产业格局，构建"跨县集群、一县一园、一镇一业、一村一品"产业体系。 （廖锦生）

【"6+6"现代农业产业】 2022年，韶关市6大主导产业种植：优质稻10.36万公顷、产量67.67万吨；优质蔬菜6.24万公顷、产量149.96万吨；优质水果4.81万公顷、产量71.44万吨；优质畜禽：生猪存栏193.59万头、全年出栏肉猪281.39万头，家禽存栏1749.76万羽、出栏5891.69万羽；优质鱼8.29万吨；竹子15.53万公顷。六大特色产业：茶叶5593.33公顷、产量0.58万吨；兰花等花卉1153.33公顷；食用菌4.47万吨；中药材2966.67公顷；烟叶8393.33公顷、1.94万吨；油茶1.79万公顷。

【农业龙头企业】 2022年，韶关市有国家级重点农业龙头企业2家，分别是广东明德升科农牧有限公司、广东雪印集团有限公司。广东省重点农业龙头企业名单中，韶关市有70家获得省重点龙头企业，其中，年度新认定7家。已认定挂牌的省重点农业龙头企业，不在这次公布名单中的，自然丧失"广东省重点农业龙头企业"称号。

乳源瑶族自治县油茶省级产业园 （乳源史志办 供图）

【农民合作社】 2022年，韶关市新登记合作社206家，截至2022年年底全市在市场监管部门登记注册的农民专业合作社3853家（其中合作联社22家），工商登记社员总数6.96万人。全市有市级示范社154家、省级示范社81家，国家级示范社23家。

【家庭农场】 2022年，韶关市共有市级以上家庭农场420家，其中，2022年新增60家，有132家为省级家庭农场，其中2022年新增39家，省级家庭农场新增数全省第一。韶关市培育家庭农场，完善扶持政策，制定印发《韶关市发展壮大新型农业经营主体三年行动方案》，深化新型农业经营主体改革工作，强化指导服务，增强其引领、辐射和带动作用，农场数量增长较大，劳动生产率提高，农民收入增加，发展势头良好。其中始兴县、仁化县和乳源瑶族自治县获"省级家庭农场示范县"称号。

【预制菜产业】 2022年，韶关市申报曲江区预制菜省级现代农业产业园，粤港澳大湾区"菜篮子"产品韶关配送中心暨亚北园区第一波预制菜加工项目开工，组建韶关预制菜产业联盟，已有70多家预制菜生产企业、科研院所、金融保险机构和社会组织等加入联盟，形成市、县、园、企多级联动的发展局面。发动企业参加2022年十大粤味预制菜大擂台系列活动，6家企业的8个菜品入围决赛。6月，韶关市曲江区预制菜产业园入围省级现代农业产业园。

【国家级重点龙头企业】 广东明德升科农牧有限公司坐落于韶关市武江区莞韶城一期黄沙坪创新园，成立于2016年5月，注册资本3000万元，是一家多种经营的大型民营企业。公司下属包括韶关市番灵饲料有限公司等10余家控股子公司。全资子公司韶关市番灵饲料有限公司，已成为韶关首家农业产业化国家重点龙头企业。韶关市番灵饲料有限公司占地面积2.8万平方米，建筑面积1.4万多平方米。2003年投资3500多万元，引进国内最先进的饲料生产成套机组，建成两条饲料生产线，年生产能力12万吨。公司在韶关市各县（市、区）建成最大可年产60万头生猪规模的生产基地。公司现有职工300人，年产值6亿元。公司在乳源乳城镇、翁源官渡镇、南雄珠玑镇和邓坊镇、武江重阳镇、江西新余等地的7个母猪场存栏母猪约1.5万头，公司自营猪场及"公司+农户"年出栏商品30万头。公司在乐昌廊田镇、浈江花坪镇建成投产的2个种猪场设计常年存栏母猪7500头，和双胞胎等国内头部养殖公司合作养殖。公司与南雄市国有资产投资有限责任公司合作，在南雄市珠玑镇、邓坊镇、雄州街道选址建设1个种猪场3个肉猪场，常年存栏母猪7500头，常年存栏肉猪7.5万头，年出栏优质商品肉猪15万头。其中母猪养殖项目已于2022年10月投入试生产。公司在曲江区马坝镇拟建设常年存栏1万头肉猪养殖项目，相关手续已经全部完成，设计规划已经确定，正计划开工建设。乐昌明德升科年存栏3000头母猪自繁自养建设项目，项目建成后，年出栏优质商品猪6万头。项目通过选址审核，已取得4.67公顷林地使用权，正在按照流程办理设施农用地和环评等相关合法合规手续。完善产业链布局，加快推进生猪屠宰分割、冷链物流、食品加工配送项目。2020年7月，公司在乳源瑶族自治县取得1.69公顷建设用地，拟建设一个集冷链物流于一体的配送中心。公司与南雄市国有资产投资有限责任公司合作的南雄市生猪屠宰冷链物流配送项目已经启动，一期年屠宰16万头生猪项目主体已经全部竣工，2022年5月底投入生产。项目建成后，10万头肉猪满足南雄本地需求，其余5万头肉猪通过华润公司供应珠三角市场。南雄番灵米糠产业化建设项目、乳源中农批冷链物流项目正在建设中。南雄番灵米糠产业化建设项目建设用地0.7公顷，投资160万元。项目计划总投资4000万元。乳源中农批冷链物流项目计划总投资5000万元，建设冷库4000立方米；建设单层加工厂房2500平方米；综建设合管理及配套服务中心3800平方米等。韶关市番灵饲料有限公司2022年全年猪苗供应量10万头，全年出栏生猪23万多头，销售收入为3.26亿元，净利润为1478.97万元。2022年直接和间接带动当地及周边农户6050户，带动农户增收总收入1050万元，户均增收5426元。

广东雪印集团有限公司　成立于1998年，是农业产业化国家重点龙头企业和国家高新技术企业，已成为一、二、三产高度融合的数字化农业全产业链集团公司。公司核心业务涵盖农业种养殖、食品生产研发、食材供应链、团餐供应链、冷链仓储物流、供应链金融。雪印集团建有种养殖基地，自建储藏冷库总容量5万立方米，拥有冷链、货运车100多台。围绕农产品初深加工在韶关、珠三角等地建设"功夫雪印"中央厨房和农产品加工中心，并通过乳源农产品加工综合服务平台与省内中小微农产品加工企业均有长期稳定的合作关系。雪印集团已在粤北、粤东、粤西、大湾区等地区设立农产品配送中心，建立覆盖全省的农产品食材冷链配送网络，已形成从农业种养殖—生产加工—冷链仓储—物流配送—线上线下销售的全产业链格局。雪印集团接入广东省冷链物流公共信息平台和韶关市肉类蔬菜流通追溯平台，实现食用农产品从田头到餐桌全链条安全可溯。雪印集团先后获得"供港澳蔬菜种植基地检验检疫备案证书""粤港澳大湾区'菜篮子'生产基地认定证书"，广东省"菜篮子"生产基地认定，出口食品生产企业备案证明。广东雪印集团有限公司2022年销售收入为3.4亿元，其中农产品销售收入为3.4亿元，净利润为808.47万元。2022年直接和间接带动当地及周边农户3738户，带动农户增收总收入580.32万元，户均增收1552.49元。　（朱　琳）

农产品质量建设

【概况】　2022年，韶关市累计开证324.3万张，完成23个承诺达标合格证亮证试点工作。新增绿色食品、有机农产品49个。发布"韶关珍果""韶关茶""韶关兰花""韶关食用菌"等4个单品类区域公用品牌。新增乳源瑶乡大米、南雄牛肉干等全国名特优新农产品21个，全市累计入选全国名特优新农产品名录64个，"粤字号"农业品牌226个。韶关市农业农村部门定量检测农产品6496批次，综合合格率99.14%。开展市级监督抽查280批次，问题发现率1.78%。全年省级食用农产品例行监测合格率98.87%。开展"治违禁控药残促提升"三年行动，总体合格率96%。打造10个市级农产品质量安全网格化监管示范镇。推行食用农产品承诺达标合格证制度工作。中国（广东韶关）RCEP食用菌国际采购交易中心落户粤港澳大湾区菜篮子产品韶关配送中心。广东韶关RCEP食用菌国际采购交易中心揭牌，落户粤港澳大湾区"菜篮子"产品韶关配送中心。成立广东启韶外贸综合服务有限公司，实现韶关市外综服企业培育零的突破。截至2022年年底，韶关出口食用菌6992.5吨，比上年增长29.52%；货值1301.4万美元，增长26.4%。推动韶关优质农产品走进大湾区、畅销全国。　（陈珊珊）

【农产品质量认证】　2022年，韶关市推行食用农产品承诺达标合格证制度工作，全年累计开证324.3万张，带证配送农产品52.2万吨，完成23个承诺达标合格证亮证试点工作。引导企业开展"三品一标"认证工作，新增绿色食品、有机农产品49个，申报"丹霞贡柑"地理标志保护项目。

【农产品品牌建设】　2022年，韶关市发展壮大"善美韶农"区域公用品牌，发布"韶关珍果""韶关茶""韶关兰花""韶关食用菌"4个单品类区域公用品牌。新增乳源瑶乡大米、南雄牛肉干等全国名特优新农产品21

个，“粤字号”农业品牌27个，18家基地入选2022年“粤字号”农业品牌示范基地；全市累计入选全国名特优新农产品名录64个，“粤字号”农业品牌226个。

【农产品质量安全监管】 2022年，韶关市农业农村部门定量检测农产品6496批次，达到每千人2.27批次，综合合格率99.14%；蔬菜农药残留定性检测样品3.19万批次，综合合格率99.97%；生猪定点屠宰场“瘦肉精”残留定性检测样品3.63万批次，合格率100%。开展市级监督抽查280批次，发现不合格样品5批次，问题发现率1.78%。开展省级例行监测、专项监测抽样工作，在全市范围内的生产基地、屠宰场、批发市场、农贸市场、超市等场所抽取蔬菜样品445批次，发现不合格样品5批次，全年省级食用农产品例行监测合格率98.87%。开展“治违禁控药残促提升”三年行动，市级农产品质量安全监测对11个重点治理品种抽检446批次，发现不合格样品18批次，总体合格率96%。打造10个市级农产品质量安全网格化监管示范镇。推行食用农产品承诺达标合格证制度工作。

【农产品“12221”市场体系建设工作】 2022年5月，韶关市印发《2022韶关农业品牌及农产品“12221”市场体系建设工作实施方案》，出台水果产业、茶产业、食用菌产业等三年行动计划，积极培育和发展农业名牌产品，计划进一步做大“善美韶农”农业品牌体系，打响“韶关兰花”“韶关珍果”“韶关茶”“韶关菌”等单品类区域公共品牌，将韶关农产品从“小而美”升级为“精而特”，不断提高韶关农业品牌影响力，带动韶关农产品全域全品类全产业链发展。是年，韶关市组织开展“生态始兴、枇杷飘香”韶关始兴枇杷展销推介活动、“春暖花开茶飘香”韶关茶文化活动、“父爱绵绵善美如兰”韶关兰活动、韶关RCEP食用菌国际采购交易中心建设暨“善美韶农”农产品推介出口活动、“中国农民丰收节”韶关系列活动等，组织韶关市农业经营主体参加第十九届中国国际农产品交易会和2022春季中国（广州）国际茶叶博览会等省内外重点展会，推动韶关优质农产品走进大湾区、畅销全国。（陈珊珊）

【粤港澳大湾区“菜篮子”韶关配送中心】 韶关配送中心粤港澳大湾区“菜篮子”工程于2020年7月17日竣工投产，已发展为多功能现代农产品、冷链物流园区综合性平台，推动韶关农产品融湾出海。2022年，中国（广东韶关）RCEP食用菌国际采购交易中心落户粤港澳大湾区菜篮子产品韶关配送中心。7月25日，中国（广东韶关）RCEP食用菌国际采购交易中心建设暨“善美韶农”农产品推介出口活动在韶关市曲江区的粤港澳大湾区“菜篮子”产品韶关配送中心举行。广东韶关RCEP食用菌国际采购交易中心揭牌，落户粤港澳大湾区“菜篮子”产品韶关配送中心。成立广东启韶外贸综合服务有限公司，实现韶关市外综服企业培育“零”的突破。截至2022年年底，韶关出口食用菌6992.5吨，比上年增长29.52%；货值1301.4万美元，增长26.4%。8月10日，2022广东省跨境电商综合试验区资源对接会在韶关举办，韶关配送中心联合春丰天集设立粤北新农人直播基地打造广东新农人矩阵。韶关配送中心布局大湾区食材供应配送网络，园区成立集采集配统配中心，携手粤港澳大湾区菜篮子生产基地、各大知名厂家品牌进行综合采配，以公司为运营主体的粤北农产品批发市场新申报为2022年省级农产品定点批发市场。是年，粤港澳大湾区菜篮子产品韶关配送中心再次参加粤澳名优商品展，获得澳门市场广泛好评。创建国家级区域公用品牌“韶州府食用菌”和省级区域公用品牌“南华草菇”，以及“爱上蘑力”“菇木真”“亚北兴”“玉龙洞”等企业品牌。5月6日，韶关金融服务乡村振兴联合委员会召开成立大会，并举行揭牌仪式。（王丽娟）

2022年4月14日，“打造大湾区农产品供应链助力粤北乡村振兴暨粤港澳大湾区‘菜篮子’产品韶关配送中心战略合作签约仪式”在广东亚北农副产品有限公司举行。图为企业代表签约（韶关日报社 供图）

工 业

综述

【工业经济发展】 2022年，韶关市工业增加值467.77亿元，比2021年下降0.3%，工业增加值占GDP比重29.9%。韶关市规模以上工业增加值377.93亿元，下降1.8%。排名前五的行业大类烟草制品业占比16.92%，黑色金属冶炼和压延加工业占比13.92%，电力、热力生产和供应业占比10.00%，化学原料和化学制品制造业占比9.76%，非金属矿物制品业占比6.69%。广东省韶钢产业园（绿色钢铁）被评为2022年度广东省特色产业园，南雄市涂料产业集群被工业和信息化部认定为2022年度中小企业特色产业集群，广东硕成科技股份有限公司入选国家第三批重点"小巨人"企业。

【产业转型升级】 2022年，韶关市完善韶关市产业转型发展政策体系，推进资源产业向下游延伸。韶钢建成全省最大特钢生产基地，绿色钢铁产业集群逐渐成形。抢抓大数据发展机遇，发展数字经济，引进签约12家数据中心企业，投资规模近400亿元，与鹏城实验室合作成立大数据产业研究院，创新组建市级数投公司，加快数字经济产业快速发展，建成全国一体化算力网络粤港澳大湾区国家枢纽节点数据中心。（欧闻歌）

【工业投资】 2022年，韶关市完成工业投资191.91亿元，比2021年下降10.5%，其中采矿业完成投资4.1亿元，比2021年增长42.2%，制造业投资135.13亿元，比2021年下降2.8%，电力、燃气及水的生产和供应业完成投资52.7亿元，比2021年下降27.3%。制造业投资占工业投资比重达到70.4%，较2021年提升5.5个百分点。推进企业实施高端化、智能化和绿色化设备更新和升级改造，推动123家工业企业技术改造备案项目178个，完成技改投资48.24亿元。支持企业实施技术改造。下达中南股份、东阳光化成箔公司技改扶持资金1676.6万元。支持龙头企业项目入库。支持中南股份7号高炉智能化配套升级改造项目、宝武杰富意离线精整6号线智能精整改造项目进入2024年韶关市支持企业技术改造市级资金入库项目。支持高新技术企业发展。近三年支持150多家企业先进材料领域企业申报认定高新技术企业，其中140家企业获得认定，累计奖补超过1500万元。实施科技创新"大专项+任务清单"战略。鼓励支持各县（市、区）企业围绕有色金属新材料、绿色钢铁新材料、化工新材料、新型建材和前沿新材料等领域，布局开展科研项目核心技术攻关，2021以来，围绕先进材料领域特色产业立项共计25个，立项金额1830万元。加强产学研合作。借助松山湖材料实验室推动先进材料科技创新、应用技术研究、科技企业孵化等领域的产学研合作，建设韶关先进材料研究院，推动"多孔介质燃烧技术"成果在韶应用转化，解决高能耗、金属易烧损等行业痛点问题，节能率超过30%，氮氧化物排放降低80%以上。

（李小娟）

【工业和信息化融合】 2022年，韶关市工业和信息化局组织开展2022年韶关市制造业高质量发展促进工业互联网应用项目申报，支持工业企业"上云上平台""5G+制造业"融合创新运用，支持行业性工业互联网平台标杆项目、系统性制造业互联网平台建设项目。乳源东阳光药业有限公司"药物质量数据采集与智能管理云平台"项目和乳源东阳光优艾希杰精箔有限公司"基于数据深度融合的高精度铝箔材料智能制造工业互联网云平台"项目成功申报获得奖补资金29.4万元。

【工业企业服务】 2022年，韶关市推动比亚迪新能源汽车冲压模具项目、高新区模具创新创业产业园、东阳光锂离子电池项目、凯荣德玻璃纤维布项目签约或动工建设，全年新签约工业项目158个，其中超亿元项目71个。出台《韶关市半导体产业发展规划（2021—2025）》《韶关市加快促进电子信息制造业招商引资若干支持政策（试行）》等系列招商政策。6月，韶关市召开战略性产业集群企业融资洽谈会，贯彻落实《韶关市促进工业经济平稳增长若干政策措施》《关于支持中小企业和个体工商户纾困发展的实施意见》，加快韶关市

"3+3"（先进材料、先进装备、现代轻功三大战略性支柱产业和电子信息制造、生物医药及健康大数据及软件信息服务）战略性产业集群建设，推动产业金融深度合作，实现全市制造业高质量发展，全市30余家企业参会。印发《韶关市重点发展产业链招商引资工作》《关于开展全员招商工作的实施方案》《招商引资项目全生命周期管理办法》《韶关市招商引资项目引进事前评估办法》等文件，构建项目从"引荐评估—签约—动工—建设—投产—上规"的闭环跟踪服务机制。2021年至2022年，全市签约先进材料产业项目72个，签约项目合同投资额415.5亿元，新竣工投产先进材料项目30个。引进一批有色金属材料、电极材料、膜材料、建筑环保材料等产业类项目和一批下游新能源电池、装备制造类项目。推进"非接触式"税费服务，构建"网上办税为主，自助办税为辅，V—Tax兜底"的非接触式税费服务新生态，建立"统一管理、统一流程、统一标准"的全市纳税服务运营中心，上线优化版V—Tax远程可视化自助办税系统，为纳税人享受优惠提供便利。推行"有事请@我"网格化服务机制，开展有问题请找我常态化工作，响应纳税人涉税费需求。宣传推广重点新材料首批次应用示范指导目录，指导企业全面了解承保保险公司相关要求，鼓励符合要求的新材料生产企业参加投保。强化信贷投放目标落实。分解金融业各项指标，建立督导、通报制度，督促金融机构围绕增长目标精准发力。促进政金企服务对接。组织开展2023年企业高质量增长主题沙龙活动、中小企业特色产业集群政银企服务对接会（南雄市涂料产业集群专场）、汽车销售企业诉求对接会。建设2家高价值专利培育布局中心，分别是由广州嘉权专利商标事务所有限公司、广东欧莱高新科技材料股份有限公司、乳源东阳光优艾希杰精箔有限公司组成的专利培育布局中心，以及华研(广州)知识产权运营服务有限公司、广东邦固化学科技有限公司、广东衡光新材料科技有限公司组成的专利培育布局中心。完成高价值专利培育分析报告6份。提交发明专利37件，实用新型专利41件，PCT发明专利7件。申报国家专利奖1项，省专利奖1项。

【工业倍增计划】 2022年，韶关市109家"倍增计划"试点企业中有50家企业实现倍增年度任务目标，33家企业产值和税收翻番实现倍增。"倍增计划"试点企业实现增加值80.52亿元。实施相关奖补政策，奖补试点企业121家次。实施《韶关市人民政府关于实施优质企业规模与效益倍增计划的意见》，落实试点企业服务包奖励、科技创新配套奖励、企业员工子女就读、"倍增卡"消费补助等扶持激励政策，重点加强跟踪协调解决企业生产经营中遇到的困难和问题，助企增资扩产、提升效益。培育发展先进材料、先进装备、现代轻工三大战略性支柱产业和电子信息制造、生物医药及健康、大数据及软件信息服务三大战略性新兴产业。

（沈洁华）

先进材料产业

【概况】 2022年，韶关市先进材料产业集群规模以上工业企业238家，其中化学原料和化学制品制造业企业116家，非金属矿物制品业企业84家，黑色金属冶炼和压延加工业企业6家，有色金属冶炼及压延工业企业18家，废弃资源综合利用业企业14家。先进材料产业实现工业总产值820.49亿元，比2021年下降3.8%，化学原料和化学制品制造业发展势头强劲，工业产值增长23.6%，增加值增速达22.4%。工业增加值145.98亿元，下降5.8%；先进材料产业集群总能耗680.44万吨标煤，增长1.6%。

2022年韶关市先进材料产业主要经济指标统计表

表13

行业	企业数（个）	工业总产值（亿元）	增长（%）	增加值（亿元）	增长（%）
先进材料产业	238	820.49	-3.8	145.98	-5.4
化学原料和化学制品制造业	116	166.50	23.6	36.59	19.6
非金属矿物制品业	84	76.13	-14.9	24.99	-8.2
黑色金属冶炼和压延加工业	6	409.27	-15.6	53.97	-22.4
有色金属冶炼及压延工业	18	139.51	20.7	19.93	14.4
废弃资源综合利用业	14	29.08	4.7	10.50	5.0

（资料来源：市统计局）

【先进材料科技创新】 截至2022年，韶关市通过省市联动"大专项+任务清单"等方式，累计支持高耐蚀环氧涂层钢筋关键技术研究及产业化不少于15家企业，累计支持财政科研经费超过1600万元。2022年，韶关市通过"揭榜制项目"的方式支持广东腐蚀科学与技术创新研究院揭榜广东韶钢松山股份有限公司发榜的《高耐蚀环氧涂层钢筋关键技术研究及产业化》项目，该项目成果可显著提高混凝土结构寿命，减少钢材消耗，扶持韶关市特殊钢重点产业发展。引进松山湖材料实验室在韶关建设先进材料研究院，借助松山湖材料实验室推动先进材料科技创新、应用技术研究、科技企业孵化等领域的产学研合作。推动其"多孔介质燃烧技术"成果在韶应用转化，解决高能耗、金属易烧损等行业痛点问题，节能率超过30%，氮氧化物排放降低80%以上。该项技术在韶冶应用后每年节气2000万元、减碳1万吨、减少锌渣成本1000万元；在东阳光应用后节气50%。

【重点项目】 丹霞冶炼厂炼锌渣绿色化升级改造项目 项目采用闪速熔炼法的冶炼方法，对炼锌渣及涉重废物进行处理，并综合回收其中锌、铅、铜、银、镉、钴、硫等有价元素。主要建设内容包含原辅料仓及配料、干燥及球磨、渣熔炼、电解车间、铜浮渣熔炼及铜粗炼、粉煤制备等渣处理和综合回收系统，总投资17.79亿元，年产值60亿元。项目从2019年9月24日奠基开工建设，2021年6月26日完成主体厂房封顶转入设备安装调试阶段，2022年5月21日闪速熔炼炉点火成功，8月1日生产出合格铅锭产品。截至2022年12月底，项目已完成67个子项建设，项目处理原料量14.7万吨，其中铅精矿约5.68万吨；项目电铅锭产量为2.06万吨，水淬渣2.55万吨，多膛炉氧化锌3300吨，氧化铅渣393吨。

仁化盛祥6万吨锂电池拆解项目 项目主要建设内容是规划建设拆解车间、投料车间、浸出车间和碳酸锂车间等标准厂房和办公楼等配套设施，购置安装输送机、撕碎机、滚筒筛、旋风卸料机、比重分离机旋风卸料机等生产设备，建成废旧动力电池拆解及破碎生产线和磷酸铁锂电池湿法冶炼生产线，达到年回收利用6万吨废旧动力电池的一般工业固体废物处置能力。2021年12月项目开始动工建设，规划用地7.33公顷，新建厂房及附属设施4.8万平方米，总投资1.7亿元，2022年6月开始试生产。2022年回收利用废旧动力电池约1.35万吨，生产工业级碳酸锂约1128.5吨，年营业收入4.37亿元。

【重点企业】 广东中南钢铁股份有限公司 以下简称中南股份。原名"广东韶钢松山股份有限公司"，由原广东省韶关钢铁集团有限公司独家发起，1997年4月29日成立，1997年5月8日在深圳证券交易所上市（股票代码：000717），2022年10月24日被更名为"广东中南钢铁股份有限公司"。公司地处广东省韶关市曲江区马坝镇，年产钢能力800万吨，是广东省重要的钢铁生产基地，2022年，中南股份烧结矿产量933万吨，自产焦炭256万吨；铁、钢、钢材产量分别为670万吨、802.4万吨、712.7万吨；销售商品坯材896.6万吨；实现营业收入388亿元。截至2022年年底，中南股份在册员工5691人，在岗员工5258人。主要作业线月均故障时间70.9小时，比上年同期下降23.98小时。2022年，中南股份实现降成本23.10亿元。新开发客户126家；销售精品建材28.90万吨，同比上年增加10.60万吨。推进销售配送2.0体系，到货速度提升至16小时以内，平均库龄管控在18天以内。实现经济炉料结构降成本2.72亿元。全年降成本4.93亿元。全年热装率实绩65.50%，比上年提升9.70%；降低螺纹钢合金成本5448万元。完成智慧高炉、化产数字孪生、一键炼钢、自动浇钢、一线一室、能介生产智能化、智慧物流、智慧检测等重点项目。研发新牌号产品24个。生产精品工业线材21.10万吨，占工业线材总量的46.45%，同比上年提高18.43%。销售精品螺纹钢28.94万吨，同比上年提高58.1%；开发LNG(液化天然气）低温钢筋和600兆帕级抗震钢筋，并推广应用28毫米规格低温钢筋。销售合金模具板2.91万吨，创历史新高。开发轴承钢、齿轮钢、弹簧钢及冷镦钢、易切削钢、结构钢等55个新产品，新产品销售率5.16%。完成42个科研项目立项。申请专利419件，其中发明专利379件占比90.5%；认定技术秘密157件。"钢铁行业设备智能运维系统解决方案研

2022年11月18日，中南股份炼钢厂5号转炉自动出钢项目热试一次成功，标志着中南股份炼钢厂全流程智能化炼钢迈入了新阶段

（广东中南钢铁股份有限公司 供图）

究与应用”研究成果获冶金科学技术奖一等奖。推进钢(铁)包加盖、铸坯热装热送等工序界面技术实施，吨钢余能回收81.3千克/吨，同比上升12.5%，高炉、焦炉煤气连续6个月实现零放散。推动58个废气超低排项目按期投产达效，厂区大气降尘量同比上年下降21.25%。推进废水减量及水污染物减排，吨钢耗新水同比上年下降41.90%，吨钢工业废水排放量同比上年减少59.91%。固体废物综合利用率100%，返生产利用率26.52%。全年吨钢综合能耗485.60千克标准煤，节约标准煤3.23万吨。网络钢厂产品销量117.40万吨，同比上年增加9.72%；新拓展网络钢厂1家广东展宏钢铁厂。与粤深钢（和平县粤深钢实业有限公司）的合作模式进行迭代升级，电炉炉龄480炉以上(2021年402炉)、冶炼电耗412千瓦时/吨(2021年448千瓦时/吨)、电极消耗1.8千克/吨(2021年2.1千克/吨)、红送率96.33%(2021年94.1%)，关键成本指标创历史最高水平；实现网络钢厂与本部排产统一管理。（陈立新）

深圳市中金岭南有色金属股份有限公司凡口铅锌矿 2022年，深圳市中金岭南有色金属股份有限公司凡口铅锌矿（简称“凡口铅锌矿”）在册职工人数2222人，在岗2071人。采矿贫化率15.05%，损失率1.27%，采矿技术经济在行业内领先水平。选矿综合回收率91.65%，比设计指标高1.65%，单一产品流程创历史最好指标。完成生产任务的105.75%，完成销售任务的106.3%，完成年预算净利润的141%，净利润指标同比2021年增长34%。全年生产成本比预算下降，实现降本增收创效1.47亿元。减少井下作业人员，提升矿山本质安全水平。全年未发生轻伤及以上生产安全事故，无新增职业病，员工千人负伤率在4‰以下，粉尘合格率90%以上。全年获专利授权37件，其中发明专利2件，实用新型专利35件。上报申请专利70项。全矿全年累计拥有有效专利108件，其中发明专利28件，实用新型专利80件，开展11项科技研发活动实现矿山“百项专利”的良好局面。（何益民）

深圳市中金岭南有色金属股份有限公司韶关冶炼厂 韶关冶炼厂(以下简称“韶冶厂”)隶属于深圳市中金岭南有色金属股份有限公司，始建于1966年，是中国首家采用ISP工艺专利技术的大型铅锌冶炼企业，隶位于广东省韶关市南郊，是中国南方重要的铅锌生产基地。主产品有铅锭、锌锭、锌系列合金、银锭、粗铜和工业硫酸等，注册商标为“南华牌”。2022年，韶冶厂完成铅锌总产量18.41万吨(铅锭4.33万吨、锌及锌品14.08万吨)，其中，自身平衡产量11.33万吨(铅锭3.84万吨、锌及锌品7.49万吨)；产银锭43.5吨、粗铜1284吨、工业硫酸15.3万吨；粗炼系统日均产粗铅锌360.03吨；实现工业总产值42.5亿元，比上年增长14.9%；主营业务收入45亿元，增长27%，按责任书考核口径计算实现净利润1.1亿元，上缴税费3506万元，超额完成年度生产经营目标。广东中金岭南鑫晟技术投资有限责任公司全年采购国内铅锌铜混合矿和氧化物料1.63万吨(金属)，完成主营业务收入2.22亿元，净利润168万元，成立首年实现“开门红”。园区投资项目20项，总投资额超23亿元，项目开工建设以来累计完成纳统投资2.8亿元。其中，中金岭南军芃高端智能制造、铜回收环保技术改造、含锌烟化炉吹炼资源利用与环保升级改造、智能中心建设项目(一期)等项目已建成投入运行；一系统拆除综合工程安全收官。新增12万吨锌基新材、稀散金属综合回收与高纯制备、年产86万片高纯半导体衬底材料等拟再融资项目环评、能评等前期工作完成，具备实施条件；新能源汽车高端部件智能制造项目完成可研报告编制；“揭榜挂帅”项目完成中试平台成套装备设计，确定炉型方案，在进行中试炉施工图设计及中试平台建设前期工作；浮渣熔炼炉项目在进行工程建设。全年铅锌总产量同比增长1.9%，主产品Pb99.994%、银锭99.99%、Zn99.995%、Zn99.99%、Zn99.95%等品级以上率均达100%。烧结设备作业率、ISF送风率、精馏塔单塔及电解槽单槽日均产等保持历史较高水平。全年与预算对比实现增利2.02亿元。开展安全环保检查326次，发现并整改隐患1160项，组织应急演练57次，全年实现工业废水零排放，废气超低限值排放，固废妥善合规处置。入选工业和信息化部工业废水循环利用试点企业，先后获广东省“环保诚信企业(绿牌)”、韶关市“节水型企业”称号。携手中南大学、江西理工大学、长沙院、矿冶科技集团等科研院所及单位合作，开展原创性、引领性科技攻关，对搭配处理城市矿产ISP无废冶炼关键技术与装备、稀贵金属综合回收等技术难题进行联合攻关，先后获中国有色金属工业科学技术二等奖2项，广东省环境保护科学技术二等奖1项，取得专

2022年2月23日，“多孔介质燃烧及热工装备”技术成果推介现场会在广东韶关召开（韶冶厂 供图）

利授权9项，其中发明专利3项，实用新型专利6项；“铅锌冶炼关键有害因子控制技术及应用”科研成果被认定达到国际领先水平。主导修制订国际标准1项、国家标准2项、行业标准2项，参与编制的《有色重金属冶炼企业单位产品能源消耗限额》标准获全国有色金属技术标准一等奖。《烧结机环集废气高值资源化利用关键技术及应用》项目，开创有机胺脱硫技术处理ISP冶炼低浓度二氧化硫的先河，实现硫资源综合回收利用。完成的ISF喷吹粉煤技术研究项目，喷煤生产转入常态化。《火法炼锌绿色生产关键技术研究》完成利用液态水及饱和水进行余热回收的冷凝器壁面换热器设计，正在申请2项发明专利。《镓锗铟深加工产品制备技术与示范》完成镓的提纯实验，所得高纯镓经检测达到6N水平，正在申请3项发明专利；正在制备6N高纯铟实验。《核工业用高纯铅粉制备技术研究》《冶炼废水的分质盐处理及固废减量化》《全资源化技术研究》等高质量技术攻关项目“加速生长”。

（李平安）

深圳市中金岭南有色金属股份有限公司丹霞冶炼厂　2022年，丹霞冶炼厂锌锭产量14.87万吨、硫磺3.21万吨、硫酸9.2万吨。电解交流电单耗、锌粉单耗等指标均为历史最优水平。在燃料动力成本同比增加7000万元以上的情况下，加工成本有效控制，仍低于预算。在燃料动力成本上涨、加工费降低等因素导致较预算减利1.3亿元的不利情况下，完成年度目标的110%，实现连续稳定本质盈利。营业收入累计39.04亿元，产值39亿，创历史新高。在电解新液质量稳定控制的同时首次实现全年新液零返液、锌粉单耗创历史新低。适时开启硫酸锌生产，动态调整石灰石用量，确保系统锌酸平衡。在系统TOC高达90溶液浓度以上的挑战下电解稳定运行且全年零烧板、电解电流效率、电解交流电单耗均为历史最优水平。优化低温焙烧精准控制，焙烧炉开机时间有效缩短、燃烧周期大幅延长、作业效率提升。与各高校、科研院所合作交流，实现

丹霞冶炼厂智慧中心。图为工作人员在智慧中心工作

（丹霞冶炼厂　供图）

置换中锗浸出率显著提高至85%、创历年新高。组织各方提前完善蒸汽管网，降低天然气单耗。全年安全累计考核19万元，累计奖励6万元，组织开展广晟集团2022年突发停电事故综合应急演练。全年备品备件等辅材消耗较预算降低620万元。管理费用及销售费用较预算降低700万元。完成157个检修项目、538个检修子项。2项国家项目子课题通过验收；2个国家科研项目推进；1个国家项目获2021年度韶关科学技术成果一等奖。推进“揭榜挂帅”项目，全面推动镓锗回收新技术的研发，镓锗直收率得到新突破，锗突破60%、镓突破50%。参(主)编标准起草5项，其中牵头起草的一项团体标准获批准发布实施，参编的一项国家标准获得有色标委会一等奖。全年累计获得政府资金2.19亿元(其中：奖补1562.09万元，退税20347.07万元)。以集控调度中心全面运行实现“生产集控化”，各车间DCS控制人员已入驻集控调度中心集中控制；以核心控制、智能化改造实现“设备自动化”，备料智能天车系统、智慧铅电解系统、闪速熔炼炉安全智能监测系统陆续投入使用；以智慧中心九大平台建设实现“业务协同化”，九大平台已全部投入运行。

广东省大宝山矿业有限公司　简称“大宝山矿”。2022年，大宝山矿经营业绩创建矿56年来历史新高，营业收入20.18亿元，利润总额3.83亿元，上缴税费2.47亿元，比上年增长42%。完成生产勘探钻孔84个，进尺5030.59米，新增铜金属量4.5万吨；铜、硫回收率提高0.06%、

2022年10月27日，大宝山矿东华集装箱货场首次试运营并获成功

（大宝山矿　供图）

0.03%，总硫实际回收率创历史新高，最高月达 91.70%；累计生产铜精矿 1.38 万吨、硫 + 磁硫 151.16 万吨；副产矿销售溢价 3394 万元，增长 242%；资源综合利用效益超 1 亿元。全年主体设备开机率达到 94.48%，跨入同行业先进水平。建成国家安全生产标准化二级达标企业，连续 9 年实现安全轻伤以上事故为零，获韶关市 2022 年度“健康企业”称号。采场终了边坡生态试验成功，完成生态修复面积 12 万平方米。应对 6 月特大暴雨极端天气，下游横石水水质稳定达到地表Ⅲ类水标准。多金属矿矿产资源开发利用项目水土保持设施通过验收。新山片区历史遗留矿山生态恢复治理工程（一期）获“广东省环境保护优秀示范工程”称号。企业环境信誉等级连续 5 年获得绿牌。建成“广东省科技专家工作站”，成立首席专家国建创新工作室。研发费用同比增长 21.27%，完成科研项目 20 余个，获得实用新型专利 27 项，发明专利 3 项，申报各类奖补资金 1838.73 万元。实施选硫工艺升级项目，提升硫实际回收率，累计增产 18.42 万吨，用 6 个月收回全部投资；实施闪速浮选机技术改造，在铜回收率提高 0.5% 的基础上，减少指标波动。“矿山高陡边坡安全监测预警与应用”项目获 2022 年冶金矿山科学技术将特等奖，“难选铜硫矿高质量回收关键技术与装备”项目入选自然资源部《先进适用技术目录（2022 年版）》。应急公路全线通车。建成安全预警中心大楼，用 4 个月构建出与企业相适应、集数据自动化可视化汇总输出和信息集成化综合展示为一体的管控平台，省应急厅试点“工业互联网 + 安全生产”项目全面投入使用。取得集装箱铁路运输资质，建成东华集装箱货场，启动集装箱外运业务。

（吴云粘）

广东韶关瑶岭矿业有限公司 广东韶关瑶岭矿业有限公司由广东省广晟控股集团有限公司下属一级企业广东省稀土产业集团有限公司持股 81%、广晟有色金属股份有限公司持股 19%，注册资金 1038 万元，是一家集钨矿采选、水力发电、矿产资源综合回收利用的国有钨矿山企业。2022 年，公司主要经营指标完成情况总体好于预期。全年累计产销钨精矿 135.75 吨、水电 584.01 万千瓦时、废石 399.19 万吨、尾砂 3.75 万吨，通过综合回收及销售各类副产矿，实现总营业收入 1 亿元、净利润 1021.42 万元。公司连续 3 年持续实现盈利，当期资产总额 1.93 亿元，所有者权益 1.05 亿元，负债 8802.76 万元，资产负债率 45.61%。全年安全投入 79 万元，开展安全生产教育内培外训 30 多场次，员工（含业务合作单位）安全培训 530 多人次。2022 年公司一批先进集体和个人先后获得稀土集团“2022 年度先进单位”。

（张　静）

乳源东阳光优艾希杰精箔有限公司 2002 年 6 月成立，是华南地区规模最大、专业生产电子铝箔和空调素箔的企业。主要产品是铝电解电容器用高纯电子光箔（高、中、低压阳极箔）、汽车用复合钎焊铝箔、空调箔、PS 版基、铝合金板带材等。2022 年 9 月，企业进入国家知识产权示范企业名单。2022 年，乳源东阳光优艾希杰精箔有限公司年产量 10.5 万吨，年产值 30.12 亿元，年营业额 32.16 亿元，年利润 1.59 亿元。（郑家豪）

台泥（韶关）水泥有限公司 成立于 2011 年 11 月，投资总额 1.54 亿美元，注册资本 6910 万美元，公司位于韶关市曲江区乌石镇石角村三角。其投资者为台湾水泥股份有限公司。台泥（韶关）项目建设 1 条 6000 吨 / 天熟料水泥生产线带余热发电及配套协同生活垃圾处置，项目总投资费用 11 亿元。厂区用地 35.8 公顷（含取水站 0.22 公顷）、矿山用地 143.46 公顷。项目建设 1 条 6000 吨 / 天熟料生产线、2 套水泥磨、1 套 10.5 兆瓦余热发电机组、1 套日处理生活垃圾 200 吨水泥窑协同生活垃圾焚烧处理系统。熟料产年产量 186 万吨，总产能 233 万吨。1 套 10.5 兆瓦余热发电机组，年发电量 7000 万千瓦时，年节约标煤 2.28 万吨，可提供水泥厂约 1/3 的自用电力。2022 年度，公司总产值 4.41 亿元，营业收入 4.17 亿元，纳税总额 1210 万元。（伍雪龙）

装备制造业

【概况】 2022 年，韶关实施工业强市战略，主动融入珠三角，开展产业共建，通过深化改革，调整产品结构，体制创新和技术创新，逐步形成具有一定优势的铸锻、工程机械成套设备、发配电成套设备、汽车零配件、液压油缸等为主导产品的装备工业，装备制造产业是韶关重要的支柱产业之一。培育形成“材料—装备基础件 / 零部件—装备整机”的完整产业链条。以华南装备园、新丰产业园为主要载体建设汽车零部件特色产业园。装备制造业产业集群实现产值 216.1 亿元，比 2021 年增长 1.2%，实现增加值 37.22 亿元，增长 5.5%。龙头企业有韶关比亚迪实业、韶铸集团、韶关宏大齿轮、韶瑞重工、广东磊蒙智能装备集团、韶关市中机重工等企业。（邱继扬）

【技术创新】 截至 2022 年，韶关市在装备制造领域共有国家级企业技术中心 1 个、省级企业技术中心和工程技术研发中心 21 个，8 个领域技术达到或接近国内先进水平。装备制造业产业配套能级提升，完成珠江西岸先进装备制造产业带核心区华南装备园金属表面处理中心二期建设，表面处理能力符合高标准、高配置，符合环保、安全生产的要求，对机械装备产业的金属表面处理工序实行“集中处理”“集中排放”，持续提升产业加工配套能力，为装备制造业高质量发展得到保障。

【项目建设】 **南方（韶关）智能网联新能源汽车试验检测中心项目** 项目总投资 52.5 亿元，占地面积 573.33 公顷，其中建设用地 139.87 公顷，设计年测试能力 3000 台次。2022 年项目完成投资 3.13 亿元。

新能源汽车冲压模具项目 由韶关比亚迪实业有限公司投资 3 亿元，新建汽车车身外覆盖件及结构件的冲压模具生产线，年生产模具产品 2.5 万吨。项目厂房钢构建设完成。

广东金志利科技项目 企业为

2022年韶关市装备制造业主要经济指标统计表

表14

行业名称	工业总产值（当年价格）（亿元）	主营业务收入（亿元）	利润总额（亿元）	工业增加值（收入法）（亿元）
金属制品业	79.64	79.78	0.37	8.82
通用设备制造业	41.20	38.37	2.16	8.90
专用设备制造业	16.30	15.93	0.46	3.74
汽车制造业	2.52	2.67	0.08	0.79
铁路、船舶、航空航天和其他运输设备制造业	0.42	0.42	0.00	0.03
电气机械和器材制造业	30.15	30.15	0.57	7.65
计算机、通信和其他电子设备制造业	78.45	75.50	3.90	16.76
仪器仪表制造业	0.77	0.83	0.17	0.34
合计	249.43	243.65	7.71	47.03

（资料来源：市统计局）

国家高新技术企业和广东省专精特新企业、被认定为韶关市企业技术中心和韶关市工程技术研究中心，是市委、市政府重点培育的拟上市企业和市倍增计划企业。公司主要从事以金属制造件为基础的高端装备零部件智能制造，已经进入新能源风能装备、数据机床装备、新能源汽车模具及航空航天装备四大领域，是华南地区规模最大的黑色金属精密制造高端装备企业，大型铸件规模及技术实力在全国20强内。一期项目占地8.53公顷，建筑面积5万多平方米，二期项目占地3.33公顷，2023年启动建设，2022年营业收入4.5亿元，利润6000万元。公司在启动二期5万吨产能项目建设。

科达韶关生产基地项目 总投资1.5亿元，其中一期投资1亿元，计划建设钢结构厂房1.46万平方米，项目一期达产后，将形成韶关市陶瓷机械核心零部件生产基地，融合粤北优势产业，发挥产业辐射带动作用，实现年产值1.5亿元。韶关科达除陶瓷机械核心零部件生产外，可依托韶关地区完整的钢铁产业供应链，利用本地钢铁加工工艺技术及机械生产技术积累，紧跟韶关产业布局规划，逐步为汽车制造、工程机械、通用机械制造等行业进行配套，发展壮大韶关装备制造业。9月13日，“融合粤北产业，赋能智能制造——韶关市科达机械制造有限公司生产基地奠基仪式”在韶关市浈江产业园举行。

高端智能化配电设备产业基地建设项目 由广州白云电器设备股份有限公司全资投资建设的项目，投资7.4亿元，建筑面积13.3万平方米，建设高端智能化配电设备的生产线，提高技术装备水平，优化公司产品结构。项目基本完成建设投产，项目计划生产输配电相关的电力产品，如智能三箱、钣金、母线（耐火母线）、铜材加工等。2022年6月30日，韶关全市第三季度项目集中开竣工暨明德电器（韶关）智能电网装备产业基地投产活动在韶关高新区启动。活动主会场所在的明德电器（韶关）智能电网装备产业基地。韶关明德电器技术有限公司高端智能化配电设备产业基地配套电镀建设项目位由广州白云电器设备股份有限公司全资子公司韶关明德电器设备有限公司投资建设，是白云电器首个直接对外投资数字化产业基地，于2019年8月19日正式动工。

南兴装备韶关高端制造基地项目 由南兴装备（韶关）有限公司投资3亿元，项目总建筑面积4.39万平方米，主要租赁华南先进装备园生产厂房11栋、办公楼1栋、餐厅1栋，购置定梁龙门加工中心、激光切割机等设备，用于生产电脑裁板锯产品等。南兴装备是国内第一家登录A股市场的家具装备制造企业。其在韶关的项目总投资额主要用于电脑裁板锯产品生产、零件加工和整机组装等。2021年8月，第一批设备进场。11月，所有生产设备安装完毕全面投入使用。11月26日，韶关首台高速电脑裁板锯下线，工厂进入全面投产。成就一个“当年签约、当年动工、当年投产、当年上规”的典范。2022年，南兴装备园启用自主研发的MES生产系统，该系统自动统计机床利用率和及运行时间等，通过AI数据调整精准计划等手段，订单交货期从45天缩短至30天。

华南精锻中心项目 韶能集团（韶关）华南精锻科技有限公司成立于2018年4月23日，为广东韶能集团股份有限公司控股子公司。公司位于广东省韶关市韶关华南先进装备产业园，注册资本1亿元。公司以配套乘用车、变速器齿轮锻件、螺伞齿轮锻件为主，其他行业锻件为辅。由韶关宏大精锻科技有限公司投资3.2亿元建设，项目占地9.67公顷，项目分2期建设，第一期投资1.6亿元，建筑面积2.4万平方米；第二期投资1.6亿元，建筑面积2.6万平方米。于2019年4月10日开工建设，于2020年3月开始试生产。该公司年产值1.8亿元。至2022年年底，该公司完成1号、2号、4号厂房的建设及一栋生产辅房的建设，建筑面积3.19万平方米，有员工190人。拥有8条锻造生产线，4条等温正火线，13条精加工生产线，锻件年产量3万吨以上。2022年，公司营业收入7346.95万元。

韶关模具创新创业产业园建设项目 韶关模具创新创业产业园由东莞市五金机械模具行业协会牵头建设。是包含精密模具加工、模具产业链上下游集聚的产业园，该项目地处韶关高新区核心地段，总占地面积5.2公顷，规划总建筑面积10万平方米，容积率FAR1.4，总投资额10亿元，重点引进精密模具、汽车零部件、智能装备制造、精密监测仪器、电子信息、大数据云计算、新能源新材料等先进制造企业。2022年7月13日，韶关模具创新创业产业园动工暨集中签约活动在韶关高新区举行，7家企业与该产业园签约。该产业园项目于1月签约落户韶关市武江区东莞（韶关）产业转移工业园沐溪片区。

【重点企业】 **广东省韶铸集团有限公司（韶关铸锻总厂）（以下简称“韶铸集团”）** 位于韶关市浈江区十里亭镇，成立于1969年，现为广州工业投资控股集团有限公司二级企业，有属下企业8家，从业人员1700多人。企业年产铸钢件6万吨、铸铁件5万吨、精锻轴承毛坯1.5亿套、锻钢件10000吨、破碎机1000台套。主要产品包括铸钢件、铸铁件、锻件、精锻轴承毛坯、矿山设备等，涉及制冷家电、汽车、工程机械、发电设备等行业。“韶铸”牌铸锻件和“双拳”牌破碎机分别为广东省著名商标和省名牌产品。企业生产汽车轴承套圈锻件、丝母锻件、变速器用的齿坯锻件、刹车缓速器转轮铸钢件等，汽车核心客户有SKF、舍弗勒、NSK、NTN等。2022年，企业实现产值13.59亿元，同比增长9.35%，实现增加值2.33亿元，同比增长7.42%。

韶能集团韶关宏大齿轮有限公司 韶能集团韶关宏大齿轮有限公司是广东韶能集团股份有限公司控股66.96%股权的子公司，注册资金13623.23万元。位于广东省韶关市东莞（韶关）产业转移工业园，是广东省最大的专业齿轮及机械传动件生产企业之一。公司现有员工700多人。公司主要产品为交通机械零部件和总成（汽车变速器总成及其零部件、离合器零件）、工程机械零部件和总成（齿轮、齿圈等传动零部件、工业减速器、螺伞齿轮、电动叉车后桥等）、生态植物纤维餐具成型设备及精密锻造零件等。2022年，韶能集团韶关宏大齿轮有限公司实现产值4.32亿元，同比增长9.8%；实现增加值1.11亿元，同比增长4.5%。全年实现营业收入5.06亿元，较2021年同比增长0.49%，其中新能源板块增长显著。比亚迪电机轴实现销售2203万元，完成预算157%，同比增长610%；比亚迪后桥总成实现销售2304万元，完成预算144%，同比增长254%；新能源变速箱总成实现销售5825万元，完成预算62%，同比增长53%。2022年实现工业总产值43165万元，同比增长9.8%。

东南轴承 成立于1966年，2011年5月转为民营企业。建有省部级的研发机构“广东省轿车轮毂轴承工程技术研究开发中心”，公司有员工500人。生产的产品70%以上出口到德国、意大利、塞尔维亚、匈牙利、法国、波兰、巴西、阿根廷、阿联酋、新加坡等四十多个国家及中国香港地区，企业的“IB”牌产品为欧美几家汽车（拖车）企业配套、国内汽车整车配套市场供应。二期厂房建设及瓶颈工序技术改造项目，计划总投资1200万元，截至2022年年底，累计完成投资369万元。2022年，实现工业总产值0.95亿元，同比下降9.7%，实现工业增加值0.25亿元，下降14.6%。

韶关市中机重工有限责任公司 韶关市中机重工有限责任公司成立于2007年，实现动车驱动齿轮材料、海洋石油钻井平台桩腿材料等方面的生产工艺国产化，打破外国垄断。公司从事细分领域已达15年，公司轨道交通齿轮坯锻件国内市场占有率达30%，处于行业前列。公司为郑州机械研究所及戚墅堰机车研究所配套，在电力机车三大核心技术领域实现和谐号重载机车及动车客车驱动装置的国产。公司主导产品为中车集团、郑州机械研究所、大连大船等大型知名企业配套。公司获授权发明专利5项，获批组建广东省工程技术研究中心。2022年，企业实现产值1.73亿元，比2021年增长22.5%，实现增加值0.29亿元，比2021年增长20.9%。

韶关液压件厂有限公司 韶关液压件厂成立于1965年，2003年改制为韶关液压件厂有限公司（简称韶液），是制造高端液压油缸的高新技术企业。韶液是中国唯一全套引进德国Rexroth高压系列液压缸设计和制造工艺的制造企业，在非标定制液压缸这个细分领域处于先地位。韶关液压件厂有限公司主导制定1个国家标准。公司为钢铁、冶金、航空航天和国防军工等行业配套液压缸和成套设备。2022年初，公司建设2条高速热精锻汽车零部件产品生产线技术改造项目。计划投资1.8亿元，引进瑞士哈特贝尔高速热精锻设备、西克马艾洛特姆感应加热炉，主要生产新能源汽车转向系统零部件、行驶系统零部件和热精锻轴承毛坯，主要的客户为金沃精工、SKF、NSK、舍弗勒等。2022年，实现工业总产值2.57

亿元，比 2021 年增加 14%，实现工业增加值 0.87 亿元，增加 12.25%。

韶瑞重工（广东）有限公司 韶瑞重工其前身是成立于 1992 年 10 月的韶瑞机械制造公司，2013 年 9 月与芬兰美卓矿机完成股权并购，组建成为一家新型的中外合资企业。2019 年 10 月，成为美卓旗下全资子公司。2020 年 7 月，美卓矿山业务和芬兰另一家巨头奥图泰公司合并，韶瑞重工成为芬兰美卓奥图泰全资子公司。公司注册资本 1.85 亿元，占地 10 万平方米，厂房建筑面积 5 万平方米，现有员工 300 人。韶瑞重工是一家专业矿山机械设备制造商和服务商。产品应用于冶金、煤矿、选矿、建材、化工、磨料等行业的破碎、筛分联合设备中。韶瑞重工生产线整体升级技术改造项目计划总投资 3000 万元，截至 2022 年，该项目累计完成投资 1759 万元。2022 年，累计完成工业产值 3.85 亿元，比 2021 年增长 1.1%，累计完成工业增加值 0.83 亿元，增长 1.1%，税收 1156 万元。

尼得科电机（韶关）有限公司［原日本电产（韶关）有限公司］ 世界最大的马达制造厂商日本电产集团旗下的子公司，于 2010 年 10 月在韶关市成立，注册资金 500 万美元，位于韶关市始兴县黄花园工业区，厂房建筑面积 1.7 万平方米。主要生产精密小微型马达，产品广泛用于 IT、通信、办公自动化设备、家电、智能机器人、医疗、电子游戏、环境能源等领域。投入研发 3500 万元，为产品转型，融入双循环创造条件。2022 年，公司实现工业产值 12.76 亿元，比 2021 年下降 19.4%，销售额 13.6 亿元，用工人数 1520 人，实现纳税总额 2824.2 万元。

广东标准电机科技有限公司（原始兴县标准微型马达有限公司） 附属于香港建溢集团，成立于 1995 年 12 月，投资总额 1 亿美元，注册资金 4700 万美元，公司位于始兴县城黄花园工业区，占地面积 5 万多平方米。公司产品应用于汽车、家电、玩具等行业。2022 年度，广东标准电机科技有限公司总产值 5.54 亿元，营业收入 6 亿元，用工 2700 人，纳税总额 1812 万元。 （李国华）

现代轻工业

【概况】 2022 年，韶关市现代轻工产业规模以上工业企业工业产值 262.81 亿元，实现工业增加值 101.11 亿元，比 2021 年增长 2.0%。重点企业有广东中烟工业有限责任公司韶关卷烟厂、韶关市北纺智造科技有限公司、韶关旭日国际有限公司、万华禾香板业(韶关)有限公司、韶关新盟食品有限公司等。 （刘 璐）

【重点项目】 **韶关市北纺智造科技有限公司丹宁未来服装车间（丹宁未来创新中心）建设项目** 该项目总建设规模 3.15 万平方米，计划建设前楼、后楼和附楼联合建筑物，总投资规模 2 亿元。其按功能设计主要划分为丹宁创新平台和丹宁供应链服务平台二大平台。配套 800 台／套环保智能 5Z 洗水系统及服饰加工设备的生产线，年产牛仔等各种服饰 360 万件。项目于 2022 年 12 月投产。

【重点企业】 **韶关市北纺智造科技有限公司** 创建于 1999 年，企业在越南建立生产基地，在欧洲、美国和中国分别设立研发中心，在欧洲、美国、东南亚等 20 余个国家和国内大中型城市建立销售网络；拥有 12 万平方米的现代化厂房，500 余台／套国内外一流的牛仔服装生产设备设施，形成年产高档牛仔面料 8000 万米、服装 280 万件（套）的现代化生产能力，是一家集浆染、织造、后整理、制衣产业链于一体的研发生产中高档牛仔面料、色织面料、染色面料及延伸性成衣快速成长的国际化民营纺织企业。2022 年，韶关市北纺智造科技有限公司产值 6.98 亿元，企业增加值 1.76 亿元，销售收入 7.23 亿元，出口 4830 万美元，进口 3092 万美元，税收 2891.58 万元。

万达工业（始兴）有限公司 香港美昌集团下属的独资企业，2001 年在韶关市成立，占地面积 25 万平方米，厂房面积 10 万平方米，是韶关市的高新技术企业，也是世界上最大的按比例制造合金模型车收藏品企业，独家承办中国航天工程探月办公室授权制作月球着陆器和嫦娥四号探测车。以国际驰名自主品牌（美驰图）MAISTO，（比美高）BBURAGO，（宝力驰）POLISTIL，制造按比例合金模型车收藏品，畅销全球 100 余个国家和地区。2022 年，公司生产总值 6.35 亿元，用工人数 3800 人，销售总额 5.61 亿元，纳税总额 735.7 万元。

韶关旭日国际有限公司 成立于 2004 年，是一家港资企业，占地面积 260 公顷，投资 20 亿元。主要生产电子、塑料、合金、毛绒等玩具产品，是集设计、开发和生产于一体的综合型玩具工业城，主要客户为美泰和孩之宝等欧美知名企业。旭日集团建有公用保税仓和出口监管仓。2022 年，旭日国际有限公司生产总值 14.38

2022 年，现代轻工业文具制造蓬勃发展。图为始兴中国制笔研发制造基地的始兴盛怡文具有限公司 （邓斌 摄）

韶关卷烟厂严格生产过程精细化管理，推动精益生产。图为生产车间

（黄义权　摄）

亿元，用工 1.09 万人，纳税总额 1956 万元。

韶关科艺创意工业有限公司　香港上市星光集团有限公司属下企业，成立于 2003 年 9 月，投资总额 3000 万美元，注册资本 2650 万美元，是一家以设计、生产高端创意多功能儿童图书、电子贺卡，各类精品和包装彩盒的大型港资企业。公司位于韶关市沐溪工业园，占地面积 13.33 公顷。建成大型贺卡中心及精品包装项目厂房，新增 7000 万元先进的生产设备，建成并逐步投产使用。2022 年，该公司生产总值 2.7 亿元，实现销售收入 2.7 亿元，出口 3980 万美元，用工 1400 人，上缴税收 840 万元。

（李国华　伍雪龙）

广东中烟工业有限责任公司韶关卷烟厂　广东中烟有限责任公司韶关卷烟厂占地面积 48.96 万平方米，固定资产总额 24.96 亿元，在岗员工 714 人，平均年龄 40.22 岁，大专及以上人员共有 569 人，占比 80.14%。主要生产“双喜”系列品牌卷烟。2022 年，韶关卷烟厂实现工业总产值 74.56 亿元，比上年增加 4.34 亿元，增长 6.18%；实现税金 47.38 亿元，增长 14.73%。全年实现双喜(金 01)、双喜(珍藏)和双喜(经典工坊)落地生产。6 月，广东中烟韶关原料科技园开园。截至 11 月 20 日，启用仓库 5 栋。全年韶关卷烟厂完成原料调入 82.76 万担，调出 4.24 万担，在库原料 78.52 万担，吞吐量 87 万担，完成广东中烟公司下达的原料调运任务。产品市场抽检合格率 100%，质量事故、市场投诉率均为“零”，各项指标均达到广东中烟公司产品质量目标及工厂的内控目标。全年投资 1.34 多亿元开展技改投资及专修维修项目 31 项。完成真空回潮线、薄片投料线及其配套工程改造、香精香料调配周转间建设、切丝前定量喂料改造、烘后叶丝二级风选升级改造、梗丝膨化干燥系统升级改造和两组 ZL29 型滤棒成型机组、一组硬盒卷接包机组及配套辅连设备等项目。做好卷接包车间及物流系统改造项目深化设计、原料仓库控温除湿改造和制丝车间 2 台切梗丝机论证选型等重点工艺提升项目的实施工作。形成 QC 课题 20 个，推送参加广东中烟公司评审的 7 个 QC 成果，获一等奖 1 个、二等奖 1 个、三等奖 3 个。在全国烟草行业 QC 小组成果发布会中，2021 年推送的成果获一等奖、2022 年成果获二等奖。建立双碳工作推进机构，编制实施工作方案，明确责任分工，推动绿色低碳转型落到实处。

（曾　莹）

2022年韶关市现代轻工业经济指标统计表

表15

行业	企业数（个）	工业总产值（亿元）	增长（%）	增加值（亿元）	增长（%）
现代轻工产业集群	134	243.01	-2.2	98.52	2.2
农副食品加工业	15	27.23	-26.6	0.63	-18.2
食品制造业	7	6.67	15.1	1.62	11.5
酒、饮料和精制茶制造业	4	3.10	-9.7	0.89	-10.9
烟草制品业	3	76.89	6	63.93	6.0
纺织业	9	14.83	-15.5	2.89	-19.7

续表15

行业	企业数（个）	工业总产值（亿元）	增长（%）	增加值（亿元）	增长（%）
纺织服装、服饰业	6	2.78	20.6	1.12	13.3
木材加工和木、竹、藤、棕、草制品业	16	19.31	-4.5	3.55	-3.9
家具制造业	0				
造纸和纸制品业	13	13.15	9.5	2.11	5.0
印刷和记录媒介复制业	1	2.70	-11.5	1.00	-12.6
文教、工美、体育和娱乐用品制造业	19	31.74	-9.6	11.89	-12.8
橡胶和塑料制品业	25	23.59	28.6	5.27	26.8
金属制品业部分领域	9	6.05	97.4	0.93	95.1
铁路、船舶、航空航天和其他运输设备制造业部分领域	0				
电器机械及器材制造业部分领域	4	5.91	-5.4	1.54	-9.9
仪器仪表制造业部分领域	1	8.50	-22.6	1.01	-23.4
其他制造业部分领域	2	0.56	-23.9	0.14	-25.0

（资料来源：市统计局）

木材加工业

【概况】 2022年，韶关木材加工业有万华禾香板业（韶关）有限公司、广东始兴县华洲木业有限公司、仁化县奥达胶合板有限公司、鸿伟木业（仁化）有限公司、韶关市江霖板业有限公司5家大型人造板企业。木材加工和木、竹、藤、棕、草制品业，全年实现增加值3.5亿元，比2021年下降4.2%，占规模以上工业增加值的比重0.9%。全年生产人造板121.41万立方米，比2021年下降10.4%。

【竹产业】 2022年，仁化县长江镇依托1.33万公顷的丰富毛竹资源发展毛竹产业，构建竹产业链，已取得明显成效。截至年底，长江镇拥有竹木制品加工企业23家。全镇从事竹木加工产业链各环节人数接5000人，示范带动周边农户直接或间接参与到毛竹产业发展当中。韶关市是全省最大的毛竹基地和竹子主产区之一，各县（市、区）均有竹林分布。全市竹林面积14.91万公顷，其中毛竹面积10.58万公顷、撑蒿竹面积8386.67公顷、粉单竹面积1.39万公顷、麻竹面积3660公顷。年产大径竹4073万根，小杂竹85.68万吨。面积超过2.67万公顷的有南雄市、仁化县，面积超过1.33万公顷的有乐昌市、始兴县、翁源县和新丰县。其中仁化县竹产业发展基地被认定为首批广东省林业特色产业发展基地。韶关竹产业化初步形成竹浆造纸、竹板材、竹纤维、竹工艺品等类别。韶关推进竹林精准培育、竹子精深加工、竹文旅康养一二三产业融合创新发展。推进竹木板材家居产业项目建设，利用韶关现有的板材资源、物流成本和面向大湾区市场的优势，通过以商引资、建链补链，在浈江工业园、仁化毛竹产业园、曲江万华禾香板业基地等产业园区，对接引进以竹木板材为原材料家居行业企业，规划建设家居产业园。韶关市采用政府引导、产业升级的方式，抑粗扬精，逐步淘汰加工能力小、耗材大、效益低、经济贡献小的界板、锯材等粗加工业，鼓励发展规模大、效益好，带动辐射能力强的竹木精深加工企业，实现木材加工再增值。奥达胶合板、鸿伟木业、万华禾香板业等大型林业龙头企业通过企业重组、技术创新、设备更新、工艺革新等。

【项目建设】 万华禾香板业（韶关）有限公司刨花板生产线无醛化技术改造项目　该项目位于韶关市曲江区白土工业园，总占地面积35.16万

2022年韶关市木材加工业主要经济指标统计表

表16

行业	企业数（个）	工业总产值（亿元）	增长（%）	增加值（亿元）	增长（%）
木材加工和木、竹、藤、棕、草制品业	16	19.31	-4.5	3.55	-3.9

（资料来源：市统计局）

平方米，主要生产E0、E1级高档刨花板，因市场需求和公司发展，投资3800万元进行刨花板生产线无醛化技术改造项目。主要建设内容为通过购置智能制造系统，滚筒式拌胶机、MDI储蓄罐及中间加热罐、鼓式削片机等设备，以及脱模机系统升级，建设2000平方米削片机钢结构厂房等设施，对原刨花板生产线升级改造，可增加4万立方米刨花板产能，形成年产25万立方米无醛刨花板生产线。项目于2022年9月投产。

【重点企业】 万华禾香板业（韶关）有限公司　万华禾香板业（韶关）有限公司前身为广东五联木业集团有限公司，是一家以三剩物和次小薪材为原料生产高质量环保无醛刨花板的资源综合利用生产企业。核心产品是无醛添加的刨花板，应用于民用家具、办公家具、衣柜、橱柜等。2022年，万华禾香板韶关有限公司年产量25万立方米刨花板，年产值3.07亿元，年营业额2.94亿元，年利润2504.85万元。

广东始兴县华洲木业有限公司　拥有从德国迪芬巴赫公司引进的最先进的刨花板连续压机生产线设备和生产工艺技术，也是华南区域最大的单条连续压机生产线，年产量达到29万立方米，主导产品有E0级原木环保微粒板、E0级防潮原木环保刨花板、零甲醛高密度刨花板和E1级原木微粒板。2022年，华洲木业公司年产量22.20万立方米，年产值3.77亿元，年营业额3.33亿元，年利润393.96万元。

仁化县奥达胶合板有限公司　是广东省唯一的竹胶合板生产企业，是韶关市竹纤维胶合板工程研发中心依托单位。公司参与国家行业标准制定2项，各层次科研立项课题18项，获得国家发明专利1项，实用新型专利19项。生产所需的竹、木等原材料完全由自有速生林基地和附近丰富的林产资源供给。在经营模式上，采用“公司+基地种植+农户+上下游产业作坊链”的林板一体化经营模式，形成粤北环境下的特有的毛竹、速生桉树标准化种植技术。2022年，奥达胶合板公司年产量6.34万立方米，年产值2.07亿元，年营业额1.74亿元，年利润516万元。（刘学轶）

鸿伟木业（仁化）有限公司　鸿伟（亚洲）控股有限公司在广东韶关投资的外商独资刨花板专业生产企业，公司位于广东韶关仁化县大岭工业园，创建于2003年5月，占地25.43公顷，注册资金3.02亿元港币。单线年生产能力35万立方米以上。配套投资建设7640公顷原料林基地，发展成为全国有影响力、行业内著名的林板一体化生产厂商。建成全国第二条、规模第一大的年产20万立方米以上全竹刨花板生产线。从2022年开始，公司进入多线连续压机阶段。2022年，鸿伟木业（仁化）有限公司用工人数221人，生产总值3.74亿元，纳税总额236.4万元。（李国华）

食品工业

【概况】 2022年，韶关市致力打造粤港澳大湾区“菜篮子”，全市全年实现食品类工业总产值39.05亿元，主营业务收入43.5亿元。韶关市以曲江区为食品工业发展集聚区，以曲江经济开发区为核心区建设食品产业专业园区，规划加工区100公顷，联动白土镇、马坝镇和大塘镇3个镇协同发展，总体形成“一心两园三区一带”的空间功能布局。

【技术创新】 2022年，韶关市推进食品工业作坊生产升级改造，其中在面制品加工行业开展督促湿粉小作坊通过产业整合、资源重配，联合重组成湿粉生产加工企业。截至是年底，全市共12家湿粉类食品生产单位按照新卫生规范要求完成升级改造工作，升级改造率和通过率100%，开展集约发展工作，共建成食品小作坊加工区（集聚区）3个；对食品制作过程继续监督生产企业在生产环节公开透明，改造建设一批视频监控式“互联网+明厨亮灶”的食品生产生产单位，对多家食品生产企业实行“互联网+明厨亮灶”监管模式。

【项目建设】 广东金色丹霞食品有限公司建设项目　广东金色丹霞食品有限公司项目位于仁化县大桥镇，于2022年10月开工建设，项目总投资1.2亿元。项目建设遵循“合理和集约用地”的原则，按照米面制品行业生产规范和要求进行科学设计、合理布局，符合米面制品制造和经营的规划建设要求，用地面积需求2公顷。项目建成后，将为当地提供近300个就业岗位，解决当地农村剩余劳动力就业问题。

韶关众口福稻米仓储加工建设项目　2022年，该项目投资额是8391万元，韶关市众口福农业科技有限公司是马坝油粘米产业园实施主体之一，项目建设内容包括5万吨稻米储存仓库，日产240吨大米生产线，该项目规划建筑面积2.1万平方米，购置生产设备200套（台），可形

2022年韶关市食品工业主要经济指标统计表

表17

行业名称	工业总产值（当年价格）（亿元）	主营业务收入（亿元）	利润总额（亿元）	工业增加值（收入法）（亿元）
农副食品加工业	27.54	31.05	0.26	1.45
食品制造业	8.41	8.95	0.60	2.27
酒、饮料和精制茶制造业	3.10	3.51	0.28	1.06
合计	39.05	43.50	1.14	4.78

（资料来源：市统计局）

成年产5万吨的生产能力。

广东岭南感恩生物科技有限公司食品添加剂生产项目　位于韶关市曲江区白土镇上乡路南侧、新塘东路东侧项目占地面积2.94万平方米，总建筑面积2.89万平方米，主要建设内容包括新建车间厂房、辅助用房、原料罐区、污水处理站、办公楼等。食品添加剂设计生产规模5.15吨／年，食品配料、辅料设计生产规模为3.6万吨／年，外控型保鲜卡设计生产规模45亿片。项目于2022年9月投产。

【重点企业】 杨殷奇华饼家食品有限公司　杨殷奇华饼家食品有限公司始建于1988年，占地5000平方米。于2021年7月13日通过ISO 9001的质量管理认证。公司有29家门店、28家连锁分店，涵盖浈江区、武江区、曲江区、乐昌市核心区域。从当初的50个品种到200余个单品。成为浈江区政府指定粮食应急企业。2022年，杨殷奇华饼家申请“韶关老字号”品牌，由韶关市商务局委托韶关市商标协会制定发布的《韶关老字号评定》，通过企业申报自评及专家初审环节。全年杨殷奇华饼家营业收入产值150万元、纳税额7.8万元。

韶关市隆盛酱园调味品有限公司　韶关市隆盛酱园调味品有限公司由李政儒始建于1887年，1911年至1949年10月1日期间由谭兆平收购发展，1955年公私合营，隆盛酱园和其他酱园合并成利民食品厂（共有匠人108名），后称韶关酱园，直至1998年企业改为私营。2012年，张兵接手后面，由韶关酱园改名为隆盛酱园。隆盛酱园恢复传统手工酱油酿制“广式高盐稀态工艺”技法。隆盛酱油酿造技艺分别于2012年、2016年、2022年入选韶关市浈江区非遗代表性传承名录、韶关市非遗代表性传承名录、广东省非遗代表性传承名录。隆盛酱油酿造技艺含有15道大工，107道小工序，其中关键工序为制曲、发酵、搭配。该厂发明“花香”“果韵”“豉香”“花香混合型”酱油。2021年10月，隆盛酱园入驻“抖音”直播。2022年，隆盛酱园制作研发出“椰香型”酱油、“陈皮柑橘”酱油。为新韶镇提供28个就业岗位。公司已加入“京东到家”“盒马生鲜”“永辉超市”等渠道销售。隆盛酱园博物馆获2022年广东省文物古迹活化利用典型案例。全年产量632吨，销量384吨，产值比上年增长32.5%。

韶关新盟食品有限公司生产基地项目　韶关新盟食品有限公司坐落于韶关市新丰县东新产业园，公司成立于2017年11月15日，企业注册资本1.5亿元。由东莞市味盟食品有限公司投资建设，企业是一家集食品研发、生产、销售于一体的民营企业，主要生产苏打饼、蛋卷、沙琪玛等食品。项目的建成投产为新丰承接珠三角产业转移与新增产业打响品牌，生产基地逐步承担味盟（中国）集团公司60%以上生产任务，成为核心生产基地。韶关新盟食品有限公司总占地面积12.59公顷，公司严格按标准建有现代化车间15个，2020年通过ISO

2022年，隆盛酱园博物馆获得广东省文物古迹活化利用典型案例
（韶关市隆盛酱园调味品有限公司　供图）

22000 和 HACCP 认证。有员工 300 余人。2022 年，韶关新盟食品有限公司总产值 8170 万元，税收 320 万元。

【盒马有机山茶油成为首个碳中和食品】 2022 年，经广州碳排放权交易所认定，来自韶关市的盒马自有品牌有机山茶油实现预先碳中和，成为全国首个及广东省首个碳中和食品和首个山茶油碳中和产品。依托韶关市近 3000 公顷有机油茶种植林地、370 多万株油茶树，广东宝华农科对油茶林基地进行生态改造，将油茶林从单一作物改为油茶林与碳汇阔叶林混种，促进生态平衡，提升油茶授粉自然完成率，农药使用量得到下降，总体经济价值实现提升。利用油茶改造林，二氧化碳捕集量增加，促进实现碳中和及食品原料质量的提升。

（李国华）

电子信息制造业

【概况】 2022 年，韶关市电子信息制造业产业集群实现产值 77.5 亿元，比 2021 年下降 15.3%；增加值 17.99 亿元，比 2021 年下降 16.6%，规模以上工业企业 28 家。重点方向包括新型印刷线路板（PCB）、半导体集成电路、高端元器件和新型电子材料。重点企业有：建滔积层板、至卓飞高线路板、旭飞电子、广东韶华科技、韶关国正精密、富之光、东阳光电容器、日本电产三协电子、忠信世纪电子、凯荣德（韶关）玻璃纤维等。6 月，韶关市政府印发《韶关市加快促进电子信息制造业招商引资若干支持政策（试行）》。分为 6 个部分，分别为适用对象、厂房补助、设备补助、人才奖补、重大项目支持、附则及附件，明确各种补助的适用范围、标准等，确定韶关市电子信息制造业重点发展方向，扶持韶关市电子信息制造业发展。9 月，韶关市工信局、韶关市财政局联合印发《〈韶关市加快促进电子信息制造业招商引资若干支持政策（试行）〉实施细则》，主要包括四部分，明确申报条件程序、审核程序、监督管理、附则，明确对入驻企业项目购置的生产、科研设备按照设备实际购买价格的 10% 给予一次性补助，单个企业补助不超过 3000 万元。补助资金于项目竣工投产、上规纳统后次年申报；对于引进的创新创业团队及高层次专业技术人才，优先立项申报《韶关新时代"百团千才万匠"人才工程实施意见》规定的奖补政策，给予各项配套支持，扶持韶关市引进电子信息制造业。

【项目建设】 韶华科技建设项目 广东韶华科技有限公司由天水华天科技与韶关实业集团共同投资，华天科技控股。公司是华天集团临近大湾区市场最为重要的产业布局。公司计划投资 30 亿元，占地 24 公顷，分期建设年产 850 亿只新型显示器件和集成电路先进封测制造基地，规划年产值达 35 亿元，项目一期于 2022 年 8 月投产。其中韶华科技一期项目计划总投资 9.7 亿元，占地 40 公顷。韶华科技项目是市委、市政府引进的集成电路及新型显示器件先进制造项目于 2021 年 5 月底动工建设。项目一期建设基本完工，于 8 月底完成设备通线及工艺流程通线开始试生产。

韶关朗正数据半导体有限公司 韶关郎正数据半导体有限公司于 2022 年 12 月成立，注册资本 5000 万元，

2022 年 6 月 15—16 日，韶关盒马自有品牌有机山茶油成为全国首款通过广东碳中和产品认证中心认证的山茶油碳中和产品　　（市科技局　供图）

2022年韶关市电子信息产业主要经济指标统计表

表18

行业	企业数（个）	工业总产值（亿元）	增长（%）	增加值（亿元）	增长（%）
电子信息产业集群	29	77.48	-15.3	17.99	-16.3
计算机、通信和其他电子设备制造业	29	77.48	-15.3	17.99	-16.3

（资料来源：市统计局）

拥有建筑面积8000平方米。公司主要专注于生产高品质的存储类芯片，如UDP、TF卡、BGA封装芯片，在规划eMMC、eMCP等嵌入式芯片和自主研发的主控芯片。

【重点企业】 韶关丸仁电子有限公司　成立于1999年10月，韶关丸仁电子有限公司注册资本358万美元，占地面积2万平方米。生产面积1.8万平方米能加工全世界最细的AWG46电线，以及全世界最小0.25毫米间距的连接器，刺破式压接能做到最小间距0.6毫米。2022年，韶关丸仁电子有限公司实现产值2.34亿元，用工人数1000人，上缴税费总额648万元。

至卓飞高线路板（曲江）有限公司　至卓飞高线路板（曲江）有限公司位于曲江区白土工业园内。公司注册资本1.09亿美元，占地面积13.33公顷，厂房占地面积13万平方米，现有员工800余人。该公司主要生产2—24层线路板及高密度互连板(HDI)、电路板装配、电子器件组装件，年产量150万平方米。公司是韶关市电子信息产业的龙头企业。2022年度，至卓飞高线路板（曲江）有限公司总产值3.6亿元，营业收入3.85亿元，纳税总额660.76万元。

韶关忠信电子材料有限公司［原忠信世纪电子材料（始兴）有限公司］　位于始兴县马市工业园，是香港上市公司建滔集团下属的全资子公司，成立于2017年12月20日，投资总额13500万美元。年产环氧玻璃纤维覆铜板3600万平方米，产品应用于电子产品、仪器设备、通信设施、汽车、轨道交通和新能源等领域，是一家集研发、生产、销售于一体的环氧玻璃纤维覆铜板公司。公司总占地面积21.34万平方米（320亩），项目分两期建设，一期项目完成建设并投产。2022年，公司总产值13.95亿元，营业收入12.73亿元，用工人数230人，纳税总额877.73万元。

凯荣德（韶关）玻璃纤维有限公司　香港建滔化工集团（HK0148）下属独资企业。2020年12月11日在韶关市成立，总投资5亿元，位于始兴县马市镇马市工业园区忠信道路1号，主要经营范围包括玻璃纤维及制品制造、玻璃纤维及制品、货物或技术进出口。凯荣德（韶关）玻璃纤维有限公司于2021年4月开工建设，于2022年1月竣工、投产。2022年，凯荣德（韶关）玻璃纤维有限公司生产总值3.48亿元，用工366人，纳税总额20万元。

建滔积层板（韶关）有限公司　香港建滔化工集团（HK0148）下属独资企业，2002年在韶关市成立，总投资5.5亿元，位于始兴县太平镇狮石下宝石工业园，主要生产电子行业所需的基础材料——纸基覆铜面板，占地12万平方米，是现今全球最大覆铜面板生产基地之一，年产量1300万张（1.2平方／张）。2022年，建滔积层板（韶关）有限公司生产总值8.72亿元，用工人数210人，销售收入8.86亿元，其中外贸出口额占营业收入的6.8%。（李国华）

生物医药产业

【概况】 2022年，韶关牵头出台《韶关市促进生物医药产业发展若干措施（试行）》，发布《韶关市市场监督管理局关于贯彻落实〈韶关市促进生物医药产业发展若干措施（试行）〉奖励性补助的实施意见（试行）》的通告，在新药、仿制药、医疗器械、化妆品及特殊食品开发等方面给予相应资金奖补与措施扶持。推动成立韶关生物医药高等研究院等机构和设立首期规模6亿元的韶关生物医药产业基金，编制《韶关市生物医药产业图谱研究报告》，组建产业项目咨询专家库，协助建设韶关高新区生物医药产业园及翁源创新原料药科技产业园，加快生物医药产业园区建设发展。1—12月，全市规模以上医药制造业企业7家，实现产值11.26亿元，比上年下降8.0%；实现增加值5.11亿元，下降8.6%。

【技术创新】 2022年，韶关市结合省市关于战略性支柱产业集群部署，重点支持韶关发展生物医药与健康产业，设立一批新型研发平台。韶关拥有省市级生物医药领域的工程技术研究中心18个，省级重点实验室3个，广东省新型研发机构2个。同时，已成立韶关生物医药高等研究院、韶乐生物医药与健康产业研究

2022年韶关市生物医药产业主要经济指标统计表

表19

行业	企业数（个）	工业总产值（亿元）	增长（%）	增加值（亿元）	增长（%）
生物医药产业集群	11	13.98	-12.8	5.72	-13.6
食品制造业部分领域	2	1.74	-4.2	0.40	-2.3
医药制造业	7	11.14	-8.4	5.04	-9.1
专用设备制造业部分领域	2	1.10	-46.3	0.28	-58.1

（资料来源：市统计局）

院，拥有韶关中药技术与产品开发工程技术中心（市级）及一批生物医药制药工程相关专业领域专家。

【项目建设】 韶关新区炬光科技医疗健康产业基地项目　炬光科技医疗健康产业基地项目位于韶关高新技术开发区，规划总建筑面积4.3万平方米。2022年，一期项目完成主体工程，开始引进生产及检测设备，并计划将已经成熟的医疗健康产业相关业务转移到韶关基地进行产业化生产。项目总占地面积1.73公顷，其中一期工程占地面积0.9公顷，规划建筑面积1.8万平方米，投资为1.01亿元。2月，炬光科技医疗健康产业基地项目成立，为韶关市的重点项目之一。主要进行医疗健康业务相关产品的研发、生产和销售，将一些已经成熟的医疗健康产业相关业务转移到韶关基地进行产业化生产。4月，炬光科技医疗健康产业基地项目开工；6月，炬光科技医疗健康产业基地项目一期工程动工建设，已完成两栋厂房主体结构封顶，砌体工程整体已完成70%，消防、水、电、气等安装工程随进度同步实施，厂区挡土墙、围墙等室外工程已开始施工。该项目总投资5亿元，占地1.73公顷，分两期建设，在筹建的一期工程建筑面积1.87万平方米，投资1亿元。

广州朗圣药业（韶关新区）有限公司生产基地建设项目　朗圣药业（韶关新区）有限公司生产基地建设项目位于韶关高新技术开发区，总占地面积2.15公顷，建筑面积6.26万平方米，项目分3期建设，总投资13亿元。规划新建医械厂房1栋、综合制剂厂房1栋、动力维修车间1栋及配套的公共设施配套工程。2022年，项目已完成部分生产区域建设和设备安装。在武江区甘棠工业园的韶关朗圣药业项目基地建筑面积3.17万平方米。1月，朗圣药业韶关生产基地项目开工，这是首个具有完全自主知识产权的医药健康产业项目，项目计划分三期进行，总投资13亿元，总用地18.67公顷，达产后年产值30亿元。韶关朗圣药业成立于2019年12月是广州朗圣药业旗下全资子公司，注册资本2000万元。主要生产抗HIV润滑液ED类及甾体类等生殖健康用药。

广东瑞石制药科技有限公司创新原料药基地建设项目　瑞石制药科技有限公司创新原料药基地建设项目位于乳源县，规划建筑面积5.5万平方米，建设综合楼、动力车间、三废处理车间、多功能生产车间、仓库及附属工程设施。2022年，项目现场桩基基础已全部完成，试剂库一、二、三、四已完成主体工程建设。

乳源县珍好道地中药材全产业链建设项目　珍好道地中药材全产业链建设项目用地3.13公顷，规划建设前处理车间、提取车间、制剂车间、仓储用房、检测用房、办公楼、食堂宿舍等生产及附属用房2.17万平方米，购置生产、检测、行政办公等设备213台（套）。2022年，项目已完成1栋4层厂房已封顶在进行外部墙体建设，2—4栋厂房正在进行基建，设备已经订购。　（张琳琳）

一品红广东瑞石创新原料药项目动工活动在韶关翁源经济开发区举行　2022年12月26日，一品红广东瑞石创新原料药项目动工活动在韶关翁源经济开发区举行。该项目主要从事创新化学原料药的研发和原料药新品种放大和生产，为全球提供化学原料药相关产业服务。项目总投资将超过13亿元，建成后的未来8—10年内，瑞石制药将成为国内外化学原料药制造中心。

2022年9月，建设中的韶关新区炬光科技医疗健康产业基地项目
（韶关新区　供图）

【重点企业】 丽珠集团利民制药厂　成立于1966年，1997年转制加入丽珠集团，是丽珠集团下属的集医药生产、研发于一体的制药企业，是中国中药工业百强企业、国家高新技术企业、广东省创新型企业、广东省知识产权优势企业、广东省战略性新兴产业培育企业。企业位于韶关市工业西路，占地面积19.43公顷。利民厂拥有大容量注射剂、小容量注射剂、片剂、胶囊剂、颗粒剂等10余条生产线，151个品种规格。2022年公司生产总值4.06亿元，营业收入约4.13亿元，用工576人，纳税总额5297万元。

广东丹霞生物制药有限公司　成立于2002年，主要从事血液制品生产。公司占地26.67公顷，员工千余人（公司260余人），年处理血浆能力300多吨，拥有17家单采血浆站，浆站数量名列国内同行业单体企业前茅。人血白蛋白、人免疫球蛋白、乙型肝炎人免疫球蛋白3个品种6个规格。2017年4月1日，博雅生物集团联合深圳高特佳投资集团，成立前海优享基金收购丹霞生物。2019年7月更名为：博雅生物制药（广东）有限公司。2021年4月25日更名为：广东丹霞生物制药有限公司。坐落于韶关市沐溪工业园占地26.67公顷。主要产品为人血白蛋白、人免疫球蛋白。自新冠疫情发生以来，丹霞生物先后通过广东省红十字会、韶关市红十字会向省、市战“疫”一线捐赠3330瓶价值50余万元的静注人免疫球蛋白和人免疫球蛋白(肌注),为2000名医护人员提供注射使用，其中4次向韶关医护人员及援鄂医疗队捐赠，增强医护人员的免疫力。在酒精、口罩等医疗物资紧缺的情况下捐赠1000多千克药用酒精、8000个口罩等医用物资，以缓解相关部门物资紧缺的情况。在研产品：免疫球蛋白类、凝血因子类。

广东岭南制药有限公司　1991年，“珠海重奖”首届获得者徐庆中在广州市天河区创办广东岭南制药有限公司，是一家集抗肿瘤药物和消化系统药物的研发、生产、销售于一体的高新技术企业。有50多个药品批准文号。自公司2006年成立研发团队以来，累计自主成功取得新药证书8个。并有独立的研发部门——抗肿瘤药物研发中心。公司的研发均属于国家抗肿瘤药物鼓励优先发展的产品。2018年，公司从广州市整体搬迁至韶关市，新建全新的原料药生产基地，开拓从原料药—制剂研发、生产的高新技术型制药企业。公司在韶关高新区建立多条生产线，生产能力颗粒剂为5000万袋/年、片剂2000万片/年，硬胶囊剂1000万粒/年，冻干粉针剂500万瓶/年，小容量注射剂700万瓶/年。2022年，公司主营业务收入6262万元，增长率23.44%。(陈丽莹)

新能源产业

【概况】 2022年，发展改革委等部门出台的《“十四五”支持老工业城市和资源型城市产业转型升级示范区高质量发展实施方案》，支持韶关在符合国家用地政策的前提下开展光伏、风电等新能源项目建设，谋划建设新能源产业园。支持韶关开展城燃企业综合试点改革。支持推进绿色制造和清洁生产，逐步实现产品全生命周期绿色管理，打造以新能源为主体的新型电力系统示范区，将风光资源优势向经济优势转化、传统能源向清洁能源转变。全年有25项新能源风电、光伏等项目纳入省市重点建设项目计划，其中省重点建设项目计划的风电、光伏项目有15个，总投资70.17亿元，年度计划投资32.87亿元，全年完成投资32.36亿元，占年度计划98.45%。市重点建设项目计划的风电、光伏项目有10个，年度投资计划63.17亿元，全年完成投资54.9亿元，占年度计划86.91%。全市光伏9.68亿千瓦时，增长11.7%；全市风电12.47亿千瓦时，增长34.38%；全市生物质12.96亿千瓦时，下降41.91%。全年，韶关市新能源产业实现产值16.82亿元，比上年下降22.4%；实现利税总额2.85亿元，比上年下降44.4%。发展低碳新能源全产业链，推动风机塔筒厂和光伏支架制造基地等3个项目落地，总投资18.5亿元；与广州碳排放权交易中心签署合作协议开展全面合作，韶关碳市场服务中心成功揭牌；设立韶关市碳中和产业基金，到账基金2.2亿元，首个拟投项目韶关数字化绿色低碳微循环示范项目已签订落地协议并列入省重点建设项目计划；系统谋划以新能源为主体的新型电力系统建设，与三峡新能源、明阳智慧等企业合作规划项目总投资600亿元，推动全域风能、光电资源开发，异质结(HJT)光伏电池、广东国粤韶关综合利用发电扩建等一批项目启动建设，布局石漠化地区光伏发电、抽水蓄能电站开发。

【项目管理】 2022年，三峡公司新增备案2个光伏项目、明阳新增备案3个光伏项目和核准3个风电项目，新增装机容量77.84万千瓦。其中三峡公司在乐昌市、乳源瑶族自治县、曲江区、浈江区和南雄市已备案光伏发电项目10个，容量规模100万千瓦，总投资41.2亿元，完成投资16.84亿元。明阳公司在乐昌市、乳源瑶族自治县、始兴县、武江区核准备案项目14个，装机容量114.86万千瓦，总投资56.9亿元。完成投资8.6亿元。引入中国电力在韶关开发建设分布式(分散式)新能源项目，企业完成4666.67公顷土地摸排，初步锁定466.67公顷可用土地。2022年明阳公司备案光伏项目6个，装机规模53万千瓦，总投资25.4亿元。累计在韶关备案光伏项目8个，装机83万千瓦，总投资40.4亿元。其中4个项目动工建设，全年完成投资3.3亿元。2022年三峡公司备案光伏项目4个，装机规模40万千瓦，总投资17.2亿元。累计在韶备案光伏项目11个，装机规模100万千瓦，总投

2022年韶关市新能源产业主要经济指标统计表

表20

行业	企业数(个)	工业总产值(亿元)	增长(%)	增加值(亿元)	增长(%)
新能源产业	17	16.82	-22.4	2.88	-26.9
风力发电	7	5.05	21.0	0.85	13.3
太阳能发电	6	2.91	-9.2	0.49	-14.9
生物质能发电	4	8.86	-38.0	1.53	-41.2

(资料来源:市统计局)

资49亿元。其中开工项目4个，全年完成投资4亿元。建立市委、市政府主要领导为召集人的韶关市新能源综合开发联席会议制度，加强新能源综合开发组织保障。依据最新三调数据，会同韶关测绘院完善细化风光资源产业地图，并在此基础上，对可开发光伏的石漠化区域进行全面筛查，筛选具备建设条件、消纳条件和石漠化地块连片的乐昌市、乳源瑶族自治县石漠化区域进行韶关市新能源大基地项目申报。加快三峡、明阳公司风光项目审批立项速度，全年三峡备案2个光伏项目、明阳备案3个光伏项目和核准3个风电项目，新增装机容量77.84万千瓦，协调并引导新旧投资主体合作开发新能源项目相关事宜。加强三峡、明阳公司项目建设指导，指派专人到乐昌、始兴等地全程跟踪，做好服务。2022年，三峡公司项目年度投资计划29亿元，截至12月底，已完成年度投资16.84亿元，完成占比58.07%。明阳公司项目年度投资计划11亿元，截至12月底，已完成年度投资8.6亿元，完成占比78.18%。加快其他在建项目建成投产，每季度至少一次到项目现场进行督导，约谈企业项目负责人，细化各项目推进计划，协调企业与当地政府的有效对接。翁源周陂风电场、乐昌长来光伏电场、始兴泽洋光伏电场等项目均已并网发电。督促各县（市、区）根据上报的屋顶光伏开发方案，推进整县屋顶光伏建设。除翁源县屋顶光伏开发方案因技术路线、电网分析及资产资源价值化等方面有关内容仍在完善未上报，其余县（市、区）已上报送审方案。战略引入中国电力公司参与韶关市地面分布式光伏建设，研究战略合作框架协议，报市委市政府审议。（欧闻歌）

【项目建设】 三峡公司新能源制造业项目　三峡公司引进中电建十四局建设的“三峡风机塔筒厂、光伏支架综合制造基地”落户乳源瑶族自治县，项目总投资2亿元，本年度计划投资2亿元，累计完成1.9亿元，完成年度计划95%。完成纳统8000万元。完成光伏支架生产线安装，有2条光伏支架的生产线已经投产。

明阳公司新能源制造业项目　明阳公司在韶关规划建设碳中和产业园，建设风电主机制造中心、异质结光伏电池及组件制造中心2个产业项目，项目选址华南先进装备产业园并举行项目开工仪式，项目总投资11亿元，2022年度计划投资6亿元。累计完成5.54亿元，完成年度计划92.33%。完成纳统2.98亿元。项目建设手续齐全，已于2022年9月1日开工，异质结光伏制造中心于年底前投产。

黄圃耀阳60兆瓦光伏电站项目　2022年6月30日，黄圃耀阳60兆瓦光伏电站项目动工建设，该项目计划总投资2.7亿元，总工期为10个月，计划2023年9月全容并网，总占地73.33公顷，年发电量5873万度。项目设计15个光伏子方阵，196台以集中并网方案，预计年发电量5870多万度。最终采用1回110千伏送出线路送入南网韶关庆云变电站。年内完成升压站与7.47公顷光伏场区的建设并临时接入35千伏的变电站。

【重点企业】 广东韶能集团股份有限公司（简称韶能集团）是以清洁能源和可再生能源的投资开发与经营为主业，形成清洁能源、生态环保植物纤维制品、精密（智能）制造三大核心业务板块的上市公司。韶能集团于1996年8月30日在深圳证券交易所挂牌上市，股票简称“韶能股份”，股票代码“000601”。截至2022年12月31日，韶能集团总股本10.81亿元，总资产131.72亿元，净资产48.98亿元；电力总装机116万千瓦，其中，水电装机68万千瓦、生物质能发电装机36万千瓦、综合利用发电装机12万千瓦；植物纤维制品业务形成年制浆6.5万吨、造纸37万吨、可降解环保纸餐具10万吨的生产能力；精密（智能）制造年产值8亿元。2022年实现营业收入38.49亿元，工业总产值38.21亿元，应缴税费2.47亿元，全年完成投资4.96亿元。宏大公司利润总额比上年增长23%。

广东大舜投资管理有限公司（以下简称“大舜公司”）于2017年3月成立。大舜公司注册资本8000万元，截至2022年12月，公司资产总额26.65亿元，所有者权益15.87亿元，企业员工2828人。旗下拥有12家全资子公司、12家控股公司和19家参股公司，业务涉及电力工程建设、综合能源、综合服务、地产开发等四大板块，主要经营实业投资，电力工程施工、设计、监理，水力发电、新能源开发运营，技能培训、汽车营运、房地产开发等业务。截至2022年12月，大舜公司在武江区、始兴县、乳源瑶族自治县投资建设光伏发电站，完成光伏项目投资1781.96万元，装机4280.55千瓦。

【新能源综合开发】 2022年，三峡公司引进中电建十四局建设的“三峡风机塔筒厂、光伏支架综合制造基地”和明阳公司的异质结光伏电池及组件制造中心均已投产。核准电网建设项目6个，涉及投资3.88亿元，分别是韶关35千伏澄江输变电工程、韶关翁源110千伏龙仙输变电工程、韶关220千伏犁市到董塘甲乙线扩容工程、韶关35千伏走马坪输变电工程，韶关南雄110千伏河塘输变电工程和南雄35千伏丹布30兆瓦光伏接入系统工程。全国一体化算力网络粤港澳大湾区国家枢纽节点数据中心与新能源产业发展同步结合，编制韶关市输电网综合规划。制定由政府、电网、企业三方构建新能源与配套接网工程同步规划、同步审批、同步建设、同步投产的协同机制。组织1356家企业参与市场化交易。全市市场交易电量85.33亿千瓦时，占工商业用电量的77.82%，市场交易平均电价0.53元/千瓦时。发展“风”“光”等清洁能源产业，打造“以新能源为主体的新型电力系统示范区”。作为广东主要的电源基地之一，韶关新能源消纳能力提升，清洁能源占比增加。韶关在“两高”产业做减法，在新能源产业上做加法，优化能源结构，创建“以新能源为主体的新型电力系统示范区”，加速推动韶关新能源装备技术、产业链协同发展。韶关与广东电网共同加快建设以新能源为主体的新型电力系统，新能源电力送出需求的配套电网逐步完善。

【争取发展稀土产业支持】 2022年，韶关市坚持绿色开发。落实《广东省水污染防治条例》要求，控制涉重金属及有毒有害污染物排放的建设项目。推动调整稀土产业发展限制。抓住发展改革委、商务部开展《市场准入负面清单（2022年版）》修订工作契机，争取国家、省直有关部门支持将新丰县“稀土金属矿采选”“其他采矿业”调出市场准入负面清单禁止类事项，推动调整《广东省国家重点生态功能区产业准入负面清单（试行）》限制，争取省政府支持规划建设新丰县稀土特色产业园区，发挥韶关市资源优势。 （李国华）

【新能源汽车及充电设施建设】 截至2022年12月底，韶关市有公交车总数769辆，其中纯电动公交632辆，全市公交电动化率达到82.2%。召开专题会议，推动电动汽车充换电基础设施科学发展。省下达韶关市电动汽车充电桩260支，完成1000支公共充电桩。向上级争取充电基础设施补贴（奖励）301万元（其中2019—2020年度充电基础设施奖励资金58万元，2022年度充电基础设施奖励资金243万元），已全部下拨至各投资运营企业。

【韶关碳市场服务中心揭牌】 2022年5月19日，韶关碳市场服务中心揭牌仪式在市区举行。广州交易所集团总经理高振武、广州碳排放权交易中心总经理孟萌，市委书记王瑞军、市长陈少荣出席揭牌仪式并为中心揭牌。市委书记王瑞军、市长陈少荣及广州交易所集团总经理高振武等领导嘉宾为韶关碳市场服务中心揭牌。韶关碳市场服务中心由广州碳排放权交易中心及广东碳中和研究院（韶关）合作建设。中心以“韶关生态产品价值实现”与“韶关数据中心集群绿色服务”为重点，重点在双碳技术、林业碳汇、生态资源、环境保护、能源、金融等各类要素资源领域开展工作，以创新共享理念助推韶关市乃至粤北地区绿色经济体系建设，为韶关推进碳汇经济发展与绿色金融服务提供保障。韶关立足生态发展区功能定位，探索碳资产的产业路径，建立“有机无机一体化综合利用”“秸秆闪爆无害化处置”“微藻固碳”等多个研发和产业化应用项目，并开展资源化高质利用及工业降排示范，为实现碳中和提供有效经验。

2022年5月19日，韶关碳市场服务中心揭牌仪式举行 （张伟 摄）

电力工业

【概况】 2022年，韶关市电力装机容量870.16万千瓦，新增装机容量43万千瓦，其中：火电装机容量398万千瓦，水电装机容量217.64万千瓦，集中式风电装机容量56.77万千瓦，集中式光伏项目并网装机容量104.29万千瓦，分布式光伏项目装机容量19.36万千瓦，生物质、垃圾焚烧、沼气发电装机容量40.2万千瓦，自备电厂33.9万千瓦。全市核准电网建设项目6个，涉及投资3.88亿元。分别是韶关35千伏澄江输变电工程、韶关翁源110千伏龙仙输变电工程、韶关220千伏犁市到董塘甲乙线扩容工程、韶关35千伏走马坪输变电工程，韶关南雄110千伏河塘输变电工程和南雄35千伏丹布30兆瓦光伏接入系统工程；将全国一体

2022年韶关市电力工业主要经济指标统计表

表21

行业名称	工业总产值（当年价格）（亿元）	主营业务收入（亿元）	利润总额（亿元）	工业增加值（收入法）（亿元）
电力生产	100.35	102.70	-14.10	19.56
电力供应	101.72	101.71	1.73	20.13
合计	202.07	204.41	-12.37	39.68

（资料来源：市统计局）

化算力网络粤港澳大湾区国家枢纽节点数据中心与新能源产业发展同步结合，编制韶关市输电网综合规划。推动与电网公司合作事项。市发改局组织韶关供电局、三峡公司和明阳公司，就解决电源接入系统工程与新能源建设周期匹配问题，提出由政府、电网、企业三方构建新能源与配套接网工程同步规划、同步审批、同步建设、同步投产的协同机制的初步解决方案，于9月初完成《韶关市关于建立新能源发电项目与电网配套送出工程“四同步”创新工作机制的实施意见》编制，正征求意见中。翁源周陂风电场、乐昌长来光伏电场、始兴泽洋光伏电场等项目陆续并网发电。（欧闻歌）

【项目建设】 “十四五”电网项目 2022年，韶关市供电局打造新型电力系统示范区，完成韶关“十四五”输电网规划、配电网目标网架规划和“十四五”屋顶分布式光伏接入配套电网专项规划。推动系列电网配套重大项目落地，500千伏乐昌站、始兴站纳入规划，完成多个主网项目前期工作，5项新能源汇集送出工程纳入省电网“十四五”规划项目。完成500千伏曲丹乙线、丹库乙线等粤北电力500千伏外送通道增容改造工程，形成曲江站、丹霞站与省网的完全双回环网结构。投产500千伏大湾区外环中段工程(韶关段)，助力广东电网第一阶段目标网架项目全面建成。强化乐昌市、始兴县等新能源富集地区送出通道规划建设，投产乐昌市110千伏云岩农光互补光伏发电项目工程、始兴县110千伏泽洋农光互补光伏发电项目，解决制约新能源送出受限问题。推进乳源瑶族自治县新能源微电网示范区项目集建设，建成12个中低压清洁能源微电网。（赵湘敏）

广东国粤（韶关）综合利用发电二期扩建项目 2022年8月27日，广东省发展和改革委批复核准广东国粤(韶关)综合利用发电扩建项目，项目建设1台700兆瓦超超临界循环流化床发电机组及其配套设施，总投资30.2亿元。5月10日，粤港澳大湾区500千伏外环中段（韶关段）工程投产，粤港澳大湾区500千伏外环中段工程全面完成。粤港澳大湾区500千伏外环中段线路横跨惠州、韶关及清远。韶关段工程起于广州从化吕田镇、止于惠州龙门地派镇，新建同塔双回500千伏线路95.76千米，高山、山地占比90%以上，钻越特高压线路4次，跨越高压线路20次，跨越国道、高速公路6次，压覆矿产2处，穿越国有林场2次。该电力工程项目通过政企联动推进，韶关供电局促成新丰县政府成立外环中段青赔协调工作专班，2月下旬，韶关段部分组塔未能在停电窗口期内完成。经全面论证、综合评估，最终以安装防护网和压线滑车相结合的方式，带电钻越昆柳龙完成直流线路架线，成为韶关电网史上首次带电钻越特高压施工。完成带电钻越昆柳龙直流线后，韶关段在4月22日至5月4日停电窗口期内完成钻越江城直流线。经多部门通力协作、密切配合，并采用“人工+无人机”的双重验收，“人机配合”确保新建线路“零缺陷”按期投运和为粤港澳大湾区国家算力枢纽韶关数据中心集群建设提供用电保障。

2022年8月31日，广东国粤韶关综合利用发电扩建项目动工仪式活动在国粤（韶关）电力公司举行 （市发改局 供图）

广东华电坪石发电有限公司曲江樟市一期光伏发电项目 项目于2021年9月1日开工建设，2022年8月30日完成全容量安装并转商运。截至2022年年末，累计完成发电量8577.66万千瓦时。该项目是韶关地区招商引资的“农光互补”“渔光互补”重点项目，设计阶段考虑当地资源禀赋，光伏组件距地面高度均不小于3.5米。融合绿色生态农业，以“板上发电、板下生态治理+农业经济”的模式，推行“光伏+”创新示范，特别是在光伏10区，采用预制桩与145个大棚相结合的方式，实现该地块“光伏发电+家畜养殖”用地要求。养蛙池已建成投用，分批分次投放百万只蛙苗，打造牛蛙绿色养殖产业试点基地，配套种植6.67公顷板蓝根阴生中药材，废水处理得以有效利用。8区构建“菇光互补”新模式，分A、B区建设，占地面积5000平方米，可放置菌棒10万棒，A区投放食用菌棒2.9万根，菌菇陆续采摘投放市场。其它区域种植白芍、油牡丹、南瓜，养殖五黑鸡狮头鹅等。该项目推广应用新技术、新工艺。光伏组件智能清洗机器人安装18台并投入使用，新能源远程集控平台已搭建，无人机智能巡检系统设备已投运，在坪石公司新能源集控中心可远程监控各区光伏子阵设备运行、停送电操作、门禁、周界防范等监控和管理，实现新能源电站无人值守。

明阳集团异质结光伏组件厂 明阳集团异质结光伏组件厂占地面积10.6公顷，总投资11亿元，规划建设异质结光伏制造中心、办公及生活配套服务中心，建筑总面积8.6万平方米。项目建成达产后，可实现年产值40亿元，投产后3年内平均年纳税金额每亩15万元以上，提供超1000个就业岗位。韶关明阳率先在

韶关地区示范、推动碳中和关键技术和产业链协同技术同步，助推韶关成为广东碳中和重要的技术示范和产业应用基地。（欧闻歌）

【重点企业】 韶关供电局 2022年，韶关市供电局供电面积1.84万平方千米，供电人口330万人，供电客户159.15万户。韶关电网位于广东电网北部，以500千伏曲江站和丹霞站为双核心，220千伏电网为骨架，形成“双核六环一链”的主网架结构。县域电网形成以220千伏变电站为枢纽，110千伏变电站向县城中心等重要负荷直接供电，35千伏变电站作为补充，结构相对合理、分区运行的供电网络。截至2022年12月31日，韶关电网35千伏以上变电站137座，变电容量1373.71万千伏安。2022年，韶关本地上网电量260亿千瓦时。其中，水电58亿千瓦时，火电142亿千瓦时，其他发电60亿千瓦时。本地消纳171亿千瓦时。最高负荷256.7万千瓦。韶关市第一产业用电量3.24亿千瓦时，比2021年增长12.20%；第二产业用电量114.75亿千瓦时，增长0.13%，其中，工业用电量113.86亿千瓦时（全省排名第十三位），增长0.34%（全省排名第九位）；第三产业用电量26.74亿千瓦时，增长2.21%；城乡居民生活用电量25.85亿千瓦时，增长7.95%。韶关市全社会用电量170.59亿千瓦时，增长1.78%。与市政府部门联动，开展防山火专项治理，完成涉及山火的客户线路安全隐患排查工作，消除森林火灾隐患。完成中共二十大、冬奥会、两会、春运春节、高考等55项保供电任务。全口径客户平均停电时间3.31小时，下降10.54小时。修编韶关市2022年有序用电方案，优化配置全市电力资源，保障全市用电需求。动员目标客户参与需求侧响应申报，7月、8月广东两轮启动需求侧响应，韶关供电局申报指标完成率和执行率全省第一。针对受疫情影响暂时出现生产经营困难的10千伏以下小微企业和个体工商户，落实用电“欠费不停供”措施。打造韶关市首批水电气共享营业厅，实现水电气一窗通办。推出电子合同签章、刷脸办电等系列便民服务。实现全网业内首个地市级台区地理可视化系统的全覆盖和实用化，平均缩短故障处理、客户服务时间30分钟。连续11年获得市政府公共服务满意度评价第一。

广东粤电韶关发电厂有限公司 2022年10月12日，广东省韶关粤江发电有限责任公司更名为广东粤电韶关发电厂有限公司，简称韶关发电厂。韶关发电厂隶属广东能源集团火电板块。截至2022年12月底，韶关发电厂在岗员工857人。2022年，韶关发电厂结算电量57.33亿千瓦时，完成年度目标的79%；供电煤耗328.93克/千瓦时，比2021年减少4.60克/千瓦时；机组利用小时数3313.56小时，比2021年降低1112.72小时；净利润-8.28亿元。新增高栏港到乌石的煤炭水路运输航线，水运占比79.77%，比铁路运输节约成本。通过600兆瓦机组新型高效低碳排放纳米脱硫剂性能试验，拓宽机组燃用低价高硫煤的空间。加大掺烧俄罗斯煤、印尼煤、高硫煤等，经济煤种占比90.91%，节约成本。提升AGC储能辅助调频系统性能，全年2个细则净收入4547万元，比2021年增加1978万元。全年韶关发电厂发生C类障碍6次，与上年持平；非计划停运事件6次，比2021年减少2次；全年锅炉“零爆管”。开展安全生产“闭环年”活动，通过“二维码”信息技术实现各级人员的安全到位管理；完成2号机组、11号机组除尘器灰斗加固工作，氨站在技术改造后由二级重大危险源降级为三级重大危险源。新增实用新型专利8项，员工自主研发的RFCCS控制系统使机组辅助调频能力提升，提高机组收益。推进光伏项目落地，韶关粤江50兆瓦多能互补复合光伏发电项目（厂内光伏项目）完成EPC总承包招标和初步设计；乌石镇整镇党政机关及公共建筑屋顶部分项目（装机容量1.7兆瓦）、甘肃金昌（沐津、沐洪）光伏项目（装机容量200兆瓦）正在紧张施工。4台机组大气污染物排放达标率均在99.4%以上。（张晓磊）

广东华电坪石发电有限公司 广东华电坪石发电有限公司位于广东省乐昌市坪石镇，始建于1992年1月，有职工340人，原系港资企业，2010年5月21日，中国华电集团有限公司以100%股权收购，成为中国华电下属三级子公司，隶属中国华电集团有限公司广东公司直接管理，是广东电网末端重要电源支撑点。公司现有2×300兆瓦循环流化床热电联产燃煤机组（供热量20吨/时）、100兆瓦风电、200兆瓦光伏、9兆瓦/9兆瓦hAGC储能电站等正在运营。截至2022年12月底，坪石公司实现连续安全生产4607天；完成发电量19.2亿千瓦时，供热热量33万吉焦；综合供电煤耗341.18克/千瓦时；利润总额-3.07亿元。AGC储能调频储收益451万元；碳配额实现盈余3.77万吨，樟市、龙珠光伏平价项目参与绿电交易3978万千瓦时，实现绿电交易“零的突破”。2022年，坪石公司获评中国华电集团有限公司本质安全型五星级企业、中国华电集团有限公司文明单位标兵、广东省安全文化建设示范企业、广东省高新技术企业、广东省职工书屋、广东公司青年安全示范岗等。（李 岚）

国粤（韶关）电力有限公司 国粤（韶关）电力有限公司（前身为“韶关市粤华电力有限公司”简称“国粤韶关”）成立于2013年3月15日，是隶属国粤投资集团有限公司的全资子公司。2022年，企业发电量和上网电量分别达到45.46亿千瓦时和43.2亿千瓦时，实现产值24.55亿元，比上年增长20.68%，实现增加值4.31亿元，比上年14.58%，纳税8187万元。截至12月，国粤韶关已连续安全运行1957天（折算5年零131天），累计发电量171.08亿千瓦时、上网电量160.31亿千瓦时，实现产值88.33亿元，纳税3.2亿元。（陈华宏）

建筑业

综述

【建筑企业管理】 2022年，韶关市建筑业总产值235.34亿元，比下降13.2%。韶关市建筑业企业数量有448家(不含市政、装修企业),具有总承包资质企业367家；其中，一级资质总承包企业14家（含建筑工程12家、市政工程5家、铁路工程1家、冶金工程2家），一级资质专业承包企业19家（地基基础工程专业承包1家、消防工程专业承包3家）。培育建筑业企业资质晋升，截至12月31日，韶关市向广东省住房和城乡建设厅、住建部推送晋升建筑业一级资质企业19家、二级资质企业35家，新增晋升资质企业一级6家(其余在继续申报中)、资质二级企业15家。开展建筑企业及执业人员月度挂网公示57次，有41家企业获得“建筑业优秀诚信企业AAA级”称号；56家企业获得“建筑业优秀诚信企业AA级”称号。韶关市住房和城乡建设管理局加强组织领导，压实主体责任。跟踪韶关市建筑业企业发展现状，自2022年市政府印发《韶关市人民政府办公室关于进一步扶持建筑业发展的意见》以来，先后会同韶关市发展和改革局、韶关市自然资源局、韶关市税务局等部门印发《韶关市住建管理局等十二部门关于印发〈韶关市绿色建筑创建行动实施方案(2022—2023)〉的通知》等制度文件8份，加快建筑业经济转型，压实各县(市、区)政府经济高质量发展的载体责任，做好产业经济攻坚的“组合拳”。开展职能监管与训导检查工作。综合施策强推动建筑业企业入库。韶关市住建管理局指派专人联系企业，对于企业在入库工作中遇到的流程不清的普遍性问题，联合发布相关流程和相关说明，指导帮助企业按时入库。加大建筑业企业产值调度力度。韶关市住房和城乡建设管理局按月开展建筑业产值统计数据调度工作，指导企业按时上报产值数据，并按照要求提前准备相关凭证。促进项目落地实施。对于主动向住建部门申请提前预审的建筑业企业，市住建管理局通过电话、微信等方式与企业进行线上样本材料传递、实时沟通存在问题，采用提前介入方式指导企业提报材料，通过不见面方式进行材料预审答疑，帮助其完善人员证书、检测设备发票、校验证码等一系列资料。审核过程中，主动帮助企业对申请材料的规范性进行预审，指导企业进行正式申报，为企业缩短办事周期，节省时间。

【建筑人才培养】 2022年，韶关市住房和城乡建设管理局培育资质评审人才，委托市建筑培训中心举办培训班7期40个班，培训建设领域专业技术工人205人次。

【建筑合规管理】 2022年，韶关市先后开展建筑节能、绿色建筑、散装水泥、装配式建筑和新型墙材推广应用工作检查，开展消防设计质量抽查工作，在2022年试行勘察设计、施工许可、招投标活动及发承包行为专项检查工作，均取得较好成效。

【建筑工程质量监督】 2022年，韶关市住房和城乡建设管理局推行两书一牌制度，明确工程的建设、勘察、设计、施工、监理等五方责任主体项目负责人的质量终身责任。受理并处理建筑工程质量投诉416宗。办理分户验收的住宅工程17项，分户验收覆盖率100%。

【营商环境评价】 2022年，韶关市住房和城乡建设管理局做好“营商环境评价”中的“建筑许可”指标工作，协同做好“营商环境评价”中“招标投标”指标工作。韶关市在全省“营商环境评价”具体指标排名中分别获得第12名、第15名，较2021年提升3名。经过多次组织韶关市发展和改革局、韶关市自然资源局、韶关市政务服务数据管理局、韶关市行政服务中心等主要相关部门及供水供气供电企业，就优化办理建筑许可工作召开专题工作会议，制定《存在问题整改台账》，针对存在问题列出清单，对标广州市、深圳市等先进城市，逐项制定整改措施，确定整改时限，明确责任分工，推进各项整改工作，从精简审批流程环节、推动项目事项联审联验、全面推行网上审批等方面入手，优化“办理建筑许可”便利度中各项三级指标，在项目策划、部门审批、报建代办、成果公开、市政公用报建等

2022年11月9日，韶关市住建管理局组织两家转企改制公司举办成立揭牌仪式
（市住建管理局　供图）

方面提供全程便利服务，减少企业办理建筑许可时限，打造“报建0见面（电子审批）”的政务环境。会同韶关市发展和改革局、韶关市政务服务数据管理局等部门，主动梳理招标投标全流程电子化监管，做好制度保障及部门协同工作，协同韶关市政务服务数据管理局完成对韶关市公共资源交易平台的升级改造，提升招标投标全流程电子化的社会效益。

【开展2021年度民用建筑能源资源消耗统计调查】 2022年5月13日，韶关市住房和城乡建管理局开展2021年度民用建筑能源资源消耗统计调查。调查508家（其中国家机关办公建筑206栋、大型公共建筑17栋、中小型公共建筑85栋，居住建筑184栋，行政村16个）部分城镇民用建筑的能源资源消耗情况予以公示。除4家没用水外，广东韶关实验中学（大型公建）用自来水最多，为42.01万立方米；浈江区人力资源和社会保障局办公楼（国家机关）用自来水最少，为37立方米。韶关市公安局办公、业务、备勤楼（国家机关）用电量最多，为667.15万千瓦时；乳源县大桥社区民用居住楼（居住建筑）用电量最少，为75千瓦时。

【落实推行建筑行业机构改革】 2022年11月9日，韶关市住建管理局组织两家转企改制公司举办成立揭牌仪式。韶关市住建管理局根据市委、市政府的工作部署，在市委编办的指导和相关职能部门的支持下，贯彻落实《韶关市从事生产经营活动事业单位改革工作领导小组关于印发〈韶关市市直从事生产经营活动事业单位改革方案〉通知》精神，推进并完成市建筑设计院和市测绘所转企改制工作，相继成立韶关市建筑设计院有限公司和韶关市城市建设发展服务有限公司。完成改制建立一支高素质的企业团队，建立现代企业制度。

（杨伟剑）

勘察设计

【概况】 2022年，韶关市有勘察设计企业38家，从业人员1380人，工程勘察设计新签合同933个；通过日常监督检查，全年有1家勘察设计企业获得“建筑业优秀诚信企业AAA级”称号，数量增长100%；有6家企业获得“建筑业优秀诚信企业AA级”称号，数量增长50%。韶关市住建管理局组织完成建设工程大中型项目初步设计审查累计8宗。韶关市有建筑设计企业乙级（由广东省住房和城乡建设厅或住房城乡建设部审批）以上资质7家，分别是韶关市水利水电勘测设计咨询有限公司、韶关市建筑设计院、韶关市擎能设计有限公司、韶关市城规规划设计有限公司、广东中颢工程设计有限公司、卓进设计有限公司、广东韶钢工程技术有限公司。韶关市有勘察企业乙级（由广东省住房和城乡建设厅或住房城乡建设部审批）以上资质7家。分别是韶关市地质工程勘察院、韶关市翔宏公路勘察设计有限公司、韶关市水利水电勘测设计咨询有限公司、韶关市擎能设计有限公司、韶关市恒邦地质工程有限公司、韶关市建筑设计院、广东华水工程勘察设计有限公司。韶关市有监理企业乙级（由广东省住房和城乡建设厅或住房城乡建设部审批）以上资质11家。分别是韶关市工程建设监理有限公司、广东雄厦工程技术有限公司（已迁到广州不属于韶关）、广东志达建设监理有限公司、韶关市方安电力工程监理有限公司、韶关市悦俊工程建设监理有限公司、广东轩诚建筑工程有限公司、韶关市信成建设监理有限公司、南雄市建设监理有限公司、粤北建设工程有限公司、韶关市新城兴建筑工程有限公司、广东宏东建筑工程有限公司。

【全市勘察设计质量检查】 2022年，韶关市开展全市勘察设计质量检查工作，通过广东省房屋市政工程施工图审查管理系统随机抽查项目42宗，实地督查各县（市、区）、高新区及华南装备园项目12个，配合省住建厅抽查项目6个。9月，韶关市印发《关于开展韶关市2022年房屋建筑和市政基础设施工程勘察设计质量、招投标活动、施工许可管理及发承包行为检查工作的通知》，部署开展全市勘察设计质量检查工作，各级住建部门以线上系统抽查，实地督导检查，回头看核查三步走方式，对项目落实工程勘察设计有关法律、法规、规章和规范性文件情况进行专项整治、巩固提升。检查中发现1条涉嫌违规的项目线索，市住建管理局已将相关检查结果发送至设计单位、审图机构，并按规定处理。

【韶关地质工程勘察院有限公司】 韶关地质工程勘察院有限公司成立于1990年，隶属广东省地质局第三地质大队。持有国家相关部门颁发的工程勘察专业类（岩土工程）甲级；地质灾害评估甲级、地质灾害勘查甲级、地质灾害设计甲级、测绘资质甲级。2022年，韶关地质工程勘察院有限公司有员工400多人，其中正高级工程师2人、高级工程师100余人、工程师150余名。岩土、结构、监理、造价、建筑、市政、安全等专业的注册工程师共20多人。是年，韶关地质工程勘察院被认定为国家高新技术企业。注册资本309.1万元，2022年"品尚公寓"项目获得"清远市优秀工程勘察设计一等奖"。

【韶关市建筑设计院有限公司】 韶关市建筑设计院有限公司于1983年成立，系韶关市住房和城乡建设管理局托管的国有独资公司。系韶关市本土唯一一家从事工业与民用建筑设计的国家甲级设计院。有在职职工98人。韶关市建筑设计院有限公司注册有韶关市建筑设计院、韶关市工程建设监理有限公司、韶关市山河建筑工程施工图设计文件审查有限公司三家公司，拥有民用建筑工程甲级资质，勘察劳务、岩土工程勘察乙级资质等多套资质。1985年以来，该院有20多项建筑工程被省、市评为勘察、设计表扬奖和优秀设计奖。2022年5月24日，该院完成"韶关市建筑设计院有限公司"的工商登记，由事业单位转为国有企业。2022年，韶关市建筑设计院有限公司维护好公司注册的韶关市建筑设计院、韶关市工程建设监理有限公司、韶关市山河建筑工程施工图设计文件审查有限公司三家公司资质：民用建筑工程甲级资质，勘察劳务、岩土工程勘察乙级资质，市政公用工程监理乙级资质，人防监理丙级资质，地质灾害治理工程监理丙级资质，一类房屋建筑（不含超限高）工程施工图设计审查资质。全年完成韶关市工程建设监理有限公司房屋建筑工程监理甲级资质延续工作。先后到水投、城投、交旅投和南雄教育局等单位联系业务。开展的项目有韶关市宝铁建设科技有限公司厂房和办公楼项目、南雄市国有资产投资有限责任公司肉猪养殖建筑项目、乳源瑶族自治县乳城镇人民政府大群村委新村片区市政工程项目、南雄市学府雅居项目、仁化县汇盛豪苑二期项目、曲江区新时代·天宸花园项目等。

施工管理

【概况】 2022年，韶关市办理施工许可361宗，减少4.5%，完成建筑面积665.49万平方米，下降8.42%，投资额159.96亿元，增长13.76%。其中，由本地施工企业承建的项目184宗，总造价55.36亿元；由外地施工企业承建的项目177宗，总造价104.6亿元。截至年底，全市在建项目494项，总建筑面积1808万平方米，全市竣工验收项目357项，一次验收合格率100%，安全监督覆盖率100%，起重机检测率100%。是年，韶关市实行施工图联合审图制度、施工许可分阶段办理、造价改革等改革系统试点，提高审图效率，杜绝"人情审图""面子审图"等行为，增加审查透明度、审批效率、造价服务的社会效应，强化韶关市工程勘察设计、施工许可、造价管理等质量管控力度。开展消防设计质量抽查工作，并试行勘察设计、施工许可、招投标活动及发承包行为专项等检查工作。

【工程造价管理】 2022年，韶关市继续加强建设工程造价市场监督管理、规范造价咨询行为和引导造价咨询工作者树立主体责任等工作。全市有100家造价咨询企业参与韶关市诚信综合评价，审核企业上报内容324条，诚信综合评价结果每月自动生成并公示。开展造价成果文件偏差率超过规定的调查工作。依照相关规定和条例，对31个项目每季度发出《关于调查工程造价文件质量偏差率的通知》。开展工程造价改革试点工作。推进"引导试点项目创新计价方式、完善工程信息平台建设，创新工程计价信息发布机制"等6项改革清单的落实。对建设项目工程造价管理与工程造价咨询开展绩效评价工作。讨论《造价管理绩效评价表》的指标制定、量化结果、成果应用等问题，推进造价试点项目改革任务实施。韶关市造价站计价解释回复30项，及时妥善解决施工单位、建设单位和咨询企业在造价、合同等方面上的争议。开展工程造价指标指数测算发布工作。做好案例指标分析，完成29个项目的建安成本综合指标计算、分析、编制、发布工作和296个工程量清单综合单价计算、分析、编制、发布工作，以及更新105个不同种类规模项目的指标分析系统的案例。

【工程招投标管理】 2022年，韶关市住建部门印发《广东省韶关市房屋建筑和市政基础设施工程施工招标文件示范文本（SGZB—202201）》，对部分条款进行细化和完善。2022年，韶关市监管进入市公共资源交易中心交易的房建和市政工程163项，中标金额17.49亿元。办理诚信登记工程招标代理机构22家，其中本地4家，韶关市外18家。

【工程建设监理管理】 2022年，韶关市有监理企业17家，从业人员357人；新开工建设工程监理项目192个；通过日常监督检查，全年有4家监理企业获得"建筑业优秀诚信企业AAA级"称号；2家企业获得"建筑业优秀诚信企业AA级"称号。

【工程安全质量监督】 2022年，韶关市共有受监工程494项，总面积1808万平方米，其中，市区新报监工程项目26项，建筑面积75.22万平方米，工程造价15.01亿元，受监率100%。办理竣工验收工程46项，建筑面积143.04万平方米，工程造价43.87亿元，所有竣工项目均按规定设置永久性竣工标识牌。全年建设工程监督项目获得：广东省建设工程金匠奖4项，广东省建设工程优质奖6项，广东省建设工程优质结构奖11项，广东省市政优良样板工程2项，广东省房屋市政工程安全生产文明施工示范工地6项，广东省市政工程安全生产文明施工示范工地4项；韶关市建设工程优质奖20项，韶关市建设工程优质结构奖26项，韶关市房屋市政工程安全生产文明施工示范工地35项。做好工程质量工作，抓好工程质量管理终身责任制。督促落实建设各方主体的质量安全责任，强化建设单位的首要责任。抓好工程质量检查和各类专项治理，消除隐患，防范质量事故发生，确保工程质量水平稳中有升，针对民生和市区提升工程、重点建设项目等项目，通过建立工程质量安全工作定期督查、巡查制度、实行工程全过程重点监管、加大工程技术服务等措施，确保重点项目质量安全。组织开展建筑工程"质量月"活动，围绕质量强市工作目标，以建设工程质量法律、法规、技术规范标准为主要内容。开展质量月现场观摩会，以样板引路方式，剖析问题难点。出台《韶关市住房和城乡建设管理局关于开展住宅工程质量常见问题专项治理行动的通知》，重点治理住宅工程中的渗漏、裂缝、给排水、电气、节能方面影响使用功能的质量常见问题，加快推进住宅工程质量通病防治。

【韶关市2021年度优秀诚信AAA级、AA级企业】 2022年1月26日，根据《韶关市住建管理局关于加强我市建筑行业企业及注册执业人员诚信管理的通知》（韶市建字〔2020〕226号）规定，为鼓励韶关市建筑业企业在市场活动中的诚实守信行为，现将韶关市连续12个月诚信考评等级为AAA级、AA级的企业予以公布，其中广东省第五建筑工程有限公司等24家企业诚信考评等级为AAA级，授予"韶关市2021年度建筑业优秀诚信企业AAA级"称号，韶关市鹏成建筑工程有限公司等54家企业诚信考评等级为AA级，授予"韶关市2021年度建筑业优秀诚信企业AAA级"称号。 （谢　莹）

建筑市场管理

【概况】 2022年，韶关市执行建筑市场活动的"双随机、一公开"抽查工作，先后开展建筑工程承发包市场活动的实地检查项目3宗（涉及市场主体22家），办理施工许可361宗，投资额共计159.96亿元。办理工程竣工验收备案46宗。对政府投资项目实行储备库管理，韶关市代建局全年承担政府投资建设项目30个，完成固定资产投资9亿元，固定资产投资目标完成率达117.7%。全年完成项目招标采购11次。政府投资告知承诺类项目审批时间压缩至40个工作日内，社会投资简易低风险项目审批总时限压缩至20个工作日内。累计抽查在建房屋建筑工程项目36个。完成散装水泥供应量516.69万吨。实施建设工程消防设计审查验收工作，累计抽查在建房屋建筑工程项目7个。

【建筑业检查】 2022年3月7日，韶关市印发实施《关于进一步扶持建筑业发展的意见》，具体提出三点意见，支持有条件的县（市、区）进行建筑业总部经济试点，加大项目服务支持力度；欢迎施工总承包资质等级一级以上的市外建筑企业将其具备建筑业资质的独立法人公司迁入韶关市。2022年，韶关市执行建筑市场活动的"双随机、一公开"抽查工作，先后开展建筑工程承发包市场活动的实地检查项目3宗（涉及市场主体22家），开展抽查对资质内的本地建筑业企业工程勘察设计监理造价咨询企业等5家，开展企业业绩现场核查工作22次。

【建筑工程管理】 2022年，韶关市办理施工许可361宗，投资额159.96亿元。其中，由本地施工企业承建的项目184宗，总造价55.36亿元；由外地施工企业承建的项目177宗，总造价104.6亿元。是年，办理工程竣工验收备案46宗，消防验收20宗、消防备案6宗。把好入口审查关。结合项目的实际情况，与建设单位对接，审查各类申请资料中的每一个数据、每一个签字、每一个印章，确保申请资料与项目实际情况相符，能经得起时间的考验。把好介入服务关。在每一个项目开工前，参与建设单位组织安全技术交底，与建设各方对接施工中的难点、易漏点，防止人为因素降低工程质量。把好质量评定关。在项目验收前，查阅相关资料，翻阅图纸，了解项目的相关情况。全时跟踪问题整改情况，督促建设单位及时抓好整改，确保问题及时清零。

【政府投资工程建设管理】 2022年，韶关市对政府投资项目实行储备库管理，韶关市代建局全年承担政府投资建设项目30个，其中省市重点项目8个，前期项目7个，在建项目13个，建成项目10个，完成固定资产投资9亿元，固定资产投资目标完成率117.7%。全年全市政府投资工程项目获得各级工程类奖项6项。其中，韶关市风度小学项目获得2022年度广东省建设工程优质奖、2022年度韶关市建设工程优质奖；韶关市武江市政工程项目［韶关市丹霞大道北（原芙蓉大道北）道路工程］，韶关市棚户区改造田螺冲安置区市政道路三期工程，韶关市东田一路、国田三路三期工程获得2022年度韶关市建设工程优质奖；韶州体育公园及配套工程项目获得2022年第一批韶关市建设工程优质结构奖。全年召开安全生产工作领导小组会议4次，开展安全生产大检查7次，在建项目全部安全渡汛，3个项目通过韶关市房屋市政工程安全生产文明施工示范工地评审。其中，韶关市丹霞大桥（原金凤大桥暨上铙桥）建设工程通过2022年上半年韶关市房屋市政工程安全生产文明施工示范工地初评；韶关市公安监管中心及配套市政工程项目通过2022年上半年韶关市房屋市政工程安全生产文明施工示范工地复评；韶关市武江市政工程项目［韶关市教育路（原教育路西延线）道路工程］通过2022年下半年韶关市房屋市政工程安全生产文明施工示范工地复评。全年完成项目招标采购11次，其中施工招标5次，服务类招标4次，政府采购2次；完成参建单位选取交易72次，其中在广东省网上中介服务超市完成选取交易26次，在韶关市网上中介服务超市完成选取交易46次。全年共开展农民工工资专项检查4次，丹霞大桥、广东韶关健康职业学院项目、韶关市中医院（原广东韶州人民医院）建设项目等3个项目被评为"保障农民工工资支付工作示范点"。粤北人民医院医疗中心建设项目新建建筑面积 10.52 万平方米，改造建筑面积 7.01 万平方米，总投资 10.71 亿元。截至 2022 年 12 月底，完成施工图设计，进行预算编制。粤北区域高水平疾病控制中心综合实验大楼建设项目建筑面积 1.02 万平方米，总投资 1.71 亿元。截至 2022 年 12 月底，完成初步设计，进行施工图设计。芙蓉消防站及新消防指挥中心项目建筑面积 1.45 万平方米，总投资 1 亿元。截至 2022 年 12 月底，完成施工图设计和预算编制，进行施工招标。丹霞大桥项目主线全长 937 米，双向六车道，其中桥梁长度 475 米，宽度 28.5 米，总投资 4.67 亿元。于 2020 年 10 月动工建设，截至 2022 年 12 月底，进行梁桩基础、承台施工。韶关市第一人民医院迁建项目建筑面积 13.22 万平方米，总投资 10 亿元。于 2019 年 5 月动工建设，截至 2022 年 12 月底，完成主体封顶，进行装饰装修工程施工。韶关市中医院（原广东韶州人民医院）建设项目建筑面积 11.85 万平方米，总投资 7.58 亿元。于 2020 年 4 月动工建设，截至 2022 年 12 月底，完成主体封顶，进行装饰装修工程施工。广东韶关健康职业学院项目建筑面积 18.62 万平方米，总投资 6.88 亿元。于 2020 年 11 月动工建设，截至 2022 年 12 月底，完成 21 栋单体建筑主体封顶，进行装饰装修工程施工。韶关市第一中学扩建项目建筑面积 1.11 万平方米，总投资 5520.20 万元。于 2022 年 5 月动工建设，截至 2022 年 12 月底，进行主体施工。韶关学院医学院（韶乐园）学生宿舍建设项目建筑面积 1.11 万平方米，总投资 6148.57 万元，于 2022 年 12 月底动工建设。韶关市公安监管中心及配套市政工程项目建筑面积 7.29 万平方米，总投资 4.77 亿元。于 2021 年 7 月动工建设，截至 2022 年 12 月底，完成主体封顶，进行装饰装修工程施工。韶关市方舱医院项目位于韶关市国际会展中心，建筑面积 2.53 万平方米，设 800 个床位，总投资 3000 万元。项目采用标准化设计，通过工厂预制加工、现场拼装的方式实现快速建造，于 2022 年 3 月底正式开工，4 月底完工移交。韶州体育中心体育馆落成位于韶州大桥西侧、韶州大道南侧、南邻北江，建筑面积 3.78 万平方米，总投资 6.64 亿元，为广东省第十三届中学生运动会的主场馆，于 2020 年 8 月动工建设，体育馆于 2022 年 5 月建成。乐业路上跨京广铁路桥梁工程起于乐业路与乐助路交叉口，向东跨越京广铁路、莲花大道后，落地与莲花大道平面交会，全长 864 米，其中桥梁长度 387 米，双向四车道，总投资 1.67 亿元，于 2020 年 6 月动工建设，2022 年 4 月底建成通车。教育路西接移山路，东接教育东路，双向四车道，全长为 2.49 千米，总投资 3.22 亿元，于 2020 年 8 月动工建设，2022 年 12 月全线通车。（赖少颖）

【建设工程行政审批服务】 2022 年，韶关市深化工程建设项目审批制度改革，提升办理工程建设项目便利度，压减工程建设项目审批时限。政府投资告知承诺类项目审批时间压缩至 40 个工作日内，社会投资简易低风险项目审批总时限压缩至 20 个工作日内。工程行政审批工作做到精简审批流程、完善审批管理体系，继续实施工程建设项目实行风险等级分类改革，分阶段办理施工许可证，“拿地即开工”等改革。细化本地区工程建设项目分类，推行投资项目审批“不见面”在线办理和告知承诺制；推出社会投资简易低风险项目审批流程和配套措施。

【建筑原材料监管】 2022 年，韶关市住房和城乡建设管理局委托第三方检测机构对全市在建房屋建筑工程开展实体质量抽查检测，对混凝土生产企业的原材料及产品质量累计抽查检测。累计抽查在建房屋建筑工程项目 36 个，抽查混凝土生产企业 13 家，抽查原材料及混凝土产品 94 批次。

【散装水泥应用】 2022 年，韶关市完成散装水泥供应量 516.69 万吨，预拌混凝土使用量 450.55 万立方米，预拌砂浆使用量 10.52 万吨。做好对预拌混凝土企业的监督指导工作，不定期组织到预拌混凝土（砂浆）生产企业，督促企业落实绿色生产和安全生产主体责任；加强对预拌混凝土（砂浆）质量的管控；开展对预拌混凝土企业生产、运输、使用各环节违法违规行为的查处工作；建立协调联动工作机制，累计出动 50 人次，对市区 20 多个在建工程项目开展“禁现”巡查。

【建筑工程消防管理】 2022 年，韶关市住房和城乡建设管理局实施建设工程消防设计审查验收工作，做到应办尽办、程序合法、过程透明。加强消防安全监管，委托第三方检测机构开展韶关市建设工程消防产品抽测工作，累计抽查在建房屋建筑工程项目 7 个，抽查消防产品 30 组。检查出 12 组消防产品单项指标不合格。

【装配式建筑】 2022 年，韶关市新建装配式建筑面积 123.5 万平方米，竣工装配式建筑面积 89.47 万平方米，装配式建筑占新增建筑面积的比例达到 18.56%。推广应用装配式建筑。推行工程总承包，在政策激励、保证金缴纳、财税金融扶持、公积金奖励等方面制定具体措施。截至年底，韶关市装配式率 23%。

【绿色建筑】 2022 年，韶关市新开工绿色建筑面积 440.5 万平方米，占比 66.19%，其中星级以上新开工绿色建筑面积 124.64 万平方米，占比 28.29%；城镇竣工绿色建筑面积 304.13 万平方米，占比 42.20%。编制韶关市绿色建筑与绿色建材产业发展规划研究，完成韶关市绿色建筑发展专项规划大纲。全市新开工绿色建筑面积 440.5 万平方米，其中基本级 213.98 万平方米、一星级 102.90 万平方米、二星级 21.74 万平方米。对全市部分民用建筑 2021 年度能源资源消耗情况开展统计调查公示工作，其中国家机关办公建筑 206 栋，大型公共建筑 17 栋，中小型公共建筑 85 栋，居住建筑 184 栋，行政村 16 个。将绿色建筑占新建建筑比例工作纳入对各县（市、区）绩效考核工作，组织开展绿色建筑为主题的政策法规培训。

【混凝土搅拌企业管理】 2022年，韶关市有预拌混凝土专业承包不分等级资质企业31家，有预拌混凝土企业有31家，年产量432.5万立方米，预拌砂浆产量8.25万立方米，从业人员1976人。市区(含曲江区)有预拌混凝土企业13家，设计产能1280万立方米。全年市区预拌混凝土供应量171.79万立方米。韶关市住建房和城乡建设管理局对辖区31家获证预拌混凝土生产企业开展专项监督抽样检查。抽检执法人员通过查阅资料、现场试验取样等方式，检查辖区获证预拌混凝土生产企业的资质管理、原材料管理、配合比设计等相关管控措施。抽查企业9家，其中预拌混凝土企业8家、干混砂浆企业1家。抽检执法人员检查辖区获证预拌混凝土生产企业的资质管理、原材料管理、配合比设计等相关管控措施。从总体情况看，各相关企业能够贯彻落实国家、省、市有关规定、执行相关标准，大部分受检企业质量管理体系运行良好，生产、运营正常。同时也发现一些问题，需加大工作力度，进行整改。要求预拌混凝土(砂浆)生产企业加强监督管理，强化质量管理体系建设，完善原材料的追溯管理机制。

【建筑企业信用宣贯】 2022年9月，韶关市住房和城乡建设管理局到市建筑协会向建筑企业开展信用宣传贯彻，并讨论优化《韶关市住建管理局关于加强我市建筑行业企业及注册执业人员诚信管理的通知》文件。自信用诚信管理应用以来，办理建筑业诚信登记企业1001家（其中企业诚信综合考评906家，造价咨询企业诚信考评95家），诚信登记注册人员3873名。韶关市在2021年度有25家企业获得“优秀诚信AAA级施工企业”称号，54家企业获得“优秀诚信AA级施工企业”称号。市住建管理局将相关建筑企业与物业企业的诚信动态评级结果，分别运用到依法公开招标的项目、韶关市公共资源交易中心、韶关市建筑工人劳务管理信息平台、韶关市建设工程质量检测监管系统等，将诚信体系等级或分值与招标挂钩，实现联动监管体系。

（谢　莹）

重点建筑公司选介

【概况】 2022年，韶关市建筑公司主要有广东省第五建筑工程有限公司、韶关市第一建筑工程有限公司、中铁五局四公司等。广东省第五建筑工程有限公司年产值12.2亿元，上缴税收7064万元；韶关市第一建筑工程有限公司年产值6.08亿元，上缴税收4134万元；中铁五局四公司在韶入统建筑业总产值39.52亿元，贡献国民生产总值9.6亿元。

【广东第五建筑工程有限公司】 2022年，广东省第五建筑工程有限公司（简称广东省五建）年产值12.2亿元，上缴税收7064万元，全年未发生重大质量和安全责任事故和重大的环境污染事故。是年，广东省五建获全国建筑业AAA级信用企业、2022年度全国工程建设诚信典型企业、全国施工企业AAA级信用企业、七星级施工企业、广东省守合同重信用5A级企业、韶关老字号企业、广东省建筑业AAA级信用企业、韶关市建筑业信誉AAA级企业、2021年度纳税信用A级企业等荣誉和称号。公司承建的风度小学项目、南雄黎灿小学项目获评“广东省建设工程金匠奖”；市妇幼保健院专家楼项目、乳源综合安置房（二期）项目、张九龄纪念公园项目、星汇商业广场项目获“广东省建设工程优质结构奖”；市妇幼保健院专家楼项目、高新区标准厂房（首期）项目获“广东省房屋市政工程安全生产施工示范工地”；市新区地下综合管廊项目获“广东省市政工程安全文明施工示范工地”。

（朱　莹）

【韶关市第一建筑工程有限公司】 2022年，韶关市第一建筑工程有限公司（简称韶关市一建）年产值6.08亿元，上缴税收4134万元，全年未发生重大质量和安全责任事故和重大的环境污染事故。获得广东省市政行业协会先进单位（2022年度），广东省建筑业AAA级信用企业、韶关市建筑业信誉AAA级企业、2022年度纳税信用A级企业，2022年度民兵建设先进企业(武江区住建局)、抗洪救灾爱心企业（浈江区住建局)、2022年度热心公益事业企业(武江区住建局)、2022年度营业收入超10亿元证书等荣誉和称号。承建2022年上半年韶关市房屋市政工程安全生产文明施工示范工地[韶华科技厂房及配套设施建设项目（一期)10号、11号倒班宿舍]；获韶关市建设工程优质奖(仁化县域生活污水处理厂及污水管网升级改造工程PPP项目Ⅰ标段——仁化县城污水处理厂二期工程)、2022年度广东省市政工程建设优秀QC小组活动成果三等奖。

【中铁五局集团第四工程有限责任公司】 中铁五局四公司（简称中铁五局四公司）成立于1964年10月，1980年参与修建衡(阳)广(州)铁路复线时在韶关落户至今，企业注册资本金5.1亿元，总资产50亿元，是“中国中铁”旗下的国有综合性大型一级施工企业。2022年，中铁五局四公司在韶入统建筑业总产值39.52亿元，贡献GDP9.6亿元。是韶关市建筑业信誉AAA级企业、2022年度纳税信用A级企业，参与2022年6月洪灾紧急驰援京广线抢险。 （杨伟剑）

商贸服务业

商贸流通

【概况】 2022年，韶关批发和零售业增加值112.46亿元，比2021年下降1.2%，占地区生产总值比重7.2%。引进大型商业综合体，优化商业网点布局。连锁经营行业历经新冠疫情冲击，经营额有所下降，部分企业经营困难。

【商业综合体】 2022年，韶关市韶关保利广场、碧桂园太阳城碧城广场、君临新天地广场相继开业，摩尔城实现部分开业，富康广场完成主体建设，中骏世界城建设进度达到预期。推进韶关市特色步行街(商圈)创建，改造提升百年东街省级示范特色步行街消费环境。（刘生群）

【连锁经营】 2022年，韶关市摩尔城商业综合体未能如期全面开业营运；Spar嘉荣、优衣库、九毛九等国内外知名连锁品牌新进入驻韶关，大润发、沃尔玛、国美、苏宁、京东、美宜佳、天福、大参林、益丰药房、中影影城、百胜、麦当劳、六福珠宝、尚品宅配、小米之家、万达影城、希尔顿酒店、丽枫酒店、维也纳酒店、城市便捷酒店、如家酒店、铂越酒店等国内外知名连锁商业企业在韶关持续发展，部分企业新增连锁经营门店；爱心药房、东明超市、惠福超市、宏昌百

2022年韶关市十大批发零售贸易企业一览表

表22

序号	企业名称	行业类别	2022年销售额（亿元）
1	中国石化销售股份有限公司广东韶关石油分公司	批发业	61.50
2	广东烟草韶关市有限公司	批发业	56.97
3	韶关市中金岭南营销有限公司	批发业	55.45
4	乳源瑞丰贸易有限公司	批发业	51.77
5	中国石油天然气股份有限公司广东韶关销售分公司	批发业	31.22
6	韶关弘格贸易有限公司	批发业	19.70
7	欧冶链金（韶关）再生资源有限公司	批发业	19.04
8	广东爱心大药房连锁有限公司	零售业	4.83
9	韶关市荣晖汽车贸易有限公司	零售业	3.42
10	韶关市大润发商业有限公司	零售业	2.85

（资料来源：市商务局）

货、诺庭酒店、本岛餐饮、恒胜餐饮、杨殷奇华饼家、新星源电讯、小康生活、众孝健康等本土连锁企业推进城乡网点布局。全市连锁经营业态不断丰富，逐渐从单纯的快消零售向服务业领域拓展。服务行业的连锁经营发展迅猛，从餐饮、住宿、速递、影印、洗染、美容美发、教育培训，向休闲娱乐、电子通信、建筑家装、汽车养护、医疗康养、母婴护理、宠物服务等领域发展；连锁经营逐渐从百货商场、大型超市向社区便利店、社区生鲜店等业态延伸，打造15分钟生活服务便民商圈，建设宜居宜业宜游城市。

【老字号】 2022年，按照《韶关老字号评定规范》(T/SGA001—2020)团体标准，韶关市商务局组织开展韶关市首批"韶关老字号"申报工作，经公开申报、正式评审(实地查验和专家集中评审)、征求部门意见等程序，初步评出首批"韶关老字号"企业(商户)21家予以公示并上报省委、省政府。

【农贸市场管理】 2022年，韶关市市场监督管理局深入推进全市农贸市场升级改造和综合治理工作，突出食品安全监管，突出产品质量监管，健全长效管理机制，着力营造环境整洁、划行归市、亮照经营、文明守法、食品安全、消费安全、秩序井然的市场环境。全市共有4家市场(南雄市光明市场、新城市场，始兴县司前市场、澄江市场)列入省政府民生实事的农贸市场，升级改造在7月底完工并通过验收。全市累计完成127个农贸(圩日)市场升级改造。

【夜间经济】 2022年，韶关市人民政府印发《韶关市2022年促进消费若干措施》《韶关市创建区域消费中心城市实施方案》，统筹财政资金5500万元在全市开展消费券和家电"以旧换新"活动，全市超3000家商贸企业(门店)参与，消费券核销率97%，直接带动销售额4.3亿元。市商务局印发《韶关市打造浈江区夜间经济示范街区(商圈)专项试点工作方案》，依托百年东街、步行街等商圈载体，围绕"精彩夜市、风味夜食、品质夜购、活力夜娱、魅力夜游、时尚夜秀"等主题，打造夜间经济示范街区，培育经济增长新动能。支持百年东街发挥"省级示范步行街"品牌效应，培育发展夜间"游购娱、吃住行"新业态；武江区围绕"夜游、夜食、夜购"创新打造孟洲坝夜市，发展成高峰时期客流超过4.5万人次的"网红打卡点"，做法成效被多家中央、省、市主流媒体报道。

2022年3月14日，风度名城商业街获评"放心消费承诺示范街区"。图为风度名城商业街夜景 (张育明 摄)

【百货批发零售】 2022年，韶关市批发零售业实现销售额998.16亿元，比2021年下降1.9%。其中，批发业实现销售额709.88亿元，下降3.3%；零售业实现销售额288.28亿元，增长2.7%。全市限额以上批发零售企业实现销售706.2亿元，占全市批发零售业销售总额的70.8%；当年新增限额以上批发零售企业58家，截至2022年年底，全市有限额以上批发零售企业475家，其中批发企业264家、零售企业211家；年销售额超亿元以上的批发零售企业94家，其中批发企业68家、零售企业26家。 (刘生群)

【汽车销售处置】 2022年，韶关市做好新车、二手车、报废机动车回收等市场流通管理。经商务部门备案的新车经销商40家，新车销售额43.05亿元，销售量2.23万辆；经商务部门备案的二手车交易市场经营者26家，交易量5.07万辆；取得报废机动车回收拆解资质认定的企业2家，回收拆解机动车4.26万辆。

(何新锐)

【君临·新天地广场开业】 2022年1月22日，位于韶关武江区西河商圈、城市主动脉丹霞大道北的君临•新天地广场开业季式启动，这也是北京路天河城团队通过管理输出的模式首次落子韶关，与韶关市坤泽房地产展开合作的项目。君临•新天地广场更契合临近的春节假期，开展"非遗过大年•文化进万家"新春嘉年华，活动持续到2月7日。韶关君临•新天地，由韶关市坤泽房地产开发有限公司约投资30亿元打造集商业步行街、大型购物中心、高端住宅与酒店，建筑面积50万平方米的城市综合项目。一期商业面积6.3万平方米的商业街区君临•新天地广场开业亮相。整个街区建筑以"中国龙"为基础，加以龙珠配合，呈现龙珠呈祥的建筑外观韶关君临•新天地在内部设计中则以一步一景观、一层一主题的理念，打造主题鲜明的体验式商业空间，开业带来一众餐饮、零售、体验等业态品牌。首层：根据地形的特点，以高低起伏的设计，嵌入肯德基、必胜客、星巴克、茶救星球、将醉Seven Club等餐饮，通过"早C晚A"实现全

2022年1月22日，武江区君临新天地广场开业　　（张伟　摄）

时段美食覆盖，更有华为、名创优品、广信眼镜雅赞家居服等零售补充。M层：为儿童欢乐天地，通过乐汇星电玩、天河乐园、七彩柠檬儿童乐园等丰富的儿童亲子体验，成为家庭欢聚专属区域。二层：在森林主题的场景衬托下，蛙小贰、酒拾烤肉、湘满楼、一头牛炭火烤肉、阿莱泰国大排档等各具特色的餐饮齐聚，在轻松自然环境下多种菜系和口味可供选择。三层：是空中花园，拾柒猫咖、乔八台球俱乐部等品牌配合音乐广场、云型天幕，实现如今盛行的微旅游、微度假。开业季期间，广场内设置100多个展销摊位，邀请非遗项目传承人、韶关本土创业文化青年等进行传统工艺展示及咖啡、甜品、手作等新时代产物的制作体验、销售。其中在君临•新天地三楼，非遗项目展示现场布置始兴宰相粉制作技艺、涂氏水车制作技艺、曲江柴烧陶艺制作技艺、石塘堆花米酒酿造技艺等20个省、市、县级非遗项目展示区。　　（伍雪龙）

住宿餐饮业

【概况】 2022年，韶关市住宿和餐饮业增加值18.22亿元，比2021年下降1.9%，占地区国民生产总值比重1.2%。新增限上住宿企业24家，全市限上住宿业111家。出台《韶关市促进全域旅游发展扶持办法》，将全市24家新增住宿业企业发放奖励金。韶关市餐饮业增加值16.02亿元，比上年下降2.7%。新增限上餐饮企业29家，全市持证且正常经营的餐饮单位总量1.3万家。评选出荷花园酒店等15家“文明诚信餐厅”。印发《韶关市制止餐饮浪费•共建文明餐桌实施指引(试行)》，推广使用“公筷公勺”。

【住宿业】 2022年，韶关市住宿业增加值2.21亿元，比2021年增长4.1%。新增限上住宿企业24家，全市限上住宿业111家。韶关市文化广电旅游体育局出台《韶关市促进全域旅游发展扶持办法》，将广东印雪精舍旅游投资有限公司、韶关市枫和酒店管理有限公司、韶关市宜捷城市精选酒店管理有限公司、韶关市胜品酒店有限公司等24家达到限额以上标准并纳入统计联网直报平台的2022年新增住宿业企业发放奖励金。

【餐饮业】 2022年8月，韶关市餐饮业增加值16.02亿元，比上年下降2.7%。新增限上餐饮企业29家，全市持证且正常经营的餐饮单位总量1.3万家，全口径餐饮企业营业额35.91亿元，下降0.8%。其中，限上餐饮业营业额5.87亿元，增长6.7%。

【“文明诚信餐厅”评选】 2022年8月，韶关市评选出荷花园酒店等15家“文明诚信餐厅”，并在“信用韶关”发布为“红榜”企业。“文明诚信餐厅”评选活动于7月在全市餐饮行业内开展，经各县(市、区)初评推荐、专家评审、公示等程序，最终评选出15家韶关市2022年度“文明诚信餐厅”。8月10日，市商务局举办韶关市2022年度“文明诚信餐厅”授牌暨“文明健康绿色环保生活方式”主题活动，为恒胜等15家韶关市首批“文明诚信餐厅”授牌。活动现场，市餐旅烹饪协会有关负责人向全市餐饮企业发出文明诚信服务倡议，市商务局负责人作相关情况介绍，共同倡导韶关市餐饮企业及市民群众推广使用“公筷公勺”、深化“光盘行动”、共建文明餐桌，推动餐饮行业形成文明、诚信的优良风尚，引导消费者树立“反对浪费崇尚节约”意识。

2022年8月10日，韶关市2022年度“文明诚信餐厅”授牌仪式举行
（市商务局　供图）

韶关市2022年度"文明诚信餐厅"入选名单

表23

序号	入选单位名称	地址
1	韶关市荷花园酒店有限责任公司（荷花园酒店）	韶关市武江区沙湖路28号6号楼二至五层
2	乐昌市碧桂园凤凰酒店有限公司	乐昌市梅乐桥头碧桂园
3	韶关风度置业酒店有限公司（韶关风度华美达广场酒店风度轩中餐厅）	广东省韶关市浈江区解放路1号
4	广东天天见餐饮管理服务有限公司（浈江区风采实验学校食堂）	韶关市浈江区峰前街39号
5	韶关市本岛餐饮有限责任公司（和平路店）	广东省韶关市浈江区风度中路64号
6	广东宝地南华产城发展有限公司（717大食堂）	韶关市曲江区韶钢厂区智慧中心旁
7	仁化县福临酒店	广东省韶关市仁化县丹霞新城肉菜市场12号门店
8	韶关市恒州餐饮有限公司（希尔顿欢朋酒店欢宴、中餐厅）	韶关市浈江区金汇大道3号恒州大厦2、3层
9	韶关市恒胜红事汇餐饮有限公司（恒胜红事汇宴会、酒店）	韶关市曲江区马坝镇狮岩路8号曲江碧桂园3号商业楼03号商铺A区及二层
10	韶关市浈江区恒胜品味餐饮有限公司（中山公园店）	广东省韶关市浈江区园前路2号中山公园后门
11	韶关小岛企业管理有限公司乳源分公司（中餐厅）	广东省韶关市乳源瑶族自治县乳城镇解放北路2号
12	新丰云髻山餐饮管理服务有限公司（新丰云髻山温泉大酒店）	新丰县丰城街道丰城大道西紫城188号
13	韶关市湘满楼饮食管理有限公司（韶关总店）	韶关市武江区百旺路南侧佰旺美食城A栋A101-105、B栋109-B111八间商铺
14	乐昌市（坪石）金鸡宾馆	广东省韶关市乐昌市坪石镇金鸡南路3号
15	韶关市喜笑宴开餐饮管理有限公司（喜笑宴开宴会中心）	乐昌市碧桂路8号乐昌碧桂园凰鸣翠岭凤凰商业中心23号商铺（凤凰商业中心四楼）

（资料来源：市商务局）

【制止餐饮浪费的长效机制建立】 2022年8月30日，韶关市印发《韶关市制止餐饮浪费·共建文明餐桌实施指引（试行）》（以下简称《指引》），推广使用"公筷公勺"，引导市民在餐饮消费过程中践行文明健康绿色环保的生活方式。《指引》分文明诚信服务、绿色安全、理性消费、卫生用餐、健康饮食五部分。《指引》提出，餐饮服务单位必须持证亮照、守法经营；明码标价，不限制最低消费，不搞价格欺诈，自觉遵守价格法律法规及政策规定，遵循公平、公正、合法、诚实、信用原则，自觉维护餐饮业价格秩序；规范管理，重视食品安全。要坚持文明从业、文明服务、微笑服务、热情服务，做到语言文明，礼貌待客。消费者应文明用餐，避免暴饮暴食，控制餐量、控制饮酒，适量点餐。

（黄潮辉）

电子商务

【概况】 2022年，韶关市限额以上批发零售企业通过通过互联网实现的商品销售共计12.42亿元，占1.8%。有37.3%的企业通过网络销售商品，其中有3家企业表示网上销售额占全部销售额的比重为20%—50%，其余企业比重都在20%以下，大部分企业是以传统的模式销售。仁化县周田电商小镇启动运营。全市已建成县级电子商务公共服务中心 7 个，村级电子商务服务点 813 个。实现“一平台 + 多渠道 +N 产品”电商展销模式。截至 2022 年年底，韶关市已有 3 家企业通过跨境电商开展出口业务，实现跨境电商出口 4.59 亿元。对接引入 6 家商超线上微信小程序、官方 App、网上商城等团购平台。强镇富村公司网络销售受阻，主要原因有：销售的产品多为农产品，销售时间短，利润低，网络推广费用难以承担。网络销售的经营、技术人才不足；缺少知名品牌，网络影响力不够。发展线上业务，提升人才、物流配套服务水平。组建专业团队，从策划、培训、技术支持等方面协助有优质产品的强镇富村公司开展线上业务，通过淘宝、京东、抖音等平台进行销售，拓宽销售渠道。招聘、培育一支网络销售队伍，为开展线上业务提供人才保障。

【农村电子商务】 2022 年，韶关市推进电子商务进农村综合示范县创建工作。开展电子商务进农村综合示范工作自查自纠及问题整改工作督导，南雄市、翁源县 2 个国家级示范县专项整改获评“优秀”等次。仁化县、乳源瑶族自治县 2 个省级示范县绩效评估获评“优秀”等次。全年各示范县累计使用专项资金 9065 万元，建设村级电商服务站点 813 个；开展农村电商培训 153 场次，培训电商人才 7259 人次。仁化县周田电商小镇启动运营。加大对韶关市沙田柚、贡柑、鹰嘴桃、柰李等优质农产品的宣传力度，提高网络知名度。完善农村流通基础设施，建立农村仓储基地，发展冷链物流，提高流通效率，为农产品销售提供快捷物流保障。电子商务进农村综合示范县创建工作持续推进，仁化县周田电商小镇启动运营。全市成功争取 6 个国家级、5 个省级电子商务进农村综合示范县，示范县数量位居全省第一，累计争取电子商务进农村综合示范县项目专项资金 1.45 亿元。全市已建成县级电子商务公共服务中心 7 个，村级电子商务服务点 813 个。依托广东省唯一电商小镇试点——周田电商小镇，引入阿里、京东、拼多多等电商直播渠道和省内其他地区农特产品进驻小镇，实现“一平台 + 多渠道 +N 产品”电商展销模式。探索“农户 + 专业合作社 + 企业 + 公司 + 电商平台”模式，推动电商与“三农”深度融合。

【直播电商】 2022 年，韶关市商务局指导各县（市、区）举办直播大赛，其中，乳源瑶族自治县举办“粤北甄选•魅力瑶乡”电商直播大赛。本次大赛分为学生和社会两个赛道，共 18 支团队 60 人参赛，每支参赛团队从大赛产品库（乳源电商企业店）里的本县农特产品上架至账号橱窗，直播时自主上架至抖音小黄车，比赛期间通过报名时提供的平台账号进行直播销售比拼，直播销售比拼时间为 15 天。比拼根据多维度进行综合评分，评出社会、学生赛道一等奖团队各 1 个，二等奖团队各 2 个，三等奖团队各 3 个，优秀奖团队各 2 个，均获得资金及授予“乳源县好物推荐官”和“校园直播新星”等称号。活动通过电商直播大赛的形式为本土电商人才提供实战机会，充实本土电商直播力量，加强本土电商人才建设，提高电商直播在群众中的覆盖面、参与率、知晓率和认可度，拓宽农产品销售渠道增加农民收入，农村电商已成为乳源县促进乡村振兴的新方式。

2022 年 7 月 2 日，韶关市组织本地企业参加 2022 年第二届跨境电商综试区发展高峰论坛暨 ICBE 广州跨境电商交易博览会。图为广东韶能集团绿洲科技发展有限公司参展（市商务局　供图）

【网络电商】 2022 年，韶关市对接引入宏昌百货、嘉荣超市、东明优选等 6 家商超线上微信小程序、官方 APP、网上商城等团购平台，通过“线上团购 + 异地分拣 + 平台直送”的模式，打通“线上店”对“社区团”的直供链条，确保市区部分区域临时性强化管理期间线上生活的物资渠道通畅。

【跨境电商】 2022 年，韶关市以获批国家级跨境电子商务综合试验区为契机，支持电商企业加强海外营销网络建设。谋划跨境电商产业园，规划武江区科创园、浈江区鑫金汇产业园、曲江区亚北冷链物流园 3 个跨境电商线下集聚区。通过 131 届广交会跨境电商专区、2022 年第二届跨境电商综试区发展高峰论坛暨 ICBE 广州跨境电商交易博览会等组织企业布展，宣传推介韶关市跨境电商综试区建设和政策优势，力邀企业到韶关投资兴业。截至 2022 年年底，韶关市已有 3 家企业通过跨境电商开展出口业务，实现跨境电商出口 4.59 亿元。全年累计开展跨境电商培训 42 场，培训 2685 人次。（邓扬亮）

物流业

【概况】 2022年2月12日，韶关市人民政府印发《关于促进我市商贸物流高质量发展的实施意见（试行）》，推出促进韶关市商贸物流高质量发展的“14条”新政，将韶关市打造成高效联通粤港澳大湾区与内地，“南货北运”“北货南运”的区域性商贸物流枢纽节点城市。2022年，韶关市开通粤北地区首条航空运输路线，丹霞机场完成货运吞吐量44.45吨。韶关保税物流中心（B型）建设取得阶段性成果。韶关市物流产业规模持续扩大。全年韶关市交通运输仓储邮政业增加值53.3亿元，较上年减少0.22亿元；当年涉及交通运输仓储邮政业的固定资产投资为51.16亿元，较上年下降31.7%。韶关段铁路承运货量（上行量）392.6万吨，减少9.8%，发送的物资主要是铁矿、煤炭、钢材等大宗商品。全年水运货运量3153.6万吨，下降14.6%；货物周转量70.69亿吨千米，下降12.5%。全年公路货运量5474.33万吨，下降3.3%；货运周转量78.56亿吨千米，下降2.8%。至2022年底，韶关市道路货物运输经营业户2615家（其中普货运输企业763家、个体户1827家；危运企业25家），道路货物运输车辆保有量10407辆（其中，普货运输车辆9819辆，核定吨位14.93万吨；危运车辆588辆）。全市物流运输服务能力提高，初步形成以水泥、煤炭、（非）金属矿石、硫酸、粮食、木材、重大件、集装箱等为主的大宗物流，以钢铁、机械装备、汽车、液压油缸、金属铸锻、烟草、玩具及纺织服装为主的生产物流，以蔬菜、水果、畜禽、鱼等农产品为主的冷链物流。物流市场主体快速发展。全市各类物流企业发展至352户，通过外引内培，培育、壮大物流市场主体，中国邮政速递物流、德邦物流、顺通物流落户韶关，韶峰物流、东阳光物流、汇通物流、雪印冷链物流、亚北冷链物流、天韶冷链物流、广东韶关保税物流、乳峰物流等一批本土物流企业快速成长，成为韶关市物流业发展主力军。

【商贸物流设施建设】 2022年，韶关市加快打造专业交易平台，促进商贸物流集聚发展：盛景农副产品批发市场、粤北农产品流通产业中心等重点商贸项目等超亿元项目签约落户韶关，华南农产品交易中心（三期）、禽畜批发市场等重点农产品专业批发市场项目签约当年就启动建设，天韶冷链物流园二期等大型冷链物流园建成运营，以及原有的华南农产品交易中心（一期、二期水果蔬菜批发市场）、东联水产批发市场、鑫金汇财富广场等大型商业交易市场营运发展，初步形成莲花大道商贸物流产业带和粤北农副产品专业市场产业群，产业集聚效应日益明显。韶关新区重点商贸物流项目亚琦国际商贸城、兴顺佳冷链物流配送中心等项目建设如期推进，保利广场、碧城广场、君临新天地广场等新建商业综合体建成运营，新区商贸物流设施完善。组织开展县域商业体系建设行动，组织仁化县、南雄市2个县（市）成功创建为广东省第一批国家县域商业建设行动示范县，争取中央扶持资金2160万元。争取省级资金125万元支持省级示范步行街（商圈）百年东街开展改造提升，完成第三批城区农贸市场升级改造、评级奖补工作。（郑湘琳）

【物流园区建设】 2022年，广东供销天韶冷链物流园二期等大型冷链物流园建成运营，天瀚冷链物流产业园项目洽谈推进。完成广东中烟物流园项目开园。初步形成莲花大道商贸物流产业带。广东供销天韶冷链物流园二期（浈江）完成投资额2.15亿元，总建筑面积5.63万平方米，总库容量5.5万吨；天江冷链物流园（曲江）、天仁冷链物流园（仁化）、天畅冷链物流园（乐昌）等大型冷链物流园区建设取得阶段性成果，计划投资总额7亿元，总建筑面积合计9万平方米；天瀚冷链物流产业园项目洽谈推进。广东中烟物流基地项目完成投资8亿元，新建总建筑面积19.19万平方米，最大存储片烟8500万千克。

【港航物流】 2022年，韶关市有港口码头企业4家，其中货运码头3家，旅游客运码头1家；全市有航运企业18家，其中普通货船运输企业17家，旅游客运企业1家。全年全市有营运船舶800艘，其中普通货船785艘，旅游客船15艘。全年韶关港年吞吐量418.8万吨，比2021年增长43.77%；全市内河货运量3153.60万吨，货物周转量70.69亿吨千米。开通航空物流业务，联合机场物流合作单位，开发粤北农副产品“优鲜飞”项目，逐步打开粤北地区航空货运市场，完成货运吞吐量44.45吨。

（陈外出 冯文健）

【智慧物流建设】 2022年，韶关市交通运输局指导广东海成港航科技有限公司培育多式联运经营主体，建设多式联运经营管理信息系统，探索开展多式联运“一单制”示范（试点）和创新改革。经过系列的市场调研和技术投入，融合“陆运、船运、多式联运”三位一体的功能模块，投资开发“智慧北江网络货运平台”并试运行，该平台整合多式联运、船运、汽运等供需匹配、在线支付以及开取发票等功能，实现从传统的纸质单据、找车发货到电子签约、线上车货匹配的数字化、一站式转变，解决物流企业票据难以开取、所得税难以提前列支等问题。（周恩铧）

【物流项目建设】 广东新供销天业冷链项目 广东新供销天韶冷链物流有限公司（以下简称“天韶冷链公司”）于1998年注册成立，注册资本2200万元，公司是由省供销社下属企业广东新供销天业冷链集团有限公司（以下简称“天业集团”）与韶关市农业生产资料总公司共同出资设立，是广东供销公共型农产品冷链物流基础设施骨干网建设项目。2022年，韶关市落实广东新供销天业冷链项目10个，广东新供销天业冷链韶关项目冷链物流骨干网建设实现在韶关市、县（市、区）全覆盖。广东新供销天业冷链韶关项目规划库容10万吨，建成7万吨。截至2022年年底，累计投资6.04亿元；韶关冷链骨干网已运营基地4个，分别为南雄、宝田（南郊）、浈江（鑫金汇）、曲江，在建项目6个，分别为乐昌、仁化、翁源、乳源（田头冷链）、新丰（田头冷链）、始兴（田头冷链）。广东供销天业（仁化）冷链物流园项目位于仁化县周田镇平甫村，占地面积6.67公顷，总投资2.5亿元，分两期建设，建设一栋2万吨综合型冷库，一栋综合办公楼及各类农副产品冷却加工间、冷库并建设相关配套工程。一期工程自2022年4月开工以来，各项建设正在加快推进中。一期工程主体已封顶。天韶宝田、浈江基地天韶冷链物流园项目共2期。一期宝田基地位于韶关浈江区韶祥路（南郊三公里），是由原农资宝田仓库改造的可调温综合性冷库，双层冷库总库容5000吨，于2021年12月投产。二期浈江基地位于韶关市浈江区东田一路（鑫金汇广场旁），占地面积5.21公顷，总建筑面积5.55万平方米，建设有一座9层综合楼、一座4层常温仓及两座冷库，规划库容5.5万吨，于2022年8月投产。自运营以来流转水果643吨，蔬菜79吨，番薯42吨，南瓜5吨，2022年营业收入为161万元。南雄基地于2018年12月注册成立，注册资本2000万元。位于南雄市丝苗米现代农业产业园建设冷链仓储配套中心，总建筑面积1.22万平方米，建设1座综合楼、2座可调节变温冷库，库容量共1万吨，其中冷藏冷冻变温库6500平方米、有6542个托盘位；常温分拣加工车间2300平方米；于2021年8月投产。南雄基地于2021年7月试营业至今，2021年下半年度服务当地农产品流转57.08吨；2022年已服务当地农产品仓储流转783.38吨、预制菜56.14吨，仓储收入7.1万元。广东供销（韶关曲江）天业冷链物流产业园建设单位广东天江冷链物流有限公司（以下简称“天江冷链”），成立于2020年9月21日，注册资本金2000万元。天江园区占地面1.69万平方米，总建筑面积1.44万平方米。建设有一座可调节变温冷库、一座加工车间、制冷机房，配备仓储冷链物流设施设备。冷库占地面积4285.46平方米，建筑面积5605.58平方米，库容量1.2万吨，可容纳5502卡货物，冷库设计封闭式温控装卸平台12个，回车场1450平方米。加工车间建筑面积7450平方米，设计装卸平台3个，其中一层面积3162.48平方米，安装冻干设备，加工车间二层3429.64平方米。

（刘燕妮　娜　燕）

韶关·亚琦国际商贸城项目　2022年，韶关·亚琦国际商贸城项目总占地14.27公顷，总投资9亿元，项目分2期开发建设，主要涵盖五金市场、家居建材、板材市场、配套市场、综合服务等为主的商贸主题业态。3月18日，韶关·亚琦国际商贸城项目与政府签约；8月，项目一期封顶；9月，项目开盘；年底，项目一期基本投入营业使用。

兴顺佳冷链物流配送中心　2022年，兴顺佳冷链物流配送中心在建设韶关市武江区蔬菜产业园冷链物流配送中心及预制菜加工车间（建设面积3.85万平方米），总投资1.3亿元，用于粤港澳大湾区农产品运输、冷链仓储、初级农产品加工、冷链物流等集散中心。8月，该项目开工。截至2022年年底，该项目冷库和预制菜加工车间土建进度完成80%。

韶关保税物流中心（B型）项目　2022年，韶关保税物流中心（B型）项目选址在曲江区白土镇，规划面积10.07公顷，由市城投集团下属广东韶关保税物流有限公司负责项目建设运营。主要建设内容为综合服务大楼、仓储区、清关中心等，施工工期为330个日历天。该项目是经海关会同有关部门审核批准，具有保税仓储、国际物流配送、流通性简单加工和增值服务、进出口贸易和转口贸易、商品展示、物流信息处理、跨境电商、清关中心等功能。该项目采用带方案出让的供地方式，从确定选址到取得省用地批复历时120天。

华南农产品交易中心　该项目自2018年进入韶关，汇集来自国内外20多个地区200多种农产品，其中95%销往韶关10个县市区，蔬菜日均交易量600吨，水果日均交易量350吨，成为韶关市调控“菜篮子”的重要依托。项目三期正在建设中，建成后该项目占地面积将达25万平方米。这条产业带上汇聚天韶冷链物流园、东联水产批发市场、禽畜批发市场、中农联农产品流通展示中心等一批农产品物流和交易平台项目，集聚高品质农特产品优势，助力韶关承载湾区绿色农副产品批发交易及流通。

海大集团现代生猪屠宰与冷链物流项目　建设用地面积约12.67万平方米，一期项目用地约8万平方米。项目设计年屠宰生猪100万头，主要建设生猪屠宰生产线2条，分割线3条，精加工线1条，肉制品加工线1条，日屠宰生猪3000头，日生产猪白条等各类肉产品400吨，肉制品30吨，总投资约3亿元。主要建设内容包括建设屠宰车间、冷却分割车间、肉制品加工车间、物流冷库、综合办公楼、益豚猪业粤北总部、智能养

2022年5月10日，中国韶关·亚琦国际商贸城项目开工活动在韶关新区举行。图为开工活动现场　（冯兆宇　摄）

猪信息化项目、研发中心(检测中心)及其他配套设施,建筑面积9万平方米,项目于2022年9月投产。

【重点企业】 韶关市东南盈通物流有限公司　简称盈通物流,是韶关市国资委监管企业韶关市工贸发展集团有限公司的下属企业,公司成立于2006年9月,注册资金1000万元,是一家集货物运输、仓储装卸、车辆维修于一体的专业第三方物流公司,拥有道路运输经营许可证和运输车辆二级维护定点企业资格。2022年,盈通物流营业收入3396万元,营业成本2865万元,实现净利润185万元,上缴税费165万元,拥有员工120人。自有各类密封车厢物流车辆46台,其中:拖头37台、各类标车9台,核定装载运力996.3吨,车载容积3029立方米,单次运输能够装载成品卷烟4.75万件,是韶关地区拥有最多密封车厢的物流公司。

【《关于促进我市商贸物流高质量发展的实施意见(试行)》印发】 2022年2月,市政府印发《关于促进我市商贸物流高质量发展的实施意见(试行)》(以下简称《意见》)。针对韶关商贸物流产业如何实现高质量发展提出14条具体措施。《意见》的出台将为韶关市打造高效联通粤港澳大湾区与内地的区域性商贸物流枢纽节点城市提供强力政策制度支撑。《意见》从建设物流综合平台和载体、建设城乡高效配送体系、加快推进冷链物流发展、提高商贸物流运作效率、引导企业优化经营模式、完善进出口物流六个方面着手,结合产业发展特点及招商引资工作实际,给予商贸物流项目用地、固投、运营等方面14项优化、扶持政策,明确提出到2025年,将把韶关市打造成为高效联通粤港澳大湾区与内地,"南货北运""北货南运"的区域性商贸物流枢纽节点城市。《意见》对符合条件的超10亿元产业项目,项目用地可采用50年出让年期及最低标准出让起始价;根据规模和面积,对县、镇、村三级农村快递物流中心、站点等予以30万元以下、10万元以下、1000元等不同程度的奖励;对在韶关市丹霞机场新开通货运航线且自当年起降不少于100航班的执飞公司或包机公司(只奖励一方)给予一次性奖励50万元等。（伍雪龙）

供销合作

【概况】 2022年,韶关市供销合作联社以深化供销合作社综合改革、推动生产、供销、信用综合合作为主线,开展公共型农业社会化服务体系改革试点工作,全市系统实现销售总额104.56亿元,比2021年增长15.48%;利润总额1795.38万元,增长11.92%;社会贡献总额4773.53万元,增长7.89%,被全国总社评为"信息报送工作先进单位",获全省综合业绩考核一等奖。

【专业化农资农技服务网络构建】 2022年,韶关市供销社建成1个市域配送中心,8个县域农业生产服务中心(农服驿站),76个作物生产服务中心(庄稼医院),为农民提供产前、产中、产后"一条龙"服务,累计开展面源污染防控16.54万公顷,撂荒地复耕393.33公顷,生产托管服务面积1893.33公顷,促进农化服务全面增效。

【公共型冷链区域网建设】 2022年,韶关市布局建设农产品冷链项目10个。截至2022年年底,韶关市供销合作系统累计投资6.04亿元,建成后库容10万吨;韶关南雄项目、韶关宝田项目和韶关浈江天韶项目运营,发挥冷链物流网络联结农民、服务农民的功能。韶关曲江,韶关仁化项目一期、二期项目,韶关乐昌项目开工建设;其余4个县项目开展前期工作。

【放心农产品产销对接网络构建】 2022年,韶关市供销社通过省、市、县三级联动搭建供销系统农产品直供配送网络,打造1个市级农产品直供配送平台及6个县域农产品直供配送中心,发展直供配送生产示范基地22个。"韶关供销农场"成功通过粤港澳大湾区绿色农产品生产供应基地认证,聚合全市系统各类农产品生产、流通、销售资源,提升产销组织化能力,全年配送金额2795.79万元。

【农村合作金融服务】 2022年,韶关市供销社推广"粤供易贷""粤供园区贷"等惠农利农金融产品,探索农业保险等相关涉农金融业务服务,全年培训农户1093人次,协助办理惠农贷款累计金额7530.5万元,解决农业产业发展资金短缺、贷款困难等问题,为农村实体经济发展补"短板"。

【城乡综合服务】 2022年,韶关市举办26期"粤菜师傅"培训班,培训学员1202人,提升韶关粤菜烹饪技能人才培养能力和质量,助力乡村人才振兴;打造供销社"恒福社工"品牌,为城乡居民提供禁毒宣传、妇女维权和边缘青少年帮扶等多领域专业社工服务,服务群众5万人次。

【粤北区域农业一体化综合服务中心建设】 2022年,韶关市供销社借助粤北农业一体化综合服务中心,上架超过700种韶关特有的土特产,首次将韶关名优特土特产进行集中展示发挥"832平台""韶关数字供销""乡村振兴农产品展销馆"等平台作用,通过"线下实体展示+线上电商推介"方式,"实体店销售+直播带货"的渠道,开展农产品展示展销活动,实现线上线下融合经营,助力推广地方特色农产品多渠道销售,全年实现销售额4559.36万元,助力韶关市供销合作联社全资企业韶供臻品运营的"832平台"韶关销地仓获全国产销地仓优秀服务奖。中心内设立韶关市历史文化陈列馆。陈列供销社历史物件,讲述供销人"扁担精神"和"背篓精神"的历史传承。（夏　华）

物资和粮油储备

【概况】 截至2022年12月底,韶关市收购本地新上市早籼稻1850万千克,中晚籼稻3110万千克,收购价格124—205元/百斤。2022年,韶关直属库开展科技储粮提升工作,实施金额2165万元,13项工程中有7项通过预验收。优化充排和补气方式，实现全年零虫害的储藏要求，绿色科技储粮成效显著。延缓储粮品质变化。如期完成大米仓改造工作。全市应急加工企业 24 个，有 3 家企业稻谷日加工能力达到 200 吨；设立应急供应网点 132 个，区域性配送中心 17 个，应急储运企业 14 个，实现乡镇全覆盖。全年市粮食和物资储备局启动日报告制度 42 天。树立爱粮节粮价值观念。全市主题宣教活动覆盖 3.26 万人次。

【粮食储备】 2022 年，韶关市完成年度轮换任务。韶关直属库开展科技储粮提升工作，13 项工程中有 7 项通过预验收，分别为库区电力增容、平房仓标准仓建设、仓间罩棚和围蔽机械库搭建、平房仓及浅圆仓控温空调安装、标准化检化验室建设、智能化硬件设备采购安装、粮食质量检测设备采购。优化气调储粮工艺，狠抓气密性提升工程，针对墙角、墙面、通风口、地坪出现的裂缝进行一布三涂，所有平房仓气密性均可达 10 分钟以上，远超国标要求，优化充排和补气方式，实现全年零虫害的储藏要求。借助平房仓综合控制项目集并智能通风、富氮气调、空调控温、粮情检测等模块，各业务子系统之间实现数据一次采集，多方关联利用。开展地磅无人值守改造工程，夯实仓储智慧管理基石。推进准低温储藏，借助粮仓专用空调和谷冷机分步骤开展空调控温试验，有计划推广应用，延缓储粮品质变化。开展成品粮储备工作，反复修改优化方案，如期完成大米仓改造工作。（麦毅莎）

【粮油应急保供】 2022 年，韶关市推进粮食应急保障体系建设，加强粮食应急保障企业管理，健全粮食价格监测预警机制，夯实粮油储备，完善各县（市）、曲江区食用油储备任务。全市应急加工企业 24 个，有 3 家企业稻谷日加工能力达到 200 吨；设立应急供应网点 132 个，区域性配送中心 17 个，应急储运企业 14 个，实现乡镇全覆盖。市粮食和物资储备局跟踪粮食供求变化和价格动态，了解粮食市场运行情况，必要时实行日报制度，全年启动日报告制度 42 天，确保粮食市场信息及时、可靠。

【粮食流通监管】 2022 年，韶关市组建粮食领域的专项检查组，对各县（市、区）开展现场检查，未发现克扣、拖欠售粮款或打白条等违法违规现象。全市收购本地新上市早籼稻 1850 万千克，中晚籼稻 3110 万千克。收购价格 124～190 元 / 百斤；全市纳入统计的企业 45 家，购进粮食 85.55 吨，比上年增长 7%，销售粮食 33.81 吨，比上年增长 43%。落实粮食收购通知精神，加大收购政策宣传力度，加强收购工作的监管，成立 2 个督导组对全市 11 个粮食收购库点进行督导检查，未发现克扣、拖欠售粮款或打白条等违法违规现象，全市粮食收购秩序良好。（欧闻歌）

【粮食安全保障】 2022 年，韶关市各有关单位形成粮食安全保障合力，推动韶关市粮食安全保障各项工作任务有效落实。韶关市获 2021 年度省粮食安全责任考核“优秀”等次，在全省排名第三。韶关克服特大洪涝灾害等不利影响，推进粮食生产和撂荒耕地复耕复种，实现粮食播种面积、总产量“四连增”，超额完成省下达韶关市粮食生产和撂荒耕地复耕复种目标任务。坚持“当下改”与“长久立”相结合，修订《韶关市市级储备粮管理办法》等共 96 项规章制度，规范粮食储备管理。

【粮食安全宣传】 2022 年，韶关市以世界粮食日和全国粮食安全宣传周为契机，开展“线上 + 线下”主题教育，全面深入宣传粮食生产、收购、储存、加工、消费全链条节约减损有效做法、举措，树立爱粮节粮价值观念。全市主题宣教活动覆盖 3.26 万人次，发放宣传册 1970 份，发放宣传品 4770 份；制作短视频 4 个，并在各大媒体进行展播。

【2022 年全市粮食应急供应和安全生产培训暨粮食应急供应和安全生产应急综合演练活动】 2022 年 12 月，韶关市发展和改革局会同乐昌市人民政府联合开展 2022 年粮食应急供应培训和安全生产培训暨粮食应急供应和安全生产应急综合演练活动。市发改局、市直国有粮食企业及各县（市、区）粮食和物资储备系统相关负责人、业务骨干 50 人参加活动。此次培训邀请行业专家和消防救援专家围绕粮食应急供应工作要求、粮食应急预案和消防安全知识培训进行现场授课，演练活动以设定场景开展模拟粮食应急供应演练和安全生产实操演练的方式进行。（欧闻歌）

成品油销售

【概况】 2022 年，韶关市成品油零售额比上年增长 5.2%。全市限额以上油品零售企业 30 家，限额以上油品批发企业 13 家。2022 年，韶关市合法在营加油站 256 家，其中包括 36 家高速公路加油站。市域内 2 家成品油经营油库：莲花山油库和坪石油库，均隶属中石化；3 家成品油仓储企业：中国石化销售股份有限公司广东韶关莲花山油库（依托莲花山油库）、中国石化销售股份有限公司广东韶关坪石油（依托坪石油库）和广东国储石化有限公司（依托 353 国家储备库）。中石化、中石油和中海油三大石油公司经营的加油站占比超 2/3，全部正常运营，市场稳定。

【成品油监督管理】 2022 年，韶关市市场监管局深化移动污染源治理，加强油品质量监管，加大成品油行业专项整治力度，提升油品质量。对全市范围内的证照齐全成品油经营者（生产企业、加油站、油库等）开展排查、建档，更新《成品油合法经营者清单》。组织对全市范围内流通领域证照齐全民营成品油经营者的车用柴油、车用汽油产品质量进行一次全覆盖监督抽查，抽检 79 家油站 157 款油品，合格 156 款，不合格 1 款。

【成品油销售】 2022 年，韶关市成品油零售额比上年增长 5.2%。全市限额以上油品零售企业 30 家，限额以上油品批发企业 13 家。完成《韶关市成品油分销体系“十四五”发展规划(2021—2025 年)》印发，规划支持成品油具体发展需要从分销体系、供应能力、信息化水平和市场监管等方面进行，促进成品油分销体系发展规划与空间规划、社会经济发展规划有机衔接，加强加油站行业发展的宏观调控和管理。

【中国石化销售股份有限公司广东韶关石油分公司】 中国石化销售股份有限公司广东韶关石油分公司(简称中石化韶关分公司)，系中国石化下属驻韶销售分公司，于 2000 年 8 月 16 日注册成立，公司性质为股份有限公司(国有控股)，覆盖韶关辖区三区七县(市)。中石化韶关分公司主营汽油、柴油、润滑油、天然气等，兼营加油站便利店、餐饮、汽服、电子商务等非油品业务，拥有 97 座在营加油站、93 座易捷便利店、2 座在营油库（库容 5.85 万立方米)。2022 年，中石化韶关分公司成品油总销量比 2021 年减少 9.9%，非油品基础品类营业额减少 5.4%，上缴地方税收入 3338.98 万元。连续 7 年获“广东省守合同重信用企业”称号，韶关分公司在非油品经营、零售业务发展、项目拓展等方面获广东石油年度先进红旗，红旗总数位居全省第二。与韶关装备园投资公司达成乐村坪地块合资合作项目。（卢 颖）

【中海油销售韶关有限公司】 中海油销售韶关有限公司（以下简称“中海油韶关公司”）作为韶关市曲江区招商引资重点企业，于 2009 年 5 月 20 日在韶关市曲江区注册成立，注册资本 3780 万元。2022 年，中海油韶关公司成品油销售量较 2021 年上涨 37%，非油品销售额较 2021 年上涨 45%，上缴地方税收 700 余万元。共控制 14 座加油站，零售网络建设已经覆盖韶关市武江、曲江区、乐昌市、仁化县和始兴县等地，初步建成具有中海油特色的区域营销网络体系。（余学富）

【中国石油股份有限公司广东韶关销售分公司】 中国石油股份有限公司广东韶关销售分公司（以下简称“中国石油广东韶关销售分公司”），系中国石油下属驻韶销售分公司，公司性质为股份有限公司（国有控股），成立于 2001 年 3 月，2004 年 2 月开展业务。2022 年被定为一类地市分公司。中国石油广东韶关销售分公司主要从事成品油销售、非油品销售、加油站管理等业务，拥有在运营 43 座加油站、昆仑好客便利店 43 座，租赁油库 2 座（年周转量 30 万立方米)。2022 年，中国石油广东韶关销售分公司成品油总销量比 2021 年增幅 11.26%，非油品年销售收入同比 2021 年增幅 17%，上缴地方税收入 1214 万元。（阮静姿）

烟草专卖

【概况】 2022 年，韶关市烟草商业系统销售烟叶 29.4 万担，销售卷烟 11.92 万箱，完成“两烟”销售总收入 50.74 亿元，比 2021 年增长 4.01%；实现税利总额 12.39 亿元，增长 2%。韶关市烟草专卖局（公司）在韶关市机关绩效考核中连续四年获评“优秀”等次。收购烟叶 1399 万千克，比上年增加 117 万千克，增长 9.1%；烟叶收购上等烟比例 73.08%，中部烟比例 66.51%，收购均价 32.4 元/千克，提高 2.28 元/千克，均创历史新高。完成广东省烟草科学研究所建设搬迁任务和岗位设置、人员聘任等工作，在 6 月 14 日挂牌运营。1 个 QC 成果获全国烟草行业一等奖，该成果小组获得“全国优秀质量管理小组”称号；获 PCT 国际专利 1 项，发明专利授权 5 项，其他知识产权 44 项；公司参与的“高效安全绿色农药制剂研制与推广应用”项目获广东省农业技术推广奖一等奖；2 人入选烟草行业相关专家库；成立“邓海滨工匠创新工作室”“李艳艳创新工作室”。

【黄烟生产】 2022 年，韶关市烟草专卖局建立完善焦甜醇甜香型特色生产技术体系，推进“一企一策”定制化生产。出台《韶关市烟叶产业“十四五”发展规划》；烟叶种植特色保险的政府补贴保额由 1200 元/亩提升到 1500 元/亩。韶关市各产区实现烟农辅业增收 5549.52 万元。

【烟业服务】 2022 年，韶关市在烟叶产区推进“两烟共建”乡村振兴服务站，建立“韶烟助农”农特产品库。压缩县局送货线路 1 条、市本级线路 1 条，终端送货里程比 2021 年减少 13.45%；上线运行新数字化仓储管理系统，卷烟出库时间缩减至 1 小时内；升级标准烟分拣系统，实现与全品规分拣系统的数据对接和任务分配；试行定点自助取货模式，投入运行 3 个自助取货点。

【涉烟执法】 2022 年，韶关市查处各类涉烟案件 608 宗，案件总值

2022 年 6 月 14 日，广东省烟草科学研究所挂牌运营
［韶关市烟草专卖局(公司） 供图］

9768.78万元，其中查处涉假案件133宗，比2021年上升50%；破获国标、省标案件15宗；查获1宗卷烟商标标识制假案件，涉案金额3555万元；查获全市首宗非法生产电子烟案件，案值350万元。市场零售户守法经营率保持90%以上。

【烟制品零售】 2022年，韶关市重新出台全市烟草制品零售点合理布局规划，配套制定《韶关市烟草专卖零售许可管理工作指引汇编》，规范许可证审批发放，全市持证零售户1.12万户，总体保持平稳；对41户符合条件的电子烟零售户发放许可证。韶关市卷烟零售客户满意度在国家烟草专卖局调查中连续3年位列广东省前五。（朱红梅）

食盐销售

【概况】 2022年，广东省盐业集团韶关有限公司（以下简称“广东盐业韶关公司”）盐产品购进7859吨，其中：食盐7851吨（小包装5392吨，食品加工用盐2459吨），工业盐8吨。截至12月31日，盐产品库存2800吨，其中：成品盐库存1192吨；原盐库存1608吨（食品加工用盐1089吨，工业盐519吨）。盐产品总销售8037吨，完成年度任务的79%，比2021年（10217吨）减少2180吨。小包装食盐销售5699吨，完成年度预算的79%，比2021年（7414吨）减销1715吨，减幅23%；食品加工用盐销售2332吨，工业用盐销售6吨。小包装盐种销售：中端小包装食盐销售2977吨，完成年度预算的64%；高端小包装食盐销售47吨，完成年度预算的12%；普通小包装食盐销售2675吨，完成年度预算的126%。全年，韶关市泛盐产品销售额6万元，其中调味品5.5万元，其他产品0.5万元。营业收入2096万元，比2021年2701万元减少605万元，减幅22%；其他收益（储备盐财政补贴）130万元，增加4.8万元，增幅3.8%；期间费用1141万元，比2021年减少348万元，降幅23%；利润总额137.5万元，比2021年189万元减少51.5万元，减幅27%；净利润130万元，比2021年120万元增加10万元，增幅8.3%。

【食盐经销】 2022年，韶关市中高端盐的销售占比提升至53%。全年开展各类品牌宣传地推活动286场，出动人数1250人。全年客户经理直配直送流通及终端1795.61吨，配送餐饮渠道数量355.97吨，合共配送量2151.58吨。投放深井精制盐作为市场竞品。公司制订投放方案，明确深井精制盐仅限于投放有外省竞品的餐饮渠道，对投放时间、结算要求、激励提成等进行明确。在城区前期市场摸底发现的146家使用外盐的餐饮客户，收复采购“粤盐”产品55家，达成采购意向53家，疫情影响倒闭15家，使用其他调料包加工或不愿单独采购食盐23家。争取到韶关市市场监督管理局的支持。于6月发布《韶关市市场监督管理局关于进一步规范食盐经营行为的通告》。

【落实韶关市食品安全“两个责任”工作机制】 广东盐业韶关公司被列入韶关市食品安全A类监督企业，日常接受市场监管部门的食盐安全监督。公司与韶关市浈江区市场监督管理局签订《韶关市浈江区食品安全责任与任务承诺书》，配备食品安全总监及食品安全员；向市场监管部门汇报落实食品安全“两个责任”工作情况，争取政府部门对食盐市场的安全监管。全年在保证省市级食盐2100吨储备任务的前提下，通过合理调配食盐产品结构，降低小包装食盐的存储量、增加大包装食盐的库存，降低小包装食盐过期、资金、轮换的成本。政府食盐储备工作获得批付专项管理资金：省政府55万元、市政府70万元。加强食盐出入库前的产品质量检测，以及委外加工的小包装食盐产品质量监控。（欧阳宛华）

邮政 快递

【概况】 2022年，韶关市有快递品牌22个，独立法人企业27个，分支机构83个，快递服务网点632个（含邮政网点136个）。全年邮政行业业务总量（不包括邮政储蓄银行直接营业收入）累计完成11.24亿元，比2021年增长10.63%；邮政行业寄递业务量累计完成5600.63万件，增长17.30%。其中，全市快递服务企业业务量累计完成3464.02万件，增长22.09%；业务收入累计完成5.52亿元，增长7.02%。韶关市邮政快递业务量收最大的是浈江区，全年浈江区邮政业业务总量累计1.85亿元，邮政业务总量合计比2021年下降1.03%，邮政业务总量合计占全市比重19.27%；邮政业务收入累计2.78亿元，邮政业务收入合计比2021年增长2.03%，邮政业务收入占全市比重24.73%。有136个邮政支局所，74个邮政金融网点，邮政服务网络覆盖全市，邮路通达全市建制村。2022年，韶关市邮政公司总收入完成预算进度104.2%，全省排名第六，增长14%。全年普服质量评价得分95.5分。机要通信质量连续44年全红。网点业务叠加率实现100%。进驻2所校园邮局。以江湾邮政所为试点办理烟草专卖零售许可证，成为全省首个烟邮农网便民服务站示范点。在城区西河、南雄市黄坑镇等10个邮政营业厅叠加电动车上牌业务。韶关市机要通信局首次被推荐为“全国邮政机要通信工作先进集体”。三级物流体系建设。翁源县、乳源瑶族自治县作为样板县。全年全市各区县基本完成建设，建成4个县级中心，17个镇级中心辐射全区所有乡镇；建成1132个综合便民服务站，实现所有行政村100%全覆盖。推广“丹霞贡柑”等国家级地理标志名优农产品和本地特色源头种植养殖产品。实现邮政惠农“金融+电商+寄递”的综合服务。全市累计完成合作社“广覆盖”指标1133户，进度103.8%；累计发展农村会员4.49万户，进度104.6%；打造区域级示范社5家，进度166.67%。邮快合作方面，全市10个县域均开展邮快合作，镇级网点叠加邮快合作覆盖率、全市建制村邮快合作覆盖率100%。（柯月华）

【邮政绿色发展】 2022年，韶关市组织全市邮政快递企业围绕国家邮政局绿色发展“9917 工程”（采购使用符合标准的包装材料比例达到 90%，规范包装操作比例达到 90%，投放可循环快递箱（盒）达到 1000 万个，回收复用瓦楞纸箱 7 亿个）抓落实。全行业采购使用符合标准的包装材料比例 96.51%，规范包装操作比例 98.72%，可循环快递箱（盒）使用量 3.5 万个，回收复用瓦楞纸箱 108.23 万个，绿色网点建成 20 个，绿色分拨中心建成 2 个，新能源或清洁能源车辆 47 辆，符合标准纳入规范管理的专用电动三轮车 800 辆。

【快递服务】 2022 年，韶关市推进“两进一出”工程。推进“快递进村”。全市 1208 个建制村，邮快合作覆盖 1191 个建制村，覆盖率 98.59%。邮政、顺丰、京东等直营品牌实现全市 1208 个行政村快递服务全覆盖；德邦、中通等快递企业正以直投到村、合作进村、驻村设点等模式落实快递进村服务。全市 10 个县域均已开展邮快合作，111 个镇级网点数量全面叠加邮快合作；推动邮政企业将村级综合服务站叠加寄递业务，将村级服务站变为村民身边的快递驿站，年度村站点邮件投递（社会快递邮件）16.22 万件。引导寄递企业与制造企业加强供需对接、深度合作，组织邮政韶关市分公司、中通快递、捷邦物流、众成达速递 4 家企业申报快递业与制造业融合发展项目库，推动“快递进厂”模式成熟多样，巩固服装、农产品、食品、电子信息等行业服务成效。3 月 30 日，韶关进出境快件监管中心启动。全行业通过邮快合作、快快合作、电快合作、快商合作等模式，推动快递服务百分百进建制村。打造翁源兰花等快递服务现代农业银牌项目，组织翁源县申报农村电商快递协同发展项目示范区；组织相关县区和企业申报国家邮政局农村电商快递协同发展项目，组织韶关邮政分公司和顺丰韶关分公司申报农村电商快递协同发展项目。

【邮政普遍服务】 2022 年，韶关市开展邮政普遍服务行政审批工作。审批邮政企业提交的变更营业时间备案申请 42 个，暂停备案 6 个，迁址备案 1 个，经营方式变更备案 6 个。开展邮政服务质量检查。压实监督责任，履行邮政普遍服务政治责任，强化邮政服务质量监督管理。全年累计检查邮政营业场所 43 处次、机要室 18 处次、投递部 16 个，累计出动检查 184 人次。针对检查发现问题进行约谈 2 次，下发责令整改通知书 1 份，并对整改情况进行复查。开展邮票发行监督管理工作。相继开展《壬寅年》《北京 2022 年冬奥会开幕纪念》《中国共产党第二十次全国代表大会》等 24 套纪特邮票的销售检查。各销售网点均向社会公布该套邮票的发行信息，提供预订邮票领取服务。组织开展社会监督。全市 10 名邮政特邀监督员累计开展社会监督活动 764 次，其中对 2022 年已发行销售的《壬寅年》等 19 套纪特邮票进行监督检查，发挥社会监督的作用。政务便民服务。以“互联网 + 邮政智慧物流 + 政务便民服务”为着力点，深化政务服务的深度广度，有警邮、法邮、数邮、教邮、税邮、社邮、交邮、体邮、卫邮 9 类、70 余种高频民生政务合作事项，搭建邮政政务服务体系。全年累计为韶城群众提供政务便民服务超过 250 万人次。助力乡村振兴。指导邮政企业以惠农项目为抓手，运用韶邮汇、邮乐小店、极速鲜商城等线上平台优势，开展直播带货，打通优质农产品“产销供应链”，为农户解决销售难、物流难问题。韶关邮政惠农服务助力农特产品进城 255 万件（箱），间接拉动农产品销售额 9784 万元。深入投递部实地核查建制村通邮情况，全年累计检查建制村 15 个。被抽查的投递部投递频次达标，建制村能够保持 100% 直接通邮。

【寄递运输安全保障】 2022 年，韶关市深入行业一线全面开展寄递安全隐患排查整治，主要针对收寄验视和实名收寄落实不到位、验视环节不彻底、禁寄物品辨识能力不足、协议客户管理漏洞、实名信息不全等风险隐患落实整改措施，加大寄递渠道安全管理“三项制度”监督执法检查力度。督促企业落实企业主体责任。全市邮政管理工作会议上，局主要领导与各寄递企业负责人签订 2022 年韶关市邮政行业安全生产责任书、扫黄打非和禁毒责任书。开展安全生产专项整治三年行动和涉枪涉爆隐患集中整治，推进安全生产标准化建设，做好行业维稳工作，做好寄递渠道禁毒和“扫黄打非”工作，做好中国共产党成立 100 周年庆祝活动等重大活动、岁末年初、台风等恶劣天气期间寄递安全服务保障工作。联合市禁毒办、市公安局举办禁毒百日攻坚行动启动仪式，开展全市邮政快递行业应急消防演练。加强与公安等有关部门协同联动，健全完善市寄递渠道治安协调小组工作机制。与市公安、国安部门每季度召开一次小组联席会议，推动构建邮政快递安全监管工作机制，印发工作简报 3 期。推进信息共享、案件共办，共同打击寄递渠道涉恐涉枪爆、涉毒涉危化品、涉电信诈骗等违法行为。5 月 13 日，组织申报《深入推进寄递行业管理服务创新 努力打造共建共治共享社会综合治理新格局》项目入围中共韶关市委政法委举办“善治韶关”市域社会治理创新实践案例评选活动总决赛并获优秀奖。

【邮政快递行业监管】 2022 年，韶关市邮政管理局累计出动执法人员 769 人次，检查快递企业及网点 338 家次，约谈告诫企业 11 家次，发出《责令改正通知》33 份，开展行政处罚 9.5 万元。加强对行业安全生产工作的指导和落实力度。完善邮政业安全中心组建工作，市政府于 2021 年 2 月 24 日批复同意设立韶关市邮政业安全中心。5 月 26 日，韶关市邮政业安全中心揭牌成立。市邮政业安全中心成立后，建立健全工作制度 17 项，推进市邮政业安全监管平台建设，提升信息化监管水平。开展作业场地安全管理规范化提升行动情况。督导要求全市邮政快递企业对分拨中心所有传送带连接缝隙处加装隔离保护设备、实现人车分流，督促企业严抓作业场地内设备设施不达标、现场管理不到位、员工着装不规范、作业操作不合规“四不”问题整治工作。组成专项检查组，对辖区内邮政快递企业开展专项执法检查。检查组一行检查企业36家，下发责令整改通知书2份。对个别企业员工着装不规范等行为提出口头批评和警告，督促企业围绕“四个全覆盖、五个必须、六个严禁”要求对标找差距，落实整改。指导企业加强应急演练，推动行业应急救援能力建设。11月24日，联合市消防救援支队组织开展全市邮政快递行业应急消防安全培训演练。市邮政、快递企业30余名安全员参加。加强应急预警，做好雨季汛期及雷雨大风恶劣天气的防范应对，并通过文件、微信等形式通知企业提前做好防备，全年全行业未发生安全应急突发事件。

【快递员权益保障】 2022年，韶关市落实从业人员依法参加社会保障和享受社会保险待遇，于5月联合市人社局共同印发《关于转发〈关于进一步推动我省快递从业人员参加工伤保险工作的通知〉的通知》；12月，联合市人社局、市税务局召开全市邮政快递行业从业人员优先参加工伤保险新政策培训会，提高全市行业从业人员工伤保险的参保率。全市全行业参加社保“五险”人员1369人，优先参加工伤保险人员数1518人，实现行业基层快递员全员参保，打造“户外劳动者爱心驿站”1个。强化工会组织建设，全行业建立工会组织5个，开展关心关爱慰问活动，先后联合市总工会、市快递行业工会开展夏季送清凉、抗洪救灾慰问、冬季“暖蜂”等慰问行动，打造关爱、尊重快递员的良好社会氛围。 （刘步乾）

【邮政经营】 2022年，韶关市有136个邮政支局所，74个邮政金融网点，邮政服务网络覆盖全市，邮路通达全市建制村。韶关市邮政公司总收入完成预算进度的104.2%，全省排名第六，增长14%。普遍服务稳中向好。普服“七个100%、三压降、三确保、两杜绝”目标完成，未发生重大质量事故和中央级省级媒体负面曝光事件。全年普服质量评价得分95.5分。机要通信万无一失，质量连续44年全红。叠加便民服务。网点业务叠加率实现100%。进驻2所校园邮局，主题邮局进度达到要求。以江湾邮政所为试点办理烟草专卖零售许可证，成为全省首个烟邮农网便民服务站示范点。在城区西河、南雄市黄坑镇等10个邮政营业厅叠加电动车上牌业务。三级物流体系建设。聚焦工业品下乡、农产品进城、金融引流、分销业务、邮快合作等重点业务，依托山区优势，深耕农村市场，做强协同平台，在服务乡村振兴中打造农村市场竞争新优势。样板县示范作用凸显。翁源县、乳源瑶族自治县作为样板县，加快“两中心一站点”标准化建设。全年全市各区县基本完成建设，建成4个县级中心，17个镇级中心辐射全区所有乡镇；建成1132个综合便民服务站，实现所有行政村100%全覆盖。推广“丹霞贡柑”等国家级地理标志名优农产品和本地特色源头种养殖产品。打造韶关惠农平台，以农品销售为突破口，实现邮政惠农“金融+电商+寄递”的综合服务。全市累计完成合作社“广覆盖”指标1133户，进度103.8%；累计发展农村会员4.49万户，进度104.6%；打造区域级示范社5家，进度166.67%。邮快合作方面，全市10个县域均开展邮快合作，镇级网点叠加邮快合作覆盖率、全市建制村邮快合作覆盖率100%。

【市邮政业安全中心正式揭牌成立】 2022年5月26日，韶关市邮政业安全中心正式揭牌成立，标志着全市邮政业安全监管工作迈入新阶段。广东省邮政管理局党组成员、副局长罗德韶及韶关市副市长蒋红林出席仪式并为韶关市邮政业安全中心揭牌。韶关市邮政快递业务发展势头较好，2022年一季度，全市快递业务量增速为20.8%。韶关市邮政管理局利用北部生态发展区核心城市区位优势，推进“快递进村”工程，推动“韶货出关”。韶关市寄递渠道治安管理协调小组成员单位负责人及市快递行业协会、市邮政快递主要品牌企业代表参加揭牌仪式。 （柯月华）

会展业

【概况】 2022年，韶关市会议、展览及相关服务41家，就业人数211人，其中，科技会展服务3家，就业人数15人；旅游会展服务11家，就业人数78人；体育会展服务4家，就业人数16人；文化会展服务12家，就业人数58人；其他会议、展览及相关服务11家，就业人数44人。开展韶关首届房产交易展销会，广东种业大会粤北（翁源）分会场活动，新丰县房地产、汽车、家电大型展销会、粤贸全国—2022韶关市夜经济消费节暨“绿色出行•智慧生活”新能源车&智能家电快闪集市，参加2022广东国际旅游产业博览会、第十届澳门国际旅游(产业)博览会等。

【韶关首届房产交易展销会】 2022年10月2日，由韶关市住房和城乡建设管理局主办，韶关市文化广电旅游体育局等单位协办的2022年“惠聚金秋 乐居韶城”首届房产交易展销会在韶关市西河全民健身广场举办。此次展销会吸引包括碧桂园集团、保利集团、中骏集团等26家房地产企业，10家银行参展。推出普通住宅、公寓、商业房等多种产品，地域覆盖市中心、高新区诸多板块。展会现场还设置城市建设展示区、韶城特色展示区，为市民提供金融政策及公积金政策讲解。此届房产展销会期间，发放超600万元购房消费券和现金抽奖券，做到让利于民、助企纾困。

【广东种业大会粤北(翁源)分会场活动】 2022年9月23日，在韶关市翁源县江尾镇鹤仔村举办以“庆丰收 迎盛会”为主题的“中国农民丰收节”暨第二十一届广东种业大会粤北（翁源）分会场活动。本次大会展出来自全国各地的葫芦科、茄科、玉米类等共四大类的作物种子。采取线上为主、线上与线下相结合的方式，展示来自全国50余家种子企业提供的320个优质高效的农作物新品种。

【参加 2022 广东国际旅游产业博览会】 2022 年 8 月 9 日，2022 广东国际旅游产业博览会在广州开幕。韶关市共组织 10 个县（市、区）文旅部门和 30 多家旅游企业及特色文化表演团队超 100 人参展。韶关展区以“天然氧吧康养胜地”作为主题，融入兰花、韶关茶、华南虎、非遗文创、丹霞机场、自然生态等设计元素。共分为重点企业展示区、文创非遗展示区、善美韶农展示区、韶关茶展示区、兰花展示区 5 个特色展区。本届旅博会韶关展台还举行一系列互动性推介活动，为市民游客准备丰厚的特色文旅产品，送出景区门票、文创礼品、特色手信产品等超 1000 份。运用新场景、新业态文创元素，使参展观众体验到韶关“旅游 +”模式的精彩。

【参加第十届澳门国际旅游（产业）博览会】 2022 年 9 月 23-25 日，第十届澳门国际旅游（产业）博览会（以下简称“博览会”）在澳门威尼斯人金光会展中心举行。韶关市文广旅体局及部分旅游企业代表参加展会。韶关展区设置位于博览会公众专场，以旅游线路产品介绍、产品展示等，展现“天然氧吧，康养胜地——善美韶关”的文旅特色，有效吸引澳门游客来韶观光旅游；博览会韶关展位通过发放资料、展示文旅产品、视频展示等形式，宣传推介韶关丰富的自然及人文旅游资源，其中瑶族挂绣、红豆、华南研学基地、风度书房等文创产品吸引较多澳门游客市民在韶关展位上驻足参观。

【粤贸全国 -2022 韶关市夜经济消费节暨“绿色出行·智慧生活”新能源车 & 智能家电快闪集市】 2022 年 8 月 5 日，粤贸全国 -2022 韶关市夜经济消费节暨“绿色出行·智慧生活”新能源车 & 智能家电快闪集市，在韶关百年东街开幕。此次活动由韶关市商务局、浈江区人民政府指导，广东新星源智能信息科技有限公司和广东海印集团股份有限公司联合主办。活动共展出五菱宏光、别克、AITO 问界、欧拉等众多汽车品牌，以及小米、华为、荣耀、达林尔等多个智能家电品牌，吸引广大市民关注和消费。通过推广环保智能的绿色城市概念，拉动韶关夜经济消费，促进韶关绿色产业发展。此次活动也是广东省商务厅“粤贸全国”系列经贸活动的重要一站，通过“粤贸全国”工程为新星源、通九州、粤胜、荣和等韶关优质的绿色智能企业，搭建起企业高质量合作平台，帮助众多智能数码、家居品牌进行展示和传播，推动韶关绿色消费。 （伍雪龙）

新兴服务业

【广告业】 2022 年，韶关市市场监督管理局培育发展广告产业，新登记注册广告市场主体 327 家，其中，企业 213 家，个体工商户 114 家。广告市场主体有 1789 户，经营范围含有广告的市场主体 9806 户。根据市场监管总局要求，对广告行业进行调查，抽取事业单位及企业 25 家。抽取的这 25 家企事业单位的广告营业额 1184.02 万元，利润 518.91 万元。（陈惠韶）

【律师服务】 2022 年，韶关市律师办理各类法律事物 1.81 万件，其中代理刑事、民事、行政案件共 1.34 万件。律师执业机构有 81 家，其中国资所 2 家，合伙所 26 家，个人所 26 家，分所 5 家，公职所 11 家，法援处 11 家；律师有 827 名，比 2021 年同期增加 120 名，其中公职、公司律师 343 名。全市担任省、市、县（市、区）三级“两代表一委员”的律师有 65 人，“两代表一委员”人数占全市律师人数的 10.6%，担任立法咨询专家 23 人。律师调解库有 110 人，在武江区公共法律服务中心、浈江区十里亭镇公共法律服务中心成立律师调解室。韶关市司法局落实重大行政决策程序规定，编制《韶关市人民政府 2023 年度重大行政决策事项和听证事项目录》，对市政府的行政决策、行政措施出具法律意见 695 件次，审核重大合同 81 件次。完善公共法律服务实体平台建设，组织 928 名执业律师上线值班，接受法律咨询 3.11 万人次、开展办事服务 1.31 万件、组织服务资源 7.86 万人次，为企业和群众提供高质量法律咨询服务；深化法律援助申请“市域通办”改革，全市受理法律援助案件 1634 宗，提供法律咨询 8497 人次；优化公证、仲裁、司法鉴定服务。优化营商环境。推进律师进园区工作，健全“百所联百会”工作机制，开展涉民营企业“法治体检”，组织引导 42 家律师事务所与 103 家商（协）会结对，推动韶关市 9 家省级工业园区与律师事务所签约或续约，为本地企业开展“法治体检”271 场次，提供法律意见、法律咨询 1927 件次。深化法治乡村建设。全市村（社区）法律顾问律师共为 1461 个村（社区）组织及村（居）民提供法律服务 2.61 万件次，其中提供法律咨询 1.84 万人次，开展法治宣传 6282 场次，出具法律意见书 248 份，参与人民调解 223 件，办理法律援助案件 87 件，提供其他法律服务 875 件次，基层治理水平得到不断提升。

【公证服务】 2022 年，韶关市有 11 家公证机构，29 名公证员。在 2021 年度公证机构和公证员年度考核中，3 家公证机构、8 名公证员被评为优秀。办理公证行政许可 7 件，处理公证投诉信访案件 4 件；全市公证机构办理公证 9384 件，业务收费 477.49 万元。印发《韶关市司法局优化公证服务更好利企便民的实施方案》，为特殊群体办理减免公证费公证 51 件，减免公证费 2.78 万元。开展公证质量管理专项检查、涉外公证质量评查，抓好检查发现问题的整改。印发《韶关市公证行业 2022 年“双随机一公开”检查工作方案》，常态化开展“双随机、一公开”检查，抽查 4 家公证机构，抽查结果都合格。其中，翁源县公证处开展规范化自查自改，建立韶州公证处驻点下沉办证工作制度，改善翁源县公证处公证员缺乏，公证业务范围过窄的问题。推出“最多跑一次”服务事项，一次性告知，对所办公证事项，一次性告知所需材料，让当事人办理公证业务“最多跑一次”。实行预约服务、延时服务、上门服务等，为在外工作当事人和老弱病残等特殊群体提供方便；对经济困难当事人提供法律援助；对危急险重等情况，在当事人做出补正承诺后，实行

容缺受理服务。（彭海东）

【会计服务】 2022 年，韶关市有注册会计师事务所 9 家，从业人员 197 人，其中注册会计师 56 人；代理记账机构 116 家，从业人员 435 人。全市会计行业总收入 7334.35 万元，其中注册会计师行业业务收入 4268.1 万元，代理记账行业业务收入 3066.25 万元。全年有 9319 人报名参加全国会计专业技术资格考试，其中初级专业技术资格考试 5951 人，中级专业技术资格考试 3310 人，高级专业技术资格考试 58 人。初级专业技术资格考试实际参考人数 4267 人，参考率 71.70%，考试通过人数 1816 人，通过率 42.56%；中级专业技术资格考试实际参考人数 1293 人，参考率 45.72%，考试通过人数 322 人，通过率 24.90%；高级专业技术资格考试实际参考人数 38 人，参考率 65.52%，考试通过人数 24 人，通过率 63.16%。1098 名考生报名参加 2022 年全国注册会计师考试，专业阶段六门平均参考率 52.28%。19 名考生通过注册会计师综合阶段考试。8426 人参加网上会计继续教育，网络教育成为会计人员知识更新、能力提升的主要途径。市注册会计师协会对全市注册会计师任职资格进行检查，通过率 100%。通过“全国代理记账管理系统”做好线上审批及备案工作，24 家机构进行线上登记和备案。组织协助做好初中高级专业技术资格考试和注册会计师考试，强化会计继续教育宣传和服务，指导会计人才队伍建设和会计人才培养；实施审批服务便民化，3 项会计类行政许可审批均在 1 个工作日内办结。（李　敏）

【新型科技服务】 2022 年，韶关市科技服务业呈现稳步发展的发展态势，企业数量快速增加。韶关市科技服务业发展存在总量偏小，整体发展水平有待提升；行业分布不均，存在行业发展空白；企业研发投入面偏窄，研发能力不足；市场运行欠缺规范，企业经营环境仍有待改善。全年韶关市生产力促进中心开展 2021 年度科技统计调查工作，完成各类科研机构、高新技术企业等四大类九小类报表，涉及全市机关、企事业单位 500 多家，初审 1200 多份报表、同比增长 56%。为全市 376 家高新技术企业培育发展、300 家工程中心评价监测、助企纾困提供精准数据支撑。会同韶关市科技局机关业务科室深入广东韶华科技有限公司、广东华电韶关热电有限公司、南雄市海伦罗曼钢琴公司、广东嘉盛化工有限公司、南雄中科院孵化器运营有限公司等企业调研，了解企业研发生产状况。推荐韶钢、东阳光等 2 家企业 6 人次申报第一届、第二届广东省生产力促进协会科技创新促进奖，其中韶钢张志明获第一届广东省生产力促进协会科技服务突出贡献奖。推荐广东欧莱高新材料股份有限公司获 2021 年度生产力促进（发展成就）奖。2 人次完成广东省初级技术经纪人培训并获国家技术转移培训基地（广东）认定。组织开展韶关市公开遴选 2022 中国韶关大数据创新创业大赛承办机构评审会、广东数据产业技术研究院（韶关）建设方案编制单位评审会、新型研发机构评估，邀请专家对相关业务进行评审（评估），完成评审评估任务。协调广东省科学技术情报研究所、佛山火炬孵化器管理有限公司组织完成“韶关市创新创业载体服务体系建设”项目验收材料及财务审计工作。围绕创文巩卫到市科技企业创业园开展园区整洁行动 12 次，更换抽水泵等老旧故障设备。协助入园企业开展研发生产，服务好园区企业科技创新工作。与企业代表签订安全生产责任书，对安全生产重点部位和重点区域进行重点检查。为韶关市科技局代拟《为区域协调发展贡献科技力量》并在国家科技部专家工作通讯（2022 年 1 期）发表。承担科技激励调研方案及报告起草工作。起草《市科技局以三抓三促推进规范治理走深走实》并刊登在韶关改革工作简报〔2022〕第 37 期上。（刘锡禧）

【人力资源服务】 2022 年，韶关市制订印发《韶关市贯彻实施〈广东省人力资源市场条例〉工作方案》。加强韶关市人力资源服务产业园运营管理。组织开展 2021 年度全市人力资源服务机构经营情况年度报告工作，审核提交人力资源服务机构 96 家，在省人力资源管理服务信息系统进行公示。规范实施人力资源服务事项，优化完善人力资源服务许可、备案、报告业务的规程，实行许可告知承诺制。完成 2021 年度人力资源服务产业园运营绩效考核工作，通过绩效考核，组织产业园入驻机构开展“智汇韶城·共赢未来”企业走访对接洽谈会 5 期。组织开展省级人力资源服务产业园申报工作，完成申报工作。（邱拔文）

【拍卖】 2022 年，韶关市有拍卖企业 10 家。年度拍卖 465 场次，拍卖成交额 11.56 亿元，增长 212.7%；其中，房地产成交额 3.35 亿元，增长 298.7%；机动车成交额 593.3 万元，增长 103.1%；农副产品成交额 27.8 万元，下降 43.2%；无形资产成交额 1711.4 万元，下降 3.4%；其他成交额 7.97 亿元，增长 222.4%。（何新锐）

【家政服务业】 2022 年，韶关市加快推进“南粤家政”工程，加强“南粤家政”服务平台建设，新建“南粤家政”培训基地 2 个、基层服务站 4 个。参加广东省第二届“南粤家政”技能大赛，获得微课赛二等奖 1 人、三等奖 2 人，操作技能赛优胜奖 7 人的成绩。认定 2022 年“南粤家政”星级企业 3 家、星级服务人员“丹霞月嫂”15 人，推荐评选“韶关保姆”20 人，打造本地家政服务品牌。家政信用体系建设成效显著，走在全省前列。全市建立信用信息档案的家政机构 158 家，家政服务员 8125 人。推行“放心码”，开展职业技能培训，给培训合格的家政服务员发放“善美韶城·家政服务证”1500 张，累计 5076 张，建立覆盖全市的家政服务员持证上岗模式。全市家政服务机构 190 家，家政服务从业人员 1 万人。（黄湖辉）

【养老服务业】 截至 2022 年年底，韶关市有民办养老机构 24 家，养老床位 2822 张，入住老年人 1588 人。11 月，韶关市修订出台《韶关市民办养老服务机构扶持资助办法》，从土地和税费优惠政策、新增床位补贴、护理补贴、医养结合补贴、等级评定补贴、加装电梯补贴、护理岗位补贴7项内容，鼓励和引导民办养老服务机构的发展。关停民办养老机构2家，减少养老床位207张。新增仁化县幸福里康养服务有限公司、翁源县康泰三华疗养院2家民办养老机构，新增养老床位244张。全年曲江区、南雄市、始兴、仁化、新丰、乳源瑶族自治县中医院申请中央福彩专项资金1606万元配套医养结合服务设施，2022年市财政安排城市居家养老服务试点运营经费425万元，市区居家养老长者饭堂集中配餐试点经费400.6万元，居家养老信息化服务平台试点经费50万元。2022年，市民政局印发《韶关市养老服务机构综合监管实施方案》，制定各职能部门综合监管责任清单。

【2022年度"韶关保姆""丹霞月嫂"推荐评选活动】 2022年9月27日，根据《关于开展2022年度"韶关保姆""丹霞月嫂"推荐评选活动的通知》文件精神，韶关市在韶关市就业服务管理局开展2022年"韶关保姆""丹霞月嫂"评选活动。此次评选，由市人社局、市商务局、市妇联、市技师学院等业务负责人组成评审小组，评选出罗甘花、陈玉梅等10名"韶关保姆"和刘月、刘凤娣等10名"丹霞月嫂"。于10月20日由市人社局公布2022年度"韶关保姆""丹霞月嫂"获评人员名单。

【诚信"红黑榜"制度建立】 自2015年至2022年，韶关市建立诚信"红黑榜"发布制度以来，开展29期诚信"红黑榜"新闻发布会，发布诚信"红黑榜"名单共18542个，其中诚信"红名单"16814个，失信"黑名单"1728个。8月，韶关市印发实施《韶关市家政服务机构诚信红黑榜管理制度》，按照守信激励和失信惩戒并重的原则开展家政行业诚信评选，定期推荐、发布一批红榜家政机构和家政服务员，倡导家政行业诚信经营、优质服务。全年公布3次3个季度的诚信"红黑榜"。4月15日，韶关市公布2022年第一季度，有81家企业及2人进入诚信"红榜"名单。其中，广东省第五建筑工程有限公司、广东志达建设监理有限公司等24家企业经市住建管理局认定为"建筑业AAA级信用企业"，韶关市鹏成建筑工程有限公司、韶关地质工程勘察院有限公司等54家企业经市住建管理局认定为"建筑业AA级信用企业"；乳源东阳光电化厂、乳源瑶族自治县东阳光化成箔有限公司等2家企业经市水务局、工信局认定为"韶关市节水型企业"；符小密经国家人力资源社会保障部、文化和旅游部认定为"全国文化和旅游系统劳动模范"；沈仲灯经国家文化和旅游部认定，被评为"2021年度乡村文化和旅游能人"；仁化县艺术家客栈经全国旅游标准化技术委员会认定为"全国乙级旅游民宿"。会上发布2022年第一季度失信"黑榜"情况，共有1家企业及1名个人被列入韶关市失信"黑榜"名单。7月19日，韶关市发布2022年第二季度诚信"红黑榜"，通报2022年第一季度发布科研失信"黑榜"整改情况，有2884家企业进入韶关市诚信"红榜"名单。其中，乳源瑶族自治县东阳光化成箔有限公司、广东省大宝山矿业有限公司、韶关市广业环保有限公司、丽珠集团利民制药厂等12家企业经生态环境部门认定为"环保诚信企业"；乐昌市建强混凝土有限公司、韶关市粤运汽车运输有限公司、广东省南粤交通仁新高速公路管理处、中铁十一局集团有限公司、韶关市翔宏公路勘察设计有限公司等20家企业经交通运输部门认定为"交通运输领域诚信企业"；广东普利达建设有限公司韶关分公司、韶关市汇聚信息科技有限公司、韶关市程皓装饰有限公司、韶关市开门红广告设计装饰有限公司等2852家企业经税务部门认定为"纳税诚信企业"。有4家企业被列入韶关市2022年第二季度失信"黑榜"名单。10月28日，韶关市发布第三季度诚信"红黑榜"情况，有9家单位及1人进入韶关市诚信"红榜"名单，其中，仁化县城口镇恩村、乐昌市乐城第一小学、乳源瑶族自治县民族实验学校等5家单位经广东省公安厅、文明办、教育厅、司法厅、交通运输厅认定为"广东省交通安全文明示范单位"；程伦安经广东省农业农村厅认定为"广东省最美农安卫士"；广东亚北农副产品有限公司经广东省市场监督管理局认定为"守合同重信用企业"；韶关市浈江区海岸小额贷款有限公司、新丰县鸿伟小额贷款有限公司和韶关市金财小额贷款有限公司3家单位经广东省地方金融监督管理局认定为"优秀小贷公司"。第三季度有31家企业及267名个人被列入韶关市失信"黑榜"名单。

【养老服务质量建设"双随机、一公开"专项检查】 2022年8月22日至8月31日，韶关市民政局联合韶关市卫生健康局、韶关市市场监督管理局、韶关市消防支队分别组成四个检查组对韶关市8个县（市、区）的32家养老机构开展养老服务质量建设"双随机、一公开"专项检查。各检查组通过现场检查、查阅资料和询问工作人员和老人等方式，对被抽查养老服务机构在疫情防控、食品安全、消防安全、养老服务质量方面等情况进行重点检查。从检查情况来看，各级民政部门、各养老机构基本上能够落实落细各项防控措施，执行食品、消防安全等相关管理要求，总体情况较好。存在问题疫情防控方面、食品安全方面存在的隐患、消防与特种设备安全方面存在的隐患、养老服务质量方面的隐患等。截至年底，这些问题已由相关单位全部整改到位。（温心怡）

金融业

综述

【金融业发展】 2022年末，韶关市各项存款余额2423.78亿元、各项贷款余额1651.32亿元、存贷比68.13%，分别比上年增长8.64%、9.78%、0.71%。实现原保险保费收入63.96亿元，同比增长1.65%。证券交易总额6234.20亿元，同比下降3.18%。金融业增加值同比增长5.3%，在全市行业增速中名列前茅。有20家银行机构、35家保险机构、11家证券公司营业部、14家小额贷款公司、4家融资担保公司、14家典当行公司，从业人数2.47万人。全市金融业增加值比上年增长5.3%，在全市行业增速中名列前茅。

【金融支持制造业】 2022年，韶关市银行业坚持金融服务实体经济，助力稳住经济大盘。加大重点项目信贷投入。向5个政策性开发性金融工具项目投放资金超亿元，合理增加融资供给，满足基础设施建设适度超前的资金需求，做好重点建设项目融资保障，加大制造业贷款投放力度。截至年末，制造业贷款余额208.56亿元，比年初增长25.73%；信贷支持韶关工业园区内企业，贷款余额140.61亿元，比上年增长24.61%。

【小微企业金融服务】 截至2022年年末，韶关辖区范围内小微企业贷款余额503.20亿元，增长27.26%；小微企业无还本续贷余额8.04亿元，增长18.95%；小微企业信用贷款余额83.39亿元，增长32.42%。普惠型小微企业贷款余额259.03亿元，增长29.37%；普惠型小微企业贷款有余额的户数为3.37万户，较年初增加8525户。韶关银保监分局通过检测、通报、督导、走访等方式加强小微企业金融服务，组织开展辖区商业银行小微企业金融服务监管评价，加大对小微企业金融支持力度。（朱秀荣）

【企业股改上市】 2022年，韶关市重新修订《韶关市推动企业利用资本市场发展扶持办法》，发挥市IPO领导小组统筹作用，加大企业上市扶持。扶持北江智纺申报上市获得证监会批复并进行意见反馈、欧莱完成备案验收并向科创板递交上市申请，金志利、威玛完成股改；扶持广股交韶关运营中心良好经营并完成年度考核任务，完成挂牌13家、注册展示41家、知识产权质押融资2.3亿元、路演及培训活动4次。

【金融助企纾困】 2022年，韶关市向零售业、物流业、餐饮业、旅游业企业发放信用贷款金额比上年分别增长13.20%、93.99%、14.78%、38.32%。修订《韶关市融资服务资金操作办法》，建立各行业金融纾困“企业名单制”，优化149个金融产品覆盖“新市民”，加大对受疫情影响市场主体的金融纾困力度。依托线上融资平台和线下银企对接会促进企业信贷获得。通过贴息、降费、压降利率等措施降低综合融资成本。2022年末，全市普惠小微贷款余额259.97亿元，同比增长29.46%，比各项贷款增速高19.68个百分点。重新修订《韶关市推动企业利用资本市场发展扶持办法》，发挥市IPO领导小组统筹作用，加大企业上市扶持。扶持北江智纺申报上市获得证监会批复并进行意见反馈、欧莱完成备案验收并向科创板递交上市申请，金志利、威玛完成股改；扶持广股交韶关运营中心经营并完成年度考核任务，完成挂牌13家、注册展示41家、知识产权质押融资2.3亿元、路演及培训活动4次。

【金融保民生】 2022年，韶关市抓实抓细“金融16条”在韶关落地，督促银行机构不盲目抽贷、断贷、压贷，做好“保交楼”金融支撑。提高居民住房金融服务水平，首套房首付比例降至20%，面向受疫情影响特殊困难群体，提供灵活调整还款安排、合理延后还款期限等纾困服务。韶关市受“龙舟水”等自然灾害影响严重，保险机构车辆报损完成理赔7241.59万元；政策性农村住房保险共赔付1649万元；巨灾保险赔付8280.46万元。全年市民保承保人数56.9万，赔付金额2916万元。

【金融支持招商】 2022年，韶关市优化营商环境。在全省率先建立“首贷服务惠企融资体系”，促成企业获得首次贷款3.43亿元。开展“菜单

2022年韶关市银行业统计表

表24

项目	2022年末（亿元）	比年初增加（亿元）	比年初增长（%）
银行业总资产	2690.51	221.84	8.99
各项贷款	1645.01	141.33	9.40
存贷比	68.95	0.28	—
不良贷款余额	10.95	-5.70	-34.23
不良贷款率	0.67	-0.44	—
总负债	2589.20	217.31	9.16
各项存款	2385.69	196.03	8.95
其中，储蓄存款	1825.88	213.92	13.27
本年利润（税后）	24.53	0.11	0.46

（资料来源：国家金融监督管理总局韶关监管分局）

式"金融服务，加强对高端制造业、高科技企业、重大基础设施项目等重点领域的金融支持力度。打造"一站式"综合融资服务平台"韶融码"，提升信贷获得率。推进发展绿色金融。印发《韶关市进一步推进绿色金融发展实施方案》，创建"零碳网点""绿色金融街"，推动金融机构绿色转型。创新"林权抵押贷款""光伏贷""森林碳汇遥感指数保险"等特色产品，运用碳减排支持工具，发放贷款10.98亿元。2022年末，全市绿色贷款余额180.57亿元，同比增长51.89%，位居广东北部生态发展区第二。推进招商项目落地。促成省粤科金融集团与韶关市在科技产业招商基金方面合作更进一步。推动中国互联网金融协会南方大数据中心、上海德衡数据科技公司落地韶关市，协调银行机构保障韶关市重点招商项目落地融资需求。

【支持乡村振兴建设】 2022年，韶关市推进全国金融服务乡村振兴创新示范区建设，印发《韶关市建立乡村振兴金融信贷风险补偿机制的实施意见》《关于探索设立乡村振兴特色支行（支公司）加强乡村振兴金融服务的通知》《关于做好2022年韶关市移动支付示范镇建设的通知》《韶关市关于推进畜禽活体抵押贷款的指导意见》等文件，搭建"三农"金融服务平台。引入网商银行开展数字普惠金融项目，拓宽"三农"融资渠道。截至年末，辖区银行机构推出乡村振兴相关金融产品207个。全市涉农贷款余额659.43亿元，增长17.47%。其中普惠型涉农贷款余额161.82亿元，增长24.59%。（颜　华）

银行业

【概况】 2022年，韶关市银行机构共计20家，机构网点408个、从业人员5999人，其中，政策性银行分行1家，大型国有商业银行分行6家，股份制银行分行1家，城市商业银行分行2家，农村商业银行8家，村镇银行1家，外资银行支行1家。资产负债规模稳步扩大。截至年末，银行业资产总额2690.51亿元，较年初增长8.99%，其中各项贷款余额1645.01亿元，增长9.40%，投向实体经济贷款余额1065.48亿元，增加134.19亿元，比2021年增长14.41%；银行业负债规模2589.20亿元，增长9.16%，其中各项存款余额2385.69亿元，增长8.95%。存贷比68.95%，较年初提高0.28个百分点。盈利水平不断提升。辖区银行机构全年实现利润24.53亿元，比2021年增长0.46%。不良贷款余额10.95亿元，减少5.70亿元；不良率0.67%，下降0.44个百分点，较全省低0.41个百分点，在全省20个地市中从高到低排名第19位，信贷资产质量保持良好。

【减费让利】 2022年，韶关辖区银行机构为2217户中小微企业、个体

2022 年 7 月 7 日，中国农业发展银行韶关市分行与韶关市政府联合举办政银企融资服务(政策性金融)座谈会(中国农业发展银行韶关市分行　供图)

工商户和货车司机提供延期还本付息支持 27.77 亿元。在综合考虑经营状况和客户还款能力基础上，合理降低实际贷款利率。全年累放普惠型小微企业贷款（剔除票据贴现、转贴现业务）平均年化利率 4.64%，较 2021 年下降 0.36 个百分点。　（朱秀荣）

【中国农业发展银行韶关市分行】2022 年，中国农业发展银行韶关市分行各项贷款余额 36.59 亿元，比年初增加 4.54 亿元，增幅 14.15%，高于全市贷款增幅 4.37%；累计投放贷款 9.19 亿元，同比多投 8532 万元；筹集支农资金 6.19 亿元，不良贷款保持为零。会同韶关市人民政府联合举办政银企融资服务（政策性金融）座谈会，相关单位领导及其韶关市直、三区七县相关党政、职能部门、市属国企及部分涉农企业相关负责人等 50 余人参会保障粮食安全。围绕粮食产销、加工、供给等领域，保障辖内 9 家粮食公司政策性粮油收购资金需求，足额供应粮油收储轮换资金。全年发放各级粮油储备贷款 2.11 亿元，粮油贷款余额 4.52 亿元。运用政策性金融工具支持韶关市基础设施项目建设，高效投放 3 笔共计 7000 万元农发基础设施基金支持 3 个县域水利项目建设。成立绿色金融服务专营团队，开通绿色办贷通道，围绕支农重点领域推动绿色发展，聚焦县域水利建设、改善农村人居环境、生态保护等补短板领域，加大对节能、环保、减排等项目的信贷支持力度，推动区域绿色经济发展。全年净增绿色信贷余额 5.82 亿元，增长率 49.76%，超额完成绿色贷款净增任务。对符合条件的小微企业实施首年优惠利率，下调贷款利率；通过降低服务收费标准、精简整合服务收费项目、免费提供金融服务等多项举措，确保减费政策有效惠及小微企业，全年累计发放普惠小微企业贷款 2370 万元，减免企业结算手续费、询证回函费等 13.24 万元。（方　媛）

【中国工商银行股份有限公司韶关分行】2022 年，中国工商银行股份有限公司韶关分行各项存款日均余额 344.90 亿元、净增 37.73 亿元；各项贷款余额 247.66 亿元，比年初增加 17.25 亿元；各项贷款累计投放各项贷款 119.31 亿元、比 2021 年多投 22.14 亿元；风险防控扎实有效，各项不良贷款余额 1.29 亿元、减少 218 万元，不良率 0.52%、比年初减少 0.05 个百分点。支持交通运输、清洁能源、IT 和先进制造业等涉及基础和民生领域，重点关注韶关“十四五”期间重点项目。年末公司贷款余额 129.43 亿元，较年初增加 10.86 亿元；公司制造业贷款余额 21.36 亿元，较年初增长 5.28%，实体经济发展得到保障；发展普惠金融。年末普惠贷款较年初增长 44.23%，较全部贷款增速高 36.74%，对中小微企业的信贷支持力度持续加大；年末涉农贷款增长 9.30 亿元，完成全年任务目标的 103%。年末累计为企业办理无还本续贷 2.11 亿元。进一步降低小微企业融资利率。年末当年发放的普惠贷款平均执行利率 3.89%，较年初下降 36bp。优先支持清洁能源产业、节能环保等新兴产业。年末绿色信贷余额 36.28 亿元，较年初增加 5.71 亿，增速 18.68%，绿色信贷增长率大幅高于各项贷款的增长率。利用粤农 e 贷等特色产品，营销龙头企业、市级家庭农场、市级合作社、大湾区“菜篮子”生产基地企业、农业产业园，引导和促进工商资本下乡，推进金融服务乡村振兴拓面提质。年末为涉农经营主体办理“粤农 e 贷”业务 42 户，发放金额累计 5935 万元。打造“境内外汇业务首选银行”。年末，国际结算量累

2022 年 9 月 27 日，中国工商银行韶关分行开展 2022 年金融联合教育宣传现场活动　（中国工商银行韶关分行　供图）

计9.72亿美元，跨境人民币累计发生12.82亿元。9月27日，中国工商银行韶关分行举办2022年金融联合教育宣传现场活动，加深公众对基础金融知识的认识和了解。（侯志萍）

【中国农业银行股份有限公司韶关分行】 2022年，中国农业银行股份有限公司韶关分行本外币各项存款余额414.2亿元；本外币存款日均余额403.9亿元，两项业务位居同业第一。本外币各项贷款余额324.2亿元，四行份额提升1.46个百分点。实现手续费及佣金净收入1.44亿元，四行份额32.5%，同业排名第一。联合韶关市税务局建成投产全市首个税银互融“税e站”，建筑面积约100平方米，配备智能化办税设备，设立有“网上办、掌上办、自助办、可视办”四大功能区域，将原来的“银税互联”41项目可办业务升级为“银税互融”“税e站”473项目全业务办理，实现缴费纳税服务与企业开立账户联合通办。增效审批流程。与韶关市市场监督管理局签订政银互融合作框架协议，上线启动“韶关市商事主体智能化登记审批系统”。完成开发个体工商户办理营业执照“全智能”“无纸化”“零见面”模式，群众可“24小时不打烊”进行商事登记服务，实现“减材料”“减程序”“减时间”“减成本”“提效能”的目标。建成航空港支行。支行位于韶关市乳源瑶族自治县桂头镇韶关丹霞机场，是全市首家“瑶文化”特色和以助力乡村振兴为主要业务方向的银行网点。（植宇欣）

【中国银行股份有限公司韶关分行】 2022年，中国银行韶关分行本外币各项存、贷款日均余额分别达172亿元、174亿元，不良余额、不良率全年保持“双降”。新增上线“复兴壹号”智慧党建平台单位用户11家，新增注册人数1.4万人，带动手机银行、账户、存款和数字人民币等业务协同发展。开展可疑交易排查，主动向公安机关提供可疑线索，成功协助公安机关抓获洗钱犯罪嫌疑人，获市公安局书面表扬。运用设备更新改造专项再贷款资金向鹰硕（韶关）信息产业集团有限公司发放4.39亿元贷款。能源电力保供以及房地产市场，全年累计投放贷款135.18亿元，助力本地“十四五”规划落地。民营企业贷款、涉农贷款、绿色信贷、战略性新兴产业贷款较上年分别增长16.68%、29.37%、142.94%、1105.94%。实施多措并举稳外贸，国际结算和跨境人民币业务市场份额分别为37.05%、38.42%，持续保持本地市场首位。全年累计为韶关33家外贸外资企业提供40亿元授信额度，为中南钢铁等核心客户近15家上游供应商提供供应链金融服务支持，当年供应链融资余额近3.5亿元，超额完成全年目标。在外管局开展的“2022年度外汇业务合规与审慎经营情况”考核评定中，获“A类”评级。全年举办银企对接会13场，吸引150家企业参会，累计达成授信意向超3.8亿元，发放贷款逾3.65亿元，其中，“‘中银科创+’科技金融专场韶关站”平台活动吸引40余家小微企业与中国银行韶关分行人员进行“一对一”融资洽谈，达成授信合作意向2.4亿元，现场与2家科创企业举行融资意向合作签约仪式。全年涉农贷款余额36.34亿元，当年新增8.52亿元。累计为11家受疫情影响小微企业办理无还本续贷，涉及贷款金额3875万元；审批通过33笔个人贷款延期还款申请，涉及贷款余额3203万元；支付抵押登记费、评估费、质押登记费等合计让利37.2万元。

2022年8月29日，中国银行韶关分行举办“‘中银科创+’科技金融专场韶关站”平台活动（中国银行韶关分行 供图）

【中国建设银行股份有限公司韶关市分行】 2022年，中国建设银行股份有限公司韶关市分行一般性存款余额334亿元，比年初新增23.42亿元，其中对公存款余额85亿元，比年初负增长11.31亿元；个人存款余额248亿元，新增34.73亿元。各项贷款余额232亿元，新增5.63亿元。其中对公贷款余额98亿元，新增1.93亿元；个人贷款余额134亿元，新增3.70亿元。在辖内惠民路支行率先成为全市首家挂牌“绿色支行”的银行网点。严格控制“绿色网点”水、电、耗材等碳排放指标。截至年末，绿色金融贷款余额22.56亿元，比年初新增12亿元，绿色信贷客户20户，新增4户。普惠金融贷款余额为21.60亿元，比年初新增5.02亿元，普惠客户4515户，新增1344户；涉农贷款余额44.49亿元，新增9.18亿元；科技金融贷款余额26.39亿元，新增7.62亿元，增速40.63%；制造业贷款余额18.89亿元，新增3.43亿元，增速22.18%。举办2022年知识产权质押融资政银合作签约仪式暨宣讲活动，打通政府、银行、企业三方的质押融资渠道。联合浈江区农业农村局打造乡村振兴孵化实验室，创新推出“三资平台+银农直连”试点推广项目，全年实现银农流量

1029 万元。结合“中国农民丰收节”，承办全市“广东乡村休闲体验季”派券活动；通过银保联动向重点服务点业主和驻村工作干部等赠送保险；裕农通服务点行政村覆盖率超过 92%，打通农村新金融服务的“最后一公里”。（林　志）

2022 年 9 月 23 日，邮储银行韶关分行到新丰县马头镇乌石岗村参加“中国农民丰收节”，开展“金融大时代 邮储有担当”惠农主题宣传

（邮储银行韶关分行　供图）

【交通银行股份有限公司韶关分行】 2022 年，交通银行股份有限公司韶关分行本外币各项存款余额 40.82 亿元，较年初增加 4.28 亿元，增幅 11.71%；本外币各项贷款余额 56.58 亿元，增加 8.99 亿元，增幅 18.89%；不良贷款余额 452.41 万元，不良率 0.08%。设立 2 个首贷服务专窗，推出免抵押贷款产品，累计为 16 户首贷企业办理贷款 1.5 亿元；针对专精特新企业资金需求，优化信贷流程，扩大专项融资授权，累计发放“专精特新”企业贷款 7 户，放款金额 0.31 亿元；持续提升小微企业中长期占比，中长期贷款余额 12.53 亿元，较年初净增 3.79 亿元；为小微企业和个体工商户发放贷款的平均利率为 3.85%，较上年下降 45 个基点。发放贷款合计 2.48 亿元，为 8 户高新技术企业发放 0.27 亿元贷款；落地碳减排再贷款 2 户合计 1.4 亿元，其中一笔为韶关市首笔碳减排再贷款，另一笔为煤炭清洁高效利用专项再贷款。累计为 58 家优质餐饮商户 100 家门店优惠券补贴，带动消费 1000 万元；依托“惠民贷”，发放新市民个人贷款 105 笔，贷款金额 0.28 亿元；开展信用卡 10 元洗车、5 折理发、加油返 5% 及超市随机立减等线下活动，开展金融知识进校园、工厂、社区、农村 76 场活动，活动覆盖 2.28 万名市民。（莫彩云）

2022 年 10 月 24 日，中国邮政储蓄银行西河支行经改装后开业

（赖金棠　摄）

【中国邮政储蓄银行股份有限公司韶关市分行】 2022 年，中国邮政储蓄银行股份有限公司韶关市分行各项存款时点规模 407.87 亿元，比 2021 年新增 29.34 亿元，增幅 7.75%；各项贷款余额 113.13 亿元，净增贷款规模 18.98 亿元，增幅 20.16%。小额信贷年放款 1.49 万笔，总金额 23.86 亿元，净增 5.77 亿元。消费贷款年放款 1.43 万笔，总金额 17.70 亿元，净增 5.86 亿元。普惠型小微企业贷款余额 23.45 亿元，净增 6.53 亿元，完成监管考核目标的 200.78%，增幅 38.56%，比各项贷款增速高 17.59 个百分点；普惠小微贷款户数 3222 户，较年初增长 709 户。内部资金转移定价对涉农领域给予倾斜，涉农贷款余额 49.73 亿元，年增 5.05 亿元，完成监管进度 194.34%。累计向新型农业经营主体发放“省农担”小额贷款 3.07 亿元。普惠涉农贷款余额 10.8 亿元，较年初增长 2.33 亿元，完成监管进度 148.87%，完成中国邮政储蓄银行广东省分行考核进度 170.70%。创新优化产品和服务，小企业法人授信贷款余额 12.71 亿元，年增 2.56 亿元，完成中国邮政储蓄银行广东省分行下达目标 111.47%。截至年末，全市绿色融资结余 27435 万元，各项贷款增速 20.16%，绿色融资增速 83.63%，绿色融资增速较各项贷款增速高 63.47%。在中国人民银行韶关市分行的经营稳健性评估中，邮储银行韶关市分行获 A+ 级单位，连续四年评级

A级以上；获韶关市消保协会授予的“2022年度韶关市金融消费权益保护工作先进单位”“2022年度金融纠纷调解工作先进单位”和2022年度广东省分行消费者权益保护工作考核“优秀”等级。全行不良率0.35%，系统内全省第2低；完成不良贷款清收3347.97万元，完成中国邮政储蓄银行广东省分行下达清收计划的123.54%，列系统内全省第3。9月23日，邮储银行韶关分行到新丰县马头镇乌石岗村参加“中国农民丰收节”，开展“金融大时代邮储有担当”惠农主题宣传。（柯月华）

【广发银行股份有限公司韶关分行】2022年，广发银行股份有限公司韶关分行各项存款余额20.98亿元，全年各项存款余额增长超40%，各项贷款余额37.53亿元，贷款增长幅度约8%，全年存贷款比178.88%。全年清收处置不良贷款3882.84万元，不良率0.46%。超额完成服务国家战略指标任务，净增绿色金融贷款2.41亿元，净增战略性新兴产业贷款2.93亿元，科技金融信贷余额2.79亿元，民营企业信贷余额4.71亿元，制造业贷款余额2.49亿元。超额完成全度服务实体经济指标任务，普惠小微贷款余额（不含票据）4.08亿元，全年各项贷款增速7.81%，小微企业贷款增速8.12%，比各项贷款增速高0.31%。涉农贷款余额19.99亿元，增速1.21%，投放广发系统内全国首笔普惠小微林权抵押贷款1000万元，实现“林权抵押贷款”业务“零的突破”。全年发放涉农贷款2.71亿元，投产油山镇坪田坳村乡村振兴蜂蜜产业项目，带动坪田坳村31户蜂农规模化养殖和脱贫户就近就业。建设成为广发系统内首家与政府联合开展消费券发放活动的分行，参加韶关市政府牵头的“约惠韶城粤来粤好”活动。全年个人消费贷款金额8443万元。投放个人住房按揭贷款6553万元。新增信用卡5417张。投入市场活动费用24万元，覆盖商户116户，拉动消费377万元。截至2022年年末，减费让利300万元。3月18日，广发银行韶关分行本部及营业部搬迁至韶关新区城投商务大厦，成为韶关首家入驻金融集聚区并对外营业的分行级银行机构，营商环境和员工办公环境得到改善。8月26日，广发银行韶关惠民南路支行开业。（刘筱玲）

【东莞银行股份有限公司韶关分行】2022年，东莞银行股份有限公司韶关分行资产总额56.57亿元，比2021年增长17.55%；负债总额54.24亿元，增长18.36%；各项存款余额33.91亿，增长6.30%；各项贷款余额57.33亿元，增长17.90%。向园区制造业企业提供优质咨询服务和金融产品，截至年末，东莞银行韶关分行为东韶实业集团及下属子公司、莞韶园入园企业累计核定授信额度10.99亿元，累计发放贷款11.84亿元，贷款余额4.97亿元；为华南装备园19家入园企业累计核定授信额度19.13亿元，累计发放贷款7.51亿元，贷款余额4.61亿元；为乐昌工业园入园企业累计核定授信额度2.13亿元，累计发放贷款1.71亿元，贷款余额0.97亿元。全年东莞银行韶关分行为受疫情影响暂时未能按时还款的个人房贷客户提供延迟还款、征信逾期修改等服务，累计办理个人房贷延迟还款共计金额1675.70万元。累计投放乡村振兴涉农贷款11.13亿元，较年初增加1.14亿元，涉农贷款余额11.12亿元，增加0.47亿元。6月，向武江区重阳镇万侯村捐赠50万元，支持该村灾后重建、推进乡村振兴；12月，向乐昌市秀水镇捐赠1.25万元，帮助消山村改善基础设施建设。成立复工复产专项工作小组，与韶关市科技局签订《韶关市科技信贷业务合作协议》，开拓一批科技金融普惠客群，满足小微企业信贷供给需求。截至年末，累计为6户企业投放普惠信用贷款2300万元，普惠型小微企业信用贷款余额5163.52万元，比上年增速993.32%。截至年末，绿色金融贷款余额9.94亿元，不良余额为零。为韶关房地产开发商办理贷款展期业务，展期金额7100万元。合理投放房地产行业贷款。截至年末，房地产贷款余额24.61亿元，占各项贷款的42.93%，其中个人住房贷款余额的11.10亿元，占各项贷款的19.36%。（饶丽华）

【广州银行股份有限公司韶关分行】广州银行股份有限公司韶关分行是广州银行股份有限公司在韶关地区设立的一级分行，于2021年11月19日对外营业。2022年，该行存款时点余额4.22亿元，贷款时点余额3.14亿元，无不良贷款。截至年末，累计向实体企业投放信贷支持，金额3.18亿元。截至年末，累计发放普惠类贷款5860万元。推进乡村振兴。成立乡村振兴工作专项领导小组，对乡村振兴金融业务发展做出决策，针对乡村振兴小微企业抵质押物不足的情况，推广“见贷保”产品，与准入担保公司合作，建立融资担保模式。截至年末，累计发放支持乡村振兴贷款2.19亿元。（刘　蕊）

【韶关农商行】2022年，韶关市农商行系统党委所在地为乐昌市，辖内6家机构（乐昌农商银行、翁源农商银行、乳源农商银行、始兴农商银行、仁化农商银行、新丰农商银行）有101个网点，1212名在职人员。截至2022年年末，韶关市农商行系统6家机构的总资产422.88亿元，存款361.84亿元，贷款228.50亿元，实现经营利润6.20亿元，净利润2.78亿元，全年缴纳各项税款1.31亿元。做实做强党建共促乡村振兴工作体系。截至2022年年末，与辖内62个乡镇（街道）党委、913个行政村（居委会）党支部签订党建共建协议，实现签约全覆盖。韶关“粤智助”整合涵盖社保、税务、公安、民政、卫健等18大类92项政务服务事项，实现基层群众基础服务“就近办、自助办，一次办成”。截至年末，在农商行系统辖内投放“粤智助”政务一体机899台。发挥本土法人优势，创新“金融副镇长＋乡村振兴特派员”模式，为农村群众提供高效便捷的金融服务。截至年末，派出321名内设金融特派员和598名外部金融特派员。推进农村“三资”管理，截至2022年年末，完成辖内集体经济组织账户开立9621个。建立更加高效精准的“小额度、广覆盖”主动授信机制，截至年末，完成信息建档数131.74万户，预授信和授信41.72万户，贷款签约用信5.41万户。（刘慧明）

【汇丰银行(中国)有限公司韶关分支行】 汇丰韶关支行是汇丰银行（中国）有限公司广州分行下设的异地支行，位于浈江区。截至2022年年末，汇丰韶关支行在职员工7人。支行内设3个部门。2022年，汇丰韶关支行与韶关当地企业建立业务合作关系，为其金融服务解决方案，助力本地企业客户发展。截至2022年年末，汇丰银行韶关支行各项贷款余额本外币7.39亿元，比年初增加2.45亿元，增幅50%。存款余额本外币1.27亿元，比年初增加1410.54万元，增幅12%。（卢丽贞）

【“韶关市首贷服务中心”揭牌运作】

2022年8月，“韶关市首贷服务中心”在市行政服务中心揭牌运作。以“韶关市首贷服务中心”为主体延伸到8个县（市、区），形成以市首贷服务中心为主体，县（市、区）服务中心为辅的线下服务体系。首贷服务中心采取“线下窗口＋线上平台”相结合运作模式，线上依托“粤信融——首贷服务中心”“韶融码”（计划上线）2个融资平台，将企业融资需求推送至意向银行，有关银行在后台承接办理业务，实现前后台受理审批无缝衔接、政银企高精准对接，提升企业融资效率。线上首贷服务平台汇集当地18家银行机构的84个信贷产品，满足企业融资需求。市金融局、人民银行韶关市中心支行、韶关银保监分局、市政务服务数据管理局、市工信局从供需两端协同发力，打造“9+2+N”首贷服务机制，助力优化地方营商环境。自2021年10月至2022年8月，韶关辖区有201家企业通过线上首贷服务中心提交贷款需求，撮合201笔融资业务，累计授信逾13亿元。截至2022年8月，全市在121个银行网点设立首贷服务点，形成以9个首贷服务中心为主体，N个银行服务网点为辅助的“政务＋金融”首贷服务模式。2022年对接首贷户数646户，促成企业获得首次贷款9.63亿元。

【韶关银行业机构产品创新助力乡村振兴】 2022年，韶关银行业金融机构创新推出“兰花贷”“黄烟贷”“生猪贷”和“贡柑贷”等信贷产品，支持农业产业化。创新推出土地经营权抵押贷款500万元，支持企业脐橙基地建设，缓解担保抵押不足难题。10月，韶关银保监分局联合多部门印发制定《韶关市关于推进畜禽活体抵押贷款的指导意见》，推进“畜禽活体登记＋保险增信＋银行授信，截至年末，畜禽活体抵押贷款余额1.96亿元。推动县域数字普惠金融项目，引入浙江网商银行为全市涉农群体提供数字信用贷款产品，全年服务韶关市涉农人口8万余人，合计发放贷款31.45亿元。截至年末，银行业金融机构对韶关市517个信用村实施“整村授信”，授信金额152.24亿元；实际用信11436笔，用信金额20.83亿元，惠及涉农主体10761个。（颜　华）

2022年8月，韶关市行政服务中心增设首贷服务中心窗口

（市行政服务中心　供图）

保险业

【概况】 2022年，韶关市保险业资产总额202.96亿元，比2021年增长9.98%；全年原保险保费收入63.96亿元，增长2.32%；赔付支出22.06亿元，增长17.44%。金融助力“龙舟水”暴雨灾害处置。6月“龙舟水”暴雨灾害期间，实现灾后一周内农业保险赔付和预付赔款比率93.98%，20余天内完成全部3887.94万元理赔工作，暴雨巨灾指数保险完成理赔8280.46万元，为农业抗灾减损和恢复生产提供保障。韶关辖区新增水稻收入保险、种猪养殖保险、烟草种植保额补充保险、水稻种植补充保险、育肥猪养殖完全成本保险、水稻产量保险、玉米产量保险等多个险种助力乡村振兴战略实施。全市农业保险原保险保费收入3.33亿元，比2021年增长28%，超额完成推动农业保险高质量发展中的保费目标任务，为辖区农户、农企提供风险保障248.25亿元，农业保险赔款支出2.18亿元，比2021年增长75.4%。韶关市推动“韶关市民保”保障升级，在保费价格不变的基础上把个人先自付部分费用纳入理赔范围、减少既往病种类、对续保客户赔付比例从80%提高至85%、增加特药种类等，年度总参保人数56.9万人。全市大病保险为217.12万人次城乡居民提供风险保障5427.98亿元，累计赔付9.03万人次，赔付支出1.24亿元。截至2022年年末，韶关市保险公司共计35家。其中，人身保险公司19家，财产保险公司16家；机构

2022 年 6 月 14 日，韶关金融服务乡村振兴银保企对接签约仪式举行
（韶关市保险行业协会　供图）

网点 196 个、正式员工 1420 人、代理人 7785 人；保险专业中介 23 家，非银兼业中介 26 家。　（朱秀荣）

【消费者权益维护】 2022 年，韶关市保险行业协会受理各类投诉案件 133 宗，涉案金额 869.73 万元，结案 130 宗，成功处理 43 宗，结案金额 99.63 万元。推进道路交通事故损害赔偿纠纷一体化处理机制，使用“全国法院道路交通事故纠纷诉前调解平台”“广东法院诉讼调解管理平台”，实现线上线下相结合的模式，全年接法院诉前调解案件 24 宗，涉案金额 286.91 万元，已结案 24 宗，成功处理 3 宗，结案金额 89.7 万元。深化与公安部门合作，推动行业反保险欺诈工作，组织驻韶保险公司参加“反欺诈　促合规”防范金融诈骗知识闯关挑战赛；协助保险公司向公安机关排查欺诈线索 44 条，立案 1 起。推进恶意投诉治理，组织寿险公司进行“代理退保”“恶意信息”线索排查工作，向公安部门提供案件线索 7 条，向市场监管部门提供“代理退保”虚假违法广告宣传线索 8 条。

【保险服务乡村振兴】 2022 年，韶关市银行业公会与韶关市保险行业协会、韶关市农业协会和韶关市林业产业发展协会联合成立“韶关金融服务乡村振兴联合委员会”。韶关市保险行业协会先后到太平人寿、平安产险及太平洋产险开展金融服务乡村振兴调研考察工作，并对其宣传工作进行指导。推进乡村振兴银保企业对接工作，与韶关市银行业公会、韶关市农业协会及韶关市林业产业发展协会联合举办韶关金融服务乡村振兴银保企对接会，组织各保险公司参与金融服务乡村振兴银保企推进会，对接银行保险机构和企业，疏通连接渠道、搭建合作平台，促进银保企三方有效对接。编发《韶关市银行业保险业乡村振兴金融产品和服务汇编》，开展线上线下金融服务乡村振兴宣传，组织会员公司到乡村、小镇开展入村、入企业、入农户的金融知识宣传活动。

【保险赔付和给付】 2022 年，韶关市财产保险公司赔付支出 13.67 亿元，比 2021 年增长 23.81%；人寿保险公司赔付支出 8.39 亿元，比 2021 年增长 8.36%。6 月，韶关市发生特大暴雨洪涝灾害，韶关市保险行业协会组织辖区各保险公司建立理赔服务绿色通道、简化理赔流程，运用卫星遥感、人工智能、无人机等一系列新科技工具进行精准定损，加速理赔进程。辖区财产保险公司累计接到报案 6370 件，报损金额 1.56 亿元，完成理赔 1.21 亿元，赔付率 77.11%。其中，农险报损 941 件、金额 3887.94 万元，全部完成理赔；车险报损 4838 件、金额 8390.75 万元，完成理赔 4599 件、金额 7271.39 万元，赔付率 86.66%。平安财险韶关中心支公司全部完成暴雨巨灾指数保险赔款 8280.46 万元。做好线下 10 个轻微道路交通事故快处快赔服务中心的工作对接，全年各快处快赔服务中心处理案件 7669 宗。韶关市保险行业协会推广“12123”平台，全年处理案件 8127 宗。春节、国庆等节假日期间，韶关市保险行业协会与交警部门、保险公司联动，在高速公路收费站、服务区设立保险理赔服务点，为在高速公路发生意外事故的车辆提供保险理赔指引和相关咨询服务，全年韶关市各县（区）通过“警保联动”机制处理案件 1.3 万宗。　（朱秀荣　胡凌辛）

2022年韶关市保险业赔付和给付情况统计表

表25

项目	财产保险公司		人寿保险公司	
	本年累计（万元）	同比增长（%）	本年累计（万元）	同比增长（%）
赔付支出	136677.33	23.81	83906.46	8.36

续表25

项目	财产保险公司		人寿保险公司	
	本年累计（万元）	同比增长（%）	本年累计（万元）	同比增长（%）
1. 财产险	121651.83	23.84	—	—
其中，机动车辆保险	86123.44	16.72	—	—
2. 人身险	15025.48	23.57	83906.46	8.36
人寿保险	—	—	50323.58	6.79
健康保险	12322.23	23.29	31249.19	12.15
意外伤害保险	2703.25	24.86	2333.69	-4.59

（资料来源：国家金融监督管理总局韶关监管分局）

【中国人民财产保险股份有限公司韶关分公司】 2022年，中国人民财产保险股份有限公司韶关分公司（简称人保财险韶关市分公司）全险种保费11亿元，比上年增长12.21%，累计支出10.7亿元，全年纳税总额8184.81万元（含车船税），市场份额52.1%，占据当地市场主导地位。持续推进农业保险“提标、扩面、增品”，全年累计为29万名农户提供135.37亿元风险保障，其中承保政策性农业保险险种20个，商业性农业保险险种7个，创新特色农业保险险种11个。推进政策性农房保险落地，累计承保52.8万户，风险保障金额567亿元，累计赔款1944.69万元。助力巩固拓展脱贫攻坚成果，累计为3.54万户建档立卡脱贫户和易致贫人口提供防返贫保险保障，风险保障金额150.74亿元，累计赔款561.91万元。累计投入近200万元助力乡村建设，其中投入49.8万元为南雄坪田镇修建防洪渠，捐赠150万元化肥物资，助力受灾严重地区复耕复产。推进重型货车安装使用智能视频监控报警装置工作，累计投入超200万元。牵头承办韶关市城镇职工住院附加医疗保险和城乡居民大病保险项目，为全市63万名城镇职工和217万名城乡居民提供补充医疗保险保障。牵头承保“韶关市民保”项目，累计承保57万人，向市乡村振兴局防止返贫监测对象、市民政局公办养老机构集中供养人员1122人捐赠“韶关市民保”。服务绿色环保。政策性森林保险承保森林总面积49.5万公顷，其中公益林承保面积31.19万公顷，承保率100%；商品林承保面积18.32万公顷，承保率43.32%。承保环境污染责任险等绿色保险，累计风险保障金额5071万元。承保新能源汽车保险3419辆，其中非营运车2721辆，营运车698辆。服务科技创新。运用“粤农保”AI数字农业综合服务平台新技术，承保验标2265宗，理赔案件5957宗，提高农业保险

2022年6月25日，中国人民财产保险股份有限公司韶关市分公司为韶关丹霞女农业科技有限公司发放农险理赔款31.6万元，助力农业企业灾后复工复产 （中国人民财产保险股份有限公司韶关市分公司 供图）

承保理赔效率。（徐玉君）

【中国人寿保险股份有限公司韶关分公司】 2022年，中国人寿保险股份有限公司韶关分公司（简称中国人寿韶关分公司）与中国人保财险韶关市分公司、平安养老保险韶关中心支公司联合承办“韶关市民保”项目，保障人数56.91万人。承办农村留守老人健康关爱探访经办业务，上门探访服务350名困难留守老人。推进关爱女性行动，为全市5.29万名女性捐赠3.59亿元风险保额的“两癌”保险，为全市1.07万名妇联执委赠送26亿元风险保额的“意外+”防疫保险；为全市776名巾帼家政服务人员赠送0.46亿元风险保额的“巾帼家政保”保险。为退役军人赠送共1.08亿元保额退役军人保险。推进“银龄安康行动”，为全市63.26万名老人提供“银龄安康”保险保障。开展7次“线下+线上”金融服务乡村振兴宣传活动。组织“绿丝带”行动之“艺术回山”“村医远程培训”“送教下乡”行动11期。举办“牵手国寿、助学圆梦”活动，为南雄市油山镇14户困难家庭捐资助学资金共2.8万元，赋能油山乡村教育。支持“一村一品”发展，全年购买乡村振兴重点帮扶地区农副产品14.13万元，全年为0.54万人提供风险保额3.36亿元的“防返贫”保险，为脱贫人群提供兜底保障。柜面设“长者服务专员”，提供“特事特办”上门服务，开展8场“长者关爱日”活动，服务老年客户888人次；组织进校园、进社区及在全辖区10个营业网点开展金融知识宣传和咨询活动78场次，惠及客户超1300人次。2022年，中国人寿韶关分公司总保费收入15.71亿元，保费在韶关寿险行业占比为36.87%，居韶关寿险行业首位。（罗秀梅）

【珠江人寿保险股份有限公司韶关分公司】 2022年，珠江人寿保险股份有限公司韶关分公司（简称珠江人寿韶关分公司）实现原保险保费收入6.48亿元，提供新单回访8348人次，办理保全变更服务3542人次，理赔案件51件，理赔金额491.57万元，亿元保费投诉量0.46件/亿元，客户投诉100%高效处理。（于金芬）

【中国平安财产保险股份有限公司韶关中心支公司】 2022年，中国平安财产保险股份有限公司韶关中心支公司（以下简称韶关平安产险）整体保费收入3亿元，比2021年增长4.59%，实现纳税819万元，整体保费规模位居韶关市财险市场第二，其中农业保险实现收入保费342万元；全年整体赔款支出1.8亿元。快速响应理赔巨灾保险赔款。该公司对韶关市巨灾指数保险开通绿色通道，触发龙舟水洪涝灾害巨灾保险赔款8280.43万元，并在3个工作日即高效将赔款支付至韶关市财政局国库账户，发挥保险杠杠作用为全市防灾、减灾及救灾提供资金保障。为全市4015个小微客户提供152亿元保额的风险保障，为货运企业或个人提供3035万元保险保障。为2.8万名外卖骑手提供109亿元风险保障，面向小微企业和个人客户免费赠送“E生平安·疾病守护金”保险4521份，总保额4.52亿元。推进安全生产责任险。全年为1081家八大高危行业企业提供28.55亿元风险保障，承保企业数比2021年同期增长855%，保险金额比2021年增长395%，覆盖范围实现增加。金融服务助力乡村振兴。开展“乡风文明100”行动，投入15余万元，用于修缮乳源红色碉楼和石角塘升级“卫生站”设备。资助10名家庭困难学生，提供每人每年不低于2000元的助学金。为乳源大桥镇防返贫重点监测人员1421人次提供防返贫保险，最高金额8万元/人的风险保障，总保障金额9300万元，保障该批人员“因意外、因疾病”等重大人身伤害变故导致返贫风险。为乳源瑶族自治县8家特色农业龙头企业提供无偿贴息67万元，撬动贷款资金3460万元，降低企业融资成本。开办2项创新农业险种“食用菌气象指数”和“油茶种植”保险（均为全省首单）为星河生物等4家食用菌头部企业提供2707万元风险保障资金，为广东宝华农业等5家油茶头部企业提供7000万元的风险保障。利用“平安好车主”App帮助农户开展农产品销售，为乳源农企销售茶油、花生油1100余件，对时令水果开展直播带货，单场活动协销近300箱。

（中国平安财产保险股份有限公司韶关中心支公司）

【韶关市民保】 具有韶关特色的普惠型补充医疗保险——“韶关市民保”于2020年12月3日由人保财险韶关市分公司、中国人寿韶关分公司、平安养老韶关中心支公司组成项目联合体推出。“韶关市民保”按照“政府指导、商业运营、自愿参保”的原则，采用“商保联合体+统一服务平台”的运营模式，惠及对象包括韶关市医保参保人、有韶关市户籍外地医保参保人、持有《韶关市居住证》外地医保参保人，参保年龄无限制，具有参保条件与年龄、健康、职业脱钩，突破传统商业保险投保限制，以66元普惠价格撬动百万元高额保障、聚焦重特大疾病医疗风险的突出优势。2022年，“韶关市民保”保持保费66元、保险金额300万元不变，对续保客户赔付比例从80%提高至85%，个人先自付部分纳入理赔范围、除外既往症种类由5类减少为1类，24种特定高额药品费用增加到36种，健康管理服务由5种增加到肿瘤早筛服务、肿瘤咨询服务、就医分诊服务、患者用药关怀、慈善援助指导、健康专栏、专家讲堂、药品配送服务、新药试验协助9种。2022年，韶关市民保总参保人数56.9万人，保费规模3759.15万元，赔付案件2750宗，已赔款3600.53万元，赔付率95.78%。（曾志林）

2022年韶关市人寿保险公司经营业绩统计表

表26

序号	人身保险公司	2022年保费收入（万元）
1	中国人寿保险股份有限公司韶关分公司	157220.72
2	中国平安人寿保险股份有限公司韶关中心支公司	55735.57
3	中国太平洋人寿保险股份有限公司韶关中心支公司	10750.62
4	泰康人寿保险有限责任公司广东韶关中心支公司	8271.30
5	新华人寿保险股份有限公司韶关中心支公司	19345.09
6	太平人寿保险有限公司韶关中心支公司	16780.58
7	合众人寿保险股份有限公司韶关中心支公司	3899.68
8	中国人民人寿保险股份有限公司韶关市分公司	6474.45
9	平安养老保险股份有限公司韶关中心支公司	9349
10	光大永明人寿保险有限公司韶关中心支公司	2.53
11	中信保诚人寿保险有限公司韶关中心支公司	5452.67
12	幸福人寿保险股份有限公司韶关中心支公司	4867.50
13	民生人寿保险股份有限公司韶关中心支公司	817.73
14	友邦人寿有限公司广东分公司韶关中心支公司	13868.07
15	长城人寿保险股份有限公司韶关中心支公司	7585.37
16	建信人寿保险股份有限公司韶关中心支公司	11823.31
17	前海人寿保险股份有限公司韶关分公司	18909.00
18	珠江人寿保险股份有限公司韶关分公司	64873.86
19	信泰人寿保险股份有限公司韶关中心支公司	10249.74
20	北大方正人寿保险有限公司韶关中心支公司	182.90
合计		426459.71

2022年韶关市人财保险公司经营业绩统计表

表27

序号	财产保险公司	2022年保费收入（万元）
1	中国人民财产保险股份有限公司韶关市分公司	110015.95

续表27

序号	财产保险公司	2022年保费收入（万元）
2	中国平安财产保险股份有限公司韶关中心支公司	29996.53
3	中国太平洋财产保险股份有限公司韶关中心支公司	26048.74
4	天安财产保险股份有限公司韶关中心支公司	3035.84
5	太平财产保险有限公司韶关中心支公司	4061.21
6	中华联合财产保险股份有限公司韶关中心支公司	7188.96
7	华安财产保险股份有限公司广东分公司韶关中心支公司	4331.11
8	永安财产保险股份有限公司韶关中心支公司	2477.59
9	大家财产保险有限责任公司韶关中心支公司	436.42
10	中国大地财产保险股份有限公司韶关中心支公司	2872.91
11	阳光财产保险股份有限公司韶关中心支公司	2171.57
12	中国人寿财产保险股份有限公司韶关中心支公司	13136.45
13	鼎和财产保险股份有限公司韶关中心支公司	5147.43
14	富德财产保险股份有限公司韶关中心支公司	764.19
15	永诚财产保险股份有限公司广东分公司韶关中心支公司	27.48
16	利宝保险有限公司韶关中心支公司	1826.50
17	北部湾财产保险股份有限公司韶关分公司	178.15
合计		213717.03

（资料来源：韶关市保险行业协会）

证券业

【概况】 2022年，韶关全市有证券公司营业部11家，全市实现证券交易总额6234.20亿元，比2021年下降3.18%。

【广发证券股份有限公司韶关营业部】 2022年，广发证券韶关营业部总成交量合计2232.29亿元，在韶关市占比37.73%，位列第一；手续费收入7522.58万元，在韶关市占比41.44%，位列第一。与韶关市6家农商行签订战略合作协议。为银行、公募、保险等大型金融机构提供领先的综合机构经纪服务，与全市银行类机构（包括国有、股份制、中小城农商行）在综合化业务和差异化优势赋能方面开展合作，帮助合作机构提升投研和交易能力。广发证券帮扶乳源瑶族自治县龙溪村，乐昌市百家洞村、天井岗村等广东省定贫困村实现脱贫退出。（贺　权）

【安信证券股份有限公司韶关分公司】 安信证券股份有限公司韶关分公司承接原广东证券股份有限公司韶关营业部，下设7家营业部，在韶关地区券商中，市场份额连续多年排名靠前。2022年，安信证券韶关分公司总成交量2100.79亿元，在韶关市占比35.51%，位列第二，手续费收入 5860.93 万元，在韶关市占比 38.66%，位列第二。支持地方经济发展。安信证券股份有限公司韶关分公司帮助中小微企业建立健全现代企业制度、推进韶关市企业经济结构调整和产业转型升级，为各类投资者营造良好的投资环境。

（熊　勤）

【“韶关市－粤知保－长江楚越 1—3 期知识产权资产支持证券专项计划”启动】 2022 年 3 月 8 日，韶关市召开知识产权证券化宣讲培训会，标志着全国欠发达地区首支知识产权证券化产品“韶关－粤知保－长江楚越 1—3 期知识产权资产支持证券专项计划”启动。此次启动的全市首单知识产权证券化项目储架发行 3 亿元，首期发行规模为 1 亿元。通过此次宣讲会推进地市知识产权高效运用，加快推进韶关市知识产权证券化工作，帮助更多企业解决融资难、融资贵的难题，促使企业科技创新良性发展。韶关市 2021 年的知识产权质押融资 29 宗，合计金额 9.31 亿元，同期对比增长 387%，融资总额居粤东西北第一。有关部门和企业要以知识产权证券化为引领，推动金融服务实体经济，助力韶关产业升级和高质量发展。（颜　华）

其他非银行金融机构

【概况】 截至 2022 年 12 月，韶关市有 14 家小额贷款公司，注册资本合计 7.25 亿元，放贷余额 5.44 亿元；有 4 家融资担保公司（其中 2 家政府性融资担保公司），注册资本合计 3.5 亿元，融资担保在保余额合计 2.39 亿元；有 14 家典当行公司，注册资本合计 1.55 亿元，典当余额合计 7521 万元，典当总额 1.59 亿元。

【小额贷款有限公司】 截至 2022 年 12 月，韶关市有 14 家小额贷款公司，注册资本合计 7.25 亿元，放贷余额 5.44 亿元。韶关市海岸小额贷款有限公司成立于 2014 年 9 月，注册资金 1 亿元，有办理各项小额贷款的资质。2022 年，在广东省（不含深圳）小额贷款公司“楷模”监管评级中，公司连续从 2020 到 2022 年，连续 3 年评级等级为 AA+，蝉联韶关地区排名第一。在韶关市 2022 第三季度的诚实守信企业“红黑榜”中，公司再次登“红榜”，被广东省地方金融监督管理局认定为“优秀小贷公司”。截至 2022 年年底，韶关市海岸小额贷款有限公司贷款金额 2.65 亿元，贷款客户 179 户。公司资产 1.09 亿元，负债 573.59 万元。为因资金周转困难而无法按时还款的群众及企业减免违约金及逾期利息 79.37 万元。新丰县鸿伟小额贷款有限公司注册资金 3000 万元。截至 2022 年 12 月 31 日，新丰县鸿伟小额贷款有限公司累计发放贷款 21 笔，投放金额 951 万元，贷款余额 3307 万元，涉农贷款累计 19 笔，涉农贷款金额 1335 万元，占贷款总额的 40.37%，营业收入 69.76 万元，利息收入 69.76 万元，在 2022 年度全省小额贷款公司“楷模”监管评级工作获 b 评级等次。韶关市圆融小额贷款有限公司成立于 2014 年 2 月，是韶关市首家国有控股的小额贷款公司。公司注册资金 7000 万元，股东分别为韶关新区实业集团有限公司、南雄市园方投资有限公司。截至 2022 年 12 月末，韶关市圆融通小额贷款有限公司向中小微企业、个体工商户和“三农”客户累计贷款金额超过 38 亿元，累计上缴税费 950 万元。

【融资担保公司】 截至 2022 年 12 月，韶关市有 4 家融资担保公司（其中 2 家政府性融资担保公司），注册资本合计 3.5 亿元，融资担保在保余额合计 2.39 亿元。韶关市鼎盛融资担保有限公司成立于 2009 年 7 月 29 日。2022 年引入广东粤财融资担保集团有限公司增加注册资本金 2000 万元，将担保费率降至 1%，并先后与各国有银行、市县农商行等 10 余家银行金融机构签订《批量融资担保产品合作协议》。截至 2022 年年末，韶关市鼎盛融资担保有限公司累计担保总额 36.09 亿元，为 205 家客户提供担保服务。

【典当行】 截至 2022 年 12 月，韶关市共有 14 家典当行公司，注册资本合计 1.55 亿元，典当余额合计 7521 万元，典当总额 1.59 亿元，其中房地产典当总额 9604 万元，动产典当总额 5328 万元，财务权利总额 980 万元。韶关盛安典当行有限责任公司于 1994 年成立，于 2003 年体制改革更名为韶关盛安典当行有限责任公司，公司注册资本金 501 万元。截至 2022 年年底，公司资产 841 万元，负债 242 万元。全年为困难群众、企业适当减免典当利息、综合费用 91 笔，金额 6.44 万元。始兴县顺优达典当行有限公司创办于 2018 年，是始兴县第一家工商批准设立的典当公司。顺优达典当行从最初注册资本 500 万元、一家门店发展为注册资本 1000 万元，被金融工作局评为示范企业，重合同、守信用企业。截至 2022 年年底，始兴县顺优达典当行有限公司资产 555.86 万元，负债 35.41 万元。2022 年，始兴县顺优达典当行有限公司典当金额 525.4 万元，客户 51 户，为困难群众、企业适当减免典当利息、综合费用 15 笔，金额 3 万元。韶关市富泰典当行有限公司成立于 2018 年 4 月，注册资金 1000 万元。截至 2022 年年底，韶关市富泰典当行有限公司资产 1491.68 万元，负债 16.09 万元。全年韶关市富泰典当行有限公司典当金额 4108.36 万元，客户 584 户，为困难群众、企业适当减免典当利息、综合费用 95 笔，金额 6.8 万元。（颜　华）

房地产业

房地产开发经营

【概况】 2022年，韶关市挂牌土地48宗，挂牌总面积176公顷，挂牌金额14亿元。流拍7宗，成交41宗。成交总金额9.5亿元。10个县（市、区）按期按计划完成土地收储。房地产业增加值113.37亿元，比2021年下降2.1%。完成房地产开发投资113.56亿元，比2021年下降48.5%，占固定资产投资比重19.5%。截至年底，全市有123家企业换发/新办房地产开发二级资质证书。全年全市新建商品房面积170.9万平方米，比2021年下降43.8%。累计批准预售许可173宗。截至年底，全市商品房库存677.4万平方米，去化周期为26.3个月。将个人首套住房贷款商业贷款利率下调至最低4.1%。

【土地出让】 2022年，韶关市挂牌土地48宗，挂牌总面积176公顷，挂牌金额14亿元。流拍7宗，成交41宗。成交总金额9.5亿元。遵循“领导挂帅，全员参与，细分任务，统筹推进”的基本工作思路，按照“每月一挂牌、每月一摘牌”的工作步骤，组织开展全年土地出让工作。成立工作专班，按重点出让项目分别成立征拆组、报批组、招商组、资金保障组、现场审核组、统筹组，制定工作措施和工作计划，明确责任领导和工作组成员，把任务分工细化，紧盯时间节点，倒排时间落实到人。以服务房地产企业投资开发、降低拿地门槛为目的，创新开展土地出让招商推介工作，了解企业用地需求。畅通企业问题反映途径，对企业拿地前后遇到的合理问题，协调解决。

【房屋征收与补偿】 2022年，韶关市10个县（市、区）按期按计划完成土地收储，保障一批优势产业和重大产业项目落地建设。其中，保障供应大数据中心、亚琦商贸物流、中农联批发市场等重点项目7个地块土地，成交金额4.8亿元。为规范土地和房屋征收，韶关市拟订印发《韶关市浈江区、武江区国有土地上房屋征收与补偿实施办法（暂行）》《市本级政府储备土地管护工作指引》《韶关市本级土地储备资金使用工作指引》《韶关市浈江区、武江区集体土地和国有土地上房屋征收工作指南》等一批政策、制度文件。

【房地产开发】 2022年，韶关市房地产业增加值113.37亿元，比2021年（下同）下降2.1%。完成房地产开发投资113.56亿元，比2021年下降48.5%，占固定资产投资比重19.5%。截至年底，全市有123家企业换发/新办房地产开发二级资质证书。全年累计批准预售许可173宗，上市新建商品房面积231.9万平方米，比2021年下降40.2%。其中，商品住宅上市188.3万平方米，比2021年下降46.3%。截至年底，全市商品房库存677.4万平方米，去化周期为26.3个月。其中，商品住宅库存435.4万平方米，去化周期为21.9个月；商品非住宅库存242.0万平方米，去化周期为49.6个月。

【房地产销售】 2022年，韶关市商品房销售面积248.64万平方米，同比下降比2021年下降25.6%。韶关市出台购房优惠政策，6月11日印发《关于促进房地产市场平稳健康发展的若干意见》、9月29日印发《韶关市人民政府办公室关于印发韶关市农业转移人口住房支持实施细则的通知》，通过实施降低首套房首付比例、提高公积金人才贷款额度、实施购房契税补贴及购房享受义务教育阶段公办学校学位等政策，释放群众购房需求。加强金融帮扶，争取在韶关各商业银行机构贷款利率支持，将个人首套住房贷款商业贷款利率下调至最低4.1%，降低购房人购房成本。做好房产推介工作，坚持“走出去”和“引进来”相结合，在广州市、东莞市、深圳市、佛山市等地举办多场韶关城市宜居推介会，通过展示韶关优势、粤北机遇，向粤港澳企业、商会及“外地韶关人”推介善美韶关宜居、宜业、宜游的魅力，吸引广大在外工作、创业人士回韶关安家置业、投资兴业。10月2日，在韶关市举办首届“惠聚金秋乐居韶城”房产交易展销会，通过企业让利、政府补贴、业主受惠方式，促进本地购房需求释放。做好重点房企跟踪服务工作，8月31日，制定《关于开展重点建筑业企业和房地产业企业挂点联系服务活动的工作方案》，按照分片管理原则，落实一个局领导挂点联系一个县（市、区）、走访服务一批重点房地产企业要求，举全局、全系统之力，帮助解决企业诉求。

【韶关商品房销售分析】 2022 年，韶关全市入市房源共计 16174 套房源（包括住宅、商业、公寓，以下内容不再备注），预售面积约 188.82 万平方米，其中新入市住宅房源 12808 套，预售面积约 162.27 万平方米。三区七县均有新房源入市，其中武江区新增入市房源最多，南雄市次之。全年楼盘推新中，全年韶关市区新品房入市的两个峰值，在于 9 月和 12 月。9 月作为传统的“金九银十”购房节点，各大开发商为节点“备货”，迎来首个新品入市峰值，单月新入市房源高达 4149 套；至 12 月，适逢年底返乡置业季，供货量有所增加，单月新入市房源约 2914 套。楼市区域预售量武江区出货量快，供货量也最足。其中韶关新城作为近几年来开发商推盘的主战场，推盘次数和推盘数量稳居全市首位。区域内楼盘“碧桂园太阳城”入市 1570 套新房源位居首位。2022 年韶关推盘量与前两年相比有所减少。从市区商品房销量来看，市场行情一般。

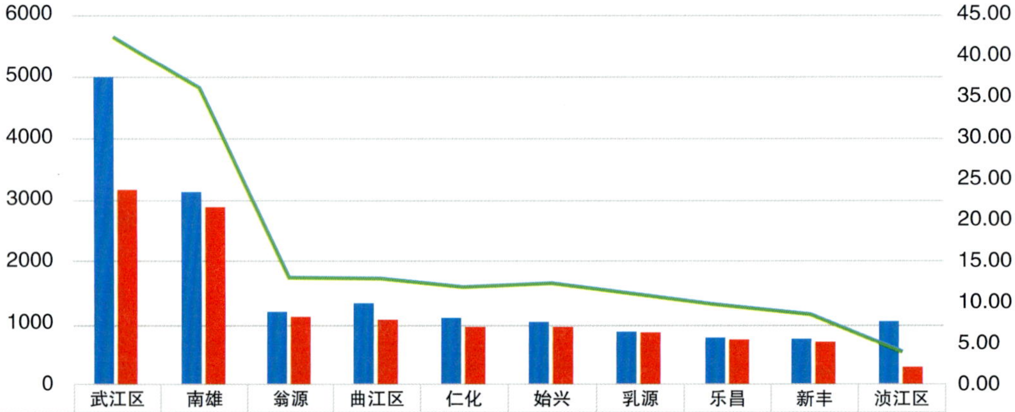

	武江区	南雄	翁源	曲江区	仁化	始兴	乳源	乐昌	新丰	浈江区
商品房（套）	4996	3145	1193	1319	1095	1024	857	765	743	1037
住宅（套）	3196	2889	1120	1078	958	956	856	748	709	298
入市住宅面积（万m^2）	42.40	36.07	13.38	13.20	12.12	12.33	11.03	9.44	8.54	3.76

图 2　2022 年韶关市三区七县入市房源套数、入市面积数据图（资料来源：韶关市房天下网）

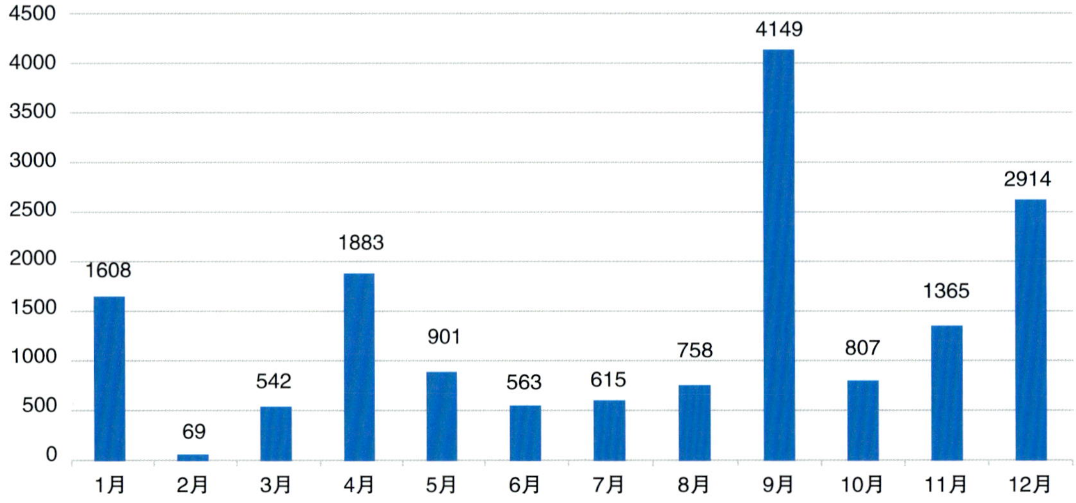

图 3　2022 年韶关市每月新入市房源数据图（资料来源：韶关市房天下网）

2022年韶关三区七县入市房源详情统计表

表28

区域	商品房（套）	住宅（套）	入市商品房面积（万平方米）	入市住宅房面积（万平方米）
武江区	4996	3196	54.07	42.40
南雄	3145	2889	37.74	36.07
翁源	1193	1120	16.03	13.38
曲江区	1319	1078	15.15	13.20
仁化	1095	958	13.07	12.12
始兴	1024	956	13.03	12.33
乳源	857	856	11.22	11.03
乐昌	765	748	9.78	9.44
新丰	743	709	12.01	8.54
浈江区	1037	298	6.72	3.76
汇总	16174	12808	188.82	162.27

（资料来源：韶关市房天下网）

2022年武江区热门项目入市房源汇总统计表

表29

项目	区域	入市商品房		入市住宅房		性质
		套数	面积（平方米）	套数	面积（平方米）	
碧桂园太阳城	武江新区	1570	192557	1469	186593	住宅、商业
碧桂园云著		636	88552	568	81259	住宅、商业
保利中央公馆		392	46194	377	44877	住宅、商业
中核锦苑		184	23941	162	22448	住宅、商业
保利大都会		206	17838	120	14151	住宅、商业
韶关亚琦商贸广场		431	25557			商业
新城之光		75	10580	47	8707	住宅、商业
韶关恒大城		1			967	商业
翰林世家二期	武江老城	283	38562	271	34752	住宅、商业
金科集美江山		162	18738	135	16802	住宅、商业

续表29

项目	区域	入市商品房		入市住宅房		性质
		套数	面积（平方米）	套数	面积（平方米）	
外滩华府	武江老城	89	18039	80	17158	住宅、商业
沙湖绿洲		87	15021	87	15021	住宅

（资料来源：韶关市房天下网）

2022年浈江区、曲江区入市房源汇总统计表

表30

项目	区域	入市商品房		入市住宅房		性质
		套数	面积（平方米）	套数	面积（平方米）	
华南农产品中心	浈江区	1042	41492.06			商业
保利东湾		264	29471.64	264	29472	住宅
韶关碧桂园		34	8166.58	34	8167	住宅
状元府邸尚苑	曲江区	388	48519.8	356	46091	住宅、商业
源河汇锦壹品花园		319	36411.99	266	33947	住宅、商业
新时代天宸花园		318	32919.31	240	29191	住宅、商业
玥珑山		200	20055.75	122	14582	住宅、商业
君悦华府		142	13777.52	112	12472	住宅、商业
新时代天誉花园		129	15051.06	122	14751	住宅
滨江广场		65	8774.23			商业

（资料来源：韶关市房天下网）

【2022年韶关楼市年度成交榜】 2022年的韶关楼市在全国放宽政策，利率、贷款、放开限购等政策下，呈现复苏趋势。2022年，韶关楼市共销量3.49万套房，成交金额超170.9亿元。全市住宅房卖19053套，相比2021年减少4941套；成交面积229.37万平方米，成交金额125.83亿元，相比2021年的169.9亿元，减少44.07亿元。全年市场以住宅为主导，网签量减少，跌幅20.59%；车位、车库，销量环比上涨114.67%；商业用房网签较上年增长31.29%。韶关市区住宅卖60.24亿元。2022年韶关市区商品房网签21639套，成交总金额约88.44亿元，均价6301元/平方米。其中住宅房成交8296套，成交价格5948元/平方米，环比均下跌。全年韶关市区成交面积101.27万平方米，成交金额60.24亿元。

【韶关城市宜居推介会】 2022年9月26日，韶关市住房和城乡建设管理局、韶关市房地产行业协会和相关房企在东莞市东城国际酒店举行韶关城市宜居及旅游推介会。参加此次活动人员分别听取由韶关市住房和城乡建设管理局负责人介绍韶关经济社会和房地产发展情况，市文广旅体局负责人介绍韶关旅游发展情况，市房协会长汇报韶关房地产发展状况。同时主办单位还集中展示、推介韶关在宜居城市与住房建设方面取得的成就。在活动中，参会房企推介相关投资项目，分别有保利、碧桂园、中骏、慧丰置业、富康、航润置业、亚琦集团等在韶优质房企项目。

（杨伟剑）

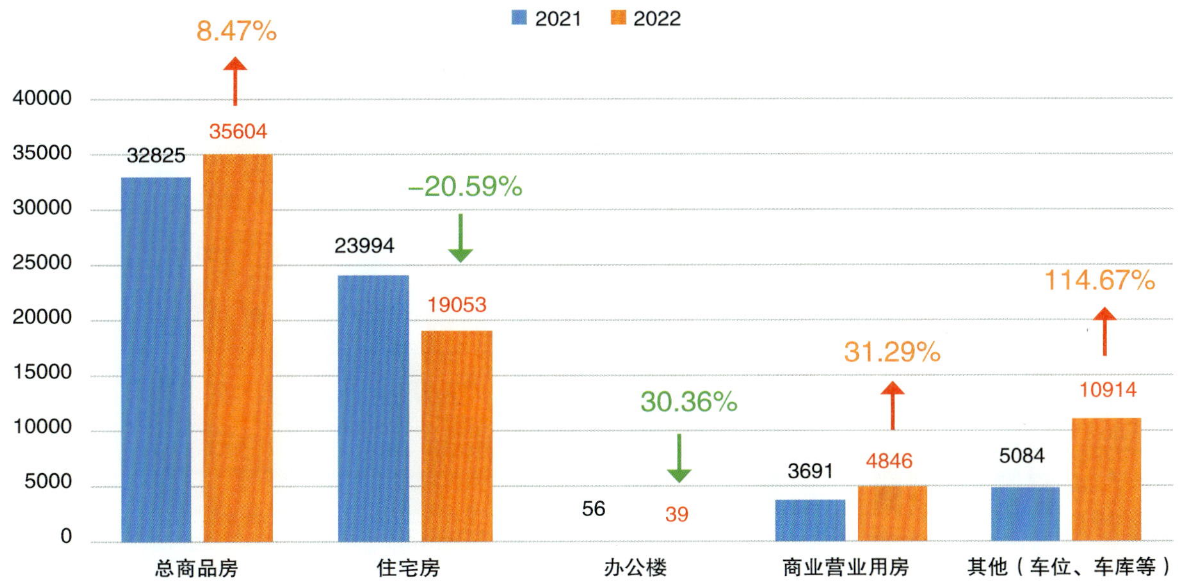

图 4　2021 年、2022 年韶关市类别网签量对比数据图（资料来源：《2022 年韶关楼市白皮书之成交篇》）

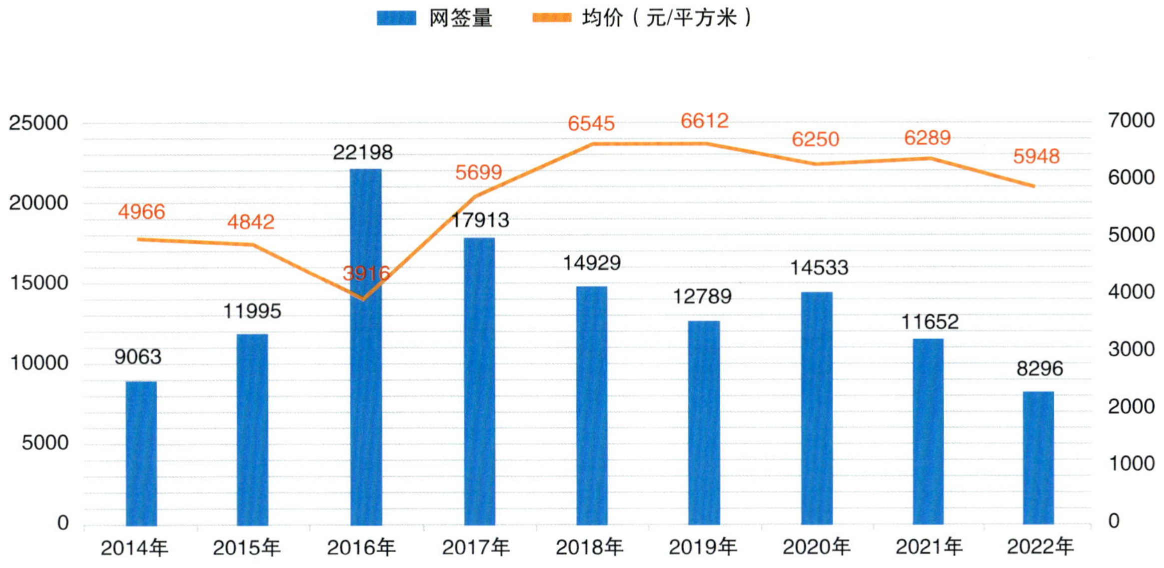

	2014年	2015年	2016年	2017年	2018年	2019年	2020年	2021年	2022年
销量环比涨幅		32.35%	85.06%	-19.30%	-16.66%	-14.33%	13.64%	-19.82%	-28.8%
均价环比涨幅		-2.50%	-19.12%	45.53%	14.84%	1.02%	-5.47%	0.62%	-5.42%

图 5　近 9 年韶关市住宅房签量、均价走势图（资料来源：《2022 年韶关楼市白皮书之成交篇》）

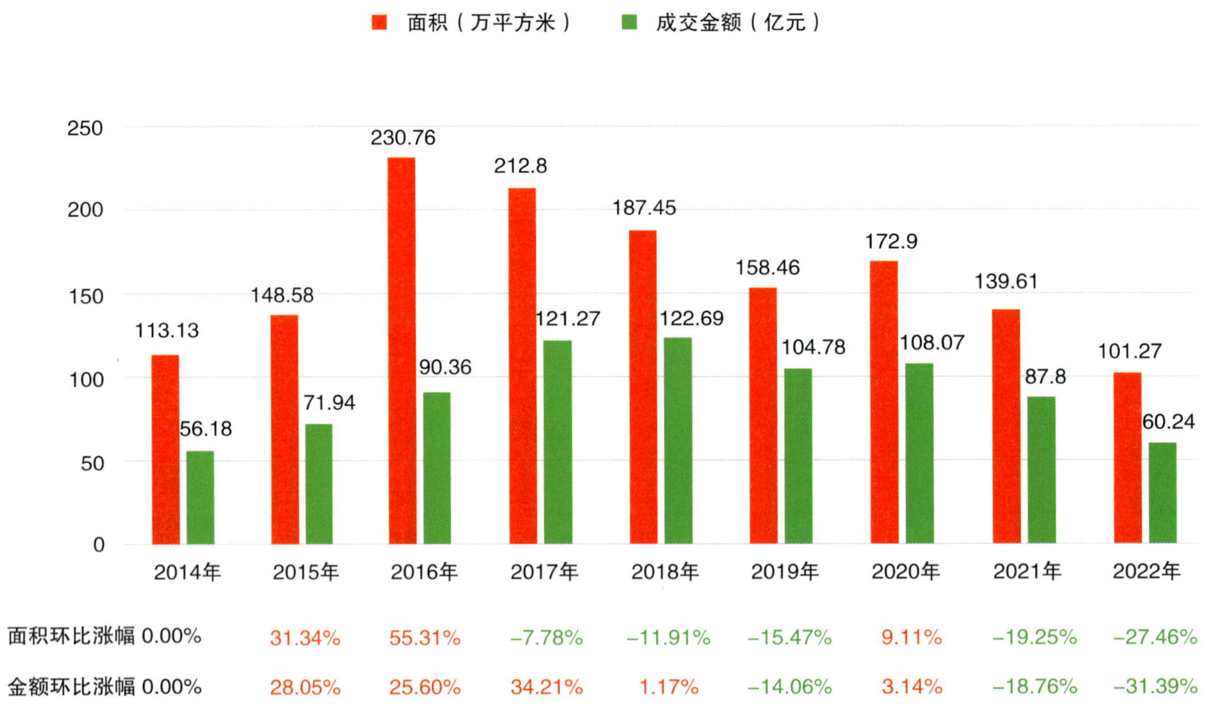

图6 近9年韶关市区住宅房成交面积、金额涨幅走势图(资料来源:《2022年韶关楼市白皮书之成交篇》)

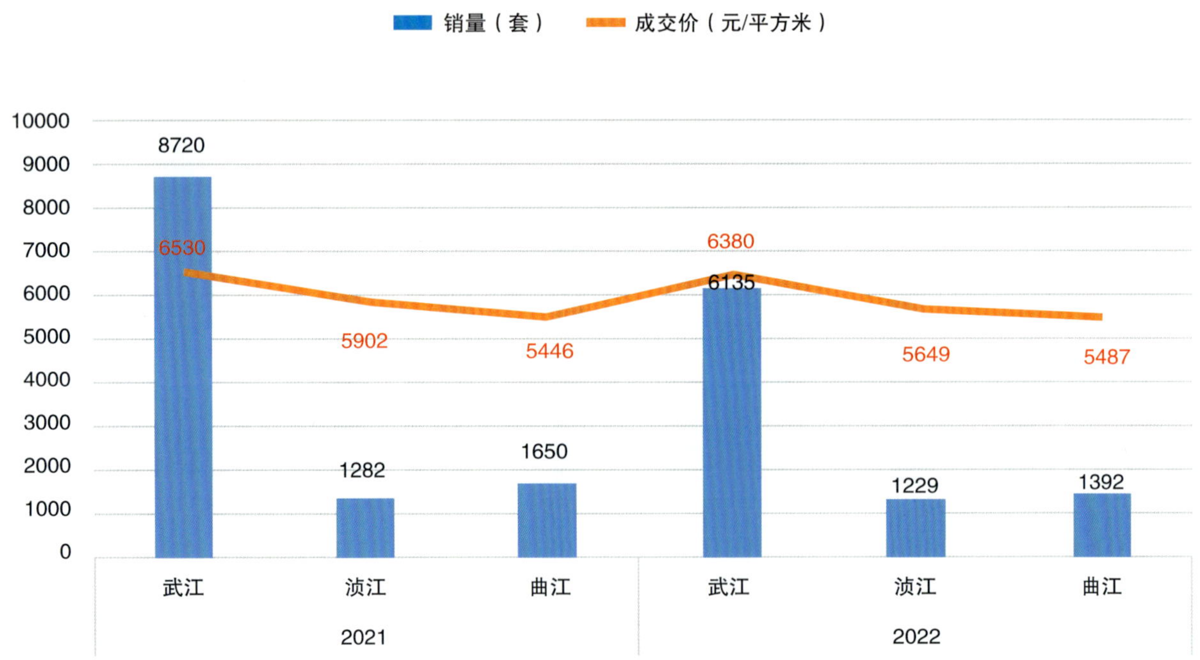

图7 2021年、2022年韶关市浈江区、武江区、曲江区住宅成交数据图(资料来源:《2022年韶关楼市白皮书之成交篇》)

2021年、2022年韶关每月商品房销量对比统计表

表31

月份	2021年（套）	2022年（套）
1月	2670	2776
2月	2713	1982
3月	2922	2650
4月	2503	7546
5月	2790	2569
6月	2188	3461
7月	2669	2272
8月	2487	2372
9月	2388	2137
10月	3281	2445
11月	2531	2409
12月	3683	2985
合计	32825	35604

（资料来源：《2022年韶关楼市白皮书之成交篇》）

2022年韶关市各行政区域商品房网签汇总统计表

表32

区县	套数	均价（元/平方米）	成交面积（万平方米）	金额（亿元）
韶关市区	21639		140.35	88.4388
曲江区	2140		19.64	11.3800
乐昌市	2141		27.85	12.5285
南雄市	2195		25.99	13.9313
始兴县	943		11.53	6.2120
翁源县	1641		26.30	13.4597
新丰县	1682		25.60	12.3685
仁化县	2271		19.94	6.3814

续表32

区县	套数	均价（元/平方米）	成交面积（万平方米）	金额（亿元）
乳源县	952		11.16	6.2131
汇总	35604	—	308.36	170.9133

（资料来源：《2022年韶关楼市白皮书之成交篇》）

2022年韶关市各行政区域住宅房销售情况统计表

表33

区县	套数	均价（元/平方米）	成交面积（万平方米）	金额（亿元）
武江区	6315	6380	74.73	47.6800
浈江区	1229	5649	14.47	8.1741
曲江区	1392	5487	17.52	9.6127
乐昌市	1877	4552	23.77	10.8218
南雄市	1920	5131	24.02	12.3234
翁源县	1323	5851	17.65	10.3271
新丰县	1473	5601	18.75	10.5043
始兴县	819	5325	10.31	5.4872
仁化县	1995	3016	18.74	5.6526
乳源县	710	5573	9.41	5.2457
汇总	19053	—	229.37	125.8289

（资料来源：《2022年韶关楼市白皮书之成交篇》）

2022年韶关市区商品房成交基本情况统计表

表34

市区	可售总套数（套）	可售总面积（万平方米）	成交面积（万平方米）	成交套数（套）	成交金额（亿元）	成交楼房均价（元/平方米）
总数	80777	499.54	140.35	21639	88.44	6301.31
住宅	19893	209.81	101.27	8296	60.24	5948.35
办公楼	768	13.13	——	0	——	——
商业营业用房	16043	186.69	26.08	3462	18.92	7254.54
其他（包含车房、车库、车位）	44073	89.91	13	9881	9.28	7138.63

（资料来源：《2022年韶关楼市白皮书之成交篇》）

2022年韶关市区房企住宅房成交前十名统计表

表35

序号	项目名称	成交金额约（亿元）	销量	面积（万平方米）
1	碧桂园	25.2767	3168	39.17
2	保利发展	9.6502	1463	16.01
3	德成房地产	3.9586	520	6.79
4	润湾置业	3.7934	424	6.86
5	中骏	3.2202	484	5.49
6	瑜丰置业	2.9088	373	4.75
7	恒大城	2.1489	319	3.23
8	正德地产	1.5884	232	2.76
9	富康	1.5665	198	2.10
10	慧丰置业	1.1188	101	1.48

（资料来源：《2022年韶关楼市白皮书之成交篇》）

2022年韶关市武江区统计表

表36

序号	楼盘	网签价（元/平方米）	销量（套）	网签面积（平方米）	网签金额约（亿元）	待售房源	区域
1	碧桂园·太阳城（精装）	6830	1622	197426.28	13.4839	607	韶关新区
2	保利时光印象花园（精装）	6025	720	74636.89	4.4967	192	韶关新区
3	外滩华府	5528	424	68621.34	3.7937	97	武江区
4	云著花园	6958	398	56875.56	3.9574	206	韶关新区
5	瑜丰·沙湖绿洲（精装、毛坯）	6128	373	47467.55	2.9088	113	武江区
6	保利大都会（精装）	6626	321	37584.88	2.4904	272	韶关新区
7	恒大城（精装）	6647	319	32328.83	2.1489	310	韶关新区
8	中骏雍景湾	6328	259	29561.42	1.8706	158	韶关新区
9	碧桂园新城之光（精装）	6273	237	27349.74	1.7158	96	韶关新区
10	中骏世界城	5335	225	25298.24	1.3496	136	武江区

续表36

序号	楼盘	网签价（元/平方米）	销量（套）	网签面积（平方米）	网签金额约（亿元）	待售房源	区域
11	中核锦苑	4445	179	22784.66	1.0128	140	武江区
12	富康翰林世家二期	7591	162	18235.31	1.3842	207	武江区
13	云星钱隆誉园	5351	133	14759.69	0.7898	162	武江区
14	金科集美花园	4992	119	14344.06	0.7161	66	武江区
15	沙湖御景	7579	101	14761.73	1.1188	105	武江区
16	世茂雅宸	4964	77	7858.50	0.3901	256	韶关新区
17	韶关富力城（精装）	6270	69	8770.46	0.5499	336	武江区
18	君临天下花园	8428	58	6707.75	0.5654	504	武江区
19	御和苑	7886	50	6174.20	0.4869	314	武江区
20	沙湖天上虹（精装、毛坯）	8669	45	7692.92	0.6669	23	武江区
21	汇展华城	7617	40	5324.25	0.4056	490	武江区
22	明日星城	5357	39	4659.91	0.2496	206	武江区
23	富康广场	6567	36	2776.49	0.1823	47	武江区
24	韶关摩尔城	7480	32	4679.47	0.3500	5	武江区
25	御龙湾	5316	32	3688.59	0.1961	16	武江区
26	韶关碧桂园·天玺湾（精装）	5854	21	2811.37	0.1646	0	武江区
27	顺盈华府	7424	11	546.19	0.0405	174	武江区
28	国投·西城尚筑	6783	9	1026.01	0.0696	48	武江区
29	莞韶天岭玺境花园	5141	9	758.34	0.0390	316	武江区
30	蓉山华府	5652	5	637.85	0.0361	67	武江区
31	滨江公园（棚改）	1450	4	288.41	0.0042	434	韶关新区
32	华宇广场	6229	3	583.28	0.0363	39	武江区
33	碧桂园太阳城六期（棚改）	1793	2	149.0600	0.0027	0	韶关新区
34	钱隆华府	5663	1	121.84	0.0069	3	武江区

（资料来源：《2022年韶关楼市白皮书之成交篇》）

2022年韶关市浈江区统计表

表37

序号	楼盘	网签价（元/平方米）	销量（套）	网签面积（平方米）	网签金额约（亿元）	待售房源
1	韶关碧桂园（精装）	5690	724	86768.98	4.9375	399
2	保利东湾花园（精装）	5548	409	46007.45	2.5526	1
3	顺达雅苑	4870	32	4296.33	0.2092	116
4	紫气东来华园	8105	22	2878.05	0.2333	265
5	云峰诗意	4129	19	1617.37	0.0668	16
6	保利紫山（精装）	5907	13	1871.51	0.1106	12
7	富景花园	5064	4	476.83	0.0241	34
8	广物·金色江湾（精装）	5000	4	455.72	0.0228	0
9	南天豪庭	5452	2	315.71	0.0172	108

（资料来源：《2022年韶关楼市白皮书之成交篇》）

2022年韶关市曲江区统计表

表38

序号	楼盘	网签价（元/平方米）	销量（套）	网签面积（平方米）	网签金额约（亿元）	待售房源
1	状元府邸尚苑	5877	441	56370.90	3.3130	258
2	玥珑山（精装、毛坯）	5756	232	27594.67	1.5884	62
3	碧桂园·曲江府（精装）	4954	166	20537.84	1.0175	199
4	源河汇锦壹品	4426	102	12573.79	0.5566	175
5	新时代·天誉花园	5530	80	9429.97	0.5215	52
6	德城·状元府邸（精装、毛坯）	5577	79	11576.55	0.6457	301
7	滨江华府	5177	78	8427.69	0.4363	236
8	东成雅苑（精装、毛坯）	6338	50	5056.42	0.3750	20
9	南华·馨苑	3823	33	3215.89	0.1229	131
10	凯旋城三期	4778	25	2658.38	0.0574	323
11	新时代天韵花园	4921	23	2939.15	0.1446	153
12	新时代天宸花园	5163	13	1567.38	0.0809	227

续表38

序号	楼盘	网签价（元/平方米）	销量（套）	网签面积（平方米）	网签金额约（亿元）	待售房源
13	凯旋城（别墅、洋房）	4538	6	1083.62	0.0492	169
14	丽景嘉园	4598	5	730.10	0.0336	34
15	新时代广场	4917	5	642.06	0.0316	113
16	江畔花园	4075	2	257.38	0.0105	2

（资料来源：《2022年韶关楼市白皮书之成交篇》）

2022年韶关市新建商品房上市及成交情况统计表

表39

区域	上市情况		成交情况	
	合计（万平方米）	比2021年增长（%）	合计（万平方米）	比2021年增长（%）
始兴县	15.50	12.24	9.99	-55.20
仁化县	13.07	10.67	16.22	-14.90
翁源县	35.13	17.33	18.87	-37.30
乳源瑶族自治县	12.19	-26.15	9.04	-3.20
新丰县	19.39	-33.95	16.89	-22.50
乐昌市	12.98	-67.01	27.49	-30.80
南雄市	37.63	-30.56	23.01	-19.50
武江区	56.56	-59.14	90.00	-26.16
浈江区	9.22	-65.7	18.33	-10.20
曲江区	20.22	-26.09	18.78	-9.60
全市合计	231.90	-40.18	248.64	-25.60

（资料来源：市住管局）

房地产中介和租赁服务

【概况】 2022年，韶关市本级有房地产经纪机构228家，符合经纪机构备案条件并完成备案的有22家，持证从业经纪从业人员10人。增设浈江、武江房屋租赁登记备案窗口，实现主城区三个行政服务中心业务通办。韶关市区（浈江区、武江区）共完成房屋租赁合同登记备案72宗，纳入管理面积1.38万平方米。二手房交易面积139.86万平方米，交易金额47.61亿元。推行二手房“带押过户”，全市18家商业银行签订业务合作框架协议，降低房屋交易风险和成本，缩短房屋交易周期。

【房地产中介服务】 2022 年，韶关市本级有房地产经纪机构 228 家，其中浈江区有 76 家，武江区有 152 家，符合经纪机构备案条件并完成备案的有 22 家，持证从业经纪从业人员 10 人。

【房屋租赁管理】 2022 年，韶关市落实政务服务“全市通办”改革要求，进一步推行一站式办理服务，增设浈江、武江房屋租赁登记备案窗口，实现主城区 3 个行政服务中心业务通办。韶关市区（浈江区、武江区）共完成房屋租赁合同登记备案 72 宗，纳入管理面积 1.38 万平方米。

【二手房交易】 2022 年，韶关市推行二手房“带押过户”，解决二手房买卖程序杂、流程长、成本高等问题，韶关市住房和城乡建设管理局联合韶关市自然资源局、中国人民银行韶关分行、韶关市金融工作局等部门开展二手房“带押过户”试点工作，引导商业银行落实带押过户政策要求，节省买卖双方办事流程，提升二手房过户效率。

【二手房“带押过户”】 2022 年，韶关市在全面推行二手房“带押过户”模式过程中，通过在二手房转移过程中设立“顺位抵押”、抵押“双预告登记”的多种模式，优化业务流程实现二手房交易更加高效、便捷。韶关市市自然资源局和韶关人行多次召集相关银行和中介协会反复研究，打通业务壁垒，优化办理流程，最终实现“带抵押过户”跨银行办理，突破业务办理瓶颈，提升企业群众办理不动产登记业务的便利度，持续优化营商环境。“带抵押过户”模式的推出，解决此前需注销抵押方可交易过户环节多的问题，为交易双方及商业银行“搭台子”，提供更优质、高效、便捷的不动产登记服务；在当前受疫情影响的情况下解决传统模式中需先行筹措资金还贷或垫付的困难，降低房屋交易的成本与风险，激发房地产市场活力。自 2022 年 3 月开始推行二手房“带押过户”模式以来，韶关已在全市范围内办理“带押过户”业务 136 笔，涉及金额 6896.5 万元，其中跨银行间“带押过户”业务 9 笔，涉及金额 452.8 万元。“韶关模式”同样适用于公积金贷款，买方贷款银行根据不动产登记部门出具的抵押登记证明发放贷款，涉及公积金贷款的，由公积金管理部门确认后，按照操作流程进行放款。韶关全市 18 家商业银行签订业务合作框架协议，共同推进跨行“带押业务”的办理。 （杨伟剑）

房地产市场监管

【概况】 2022 年，韶关市商品房库存面积 677.40 万平方米，较 2021 年全市商品房库存规模指标上升 0.4%。全市审核发放商品房预售许可证 173 宗，审批预售商品房面积 231.90 万平方米，比 2021 年下降 40.2%。全年实现地下车位销售 9953 套，总面积 13.23 万平方米，比 2021 年增长 193.2%。推动“商品房买卖合同电子签约”工作，运用线上服务加强房地产交易管理。全市域商品房电子签约功能于 7 月完成上线工作。8 月，韶关主城区启用“房屋交易合同电子签约全流程线上办”新服务模式，商品房买卖合同实现无纸化签约。对部分风险楼盘项目设立应急专用账户。韶关市区（浈江区、武江区）强化预售资金管理，全面推进房屋交易合同电子签约工作。其中，房产交易合同网签 2.34 万套，比 2021 年上升 3.89%；成交面积 169.76 万平方米，比 2021 年下降 15.19%；交易金额 96.34 亿元，下降 19.13%。

【房屋质量管理】 2022 年，韶关市住建管理局推行两书一牌制度，明确工程的建设、勘察、设计、施工、监理等五方责任主体项目负责人的质量终身责任。受理并处理建筑工程质量投诉 416 宗。办理分户验收的住宅工程 17 项，分户验收覆盖率 100%。

【房产产权管理】 2022 年，韶关市办理各类不动产登记业务 34.25 万宗，其中商品房首次登记业务 613 宗，一手商品房转移登记业务 3.43 万宗，二手房转移登记业务 2.06 万宗，发放各类不动产权证书 21.85 万本，证明 6.74 万本。开发商品房智能审批系统、推出二手房转移登记业务“马上办”等工作举措，8 月 31 日发布《关于不动产一般登记承诺“最多一天、最快一小时”办结事项的通告》，压缩不动产登记业务办理时间。全年通过智能审批模式办理商品房预告登记、转移登记业务 3.44 万宗，全市房屋登记业务基本实现在 1 小时内办结。推行“交房即发证”工作模式，申请人交房当天即可申请领取不动产权证。对小微企业申请不动产登记等 12 项不动产登记业务类型，无需提交其它额外证明材料，即可免缴不动产登记费。推行二手房“带押过户”办理模式，解决此前需注销抵押才可交易过户和需先行筹措资金还贷或垫付等问题，降低房屋交易的成本和风险。全年累计办理二手房“带抵押过户”26 宗，涉及贷款金额 1246 万元，实现首笔跨银行间的业务办理。

【房地产市场调控】 2022 年，韶关市商品房库存面积 677.40 万平方米，较 2021 年全市商品房库存规模指标上升 0.4%，其中商品住房库存面积 435.36 万平方米，较上年规模指标下降 4.0%；商品非住房库存面积 241.53 万平方米，较上年规模指标上升 9.3%。全市审核发放商品房预售许可证 173 宗，审批预售商品房面积 231.90 万平方米，比 2021 年下降 40.2%，其中，商品住宅上市面积 188.30 万平方米，比 2021 年下降 46.3%。延长地下空间确权交易政策效果凸显。全年实现地下车位销售 9953 套，总面积 13.23 万平方米，比 2021 年增长 193.2%。做好“稳房价、稳地价、稳预期”工作。8 月，《韶关市人民政府办公室关于印发韶关市住房发展“十四五”规划的通知》，引导全市住房建设领域进行合理资源配置；征求涉房地产领域相关部门意见，出台《韶关市人民政府办公室印发关于促进房地产市场平稳健康发展若干意见的通知》等相关规定，在金融贷款、财税补贴、教育入学等方面给予政策支撑。防范化解房地产市场潜在风险。市住建管理局印发《市住建管理局关于成立局应对突出重大风险问题楼盘工作专班的通知》，强化工程核验，细化预售资金监管，推进“保交楼、保民生、保稳定”工作，维护购房者权益和提振消费者消费信心。

【商品房交易管理】 2022 年，韶关市聚焦“我为群众办实事”实践活动，推动“商品房买卖合同电子签约”。7 月 19 日完成全市域商品房电子签约功能上线的工作。商品房买卖合同电子签约工作实现房屋交易信息及流程透明化、便捷化，实现房屋买卖合同备案、缴纳税费、不动产登记等房屋交易登记办事场景无纸化办理。编写《县（市、区）系统迁移上政务云方案》，组织召开关于推进“互联网 + 网签”全市覆盖工作推进座谈会，确定分批进行县（市、区）系统迁移上云工作。市住建管理局通过开展多次模拟演练，优化迁移步骤，确保迁移工作平顺开展。5 月 28 日，完成全市域数据迁移上政务云和市县数据并库工作。

【商品房预售资金监管】 2022 年，韶关市对部分风险楼盘项目设立应急专用账户。对列为“红、黄”风险级的项目，采取设立应急专用账户措施，保证商品房预售资金安全。优化商品房预售资金支付流程，实行工程款、材料款、工人工资点对点支付，防止资金外溢，确保资金落在项目保交楼上。在资金监管中实行以点带面的措施，对全市其他商品房预售项目资金监管进行梳理排查，形成与企业、监管银行每月对账机制，通过核对项目销售情况及监管账户进出账信息，强化预售资金管理。全年韶关市区（浈江区、武江区）完成商品房预售款审批 1545 宗，审批金额 47.43 亿元。10 月，韶关市住房和城乡建设管理局拟定《关于进一步规范韶关市商品房预售资金监管的通知（讨论稿）》，并向中国人民银行韶关分行、韶关银保监分局及部分商业银行展开意见征询。11 月上旬，市住建管理局联合市中院印发《规范人民法院保全执行措施 确保商品房预售资金用于项目建设的操作指引》，通过有效规避商品房预售监管资金的冻结查封，确保预售监管资金用于商品房保交楼工程建设。

【房屋交易合同网签备案】 2022 年，韶关市区（浈江区、武江区）全面推进房屋交易合同电子签约工作。其中，房产交易合同网签 2.34 万套，比 2021 年上升 3.89%；成交面积 169.76 万平方米，比 2021 年下降 15.19%；交易金额 96.34 亿元，下降 19.13%。新建商品房合同网签 1.85 万套，比 2021 年下降 12.42%；面积 119.27 万平方米，比 2021 年下降 12.22%；交易金额 74.78 亿元，比 2021 年下降 17.27%（含车位合同网签 8681 个，面积 11.43 万平方米，交易金额 8.31 亿元）；存量房合同网签 4909 套、下降 2.66%，面积 50.49 万平方米、增长 21.43%，交易金额 21.56 亿元，增长 24.98%。

【地下车位销售】 2022 年，韶关市推进地下车位销售工作，韶关市住房和城乡建设管理局联合韶关市自然资源局通过延长地下空间确权交易政策，加快地下车位办证上市节奏，释放车位购买需求，实现全年地下车位销售 9953 套，总面积 13.23 万平方米，比上年增长 193.2%。

【房地产风险防控】 2022 年，韶关市于 9 月 24 日完成《韶关市房地产市场平稳健康发展长效机制工作方案》编制工作，并正式印发实施，通过建立涉财税、土地、基础设施配套等方面的政策工具箱，因城施策，保障房地产市场良性健康发展。8 月，韶关上线“房地产预警预报和监测分析平台”，通过运用大数据、云计算和三维可视化等技术，实时监测房地产上市、交易，跟踪指标运行情况，运用大数据深入挖掘房地产发展趋势及规律，掌握市场变化情况，及时调整、精准施策。6 月，市住建管理局联合市委网信办、市中院、市公安局、市自然资源局、市市场监管局、市金融局、中国人民银行韶关分行等部门印发《2022 年韶关市房地产领域涉稳问题专项治理工作方案》，对全市范围内的房地产企业进行摸排，并对摸排中发现的风险房企做好事前引导、事中监管及事后处置等风险防控工作，化解房地产领域突出的矛盾风险，维护社会稳定，保障人民权益。

【房地产专项检查】 2022 年 11 月，韶关市住房和城乡建设管理局印发《关于在韶关市主城区（浈江、武江）开展房地产市场专项整治检查的通知》，由市住建管理局联合市市场监督管理局、市发改局、市自然资源局、市公安局、市金融局、中国人民银行韶关中心支行、韶关银保监分局成立联合检查组，开展全市房地市场专项检查。11 月 22 至 23 日，联合检查组对韶关市主城区房地产市场秩序进行专项整治检查，共检查 17 家房地产企业，34 家房产中介机构。检查发现，15 家房地产企业存在开发资质过期或未公示资质证书、未公示代办费收费明细乱收代办费等问题，部分中介机构存在使用销售、租赁合同不规范、信息不透明等问题。针对检查发现的问题，检查组均已要求相关企业立即进行整改。开展涉房地产领域矛盾纠纷专项治理。全年化解涉房地产领域矛盾纠纷 630 余宗。

【交房即交证】 2022 年 4 月 14 日，韶关市保利·中悦花园小区举行“交房即交证”现场活动，并将持续 4 天，第 1 天有 135 户业主在收楼的同时一并领取不动产权证书。“交房即交证”2.0 新模式的推行，缩短房地产企业及业主的办证时间，节约办证成本，提高市民置业热情，促进韶关市房地产流通，是便民惠企的一大举措。市自然资源局在原有“交房即交证”1.0 版本的基础上，创新审批模式，新开发商品房登记业务智能审批系统，系统可自动对商品房登记业务进行受理、审核，不受时间、地点限制。企业、群众通过网上申办商品房登记业务，实现“7×24”不打烊全天候办理，系统自动对申办信息进行比对、审批，当场“秒”出电子证照。推行“交房即交证”2.0 模式旨在优化营商环境，实现不动产一般登记业务“最多一天，最快一小时”办结目标，缩短企业及群众的办证、拿证时间。此次在中悦花园小区开展的现场发证活动，是在曲江、南雄等县(市、区)先行先试新模式的基础上，韶关市开展的最大规模“交房即交证”活动。

（李海瑞）

物业管理

【概况】 2022年，韶关市已备案的物业管理区域585个，物业服务企业325个，全市物业服务从业人员1.1万人。全市已实施物业管理项目的住宅小区589个，住宅项目545个，物业管理面积4134.57万平方米。做好物业小区反诈骗宣传工作，派发反诈宣传海报2000份。截至年底，韶关市基本实现物业小区集中充电设施建设完成率100%。灵活采取居民自我管理或引入专业物业服务企业管理的模式。住宅维修资金年末账面余额27.6亿元，累计使用总额4821.85万元，增值总额1.5亿元。自2018年起，韶关市区启用韶关市物业管理综合信息平台以来，已办结7.65万宗业务，涉及8.13万户。完成物业区域房屋信息变更、楼幢变更、房屋权属变更等申请3946宗。

【物业服务】 2022年，韶关市已备案的物业管理区域585个，物业服务企业325个，全市物业服务从业人员10969人，其中专职管理人员、技术人员、项目经理合计586人。全市已实施物业管理项目的住宅小区589个，住宅项目545个，物业管理面积4134.57万平方米；非住宅项目44个，物业管理面积1061.14万平方米。9月19日，韶关市住房和城乡建设管理局印发《2022年度韶关市物业管理专项整治工作方案》，开展为期4个月的整治行动。检查物业服务企业226个，对11家物业企业发出《限期整改通知书》，对5家物业企业记扣分处理。10月，开展物业小区电动自行车消防安全专项整治工作，规范物业小区电动自行车充电及停放管理，截至年底，韶关市基本实现物业小区集中充电设施建设完成率100%。

【老旧小区物业引进】 2022年，韶关市住房和城乡建设管理局印发《关于推进2022年韶关市城镇老旧小区改造工作的通知》，要求老旧小区改造完成后，要根据老旧小区实际，尊重居民意愿，灵活采取居民自我管理或引入专业物业服务企业管理的模式，对规模小、分布散的老旧小区，可以实行片区物业管理等其他管理模式。

【住宅专项维修资金管理】 2022年，韶关市住宅维修资金年末账面余额27.6亿元，累计使用总额4821.85万元，增值总额1.5亿元。其中2022年度归集额2.03亿元，使用总额1082.45万元、增值总额521.94万元。自2018年起，韶关市区启用韶关市物业管理综合信息平台以来，已办结7.65万宗业务，其中物业区域补充业务835宗，涉及8.13万户，物业区域采集面积626.35万平方米。完成物业区域房屋信息变更、楼幢变更、房屋权属变更等申请3946宗。

【停车场建设】 2022年，韶关市依托“五小”项目建设，完成北江桥头停车场、浈江大道中停车场、帽峰公园停车场、浈江大道纺织品市场门口停车场等5个公共停车场建设，同步扩展一批路内停场位，全市新增公共停车位4008个，新增路内停车位283个。推进智慧停车项目进展，智慧停车曲江区段开工，武江桥头智慧立体停车楼建设推进，以利用智能化停车管理技术，推进停车设施建设，优化停车行业管理，为市民提供停车服务。

【物业小区电动自行车安全专项整治】 2022年10月，韶关市住房和城乡建设管理局开展物业小区电动自行车消防安全专项整治工作，规范物业小区电动自行车充电及停放管理。开展电动自行车充电及停放隐患排查。推动建设电动自行车充电设施，引进刷卡式、智能式等多种形式的充电装置，防范电动自行车火灾事故的发生。截至年底，韶关市基本实现物业小区集中充电设施建设完成率100%。完善小区基础设施建设。会同属地镇街及消防救援部门，引导有条件的物业小区结合实际情况，建设电动自行车充电桩，推进老旧小区充电桩建设，从源头减少风险。全市建成充电设施的小区超过412个，其中，物业小区内建成的充电端口1.18万个。全年物业企业上报处理“飞线”充电、违规停放等情况155宗。开展电动自行车消防安全宣传教育。指导物业服务企业配合消防部门开展电动自行车消防安全宣传，在公告栏、电梯间、楼道等区域张贴电动自行车火灾防范宣传图及禁止电动自行车停放、充电等标识，引导业主养成良好的停放及充电习惯。

【充电桩公共场所全覆盖】 2022年，韶关供电局计划投资1500万元，建设150台充电桩，韶关供电局已完成所有乡镇站点及A级景区周边充电站的立项工作，9月底可实现韶关市充电站点乡镇及A级景区全覆盖。韶关供电局在公共场所投资建设充电桩，使用“顺易充”平台作为运营平台，平台配有24小时在线客服——“4006895598”。市民群众查找充电桩有2种方法，可在各类地图首页拖动查看地址附近充电站，也可点击地图首页“搜索”按钮，可以通过搜索地址关键字，查询该地址周边是否有充电站；可打开“顺易充”APP或小程序，点击“发现”，再点击“充电规划”输入起始点、续航里程，一键生成线路，规划出行沿途充电站。市民群众有电动汽车充电需求，可下载安装“顺易充”APP，将充电枪接入充电接口，扫码充电枪上的二维码，便可快速充电。

（杨伟剑）

旅游业

综述

【旅游接待】 2022年，韶关市接待游客908.72万人次，比2021年下降10.40%；旅游收入74.07亿元，下降18.48%。重点旅游景区接待游客为全市接待游客的主体，其中丹霞山景区接待游客60.22万人次，实现旅游收入1600.98万元，曲江区曹溪温泉度假接待游客4.72万人次，实现旅游收入923万元，珠玑巷·梅关古道景区接待游客13.24万人次，实现旅游收入340.3万元，满堂客家大围接待游客0.96万人次实现旅游收入13.69万元。

【旅游产业规划】 2022年，韶关市对照2016年4月28日提出的《韶关市旅游产业发展规划2015—2025年)》目标，完成全年目标任务。华南教育历史研学基地建设稳步推进。完成坪石基地国立中山大学工学院新村办学纪念地项目、中山大学理学院天文台本体项目主体工程及大村基地岭南大学、东吴大学展馆布展。韶关市推动长征国家文化公园(广东段)项目建设，乐昌市、南雄市、仁化县的建设项目均已完成立项，部分已启动项目建设招标工作。9月，乐昌市、新丰县成功创建为第五批广东省全域旅游示范区。

【旅游惠民惠企政策实施】 2022年，韶关市争取广东省旅游景区纾困资金150万元、旅行社企业纾困资金220万元，扶持国家AAAA级及以上旅游景区9家、旅行社6家。暂退旅行社旅游服务质量保证金528万元。开展春季、“五一”、暑期、秋冬等促消费系列活动，推出100余项惠民措施，通过“云闪付”“同程旅行”“携程旅行”等平台，发放文旅体消费券1200余万元。举办中国旅游日广东韶关分会场活动暨“走读广东，粤游粤红”自驾游系列活动、韶关市“非遗购物节”等一系列活动，拉动文旅体消费。

【全域旅游】 2022年2月，韶关市文化广电旅游体育局组织有关县(市、区)局做好全域旅游示范区申报材料的编制工作，重点指导乐昌市、新丰县申报省级全域旅游示范区验收。县(市、区)创建省级全域旅游示范区比例80%，在全省名列前茅。3月，韶关市向广东省文化和旅游厅推荐乐昌市、新丰县申请省级全域旅游示范区验收工作。9月，广东省文化和旅游厅发文，乐昌市、新丰县被评为第五批省级全域旅游示范区。出台《韶关市促进全域旅游发展扶持办法》，加大行业市场扶持力度，发放奖补资金1056.3万元。

【文旅融合】 2022年，韶关市文化广电旅游体育局通过采取多种形式，拓展招商渠道，与各重点招商区域、重点企业和团体取得联系，挖掘招商引资信息。开展外出招商活动28批次，重点拜访深圳市农科集团有限公司、华侨城文旅集团、深圳韶关商会、深圳曲江商会等重点招商企业和团体。全市文旅产业链招商签约项目15个，投资总额79.64亿元。

2022年韶关市入选省文旅厅首批建立“首席质量官”“标杆服务员”旅游企业名单一览表

表40

序号	企业名称	企业类别
1	友好温泉商务酒店	星级饭店
2	曹溪温泉假日度假村	A级景区

续表40

序号	企业名称	企业类别
3	经律论文化旅游小镇景区	A级景区
4	五马寨生态园景区	A级景区
5	马坝人遗址公园景区	A级景区
6	韶关市广之旅国际旅行社有限公司	旅行社
7	韶关市风采假日旅行社有限公司	旅行社
8	韶关市中国旅行社有限责任公司	旅行社

（资料来源：市文广旅体局）

旅游资源

【概况】 截至2022年12月，韶关市有国家A级旅游景区40家，其中国家旅游AAAAA级旅游景区1家、国家AAAA级景区12家、国家AAA级景区27家。指导多彩韶钢——工业文化园景区1家景区创建为国家AAA级旅游景区。韶关市全年推出100场精品文旅活动、住宿超多折扣，多条精品线路、研学活动，挖掘旅游资源和扩大旅游消费市场，以国庆和中秋“金九银十”消费旺季为契机，推出系列活动时间表和丰富优惠措施，激活韶关文旅体市场活力，助推韶关文旅体市场健康复苏。“线上＋线下”相结合方式开展的文旅体活动，提升游客体验。以春节虎年为契机，融入华南虎元素，提升韶关市华南虎园旅游资源品牌形象。

【旅游重点项目建设】 2022年，韶关市健全文化旅游体育项目建设指挥部组织架构，将相关要素保障部门的分管领导、各县（市、区）分管文化旅游体育工作的领导纳入指挥部成员，加强指挥调度，强化“清单管理、挂图作战”，围绕全市17个文化旅游体育重点建设项目，梳理清单项目，掌握项目建设进展情况，协调解决项目建设存在问题。召开专题会议研究文旅体项目建设工作，针对困扰文旅体项目建设的用地问题，针对具体问题研究提出解决办法，帮助企业解决实际问题，促进项目实施。邀请市自然资源局有关负责人指导并解读点状供地政策，推动各地、各相关单位破解文旅体项目推进中遇到的问题。全市文旅产业链招商签约项目15个，投资总额79.64亿元，翁源县、始兴县、仁化县签约项目和投资额排全市前列。全市纳入统计的17个重点文旅体项目完成投资10.68亿元，其中，浈江区、曲江区、乐昌市、仁化县、乳源瑶族自治县超额完成年度投资计划。全年全市被纳入统计的重点文旅体项目17个，年度计划投资11.08亿元，全年完成投资10.68亿元，为年度计划的96.42%。其中，市文广旅体局作为业主的项目完成年

丹霞山群峰叠翠　　（刘加青　摄）

度计划比例在市直责任单位中排名靠前；完成文化体育行业固定资产投资 7.3 亿元，比 2021 年增长 15.8%。

【景区建设】 2022 年 5 月 30 日，根据《旅游景区质量等级的划分与评定》(GBT 17775—2003)和《旅游景区质量等级评定管理办法》规定，多彩韶钢——工业文化园景区确定为国家 AAA 级旅游景区，为广东省首家以“钢铁”为主题的国家 A 级旅游景区。

【韶关市丹霞山风景名胜区】 丹霞山位于广东省韶关市东北郊，总面积 292 平方千米，其中遗产地 168 平方千米，遗产地缓冲区 124 平方千米。是国家级风景名胜区、国家级自然保护区、国家 AAAAA 级旅游景区、国家地质公园和世界地质公园。丹霞山是以自然观光为主，集科普、考察、攀岩、探险、休闲度假于一体的旅游景区。开发长老峰游览区、阳元石游览区、翔龙湖游览区、锦江画廊游览区。丹霞山由 600 余座相对高差 50 米以上的山峰、岩堡、岩墙、石柱、穿洞、天生桥组成，最低点浈江河谷海拔 50 米，最高峰巴寨 619.2 米。由丹霞、韶石、巴寨、飞花水、仙人迹五大景区和锦江、浈江两条风光带组成。截至 2022 年 12 月，记录高等植物 2270 种；昆虫 1516 种；脊椎动物 448 种，其中鸟类 248 种，两栖 29 种，爬行 72 种，哺乳动物 48 种，鱼类 50 余种；大型菌类 300 种。在丹霞山发现和命名的新物种有 39 种，绝大部分是仅在丹霞山分布的极小种群或特有物种。2022 年，丹霞山景区接待旅游人数 60.22 万人次，比 2021 年下降 54%；门票收入 987.2 万元，下降 51.91%。旅游收入 1600.98 万元。丹霞山景区拥有北部竹筏、渡船等项目，丹霞山管委会筹划重启丹霞山北门水上码头项目，开拓姐妹峰户外营地、长老峰房车营地等项目。全年组织南雄市十所学校、韶关十四中、至和汤邓淑芳纪念学校等地开展“奇美天成丹霞山”科普进校园活动。

（张　莉　邓桂文）

始兴县隘子镇满堂客家大围　　（始兴县宣传部　供图）

【曲江区曹溪温泉度假村】 曹溪温泉度假村位于韶关市曲江区南华寺向北 2 千米处，是广东最大的温泉别墅度假村之一，毗邻南华寺、马坝人遗址、丹霞山等风景名胜。曲江区曹溪温泉度假村 2007 年被评为国家 AAAA 级旅游景区，获国家四星级饭店、中国餐饮名店、广东十佳温泉、广东最佳人居温泉、韶城新十景、诚信维权单位、最具禅意温泉、广东最受欢迎自驾游目的地(景点)等称号。温泉区内三面环水，组成一个独特园林式区域，有 103 个富含偏硅酸的养生温泉池，设置 7 个功能区，分别是药浴区、游泳池、健身按摩区、流瀑布区、百花温泉区、儿童池、蒸气房等，面积 3 万多平方米。2022 年，曲江区曹溪温泉度假接待游客 4.72 万人次，收入 923 万元。

【珠玑巷·梅关古道景区】 南雄市珠玑巷·梅关古道景区位于南雄市珠玑镇珠玑村，是全国三大寻根地之一，被誉为“中华文化驿站，天下广府根源”。景区内有不同朝代的古楼、古塔、古榕和古建筑物遗址等一批文物古迹、观光景点，是古代中原和江南通往岭南古驿道上的一个商业重镇、广府人的发祥地、广东仅有的宋代古巷古道，是广东省红色旅游示范基地、“中国四大赏梅地”之一，是古代中原通往岭南及东南亚的咽喉之地，连接长江、珠江两水系最短的陆上交通要道，是当今全国保存最完好的古驿道，有“广东第一巷”之美誉。建成集旅游、观瞻、怀旧、思乡、敬祖于一体的综合旅游景区，在海内外有深远的影响力。梅关古道所在的梅岭是一座革命名山。毛泽东曾 3 次率领中国工农红军经过粤赣交界的梅岭，陈毅在梅岭坚持三年艰苦卓绝的游击战争并留下壮丽诗篇《梅岭三章》《偷渡梅关》。梅关古道两旁遍种梅花，每当寒冬腊月，白梅、红梅、绿梅、蜡梅争奇斗艳。2022 年，珠玑巷·梅关古道景区接待游客 13.24 万人次，收入 340.3 万元。

珠玑古巷（2022 年）　　（市文广旅体局　供图）

【满堂客家大围】 始兴县满堂客家大围景区位于韶关市始兴县隘子镇，距离广州市约3小时车程，是盛唐贤相张九龄、抗日名将张发奎的故里。旅游区规划面积12.69平方千米，主要核心景观有满堂客家大围、五福路、广东省历史文化游径、白屋、官家老屋、五头门围、马口圳围、尾屋围、生态农业示范区、滨河休闲区等，其中满堂客家大围是全国重点文物保护单位，素有“岭南第一围”之称，是中国民居建筑中“方围”系列的杰出代表。2022年，满堂客家大围接待游客0.96万人次，收入13.69万元。

（邓桂文）

2022年6月1日，“多彩韶钢—工业文化园”国家AAA级旅游景区授牌暨开园启动仪式举行，成为广东省内唯一一家以“钢铁”为主题的工业旅游景区

（广东中南股份有限公司　供图）

旅游业态

【概况】 2022年，韶关市旅游业态有工业遗产游、乡村民宿游、文化体验游、红色教育游、休闲度假游、生态和谐游等。凡口国家矿山公园共接待省发改委等省市县区部门人员370余人次。评定市级星级乡村旅游民宿15家，全市累计108家。举办“非遗过大年　文化进万家”“文化和自然遗产日”暨韶关市“非遗购买节”、非遗进校园等活动。通过主题活动推广红色教育游。仁化红色旅游精品线路入选第三批省级乡村旅游精品线路。重点打造乡村休闲旅行路径，推出节假日主题精品旅游路线。以保护与开发利用并重为宗旨，利用城市和乡村河道，创造生态和谐旅游新业态。全市全年完成13宗61.2千米碧道工程及相关配套设施建设工作，计划投资5600万元。仁化县石塘镇石塘村入选全国乡村旅游重点村、韶关钢铁工业之旅被评为广东省第二批工业旅游精品线路。

【工业遗产游】 凡口国家矿山公园位于韶关市仁化县董塘镇，该公园为韶关市工业遗产游重要业态和弘扬“艰苦奋斗、甘于奉献、坚韧实干、追求卓越”的工矿精神主题教育基地。通过有效保护、科学利用矿业遗迹资源，开展地质研究和普及地理地质学知识，凡口铅锌矿充分发挥旅游价值品牌效应，逐步促进资源型矿业城市的转型升级和旅游业发展。2022年，凡口国家矿山公园共接待省发改委等省、市、县（市、区）部门人员370余人次；中南大学、华南师范大学等高校相关专业教师、学生开展研学活动人数1500余人次；接待有色工业联合会、云南铜业等行业龙头企业和协会人员240余人次，县地方演练、团建及教育实践活动人员510余人次，设计院、研究所等人员90余人次，东莞市、仁化县等地方游客及矿山老员工300余人次。

（何益民）

【乡村民宿游】 2022年，仁化县石塘村被评为全国乡村旅游重点村。仁化县石塘村获评国家乡村旅游重点村，仁化县红色乡村旅游线路等3条线路被评为第三批广东省乡村旅游精品线路，南雄市水口镇水口村等4个村被评为第三批广东省文化和旅游特色村，仁化县被评为省级休闲农业与乡村旅游重点县，南雄市帽子峰镇被评为省级休闲农业与乡村旅游示范镇，浈江区兴安林业生态农业旅游区等6个单位被评为省级休闲农业与乡村旅游示范点，曲江区罗坑镇朝昌苑客栈等30家单位被评为广东省第一批南粤森林人家。评定市级星级乡村旅游民宿15家，全市累计108家市级星际乡村旅游民宿。翁源兰乡古韵之旅等3条线路被评为第三批广东省乡村旅游精品线路。评定国家AAA级旅游景区1家（韶钢工业文化园）。精品线路有南岭丹霞山休

始兴县马市镇红梨村　　（邓斌　摄）

闲民宿游线、民族风情民宿游线、田园风光民宿游线等 3 条线路。

【文化体验游】 2022 年，韶关市开展一系列非遗保护的宣传工作，举办"非遗过大年 文化进万家""文化和自然遗产日"暨韶关市"非遗购买节"、非遗进校园等活动。春节假期，举办 10 余场"非遗过大年 文化进万家"展示展演活动。6 月 11—12 日，举办 2022 年"文化和自然遗产日"暨韶关市"非遗购物节"活动。在广东省"非遗少年说"大赛中，韶关获 1 个一等奖、4 个二等奖、2 个三等奖，乳源民族实验学校被省评为"优秀乡村传承学校"，得到省厅的好评。精品线路有非遗体验游线、名人故里游览线 2 条线路。

【红色教育游】 2022 年，韶关市通过加强红色文化资源挖掘、整理和研究阐释，结合不断变化的受众群体，将过去的"参观讲解"，向"参与互动"转变，通过主题活动推广红色教育游。仁化红色旅游精品线路入选第三批省级乡村旅游精品线路，精品线路有重走长征路精品旅游线、感受革命烽火旅游线 2 条旅游线路。结合国庆节爱国主义教育主题，10 月在北伐战争纪念馆和中共广东省委、中共粤北省委旧址开展"向国旗敬礼红星闪闪照"手工制作活动，以亲子为主要受众，传承红色文化，省委旧址在红色文化讲堂播放《建国大业》《长津湖》等红色影片，丰富红色旅游业态。精品线路有重走长征路精品旅游线、感受革命烽火旅游线等 2 条旅游线路。

【休闲度假游】 2022 年，韶关市重点打造乡村休闲旅行路径，推出节假日主题精品旅游路线，丰富群众文化和旅游生活。仁化县被评为省级休闲农业与乡村旅游重点县，南雄市帽子峰镇被评为省级休闲农业与乡村旅游示范镇，浈江区兴安林业生态农业旅游区等 6 个单位被评为省级休闲农业与乡村旅游示范点。精品旅游路线有绿色生态自然旅游线、天然温泉之旅 2 条旅游路线。武江区举办 2022 年金秋文化旅游节活动，重点推荐龙归—江湾生态休闲旅游和西河—重阳红色旅游 2 条精品路线，将重阳水口龙舟文化，江湾绿色生态文化和龙归红色文化串联成休闲度假旅游路径。精品旅游路线有绿色生态自然旅游线、天然温泉之旅等 2 条旅游路线。

【生态和谐游】 2022 年，韶关市以保护与开发利用并重为宗旨，利用城市和乡村河道，创造生态和谐旅游新业态。全市全年完成 13 宗 61.2 千米碧道工程及相关配套设施建设工作，计划投资 5600 万元。截至年底，全市完成碧道主体工程建设长度 60 千米，完成投资 5360.7 万元，投资完成率为 95.7%。始兴县深渡水瑶族乡利用境内清化河两岸景色资源，新修碧道和亲水平台，当地旅游业态单一的情况得到改善。乐昌市利用城区武江河岸线资源，通过打造总长 2.78 千米网红碧道，吸引游客观赏打卡。

【仁化县石塘镇石塘村入选全国乡村旅游重点村】 2022 年 10 月 27 日，文化和旅游部发布关于第四批全国乡村旅游重点村名单和第二批全国乡村旅游重点镇（乡）公示名单，仁化县石塘镇石塘村位列其中。这是仁化县继入选第二批国家全域旅游示范区后，在推进乡村旅游建设上取得的又一成果。石塘镇石塘村是韶关市范围内集古屋、古巷、古井、古寨、古风、古韵于一体，历史文化底蕴最深厚、古建筑群最大、保存最完好的一个古村落。曾获"中国历史文化名村""广东省历史文化名村""广东省旅游风情小镇"等称号。石塘古村"月姐歌"和"堆花米酒酿造工艺"被列入"广东省级非物质文化遗产"目录。石塘镇也是广东省重点革命老区，全国第二批革命文物保护利用片区分县，是党史学习教育的热门"打卡点"。

【韶关钢铁工业之旅被评为广东省第二批工业旅游精品线路】 2022 年，韶关市成功培育多彩韶钢——工业文化园为国家 AAA 级旅游景区，为广东省首家以"钢铁"为主题的旅游景区，"韶关钢铁工业之旅"旅游线路获评为广东省第二批工业旅游精品线路，实现曲江工业旅游的突破。韶钢位于韶关市曲江区，是中国宝武旗下中南钢铁的三大精品生产基地之一，广东省重要的钢铁生产基地。多彩韶钢—工业文化园景区坐落在粤北"十里钢城"韶钢内。景区内包含转底炉、炼铁路花海、717 风度书房、韶钢智慧中心、韶钢发展星光大道、松山湖、工人俱乐部等 10 余个主要景点，并同步推出多彩工业文化旅游线、工业科普艺术观光线、历史文化景观游览线等 3 条旅游线路，是集钢厂观光、科普研学、文化体验、亲子娱乐于一体的工业旅游景点。此前，"钢铁·智慧·艺术，韶钢工业体验游"的旅游线路被评为广东省第二批工业旅游精品线路。

（邓桂文）

石塘村全景图 （龙全明 摄）

2022年韶关市国家AAA级以上旅游景点一览表

表41

编码	景区名称	级别
1	韶关市丹霞山景区	AAAAA
2	韶关市曹溪温泉假日度假村	AAAA
3	广东大峡谷景区	AAAA
4	韶关市云门山生态文化旅游区	AAAA
5	韶关市古佛洞天景区	AAAA
6	韶关市丽宫旅游区	AAAA
7	乳源南岭国家森林公园	AAAA
8	南雄市珠玑巷·梅关古道景区	AAAA
9	新丰县云天海温泉原始森林度假村景区	AAAA
10	经律论文化旅游小镇景区	AAAA
11	东华山风景区	AAAA
12	始兴县满堂客家大围景区	AAAA
13	韶关市龙王潭生态旅游区	AAA
14	乳源县天井山森林公园	AAA
15	韶关市马坝人遗址景区	AAA
16	乳源仙门奇峡景区	AAA
17	新丰江源温泉旅游度假山庄	AAA
18	韶关市金鸡岭风景区	AAA
19	广东帽子峰旅游景区	AAAA
20	仁化县石塘古村景区	AAA
21	韶关市枫日泉生态温泉度假村景区	AAA
22	梅兰谷风景区	AAA
23	五马寨生态园景区	AAA
24	韶关市乐昌九福兰花公园	AAA
25	香草世界森林公园	AAA
26	金喆园景区	AAA

续表41

编码	景区名称	级别
27	江尾农耕文化园景区	AAA
28	凡口国家矿山公园	AAA
29	始兴县红梨村景区	AAA
30	始兴县开心农庄景区	AAA
31	翁源县湖心坝客家群楼景区	AAA
32	南雄市三佳农业公园景区	AAA
33	新丰县云髻山景区	AAA
34	曲江区百林湾景区	AAA
35	丹霞灵溪景区	AAA
36	广东核工业教育基地景区	AAA
37	山外山文旅园景区	AAA
38	蓝山源旅游区	AAA
39	乳源山城水都阳光湖农旅公园景区	AAA
40	多彩韶钢—工业文化园	AAA

（资料来源：市文广旅体局）

旅游营销

【概况】 2022年，韶关市强化重点节假日营销推广。在各类黄金假日推出系列文旅体节庆活动、旅游促消费活动及文旅优惠措施，根据不同季节主题，每个假期策划发布不少于10条文旅精品线路，推出线上专题宣传及主题活动。春节与同程平台合作开展抽虎福线上专题活动，为游客送出超10万元的大礼包，整体曝光量超2000万次。创新开展微信朋友圈广告宣传，面向粤港澳大湾区及本地市民游客推送宣传曝光量超380万次。建立全媒体宣传营销矩阵。2022年开通“享游韶关”文旅体官方抖音号，强化短视频宣传推广，发布相关视频作品超200条，视频播放总量超800万次。依托展会活动营销推广。参加广东国际旅游产业博览会、中国（深圳）国际文化产业博览交易会、中国—东盟博览会旅游展、广州国际旅游展览会等重点文旅展会，设计搭建韶关主题展馆并组织有关文旅单位（企业）、文化项目产品代表参展，展示善美韶关文旅形象。其中，韶关连续第五年成为广东旅博会唯一“旅游目的地合作伙伴”。

【旅游市场开发】 2022年，韶关市文化旅游产业链招商签约项目15个，投资总额79.64亿元。全市纳入统计的重点文旅体项目17个，年度计划投资11.08亿元，全年完成投资10.68亿元，为年度计划的96.42%。全年完成文化体育行业固定资产投资7.3亿元，比2021年增长8.4%。开展全市旅游资源普查工作。全市拥有广东省22%的温泉资源，泉眼遍布全市，水质一流，发现地热温泉资源71处，已开发13处。

【旅游节会活动】 2022年9月8日，韶关市开展2022年“文明旅游 我们的节日”主题宣传之“佳节共赏天上月 文明旅游新风尚”活动在石塘古村景区举行，此次活动由韶关市文化广电旅游体育局主办，仁化县文化广电旅游体育局承办。活动以派发文明旅游宣传资料、文艺演出、开展文明旅游志愿服务等形式开展。5月19—20日，中国旅游日·广东韶关分会场活动暨“走读广东·粤游粤红”自驾游系列活动在仁化县丹霞山举行。该活动由广东省文化和旅游厅指导，韶关市文化广电旅游体育局、广东省自驾旅游协会主办，仁化县人民政府、丹霞山管委会协办，韶关市广播电视台、韶关市自驾旅游协会承办。车友们到灵溪河、红围、沈所镇八一村、东湖坪等景区景点，以“自驾游+红色景点”的方式来传播正能量，追寻中国梦。广东省文化和旅游厅发布新版“广东文化和旅游志愿服务标识”。志愿者代表共同宣读《广东文化旅游志愿服务倡议书》并唱响《志愿者之歌》，向广大民众发出行使志愿权益、履行志愿职责、发挥志愿力量、号召志愿服务、弘扬志愿精神的坚定声音。

【节会参展推介】 2022年，韶关市组织开展各类宣传推介活动。参加澳门旅游展、广东旅游产业博览会、深圳文博会、中国国际旅游(昆明)交易会等大型展会。邀请国内百万级粉丝达人到韶关体验采风，输出优质文旅宣传产品。

【旅游商品开发】 2022年，韶关市博物馆《乐憨兽》系列文创作品获2022—2023年度广东博物馆十大文创精品称号。乐憨兽的形象源于韶关市博物馆馆藏文物“东晋咸和二年(327)青釉瓷狮形水注”，提取文物的眼睛、牙齿、胸前、胡须、耳朵、尾巴、短腿等形象特点，肚子上结合韶关市博物馆logo。该文创作品自2020年推出以来深受省内外观众的喜爱，成为韶关市网红IP形象代言吉祥物之一。根据其IP形象，衍生设计表情包一组16款，文创产品6款，同时结合节庆活动设计节庆海报，推出生肖印章3款，制作雕版画5款。

【旅游宣传推广】 2022年，韶关市文广旅体局依托各级主流媒体及新媒体平台，策划元旦、春节、“五一”、国庆等重要节假日宣传推介工作，在人民网、新华网、凤凰网、“南方+”等中央、省、市主流媒体增加韶关城市形象曝光率，提升城市知名度。深化与粤港澳大湾区及红三角城市的合作，依托广清韶、莞惠韶、红三角等旅游区域联盟，开展联合推广活动，共同打造区域联合推广产品。用好香港地区设立的韶关旅游营销中心，提高韶关文旅在港澳地区知名度和吸引力。

【“大桥石鲤”禾花鱼美食文化旅游节入围丰收节庆特色活动名单】 2022年10月，中国农民丰收节组织指导委员会发出通报，公布100个丰收节庆特色活动名单，乳源瑶族自治县“大桥石鲤”禾花鱼美食文化旅游节是广东省入围的4个活动之一。乳源当地村民习惯把放养在稻田里、采食落水的禾花后长大的禾花鱼称为“石鲤”。2021年6月，农业农村部准予对“大桥石鲤”实施农产品地理标志登记保护，“大桥石鲤”由此成为广东省稻渔综合种养产业首个地理标志农产品、韶关市水产行业首个地理标志农产品。依托旅游资源，当地自2017年起连续举办多届禾花鱼美食文化旅游活动，吸引游客体验农户生活、购买农特产品，为当地生态旅游创造新的“经济增长点”。

旅游管理

【概况】 2022年，韶关市提升旅游行业管理水平，重点对旅游行业市场及主体和旅游业从业人员进行管理和指导。开展针对旅游市场的业务指导，严格审核把关旅游活动，做好审批备案工作。抓紧安全监管责任落实，防范化解行业重大安全生产风险。开展星级饭店评定和复核，组织旅行社进行诚信主题教育培训会。鼓励和支持旅游企业建立健全质量管理体系，推广应用先进质量管理方法，探索建立“首席质量官”“标杆服务员”等制度，提升旅游企业质量管理水平。

【旅游市场管理】 2022年，韶关市文广旅体局加强业务指导，严格审核把关，做好审批备案。全年全市办理营业性演出活动审批26宗（包括2宗涉港澳营业性驻场演出活动的许可审批）和1宗经营性互联网文化单位设立审批及2家旅行社许可审批；娱乐场所新增8家，注销关闭11家；注销互联网上网服务场所3家；新增演出经纪机构1家。截至2022年年底，全市经营性互联网文化单位有1家；娱乐场所133家；剧本娱乐经营场所17家；互联网上网服务经营场所87家；演出经纪机构4家；文艺团体4家；艺术品经营单位34家；旅行社55家；全市在册导游员2027人，其中注册电子导游证有1375人；星级酒店31家；国家A级旅游景区40家。

【旅游安全管理】 2022年，韶关市文化广电旅游体育局组织开展安全生产大检查，抓紧抓细抓实文广旅体行业安全隐患排查治理，防范化解行业重大安全生产风险。制订印发《全市文旅体行业安全生产大检查工作方案》，深入查找、坚决整改文旅行业安全生产工作存在的突出问题和薄弱环节。狠抓旅游安全防范工作，排查旅游景区、已登记旅游民宿、星级旅游饭店等旅游经营单位安全隐患排查整治工作。全年检查行业相关场所2317家次，督促整改一般问题隐患158个。强化旅游领域交通安全工作，督促旅行社落实旅游包车“五不租”（不租用未取得相应客运经营许可的经营者车辆、未持有效道路运输证的车辆、未安装卫星定位装置的车辆、未投保承运人责任险的车辆、未签订包车合同的车辆），加大对旅游包车安全的源头监管力度，全年督促检查旅行社50余家次。强化旅游景区内高风险项目的安全监管，韶关市A级旅游景区中有14处悬空栈道(玻璃桥)、索道等高风险项目，除南雄市香草世界玻璃栈道暂停运营外，其余13个高风险项目明确属地行业监管部门，开展第三方安全鉴定。

【旅游饭店管理】 2022年，韶关市有星级饭店31家，其中，4星有2家，3星有29家。依据《旅游饭店星级的划分与评定》标准和《广东省旅游星级饭店评定委员会关于开展2022年度星级饭店复核工作的通知》要求，市文广旅体局下发《韶关市文化广电旅游体育局关于开展2022年度韶关市星级旅游饭店复核工作的通知》。以随机抽签的方式，在韶关市星级饭店评定检查员专家库中，每次复核抽取2名检查员对选中星级饭店进行现场检查指导工作，其中评定满三年需进行评定性复核的星级饭店按评定流程进行现场打分复核。经检查，乐昌金鸡宾馆、南雄珠玑大酒店、始兴聚源酒店、曲江迎宾馆、翁源富源大酒店、新丰百乐宫大酒店、乳源云锦山庄7家星级饭店通过复核。受限于土地问题等原因拟对新丰县云髻山温泉度假山庄延期复核。

【导游管理】 截至2022年12月31日，韶关市在册导游员2026人，其中已注册电子导游证有1374人，其中，中级导游61名，高级导游9名。新办电子导游证14人，迁出4人，迁入7人；办理3年到期换发电子导游证65人，寄出身份标识卡76张；补办遗失损坏电子导游证身份标识2张；协助导游补办资格证3张；协助补办导游等级证书1张。截至2022年年底，韶关市选取浈江区、武江区8名导游参加省文化和旅游厅组织的2022年全省导游专业素养研培提升活动，提升导游服务质量。韶关作为2021年全国导游资格考试口试考点和2022年全国导游资格考试面试考点，其中口试分6批进行考试，考生人数151名。市文广旅体局协调疫情防控办及公安等相关部门做好组织、落实工作，确保导游资格考试进行。

【旅行社管理】 2022年，韶关市有57家旅行社，新增3家旅行社。市文广旅体局举办2022年度旅行社诚信主题教育培训会。全市50余家旅行社参加此次培训。培训会上，市文广旅体局副局长梁成斌就文旅部印发的《文化和旅游市场信用管理规定》《文化和旅游市场信用修复工作指南》等文件作解读。制订印发《2022年度韶关市未经许可经营旅行社业务、“不合理”低价游专项整治实施方案》《韶关市开展暑期文化和旅游市场集中整治专项行动方案》，专项整治期间全市出动执法人员150人次，检查旅行社、景区和星级酒店61间次，通过网信等部门协作，线上核查旅行社业务招徕广告推送5条次，立案查处2宗未经许可经营旅行社业务案。市文广旅体局办理的2宗案件入选《广东省2022年未经许可经营旅行社业务、“不合理低价游”专项整治行动十大指导案例》和《广东省文化和旅游厅发布打击整治养老诈骗专项行动六大典型案例》。

【韶关市星级饭店从业人员服务技能竞赛举行】 2022年7月20日，由韶关市文化广电旅游体育局、市总工会、团市委、市妇联主办，韶关市旅游协会承办，韶关市汇展酒店协办的2022年韶关市星级饭店从业人员服务技能竞赛在韶关汇展酒店举行。本次竞赛围绕前厅接待服务、客房服务、餐厅服务（中、西餐）等核心工作环节，重点对星级饭店从业人员业务知识、服务质量、英语服务能力、沟通协调能力、突发事件应对能力进行考评。市文广旅体局党组书记、局长黄宣剑为选手颁发“一等奖”和“韶关市职工经济技术创新能手”荣誉证书。经过一天的角逐，竞赛决出团体优秀组织奖6个，个人一等奖3名、二等奖7名、三等奖10名及优胜奖8名，获“韶关市职工经济技术创新能手”称号3人。竞赛组委会将从这些选手中择优挑选优秀选手代表韶关市参加2022年广东省星级饭店从业人员服务技能竞赛。

【2022年度韶关市星级乡村旅游民宿评定】 2022年12月2日，韶关市文化广电旅游体育局发布通知，公布2022年度韶关市星级乡村旅游民宿名单。乳源品悦蝴蝶谷精品民宿等15家民宿达到韶关市星级乡村旅游民宿服务质量等级划分的相应评定标准，拟评定为韶关市星级乡村旅游民宿。

【仁化县禅意客栈被认定为全国乙级旅游民宿】 2022年，韶关市仁化县禅意客栈被认定为全国乙级旅游民宿，是2022年度广东省唯一一家被认定为该等级的民宿。2021年，仁化县艺术家客栈也被认定为全国乙级旅游民宿。这两家客栈均位于丹霞山核心景区的瑶塘村，是丹霞印象民宿群的代表性民宿。此次入选的禅意客栈占地面积200平方米，建筑面积400平方米，拥有客房8间，是一家以体现禅文化为主要特色的民宿，曾获韶关市四星级乡村旅游民宿、广东最美民宿称号。艺术家客栈共有四层，建筑面积780平方米，设有艺术清吧、书画创作室、天台写生花园、艺术客房等功能区，是艺术工作者采风、写生、交流艺术的平台。丹霞印象民宿群将民宿业态发展与乡村旅游、科普研学、农耕体验、户外拓展、文化创意等融于一体，创建“政府+民宿+文创农创+美丽乡村生活圈”发展模式，发挥典型示范、基层党建、产业融合3个引领作用，示范带动当地村民回乡创业就业，有的村民自主经营起民宿，有的村民以新房入股的形式，共享民宿经济，走出一条以民宿经济为核心的特色村庄发展道路。

【韶关8家旅游企业入选全省2022年首批建立“首席质量官”“标杆服务员”旅游企业名单】 2022年11月，广东省文化和旅游厅公布《关于公布2022年首批建立“首席质量官”“标杆服务员”旅游企业名单的公告》，韶关经律论文化旅游小镇景区等8家旅游企业入选省文旅厅2022年首批建立“首席质量官”“标杆服务员”旅游企业名单。韶关市鼓励和支持旅游企业建立健全质量管理体系，推广应用先进质量管理方法，探索建立“首席质量官”“标杆服务员”等制度，提升旅游企业质量管理水平。经过前期宣传发动和引导，韶关市友好温泉商务酒店等8家旅游企业入选省文旅厅2022年首批建立“首席质量官”“标杆服务员”旅游企业名单。

（邓桂文）

旅游公共服务

【概况】 2022年，韶关市投入70万元新建（改扩建）旅游厕所5座，打造12个旅游厕所管护试点，探索社会各界和机关企事业单位认养厕所，创新“一厕多用”机制。有228间旅游厕所达到A级，165间达到AA级。优化完善韶关市智慧旅游示范应用场景平台，开发“一机游韶关”智慧旅游平台。完成张九龄纪念公园主干道沿路行道树种植，路灯、监控安装。完成芙蓉山公园景观提升改造，新建两座观景长廊、三座风雨亭、一座公厕及几处休憩平台等配套设施。建设4个基层综合性文化服务中心与旅游服务中心融合试点、20个“两改两融”示范点。开发“一机游韶关”智慧旅游平台。由韶关市全域旅游卡经营有限公司整合全市旅游资源，并按照每张200元的价格进行售卖。试运行建立智慧旅游示范应用场景信息系统，推出“一机游韶关”智慧旅游平台。组织开展20场文明旅游宣传活动，开展涉旅经营场所专项整治。

【旅游厕所】 2022年，韶关市投入70万元新建（改扩建）旅游厕所5座，打造12个旅游厕所管护试点，开展旅游厕所服务质量第三方抽样调查，提升旅游厕所建设管理水平。探索社会各界和机关企事业单位认养厕所，创新“一厕多用”机制，鼓励拓展延伸厕所功能，提供多样化便利服务，开展文明如厕宣传活动，将“小厕所、大民生”办好。武江区实施“智能厕所”建设行动，在孟洲坝夜市建成投入使用1间“智能厕所”。新丰县探索建立“旅游厕所开放联盟”，统筹全县符合条件的旅游厕所对市民、游客开放，丹霞山管委会建成多座智能化厕所。在“建好”上下功夫。将旅游厕所建设与全域旅游、交通网络、支柱产业培育、乡村振兴等相衔接，按照不超过1个小时车程间距，结合加油站、汽车客运站、高速公路服务区、交通集散点等规划建设厕所，实现点位布局科学合理。截至2022年底，全市AAA级以上旅游景区厕所覆盖率100%，建成92个交通干道沿线旅游厕所，201个乡村旅游厕所，满足市民游客的需求。在“管好”上出实招。韶关市文化广电旅游体育局建立旅游厕所督查领导小组和检查队伍，对760间旅游厕所建设和管理情况进行抽查，强化日常监管；挑选90间旅游厕所作为试点，采取补助部分资金，制定管护标准，推动旅游厕所后续管护水平提高。韶关市有228间旅游厕所达到A级，165间达到AA级。

【公园建设】 2022年，韶关市坚持科学绿化提升公园景观，完善公园便民服务设施。完成张九龄纪念公园主干道沿路行道树种植，路灯、监控安装。完成芙蓉山公园景观提升改造，新建2座观景长廊、3座风雨亭、1座公厕及几处休憩平台等配套设施，提升公园开放共享绿地服务能力。

【旅游服务平台建设】 2022年，韶关市建设4个基层综合性文化服务中心与旅游服务中心融合试点、20个“两改两融”（深化基层综合性文化服务中心改革，推动公共文化服务与新时代文明实践高效融合、深化文化馆图书馆总分馆制改革，推动公共文化与全域旅游深度融合）示范点。优化完善韶关市智慧旅游示范应用场景平台，开发“一机游韶关”智慧旅游平台。

【旅游年卡管理】 2022年，韶关市旅游年卡项目采取市场运作的模式，由韶关市全域旅游卡经营有限公司整合全市旅游资源，并按照每张200元/年的价格进行售卖。

【文明旅游】 2022年，市文广旅体局组织开展20场文明旅游宣传活动，开展涉旅经营场所专项整治，向全社会倡导文明旅游、安全旅游、环保旅游，确保全市文明旅游工作开展。韶关市在景区入口、游客服务中心、交通换乘中心等游客集散地的显著位置采用多种方式提醒旅游者文明旅游。云门山景区加强基础设施建设，规范停车管理，使进入景区的车辆都能有序停放。对进入景区的车辆进行限速（20千米/小时），做到安全有序出行。在丹霞山旅游景区长老峰票站现场设有1米间隔线，引导游客保持安全间距，游客排队井然有序，遵守出行礼仪。各大景区内张贴社会主义核心价值观、文明旅游、创建文明城市等标语标牌及文明温馨提示语，提醒着游客朋友在旅游过程中做到举止文明。在韶州公园内，有分类垃圾桶和烟头专用垃圾桶，减少垃圾和烟头乱扔的现象。在公共卫生间处，孩子在父母的协助下洗手，洗完手后将水龙头及时关闭。在各大景区内，游客能遵守文物古迹保护规定，不涂刻、攀爬，不随意触摸文物；遵守拍照摄像规定，尊重当地风俗习惯及宗教信仰。进入韶关各大旅游景区，志愿者发放文明旅游宣传单页，倡导游客遵守文明旅游规范，自觉维护环境卫生和公共秩序。仁化石塘古村景区开展2022韶关市“文明旅游 我们的节日”主题宣传活动、武江区芙蓉山矿山公园举行“文明武江 畅游芙蓉”文明旅游志愿服务活动、浈江区车站街在韶关国家森林公园开展国庆假期文明旅游宣传活动、帽子峰景区内设置学雷锋志愿服务站，志愿者向游客发放文明旅游宣传资料，宣传文明旅游常识，劝阻不文明行为，提供旅游信息咨询、文明引导、秩序维护及疫情防控和便民服务。7月，在韶关国家森林公园韶阳楼门前，1名突然晕倒的游客在附近游客的帮助下，及时脱险。丹霞山阳元山景区停车场1名带队巡查的工作人员帮助1名持北京牌照的车主看管车内放置的重要物品1个小时，免于丢失。

【10条乡村旅游精品线路发布暨“一机游韶关”上线】 2022年9月，韶关市结合科普研学、红色文化、生态文化、瑶乡文化等主题，发布10条乡村旅游精品线路，并推出汇聚“招商合作、红色打卡、酒店预订、景区地图、美食、门票预订、导游、租车、公共服务”等功能的“一机游韶关”智慧旅游平台。10条乡村旅游精品线路覆盖华南教育历史研学基地、丹霞山、红军长征粤北纪念馆、云门山、西京古道等韶关多个知名景点景区，涉及农业、文化、康养等多个产业项目。云门山景区为助力乡村振兴，推出众多乡村旅游路线。每年秋季，帽子峰景是广东人最期待的景区之一。这里是广东的银杏主产区，更是全国最美银杏观赏地之一，可以体验南雄各地的美食小吃。推出“一机游韶关”小程序，将景区、酒店、餐饮、游乐等旅游资源进行整合，是一个集服务资源、服务渠道、服务游客、服务监督以及服务招商的一站式智慧旅游服务平台。平台将旅游目的地“吃住行游购娱”连接起来，为游客游前提供景区信息和攻略查询，游中提供景区路线推荐、一键导航，同时推出线上购票、分时预约、预定酒店、到店点餐，团购等功能，为游客提供“一站式”服务体验。（邓桂文）

交通 水利

公路

【概况】 2022年，按技术等级分，韶关市等级公路1.72万千米，其中高速公路766.5千米、一级公路243.7千米、二级公路846.6千米、三级公路1889.5千米、四级公路1.34万千米。按行政等级分，全市国道1566.1千米、省道1676.7千米、县道2585.1千米、乡道6270.4千米、村道5072千米。全市有公路桥梁2849座25.82万延米(含高速公路)。公路密度每百平方千米93千米，通车里程比2021年减少24.2千米。全市完成交通运输、仓储和邮政业固定资产投资51.2亿元，超额完成50亿元年度目标任务，其中市交通重点项目建设完成投资40.16亿元，为年度计划的124%。全年全市公路旅客周转量3.85亿人千米，下降34.8%；公路货物周转量78.56亿吨千米，下降2.8%；全市全年公路水运业增加值下降2.2%。全年公路货运量5474.33万吨，下降3.3%；货物周转量78.56亿吨千米，下降2.8%。截至2022年年底，韶关市道路货物运输经营业户2615家(其中普货运输企业763家、个体户1827家、危运企业25家)，道路货物运输车辆保有量10407辆(其中，普货运输车辆9819辆，核定吨位14.93万吨；危运车辆588辆)。（邓远泉）

2022年12月29日，韶关市交通运输局到运输单位开展跨年大件运输现场勘验工作（市交通运输局 供图）

【公路养护】 2022年，韶关市省养国道公路里程841.24千米，列养率100%，优良路率96.83%；省养省道公路里程669.58千米，列养率100%，优良中等路率91.11%；省养县乡道公路里程33.24千米，列养率100%。全市地方管养国省道公路里程811千米，列养率100%，优良路率59.82%；管养农村公路里程1.39万千米，列养率100%，优良中等路率88.63%。（张晶鹏）

【“四好农村路”建设】 2022年，韶关市完成农村公路建设里程657千米，为省下达任务数（636千米）的103%。十四五”期间，广东省下达韶关市村道安防工程任务175千米，截至2022年度要完成70千米。截至2022年年底，全市累计完成村道安全生命防护工程76千米，完成108.57%。全年全市农村公路路面自动化检测评定任务里程5578千米，完成检测里程8009千米，完成率143.58%。

（张晶鹏）

【高速公路建设】 2022年，韶关市高速公路通车总里程766.5千米，位列全省第四。全年高速公路在建项目2项，计划投资21.3亿元，完成投资26.02亿元。其中，雄信高速公路完成投资14.01亿元，为年度计划(11.3亿元)的123.98%；武深高速公路始兴联络线完成投资12亿元，为年度计划(10亿元)的120%。乐广、韶关北环、武深、汕昆高速公路韶关段及韶新高速公路、韶赣高速公路欧山互通建成，出省及连接珠三角交通通道和路网完善，全市实现县域高速公路全覆盖。

【路政管理】 2022年5月16日，韶关市印发实施《韶关市普通公路路政巡查工作办法》，明确规范路政巡查的工作内容、巡查频率标准及执法人员准则等。市交通运输局累计出动路政人员483人次，开展巡查151天，巡查管辖路段公路里程5484.6千米，处置案件220宗，发出责令整改3宗。韶关市办理路政许可案件2807宗，比2021年增长18%。完成2022年省十件民生实事之一的14个治超非现场监测点和14个超限检测点(治超卸货站场)建设。 （张 健）

【农村客运】 截至2022年年底，韶关市通镇、村农村客运班线220条，农村客运车辆587辆。全市1205个建制村全部通客运班车。乳源瑶族自治县开展农村客运问题整改工作，组织开通大桥镇新谷村“村村通”专线，加密政府运营的农村客运线，解决大桥镇农村客运班次太少、运力不够等问题。采用灵活的方式解决约车难，老人网约车数据鸿沟等问题，要求运输企业重新梳理一下班车，合理增加班次密度，更好满足群众出行；加强预约乘车的宣传，通过微信朋友圈等形式向村民宣传约车的方法；与村委合作，让村委协助宣传，或者让村委工作人员帮村民约车。

（钟满芬）

【运政管理】 2022年，韶关市交通运输局出动交通执法人员3.6万人次，检查车辆5.3万车辆次，交通执法立案3863宗，其中市区立案692宗。联合公安部门印发《韶关市开展重点地区旅客运输市场专项执法行动方案》，对省际班车客运违规经营行为实施精准打击；联合武江区人民政府印发《关于加强武广高铁韶关站及周边秩序综合整治工作的通知》，成立武广高铁韶关站及周边秩序综合整治工作领导小组，将高铁韶关站现有的交通运输、公安、城管等三支队伍整合为一支综合整治执法力量，实行统一指挥、统一行动、统一管理，通过“齐抓共管”严厉打击揽客拉客和非法营运行为。 （甘顺花）

【道路客运】 2022年，韶关有从事道路客运企业2家，分别是韶关市公共汽车有限公司和韶关市粤运汽车运输有限公司。

韶关市公共汽车有限公司 2022年，韶关公汽拥有控股及参股公司共5家；在岗员工694人，其中运营驾驶员466人。韶关公汽有公交站场13个，营运线路51条，线路总长705.3千米，营运车辆368辆(其中欧Ⅲ柴油车7辆、天然气公交车90辆、纯电动公交车271辆)。全年完成客运量2172.43万人次，比2021年减少18.02%，其中老年人免费乘车890.88万人次，比2021年减少17.54%；营运总里程1619.97万千米，比2021年减少0.7%。营业总收入3015.94万元，比2021年下降17.09%，其中公交运营收入2325.32万元，比2021年下降17.06%；营业总成本1.14亿元，比2021年下降4.14%，其中公交车运营成本9728.15万元，比2021年下降4.76%。资产总额6128.03万元，负债总额9754.14万元，资产负债率为159.17%。韶关公汽优化调整15路、5路、38路、12路、11路、3路、K105、浈江产业园、比亚迪、坝厂专线、华南装备园等11条公交线路；新开通甘棠工业园、华南精锻通勤、前海人寿韶关医院等3条公交线路，完善部分区域的公交通达性；助力韶关市经济开放度和活跃度，开通2条“假日公交专线”。完成政府指令性公共交通运输保障工作，受到政府部门及市民的赞扬认可。5月中旬至6月底，完成2次防汛应急转运保障任务；完成2022年普通高校招生统一考试、选调优秀大学毕业生和公务员面试、2022年韶关市考试录用公务员笔试等公共交通运输保障工作；驰援韶关市国际会展中心方舱医院医务人员通勤，完成通勤2573趟次。2月，韶关公汽获“2021年度韶关市工会工作先进单位”“在城市困难职工解困脱困工作中作出重要贡献的集体”称号；3月，获评“2022年春运工作先进单位”。

韶关市粤运汽车运输有限公司 公司下设16家分公司、2家全资或控股子公司，除新丰外的韶关市县(市)、区均设有汽车客运站，其中县(区)级客运站8个(一级站1个、二级站6个、三级站1个)。2022年，该公司总资产3.9亿元，在岗职工1195人，拥有营运车辆923辆，营运线路299条，日发班次3035班，班线总里程19万多千米，营业收入1.54亿元。 （刘耿萍 许少强）

【道路货运】 截至2022年年底，韶关市道路普通货运业户2634户，从业人员2.62万人，普货载货车辆9542辆(个体2006辆)、14.76万吨位(个体2.86万吨位)。其中，普通货车3302辆、5.73万吨位，牵引车2820辆，挂车3420辆、11.3万吨位。2022年，全市道路危险货物运输企业29户，从业人员6579人，危货车辆599辆。10月29日，31个城市入选第三批绿色货运配送示范工程创建城市名单，韶关为广东唯一入选的城市。 （钟满芬）

【共享单车】 2022年，韶关市有哈啰、青桔、小遛、美团、松果、新迈、小黄驴、我享出行、小喜、三好出行、诚福出行、亲哇12个共享单车品牌企业在韶关市市区投入运营，投放数量8000辆，浈江区设置停车点26个，武江区设置停车点31个，曲江区设置停车点32个。11月25日，武江区举行共享单车规范运用和管理座谈会，传达学习韶关市创建全国文明城市精神，交警部门向共享单车企业通报2022年非机动车交通违法、交通事故及涉共享单车交通事故有关情况，并就今后共享单车交通安全管理向企业负责人提出有关要求。

（钟杰华）

【出租汽车管理】 2022年，韶关市有规模以上巡游出租车企业3家，车辆190辆。11月20日起开始实施新制定《韶关市网络预约出租汽车经营服务管理实施细则》。全市网络预约出租汽车企业14家，累计发放网约车驾驶员从业资格证1.17万张，网约车道路运输证1188张。(张文俊)

【机动车维修与检测】 截至2022年年底，韶关市有一类汽车维修业户27户，二类汽车维修业户157户，三类汽车维修业户1211户，摩托车维修业户339户。全年完成维修量221.84万辆次，其中整车修理5万辆次、总成修理15.02万辆次、二级维护45.29万辆次、专项修理137.85万辆次、维修救援18.68万辆次。汽车综合性能检测站28个，全年检测车辆2.13万辆次，其中维修竣工检测1125辆次、等级评定检测1.6万辆次。（钟满芬）

【驾驶员培训】 截至2022年年底，韶关市机动车驾驶员培训机构31家，其中一级机动车驾驶员培训机构12家、二级机动车培训机构11家、三级机动车驾驶员培训机构8家；道路运输驾驶员从业资格培训机构1家。全年机动车驾驶培训教学备案车辆2158辆，教练员3258人。全年新增学员6.02万人。（张文俊）

【交通综合改革】 2022年，韶关市撤销韶关市路桥建设管理中心，原在岗事业编制人员原则上划转安置到韶关市公路事务中心下属事业单位市公路养护应急抢险中心。撤销韶关市路桥建设管理中心。收回事业编制28名。撤销韶关市公路局水泥厂。撤销韶关市公路桥梁工程质量检测站事业单位建制，实行转企改制，转制后不设立新公司，收回事业编制17名。撤销韶关市公路材料供应站事业单位建制，实行转企改制，转制后不设立新公司，收回事业编制23名。撤销韶关市公路局机修厂事业单位建制，实行转企改制，转制后不设立新公司，收回事业编制31名。

【韶关市入选全国第三批绿色货运配送示范工程创建城市名单】 2022年11月，交通运输部、公安部、商务部公布第三批绿色货运配送示范工程创建城市名单韶关成功入选，是2022年全省唯一入选的城市。韶关市把开展城市绿色货运配送示范工程建设作为当前落实碳达峰碳中和及市第十三次党代会以生态绿色为底色、以新兴产业强市工作部署的具体举措，补强物流短板，加快推动韶关市城乡绿色低碳、集约高效的物流配送体系和配送模式建设，交通优势更加凸显。截至年底，全市有道路普通货运企业816家，3A级以上（含）物流企业1家，10辆车以上规模货运物流企业185家，50辆车以上规模货运物流企业39家，100辆车以上规模货运物流企业11家。韶关市引入粤北地区唯一获得网络货运资质企业——美途（广东）科技有限公司，研发数智化后台系统、货好好运App小程序、提供共享运力池等一系列服务，带动韶关市“农产品进城工业品下乡”的双向城乡物流配送，降低城乡配送货车返程空驶率，促进城乡物流配送节能减排。全国第三批绿色货运配送示范工程城市创建周期为3年。在创建期间，市交通运输局持续努力前行，并在打造城市绿色货运配送网络、优化城市配送车辆通行管控政策、加快标准化新能源车辆更新升级、推动城市货运配送车辆规范管理、打造数智化城市绿色货运配送公共信息平台、创新发展城市货运配送组织模式、优化完善政府运输组织管理机制、加大城市配送市场主体培育力度等方面持续发力，致力构建与城市功能定位匹配，与产业、生态协同联动的“集约、高效、绿色、智能”城市绿色货运配送体系，全面支撑韶关建成高效联通湾区与内陆、“南货北运”“北货南运”的区域性商贸物流枢纽节点城市。（许 慧）

铁路

【概况】 2022年，韶关市行政区域内有铁路运营总里程525.8千米，有7个铁路客运站，16个货运站。其中，武广高铁155千米、京广铁路130千米、赣韶铁路117千米、2条省属地方铁路61千米、11条厂矿铁路专用线62.8千米。全市铁路发送旅客329.51万人，货运量2071.44万吨。形成两纵一横国有铁路大干线和省属地方铁路及大厂矿铁路专用线的区域内铁路网格局。（欧闻歌）

【铁路客运】 2022年，韶关站办理营业列车达178列/日，其中上行88列，下行90列，日均输送旅客约7500人次。在春节、暑假、“清明”小长假、“十一”黄金周等各阶段旅客运输重点时期，韶关站通过做好车票发售、抓好进站旅客随身行李物品的安全检查、加强旅客候车乘降秩序的组织，实现旅客运输的安全、有序。是年，韶关东站客运办理营业列车80趟(上行45趟、下行35趟)，办理行包业务的26趟，上水作业的28趟。全年韶关东站发送旅客91.78万人次，日发送2514人次；到达旅客95.31万人次，日均到达2611人次。

【铁路安全】 2022年5月11日，韶关市受强降雨影响，普速铁路大量滞留旅客，须由韶关站转运前往广州南、深圳北站。车间管理人员迅速反应，所有休班职工响应号召回站参加普铁旅客转运高铁工作，成立多个转运工作应急小组，加强与上级调度部门及运行列车的联系，及时了解列车动态；做好旅客退票、改签等工作，为取消、推迟出行计划的旅客解决好现实问题；及早联系地方政府及配合运输单位，掌握需转运旅客的批次、人数，并启用一楼候车室作为转运旅客专用候车区域，设专人做好测温与安检工作。历时8小时，转运旅客5000余人，完成转运任务。

【铁路服务】 2022年，韶关市塑造高铁客运窗口新形象，提高服务效率和质量，韶关站在服务旅客全过程中，践行铁路运输服务行业标准，优化进站流线，取消一楼进站口实名验证，便于旅客进站；在二楼候车室设立服务台，成立有“丹霞服务岗”，增加售票、退票、改签功能，便于旅客办理相关业务。是年，韶关站收到旅客感谢信196封，收到旅客铁路12306表扬工单1011件，锦旗13面，客运服务质量提升，受广大往来旅客好评。

【韶关站】 2022年，武广韶关站位于韶关市武江区芙蓉新城，距离韶关中心城区约16千米。车站总建筑面积4.98万平方米，其中站房面积1.58万平方米。有2层候车室，每层候车区域面积为2700平方米；车站

韶关东站火车站候车区　（韶关东站　供图）

售票厅设有 10 个售票窗口，自助售票机、自助取票机各 4 台；站台为 2 座岛式站台，共 6 条股道，分为 2 条正线和 4 条到发线；旅客可通过天桥从候车室通往站台，天桥设有升降电梯和自动扶梯各 2 部；从购票到候车、进站上车都设置无障碍通道，方便残疾旅客单独完成购票、候车、进站上车的流程；到站旅客可从位于站台中部偏北处的地道出站，并在出站广场的公交站处换乘。（原　帅）

【韶关东站】 2022 年，韶关东站隶属广州铁路局集团有限公司广深铁路股份有限公司广州车务段，为一等客货运站，地处广东省韶关市，下设客运、运转车间。其中，客运车间有客运员工 152 人，有客运管理人员 8 人，客运作业人员 144 人。车间设有 3 个客运班组（含售票、行李和上水）。车站办理客运营业、上水作业及行包业务等。韶关东站有 3 站台、4 个候车室、1 个重点旅客候车室，售票窗口 9 个，售票大厅设有自动取票机 8 台，自动售票机 5 台，挂靠本站的代售点 3 个。韶关东站为一等区段站，连接韶赣线，为多方向车站。运转车间负责韶关东一站两场所有的接发列车和调车作业。辖内有韶关东信号楼、韶关直通场信号楼，黄岗站、梅村站共 2 个班组站，全车间有职工 220 名，30 名管理人员，作业人员 190 人，其作业涵盖所有的 9 个行车工种。车间配属 3 台调车机，分为 3 个调车组，还有驼峰、减速顶作业，主要办理接发列车、调车作业、列车编组、列尾换挂、机车出入库等技术作业方面的工作。是年，韶关东站货运装车 8191 辆，卸车 2.98 万辆，解体列数 3116 列。（袁　丹）

航空

【概况】 2022 年，韶关市有开展民用航空服务的机构 1 个，为韶关丹霞机场。是年，完善丹霞机场建设，形成《韶关丹霞机场航线网络规划方案》，全年开通 7 条 13 个城市的航线，运送保障航班 1844 架次，旅客吞吐量 10.23 万人次，完善机场配套服务，为首乘旅客、特殊旅客制定一站式服务。（欧闻歌）

【航运线路】 2022 年，《韶关丹霞机场航线网络规划方案》形成。丹霞机场加大对客源结构、旅客需求的分析，调整航线航班计划，全年开通 7 条 13 个城市的航线，通达北京、上海、杭州、成都、重庆、南宁、昆明、西安、海口、南京、丽江、揭阳、湛江航点，总体形成以韶关为核心点，辐射华北、华东、西南、西北、中南五大区域，省外链接京津冀、长三角、成渝双城经济圈及海南自由贸易港，省内链接粤东、粤西、粤北区域联动的航线网络布局；运行保障航班 1844 架次，旅客吞吐量 10.23 万人次，强化与通用航空的业务合作，与英安、亚捷、南航、陕西精功等通用航空公司签订飞行地面保障协议，促进通用航空产业发展。

【机场服务管理】 2022 年，韶关丹霞机场深化“春风服•韶华行”服务品牌理念，提出“3 个一”（一问受理、一站服务、一管到底）全流程服务保障思路。为首乘旅客、特殊旅客制定一站式服务举措，确保旅客从进入航站楼到登机口，全程有人指引跟进；落实好“首问负责制”，做好旅客诉求和建议的收集和处置情况跟进；更新旅客乘机须知及安检注意事项，指引旅客出行，提高运行效率及服务品质。（冯旭娟）

【丹霞机场建设】 韶关丹霞机场建设用地面积 218.6 公顷。飞行区等级为 4C，是国内支线机场，韶关丹霞机场总投资概算 16.67 亿元，工程设计目标年为 2025 年，年旅客吞吐量为 100 万人次、货邮吞吐量 4000 吨、飞机起降 9500 架次。主要建设内容包括：对原有 2200 米跑道进行改造并

2022 年 8 月 5 日，由海南航空股份有限公司执飞的海口—韶关—沈阳航线正式开通。图为该航线旅客登机现场　（冯文健　摄）

2022年1月29日，韶关丹霞机场开通青岛⇄韶关⇄揭阳航线。图为旅客登机（韶关丹霞机场　供图）

延长至2800米，新建1塔台，新建航站楼1.33万平方米，新建8个C类机位的站坪（其中4个机位设登机廊桥）及相应联络道。

【全年开通7条13个城市的航线】 至2022年年底，韶关丹霞机场合作航司7家，运营航线8条通航城市13个。4月26日、27日，韶关丹霞机场开通两条航线，继续开拓市场，完善航线网络布局。其中，26日开通重庆——韶关——湛江航线，27日开通成都——韶关——福州航线。8月5日，韶关丹霞机场开通由海南航空股份有限公司执飞的海口——韶关——西安航线。8月6日，一架涂有鲲鹏标志的飞机降落在韶关丹霞机场跑道上，标志着由海南航空股份有限公司执飞的海口——韶关——沈阳航线正式开通。作为韶关招商引资和旅游产业发展的引擎，韶关丹霞机场在做好疫情防控的同时，争创国内一流旅游目的地机场。韶关丹霞机场自2021年11月27日通航至今，相继开通北京、上海、南宁、杭州、昆明、青岛、揭阳、重庆、湛江、成都、福州等11个旅游热门城市的航线。

（欧闻歌）

航道

【概况】 2022年，韶关辖区进出港船舶3.04万艘次，与上年基本持平；货物吞吐量539.51万吨，比2021年增长56.17%；全年安全载运旅客（游客）6.66万人次，比2021年下降70.25%。3月10日，韶关曲江海事处与英德海事处在英德签订“平安北江”联合执法行动协议，为水上交通安全搭建牢固的监管交流平台。全市内河航道通航里程386千米，其中等级航道256千米。广东省韶关航道事务中心辖区航道里程698千米。辖区内明确航道等级的航道428千米（含Ⅷ、Ⅸ级）。辖区内一线养护的航标总计221座，其中岸标68座，水标153座。维护二线航标136座（含桥柱标）、标灯320盏。各类航道维护工作船舶6艘。全年水运货运量3153.6万吨，下降14.6%；货物周转量70.69亿吨千米，下降12.5%。

【航道建设】 2022年，韶关航道事务中心承担锦江绿色航道项目前期研究、六合航道管理站场和码头工程建设管理等任务，配合北江航道扩能升级上延工程初步设计、赣粤运河深化研究。2月，锦江绿色航道项目工程可行性研究报告通过省交通运输厅评审，截至12月，工可阶段开展专题10个，验收3个专题，待验收2个专题，推进5个专题。6月，北江韶关六合航道管理站场和码头工程开工。9月，赣粤运河项目相关专题研究成果通过验收。

【航道养护】 2022年，韶关航道事务中心开展航道巡查、浅滩探测、水位站维护、水情观测、船舶密度观测、航道维护技术考核、节能减排等航道日常养护工作；做好三年滚动计划方案编报、船舶密度观测、航道维护标准复核调整、航道信息化建设和辖区航道应急抢通等重要养护措施工作；做好“6·13”特大洪水防汛工作，通过全体人员共同努力，人员、船舶、船闸安全，洪水损失降至最低；开展辖区航道保护范围划定；复核浈江、武江航道15座桥梁通航净空尺度；开展内河Ⅷ、Ⅸ级航道发展规划技术等级和现状技术等级调整工作；完成六合站场码头航段航道综合整治工程；自8月起，每月公布航道维护尺度。全年在航道养护专项经费方面投入50余万元，巡查航道里程7833千米，发布航道通告30次，航道维护水深年保证率100%。

2022年3月10日，韶关曲江海事处与英德海事处在英德签订“平安北江”联合执法行动协议（孟强　摄）

【航道技术服务】 2022年，广东省韶关航道事务中心开展航道监督检查技术服务工作，开展航道巡查、技术核查和航道保护等工作，加强涉航事项的巡查、监管和服务，就涉航项目开展航道技术核查，出具航道技术意见；开展辖区涉航事项的排查统计，加大协调监管力度，坚持每季度将有关情况上报省航道事务中心。全年完成航道专业技术意见复函38宗，现场技术核查49项次，告知涉嫌违法案件8宗，会同交通运输局开展执法协作联席会议2次。

【航道工程建设安全监管】 2022年，韶关航道事务中心组织开展风险隐患排查整治和以船舶碰撞桥梁隐患治理、通航建筑物运行安全治理为重点的安全生产专项整治行动，加强工程建设项目安全监管，做好防台、防汛和突发事件应急处置工作，落实新冠疫情防控各项措施，投入安全生产经费85万元，实现全年安全生产无事故的总目标。（何晓丽）

【航运企业管理】 2022年，韶关海事局开展航运公司安全与防污染检查33次，实现检查全覆盖，发现并整改安全与防污染缺陷183项，约谈船公司7次。发出安全管理建议书7份，处罚航运公司2家；组织开展航运公司安全管理体系审核工作3家次，开展船舶安全管理体系审核3次。

2022年12月21日，韶关港乌石综合交通枢纽一期工程港区开港运营
（韶关市交通运输局 供图）

【航标维护】 2022年，韶关航道事务中心开展辖区航标配布提质增效工作，完成浈江（湾头—周田）、锦江（锦江口—瑶山）、龙归河（龙归河口—鲤鱼村桥）重点标配布专项工程（二期），完成韶州大桥桥区水标接收工作，开展启用前航标配布检测、效能测试和优化；恢复航标，受“龙舟水”超50年一遇洪水侵袭，辖区航道内航标位移、侧翻、流失，航标损失严重，洪水过后，采用先北江后浈江、武江的策略逐步恢复辖区航标；航标优化调整，枯水期水位变化时，对北江濛浬二线船闸下引航道、北江阿婆洲航段航标进行优化调整。全年投入航标维护专项经费50.93万元，完成航标维护工程量13万座•天，航标维护正常率100%。

2022年11月17日，韶关航道事务中心举办航标工技能竞赛
（韶关航道事务中心 供图）

【船闸养护】 2022年，韶关航道事务中心做好濛浬、孟洲坝二线船闸试运行管理工作。做好北江船闸统一调度工作，派员到北江航道集控中心参加北江船闸联合调度。加强船闸社会公众服务，坚持船闸8小时外对外服务延时、“青年志愿岗”等便民服务。孟洲坝二线船闸创建“青年安全生产示范岗”，开展“青年文明号”创建工作。辖区船闸运行4999闸次，通过船舶6031艘次，通过货物570.2万吨，比2021年分别增长75%、145%、67%。货物种类主要为煤炭、矿物性建筑材料、金属矿石、钢铁、非金属矿石、碎石等。

【船舶养护】 2022年，韶关航道事务中心推进船舶养护管理，提高养护管理水平，建立健全粤标1509船养护规章制度；开展船舶操纵、设备使用、维护管理培训及船员岗位练兵暨业务能力评价活动；完成船舶生活污水防污染设施设备改造工作，处置洪水导致船舶故障，保障洪水期船舶的安全。全年船舶出航407航次，船舶使用累计2910.14小时，船舶耗油40.20吨，维修工程投资17.23万元，船舶完好率100%。（何晓丽）

【船舶污染防治】 2022年，韶关市内河港口建设完成船舶垃圾、码头油污水接收设施，生活污水接收设施码头覆盖率100%。2月，韶关市交通运输局印发《韶关市400总吨以下内河营运船舶水污染防治达标改造工作方案》，强制400总吨以下营运船舶配备船舶水污染存储或处理设施，严格审核新增400总吨以下船舶投入运营。截至5月下旬，全市56艘待改造船舶全部改造完成。年内韶关海事局联合船级社、市交通运输局开展400总吨水污染防治达标改造推进会议3次，督促船舶完成改造或采取等效替代措施140艘。利用配备的船用燃油快检检查仪器现场抽检32艘次，向第三方送检燃油及生活污水样品64艘次；查处船舶违法排放污染物1宗。（陈外出 周筱倩）

【船舶安全监督管理】 2022年，韶关海事局发布开展船舶安全检查149艘次，其中初查148艘次，复查149艘次，复查率100.07%，发现船舶缺陷732个，实施船舶滞留20艘次。疫情防控期间，实行“网上办、预约办、电话办、邮寄办、延期办”等便民服务。全年韶关市辖区登记注册船舶1357艘次，受理各类行政审批和服务事项6778件，其中，危险货物申报审批3608件，办理船舶国籍证书192艘次，船舶所有权登记88艘次。开展水上无线电整治专项行动，累计检查船舶200艘次，开展行政处罚6宗，处罚金额9600元，发放宣传册90余份。推动《韶关市乡镇自用船舶安全管理办法》颁布实施。明确农业农村部门为乡镇自用船舶安全主管单位，协助开展水上船舶违法行为专项整治。拆解或拖离上岸的“三无”船舶15艘，其中“三无”砂石船舶7艘、水泥住家船3艘、闲置船5艘。

【内河水上交通安全管理】 2022年，韶关市海事局完善船厂下水新船试航备案、监管措施；联合应急管理、工信等部门联合印发《关于公布韶关辖区船厂水域范围的通知》，规范船厂新船锚泊秩序。整治内河船涉海运输3艘，开展点验826艘次。开展“铁腕”行动，建立常态化集中检查工作机制，针对顽瘴痼疾开展专项执法；以水上交通安全专项整治三年行动“巩固提升年”为主线，开展船舶碰撞桥梁隐患治理、内河船涉海运输整治、商渔共治2022、中共二十大重点防护期监管等专项行动。实现监管水域“三零”目标，全年辖区水上交通安全形势持续稳定。全年为北江上延工程前期勘探施工项目、白土港建设、韶关港乌石综合枢纽一期工程建设、北江航道扩能升级工程浅点疏浚工程、丹霞大桥建设、市区桥梁风险隐患治理等项目提供海事服务。完成水上水下活动许可15宗，发布航行通（警）告68份；开展水上安全知识进校园活动2次，惠及师生家长1400余人次。韶关市海事局实施行政处罚68宗，处罚金额31.06万元。开展巡航349次，巡航里程2674海里，增加15.1%，夜航检查23次，巡航计划完成率100%。

【海事智慧监管】 2022年，韶关海事局推动设置智能卡口2个，购置流量流速仪2个；推进乌石港区、新港作业区智慧海事电子监管区建设。监控设备24小时在线，远程监管24小时不断。依托信息化平台对重点水域、重点船舶、重点时段设置水上斑马线、施工作业区、禁止超速区等监管模块，对发生违法违规行为的船舶实时报警，智管中心接报后与现场执法单元进行快速联动处置。

【水上应急搜救】 2022年6月，韶关海事局防御韶关50年一遇洪水，处置船厂3艘在建船舶走锚险情，防汛工作分别被广东海事局和韶关市委、市政府表彰肯定，与中国船级社韶关分社建立应急联动工作机制。修订完善防汛防台应急预案和水上交通突发事件应急预案，细化各级应急响应行动的具体举措和各部门的工作职责，健全应急预案体系。建立社会应急力量清单，建立水上突发事件应急机制，推动完成市应急预案修订。推动韶关市建立水上交通安全工作联席会议机制，并召开会议。

【船员管理】 2022年，韶关海事局组织开展船员考试32期，考试952人次，比2021年增长270.43%，发放船员适任证书524本，内河液化气燃料动力装置船培训合格证715本，船员考试监督检查率100%，完成船员履职检查146人次。

【韶关市举办“守护三江 善美韶关”水上突发事件应急演练】 2022年12月，韶关市在曲江区乌石镇乌石港区水域成功举办“守护三江 善美韶关”水上突发事件应急演练。此次演练是一次集消防、救生、污染处置、碰撞处置等多位一体的水上综合演

2022年12月2日，韶关市水上搜救分中心在乌石港区水域举办“守护三江 善美韶关”水上突发事件应急演练（梁倩 摄）

2022 年 4 月 14 日，韶关曲江海事处在乌石港水域开展现场巡航保障电煤运输 （李仲夏 摄）

练，参演船舶 20 余艘，参演人员 50 余人，共进行应急拖带、人命救助、船舶消防、水上溢油处置等科目演练。此次演练在寒潮大风天气下开展，活动模拟 1 艘运输船舶机舱着火失控，往下游自漂，危及下游桥梁建设项目安全，并在自漂过程中碰撞 1 艘港区待装卸锚泊船和 1 艘跨航道捕捞作业的渔船，造成 3 名人员落水和船舶溢油事故。演练现场，船员紧急拨打“12395”水上报警电话请求救援。接警后，韶关市水上搜救分中心迅速响应，按照应急预案要求上报事故情况，并协调船艇和无人机等力量开展救援，扑灭船舶明火、拖带遇险船舶前往安全水域、完成落水遇险人员救助和溢油应急处置。演练中，各参演队伍配合默契，完成各项演练科目，提升各单位应急处置及协同作战能力，推动新型装备和新技术在水上搜救工作中应用。此次演练由韶关市人民政府和广东省海上搜救中心主办，韶关市水上搜救分中心承办，韶关海事局、韶关市消防救援支队、水务局、广东省韶关航道事务中心等韶关市水上搜救分中心各成员单位联合协办，120 急救中心和部分港航企业等参加此次演练。水运经济逆势上扬，韶关港货运吞吐量同比上涨 40%。运输船舶碰撞、船舶溢油污染、商渔船碰撞等险情、事故发生概率也随之增加，韶关市水上搜救应急能力建设日益紧迫。面对水上交通安全监管的严峻形势，韶关市完善水上搜救工作机制，加强搜救能力建设，健全应急预案体系，提升基础保障能力，探索无人机、智能救生圈等新型搜救装备的应用，增强水上搜救能力，实现管理信息化、决策科学化、装备现代化、搜救立体化。 （周筱倩）

港口

【概况】 截至 2022 年年底，韶关港岸线 2469 米，建成泊位 66 个，其中正常使用泊位数 22 个，堆场 16.96 万平方米，堆场容积 74.5 万吨，年货物通过能力 1177 万吨。全年，全市水路货物周转量 70.69 亿吨千米，比 2021 年下降 12.5%。 （马汉平）

【港口建设与管理】 2022 年，韶关市 2 个港口项目建设完成投资 9.5 亿元。其中，广东省和韶关市重点工程项目乌石综合交通枢纽一期工程完成投资 3 亿元，12 月 2 日 8—12 日 5 个泊位建成投产，锚定建设“绿色智慧”港口、打造全国内河散货码头建设示范性标杆工程的目标。白土作业区一期工程完成投资 1.5 亿元，完成场地围蔽、项目部建设、陆域形成、地基处理等工作。 （马汉平）

【韶关港乌石综合交通枢纽一期工程正式投产运营】 2022 年，位于北江航道濛浬枢纽下游 2 千米处的韶关港乌石综合交通枢纽一期工程投产运营，以全市首个可停靠千吨级船舶的标准化码头，锚定建设“绿色智慧”港口、打造全国内河散货码头建设示范性标杆工程的目标，开启粤北山区韶关“江海直达”时代，全面提升“黄金水道”通航能力。水运比公路运输可节省 30% 左右的费用。“绿色智慧”的韶关港乌石综合交通枢纽一期工程，作为全省加快推进北江黄金水道扩能升级、促进内河航运发展建设的重要组成部分，实现“公路、铁路、水路”多式联运的水运物流服务，预计每年可为全市相关企业节约运输成本超 1 亿元。韶关港乌石综合交通枢纽一期工程，规划建设 8 个 1000 吨级散货码头泊位，设计达产年吞吐散货物量可达 540 万吨。该港口内的四连杆门座式起重机和悬臂斗轮堆取料机等均采用可自动化的业内先进设备，结合人工智能与互联网技术，布置 5G 专网、巡检机器人、智能地磅、智能堆场、智能监控和自动化设备等数字化、信息化、智慧化调度系统，提高港区效率。港区将应用防风抑尘网、智能喷淋等技术，实现堆场抑尘效率 90% 以上，主设备落料口及落料斗均设置高效除尘器，除尘效率 99%，设置污水处理站，实现废水污水零排放。 （马汉平）

【韶关市交通旅游投资集团有限公司】 韶关市交通旅游投资集团有限公司简称“市交旅集团”，运营二级全资子企业 8 户。截至 2022 年 12 月底，市交旅集团合并资产总额 48.23 亿元，合并所有者权益 20.61 亿元。2022 年，该公司累计实现营业收入 1.89 亿万元，累计实现营业成本 1.62 亿元，员工 2199 人，2022 年度实际完成投资 4.6 亿元，投资完成率 44.8%。2022 年，交旅集团在谋划及推进的项目有乌石港、白土港等北江流域韶关段港口建设运营项目、国家储备林建设项目、机场高速、丹霞山景区、帽子峰景区，实施河砂、矿产、建筑石料等资源类项目的开采开发及公园运营、“一机游韶关”、餐饮预制菜、旅游交通运输等业务。

（韶关市交旅集团）

水利

【概况】 2022年，北江干流综合治理工程项目拟新建堤防210.05千米、加固达标堤防292千米，估算投资100亿元。韶关市实施3宗中型水库除险加固工程，截至12月31日，泉坑水库除险加固工程完成主体工程建设，完成投资4089万元；横江水库和苍村水库除险加固工程均开工建设。韶关市31宗小型病险水库除险加固被列为2022年广东省十件民生实事之一。截至12月31日，31宗水库完成主体工程建设，完成工程形象进度9500万元。韶关市北江水系河段治理工程项目分5段（武水乐昌市段、武水浈江区段、浈水南雄市段、浈水始兴县段、滃江翁源县段），总投资2.8亿元。截至12月31日，浈水南雄市段、武水始兴县段开工建设。翁源县园洞水库工程及水源工程项目于2022年12月底开工建设。检测资质乙级审查完成首次认定2宗、变更1宗，完成5家企业在韶关市小额施工企业库入库工作。对翁源县泉坑水库除险加固工程、曲江区罗坑水库灌区续建配套与节水改造工程等重点水利工程进行质量安全生产检查并督促整改发现问题。完成182宗小型水库标准化建设，18宗水库、2宗水闸安全鉴定，263宗农村水电站安全生产标准化建设，降等报废水库3宗。市县两级审批91宗生产建设项目水土保持方案，核查生产项目83个。完成233宗省级图斑的复核工作；完成2022年度省水利厅下达韶关市的新增水土流失面积50平方千米治理任务；查处水土保持违法案件2件。全市巡查河道5.3万千米，立案查处水事违法行为31宗。完成农业水价综合改革面积2.8万公顷，10个县（市、区）均完成农业用水总量指标细化分解指标并发布相应的用水计划，全市颁发249份小型灌区取水许可证。468座水库落实专业化管护。开展行业监督体系向市县延伸试点工作，明确市县两级水利监督的领导方式和职责分工，解决好市县水利监督工作“谁来干”“干什么”“怎么干”的问题。

【水利项目改造加固】 2022年，北江干流综合治理工程项目拟新建堤防210.05千米、加固达标堤防292千米，估算投资100亿元，其中韶关段拟新建堤防总长37.57千米，达标加固堤防总长16.06千米，估算总投资29.69亿元。省水利厅确定由省北江流域管理局牵头，会同韶关市、清远市、肇庆市等市组织开展前期工作。韶关市实施3宗中型水库除险加固工程，截至12月31日，泉坑水库除险加固工程完成主体工程建设，完成投资4089万元；横江水库和苍村水库除险加固工程均开工建设。韶关市31宗小型病险水库除险加固被列为2022年广东省十件民生实事之一。截至12月31日，31宗水库完成主体工程建设，完成工程形象进度9500万元；33宗小型病险水库除险加固工程被列为2022年韶关市十件民生实事之一。截至12月31日，33宗水库全部完成主体工程建设，完成工程形象进度1.16亿元。韶关市北江水系河段治理工程项目分5段（武水乐昌市段、武水浈江区段、浈水南雄市段、浈水始兴县段、滃江翁源县段），规划治理堤（岸）长41.39千米，新建排水涵6座，总投资2.8亿元，计划2022—2024年完成。截至12月31日，浈水南雄市段、武水始兴县段开工建设。翁源县园洞水库工程及水源工程项目列入《广东省小型水库建设规划（2012—2020年）》、《韶关市水利发展“十三五”规划》和2021年度广东省重点工程，主要任务为通过园洞水库和跃进水库联合调蓄，解决翁源城区17.9万人的供水任务及原跃进水库723.33公顷耕地的灌溉任务，规划总投资2.92亿元。该项目于2021年4月16日立项，于2022年12月底开工建设。

【水利行业监管】 2022年，韶关市强化水利建设市场监督管理，检测资质乙级审查完成首次认定2宗、变更1宗，完成5家企业在韶关市小额施工企业库入库工作。开展水利建设工程质量监督工作，对翁源县泉坑水库除险加固工程、曲江区罗坑水库灌区续建配套与节水改造工程等重点水利工程进行质量安全生产检查并督促整改发现问题。强化水利工程安全运行监管，开展韶关市水利安全生产大检查行动、水利安全生产专项整治三年行动；完成182宗小型水库标准化建设、18宗水库和2宗水闸安全鉴定、263宗农村水电站安全生产标准化建设，降等报废水库3宗。强化水土保持监管，市县两级审批91宗生产建设项目水土保持方案，核查生产项目83个，开展执法巡查267次；完成233宗省级图斑的复核工作；完成2022年度省水利厅下达韶关市的新增水土流失面积50平方千米治理任务；打击水土保持违法行为，查处水土保持违法案件2件。强化水行政执法，全市巡查河道5.3万千米，立案查处水事违法行为31宗。

【水利改革创新】 2022年，韶关市完成农业水价综合改革面积2.8万公顷，10个县（市、区）均完成农业用水总量指标细化分解指标并发布相应的用水计划，全市颁发249份小型灌区取水许可证。加快推进小型水库专业化管护改革，468座水库分别以“政府购买服务”“以大带小”“区域集中管护”等模式落实专业化管护。开展行业监督体系向市县延伸试点工作。明确市县两级水利监督的领导方式和职责分工，建立监督队伍，梳理市县两级监督任务，根据监督事项明确各科（股）室和下属单位的监督职责，制订年度监督工作计划，统筹规范监督检查，推行清单式检查，解决好市县水利监督工作“谁来干”“干什么”“怎么干”的问题。 （刘　蔚）

城市建设

城市规划

【概况】 2022年，韶关市国土空间规划部门着重从加快构建国土空间规划体系提高国土空间治理水平、做好国土空间规划过渡期重大项目用地规模保障、完善自然资源事业“十四五”规划支撑自然资源高水平保护高效率利用等方面推进年度工作。完成“三区三线”（“三区”即农业、生态、城镇三个功能区，“三线”即永久基本农田、生态保护红线和城镇开发边界）划定启用。组织编制《韶关历史文化名城保护规划》通过专家评审，对标国家级历史文化名城创建要求，从加强市域系统性保护、历史城区整体性保护、历史文化名镇名村与传统村落层面特色性保护、历史文化街区与历史文化风貌区活力提升、文物古迹修缮活化、非物质文化遗产活态传承、其他文化遗产层面综合性保护7个方面着手，做到保护好固态、传承好活态、发展好业态。

【城镇空间规划】 2022年，韶关市实现城镇空间“再扩容”。到2035年，全市划定城镇开发边界406.69平方千米，开发边界内新增建设用地规模74.32平方千米，市辖三区划定开发边界面积197.17平方千米，新增建设用地规模36.44平方千米。新增用地重点投放韶关高新区、曲江新城、新丰广汽配套园等重点城市功能区和重大园区，推动中心城区、重大平台强核提质。利用“三区三线”划定契机，解决当前经济社会发展涉国土空间难点、卡点、堵点问题，研透政策、用好规则，将南岭国家公园开发项目、韶关丹霞机场高速、北江航道扩能升级上延工程等300余个项目2440公顷调出原永久基本农田，力争将合法矿业权、人工商品林、现状镇村、批用地等历史遗留问题711.31平方千米调出生态保护红线。

【历史文化保护规划】 2022年11月，韶关市组织编制《韶关历史文化名城保护规划》，对标国家级历史文化名城创建要求，从加强市域系统性保护、历史城区整体性保护、历史文化名镇名村与传统村落层面特色性保护、历史文化街区与历史文化风貌区活力提升、文物古迹修缮活化、非物质文化遗产活态传承、其他文化遗产层面综合性保护7个方面着手，做到保护好固态、传承好活态、发展好业态。12月6日，《韶关历史文化名城保护规划》通过专家评审。推动古驿道保护利用修复。截至2022年，韶关市争取获得南粤古驿道保护利用省级资金超过3亿元，开展梅关—乌迳古道、西京古道（乐昌段、乳源段）、丹霞古道、曲江古道等线路段修复，线路超过270千米，完善沿线标识、配套服务设施及节点建设。全年推进全面完成西京古道（乐昌段）2021年活化推广、西京古道重点线路（乳源段）活化利用（四期）、南粤古驿道曲江段保护修复与活化利用项目等省级专项资金工程实施和竣工验收，加快结算评审，巩固提升周边人居环境和配套设施，完善古驿道网络建设。

【道路桥梁】 2022年，韶关市市政管理中心对管辖范围内53座桥梁、6条隧道开展日常巡查和养护维修，完成年度市区桥梁、隧道常规定期检测工作，维护桥隧的良性运作。完成韶关市区桥梁通航安全风险隐患综合评估及整治。（杨伟剑）

市政公用事业

【概况】 2022年，韶关市市政管理中心对管辖范围内53座桥梁、6条隧道开展日常巡查和养护维修。至2022年底，韶关市有公交企业15家（含子公司、分公司），车辆742辆。市辖三区公交客运量3030.86万人次。市区全年城市生活污水收集率27.54%。全市新增县级以上雨水管网21.35千米，改造县级以上雨水管网27.79千米。全市城市（县城）生活污水处理率100%，其中市区污水处理率100%，县城平均生活污水处理率100%。韶关供电局城乡居民生活用电量25.85亿千瓦时，增长7.95%。韶关市城区（含新区、浈江区、武江区）景观照明各类灯具9万盏（支）；道路照明长度694.91千米，灯具5.74万盏，城市照明设施的亮灯率和完好率分别保持在98.7%和99.4%。韶关市照明管理中心完成9项接管道路照明项目，接管LED灯4707套，完成市区重要节点水晶灯、景观灯改造采购安装项目等改造项目。截至 2022 年 12 月 31 日，韶关市建成碧道 61.2 千米，完成投资 6600 万元。

2022 年 11 月 30 日，寒潮来袭，韶关供电局输电管理所工作人员使用无人机自主巡视查看塔上覆冰情况 （潘跃鹏 摄）

【公共交通】 截至 2022 年年底，韶关市有公交企业 15 家(含子公司、分公司)，车辆 742 辆，巡游出租车企业 4 家，车辆 203 辆(其中新能源巡游出租车 183 辆，CNG 出租车 10 辆，燃油出租车 10 辆)，市辖三区企业 1 家，车辆 150 辆。市辖三区有公交企业 5 家，车辆 503 辆(其中，城市公交车辆 368 辆，城乡公交车辆 135 辆)，公交线路 81 条(其中，城市公交线路 62 条，城乡公交线路 19 条)，公交线路覆盖城区主要干道，东至韶关学院、金沙生态园、仁化长坝村，南至曲江区马坝镇、南华寺、韶钢，西至武广韶关站、龙归镇，北至韶关监狱、明华韶关分公司。2022 年，市辖三区公交客运量 3030.86 万人次。（钟满芬 赵 洁）

【城市排水供水】 2022 年，韶关市新增县级以上雨水管网 21.35 千米，改造县级以上雨水管网 27.79 千米，新增抽排能力 800 立方米排水机器人 1 台。市水投集团拥有 5 间自来水厂，分别为韶州自来水厂、五里亭水厂、帽子峰水厂、西河一水厂和十里亭水厂。日供水能力达 45 万立方米。主水源为南水水库水，备用水源为武江河水。自 2021 年 6 月 18 日，南水水库正式通水后，韶州自来水厂为最大的主力水厂，日生产能力为 35 万吨；五里亭水厂日生产能力为 10 万吨；帽子峰水厂、西河一水厂和十里亭水厂停产。供水区域东至浈江区大塘路口，西至武江区龙归镇，南与曲江城区连通，北至浈江区犁市镇，服务人口约 74 万人。截至 2022 年 12 月，DN80 以上供水管道长度 1222 千米。市水投集团现运营 3 间污水处理厂，分别为韶关市第一污水处理厂有限公司、韶关市第四污水处理有限公司、韶关市第五污水处理厂有限公司。出水水质执行国家《城镇污水处理厂污染物排放标准》(GB 18918—2002)一级 A 标准及广东省地方标准《水污染物排放限值》(DB44/26-2001)第二类污染物最高允许排放浓度第二时段一级标准较严值排放，设计污水处理能力合计 9.5 万立方米 / 日。市水投集团下属韶关市科源水质检测有限公司占地面积 3600 平方米，可实现生活饮用水、污水、净水剂等检测项目 200 余项。拓展龙归镇供水管网运营管理业务。完成供水管网漏损控制信息化管理系统项目建设，实现移动 APP 抄表和巡检系统上线、呼叫中心热线系统上线，完成 1200 千米供水管线数据测量采集和入库，并接入现有的分区计量设备，实现部分片区漏损预警分析。完成微信营业厅升级建设，实现线上办理水质检测业务、欠费消息推送和停水通知推送等功能。市水投集团在全市有 5 个营业网点，缴费方式可以通过现金、银行代扣、微信公众号、支付宝等多种方式进行缴交水费，微信公众号可线上办理 13 项业务。推动《韶关市区生活饮用水二次供水管理办法》颁布实施，对市区 46 座二次供水加压泵房实施改造、新建并维护管理，提供二次供水蓄水池清洗、消毒、水质检测等服务，推进二次供水统建统管，实现城镇供水“从源头到龙头”的全过程统一管理。（杨伟剑 苏东平）

2022 年 11 月，韶关数据中心集群供水工程施工现场（市水投集团 供图）

【供电】 2022 年，韶关供电局城乡居民生活用电量 25.85 亿千瓦时，增长 7.95%。修编韶关市 2022 年有序用电方案，优化配置全市电力资源，保障全市用电需求。动员目标客户参与需求侧响应申报，7月、8月广东两轮启动需求侧响应，韶关供电局申报指标完成率和执行率全省第一。针对受疫情影响暂时出现生产经营困难的10千伏以下小微企业和个体工商户，落实用电“欠费不停供”措施。打造韶关市首批水电气共享营业厅，实现水电气一窗通办。推出电子合同签章、刷脸办电等系列便民服务。实现全网业内首个地市级台区地理可视化系统的全覆盖和实用化，平均缩短故障处理、客户服务时间30分钟。连续11年获得市政府公共服务满意度评价第一。（赵湘敏）

【供气】2022年，韶关市各县（市、区）完成燃气规划编制并印发实施。浈江区、武江区及南雄支线、始兴支线的“县县通工程”建设建成并实现通气。浈江区、武江区、南雄市、始兴县和翁源县完成由市属国企入股、参股实现管道气企业整合，淘汰部分水平低的企业。开展餐饮场所“瓶改管”试点推广工作。市住建管理局开展城镇燃气安全整治“百日行动”对企业端及用户端及管道的安全隐患进行排查整治，联合市场监管、商务、消防等部门开展联合行动打击非法经营行为。推动燃气企业投入资金，对居民燃气胶管、入户燃气管道、燃气立管防腐、超期燃气表等进行改造。完成全市餐饮场所安装燃气泄漏报警装置。完成9822户居民用户直排式热水器安全隐患整治工作。瓶装液化石油燃气经营企业的气瓶和充装设备完成智能化改造，建立气瓶充装质量安全追溯系统平台。

【城市照明】2022年，韶关市城区（含新区、浈江区、武江区）景观照明各类灯具9万盏（支）；道路照明长度694.91千米，灯具5.74万盏，城市照明设施的亮灯率和完好率分别保持在98.7%和99.4%。韶关市照明管理中心完成9项接管道路照明项目，接管LED灯4707套，完成市区重要节点水晶灯、景观灯改造采购安装项目等改造项目。春节、中秋、国庆前对解放路两侧绿化带路树及市区多处重要节点进行节日灯饰装饰。（杨伟剑）

【城市水利】2022年，市水投集团实施完成市委、市政府交办的重点项目。第一污水处理厂出水水质提标改造工程、武江支流十里亭段生态环境系统保护修复工程、市区三江两岸入河排口整治工程。推进韶关数据中心集群建设供水工程项目、韶关市中心城区污水管网建设和改造工程（一期）建设。完成武江区西河镇北片区农村安全饮用水工程、浈江区城郊（十里亭镇、新韶镇）农村安全饮用水保障工程。（苏东平）

【污水处理】2022年，韶关市推进城市小流域水环境整治，实施完成市区污水管网建设与提升首期项目、市区三江六岸排口整治项目、武江支流十里亭段生态环境系统保护修复工程项目。韶关市区全年城市生活污水收集率27.54%，污水处理厂进水五日生化需氧量平均浓度为每升31.32毫克。新建翁源罗坑水污水处理厂（0.5万吨/日），扩建乳源瑶族自治县污水处理厂（1.5万吨/日扩建为3万吨/日）、乐昌市坪石镇雅鲁污水处理厂（1万吨/日扩建为2万吨/日），投入运营的镇级生活污水处理厂100座，总处理能力60.68万吨/日。新增县级以上污水管网172.97千米，改造城镇老旧污水管网40.42千米。新增镇级污水管网154.63千米，超额完成新增镇级配套管网建设任务。全市城市（县城）生活污水处理率100%，其中市区污水处理率100%，县城平均生活污水处理率100%。全市86座乡镇污水处理厂污水处理率89.5%。

【碧道建设】2022年，韶关市被列入广东省碧道建设任务清单共13宗碧道建设项目合计60千米。截至2022年12月31日，韶关市建成碧道61.2千米，完成投资6600万元。4月3日，广东省河长办公布2020—2021年度万里碧道建设激励名单，韶关市武江区、仁化县名列其中，各获得1000万元奖励资金。

【园林绿化】2022年，韶关市建成区绿化覆盖率43.19%、绿地率43.18%，市区绿地养护经费投入3180万元。补植苗木、草皮及绿地整治13公顷，修剪市区行道树8840棵（其中处理危树213棵），修剪公园绿地苗木2.14万株。加强病虫害防治，消杀松毛虫、重阳木棉斑蛾、白蚁、红火蚁、樟巢螟等病虫害。韶关市推进城市园林管理考评，以考评促发展。开展绿地红火蚁防治、行道树科学修剪培训活动，深化城市园林精细化管理。公园受强降雨影响，洪涝、地质灾害严重。公园管理单位完成公园灾后修复重建工作，完成中大型山体滑坡修复60余处，清理道路边坡坍塌土方4.0万立方米，抢修交通中断道路6条。11月30日，《韶关市市区公共绿地管理规定》修订并发布实施，明确公共绿地的管理范围及各有关方面在公共绿地使用管理上的责任。韶关市区实施公园景观提升项目，包括张九龄纪念公园附属配套设施项目（二期）、拾贝湖环湖绿化项目（二期）、芙蓉山国家矿山公园园林景观绿化提升改造项目、曲江区滨江公园项目等，新增公园绿地10公顷，完善公园景观亭廊、休憩平台、公厕、照明等配套设施。推进“五小”（小公园、小广场、小运动场、小停车场、小菜市场建设）项目，小公园、小绿地建设改造项目11个，建设改造面积1.5公顷。实施武江区沐阳路绿化修复及改造提升工程，修复改造绿地面积2.8公顷，项目投资800万元。韶关市区摆放节庆时花6次，时花37.8万株，花卉以红粉菊、一串红、天竺葵、郁金香、四季海棠、瓜叶菊等为主。打造“四季有花”园林景观，营造春节、国庆等节日喜庆祥和节日氛围。韶关市以“点、线、面”统筹推进城乡绿化，建成区绿化覆盖面积5427.67公顷，较上一年新增绿化覆盖面积190公顷。全市年度参加义务植树总人数163.53万人，折合义务植树总株数600.81万株，义务植树尽责率93.03%。韶关市古树名木系统现入库古树名木计43科86属139种，共8416株。其中，一级古树196株、占总数的2.3%，二级古树1110株、

古树——乐昌市贝兴村樟树王(2022 年)　　（市林业局　供图）

占总数的 13.1%，三级古树 7110 株、占总数的 84.6%；全市上千年的古树有 15 株，最为出名的就是乐昌市长来镇贝兴村的“千年樟树王”(1300 年)；古树数量排名前五的科为樟科 2285 株，金缕梅科 1048 株，桑科 760 株，银杏科 657 株，山茶科 647 株。乡村的古树资源最为丰富，数量为 8287 株，占总株数的 98%，分布在城市的古树有 164 株，占总数的 2%；古树数量占据前三名的是南雄市 2089 株，其次是始兴县 1527 株、乐昌市 1469 株。截至 2022 年年底，基本完成全市 106 个乡镇入库 8416 株古树名木挂牌保护，落实“一树一档”管理制度。全市新增补充调查古树 416 株，包括樟、雅榕、枫香、红锥、大叶苦柯、女贞等树种。

【餐饮场所“瓶改管”试点】 2022 年，韶关市住房和城乡建设管理局结合韶关市实际，制定推动韶关市区范围内餐饮场所使用瓶装液化石油气转换为管道天然气实施方案。到 2022 年底，浈江区东河街道、车站街道、风采街道、乐园镇，以及武江区新华街道、惠民街道、西河镇在管道天然气覆盖范围内的餐饮场所管道天然气使用率达到 80% 以上，,2023 年底完成全部“瓶改管”工作，基本完成城区符合条件的各类餐饮场所全部使用管道天然气。本次“瓶改管”工作的实施范围为浈江区、武江区及周边乡镇天然气管网覆盖范围内，使用瓶装液化石油气的各类餐饮场所，符合天然气管道加装条件的，原则上全部改为使用管道天然气，曲江区以及其他各县(市)待“县县通工程”通达，后续具备相关条件后，推行餐饮行业“瓶改管工程”。方案明确，严格执行广东省人民政府办公厅《转发省发展改革委等部门关于清理规范城镇供水供电供气行业收费促进行业高质量发展实施方案的通知》《关于印发韶关市贯彻落实清理规范城镇供水供电供气行业收费促进行业高质量发展的意见的通知》文件精神，规范供气行业收费行为，并在此基础上结合我市经济发展实际情况，合理加大优惠力度。

【“获得电力”服务】 2022 年，韶关市以“易快好省”四个举措为标准，提升电力服务水平与供电可靠性，推动用电营商环境持续优化，争创国内一流用电营商环境。韶关供电局从讲政治的高度、以解难题的力度、用惠民生的温度，提升用户“获得电力”体验。经过各相关单位、企业的推进，用户办电更易取得四个方面的进展：精准破解充电桩进小区这一社会共性难题，全市近 2000 名新能源车主获益；创新打造水电气网共享营业厅，实现“水、气、网”业务“一链办理”；推出“信用 + 供电服务”信用办电报装服务，以信用报告代替物业权属证明，提升守信用主体办电便捷度；电力外线审批由 5 个工作日压缩至 2 个工作日，并对全市 18 个重点园区中压电力外线工程免审批。韶关市加强并深化政企联动，韶关供电局主动对接市发改局、市自然资源局等市直部门，实时获取政府招商、土地出让、规划许可等政务信息，编制汇总成韶关市重点项目供电服务保障清单，打造“主动办电”新模式，保障客户用电“快接早供”。收集潜在用电需求项目 208 宗，容量 135.66 万千伏安，其中，在途项目 97 宗，已同步做好综合管廊、电力搬迁、配套项目准备，已完成送电 35 宗，实现接电服务从“项目等电用”到“电等项目来”的转变。韶关供电局以“不停电、少停电、快复电”全力提升客户“获得电力”满意度，打造客户的贴心“电保姆”。截至 2022 年年底，智能电网囊括多个“全国首次”，即全国首次将倾斜摄影建模技术运用到电力行业；全国率先完成全域 5000 千米输电线路、全国首个实现配网建模全覆盖的地市供电局……签订可靠性管制协议，推动供电可靠性提升，与 2021 年相比，2022 年停电时间同比下降 34.46%，停电频率同比下降 23.88%，下降幅度全省第六；创新推动警电联动举措，防止外力破坏电力设施，为建设“安全电网”打下坚实的基础。韶关市开展清理规范转供电加价环节工作，做好电价政策宣传，转供电主体户数从 141 家下降至 122 家，“转改直”19 家企业。印发《韶关市开展涉企违规收费专项整治行动方案》，开展非电网直供电调研摸排工作。经查实转供电加价案件 3 宗，合计清退多收金额 20.73 万元。2022 年韶关市工商业电价比珠三角地区便宜 0.138 元 / 千瓦时，电力成本优势极为明显。(钟杰华　周　笑)

城市更新

【概况】 2022 年，韶关市推进城市更新，完成韶州体育中心建设、芙蓉山拾贝湖周边环境改造提升，开工改造老旧小区 132 个，新增公园绿地面积 3.1 万平方米。芙蓉北环山路、教育路、韶关高新区宝园路等城市交通“毛细血管”建成通车，水电气供应、垃圾分类、污水处理等一批基础设施补短板项目落地建设。

2022 年 6 月 11 日，韶州体育公园建成投入使用　　（市代建局　供图）

【“439”县城品质提升三年行动】 2022 年，韶关市经过 3 年的整治提升，“439”县城品质提升三年行动行动全面完成。全市完成项目 307 个，各县（市）城区整体面貌得到提升。7 个县市均完成环卫市场化改革，增加环卫设施，通过推进“人机结合”清扫模式，对城区内生活垃圾进行清运，做到日产日清，清运率 100%。推动配套污水管网建设，县城污水处理率 90% 以上，实现县级生活污水处理设施全覆盖。各县（市）对“乱摆卖”“乱堆放”“乱张贴”等六乱行为开展集中整治，发出整改通知书 1410 份，整治六乱行为 2732 宗。

【老旧小区改造】 2022 年，韶关市推进 199 个老旧小区改造开工建设。韶关市政府将“实施市区 100 个老旧小区改造”列入为民办实事项目中。在完成 2021 年开工改造的老旧小区方面，年末已有 49 个小区完工（浈江区 11 个、武江区 24 个、曲江区 14 个），涉及居民 5395 户，楼栋 218 栋，建筑面积 48.41 万平方米。3 月 10 日，印发《2022 年实施市区 100 个老旧小区改造市民生实事项目工作方案》；3 月 23 日，印发《关于扎实推进 2022 年韶关市城镇老旧小区改造工作的通知》，延续往年的改造政策，在明确工作目标的同时指导各区（县、市）开展城镇老旧小区改造工作。韶关市区分 4 批公布各区确认的 83 个老旧小区改造名单（浈江区 18 个、武江区 55 个、曲江区 10 个），在年末全部开工，超额完成韶关市政府为民办实事项目。

【棚户区改造】 2022 年 11 月，韶关市棚改办、市住房保障中心、武江区棚改办召开关于 2019—2022 年韶关市区棚户区改造土地收储实施计划表进展的会议，研究讨论棚户区改造安置进展和存在问题。是年，韶关市棚改安置房分配 295 户，其中，原曲仁矿棚改分配 10 户，市区棚改分配 202 户，广晟驻韶关的企业棚改分配 83 户。办理不动产证登记证 1355 本，累计办证 3125 本。其中，原曲仁矿棚改 1196 本，市区棚改 1929 本。

【道路改造】 2022 年，韶关市推进韶关市城区老旧道路提升改造，完成西堤中路人行道维修工程，聆韶路、园前路等人行道维修工程，启明北人行道维修工程，兴隆市场旁漂布塘路面破损维修工程，浈江中路人行道维修工程，武江区嘉盛苑周边道路改造工程，吉祥路道路及人行道改造工程，沙洲路及周边道路改造工程，新华北路道路改造工程，新华北路人行道改造工程（金碧园至茶叶大厦段），新津路道路提升改造工程，红玫路（卷烟厂至新华南路段）道路改造提升工程，如意路提升改造工程，武江区城区街巷道路及配套设施改造工程（一期）14 个市政设施整治提升工程，修复提升主次干道沥青路面 6.2 万平方米、人行道 4 万平方米、整治井盖 1288 个。芙蓉新城滨江路（第一标段）景观桥工程竣工，完善芙蓉新城的交通骨架网络及基础设施条件，改善芙蓉新城的投资环境，促进新城区域的发展。韶关市第三污水处理厂工程 PPP 项目完工，解决周边居民生产、生活污水排放问题。韶关大道南人行天桥工程、丹霞大道中人行天桥工程、芙蓉新城珠玑路工程、百旺路扩建工程、滨江路第二标段工程、芙蓉新城 22 号路北段工程等六处市政建设工程开工，正在推进施工建设。

2022 年 5 月 19 日，韶关城投集团举行庆祝广东韶关数据产业投资发展有限公司成立仪式　　（夏竹　摄）

2022 年 6 月 26 日，芙蓉新城新貌(韶关大道段)　　（肖颖琳　摄）

【政府投资项目建设】 2022 年，韶关市代建局承担政府投资建设项目 30 个，其中省市重点项目 8 个，前期项目 7 个，在建项目 13 个，建成项目 10 个，完成固定资产投资 9 亿元，固定资产投资目标完成率 117.7%。获得各级工程类奖项 6 项。韶关市代建局全年共召开安全生产工作领导小组会议 4 次，开展安全生产大检查 7 次，在建项目全部安全度汛，3 个项目通过韶关市房屋市政工程安全生产文明施工示范工地评审。开展农民工工资专项检查 4 次，丹霞大桥、广东韶关健康职业学院项目、韶关市中医院（原广东韶州人民医院）建设项目 3 个项目被评为“保障农民工工资支付工作示范点”。全年完成项目招标采购 11 次，其中施工招标 5 次，服务类招标 4 次，政府采购 2 次；完成参建单位选取交易 72 次，其中在广东省网上中介服务超市完成选取交易 26 次，在韶关市网上中介服务超市完成选取交易 46 次。（赖少颖）

【城市投资发展】 2022 年，韶关市城市投资发展集团有限公司（以下简称“韶关城投集团”）组建数投公司作为韶关市大数据产业引导和孵化平台。截至 2022 年 12 月末，韶关城投集团设 7 个职能部门，拥有全资子公司 15 家、控股子公司 3 家、参股子公司 18 家（含有限合伙）。总资产 119.99 亿元，资产负债率 61.97%，全年实现营业收入 17.11 亿元，净利润 1.86 亿元，上缴各项税费 8981 万元，上缴国资收益 1.4 亿元。成立市工程质量检测有限公司，成立广东韶关数据产业投资发展有限公司。成为朗科公司实际控制人，打造韶关市第一家由市属国有企业控股的上市公司。取得乳源瑶族自治县整县屋顶光伏开发权。完成韶源发展基金和鸿数大数据产业基金的设立。承接韶关数据中心集群浈江片区基础设施建设工程代建项目，成为韶关市首个实现数据集群建设与产业项目招商同步落地项目。成为韶关市城市智慧停车项目经营主体。优化金融集聚区（一期）项目，实现动工建设。引入第四代住房建筑开发思路，开辟集团 11.93 公顷土地开发新路径。城投商务大厦吸引烟草科学研究所、市规划设计院、中铁集团等多家优质企业进驻，项目整体去化率 53.29%，上升 20.68%，全年实现租金收入 1100 万元。紧盯 67 项政府划入资产做大做强国有企业的目标，完成过户 25 项，价值 1 亿元，通过优化资源配置实现企业融资 4.3 亿元，22 项资产投入运营。

韶关市金财投资集团有限公司简称“金财集团”，注册资金 4.27 亿元。金财集团总部内设 9 个部（室），辖管公司 34 家。2022 年，金财集团集团资产总额 20 亿元、净资产 12 亿元，资产负债率 39.94%。全年实现营业收入 1.35 亿元、利润 1602 万元。成垦造水田 24 个项目立项，概算总投资 5.56 亿元，建设规模 542.33 公顷；通过县级验收项目 5 个，面积 100.87 公顷（含 3 个通过市级验收的项目）；在施工项目 9 个，面积 167.85 公顷；完成投资 1.75 亿元。金财集团牵头，联合中石化及山东水发集团代表组成联合体，中标翁源县及乳源瑶族自治县管道天然气特许经营权。金财集团在翁源县注册成立粤北城市燃气（翁源）有限公司，在乳源瑶族自治县注册成立粤北城市燃气（乳源）有限公司，作为当地管道天然气特许经营项目建设运营主体。金财集团整合曲江区、乳源瑶族自治县、翁源县三地天然气门户站及城燃管网建设项目为韶关市管道天然气项目，总投资 5.5 亿元。乳源瑶族自治县 7 千米中压管网建设工程及曲江区、翁源县、乳源瑶族自治县三

2022 年 12 月 28 日，韶关城投集团与相关单位组织举行韶关金融集聚区（一期）项目开工仪式　　（余进辉　摄）

地的天然气门户站建设工程动工建设。金财集团推进乳源瑶族自治县、翁源县城燃管网的投资建设。接收粮食和物资储备保障公司，吸收韶州农业公司股权。粮储公司实施韶关市粮油应急储备仓房项目。完成全市管道天然气建设及运营项目公司的设立及变更工作，成立县(市、区)级项目公司，在确保平台公司及属地国有企业原则上持股不低于35%的前提下，在县属地组建合资合作公司，市、县企业根据股权比例共享分配公司收益。截至2022年年底，金舜公司投建充电站147个，充电桩613台，充电枪736支。与广东储备局合作成立韶关国储石化公司，以增资扩股方式引进昊坤国际贸易有限公司，共同开展开发成品油批发、加油终端销售等相关业务。代表市政府出资，通过土地作价入股“南方(韶关)智能网联新能源汽车试验中心项目”。金财集团完成实缴出资3000万元（含代新丰县政府出资1000万元)。剩余未实缴出资部分股权将依广汽集团意见转让给广东省检验检测认证研究院集团有限公司。出资参与设立韶关前海熙正产业发展基金企业(有限合伙)，募集资金8.5亿元投资东阳光集团药研板块公司。入股新丰农商行，投资3960万元，持有9.96%股权。设立金财小额贷公司，自成立以来小额贷公司累计实现利润总额5579万元，金财小额贷公司被评为2021年度“楷模”监管评级BB级。

【韶关市第三污水处理厂完工】 2022年6月24日，韶关市第三污水处理厂工程PPP项目顺利通过竣工验收。韶关市第三污水处理厂工程PPP项目是广东省政府、韶关市政府督办的环保工程、民生工程，包含新建一座污水日处理规模7万吨的污水处理厂及配套过江管网。自2019年11月开工以来，源天公司基础三分公司组织策划，狠抓安全生产、工程质量和进度，分别在2020年12月28日实现通水、2021年7月20日完成厂区完工验收等重要节点目标，并相继完成环保、节能、防雷、规划、消防等各项专项验收。韶关市第三污水处理厂工程PPP项目如期建成运行，将有效解决韶关东河片区和韶南大道片区生活污水处理能力不足的问题。(周　彦)

城市管理

【概况】 2022年，在2022年度县(市)市容和环卫工作综合考核中，南雄市、仁化县成绩较好。在2022年度城市管理综合检查考评中，浈江区得分90.98分，武江区得分90.78分，曲江区得分91.35分。韶关市更换及新增1.42万个垃圾桶。每天出动环卫工人7900余人次进行人工保洁，出动环卫机械车辆924台进行机械化保洁，清运处理垃圾79.8万吨。普查户外广告牌2026处、1.75万平方米，集中清理整治未经审批设置的及存在一定安全隐患的户外广告200余处。市区日收运垃圾量850吨，514台在使用的环卫机械车辆。韶关市县级生活垃圾填埋场（焚烧厂）总设计处理能力每天2163吨。强化建筑垃圾运输行政许可工作，许可49宗。对市区29家建筑垃圾运输企业进行考核，对268台运输车辆进行车容车貌检查。对发现建筑垃圾的违法违规行为予以立案处罚9宗。全年全市治理违建74.4万平方米，完成市任务目标的140.17%(市目标量53.08万平方米)，完成省下达任务目标的322.36%(省目标量23.08万平方米)。全市10个县(市、区)完成土地收储755.53公顷，保障供应大数据中心、亚琦商贸物流、中农联批发市场等重点项目7个地块合计32.07公顷土地。经过3年的整治提升，“439”县城品质提升三年行动行动全面完成。全市完成项目307个，各县(市)城区整体面貌得到提升。7个县(市)均完成环卫市场化改革，对城区内生活垃圾进行清运，清运率100%。县城污水处理率90%以上，实现县级生活污水处理设施全覆盖。

【城市管理检查考核】 2022年，韶关市住房和城乡建设管理局每月一次到各县(市)城区和被抽检乡镇实地检查，结合各县(市)常态化工作自评、控违拆违完成任务及“439”“139”专项提升等工作落实情况，形成月度考核综合成绩，通报至各县(市)政府，抄报四套班子等部门。在2022年度县(市)市容和环卫工作综合考核中，南雄市、仁化县成绩较好。韶关市城市管理考评工作联席会议办公室每月一次到各区开展一次城市管理工作明检，形成月度反馈、季度通报、年度通报。考核成绩通报至各区政府，抄报韶关市四套班子等部门。在2022年度城市管理综合检查考评中，浈江区得分90.98分，武江区得分90.78分，曲江区得分91.35分。

【城市市容综合管理】 2022年，韶关市更换及新增1.42万个垃圾桶，优化清扫保洁及环卫作业车辆作业时间，做到每天对主次干道进行不少于2次洒水作业。通过使用高压清洗车、扫路车、雾炮车、垃圾压缩车、洒水车等在内的车辆，采用环卫机械“吸、洗、扫、冲、刷”的形式，实现机械清扫从横面到立面的全覆盖。对城市公厕实行定时消毒、除臭。每天出动环卫工人7900余人次进行人工保洁，出动环卫机械车辆924辆进行机械化保洁，清运处理垃圾79.8万吨。

【户外广告管理】 2022年8月，韶关市对全市户外广告设施设置情况进行一次全面普查，普查户外广告牌2026处、1.75万平方米，集中清理整治未经审批设置的及存在一定安全隐患的户外广告200余处。韶关市加强汛期广告招牌安全隐患排查整治，督促指导各县(市、区)做好相关工作，全市出动1325人次，排查整治安全隐患24处，面积2827平方米。

【环境卫生管理】 2022年，韶关市区实行环卫市场化后，服务内容包括生活垃圾及园林绿化垃圾清扫保洁，“牛皮癣”清除、公厕管理、垃圾中转站管理、河面打捞、垃圾分类试点推广、智慧环卫系统运营、环卫应急作业。市区有清扫保洁覆盖面积1320万平方米，3444条保洁主次干道，19座运营的垃圾中转站，日收运垃圾量850吨，514台在使用的环卫机械车辆。市区新购置密闭型运输车 15 辆，升级改造非密闭型运输车 9 辆。

【垃圾处理管理】 2022 年，韶关市县级生活垃圾填埋场（焚烧厂）总设计处理能力每天 2163 吨，其中县级生活垃圾填埋场建有 8 座，设计处理能力每天 763 吨，渗滤液总处理能力每天 1395 吨。市区、乐昌循环经济环保园（垃圾焚烧）项目和台泥垃圾焚烧项目处理能力分别为每天 700 吨、每天 500 吨、每天 200 吨，产生飞灰量每天 40 吨，均运至填埋场临时堆放贮存。开展填埋场（焚烧厂）检查 3 次，开展不定期检查 11 次，对发现的填埋场渗滤液运营处理不规范，无维护记录，垃圾裸露面大、堆体过高、稳定性差、出水流量计异常、设备残旧的问题进行通报，督促指导各县（市）整改问题 22 处。强化建筑垃圾运输行政许可工作，许可 49 宗，发布《每日渣土处置综合信息》293 份。建立和完善优胜劣汰的竞争机制和市场退出机制，对市区 29 家建筑垃圾运输企业进行考核，对 268 台运输车辆进行车容车貌检查。

【城市管理综合行政执法】 2022 年，韶关市加大对在建工地和市区主次干道的巡查执法力度，重点抓好建筑垃圾运输车辆未经冲洗带泥驶入路面、未密闭运输、运输沿途撒漏污染路面，建筑垃圾未经核准擅自运输、堆放、排放和消纳等现象的执法管理，对发现的违法违规行为予以立案处罚 9 宗。10 月 5 日，制订印发《深入开展严格规范城市管理执法行为专项行动工作方案》，组织各县（市、区）开展严格规范城市管理执法行为专项行动，加强城市管理执法队伍建设。印发《韶关市辖三区及县（市）违法建筑规范治理工作方案》，重点明确任务目标、治理范围及具体措施。7 月，韶关市住房和城乡建设管理局联合韶关市自然资源局、韶关市农业农村局对市辖三区开展督导检查，发布市辖三区及县（市）上半年违法建筑规范治理督导检查情况通报。研究制订精准拆除违法建筑攻坚行动计划，于 11 月组织实施。全年全市治理违建 74.4 万平方米，完成市任务目标的 140.17%（市目标量 53.08 万平方米），完成省下达任务目标的 322.36%（省目标量 23.08 万平方米）。

【房屋征收】 2022 年，韶关市围绕土地和房屋征收先后开展建章立制、服务一线和化解历史问题等系列工作。对 2016 年以来出台的土地收储、征收相关政策、制度文件进行梳理，推进“立改废释”，先后拟定印发《韶关市浈江区、武江区国有土地上房屋征收与补偿实施办法（暂行）》《市本级政府储备土地管护工作指引》《韶关市本级土地储备资金使用工作指引》《韶关市浈江区、武江区集体土地和国有土地上房屋征收工作指南》等一批政策、制度文件；抽选精干力量组建土地收储工作专班，依托“下沉一线”，为各县（市、区）收储工作提供政策指导和技术支持。组织开展历史留用地解决专项行动，查证留用地底数，梳理形成留用地分批分步计划，推动开展留用地折算货币补偿标准制定工作，梳理出一批留用地，上报市政府落实。全市 10 个县（市、区）完成土地收储 755.53 公顷，保障一大批优势产业和重大产业项目落地建设，其中，保障供应大数据中心、亚琦商贸物流、中农联批发市场等重点项目 7 个地块合计 32.07 公顷土地，成交金额 4.8 亿元。

【“439”县城品质提升三年行动】 2022 年，韶关市经过 3 年的整治提升，“439”县城品质提升三年行动全面完成。全市完成项目 307 个，各县（市）城区整体面貌得到提升。7 个县市均完成环卫市场化改革，增加环卫设施，通过推进“人机结合”清扫模式，对城区内生活垃圾进行清运，做到日产日清，清运率 100%。推动配套污水管网建设，县城污水处理率 90% 以上，实现县级生活污水处理设施全覆盖。各县（市）对“乱摆卖”“乱堆放”“乱张贴”等六乱行为开展集中整治，发出整改通知书 1410 份，整治六乱行为 2732 宗。

【历史留用地解决专项行动】 2022 年以来，韶关市自然资源局从直面问题、解决问题和防范问题等 3 个环节，建立健全一批解决历史遗留问题的规章制度，全面梳理、系统谋划和加快推进一批历史遗留问题处置工作，集中突破一批重点涉企业运营、产业发展和民生福祉的困局难题。制定自 4 月开始按季度分 4 批次开展的 2022 年度处置计划。解决一批民生类、企业类项目历史遗留问题共 30 项，其中企业服务类 16 项、投资建设类 5 项、民生保障类 9 项。解决大塘安置区不动产登记证办理问题，惠及 100 余户居民；指导广东君浦金属五金制品有限公司规范发展用地开发建设。在处理个案的同时，韶关自然资源局针对同类问题，深入剖析、系统研究，从制度优化或重构方面规范处置，出台 4 个方面 10 多项制度。针对征收类问题，建立“3+1”工作组团方式开展征拆，成立市辖三区征拆攻坚组等，积极对接属地政府指导、协助解决相关权属争议、征拆瓶颈问题和优化置换方案等措施予以推进解决。针对土地类问题，通过优化政策文件、全面梳理用地现状和主动服务企业、试行指标化留用地管理等措施予以解决。针对规划类问题，按照影响规划验收问题分别采取建设单位整改、规划现状认定、补办报建手续、移交城管处罚等措施予以解决。针对不动产登记手续办理类问题，出台《关于处理不动产登记历史遗留若干问题的意见》《韶关市国有建设用地使用权分割合并工作指引（暂行）》等政策推进解决。强化一案一策跟踪督办，加大分类分步推进问题处置力度，落实台账每月更新管理和办结动态销号机制，运用工作专班和定期协调调度机制，指定专人跟进问题处置，深入与企业对接协调，找到政府依法依规和企业发展利益最大公约数，针对历史遗留问题加快制定化解方案和推进集中攻坚处置。加强规范治理合力，推进规划选址、土地收储、开发利用、供地批地、批后监管等方面改革创新和制度完善，强化对新建项目和在建项目的指导，定期协助企业办理相关用地、规划验收等审批手续办理。（杨伟剑）

脱贫攻坚成果巩固拓展

【概况】 2022年，韶关市各级各部门和上级帮扶单位、对口帮扶东莞市聚焦“四个不摘”（摘帽不摘责任、摘帽不摘政策、摘帽不摘帮扶和摘帽不摘监管）要求和巩固拓展脱贫攻坚成果，压紧压实各级党委政府主体责任，确保“两不愁三保障”及饮水安全保障水平巩固提升。截至2022年年底，全市3.24万户8.28万名脱贫人口排查监测对象59户217人，实现风险消除119户306人；全市有劳力脱贫户人均可支配收入2.28万元，比2021年增长8.9%，高于全省农村居民人均可支配收入增速3.1个百分点。全年全市落实中央衔接推进乡村振兴补助资金5006万元，创建镇村两级强镇富村公司143个，投入运营乡村振兴车间88间，实施产业帮扶到户项目收益1.15亿元、消费帮扶农特产品金额2.49亿元，分别带动9366户、7690户脱贫户增产增收。韶关市《“三个聚焦”筑牢因灾返贫“防火墙”》典型经验被《广东每日汇报》刊发，并在全省推广；在2022年广东省优秀乡村振兴调研报告和优秀镇域乡村振兴规划评选中，16个乡镇获20个奖项，获奖数量排名全省第一；入选全国第一批金融服务乡村振兴创新示范区，为全国10个、广东省唯一入选地区；创建乡村振兴车间的有效做法入选全国巩固拓展脱贫攻坚成果同乡村振兴有效衔接成果展。

2022年5月25日，韶关银保监分局联合韶关市农业农村局、金融局、人行韶关中支召开韶关市创建金融服务乡村振兴创新示范区工作推进会

（韶关银保监分局　供图）

【防返贫监测及帮扶】 2022年，韶关市以“三个强化”“三个坚持”“三个构建”的“三个三”做法，开展防返贫监测和帮扶工作，该做法在全省防止返贫监测和帮扶工作专题视频调度会议上作先进典型发言。“三个强化”实现应纳尽纳。强化遍访排查、数据比对和政策宣传，确保第一时间识别有返贫风险脱贫户并100%纳入监测。坚持产业帮扶、就业帮扶和资产规范管理，带动脱贫村、脱贫户增产增收。构建未贫先防保障、“三个聚焦”和督导工作机制，县级购买脱贫户和监测对象防返贫综合保险，韶关市给所有监测对象购买“韶关市民保”保险和综合保险2108万元，对可能面临的风险给予叠加保障，坚守防止返贫底线。

【脱贫人口结对帮扶】 2022年，韶关市延续脱贫攻坚期“一对一”结对帮扶模式，并制定“一户一策”帮扶措施。在全市脱贫户和监测对象家中推广张贴政策明白卡，明白卡告之各项帮扶政策的受益对象、申请条件、申请要求、申请流程、咨询电话等内容。翁源等县（市、区）在镇、村两级党群服务中心办事大厅设立“防返贫服务窗口”，落实专人专窗，确保有困难的脱贫户能够第一时间自主反映情况。

全年各帮扶单位领导到帮扶乡镇开展调研指导 1.18 万次，走访监测对象 1996 户次，解决问题 464 件。

【农民增收新模式】 2022 年，韶关市出台《韶关市推广建设乡村振兴车间工作方案》，探索“公司 + 车间 + 村集体 + 村民”“政府 + 企业 + 车间 + 村民”车间运作模式。全市有投入运营的乡村振兴车间 88 间，累计吸纳脱贫人口 448 人、人均月增收 2292 元。全市 99 个涉农乡镇（街道）全域组建强镇富村公司，其中镇级公司 99 个，村级公司 44 个。推动强镇富村公司股份改革，引导村集体入股，带动村集体经济提质增效和农民增收。143 个强镇富村公司年营业总额 6348.92 万元。完善《市乡村振兴帮扶资产管理改革工作方案》，设立市扶贫项目管理专责组，统筹扶贫资产规范管理。截至 2022 年年底，全市投入各类精准扶贫资金 30.54 亿元，形成经营性扶贫资产 15.46 亿元，推动 1163 个扶贫项目资产实现收益 9896.48 万元。

【金融服务乡村振兴】 2022 年，韶关市在全省率先出台《韶关市建立乡村振兴金融信贷风险补偿机制的实施意见》，引导各县（市、区）设立乡村振兴金融信贷风险补偿金。8 个县（市）印发金融风险补偿实施细则，安排 6900 万元县级财政专项资金作为风险补偿基金，相关银行机构累计向 25 户农业企业发放贷款 9032.5 万元，为当年 700 户脱贫户发放小额贷款 2738.8 万元。

【驻镇帮镇扶村行动】 2022 年，韶关市启动乡村振兴驻镇帮镇扶村行动，构建起“党政机关 + 企事业单位 + 科研力量”组团式帮扶。全市选派驻镇帮镇扶村工作队 99 个、队员 1329 人，其中党政机关、企事业单位派出帮扶干部 637 人，农村科技特派员 297 人，“三支一扶”人员 128 人，高校毕业生志愿者 167 名，金融助理 100 人。承办全省首个美丽乡村运营官培训班，通过“专题培训会＋现场推进会＋省级专题培训班”形式，累计培训全市驻帮扶干部 6 期 7403 人次，选派 5 名镇党委书记、24 名村干部到东莞市寮步镇、石龙镇学习先进的乡村振兴管理模式。驻镇帮镇扶村工作开展以来，韶关市筹集驻镇帮镇扶村资金 33.89 亿元，支出 22.19 亿元，全市 99 个乡镇均完成镇域乡村振兴规划编制；新增茶叶、水果、花卉、食用菌、中草药等特色产业项目 5440 公顷；实施产业帮扶到户项目收益 1.15 亿元，带动 9366 户脱贫户增产增收；开展农产品产销对接活动 103 场，消费帮扶金额 3.01 亿元，带动脱贫户 1.04 万人。

【创建乡村振兴车间的做法入选全国巩固脱贫攻坚成果同乡村振兴有效衔接成果展】 2022 年 12 月，由国家乡村振兴局主办的“新起点上的接续奋斗——巩固拓展脱贫攻坚成果同乡村振兴有效衔接成果展”网上展馆上线。其中，在广东展区的首页，韶关市乡村振兴帮扶车间分布图赫然在列，并占据大篇幅版面。东莞驻韶关乡村振兴驻镇帮镇扶村工作队与韶关乡村振兴部门同频共振，紧紧抓住产业振兴这一关键要素，创新实施乡村振兴车间建设，为乡村发展注入“源头活水”。莞韶乡村振兴各级帮扶队伍成功探索出“公司 + 车间 + 镇村集体 + 村民”等车间运作模式。在东莞结对韶关 30 镇中已创建、扶持壮大 44 家乡村振兴车间，吸纳 2713 人在家门口就业（含脱贫户 235 人），年产值 3 亿多元。结合镇村工业用地少、人力资源分散等现状特点，以及东莞制造业优势，30 镇工作队推动乡村振兴手工业车间向连锁式、发包式，县域集约化、产业化发展。通过近两年的实践，乡村振兴车间已然成为稳岗就业、撬动镇村产业振兴的重要平台。“车间”建在家门口，挣钱顾家两不误。村民在“乡村振兴车间”务工。位于大夫前村的“乡村振兴车间”以前是一片荒废的土地。在驻地党委、政府与东莞的凤岗镇、市纪委监委、市统计局组团驻镇工作队统筹下，重阳镇盘活利用农村闲置宅基地、老旧办公场所、学校旧址、厂棚仓库建成 5000 多平方米的厂房。驻镇帮镇扶村工作队牵头，该镇的强镇富村集体经济公司——安和产业发展有限公司负责流转闲置宅基地，并筹集驻镇帮镇扶村产业发展资金等各类资金超 400 万元，完成土地平整、厂房建设、进厂道路、供电等基础设施和配套设施建设。厂房建成后，以 5 元 / 平方米的月租金标准租给企业自主经营。在厂房建起来后，工作队主动对接外出在东莞、义乌创业成功的乡贤欧建辉、曾玉红等民营企业主，合作建成以生产手机套、美妆产品为主的小手工业乡村振兴车间。小手工乡村振兴车间的建成，使安和公司年增加租金收益 30 万元 / 年，村经联社、组经合社分别增加土地入股固定分红收益 6 万元 / 年。以重阳镇为代表的韶关乡村振兴车间探索解决农村劳动力资源匮乏与劳动力资源闲置之间的矛盾，破解农村就业困难人员的增收难题。随着农村青壮年劳动力大部分外出务工，留守在农村的多为老人、妇女等群体，既要照顾家庭，又有忙活农务。手工业乡村振兴车间的建立，让更多村民可以在家门口就业，曾经“出去打工顾

南雄市黄烟种植　　（张伟　摄）

不上家、照看老幼挣不到钱”的问题得以缓解，实现顾家、务工、务农“三不误”。重阳镇已建成6个小手工乡村振兴车间。均完成基础设施、配套设施建设，首期机械设备已完成安装投产。重阳镇小手工乡村振兴车间建成以来，总产值达7000多万元，带动村民在家务工约300户、在家门口就业500多人，户均年增收超过3万元。村民的土地流转出去建成种养基地和生产车间，村民在获得租金收入和村集体分红的同时，又在基地和车间务工，每天获取工资收入，持续增加收入。东莞驻韶关乡村振兴各级帮扶队伍开展乡村振兴车间建设工作，引进城市难以支撑项目，实现与大城市的差异化发展。东莞的南城街道、市工信局、市司法局组团结对珠玑镇引进蓝牙耳机组装车间；东莞的凤岗镇、市纪委监委、市统计局组团结对重阳镇引进手机套加工车间；东莞的企石镇、韶关市科技局组团结对扶溪镇引进胶花车间等都需要较大量手工环节，同时探索将个别环节发包到家里加工。通过建设手工车间，让农民就近有活儿干、有钱赚、能顾家，对落地建设乡村振兴车间的企业实现降本增效。韶关从发展规划、政策支持和资金投入等方面加大对乡村振兴车间的支持力度。在引进企业中给予各种的支持，在企业落地后当地党委、政府与驻镇帮镇扶村工作队主动帮助企业拓宽销路。在武江区富辰美妆制品有限公司企业入驻车间后，驻重阳镇帮镇扶村工作队协助企业对接东莞凤岗镇的网销大户——沐沐云仓智能科技(东莞)有限公司，帮助车间企业年增加销售量1100多万件，新增销售金额超过1300多万元，促进小手工车间产销两旺。东莞驻韶关乡村振兴帮扶工作组与韶关市乡村振兴等部门推动振兴车间建设，除上述发包类车间，还有连锁车间、东莞手工业转移车间、农产品加工车间，通过建设乡村振兴车间，引进更多手工企业，聚集产业集群形成规模效应，并在此基础上衍生产业链条，以此撬动镇村经济发展。

（何惠琦）

农村改革

【概况】 2022年，韶关市农村承包耕地流转面积7.99万公顷，流转率49.7%，比2021年提高3.7个百分点；新增流转面积8200公顷。争取中央资金1110万元，确定乐昌市九峰镇小廊村等37个村为韶关市2022年扶持壮大村级集体经济试点村。全市纳入统计范围的1230个行政村（社区），1.39万个村民小组完成农村集体资产清产核资数据的平台录入及上报工作。10个县(市、区)各自出台本地的宅基地审批制度文件。99个乡镇（街道）均建立宅基地动态巡查机制。全市审批农村宅基地4224宗，审批面积43.19公顷。南雄市推进全国新一轮农村宅基地制度改革试点县工作。

【农村土地流转】 2022年，韶关市推广使用《农村土地经营权出租合同（示范文本)》，加快流转载体和平台建设，促进农业适度规模经营，发展和巩固“三三二”(构建县、镇、村三级农村土地流转管理服务平台，创新农村土地直接流转、“预流转”、经营权入股三种流转模式，将细碎土地“小块并大块”“小田并大田”）农村土地经营权流转韶关模式。全年韶关市农村承包耕地流转面积7.99万公顷，流转率49.7%，比2021年提高3.7个百分点；新增流转面积8200公顷。重新修订《韶关市农业转移人口农村“三权”依法自愿有偿退出实施细则》，为农业转移人口市民化提供保障。

（熊丽萍）

【农村集体产权制度改革】 2022年，韶关市印发《韶关市农村集体资产管理专项整治行动方案》，清理整治农村集体资产管理不规范、不完善问题，规范农村集体经济组织“三资”管理。整合现有平台资源，建立农村产权交易和管理服务平台，构建农村产权流转管理服务体系，成立韶关市农村产权交易中心。全年争取中央资金1110万元，确定乐昌市九峰镇小廊村等37个村为韶关市2022年扶持壮大村级集体经济试点村。全市纳入统计范围的1230个行政村（社区)，1.39万个村民小组完成农村集体资产清产核资数据的平台录入及上报工作。韶关市农业农村局获“全国农村集体产权制度改革工作先进集体”称号。

（熊丽萍）

【农村宅基地改革】 2022年，韶关市强化农村宅基地管理，10个县(市、区)各自出台本地的宅基地审批制度文件，全市农村宅基地审批管理制度初步完善；各县(市、区)可审批宅基地的99个乡镇(街道)均建立宅基地动态巡查机制。全市审批农村宅基地4224宗，审批面积43.19公顷。南雄市推进全国新一轮农村宅基地制度改革试点县工作，出台《南雄市农村宅基地自愿有偿退出实施方案（试行)》，明确宅基地使用权人有偿退出的范围、补偿标准和退出程序。

【南雄市推进全国农村宅基地制度改革试点】 2020年9月，韶关南雄市被列入全国农村宅基地制度改革试点县。过去两年，该市基本完成基础信息调查、规范宅基地审批及健全执法体系等工作。该市正在开展探索第二阶段宅基地制度改革试点工作，为此印发《南雄市农村集体经济组织成员资格认定实施方案（试行)》等11份文件，包含宅基地使用权流转、抵押、继承、有偿使用和自愿有偿退出等制度探索，激活农村生产要素，推进乡村振兴。湖罗坧村充分发挥村民小组、理事会作用，调动外出乡贤及本村贤者参与规划新农村建设，初步探索出一套有偿使用及退出的宅基地管理自治模式。自从拆除破旧泥砖房之后，村民通过代表大会一致表决同意，将多出来的平方数无偿归还给出集体。乡亲们支持新农村建设宅改。湖罗坧村通过召开村民大会，统一思想，采取平面布置按规划统一、用地面积统一、设计统一、外立面统一、装修风格统一的方式进行建设。其中，首批申请并上报审批的有25户，有13户完成主体施工。计划分批建设，第一批已经做好主体，抽签已经分到每一户。尤其是针对历史原因形成的宅基地多占和违法占用等问题，针对盘活利用，推动农村产业振兴等问题，都有具体的制度考虑。按照政策规定，城里人不能在农村买房。但现实中，一些进城落户的子女继承获得父母长辈在农村的住房。南雄这次改革新政专门有一项《南雄市继承农房重建实施方案（试行）》，规定“因合法继承取得农房所有权的权利人在符合村庄规划的条件下，可以申请重建，并有偿取得70年期限的集体建设用地使用权。在强调要保障“户有所居”的同时，南雄鼓励自愿有偿退出，以盘活闲置宅基地和闲置农房，“分置宅基地经营权”是一大创新点。为破解农村宅基地盘活利用的障碍，南雄市规定试点地区的宅基地使用权人可以向他人分置流转最长30年的宅基地经营权，而且可以在不动产登记机构登记，也可以参照集体经营性建设用地使用权的规则办理抵押贷款或转让。南雄市农村宅基地改革试点分为两个阶段，第一阶段是编制规划，规范审批管理，摸清人房地底数，建立刚性执法制度，建立健全利益分配机制等，这些工作目前已基本完成；第二阶段是开展宅基地使用权流转、抵押、继承、有偿使用和自愿有偿退出等制度探索，准备用一年时间，分批次稳步推进改革试点。南雄市每个镇街均有1个试点村，每村一般选取1至2个村小组，依据村的自身条件，在宅基地有偿退出、有偿使用、使用权流转、经营性使用、农房继承、抵押贷款、宅基地择位竞价等试点任务中，认领2项进行封闭试点工作。以南雄市珠玑镇灵潭村为例，当地他们充分发挥村民小组、理事会作用，调动外出乡贤及本村贤者参与规划新农村建设，初步探索出一套有偿使用及有偿退出的宅基地管理自治模式，统一规划建设212套新农房，盘活本村宅基地资源，引进厂家共建起腐竹加工厂。古市镇窑塘村用土地入股和出租厂房模式，用盘活的宅基地引进一家酸菜厂，一期将建设年产2000万斤客家酸菜生产线，同时分批流转土地200公顷，用于蔬菜育苗、种植，可带动周边大量村民科学种植芥菜，增加村民收入，让当地村民在家门口实现就业。（麦彬辉）

乡村产业

【概况】 2022年，韶关市出水果产业（含果用瓜）种植规模5.33万公顷、茶园面积达5600公顷、食用菌总产量4.47万吨。截至年底，全市累计认定省级“一村一品、一镇一业”专业镇47个、专业村247个，累计认定数量均排名全省第一。发布“韶关茶”“韶关珍果”“韶关兰花”“韶关食用菌”4个单品类区域公用品牌，“善美韶农”入围2022年中国区域农业产业品牌影响力指数名单。争取南雄珠玑文化特色小镇、城口历史文化特色小镇、始兴文笔特色小镇、兰花特色小镇和誉马葡萄酒特色小镇等5个特色小镇纳入省核查清理后的《广东省2022年特色小镇清单管理名单》。6个典型案例入选2022年“千企帮千镇·万企兴万村”行动典型，在全省推广。

【农村基本经营制度】 2022年底，韶关市人民政府认定的市级以上农业龙头企业164家。其中，国家级重点农业龙头企业2家、省级重点农业龙头企业70家，覆盖包括粮食、蔬菜、兰花、水果、养殖业、茶叶、食用菌、渔业、蚕桑等领域。全市依法在市场监管部门登记注册的农民专业合作社3853家，出资总额40.9亿元，成员6.96万人。全市拥有市级示范社154家，省级示范社81家，国家级示范社23家。全市省级示范家庭农场132家，市级示范家庭农场420家，省级家庭农场总数位列全省第一。全市农村承包耕地流转总面积7.99万公顷，流转率49.7%，比2021年提高3.7%；新增流转8200公顷；成立韶关市农村产权交易中心。全市纳入统计范围的1230个行政村（含社区），1.39万个村民小组全面完成农村集体资产清产核资数据的平台录入及上报工作。各县（市、区）可审批宅基地的99个乡镇（街道）均已建立宅基地动态巡查机制，全市审批农村宅基地3844宗，审批面积39.22公顷。（邓桂文）

【特色产业高质量发展】 2022年，韶关市出台《韶关市水果产业高质量发展三年行动方案（2022—2024年）》《韶关市茶产业发展三年行动方案（2022—2024年）》《韶关市食用菌产业高质量发展三年行动方案（2022—2024年）》，引导三大特色优势产业规模化、高端化、品牌化方向发展。全年全市水果产业（含果用瓜）种植规模5.33万公顷、茶园面积达5600公顷、食用菌总产量4.47万吨。韶关市有7个镇、19个村被认定为广东省“一村一品、一镇一业”专业镇村，专业镇认定数量排名全省第三，专业村认定数量排名全省第二。截至年底，全市累计认定省级“一村一品、一镇一业”专业镇47个、专业村247个，累计认定数量均排

仁化县董塘镇江头村内蔬菜种植基地（市农业农村局 供图）

名全省第一。发布“韶关茶”“韶关珍果”“韶关兰花”“韶关食用菌”4个单品类区域公用品牌，“善美韶农”入围2022年中国区域农业产业品牌影响力指数名单。新增全国名特优新农产品21个，累计64个，位居全省第一；新增“粤字号”农业品牌27个，总共226个，排名全省第二。拓宽农产品销售渠道。先后在广州市、深圳市等地举办“父爱绵绵 善美如兰”韶关兰特别活动、“春暖花开茶飘香”韶关茶文化活动和第一届韶关市斗茶大赛活动、韶关RCEP食用菌国际采购交易中心建设暨“善美韶农”农产品推介出口活动、韶关精美农产品展示展销推介活动等系列农产品推广展销活动，组织参加2022春季中国(广州)国际茶叶博览会，助推优质特色农产品进军粤港澳大湾区市场。

【省级特色小镇建设】 2022年，韶关市争取南雄珠玑文化特色小镇、城口历史文化特色小镇、始兴文笔特色小镇、兰花特色小镇和誉马葡萄酒特色小镇5个特色小镇纳入省核查清理后的《广东省2022年特色小镇清单管理名单》。南雄珠玑文化特色小镇地处粤北地区历史文化名城和风景名胜旅游区域，是南雄市中部地区的商贸中心、农产品集散地；城口历史文化特色小镇明确以长征精神为“魂”，打造以“红色”产业体系为主导，绿色产业为支撑，是广东省乡村振兴战略示范基地；始兴文笔特色小镇创建以来，累计完成投资26.96亿元，建成总甫—东湖坪示范路线、益而高文具生产加工项目等16个重要项目；兰花特色小镇依托兰花特色产业及自身生态地域优势，已形成“国兰洋兰并进、科研生产并举、精品大众并存、外商农民并种”的格局，产业集群效应显现；誉马葡萄酒特色小镇以葡萄规模化现代化种植为基础产业，以葡萄酿酒为特色主导产业，形成以文化旅游、培训教育、商务会展等为衍生产业的多功能一体化发展平台。

【“千企帮千镇·万企兴万村”行动】 2022年，韶关市农业农村局联合市工商联推进“千企帮千镇·万企兴万村”行动，通过教育引导帮扶企业与农民建立产业合作关系，筑牢村企合作共赢长效机制，助力乡村振兴。刘东等5名爱心乡贤、新丰县每日鲜配送有限公司等5家“百佳爱心企业”“永不离岗的扶贫队长”等6个典型案例入选2022年“千企帮千镇·万企兴万村”行动典型，在全省推广。

【乡村振兴“3510”工程】 韶关市于2021年创新实施乡村振兴“3510”工程，主要内容是推进“现代农业产业发展、美丽乡村建设、农村综合改革”3项重点工作，深化“农村集体产权制度、农村宅基地管理制度、美丽圩镇建设、美丽乡村建设市场化、乡村振兴帮扶资产管理”5大改革，开展“土地流转、质量提升、冷链物流、品牌打造、主体创强、兰花发展、大湾区菜篮子基地、数字农业、农业发展平台、营销推广”等现代农业产业发展10大行动。2022年，韶关市创建强镇富村公司133个。全市共落实驻镇帮镇扶村资金33.89亿元，支出20.51亿元，支出进度60.51%，高于全省水平。在全省率先于1月10日出台《韶关市建立乡村振兴金融信贷风险补偿机制的实施意见》。全市农林牧渔业增加值增长4.9%，农村居民人均可支配收入增长4.8%。

【善美韶农入选2022中国区域农业形象品牌影响力指数入围名单】 2022年12月，《中国品牌》杂志社发布2022中国区域农业形象品牌影响力指数入围名单公示，广东省6个品牌入围，韶关市农业形象品牌“善美韶农”成功入选。韶关重点打造“善美韶农”韶关农业区域公用品牌体系，以统一品牌形象引领“韶关兰”“韶关茶”“韶关珍果”“韶关菌”等单品类品牌协同发展。韶关推进“三品一标”等农产品品牌建设，打造出一批在全国有影响力的农业品牌。截至2022年12月，韶关全市“三品”认证产品425个；国家地理标志保护产品14个、国家地理标志证明商标4个，国家农产品地理标志2个；中国农业品牌目录2020农产品区域品牌3个，入选全国名特优新农产品名录64个，“粤字号”知名品牌233个、广东省“十大名牌”系列农产品19个，“粤字号”名特优新农产品区域公用品牌（百强)16个，省名特优新农产品区域公用品牌28个。以省级现代农业产业园、大湾区“菜篮子”生产基地等为重点，韶关利用科技创新发展农业种业，选育出一批优质、高产、高效的品种，以新技术引领产业振兴，形成以优质稻、优质蔬菜、优质水果等6大主导产业和茶叶、兰花、食用菌等6大特色产业的“6+6”产业布局，构建“一县一园、一镇一业、一村一品”现代农业产业体系。韶关共建设国家现代农业产业园1个、省级现代农业产业园25个，数量居全省第一，实现10个县（市、区）全覆盖；共认定国家级“一村一品”示范镇村12个，省级“一镇一业、一村一品”专业镇47个、专业村247个，省级专业镇、村数量均居全省第一；累计认定粤港澳大湾区“菜篮子”生产基地58家，居全省第三。

（张家洪）

乡村建设

【概况】 2022年，韶关市新增省级休闲农业与乡村旅游重点县1个(仁化县)、示范镇1个(南雄帽子峰镇)、示范点6个，新增数量并列全省第一。新建美丽乡村示范带8条、续建9条。举办“个十百”乡村振兴擂台赛活动，评选出2条美丽乡村风貌提升示范带，10个“十大美丽乡村”，100个美丽庭院，安排全市95个乡镇开展基础设施建设及风貌提升工程，乡村建设处处呈现新颜新貌。

【村镇规划】 2022年，韶关市农业农村局指导各地对完成规划的1169个村庄（全市有行政村1205个，于2019年底全面完成需单独编制规划的村庄1169个）开展优化提升工作。先行推进试点村、亟须建设的34个村庄完成优化提升规划编制，解决村庄规划不好用、不实用问题。在国土空间规划生效前，用好农村村民住宅建设过渡期用地规模保障政策，落实8.9万平方米农村村民住宅用地。强化政策宣传，组织各县(市、区)通过海报、公告栏等形式，宣传普及广东省村庄规划实用指南，提升村民规划意识。《韶关市国土空间总体规划(2020—2035年)》编制工作推进，先后完成意见征集、部门会审、专家咨询、规划公示等审查论证程序、规划方案深化完善。完成“三区三线”(“三区”即农业、生态、城镇三个功能区，“三线”即永久基本农田、生态保护红线和城镇开发边界)划定，成果于10月14日经自然资源部批准启用。守牢永续发展“基本盘”，到2035年，全市划定耕地保护目标15.43万公顷、永久基本农田14.18万公顷、生态保护红线5827.06平方千米(占全市域国土面积31.65%，划定规模和占比在全省均位居第一)，完成省下达目标要求。1月29日，韶关市人民政府办公室印发《韶关市水利建设发展“十四五”规划》《韶关市水库移民后期扶持“十四五”规划》。“十四五”时期，韶关市水利规划总投资428.56亿元，其中：水利工程补短板项目394.24亿元，水利行业强监管项目12.33亿元，水利改革项目16.58亿元，水库移民项目5.41亿元。

【农村危房改造】 2022年，韶关市危房改造补助对象154户，用于符合条件的农村低收入群体等重点对象实施危房改造。采取“四不两直”(不发通知、不打招呼、不听汇报、不用陪同接待，直奔基层、直插现场)方式，开展农村危房改造工作抽查、督查，覆盖全市10个县(市、区)50户。全年154户危房改造任务全部完工。

【农村改厕】 2022年，韶关市农业农村局研究制定《韶关市推进“十四五”农村厕所革命工作方案》，通过明确县(市、区)、乡镇(街道)、村、市直部门责任分工、年度改厕任务，统筹整合各类资源，做好项目落地、资金筹措、推进实施、运行管护等工作。全年完成无害化卫生户厕改造1838户，无害化卫生公厕建设185座。

【“139+”美丽圩镇建设】 2022年，韶关市在86个乡镇开展“139+”美丽圩镇建设。通过全面整治提升人居环境、着力补齐基础设施和公共服务短板、发展强镇兴村产业、完善基层治理体系，使城镇面貌焕然一新，推动城乡一体化协调发展。该经验做法被住房和城乡建设部《建设工作简报》刊载推广。截至年末，第三批36个乡镇完成规划编制和污水、垃圾、“六乱”整治，“九项基础工程”项目建设323个，开工319个，开工率98.76%，完成256个，完工率79.25%。全市95个乡镇，有49个乡镇获文明村镇称号，49个乡镇获卫生乡镇称号，14个乡镇获平安乡镇称号，1个乡镇获园林城镇称号。

【农村基础设施建设】 2022年，韶关市开展农村削坡建房风险排查整治工作。全年工作整治目标开工2228户，开工率100%，竣工2228户，竣工率100%，解除风险点边坡威胁人数7166人。韶关市农业农村局出台《韶关市农村人居环境整治提升五年行动实施方案(2021—2025年)》，创新组织开展韶关市首届农行杯“个十百”乡村振兴擂台赛活动，完成农村村内道路(干路)建设任务数791.02千米，全市农村村内道路干路部分已100%实现硬底化。通过政策引导、打擂比武等方式，推动农村基础设施提档升级。12月，新增美丽宜居村、特色精品村30个以上，全市纳入乡村振兴规划的1207个行政村，累计创建干净整洁村324个，美丽宜居村724个，特色精品村159个，干净整洁村以上的共计1207个，干净整洁村以上达标率100%；农村保洁覆盖面和生活垃圾无害化处理率均达100%，农村无害化卫生户厕普及率99%以上，自然村集中供水覆盖率99.8%。各乡镇整治提升道路153千米、背街小巷117条、建筑外立面3000栋，新建和升级改造文体广场57个、文化书屋66间、农贸市场56个、公共停车位1.8万个，新建污水处理厂68座、管网长833千米，乡镇生活污水处理设施全覆盖，新建改造公厕126座。整治镇街“脏、乱、差、臭”现象，改造提升后的镇街主道宽敞整洁，路灯整齐排列，停车秩序优化，道路平坦、标线统一。韶关市在2021年度广东省推进乡村振兴战略实绩考核综合评价中，总分位列全省第三、北部生态发展区第二，连续4年获得“优秀”等次；粮食生产、生态振兴、文化振兴和美丽圩镇建设四方面专项工作获全省优秀，得到省通报表扬。南雄市被纳入2022年国家乡村振兴示范县创建名单。

【乡村建设管理】 2022年，韶关市录入农村房屋52.2万栋，其中用作经营的农村自建房1.9万多栋，非用作经营自建房49.8万多栋，非自建房5000余栋。初步判断存在安全隐患4910栋，其中初步存在安全隐患用作经营的农村自建房54栋，确定需整治房屋11栋，完成整治11栋。初步存在安全隐患非用作经营自建房4724栋，需整治1293栋，整治1293栋，整治率100%。初步存在安全隐患非自建房132栋，需整治43栋，整治43栋，整治率100%。 (马沛桦 朱亚辉)

【农村水利水电】 2022年，韶关市农村安全饮用水保障工程分3个年度实施(2020—2022年)，计划投资25.05亿元。截至2022年12月31日，全市累计建成工程550宗，完成投资26.12亿元，受益人口170.67万人。其中，2022年完成86宗农村安全饮用水保障工程，受益人口40.23万人，完成投资5.25亿元。韶关市启动农村供水“三同五化”(同标准、同质量、同服务，规模化发展、标准化建设、一体化管理、专业化运作、智慧化服务)改造提升工作，南雄市被列为广东省农村供水“三同五化”改造提升工作首批示范县。5月16日，南雄市角湾供水站入选广东省首批农村供水“粤美水站(厂)”。推进小水电清理整改工作，累计关停或退出小水电站32座。创建农村水电站安全生产达标单位263个，其中，官溪水电站、锦江水电厂被水利部评定为安全生产一级达标单位。12座小水电站申报创建绿色示范电站并通过省级初审，银溪水电站、富湾水电站、长安水电站、柴桑水电站等4座水电站被水利部门评定为绿色示范电站。曲江区完成枫湾镇农村水系综合整治项目，乐昌市、翁源县农村水系综合整治项目完成初设审查批复。韶关市水库移民后期扶持人数 6.2 万人，其中大中型水库移民后期扶持人数 5.39 万人，分布在全市 10 县（市、区）67 个镇 237 个村 756 个村小组；小型水库后期扶持人口 8139 人，主要分布在曲江区、仁化县、始兴县、翁源县、新丰县、南雄市、乐昌市等 7 个县（市、区）25 个镇 43 个村 84 个自然村。南雄市、乳源瑶族自治县水务局水库移民后期扶持项目公开采购第三方全过程咨询单位，为年度集群项目提供以“项目管理＋专项咨询”为核心的咨询服务。全年农村移民人均可支配收入 2.01 万元，比 2021 年增长 7%。全市完成 1049 人水库移民市民化工作，年度水库移民市民化率 1.69%。

【韶关市首届“农行杯”“个十百”乡村振兴擂台赛】 2022 年 7 月 22 日，由中共韶关市委、韶关人民政府主办，韶关市农业农村局承办，中国农业银行股份有限公司韶关分行、韶关市广播电视台协办的韶关市首届“农行杯”“个十百”乡村振兴擂台赛在武江区科创城举行。该活动评选多项乡村振兴奖项。其中，10 个美丽乡村和 100 个美丽庭院通过各相关单位组织专家评委在前期实地走访后直接评出；2 个“美丽乡村风貌提升示范带”称号的角逐分为实地走访和现场评审两个阶段，两个阶段评分分别占总成绩的 60% 和 40%。前期，由市委农办、市农业农村局、市乡村振兴局组织的专家评委已经对各地报送的“美丽乡村风貌提升示范带”进行全面走访，并按照评选标准进行评分；擂台赛现场，10 条入围“美丽乡村风貌提升示范带”的县区代表轮番上台“比武”，结合 PPT 或视频介绍各自示范带建设情况，并现场回应提问，由评委按照现场打擂评分要求进行逐项评分。最终，翁源县、乳源瑶族自治县获得“美丽乡村风貌提升示范带”称号，武江区、南雄市、曲江区获得“优胜奖”，始兴县、新丰县、浈江区、仁化县、乐昌市获得“组织奖”。南雄市珠玑镇洋湖村等 10 个村获评为“十大美丽乡村”，乐昌市大源镇大长滩村等 100 个村获评为“美丽庭院”，现场为各个获奖单位代表颁发牌匾。

（张家洪）

乡村文化建设

【概况】 2022 年，韶关市开展理论宣讲、推进移风易俗、学习道德模范和身边好人、“我们的节日”，以及书法、客家吟诵、诗歌等活动 100 多场次，服务群众 5000 人次。截至 2022 年年底，韶关市策划 8 场精品展览，组织 2 次艺术研学。邀请知名艺术家与本地农民共同创作作品 180 余件。为 213 个村（社区）基层综合性文化服务中心量身制定整改措施。建成 1500 多个新时代文明实践中心（所、站），开展文明实践活动 6 万多场次。全市建成风度书房 91 间，实现中心镇全覆盖。建设 28 条乡村振兴示范带，累计长度 643 千米。重点培育本土各类民间艺术团体 15 个，文化能人 300 余名。有 10 个村镇正在创建全国文明村镇、129 个村镇正在创建广东省文明村镇。开展“韶关新乡贤”评选活动。截至 2022 年，韶关市推荐评选出“中国好人”5 人、“广东好人”17 人。开展道德模范和身边好人下基层宣讲活动 50 多场次。全市举办社会主义核心价值观“六进”宣传活动共 1 万多场次。设计益广告作品 300 多幅。建成社会主义核心价值观主题公园 8 个，主题广场 10 个。

【乡村文化活动】 2022 年，韶关市开展艺术乡建。举办杨一古诗词吟诵音乐会、“多彩南粤 魅力非遗”广东省非物质文化遗产专题巡展、“翁城八景”主题展览系列活动等文化艺术活动。开展理论宣讲，推进移风易俗，学习道德模范和身边好人，开展“我们的节日”，以及书法、客家吟诵、诗歌等活动 100 多场次，服务群众 5000 人次。与羊城晚报艺术研究院共同创作多类公共艺术项目。截至 2022 年年底，策划 8 场精品展览，组织 2 次艺术研学，开展诗歌培训班 23 次，收到小学生创作诗歌 600 余篇。开展诗韵灯塔活动。在定南村建设翁城农耕文明艺术馆，邀请知名艺术家与本地农民共同创作艺术装置、农具、画作、摄影图片等作品 180 余件。

【乡村文化平台】 2022 年，韶关市以乡村文化振兴翁城试点工作为抓手，探索有效路径，促进城乡精神文明建设融合发展。改造提升翁城镇胜利村新时代文明实践站（宗圣衍传楼）、明星村新时代文明实践站（琴书阁）、五一村新时代文明实践站（广肇会馆）等，各新时代文明实践所、站的基础硬件设施完善，打造群众“愿意进、留得住”的文明实践阵地。韶关市文化广电旅游体育局为 213 个村（社区）基层综合性文化服务中心量身制定整改措施，累计投入财政资金 950 万元，对标对表进行攻关解难，改善基层文化设施。建成 1500 多个新时代文明实践中心（所、站），开展文明实践活动 6 万多场次，受众 240 多万人次。其中翁城镇整合利用镇村旧粮仓、旧广场、村祠堂、文化遗迹等闲置场所，结合文明实践需求进行改造升级，打造胜利村宗圣衍传楼、明星村琴书阁、五一村广肇会馆等一批有本土文化特色的新时代文明实践阵地和公益书屋。提升风度书房品牌，引进文创、轻饮等元素入驻风度书房，改变传统图书馆服务模式，成为群众家门口的文化阵地。全市建成风度书房 91 间，其中城区 61 间、乡镇 29 间、村级 1 间，实现中心镇全覆盖。

【乡村文化传承保护】 2022 年，韶关市建设南雄“粤赣驿道”、乐昌“坪石省际廊道”、仁化“古韵新风·醉美田园”、武江“青林水岸、红色印记”等 28 条乡村振兴示范带，累计长度 643 千米，其中涉及红色资源保护利用的有 14 条，累计投入资金 12.16 亿元，长度 365.38 千米，为红色资源保护利用奠定坚实基础。

【乡村文化人才培育】 2022 年，韶关市重点培育本土非遗、书法、吟诵、摄影、采茶戏、舞蹈等各类民间艺术团体 15 个，文化能人 300 余名。开办书法、客家吟诵、诗歌创作等公益培训班 28 期，参加人员超 700 人次。为本土文化人才提供排练场所和基础设备，并向上级推荐参赛。

【农村移风易俗】 2022年，韶关市组织到各地镇村指导和调研，掌握各地工作开展情况。由镇（街）团委、文化站、文艺工作者等组建镇级志愿服务队伍，由镇政府驻村干部、村“两委”干部、致富带头人、村里爱心人士等组建村级志愿服务队伍，开展关爱他人、邻里守望等志愿服务活动。组织开展学生暑期社会实践活动等农村文化志愿服务活动。引导群众自觉抵制婚丧事大操大办、薄养厚葬、聚众赌博和封建迷信等不良风气。举办“传家训、立家规、扬家风”主题活动，开展家风家训、家庭教育大讲堂进村（社区）活动，推动优秀家训进村居、进祠堂、进家庭。

【乡村文明创建】 2022年，韶关市有10个村镇正在创建全国文明村镇、129个村镇正在创建广东省文明村镇、644个村镇正在创建韶关市文明村。开展“韶关新乡贤”评选活动，发挥新乡贤的引领乡风文明、促进基层治理的积极作用。开展农村地区文明家庭、最美家庭、星级文明户、“好公婆”、“好子女”、“好媳妇”、“好女婿”等创建评选活动。截至2022年，韶关市推荐评选出“中国好人”5人、“广东好人”17人，韶关市道德模范20人、“韶关好人”90人，广东省新时代好少年2人、韶关市新时代好少年20人。开展道德模范和身边好人下基层宣讲活动50多场次，受众近万人次。全市举办社会主义核心价值观“六进”（进社区、进机关、进学校、进企业、进农村、进家庭）宣传活动共1万多场次。设计“图说我们的价值观”“讲文明 树新风”等公益广告作品300多幅，各类媒体累计播出3万多条次。建成社会主义核心价值观主题公园8个，主题广场10个。各地在镇、村等醒目位置长期公布体现核心价值观要求的村规民约。

【“稻田里”南岭乡村文化节系列活动】 2022年9月20日至10月7日，韶关市委宣传部会同广东卫视、中国平安集团，在武江区龙归镇、乳源瑶族自治县大桥镇举办“稻田里”南岭乡村文化节系列活动。争取省财政和中省企业赞助经费支持，谋划实施“稻田里”南岭乡村文化节系列活动项目。举办“稻田里”南岭乡村音乐会，与广东卫视“国乐大典”栏目组合作，通过将国乐经典作品重新配器编曲，推出15个乡村文化主题的优秀曲目。打造“稻田里肆意弹唱”雕塑展，邀请全国政协委员、雕塑艺术家许鸿飞到韶关，在武江区龙归镇水岸公园及周边展出雕塑作品16件，与“稻田里”南岭乡村音乐会形成联动、相映生辉。推出“稻田里”美术展，以武江区龙归粮仓为展出场所，邀请广东省美协副主席、深圳美协主席陈湘波展出画作14幅，并开展线上艺术交流互动。设置乳源瑶族自治县大桥镇活动分会场，召开“稻田里”乡村振兴新闻发布会，融合文艺演出、网红直播带货、非遗展示体验等内容，展示韶关市6大主导农业产业、6大特色农业产业等20多个“善美韶农”特色品牌和10条乡村文旅精品线路。整合优秀文化资源，广东卫视《国乐大典》栏目的人气乐手演奏新国乐，打造爆款内容，满足当下年轻人的文化需求。推动中国平安保险集团和中国人财保险集团分别发布乡村振兴卡、农业保险和“市民保”等助农措施，以金融服务为乡村振兴保驾护航。联合广东卫视、广州日报、“南方+”、韶关发布、韶关民声网、哔哩哔哩、抖音等全网同步播出“稻田里”南岭乡村音乐会，在线观看人次超过500万，摄制14个音乐短视频，全网点击量超过2000万次，中省韶媒体推出系列合集报道、头条报道、整版报道，传播韶关乡村振兴故事。

（刘芸妃 彭倩华）

2022年9月22日，“稻田里”南岭乡村音乐会在韶关市武江区龙归镇举办

（市委宣传部 供图）

乡村治理

【概况】 截至2022年年底，韶关市累计7个村被认定为全国乡村治理示范村，4个镇被认定为省级乡村治理示范镇，87个村被认定为省级乡村治理示范村。向省农业农村厅推荐69个镇村（12个镇57个村），创建省级乡村治理“百镇千村”示范镇村。建立健全乡村治理长效推进机制，明确7大实施步骤88项农户积分评分内容作为县（市、区）推广运用积分制的指导方针。开展“最美乡贤”评选活动。截至2022年12月，纳入韶关市乡贤数据库的有5037人。韶关市有37个村被评为省级乡村治理示范镇村。下放行政许可子项12项至各县（市、区）农业农村局。利用“双随机、一公开”平台开展工作14次，检查经营主体37家。对“广东乡村休闲体验季”消费券发放等2项政策文件进行公平竞争性审查。全市签订农村土地经营权示范文本合同2227份、涉及面积2200公顷。截至年底，全市认定农村学法用法示范户637户，到2022年

底韶关市1209个行政村将实现50%的行政村有学法用法示范户。全年接到来信、来访、来电诉求件4件，省一体化信访信息系统转办件9件。

【治理示范建设】 2022年，韶关市推进乡村治理体系建设工作，抓好乡村治理示范村镇创建推荐工作及监测工作，截至2022年年底，累计7个村被认定为全国乡村治理示范村，4个镇被认定为省级乡村治理示范镇，87个村被认定为省级乡村治理示范村。向省农业农村厅推荐69个镇村（12个镇57个村），创建省级乡村治理“百镇千村”示范镇村，展示乡村治理的发展成果，带动提升全市乡村治理效能。对全市91个2020年、2021年省级乡村治理示范镇村开展不低于10%的实地监测抽查，落实动态管理复核监测机制，不符合示范创建标准的镇村及时出列，消除负面影响。

【农户积分制】 2022年，韶关市农业农村局建立健全乡村治理长效推进机制，研究制定《韶关市在乡村治理中推广运用积分制的实施意见》，明确七大实施步骤88项农户积分评分内容作为县(市、区)推广运用积分制的指导方针，通过民主程序，将乡村治理各项事务转化为可量化的指标，以农户积分激活内生动力，形成激励约束机制，激发村民参与乡村振兴的积极性、主动性、创造性。

【万名乡贤帮千村】 2022年，韶关市印发《韶关市开展“万名乡贤帮千村”活动实施方案》，建立健全乡贤数据库、谋划一批乡贤项目，引导乡贤积极参与助力产业发展、参与乡村治理、引领乡风文明、投身公益事业等，构建共建共治共享的乡村治理新格局。开展“最美乡贤”评选活动，采取组织推荐、群众民主推荐和自荐相结合的方式进行“最美乡贤”推荐，把宣传工作贯穿评选活动始终，宣传“乡贤”文化，形成“颂乡贤之德，做善美韶关人”的氛围。截至12月，纳入韶关市乡贤数据库的有5037人，乡贤帮扶项目有473个，投资总额11.47亿元。

【乡村执法】 2022年，韶关市农业农村局行政执法水平提升，该案被省农业农村厅选定向农业农村部报送，作为全国农业行政执法指导性案例和粮食安全保障类执法典型案例。率先出台《韶关市现代农业产业园管理办法（试行）》。乡村治理成绩喜人，韶关市有37个村被评为省级乡村治理示范镇村。局领导开展渔业巡河执法，履行推进法治建设第一责任人职责。深化“放管服”改革。梳理103项县级政务服务事项办理材料，完成县级农业农村部门政务服务事项办理材料梳理工作，实现全市无差别办理。下放行政许可子项12项至各县(市、区)农业农村局。利用“双随机、一公开”平台开展工作14次，检查经营主体37家。采取随机监督抽查的形式，进行不定期检查。主动公开信息168份，接到依申请公开申请3次，其中予以公开0次。排查滥用行政权力、限制竞争行为的政策制度文件，对“广东乡村休闲体验季”消费券发放等2项政策文件进行公平竞争性审查。印发《韶关市农村集体资产管理专项整治行动方案》，全市发现并整改农村集体资产管理不规范、不完善问题3175项。印发并推广《农村土地经营权出租合同(示范文本)》《农村土地经营权入股合同（示范文本)》，全市签订示范文本合同2227份、涉及面积2200公顷。组织开展全市行政执法案卷评查和日常检查，推荐2宗处罚案卷参加全省农业行政处罚案卷评查。制定行政执法减免责清单意见，明确全市农业农村系统免处罚清单、减轻处罚清单、免强制清单。组织22名学员参加综合法律知识考试，办理新证申领数15件，换新证53件，持证总数66件，完成全国统一行政执法证换发任务。会同市司法局制定印发《韶关市农村学法用法示范户培育工作实施方案》，组织农村学法用法示范户培育。截至年底，全市认定示范户637户，到2022年底韶关市1209个行政村将实现50%的行政村有学法用法示范户。出台《韶关市在乡村治理中推广运用清单制的实施方案》，培育和树立一批乡村治理典型。全年接到来信、来访、来电诉求件4件，省一体化信访信息系统转办件9件。制定印发《2022年韶关市农业农村普法依法治理工作要点》和《韶关市农业农村系统法治宣传教育第八个五年规划(2021—2025年)》，明确普法目标任务、普法内容和责任。组织公职人员参加年度学法考试，参加学法考试87人，参考率和优秀率均100%。利用“互联网＋农业法治宣传”模式，开展“疫情防控法治同行”专项普法宣传行动，开展涉农领域主题普法宣传活动。全年市农业农村局系统出动普法人员1.6万人次，开展各类普法活动200余场次，派发宣传资料4万余份，接受群众咨询4000余人次。

【韶关市某米业公司侵犯水稻植物新品种权案入选全国农业执法10个典型案例】 2022年，农业农村部先后部署开展农业综合行政执法“护奥运、保春耕”、种业监管执法年等活动。12月，农业农村部从中选取10个典型案例予以公布。其中广东省韶关市某米业公司侵犯水稻植物新品种权案入选。6月，广东省韶关市农业农村局接深圳市某种业公司举报，韶关市某米业公司销售的“美香占”水稻种子涉嫌侵犯其所享有的“美香占2号”品种权。经韶关市农业农村局执法人员实地核查并依法抽样检，该公司销售的水稻种子与“美香占2号”属相同或极近似品种。经立案查明，当事人未经品种权人授权，非法生产销售“美香占”水稻种子。至案发时，当事人生产种子9005千克，货值金额6.3万元。依据《中华人民共和国种子法》第七十二条第六款之规定，韶关市农业农村局责令当事人停止侵权行为，作出没收非法生产的水稻种子，并处罚款37.82万元的行政处罚。

区域发展

广韶同城发展

【概况】 2022 年，韶关市与粤港澳大湾区中心城市广州深化产业共建，加强经济、旅游、民生等合作。年内，韶关市新签约引进广州项目 31 个，合同投资总额 93.56 亿元。

【经济合作】 2022 年，韶关市新签约引进广州项目 31 个，合同投资总额 93.56 亿元。与广州市农业农村局签订《粤港澳大湾区“菜篮子”建设合作框架协议》《粤港澳大湾区“菜篮子”供穗猪肉产销合作框架协议》。韶关（广州）、韶关（深圳）离岸孵化器揭牌运作，推动形成“双区”研发、韶关转化的创新格局。

【文化旅游合作】 2022 年，韶关市与广州市深化文化旅游交流，与广州市签订合作共建广东省研学实践目的地城市协议，推动韶关建设成为粤港澳大湾区研学旅行目的城市。为韶关市入粤第一仗展示园建设项目、韶关市红军过粤北重点展示园建设项目、广东省韶关市红军过粤北长征历史步道示范段（南雄段）建设项目争取 2022 年区域协调发展战略（重大项目前期工作经费）专项资金 1180 万元。

【社会合作】 2022 年，韶关市南雄市中医院与广东省中医院、市妇幼保健院与广州市妇女儿童医疗中心开展“组团式”紧密型帮扶，广东省中医院、广州市妇女儿童医疗中心派驻多批专业技术人员到韶关进行工作指导。申请地方专项债券资金对社会领域项目的支持，为 47 个社会领域项目申报 2022 年中央专项债（占全市项目总数的 37.9%），申报专项债资金 26.81 亿元（占全市申报资金总数的 28.07%）。为粤北人民医院医疗中心建设项目、韶关市中医院（原广东韶州人民医院）建设项目申报 2022 年卫生健康领域第三批中央预算内投资资金各 1 亿元，争取到 2 亿元。争取 2023 年中央预算内投资 758 万元支持新冠应急救治能力提升和 259 万元支持殡葬服务设备采购。对接市直及各县（市、区）发展改革部门，谋划一批社会领域重点项目并报市重点办。完成韶关市第一中学扩建项目、粤北人民医院医疗中心建设项目、韶关市第一人民医院迁建项目、韶关市级公共卫生补短板项目、粤北区域高水平疾控中心综合实验大楼建设项目、韶关学院医学院（韶乐园）学生宿舍建设项目、韶关市老干部大学（韶关市老干部活动中心）新华南校区收回物业维修改造等 7 个项目初步设计概算批复，完成韶关市中医院（原韶州人民医院）建设项目概算调整批复，完成韶关军休活动中心项目改造提升工程、韶关烈士陵园提质改造一期工程项目立项批复，积极为韶关市方舱医院项目、广东省韶关市智能融媒体综合服务平台建设项目、韶关学院知行区体育馆声学改造项目、未成年人救助保护中心三年优化提质工程项目、韶关市工人文化宫新馆建设等项目建设提供咨询服务。

深韶对接

【概况】 2022 年，韶关市引进深业农旅、深圳市朗科科技存储芯片封装测试等重大项目。谋划部署承接深圳产业转移，完成韶关承接产业有序转移实施方案和主平台规划建设方案，规划建设全市产业转移承接“1+6”平台，总面积 130 平方千米，其中主平台 72.34 平方千米，重点承接和发展大数据及软件信息服务、生物医药、先进装备制造、电子信息、新材料、现代农业、商贸物流、医疗康养和文化旅游九大产业。

【经济合作】 2022 年 1 月 26 日，韶关市农业农村局与北大荒暮业集团有限公司、乳源瑶族自治县人民政府、广东省农业科学院作物研究所、中国农业科学院深圳农业基因组研究所签订《中国华南（韶关）冬种马铃薯育繁推一体化建设项目框架协议》，围绕提高韶关农业科技创新能力的需要，在政策支持、项目建设、园区及基地规划建设、人才培训、品牌打造及马铃薯品种培育、种薯（子）繁育、技术创新、技术攻关、技术转让和转化等方面加强合作，共同探索建立冬种马铃薯种业技术创新和成果转化服务平台。

【韶关市政府与深圳市农科集团有限公司战略合作框架协议签订】 2022年5月19日，韶关市人民政府与深圳市农科集团有限公司举行战略合作框架协议签约仪式，推动乡村振兴与农旅融合发展，建设粤港澳大湾区的“米袋子”“菜篮子”“果盘子”“茶罐子”“花瓶子”，打造大湾区“后花园”“康养地”“体验场”。根据协议，深圳市农科集团拟计划在韶投资农旅产业项目：深业丰农农旅融合示范区、深业丹霞国家农旅融合示范区、乐昌农业产业园农旅融合3个项目，规划用地3333.33公顷，计划投资总额为215亿元。

【深圳文博会韶关亮相】 2022年12月29日，由中央宣传部、文化和旅游部、商务部、广电总局、中国贸促会、广东省人民政府和深圳市人民政府共同主办的第十八届中国（深圳）国际文化产业博览交易会(以下简称“文博会”）在深圳国际会展中心拉开序幕，展会将持续到2023年1月2日。韶关携各县(市、区)文旅部门和18家重点文化企业单位亮相本届文博会。通过“文、遗、景、品”4个板块、八大区域展示韶关文化特色产品，以“文化+贸易”“文化+创意”“文化+科技”的理念，强化文化引领产业发展的战略定位，提升文化创意设计赋能效应，打造韶关文化品牌，展示韶关特色的文创品牌、非遗精品等文旅资源。在“文”展区中，韶关展区集中展示韶关市博物馆、红军长征粤北纪念馆、华南教育历史研学基地、风度书房、银杏系列、云印社系列的文创产品；在“遗”展区，则集中展示瑶族刺绣、柴烧陶艺、丹霞红豆、张田饼印、涂式水车等韶关非遗文化精品。在“景”展区中，韶关展区展示韶关市市花——兰花；在“品”展区中，展出乐昌沿溪山茶、仁化白毛茶等韶州茗茶，杨泰和米饼、堆花米酒、澄江黄酒、陈友记辣椒酱等具有韶关文化特色的美食。

【韶关朗科SMT工厂生产项目产品投产】 2022年，朗科在韶关高新区投资拓建的3条存储产品生产线试产，产品实现投产下线。朗科在韶关的工厂建设推进，在韶投资拓建的3条存储产品生产线的关键设备采购工作基本完成，工厂建设完工，员工宿舍条件达到入住水平，设备入场完毕且调试至生产可用标准，于12月底实现投产。此次投资拓建的生产线采用日本等国家的先进设备，升级打造朗科自动化、智能化2.0版产线，推进电子信息产业能力升级，增加就业岗位。朗科公司决定与正源芯半导体（深圳）有限公司在韶关设立合资企业，建设存储芯片封测工厂。

2022年12月29日，第十八届中国（深圳）国际文化产业博览交易会在深圳国际会展中心开幕　　（市文广旅体局　供图）

莞韶对口帮扶

【概况】 2022年，东莞韶关对口帮扶指挥部（以下简称“莞韶指挥部”）推动第三轮莞韶帮扶工作取得成效。第三轮帮扶以来，两市累计到位政府帮扶专项资金12.62亿元。强化金融支持，争取政府专项债和东莞银行授信额度等46.4亿元，其中向装备园、莞韶城投入建设资金37.4亿元。完成第三轮莞韶对口帮扶各项任务，顺利通过省内对口帮扶协作三年考核评比。

【产业共建】 2022年，莞韶指挥部聚焦园区扩容提质、项目招引建设、优势产业发展，签约项目247个，计划总投资1277亿元。13个共建园区规上工业增加值占全市比重达54.5%，新开工项目257个，计划总投资355.7亿元。新投产项目75个，累计完成投资73亿元。建成标准厂房59万平方米；莞韶创新产业园、表面处理站二期、广东东韶石化综合能源加油站等一批重点项目加快建设，规划总建筑面积52.1万平方米。

【乡村振兴助力】 2022年，东莞韶关乡村振兴驻镇帮镇扶村工作队推进镇村产业试点工作，形成27个产业发展案例。推动成立镇村集体公司47家，创建手工业乡村振兴车间21间，吸纳就业634人，其中脱贫户50人。全年完成消费帮扶4346.5万元，受益脱贫人口4071人。

【防汛救灾及灾后重建献力】 2022年6月，韶关发生百年一遇的严重洪涝灾害后，莞韶指挥部组织党员干部第一时间转移受灾群众1532人，协调东莞90个企事业单位和个人捐款捐物价值1489.7万元，其中捐款1183.5万元，为韶关加快防汛救灾和灾后重建贡献帮扶力量。

【园区帮扶】 2022年，东莞韶关对口帮扶指挥部创新“1+N+1”结对帮扶和园区“2+2”帮扶模式，协调东莞松山湖、银瓶创新区分别帮扶韶关高新区、华南装备园，实现县域和重点园区帮扶全覆盖；创新“指挥部+园区管委会+平台公司+银行”园区运营模式，推动设立省级经济特别合作区，探索莞韶“飞地经济”，“2+10+N”

共建园区模式经验获发展改革委等4个部委联合通报表扬并推广。

【华南装备园建设】 2022年，韶关华南先进装备产业园完成装备园三期控制性详细规划修编批复工作，规划新增建设用地面积266.67公顷。累计完成37宗项目竣工联合验收工作，完成建筑面积97.45万平方米的建设工作。建立上规企业培育库、固定资产投资(工业投资)项目库，依托项目库形成月度工作计划。园区累计建成投产企业39家，其中26家上规，全年完成固定资产投资26.42亿元，其中工业投资完成额18.36亿元（含技改投资0.3亿元）；工业总产值13.54亿元，比2021年增长68%，工业增加值3.55亿元，比2021年增长87.8%；装备园本级留存税额4861.73万元。全年累计引进新项目数30个，新签约项目投资额50.42亿元，其中亿元以上项目数25个。完成投资新建项目备案32个，备案总投资40.01亿元，完成企业投资项目核准1个；完成技术改造备案项目5个，备案总投资6.02亿元；完成节能审查项目25个；完成32家企业的营业执照办理；全年协助8家企业14名企业员工子女办理入学。

【莞韶“圆梦助学”活动】 2022年9月，莞韶“圆梦助学”2022—2023学年捐赠活动在莞韶指挥部举行。协调149家东莞爱心企业捐赠265.6万元，资助韶关困难学生664名，开设“圆梦助学”冠名基金专户，建立持续资助机制。

【华南虎文化品牌共建】 2022年11月21日，莞韶指挥部协调广东宏远篮球俱乐部与韶关共建华南虎品牌，推动俱乐部与基地、深圳市关爱行动公益基金会共同签订认养协议，俱乐部捐赠100万元认养4个月华南虎“宏宏”，韶关市文广旅体局与宏远俱乐部签署共建华南虎品牌协议，推动两地共建“猛虎+萌虎”华南虎文化品牌。

【第三轮莞韶对口帮扶任务完成】 2022年是第三轮莞韶对口帮扶收官之年，莞韶指挥部通过省内对口帮扶协作三年考核评比。其中，报广东省工信厅新开工亿元以上工业项目152个，在全省8个指挥部中排名前列。

广佛肇清云韶经济圈合作

【概况】 2022年，韶关市在旅游、环保等方面加强与广佛肇清云等城市的合作，取得一定的实效。与广州市、清远市组成广清韶旅游联盟，组合旅游线路产品，共同对外宣传。与广州市、佛山市、肇庆市等地市组建广佛肇清云韶经济圈建设环保专责小组办公室，印发《广佛肇清云韶经济圈联合打击跨区域非法倾倒固体废物专项行动方案》，建立健全广佛肇清云韶经济圈联动执法、联防联控机制。六市环保专责小组联席会议到2022年是第12届。在2022年度广佛肇清云韶经济圈环保专责小组联席会议上，商定2023年度广佛肇清云韶经济圈环保专责小组联席会议在肇庆市召开。

【产业转移】 2022年，韶关市对接融入“双区”和横琴、前海、南沙重大平台建设。及早谋划部署承接产业转移，完成韶关承接产业有序转移实施方案和主平台规划建设方案，规划建设全市产业转移承接“1+6”平台，总面积130平方千米，其中主平台72.34平方千米，重点承接和发展大数据及软件信息服务、生物医药、先进装备制造、电子信息、新材料、现代农业、商贸物流、医疗康养和文化旅游9大产业。

【融湾产业转移平台建设】 2022年，翁源产业园工业园区配套基础设施建设项目（韶关南部对接大湾区产业共建平台）、新丰县南部对接粤港澳大湾区重大平台建设项目、南方（韶关）智能网联新能源汽车试验检测中心项目等重点项目完成投资6亿多元。

【旅游交流合作】 2022年，韶关依托“广佛肇清云韶”经济圈联动机制，加深与大湾区城市的旅游交流合作，与广州市、清远市组成广清韶旅游联盟，与东莞市组成莞韶旅游联盟，与深圳市、惠州市组成深莞惠旅游联盟，组合旅游线路产品，共同对外宣传。

【环保合作】 2022年，韶关市与广州市、佛山市、肇庆市等地市联合组建第12届广佛肇清云韶经济圈建设环保专责小组办公室，印发《广佛肇清云韶经济圈联合打击跨区域非法倾倒固体废物专项行动方案》，建立健全广佛肇清云韶经济圈联动执法、联防联控机制，在污水处理、固体废弃

2022年11月21日，广东宏远篮球俱乐部与韶关共建华南虎品牌，推动俱乐部与基地、深圳市关爱行动公益基金会共同签订认养协议。图为出席活动人员饶有兴趣地拍摄正在嬉戏的华南虎双胞胎 （张伟 摄）

物、大气污染等领域开展整治合作。

【广佛肇清云韶经济圈环保专责小组联席会议】 2022年1月20—21日，2021年度广佛肇清云韶经济圈环保专责小组交流活动在广州市举办。广佛肇清云韶等六市生态环境局局领导，以及负责水、大气、固体废物、环境监测、环境执法等工作相关负责人参加。六市代表实地考察调研南沙湿地公园的生物多样性现状及珠江啤酒有限公司绿色工厂建设等情况，介绍广佛肇清云韶环保交流合作历史发展及工作成效，韶关市生态环境局通报2021年六市经济环保合作进展情况，六市生态环境局的参会代表分别就“跨界河流水环境综合整治的联防联控”“黑烟车整治”“建立检测机构跨市查处通报机制”“跨市环境污染案件的后期工作”“建立跨市一般工业固体废物协同处置机制”等议题进行交流讨论，并针对重点工作进行研究和规划。会议最后表决商定，下一届六市环保专责小组联席会议在佛山市召开。12月9日，佛山市生态环境局组织召开2022年度广佛肇清云韶经济圈环保专责小组联席会议，广州、佛山、肇庆、清远、云浮、韶关市生态环境局分管领导及大气、水、固体废物、环境执法、环境监测、环境应急等科室相关负责人参加，会议以视频形式进行。会上，2021年度主办单位广州市生态环境局通报2022年广佛肇清云韶经济圈环保合作进展情况，参会人员分别就“臭氧轻度及以上污染联防联控”“省内珠江流域上游地市加强总氮削减”“加强国三柴油货车区域联防联控”“建立六市跨市环境案件资源、信息共享机制”“北江水华风险防控应急建议”5个议题进行研究讨论，并明确由议题提出城市生态环境部门牵头推进。会议商定2023年度广佛肇清云韶经济圈环保专责小组联席会议在肇庆市召开。

“红三角”合作

【概况】 “红三角”经济圈由已故香港著名爱国实业家、全国政协副主席霍英东于2002年倡建，“红三角”是由同是革命老区、同属红砂岩地貌、同处欠发达地区、山水相连的广东省韶关市、江西省赣州市、湖南省郴州市三地组成的大三角地区，分别是广东的北大区域发展门、湘赣的南大门，面积8万平方千米，建立秘书长联席会议制度。自“红三角”经济圈创建以来，在人文交流、商贸往来上加强合作。霍英东基金会每年组织三市相关部门到中国香港开展专题培训，并每年召开一次联席会议，总结当年工作，研究制定下一年度工作计划，共同推进三市发展。“十四五”期间，韶关市多次到湖南省郴州市、江西省赣州市对接沟通，推进交通基础设施互联互通，与赣州共同推进赣韶铁路扩能、赣粤运河(广东段)等项目前期工作，推动信丰至南雄高速公路(广东段)加快建设。推进“跨省通办”和无差别“市内通办”试点工作，先后与江西赣州、湖南郴州实现点对点“跨省通办”，截至2022年“跨省通办”事项已达198项。2022年，广东韶关、江西赣州、湖南郴州三地在霍英东基金会的支持下开展经济管理培训、文体竞赛、旅游合作、交通基础设施对接、药监稽查合作等一系列活动。

【交通基础建设合作】 2022年，“红三角”三地推进省际大通道、省际农村公路建设，拓展客运班线、加强道路运政管理区域发展交流，加强三地的交通对接。韶关市推进赣韶铁路扩能前期工作。赣韶铁路新建扩能项目全长198千米，投资335亿元，其中，韶关段正线长123千米，投资约208亿元。配合相关部门完成《赣韶铁路扩能工程韶关段线路走向、技术标准提升规划方案研究》修编。5月6日，发展改革委印发《赣州革命老区高质量发展示范建设区建设方案》，研究赣韶铁路扩能项目。推进与泛珠三角地区高速公路联通。推进信丰至南雄高速公路(广东段)建设，完成投资14.01亿元。项目全长41.3千米，批复概算45亿元，全线采用双向四车道高速公路标准，设计速度120千米/小时，全面开工建设。大广高速、武深高速建成通车，雄信高速加快建设。

【“跨省通办”政务合作】 2022年，韶关市在被列为全省“跨省通办”和无差别“市内通办”试点城市之一中，率先在市、县两级政务大厅设立“跨省通办”综合服务窗口，完成“跨域通办”专区建设，并上线政务服务网(韶关)。先后与江西省赣州市、湖南省郴州市开展省外城市点对点“跨省通办”，通过统一事项标准、统一申办平台等方式实现无差别“市内通办”。形成《韶关市2022年“跨省通办、省内通办”事项清单》，“跨省通办”事项已达198项。选取的29项“异地代收代办”事项在浈江区、武江区、曲江区试点工作取得一定成效。

【旅游宣传推介与合作】 2022年，韶关市与赣州市、郴州市三地旅游行政管理部门从信息互通、资源整合、线路策划、市场开拓、客源互送、联合营销、品牌打造、旅游规划、旅游投资、商品开发、市场监管等多方面开展合作交流，发挥各自资源优势，借力粤港澳大湾区建设契机，促进三地旅游融合发展。

【药品监管稽查工作合作】 2022年，“红三角”三地按照《韶关赣州郴州三地药品监督稽查合作协议》，贯彻落实《知识产权强国建设纲要(2021—2035年)》、《广东省知识产权保护和运用“十四五”规划》，建立跨区域涉药品安全知识产权执法协作机制，强化知识产权保护，充分发挥知识产权行政执法作用，韶关市开展涉药品安全县域知识产权执法工作，翁源县和全南县于10月8日签订《跨区域知识产权协同保护合作协议》，南雄市和信丰县于10月15日签订《跨区域知识产权协同保护合作协议》，仁化县和汝城县联合查办侵犯商标注册专用权行为案件1宗。

沿线地区合作

【概况】 2022年，韶关加强沿线地区合作，与广西壮族自治区贺州市、柳州市，福建省漳州市等地沟通对接，共同推进厦昆高铁建设，沿线有关城市形成共识并联合开展部分前期研究工作。加强文旅联合推广营销，深化粤桂湘古道文化旅游联盟合作，韶关市联合东莞市、惠州市文旅部门到江西省南昌市、湖南省长沙市举办莞惠韶（南昌、长沙）区域联合旅游推介活动，拓展与江西省、湖南省等周边省份的文旅交流合作。

【周边地区对韶关投资】 截至2022年年底，韶关市吸引来自湖南省、江西省、福建省、广西壮族自治区、海南省、四川省、贵州省、云南省及中国香港、中国澳门等地区客商前来投资，签约项目合计78个，合同投资金额222.21亿元；新动工项目57个，新竣工项目22个；实际完成投资额22.81亿元。投资来源地主要集中在湖南省、江西省、福建省三地。来自湖南省签约项目合计35个，合同投资金额80.24亿元；新动工项目17个，新竣工项目9个；实际完成投资额5.15亿元。来自江西省签约项目合计23个，合同投资金额96.22亿元；新动工项目26个，新竣工项目7个；实际完成投资额10.24亿元。来自福建省签约项目合计7个，合同投资金额6.15亿元；新动工项目6个，新竣工项目3个，实际完成投资额3.14亿元。

【交通基础设施互联互通】 2022年，韶关市联合广东北部生态发展区四市及泛珠三角省份接壤和相望城市开展交通互联互通基础设施建设工作，共同推进铁路、高速和国省道前期工作及在建项目跟进工作。推进厦昆高速铁路项目厦门至昆明高速铁路（按350千米/小时标准建设）全长1824千米，全线投资3156亿元。其中广东省境内正线长559千米，投资1021亿元。厦昆高铁韶关段正线长177千米，投资324亿元。推进厦昆高速铁路建设得到相关省区省级层面支持，沿线有关城市已形成共识并联合开展部分前期研究工作。韶关至龙川高铁作为到2035年远景目标被列入广东省“十四五”规划纲要。12月，韶关市委托中铁二院工程集团有限责任公司和中国铁路经济规划研究院有限公司共同编制厦昆高铁韶关至龙川段规划方案研究报告初稿。韶关至贺州高速公路（韶关段）前期工作推进顺利，里程长68千米，估算投资122亿元。项目被纳入《广东省高速公路网规划》，截至2022年年底，项目编制单位正在开展工可报告修编工作。合力推进赣粤运河（广东段）前期研究工作。项目规划全长1228千米，投资匡算1500亿元。广东境内航道全长470千米，其中，北江段（韶关至三水河口）258千米，完成三级航道建设，交通运输部与江西、广东两省共同成立专职小组，推进项目前期工作。

【文旅产业合作】 2022年6月27日至7月1日，韶关市联合东莞市、惠州市文旅部门到江西省南昌市、湖南省长沙市举办2022莞惠韶（南昌市、长沙市）区域联合旅游推介活动，介绍莞惠韶三市的特色旅游资源，推出莞惠韶三市联游线路，拓展与江西省、湖南省等周边省份文旅交流合作，擦亮莞惠韶文旅品牌。受疫情影响，2022年广清韶旅游联盟（常州、安庆）推介会延期至2023年择时举办。

【区域教育合作】 2022年，韶关市与澳港两地组织开展夏令营、冬令营、艺术汇演、科技交流等学生异地交流活动，增进双方交流互动。韶关市广东北江中学、始兴县马市中学、仁化县董塘中学、仁化县周田中学、南雄珠玑中学、乌迳中学、乳源瑶族自治县侯公渡中学、乳源瑶族自治县一六中学、曲江马坝镇第二中学、大塘中学等27所学校与中国香港、中国澳门有关学校结成“姊妹学校”。

【社会领域合作】 2022年，韶关市落实异地户籍灵活就业人员养老保险参保。自2021年5月1日起放开灵活就业人员参加企业职工基本养老保险的户籍限制。拓宽包括网约车、外卖等新业态从业人员在内的灵活就业人员参保渠道，取消外省籍和本省跨市流动的灵活就业人员在就业地参加企业养老保险的参保年限等限制条件，方便异地户籍灵活就业人员参保。配合做好粤澳在生证明协查工作。推进“湾区社保通”项目。开展校企合作对接服务。与广东省建设职业技术学院召开线上供需见面会，组织东阳光等企业向该校200多名2022—2023届韶籍应届毕业生开展企业文化宣讲，推送124个岗位信息，吸引该校韶籍毕业生回韶关就业。韶关市技师学院与12家东莞转移到韶关的企业开展人才培养合作、输送各类技能人才72名。组织190家次重点用工企业分别与肇庆学院、市技师学院、南方技师学院和清远职教城12家高职院（技）校开展“校企对接”供需会。开展外省市劳务对接。组织本地企业赴外省外地开展人力资源交流活动。建立1649家次重点规模以上工业企业用工需求清单，向周边省区人力资源部门、外省籍务工人员等推送企业岗位信息246.74万条次，举办线上线下招聘和“直播带岗”等活动167场次。引导韶关市6家企业通过柳州市农民工远程视频综合服务平台发布525个岗位信息；与云南省昭通市人社局签订劳务战略协议，组织东阳光、日本电产等多家企业携1000多个优质岗位到该市开展企业宣传、专场招聘活动；组织南兴装备有限公司到湖南省益阳市开展劳务协作对接，11名学员现场与企业达成就业意向。推进医保异地结算工作。住院医疗费用跨省、职工医保普通门诊异地就医、门诊特定病种省内异地就医实现直接结算。

【生态治理联动】 2022年，韶关各级河长办之间及韶关与湖南省郴州市、江西省赣州市、河源市、清远市等多地已签订多项合作治理协议，全面建立跨地区、跨流域河长制联动机制，助推跨界河湖问题全面解决。乐昌市先后与湖南省宜章县、汝城瑶族自治县签订生态环境保护联防联控框架协议，建立联席会议制度，开展森林防火联防联控活动。

【林业有害生物联防联控和防控效能评价活动】 2022年8月27日，“粤闽赣湘桂琼”六省（区）首次林业有害生物联防联控和防控效能评价活动在广东韶关举办。活动由实地考察评

2022 年 8 月 18 日，粤闽赣湘桂五省（区）松材线虫病联防联治和防控效能评价活动在韶举行。图为签约仪式现场（吴嘉 摄）

价和室内交流 2 部分组成。实地考察评价现场，广东省林业局展示近年来全省松材线虫病防控工作成效，现场演示粉碎机、疫木粉碎车、钢丝网罩、套袋熏蒸等疫木除害处理方式，以及电动打孔注药、无人机喷药等新技术。室内交流会上，各省（区）交流松材线虫病疫情防控五年攻坚推进情况、外来入侵物种普查工作情况、松材线虫病防控技术措施等。此次活动签订联防联治工作协议，并就加强信息交流、推进监测预警一体化建设、强化检疫监管协作、提升灾害联合应急能力、培育统一开放的社会化防治服务市场等方面达成协作共识，50 余人参加活动。8 月 30 日，粤闽赣湘桂五省（区）松材线虫病联防联治和防控效能评价活动在韶关举行，并召开座谈会交流松材线虫病等重大林业有害生物防治经验，探讨完善联防联治机制、加强防治工作的对策和措施。会上，粤闽赣湘桂五省（区）签订联防联治协议，促进粤闽赣湘桂五省（区）防治工作协同发展，建立和完善松材线虫病联防联治机制，提升联防联治能力和成效，开展省际间协同防控联动，加强粤闽赣湘桂五省（区）松材线虫病联防联治工作。（欧闻歌）

老区促进

【概况】 2022 年，韶关市老区建设促进会开展老区苏区红色遗址利用情况调查研究工作，协助广东省老区建设促进会到韶关开展老区苏区红色遗址保护利用情况开展专题调研。增加和提升老区建设刊物阅读量和刊物出版质量，做好老区建设宣传作用，在《中国老区建设》《源流》及中国和广东省老区网站用稿率逐年攀升，由韶关老促会负责人带头供稿相关刊物，提升稿件在刊见报率，稿件登报数量增加明显，韶关市老促会老区宣传工作被中国老促会评为一等奖。捐资助学烈士后裔，助学烈士后裔大中专以上层次学生 270 人，发放助学金 155.6 万元，补助标准持续多年位居广东省 15 个地级市老促会前列。开展社会服务工作，引进的“妇幼健康国奶养育工程”和“光亮工程”两项民生项目。

【老区苏区红色遗址利用情况调查研究】 2022 年，广东省老区建设促进会就老区苏区红色遗址保护利用情况开展专题调研。韶关市老促会派出联系县督导组会同各地一起抓落实。各县（市、区）老促会把调研工作作为一项重要任务来抓，向党委、政府报告，争取重视支持。仁化县老促会向县委上呈书面报告，获批复支持。南雄市成立以市委副书记为组长的调研工作领导小组，由市老促会牵头，市委宣传部、市史志办公室等 6 个部门加盟，分为 3 个组实施调研。各地组织人员投入工作。全市有各种级别的红色遗址 503 处。全市的红色遗址保护利用和调研成果，已汇入到省老促会调研组向省委、省政府的专题报告中。

【老区刊物】 2022 年，韶关市各级老区促进会在《中国老区建设》《源流》及中国和广东省老区网站的用稿率逐年攀升。集中订赠两刊给老区村、老区学校。市老促会及县（市、区）老促会负责人带头写稿，带动刊物见报。订刊数量增加。南雄市老促会压实责任，下发通知要求机关单位、老区村等自费订刊。读刊用刊积极性提高。曲江区老促会继续开展送文化下乡活动，向乡镇人大代表、人大干部，通讯员赠送老区建设刊物，并获 2022 年度全国老区宣传工作三等奖。韶关市老促会老区宣传工作被中国老促会评为一等奖。

【烈士后裔助学】 2022 年，韶关市入围烈士后裔助学的大中专学生 270 人，比上年增加 12 人。其中大专以上 236 人，增加 22 人，中专 34 人，减少 10 人。发放助学金 155.6 万元，增长 8.9 万元。其中省资金 8 万元，与上年持平，市资金 69.6 万元，增长 4.6 万元，县级资金 78 万元，增长 4.3 万元。执行标准为大专以上每学年 6000 元／人，中专每学年 4000 元／人，全市达标。补助标准持续多年位居全省 15 个地级市老促会前茅。

【妇幼健康国奶养育工程】 2022 年，南雄市、始兴县两地推进由广东省老促会引进的“妇幼健康国奶养育工程”项目。截至年底，发放奶粉 1.67 万罐，受赠受助群众 1.32 万人次。韶关市“妇幼健康（国奶养育工程）”项目工作获一等奖。

【光亮工程】 2022 年，韶关市县级老促会把省老促会引进的光亮工程项目当作乡村振兴高质量发展的大事来抓。全市安装太阳能路灯 4.23 万盏，覆盖 2000 个村庄。“光亮工程”项目工作被广东省老促会评为特等奖。（张钰廷）

生态建设

综述

【环境影响评价】 2022年，韶关市生态环境局开展环评制度改革。于4月21日印发《韶关市生态环境局行政许可管理制度》，4月26日印发《韶关市建设项目环境影响评价文件审批程序规定》，探索建立市、县分区管理环评审批工作机制，提升环评审批效率。深化“放管服”改革，着力环评审批提速增效。建立环评审批“绿色通道”，对建设项目实施环评豁免、备案、承诺制审批、简化环评编制内容、共享环评基础数据等改革措施；主动跟踪对接重大项目，做好精细化保障措施，派专人跟踪重点项目环评进展，推动重大项目落地。强化生态环境要素保障。于6月17日印发《韶关市生态环境局关于做好全市重大投资项目环评服务工作的通知》，优化营商环境。全年全市办理各类新建项目环评审批303份（其中报告书56份、报告表247份），登记表备案管理463份，审批通过和备案的建设项目总投资426.4亿元，其中环保投资24.85亿元。办理排污许可证核发423份、城市噪声敏感建筑集中区域内夜间连续施工作业审批核发113份、辐射安全许可证核发34份、危险废物收集经营许可证2份，入河排污口设置审核3份。

【生态环境保护合作交流】 2022年，韶关市加强省内生态环境保护合作交流。6月10日，广佛肇清云韶经济圈建设环保专责小组办公室印发《广佛肇清云韶建立跨区域一般工业固体废物协同利用处置机制》，通过建立六市协同利用处置机制，深化广佛肇清云韶经济圈环保合作。健全跨区域联防联控协作机制，加强与湖南省郴州市、江西省赣州市协调沟通。8月，签订“郴州市生态环境局韶关市生态环境局赣州市生态环境局生态环境保护联防联控协议”，完善联席会议制度、突发环境事件应急协调处理机制、固体废物联防联控机制、生态环境联合执法机制、环境应急信息共享机制、应急救援协作工作机制、大气污染防治联防联控机制等交流机制，推动省际生态环境监管联防联治工作常态化。强化交界断面水环境协同监管。截至2022年年底，全市设有8个跨省常规监测断面（其中3个断面设置水质在线自动监测站），每月定期发布跨省断面水质情况，加强上游省份自来水水质监控和预警，建立水质异常情况省—市—县三级协同处置机制。

【生态环境保护宣传教育】 2022年，韶关市生态环境局加强生态环境保护宣传教育。全年在韶关日报刊登宣传报道116篇，在韶关广播电视台播出53条，《南方日报》刊登12篇；在韶关市生态环境局微信、微博公众号分别发布信息919条；与“南方+”共建“韶关生态”区域频道，全年收录稿件469条。做好2022年“广东省环境教育基地”命名申报工作和首批

2022年5月28—29日，2022年韶关市六五世界环境日文明健康绿色环保系列活动“永远跟党走 共建清洁美丽世界”在韶州公园举办

（市生态环境局 供图）

"广东省环境教育基地示范单位"命名工作。广东南岭国家级自然保护区管理局和广东南雄小流坑——青嶂山省级自然保护区2家单位申报"广东省环境教育基地",广东韶关丹霞山国家级自然保护区被评为"广东省环境教育基地示范单位"。开展"6•5"世界环境日系列宣传活动。5月28—29日,韶关市生态环境局联合韶关市妇女联合会、韶关市精神文明建设委员会办公室联合在韶州公园开展"永远跟党走、共建清洁美丽世界"2022年韶关市六五世界环境日文明健康绿色环保系列活动。定期召开新闻发布会。6月1日,在韶关日报社新闻发布厅举行2022年"6•5"世界环境日新闻发布会,通报2021年全市生态环境保护工作开展情况。12月13日,在韶关市生态环境局举办线上新闻发布会,通报2022年全市生态环境保护工作开展情况。

(向丽霞)

生态环境质量

【概况】 2022年,韶关市重点加强对空气环境、水环境质量和声环境质量等指标检测。韶关市区全年空气质量指数优、良天数为336天,优良率为92.1%,在全省21个地级以上市中排第十一位。全市13个地表水国考断面水质优良率100%;县级以上集中式饮用水水源水质达标率100%,且均达Ⅱ类以上水质,污染综合指数3.11,全省排名第三,比2021年上升2位。全市共布设噪声监测点位172个,韶关市区及各县(市)昼间道路交通声环境平均等效声级范围为64.0—68.4分贝,道路交通声环境质量较好。

【空气环境质量】 2022年,韶关市区城市空气中二氧化硫、二氧化氮、可吸入颗粒物、细颗粒物年均浓度、一氧化碳日均浓度(第95百分位数)、臭氧日最大8小时浓度(第90百分位数)分别为每立方米0.01毫克、每立方米0.12毫克、每立方米0.04毫克、每立方米0.02毫克、每立方米0.9毫克、每立方米0.16毫克,均优于国家二级标准,市区全年空气质量指数优、良天数为336天,优良率92.1%,在全省21个地级以上市中排第十一(与深圳市并列);六项监测指标全部达到国家环境空气质量二级标准,综合指数在全省21个地级市中排第十二(与清远市并列)。域内各县(市、区)空气质量指数优良率为90.8%—99.7%之间,环境空气六项指标(细颗粒物、可吸入颗粒物、二氧化硫、二氧化氮、一氧化碳、臭氧)年均评价浓度均达到国家环境空气质量二级标准。

【水环境质量】 2022年,韶关市级饮用水南水水库、武江十里亭(备用水水源)、曲江苍村水库及县级饮用水乳源南水水库、始兴花山水库、仁化高坪水库、翁源园洞水、南雄瀑布水库、乐昌张滩闸坝上游780米处、乐昌张溪水(备用水水源)、新丰鲁古河水库、新丰白水礤水库(备用水水源)共11个集中式饮用水水源地水质类别均达到Ⅱ类以上,水质均为优,总余氯、生物毒性2项新冠疫情防控特征指标均未发现异常,水质达标率100%,保持稳定达标,与2021年持平。韶关市10条主要江河(北江、武江、浈江、南水河、墨江、锦江、马坝河、滃江、新丰江和横石水)共布设36个市控以上手工监测断面,有28个监测断面责任城市为韶关市(其中13个为"十四五"国控考核断面);8个监测断面为省交界断面(其中5个为"十四五"国控考核断面),责任省份为湖南省或江西省。全年韶关市28个监测断面水质优良率100%,与2021年持平。全市13个地表水国考断面水质优良率100%;县级以上集中式饮用水水源水质达标率100%,且均达Ⅱ类以上水质,污染综合指数3.11,全省排名第三,比2021年上升2位。

【声环境质量】 2022年,韶关市区及各县(市)共8个城区开展昼间道路交通声环境质量监测。全市共布设172个监测点位,监测道路长度157.6千米。市区及各县(市)昼间道路交通声环境平均等效声级范围在64.0—68.4分贝。乐昌、翁源、新丰、仁化、始兴、乳源昼间道路交通噪声强度为一级(标准值为≤68.0分贝),道路交通噪声声环境质量好;韶关市区、南雄昼间道路交通噪声强度为二级(标准值为68.1—70.0分贝),道路交通噪声声环境质量较好。

(向丽霞)

2022年韶关市区饮用水水源水质状况统计表

表42

监测断面	监测年份	年取水量(万立方米)	年达标水量(万立方米)	水质达标率(%)	水质类别	年均值超标项目	年均值超标项目浓度(毫克/升)	综合污染指数均值
南水水库	2022	8212.1	8212.1	100	Ⅰ	—	—	0.12
十里亭(备用水水源)		493.0	493.0	100	Ⅱ	—	—	0.15
苍村水库		2739.0	2739.0	100	Ⅰ	—	—	0.12

(资料来源:市水文分局)

2022年韶关市区市控以上河流水质变化趋势分析结果一览表

表43

河流名称	断面名称及水质目标	2022年水质状况	2021年水质状况	断面所在地区	备注
武江	三溪桥（Ⅲ类）	Ⅱ类	Ⅱ类	乐昌市	“十四五”国控、跨省界
武江（支流）	新坪山桥（Ⅲ类）	Ⅱ类	Ⅱ类	乐昌市	“十四五”国控、跨省界
武江（支流）	章水湘粤省界（Ⅲ类）	Ⅱ类	Ⅱ类	乐昌市	“十四五”国控、跨省界
武江（支流）	宜章河（Ⅲ类）	Ⅲ类	Ⅳ类（氨氮超标0.13倍）	乐昌市	市控、跨省界
武江（支流）	黄圃河（Ⅲ类）	Ⅳ类（氟化物超标0.01倍）	Ⅱ类	乐昌市	市控、跨省界
锦江（支流）	广东桥（Ⅱ类）	Ⅲ类（氨氮超标0.15倍、总磷超标0.18倍）	Ⅱ类	仁化县	市控、跨省界
武江	坪石（Ⅱ类）	Ⅱ类	Ⅱ类	乐昌市	省控
武江	乐昌张滩坝上游（Ⅱ类）*	Ⅱ类	Ⅱ类	乐昌市	“十四五”国控
武江	昌山变电站（Ⅱ类）	Ⅱ类	Ⅱ类	乐昌市	省控
武江	中心寮（Ⅱ类）	Ⅱ类	Ⅱ类	乳源县	市控，乐昌—乳源交界
武江	桂头（Ⅱ类）	Ⅱ类	Ⅱ类	乳源县	省控
武江	塘头村（Ⅱ类）	Ⅱ类	Ⅱ类	乳源县	市控，乳源—武江区交界
武江	十里亭（Ⅱ类）*	Ⅱ类	Ⅱ类	武江区 浈江区	“十四五”国控
武江	武江桥（Ⅲ类）	Ⅱ类	Ⅱ类	武江区 浈江区	市控
锦江（支流）	杉皮梗（Ⅱ类）	Ⅱ类	Ⅱ类	仁化县	“十四五”国控、跨省界
锦江	丹霞山（Ⅲ类）	Ⅱ类	Ⅱ类	仁化县	省控
锦江	瑶山电站（Ⅱ类）*	Ⅱ类	Ⅱ类	仁化县	“十四五”国控
浈江	孔江水库上游（Ⅱ类）	Ⅱ类	Ⅱ类	南雄市	“十四五”国控、跨省界

续表43

河流名称	断面名称及水质目标	2022年水质状况	2021年水质状况	断面所在地区	备注
浈江	河坪（Ⅱ类）*	Ⅲ类（总磷超标0.17倍）	Ⅲ类（总磷超标0.44倍）	南雄市	“十四五”国控
浈江	古市（Ⅲ类）*	Ⅱ类	Ⅱ类	南雄市	“十四五”国控、南雄—始兴交界
墨江	墨江出口（Ⅱ类）*	Ⅱ类	Ⅲ类（总磷超标0.07倍）	始兴县	“十四五”国控
浈江	总圃桥（Ⅱ类）	Ⅱ类	Ⅱ类	仁化县	市控，始兴—仁化交界
浈江	长坝（Ⅱ类）*	Ⅱ类	Ⅱ类	仁化县	“十四五”国控
浈江	曲江桥（Ⅲ类）	Ⅱ类	Ⅱ类	浈江区	市控
北江	孟洲坝电站（Ⅲ类）	Ⅱ类	Ⅱ类	武江区 浈江区	省控
北江	白沙（Ⅱ类）*	Ⅱ类	Ⅱ类	曲江区	“十四五”国控
北江	高桥（Ⅱ类）*	Ⅱ类	Ⅱ类	曲江区	“十四五”国控、跨市界
南水河	南水水库出口（Ⅱ类）*	Ⅰ类	Ⅰ类	乳源县	“十四五”国控
南水河	锑厂下游（Ⅱ类）	Ⅱ类	Ⅱ类	乳源县	市控，乳源—武江区交界
南水河	龙归（Ⅲ类）*	Ⅱ类	Ⅱ类	曲江区	“十四五”国控、武江区—曲江区交界
马坝河	马坝河出口（Ⅲ类）	Ⅲ类	Ⅲ类	曲江区	市控
滃江	河口村（Ⅲ类）	Ⅱ类	Ⅱ类	翁源县	市控
滃江	官渡（Ⅲ类）*	Ⅱ类	Ⅲ类	翁源县	“十四五”国控
横石水	横石水桥（Ⅲ类）	Ⅱ类	Ⅲ类	翁源县	省控
新丰江	交通桥（Ⅱ类）	Ⅱ类	Ⅱ类	新丰县	市控
新丰江	马头福水（Ⅱ类）*	Ⅱ类	Ⅱ类	新丰县	“十四五”国控、跨市界

注：1.“十四五”国控断面均采用采测分离数据及“十四五”拟设目标进行考核评价。2.“*”标识断面为13个“十四五”国控考核断面。3.三溪桥、新坪山桥、章水湘粤省界、宜章河、黄圃河及广东桥断面为湖南—广东跨省级交界断面，责任省份为湖南省；杉皮梗及孔江水库上游断面为江西—广东跨省级交界断面，责任省份为江西省。其中新坪山桥、章水湘粤省界、宜章河、黄圃河、广东桥及杉皮梗断面暂未定水质目标，均采用水功能区划目标进行评价。

（资料来源：市水文分局）

2021—2022年韶关市区大气监测结果统计表

表44

市县名称	监测项目	测点名称	年平均浓度（毫克/立方米）		超标率（%）	
			2021年	2022年	2021年	2022年
韶关市区	二氧化硫	市八中	0.009	0.011	0	0
		碧湖山庄	0.008	0.010	0	0
		园林处	0.009	0.011	0	0
		韶关学院	0.009	0.011	0	0
		曲江监测站	0.010	0.010	0	0
		市区统计	0.009	0.011	0	0
	二氧化氮	市八中	0.021	0.017	0	0
		碧湖山庄	0.014	0.011	0	0
		园林处	0.018	0.014	0	0
		韶关学院	0.017	0.016	0	0
		曲江监测站	0.023	0.019	0	0
		市区统计	0.019	0.015	0	0
	可吸入颗粒物	市八中	0.038	0.035	0	0
		碧湖山庄	0.041	0.036	0	0
		园林处	0.037	0.034	0	0
		韶关学院	0.038	0.034	0	0
		曲江监测站	0.040	0.036	0	0
		市区统计	0.039	0.035	0	0
	细颗粒物	市八中	0.024	0.021	0.3	0.5
		碧湖山庄	0.024	0.022	0.3	0.8
		园林处	0.023	0.023	0.3	0.5
		韶关学院	0.026	0.023	0.3	0.5
		曲江监测站	0.025	0.022	0.3	0.8
		市区统计	0.024	0.022	0.3	0.8
	一氧化碳（日均浓度第95百分位数）	市八中	1.1	0.9	0	0
		碧湖山庄	0.9	0.8	0	0
		园林处	1.0	0.9	0	0
		韶关学院	1.0	0.9	0	0
		曲江监测站	1.2	1.0	0	0
		市区统计	1.0	0.9	0	0

续表44

市县名称	监测项目	测点名称	年平均浓度（毫克/立方米）		超标率（%）	
			2021年	2022年	2021年	2022年
韶关市区	臭氧（日最大8小时浓度第90百分位数）	市八中	0.144	0.160	2.8	9.7
		碧湖山庄	0.140	0.153	1.9	5.0
		园林处	0.138	0.152	1.4	4.8
		韶关学院	0.136	0.153	3.6	7.6
		曲江监测站	0.135	0.158	1.1	9.3
		市区统计	0.140	0.155	1.4	7.1
	降尘（吨/平方千米·月）	市八中	1.26	1.56	0	0
		碧湖山庄	1.42	1.78	0	0
		园林处	1.35	1.35	0	0
		韶关学院	1.28	1.57	0	0
		曲江监测站	1.24	1.19	0	0
		市区统计	1.31	1.49	0	0

（资料来源：市生态环境局）

2021—2022年韶关市区降水质量统计表

表45

监测站名称	2022年				2021年			
	样品数（个）	酸雨频率（%）	降水pH		样品数（个）	酸雨频率（%）	降水pH	
			范围	平均			范围	平均
韶关市	123	25.2	4.22—7.43	5.84	109	16.5	4.91—6.87	5.63

（资料来源：市生态环境局）

2022年韶关市区道路交通噪声监测统计表

表46

行政区		测点数（个）		总路长（千米）		平均路宽（米）
韶关市区		55		73.5		20.4
昼间	平均车流量（辆/小时）	等效声级	达标率（%）	>70分贝路段		声级范围（分贝）
				路长（千米）	（%）	
	大型车流量3262，中小型车流量9737	68.4	81.8	19.1	26.1	52.6～77.4

（资料来源：市生态环境局）

2022年韶关市区域环境噪声功能区统计表

表47

功能区	网格大小（米）	网格数（个）	覆盖面积（平方千米）	等效声级（分贝）		等级划分	评价
				昼间	超标率（%）		
1类区	500×500	42	10.50	53.2	28.6	二	较好
2类区	500×500	136	34.00	54.8	15.4	二	较好
3类区	500×500	69	17.25	54.0	1.4	三	较好
韶关市区	500×500	247	61.75	54.1	13.8	二	较好

（资料来源：市生态环境局）

【土壤环境质量】 2022年，韶关市强化土壤环境联动管理。7月15日，韶关市生态环境局会同韶关市自然资源局于公布区域2022年污染地块名录及其开发利用负面清单，严格建设用地准入管理；韶关市生态环境局会同韶关市农业农村局推进以县为单位的农用地分类管理。全年韶关市受污染耕地安全利用率95.54%，达成省级下达的90%任务目标；重点建设用地安全利用率100%。

【辐射环境质量】 2022年，韶关市继续加强核辐射环境安全监管。督促核技术利用单位对放射性同位素与射线装置的安全和防护状况进行年度评估，共120家核技术利用单位完成年度评估报告提交工作，完成率100%。是年，韶关市放射源辐射事故发生率为零，辐射环境质量保持良好。

【中央生态环境保护督察整改成效显著】 2022年7月，韶关市因中央生态环境保护督察整改推动老工业城市生态发展成效显著，被列为广东省“督察整改看成效”5个正面典型案例之一，并上报生态环境部中央生态环境保护督察办公室。11月18日，生态环境部命名韶关市为国家生态文明建设示范区，成为广东省北部生态发展区首个获得国家生态文明建设示范区称号的地级市；11月底，市生态环境局牵头负责的2022年市十件民生实事办理事项“完成100个自然村污水治理任务”提前超额完成，全市120个自然村生活污水治理工程建成并投入试运行。（向丽霞）

粤北南岭山水林田湖草生态保护

【概况】 2022年，广东粤北南岭山水林田湖草生态保护修复试点项目作为全国第三批山水林田湖草生态保护修复试点项目，试点工作坚持“山水林田湖草是一个生命共同体”，贯彻落实“保护优先，自然恢复为主”，围绕韶关市“北江和东江源头重要水源涵养区”和“生物多样性保护优先区域”的生态功能定位，针对北江流域、东江流域和拟建的南岭国家公园区域，构建“两江一公园”系统保护修复格局，集中解决一批对流域区域生态功能具有显著影响的突出生态问题，提升粤北南岭山区生态系统质量和稳定性，筑牢粤北生态屏障。试点工程总投资93.11亿元，截至2022年年底，试点工作实际完成投资77.71亿元。

【水生态修复】 2022年，韶关市流域水源涵养功能提升。北江流域、东江流域韶关段饮用水水源地水质达标率100%，地表水省考断面水质达标率、优良率均为100%，交予清远市的水质持续变好，新丰江韶关—河源交界马头福水断面水质稳定达到Ⅱ类水质目标。在全省率先超额完成矿山石场治理复绿任务，完成率273%。中央生态环境保护督察整改成效明显，成为全省5个正面典型案例之一。通过持续开展南水水库环境保护工程，加大水生态环境保护修复力度，使南水水库水质持续稳定达到Ⅰ类。

【矿山生态修复】 2022年，韶关市石漠化治理取得重大突破。完成石漠化地区综合治理1.49万公顷，实现“石漠化面积缩减、石漠化程度减轻、植被盖度提高”三大变化。矿山地质环境恢复治理效果良好水土流失得到缓解，建成韶关芙蓉山国家矿山公园和广东凡口国家矿山公园，韶关市入选全国绿色矿业发展示范区的地区。在全省率先超额完成矿山石场治理复绿任务，完成率273%。

【林业生态修复】 2022年，韶关市生态林业建设稳中有进。通过全面落实林长制，推进南岭国家公园、丹霞山国家公园创建，推动建立自然保护地管护机构61个。完成造林和生态修复1.46万公顷、森林抚育3.07万公顷、水源林建设8400公顷，反映森林总体质量的森林覆盖率、森林蓄积量、林地面积三项指标稳居全省前列，获国家森林城市称号，入选国家林业碳汇试点市。推进国家储备林项目建设，获批省级林业龙头企业4家，打造省级林业特色产业发展基地5个、数量位居全省第一。

【粤北南岭山水林田湖草生态保护修复试点工程】 2022年，粤北南岭山水林田湖草生态保护修复试点工程总投资93.11亿元，其中，地方统筹资金73.11亿元，中央专项资金20亿元。截至2022年年底，试点工作实际完成投资77.71亿元，其中，地方统筹资金73.1亿元投资项目180个，完成投资61.50亿元；中央专项资金20亿元，已全部分配下达到124个项目，实际支出18.18亿元。截至2022年年底，国家三部委下达的19项试点绩效目标全部达成。其中，矿山地质环境治理恢复面积、历史遗留的矿山地质环境治理率、受污染耕地安全利用率、生态红线面积占国土面积的比例、湿地面积保有量、水土流失治理面积、石漠化治理面积、村镇生活垃圾处理率等指标超过绩效目标。是年，韶关市南雄市梅关古驿道重点线路生态修复项目入选第二届广东省“生态修复十大范例”名单，韶关市南雄市稀土矿区矿山地质环境修复治理项目入选“十大范例提名”名单，韶关市山水林田湖草系统治理—石漠化区域综合治理项目入选单项奖。南岭自然保护区生态保护修复工程、凡口铅锌矿矿山综合生态修复工程和南雄市红砂岭综合治理工程3个项目代表广东省推荐到国家参加联合国“世界恢复旗舰项目”评选。3月9日，中央广播电视总台新闻《遇见美好生活》特别节目对凡口铅锌矿生态修复工程“三位一体”生态修复模式进行现场直播。11月23日，《中国自然资源报》“守住一脉青山一泓碧水——广东韶关试点山水林田湖草生态保护修复纪实”头版头条介绍山水林田湖草生态保护修复“韶关样板”。试点工程获得《中国环境报》等主流媒体宣传报道超100余次。 （朱思武）

水资源保护

【概况】 2022年，韶关市每月发布水质月报，对县（市、区）水环境质量进行排名，对水质异常的区域进行专项排查和预警通报。全年市控以上断面28个，其中国控考核断面13个。13个地表水国考断面水质优良率100%。28个市控以上监测断面水质优良率为100%，11个集中式饮用水源地水质达标率为100%，自《水污染防治行动计划》实施以来，全市地表水国考断面水质优良率连续5年达到100%；县级以上集中式饮用水水源地。水质达标率连续7年保持为100%；全市水质综合污染指数为3.11，全省排名第三，较2021年上升2位。启动并完成2个省级、3个其他类别的化工园区及7个饮水水源地地下水环境状况调查评估工作，开展广东省北江流域2021年冬至2022年春枯水期水量调度评估工作。有4个项目被纳入国家2021—2022年中型灌区续建配套与节水改造建设方案。南雄市瀑布灌区被水利部评定为国家级节水型灌区。新增批复实施42个镇村级饮用水水源保护区。韶关市用水总量18.1亿立方米；万元地区生产总值用水量116立方米，较2020年下降14.7%。实施国家节水行动，非常规水利用占比率比2020年提高0.5%以上。市、县、镇、村四级2025名河长，全年巡河9.3万次，发现并处理问题1855万个。

【水量水质量监测】 2022年，韶关市加强河流水质预警监测和问题排查督导，每月发布水质月报，对县（市、区）水环境质量进行排名，对水质异常的区域进行专项排查和预警通报，倒逼各地落实水环境治理责任。全年市控以上断面28个，其中国控考核断面13个。广东省水文局韶关水文分局在“龙舟水”特大洪水防御过程中，全程进行水文预测预警预报工作。6月19日，提前5小时发布韶关站将达到54.5米的洪峰，实际54.76米；6月21日，提前11小时发布浈江将出现超警戒2.3米的预报，提前8小时发布韶关市区将出现超警戒3.6米的预报。6月22日7时韶关站水位55.0米，实际水位54.97米。至6月22日，完成超200站次流量测验，超100站次泥沙测验，维护超30站次仪器设备。在“6•21”洪水防御及救灾工作中，水文为防汛减灾精准调度指挥提供技术支撑。广东省水文水资源监测中心韶关分中心完成46个河流水质监测站点、36个水库监测站点和1个地下水监测站点共83个常规监测站点水质采样、分析与评价工作，其中包括国家重点水质站24个、重要饮用水水源地站3个、重点水库生态站20个、市界水质站9个。

【水土保持及地下水监测】 2022年，韶关市加强北江流域生态环境保护。于9月20日印发《韶关市北江流域生态环境保护财政激励资金使用管理方案》，明确北江流域生态环境保护财政激励资金使用范围、资金安排程序、绩效管理等事项，加强资金管理，建立改善生态环境的激励约束机制和长效机制，规范北江流域财政激励资金使用，促进各县（市、区）加强北江流域生态环境保护和改善流域水环境质量。启动并完成2个省级、3个其他类别的化工园区及7个饮水水源地地下水环境状况调查评估工作。韶关水文分局开展广东省北江流域2021年冬至2022年春枯水期水量调度评估工作；完成2021年韶关相关市县水资源公报、年报和生态流量调度方案。承担连江口以上北江流域及新丰江上游的江河湖库及地下水水资源质量监测工作，受到政府部门的一致好评和新闻媒体的热切关注。提供生态流量服务和北江流域河湖重要断面智能监测系统运维及水质监测服务，助力生态文明建设持续发展。 （王贵妹）

【水库灌区建设】 2022年，韶关市谋划推动南雄盆地大型灌区续建配套与现代化改造项目，该项目估算总投资29.96亿元，覆盖南雄市15个镇（街）灌溉面积3.15万公顷。项目实施后预计可新增垦造水田458.07

南雄市孔江水库灌区(2022年)　　（南雄市史志办　供图）

公顷，新增补充耕地296.6公顷；新增灌溉面积3480公顷，改善灌溉面积8273.33公顷，提高抗旱保耕能力。韶关市有4个项目被纳入国家2021—2022年中型灌区续建配套与节水改造建设方案。截至2022年12月底，乳源瑶族自治县双口灌区和南雄市中坪灌区全面完工，南雄市大源灌区和曲江区罗坑灌区主体工程完工。韶关市完成南雄市横江灌区、乳源瑶族自治县引杨灌区、双口灌区3宗中型灌区标准化规范化创建工作。南雄市横江灌区被省水利厅评定为省级节水型灌区，南雄市瀑布灌区被水利部评定为国家级节水型灌区。

【水源地保护】 2022年3月8日，韶关市印发《韶关市深入开展碧水攻坚专项行动的工作方案》，以问题为导向，围绕污染防治攻坚战工作目标，组建专项行动工作专班，建立重点任务落实情况台账，定期调度工作进展情况，推动水污染防治工作落地落实。推进饮用水水源保护，新增批复实施42个镇村级饮用水水源保护区，出台《韶关市农村饮用水水源保护条例》，加强农村饮用水水源保护。

【水资源管理】 2022年，韶关市水资源管理“三条红线”（水资源开发利用控制红线、用水效率控制红线、水功能区限制纳污红线）目标完成情况良好，用水总量18.1亿立方米；万元地区生产总值用水量116立方米，较2020年下降14.7%；万元工业增加值用水量36立方米，较2020年下降40%；农田灌溉水有效利用系数0.534。严格取用水监管，推进取用水管理专项整治行动，整改取水口核查登记问题、无证取水问题等各类问题1239个；严格水资源论证和取水许可管理，全市完成新批取水项目759个，达到规模的全部开展水资源论证，其中开展节水评价项目5个。做好计划用水管理，全市河道外取水户开展计划用水907户，河道外用水户计划下达取水水量16.97亿立方米，实际取水10.89亿立方米。加强水资源保护，制定并落实《韶关市2022年重点河湖生态流量保障实施方案》，在小古菉、新韶、坪石、犁市、南水、仁化、滃江、岳城8个重点河湖生态流量控制断面开展生态流量监测，通过各水库的调节，各控制断面的径流基本得到满足，调度实施情况较好。实施国家节水行动，非常规水利用占比率比2020年提高0.5%以上，曲江区节水型社会通过国家复核，完成武江区县域节水型社会建设创建和验收工作。

【河长制工作】 2022年，韶关市市、县、镇、村四级2025名河长（其中，市级5名、县级71名、镇级617名、村级1332名），全年巡河9.3万次，发现并处理问题1855万个，其中5位市级河长完成巡河34次，发现并处理问题63个，问题整改率100%。加强河道保洁，修订《韶关市河道保洁工作实施方案（试行）》，全年投入资金2452万元，清理河道3700余千米，打捞漂浮物11.11万吨，基本实现全市主干河道无成片垃圾漂浮特的目标。推进沿江岸线专项整治、河道水域非法洗砂洗泥问题整改，以及河湖“四乱”（乱占、乱采、乱堆、乱建）问题整治等工作，排查整治涉河涉水问题149个，整治入河排污口138个，改善沿江沿河水环境面貌。做好河湖水域岸线空间管控基础工作，完

2022年6月21日，韶关水文分局工作人员在韶关市曲江区苍村水库进行应急指挥　　（韶关水文分局　供图）

成399条流域面积50平方千米以下河流河道管理范围划定工作。加强河湖日常执法巡查，公安、海事、交通、水务、农业、住管、生态环境等多部门开展河道联合巡查执法行动，打击各类涉河涉水违法犯罪行为，全市查处水事违法案件34件。开展河道清淤采砂专项整治行动，全市立案查处非法采运砂案件27件。韶关市河长办强化跨界“河长制”工作联动机制，牵头乐昌市与湖南宜章县强化粤湘边界区域合作，协同处置漂浮水葫芦。韶关市护河志愿者团队覆盖到村一级，有护河志愿者4.48万人，全市组织开展巡河护河活动400余场次。

【韶关市水生态环境保护“十四五”规划】 2022年3月5日，《韶关市人民政府办公室关于印发韶关市水生态环境保护“十四五”规划的通知》印发。规划编制经过“前期研究、草案编制、征求意见、论证报批”四个阶段，其间广泛征求社会各界意见，经市政府常务会议和市委常委会会议审议通过，《规划》印发实施。总体目标：到2025年，全市水生态环境质量保持优良，饮用水水源安全保障水平进一步提升，县级以上城市建成区黑臭水体全面消除，重污染河流全面达标。重点河流生态流量得到保障，打造一批“有河有水、有鱼有草、人水和谐”的秀美河湖典范，推进河湖生态保护与修复治理，秀水长清格局初步形成。规划明确“十四五”时期韶关市生态环境保护6项重点任务：加强生态空间管控，筑牢水生态屏障；严格饮用水源保护，保障群众饮水安全；深入打好水污染防治攻坚战，巩固水环境质量；优化水资源配置，强化河湖生态流量保障；推进美丽河湖示范建设，提升水生态健康水平；完善治水体制机制，夯实水生态保护基础。规划主要从污染减排、饮用水安全保障、水环境综合治理和生态修复、水生态风险防范、水生态调查评估等5方面谋划重点工程，共计60个重点工程。从4个方面加强规划实施保障：加强组织协调，落实责任分工；加大投入力度，健全投资机制；严格监督管理，强化目标考核；强化公众参与，推进全民治水。

【韶关南雄市瀑布灌区入选国家级节水型灌区】 2022年12月，水利部办公厅印发《关于公布节水型灌区复核结果的通知》，南雄市瀑布灌区入选国家级节水型灌区，成为全省两个“国字号”灌区之一，也是韶关唯一入选灌区。该灌区位于主田镇大坝村的瀑布灌区，农田灌溉支渠、支渠口都安装流量流速监控设施，可以实时监控农业灌溉用水量，同时对整片区域的农业灌溉用水实施监控。瀑布灌区始建于1957年，属于中型灌区，有效灌溉面积1606.67公顷，灌溉范围包括主田镇、古市镇和雄州街道的11个村。瀑布灌区在续建配套与节水改造的基础上，开展节水型灌区标准化、规范化管理灌区创建工作。瀑布灌区灌溉保证率达到90%，全渠通水时间由过去的6天缩短为3天，渠系水利用系数由改造前的0.42提高至0.56，年节约用水量425万立方米。

（刘　蔚）

2022年韶关市行政分区地表水资源量统计表

表48

名称	计算面积（平方千米）	地表水资源量（亿立方米）	占全市比例（%）	多年平均地表水资源量（亿立方米）	与多年平均值比较（%）	单位面积地表水资源量（万立方米/平方千米）
曲江区	1618	21.45	8.6	17.11	25.4	132.57
武江区	689	8.41	3.4	7.29	15.4	122.06
浈江区	567	6.86	2.8	6	14.3	120.99
乐昌市	2421	27.9	11.2	21.11	32.2	115.24
南雄市	2361	24.18	9.7	18.85	28.3	102.41
始兴县	2152	23.15	9.3	19.79	17	107.57
仁化县	2205	26.05	10.5	21.7	20	118.14
乳源瑶族自治县	2227	41.1	16.5	26.89	52.8	184.55
翁源县	2158	37.02	14.9	21.54	71.9	171.55

续表48

名称	计算面积（平方千米）	地表水资源量（亿立方米）	占全市比例（%）	多年平均地表水资源量（亿立方米）	与多年平均值比较（%）	单位面积地表水资源量（万立方米/平方千米）
新丰县	1987	33.01	13.3	22.82	44.7	166.13
全市	18385	249.13	100	183.1	36.1	135.51

（资料来源：市水务局）

2022年韶关市行政分区地下水资源量统计表

表49

名称	计算面积（平方千米）	地下水资源量（亿立方米）	占全市比例（%）	多年平均地下水资源量（亿立方米）	与多年平均比较（%）	单位面积地下水资源量（万立方米/平方千米）
曲江区	1618	4.38	7.2	3.52	24.4	27.07
武江区	689	1.87	3.1	1.5	24.7	27.14
浈江区	567	1.62	2.7	1.23	31.7	28.57
乐昌市	2421	7.07	11.6	5.31	33.1	29.2
南雄市	2361	5.53	9.1	4.38	26.3	23.42
始兴县	2152	5.28	8.7	3.95	33.7	24.54
仁化县	2205	8.46	13.9	7.56	11.9	38.37
乳源瑶族自治县	2227	8.4	13.8	4.99	68.3	37.72
翁源县	2158	8.95	14.7	5.11	75.1	41.47
新丰县	1987	9.46	15.5	6.58	43.8	47.61
全市	18385	61.02	100	44.13	38.3	33.19

（资料来源：市水务局）

2022年韶关市行政分区供水量统计表

表50

行政分区	总供水量（万立方米）	占全市比例（%）	地表水量				地下水量（万立方米）	占总供水量比例（%）	其他供水量（万立方米）	占总供水量比例（%）
			蓄水量（万立方米）	引水量（万立方米）	提水量（万立方米）	占总供水量比例（%）				
曲江区	22227	12.3	13555	1285	5906	93.3	221	1.0	1260	5.7
武江区	12127	6.7	3673	1698	5769	91.9	554	4.6	433	3.6

续表50

行政分区	总供水量（万立方米）	占全市比例（%）	地表水量				地下水量（万立方米）	占总供水量比例（%）	其他供水量（万立方米）	占总供水量比例（%）
			蓄水量（万立方米）	引水量（万立方米）	提水量（万立方米）	占总供水量比例（%）				
浈江区	11731	6.5	9572	1406	510	97.9	185	1.6	58	0.5
乐昌市	21966	12.1	15049	5417	702	96.4	22	0.1	776	3.5
南雄市	26446	14.6	12253	9450	4530	99.2	88	0.3	125	0.5
始兴县	17633	9.7	4252	8418	3524	91.8	859	4.9	580	3.3
仁化县	20615	11.4	16255	1055	1476	91.1	624	3.0	1205	5.8
乳源瑶族自治县	15233	8.4	10498	1601	1400	88.6	53	0.3	1682	11.0
翁源县	18580	10.3	11780	4730	1871	98.9	155	0.8	43	0.2
新丰县	14510	8.0	4286	7145	2859	98.5	99	0.7	122	0.8
全市	181067	100.0	101173	42204	28546	95.0	2859	1.6	6284	3.5

（资料来源：市水务局）

2022年韶关市行政分区用水量统计表

表51

行政分区	生产用水量（万立方米）					居民生活（万立方米）	占总用水量比例（%）	生态环境（万立方米）	占总用水量比例（%）	总用水量（万立方米）	占全市比例（%）
	农田灌溉	林牧渔畜	工业	城镇公用	占总用水量比例（%）						
曲江区	10071	2121	6630	748	88.0	2229	10.0	430	1.9	22227	12.3
武江区	4257	1105	1123	1839	68.6	3146	25.9	656	5.4	12127	6.7
浈江区	5423	774	1419	1163	74.8	2850	24.3	103	0.9	11731	6.5
乐昌市	18134	971	694	273	91.4	1696	7.7	198	0.9	21966	12.1
南雄市	21514	1230	835	479	91.0	2306	8.7	82	0.3	26446	14.6
始兴县	15350	647	380	283	94.5	846	4.8	126	0.7	17633	9.7
仁化县	13366	2530	3069	283	93.4	1000	4.9	366	1.8	20615	11.4
乳源县	10487	992	2012	441	91.5	1260	8.3	41	0.3	15233	8.4
翁源瑶族自治县	14227	2002	422	372	91.6	1421	7.6	136	0.7	18580	10.3

续表51

行政分区	生产用水量（万立方米）					居民生活（万立方米）	占总用水量比例（%）	生态环境（万立方米）	占总用水量比例（%）	总用水量（万立方米）	占全市比例（%）
	农田灌溉	林牧渔畜	工业	城镇公用	占总用水量比例（%）						
新丰县	10816	853	402	755	88.4	1548	10.7	136	0.9	14510	8.0
全市	123644	13226	16986	6636	88.6	18303	10.1	2273	1.3	181067	100.0

（资料来源：市水务局）

2022年韶关市各行政分区主要用水指标统计表

表52

行政分区	人均GDP（元）	人均综合用水量（立方米）	万元GDP用水量（立方米）	万元工业增加值用水量（立方米）		农田实灌亩均用水量（立方米）	居民生活人均用水量（升/日）	
				含火电	不含火电		城镇	农村
曲江区	76581	765	722	106	100	62	52	772
武江区	81514	320	309	40	38	11	11	806
浈江区	63063	323	321	52	51	33	11	750
乐昌市	35932	575	555	159	154	34	19	749
南雄市	37254	749	745	200	199	41	33	625
始兴县	49506	889	860	173	167	15	15	764
仁化县	59923	1109	1044	173	163	68	66	923
乳源瑶族族自治县	57302	811	721	133	118	36	36	694
翁源县	39750	575	574	141	140	15	12	702
新丰县	41152	742	736	175	173	22	14	689
全市	54377	633	611	116	112	36	30	728

（资料来源：市水务局）

土地资源保护

【概况】 2022年，韶关市在广东省2021年度耕地保护责任目标考核中韶关市获全省三等奖，奖励韶关市土地利用计划指标20公顷、耕地保护考核激励资金300万元。完成全市2021年度耕地资源质量分类年度更新与监测工作。实现2022年度耕地“进出平衡”。累计完成垦造水田面积2308.07公顷，位列全省第三。截至12月底，全市拆旧复垦累计立项面积1285.87公顷，完成竣工验收面积556.67公顷。启动广东省韶关市耕地土壤重金属污染成因排查和分析工作。严格管控类耕地已全部调出永久基本农田。开展全市受污染耕地土壤和农产品协同监测。更新 2022 年污染地块名录及其开发利用负面清单，公布 2022 年区域土壤污染重点监管单位名录；开展 52 个地块土壤环境信息联动管理和 27 个地块土壤污染状况调查管理。

【耕地保护】 2022 年，韶关市以 2021 年度全国国土变更调查成果和信息化技术为支撑，严格耕地保护责任目标考核，层层压实地方政府耕地保护主体责任，在广东省 2021 年度耕地保护责任目标考核中韶关市获全省三等奖，奖励韶关市土地利用计划指标 20 公顷、耕地保护考核激励资金 300 万元。掌握全市年度内耕地质量变化情况，完成全市 2021 年度耕地资源质量分类年度更新与监测工作。严格耕地用途管制，强化耕地流出管控，加大耕地恢复力度，落实后期管护责任等，实现 2022 年度耕地“进出平衡”。累计完成垦造水田面积 2308.07 公顷，位列全省第三，垦造水田工作成效及经验得到广东省自然资源厅认可和推广。规范耕地储备指标购买、借用和调剂的管理，推进节约集约用地，严格建设用地占用耕地报批审查，执行“占优补优，占水田补水田”的耕地占补平衡制度。组织加强设施农业用地备案管理和利用监测，加快设施农业用地上图入库工作。推进耕地卫片监督常态化，遏制耕地“非农化”、防止耕地“非粮化”。以问题为导向综合施策，谋划制定一系列指导政策文件，建立健全耕地保护监管长效机制。（朱思武）

【拆旧复垦】 2022 年，韶关市通过组织召开工作推进会、全市拆旧复垦工作现场会，邀请省土地整治中心领导和专家到现场交流指导，动员各县（市、区）自然资源部门及有关镇、村适应拆旧复垦工作的新要求，抓好复垦质量。加强拆旧复垦全流程监管，规范项目管理。加强对拟上报交易项目进行市级复核检查，主动与省有关部门的业务沟通。组织开展年度拆旧复垦工作专项检查，下发工作通报，加强项目监管，提高复垦质量，上报交易项目成功交易面积增加。截至 12 月底，全市拆旧复垦累计立项面积 1285.87 公顷，完成竣工验收面积 556.67 公顷。韶关市拆旧复垦指标交易面积 88.14 公顷，成交金额 6.61 亿元，其中市级统筹 0.66 亿元。（朱思武）

【土壤生态环境保护】 2022 年 3 月 28 日，韶关市污染防治攻坚战指挥部办公室印发《韶关市 2022 年土壤与地下水污染防治工作方案》，分解年度目标任务，压实责任，落实土壤污染防治工作。启动广东省韶关市耕地土壤重金属污染成因排查和分析工作。常态化开展耕地分类管理工作，严格管控类耕地已全部调出永久基本农田；建立省级农产品产地土壤环境监测反馈跟踪机制，开展全市受污染耕地土壤和农产品协同监测。严格建设用地准入管理，保障人居环境安全。更新 2022 年污染地块名录及其开发利用负面清单，公布 2022 年区域土壤污染重点监管单位名录；开展 52 个地块土壤环境信息联动管理和 27 个地块土壤污染状况调查管理。（向丽霞）

【耕地“进出平衡”工作】 2022 年，韶关市自然资源局综合各地全年度耕地流出预判情况及耕地恢复潜力，将耕地恢复任务分解下达各地，力争实现耕地净流入 160 公顷。印发《关于严格耕地用途管制有关问题的通知》《韶关市耕地恢复项目验收工作指引（试行）》和《韶关市耕地恢复项目质量控制标准（试行）》，健全政策指引。向市、县、镇、村四级干部发放耕地保护政策汇编手册 1.2 万册，向村民发放耕地保护宣传小册子 10 万册。全年全市实现恢复耕地 302.67 公顷。对接农业农村部门，从撂荒耕地复耕复种成果挖掘自然资源部门现状地类为非耕地的地块，各地摸排超过 200 公顷耕地流入潜力，结合农业农村部门有关政策推动耕地恢复。翁源县通过组织乡镇免费为村民种植紫云英、油菜等绿肥作物的方式，种植符合国土变更调查耕地地类认定要求的农作物。将未被 2021 年国土变更调查认定为耕地的历史不实补充耕地地块整改恢复为耕地，并落实种植要求，以增加 2022 年耕地流入面积。始兴县委托第三方按照国土变更调查耕地地类认定要求统一落实种植管护，翻耕、起垄超 200 公顷，并计划开展农作物种植。韶关市将低效园地、草地改造为高产水田，带来保障耕地占补平衡和耕地“进出平衡”的双重效益。仁化县通过在低效园地、草地上实施垦造水田项目，年内增加耕地 33.07 公顷。仁化县通过督促、引导、激励权重等方式通过农业结构调整自行恢复耕地，恢复耕地 17.33 公顷。新丰县通过临时用地复垦，实现耕地流入 5.33 公顷。韶关市开展“百日攻坚”专项行动，减少 2022 年耕地流出总量，减轻耕地“进出平衡”压力。严格核实 2022 年耕地流出问题图斑，推动整改恢复工作，特别是“三区三线”新划定永久基本农田范围内的耕地流出图斑，加大执法力度，推动落实原址整改。抓好往年耕地流出问题图斑整改复耕，尤其是推动 2021 年未落实耕地“进出平衡”县（市、区）加大整改复耕力度。韶关市委将耕地保护列入 2022 年度韶关市委专项巡察重点巡察内容，加强耕地保护政治监督。纪委监委派驻纪检监察组对耕地“非农化”“非粮化”双管控情况开展督查检查。韶关市人大代表委员会将耕地保护工作列入重点监督内容，深入各地调研、督导。将耕地保护责任目标考核结果纳入县级政府高质量发展综合绩效评价，将自然资源保护分值从 2 分提高至 4 分。韶关市正在探索建立市域内耕地“进出平衡”任务易地保护经济补偿机制，对耕地保护工作成效显著的县、镇、村给予奖励。（朱思武）

地质矿产资源保护

【概况】 2022 年，韶关市有 4 个省级以上地质公园，总面积 4.06 万公顷。有 1 个市级地质公园，韶关恐龙地方级地质公园，面积 0.54 万公顷。完成全市 1970 个矿山图斑“三上三下”核查和送审，摸清全市底数；完成矿山石场治理复绿面积 36.27 公顷，超额完成矿山石场治理复绿任务，完成率 126.46%；完成历史遗留矿山治理面积 146.77 公顷。有 6 个

2021 年 7 月，翁源县历史遗留工矿废弃地复垦复绿工程修复前的现场

（韶关市自然资源局 供图）

矿山通过专家评审达标。有绿色矿山数量 29 个。完成石漠化、红砂岭生态脆弱地区及古驿道沿线环境治理面积 1.01 万公顷。构建出韶关城乡一体的国土绿化试点示范，打造全省范围首批国土绿化试点示范样板。作为全省唯一地区成功入选全国 50 个绿色矿业发展示范区之一。全市实际出让采矿权 7 宗，涉矿收入 23.62 亿元，较上年翻 7 倍，超额完成 20 亿元出让收益目标。低品位难选铜硫矿选铜矿回收率从 68% 上升至 86%。引进矿产品深加工、精研发企业，搭建上下游齐备的完整矿业发展链条。

【地质公园保护管理】 2022 年，韶关市有 4 个地质公园，总面积 4.06 万公顷，其中国家级 2 个（广东丹霞山国家地质公园、广东韶关芙蓉山国家矿山公园），面积 3.14 万公顷；省级 2 个（广东乐昌金鸡岭省级地质公园、广东南雄恐龙省级地质公园），面积 0.92 万公顷。整合优化后，韶关市有 1 个地质公园，韶关恐龙地方级地质公园，面积 0.54 万公顷。广东南雄恐龙省级地质公园是恐龙骨骼化石、恐龙蛋化石和恐龙足迹化石同时发现的地方，“三位一体”极其罕见，是世界上研究中—新代界线与恐龙灭绝问题的最佳地点，具有科学、科普、美学和旅游价值。由广东南雄恐龙化石群省级自然保护区管理处对各保护点范围内的安全动态情况进行巡视、排查、实时管护。完成南雄恐龙地质公园新的总体规划的修编工作，启动自然保护区和地质公园整合优化后的综合考察工作。全年完成广东南雄恐龙地质科普中心的建设、装修、布展工作。（周 笑）

【历史遗留矿山生态修复】 2022 年，韶关市开展历史遗留矿山图斑核查，完成全市 1970 个矿山图斑“三上三下”核查和送审，摸清全市底数；办好 2022 年省十件民生实事，完成矿山石场治理复绿面积 36.27 公顷，超额完成矿山石场治理复绿任务，完成率 126.46%；完成历史遗留矿山治理面积 146.77 公顷。（朱思武）

【绿色矿山创建】 2022 年 12 月底，韶关市有 6 个矿山通过专家评审达标，始兴县 2 个，曲江区、乐昌市、新丰县、乳源瑶族自治县各 1 个。韶关市有绿色矿山数量 29 个，待建绿色矿山剩韶关市曲江鸿舜矿业有限公司乌石镇牛头山建筑石料用灰岩矿未达到绿色矿山标准。针对已完成绿色矿山建设的矿山，每年将结合专项行动进行抽查或不定期检查，不达标的移出达标绿色矿山台账，被列为 2023 年待建绿色矿山清单中，未达到绿色矿山标准前停产整改；针对不列入待建绿色矿山清单中采矿许可证 2023 年底后到期的矿山，要求各县（市、区）加大监管力度，确保达到绿色矿山标准前不发生开采行为，将对停产整改矿山的监督管理列为绩效考核一票否决事项；针对不列入待建绿色矿山清单中采矿许可证 2023 年底前到期的矿山，要求各县（市、区）指导企业完成闭坑前复垦复绿工作，针对近期刚取得采矿许可证但未完成基建的矿山，要求在开采前初步完成绿色矿山建设（包括矿区道路喷淋设施、办公区、生活区、监控设备、围蔽情况等），经市自然资源局核查后方可进行开采。

【全国国土绿化试点示范项目】 2022 年，韶关市通过实施全国国土

2022 年 6 月，翁源县历史遗留工矿废弃地复垦复绿工程修复后的现场

（韶关市自然资源局 供图）

乐昌市粤北第一示范牧场垦造水田项目(2022 年)

(韶关市自然资源局　供图)

绿化试点示范项目，完成石漠化、红砂岭生态脆弱地区及古驿道沿线环境治理面积 1.01 万公顷。全国国土绿化试点示范项目于 4 月基本完成造林类任务 5740 公顷，于 11 月底前完成抚育类任务 4333.33 公顷。造林一年后平均树高 1.5 米，枯枝落叶层平均增厚 0.5—1.0 厘米，林草植被综合盖度日益提升，生物多样性逐渐恢复，森林火灾受灾率得到控制，每年可吸收二氧化碳 40 万吨，产生氧气 14.8 万吨，可涵养水源 87.45 万立方米，提高生态脆弱区域森林覆盖率 2%，减少土壤流失，增强土壤肥力，降低农林业生产成本。带动油茶产业带建设，折算带动就业人数 3500 人，油茶带动项目区总体增收 2500 万元，基本实现生态脆弱地区标本兼治，构建出韶关城乡一体的国土绿化试点示范，打造全省范围首批国土绿化试点示范样板。

【全国绿色矿业发展示范区】 2022 年，作为全省唯一地区成功入选全国 50 个绿色矿业发展示范区之一，韶关市推进绿色矿业发展，绿色矿业示范区建设初显成效。矿政管理制度完善。于 9 月 30 日印发《韶关市矿产资源“净矿”出让和绿色高效开发利用实施方案》，于 9 月 6 日印发《韶关市矿产资源开发监督管理规定(试行)》。涉矿收入增长明显。全市实际出让采矿权 7 宗（包括乐昌双门寨、新丰左坑稀土及翁源将军屯北部等)，涉矿收入 23.62 亿元，较上年翻 7 倍，超额完成 20 亿元出让收益目标。中金岭南投资 6.7 亿元对凡口矿旧选矿厂进行升级改造，大宝山矿业对铜硫选厂进行多次升级改造，低品位难选铜硫矿选铜矿回收率从 68% 上升至 86%。矿业“产业链”越发完备健全，利用稀土、石英、有色金属、建筑石料等优势矿种，引进矿产品深加工、精研发企业，搭建上下游齐备的完整矿业发展链条，曲江区大旺山矿区水泥用石灰岩矿项目等重点项目均有意向投资合作者，将结合产业布局相关产业园区。

【地质项目】 2022 年，广东省地质局第三地质大队(广东省韶关地质灾害应急抢险技术中心)(以下简称“地质三队”）承担的韶关地区地热资源调查评价报告和新丰江流域（梅坑镇）陶瓷土矿历史遗留工矿废弃地复垦工程获评广东省地质科学技术奖二等奖，3 个工程勘察项目获清远市优秀工程勘察设计奖。韶关地质工程勘察院有限公司获得广东省“高新技术企业”证书。年内完成 2023 年省级地质勘查与城市地质专项 3 个项目入库工作。完成南岭国家公园及周边地区古生物化石调查项目评审验收，获评优秀级；完成南岭国家公园及丹霞山重要区位地质灾害调查评价项目野外工作。完成武江区、浈江区历史遗留矿山核查任务。承接乐昌市 2022 年度历史遗留矿山生态修复等 8 个生态修复项目。完成韶关市浈江区、武江区、新丰县和江门市台山市、恩平市 5 个县级 1：50000 地灾风险调查评价项目，完成惠州市惠阳区、大亚湾区地质灾害风险普查项目。承接武江区塘湾新村滑坡、广东省岭南工商第一技师学院宿舍楼、图书馆北侧边坡应急处置等 12 个地灾应急抢险和勘查设计施工治理工程，承接广东华电韶关乐昌北乡 48 兆瓦分散式风电等 11 个地质灾害危险性评估项目。龙川县贝岭镇、车田镇 1：10000 地质灾害精细调查项目，项目设计书、野外验收均获评优秀。派出 7 名高级工程师组成省、市两级专家组，参与韶关市地质灾害防御技术指导、市级督导检查和地灾应急调查工作；派出 32 名技术骨干组成 8 个应急调查组，进驻浈江区、武江区、乐昌市、新丰县四地支援。参与各级地灾应急会商 60 余次，开展在册地质灾害隐患点巡排查 255 次，拉网式排查 31 次，新增风险点应急调查 107 次，联合政府有关部门开展应急处置 90 次，参与全省矿产资源国情调查工作，完成广东省清远市矿产资源国情调查（清远片区及清远东片区）报告编制及评审工作，通过专家验收，获优秀等级。（刘　珊）

广东省有色金属地质局九三二队　2022 年，广东省有色金属地质局九三二队开展地质勘查及技术服务项目 30 项，在凡口矿区承接凡口铅锌矿外围探矿工作、井下生产探矿、井下智能供油系统（输油管道钻孔）施工和井下巷道安全支护（注浆加固）施工 4 个项目。外围探矿工作完成探矿钻孔 9 个，完成钻探进尺 5173.10 米；井下生产探矿完成钻孔进尺 1.17 万米；井下智能供油系统（输油管道钻孔）完成 10 个钻孔，进尺 953.26 米（含地表 2 个 75° 斜孔，336.41 米）。九三二队参与韶关市地质灾害防御技术指导、实地检查地质灾害隐患点，在应急抢险工作中出动人次 200 次，开展地灾巡查 365 人次，有效预警 36 次、成功避险 5 次、指导滞后性地灾风险点 32 个，协助转移受灾群众 2800 人，挽回经济损失 6200 万元。全年完成地质灾害防治、风险调查评价、应急处置、环境恢复治理等项目 27 个。承接各类工程项目 73 个，项目合同总金额 1839.19 万元。完成自建房和老旧房屋安全专项整治工作，组织开展安全生产大检查 20 次，排查出安全隐患 32 处。投入安措费资金 124.90 万元。11 月，广东省仁化县凡口铅锌矿防治水勘查评价获得广东省地质科学技术奖二等奖、2022 年 11 月韶关市曲江区马坝镇马鞍山高位危岩崩塌系列治理工程（勘查、设计、施工）获得广东省地质科学技术奖二等奖。

【丹霞山和张家界两个世界地质公园缔结友好姊妹公园】 2022 年 2 月，丹霞山世界地质公园和张家界世界地质公园签订友好姊妹公园协议，确立友好姊妹公园关系。两家姊妹公园代表两种不同的沉积地貌。张家界世界地质公园位于湖南省西北部，面积 398 平方千米，公园内包含砂石山峰林、方山台寨、岩溶峡谷、泉水瀑布、溪流湖泊和沉积、构造古生物化石等地质遗迹，拥有全球极为罕见的砂岩峰林地貌，有重大科学研究价值，是旅游业可持续发展的优秀案例。丹霞山世界地质公园位于广东省韶关市东北郊，总面积 292 平方千米，是丹霞地貌的命名地，丹霞地貌发育在全球中最典型和最丰富，是丹霞地貌研究最充分的地区，以科研科普为主导的科学名山闻名遐迩。8 月 12—16 日，丹霞山世界地质公园科普志愿者训练营在丹霞山世界地质公园开展。8 月 13 日，2022 年丹霞山世界地质公园全国科普志愿者训练营开营仪式在丹霞山自然学校开幕。训练营期间，主办方邀请中山大学廖文波教授等专家及丹霞山博物馆馆长顾丽娟、植物园园长陈再雄等科普导师为志愿者举办丹霞地貌、生物多样性、丹霞文化等讲座。志愿者实地考察丹霞山 9 条科考线路、丹霞山科普小镇和科普学堂，跟随专家和科普导师实地学习丹霞地貌、生物多样性、丹霞文化等科普知识。（李倩倩）

森林和自然保护地保护

【概况】 2022 年 11 月，韶关市被国家林草局授予“国家森林城市”称号。基本形成完整的全域森林城市创建格局。完成造林与生态修复 7.51 万公顷，森林抚育 19.5 万公顷，年均义务植树总株数 720 万株、尽责率 97.3%。开展主题宣传活动 100 余场次。争取到全国首批国土绿化试点示范项目，获得中央林业改革发展资金 1.5 亿元。完成造林和生态修复 1.46 万公顷，完成总任务的 106%。完成高质量水源林建设 8420 公顷。实施乡村绿化美化建设 55 个，全市参加义务植树总人数达 164.01 万人。落实 106 个镇古树资源补充调查，完成古树名木挂牌保护 8416 株，挂牌保护率 100%。开展 2021 年森林督查发现案件查处整改和 2022 年森林督查自查工作，截至 2022 年年底，完成查处整改 969 宗，查处整改率 97.29%，全年森林督查总图斑数、违法图斑数及违法面积较 2021 年都减少。完成林草湿图斑监测外业调查工作任务。全市森林占地面积 137.23 万公顷，森林覆盖率 74.52%，森林蓄积量 1.05 亿立方米，三项指标均稳居全省前列。湿地总面积 3.65 万公顷，建立 11 个湿地公园，全市湿地保护率均达 50% 以上。全市设立林长 5669 名；明确护林员 4278 名、监管员 4141 名；设立林长公示牌 1868 块。完善市级林长会议、信息公开、林长巡查、部门协作联动、督导督办、工作考核评价等 6 项配套制度。乐昌市龙山林场获得“2022 年广东省林长绿美园”称号。全面应用省级“智慧林长”平台，实现与省级平台数据对接。探索建立“林长 + 警长”“林长 + 检察长”“林长 + 河长”“林长 + 古树名木长”等工作机制。全市发现森林火灾隐患点 1663 处，督促完成整改 1660 处。

【国家森林城市创建】 2022 年 11 月，韶关市被国家林草局授予“国家森林城市”称号。创建国家森林城市工作启动以来，全市 7 个县（市）完成创建国家森林申请和种规划“双备案”，印发相应行动方案，与市级创建国家森林城市有效衔接、相互补充，基本形成完整的全域森林城市创建格局。完成造林与生态修复 7.51 万公顷，森林抚育 19.5 万公顷，森林碳汇工程 1.62 万公顷，石漠化区域生态治理 1.48 万公顷，生态景观林带建设 73.1 千米，国省道绿化提升里程 559.8 千米，地方公路沿线绿化提升里程 230 千米，年均义务植树总株数 720 万株、尽责率 97.3%。组织开展创建国家森林城市宣传活动，选定樟树、兰花为“市树、市花”，评选韶关“十大樟树王”“十大榕树王”“银杏王”；通过全域创森巡回主题宣传、森林文化周、摄影比赛、生态茶园行、森林健步行等各种活动平台，开展主题宣传活动 100 余场次，举办“创森直播”科普课堂，制作韶关全域创森主题 MV《创森 Mojito》、主题曲《善美韶关·绿满山川》，提升群众对创建国家森林城市的知晓率和支持率。

【绿美韶关建设】 2022 年，韶关市争取到全国首批国土绿化试点示范项目，获得中央林业改革发展资金 1.5 亿元。完成造林和生态修复 1.46 万公顷，完成总任务的 106%。完成高质量水源林建设 8420 公顷，营造多元化、多层次、结构稳定、功能完备的水源涵养林。实施乡村绿化美化建设 55 个，形成一批“古树茂盛、古迹兴旺、古韵悠扬”的粤北精品森林乡村示范村。组织开展义务植树活动，全市参加义务植树总人数达 164.01 万人，折合义务植树总株数 600.81 万株。落实古树名木保护管理责任制度，明确每一株古树保护责任领导，落实 106 个镇古树资源补充调查，完成古树名木挂牌保护 8416 株，挂牌保护率 100%，营造出全社会关爱古树的良好风尚。

【林业资源管护】 2022 年，韶关市开展 2021 年森林督查发现案件查处整改和 2022 年森林督查自查工作。摸清违法底数，排查出韶关市 2021 年森林督查 635 个违法图斑，涉及案

2022 年，乐昌市铅锌矿矿山地质环境治理恢复工程治理后环境得到改善
（韶关市自然资源局　供图）

件 996 宗，截至 2022 年年底，完成查处整改 969 宗，查处整改率 97.29%，在打击破坏森林资源现象上取得效果，全年森林督查总图斑数、违法图斑数及违法面积较 2021 年都减少；部署全市林草湿生态综合监测工作，完成外业样地调查及系统图斑处理。韶关市林草综合监测各项工作在全省名列前茅，完成林草湿图斑监测外业调查工作任务，获得广东省林业局“突出贡献单位”通报表扬。

【森林和湿地保护】 2022 年，韶关全市森林占地面积 137.23 万公顷，森林覆盖率 74.52%，森林蓄积量 10487.77 万立方米，三项反映森林资源的核心指标均稳居全省前列。韶关市湿地总面积 3.65 万公顷，主要湿地类型为河流、沼泽和库塘等，其中河流、沼泽等自然湿地面积 2.32 万公顷，库塘等人工湿地面积 1.33 万公顷，建立 11 个湿地公园，全市湿地保护率均达 50% 以上。

【林长制实施】 2022 年，韶关市林长制组织体系全面建立，市、县两级均实行由党委、政府主要负责担任第一林长、林长的“双林长”制，建立市、县、镇、村四级林长体系和以村级林长、监管员、护林员为主体的“一长两员”森林资源源头管护架构。市级层面，市委、市政府主要领导任市级第一林长、林长，6 名市委常委、4 名副市长任市级副林长，林长职责明确、责任区域明晰。全市设立林长 5669 名，其中市级林长 12 名、县级林长 132 名、镇级林长 1275 名、村级林长 4250 名；明确护林员 4278 名、监管员 4141 名；设立林长公示牌 1868 块；市、县、镇三级设立林长办，成立林长办工作专班，专门负责林长制工作。市级召开林长会议 1 次，市林长办召开工作会议 5 次，市级林长调研巡林 24 人次，编制市级林长制简报 6 期，市第一林长、林长于 5 月 23 日签发 2022 年第 1 号林长令《关于扎实推进林业生态建设切实抓好林业灾害预防工作的令》，于 9 月 20 日签发第 2 号林长令《关于加强松材线虫病防控工作的令》。县级召开林长会议 72 次，发布县级林长令 18 道，县级林长巡林调研 640 余次。完善市级林长会议、信息公开、林长巡查、部门协作联动、督导督办、工作考核评价 6 项配套制度，于 8 月 27 日制定《韶关市 2022 年度林长制考核实施细则》，配合省对韶关市开展 2022 年林长制考核现场核查工作，组织开展市对各县（市区）2022 年度林长制考核工作。于 6 月 23 日与市公安局联合制定《韶关市涉林违法案件查处协作办法（试行）》，于 9 月 15 日与市人民检察院联合制定《关于建立“林长 + 检察长”工作机制的实施意见》，初步建立起涉林违法案件查处协作机制。组织各县（市区）申报 2022 年省级林长绿美园，乐昌市龙山林场获得“2022 年广东省林长绿美园”称号，为全省 2022 年度 11 个省级林长绿美园之一。韶关市获全省 2021 年度全面推行林长制实施情况评估“优秀”等次，综合排名全省第二。

【自然保护地划定和管理】 2022 年，韶关市有县级以上自然保护地 105 个，总面积 4549 平方千米，占国土面积比例 24.71%。开展自然保护地范围和功能区边界开展矢量化数据制作、自然保护区总体规划编制及科学考察编制等自然保护地整合优化工作，其中自然保护区范围和功能区边界开展矢量化数据制作完成率 58.05%，自然保护区总体规划完成率 79.13%，自然保护区综合科学考察完成率 78.26%；构建市、县分级管理体制，明确管理职责，韶关市辖区内整合优化后自然保护地 77 个，有 59 个自然保护地明确设立管理机构，其余 18 个由地方政府指定管护机构。

【韶关市绿色投资发展有限公司成立】 2022 年 5 月 19 日，韶关市召开韶关市绿色投资发展有限公司（以下简称“绿投公司”）成立大会，发挥国资国企优势，推动国家储备林基地建设。绿投公司是通过资源注入、央企引领、银行融资、市场运作等措施，打造集现代生态林业建设、木材产业发展、乡村振兴于一体，融生态林木材产品供给、乡村森林旅游策划、林下研学康养、林业产品加工销售、林业产业园区建设于一身的综合性企业。韶关市拟投入资金 400 亿元，规划建设国家储备林基地 26.67 万公顷，计划分三期建设。截至 2022 年 12 月底，绿投公司的资产总额 8.62 万元，负债总额 10 万元，所有者权益 -1.38 万元；净利润 -1.38 万元。

（周　笑）

国家生态公园

【概况】 2022 年，韶关市成立国家公园创建工作领导小组，将国家公园创建工作纳入“十四五”规划和年度重点改革任务，制定《韶关市关于建立以国家公园为主体的自然保护地体系改革实施方案（试行）》，会同中国科学院华南植物园、武汉植物园和生态环境部华南环境科学研究所等单位成立南岭生态系统与生物多样性研究院（韶关）和粤北生态环境研究院。是年，韶关市筹划和申报与国家公园相适宜的特色集镇、入口社区、核心节点、历史研学、红色文化、小水电清退、乡村绿化美化、科普宣教、科研监测九大类国家公园项目。

【南岭国家公园】 2022 年，南岭作为创建国家公园的候选地之一，范围涉及韶关和清远 2 个市，曲江区、武江区、乳源瑶族自治县、乐昌市、阳山县、英德市、连州市 7 个县（市、区），总面积 1931.6 平方千米，由南岭—南水片、石门台—罗坑片及连接两片的乳源大潭河生态廊道（生态保护带）组成，涉及韶关范围内 12 个自然保护地，在韶关范围面积 976.38 平方千米，占总面积的 50.5%，其中核心保护区 605.62 平方千米，一般控制区 363.73 平方千米。年内完成南岭国家公园入口廊道景观提升工程、韶关片区入口社区提升工程、夹背村入口社区等项目建设，辐射带动南岭国家公园周边文旅等产业健康发展。针对南岭国家公园范围内永久基本农田、矿业权、小水电站、集体人工商品林、种植、养殖活动、社区人口等问题，制定《韶关市人民政府关于贯彻落实南岭国家公园创建督导意见的工作方案》，明确责任单位对南岭国家公园内存在的相关问题进行解决，解决永久基本农田、矿业权、种植、养殖活动、社区人口问题。（周　笑）

【丹霞山国家公园】 2022 年，丹霞山作为创建国家公园的候选地之一。韶关市文化广电旅游体育局、韶关市丹霞山管理委员会协调相关部门及科研院所，做好丹霞山地质地貌、生物多样性、文物资源等国家公园创建本底调查。发现丹霞兰等动植物和菌类新种 39 种，“丹霞区系”概念首次提出。丹霞山记录植物 2270 种、动物 2063 种。其中国家一级保护植物 1 种、一级保护动物 6 种。丹霞山摩崖石刻被列入全国重点保护单位。分层次、分对象分享研究成果，开发设计地质地貌、生物、历史文化等科普研学课程 200 个，面向全国招募志愿者 600 余人，培训科普导师 800 人次。是年，韶关市丹霞山管理委员会在《丹霞山世界自然遗产保护与管理规划》框架下，完善丹霞山规划体系。7 月，国家林草局专家到丹霞山对《广东丹霞山国家级自然保护区总体规划（2022—2031 年）》现场实地考察。9 月 26 日，国家林草局组织专家对总体规划进行评审。10 月 18 日，获得国家林草局专家评审意见。11 月 2 日，完成最后一轮修改，呈报国家林草局审批。

韶关丹霞山风景名胜区南门（2022 年）（张伟　摄）

【丹霞山科普研学】 2022 年，韶关市丹霞山管理委员会研发特色科普研学课程 200 余套，培养研学导师数十人，设计研学产品 10 余个，全年先后组织进入南雄市 10 所学校、韶关市第十四中学、韶关市至和汤邓淑芳纪念学校等地开展“奇美天成丹霞山”科普进校园活动。（刘建谦）

生物多样性保护

【概况】 截至 2022 年，韶关市华南虎种群数量从 2 头发展到 12 头，韶关市陆生野生脊椎动物 575 种，3 个珍稀动物、植物型自然保护区。2022 年，韶关市广东省生物多样性最丰富的地区之一，是国家重点林区，被誉为华南生物基因库。全年全市有陆生野生脊椎动物 575 种，列入国家一级、二级重点保护的野生动物 39 种，列入国家一级、二级重点保护的野生植物有南方红豆杉、伯乐树等 40 种。引种、保育南岭特色植物与药用植物 450 余种。设立有“广东宏远”认养韶关华南虎“宏宏”。

【物种资源普查】 截至 2022 年，韶关市陆生野生脊椎动物 575 种（含历史记录），其中两栖类 2 目 9 科 30 属 40 种，爬行类 2 目 20 科 60 属 103 种，鸟类 13 目 57 科 335 种，兽类 8 目 27 科 97 种，被列入国家一、二级重点保护的野生动物有鳄蜥、华南虎、黄腹角雉等 39 种。高等植物 271 科 1031 属 2686 种，被列入国家一级、二级重点保护的野生植物有南方红豆杉、伯乐树等 40 种。开展全市物种资源普查，摸清千种珍稀动植物和重点保护物种现状，建立物种资源数据库。做好资源考察和研究工作，出版《广东丹霞山动植物资源综合科学考察》《华南虎繁育技术》等研究成果。3 月 31 日，丹霞呵叻蛛、丹霞铁马鞭、丹霞铁角蕨、东方卷柏 4 个新物种先后正式发表，再次刷新丹霞山物种纪录。

【陆生野生动物资源调查】 2020—2022 年，韶关市组织开展野生动物

中华秋沙鸭，国保一级，拍摄地广东南水湿地（欧小忠　2022 年 12 月摄）

主要栖息地内陆生野生动物资源监测，对全市 14 个省级以上自然保护区和 4 个国家级湿地公园及周边地区进行监测，布设 22 个样区、62 条样线、66 台红外相机，在乳源南水湖国家湿地公园、南雄青嶂山省级自然保护区建立野生动物恢复示范地。

【韶关华南虎繁育研究基地】 韶关建立华南虎繁育研究基地于 2008 年 7 月经国家林业局批准建立。基地位于韶关市南郊国家森林公园内，由科普教育区、繁育研究区组成，规划占地面积 30 公顷。基地先后投资 1000 万余元，完成 3 个繁育区、1 个育幼区、虎文化宣教中心、监控室、科普长廊等重点项目设施建设。基地先后被批准为“韶关市科普教育基地”“广东青少年科技教育基地”“广东省科普教育基地”“广东省院士专家工作站”。基地针对人工圈养的华南虎高度近亲繁殖、疾病类型多样、繁殖率低、死亡率高、种群发展缓慢的现状，先后承担广东省科技项目 2 个、广东省林业科技创新项目 2 个、韶关市科技项目 4 个，在华南虎人工饲养环境、饲养繁殖、人工育幼、疾病防治等方面进行研究，取得多项技术成果。项目在韶关市创建半野化模式的华南虎繁育研究基地，出版《华南虎繁育技术》专著 1 本，发表论文 10 余篇。“华南虎幼虎肺部感染诊断及综合治疗”“华南虎育幼技术研究”“华南虎性激素变化规律分析及应用研究”“虎鼻气管炎的快速诊断与临床应用”4 项成果分别获韶关市科学技术进步奖一等奖，“华南虎半野化模式的饲养环境研究”获韶关市科学技术进步奖三等奖，“华南虎驯养繁育研究”获广东省林业科学技术计划项目成果认定。研制的“动物多功能通道装置”获国家实用型专利。截至 2022 年，华南虎种群数量从 2 头发展到 12 头，技术成果在全国进行推广应用，促进中国华南虎种群的发展。

【生物生境保护修复】 2022 年，韶关市有陆生野生脊椎动物 575 种，穿山甲、水鹿、豹猫等野生动物种群扩大，“世界上最神秘的鸟”——海南虎斑鳽现身南岭，其中列入国家一级、二级重点保护的野生动物有 39 种。韶关市有高等植物 2686 种，列入国家一级、二级重点保护的野生植物有 46 种。发现 6 种新物种、5 种广东省新纪录物种和 1 种新变种。韶关以珍稀动植物繁育为举措保护生物多样性。以华南虎、鳄蜥繁育研究基地为抓手，开展以华南虎、鳄蜥等旗舰物种为核心的生物多样性监测评估，实施一批野生动物救护繁育、极度濒危野生动植物抢救性保护项目，珍稀动植物种群不断扩大。加强野生动植物栖息地保护和恢复工作。完成造林与生态修复面积 1.36 万公顷；高质量水源林建设 8420 公顷；新造林抚育 7080 公顷、森林抚育（财政部分）6533.33 公顷，生物栖息地得到保护。严格执行生态保护红线，开展自然保护地整合优化工作，配合创建南岭国家公园，划定和管理自然保护地，推进自然保护地建设，提高栖息地的连通性和完整性。建设韶关植物园，南岭园、药用植物园专类园建设（一期）项目完工，引种、保育南岭特色植物与药用植物 450 余种。截至 2022 年年底，设立有广东罗坑鳄蜥国家级自然保护区、粤北华南虎省级自然保护区和南雄丹霞梧桐自然保护区 3 个珍稀动物、植物型自然保护区，全市各地开展华南虎、鳄蜥、黄腹角雉、莽山原矛头蝮、华南五针松等野生动植物保护项目。

2022 年 11 月 21 日，广东宏远篮球俱乐部在韶关华南虎繁育研究基地举行华南虎认养仪式（王松平　摄）

【“广东宏远”认养韶关华南虎“宏宏”】 2022年11月21日，广东宏远篮球俱乐部（以下简称“广东宏远”）华南虎认养仪式在韶关华南虎繁育研究基地（以下简称“基地”）举行。仪式上，广东宏远与基地、深圳市关爱行动公益基金会代表共同签订认养协议，向基地捐赠100万元用于所认养华南虎的饲养管理、医疗保健等，基地为其颁发认养证书及“华南虎守护大使”荣誉证书。市文广旅体局与广东宏远签署共建华南虎品牌协议。公布广东宏远认养的华南虎呼名——“宏宏”。韶关“守护华南虎”公益行动新增一支社会爱心力量，共同促进华南虎保护和虎文化传播，助力将华南虎打造成为保护生物多样性的“中国名片”。而此次宏远与韶关“破圈”联动，打开莞韶对口帮扶发展新路，成为两地文化合作交流的重要标志。 （周 笑）

节能减排

【概况】 2022年，韶关市主要污染物排放持续下降，化学需氧量、氨氮、氮氧化物、挥发性有机物等总量减排指标均完成省下达年度目标任务。全市公共机构人均综合能耗量为60.09千克标准煤／人，同比上升0.41%，单位建筑面积能耗量为3.76千克标准煤／平方米，同比上升10.52%，人均用水量为19.80吨／人，同比下降22.54%；公共机构二氧化碳排放总量为11.34万吨，同比上升11.94%。全年全市重点工程主要污染物总量减排均完成省下达年度目标任务，其中化学需氧量削减2783吨，氨氮削减274吨，氮氧化物削减2237吨，挥发性有机物削减172吨。 （向丽霞）

【工业污染物减排】 2022年4月7日，韶关市污染防治攻坚战指挥部办公室印发《韶关市2022年主要污染物总量减排工作计划》，统筹部署，明确主要目标和重点任务分工，压实各县（市、区）和企业主体责任。全年推进钢铁、水泥等重点行业污染治理升级改造，完成广东中南钢铁股份有限公司烧结、焦化烟气升级改造，完成乐昌市中建材水泥有限公司及翁源县中源发展有限公司窑尾脱硝改造，推进深圳市中金岭南有色金属股份有限公司韶关冶炼厂锌精馏车间多孔介质燃烧技术改造。聚焦涉VOCs排放企业深度治理，从源头替代、过程管控、末端治理等方面逐步推进工业企业VOCs治理提质增效。加强工业废水深度处理，完成广东中南钢铁股份有限公司1号、2号、4号、5号焦炉废水深度处理工程，实施废水深度处理、回用改造等措施，全年吨钢工业废水排放量比2017年降低44.07%，达到清洁生产Ⅰ级水平。推动工业低碳化绿色化，51家企业通过清洁生产审核验收。开展工业固废综合利用，支持工业企业建设资源综合利用项目，一般工业固废综合利用能力显著提升。开展重点行业能效（水效）对标，在钢铁、水泥、石化、有色金属、玻璃、造纸、纺织和数据中心8个行业开展能效对标，在钢铁、石化、有色金属、造纸、纺织5个行业同时开展水效对标。开展节水型企业、园区建设及节水标杆创建。截至2022年年底，4家“六大高耗水行业”企业通过节水型企业评价认定。乐昌市沃府新材料有限公司被工信部列为废塑料综合利用行业规范条件企业。（李国华 向丽霞）

【公共机构节能减排】 2022年，韶关市落实《“十四五”公共机构节约能源资源工作规划》《深入开展公共机构绿色低碳引领行动促进碳达峰实施方案》等政策文件要求，实施全面节约战略，完成2022年度公共机构能源资源消费统计工作。韶关市县级以上党政机关566家，创建节约型机关单位220家，2020—2022年累计完成节约型机关创建单位414家，占全市县级以上党政机关的73.32%，完成国家制定三年内70%以上县级以上党政机关创建成功节约型机关的目标任务。开展以“碳达峰 碳中和”“绿色低碳、节能先行”为主题的节能低碳知识竞赛和低碳健步行活动，通过韶关发布、韶关市发展和改革局，韶关市生态环境局等微信公众号进行发布，宣传活动累计吸引线上线下观众4000人次，制作的视频、宣传稿件等宣传材料的总转发量2600次，节能培训会议线上直播间累计吸引观众223人次。 （欧闻歌）

【循环经济】 2022年，韶关市把工业园区工作全面纳入循环经济轨道，推进循环经济发展，推动园区绿色化转型，鼓励园区开展循环化改造。截至2022年年底，全市有9个园区（开发区）通过省循环化改造试点园区验收，韶钢产业园纳入“十四五”园区循环化改造实施清单。推进工业固废减量化和综合利用，推动工业资源综合利用基地建设，尾矿、煤矸石、冶炼渣等大宗工业固体废物综合利用加快向聚集化、规模化、高值化发展，丹霞冶炼厂锌渣绿色化升级改造项目、凡口铅锌矿采掘废石资源化利用技术改造项目建成投产；通过加强废钢铁、废有色金属、废旧动力电池等“城市矿山”资源高效循环利用，强化二次资源对战略性矿产资源的供给保障能力，广东威玛新材料有限公司动力电池回收第二期项目和广东盛祥新材料科技有限公司废旧锂电池拆解和梯次利用及回收项目建成投产，推进仁化产业转移园打造省级新源材料特色产业园。

【韶关市循环经济环保园】 2022年，韶关市循环经济环保园一期工程（垃圾焚烧发电）项目位于韶关市曲江区大塘镇将军岭，由韶关粤丰环保电力有限公司建设运营，年可处理生活垃圾25.50万吨，上网供电7154万千瓦时。总建筑面积3.92万平方米。配置2台每天处理350吨的焚烧炉，配套2台12兆瓦中温中压（3.90兆帕，400摄氏度）的汽轮发电机组。该项目于2020年12月20日投产运行。该项目日处理生活垃圾950吨，其中市辖三区每天处理830吨，乳源瑶族自治县每天处理120吨。该项目运营后，实现生活垃圾“无害化、资源化、减量化”处理，全年垃圾处理总量34.84万吨，上网电量1.19亿千瓦时。

【乐昌循环经济环保园】 2022年，乐昌循环经济环保园（垃圾焚烧发电）项目占地5.67公顷，总投资3.18亿元，设计日处理生活垃圾500吨，实现生活垃圾处理量1000吨/日，年处理生活垃圾18.25万吨，年发电7212.02万千瓦时。项目采用国际先进的炉排炉技术，烟气净化系统采用“炉内SNCR脱氮+半干式反应塔+干石灰喷射+活性炭喷射+布袋除尘器”组合工艺，烟气排放全面参照国际上欧盟2010标准，渗滤液处理后达到国家回用标准用于循环冷却水补水，炉渣实行综合利用，飞灰经螯合剂稳定化达到无害化标准后，运至相邻的生活垃圾填埋场分区填埋。自2021年3月1日项目运行以来，结合城乡环卫一体化项目，乐昌市每日产生的288吨生活垃圾实现日产日清，无害化处理率100%。全年垃圾处理总量21.88万吨，上网电量6741.81万千瓦时。

【韶关市2022年节能宣传周和低碳日主题活动】 2022年6月13日至6月19日，由韶关市发展和改革局、韶关市工业和信息化局、韶关市生态环境局主办，以“绿色低碳 节能先行”为主题，韶关市能源协会承办的“节能低碳”有奖问答和健步行活动举办。6月16日，韶关市2022年节能宣传周和低碳日主题活动在韶关市摩尔城假日酒店开幕。参加此次活动的有各县(市、区)发改局、工信局代表及67家重点用能单位企业负责人、业务骨干共100多人。为期两天的培训活动包括深入解读低碳发展政策、节能监察与能源利用等主题，共同为用能企业探讨碳达峰碳中和背景下企业的减碳路径。节能低碳培训暨重点用能企业节能技术、设备专项对接活动（节能环保创新技术成果展）以及知识有奖竞答、节能低碳健步行等线上活动相继开展，为韶关市2022年节能宣传周活动增添许多特色。此次活动得到众多市民的支持和参与。经过答题和抽奖环节，产生获奖名单。“节能低碳”宣传知识竞赛活动期间单天答对8题及以上者计入有效答题，获得参与抽奖机会。对500名完成有效答题的参与者，中奖者将获得节能宣传纪念品1份。节能低碳健步行活动期间单天参与健走微信步数达到8000步即视为活动完成，获得参与抽奖机会，对500名完成健步行的参与者，中奖者将获得节能宣传纪念品1份。通过此次活动，总结出生活中20个节能小妙招。（刘学轶）

污染防治

【概况】 2022年，韶关市污染防治攻坚战深入推进。市区AQI优良率92.1%，六项监测指标全部达到国家环境空气质量二级标准，全市13个地表水国考断面水质优良比例100%，超额完成省、市民生实事农村生活污水治理任务，因地制宜推进区域土壤、固体废物污染防治工作，完成全市受污染耕地安全利用率90%任务目标，成功入选全国第六批生态文明建设示范区。（欧闻歌）

【大气污染防治】 2022年，韶关市抓好大气污染防治。推进涉VOCs企业综合整治，其中31家治理设施升级改造，5家B级、C级企业向A级企业转型升级，完成省重点监管企业13家、市重点监管企业63家“一企一策”验收。全年全市纳入分级管控工业炉窑企业数量15家，其中1家停产，14家正常生产，完成帮扶检查，定级为B级。推动加油站和储油库VOCs减排，落实市区71个加油站在污染天气管控应对期间实行错峰卸油。强化机动车污染管控，开展机动车遥感监测监管，全年遥感监测柴油货车2.49万辆次，覆盖率70.3%。严格非道路移动源排污监管，开展非道路移动机械摸底调查及编码登记工作，累计编码登记2356台非道路移动机械。在严格管控露天焚烧方面，在市区范围内设置25个基站高清摄像头，对露天焚烧火情进行自动监测、火点定位、自动报警，辅助执法人员处理露天焚烧行为，打击重点管控区域露天焚烧造成的面源污染。每周开展空气质量会商工作，发布应对措施，全年启动23次62天污染天气管控。开展扬尘整治，落实建筑工地扬尘整治“6个100%”，对于扬尘治理措施不到位的项目进行动态扣分、停工和进行行政处罚。

【固体废物处置】 2022年4月8日，韶关市污染防治攻坚战指挥部印发《韶关市2022年固体废物污染环境防治工作方案》，分解年度目标任务，压实责任。全年加强疫情防控期间医疗废物及相关废物处理处置监督管理，推进区域医疗废物处理处置能力建设项目，做好新冠疫情防控工作。开展实地“指引”培训及业务帮扶工作，全面提升区域固体废物规范化管理水平和能力。加大遏制固体废物非法转移、倾倒违法行为力度，建立健全部门联防联控机制，查处违法行为。加大宣传力度，营造打击非法转移、倾倒行为的社会氛围。

【危险化学品处置】 2022年7月26日，韶关市制定印发《韶关市危险废物规范化管理工作指引》，年新增危险废物处理处置能力20万吨/年，启动韶关市危险废物集中收集试点工作，提升区域危险废物环境管理水平，探索建立区域危险废物收集体系。全年韶关市工业危险废物安全处置率和医疗废物安全处置率100%。

【重金属污染防治】 2022年6月30日，韶关市制定《韶关市“十四五”重金属污染防治工作方案》，明确防控重点、主要目标以及主要任务；严格管控重金属总量指标要求，实施重点区域严格落实部分重金属水污染物特别排放限值，提高企业重金属污染源头防治能力和水平。

【核辐射环境管理】 2022年，韶关对全市涉放射源核技术利用单位、伴生放射性矿开发利用单位、废旧金属回收熔炼单位开展辐射安全隐患排查，共检查企事业单位116家，发现的各类安全隐患以辐射档案管理不规范、现场警示标志设置不规范为主，已要求各问题单位按要求整改。组织120家核技术利用单位合计625人次观看辐射警示教育片，进一步提升核技术利用单位知法、懂法、守法的意识以及辐射安全监管水平。

【农村生活污水治理】 2022年，韶关市推进农村生活污水治理。于6月12日印发《韶关市农村生活污水治理攻坚行动方案（2021—2025年）》，明确“十四五”期间农村生活污水治理任务；于3月23日印发《韶关市2022年农村生活污水治理民生实事办理方案》，确定纳入2022年市十件民生实事办理储备库的152个自然村清单（储备152个，任务100个），明确各县（市、区）的年度目标任务，以村民治理需求迫切及水环境问题突出的村庄为重点范围，以国省考断面水质达标控制单元、乡镇政府驻地、中心村、美丽乡村风貌示范带等为优先区域，逐步提高农村生活污水治理率。争取中央农村环境整治资金、省级涉农资金、专项债等财政资金2.87亿元，其中，专项债投入1.35亿元支持1个项目，省级涉农资金投入1.1亿元支持16个项目，中央农村环境整治资金投入0.42亿元支持1个项目。截至2022年12月，韶关市有6271个自然村完成农村生活污水治理，治理率56.4%。省、市民生实事农村生活污水治理任务为100个自然村，其中治理示范村任务30个，完成120个自然村生活污水治理。2022年，韶关市人民政府为民办的十件民生实事之一是实施农村生活污水治理攻坚行动，152个自然村并列入民生实事办理清单。通过将其纳入城镇污水处理系统、建设农村生活污水处理设施和污水资源化利用等治理模式，以“月度调度、季度通报”的工作模式，推动污水处理设施建设，设施建成后再开展成效评估，逐步完成农村生活污水治理。建立健全规范化管理体系，落实农村饮水安全责任和制度，保障农村集中供水后续管护正常运作。全年韶关市农村生活污水治理民生实事的任务是100个自然村，截至2022年年底，有120个自然村完成建设并投入试运行，其中治理示范村建设完成33个，全市完成农村生活污水治理的自然村共6383个，治理率57%，均超额完成省下达任务。

【农村黑臭水体治理】 2022年，韶关市结合河（湖）长制日常巡查工作，常态化开展农村河、塘、沟渠类水体排查，全市范围内暂未发现农村黑臭水体。梯次推进农村生活污水治理。坚持科学治理、建管并重，截至2022年年底，已完成6271个自然村农村生活污水治理，完成率56.4%；全市已建农村生活污水处理设施4866座。

【农业面源污染防治】 2022年5月13日，韶关市污染防治攻坚战指挥部办公室印发《韶关市农业农村污染防治工作方案（2021—2025年）》，以农村生活污水垃圾治理、黑臭水体防治、化肥农药减量增效、秸秆综合利用、农膜回收、养殖污染防治等为重点领域，突出规划统筹、系统治理、长效管护，强化源头减量、资源利用、减污降碳和生态修复，推进农村环境整治提升和农业面源污染防治。全年指导各地规划畜禽养殖污染防治工作。截至2022年12月，南雄市、翁源县完成畜禽养殖污染防治规划编制。

（向丽霞）

2022年6月28日，韶关市农村生活污水治理现场推进会在乐昌召开。图为推进会现场

（市生态环境局　供图）

【城市生活污水处理】 2022年，韶关市加快补齐污水处理能力短板。翁源县县城罗坑水污水处理厂、乳源瑶族自治县污水处理厂二期扩建工程和乐昌市坪石镇污水处理厂（二厂）均完成建设，进入试运行阶段，完成新增城市（县城）污水日处理能力2万吨，新增镇级污水日处理能力1万吨的年度目标。提升城市生活污水收集。1—12月，全市新增城市（县城）污水管网172.97千米，年度目标完成率172.1%；新增镇级污水管网154.63千米，年度目标完成率769.3%；全市城市（县城）老旧污水管网改造完成40.42千米，年度目标完成率538.9%。

（杨伟剑）

【工业污染防治】 2022年，韶关市落实排污许可管理，组织排污许可清单式执法检查。加快推进工业园区集中污水处理设施建设。始兴马市工业集聚地片区集中污水处理设施完成建设验收工作，投入运行；乳源经济开发区东阳光龙船湾片区和富源工业园片区完成污水处理厂建设并投入运营，化工基地片区正在开展集中污水处理厂建设。推动工业企业清洁化改造。全年全市完成自愿性清洁生产审核29家，强制性清洁生产审核22家，涉及钢铁、化工、机械、建材等高耗能行业企业。全市工业危险废物安全处置率100%。

（向丽霞）

生态环境监管

【概况】 2022年，韶关市地表水环境质量监测网设断面64个。规划

"十四五"期间全市空气环境质量监测网设监测点位20个，对韶关区域61家企业开展自行监测帮扶指导工作，总体规范率98.4%。全年全市生态环境系统运用移动执法系统抽查排污单位931家次、建设项目510家次。全年检测到307则疑似涉环保舆情，均进行跟进处理。通过审核验收的强制性清洁生产企业22家。利用无人机巡查、在线监控、视频监控等科技手段开展非现场检查，落实生态环境执法正面清单差异化监管和包容审慎监管，对守法企业"无事不扰"。组织开展交叉执法、专项执法检查和执法稽查，确保环境安全。全市有9家违法企业在市级以上主要媒体或网站上公开道歉、作出生态环境守法承诺，依法降低处罚，降低幅度为处罚金额的30%-50%；22家违法情节轻微、主动改正的企业依法免于行政处罚。

【生态环境监测】 2022年5月7日，韶关市组织编制《"十四五"韶关市空气环境质量监测网设置方案》《"十四五"韶关市地表水环境质量监测网设置方案》，地表水环境质量监测网设断面64个。规划"十四五"期间全市空气环境质量监测网设监测点位20个，对韶关区域61家企业开展自行监测帮扶指导工作，督促排污单位规范化开展自行监测及信息公开，自行监测抽查和监测工作较为规范率91.8%，基本规范率6.6%，总体规范率98.4%。全年督促持证排污单位"及时设置自行监测方案执行时间等信息、将自行监测数据补充并完成公开"，全市在全国污染源监测信息管理与共享平台上传自行监测方案的企业数778家，上传率88.7%。

【生态环境保护执法】 2022年，韶关市生态环境局开展环境监管，查处环境违法行为。全年全市生态环境系统出动1.53万人次，检查企业6708家次，下达行政处罚决定书74宗，处罚金额1008.09万元，责令整改企业174家次。全市受理群众反映各类环保问题信访件2632宗，处理率100%，按期办结率100%。其中网络问政345件，来信94件，电话（包含"12345"热线）2160件，来访33批55人。全年核处《每日舆情》涉环保问题48个，核办上级部门转办信访件5宗。开展打击涉危险废物环境违法犯罪和重点排污单位自动监测数据弄虚作假专项行动。全年查处3件危险废物非法倾倒、处置案件和1件自动监测数据弄虚作假案件。加强排污许可证证后监管，全市生态环境系统完成造纸、炼钢、电力生产、污水处理及其再生利用4个行业企业非现场核查59家、现场检查37家。印发《韶关市生态环境局医疗废水废物产生、处置单位专项执法检查方案》，开展医疗废水专项执法行动。专项行动期间出动执法人员626人次，检查医疗机构155家次、城镇污水处理厂84家次。加强执法稽查，组织开展案卷稽查2次，抽查各县（市、区）分局行政处罚案卷28宗。实施审慎监管，对违法情节轻微、主动改正的企业，依法减轻或免于处罚。

【生态环境科技监管】 2022年，韶关市生态环境局通过利用信息化技术治污，提升生态环境社会治理现代化水平。"韶关市水、气和土污染防治信息化管理平台"迁移上云，利用政务云基础，实现全省身份验证、粤政图等应用，通过数据集成，建立以环境管理数据为核心的全要素情报收集与数据治理体系，建设韶关市域治理"一网统管"生态环境专题。升级改造后的"韶关市水、气和土污染防治信息化管理平台"，获得广东省"数字政府"基层生态环境管理试点优秀应用案例，经粤复用平台全省推广使用。加强移动执法系统建设和应用，市、县级两级生态环境执法机构配备移动执法终端，各级执法人员在日常监督执法中全面使用移动执法系统，通过上传检查记录，提高综合行政执法的精准化和智能化水平。全年全市生态环境系统运用移动执法系统抽查排污单位931家次、建设项目510家次。通过购买技术服务的方式，购入舆情监测服务，由专人对全网涉韶关市生态环境领域舆情信息开展检索工作，转办检索所得舆情信息，提前部署防范化解工作，打击污染环境违法行为。推进清洁生产审核工作，全年由生态环境部门牵头，通过审核验收的强制性清洁生产企业22家。

【广东省第三届生态环境监测专业技术人员练兵比武决赛】 2022年8月23日至25日，广东省第三届生态环境监测专业技术人员练兵比武活动在佛山南海广东环境保护工程职业学院、广东轻工职业技术学院举行。此届比武活动由省生态环境厅、省人力资源和社会保障厅、省市场监督管理局、省总工会、共青团广东省委、省妇女联合会六部门联合主办。按照比武活动通知要求，此次比武包括监测理论基础知识、实验室操作、污染源监测分析技术、质控技术、评价技术、综合分析、应急监测能力等考核内容。来自全省21个地市41支代表队、244名选手参加为期3天的监测技术比拼，评出个人总分奖90名、单项奖20名、团体奖18名和优秀组织奖若干。8月23日，244名参赛选手进行此次比武首个比武模块——理论知识考核。8月24日至25日，多项实操比赛开展，包括水质高锰酸钾指数的测定、水质氨氮的测定、水和废水现场监测、烟尘烟气现场监测等项目。8月24日，举行警示教育培训活动，各参赛队伍领队及代表一同观看警示教育培训视频。8月25日，各地级市生态环境局领队就如何提升区县站执法监测、应急监测能力进行座谈，专门组织专家点评。此次比武活动重点围绕防止监测数据造假、强化跨地区监测应急协同等方面，设置比武内容和比武方式，通过模拟实战化演练，提升监测人员的技术水平。此次练兵比武获得第一名的比武选手或集体可优先推荐评审"省五一劳动奖章""省三八红旗手""省优秀共青团员""巾帼文明岗"等，所获奖项可以作为单位年度评优和专业技术职称评审业绩成果条件。韶关市生态环境局获得优秀组织奖，代表队员李文锦获得个人总分三等奖。（向丽霞）

科学技术

科技项目

【概况】 2022年，韶关市聚焦主体培育、平台建设、资源集聚和人才引育，赋能经济高质量发展。全市研发投入占地区生产总值比重连续居粤东西北地区第一位；高新技术企业突破400家，达到421家，增速居粤东西北前列；有1项人才项目被立项为省重点人才工程项目，实现全市在省此项目中“零”的突破；省级新型研发机构8家、全省排名并列第七；新增省级工程中心17家，新增数量居粤东西北第一位、全省第七位，省、市工程技术研究中心总量419家；高水平研究院总量11家，院士及团队项目落地30个，涉及碳中和、数字经济、新能源等产业领域。市科技局获得全国科技管理系统先进集体荣誉称号。

【重大科技项目】 2022年，韶关市通过组织项目申报、专家评审、征求意见、公示和市政府常务会议审议等环节，形成韶关市2022年广东省科技专项资金“大专项+任务清单”立项项目及资金安排计划。该计划实施总体绩效包括推动高新技术企业、科技型中小企业创新能力提升和企业、高校和科研院联合开展技术研发和产业化工作，推动装备研制及效率提升，成果在韶落地应用。研究制定韶关市创新资源落地项目绩效管理办法，依据管理办法开展实地绩效评价工作并撰写评价报告，促进各落地项目在韶建设。开展韶关市级工程技术研究中心动态运营评价及编制分析报告。支持科技支撑乡村振兴项目，加快农业科技园区增量提质，提升科技园区创新能力。市科技局对“风电装备用高性能球墨铸铁零部件制造及产业化”等18个项目给予立项，项目财政支持金额1595万元；对2020年立项的4个分期拨款项目，第三期资金拨付200万元。

【科技支撑乡村振兴】 2022年5月7日，市科技局组织开展科技支撑乡村振兴项目的申报工作，对“农业科技成果应用及示范项目”“柑橘智慧滴灌系统运用决策技术研究”等围绕优质蔬菜、优质水果等产业开展现代种业、数字农业、智慧农业、设施农业等方向相关技术研发及成果推广应用的7个项目进行立项，支持资金145万元。6月28日，组织开展2022年韶关市省科技专项资金“大专项+任务清单”项目申报工作，其中“韶关国家农业科技园区信息服务平台建设”项目通过结合韶关国家农业科技园区布局，建立智慧化管理服务平台，通过科技创新和推广应用示范，夯实韶关国家农业科技园区核心区数字农业基础、推进农业数字化转型，促进新一代信息技术与园区主导产业、科研及管理等全面深度融合应用。该专题立项1项，支持资金200万元。为韶关市驻镇帮镇扶村工作的农村科技特派员提供工作、生活上的支持与帮助。主要通过市科技计划项目的形式对各团队予以资金支持，通过派发科技攻关、技术推广项目，结合乡镇实际凝练帮扶项目，签订帮扶协议，实现对乡镇的技术服务。2月15日，组织开展2022年度韶关市科技支撑乡村振兴项目（农村科技特派员驻镇帮镇扶村行动）申报工作，立项18项，支持资金180万元，明确农村科技特派员团队的帮扶目标。

【“县域固废综合处理与资源化利用”示范项目落户韶关】 2022年2月5日，北京一亚高科能源科技有限公司、北京环清环境科技有限公司与乳源瑶族自治县人民政府在2022年韶关市科技创新大会上成功签约广东省重点领域研发计划——“县域固废综合处理与资源化利用”的示范工程项目。“县域固废综合处理与资源化利用项目”将应用一亚高科、环清环境分别联合清华大学共同研发的“湍动流化床（TFB）气化焚烧技术”与“水热裂解法制备有机肥技术”，两种技术的组合，开拓城乡废弃物综合治理和资源化利用的创新模式。此项目将生活垃圾、陈腐垃圾、一般工业废物、市政污泥、脱水脱油后的餐厨垃圾、灭活后的医疗废物等进入湍动流化床（TFB）气化焚烧系统进行焚烧处理，还可以协同处理建筑垃圾中的可燃成分；焚烧产生的热能一部分产生蒸汽用于企业生产，另一部分进入水热裂解法制有机肥系统，将秸秆、畜禽粪污等种植养殖废弃物（包括病死

2022 年，华科城莞韶双创中心与创智城两座科技企业孵化基地完成建设
（韶关高新区　供图）

畜禽）进行资源化处理，产出高品质有机肥。项目以高端有机肥和蒸汽能源的收益弥补环境治理经费的缺口，能够有效破解县域地区的环保难题，形成良好的县域循环经济，全面处理县域的固体废物，能减轻县级政府的财政负担，对韶关“无废城市”的建设和乳源县政府环保补短板强弱项、乡村振兴及有机肥替代化肥工作具有重大意义。

产学研合作

【概况】 2022 年，韶关市引导项目争取国家和省经费支持并用于韶关项目。5 个项目与广东省林业科学研究院等科研院所开展产学研合作，立项金额总计 475 万元。通过“揭榜制项目”的方式支持广东腐蚀科学与技术创新研究院揭榜广东韶钢松山股份有限公司发榜的《高耐蚀环氧涂层钢筋关键技术研究及产业化》项目。引进松山湖材料实验室建设韶关先进材料研究院，推动先进材料科技创新、应用技术研究、科技企业孵化等领域的产学研合作。推动其“多孔介质燃烧技术”成果在韶关应用转化，节能率超过 30%。

【引进产学研研究项目】 2022 年，韶关市综合运用评估、考核、监管等办法，制定《创新资源落地项目绩效管理办法》，引入绩效考核机制，跟踪人才团队项目落地韶关后的运营情况，从静态管理转向动态监测，把财政资金用在刀刃上，引导项目争取国家和省经费支持并用于韶关项目，促进科技成果转化落地。组织企事业单位前往季华实验室、中国科学院深圳先进技术研究院等科研院所参观交流，推动产学研合作。通过科研项目立项支持仁化县奥达胶合板有限公司“竹质工程材料高效利用技术研究与产业化示范”等 5 个项目与广东省林业科学研究院等科研院所开展产学研合作，立项金额总计 475 万元。

【高耐蚀环氧涂层钢筋关键技术研究及产业化】 2022 年，韶关市通过“揭榜制项目”的方式支持广东腐蚀科学与技术创新研究院揭榜广东韶钢松山股份有限公司发榜的《高耐蚀环氧涂层钢筋关键技术研究及产业化》项目，该项目成果显著提高混凝土结构寿命，减少钢材消耗。

【多孔介质燃烧技术产学研合作】 2022 年，韶关市引进松山湖材料实验室建设韶关先进材料研究院，借助松山湖材料实验室推动先进材料科技创新、应用技术研究、科技企业孵化等领域的产学研合作。推动其“多孔介质燃烧技术”成果在韶关应用转化，解决高能耗、金属易烧损等行业痛点问题，节能率超过 30%，氮氧化物排放降低 80% 以上。该项技术在韶冶应用后每年节气 2000 万元、减碳 1 万吨、减少锌渣成本 1000 万元。

【两家企业获批省新型研发机构】 2022 年 3 月，广东邦固薄膜涂料创新研究院有限公司、广东省内河港航产业研究有限公司获评省新型研发机构，将获省 1200 万元资金支持。广东邦固化学科技有限公司于 2019 年 11 月成立邦固薄膜涂料创新究院。2022 年，邦固化学涂料产品使用自主合成树脂的比例已经上升至 60%，摆脱国外基础树脂的制约，降低生产成本。全年邦固化学的冷烫离型涂料、二合一水性离型涂料、车衣膜自修复涂料获得省级名优高新技术产品称号。广东省内河港航产业研究有限公司以中国工程院院士、武汉理工大学首席教授严新平为技术带头人，组建内河智慧航道、绿色智能船舶、智慧内河海事监管等科技创新团队，拥有的船舶安全辅助驾驶、远程驾控技术是未来新一代航运系统的前沿热点技术，将支撑“岸基驾控为主、船端值守为辅”的新一代航运系统，颠覆传统船舶驾控模式。

【创明(韶关)绿色能源材料技术研究院开院仪式暨签约仪式】 2022 年 6 月 29 日，创明（韶关）绿色能源材料技术研究院开院仪式暨签约仪式在韶关举行。创明（韶关）绿色能源材料技术研究院作为韶关市引进的高端创新平台，致力于绿色能源材料技术开发及产业化，季华实验室—创明（韶关）研究院科技成果转化中心落成，强强联合，为韶关市推进绿色发展、科技赋能制造业提供动力。韶关作为粤港澳大湾区的“后花园、桥头堡”，发展氢能产业链上下游，构建氢能产业体系。公司首创低压安全型金属储氢燃料电池发电系统，在韶关实现共享氢能两轮车的示范运行，为韶关科技创新和经济发展做出贡献。氢能作为一种清洁、高效、安全、可持续的二次能源，发展势不可挡。安泰创明在固态储氢领域深耕多年，率先将固态储氢应用于绿色“微出行”并在韶关投放运营，意义重大。创明研究院与季华实验室深化合作领域，共同助力韶关绿色经济高质量发展。创明韶关研究院与当地政府、龙头企业签订战略合作框架协议，并完成季华实

2022年6月29日，创明（韶关）绿色能源材料技术研究院揭牌。图为场签订合作协议（冯兆宇 摄）

验室——创明（韶关）研究院科技成果转化中心的揭牌仪式。与韶关市武江区政府签订的“氢能两轮车示范运营项目战略合作协议”的实施，将梯次投放氢能两轮车500辆、3000辆直至万辆，打造全国首座氢能“低碳微出行”城市。创明韶关研究院是安泰创明全资子公司，作为安泰创明在粤港澳大湾区的战略布局第一步，重点围绕绿色能源材料技术开发及产业化，聚焦氢能领域等高端技术和产品，赋能韶关生态经济，服务于国家重大工程和战略新兴产业。

科技平台

【概况】 2022年，韶关市向省科技厅推荐35家申报省级工程技术研究中心认定，其中有17家获得认定，省级工程技术研究中心数量达到110家。有韶关东阳光电子材料研究院、广东邦固薄膜涂料创新研究院等8家省级新型研发机构。有广东省高端液体药物制剂研发及产业化企业重点实验室、广东省粤北食药资源利用与保护重点实验室等3家省重点实验室。有广东碳中和研究院（韶关）、武汉理工大学韶关研究院等11家高水平研究院。

【科技创业平台】 2022年，韶关市科技局协助推进韶关市离岸孵化器建设工作，探索孵化育成体系新模式。韶关（广州）离岸孵化器、深圳（韶关）离岸孵化器已正式揭牌运营。全年组织5家孵化育成载体企业申报国家、省、市级孵化器（众创空间）认定，其中华科城·莞韶双创（装备）中心由省级孵化器升级为国家级孵化器，其余被认定为市级孵化载体。韶关市拥有市级以上孵化载体12家，其中国家级2家，创新主体和服务机构聚集效应开始凸显。支持“韶关高新区科技创业种子基金”，激发企业技术创新活力，构建良好的科技创业生态。依托广东中南钢铁有限公司韶关钢铁基地、中金岭南韶关冶炼厂、宏大齿轮、韶关液压件厂等龙头“链主”企业，开放共享资源，促进深度融合，加快形成“龙头企业+孵化”的共生共赢生态体系。

【“季华实验室—欧莱新材科技成果孵化基地”揭牌】 2022年9月23日，韶关市科技局局长谭晓健，季华实验室党委副书记、副主任孟徽，市工商联副主席、广东欧莱高新材料股份有限公司董事长文宏福共同签订“季华实验室—欧莱新材科技成果孵化基地”合作框架协议。罗晓勤、谭晓健、孟徽、文宏福为“季华实验室—欧莱新材科技成果孵化基地”揭牌。该科技成果孵化基地将通过整合各方优势资源，引进高端人才和创业团队，致力于技术创新，以科技成果孵化基地作为起点，未来逐步向产业化基地扩展迈进。

科技创新

【概况】 2022年，韶关市科技综合实力提升，区域创新体系完善，省创新平台加速布局，企业研发机构蓬勃发展，引入创新人才，营造韶关市良好的创新创业氛围，全市研发投入占地区生产总值比重连续居粤东西北地区第一位。新增149家高新技术企业，366家科技型中小企业通过评价；完成35家申报省级工程技术研究中心审核推荐工作，新增25家市级工程技术研究中心。

【高新技术产业发展】 2022年，韶关市推动高新技术产业发展，推进高新技术企业培育。市科技局加强督促高新区企业做好年度统计数据报送，通过摸底排查、3场专家“一对一”申报辅导、多场线上及线下涉及高新技术企业政策和科技型中小企业政策、上门指导领导挂点企业、落实高新技术企业认定奖补政策等等一系列举措，全年累计有超过800人获得申报指导，支持174家企业申报高新技术企业，149家企业通过高新技术企业认定，全市突破400家高新技术企业，有效期内高新技术企业突破400家，达到422家。全年累计393家企业申报科技型中小企业申报，其中入库企业达到366家，超过200家属于高新技术企业，超额完成省科技厅下达的任务。做好创建国家高新技术产业开发区工作。对接省科技厅，韶关在转型升级示范区评价中获得优秀，韶关高新区在土地节约利用率考核排名超过阳江高新区；做好省级高新技术产业开发区认定工作，指导乐昌产业园和翁源产业园做好科研助理组织申报工作，推动省级高新区认定。2020至2022年，在县域新增乳源瑶族自治县、南雄市2家省级高新区，增量居粤东西北地区首位。做好孵化育成体系建设工作，1家孵化器、3家众创空间获得市级孵化器（众创空间）认定，引入1家国家级孵化器。

【公共创新平台】 2022年，“季华—欧莱科技成果孵化基地”挂牌运行，发挥季华实验室在新型显示装备、增材制造等方面研发优势及韶关在装备制造上的工业基础，开展新材料及工艺、装备相关技术的孵化及产业化。规范平台运行建设，制定项目绩效管理办法，建立绩效评价指标和评分细则，依据管理办法开展阶段性绩效评价工作，根据绩效评价结果，分期分批下达财政经费，倒逼研究院实体化运行、项目化管理、工程化建设、一体化发展，引导研究院争取国家、省级资金支持并用于韶关。鼓励科研平台申报国家、省的项目，申报各级项目 16 项、获批 5 项，申请到省级资金 1700 万余元。（葛妍妤）

【科学创新支撑服务】 2022 年，韶关市生产力促进中心开展 2021 年度科技统计调查工作，完成各类科研机构、高新技术企业等四大类 9 小类报表，涉及全市机关、企事业单位 500 余家，初审 1200 余份报表、比 2021 年增长 56%。围绕科技领域开展部门统计工作情况调研，促进科技统计科学治理、规范运作。推进科技统计数据应用，为全市 376 家高新技术企业培育发展、300 家工程中心评价监测、助企纾困提供精准数据支撑。推荐韶钢、东阳光 2 家企业 6 人次申报第一届、第二届广东省生产力促进协会科技创新促进奖，其中韶钢张志明获第一届广东省生产力促进协会科技服务突出贡献奖。推荐广东欧莱高新材料股份有限公司获 2021 年度生产力促进（发展成就）奖。2 人次完成广东省初级技术经纪人培训并获国家技术转移培训基地（广东）认定。组织开展韶关市公开遴选 2022 中国韶关大数据创新创业大赛承办机构评审会、广东数据产业技术研究院（韶关）建设方案编制单位评审会、新型研发机构评估，邀请专家对相关业务进行评审（评估），完成评审评估任务。（刘锡禧）

【“韶关一号”卫星成功发射】 2022 年 2 月 27 日，中国在文昌航天发射场用长征八号遥二运载火箭成功将“韶关一号”等卫星发射升空，进入预定轨道，发射任务取得成功。此次任务火箭为不带助推器的新构型首飞，同时也是一次多用户共享发射，共发射“韶关一号”在内的 22 颗卫星，创造中国一箭多星的最高纪录。“韶关一号”是由韶关市人民政府与长光卫星技术股份有限公司联合打造的新一代高分辨光学遥感卫星，采用轻量化结构设计、高度集成电子学系统、高分辨率超轻量化低成本相机等创新技术，可获取空间分辨率优于 0.75 米、幅宽大于 17 千米的卫星影像，具有低成本、低功耗、低重量、高分辨的特点。2021 年以来，市科技局加强与长光卫星的沟通合作。‘韶关一号’的发射，是双方重点推进的一个重大项目。“韶关一号”成功发射，为韶关市接下来开展大数据产业方面的工作提供的保障。“韶关一号”卫星成功发射后，韶关市将与长光卫星共建卫星应用体系和服务体系，加快韶关市地理信息资源库建设，推动韶关市森林火点卫星监测功能建设等卫星遥感数据行业应用及服务；针对自然资源管理、生态环境保护、应急响应、地理信息等核心需求，发挥长光卫星技术股份有限公司在卫星技术和应用领域的优势，利用好“韶关一号”和“吉林一号”卫星数据成果，促进国产卫星更好地服务韶关经济社会高质量发展。

2022 年 1 月 17 日，“韶关一号”卫星出征仪式在位于长春市的航天信息产业园举行，图为此次出征的卫星　　（长光卫星技术有限公司　供图）

【科技创新大会】 2022 年 2 月 25 日，韶关市召开科技创新大会，总结 2021 年全市科技创新工作，研究部署 2022 年及今后一个时期的科技创新工作。一批科技创新合作项目签约。会议通报 2021 年全市科技创新工作情况及 2022 年工作要点，签订一批协议推动科技创新项目合作；广东省邦固薄膜涂料创新研究院、广东省内河港航产业研究院被授予省新型研发机构牌匾；低碳智能装备及系统创新团队、建筑结构多灾害风险与智慧健康研究团队、源于化橘红的 I 类新药柚皮苷片临床创新团队、基于核酸技术平台的乙肝功能性治愈创新药研发团队等 4 个团队获“南岭人才团队”证书。（葛妍妤）

科学研究

【概况】 2022 年，韶关市相关科研单位开展核工业、林业科学和矿产应用等领域研究，核工业二九〇研究所完成 5.6 万米钻探工作量，工作量比 2021 年增长 69.7%；韶关市林业科学研究所以油茶良种良法的试验、示范、推广及轻基质苗木培育技术推广等为科研工作重点；广东省矿产应用研究所与共建单位（自然资源部放射性与稀有稀散矿产重点实验室）联合开展的国家级科研项目 15 项，省部级科研项目 7 项，市级科研项目 1 项，社会委托项目 8 项。广东省碳中和研究院（韶关）加快发展方式绿色转型、推进碳达峰碳中和，在省内外建立广泛合作，推广碳中和“六个一”韶关模式，进入快速发展期。

【核工业研究】 2022 年，核工业二九〇研究所完成 5.6 万米钻探工作量，工作量比 2021 年增长 69.7%；完工钻孔 127 个，钻探效率整体提高6个百分点，优质孔率100%，其中工业矿孔59个、矿化孔34个，见矿率73.2%；年度资源量任务完成率155%。圈定13个找矿靶区和12片成矿远景区。水石矿床、塘湾矿床主矿体规模扩大，书楼丘外围新发现厚大矿体，白石洞、帽东等外围找矿取得新突破。全实现市场化收入1.38亿元，比2021年增长17.2%，新签订收入合同金额再次突破2亿元。翁源黄陂脉石英矿资源量突破1000万吨。地质工程院全年新签收入合同1.3亿元，增长11%；实现收入5293万元，增长16.8%，超额完成经济考核指标。新中标中海油钻井项目2个，合同金额7452万元，山西煤层气基地雏形基本形成。开拓水利勘查业务市场，中核广东地矿公司成功入库浙江华东建设和中南水建公司供应商。翁源地灾风险普查项目获得“优秀”、南雄凿岭矿山生态修复项目获广东省自然资源厅认可。新开拓地下水调查、伴生矿处置研究等新业务，获取地下水调查项目2个，合同金额1000万元。新签测遥经营收入合同1940万元，比2021年增长12.5%。新增有害生物防治、造林绿化监理和造林绿化施工3项林业类丙级资质，新签林业类项目489万元，比2021年增长389%。获批中国地调局开放基金、联合创新基金等科研项目6项，金额249万元。首次申请并授权发明专利1项、实用新型专利12项；发表学术论文22篇。国企改革三年行动和对标提升行动收官。完成注册资本和注册地的变更，完成“三体系”、安全生产许可证、建筑劳务资质的申办，完成地灾施工资质升乙。（许文颖）

【林业科学研究】 2022年，韶关市林业科学研究所以油茶良种良法的试验、示范、推广及轻基质苗木培育技术推广等为科研工作重点，通过良种补植、割灌除草、密度调整、修枝整型、松土扩穴、追肥培土、病虫害防治、全垦改造等技术措施对油茶低产低效林进行改造，调整油茶不良群体、树体结构、林分结构，达到促进林木生长、提高油茶林单位面积产量；“乐昌含笑新品系示范推广项目”在韶关市国有河口林场实施，建立乐昌含笑新品系示范林26.67公顷；“耐寒黑木相思栽培技术示范推广项目”在韶关市国有曲江林场实施，建立耐寒黑木相思示范林26.67公顷；开展千年健中药引种繁育和丹霞梧桐种苗组织培养等林业科学试验。韶关市省级林木种苗生产示范基地位于韶关市曲江区马坝镇山子背，面积66.67公顷。是年，依托该林木种苗生产示范基地，培育各类苗木26.75万株。10月，完成韶关市食用林产品质量安全快速检测中心的建设，检测中心位于韶关市沐溪大道1号韶关市林业科学研究所办公楼内，面积55.68平方米，配备多参数食品安全分析仪、重金属检测仪、手持智能采样仪等检测设备，能对竹笋、油茶籽、板栗等食用林产品中是否含有重金属、农药残留等进行快速检测，配备大数据智慧监管平台，可让检测设备搭载软件与信息平台无缝对接，实现抽样过程无纸化，检测结果数据可视化，检测全过程智能化。（谭景成）

【矿产应用研究】 2022年，广东省矿产应用研究所位于广东省韶关市芙蓉东路108号，开展科技项目31项，其中以依托单位与共建单位（自然资源部放射性与稀有稀散矿产重点实验室）联合开展的国家级科研项目15项，省部级科研项目7项，市级科研项目1项，社会委托项目8项。国家级项目15项（放射性固废长期安全稳定装置及环境影响控制技术研究；铀的高效提取与全流程固废增值利用、安全处置技术；气溶胶监测仪现场校准技术研究；512铀矿地浸退役采区地下水异位—原位协同生物修复技术研究等）。省部级7项（国防科工局国防基础项目：碳基非对称超分子杂化材料选择吸附铯的性能及机理研究；江西省自然基金项目：铀矿尾矿区影响铀、钍核素迁移的生物地球化学行为研究；江西省科技计划：信江流域放射性污染调查及重点源污染控制技术研究等）。韶关市科技创新专项1项（铅锌镉砷复合污染土壤修复关键技术研发及示范应用）。社会委托项目8项（江西宜春选锂尾矿综合利用选矿试验；韶关市曲江区乌石镇硅质岩选矿试验；河源市九龙岗石英矿选矿试验等）。以地质找矿为中心，提供专业技术支撑。承接韶关翁源大顶山石场资源储量核实，韶关地区猴子迳石场熔剂用石灰岩矿勘查，广东省广宁县木格坪田矿区硅酸盐矿普查等大型项目的岩矿、土壤、水等矿产地质检测和江西宜春选锂尾矿综合利用、韶关市曲江区乌石镇硅质岩等选矿试验。完成实验测试1.04万批、7.04万个样品的检测工作。为韶关市翁源县、仁化县、龙归镇、乐昌市、南雄市等县镇的垦造水田土壤检测及韶关林场森林生态综合示范项目、乐昌市旧城区、乐昌市新建小学等场地土壤污染调查等农业地质方面提供技术支撑。承担韶关地区建设工程地基基础检测和室内环境污染检测及工程勘察岩土水的检测。如韶关滨江广场项目工程沉降观测和韶关市曲江区、乐昌市等多个新建幼儿园的室内环境检测工程100余项。取得承接第三次全国土壤普查的土壤制样和检测任务资格。矿研所中标“南雄市第三次全国土壤普查项目”(项目编号:SY22GZ125)的土壤样品制备与流转工作。发表SCI论文11篇，核心期刊论文3篇，普通期刊论文3篇。以重点实验室依托单位参与授权发明专利5项：《放射性锶污染土壤的应急处理方法》《一种基于赤泥提取物的铁精粉制备方法》《放射性沸石废物的固化处理方法》《高放废物的固化方法》《一种铁锌双金属纳米复合材料及其应用》；实用新型专利3项：《一种高氯类飞灰高温烧结回收重金属及可溶盐的装置》《一种基于金属资源化回收处理电镀污泥的热熔炼系统》《一种高硫类飞灰高温熔融固化处置及资源化系统》；参与行业标准起草2项：《金矿石化学分析方法 金含量的测定 电感耦合等离子体质谱法》《区域地球化学样品分析方法 银含量的测定混合酸消解——电感耦合等离子体质谱法》。拥有4个科技创新平台：自然资源部放射性与稀散矿产重点实验室、广东省博士工作站、科技型中小企业、高新技术企业，科技创新平台运营。（何兰军）

【碳中和研究】 2022年，广东省碳中和研究院（韶关）加快发展方式绿色转型、推进碳达峰碳中和，在省内外建立广泛合作，推广碳中和“六个一”韶关模式，进入快速发展期。广东省碳中和研究院（韶关）组建起一支管理队伍；申报多项研发项目，前瞻布局核心知识产权群，技术示范及成果转化成效显著；引进各类人才40余名；成立“韶关碳市场服务中心”，设立“韶关碳中和协会”，整合凝聚当地龙头企业的协作创新能力；联合中国科学院广州能源研究所支撑韶关成为广东省唯一入选国家18个林业碳汇市（县）的城市；设立“广东碳中和”微信公众号与视频号，打造多个特色栏目，综合阅读转发量超30万次，成为广东“双碳”领域最活跃的新媒体平台。是年，完成申请知识产权18项，其中发明专利9项，授权6项；实用新型9项，授权9项，另与2个院所签署成果转移转化代理50项。截至12月31日，在韶关全职人员27人。先后与韶关学院、广东松山职业技术学院签订产学研合作协议，共建产学研合作基地、信息碳中和产业学院产学研基地。截至12月31日，广东省碳研院共签署企业横向合作17项，其中战略合作10项，市场类项目合作7项，围绕低碳园区、节能数据中心、双碳监测平台、遥感测绘、碳交易服务等方向全面支撑韶关双碳工作，完成招标立项或合同签署总额279万元。碳研院双碳战略中心团队在期刊杂志发表论文30余篇，国际会议论文15篇，被SCI检索10篇；合作翻译日文专著“燃烧污染物的发生与抑制技术”1部；正主持国家973项目、国家重点基金项目等。（葛妍妤）

【发展研究】 2022年，韶关市发展研究中心组织开展2022年市重大决策咨询研究课题《韶关市生态产品价值实现机制研究》《韶关钢铁产业高质量发展研究》《发挥地方金融机构作用助推韶关经济加快发展研究》3个课题研究工作。研究成果均通过专家组评审，提交的研究报告获市政府批准送有关领导和部门参考。做好专家库建设与管理。完成专家换届后期工作。聘任2022—2024年市重大行政决策咨询论证专家307名，为专家印制和发放专家聘书。完成专家增补工作。增补中国科学院生态环境研究中心魏源送研究员为2022—2024年韶关市重大行政决策咨询论证专家。协助国家、省市单位开展调研活动。协助中国社会科学院农村发展研究所、省政府发展研究中心到韶关开展调研。协助中国社会科学院农村发展研究所所长魏后凯一行到韶关开展“现代农业产业园区建设以及村庄联合发展”专项调研；协助省政府发展研究中心副主任刘洪盛一行到韶关开展乡村振兴调研；协助省政府发展研究中心调研组到韶关开展“促进粤东粤西粤北绿色发展”专题调研。协助向省政府发展研究中心提供调研材料。向省政府发展研究中心提供经市发展研究中心汇总整理的“广东文化高质量发展实践与路径研究”“促进粤东粤西粤北绿色发展”“广东增加环保基础设施有效投资拉动经济增长”“跨境电商综试区支持外贸新业态发展”等专题调研材料；应省政府发展研究中心邀约，撰写题为《韶关市2021年经济运行综述及2022年展望》的专稿并入选2022年《广东发展蓝皮书》。协助省情调研中心到韶关开展入户调研。（黄志浩）

科技人才

【概况】 2022年，韶关市引进南岭人才团队6个、项目团队核心成员30人，其中博士占比70%。在韶关打造全省首例智能化低碳粮仓。组织申报国家、省人才项目17项，有2项推荐上报科技部及国家基金委，有1项被列为省重点人才计划，实现韶关市零的突破。20人被评为2022年韶关市“最美科技工作者”。

【科技人才引进】 2022年，韶关市引导人才团队争取国家和省的支持，促进人才团队项目科技成果转化落地韶关，组织申报国家、省人才项目17项，有2项推荐上报科技部及国家基金委，为历年最好成绩，有1项被列为省重点人才计划，实现韶关市“零”的突破。5月17日、5月31日，韶关市科技局联合县区共同举办科技创新、人才工程政策宣传贯彻活动，宣传贯彻活动有100余名企业代表参加。市科技局有关人员就企业技术改造、省市工程技术研究中心、韶关新时代“百团千才万匠”人才工程、“南岭团队计划”项目等专项政策进行解读。

【大数据技能人才】 2022年7月底，韶关市组织召开大数据技能人才培养工作交流会，促进各技工院校掌握大数据产业企业的岗位设置和对技能人才的需求等情况，为后续做好大数据产业技能人才培养、输送工作提供支撑。市人社部门跟踪韶关数据中心集群建设进度和企业落地进程等情况，对接大数据技能人才需求，推动校企交流合作。在韶技工院校与韶华科技、鹰硕集团、华韶数谷等大数据产业企业签订校企合作战略框架协议，与本地企业、高职院校合作共建大数据产业学院校。加大“订单式”技能人才培养力度，在韶关技工院校每年培养输出顶岗实习学生3000多人，扩大本地技能人才有效供给。引导在韶技工院校合理谋划布局大数据专业设置，加快推动专业建设、课程设置、教学改革、师资队伍建设等内涵发展，夯实大数据产业高技能人才培养输送基础。截至2022年年底，市人社局完成引导在韶技工院校培养大数据产业高技能人才共计623人。

【韶关市“最美科技工作者”评选】 2022年5月12日，韶关市王德化等20人被评为2022年韶关市“最美科技工作者”。韶关市“最美科技工作者”由市委宣传部、市科技局、市科协联合评选，经过广泛发动、层层推荐、资格审核、专家评审等程序产生。他们中有企业技术研发高精人才，有立足临床、刻苦钻研医术的医护工作者，有扎根矿区冶炼的技改专家，有农业新技术推广农艺师，还有在科普教育方面成绩斐然的教育工作者。他们长期从事科研攻关、技术改造、成果转化、科学普及等一线工作，为韶关市经济社会发展贡献智慧和力量。

2022年韶关市"最美科技工作者"名单一览表

表53

（按姓氏笔画排序）

姓名	工作单位	推荐单位
王德化	乳源瑶族自治县一六镇公共服务中心	乳源瑶族自治县科学技术协会
卢　海	韶关市第一人民医院	韶关市医学会
田芳红	广东省韶铸集团有限公司	浈江区科学技术协会
朱春贵	广东豪之盛新材料有限公司	翁源县科学技术协会
刘　兰	广东省烟草科学研究所	南雄市科学技术协会
江　旭	深圳市中金岭南有色金属股份有限公司韶关冶炼厂	深圳市中金岭南有色金属股份有限公司韶关冶炼厂科学技术协会
杨乐能	广东诚一环保科技有限公司	曲江区科学技术局
杨涛涛	广东桃林生态环境有限公司	浈江区科学技术协会
余志忠	新丰县现代农业产业园发展中心	新丰县科学技术协会
张　军	乳源东阳光新能源材料有限公司	乳源东阳光科学技术协会
张　曙	韶关市气象局气象公共服务中心	韶关市气象学会
陈长青	广东沐和生态农业发展有限公司	曲江区科学技术协会
陈永进	广东电网公司韶关供电局	韶关市电机工程学会
陈理想	广东省核工业地质调查院	韶关市测绘地理信息学会
欧阳全红	深圳市中金岭南有色金属股份有限公司丹霞冶炼厂	深圳市中金岭南有色金属股份有限公司丹霞冶炼厂科学技术协会
欧国鑫	广东省韶关粤江发电责任有限公司	韶关发电厂科学技术协会
赵平森	粤北人民医院	武江区科学技术协会
赵志广	韶关学院	韶关学院科学技术协会
原桂强	深圳市中金岭南有色金属股份有限公司凡口铅锌矿	深圳市中金岭南有色金属股份有限公司凡口铅锌矿科学技术协会
赖远能	广东省大宝山矿业有限公司	广东省大宝山矿业有限公司科学技术协会

（资料来源：市科技局）

科普工作

【概况】 2022年，韶关市科技局会同市科协举办科普活动等累计10余场，韶关市开展文化科技卫生"三下乡"主场活动。2022年韶关市全国科技活动周系列活动之"强国复兴有我 科技创新助力"科普活动等。

【科技主题教育活动】 2022年，市科技局开展"善美韶关""我们的节日""韶关好人"等各项活动，其中，会同市科协全年举办科普研学活动、科技周活动、全国科普日活动、科技三下乡活动等累计10余场；组织在职干部职工及离退休老干部开展3场"我们的节日"主题活动。加强"移风易俗，树立新风”教育，开展破除陈规陋习专项治理。深入学习文明家庭、孝老爱亲典型先进事迹，传播家庭美德。

【2022 年韶关市科技活动周】 2022 年 5 月 23 日，韶关市文化科技卫生“三下乡”主场活动开展。市科协、市科技局等单位在犁市镇新时代文明实践广场开展 2022 年韶关市文化科技卫生“三下乡”主场活动，活动中科普志愿者向参与群众做科普法律宣传，派发《中华人民共和国科学技术普及法》《广东省科学技术普及条例》等宣传小册子，派发韶关正在全域创建国家森林城市等宣传单张，韶关市科技馆、韶关市第一人民医院、市消防救援支队等单位，设立展示区；医疗专家为群众提供义诊、医疗健康咨询、送医送药等多种形式为农民群众提供文化科技卫生服务。韶关市科技局于 5 月 21 日、5 月 24 日、5 月 25 日、5 月 26 日，在韶关市科技馆举办韶关市新时代文明实践系列活动——2022 年韶关市全国科技活动周系列活动之“强国复兴有我 科技创新助力”科普活动。

【韶关市科普讲解大赛暨“广东省科普讲解大赛”韶关市预赛】 2022 年，韶关市科技局联合市教育局、市科协举办 2022 年韶关市科普讲解大赛暨 2022 年“广东省科普讲解大赛”韶关市预赛。此次大赛采用选手线上视频展示、评委线下组织评审的形式，选手们以“走进科技，你我同行”为主题，从环保、人工智能、动植物、气象等进行录制科普讲解视频。评选出一等奖 8 名，并入围 2022 年广东省科普讲解大赛，二等奖 15 名和优秀组织奖 6 个。通过预赛评分，择优选出 10 名选手参与广省科普讲解大赛。2022 年广东省科普讲解大赛韶关市科技局获优秀组织奖。9 月，延期举办的 2021 年全国科普讲解大赛在广东科学中心落幕。韶关市选手姜永斌获三等奖，网络人气投票全国 14 强，创全市科普讲解赛事最好成绩。

2022 年 9 月 16 日，韶关市科技局在浈江区车站街道开展韶关市 2022 年“喜迎二十大，科普向未来”全国科普日系列活动之强国复兴有我走进浈江区车站街道活动 （市科技局　供图）

【2022 年韶关市全国科普日科普嘉年华活动】 2022 年 9 月 17 日，以“喜迎二十大、科普向未来”为主题的 2022 年韶关市全国科普日科普嘉年华活动启动仪式在浈江区启明健身广场举办。活动现场，设置大篷车欢乐游、消防器材展示、科普图片展示区、儿童科学实验天地区、高新产品体验区、乡村振兴农旅展示区以及志愿便民服务区等七项主题展示区，进行食品安全、环境保护、防灾减灾、消防救援等知识普及和专家咨询。开展科学实验、植物印染、机器人互动等多项科普活动。活动现场开展“我为群众办实事”活动，众多专家为群众提供义诊、医疗健康咨询、送医送药、地质矿物、食品安全、健康生活咨询等服务。2022 年“全国科普日”活动于 9 月 15 日至 21 日集中开展。在为期一周的时间内，全市科协系统将统一行动，围绕主题，组织开展一系列面向基层所需、服务创新发展、促进全民科学素质提升的系列科普宣传教育活动，带动各地掀起科普活动热潮。启动仪式上，为 2022 年“科普丹霞，抖出精彩”科普抖音大赛获奖选手和韶关市最受欢迎科普自由行科普教育基地进行颁奖。 （葛妍妤）

2022 年 5 月 24 日，韶关市新时代文明实践系列活动 2022 年韶关市全国科技活动周系列活动之“强国复兴有我 安全文明出行”科普活动在韶关市科技馆举办 （市科技局　供图）

教　育

综述

【教师队伍建设】 2022年，韶关市中小学专任教师3.8万人，其中学前教育7880人、小学1.3万人、初级中学5561人、完全中学3211人、高级中学2366人、九年一贯制学校3461人、中等职业学校2060人、特殊教育学校225人、专门学校10人。韶关市中小学校（含幼儿园）实现党组织和党的工作两个全覆盖，选强配齐党组织书记，开展党建工作示范区示范校建设，打造“一校一品”党建特色品牌，推进“双培养”工程，落实全面从严治党主体责任，依靠党建促进学校思想政治教育、教师队伍建设和教育教学各项工作健康发展。韶关市开展师德师风规范治理年活动和师德主题教育月“六个一”活动，制定《韶关市中小学幼儿园教师违反职业道德行为处理办法（试行）》《韶关市教师违反职业道德行为举报受理与调查处理机制（试行）》等文件。对200名“四有”好老师和35名优秀教育工作者进行表扬和奖励。韶关市投入资金147.5万元用于提升教师学历。全市学前教育专任教师大专及以上学历比例89.1%，小学、初中专任教师本科以上学历比例分别为76.14%和92.8%，高中专任教师硕士研究生以上学历比例11.5%。实施韶关市“丹霞英才计划”、韶关市中小学“百千万人才培养工程”市级培养项目（名教师、名校长、名班主任学员80名）。推进“县管校聘”管理体制改革工作，2018—2022年竞聘后转岗或交流教师数3792人。组织中小学教师资格考试和落实教师定期注册制度，全年全市认定中小学教师资格人数3765人。（程　玲）

【教育督导】 2022年，根据《广东省人民政府教育督导室关于反馈2021年市县政府履行教育职责评价结果并认真整改存在问题的通知》中公布的评价结果，韶关市成绩为82.48分，取得在北部生态发展区（包括韶关市、梅州市、清远市、河源市、云浮市5个市）排名第一。全市6个县（市、区）人民政府在北部生态发展区37个县（市、区）排名中均进入前15名，其中，始兴县第二名（获优秀等次）、曲江区第七名、新丰县第十一名、乳源瑶族自治县第十二名、浈江区第十四名、南雄市第十五名。韶关市教育局等10个市直单位及始兴县人民政府等5个单位受到市政府的表扬。11月，韶关市人民政府教育督导委员会制发《韶关市人民政府教育督导委员会成员单位职责》，完成市政府总督学、副总督学的委任，扩大专职督学的覆盖面。全市所有县（市、区）均设置总督学或副总督学，专职督学99人。12月21日，完成第四届市政府督学换届工作，聘任第四届市人民政府督学287人，其中督学顾问41人，督学231人，特约教育督导员15人。此次换届增设督学顾问，扩大市特约教育督导员的选任范围，在原来的基础上将主流媒体、人大、政协及高校纳入推荐范围。全市落实教育督导经费228.1万元。是年，韶关市教育局对申报的韶州中学（初中部）、武江区御龙湾小学、乐昌市乐园小学、乐昌市第一中学、乐昌市凤凰小学、始兴县幸福学校、翁源县启智学校、新丰县梅杭镇张田小学、新丰县梅杭镇华溪小学、新丰县沙田镇叶屋小学、新丰县遥田镇高墩小学、新丰县回龙镇古塘小学12所学校进行达标核查，被认定为“广东省义务教育标准化学校”。广东省首次组织开展省级义务教育质量检测，韶关市成立韶关市义务教育质量监测实施工作领导小组，转发有关文件，开展市县两级培训，选派10名市视导员以线上线下的方式对各县（市、区）义务教育质量监测实施准备情况进行跟踪指导，除翁源县因汛情无法参测外，其余9个县（市、区）均于6月14日完成当年监测组织实施工作。（刘　炬）

【教育科研】 2022年，韶关市教育科学研究院组织2022年度全国教育规划课题申报工作，推荐南雄黎灿学校、韶州中学、曲江余靖小学等3项课题；组织广东省教育科学规划2022年度中小学教师教育科研能力提升计划项目申报工作，韶关市推荐立项数23项，其中重点项目5个，一般项目18个。组织广东省2021年度教育科学规划课题（德育专项）的申报工作，韶关市推荐10个课题完成申报；组织广东省中小学三科统编教材“铸魂工程”专项课题申报，韶关市14个立项课题进行开题报告；组织2022年韶关市中小学教育科研课题立项503项，其中规划课题40项；组织2022年韶关市中小学“双减”专项课题立项40项。韶关市中小学教育科研课题结题399项，“双减”专项课题结题46项。

【教育信息化】 2022年，韶关市中小学校教育装备与信息化投入超过1.5亿元，新增电脑室34间、电脑3052台、多媒体电教平台1020套、各种功能室167间、图书42万余册。加大对12个“韶关市教育信息化领航校（园）长工作室”和25个“韶关市教育信息化名教师工作室”的建设指导力度，给每一个工作室安排1万元的建设经费。开展“2022年韶关市教师信息素养提升实践活动”专项活动，收到585件作品，评出一等奖67名、二等奖118名、三等奖182名。

【教育交流】 2022年，韶关市做好“两全一融”对口帮扶工作。市、县与各支援方签订结对帮扶协议42份；与中山大学、韶关学院等高校及东莞市有关学校召开座谈、交流、协调会15场次，明确27大项66个帮扶工作任务，其中东莞市帮扶韶关市8大项23个具体任务，韶关学院帮扶韶关市13大项30个具体任务，中山大学帮扶韶关市六大项13个具体任务。开展“线上专家授课+网课研修+(线下)”培训、专题研修活动、教师跟岗学习、教研论坛和教学视导活动26场次，受惠教师5000人次。加强与珠三角的沟通联系。与广州市、深圳市、东莞市、中山市、佛山市等地区开展线上线下教育交流活动。参与学科学段20余个，参加教师900人次。

【教研服务】 2022年，韶关市投入6954.46万元（其中市直1070万元）用于培训工作，组织开展“三区”教师培训等各类型的专项培训工作。发挥省级学科教研基地的作用。开展教研活动（包括教研帮扶、送教下乡）60余场，教研指导（包括专题讲座、课例展示等）200余次，教师成果发表作品和获奖作品50余项，70余人获评省、市、区级荣誉。开展20余场次专题讲座，指导课例研究活动30余场次。发挥青年教师示范引领作用。各学科学段开展送教下乡活动，参加送教下乡的青年教师30余人次，分享优质课例80余节次。做好线上教研工作。举办省级学科教研基地和省名师工作室线上教学直播分享讲座12个批次，主讲教师73人次；跟进和指导403名教师线上教学，居家上网课学生1万名；开展线上教研培训活动30余场次，参与教师2000人次。推进“双减”工作。开展“双减”优秀作业设计和案例评选。韶关市义务教育学校上报相关参选作品171份，有155份作品获奖，其中小学学段一等奖18个、二等奖33个、三等奖21个；初中学段一等奖19个、二等奖40个、三等奖24个。

【校园安全管理】 2022年4月，韶关市教育局增设安全和校外培训监管科，校园安全监管和执法力量显加强；5月，市委教育工作领导小组印发《韶关市中小学幼儿园校园安全监督管理责任清单》，各级政府、部门及学校的校园安全监管责任得到明确。

（何世英）

学前教育

【概况】 截至2022年12月底，韶关市有幼儿园606所，其中公办幼儿园（不含公办性质幼儿园）169所、普惠性民办幼儿园384所；全市在园幼儿11.86万人，其中公办幼儿园在园幼儿6.06万人（含政府购买学位数），占全市在园幼儿总数的51.1%，普惠性民办幼儿园幼儿数72584人，公办幼儿园和普惠性民办幼儿园在园幼儿占比92.0%。实现公办幼儿园在园幼儿占比50%、公办幼儿园和普惠性民办幼儿园在园幼儿占比85%的目标。3～5岁学前教育毛入园率107.2%。全市100%的乡镇建有规范化公办中心幼儿园；100%的常住人口规模4000人以上的行政村独立举办规范化普惠性幼儿园。

【幼儿园建设】 2022年，韶关市新建、改扩建公办幼儿园完工交付使用20所，新增公办幼儿园学位5730个。公办幼儿园8所，分别是浈江区金葵幼儿园、浈江区执信幼儿园、武江区新区第二幼儿园、乐昌市梅花镇第一幼儿园、乐昌市黄圃镇中心幼儿园、乐昌市碧桂园幼儿园、始兴县墨江幼儿园、乳源瑶族自治县东湖幼儿园，共新增公办学位3240个。满足周边居民对于优质教育的需求，缓解学位紧张问题，补齐区域教育设施硬件短板，优化和提升教育资源配置，实现教育均等化。

【幼小衔接教育】 2022年，韶关市开展“幼小衔接，我们在行动”2022年学前教育宣传月活动。武江区新华幼儿园选送的《遵循规律科学衔接为生命成长奠基》等10个（视频）案例被评为优秀（视频）案例。浈江区建国幼儿园等3所浈江区幼儿园被省教育厅选中作为省教育平台宣传“幼小衔接，我们在行动”的重要素材。

义务教育

【概况】 2022年4月，教育部公布义务教育优质均衡先行创建县（市、区、旗）名单，韶关市仁化县是全省7个上榜的县（市、区）之一。7月，韶关市承办广东省第十三届中学生运动会，韶关市代表团金牌总数位居全省第四，获团体总分一等奖，位居全省第六。韶关市落实“两个只增不减”，国家财政性教育经费88.48亿元，一般公共预算教育经费61.92亿元，比2021年增长0.07%，增加461.29万元。5月4日，共青团韶关市委、韶关市教育局联合举办“青春心向党建功新时代”韶关市新团员入团仪式示范活动暨五四主题团日活动，引导广大青年迈好“青春第一步”，“扣好人生第一粒扣子”。

【义务教育学位和招生】 2022年，韶关市市属3所民办初中学校和广

2022年6月15日上午，韶关市属六所学校七年级2022年秋季招生工作新闻发布会召开（市教育局 供图）

东北江中学、韶关市第一中学、韶州中学同步采取电脑摇号方式招收七年级新生；市田家炳中学采用学区对口金福园小学直升方式招生。2022年，韶关市新建小学5所，改扩建小学3所，改扩建初中2所，增加义务教育学位9960个。

【进城务工人员随迁子女义务教育】 2022年秋季，韶关市安排进城务工人员随迁子女4.22万人就读，其中小学3.05万人，初中1.17万人。除0.1万人（占全市义务教育阶段进城务工人员随迁子女总数的2.47%）自主选择民办学校就读外，其余的4.12万人（占全市义务教育阶段异地务工人员随迁子女总数的97.53%）全部安排进入公办学校免费就读（其中小学安排学位3.05万个，初中安排学位1.07万个），远超过广东省教育厅要求的随迁子女入读公办学校比例不低于85%目标，名列全省前茅。

【初中学业水平考试】 2022年，韶关市参加初中学业水平考试考生人数35423人（其中社会考生156人，本市户籍异地考生147人，残疾考生50人），考点117个，考场1240个，备用考场145个。首次组织初中英语听说考试，初中学业水平考试英语学科的听力考试改为听说考试，实行人机对话考试形式，采用计算机智能评分。

【中考招生】 2022年，韶关市高中阶段学校招生录取工作从7月14日开始分批次组织实施，普通高中录取到7月底基本结束，全市普通高中学校录取18679人。广东北江中学、韶关市第一中学、韶关市田家炳中学、韶关市第五中学、韶关市张九龄纪念中学继续开展自主招生（含体育艺术特长生）的探索实验。做好“指标到校”工作，全市省一级以上公办普通高中学校按广东省要求“安排不低于50%的公费招生名额，按初中学校在校生数和实施素质教育的情况，直接分配到区域内各初中（含民办）学校”。

【乡村小规模学校整合优化】 2022年，韶关市整合教育资源，加强组织领导，全面实施新一轮乡村小规模学校优化提质，成立韶关市乡村小规模学校优化提质工作领导小组，印发《韶关市乡村小规模学校优化提质工作指引》。是年，在校学生20人以下的乡村小规模学校完成撤并61所，改造提升22所，占20人以下乡村小规模学校数的64.6%；分流在编教师171人，分流学生553人。

【中山大学与韶关市教育局结对帮扶签约仪式在乐昌市第二中学举行】 2022年6月25日，中山大学与韶关市教育局在乐昌市第二中学举行结对帮扶协议签约仪式。中山大学党委副书记、校长、中国科学院院士高松，韶关学院党委书记孔云龙，韶关市副市长蒋文泓，韶关市教育局局长黄令等领导和校长出席签约仪式。签约仪式由韶关市教育局局长黄令逦主持。经多次沟通协商，双方就2021—2025年基础教育帮扶工作达成协议，明确中山大学附属中学、附属小学分别与乐昌市第二中学、老坪石中心学校进行一对一结对帮扶。今后，将通过开展培训、名师送教、跟岗学习、交流研讨多种途径，帮助受援学校建立科学的教育教学管理体系，提升学校教育教学能力和办学水平。中山大学和韶关市教育局结对开展基础教育帮扶工作。结合双方实际，确定由中山大学附属中学和乐昌市第二中学结对，附属小学和老坪石中心学校结对。通过结对帮扶，中山大学附中附小发挥自身优势，帮助乐昌市第二中学、老坪石中心学校在学校管理、党建团建队建、教学质量、师资素质、办学水平等方面全面提升。

【韶关市获得全省《广东省学校安全条例》知识竞赛奖项】 2022年8月22日，由广东省教育厅主办的《广东省学校安全条例》知识竞赛决赛在广州市黄埔区玉泉学校举行。经过层层选拔，广东省10支地市代表队，共30名选手现场进行校园安全知识大比拼。300人现场观看比赛。韶关市代表队获得本次比赛团体二等奖（全省第五）和组织二等奖。此次竞赛经历初赛、半决赛、总决赛三个阶段。5月13日，广东省中小学校校领导3.3万人参加初赛线上答题。韶关市在22个参赛代表队中，以排名第七名的成绩晋级半决赛。5月31日，进行半决赛线上答题，最终韶关市、珠海市、中山市等10支代表队入围决赛，并分别派3名代表参加现场决赛。在半决赛中，韶关市刁小平、吴秋逢、周碧洁等三位校长代表韶关市参加总决赛。经过决赛，韶关市以全省第五的成绩，最终获《广东省学校安全条例》知识竞赛决赛团体奖二等奖和《广东省学校安全条例》竞赛组织奖二等奖。

【韶关中小学生在2022年广东省“非遗少年说”青少年展示展演活动获得7个奖项】 2022年10月，广东省文化馆公布2022年广东省“非遗少年说”青少年展示展演活动获奖名单，韶关市选送的中小学生作品中，武江区东莞小学周子沅的作品《韶关市涂氏水车制作技艺》获一等奖，除此之外，获得4个二等奖及2个三等奖。2020年以来，韶关市持续开展“非遗课外时”“非遗少年说”“非遗课间操”“非遗展演秀”“非遗体验”“非遗作品成果展”等六个板块的“非遗进校园”系列活动，打造一批具有地方特色的非遗实践学校和可参观、可体验的非遗传承基地（工作站）。“非遗少年说”是广东省是面向全省中小学生开展以非遗推介为主题的演讲展示活动，旨在鼓励青少年通过演讲、绘画、写作等方式感受和表达自己眼中的非遗，提升青少年对中华优秀传统文化的感知力、传播力与文化自信。12月，韶关市文化广电旅游体育局、韶关市教育局、共青团韶关市委员会联合举办2022年韶关市非物质文化遗产进校园系列活动，活动设置“非遗少年说”“我来画非遗”“我来写非遗”三项比赛，面向全市中小学生开展的以非遗推介为主题的活动。此次活动三种类别共收到412个作品，经专家专业评选，各项比赛结果已揭晓。2022年韶关市“非遗少年说”作品评选结果一等奖1名、二等奖4名、三等奖6名，2022年韶关市“我来画非遗”作品评选结果一等奖3名、二等奖6名、三等奖12名、优秀奖15名、入围奖26名，2022年韶关市“我来写非遗”作品评选结果为一等奖3名、二等奖6名、三等奖12名、优秀奖15名，10名教师入选2022年韶关市“非遗少年说”“我来写非遗”“我来画非遗”大赛“优秀指导老师”名单，5个中小学单位获2022年韶关市“非遗少年说”“我来写非遗”“我来画非遗”大赛作品评选优秀组织奖。

【“百千计划”培养项目】 2021—2022年，韶关市教育局依据《中共韶关市委 韶关市人民政府关于全面深化新时代教师队伍建设改革的实施方案》和《广东省教育厅 广东省财政厅关于印发〈广东省中小学“百千万人才培养工程”培养项目实施办法〉的通知》文件精神，开展韶关市中小学“百千计划”培养项目——中小学青年骨干教师培养人员遴选工作，在中小学11个基础学科（小学语文、小学数学、小学英语，初中语文、初中数学、初中英语；高中语文、高中数学、高中英语、高中物理、高中历史），遴选出545名青年骨干教师开展为期两年的培养培训。培养内容主要围绕教育理论提升、校本研修团队建设、教育实践创新3个领域开展。采取经典书目阅读、集中研修、教学观摩、课题研究、参与名师工作室建设等多元化培养方式，拓展专业知识，进一步提高教育教学能力水平并发挥示范引领作用。9月26日至30日，为期五天的韶关市中小学“百千计划”培训项目——2022年韶关市中小学青年骨干教师专业能力提升培训（高中数学）结业。此次培训由韶关市教育局主办、韶关市教育科学研究院协办、广东教育出版社承办。授课内容为关于教育改革、课程建设、课堂教学、课题研究、论文撰写、教育技术等。7月，韶关市中小学第七期“百千万人才培养工程”培训班在韶关学院举行，来自韶关市中小学的名校长、名班主任、名教师参加培训。韶关市中小学“百千万人才培养工程”对韶关市深化新时代教师队伍建设改革，推动教育高质量发展，加快建设教育强市具有重要意义。培训围绕教育理念、教育科研、职业道德等开展专项教学。

【仁化县上榜义务教育优质均衡先行创建县名单】 2022年4月，教育部公布义务教育优质均衡先行创建县（市、区、旗）名单，广东七地上榜，其中包括韶关市仁化县，仁化由此成为韶关市首个创建全国义务教育优质均衡发展县的试点县，是当地推动基本公共服务均等化取得的重要成果。仁化县始终优先保障教育发展，三年来县级一般公共预算教育经费投入保持4亿元以上，确保只增不减。仁化县聚焦资源供给问题，以教育项目建设促进优质均衡发展，先后完成新建城北小学、启智学校、新城幼儿园、仁化中学宿舍楼等项目建设，新增优质学位超过3000个，新增住宿学位1000个，教育资源配置更加优化；完成城口学校篮球场、足球场改造，长江中心小学开放式图书角等近50个项目建设，缩小城乡教育差距。仁化县用好改革一招激发学校生机活力，实施“县管校聘”“校长职级制”等改革，健全教师城乡交流、退休与补充平衡机制，职称评定、先进典型等名额优先用于农村学校教师，落实山区教师待遇政策，形成乡村教师队伍“下得去、留得住、教得好”的良好局面。当地健全教师培训培养机制，全县中小学教师100%完成继续教育和专业成长，建立15个“三名”工作室（名教师、名班主任、名校长）。结合文明校园、绿色校园创建，当地开展“阳光体育大课间、朝阳读书、研学、校内课后服务”四项活动，形成“一校一品”和“一校多品”的办学格局。三年来，仁化全县未成年人思想道德建设工作均走在全省前列。落实“双减”政策方面，仁化县持续完善中小学生综合素质评价机制，突出思想政治理论课关键地位，提高体育、美育、健康教育和劳动教育水平，构建一体化、校内外相融的全员全过程全方位的育人体系，作业管理时间控制、校内课后服务时长达标率均达100%，国家义务教育质量监测结果连续三年保持较高水平，县教育局连续三年获国家义务教育质量监测实施“县级优秀组织单位”称号。

【武江第一小学投用】 2022年8月，位于武江区惠民北路495号的武江第一小学建成并投入使用。此校是韶关市投用的11所学校之一，学校规模为24个班，可提供学位1080个，规划总用地面积2.22万平方米，总投资金额7976.09万元。学校教室、课桌、多媒体教学设备、绿植等一应俱全，绘制符合学生年龄的黑板报。足球场、篮球场等场地，运动设施也一应俱全，配备图书室、实验室、音乐室、舞蹈室、美术室等功能室，能充分满足学生的需求。学校招收1-4年级8个班260多名学生。在开学前几天对学校教师进行多场专题培训，包括疫情防控、师德师风建设、学校安全管理等，确保学生能安全、顺利的开学。2022年。韶关市有3所新建中小学开学，其中公办中小学3所，分别为武江区第一小学、武江区东岗保利小学和翁源县陈璘小学，新增学位4050个。缓解学位紧张问题，补齐区域教育设施硬件短板。

普通高中教育

【概况】 2022年，韶关市有普通高中学校25所（含完全中学14所），其中公办22所民办3所；高中阶段毛入学率98.7%。专任教师4226人，其中在职正高级教师12名，副高级1322名，硕士研究生以上学历比例11.5%。全年组织2011名教师参加市级提升培训项目、246名参加市中小学“百千计划”培养项目。

【高考招生】 2022年，韶关市普通高考考生26133人，其中普通类考生18839人，“3+证书”高职类考生5437人，单招类考生1857人。韶关市成人高考考生13618人，其中报考专科升本科的有6134人，高中起点本科49人，高中起点专科的有7435人。普通高考录取23117人，其中本科录取8100人，专科录取15017人。是年，印发《韶关市2022年普通高考安全工作方案》《韶关市2022年普通高考组考防疫工作方案》《韶关市2022年普通高考极端天气应急预案》，规范统一考务操作；提高考试信息化水平，加强考试设施建设；紧抓考务细节落实，实现考试平安顺利。

【始兴中学入选新课程新教材实施省级示范校】 2022年，广东省教育厅发布《关于广东省普通高中新课程新教材实施省级示范校名单的公示》显示，韶关市始兴中学入选新课程新教材实施省级示范校，此轮评选出省级示范校61所，其中始兴中学为韶关唯一一所入选学校。始兴中学由宋朝嘉定年间的黉学宫（又称文庙）发展而来，1915年始办新学，1948年被更名为“始兴中学”，至2022年，有107年的办学历史。

【2022年高中招生政策发布】 2022年6月，韶关市教育局发布《关于做好全市普通高中2022年招生工作的通知》，对韶关市市直普通高中学校的招生计划、指标到校等情况进行介绍。2022年韶关市市直普通高中计划录取5650人，其中广东北江中学计划招生900人（其中指标到校450人）；韶关市第一中学计划招生900人（其中指标到校450人）；韶州中学计划招生400人；韶关市田家炳中学计划招生600人（其中指标到校300人）；韶关市第五中学计划招生700人（其中指标到校350人）；韶关市九龄高级中学计划招生1050人（其中指标到校500人）。而市属民办普通高中学校2022年秋季广东韶关实验中学招收高中一年级800人（其中公办生100人）；广东北江实验学校招收高中一年级300人（其中公办生50人）。韶关市公办优质普通高中开展指标到校工作，并坚持每所优质高中学校安排不低于50%的招生名额，直接分配到区域内的各初中学校（含民办），并适当向薄弱学校、农村学校倾斜。指标到校生录取按韶关市中考录取的统一规则执行，根据填报的志愿、中考成绩及同分排位原则、所在初中学校的指标名额从高分到低分投档录取，综合素质评价要求与相应批次录取的普通生一致。 公办普通高中学校指标到校生包括“自主招生（含体育艺术特长生）和统分指标生”两类，均须参加韶关市统一组织的2022年初中学业水平考试。自主招生具体条件由招生学校制定。而在统分指标生的分配上，2022年广东北江中学、韶关市第一中学和韶关市田家炳中学等三所市属学校继续面向全市分配统分指标生指标。韶关市张九龄纪念中学、韶关市第五中学统分指标生面向浈江区和武江区招生，曲江中学、曲江一中统分指标生面向曲江区招生。在招生范围方面，韶关市严格落实国家和省有关属地招生和公民同招政策，各公办、民办普通高中学校面向审批地招生，不得跨地市招生。除体育、艺术和小语种这3种类型可在本市范围招生外，其他类型自主招生应落实属地招生政策，在规定的属地范围内招生。广东北江中学、韶关市第一中学、韶州中学、韶关市田家炳中学普通生面向全市招生；韶关市张九龄纪念中学、韶关市第五中学、曲江区曲江中学和曲江区第一中学普通生面向市辖三区招生；广东北江实验学校、广东韶关实验中学、韶关市永翔实验中学等三所民办普通高中学校面向全市招生。其他县（市）属公办普通高中面向本县域招生。

中等职业教育

【概况】 2022年，韶关市共有隶属教育部门管理的中等职业学校13所，其中公办9所、民办4所。开设58个专业，全日制在校生数33320人，其中，公办学校学生21507人，占64.54%，民办学校学生11813人，占35.45%。招生11695人，毕业生8965人，升学4602人，占比51.3%，就业4348人，留韶就业2546人，留韶实习就业率77.8%。中职学校专任教师1825名，双师型教师占专业课教师比例61.8%。中职学校办学条件达标率69.2%，居全省21个地市之首。按照省的安排中职、技校录取工作至12月底结束，韶关市第一、二阶段中职学校录取11697人，技工学校录取7140人。2021年韶关市中职学校办学条件达标指标位居全省第三，在2022年全省职业教育大会上作为粤东西北地区唯一代表进行交流发言。

【职业学校建设】 2022年，韶关市争取中央、省职业教育发展专项资金2741万元，“大数据产业人才振兴计划”专项资金140万元，用于学校升级改造，中等职业学校学生规模全部1200人以上，校园面积4万平方米以上。振华中职租赁新校投入使用，曲江中职、南雄中职、始兴中职、浈江中职迁建工程开工建设，新丰中职正在筹建新校，仁化中职、乐昌中职、乳源中职3所学校实施改扩建。韶关市中等职业技术学校和曲江中等职业技术学校获批“省高水平中职学校创建单位”，乐昌中职和始兴中职获批“省高水平中职学校培育单位”。翁源中职、育威中职接受广东省重点中职学校验收。2021年韶关市中职学校办学条件达标指标位居全省第三，在2022年全省职业教育大会上作为粤东西北地区唯一代表进行交流发言。

【专业和实训基地建设】 2022年，韶关市有国家中等职业教育改革发展示范校1所、国家级重点中等职业学校3所、省级重点中等职业学校5所，省重点以上中职占61.5%。省级实训中心5个，省重点建设专业6个，省中等职业教育“双精准”示范专业9个，“1+X”证书试点学校有8所12个职业技能等级证书。开展东莞韶关职业院校交流合作，13所中职学校加入东莞职教联盟。与韶华科技、华韶数谷签订使用企业设备开展实习训练协议。

【职业技术教育】 2022年4月，韶关市出台《关于推动韶关市职业教育高质量发展的实施方案》，召开全市推进职业教育高质量发展大会，13所中职学校全部在韶关市人力资源和社会保障局备案成为职业技能等级认定机构，可为在校学生开展对应工种的职业技能等级认定。实施职业教育“强师工程”，开展市级培训310人次，培训116人。举办中职学生职业技能竞赛，设17个赛项，有463名选手参赛。

【校企合作产教融合】 2022年，韶关市中等职业学校校长走访企业、联系企业，每月总结一次为韶关市重点企业提供用工服务的情况。组织校企合作座谈会31场、校企合作产教融合签约仪式3场。新增专业18个，调整专业3个，淘汰专业5个。各中职均与韶华科技签订订单班，招生585人，校企一体化培养65个班。校企合作企业256家，其中在韶关的企业占75%。中职学校毕业生实习就业留韶率77.8%，比2021年增长20.8%。

普通高等教育

【概况】 2022年，韶关市有1所全日制普通本科学校和1所全日制高职院校。韶关学院是全日制普通本科高校，有教职工3160人，其中专任教师1650人，在校学生2.6万人；广东松山职业技术学院是专科层次高职院校，有在校生2万人，教职工1247人。

【韶关学院】 2022年，韶关学院校舍建筑总面积94.86万平方米，有专任教师1648人，正高级职称131人、副高级职称450人。设有17个二级学院，开设本科专业73个，涵盖11个学科门类。有全日制本、专科在校生2.6万人，成人教育学生0.9万人。

高层次人才队伍建设 2022年，韶关学院出台15条高层次人才引进重要举措，引进港澳台籍和外籍博士72人；面向海内外招收博士后56人；引进博士248人、硕士150人。学校有专任教师1648人；博士563人，较2021年增长89.5%，博士占比34.2%。新增省级科研创新团队1个；1名教师连续3年入选全球“高被引科学家”。

学科建设与科研 2022年，韶关学院获省部级及以上纵向项目45项(国家级8项、省部级37项)，新增省级科研平台5个，其中自然科学类2个、人文社科类3个。获授权专利125件、软件著作权登记16项；推动科技成果转让14项，另有1项科技成果作价入股。提出促进横向项目快速发展的8条举措，签订横向项目163项。

招生与就业 2022年，韶关学院录取考生3590人，报到3449人；本科各专业第一次投档均满档。毕业生初次毕业去向落实率92.66%，高于全省高校平均水平，位列全省本科院校第二；留韶毕业生866人，留韶率12.15%。7名学生被西部计划录取，74名学生被山区计划录取。到港澳高校攻读硕士学位和交流学习学生13人。

国外交流与合作 2022年，韶关学院与澳大利亚悉尼科技大学、科廷大学，英国哈德斯菲尔德大学，泰国瓦拉亚隆功皇家大学、诗纳卡宁威洛大学等5所高校分别开展“3+2”“2+2”本科、本硕中外联合培养项目。引进外籍专家教师11人。出国交流合作项目学生42人；招收来华留学生5人。

基础教育帮扶 2022年，韶关学院分别与韶关市教育局、清远市教育局成立工作领导小组和工作专班，签订帮扶协议等举措。组织开展粤东粤西粤北地区中小学教师全员轮训等线下培训39个班次，培训教师2076人次。选派1298名学生到韶关市中小学实习，173名学生到清远市中小学实习。遴选9名骨干教师和干部到韶关市、清远市帮扶单位挂职，其中3名教师的支教帮扶工作情况刊发在清远市《推动基础教育高质量发展工作简报(第四期)》。完成《广东省县管校聘管理改革评估》报告。

华南研学 2022年，韶关学院华南研学工作获韶关市政府发文表扬，得到广东省政协副主席许瑞生肯定。粤北华南教育历史研究中心获批广东省岭南文化研究基地，承接广东省重点领域研发项目，承担省自然资源厅华南研学资源保护与利用项目，获广东省华南历史研学进课程实践教学成果一等奖、二等奖、三等奖各1项；获省第二届华南教育历史研学课程设计大赛一等奖、二等奖各1项。创作《烽火逆行的故事》叙事组歌；出版《华南教育历史研学概览》《抗战时期华南教育历史研究》；组织专家团队开展乡村研学旅游项目规划，推动文旅融合发展。 (邹 云)

【广东松山职业技术学院】 2022年，学校校园面积61.4万平方米，其中曲江校区占地39.7万平方米；浈江校区占地21.7万平方米。设有电气工程学院等9个二级教学院(部)，开设46个专业，布局10个专业群，其中4个省级高水平专业群；建有实训基地21个，其中省级以上实训基地15个，148个校内实验实训室。

专业建设 2022年，构建专本协同育人试点5个，较上年新增2个；新增申报2023年“2+2”四年制本科协同培养试点1个。承办广东省职业院校技能大赛，实现承办省技能竞赛“零”的突破，新增1个省级教学创新团队。学生参加各类竞赛获奖49项、115人次。

科研工作 2022年，“数字化设计与绿色制造技术应用协同创新中心”“粤北乡村振兴研究院”获省教育厅科研平台立项。有科研平台省级4个、市级5个、校级9个；获省级项目立项30项、市级18项；专利授权13件；计算机软件著作权登记16件。

招生与就业 2022年，学校招生录取4922人，报到人数4272人，报到率89.32%。毕业生3249人，最终就业落实率超98%。升读本科281人；毕业生专业对口率95.54%，较2021年提升8.29%。

大学生思想政治工作 2022年，学校构建“大思政”工作格局，课程思政生态体系基本形成。

产教融合 2022年，成立粤北大数据产业学院，服务“东数西算”国家战略，获韶关市大数据人才培养振兴计划资金50万元；落实国家集成电路发展战略，联合中南国际开办集成电路产业创新班，首批招录60名学生；学校是韶关职业教育集团理事长单位，集团成员327家，联合宝武韶钢制定《机电设备维修与管理专业现代学徒制教学标准》《高职黑色冶金技术现代学徒制专业教学标准》2项省级专业教学标准，成立松山——韶钢技能中心，开展宝武韶钢职工培训等20项。

改善办学基础条件 2022年9月，学校取得浈江校区土地权属，曲江校区基建解冻，历史性破解制约学校发展的“卡脖子”问题，投入1.05亿元用于2个校区宿舍、教室、食堂等修缮及校园环境提升。“政府采购20周年双庆典暨18届政府采购集采年会”上，学校被评为2022年度政府采购先进单位。全年投入2500万元，加强智慧校园建设。获评2021年度财务决算工作“表扬单位”。馆藏纸质资源87.9万册。

【广东松山职业技术学院张沈宁团队获德国红点奖】 2022年11月，素有“设计界奥斯卡”之称的德国红点奖评审结果揭晓，广东松山职业技术学院机械工程学院工业设计专业校企合作设计家具类作品“SkyeChair”获得红点概念设计奖（RedDot奖项）。此次获奖，是广东松山职业技术学院首次获得国际性设计类奖项，学校作为校企合作完成类作品的“DesignPartner”，在红点国际官网获奖作品页面中持续对全球展示。2022年度红点奖评审团收到来自60个国家和地区的超过7800件参赛作品。此次的获奖作品“SkyeChair”，由广东松山职业技术学院机械工程学院工业设计专业教师团队与唐山如此工业设计有限公司合作开发/合作设计，是一个采用轻质钢管对传统座椅进行设计演绎的家具设计方案，通过一体的弯管与简单薄层板为使用者提供优雅舒适的使用体验，以最小的材料应用提供最大的稳定性及舒适度。广东松山职业技术学院工业设计专业自2016年设立以来，专业师生曾多次获得全国大学生先进成图技术与产品建模创新大赛、广东省高职院校职业技能竞赛、广东省省长杯工业设计大赛、韶关市风采杯工业设计大赛等多项专业赛事奖项。学校鼓励教师立足专业、走进企业、紧贴行业，推动新时代产教融合、校企合作，为深化产教融合、校企合作开拓崭新局面。 （杨　飞）

特殊教育

【概况】 2022年，韶关市有特殊教育学校11所，分别是韶关市特殊教育学校、乐昌市启智学校、南雄市特殊教育学校、仁化县启智学校、翁源县启智学校、乳源瑶族自治县特殊教育学校、曲江区启智学校、浈江区特殊教育学校、始兴县幸福学校、武江区特殊教育学校、新丰县特殊教育学校。全市义务教育阶段适龄残疾儿童少年3198人，在校生3156人，入学率98.7%。其中，在特殊教育学校就读学生776人，普通学校随班就读学生1734人，送教上门学生646人。专任教师226人，其中在职副高级教师19名，本科以上学历比例为86.3%。2022年组织65名教师参加市级提升培训项目。

【教学建设】 2022年，韶关市各县（市、区）均按要求建设随班就读资源教室104间，配备兼职教师。根据国家及省的“十四五”特殊教育发展提升行动计划，印发《韶关市人民政府办公室关于印发韶关市特殊教育发展三年提升行动计划（2023—2025年）的通知》。9月，联合市财政局、市民政局等7个部门出台《韶关市教育局等七部门关于印发〈关于做好适龄重度残疾儿童少年送教服务工作的实施方案〉的通知》，做好残疾儿童少年送教上门工作。韶关市特殊教育资源中心（第一期）建设完成，标志着韶关市特殊教育资源教室配套设置得以完善，特殊教育发展质量和水平有待全面提高，满足人民群众对特殊教育普惠性、优质化、多样性的需求和期盼。

【广东省特殊教育建设项目推广暨送教下乡】 2022年6月，韶关市特殊教育学校被确立为“广东省特殊教育内涵建设示范项目特殊教育示范学校”。6月和11月，韶关市特殊教育学校“广东省特殊教育内涵建设示范项目”及“广东省特殊教育精品课程建设项目”推广组，到曲江区、浈江区、乐昌市、乳源瑶族自治县、南雄市、始兴县、仁化县、新丰县、翁源县等县市区特殊教育学校开展项目成果推广暨送教下乡活动。全市10所特殊学校均参与该次活动，参与教师400余人次。

【韶关首所公办专门教育学校揭牌】 2022年10月28日，韶关市第一所公办专门教育学校——韶关市启航学校揭牌成立，标志着韶关市专门教育工作迈入规范化、科学化的发展轨道，完善韶关市未成年人罪错行为预防矫治教育体系，为韶关市未成年人健康成长提供保障和护航。韶关市启航学校是市教育局直属的第一所从事专门教育的学校，主要承担韶关市有严重不良行为未成年人的矫治教育工作，办学规模为 100 至 200 名学生。学校占地面积 2.28 万平方米，有 13 栋建筑物，建筑面积 9392.27 平方米，基础设施完善，合理布局办公区、运动区、生活区、教学区等功能场室，满足教育教学实践活动的需要。学校在 11 月中下旬开学，首批招收一个班 24 名学生，实行 3 个月至 3 年的弹性学制管理模式，进行全封闭、准军事化管理。

【广东省特殊教育内涵建设示范项目特殊教育示范学校——韶关市特殊教育学校】 韶关市启智学校（韶关市特殊教育学校）坐落在武江区新华南路 40 号，创办于 1959 年，原名韶关市聋哑学校，隶属韶关市教育局，是一所以听力残障少年儿童为教育对象，集思想道德熏陶、语言康复训练、文化知识教育、职业技能培训于一体的全寄宿型九年义务制特殊教育学校。2005 年被评为韶关市一级学校。学校占地 5823 平方米，建筑面积 3800 平方米。在全市率先配备现代化先进的教育教学、办公设备。学校拥有一支师资队伍，有教职工 56 人，40 名专任教师中，高级教师 2 人，中级教师 31 人，初级教师 7 人。专任教师中具有本科学历 23 人，专科学历 14 人，大专以上学历占 92.5%。优秀教师中获国家级 2 人、省级奖 16 人、市级奖 21 人。5 月 20 日，广东省基础教育教研基地项目特殊教育教研基地（韶关）在学校开展授牌仪式暨专题培训活动。6 月，学校开展"童心永向党 喜迎二十大"儿童节系列主题庆祝活动，6 月 13—17 日，在马海燕校长的带领下，学校项目推广组到曲江区、浈江区、乐昌市、乳源县、南雄市、始兴县、仁化县等县市区特殊教育学校开始为期一周的"广东省特殊教育内涵建设示范项目""广东省特殊教育精品课程建设项目"成果推广及应用活动。此次活动特邀韶关市教育局基础教育科罗锋主任、韶关市教育科学研究院温汝腾主任、韶关学院心理学系王礼申博士全程指导。6 月，学校被确立为"广东省特殊教育内涵建设示范项目特殊教育示范学校"。8 月，学校被确立为"广东省中小学劳动教育特色学校"。9 月 10 日，学校开展"赓续百年初心 担当育人使命"教师节庆祝活动。10 月，学校被授予"广东省网络安全示范校"荣誉称号。11 月 3—4 日，在马海燕校长的带领下，学校到新丰县特殊教育学校、翁源县启智学校开展"广东省特殊教育精品课程建设项目""广东省特殊教育内涵建设示范项目"推广暨送教下乡活动。此次活动特邀韶关市教育科学研究院温汝腾主任全程指导。11—12 月，学校组织全体教师开展为期一个月的校级公开课听评课活动。12 月，学校特邀请省内外知名教育专家开展一系列线上专题授课活动。12 月，学校被确立为"韶关市第一批劳动特色学校"。

民族教育

【概况】 2022 年，韶关市有少数民族普通中小学学校 2 所，少数民族学龄人口入学率 100%。继续实施少数民族考生中考加分政策（加 10 分）。乳源瑶族自治县民族实验学校被评为"广东省交通安全文明示范学校"、广东省"非遗少年学"优秀乡村传承学校。乳源民族实验学校获评广东省"非遗少年学"优秀乡村传承学校。

【乳源民族实验学校】 2022 年，乳源瑶族自治县民族实验学校有教学班 36 个，教职工 153 人，学生 1753 人，其中少数民族师生占比 30%。学校制订《民族实验学校五年教育发展规划》。学校先后被评为中国关心下一代教育示范基地、全国第三批中华优秀传统文化传承学校、广东省铸牢中华民族共同体意识教育示范校、广东省第一批民族团结进步示范单位、广东省首批中华优秀传统文化传承学校、广东省安全文明学校、广东省绿色学校等称号；《瑶语》教材获广东省中小学特色教材评选二等奖；《瑶族刺绣课程方案》获广东省中小学特色课程建设方案三等奖。是年，学校新建未来教室 1 间。学生创客社团活动成果丰硕。学生参加韶关市 2022 年青少年人工智能追梦营活动，参加比赛获市级奖 74 人，全国复赛一等奖 1 人、二等奖 1 人、三等奖 10 人，获全国决赛三等奖 1 人。是年，教师赵艳芳被评为广东省"非遗少年学"优秀传承人。

【始兴县深渡水乡民族学校】 始兴县深渡水瑶族乡民族学校创办于 1953 年，1994 年与瑶族中学合并为九年一贯制学校，命名为"深渡水瑶族乡民族学校"，2004 年改为完全小学，于 2008 年被评为广东省义务教育规范化学校。学校师生由汉族、畲族、瑶族 3 个民族组成，有 6 个教学班，学生 76 人，其中少数民族学生 51 人，占学生总数的 67%；教职工 20 人（含幼儿园 3 人），其中少数民族教师 2 人，占教职工总数的 10%。学校曾被评为广东省绿色学校、韶关市"文明校园"以及始兴县"先进基层党组织""文明单位""瑶族文化传承教育基地""中小学大课间体育活动精品学校"。1 月，大课间"瑶韵"获广东省评比活动二等奖。10 月，大课间"瑶韵"获韶关市一等奖。学校占地 1.4 万平方米，建筑面积 2583 平方米。建有集文溥教学楼、育爱楼、德兴楼等于一体的综合楼。建有 200 米环形塑胶运动场、标准篮球场及宽广亮丽的升旗广场。校外建有"瑶"你悦耕园劳动教育基地。

【乳源民族实验学校获评广东省"非遗少年学"优秀乡村传承学校】 2022 年 2 月 25 日，2022 广东省"非遗进校园"经验活动交流会暨优秀作品展演活动在广州举办，乳源瑶族自治县民族实验学校获评"优秀乡村传承学校"，教师赵艳芳获评"优秀传承人"。乳源瑶族自治县非遗进校园成效斐然，非遗少年说屡获省级大奖；先后推出非遗音乐作品《瑶花花开》《念党恩》《瑶绣谣》，获得韶关市群众文化艺术作品评选奖、入选韶关市音乐舞蹈花会展演；乳源民族实验学校自 2004 年开展瑶族刺绣教学以来，至 2022 年 2 月，培养 3500 名瑶族刺绣人才。该校将瑶族长鼓舞、瑶族刺绣纳入常规教学体系，设立瑶族舞蹈训练室等非遗教学专门场所，创编的瑶族长鼓操成为学生“大课间”活动的重要一环。完成《大歌书》瑶族民歌整理与记录，为增设相应教程奠定基础。2019 年该校被评为全国中小学中华优秀传统文化传承学校。在 2022 年广东省“非遗少年学”优秀案例征集活动中，乳源民族实验学校被评为“优秀乡村传承学校”，受到深圳中意公益基金会和广东省教育基金会捐建“中意爱心非遗室”1 间。该校瑶族刺绣教师赵艳芳在此次评选活动中被评为“优秀传承人”。教师赵艳芳于 2014 年起从语文教师转型为瑶族刺绣专职教师。赵艳芳与赵晓芳一起编写出版《瑶绣实用教程》，她通过专门课程 + 社团活动的形式开展瑶族刺绣教学，自 2014 年任教瑶族刺绣以来，培养 1800 余名瑶族刺绣人才。（苏才念）

素质教育

【概况】 2022 年，韶关市各学校开展“德智体美劳”五育教育工作。举办中华经典诵写讲骨干教师培训班；做好征集国家通用语言文字推广普及典型案例线索工作和中华经典诵写讲大赛广东省分赛组织工作。评选出“韶关市中小学生研学实践教育营地”3 个，“韶关市中小学生研学实践教育基地”17 个。

【德育教育】 2022 年，韶关市各学校党组织书记、校长带头上好“思政第一课”，举办习近平新时代中国特色社会主义思想专题培训班及 20 余场“韶州思政月谈”等活动。组织中小学校举办“开学第一课”“团队第一课”“学习新思想，做好接班人”主题教育，“青年大学习”“喜迎二十大争做好队员”“红领巾爱学习”等活动 3000 余场次，在开学、毕业等重要时间节点，结合“仪式育人”，组织师生共上“党史大课”。5 月 4 日，举办“青春心向党建功新时代”韶关市新团员入团仪式示范活动暨五四主题团日活动。国庆节前后，42 万名青少年通过线下、线上爱国主义课程引领，走进中共广东省委粤北省委机关办公旧址（始兴红围）、市博物馆等红色教育基地开展研学实践活动，聆听革命故事，了解英雄事迹。开展“新时代好少年”评选与宣传活动，评选出 50 名“韶关市新时代好少年”，1 名学生获评 2022 年广东省“新时代好少年”。评选表彰 2021—2022 年度韶关市中学“三好学生”131 名，“优秀学生干部”82 名。开展第七届“最美南粤少年”评选活动，评出 60 名市级“最美韶关少年”。举办韶关市中小学“阳光成长”心理教师专业能力大赛、中小学家庭教育指导优质课比赛、中小学心理健康教育优质课比赛，评出一等奖 45 人，二等奖 70 人；开展“2022 年广东省中小学心理健康教育活动月”主题教育，征集心理健康教育主题班会课作品 48 项，评选出一等奖作品 14 项，二等奖作品 18 项。举行 2022 年韶关市中小学心理健康教育骨干教师培训班，全市 200 名教师参加培训。组织召开韶关市中小学学生欺凌预防和治理工作联席会议，通报韶关市校园欺凌和未成年人犯罪的典型案例，分析校园欺凌的性质、特点及危害，提出措施，筑牢校园欺凌防护墙。举办韶关市中小学“学宪法讲宪法”演讲比赛决赛、法治知识竞赛、优秀教案征集活动等主题教育系列活动，评出一等奖 87 人，二等奖 132 人。

2022 年 6 月 11 日，由省教育厅、省体育局主办韶关市教育局、韶关市文化广电旅游体育局承办省学生体育艺术联合会乒乓球协会、省乒乓球协会、韶州中学、中建三局集团有限公司协办的 2022 年广东省青少年乒乓球锦标赛在韶州体育公园开赛。图为比赛现场（韶州中学 供图）

【体育教育】 2022 年，由广东省教育厅、广东省体育局共同主办，韶关市教育局、韶关市文化广电旅游体育局联合承办的 2022 年广东省青少年羽毛球锦标赛、2022 年广东省青少年武术套路锦标赛、2022 年广东省青少年乒乓球锦标赛分别在韶关市中山公园体育中心羽毛球馆、仁化县体育馆、韶州体育馆举办。韶关市教育局、韶关市文化广电旅游体育局、仁化中学、韶州中学获得“优秀组织单位”奖。参加 2022 年广东省中学生武术套路锦标赛，韶关市风烈中学获乙组团体总分第一名，韶关市风采实验学校获乙组团体总分第三名，仁化中学获甲组团体总分第三名，仁化县第一中学获乙组团体总分第二名。参加 2022 年广东省中小学生操锦标赛中，南雄中学获得团体总分一等奖（团体第二名），其中自选花球啦啦操第二名，小团体第三名，双人街舞第三名。参加 2022 广东省中学生田径锦标赛，曲江区初级中学取得乙组（初中组）团体总分第四名（一等奖），获得 2 项第一名、1 项第二名、2 项第三名。广东北江中学中田径队获团体总分二等奖。“英东杯”体育竞赛举办田径、篮球、足球、排球、跳绳、健美操啦啦操 6 项体育竞赛。举办 2022 年韶关市中小学生武术、游泳、乒乓球锦标赛。韶关市初中毕业升学体育考试全部项目均采用智能化电子设备进行考试，整个体育中考工作实现无安全事故、无工作差错、无违纪行为、无举报投诉目标。完成2022年韶关市中小学学生体质健康抽测工作，优良率61.5%，合格率98.6%，优良率超过广东省优良率50%的达标要求。

【艺术教育】 2022年，韶关市中小学利用校园走廊、艺术长廊、宣传栏等载体展示学生艺术作品7800余幅，开展简笔画、竖笛等全校集体艺术活动，参与学生14万余人。全市开展美育浸润行动，从师资培养、社团建设、课堂教学、校园文化4个方面齐发力，参与8000余人次，开展艺术社团活动，全市中小学现开设合唱、舞蹈、戏曲、民族器乐、书法、绘画、篆刻、陶艺、剪纸、摄影、雕塑、版画、印染等20余个类型活动，有2400余个艺术社团日常开展活动。开展"我们的节日"活动，利用春节、清明节、端午节、中秋节等传统节日，设计活动载体，增强师生爱国情怀。加强师生中华优秀传统文化教育，围绕"喜迎二十大""强国复兴有我"等主题开展经典诵读活动，引领广大师生诵经典悟经典，全市中小学校做到早有晨读、课堂有诵读、课后有阅读延伸及家庭亲子经典诵读。全市组织举办中小学经典诵读比赛230余场，参与10万人次。9月，举办的全市中华经典诗文诵读决赛活动中，评选出特等奖节目14个，一等奖节目27个。

【语言文字教育】 2022年，韶关市教育科学研究院组织开展国际中文教育志愿者和中华经典诵读网络专项培训报名工作；举办中华经典诵写讲骨干教师培训班；做好征集国家通用语言文字推广普及典型案例线索工作和中华经典诵写讲大赛广东省分赛组织工作。开展普通话水平测试报名工作，全年报名人数6975人，实测人数6359人，二乙及以上通过率64.2%。

【素质教育实践基地建设】 2022年，韶关市教育局联合韶关市文广旅体局经初审、专家会议评审、专家组实地考察、公示等程序，综合考量基地和营地的法人资质、前置条件、运行情况、活动专区、课程设置、导师服务、费用减免、安保措施、信息化服务等基本条件，评选出"韶关市中小学生研学实践教育营地"3个，"韶关市中小学生研学实践教育基地"17个。

【韶关市认定26所学校为韶关市劳动教育特色学校】 2022年，韶关市教育局组织评审组通过听取汇报、现场检查、查看档案资料、进行师生座谈等现场检查评估方式，认定浈江区东联小学等26所学校为韶关市劳动教育特色学校。各级教育部门和入选学校把加强劳动教育作为全面贯彻党的教育方针、促进学生德智体美劳全面发展的重要举措，以劳动教育特色学校创建为抓手，探索开展劳动教育的创新模式和途径，完善劳动教育评价制度，建立激励机制，设置学生自评、学生互评、家长评价、教师评价等，提高学生劳动的积极性、主动性；总结劳动教育经验、直面问题，学习韶关市劳动教育特色学校的先进做法，结合本土实际，提炼校园文化中的劳动要素，开发具有鲜明特色的劳动教育校本课程。

【韶关市2022年教师信息素养提升实践活动】 2022年9月8日，2022年韶关市教师信息素养提升实践活动落幕。韶关市教育部门自6月起，围绕"教师专业发展作为推动课堂变革、实现教育均衡、优质、个性化发展，提高教师信息素养，深化课程改革"的主题，开展"2022年韶关市教师信息素养提升实践活动"专项活动，活动分幼儿园、中小学、中职、教育部门四个对象开展，设置"教学资源作品、融合创新应用教学案例（基础教育组）、信息化教学课程案例（中等职业教育组）三大类作品，以征集形式进行，有来自全市各县（市、区）和市直市属学校585件，经聘请专家评出一等奖67名、二等奖118名、三等奖182名、共367名。 （段志飞）

成人教育

【概况】 2022年，韶关市继续开展各类终身教育、社区教育、农村职业教育培训等活动。韶关开放大学和8个县（市、区）开放大学均成立老年大学，达到市县全覆盖。是年，韶关开放大学获得"广东开放大学体系2021年度先进学习中心"和"2022年度广东开放大学体系社区教育老年教育先进集体"称号。

【社区教育】 2022年，韶关开放大学与市委宣传部、韶关市文学艺术界联合会合作挂牌"社区文明大讲堂"，面向社区居民学员开展社区教育品牌活动，实施知识科普、社团服务、老年人智能产品使用等多类型教育服务项目，促进老年教育发展，提高老年人生活质量。

【老年教育】 2022年，韶关市成立老年教育工作领导小组。韶关开放大学和8个县（市、区）开放大学均成立老年大学，达到市县全覆盖。各地以开放大学为平台，联合社区学院和老年大学，根据老年人不同层次的精神文化需求，开展科学文化课程建设，开设17个专业，30余门课程，350余个班次，做到日常天天有活动、月月有比赛。

【非学历教育培训】 2022年，韶关市面向职业教师、退役军人、城乡待业人员等社会群体开展多种形式的继续教育，开展"粤菜师傅""广东技工""南粤家政"三项工程培训。全年全市13所中职学校取得技能等级机构认定资格备案，增强服务社会能力。实施职业教育"强师工程"，开展市级教师培训310人次，省、国家培训116人，中职学校面向社会开展各类技能培训超过5000人次。 （李国全）

【社会考试】 2022年，韶关市教师资格笔试报名2.17万人次，报考科目3.79万科次。其中上半年教师资格笔试9213人次，1.3万科次；下半年教师资格笔试1.25万人次，2.48

万科次。全市计算机等级考试报考人数1.04万人。其中上半年计算机等级考试因疫情原因，全省取消；下半年计算机等级考试1.04万人。2023年硕士研究生招生考试报名5228人，报考科目1.87万科。（李光杰）

【自学考试】 2022年，韶关市自学考试报名7882人次，报考科目1.75万科次；其中1月自学考试2383人，4882科；4月自学考试延期考试936人，1587科；10月自学考试4563人，1.11万科。上半年毕业考生有180人，其中本科166人，专科14人；下半年毕业考生有168人，其中本科113人，专科55人。受新冠疫情影响，韶关市除在考点增设防疫副主考外，每考点增设3个备用考场。每次考试之前均发布考试疫情防控要求和考试温馨提醒。（李光杰）

【韶关开放大学】 2022年，韶关开放大学下辖8个县（市、区）分校。现有教职工46人，其中高级职称和中级职称15人，研究生学历或硕士学位以上18人。截至2022年年底，学校累计培养本科、专科毕业生4万余名，有9项科研项目成功立项，是创学校开办以来取得的最好成绩。学校获"广东开放大学体系2021年度先进学习中心"称号。各类学历教育招生400人，开设8个专业，开通线上698门课程。整合韶关市艺术培训机构资源，在浈江区、武江区、曲江区开设3个教学点，实现老年教育市区全覆盖。整合康养院资源，开设鎏花教学点。新增"健康教育大讲堂""妇女儿童健康在线"项目。推动县级开放大学完成老年大学挂牌工作，实现老年教育全市全覆盖，此项工作走在全省开大体系老年教育工作前列。一年来，社区教育、老年教育线上线下学习人数16万人次。学校"智能手机应用课程"获评教育部职成司第三批智慧助老优质课程资源，老年教育教学成果获国家开放大学"优秀组织奖"，有3位教师获国家开放大学2022年"银龄逐梦迎新春"线上文艺汇演良师奖，学校获评2022年度广东开放大学体系社区教育老年教育先进集体。深化共享东莞"直播课程"，利用9间直播课室，推行线上教学，共享东莞开大优质课程资源，全年共享42门次课程，方便学生参与，提高到课率。（林县华）

民办教育

【概况】 2022年，韶关市共有民办非学历教育机构456家，全年全市共规范46家民办非学历教育机构。市教育局联合市场监管局等部门，对民办非学历培训活动进行规范，细化培训机构的审批流程，明确培训范围，规范民办非学历培训活动。韶关市学科类培训机构3间，和上年相比压减率达到98%，学科类培训机构转非营利性机构达100%。

【民办非学历教育机构设置】 2022年，韶关市民办非学历教育机构456家，市教育局联合市文广旅体局、市科技局对文化、体育、科技类校外培训机构设置进行规范，明确培训机构场地设置、师资配备等具体要求。同时，要求各县（市、区）非学科类校外培训机构的行政审批工作，要按照《广东省非学科类校外培训机构办学许可证审批流程指引（试行）》《广东省体育类校外培训机构设置标准（试行）》《广东省文化艺术类校外培训机构设置标准（试行）》《广东省科技类校外培训机构设置标准（试行）》的要求执行。全年全市共规范46家民办非学历教育机构。

【民办非学历培训】 2022年，韶关市教育局联合市场监管局等部门，对民办非学历培训活动进行规范，细化培训机构的审批流程，明确培训范围，规范民办非学历培训活动。市教育局提倡供受培训者（学员）选择校外培训机构时，监护人与校外培训机构之间签订由教育部和市场监管总局联合印发的《中小学生校外培训服务合同（示范文本）》（2021年修订版），规范校外培训机构服务行为，化解校外培训收退费纠纷，保护合同当事人的合法权益。全年全市开展1场民办非学历培训活动，规范27家民办非学历培训机构。

【校外培训机构专项治理】 2022年，韶关市压减学科类培训机构3间，和上年相比压减率达到98%，学科类培训机构转非营利性机构达100%。1月，经市委同意，韶关市成立安全和校外培训监管科，校外培训方面主要承担面向中小学生（含幼儿园儿童）的校外教育培训管理工作。韶关市市级及县级的教育行政部门均成立的校外培训机构学科类和非学科项目鉴定专家委员会，辨别校外培训机构学科类和非学科类项目。3月，韶关市印发《关于进一步减轻义务教育阶段学生作业负担和校外培训负担的实施方案》。8月，拟定《韶关市教育系统校外培训监管执法人员培训》，组织全市负责校外培训机构监管部门工作人员44名参加培训。12月，启动非学科类培训机构审批工作，请各县（市、区）教育局组织学习非学科类培训机构设置标准及审批流程，按照有关标准严格要求，把牢机构入口关。韶关市组织参与多次"双减"工作调度会，牵头做好非学科类校外培训机构收费摸排，督促非学科类行业主管部门规范各类培训机构服务合同签订，开展学科类机构"回头看""隐形变异"机构排查、"监管护苗""平安消费"、资金监管、培训材料等专项活动。是年，韶关市教育局根据《韶关市校外培训机构专项治理工作方案》建立由教育、市场监管部门牵头，网信、发展改革、公安、通信管理、民政、卫生、应急管理、消防等单位共同参与的工作机制，联合开展持续1年的监督管理和专项整治。校外培训机构的审批许可、证照办理、营销宣传、合同签订、收费管理、教学活动、投诉举报、机构撤并全过程，均被列入本次治理范围。治理64家校外培训机构。（张德明）

文 化

文化场馆

【概况】 2022年，韶关市有11个图书馆、11个文化馆、107个乡镇（街道）综合文化站、1433个村（社区）综合性文化服务中心。全市11个市、县级文化馆达到国家二级馆以上标准，其中浈江区文化馆、南雄市文化馆、乐昌市文化馆、仁化县文化馆、始兴县文化馆、翁源县文化馆、乳源瑶族自治县文化馆等7个文化馆被评为国家一级文化馆；韶关市文化馆、武江区文化馆、曲江区文化馆、新丰县文化馆4个文化馆被评为国家二级文化馆，全市国家一级馆达标率64%。省文旅厅公布2021年度广东省公共文化服务评估结果，韶关市连续两年排名广东省第七位，粤东西北第一位。全年完成3间“粤书吧”、1个“粤文坊”、5个旅游厕所建设、建设4个基层综合性文化服务中心与旅游服务中心融合试点、20个“两改两融”示范点。对智慧旅游示范应用场景信息系统进行完善提升；推出“一机游韶关”智慧文旅平台。截至12月底，全市行政村（社区）综合性文化服务中心提质增效工作，完成748个，达标率52.2%，完成年度任务的103.9%。韶关市文化馆文化志愿者送欢乐下基层项目被省文旅厅评选为“2022广东省文化和旅游志愿服务项目典型案例”。

2022年1月29日，韶关市图书馆设立党史方志驿站 （市图书馆 供图）

【韶关市图书馆】 2022年，韶关市图书馆负责运行管理总馆及市本级风度书房35间，全年接待读者115.5万人次，外借文献30.5万册次，有馆藏总量181.16万册，其中纸质文献98.30万册、电子图书82.08万册。开展阅读推广活动509场（线上308场，线下201场），参与读者4.6万人次。举办展览10场，其中线下7场、线上3场，参观读者4.2万人次。设立流通图书服务点22个、风度书吧9个。开发并投入销售文创产品20种。设立“党史方志驿站”“党史学习中心”、风度书房“党史学习图书专柜”，开辟“党史党建专栏”“地方文献专栏”“廉政建设专栏”，依托市区及旅游景区风度书房打造开放式党史学习新空间。建立盲人图书阅览室1间、爱心流动服务点7个，开展关爱特殊群体阅读活动、为特殊群体“送书上门”等系列活动，特殊群体受众百人以上。

【韶关市文化馆】 2022年，韶关市文化馆开展群众文化活动超120场次，惠及150万人次。承办2022年全国村晚示范展示系列活动韶关仁化河富村专场、“南粤情·文旅行”广东文化和旅游志愿者服务系列活动、“2022广东省百场展览送基层活动——韶关非遗项目展”系列展览、2022广东省文化馆第三批特聘创作员（戏剧、曲艺）采风等4项大型省级活动。举办2022韶关市群众艺术花会（音乐舞蹈）、2022“我最OK”广东全民才艺大比拼韶关赛区、2022韶关歌手大赛暨“同饮一江水”“文化馆宣传服务月”系列活动、“我们的节日”等市级重点活动。公益培训班开办线下特色课程26个，惠及学员

2022 年 9 月 28 日，2022 广东省百场展览送基层活动——韶关“非遗”项目展在翁源县龙仙镇举行 （市文广旅体局 供图）

超 5000 人次；运用数字文化馆平台发布线上课程 16 期。全年累计开展培训群文业务骨干超 500 人次。组织节目参评 2022 广东省群众艺术花会（少儿艺术），获银奖 2 个、铜奖 3 个；广东省第十六届美术书法摄影作品联展评选活动，获铜奖 1 个，优秀奖 5 个。组织创排廉洁文化主题文艺作品初见成效，形成 12 个艺术作品。收集 2022 年韶关市廉洁文化主题书画摄影作品 112 件，评出获奖作品 46 件，举办 2 场巡展；2022 韶关市群众文艺作品评选工作收集原创作品 129 件，评出一等奖 7 个、二等奖 12 个、三等奖 20 个、优秀奖 54 个。完成国家级代表性传承人的申报及评估工作，其中 3 人通过申报，4 人通过评估并完成市级代表性传承人的评审工作。举办“文化和自然遗产日”“非遗在校园”“非遗游”等系列展示展演交流活动 30 余场。韶关市文化馆视频号、抖音号相继上线直播，韶关市数字文化馆平台全年发布业务咨讯 1300 条，浏览量 12 万次；全年发布短视频 90 条，播放量 15 万次。韶关市文化馆文化志愿者送欢乐下基层项目，全年参与服务 1500 人次，惠及群众 2 万人次，被省文旅厅评选为“2022 广东省文化和旅游志愿服务项目典型案例”。

【韶关博物馆】 2022 年，韶关市争取国家和省级文物专项资金 1036 万元用于全市 14 个博物馆纪念馆免费开放。争取省文化繁荣发展专项资金 100 万元用于曲江区博物馆陈列改造项目，100 万元用于南雄市博物馆历史文化和革命历史陈列布展项目。争取国家文物专项资金 158 万元用于韶关市博物馆馆藏文物数字化保护项目建设，232 万元用于曲江区博物馆馆藏文物数字化项目建设。韶关市红军长征粤北纪念馆、乐昌市博物馆、南雄市博物馆、始兴县博物馆馆藏文物数字化保护利用方案获广东省文物局批复同意。乳源瑶族自治县民族博物馆馆藏文物预防性保护项目、新丰县博物馆馆藏文物预防性保护项目经广东省文物局验收通过。6 月，韶关市文广旅体局与广东省文物考古研究院、广州市档案馆在韶关市博物馆联合推出“烽烟不绝读书声——粤北华南教育抗战历史展”。7 月，广东省文物局调拨 139 件文物藏品支持浈江区博物馆。8 月，在广东省文化和旅游厅开展的 2020—2021 年度博物馆运行评估工作中，曲江区博物馆被评为优秀、红军长征粤北纪念馆、乐昌市博物馆和新丰县博物馆被评为良好。

【中共广东省委粤北省委历史陈列馆】 2022 年，中共广东省粤北省委五里亭机关旧址被评为“广东省优秀社会科学普及基地”“韶关市少先队校外实践教育营地（基地）”“南岭干部学院现场教学点”。全年接待参观人员 40231 人次，其中党员 6581 人次，未成年人 3345 人次，讲解 342 场次。先后举办“践行总体国家安全观、护航民族复兴新征程”主题展览、党的十九届六中全会精神百姓宣讲活动、“追寻百年红色足迹 传承伟大建党精神”主题活动、“向国旗敬礼”等主题活动。中央政治局委员、广东省委书记黄坤明，广东省省长王伟中，广东省纪委书记宋福龙先后到中共广东省粤北省委五里亭机关旧址调研。

【韶关市北伐战争纪念馆】 2022 年，北伐战争纪念馆接待参观人员 4.44 万人次，全年接待团队近 2.5 万人次，讲解接待 654 场次。完成原北伐名将厅陈列改造，推出“北伐战争中的共产党人”专题展厅。全年共举办活动 64 场次，参与观众近 7000 人。先后举办“人间四月芳菲始 缅怀追忆寄哀思”清明敬思活动、“庆祝建军节 喜迎二十大”红色观影活动、全民国防教育日活动、“航空梦 强国梦”主题讲座、“中国烈士纪念日”主题活动等，发挥国家国防教育示范基地作用。

【红军长征粤北纪念馆】 2022 年，韶关市红军长征粤北纪念馆深入学习宣传贯彻中共二十大精神，推进党史学习教育常态化长效化，推进“我为群众办实事”实践活动，全年接待游客 5.1 万人次，其中，团队 1.89 万人次、散客 3.21 万人次。完成广东南岭干部学院培训班及省市各级党政领导等重要接待讲解任务，助力全市党性教育、红色教育开展。协助举办庆祝中国共产党成立 101 周年暨“喜迎二十大 颂歌献给党”文艺演出，举办 2022 年红军长征粤北纪念馆“红领巾志愿讲解员”暑期提升班等主题活动 55 场。红色主题展览《长征·粤北突围》先后走进仁化县 9 所中小学校、2 个社区、1 个军营；引进 4 个专题图片展，累计吸引超 3 万人次参观。红军长征粤北纪念馆获评为广东省首批省级文明旅游示范单位，入选韶关市首批少先队校外实践教育营地(基地)。

【风度书房】 2022年，韶关市新建成风度书房10间，风度书房总数92间，其中市本级33间，区县（市）级59间，改造提升5间风度书房。熏风路分馆、峰前路分馆、韶州公园分馆、马坝人遗址公园分馆、利民分馆5间风度书房分馆作为改造提升试点，率先引入市场主体参与运营，以公共文化活动、轻饮食、图书文创等公共服务，探索融合发展、"跨界"服务的阅读方式与消费模式，解锁更多"出圈"新玩法，以期成为"温度"和"活力"兼具的城市文化会客厅。

【新华书店】 2022年，韶关市新华书店发挥党的宣传文化主阵地作用，做好重点政治读物的宣传征订发行工作。全年出版物发行量2.37万个品种，184万余册。推进全民阅读，坚持把社会效益放在首位、社会效益和经济效益相统一，常年开展阅读活动、文化下乡惠民活动，全年开展文化活动130余场。

【农家书屋】 2022年，韶关市完成1212家农家书屋出版物补充更新，投入资金180万元，补充更新图书7万余册。各地以农家书屋为平台，组织开展"我的书屋、我的梦"主题实践活动，参与群众20万余人次。以新时代文明实践中心、农家书屋、风度书房为依托，组织开展"新时代乡村阅读季"活动，全市开展主题出版物阅读推广活动350余场，参与群众10万余人次，捐赠图书3600余册。

【韶关市粤北采茶戏保护传承中心】 2022年，韶关市开展演出90余场，惠及群众超9万人次。由韶关市文化广电旅游体育局主办，市粤北采茶戏保护传承中心承办的"我为群众办实事"——"韶关有戏"文艺惠民品牌，开展主题为"韶关有戏——家门口的小剧场"文艺惠民系列活动16场；"2022年韶关市戏曲进校园（进乡村）演出活动"28场；参加2022东莞市全民艺术普及行动计划城市演艺交流活动15场；承办2022年韶关市法制文化季法制文艺比赛活动。在全市征集33件法治文艺作品中评选出一等奖1名、二等奖3名、三等奖4名等8个优秀的法治文艺作品。由省级传承人张承清和采茶中心专业教师一起采用线上线下相结合的教学方式，从10月开始至2023年1月10日止，每周二、三、五对韶关市五年一贯制定向委托培养大专班学生进行授课，课程内容有正音、正音唱腔、形体三门课程，保证韶关市五年一贯制定向委托培养大专班学生"停课不停学，停课不停教"。

2022年韶关市本级风度书房一览表

表54

序号	名称	地址	区域
1	惠民分馆	武江区惠民北路18号财政局门口	武江区
2	利民分馆	工业西路91号	
3	保利大都会分馆	百旺路15号保利中悦花园1幢13、14、15号	
4	太阳城分馆	西联镇碧桂园太阳城芷兰湾一期2号楼裙楼	
5	青少年宫分馆	武江北路3号青少年宫内	
6	碧水花城分馆	沙洲路43号碧岛华庭5栋1层	
7	林桥公园分馆	乳韶路镇泰小学旁，林桥公园内	
8	新华北分馆	东岗岭经适房负一楼10号	
9	沙洲四路分馆	沙洲四路1—3号首层5商铺	
10	武江南路中国人寿分馆	武江南路59号首层	
11	工业东分馆	工业东路10号市水务局首层	

续表54

序号	名称	地址	区域
12	韶州公园分馆	韶州公园游客服务中心2楼	武江区
13	风度书院分馆	莞韶园双塘印雪一楼	
14	南岭干部学院分馆	梅关路南岭干部学院图书馆	
15	行政服务中心分馆	市行政服务中心内	
16	八中分馆	南郊金沙一路北	浈江区
17	通天坡分馆	浈江区通天坡商业街D栋2楼	
18	峰前路分馆	峰前路23号	
19	浈江南路分馆	浈江南路7栋首层	
20	市图书馆分馆	东堤南路7号首层	
21	富源居分馆	浈江区黄金村路4号曲仁园富源居3栋	
22	解放路分馆	解放路73号	
23	北江路分馆	北江路14号	
24	熏风路分馆	熏风路9号	
25	中山公园分馆	市中山公园内	
26	韶关学院分馆	浈江区大学路288号韶关学院西区小球馆北侧	
27	十里亭分馆	十里亭镇文体广场旁	
28	神剑家园分馆	大学路118号	
29	府前分馆	东堤北路20号	
30	凤凰分馆	五里亭良村碧桂园北区社区旁	
31	曲江人民公园西分馆	曲江区马坝镇建设北路7号	曲江区
32	桃园西分馆	曲江区马坝镇桃园西路4号二楼	
33	沿堤南分馆	曲江区马坝镇沿堤南路4、5、6号首层	
34	雅轩分馆	韶钢内	
35	717分馆	韶钢内	
36	曲江人民公园分馆	曲江区人民公园冰吧	
37	马坝人遗址分馆	狮岩路马坝人遗址内	

（资料来源：市文广旅体局）

【"两融两改"模式推广】 2022年，韶关市深化基层综合性文化服务中心改革，推动公共文化服务与新时代文明实践场所高效融合。加强行政村（社区）综合性文化服务中心与党群服务中心、新时代文明实践场所统筹建设、资源共享，整合拓展公共服务功能。建成6个公共文化服务"两改两融"（深化基层综合性文化服务中心改革，推动公共文化服务与新时代文明实践高效融合；深化文化馆图书馆总分馆制改革，推动公共文化与全域旅游深度融合）示范点，各级公共文化服务单位与新时代文明实践中心、所（站）共同策划、组织开展文艺演出129场、阅读推广202场、展览展示61场、讲座281场、广场舞活动363场、文艺培训169场。深化文化馆图书馆总分馆制改革，推动公共文化与全域旅游深度融合。打造"总馆+分馆+特色阅读空间"的联合图书馆体系和"总馆+分馆+X"的联合文化馆体系。全市11个公共图书馆建设分馆100个、服务点363个，11个公共文化馆建设分馆97个、服务点457个。将文化元素融入旅游产业，在酒店、民宿及乡村农旅服务点等嵌入建设一批粤书吧、风度书房、风度书吧。（于漫瀛）

群众文化

【概况】 2022年，韶关市有文化和旅游志愿者9611人，志愿者投入"风度书房"志愿服务、"文化志愿者送欢乐下基层""金句闪光"等文旅志愿服务工作。印发《韶关市关于推动公共文化服务高质量发展的实施意见》《韶关市公共文化服务实施标准（2022—2025）》，建立起"家门口的好去处"长效机制，推进优质文化服务资源向基层和家门口延伸，加大提供面向老年人、未成年人、残疾人、到韶关务工人员、农村留守妇女儿童、生活困难群众的公共文化服务，传递韶城人文关怀。

【文化惠民】 2022年，韶关市举办群众文化活动491场次，182.74万人次参与。举办公益培训班108节课，惠及3870人次，为广大艺术爱好者提供学习交流平台。举办2022韶关市群众艺术花会（音乐舞蹈）、2022"我最OK"广东全民才艺大比拼、2022韶关歌手大赛暨"同饮一江水"、"文化馆宣传服务月"系列活动、"我们的节日"等一系列活动。开展广东省公共文化服务"三百工程"演出、展览等14场。

【全民阅读】 2022年，韶关市图书馆接待读者（含城区风度书房）115.5万人次，图书借阅30.4万册次；以市图书馆总馆及风度书房为阵地，设置专题图书书柜，开展线上荐书等图书推荐活动；依托品牌活动"风采学堂""风度沙龙"，通过线上线下、社会化合作等多种形式，围绕"社会主义核心价值观""我们的节日""传统文化"等主题，全面开展文化阅读活动，在"4·23"世界读书日、"南国书香节"等重要时点，开展系列主题活动，参与读者1.2万人次（含线上）。开展文化阅读活动163场次，累计参与8.3万人次；举办展览8场，累计参观读者4.2万人次。

【南国书香节】 2022年8月19—28日，韶关市图书馆承办2022年南国书香节韶关分会场活动，在韶关市图书馆、熏风路风度书房、马坝人遗址风度书房3处分会场各连续举办10场活动，30场活动涵盖书画手工、文化讲座、绘本故事、科普讲座、读书分享、演讲朗诵等多种形式，吸引736名市民读者参与，部分活动的同步线上直播吸引9373人次观看，同时开展一系列线上活动，共同绘就书香韶城精彩画卷。活动首日，韶关市图书馆八楼报告厅举办"阅读新时代 奋进新征程"2022南国书香节《西游记》读书分享会。在熏风路风度书房，举办讲座"韶关本土历史文化推广——走进韶关历史"。在马坝人遗址风度书房，举办"阅读新时代 奋进新征程——全民阅读"宣传活动，以历史人文和生态资源为背景，整合展示与风度书房相融合的系列文创、诗书品读、茶艺展示、乡土文化等书香氛围。

【"4·23"世界读书日活动】 2022年4月23日，广东图书馆学会联合粤澳地区图书馆组织开展"品味书香·享阅读之乐"——2022粤澳"共读半小时"阅读活动。韶关市图书馆作为"4·23"世界读书日活动阵地之一，围绕"品味书香·享阅读之乐"的活动主题，推进全民阅读，举办线上线下一系列活动。在"4·23"世界读书日来临之际，韶关市图书馆为"4·23"世界读书日活动进行一系列的预热，营造起浓厚氛围。举办"阅读，不止这一天"世界读书日主题活动、第十一届"图书馆杯"广东全民英语口语大赛、"软件通杯"office办公软件知识大赛、"国粹经典·翰墨流香"——广东省第三届"中华传统文化百部经典"知识大赛、"一馆一品牌 书香进万家"图书馆阅读推广品牌联动

2022年6月14日，"赓续星火，时代共进"2022年华南研学主题系列活动暨《烽烟不绝读书声——粤北华南教育抗战历史展》开幕式在韶关市博物馆举行
（市文广旅体局 供图）

活动等活动。发布《书籍，春风，还有你——给读者的一封邀请信》，邀请读者共赴“4•23”文化盛宴。“4•23”当日活动以“1+N”的形式开展，“1”为主会场——韶关市图书馆八楼报告厅；“N”为各分会场——韶关公共图书馆联盟各成员馆。

【粤北华南教育抗战历史展】 2022年6月14日，韶关市“烽烟不绝读书声——粤北华南教育抗战历史展”在韶关市博物馆展出。展览分为“抗战爆发”“迁徙办学之路”“困境中的坚守”“胜利复员”“建设华南教育历史研学基地”五个部分，从蓬勃发展的广东文化教育讲到民族危亡时师生积极投身抗日救亡运动、坚守文化教育使命，并细数以国立中山大学、私立岭南大学、省立文理学院、私立培正、培道中学等校为代表的数十所广东各级院校在战火中辗转迁徙办学的经历，呈现华南教育抗战历史中许多重要的史实，展示华南教育历史研学基地的部分建设成果。

【2022“我最OK”广东全民才艺大比拼韶关赛区决赛】 2022年7月22日晚，由广东省文化馆联盟、广东省文化馆、韶关市文广旅体局主办，韶关市文化馆、乳源县文化广电旅游体育局承办的2022“我最OK”广东全民才艺大比拼韶关赛区决赛在乳源瑶族自治县民族文化传承中心剧场进行。2022“我最OK”广东全民才艺大比拼活动在韶关市十个县(市、区)设立分赛区，举行10余场的海选、复赛，最终每个赛区前2名进入总决赛。此次决赛未设置现场观众席，采取线上直播的形式进行。决赛涵盖歌曲、戏曲、舞蹈、杂技、器乐演奏等节目，并首次在韶关市文化馆视频号进行同步直播，受到观众的广泛好评。经过决赛评委组的评判，此次决赛共产生金奖2名、银奖3名、铜奖5名及优秀奖10名。其中，由始兴县文化馆选送的街舞《我们最闪耀》和仁化县文化馆选送的葫芦丝独奏《灞柳情》获金奖。

【2022韶关歌手大赛暨“同饮一江水”韶关总决赛举办】 2022年9月24日，由韶关市文化广电旅游体育局主办，韶关市文化馆、各县(市、区)文广旅体(文旅体)局承办的2022韶关歌手大赛暨“同饮一江水”韶关总决赛举办。活动通过视频号、抖音、电视等多平台进行全程直播，10万人次线上参与本次比赛。比赛分为自选两分钟曲目展示及自选完整歌曲演唱2个环节，通过评委打分的形式，取平均分得出选手最后得分。经过角逐和专业评审团评分，由南雄市文化馆选送的选手凌誉轩和由乳源瑶族自治县文化馆选送的追风组合夺得金奖。（邓桂文）

文学艺术

【概况】 2022年，韶关市送戏曲进校园演出活动28场，组织长篇小说《岸上灯火》《暖阳》有声作品制作，创作12个喜迎二十大、红色、廉洁的文艺题材作品，围绕喜迎二十大创排粤北采茶戏《村长当“官”》《浩然正气歌》《浩然正气歌——警醒》；创排舞蹈《神舟奋进新征程》《永远跟党走》及伴舞《最美中国有我在》等。承办“喜迎二十大 礼赞新时代”主题摄影作品展和出版同名摄影集，承办“喜迎二十大，再创新辉煌——韶关市第五届书法篆刻临摹展”和“喜庆二十大，永远跟党走”——韶关市书法精品展活动。举办“我们的节日”2022迎新春美术作品展展出作品110件，举办“同心跟党走，共绘新时代”——韶关市美术作品展，展出作品83件。

【文学创作】 2022年，韶关市开展庆祝迎接中共二十大主题征文，编辑出版获奖作品《季风》专号。组织长篇小说《岸上灯火》《暖阳》有声作品制作。组织“韶关红色村落”“抗战难童在韶关”“抗疫”等主题写作。组织作家在南国书香节期间主讲“本土作品论坛”讲座。参与始兴全国生态诗歌研讨和《九龄文丛》第三辑出版。（市文联）

【文化艺术创作】 2022年，韶关市开展喜迎中共二十大、红色、廉洁等重要题材文艺作品创作工作，全市创作12个作品，推进乡村振兴题材的粤北采茶大戏《春暖花开》创排工作。完成2022年韶关市廉洁文化主题文艺晚会筹备工作，开展廉洁文化主题书画展览。红色主题乐昌花鼓戏《守》被列入2022年全省基层舞台艺术精品扶持计划。创排新剧目，宣传、弘扬、传承戏曲艺术。全年围绕喜迎二十大的主题创排粤北采茶小戏《村长当“官”》《浩然正气歌》《浩然正气

2022年7月22日，“喜迎二十大•奋进新征程”新时代文明实践系列活动、培育和践行社会主义核心价值观系列活动——2022“我最OK”广东全民才艺大比拼韶关赛区决赛在乳源瑶族自治县民族文化传承中心剧场举办

（韶关市文广旅体局 供图）

歌—警醒》;创排舞蹈《神舟奋进新征程》《永远跟党走》及伴舞《最美中国有我在》。创作女子舞蹈《粉墨人生》、客家女子舞蹈《客家情》《丹霞水月》;为体育赛事暖场节目创排伴舞《一起来更精彩》《同心同行》《领航》;复排经典传统粤北采茶小戏《阿三戏公爷》、女子采茶歌舞《月姐歌》、客家舞蹈《落水天》等节目。

【摄影创作】 2022年,韶关市承办"喜迎二十大 礼赞新时代"主题摄影作品展和出版同名摄影集。组建摄影小分队,分别到"中运会"各赛场,记录在韶关市举行体育盛会,汇集成《韶关摄影家眼中的"中运会"摄影作品专辑》。组织摄影小分队参加在乳源瑶族自治县举行的广东省少数民族运动会。举办"2022始兴县乡村振兴摄影展暨2021年北京摄影函授学院广东校区韶关班第一期学员作品展"。协助中国摄影报主办"兰韵翁源、诗画田园"全国摄影大展。与武江区委宣传部联合举办"新使命、新担当、新作为"摄影比赛。有14幅作品在国家级摄影展览中获奖、65幅作品在省部级摄影比赛中获奖、80幅作品在市级比赛中获奖。

【书法创作】 2022年,韶关市组织书法家、书法爱好者100余人次参与送万福进万家大型公益挥春,送出3000余幅春联,2000余个"福"字,惠及9000余名民众,辐射人群2万人。承办"喜庆二十大,再创新辉煌——韶关市第五届书法篆刻临摹展"和"喜庆二十大,永远跟党走"——韶关市书法精品展活动。1人参加首届"广东省书法篆刻临创展"获二等奖。8人入展"广东省第十六届美术书法摄影作品联展"。8人加入省书协。

【美术创作】 2022年,韶关市举办"我们的节日"2022年迎新春美术作品展,展出作品110件。举办"同心跟党走,共绘新时代"——韶关市美术作品展,展出作品83件。陈勇国画《公园假日》获"岭南新气象·广东喜迎党的二十大美术作品展"优秀奖(最高奖);陈勇、余安娜合作国画《美好生活·乐园》获"中国砚都 雄才故里—中国画作品双年展"优秀奖"(最高奖);陈勇国画《党员突击队·抗洪战士》入选庆祝建军95周年全国美术作品展暨第15届全军美展;关笛、陈勇合作国画《盛世欢歌》获"岭南艺象·2022 新时代美术创作作品展"优秀奖(最高奖);陈粤丹国画《矿工兄弟》入选"岭南新气象 广东喜迎党的二十大美术作品展"并被广东美术馆收藏。邓伟明国画作品《金秋》入选第五届"朝圣敦煌"全国美术作品展览。

【影视创作】 2022年10月20日,韶关市始兴县长安围风度书房举行由浙江柏乔影业有限公司出品、全程在始兴取景的电影《仙女鸟飞过的夏天》的开机仪式。11月7日,该电影结束拍摄阶段,开始后期制作。是年,市委宣传部组织策划的《守护华南虎》纪录片入选2022年"新时代·新影像"中外联合创作计划社会价值单元"最佳提案"。

【演艺创作】 2022年,韶关市广播剧《风雨守护》获省第十二届精神文明建设"五个一工程"奖公示。创排音舞诗剧《不息的号角》、采茶戏《双恩祠》《党的儿女血洒翁江》、歌曲《你走过的地方》《展如颂》等红色作品,红色主题乐昌花鼓戏《守》被列入2022年全省基层舞台艺术精品扶持计划。推出本土原创抗疫主题歌曲MV《无畏》《爱无言》。音乐作品《幸福的雨》获粤桂黔三省乡村振兴原创歌曲第一名和最佳作曲奖。美术作品《金秋》入选第五届"朝圣敦煌"全国美术作品展览、《党员突击队·抗洪战士》入选庆祝建军95周年全国美术作品展暨第15届全军美展、《美好生活·乐园》获中国画作品双年展"优秀奖"(最高奖)。组织开展纪录片《守山》等一批文艺精品的创作生产。

【广播电视作品】 2022年,韶关市文化广电旅游体育局围绕迎接、宣传、贯彻中共二十大宣传主线,指导全市广播电视新闻媒体围绕中共二十大、绿色发展、产业升级、乡村振兴等主题主线,深耕新闻宣传主业,精品创作取得较好成绩,年度广东新闻奖和广东广播影视奖评选,韶关市共有25件作品获奖。其中,6月防汛救灾报道中,推出特别策划"直击!防汛救灾",12小时内滚动发布短视频44条,播放量296万次;推出直击洪峰过境韶关市区超长时间的慢直播,全网累计点击量超1000万次。

【文艺院团演出】 2022年,韶关市粤北采茶戏保护传承中心开展演出90余场,惠及群众超9万人次,开展主题为"韶关有戏——家门口的小剧场"文艺惠民系列活动16场,"2022年韶关市戏曲进校园(进乡村)演出活动"28场,参加2022东莞市全民艺术普及行动计划城市演艺交流活动15场,承办2022年韶关市法制文化季法制文艺比赛活动。在全市征集33个法治文艺作品中评选出一等奖1个、二等奖3个、三等奖4个优秀的法治文艺作品。组织省级传承人张承清和采茶中心专业教师为学员进行授课。乳源瑶族自治县民族文化传习馆参加"春暖花开·茶飘香"2022年韶关茶文化活动、2022年"南粤情·文旅行"广东文化和旅游志愿服务系列活动演出、广东省第七届少数民族传统体育运动会开幕式闭幕式演出、2022年乳源瑶族自治县"中国农民丰收节""庆丰收迎盛会"主题系列演出等演出活动。举办广东省公共文化服务"三百工程"演出3场、红色艺术党课——音舞诗剧《不息的号角》惠民演出6场、其他文化惠民演出7场。参加广东省第七届少数民族传统体育运动会表演项目比赛并获2个一等奖、1个二等奖。

【韶关有戏——家门口的小剧场】 2022年6月10日,中共韶关市委宣传部、韶关市文化广电旅游体育局主办,韶关市粤北采茶戏保护传承中心承办的"韶关有戏——家门口的小剧场"文艺惠民品牌系列活动在粤北采茶戏保护传承中心小剧场进行首演。节目涵盖采茶小戏、歌舞、独唱、表演唱等多种舞台艺术形式。是年,粤北采茶戏保护传承中心定期举办“家门口的小剧场——韶关有戏”文艺惠民系列活动。在公园里，通过政府购买方式，专业协会举办粤北采茶戏、京剧、粤剧、客家山歌等优秀戏曲艺术演出，传承和发展粤北采茶戏，满足人民群众精神文化生活需求、活跃繁荣戏曲艺术。（邓桂文）

文化遗产保护

【概况】 2022年，韶关市有不可移动文物点2931处，包含各级文物保护单位395处，其中全国重点文物保护单位10处（曲江区2处、南雄市2处、仁化县3处、始兴县2处、乳源瑶族自治县1处），省级文物保护单位57处（浈江区4处、武江区2处、曲江区4处、乐昌市7处、南雄市14处、仁化县9处、始兴县10处、翁源县3处、乳源瑶族自治县3处、新丰县1处），市县级文物保护单位328处（浈江区13处、武江区10处、曲江区29处、乐昌市64处、南雄市40处、仁化县56处、始兴县45处、翁源县33处、新丰县16处、乳源瑶族自治县22处）。全市有市级以上非物质文化遗产代表性项目87项，其中，国家级6项，省级22项，市级59项；市级以上非物质文化遗产代表性项目代表性传承人109名，其中，国家级4名，省级25名，市级80名。

【韶关考古】 2022年4月21日，韶关市成立韶关市文物考古研究所，在韶关市博物馆加挂牌子，增设考古调查部、学术研究部2个内设机构，增加事业编制3名。3—10月，先后组织开展曲江区大塘镇仙人塔考古调查勘探、广东北江中学改扩建项目（一期）施工现场考古调查勘探、仁化县建设路市政排污管道施工现场古墓考古勘查工作。12月20日，选派10名业务骨干参加河源市东源县蓝口镇举办的2022年粤北文物考古工作站田野调查培训班。

【韶关文物】 2022年，韶关市争取广东省文物保护专项资金1200万余元用于省级文物保护单位日常维护及东湖坪建筑群九栋十八厅等修缮及抢险加固工作，全国重点文物保护单位西京古道——梯云岭亭保护修缮项目及南粤雄关与古道危岩体加固项目的实施计划经国家文物局批复同意，全国重点文物保护单位三影塔防雷工程项目、满堂围安防工程项目、云龙寺塔防雷工程项目被列入2023年度全国重点文物保护单位安防消防防雷工程项目实施计划。广东省文物保护单位韶州府学宫修缮工程通过广东省文物局验收。韶关市狮子岩庙遗址等17处文物保护单位被广东省人民政府公布为第十批广东省文物保护单位，数量位居全省第一。经广东省人民政府批准公布《广东省文物保护单位湖心坝民居群保护规划（2022—2041）》、长围村围屋等12处省级以上文物保护单位保护范围和建设控制地带。市政府批准公布小岛埋藏区、走马岗埋藏区、西河埋藏区、龙归埋藏区、马坝埋藏区5处第一批地下文物埋藏区名录。建成小岛片区历史文化游径。4月，经市委批准，在各县（市、区）文化和旅游部门加挂文物局的牌子。经市委编委会研究同意，在市文广旅体局增设革命文物科，增加正科级、副科级领导职数各1名。将文物科更名为文物和博物馆科。举办全市文物工作业务培训班，组织各县（市、区）局分管领导与业务股室负责人、博物馆馆长、业务人员40余名学员参加培训。

【非物质文化遗产保护】 2022年，韶关市开展一系列非遗保护的宣传工作，举办“非遗过大年文化进万家”“文化和自然遗产日”暨韶关市“非遗购物节”、非遗进校园等活动。春节假期期间举办“非遗过大年文化进万家”活动，开展10余场非遗展示展演活动。6月11—12日，举办2022年“文化和自然遗产日”暨韶关市“非遗购物节”活动。举办“非遗在校园”系列活动并获佳绩，在广东省“非遗少年说”大赛中，韶关市获1个一等奖、4个二等奖、2个三等奖，乳源民族实验学校被广东省评为非遗少年学优秀案例“优秀乡村传承学校”，得到广东省文化和旅游厅的好评。全市有市级以上非物质文化遗产代表性项目87项，其中，国家级6项，省级22项，市级59项；市级以上非物质文化遗产代表性项目代表性传承人109名，其中，国家级4名，省级25名，市级80名。

【历史文化名城保护】 2022年，韶关市住建管理局督促和指导各县（市、区）住建局完成第二批73处历史建筑挂牌保护工作。运用三维激光扫描、全景影像采集和无人机航拍等技术，对韶关市历史建筑进行测绘，完成数字化信息采集。开展面向2035年的《韶关市历史文化名城保护办法》修订工作，构建起韶关市历史文化保护的法规体系制度。搭建历史文化名城保护管理数字化平台，主要包括历史文化名城数据资源库建设和历史文化名城保护管理平台系统的基础性信息平台建设。

【2022年“文化和自然遗产日”韶关市非物质文化遗产宣传展示活动】 2022年，韶关市为进一步提高人民群众非物质文化遗产（以下简称“非遗”）保护意识，传承弘扬中华优秀传统文化，营造非遗保护良好氛围，1月22—29日，韶关市文化馆联合韶关市非遗促进会、非遗传承人及非遗项目保护单位代表在韶关市武江区君临新天地广场开展一系列“文化和自然遗产日”韶关市非物质文化遗产宣传展示活动。活动现场不仅有非遗展演，还有韶关非遗技艺展示体验、韶关非遗美食与工艺品展销，让群众以亲自动手的方式了解非遗。活动现场充分融入韶关非遗特色，在为市民提供零距离接触、体验和学习非遗的场所的同时，也为非遗传承人提供展示、交流的平台。（邓桂文）

2022年韶关市全国重点文物保护单位名录一览表

表55

序号	名称	批次	类别	年代	地址
1	云龙寺塔	三	古建筑	唐	仁化县董塘镇安岗村
2	三影塔	三	古建筑	北宋	南雄市雄州街道
3	满堂围	四	古建筑	清	始兴县隘子镇满堂村
4	南华禅寺	五	古建筑	唐	曲江区马坝镇城东
5	马坝人——石峡遗址	五	古遗址	新石器	曲江区马坝镇狮岩路3号
6	双峰寨	六	近现代重要史迹及代表性建筑	民国	仁化县石塘镇石塘村
7	丹霞山摩崖石刻	七	石刻	北宋至民国	仁化县丹霞山
8	南粤雄关与古道	七	古建筑	唐至清	南雄市珠玑镇梅岭
9	长围村围屋	七	古建筑	清	始兴县罗坝镇燎原村
10	乳源西京古道（梯云岭段、猴子岭段）	八	古建筑	东汉至清	乳源县大桥镇

（资料来源：市文广旅体局）

2022年韶关市广东省文物保护单位名录一览表

表56

序号	名称	批次	类别	年代	地址
1	张九龄家族墓地	一	古墓葬	唐	西河镇田心村罗源洞山
2	鲶鱼转遗址	一	古遗址	新石器	仁化县周田镇周田村
3	走马岗遗址	一	古遗址	新石器	浈江区十里亭镇良村
4	仙人塔	二	古建筑	宋	曲江区大塘镇新桥村
5	珠玑石塔	二	古建筑	元	南雄市珠玑镇珠玑古巷
6	澌溪寺塔	二	古建筑	北宋	仁化县董塘镇安岗村
7	钟鼓岩摩崖石刻	三	石刻	唐至清	南雄市珠玑镇钟鼓岩洞
8	华林寺塔	三	古建筑	北宋	仁化县闻韶镇下徐村
9	罗围城堡建筑遗址	三	古遗址	汉	始兴县太平镇罗围村西

续表56

序号	名称	批次	类别	年代	地址
10	云门寺南汉碑	三	石刻	五代 南汉	乳源县乳城镇云门寺内
11	余靖墓	四	古墓葬	北宋	武江西联镇甘棠成家山
12	应山村应山石桥	四	古建筑	清	乐昌市黄圃镇应山村
13	雄州广州会馆	四	古建筑	明至清	南雄市雄州街道青云路
14	南雄府城正南门	四	古建筑	明至清	南雄市雄州街道中山街
15	大洞雁塔	四	古建筑	清	新丰县丰城大洞村老围山
16	韶州府学宫大成殿	五	古建筑	明	浈江区风采路64号
17	里东戏台	五	古建筑	清	南雄市珠玑镇里东街
18	水南文峰塔	五	古建筑	明	仁化县丹霞街道矮岭头村
19	双水塔	五	古建筑	明	仁化县扶溪镇水口村
20	镇溪祠古戏台	五	古建筑	明至清	乳源县乳城镇共和村
21	中共广东省委、中共粤北省委机关旧址	六	近现代重要史迹及代表性建筑	民国	浈江区十里亭镇良村、南雄市雄州街道瑶坑村、始兴县沈所镇沈北村
22	薛岳故居	六	近现代重要史迹及代表性建筑	民国	乐昌市九峰镇大路下村
23	湖心坝民居群	六	古建筑	明至清	翁源县江尾镇湖心坝村
24	犁市当铺	七	古建筑	清	浈江区犁市镇犁市居委
25	拱桥岭遗址	七	古遗址	新石器	曲江区樟市镇拱桥岭村
26	五汪村谭氏宗祠	七	古建筑	清	乐昌市长来镇五汪村
27	朱家村紫阳书院	七	近现代重要史迹及代表性建筑	民国	乐昌市秀水镇朱家村
28	回龙寺塔	七	古建筑	宋	南雄市湖口镇下罗田村
29	溪头塔	七	古建筑	宋	南雄市百顺镇溪头村
30	南雄府学宫大成殿	七	古建筑	明	南雄市市政府大院内
31	崇益堂	七	近现代重要史迹及代表性建筑	民国	始兴县太平镇上邓村

续表56

序号	名称	批次	类别	年代	地址
32	贵庐	七	近现代重要史迹及代表性建筑	民国	始兴县隘子镇风度村
33	红梨渡槽	七	近现代重要史迹及代表性建筑	1981年	始兴县马市镇红梨村
34	光明陈氏宗祠	七	近现代重要史迹及代表性建筑	民国	翁源县周陂镇光明村
35	观澜书院	七	古建筑	清	乳源县大桥镇大桥村
36	抗日战争第七战区指挥部旧址	八	近现代重要史迹及代表性建筑	民国	浈江区十里亭镇金凤坪村
37	小竹塔	八	古建筑	宋	南雄市江头镇小竹村
38	新龙塔	八	古建筑	宋	南雄市坪田镇龙口村
39	平林村惜字塔	八	古建筑	明	南雄市油山镇平林村
40	水西桥	八	古建筑	明	南雄市雄州街道水西村
41	栋护晴岚围楼和李氏宗祠	八	古建筑	明至清	始兴县沈所镇石下村
42	东湖坪古建筑群	八	古建筑	清	始兴县太平镇东湖坪村
43	沈所塔	八	古建筑	清	始兴县沈所镇沈北村
44	汇川别墅	八	近现代重要史迹及代表性建筑	民国	始兴县太平镇城郊村
45	曹角湾村古建筑群	九	古建筑	清	曲江区小坑镇曹角湾村
46	宜乐古道老坪石段	九	古建筑	东汉至清	乐昌市坪石镇白竹村
47	背坑张氏三公祠	九	古建筑	清	乐昌市长来镇背坑村
48	大坪南昌起义军和红七军革命活动旧址	九	近现代重要史迹及代表性建筑	民国	乐昌市梅花镇大坪村
49	上朔塔	九	古建筑	清	南雄市油山镇上朔村
50	许村塔	九	古建筑	北宋	南雄市黄坑镇许村
51	工农革命独立第四团团部旧址	九	近现代重要史迹及代表性建筑	民国	仁化县董塘镇董劝书院
52	灵溪大石围	九	古建筑	清	仁化县周田镇灵溪村
53	雪岩寺与石乳泉	九	古建筑	明至民国	仁化县丹霞街道办黄屋村委会瑶塘村西南1.5千米

续表56

序号	名称	批次	类别	年代	地址
54	细美寨	九	古建筑	明至清	仁化县丹霞街道办黄屋村委会断石村西1千米
55	竹苞松茂围	九	古建筑	清	始兴县顿岗镇周所村
56	万古观光围楼	九	古建筑	清	始兴县顿岗镇七北村
57	书堂石遗址	九	古遗址	唐	翁源县龙仙镇三华村罗江水域的小岛之上
58	西水暴动旧址	十	近现代重要史迹及代表性建筑	民国	武江区重阳镇青水塘炮楼
59	狮子岩庙遗址	十	古遗址	明至民国	仁化县丹霞街道办黄屋村委会断石村西北1千米
60	丹霞山塔墓群	十	古墓葬	清	仁化县丹霞山风景名胜区
61	安岗思诒堂	十	古建筑	清	仁化县董塘镇安岗村
62	刚健中正围楼	十	古建筑	清	始兴县罗坝镇角田村
63	葛坪塔	十	古建筑	宋	南雄市澜河镇葛坪塔下村
64	虎踞桥	十	古建筑	清	南雄市界址镇聪背村
65	雪梅祖祠	十	近现代重要史迹及代表性建筑	清至民国	南雄市界址镇赵屋村
66	上朔村《当红军歌》题壁	十	近现代重要史迹及代表性建筑	民国	南雄市油山镇上朔村
67	赣粤边红军独立师第三团团部旧址	十	近现代重要史迹及代表性建筑	民国24年(1935年)	南雄市乌迳镇枫坑村
68	大岭下会议旧址	十	近现代重要史迹及代表性建筑	民国	南雄市油山镇大岭下村
69	龙虎隘古道	十	古建筑	民国	湖南省汝城县井坡乡—乐昌市五山镇青岭村
70	五山红军长征临时指挥所	十	近现代重要史迹及代表性建筑	民国	乐昌市五山镇麻坑村中山书院
71	国立中山大学乐昌办学旧址（1940—1945）	十	近现代重要史迹及代表性建筑	民国	乐昌市坪石镇
72	麻埔石桥	十	古建筑	清	新丰县马头镇路下村
73	西京古道乌桐岭段	十	古建筑	明至清	乳源县大桥镇大桥村
74	741矿核工业建筑旧址	十	近现代重要史迹及代表性建筑	20世纪60年代	翁源县坝仔镇中洞村

（资料来源：市文广旅体局）

韶关市国家级非物质文化遗产代表性项目名录一览表

表57

序号	项目类别	项目名称	保护单位	批次
1	民俗	瑶族盘王节	乳源瑶族自治县文化馆（乳源瑶族自治县非物质文化遗产保护中心）	第一批
2	传统戏剧	采茶戏（粤北采茶戏）	韶关市粤北采茶戏保护传承中心（韶关市粤北采茶戏剧院）	第三批
3	传统美术	瑶族刺绣	乳源瑶族自治县文化馆（乳源瑶族自治县非物质文化遗产保护中心）	第三批
4	传统舞蹈	龙舞（香火龙）	南雄市文化馆	第三批
5	传统音乐	瑶族民歌	乳源瑶族自治县文化馆（乳源瑶族自治县非物质文化遗产保护中心）	第四批
6	民间文学	珠玑巷人南迁传说	南雄市文化馆	第五批

（资料来源：市文广旅体局）

韶关市省级非物质文化遗产代表性项目名录一览表

表58

序号	项目类别	项目名称	保护单位	批次
1	民俗	南华诞庙会	曲江区文化馆	第一批
2	传统舞蹈	舞春牛	浈江区文化馆	第一批
3	传统音乐	九峰山歌	乐昌市文化馆	第二批
4	传统美术	张田饼印	新丰县文化馆	第二批
5	传统舞蹈	狮舞（青蛙狮）	乐昌市文化馆	第三批
6	传统音乐	石塘月姐歌	仁化县文化馆	第三批
7	传统技艺	仁化土法造纸技艺	仁化县文化馆	第三批
8	传统音乐	龙船歌	南雄市文化馆	第四批
9	传统戏剧	乐昌花鼓戏	乐昌市文化馆	第四批
10	传统工艺	石塘堆花米酒酿造技艺	仁化县文化馆	第四批
11	民俗	乳源瑶族服饰	乳源瑶族自治县文化馆（乳源瑶族自治县非物质文化遗产保护中心）	第五批
12	曲艺	乐昌渔鼓	乐昌市文化馆	第五批
13	传统技艺	宰相粉	始兴县文化馆	第六批

续表58

序号	项目类别	项目名称	保护单位	批次
14	传统舞蹈	灯舞（茶花灯）	南雄市文化馆	第七批
15	传统音乐	客家山歌（翁源客家山歌）	翁源县文化馆	第七批
16	传统舞蹈	狮舞（翁城猫头狮）	翁源县文化馆	第七批
17	民俗	双朝节	乳源瑶族自治县文化馆（乳源瑶族自治县非物质文化遗产保护中心）	第七批
18	传统技艺	酿造酒传统酿造技艺（苦爽酒酿造技艺）	乳源瑶族自治县文化馆（乳源瑶族自治县非物质文化遗产保护中心）	第七批
19	民间文学	张九龄传说	始兴县文化馆	第八批
20	民间文学	陈璘传说	翁源县文化馆	第八批
21	传统技艺	酱油酿造技艺（韶关酱油酿造技艺）	韶关市隆盛酱园调味品有限公司	第八批
22	传统技艺	腊味制作技艺（南雄板鸭制件技艺）	南雄市文化馆	第八批

（资料来源：市文广旅体局）

新闻出版

【概况】 2022年，韶关市组织做好《习近平谈治国理政》第四卷征订发行工作，全市征订14.7万余册。推进全民阅读工作，南国书香节期间，韶关设立14个分会场，举办文化活动100余场，11.2万余人参加各分会场活动。与广东省立图书馆共同编纂出版《韶关历史文献丛书》。举行丛书首发仪式和出版精品座谈会，在《韶关日报》粤北文化栏目推出专家学者发言摘编《传承文化根脉 彰显韶关文化软实力》专版。抓好中华版本资源征集工作，做好非孤本版本资源捐献工作。

【版权管理】 2022年，韶关市组织开展“4·26”知识产权日“版权宣传周”活动，在韶关市区举办全市版权知识专题学习培训，邀请有关专家围绕版权主题授课，相关单位50名领导和工作人员参加培训，组织开展“韶关市‘4·26’知识产权宣传周版权宣传活动暨侵权盗版非法出版物销毁行动”，销毁非法出版物1万册，震慑侵权盗版等违法犯罪活动。举办1期全市软件正版化工作培训班，100余名政府机关、企事业单位的相关负责人参加培训。巩固政府机关和重点企业软件正版化工作，推进使用正版软件。加强版权社会服务，开展作品著作权登记工作，依法保护作品著作权人合法权益，累计办理著作权登记150余件。

【报刊管理】 2022年，韶关市围绕中心，服务大局，深入加强新闻出版行业监管，维护意识形态安全和文化安全，促进新闻出版事业健康发展，安排专人审核查验韶关日报、韶关学院学报2家报纸及南叶、韶关学院学报2家期刊2022年度编辑、印刷、发行等出版活动情况，完成10家新闻单位的310个新闻记者证年度核验工作。

【扫黄打非】 2022年，韶关市开展“扫黄打非”，组织实施“正道”“新风”暨“清源”“固边”“净网”“秋风”“护苗”五大专项行动和打击网络侵权盗版“剑网”专项行动，以及开展电商平台网店出版物经营、少儿类出版物、印刷复制业、校园周边出版物市场等重点领域专项整治。查处扫黄打非案件10宗，清理网络有害信息7000余条次，查办网络传播淫秽物品案1宗，扫除文化垃圾，净化文化市场环境。

【韶关日报社】 2022年，韶关日报社做好中共二十大会前、会中、会后报道。做好首届“东数西算”粤港澳大湾区（广东）算力产业大会、广东省第七届少数民族传统体育运动会、省中运会、市科技大会等一系列全市重要活动报道。围绕省政府办公厅发布的《支持韶关建设国家老工业城市和资源型城市产业转型升级示范区的若干意见》，推出广东省支持韶关转型升级示范区建设解读系列报道 6 篇；围绕韶关上榜“第六批生态文明建设示范区”，推出 6 期短视频专题《韶关，不负绿水青山》；做好“双统筹双胜利”“莞韶对口帮扶”“创建全国文明城市”“守护华南虎行动”等重大主题宣传，推出《这里是韶关》《为什么是韶关》《韶关有数》等一批力作。参加全国 105 家地市党报联合采访创作的“百年奋斗路 · 百城访初心”庆祝中国共产党成立 100 周年大型全媒体报道在第 32 届中国新闻奖（2021 年度）评选中获得重大主题报道二等奖，是韶关日报社建社以来获得的最高新闻专项奖项。完善突发事件应急响应机制，防汛抗洪抢险救灾宣传报道任务。韶关发布视频号“洪峰过境韶关市区”直播时长 12 小时 30 分钟，累计观看人数 108.3 万人次。以上数据均创下历史新高。全年累计推出大小新媒体产品 200 个，打造《韶关文物：“今天你〈本草纲目〉了吗？”》短视频、交互式长图《云游韶关“声”临其境》、交互式 H5 产品《韶关绿》《我们这十年》系列融媒体产品等一批新媒体爆款。成立“报款工作室”，加大内部挖潜力度，提升设计能力和设计水平。创新技术运用，在韶关市公民道德宣传日活动中率先试水 VR 直播。全年韶关发布微信公众号累计涨粉 20 万人，关注总人数 42 万人。承办广东宏远队到韶关共建华南虎品牌系列活动，组织实施 8 场小记者系列活动，开办小记者夏令营，打响“报业 + 研学”品牌。制作的短视频《丹山奇景锦水牵——韶关丹霞源水利风景区》获水利部河长办指导举办的第四届“守护幸福河湖”短视频征集活动“60 秒看水美中国”专题三等奖。

【韶关日报社获第 32 届中国新闻奖重大主题报道二等奖】 2022 年 11 月 8 日，韶关日报社等全国 105 家地市党报联袂推出的《百年奋斗路 · 百城访初心——庆祝中国共产党成立 100 周年“红色百城”大型全媒体报道》获第 32 届中国新闻奖二等奖，韶关日报社等全国 105 家地市党报集体获奖。《百年奋斗路 · 百城访初心——庆祝中国共产党成立 100 周年“红色百城”大型全媒体报道》中，《韶关日报》按报道计划推送专栏“百年奋斗路·百城访初心”，新媒体平台开辟专栏同步推送。其中，2021 年 8 月 26 日，韶关日报推出《“红色小镇”奏响发展最强音》全媒体报道，全国一百多家党报、新闻网站、微信公众号、新闻客户端相继转载。该系列报道自 2021 年 3 月启动，至 9 月 18 日结束，百余家地方媒体累计发稿 1 万篇（条）以上，百度搜索“百年奋斗路 · 百城访初心”同名词条突破 1 亿条。（李陶猛）

广播影视

【概况】 2022 年，韶关市广播电视台开展“奋进新征程 建功新时代”重大主题宣传，推出“非凡十年”“喜迎二十大 为民办实事”等系列专题报道。围绕防汛救灾、新冠疫情防控、森林防火、首届“东数西算”粤港澳大湾区（广东）算力产业大会等全市重点工作、重大活动，策划推出一批全媒体报道和新媒体产品，为韶关市争当北部生态发展区高质量发展排头兵提供舆论支撑。电视消息《粤港澳大湾区首届算力大会在韶关举行》及“仁化城口红色小镇”等新闻在中央电视台《新闻联播》播出，全年省台采用市广播电视台上送电视新闻 415 条，其中《广东新闻联播》采用 95 条。广播剧《风雨守护》获广东省第十二届精神文明建设“五个一工程”奖，为韶关唯一获奖作品，取得 14 年来新突破。广播少儿节目《蒲公英》被评为全国优秀少儿节目，是省唯一获得国家广电总局扶持的少儿节目。2 件作品在广东新闻奖评选中获奖。25 件作品在广东省影视奖评选中获奖，其中广播社教节目《我的外公王明健》、电视新闻节目编排《“韶关起飞”特别报道》2 件作品获得一等奖，获奖作品名次居粤东西北第一位，为建台 39 年来历史最好成绩。围绕华南虎等特色文旅资源打造精品，作品《华南虎，你好》在美国夏威夷中文电视台、加拿大新时代电视等多个国家和地区电视台播出。

【广播电视频道栏目】 2022 年 5 月 7 日，韶关市广播电视台与韶关市妇女联合会深度合作的全媒体栏目《妇联之窗》开播。该栏目主要报道各行各业先进妇女典型的奋斗事迹，邀请专业的法律人士解读和妇女儿童相关的法律法规，邀请相关领域的专家学者做客直播间，为各种家庭教育问题现场支招，答疑解惑。该节目在韶关综合广播播出，韶关民声网视频号、善美韶关抖音号、韶关星直播等平台同步进行直播。经国家广电总局批准，5 月 27 日零时，“韶关公共频道”更名为“绿色生活频道”。倡导“绿

2022 年 5 月 7 日，韶关市广播电视台与韶关市妇联深度合作的全媒体栏目《妇女之窗》开播（韶关市广播电视台 供图）

色发展、美好生活”，更吻合韶关生态发展定位。从5月30日起，韶关市广播电视台新闻综合频道、绿色生活频道(公共频道)从原每天24小时播出节目，更改为每天7：00开始、24：00结束。

【广电网络】 2022年，广东省广播电视网络股份有限公司韶关分公司(以下简称“韶关广电网络”)覆盖用户超过70万户。全年优化和升级小区网络30个，客服故障率比2021年下降3%；完成5G路测3.5万千米、5G点位测试1.6万个；光缆总长度累计1.5万千米，覆盖端口25万个。5月28日，广东广电网络与韶关市人民政府就推动粤港澳大湾区(韶关)一体化算力网络枢纽数据中心建设，大数据产业、工业互联网产业合作、推进智慧广电应用等方面进行战略合作签约。8月上旬，在韶关市出资5000万元分别注册成立“广东广电弘数科技有限公司”和“广东广电弘数置业有限公司”两家公司，助力广东省文化大数据中心项目建设。完成曲江区、南雄市、仁化县等县区4个点位乡村振兴试点户外大屏及门户专区建设。6月，韶关市遭遇特大洪灾，韶关广电网络主动对接当地政府及三防办等单位，第一时间通过电视大屏滚动播放发布汛情预警信息累计32条；组织广大党员干部员工1200余人次，出动抢修车辆335次，投入资金400万元，修复和更换受损杆路、有源设备、放大器等设备设施，复通信号中断线路。11月起，配合市文广旅体局、武江区委宣传部策划音乐会、民间艺术花会、翁源兰花节、徒步赛等直播活动10余场。投入资金500万元参与20个城镇老旧小区通信基础设施改造，提升老旧小区的基础通信能力。全年开展进小区、进工厂、进农村便民服务活动186场。

【电影放映】 2022年，韶关市电影票房收入3777.32万元(含服务费)，总放映场次19.2万场，总出票103.5万张，平均票价36元。在1239个行政村开展农村公益电影放映活动，放映1.45万场次。

【全媒体融合】 2022年，韶关市打造提升“韶关民声网”微信公众号、“韶观”视频号等新媒体平台，善美韶关抖音号、韶关民声网视频号发布视频超过3500条，总播放量超2亿次。韶关民声网微信公众号粉丝42万人，善美韶关抖音号粉丝超30万人。完成韶关“星直播”103场，其中首届粤港澳大湾区算力产业大会直播观看超260万人，省第十三届中学生运动会云开幕在线观看人数超140万人，“龙舟水”期间推出2场洪峰过境韶关的慢直播，全网点击量过千万。捕捉正能量新闻线索，在主流媒体首发“女孩雨中跪地撑伞”新媒体作品，被中央网信办全网推送，在央视新闻等中省媒体平台传播。“这就是韶关”系列推文等新媒体产品多次被《广东发布》等主流媒体平台转载传播。

(邹先璐)

【首届粤港澳大湾区算力产业大会全媒体传播】 2022年5月28—30日，韶关举行首届粤港澳大湾区算力产业大会，韶关市广播电视台对此活动盛况进行全媒体传播，活动开幕式在全国66个网站平台、15个头条号、19个直播平台播出宣传，直播观看人数160万人。韶关市广播电视台对此赛事进行视频直播和图片直播，扩大赛事的影响力和在市民中的知晓率。

(刘子文)

新媒体

【概况】 2022年，韶关家园网累计固定客户资源超12万个；韶关家园微信公众号粉丝超24.8万人。韶关民声网的架构和内容得到整合提升优化，粉丝增长超10万人。善美韶关抖音号发布抖音1651条，总播放量超1亿次，总粉丝29.7万人。韶关星直播完成直播103场，观看总人数超380万人。全年“韶关发布”微信公众号累计涨粉超过20万人。

【韶关家园网】 2022年，韶关家园网创办于2001年，是以论坛形式开放给网友认识韶关地区、了解韶关资讯、讨论韶关热点的一个网络平台，同时也是韶关企业发布经营信息和获取客户反馈信息、宣传企业形象、扩大社会影响的主要窗口。韶关家园网开设栏目包括招聘网、房产网等，提供韶关分类信息发布、交流平台、韶关家园论坛等服务。截至2022年年底，韶关家园网累计固定客户资源超12万个；韶关家园微信公众号粉丝超24.8万名，其中广东用户超22万名，占比88.9%；韶关家园微博粉丝超9万名；用户遍布韶关3个区7个县及全国各地，韶关家园微信公众号在韶关地区排名前列，发布信息25万条。

(吴开亦)

【韶关民声网】 2022年，韶关广播电视台对韶关民声网架构和内容进行整合提升。5月将民生关注微信公众号迁移并入韶关民声网微信公众号，提升优化韶关民声网视频号、微博等多个媒体平台，加快信息传播，丰富信息内容，提高信息点击量。韶关民声网发布内容2.14万条，其中图文资讯9180条，视频资讯1.22万条；韶关民声网微信公众号粉丝增长超10万人，增长超过35.3%。6月19日及6月21日两波洪峰过境韶关市区，“韶关民声网”视频号相关内容总播放量超1000万人次。

【善美韶关抖音号】 2022年，善美韶关抖音号是韶关市人民政府新闻办公室官方抖音号，主打新闻资讯号，兼顾城市外宣。发布内容包括重大项目建设、招商引资、城市扩容提质、群体性文娱体活动、重大赛事、正能量故事、美丽乡村、粤北风味等，兼韶关各类重大会议、重要活动、热点新闻等各类直播，直播效果好、互动强。全年发布抖音1651条，总播放量超1亿次，总粉丝29.7万人，粉丝量比2021年增长11.2万人次，比2021年增长60.5%。

【韶关星直播】 2022年，韶关星直播是韶关市广播电视台打造的星直播品牌，直播内容包括重要会议、重大活动、电商直播、商业项目等。完成直播103场，观看总人数超380万人。韶关星直播获得省市多个奖项，其中《韶关星直播｜全天直击：洪峰过境韶关市区》获"2022 年度广东新闻奖"一等奖、"2022 年度韶关市广播电视节目评选"一等奖、"2022 年韶关市好新闻"一等奖。

【韶关发布】 2022 年，"韶关发布"微信公众号（以下简称"韶关发布"）是由中共韶关市委宣传部主管、韶关市人民政府新闻办公室主办、韶关日报社负责具体运营的韶关地区最具权威性的政务信息发布平台。是年，韶关日报社优化韶关发布采编技术运营队伍，做好韶关重要政务、民生等信息发布。特别是在防汛救灾、新冠疫情防控、森林防灭火"三场硬仗"中，报社及时启动突发事件应急响应机制，落实新冠疫情防控、防汛抗洪抢险救灾宣传报道任务，凸显主流媒体的责任担当。韶关发布视频号微视频《市区临时性强化管理区域内开通临时运营出租车服务》播放量 540 万人次 +；韶关发布视频号"洪峰过境韶关市区"直播时长 12 小时 30 分钟，累计观看 108.3 万人，以上数据均创下历史新高。累计推出新媒体产品 200 个，打造短视频《韶关文物："今天你〈本草纲目〉了吗？"》、交互式长图《云游韶关"声"临其境》、交互式 H5 产品《韶关绿》《我们这十年》等一批新媒体爆款作品。平台用户数量增长，年内累计涨粉超过 20 万人，平台传播力、影响力、公信力提升。

（邹先璐）

哲学社会科学

【概况】 截至 2022 年年底，以韶关市社会科学联合会（以下简称"市社科联"）为业务主管单位的市级社科学会有 25 个。其中，挂靠单位 10 个，纯民间社团 15 个。乐昌市、南雄市、曲江区、仁化县、始兴县、乳源瑶族自治县、翁源县、新丰县 8 个县（市、区）设有社科联机构。全市现有省级社科普及基地 34 个（其中示范基地 1 个、标准型基地 19 个），市级社科普及基地 6 个。2022 年，韶关市社会科学联合会制定《韶关市社科联深化改革方案》，该方案于 9 月 29 日经市委常委会（套开市深改委会议）审议通过，11 月 15 日由市委办将文件印发到全市各县（市、区）和市直有关单位。12 月 6 日，成立韶关市社科联深化改革领导小组，统筹机构改革各项工作。

【社科普及】 截至 2022 年年底，韶关市社会科学联合会先后选派 11 名社科普及专家，分别到基层校园、村居或者文明实践基地，开展内容涵盖政策宣传、乡村振兴、红色文化、工矿文化、心理健康等内容的社科知识志愿宣讲服务活动 17 场，受益群众超过 5.3 万人次。2022 年，韶关市社科联先后举办"凝心聚力 喜迎党的二十大"主题演讲邀请赛、"传承红色基因 争做时代新人"诗歌朗诵会、乡村振兴与诗人责任专题交流活动、心理健康教育宣传活动和张九龄诗歌朗诵网络直播活动。编撰出版《历史上的韶关古道》《虞城名郡：韶关虞舜文化遗存史料辑录》《南华寺故事》《智慧社会技术风险研究》4 部社科普及书籍；修订完善《韶关市社会科学普及基地管理办法》，建立社科普及活动长效机制；指导省市级社科普及基地工作，通过项目竞评的方式，扶持基地分别开展"第一届华南教育历史研学基地（坪石）文化创意设计大赛"等 7 场次社科普及惠民活动。在始兴县马市镇红梨村社科普及基地举办韶关市 2022 年省社科普及周启动仪式，始兴县社科学会和马市镇村两级代表 80 人参加，现场举办各类人文知识竞赛活动。3 月 16 日，韶关市社会科学联合会在始兴县马市镇，启动韶关市"尚善尚美"社科普及专家基层行志愿服务活动。市社科普及专家、市委党校教师段鹏飞为全体镇村干部，作《乡村振兴成功案例的解析与思考》专题讲座。设计 2 条联动片区的社科普及基地研学精品路线，组织全市各县（市、区）社科联，社科普及基地代表 30 人到新丰县参加社科普及基地建设交流活动。选送参评省级社科普及基地，创建武江区乡村振兴培训实践中心等 2 家标准型基地，仁化县董塘镇董塘社区董劝书院等 3 家提升型基地，韶关市非物质文化遗产科普基地等 2 家孵化型基地。经广东省社科联综合评定，中共广东省委粤北省委历史陈列馆被评为"广东省优秀社会科学普及基地"，《韶文化概论：特色文化资源研究》被评为"广东省优秀社会科学普及作品"，市社科联张建明被评为"广东省优秀社会科学普及工作者"。

【社科规划】 2022 年，韶关市社会科学联合会规划领导小组办公室经过征集课题选题、发布课题指南、课题申报、专家评审、公示等环节，共有 51 项课题列入社科规划立项课题，其中资助课题 12 项，基地课题 18 项，青年课题 2 项，共建课题 19 项。组织省专家组成评审组对 2021 年度结项的 83 项课题进行评审。评审出优秀结项课题 3 项，不及格结项课题 4 项，并对评审结果做出通报。对在研课题开展监管督查，对 6 项逾期未结项的课题作出中止课题并收回经费的处理。开展委托课题研究，与市委党史研究室共同策划组织开展"抗战时期韶关地位和作用研究"等 8 项党史特别委托项目研究，为全市红色文化研究提供智力支持。与韶关学院教育学部开展学科共建，推动基础教育研究。

【社科学会管理工作】 2022 年，韶关市社科联配合市民政局做好学会年检和抽检相关工作，对市档案学会等 4 家不按时年检或年检资料不齐全的学会提出整改要求。执行社科学会重要活动报备制度，对市大唐源流文化研究会等 6 个学会拟自主开展的 9 项活动办理审批手续。深入相关学会组织调研 16 次，强化学会活动的指导和监管，提醒学会做好新冠疫情防控工作和相关业务工作。8 月 25—26 日，韶关市社科普及联召开基地建设现场交流会。在新丰县召开工作交流会和学会意识形态工作分析会，强化 20 余家社科学会工作的党建引领。选派 7 家学会 9 名社科专家参与韶关市"尚善尚美"社科普及专家基层行活动 9 场次。落实《韶关市社会科学联合会资助学会活动管理试行办法》，支持学会开展 16 场社科活动，提升他们服务社会的能力。

2022 年 8 月 25—26 日，韶关市社科普及基地建设现场交流会在新丰县召开
（市社科联　供图）

组织学会申报社科普及活动项目，以竞争性评定方式，对市五月诗社研究会承办的“乡村振兴与诗人责任”专题交流活动等 6 个活动项目开展资助。组织社科学会为受到洪灾严重影响的武江区惠民街道惠民北社区，始兴县罗坝镇淋头村等 3 个社科普及基地募捐 2 万元，通过市慈善总会划拨给他们用于救灾复产。

【委托课题研究】 2022 年，韶关市社科联开展一批委托课题研究。其中与市委党史研究室共同组织 8 项党史特别委托课题，与韶关学院教育学部组织学科共建课题 35 项。特别是委托人与自然和谐发展研究基地开展《南岭国家公园建设中的“三农”问题面临的挑战与对策研究——以乳源瑶族自治县洛阳、东坪镇为例》课题研究，研究成果被《南方智库专报》采用，报送至省委、省政府领导参阅。全省社科普及工作评先评优活动获得好成绩，其中中共广东省委粤北省委历史陈列馆获得“广东省优秀社会科学普及基地”，《韶文化概论：特色文化资源研究》一书获得“广东省优秀社会科学普及作品”。

【社科研究基地工作】 2022 年，市社科联加强对广东省人与自然和谐研究基地和韶文化研究基地 2 个社科研究基地的工作指导。围绕市委、市政府重点工作部署，协调和支持广东省人与自然和谐发展研究基地分别开展“重大突发危机事件舆情应对与治理研究”“战疫精神”融入思政课堂的价值意蕴及其路径研究、“乡村振兴战略下粤北红色文化助推乡风文明建设研究”等省市级课题研究，为省市经济社会发展提供智力支持。特别是上送广东省社科联的《关于加快南岭国家公园高质量建设的建议》研究报告，被省社科联推荐刊发在《南方智库专报》第 698 期，同时送呈省委、省政府、省人大、省政协四大班子领导审阅，得到批示肯定。指导和支持韶文化研究基地工作，组织韶关学院及韶关市专家学者加强对韶关传统文化、红色文化资源调研和资料搜集整理，协助广东省政府和韶关市政府全力推进国家长征文化公园（广东段）的建设，组织撰写《长征国家文化公园（广东段）资料整理与研究工作方案》《韶关社科服务长征公园建设工作方案》《2023 年韶关市红色资源保护利用项目》等文稿，以及《韶乐的定义与演进》《韶乐与韶关的关系》等咨询报告。完成《抗战时期岭南大学播迁办学研究》《抗战时期岭南柑橘试验研究》《抗战时期华南高校蚕桑教育研究》等华南研学系列课题的申报，完成《粤北华南教育历史研学资料辑刊》第 11 集华南教育历史系列资料的编印，重新校对修改《华南教育历史研学概览》《抗战时期华南教育历史论稿》《岭南的记忆》三部华南教育历史研学拟出版的书稿。

【韶关文化研究】 2022 年，韶文化研究院（华南教育历史研究院）搜集华南教育历史相关史料，做好资料编辑整理工作，推动华南研学工作学术化。编印华南教育历史系列资料，包括《粤北华南教育历史研学资料辑刊》第 11 集；重新校对修改《华南教育历史研学概览》，准备正式出版；审校《抗战时期华南教育历史论稿》《岭南的记忆》2 部华南教育历史研学书稿，准备出版。申报《抗战时期岭南大学播迁办学研究》《抗战时期岭南柑橘试验研究》《抗战时期华南高校蚕桑教育研究》等华南研学系列课题。

2022 年 4 月 2 日，韶关市“尚善尚美”社科专家基层行志愿服务活动启动仪式在始兴县马市镇政府会堂举行
（市社科联　供图）

到华南师范大学、中山大学与省考古研究院就华南教育历史研学工作进行交流和考察。组织韶关学院及韶关市专家学者加强对韶关传统文化、红色文化资源调研和资料搜集整理；在红色革命文化、韶乐、名人文化、禅宗文化等方面取得新的研究成果。规划并组织专家学者编著出版论文和学术专著。促进文化研究与本土经济社会发展的深度结合，充实韶关城市文化内涵，塑造韶关特色文化品牌。完成韶文化研究多部书稿的审核修改，出版《清初岭南高僧澹归诗歌研究》《粤北古道与文化》《历史上的韶关古道》《历代名人韶州名文辑选》4部专著。申报《广东省社科规划2022年度四类研究专项》《2022年度韶关学院校级质量工程建设项目》等课题并被立项。

【“尚善尚美”社科专家基层行活动】 2022年4月2日，韶关市“尚善尚美”社科专家基层行活动启动仪式在马市镇举行。韶关市社会科学联合会为马市镇政府捐赠社科书籍。韶关市“尚善尚美”社科专家基层行活动与新时代文明实践中心志愿服务工作有机融合，以专题讲座、有奖竞猜、现场互动等形式，依托市内社科普及专家，针对不同基层单位的受众，普及宣传中华优秀传统文化以及韶关的红色文化、工矿文化、生态文化、客家文化等人文社科知识。 （宁夏江）

党史编研

【概况】 2022年，中共韶关市委党史研究室推动红色资源和历史文化传承保护利用，《中国共产党韶关历史（第三卷）》(1978—2012) 做最后的修改完善，《中国共产党新丰县历史（第三卷）》(1979—2012) 在全市率先公开出版，其他县市区的党史三卷在推进中。完成创新引进社科专家开展党史委托课题研究。党史研究著作出版韶关市级出版4本，其他县市区出版6本。

【党史研究】 2022年，中共韶关市委党史研究室首次引进社科专家开展韶关市哲学社会科学规划课题（党史特别委托项目）工作，委托课题包括习近平生态文明思想在韶关的实践等3个。年底结项2个。出版《韶关革命历史概览》《“红军在粤北”研讨文集》。《韶关市红色故事》《红军转战粤北史》《韶关市红色革命遗址大通览》编写在做最后的完善修改。南雄市出版《水口战役胜利88周年学术研讨会论文集》，新丰县《李任予传记》入选《中共党史人物传》，曲江区编辑《红色记忆——曲江革命斗争历史概览》。协助完成韶关市“弘扬东纵精神 凝聚奋进力量”研讨会主材料《东纵在韶关》的编写。曲江区、南雄市、仁化县、始兴县、翁源县、新丰县完成东纵在当地的简史编写。

【党史著作编辑出版】 2022年，中共韶关市委党史室出版《中国共产党韶关历史大事记（2003—2021）》，武江区出版《韶关市武江区大事记（1999—2021）》，始兴县出版《新发展理念在始兴的实践》，乳源瑶族自治县出版《乳源瑶族自治县党史大事记（2021）》，反映市委深化改革开放、实现历史性变革的历程和成就。《中国共产党韶关历史（第三卷）(1978—2012)》根据省委党史研究室意见完成第三轮补充完善。《中国共产党新丰县历史（第三卷）(1979—2012)》在全市率先公开出版，浈江区、乐昌市、南雄市、翁源县、乳源瑶族自治县的党史三卷取得积极进展。

【党史文化服务】 2022年，中共韶关市委党史研究室服务红军长征国家文化公园广东段建设及红色资源保护利用，武江区、南雄市、始兴县深度参与本地红色革命遗址保护利用工程。参与《韶关市红色资源保护条例》立法调研和论证，助力条例出台。出版《韶关市脱贫攻坚口述史》，为巩固脱贫攻坚成果和推进乡村振兴提供借鉴。为30余个单位审核涉党史史实，建立党史意识形态有关人物动态清单，着力防范化解党史意识形态风险。

【党史宣讲】 2022年，中共韶关市委党史研究室参与市级层面宣讲，向全市各层级20余个单位2000余人开展中共二十大精神和党的十九届六中全会精神宣讲，推动党的历史、党的创新理论“声”入人心。举办全市史志部门“学党史 讲党史”喜迎二十大宣讲活动，在全省党史系统喜迎二十大宣讲活动中获精品宣讲、优秀宣讲各1个，省委党史研究室专刊推广市委党史研究室“六个一”工作做法。南雄坚持开展苏区南雄革命史百姓宣讲活动，宣讲的《当红军歌》在当地广为传唱；新丰县、翁源县联合学校开展讲好红色故事、传承红色基因活动，掀起党史书籍学习热潮。武江推出《百年风华·红色印记》寻访红色

2022年6月14日，市委党史研究室到莞韶指挥部开展党史宣讲
（市委党史研究室 供图）

2022 年 7 月 21 日，韶关市史志部门“学党史 讲党史 喜迎二十大”宣讲会在韶关市区举行。图为市委党史研究室主要领导给宣讲一等奖获得者颁奖

（市委党史研究室 供图）

革命遗址系列。

【韶关市史志部门“学党史 讲党史 喜迎二十大”宣讲会】 2022 年 7 月 21 日，中共韶关市委党史研究室举办韶关市史志部门“学党史 讲党史 喜迎二十大”宣讲会。市纪委监委派驻第一纪检监察组、市委讲师团、市委党校、韶关学院、广东松山职业技术学院参加会议。宣讲会上，来自各县（市、区）史志工作机构等 14 个单位的 14 名宣讲人员围绕血战梅花、红军长征过境粤北、重温红色家书等进行宣讲，阐释“坚持真理、坚守理想，践行初心、担当使命，不怕牺牲、英勇斗争，对党忠诚、不负人民”的伟大建党精神。此次宣讲评出一等奖 2 名、二等奖 3 名、三等奖 4 名、优秀奖 5 名。此次宣讲是市委党史研究室根据省委党史研究室关于举办全省党史部门“学党史 讲党史 喜迎二十大”宣讲活动的部署召开的一次宣讲会，也是一场选拔赛，选出的 2 名优秀宣讲选手参加 9 月举办的全省党史部门“学党史 讲党史 喜迎二十大”现场宣讲会。（朱彩云）

地方志

【概况】 2022 年，南雄市、仁化县完成第三轮修志试点阶段性总结。韶关市人民政府地方志办公室丛书品牌效应初步凸显，累计出版 4 部，影像志规模日益壮大，拍摄制作《韶关影像志·古塔》系列微视频 10 个。党史方志馆完成修缮工程。党史方志驿站建成 52 个。召开韶关市首届 2022 年韶关市地方志理论研讨会。《全粤村情（韶关市）》累计出版 9 册。《韶关市地方志工作管理办法》以市政府规范性文件出台，加强地方志工作的法规依据。指导部门志、镇村志的编修。《韶关年鉴（2022）》编纂出版，《鉴识韶关》《志说韶关》出版，方志宣传力度加大。《史志资政》出版 5 期。首次组织召开全市党史地方志工作会议，市委分管领导出席会议部署工作、全市史志系统和史志干部深受鼓舞。市地方志办深入各县（市、区）史志部门和党史地方志资源场所调研，调研报告得到市委分管领导肯定并批转各县（市、区）委，推动史志工作。

【地情书籍编辑出版】 2022 年，南雄、仁化完成第三轮修志试点阶段性总结，为全市第三轮志书编修打下良好基础。韶关市人民政府地方志办公室指导《韶关市工商联志》《韶关市地名志》《韶关市税务志》《韶关监狱志》《武江监狱志》《北江监狱志》等专业志书编修。乐昌加大《坪石镇志》《两江镇志》编纂力度，南雄推进《珠玑镇志》《上朔村志》编纂。推进《全粤村情（韶关市）》出版，全年出版《全粤村情乐昌市卷一》《全粤村情乐昌市卷二》《全粤村情新丰县卷》3 册，累计出版 9 册。《韶关简史》出版发行，市委书记王瑞军出席新书发布仪式。继《韶关古塔》《韶关古桥》《韶关古亭》之后，编纂发行“韶关地情系列丛书”之《韶关古村》，推进《广府人珠玑巷南迁史话》编写。仁化县出版特色地情书《仁化古山寨》丹霞、董塘篇，南雄市出版《南雄市南粤古驿道沿线村史》浈江出版《韶关市浈江区地方史大事记（秦汉—2012）》。

【韶关市党史方志馆建设】 2022 年，韶关市人民政府地方志办公室争取落实省文化补短板资金 1500 万元，推动韶关市党史方志馆修缮布展工程，工程概算投资 2000 万元，总建筑面积 9221 平方米。成立领导小组，分设工程建设组和监督组，统筹抓好品质把控。经前期筹备，4 月完成韶关市党史方志馆修缮工程竞争性磋商，5 月动工。截至 2022 年年底，修缮工程基本完成。韶关市党史方志馆陈列布展、微改造项目全面启动，于 8 月完成招标，完成展陈大纲第一稿，正在修改。推动韶关市党史方志馆实物征集，多渠道发布征集公告。争取省地方志办价值 300 万元的赠书 8133 册，为韶关市市党史方志馆丰富馆藏书籍奠定基础。谋划推动智慧党史方志馆建设。新丰县启用新建方志馆，翁源县完成档案馆史志展馆内容编写。

【地方志理论研究】 2022 年，韶关市人民政府地方志办公室召开以传承韶关历史和地情文化为主题的 2022 年韶关市地方志理论研讨会，汇编《韶关市地方志理论研讨优秀论文集（2022）》。组织参与全省地方志理论研讨会，选送作品获二等奖、三等奖各 1 名，韶关市人民政府地方志办公室获优秀组织单位。制定韶关市党史方志专家服务管理暂行办法，建立党史方志专家库，首批入库专家 30 名，与韶关学院达成战略合作框架协议，初步构建史志工作者、史志专家、史志爱好者“三支队伍”的大史志工作格局。

【地情文化服务】 2022年11月，韶关市出台《韶关市地方志工作管理办法》，韶关市人民政府地方志办公室制定专业志书、专业年鉴备案管理工作规定。参与“多彩乡村弘扬岭南文化”主题教育实践活动成效显著，全市获省奖励的作品23个。南雄、翁源支持本地博物馆、历史文化陈列馆建设，以史志视角推动地域文脉延续传承。协助市纪委审核清风墙设计方案，协助相关部门审核浈江区广富新街—升平路和曲江区白土镇两片历史文化街区保护规划、韶关市城区地名总体规划修编（2020—2035年）等。南雄市拍摄视频短片《清廉将军彭显伦》，乳源瑶族自治县协助本县廉政文化建设调研，为廉政文化传承注入史志力量。支持配合广东南岭干部学院开展中组部办学质量评估迎评，开展“南岭”名称专业考证和全市红色教学路线展陈史实审核，为完成迎评任务作出贡献。创设《史志资政》刊物，编发5期，其中《韶关丹霞机场运营的历史借鉴与对策建议》得到多位市领导批转。仁化县创办《仁化史志》杂志。

【地情文化宣传】 2022年，韶关市人民政府地方志办公室线上优化改版“韶关史志”微信公众号栏目，春节推出的“方志里的韶关年”广受好评，微信公众号被列入韶关发布微信矩阵，提升“掌上史志”惠民成效。创设韶关影像志视频品牌。拍摄制作《韶关影像志·古塔》系列微视频10个，在方志广东、韶观等平台推介，争取省地方志办地方志编修经费87.6万元（占全省的近一半），筹拍《韶关影像志·围楼》系列微视频10个、省情微视频17个；浈江《一盏煤油灯》微视频获省“保密故事大家讲”三等奖。线下布局建设党史方志驿站52个，其中市级驿站29个，实现10个县（市、区）全覆盖，在申报广东省方志文化示范场馆创建活动中得到省地方志办通报表扬。在“学习强国”广东学习平台、腾讯平台、韶关发布等推出“韶关市情宣传月”系列推文，其中腾讯平台总曝光量2838万次，韶关地情文化知名度和影响力提升；配套刊印推文合集《志识韶关》出版。编发年鉴简本《鉴识韶关（2022）》、市情读本《志识韶关》。加强多彩乡村主题教育组织，全市集中报送作品267个，获奖作品23个，其中获一等奖1个、二等奖3个、三等奖11个、优秀奖8个；韶关市人民政府地方志办公室及韶关学院、乐昌史志办分获优秀组织奖。“粤鉴话你知”选用稿件数量全省排名第一。

【年鉴编纂】 2022年12月，韶关市人民政府地方志办公室出版《韶关年鉴（2022）》，各县（市、区）落实“一年一鉴，公开出版”，完成2022年度综合年鉴编辑出版任务。谋划《韶关年鉴》申报中国年鉴精品工程，召开韶关市“读精品、学精品、用精品、编精品”研讨培训会，开展广东省精品年鉴品读季活动，选送的论文在全国“精品年鉴品读季”主题征文中获二等奖。出台《韶关市人民政府地方志办公室关于实施年鉴编纂质量提升工程的意见》，指导全市年鉴质量提升。指导《韶关工会年鉴（2022）》《韶关人大年鉴（2022）》编纂。

【韶关市首批党史方志驿站揭牌】 2022年1月29日，韶关市首批党史方志驿站揭牌仪式在市图书馆举行。市委党史研究室（市地方志办）、市文广旅体局相关负责人为党史方志驿站揭牌。党史方志驿站是党史方志工作向基层延伸的重要抓手，打通服务人民群众的“最后一公里”，可为群众在家门口学习党史、了解韶关地方历史、地情文化提供权威史料，营造“知史爱国、读志爱乡”的良好氛围，对培育和践行社会主义核心价值观，推动文明城市创建，落实乡村振兴战略有积极的推动作用。此次首批党史方志驿站揭牌，是韶关党史、地方志工作者为农历新年献上的一份地方文化年礼。韶关市首批党史方志驿站共10处，设于市图书馆及风度书房熏风路、中山公园、韶州公园、韶关学院、韶钢雅苑、乐昌梅花镇、仁化董塘镇、始兴隘子镇、始兴深渡水9个分馆。驿站由市委党史研究室（市地方志办）与市文广旅体局共建，以风度书房为平台，设立独具特色的标识标牌，设置书籍专柜。首批入站书籍1000册。读者可凭卡借阅《中国共产党韶关历史》《韶关市志》《韶关年鉴》等韶关本地的史志鉴书籍。截至2022年年底，累计打造52个党史方志驿站，实现县（市、区）全覆盖。

【韶关市首届地方志理论研讨会】 2022年9月30日，2022年韶关市地方志理论研讨会在韶关市碧桂园凤凰酒店举办，此次研讨会是新时代以来韶关市地方志机构首次举办的地方志理论研讨会。各优秀论文的作者、各县（市、区）地方志工作机构负责人及韶关市人民政府地方志办公室全体干部职工采取线上和线下的

2022年1月29日，韶关市党史方志驿站揭牌仪式在韶关市图书馆举行
（韶关市人民政府地方志办公室 供图）

2022 年 9 月 30 日，韶关市地方志理论研讨会在韶关市区召开。图为研讨会现场　　（韶关市人民政府地方志办公室　供图）

方式参加会议。此次研讨会自 3 月启动，得到全国地方志系统、高校、科研院所专家学者的响应，山东、山西、湖南、湖北、江苏、甘肃等地的专家学者投稿。活动收到 72 篇论文。优秀论文 30 篇。研讨会上，10 名优秀论文代表以"线下"+"线上"的方式进行探讨交流。与会领导向此次优秀论文作者颁发荣誉证书，向市图书馆、韶关学院、松山学院、北江中学、市一中代表赠送韶关地区官修的首部通史性地方史书《韶关简史》。　（朱彩云）

档案管理

【概况】 2022 年，韶关市档案馆新馆完成整体搬迁，于 12 月对外开放并提供查档利用服务，开展县级国家综合档案馆业务建设评价工作，启动对市直机关单位的档案综合检查工作。组织开展档案普法进校园进社区活动，开展 2021 年度档案专业职称评审工作，接收各类档案 1120 件，接收 36 个单位的市政府信息公开文件 5590 份，录制《韶关新闻》354 集，收集整理韶关市重要政务活动照片数据 1400 余张。全市 11 个国家综合档案馆全部接入全国档案查询利用服务平台，接待查询档案资料 351 人次，编辑《2022 韶关大事记》《档案中的韶关红色记忆》等，完成对残损严重的重点档案 208 卷计 6406 页的抢救任务。启动馆藏档案数字化加工（第五期）项目，完成数字化扫描 1761 卷、14.07 万页，馆藏纸质档案数字化比例 84.12%。

【市档案馆建设】 2022 年，韶关市档案局跟进市档案馆新馆建设，全面完成档案馆新馆达标建设任务。11 月，韶关市档案馆新馆完成整体搬迁和启用。12 月 21 日，韶关市档案馆对外开放并提供查档利用服务。

【城市建设档案馆】 2022 年，韶关市城市建设档案馆馆藏纸质档案总量达到 8.75 万卷，电子档案光盘 1355 张，声像档案光盘 4209 张，照片档案 2384 卷，19.9 万张。全年档案利用 793 人次，提供利用档案 7009 卷，文字资料 1.41 万张，图纸 4086 张。深入到正威韶关新材料科技示范城建设项目、华韶数谷、国投西城尚筑及广晟韶关市冶金机械厂棚户区改造项目等项目现场开展业务指导 27 次，发挥档案服务民生事业、推动经济发展的作用，做到人民档案为人民。对韶关新区、重点工程建设、韶城旧貌进行拍摄，完成 40 个项目的无人机拍摄任务，形成照片 1350 张，视频时长 1.85 万秒，记录韶城建设发展轨迹，为城市发展留下历史记忆。　（廖雪羚）

【档案馆业务建设评价】 2022 年，韶关市档案局推进档案馆业务建设评价工作。5 月，形成评价意见和问题清单，以市委办名义分别向 10 个县（市、区）党委政府通报县级国家综合档案馆业务建设评价情况，督促落实整改措施，推动建立健全档案馆业务建设长效机制。韶关市档案馆支持参与到有各县（市、区）档案馆开展业务评价工作及业务指导。

【机关档案综合检查】 2022 年，韶关市档案局制定机关档案综合检查工作方案和检查评价标准，3 月 24 日印发《韶关市贯彻落实〈档案检查工作办法〉工作实施方案》，8 月 23 日印发《韶关市档案局关于开展市直单位档案工作综合检查的通知》，启动对市直机关单位的档案综合检查工作。

【档案宣传教育培训】 2022 年，韶关市档案局加大档案普法宣传力度，12 月 27 日印发《韶关市档案"八五"法治宣传教育规划（2021—2025 年）》，落实档案普法工作责任制，组织开展档案普法进校园进社区活动。6 月，联合韶关市档案馆、韶关学院档案馆在韶关学院举办"喜迎二十大 档案颂辉煌"档案主题宣传活动，9 月，联合浈江区东河街道启明北社区开展以"群众身边的档案法律知识"为主题的档案普法宣传活动。7 月 11—12 日，韶关市档案局在广东南岭干部学院举办 2022 年档案专题业务培训班，各县（市、区）档案局、档案馆业务骨干 50 人参加培训。

【档案专业职称评审】 2022 年 5 月，韶关市档案局组织评审专家召开档案职称评审工作会议，开展 2021 年度档案专业职称评审工作，完成 25 名档案专业职称申报人员会议评审及评后公示工作。2022 年，韶关市档案局继续加强档案专业职称评审指导，做好档案专业人员职称申报受理、审核、评审及评后公示等服务工作，共受理、审核 25 名档案专业技术人员职称申报材料，5 月，抽取档案评审专家组成评审委员会召开评审工作会议，开展档案专业职称现场评审工作，并协助市人社局开展档案专业职称评审结果确认、公示和发证工作,完成 2021 年度评审工作任务。

【档案接收征集】 2022 年，韶关市档案馆接收市政府办公室、市委党史学习教育活动领导小组办公室、市档案馆等单位文书档案 1041 件、照片档案 67 卷、实物档案 12 件。接收 36 个单位的市政府信息公开文件 5590 份。接收《韶关历史文献》《桂头“五七”干校纪念册》等资料。录制《韶关新闻》354 集。拍摄市委书记重要政务活动 144 批次，收集、整理中共韶关市第十三届委员会第二次全体会议、第三次全体会议、韶关市第十五届人民代表大会第一次和第二次会议等韶关市重要政务活动照片数据 1400 余张。

【档案利用服务】 2022 年，韶关市档案局督促指导全市各级国家综合档案馆优化档案查询利用流程，提高档案开放利用水平。8 月，全市 11 个国家综合档案馆全部接入全国档案查询利用服务平台，打破档案信息交互壁垒，实现全国档案查阅“一网通办”，群众可以足不出户跨区域、跨层级查询利用档案。全年韶关市档案馆接待来电来人查阅档案资料 255 人次，调阅档案资料 1926 卷，复印 1855 张，刻录光盘数 21 张，出证 1000 份。

【档案编研开发】 2022 年，韶关市档案馆编辑《2022 年韶关大事记》和市主要领导公务活动实录。编印《王瑞军同志公务活动实录（2020 年 9 月—2022 年 8 月）》。与韶关学院合作，利用馆藏红色档案，编辑《档案中的韶关红色记忆》。制作《王瑞军同志在韶公务影集》（第一至五册）8 套 40 本。

【馆藏档案整理抢救】 2022 年，韶关市档案馆完成对残损严重的重点档案 208 卷计 6406 页的抢救任务，使用专项抢救经费 5 万元，对整理后的馆藏民国资料、市扫黑办专项治理档案、接收进馆照片进行低温消毒处理，移入库房保存。

【档案信息化建设】 2022 年，韶关市档案局加大档案信息化工作监督指导力度,6 月 13 日，联合市档案馆制定出台《韶关市纸质档案数字化工作指引（试行）》，从档案数字化工作原则、数字化范围、工作环节及规程等方面作出规定，提出要求，为全市各级各部门推进纸质档案数字化工作，加强档案信息资源建设，提供规范标准。韶关市档案馆启动馆藏档案数字化加工（第五期）项目，完成数字化扫描 1761 卷，合计 140695 页（折算为 A4 档案为 202781 页），馆藏纸质档案数字化比例从 2017 年的 6.3% 提升到 84.12%。

（廖先宏　杨玉璇）

文化产业

【概况】 2022 年，韶关市文化遗产保护传承体系不断健全，创作一批文化艺术精品，文化遗产“含金量”不断提升，文化产业得到发展。完成坪石基地国立中山大学工学院新村办学纪念地项目、中山大学理学院天文台本体项目主体工程及大村基地岭南大学和东吴大学展馆布展。打造群众艺术花会品牌，打造“韶关有戏——家门口的小剧场”品牌，在农村群众家门口举办“送戏下乡”文艺惠民演出，组织村民自发举办“村晚”，打造出“风度书房”志愿者、“文化志愿者送欢乐下基层”“金句闪光”等省级志愿服务品牌；创建“九龄童故事角”品牌活动。开设“九龄童故事角”系列活动，面向韶关市低幼儿童开展阅读活动，举办活动 20 期。建成“市、县、镇、村”四级公共文化设施网络。印刷企业 92 家，全市印刷企业工业总产值 7.8 亿元。参加第十八届深圳文博会，选送的 3 件作品获得“中国工艺美术文化创意大赛”铜奖。承办《韶关历史文献丛书》首发仪式暨出版精品座谈会。该丛书集中反映古代直至 1912 年韶关地区的社会政治、经济发展、历史地理、文化教育、习俗民情及自然资源状况。

【华南教育历史研学基地建设】 2022 年，韶关市华南教育历史研学基地建设稳步推进。完成坪石基地国立中山大学工学院新村办学纪念地项目、中山大学理学院天文台遗址公园（本体）项目建设及大村基地岭南大学和东吴大学展馆布展工作，完成清泉里、三星坪国立中山大学工学院办学旧址等 7 处一般不可移动文物点的保护修缮工作，在市博物馆举办《烽烟不绝读书声——粤北华南教育抗战历史展》，组织开展“赓续星火·时代共进”2022 年华南研学主题系列活动等研学活动 10 余场，出版《中山大学法学院坪石办学论集》《华南教育历史研学基地概览》等华南研学著作。

【文化创意产业】 2022 年，韶关市文化广电旅游体育局组织各县（市、区）文旅部门、18 家优秀本土文化企业单位近 60 人参加第十八届中国（深圳）国际文化产业博览交易会，通过“文、遗、景、品”4 个板块、8 大区域，精选市博物馆、市图书馆、红军馆、华南研学基地等韶关特色文创产品，瑶族刺绣、畲族刺绣、曲江柴烧陶艺、张田饼印、丹霞红豆等非遗代表项目，以及韶关市花兰花、韶州茗茶等代表性文化名片进行展示展销，重点展示韶关文旅融合发展新成果，打造韶关文化品牌，向世界展示善美韶关优秀文旅品牌形象。其中选送的曲江柴烧陶艺《孤影》、浈江韶时绣苑作品《韶关四时》、始兴畲族刺绣作品《刺绣车枕》获得“中国工艺美术文化创意大赛”铜奖。

【文化品牌打造】 2022 年，韶关市打造群众艺术花会品牌，开展 2022 韶关市群众艺术花会（音乐舞蹈）；打造“韶关有戏——家门口的小剧场”品牌，以“韶关有戏”为切入点，在采茶中心小剧场举办粤北采茶戏专场；在农村群众家门口举办“送戏下乡”文艺惠民演出，在山间、田边、河畔搭建起流动舞台，为老百姓送来欢乐；组织村民自发举办“村晚”，点亮节日乡村舞台；打造出“风度书房”志愿者、“文化志愿者送欢乐下基层”“金句闪光”等省级志愿服务品牌。创建“九龄童故事角”品牌活动。开设“九龄童故事角”系列活动，面向韶关市低幼儿童开展阅读活动，举办活动20期，推动低幼儿童阅读培养工作。

【文化服务平台体系建设】 2022年，韶关市建成“市、县、镇、村”四级公共文化设施网络，全市有公共图书馆11个，文化馆11个，文化站107个，基层综合性文化服务中心1433个，全部实现免费开放，让老百姓在“家门口”就能享受到公共文化服务。

【“韶关历史文献丛书”首发仪式暨出版精品座谈会】 2022年4月1日，由中共韶关市委宣传部主办、广东新华发行集团韶关新华书店有限公司承办的“韶关历史文献丛书”首发仪式暨出版精品座谈会在韶关书城举行。韶关市委书记王瑞军，广东开放大学党委书记、“韶关历史文献丛书”主编刘启宇，省委宣传部文改办主任杨鹏飞，韶关市委常委、宣传部部长陈江帆，南方出版传媒党委副书记、总经理叶河，广东人民出版社社长肖风华等领导嘉宾出席此次活动。丛书是韶关文化建设的一项重大基础性工程，为新中国成立以来韶关地区规模最大、品种最多、影响力最广的出版项目。全书55册，由中共韶关市委宣传部和广东省立中山图书馆共同组织编纂，由广东人民出版社于2022年1月出版。作为一部地方性的历史文献丛书，丛书集中反映古代直至民国元年（1912年）韶关地区的社会政治、经济发展、历史地理、文化教育、习俗民情及自然资源状况。

（邓桂文）

文化市场管理

【概况】 2022年，韶关市作为华南虎的原居住地，举办“守护华南虎”中外故事交流会、“守护华南虎”国际共创营等系列活动，打造华南虎文化品牌。对市区6间风度书房进行改造提升。开展农村公益1.45万场。推进辖区非法卫星电视、文娱领域专项整治工作。组织检查经营场所6807家次，出动执法人员1.66万人次，检查并处理问题149条。开展“扫黄打非”进景区宣传68次，发放宣传资料5280份，播放“扫黄打非”公益视频1204次。

【公共文化服务】 2022年，韶关市围绕打造华南虎文化品牌，举办“守护华南虎”中外故事交流会、“守护华南虎”国际共创营、“宏远集团来韶认养华南虎事宜”等“守护华南虎”系列活动。举办“稻田里”南岭乡村艺术节、全国“村晚”示范展示活动仁化河富村专场、广东省文化馆联盟原创音乐展演、广东省“同饮一江水”劳动者歌唱大赛（韶关赛区）、“我最OK”广东省全民才艺大比拼（韶关赛区）、广东省高雅艺术进基层、“三百工程”文化下基层、粤北采茶戏进乡村进校园、“韶关有戏——家门口的小剧场”、红色文艺轻骑兵下基层、岭南生态诗歌论坛暨2022广东风度九龄诗歌周等一系列群众性文化活动。推进市区6间风度书房的改造提升，引入市场运营主体，探索打造公共文化新型空间。

【印刷业发行行业监管】 2022年，韶关市完成广东省新闻出版局下达的54个发行企业、37个印刷企业统计年报抽检任务，完成全市92家印刷企业年度公示报告和267家出版物发行单位年度核验工作。加强对内部资料性出版物的审核工作，全年审核内部资料性出版物43种。2022年9月27—28日，市文广旅体局联合新闻出版、公安、市场监管等部门在浈江区范围内开展一次印刷发行业专项整治行动。此次专项联合整治行动，出动执法人员105人次，检查印刷发行经营场所18家次，联合执法检查人员检查各发行单位提供的近两年出版物进销货清单和印刷经营单位落实印刷管理“五项制度”情况，并向各经营单位宣传《印刷业管理条例》《出版管理条例》《出版物市场管理规定》等有关法律规定，规范辖区印刷发行市场经营秩序。从检查情况来看，各经营业主依法经营和守法意识有提高，均能够规范经营，印刷发行市场经营单位总体运行良好。

【影院行业管理】 2022年，韶关市有电影院23家。全年出动1000余人次，检查影院400余次，做好新冠疫情防控和安全生产检查，确保电影行业平稳安全。开展农村公益电影放映，组织各地农村公益电影放映队放映电影1.45万场。推进农村电影放映和新时代文明实践中心建设相结合试点工作。仁化丹影文化传播公司获第九届全国服务农民、服务基层文化建设基层电影服务先进集体称号。

【广播行业管理】 2022年，韶关市文化广电旅游体育局在北京冬奥会冬残奥会、全国两会、中共二十大、江泽民悼念活动等重要保障期间，调度启动重保期安全播出主要领导带班值班保障机制，确保韶关市全年安全播出无事故。推进辖区非法卫星电视、文娱领域专项整治工作。9月，突出迎接中共二十大为主线，联合市公安局、市经信局、市市场监管局等部门，印发《韶关市开展非法卫星电视广播地面接收设施专项整治行动的通告》，动员群众提高认识，营造良好舆论氛围。10月31日，会同市公安

2022年1月12日，韶关市文广旅体局到灵溪河景区进行公共设施安全生产检查

（市文广旅体局 供图）

局、市市场监管局，以及武江区委宣传部、西联镇政府、广电网络韶关分公司等单位在韶关市武江区西联市场联合开展打击非法卫星电视接收设施专项整治行动暨进社区宣传咨询活动，对韶关市武江区西联市场及周边五金电器商铺和住户进行排查整治，联合行动小组清查五金电器商铺20余家，派发整治通告和宣传资料400余份，劝告商铺住户自行拆除非法卫星电视接收设施6套，执法人员拆除非法安装使用的卫星电视接收“小锅头”16套。

2022年1月，韶关市文广旅体局在仁化丹霞山开展民宿安全生产检查
（市文广旅体局 供图）

【文化市场监管】 2022年，韶关市加强业务指导，严格审核把关，做好审批备案。指导各县(市、区)局行政审批人员对网吧、娱乐场所、营业性演出活动、高危体育项目经营等经营场所的行政审批，执行相关法律法规，依法对文旅企业进行受理和审批。指导各县(市、区)文广旅体(文旅体)局从梳理工作事项、规范监管行为着手，每月汇集新设立的文体经营场所信息数据。全市办理营业性演出活动审批26宗（包括2宗涉港澳营业性驻场演出活动的许可审批）和1宗经营性互联网文化单位设立审批及2家旅行社许可审批；娱乐场所新增8家，注销关闭11家；注销互联网上网服务场所3家；新增演出经纪机构1家。截至2022年年底，全市经营性互联网文化单位1家；演出经纪机构4家；文艺团体4家；剧本娱乐经营场所17家；艺术品经营单位34家；互联网上网服务经营场所87家；娱乐场所133家。

【文化市场综合执法】 2022年，韶关市组织检查经营场所6807家次(其中检查网吧2387家次，检查娱乐场所、游戏游艺场所、旅行社2799家次，检查演出的场所91家次，检查棋牌室1530家次)，出动执法人员1.66万人次（其中检查网吧5925人次，检查娱乐场所、游戏游艺场所、旅行社7045人次，检查演出场所270人次，检查棋牌室3360人次），检查并处理问题149条。全市办理案件31宗（其中市本级立案调查办理案件12宗），行政处罚19.09万元，收缴非法出版物1495本。正在办理涉嫌未经许可经营旅行社业务案件1宗，涉嫌以其他方式非法转让旅行社业务经营许可案件1宗。

【文化市场扫黄打非】 2022年，市文广旅体局常态化开展扫黑除恶斗争和“扫黄打非”工作，市文广旅体局执法二科谢跃煌被评为2022年广东省“扫黄打非”工作先进个人。开展扫黄打非“清源2022”“净网2022”“护苗2022”“秋风2022”“固边2022”五大专项行动及“剑网2022”打击网络侵权盗版专项行动。开展印刷发行业专项整治行动，办理印刷发行行政处罚案件13宗，收缴各类非法出版物1359本，罚没款项2.2万元，“4·26”知识产权保护日宣传活动，销毁近年来依法收缴的风水算命、“六合彩”马报、日历和各类侵权盗版及非法出版物1.11万本（张）。在全市35家A级旅游景区“扫黄打非”工作站，开展“扫黄打非”进景区宣传68次，发放宣传资料5280份，播放“扫黄打非”公益视频1204次。

【韶关市仁化县丹影文化传播有限公司获“全国服务农民、服务基层文化建设基层电影服务先进集体”称号】

2022年4月，韶关市仁化县丹影文化传播有限公司被中央宣传部、文化和旅游部、国家广播电视总局评为第九届“全国服务农民、服务基层文化建设基层电影服务先进集体”。仁化县依托新时代文明实践中心全国试点县建设，组建“文艺轻骑兵”志愿服务队，其中，仁化县丹影文化传播有限公司的8名工作人员被吸纳为“文艺轻骑兵”志愿者，专项负责全县11个镇(街)基层公益电影放映工作，把电影、公益宣传送到基层。同时，“文艺轻骑兵”志愿服务队延伸电影服务覆盖范围，组织开展公益电影进校园、进企业、进广场等放映活动，结合党史学习教育，挑选一批群众喜爱的红色主题电影开展“看电影学党史”主题活动，把一部部红色电影、一个个革命英雄故事送到广大群众家门口。截至2022年4月，“文艺轻骑兵”志愿服务队放映农村公益电影4230余场次，11个镇（街）、125个村（社区）、1114个村小组放映覆盖率达98%。 （邓桂文）

卫生健康

综述

【健康城市建设】 2022年，韶关市按照全国健康城市工作办公室的部署，完成健康城市数据填报。开展健康支持性环境建设。至2022年年底，全市创建全民健康生活方式行动健康社区61个、健康单位61个、健康学校27个、健康食堂54个、健康餐厅/酒店15个、健康小屋14家、健康主题公园11个、健康步道15条、健康街区3个。

【卫生健康规划发展】 2022年，韶关市于8月9日完成《韶关市卫生健康事业发展“十四五”规划》编制工作。粤北人民医院建设省高水平医院完成。韶关市第一人民医院建设省高水平医院加快推进。原韶关市中医院与原韶关市第三人民医院合并后选址新建韶关市中医院，重点打造中医为主、中西医结合的省级高水平中医院。韶关市妇幼保健院通过三甲评审。粤北第二人民医院按三级传染病专科医院建设新传染病大楼投入使用。粤北第三人民医院按三级精神卫生专科医院建设，实行“一院两区”的运营模式。前海人寿（韶关）医院作为韶关首家社会力量办医的三级综合医院，以医养结合、医学康复等专科为重点，与其他综合医院互补发展。

【卫生健康宣传】 2022年，韶关市卫生健康系统结合重大节日、健康科普日开展健康主题宣传和采访报道，建立市级卫生健康科普资源库，推送宣传稿件1417篇，其中省级421篇、市级996篇。全市卫生健康系统累计在省级以上平台获得荣誉19项次，通过宣扬抗疫先进典型，宣传医护人员的感人事迹和崇高品质，打造“韶关名医”“韶关好人”等品牌。组织参与省级健康类知识技能竞赛，获第四届广东省居民健康素养知识竞赛总决赛团队一等奖、优秀组织单位等各类奖项9个。

【医疗卫生基础建设】 2022年，韶关市被纳入年度卫生健康领域重点建设项目14个，分别是异地新建乐昌市人民医院项目、乳源瑶族自治县人民医院后续配套工程及感染性疾病诊治中心建设项目、仁化县基层医疗机构基础设施和能力提升项目、前海人寿（韶关）医院建设项目、新丰县县级医院医疗救治应急建设体系项目、仁化县人民医院县域综合服务能力提升及补短板项目、南雄市人民医院建设项目、韶关市中医院（原广东韶州人民医院）项目、韶关市第一人民医院迁建项目、粤北人民医院医疗中心建设项目、始兴县紧密型县域医共体信息化设施设备建设项目、武江区儿童医院建设项目、曲江区医疗卫生服务能力提升项目和武江区中医院建设项目，总投资额75.3亿元，全年完成计划投资14.22亿元。韶关市疾控中心新购置大中型设备43台（件），提升实验室检验检测能力。受理、发放各类检测报告总数726份，检测报告及时率100%，事故发生率为0；理化科重点开展2批次生活饮用水水质全分析检测工作和全市生活饮用水水碘专项监测检测工作，完成农饮水监测、省市食品风险监测、市食品风险监测、尿碘和碘盐监测、公共场所监测5个类别81项2万项次的检验检测任务。完成7.34万份新冠标本检测，准确率100%；检测传染病监测标本8.37万份，检测项目9.03万个。独立完成二代基因测序和三代基因测序，其中二代测序检测4人、三代测序检测37人，进行病毒溯源比对和传播链判定。在2021—2022年度的广东省流感实验室检测质量考核中，连续5年排名全省第一。

【医疗卫生信息化建设】 2022年，韶关市卫生健康推进34家二级以上公立医疗机构直接接入广东省全民健康信息平台和省居民电子健康码管理平台接入工作，数据质量得分稳居全省前三位，广东省电子健康码在全市疫苗接种工作中的使用率在全省居前五位。完成全市疫苗接种数据和户籍人口数据库比对。组织4家互联网医院入驻省健康医疗服务平台（“粤健通”小程序）。依托省平台建成发布全市143家发热门诊（诊室）电子地图。建成韶关市新冠病毒感染医疗救助诉求服务平台（韶医救助小程序）。完成方舱医院信息化建设工作。优化整合省市级视频会议系统，完成市卫生健康系统指挥中心会议室提升改造工程。

【分级诊疗体系建设】 2022年，韶关市打造粤北区域医疗高地，粤北人民医院入围创建省级区域医疗中心，市中医院入围创建国家中医特色重点医院，新增1个国家级重点专科、4个省级重点专科。粤北人民医院在2021年度公立医院绩效考核中获得“A+”等级。推进优质医疗资源扩容提质，加快粤北人民医院医疗中心建设、韶关市第一人民医院新院建设、韶关市中医院新院建设，完成20家县级公立医院改扩建和搬迁。推进南雄市对紧密型医共体进行优化整合，推动曲江区入选省级第一批县域医共体高质量发展综合试验区。全市县域内住院率82.5%，环比增长2.7个百分点。

【医疗科研】 2022年，韶关市通过国家级自然基金立项2项，获资助82万元；通过广东省自然科学基金项目立项2项，获资助20万元；获广东省药学会医院药学科学技术奖三等奖1项；通过省科研基金项目立项7项，获资助0.5万元；通过省中医药局科研立项16项，获资助3.5万元；通过省级卫生健康适宜技术推广项目3项。发表SCI(科学引文索引）论文88篇，获批实用新型专利23项。受理卫生健康科研项目申报202项，评审立项164项，立项通过率81.2%，从中择优推荐20项申报2023年度省级医学科研基金项目。受理和审核卫生健康科研项目延期、结题和阶段性进展报告申请217项。

【卫生健康人才发展】 2022年，韶关市招聘基层卫生适用人才256人，招收培养订单定向本（专）科医学大学生128人，招聘77名乡村医生。使用易方达公益基金会190.89万元培训乡村医生3313人次。410人申报卫生系列高级职称评审及认定（含基层人员），通过276人，通过率67.4%；3883人报名参加卫生专业技术资格考试（中、初级），通过2346人，通过率60.4%；1400人报名参加护士执业资格考试，通过677人，通过率48.3%。引进丹霞英才等高层次人才65人，其中博士2人。粤北人民医院引进2名特聘教授和4名博士、博士后，建设省级高水平医院。为77名高校毕业生到基层从医办理上岗退费。落实市直卫生健康系统丹霞英才人才激励保障政策，为101人申领和发放市政府津贴、安家费等237.5万元。于8月25日制定并印发《韶关市医疗卫生人才“组团式”紧密型帮扶工作方案（2022—2025)》，开展城市卫生人才下基层工作，组织粤北人民医院、暨南大学附属第一医院等三甲医院与乐昌市人民医院、新丰县人民医院等县域医院开展组团式帮扶。

（杨方文）

疾病预防控制

【概况】 2022年，韶关市报告法定传染病26690例。报告91起未达分级标准突发公共卫生事件，无一般及以上级别突发公共卫生事件。全市累计接种新冠疫苗692.7万剂次，完成全程接种259.61万人。9月，启动适龄女生HPV(即人类乳头病毒）疫苗接种工作。全年全市适龄儿童国家免疫规划疫苗接种率均在95%以上。创建健康社区、健康单位等261个（间)。全年全市确诊麻风病例1例；可疑肺结核初诊病人5091例。公共卫生监测64户。

【传染病监测防控】 2022年，韶关市报告法定传染病26种（含肝炎各分型），累计报告发病2.77万例，报告发病率976.43/10万，报告死亡47例，死亡率1.66/10万，病死率0.17%。乙类传染病18种10612例，占总发病数的38.27%，发病率373.72/10万，报告死亡的传染病5种，累计47例，死亡率1.66/10万，病死率0.44%。丙类传染病8种1.71万例，占总发病数的61.73%，发病率602.71/10万，无死亡病例报告。无甲类传染病病例报告。甲乙类传染病报告发病数（率）居前5位的病种依次是新型冠状病毒感染、乙肝、梅毒、肺结核、丙肝；丙类传染病报告发病数（率）居前3位的病种依次是流行性感冒、其他感染性腹泻病、手足口病。全年全市报告法定传染病26690例，发病率934.81/10万，死亡44例，发病率较上年上升8.60%。无甲类传染病报告，乙类传染病9407例，丙类传染病1.73万例。发病率前五病种为流行性感冒、乙肝、其他感染性腹泻病、手足口病、梅毒。全市报告91起未达分级标准突发公共卫生事件，无一般及以上级别突发公共卫生事件，发病1457人，无死亡病例，波及19.33万人。全市完成流感、手足口病、感染性腹泻、不明原因肺炎、SARS(即传染性非典型肺炎)、人禽流感等各项急性传染病监测工作，采集流感、手足口病、感染性腹泻、人禽流感环境等监测标本2408份；应急处置手足口病聚集性疫情87起、流感样病例暴发疫情34起、感染性腹泻疫情3起；调查处置布鲁氏菌病10例、钩体病3例、人感染猪链球菌2例，各类疫情完成现场调查及处置，疫情得到有效控制。韶关市的流感监测工作在广东省年度流感监测质量评价中，连续第五年蝉联全省第一名。

【突发公共卫生事件处理】 2022年，韶关市各地在“突发公共卫生事件报告管理信息系统”报告91起未达到分级标准的事件，无一般及以上突发公共卫生事件报告。所有事件均为传染病类事件，累计报告病例1457例，无死亡。与2021年相比，报告事件数上升97.83%，病例数上升19.92%。91起未达到分级标准的事件均为传染病类事件，其中乙类传染病事件60起（2021年同期无乙类传染病事件报告)，占总事件数的65.93%，报告病种均为新型冠状病毒感染，报告发病407例，无死亡。丙类传染病事件28起，占总事件数的30.77%，环比下降30.00%，报告发病1000例，无死亡；报告病种分别为流行性感冒（25起)、其他感染性腹泻病（3起)。其他类传染病事件3起，占总事件数的3.30%，环比下降50.00%，报告病种均为水痘，发病50例，无死亡。所有事件均得到有效处置，未造成扩散。对2023年度韶关市突发公共卫生事件发生风险采用风险矩阵法进行评估。评估认为：2023年度韶关市应特别关注聚集性新冠疫情，重点防控季节性流感、手足口病、病毒感染性腹泻病、水痘、食源性疾病相关事件、流行性腮腺炎，需要关注登革热。

【免疫规划】 2022年9月14日，全市各县（市、区）同步启动适龄女性HPV（人类乳头病毒）疫苗接种工作。截至12月31日，全市完成疫苗首针接种的初一女生1.95万人，接种率95.41%，超额完成目标任务。全市全年报告流行性腮腺炎病例429例，比2021年同期的211例上升103.32%；报告水痘病例1794例，比2021年同期的939例上升91.05%；报告15岁以下乙肝病例2例，比2021年同期的5例下降60%；报告风疹病例3例，比2021年同期的8例下降62.5%；无乙脑、新生儿破伤风、白喉、流脑病例报告。全市121家预防接种门诊的常规免疫接种工作正常运转。1—12月，全市基础免疫接种情况报告如下：卡介苗接种率99.30%（22605/22765），乙肝疫苗接种率98.55%(23263/23605)，脊灰疫苗接种率98.39%(23391/23773)，百白破疫苗接种率98.02%(22618/23075)，含麻疹成分疫苗接种率98.52%（24375/24741），乙脑疫苗接种率98.43%(24600/24992)，流脑A群疫苗接种率98.41%(25140/25547)，甲肝疫苗接种率98.42%(31321/31823)。脊灰疫苗接种率为98.73%（37617/38099），百白破疫苗接种率98.42%(27504/27945)，含麻疹成分疫苗接种率98.48%（30224/30691），乙脑疫苗接种率98.54%(32623/33105)，流脑A+C疫苗接种率98.32%(37617/38099)，百白破疫苗接种率98.39%（45517/46263）。单苗接种率均达95%以上。免疫规划工作各项监测指标均达标完成。全市适龄儿童国家免疫规划疫苗接种率均在95%以上。全市免疫规划疫苗针对疾病监测点全部正常运转，各项监测指标均达到国家标准。免疫规划疫苗针对疾病得到控制，处置相关疫情，巩固无脊灰状态，麻疹、风疹、百日咳、新生儿乙肝等控制在较低水平。

【慢性病防控】 2022年，韶关市基本公共卫生服务高血压患者健康管理任务数11.11万人，全市纳入管理高血压患者人数13.33万人，任务完成率119.96%，高血压患者规范管理率75.55%；糖尿病患者健康管理任务数4.53万人，全市纳入管理糖尿病患者人数4.65万人，任务完成率109.59%，糖尿病患者规范管理率81.12%；老年人城乡社区规范健康管理服务率56.89%。慢性病综合防控示范区建设推进，万步有约大赛举办，韶关市疾控中心被授予第七届“万步有约”健走激励大赛广东赛区“优秀组织地市奖”。对高血压、糖尿病、心脑血管疾病、肿瘤等慢性病患者信息进行分发，完善双向转诊程序，重点畅通慢性期、恢复期患者向下转诊渠道，逐步实现不同级别、不同类别医疗机构之间的转诊。推进全民健康生活方式行动和慢性病综合防控示范区建设工作。全市达创建健康社区、健康单位等261个（间）。推进慢性病综合防控示范区工作，南雄市、曲江区、翁源县、乐昌市开展和加强肿瘤随访登记、心脑血管疾病监测、万步有约和示范区改变糖尿病项目等工作。开展慢性病患者健康管理工作。全市高血压患者规范管理率81.54%。（伊　俊）

【麻风防治】 2022年，韶关市麻风村有11人，平均年龄75.8岁，畸残10人，畸残率90.9%。全年全市确诊病例1例，同比无变化，新发病例中，确诊时有二级畸残的0例，判愈1例。无儿童病例，无复发病例。截至2022年年底，全市有麻风现症病例6例，比2021年(8例)下降33.3%，发病率为0.02/10万，处于低水平流行，符合卫生健康委规定的基本消灭麻风病的指标患病率≤1/10万的标准。（陈晓璇）

【结核病防治】 2022年，韶关市可疑肺结核初诊病人5091例，新登记肺登记治疗肺结核患者1203人，其中市区（武江区与浈江区）登记治疗肺结核患者310人。初诊查痰4824例，查痰率94.76%。其中病原学阳性708例，阳性率60.88%。肺结核患者到位数2729例，全市总体到位率95.55%。转归评价普通肺结核患者1408例（2021年登记治疗患者），诊断变更及转入耐多药登记22例，成功治疗1256例，成功治疗率91.21%(达标90%)。病原学阳性药敏检查371人，耐药筛查率94.52%；高危人群药敏检查53人，耐药筛查率96.36%。确诊利福平耐药肺结核患者16例，纳入治疗管理14例，纳入治疗率87.5%。转归评价利福平耐药肺结核患者（2020年登记治疗患者）17例，治愈8例，治愈率47.1%。全市发现学校肺结核患者70例，均开展患者休复学管理及跨区域疫情通报。学校肺结核患者密接者筛查率99.57%。全市入学新生结核筛查率95.49%。全市社区管理Ⅱ型糖尿病患者肺结核可疑症状筛查率96.66%。全市65岁以上老年人口肺结核可疑症状筛查率64.47%。病原学阳性患者密切接触者肺结核可疑症状筛查率100%。组织召开全市结控工作会议，举办肺结核防治管理业务技术规范培训，参训防治人员77人。派出专业人员到武江区、曲江区进行学校结核病防控工作培训100余人，应邀派出专业人员到曲江区、武江区和浈江区开展肺结核健康管理规范培训200人。

【艾滋病防治】 2022年，韶关市健全艾滋病防治的完整体系。为开展中医药治疗，爱心门诊一站式服务，实施艾滋病治疗的免费政策提供保障。对孕妇免费提供抗病毒药物等阻断措施，完成中央新增抗病毒任务指标的97.7%。在治疗病人病毒载量检测率97.47%、病毒抑制率98.05%、抗病毒治疗覆盖率88.24%。免检补助病人819人，免检补助完成率99.88%。重点场所服务人群HIV（人类免疫缺陷病毒）扩大检测3051例，完成率101.7%。全年韶关市艾滋病防控工作多项指标已达标，其中全市艾滋病检测量62.16万人次，占人口比例的21.8%，与2021年同比增长0.9%。艾滋病检测量占人口比例在全省排第一名。全市符合治疗条件的感染者和病人接受抗病毒治疗比例为88.24%。各级HIV抗体检测初筛实验室对62.16万人次进行HIV抗体初筛检测，检出HIV抗体阳性数204例，HIV抗体阳性检出率0.03%，韶关市人群艾滋病病毒感染处在较低水平。

【地方病与寄生虫病防治】 2022年，韶关市完成寄生虫防控任务。全市4个原流行区积极开展流行因素和风险监测，未查获活钉螺；持续巩固螺区综合治理成效，取得较好效果，全年无疟疾病例报告。全市无食源性寄生虫病暴发，无输入性寄生虫病例报告，全市人体寄生虫病处于轻度感染水平，总感染率0.02%。落实地方病防治要求。乐昌市、始兴县开展改水情况调查、饮用水水氟含量检测等工作。经10月的开展市级复核，两地的饮水型氟中毒病区符合《饮水型氟中毒控制评价内容和判定标准》的控制要求。全市10个县(市、区)监测1460个行政村（社区）水碘3711份，居民饮用水水碘中位数< 40微克/升，符合碘缺乏地区的划定。

【公共卫生监测】 2022年，韶关市疾控中心与卫生监督所对市区范围的住宿场所、沐浴场所、游泳场所、美容美发场所、候车室、商场等公共场所开展监督抽查工作。监测各类场所64户（包括游泳场所40户、住宿场所11户、美容美发场所9户、公共浴室1户、候车室1户、商场1户、影剧院1户)，合格47户，合格率73.43%，将检测结果及时反馈给市卫生监督所。开展2022年四个季度的城乡饮用水专项监测工作。设置的城市水监测点包括市政供水水厂2间、市政供水末梢水35个，合计37个，检测项目为水质常规指标及氨氮、锑、铊等非常规指标；7月和11月对2个市政供水水厂和1份末梢水开展水质全分析检测。全年监测水样132份，合格132份，合格率100%。对武江区、浈江区部分农村饮用水工程开展供水状况调查及4个季度的水质卫生监测工作，监测水样162份，合格149份，合格率91.98%。公共卫生监测。对全市范围内生活饮用水开展水质全分析监测，完成公共场所卫生监测与评价、生活饮用水监测、重金属污染重点防控区域有关监测、农村环境卫生监测等工作任务。学生常见病和健康影响因素监测和干预项目首次实现10个县（市、区）全市覆盖。全市学生因病缺勤监测点学校92所，因病缺课监测网络直报工作开展率100%。完成2022年学校卫生相关报表的上报工作，学生因病休退学有66人，学生死亡情况有7人。完成年度病媒生物与消毒质量监测工作，监测项目覆盖率和任务完成数均达到超过要求指标。在全省率先举办消毒与病媒生物防制职业技能竞赛。全市各县(市、区)均坚持开展常规病媒生物监测工作，其中BI均值为3.15(3.33)，MOI均值为4.97(5.81)，符合防控要求。（伊　俊）

基层医疗卫生

【概况】 2022年，韶关市开展基层医疗卫生机构“提质”工作，112家基层医疗卫生机构(卫生院和社区卫生服务中心)完成基层医院污水处理系统升级建设。推行公立医院改革，推动公立医院党委（院级党组织）会议和院长办公会议议事规则修订完善，在党政分设的公立医院建立党委书记、院长经常性沟通制度，提升党委领导下的院长负责制的运行质量。基层医疗机构编制实行“县招镇管”。加强基本公共卫生服务管理，韶关市居民电子健康档案建档率完成96.5%。

【基层医疗卫生机构】 2022年，韶关市开展基层医疗卫生机构“提质”工作，112家基层医疗卫生机构（卫生院和社区卫生服务中心）完成基层医院污水处理系统升级建设；新丰县、曲江区、始兴县完成8个基层医疗卫生机构特色科室建设。一体化推进“优质服务基层行”活动和社区医院建设两项工作，经省审核向国家申报11家基层医疗卫生机构达到推荐标准，经过市级审核认定9家基层医疗卫生机构达到基本标准。

【基本公共卫生服务】 2022年，韶关市居民电子健康档案建档率96.5%，0～6岁儿童健康管理率91.7%，65岁及以上老年人健康管理率56.9%，全年规范化服务高血压患者10.07万人、规范管理率75.3%，规范化服务糖尿病患者3.68万人、规范管理率73.36%，基本公共卫生服务居民总满意度98%。全市国家基本公共卫生服务项目原12项全年实际到位资金2.18亿元，较2021年增长2%，实际支出2.08亿元，支出率95.6%。全市有家庭医生2577人、家庭医生团队551个，团队比2021年增加49个，全人群签约121.19万人，签约服务覆盖率42.5%，续约率79%，重点人群签约96.33万人，签约服务覆盖率75.1%。开展“5·19”世界家庭医生日主题宣传，覆盖人群14.13万人。建立基本公共卫生服务项目学习月制度，每月学习、每月考核、每月通报入选第一批广东省基本公共卫生服务项目典型案例，受到广东省卫生健康委通报表扬。

【公立医院改革】 2022年，韶关市推动公立医院党委（院级党组织）会议和院长办公会议议事规则修订完善，在党政分设的公立医院建立党委书记、院长经常性沟通制度，提升党委领导下的院长负责制的运行质量。实施医院临床医技党支部书记“双带头人”(党建带头人和业务带头人)培育工程，临床医技党支部由业务骨干担任书记的比例达91%。基层医疗机构编制实行“县招镇管”，曲江区创新医共体总院对医共体内各成员单位编制资源统筹使用。

【基层医疗服务能力建设】 2022年，韶关市开展基层医疗卫生机构“提质”工作，112家基层医疗卫生机构（卫生院和社区卫生服务中心）完成基层医院污水处理系统升级建设；新丰县、曲江区、始兴县完成8个基层医疗卫生机构特色科室建设。一体化推进“优质服务基层行”活动和社区医院建设两项工作，经省审核向国家申报 11 家基层医疗卫生机构达到推荐标准，经过市级审核认定 9 家基层医疗卫生机构达到基本标准。强化乡村医生培训，搭建多个培训平台，完成培训 2600 余人次，实现全市乡村医生每年培训 2 次的目标。加强与公益基金会合作，获慈善捐助资金 132.78 万元用于乡村医生培训。

【基本公共卫生服务】 2022 年，韶关市居民电子健康档案建档率 96.5%，0～6 岁儿童健康管理率 91.7%，65 岁及以上老年人健康管理率 56.9%，全年规范化服务高血压患者 10.07 万人、规范管理率 75.3%，规范化服务糖尿病患者 3.68 万人、规范管理率 73.36%，基本公共卫生服务居民总满意度 98%。全市国家基本公共卫生服务项目原 12 项全年实际到位资金 2.18 亿元，较 2021 年增长 2%，实际支出 2.08 亿元，支出率 95.6%。建立基本公共卫生服务项目学习月制度，每月学习、每月考核、每月通报入选第一批广东省基本公共卫生服务项目典型案例，受到广东省卫生健康委通报表扬。

【家庭医生签约服务】 2022 年，韶关市有家庭医生 2577 人、家庭医生团队 551 个，团队数量比 2021 年增加 49 个，全人群签约 121.19 万人，签约服务覆盖率 42.5%，续约率 79%，重点人群签约 96.33 万人，签约服务覆盖率 75.1%。开展“5•19”世界家庭医生日主题宣传，覆盖人群 14.13 万人。

（杨方文）

妇幼保健

【概况】 2022 年，韶关市完善妇幼保健体系建设，提升机构服务能力。韶关市曲江区、始兴县和乳源瑶族自治县妇幼保健院通过二级甲等妇幼保健机构评审。推进母婴安全和健康儿童行动计划和“母婴安全五项制度”落实，定期开展孕产妇妊娠风险评估与管理工作质控和母婴安全评审，开展城乡妇女提供免费乳腺癌和宫颈癌筛查和适龄女生免费接种第一针剂 HPV（人乳头瘤病毒）疫苗工作，实行婚检孕检二检合一，推行“一站式、全流程”服务，建立“一站式”婚育健康医学检查场所，积极阻断艾滋病、梅毒和乙肝等母婴病毒传播。

【妇幼保健体系建设】 2022 年，韶关市曲江区、始兴县和乳源瑶族自治县妇幼保健院通过二级甲等妇幼保健机构评审，以机构评审促进妇幼保健机构服务能力提升。全年全市建立 12 家危重孕产妇救治中心、13 家危重新生儿救治中心，推进母婴安全和健康儿童行动计划和“母婴安全五项制度”落实，定期开展孕产妇妊娠风险评估与管理工作质控和母婴安全评审，提升孕产妇和新生儿救治能力，守护母婴安全。

【乳腺癌和宫颈癌防控】 2022 年，韶关市为 3.54 万名城乡妇女提供免费乳腺癌和宫颈癌筛查，宫颈癌和乳腺癌早诊率分别为 97% 和 72.4%。为 1.95 万名适龄女性免费接种第一针剂 HPV（人乳头瘤病毒）疫苗，接种率 95.4%。

【出生缺陷综合防治】 2022 年，韶关市全面实行婚检孕检二检合一，推行“一站式、全流程”服务，建立“一站式”婚育健康医学检查场所。全市婚前医学健康检查率 80%，孕前优生健康检查率 82%。为 1.5 万名孕产妇和 1.8 万名新生儿提供免费出生缺陷防控筛查，为 1.6 万名新生儿提供免费耳聋基因筛查。联合华大基因在韶关市妇幼保健院建立妇幼健康精准医学中心，为孕前和孕期夫妇、新生儿、学生等 9.8 万人提供免费地中海贫血基因筛查，首次绘制出全市地中海贫血分布图谱。

【艾滋病、梅毒和乙肝母婴传播阻断】 2022 年，韶关市免费向 2.19 万名孕产妇提供艾滋病、梅毒和乙肝筛查服务，孕产妇检测率 99% 以上。全市 HIV 感染孕产妇接受抗病毒治疗率 100%，所娩活产儿抗病毒药物使用率 100%，梅毒感染孕产妇接受治疗率 98.51%，乙肝感染孕产妇所娩活产儿乙肝免疫球蛋白注射率 99.13%。

【妇幼保健机构绩效考核】 2022 年，韶关市修订完善《韶关市县妇幼保健机构绩效考核指标评分细则》，组织开展 2021 年度全市二级妇幼保健院绩效考核，通报考核结果，绩效考核排名依次为：乳源瑶族自治县妇幼保健院、曲江区妇幼保健院、乐昌市妇幼保健院、仁化县妇幼保健院、南雄市妇幼保健院、始兴县妇幼保健院、翁源县妇幼保健院、新丰县妇幼保。

【适龄女生 HPV 疫苗接种完成】 2022 年 9 月 19 日，韶关市各县（市、区）同步为适龄女生免费接种人乳头

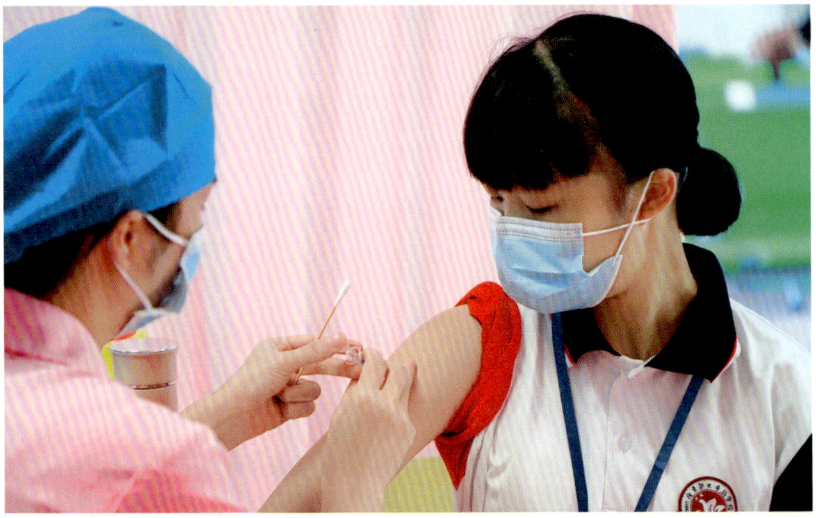

2022 年 9 月 14 日，韶关市启动适龄女生免费接种 HPV 疫苗接种工作。图为初一女生在韶关市妇幼保健院免费接种 HPV 疫苗 （市卫生健康局 供图）

瘤病毒疫苗（简称 HPV 疫苗）第一针，启动韶关市适龄女生 HPV 疫苗免费接种项目。其中当日有 4600 名具有韶关市学籍、9 月起新进入初中一年级、未接种过 HPV 疫苗且未满 14 周岁的女生完成第一剂次 HPV 疫苗接种。适龄女生 HPV 疫苗免费接种项目是广东省、韶关市政府 2022 年十件民生实事之一。根据广东省适龄女生人乳头瘤病毒（HPV）疫苗免费接种工作要求和部署，2021 年 12 月，市卫生健康局、市教育局、市财政局和市妇联联合印发《韶关市适龄女生人乳头瘤病毒（HPV）疫苗免费接种工作实施方案（2022—2024 年）》。年初，市卫生健康局与市教育局联合开展适龄女生 HPV 疫苗免费接种意愿调查摸底，并根据摸底调查的情况，制订疫苗接种计划，完成疫苗采购等接种前的准备工作。6 月 30 日，市卫生健康局举办 HPV 疫苗接种暨预防接种专业技术人员接种技术培训班，确保接种工作人员持证上岗。9 月 2 日，市卫生健康局、市教育局和市妇联联合召开适龄女生 HPV 疫苗免费接种项目推进会，对疫苗接种工作进行重点部署。通过电视、报纸、微信公众号、电台、校园知识讲座等多种途径宣传 HPV 疫苗接种相关健康知识宣传及适龄女生 HPV 疫苗免费接种。9—11 月，韶关市适龄女生完成第一剂次接种，逐步实现到 2030 年 90% 的 15 岁以下女生完成 HPV 预防性疫苗全程免疫的目标，降低宫颈癌患病率。截至 2022 年 12 月，全市已完成疫苗首针接种的初一女生 1.95 万人，接种率 95.36%，已超额完成目标任务。（杨方文）

爱国卫生

【概况】 2022 年，韶关市开展群众性爱国卫生运动，倡导文明健康绿色环保的生活方式。开展第 34 个爱国卫生月暨爱国卫生运动 70 周年宣传活动，1 人被全国爱卫会评为“爱国卫生运动 70 周年先进个人”。开展健康教育，全市居民健康素养水平提升至 26.16%，达到健康广东要求的 25% 的目标。组织开展病媒生物预防控制活动，常规病媒生物密度生态学监测工作普及全市各县（市、区），登革热媒介伊蚊密度专项监测实现街道（乡、镇）全覆盖；韶关市城区鼠、蟑螂、蝇、蚊密度控制水平分别达到国家标准的 C 级、B 级、C 级、B 级。

2022 年 9 月，市爱卫办对仁化长江镇巩固省卫生镇进行市级评估
（市卫健局　供图）

【卫生城镇村创建】 2022 年，韶关市新创建省卫生镇 6 个，新创省卫生村 77 个。截至 2022 年年底，全市创建国家卫生城市 1 个（韶关市区），国家卫生县城 3 个（仁化县城、翁源县城、始兴县城），省卫生城市 2 个（南雄市、乐昌市），省级卫生县城全覆盖。省卫生镇 49 个，市卫生镇 21 个，市级以上卫生镇覆盖率 83.33%，省卫生村 434 个，市卫生村 650 个，市级以上卫生村覆盖率 89.8%。

【洪涝灾后消杀】 2022 年 6 月，韶关市发生洪涝灾害，受灾区域涉及全市 10 个县（市、区），灾后组织发动群众 23.24 万人次开展灾后卫生整治和消杀行动，清理卫生死角 3.2 万处，清理垃圾淤泥杂物 2.85 万吨，出动消杀人员 9.67 万人次，消杀面积 2202.68 万平方米。

【健康教育与健康促进】 2022 年，韶关市开展健康促进行动项目，乐昌市通过国家级健康促进县（市、区）复审，南雄市、仁化县成功创建省级健康促进县（市、区），新创建健康社区村居 55 个、健康家庭 3.05 万户、健康促进医院 9 家（含二级以下医院）。创建广东省无烟单位 782 家，韶关市党政机关、学校、医院全面创建无烟单位。开展健康素养进校园、机关、社区、企业、乡村等“五进”活动 20 场次，覆盖 3000 人次。联合韶关开放大学，打造“健康教育大讲堂”，利用韶关市健康科普专家库等优质资源，开展健康科普讲座 14 次，近 1 万人次参与。

【2022 年居民健康素养知识竞赛】 2022 年 7 月 28 日，韶关市卫生健康局和韶关市市职业卫生与健康教育所联合举办“2022 年韶关市居民健康素养知识竞赛”。该竞赛前期经历 3 个月的层层选拔，最终有来自 10 个县（市、区）的 60 名优秀代表参加竞赛。此次竞赛分为情景剧表演和知识竞赛两个环节。知识竞赛环节共有 4 轮，分别是个人必答题、团队必答题、抢答题和技能操作题。竞赛最终评选出优秀组织奖、情景剧表演奖、知识竞赛奖和团队奖四大奖项。（杨方文）

职业健康

【概况】 2022 年，韶关市有职业卫生技术服务机构 2 家、放射卫生技术服务机构 1 家、职业健康检查机构 10 家。对 373 家工业企业开展职业病专项治理，噪声岗位合格率85%以上。对放射诊疗机构职业健康监管，完成全市132家放射诊疗机构基本情况和放射诊疗频度调查、11家放射诊疗场所和设备质控监测。年度完成放射诊疗许可证的行政审批86项。完成数据信息核查企业4298家，对373家职业病危害因素严重的企业纳入治理企业清单，职业健康相关技术服务机构672家进行职业卫生监督检查，作出行政处罚48宗。开展职业健康宣传教育，对韶关市10个县（市、区）的用人单位主要负责人、职业卫生管理人员和存在职业病危害岗位劳动者代表共654人举办8期职业病预防宣传和培训。

【职业病预防治理服务】 2022年，韶关市深入373家工业企业开展粉尘、化学毒物、噪声专项治理工作，职业病危害专项治理企业工作场所粉尘、化学毒物、噪声岗位合格率85%以上，职业病危害项目申报率90%以上，工作场所职业病危害因素监测合格率85%以上，重点人群职业健康知识知晓率85%以上。年度内报告确诊新发职业病病例22例，较2021年减少3例，减少率12%。实现消除职业健康监督执法县（市、区）“零办案”的工作目标。市职业卫生和健康教育所获评2021年度广东省工作场所职业病危害因素监测工作先进单位和2021年度广东省放射卫生监测先进单位。开展职业健康检查4.57万人次，其中上岗前8829人次，在岗期间3.54万人次，离岗时1544人次，应急职业健康检查8人次。全年职业病诊断报告确诊新发职业病病例22例，较2021年减少3例。

【放射诊疗机构职业健康监管】 2022年，韶关市完成3家放射源/辐射装置放射防护监测、11家放射诊疗场所和设备质控监测。年度完成放射诊疗许可证的行政审批86项（其中新证17项、校验39项、变更20项和注销10项）。对全市132家放射诊疗机构（不含私人牙科诊所）开展放射诊疗机构基本情况调查和年度放射诊疗频度调查，调查率100%。完成监测单位的放射工作人员职业健康管理基本情况调查、核医学工作人员职业健康调查，完成率100%。放射诊疗设备质量控制检测和工作场所放射防护检测县区覆盖率100%，任务完成率137.5%；监测11家共17台设备和场所，最终合格率100%。完成1家介入人员双剂量监测，监测结果未超出调查水平。完成2例过量受照人员医学随访。对在采的6家地下矿山开展基本情况调查，对其中3家开展氡浓度监测、矿工基本情况调查；完成行包检测仪、核仪表单位辐射防护检测各1家，非医疗机构监测任务完成率100%。对全市21家非医疗机构开展放射工作单位基本情况调查和职业健康管理情况调查。完成放射诊疗许可证的行政审批86项（其中新证17项、校验39项、变更20项和注销10项）。完成31项新、改和扩建放射诊疗建设项目预评价报告审核工作。完成2项放射防护设施设计审查。完成19项新、改和扩建放射诊疗建设项目职业病危害放射防护设施竣工验收。对7家放射诊疗机构、13家用人单位开展“回头看”检查。全年韶关市监督检查用人单位475家、职业卫生技术服务机构2家、职业健康体检机构7家、职业病诊断机构1家、放射诊疗机构187家，共下达监督文书共711份，作出行政处罚48宗（放射卫生22宗、职业卫生26宗），其中39宗为警告（放射卫生14宗、职业卫生25宗），9宗一般程序（放射卫生8宗、职业卫生1宗），罚款21.63万元（放射卫生11.63万元、职业卫生10万元）。

【职业病危害因素监测】 2022年，韶关市开展职业病危害因素检测、评价200家。完成工作场所职业病危害因素监测覆盖全市10个县区，覆盖率100%。全市应开展监测用人单位数量为125家，实际开展监测用人单位数量128家，开展率102.4%。其中重点行业企业监测数为128家，占监测任务总数的100.0%。小微型企业共105家，占监测任务总数的82.0%。监测的128家企业全部完成职业病危害项目申报，申报率达100%。对544家企业开展常规职业健康素养监测。开展危害因素为铅及其无机化合物的职业病主动监测，共收到主动监测个案数据551例。完成4298家企业数据信息核查，将373家职业病危害因素严重的企业纳入治理企业清单，结合用人单位职业病危害现状调查、职业病危害项目申报、职业病用危害因素监测等数据，建立职业卫生监督管理档案。

【职业卫生监督】 2022年，韶关市组织各县（市、区）对7家放射诊疗机构、13家用人单位开展“回头看”检查，对存在的问题均已完成整改，改善作业环境、落实职业健康管理主体责任。对全市用人单位、医疗机构、职业健康相关技术服务机构672家进行职业卫生监督检查，下达监督文书711份，作出行政处罚48宗，处罚金额21.63万元。

【职业健康宣传教育】 2022年，韶关市利用工伤预防项目经费，对韶关市10个县（市、区）的用人单位主要负责人、职业卫生管理人员和存在职业病危害岗位劳动者代表共654人举办8期职业病预防宣传和培训。市职教所举办入企和线上宣讲活动，共开展主题宣讲活动次数11次，开展宣传咨询活动3次，制作宣传视频8份，印发宣传材料份数5万份。开展职业健康传播作品大赛和争做“职业健康达人”“健康企业”评选活动，评出2022年度市级“职业健康达人”57人、“健康企业”7家。深入49家企业开展劳动者现场职业健康教育和职业健康素养监测调查，利用微信视频号开展7场公益讲座，利用媒体和健康教育宣传栏科普职业病预防知识。举办一期2022年韶关市职业病防治项目线上培训班，有45名监管人员参与培训；举办1期放射卫生辐射网点监测调查培训和2期放射卫生实训班，共计61人次卫生健康行政执法人员参加培训。举办8期职业病预防宣传和培训，654人参加。评选市级“职业健康达人”57人、“健康企业”7家。组织11人参加省职业病防治人才培训项目和职业病骨干培训班，针对康复站（点）29名医护人员开展"肺康复"等内容培训，举办1期放射工作人员培训班，共57人参加培训。

【《广东省职业病防治"十四五"规划》宣传】 2022年，韶关市以第20个"职业病防治法"宣传周为契机，围绕《广东省职业病防治"十四五"规划》，通过张贴宣传标语、悬挂横幅、实地走访、印发宣传图册、专题讲座等方式，开展内容丰富的主题宣传活动，并结合"我为群众办实事"实践活动，到企业开展个人健康保护、《职业病防治法》、职业病及其危害等主题的专题讲座。用微信群分享职业健康危害典型案例、劳保用品正确使用方式视频及《职业病防治法》讲解视频，提高企业负责人及劳动者的防范意识，营造关心支持职业病防治的良好氛围。（杨方文）

老龄健康

【概况】 2022年，韶关市修订出台《韶关市老年人优待办法》，推进老年人意外伤害综合保险"银铃安康行动"，使得老年人在乘车、看病等方面享受优惠服务。开展"敬老月"系列活动、全市老年文艺比赛。开展"智慧助老"活动220场次。新增1家医养结合机构，床位1710张。

【老年健康管理】 2022年，韶关市修订完善《韶关市老年人优待办法》。全市50%的二级及以上医疗机构增设老年医学科，80%的医疗机构成功创建老年友善医疗机构。组织"敬老月"系列活动和全市老年文艺比赛，开展"智慧助老"活动，营造良好的爱老助老社会氛围，削除老年人"数字鸿沟"，共享幸福生活，推动市老龄事业健康发展。

【老年健康服务】 2022年8月25日，韶关市开展主题为"改善老年营养，促进老年健康"的老年健康宣传周活动。全年开展"智慧助老"活动220场次，营造养老孝老敬老社会氛围。推进老年人意外伤害综合保险"银龄安康行动"工作，全市60万名老年人投保，参保率100%。始兴县城南镇城南社区、新丰县沙田镇阳福村被国家命名为全国示范性老年友好型社区（村）；始兴县太平镇东升居委会、仁化县董塘镇新龙村、乳源瑶族自治县乳城镇鹰峰社区做好国家心理关爱项目试点工作。

【医养结合服务】 2022年，韶关市新增1家医养结合机构，床位1710张，医养结合服务指导率55.88%。印发《韶关市医养结合机构监督管理制度》。批准韶关市第二人民医院增加养老服务和护理员培训服务业务，南雄市、始兴县、新丰县、乳源瑶族自治县等4家县级中医院申报增加养老服务和护理员培训业务。南雄市等6个县（市、区）争取中央彩票资金1606万元支持医养结合项目建设。成立韶关市医养结合服务质量控制中心，建立韶关市医养结合专家库。医养结合机构配合政府职能部门集中力量开展打击整治养老诈骗专项行动，进行养老诈骗宣传活动121次，制作宣传品2.81万件，覆盖30.57万人，维护老年人合法权益。（杨方文）

卫生监督

【概况】 2022年，韶关市卫生监督所应监督对象户数2466户，实际监督户次2333户，监督覆盖率94.60%，出动卫生监督员5243人次。开展"双随机"监督，抽检任务162家，监督完成160家，监督完成率98.77%，完结率100%。开展省中运会公共场所和学校卫生安全专项监督检查。

【卫生监督行政执法】 2022年，韶关市卫生监督所查处各类案件173宗，其中一般程序62宗、简易程序111宗、一般程序占案件总数比例35.84%。罚款金额75.07万元，没收金额17.27万元，没收违法所得8万元，罚没100.34万元。对8个县、1个区的卫生监督所进行处罚卷宗检查和专项督导。参与执行"双随机"监督抽检任务162家，监督完成160家，监督完成率98.77%，完结率100%。"双随机"监督抽检工作中产生行政处罚的案件数42宗，罚款金额2万元。韶关市的国家"双随机"重点监督抽查工作完成率在全省21个地级市中位列第一名，监督完成率位列第二名。受理投诉举报案件87宗。在查处过程中，出动卫生监督员348人次，下达现场检查笔录80份，下达卫生监督意见书56份，引导经营户办理证照4家。抽取科室现场笔录和卫生监督意见书各10份进行稽查。办理各类卫生行政许可事项4194件，其中公共场所及供水单位卫生许可604件，市辖区医疗机构设置及执业许可360件，放射诊疗许可85件，执业医师注册核准1132件，印鉴卡核发35件，护士执业注册核准1937件，消毒产品生产企业卫生许可14件，涉及饮用水卫生安全产品卫生许可4件，医疗广告审查证明（含中医医疗广告）23件。接受业务咨询4938余件，提前预约上门服务2272件，提前办结率100%。

【公共场所卫生监督】 2022年，韶关市应监督户数1609户，实际监督1108户。办理公共场所行政许可596件，其中，新证办理388件、延续78件、变更54件、注销74件，证件补办2件。深化卫生监督量化管理，量化1591家，其中1562家C级、24家B级、5家A级。国家下达韶关市随机监督抽查任务350家，监督完成348家，任务完成335家，任务关闭15家，监督完成率99.43%，立案69宗，罚款1.4万元。实地监督检查公共场所683家，初步排查出无证无照经营单位169家，其中，因所租赁店铺属于个人产权房、住宅改商铺用房等特殊原因无法办理营业执照的经营单位22家，实际经营项目不属于广东省公共场所卫生许可发放范围的经营单位13家，敦促并已取得卫生许可证的经营单位115家，19家待处理。在"五一"国际劳动节前专项监督检查，出动卫生监督员32人次，监督检查各类公共场所108家；中秋节前专项监督检查，出动卫生监督员9人次，监督车辆3辆次，监督检查各类公共场所12家，下达卫生监督意见书12份；国庆节前专项监督检查，重点检查韶关市辖区内人员较密集、通风密闭不良场所30余间，出动卫生监督员16人次，发出卫生监督意见书30份。

【医疗机构卫生监督】 2022年，韶关市对辖区内现有的298家医疗机构数（医院37家、门诊部22家、诊所206家）进行监督，对182家机构进行校验，对37家办理注册机构和38家办理变更手续的机构进行现场审核工作，对29家次医疗机构作不良执业行为记分，记分107分。国家下达韶关市医疗卫生“双随机”任务数33宗，监督完成33宗，完成率100%，完结率100%；下达传染病卫生52宗，完成52宗，完成率100%，完结率100%；下达血液安全任务数2宗，完成2宗，完成率100%；下达母婴保健任务2宗，完成率100%。在随机监督抽检中，查处案件6宗，罚款1万元。查处无证行医案件6宗，罚款18.2万元，没收违法所得1.55万元，没收医疗器械一批。

【传染病卫生监督工作】 2022年，韶关市卫生监督所应监督传染病机构户数289户，实际监督254户，监督覆盖率87.89%，监督户次数390次。1月，韶关市卫生监督所持续开展省中运会公共场所和学校卫生安全专项监督检查，督促接待酒店、比赛场馆落实传染病防控工作，成立相应的疫情防控工作领导小组，统筹协调本场所的疫情防控、日常管理和应急处置工作，制定疫情防控工作应急预案和细则，加强岗前培训。

【学校卫生监督】 2022年，韶关市卫生监督所监督检查学校318家次，开展学校卫生监督专项2个。制作现场笔录30份，下达卫生监督意见书277份，行政处罚案件数7宗。国家下达韶关市学校卫生“双随机、一公开”监督抽查任务13家，出动执法人员34人次，任务完成13家，制作现场笔录13份，卫生监督意见书13份，行政处罚案件7宗。监督检查学校、托幼机构、托管机构新冠疫情专项30家次。监督检查学校、托幼机构、托管机构传染病防控及生活饮用水卫生工作落实情况，下达卫生监督意见书65份。中运会开幕前，出动卫生监督员34人次，监督检查承办比赛及住宿学校20家次，酒店二次供水设施2家次，现场下达及发放卫生监督意见书22份；开幕后至比赛结束，出动执法人员78人次，巡回监督检查学校39家次，现场填写监督检查表39份。重点开展学校新冠疫情防控、宿舍、生活饮用水及比赛场馆的卫生监督检查。出动执法人员对学校和托幼机构的医务室或卫生室开展卫生监督检查34人次，发放卫生监督意见书13份。出动卫生监督员4人次，参与考核验收学校4家次。6月，出动执法人员10人次，对受洪涝灾害影响的其中5家学校开展灾后学校卫生保障，指导学校做好灾后传染病防控和饮用水卫生安全工作。

【生活饮用水卫生监督】 2022年，韶关市卫生监督所监督检查饮用水单位58家次，其中集中式市政供水6家次，二次供水28家次，农村集中式供水单位11家次，涉水产品生产企业7家，涉水产品经营单位3家，管道分质供水单位4家。对2个新的涉水产品发放涉水产品卫生许可批件。制作现场笔录6份，下达卫生监督意见书44份。监督抽检2家城市集中式供水单位、3家小型集中式供水单位、20家二次供水单位和3家涉水产品经营单位开展国家随机监督抽查。结合国家随机监督抽查工作，开展农村集中式供水单位/设施卫生管理现状调查，出动执法人员10人次，调查农村集中供水设施3家次。

【消毒产品和餐饮具卫生监督】 2022年，韶关市卫生监督所监督检查消毒产品生产、销售单位35家次，下达卫生监督意见书16份，制作现场笔录13份。为3家消毒产品生产企业办理卫生许可，备案消毒产品42个，完成12家消毒产品生产企业分类综合评价。消毒产品国家随机监督抽查任务下达6家，任务完成6家，出动卫生监督执法人员23人次，制作现场笔录6份，卫生监督意见书1份。7月，对辖区内的消毒产品生产企业开展消毒产品添加抗生素、抗真菌药物、激素等违禁物料和宣传疗效的专项监督检查，出动执法人员26人次，检查8家生产企业、10个产品，未发现不合格产品。完成12家消毒产品生产企业分类综合评价，对其中5家消毒产品生产企业产品进行抽样送检。对餐饮具集中消毒服务机构卫生监督，出动卫生监督执法人员12人次，卫生监督检查单位3家次，制作现场笔录3份，下达卫生监督意见书3份，行政处罚案件1宗。对餐饮具消毒国家随机监督抽检，执行2家，现场制作笔录2份，卫生监督意见书2份。

【职业卫生和放射卫生监督】 2022年，韶关市卫生监督所完成29项新、改和扩建放射诊疗建设项目预评价报告审核工作，完成2项放射防护设施设计审查，完成19项新、改和扩建放射诊疗建设项目职业病危害放射防护设施竣工验收。行动出动监督员96人次对浈江区和武江区36家放射诊疗机构开展《辖区内放射诊疗机构放射工作人员职业健康管理基本情况表》问卷调查和完成全市过量受照人员医学随访调查工作。组织粤北人民医院和韶关市人民医院等2家放射诊疗机构开展自查自纠。制订《2022年职业卫生执法警示行动方案》，联合市辖三区对旭日玩具厂、韶关市童氏电源科技有限公司、韶关市嘉诺点火系统有限公司、韶关市浈江区蓝梦洗涤用品厂、韶关市曲江宏基电源科技有限公司5家用人单位进行现场监督执法警示活动。放射诊疗机构应监督户数86户，实际监督80户，监督户次110。韶关市卫生监督所有用人单位职业卫生国家“双随机”执行单位12家，出动50人次进行现场监督检查。监督完成12家，任务完成12家，监督完成率100%，完成率100%，完结率100%。韶关市卫生监督所有放射诊疗专业的国家“双随机”执行单位7家，出动监督员23人次对7家放射诊疗机构进行现场监督检查。监督完成7家，任务完成 7 家，监督完成率 100%，完成率 100%，完结率 100%。

【"双随机、一公开"专项检查】 2022 年 6—8 月，韶关市卫生监督所和韶关市疾病预防控制中心开展"双随机、一公开"专项检查，对 111 间公共场所、1 间血液成分制品单位、5 间消毒产品生产单位、5 间放射诊疗机构和 2 间用人单位进行监督检查。韶关市卫生监督所对 111 间公共场所进行监督检查，其中合格单位 76 间，合格率为 73.08%；对血液成分制品单位的监督完成率为 100%，完结率为 100%；对 5 间消毒产品生产企业进行监督检查，合格单位 5 间，合格率为 100%；对 5 间放射诊疗机构进行监督检查，其中，合格单位 3 间，合格率为 60%；在国家双随机专项检查抽取的 2 间用人单位中，合格单位 1 间，合格率为 50%。 （戴甲文）

中医药事业

【概况】 2022 年，韶关市有中医医疗机构（含中医类村卫生室）791 家，其中中医医院 8 家。100% 二级以上公立综合医院设置中医类临床科室和治未病科，100% 社区卫生服务中心和乡镇卫生院设置中医馆，92.08% 村卫生室开展中医药服务。是年，韶关市中医院成功申报中医特色重点医院建设项目。韶关市申报广东省建设国家中医药综合改革示范区试点城市。

【中医药体系建设】 2022 年，韶关市于 11 月 15 日《韶关市基层中医药服务能力提升工程"十四五"行动计划实施方案》，为中医药发展提供制度保障。于 12 月 14 日印发《韶关市建设广东省国家中医药综合改革示范区试点工作方案》，推动全市中医药传承创新发展。韶关市中医院成功申报中医特色重点医院建设项目。韶关市申报广东省建设国家中医药综合改革示范区试点城市。

【中医药发展】 2022 年，韶关市建设以市中医院为龙头、各级各类中医医疗机构和其他医疗机构中医科室为骨干、基层医疗卫生机构为基础的中医药服务体系，加快推进建设中医特色重点医院，打造粤北地区龙头中医院。乐昌市、南雄市、翁源县中医院完成县级中医院救治能力提升工程建设三年（2020—2022 年）行动计划，武江区、曲江区推进区级中医院建设。

【中医药服务】 2022 年，韶关市设置中医床位 2693 张，其中中医机构床位 1931 张。中医类别执业（助理）医师 1307 人、中医药师（士）264 人。中医医疗机构中，执业（助理）医师 924 人（中医类别医师 440 人），药师（士）190 人〔中药师（士）93 人〕。全年中医类门诊服务总量 317.6 万人次，中医出院 9.3 万人次。

【韶关市中医医院被列为国家中医特色重点医院项目储备库单位】 2022 年 4 月，韶关市中医院被列为国家中医特色重点医院项目储备库单位。该医院总占地面积 9.38 万余平方米，总建筑面积 5.76 万平方米。编制床位 874 张，由院本部、韶钢院区、国医馆和中药加工场组成。位于韶关市浈江区莲花大道的新院，总建筑面积 11.85 万平方米，配置 800 张床位。有省名中医 1 名，市名中医 1 名，市名医 7 名。医院骨伤科、康复科、老年病科、针灸科是广东省中医重点专科；治未病科、耳鼻喉科、肾病科、外科、护理学是韶关市中医重点专科，并经广东省中医药局遴选确定为"十三五"中医重点专科建设项目名单。韶钢院区获得中国房颤中心、省级胸痛中心和广东省第一批县区级心血管病防治中心认证。2020 年获得全国"敬老文明号"称号。

【市中医院和平分院整体搬】 2022 年 2 月，韶关市中医院和平分院从浈江区和平路整体迁出，和平路旧院区将交付给韶关学院医学院，继续作为医疗服务使用。原韶关市中医院和平分院位于浈江区和平路 134 号，于 2008 年在市中医院第一门诊部基础上建成使用，占地 1057 平方米，设置病床 84 张，开设针灸科、肿瘤内科住院科室及内科、骨科、妇科、针灸科等门诊。根据市政府关于市区医疗卫生资源的调整计划，接上级主管部门通知，和平分院于 2022 年 2 月 28 日前需完成整体迁出，和平分院针灸科将整体搬至韶钢院区，肿瘤内科撤回市中医院总院内一科，其他科室人员将回到市中医院总院工作。因韶钢院区位于韶关市曲江区松山街道东区，周边群众因长期从事体力劳动，导致颈、肩、腰、腿疼痛发病率较高。市中医院和平分院针灸科搬迁后，能更好地为韶钢周边群众乃至曲江区群众提供专业的中医医疗服务。市中医院肿瘤内科撤回市中医院总院内一科，发挥中医药与现代医学相结合的优势，结合放疗、化疗、靶向及免疫治疗等，加速肿瘤患者术后康复、减轻并发症。 （杨方文）

医政药政管理

【概况】 2022 年，韶关市有卫生机构 2149 个，其中医院类机构 59 个、基层医疗卫生机构 2042 个；有床位 22126 张，其中医院类机构床位 16801 张、基层医疗卫生机构床位 3610 张，每千常住人口床位数 7.74 张；全市卫生机构在岗职工 31127 人，其中卫生技术人员 25606 人，含执业（助理）医师 8355 人、注册护士 12636 人，每千常住人口执业（助理）医师数、注册护士数分别为 2.92 人、4.42 人。全年诊疗量 1703.22 万人次，出院量 62.52 万人次。

【医政管理】 2022 年，韶关市完成院感防控检查、精神专科质控、血透专科质控、PCR（聚合酶链式反应）实验室质控、临床用血专科质控、国家公立医院绩效考核、大型公立医院巡查等重点工作任务，出台《关于推动韶关市公立医院高质量发展的实施意见》于 8 月 5 日《韶关市医疗质量控制中心开展医疗质量评估工作方案》，《韶关市"百县工程"县医院综合能力提升工作方案（2022—2025 年）》等重要文件。截至年底，全市建设国家级重点专科 1 个、省级重点专科 31 个、市级重点专科 50 个。

【医卫教育培训】 2022 年，韶关市推进住院医师规范化培训工作，超额完成住院医生规范化培训招收学员 83 人。组织开展住院医师规范化培训和助理全科医生培训结业考核，106 人次参加，总体通过率 83%。组织申报 2022 年度国家级、省级继续医学教育项目 12 项、50 项，立项管理市级继续医学教育项目 343 项。

【药事管理】 2022 年，韶关市加强医疗机构药事管理、药房管理、外购药管理、抗菌药物管理、麻醉药品和精神药品管理工作。做好国家基本药物在公立医疗机构的使用情况，政府办基层(不含县)、二级、三级公立医疗卫生机构基本药物配备品种数及金额数占比均 100% 达标。年内对辖区营利性药店开设情况进行自查并整改。各医院制定《关于患者院外购药的相关管理规定》，明确外购药物范围、适用医师、适用药品等。各医疗机构组织医务人员开展医德行风建设学习，未发现有违反“医疗机构工作人员廉洁从业九项准则”的情况。韶关市参赛选手在 2022 年第三届全省医疗卫生机构“国基药粤健康”临床合理用药知识技能竞赛中，获个人一等奖、团体二等奖。

【国家谈判药品“双通道”管理】 2022 年 5 月 1 日起，韶关市实施国家谈判药“双通道”管理，10 月 1 日起将“双通道”药品范围由 71 个扩大至 275 个，其中，西药由原来的 66 个扩大至 213 个，中成药由原来的 5 个扩大至 62 个。韶关市“双通道”管理药品涵盖医保药品目录内所有国家谈判药品，满足参保人用药需求。

【医药价格】 2022 年，韶关市开展医疗服务价格动态调整评估工作；完成 212 项医疗服务价格项目价格调查和成本监审工作。对 132 项医疗服务价格项目价格指数进行监测。配合国家和省医保局对口腔种植牙、人工关节置换术、计生等医疗服务项目价格调查和成本监审工作。做好核酸检测价格调整政策和落实，督导各医疗机构调整价格。

【药品耗材采购】 2022 年，韶关市推动药品和医用耗材集中带量采购工作。组织全市公立医疗机构参与国家和省组织药品集中采购 11 批次，其中国家集采药品采购落地 7 批次、294 个品种，全市公立医疗机构采购集采药品订单金额 1.21 亿元，节约采购资金 1.3 亿元。推进国家组织的冠脉支架、人工关节和骨科脊柱类 3 批次高值医用耗材集中带量采购在韶关市落地执行。国家组织高值医用耗材集采平均降幅 83%，最高降幅 92%。冠脉扩张球囊、冠脉导引导丝、人工晶体、药物球囊、起搏器、骨科创伤类等医用耗材被纳入省际联盟集中带量采购。

【医保基金监管】 2022 年，韶关市医保基金监管体制机制逐步健全。印发实施《韶关市医疗保障局 韶关市财政局关于欺诈骗取医疗保障基金行为举报奖励程序暂行规定》《韶关市医疗保障基金社会监督员制度》，畅通投诉举报渠道，动员社会各界参与医疗保障基金监管。启用医保智能监管子系统，上线 33 条规则，引入第三方评审机构，实现对医疗保障基金使用智能监控。聚焦基层定点医疗机构、社会办定点医疗机构，以及篡改肿瘤患者基因检测结果、血液透析骗取医保基金、医保卡违规兑付现金等重点领域，组织开展打击欺诈骗保专项整治行动，全市检查定点医药机构 1107 家次，处理违法违规机构 308 家次，追回医保基金及处违约金等 2090.05 万元。 （黄　平）

【护理服务】 截至 2022 年年底，韶关市注册护士 1.5 万人，每千人口注册护士数 5.18 人。护士队伍数量增加，结构优化，素质和服务能力提升，基本适应经济社会和卫生健康事业发展的需要。责任制整体护理有效落实，护理服务更加贴近群众和社会需求。

【采血献血】 2022 年，韶关市采血 3.38 万人次、1142.19 万毫升，11.42 吨，临床用血连续第 24 年 100% 来自无偿献血。获评 2020—2021 年度全国无偿献血先进城市。开展疫情防控期间突击献血招募活动。无偿献血志愿者服务队组织开展各类志愿者活动，4000 余人次参加，注册志愿者志愿服务时间 2 万小时，服务队成立以来总志愿服务时间突破 55 万小时。

【关爱无偿献血志愿者活动】 2022 年 11 月，由韶关市中心血站(韶关市公民无偿献血委员会办公室)主办，前海人寿韶关医院承办，韶关市无偿献血志愿者服务队协办的 2022 年韶关市关爱全国无偿献血奉献奖金奖、无偿献血志愿服务终身荣誉奖获得者启动仪式在前海人寿韶关医院举行。市献血办、市中心血站为全国无偿献血奉献奖金奖获得者及全国无偿献血志愿服务终身荣誉奖获得者购买并发放一份体检服务卡、一张公交车卡、一张 2023 年丹霞山年卡。

（杨方文）

医疗单位选介

【概况】 2022 年，韶关市被评为 2022 年度广东省严重精神障碍管理治疗工作“优秀市”。是年，粤北人民医院实施全市首例医保“双通道”药品一站式外配。粤北人民医院获评“五星高级卒中中心”，胸痛中心随访工作位列全国第六名、广东省第一名。粤北第二人民医院获评广东省实施《遏制结核行动计划(2019—2022 年)》先进单位。韶关市第一人民医院完成粤北地区首台骨科机器人辅助手术。韶关市第三人民医院与韶关市中医院完成整合。7 月 15 日，前海人寿韶关医院运营。

【粤北人民医院】 2022 年，粤北人民医院编制床位 2500 张，开放床位 2800 张。全院门诊服务 142.06 万人次；出院 12.43 万人次；手术 3.55 万人次。医院有职工 3655 人。临床学科 43 个、医技科室 7 个，职能部门 18 个。1 个国家临床重点专科、12 个省临床重点专科、2 个省中医重点专科、5 个其他类省级重点专科、29 个市级重点专科，4 个国家级诊疗中心、4 个省级诊疗中心、4 个市级诊疗中心。2022 年，医院在国家三级公立医院绩效考核中首次进入到“A+”行列，从第 163 名进步到第 114 名，进入到全国前 8.5% 行列。DRG(疾病诊断相关分组)综合能力在全省 146 家三级医院中排位进步到全省第十二位，全省首次医保医药服务评价中取得总分第十二名、医保质量第六名。医院获评“五星高级卒中中心”，胸痛中心随访工作位列全国第六、广东省第一。实施韶关首例医保“双通道”药品一站式外配在粤北人民医院。9 月通过三甲复审。历时 5 年的高水平医院建设任务全部完成。肿瘤防治中心进入实体化运行，创伤救治中心保持省内领先优势，先后救治急性 A 型主动脉夹层、大量脑出血孕妇等多名急危重症患者。完成 33 个医院信息化子系统建设，升级后“医院微信服务号”功能更加齐全。获各级科研立项 171 项，其中国家自然科学基金项目 2 项，资助资金 82 万元，自然立项数量和资助金额实现历史性突破。获韶关市科技进步奖 15 项。药物和器械临床试验新立项 44 项。发表 SCI(科学引文索引）论文 83 篇，总影响因子 353.1，分别较上年增长 45.6% 和 26.3%。完成各医学院校 546 名实习生的临床教学和汕大医学院核心模块班及韶医本科班授课带教任务。成为南方医科大学博士后创新实践基地、广东省联合培养研究生示范基地，招收住培学员 99 人，完成省卫健委任务的 95.2%。（朱伟红）

【粤北第二人民医院】 2022 年，粤北第二人民医院设有 8 个住院科室，编制床位 412 张。设有 4 个门诊部。其中健康体检中心西河门诊是广东省指定韶关市餐饮及公共场所服务从业人员健康体检的定点单位。全年服务门诊病人 58.60 万人次，出院病人 8914 人次，住院手术量 2160 人次（包括穿刺、换药、支纤镜、胃肠镜及手术室做的手术，其中外科 552 人次）。医院获许通过国家医疗健康信息医院信息互联互通标准化成熟度四级乙等测评，完成省全民健康平台对接工作；获评广东省实施《遏制结核行动计划（2019—2022 年)》先进单位；感染管理控制科副科长沈智姹获“全国五一劳动奖章”；黄敏莹、董美桥在全国“外周静脉输液治疗护理创新案例”演讲决赛中获一等奖。完成传染病综合大楼项目建设并投入使用，增加床位数 350 张。医院拓亚专科建设。3 月 1 日，医院重症医学科开科，填补医院重症救治能力这一项空白。截至年底，重症医学科开展气管插管 71 例；中心静脉置管 75 例；血液净化治疗 91 例次，其中人工肝治疗 23 例次；有创血压监测 78 例；中心静脉压监测 121 例；气管切开术 5 例；动脉穿刺置管术 121 例；血滤置管术 51 例；支气管镜检查加肺泡灌洗 38 例。截至年底，重症医学科收治病人 215 人。接受省级调研指导 2 次，督导县区 5 次，督导乡镇 366 次。医院参与南方医科大感染科的“小贝壳”母婴阻断计划，阻断 720 例乙肝妈妈传播给婴儿的机会。（黄瑞玲）

【粤北第三人民医院（韶关市复退军人医院、韶关市精神卫生中心）】 2022 年，医院定编床位 1200 张；在职职工 454 人。10—12 月，到韶关市乐昌市、南雄市和仁化县、曲江区等 4 个县区、6 个乡镇开展送医送药活动。为 792 位重点优抚对象进行免费心理咨询、免费体检或赠送常用常备药品及各类辅助器具价值合计 39.57 万元，帮扶缓解重点优抚对象进城远，医疗难的问题。2022 年，入院病人 5707 人次，比 2021 年增加 1327 人次，增长 30.3%；出院病人 5740 人次，增加 1372 人次，增长 31.4%，病床使用率 107.8%；平均病床周转次 4.9 次。截至年底，全市在册严重精神障碍患者 2.01 万人。全市严重精神障碍报告患病率 7.05‰，年面访率 90.9%，管理率 97.22%，规范管理率 96.08%，在册患者服药率 92.92%，规律服药率 81.62%，服药率（精分)92.39%，规律服药率（精分)80.53%，体检率 66.47%，韶关市被评为 2022 年度广东省严重精神障碍管理治疗工作“优秀市”。（叶伟标）

【韶关市第一人民医院】 2022 年，韶关市第一人民医院门急诊病人 60.36 万人次，出院病人 3.97 万人次，住院手术量 1.03 万人次，三级、四级手术占比 69.46%，平均住院日 6.96 天，疑难危重收治 C 型、D 型率 69.01%。9 月，韶关市第一人民医院获得省卫健委颁发的三级甲等医院证书。医院作为韶关市唯一一家国家流感监测点，连续第五年获广东省流感监测质量综合评价第一名。完成粤北地区首台骨科机器人辅助手术，开展粤北地区首例“数字骨科彩色 3D 打印”，应用于复杂外伤骨折手术。创

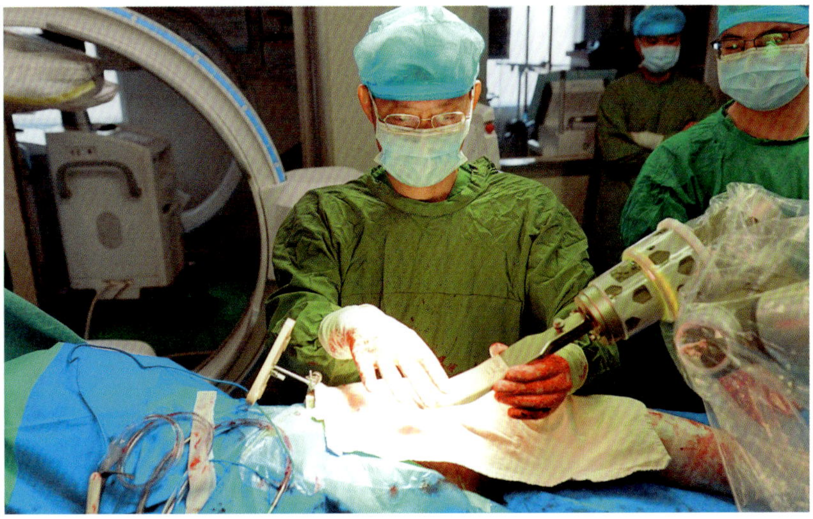

2022 年 10 月 1 日，粤北地区首台骨科机器人辅助手术在韶关市第一医院完成（杨莉　摄）

伤救治无缝衔接，实现流程化、数字化、联盟化。消化内科成为2022年广东省省级临床重点专科；呼吸与危重症医学科通过PCCM规范化复审。对术后并发症和非计划重返、一类切口感染、死亡病历质量进行重点监控，择期手术并发症发生率0.32%、住院患者死亡率0.91%、非计划再次住院率0.97%、非计划再次手术率0.42%，各项指标均达到高水平医院标准，其中择期手术并发症发生率，创医院历年新低。申报通过29项医学新技术新项目，申报和在研新技术创新高。制订危重患者转运单。开展耳穴压豆、雷火灸、平衡火罐等中医特色新技术。新增骨科、外科2个住院医师规范化培训专业基地，成为广东医科大学研究生联合培养基地。推进新区医院建设。完成主体固化预算内容和5000万元专项债资金建设。（伍　遥）

【韶关市第二人民医院】 2022年，韶关市第二人民医院（粤北工伤康复中心）拥有2个院区和1个门诊部，设有内科、外科、妇产科等20余个业务科室，开放病床470张。在岗职工394人，卫生技术人员321人；收治病人2200余人次，启动医养结合；出院病人6238人次；门诊量16.10万人次。开展全院各类环境、物体表面及无菌物品、消毒液的细菌监测717份，合格率97%。抽查412份病历，甲级病历98.6%。医务人员申报科研立项，有2项通过市卫健局立项。7月，医院举办2次市医学会继续医学教育项目，多名省级专家教授现场授课，交流探索康复新理论、新技术、新方法。8月，举办韶关市医学会职业健康分会成立大会暨第一届韶关市职业健康分会年会，医院成为主委单位，推动韶关职业健康服务工作。8月，医院在广东省卫生健康委增加接触放射因素类的职业健康检查备案。完成783家单位5万人次职业健康检查（比2021年增长8%），职业健康检查个案数据上报；完成职业病诊断21例；协助社保部门完成工伤保险劳动能力鉴定2854人次。开展神经康复、骨折术后康复、神经源性膀胱护理、经皮神经刺激治疗仪等新技术。履行与市残康中心签订的《购买残疾儿童康复训练服务协议》，脑瘫部及自闭部收受训患儿134名，全完成康训任务，康复有效率98%。开展“RDI社会交往游戏课程”和“陶艺课程在脑瘫儿童教学中的运用”两项新技术，内、外部学习培训64期；满足残疾儿康复需求，治疗康复残疾儿童2467人次。惠民社区卫生服务中心建立完善居民健康档案7.1万份，新增9003份，电子档案建档率88.14%；家庭签约人数2.96万人，签约率36.63%，完成辖区65岁老人免费体检3735人，儿童预防接种9.4万人次，社区中心出院病人548人次，门诊量8.4万人次。（黄晓玲）

【韶关市第三人民医院】 2022年，韶关市第三人民医院位于韶关市曲江区韶钢东区，是国家二级甲等综合性医院，占地面积7.3万平方米，建筑面积3.1万平方米。6月，入选广东省第一批县（区）级心血管病防治服务机构，11月，获授“第五批次中国房颤中心通过认证单位名单”牌匾。在研科研课题26项，其中韶关市科技局备案课题4项，省中医药管理局项目1项。对26个院级申报项目进行论证，其中24项获准立项实施。审核外送论文17篇，发表8篇。开展科普宣传和义诊活动4次，包括“传播中医文化，打造健康生活”中医服务进社区主题宣传义诊活动3次和“口腔健康，全身健康”“全国爱牙日”主题宣传活动1次；对宝武智维、宝地南华、省路桥公司等5家单位的175名管理人员进行应急救护基础知识和技能培训，初步掌握徒手心肺复苏操作、烧烫伤紧急处理、溺水中暑、中毒等应急处置方法。是年，完成与韶关市中医院的整合。8月，经韶关市事业单位登记管理局审核，准予韶关市第三人民医院注销，3名副院长被任命为韶关市中医院副院长。10月，原韶关市第三人民医院院长被任命为韶关市中医院院长。（张唯娟）

【韶关市中医院】 2022年，韶关市中医院由院本部、韶钢院区、国医馆和中药加工场组成，总占地面积8.14万平方米，其中总院2.08万平方米、韶钢院区6.06万平方米；总建筑面积5.76万平方米，其中总院2.46万平方米、韶钢院区3.3万平方米。医院编制床位874张，开放床位910张。全年门急诊39.96万人次，出院病人1.66万人次。在广东省医保局对全省45家三级医保定点综合中医医疗机构进行的服务评价（2021）中，韶关市中医院总评分第八名，其中“医保运营”维度排名第一。治未病中心参加2022年第四届全国体重管理公益挑战赛获一等奖，骨伤

新建设中的韶关市中医院（2022年）　（韶关市代建局　供图）

科被广东省中医药学会护理专业委员会评为“广东省中医护理特色优秀科室”。完成将韶州人民医院韶钢院区（韶关市第三人民医院）整体并入韶关市中医院工作。年内经发展改革委、中医药局审核，韶关市中医院被确定为中医特色重点医院项目储备库单位。关停和平分院和十里亭分院。和暨南大学中医学院合作举办“西学中”培训班，组织医院56名西医从业人员学习中医，完成韶钢院区院内对临床医生的“西学中”培训，并将省中医重点专科针灸科整体搬迁到韶钢院区开展痛症、康复等诊疗服务。韶钢院区获得中国房颤中心认证，成为第五批次中国房颤中心通过认证单位，获得广东省第一批县区级心血管病防治中心认定。接受基层医院进修医生18名；举办省级继续教育活动5次、市级11次。申报并通过科研立项26项，其中省中医药管理局1项、市科技局6项、市卫生健康局19项。（张唯娟）

【韶关市妇幼保健院】 2022年，韶关市妇幼保健院芙蓉新院区占地9.07万平方米，一期按500床规模建设，开放床位350张，全部投入使用；惠民院区占地5228平方米，业务用房1.93万平方米。全院职工人数753人，卫生技术人员645人。全年门诊挂号服务56.6万人次，出院2.21万人次，完成手术5702人次，年分娩量3554例（居全市第一位）。医院生殖医学中心是粤北地区首家获准开展试管婴儿技术机构，是粤北地区唯一一家获得第三代试管婴儿技术筹建资质的医院。医院落实母婴安全行动、孕产妇免费产前筛查和“两癌”免费检查两项省重点民生工作，筛查率100%。组织12名专家对武江区、浈江区、新丰县、翁源县、乐昌市、南雄市、仁化县7个县（市、区）进行2022年孕产妇妊娠风险评估与管理工作质控及助产机构类别等级评审复核工作。推进“建设健康韶关·重型地贫清零”地中海贫血防治项目，免费完成9万余份地贫标本和1.6万份耳聋基因检测标本的送检和管理任务，助力韶关消除“重型地贫”。深化与广州妇儿中心协作，完成远程会诊10余例，现场手术指导4次；加强与南方医科大学珠江医院对接，陈容平博士专家团队定期前来医院进行义诊、坐诊、查房、教学及远程会诊等帮扶19次，获益患者群众上千人次。医院博士工作站获资助60万元，申报新技术、新项目40项，课题立项13项，发表论文33篇，其中SCI（科学引文索引）2篇。（黄靖舒）

【韶关市慢性病防治院】 2022年，韶关市慢性病防治院（韶关市皮肤病医院、韶关市性病防治中心）编制93个，在职职工90人（在编59人、聘用31人）。医院获评“化妆品不良反应监测突出单位”“广东省麻风病防治先进单位”，在2022年度广东省淋球菌耐药监测工作中被评为“优秀组织单位”。是年，医院开展面部年轻化、生发治疗、舒敏专家射频导入治疗、超皮秒治疗、黄金微针射频治疗等诊疗项目。开展皮肤健康管理、脱发治疗、黄金微针射频治疗腋臭等项目。医院成立银屑病专病门诊，银屑病患者备案400人。《富血小板血浆联合中西医综合疗法治疗面部皮炎的临床疗效观察》通过韶关市科技局科研立项，获得科研基金2万元。《80例玫瑰痤疮患者皮肤镜检查的特征分析》《毫火针加耳尖刺血及枇杷清肺饮加减治疗痤疮的临床研究》通过韶关市卫生健康科研项目立项。引进美国赛诺龙超皮秒激光治疗仪、半岛超声炮治疗仪等多台国内外顶级激光治疗仪及抗衰治疗设备。检验科升级改造，PCR（聚合酶链式反应）检测项目开展。更新医院的信息化建设，推进智慧医院建设。（陈晓璇）

【前海人寿韶关医院】 前海人寿韶关医院位于芙蓉新城核心区域，是按国家标准打造的三级综合医院，总占地面积16.15万平方米，总建筑面积30.82万平方米。其中，医院东区占地10.55万平方米，建筑面积20.82万平方米，规划床位800张，一期开放500床；医院西区为康养项目，规划建设面积5.6万平方米，总建筑面积10万平方米，规划床位1200张。2022年1月18日，医院取得医疗机构执业许可证，6月24日完成医院医保协议签约，7月15日运营。医院共设38个临床、医技科室，开展25项诊疗科目。2022年，共服务门诊患者5.32万人次人次，出院患者1380人次，完成住院手术475台次。（朱　莎）

2022年7月，前海人寿医院开业　（张伟　摄）

体　育

体育设施

【概况】 2022年，韶关市有各类体育场地1万个，比2021年增加577个，人均体育场地面积2.81平方米。基层公共体育设施不断完善，争取中央、省级资金250万元用于全民健身器材配建和维修。2022年，韶关市完善公共体育设施，韶州体育中心于5月建成并用于广东省第十三届中学生运动会、“市长杯”篮球赛等赛事，更新维护一批基层体育器材。推动大型公共体育场馆免费或低收费开放，实现市县两级大型公共体育场馆开放率100%。

2022年韶关市体育设施基本情况一览表

表59

序号	地区	体育场	体育馆	游泳池（馆）	全民健身广场	全民健身中心
1	韶关市	西河体育中心	中山公园体育中心—韶关市体育馆	韶关市游泳场	西河全民健身广场	—
2	浈江区	—	—	浈江区游泳馆	东升全民健身广场 启明路全民健身广场	韶关市浈江区体育中心全民健身中心
3	武江区	—	武江区体育馆	—	教育路全民健身广场 西郊全民健身广场	—
4	曲江区	曲江区运动场	曲江区体育馆	曲江区游泳场	曲江区江畔全民健身广场	曲江区全民健身中心
5	乐昌市	乐昌市体育场	乐昌市体育馆	竹林游泳池	—	—
6	南雄市	南雄市体育场	南雄市体育馆	—	南雄市全民健身中心及综合训练馆	—

续表59

序号	地区	体育场	体育馆	游泳池（馆）	全民健身广场	全民健身中心
7	仁化县	仁化县体育场	仁化县体育馆	仁化县游泳池	仁化县全民健身广场	—
8	始兴县	—	始兴县体育馆	始兴县游泳池	始兴县体育广场	始兴县全民健身中心
9	翁源县	—	翁源体育馆	—	翁源县全民健身广场 城东健身广场	—
10	新丰县	新丰县体育场	新丰县体育馆	新丰县游泳场	新丰县全民健身广场	—
11	乳源瑶族自治县	—	乳源县体育馆	—	民族团结广场	乳源瑶族自治县综合体育运动中心

（资料来源：市文广旅体局）

【竞技体育场馆建设】 2022年，韶关市组织对全市体育场馆进行升级改造。乐昌一中体育馆是广东省第十三届中学生运动会排球比赛场馆之一，完成外墙清洗、排球架地笼、窗帘安装、观众席破损椅面更换、体育馆门口地面下陷区域维修、馆内护栏翻新和四个功能室墙体修补和抽风排气系统安装。仁化中学体育馆，完成灯光音响和比赛场馆空调安装和热身场馆空调安装，增设场馆显示屏和武术比赛专用场地将。韶关市羽毛球馆完成配电增容安装、空调安装和LED显示屏安装。西河体育场足球场完成除红火蚁、灭菌工作和复草皮及低洼草坪抬平；北江中学足球场现完成种植土层的平整和装调试喷淋系统安装。

2022年8月13日，广东省"全民健身日"活动韶关市分会场2022年韶关市"全民健身日"体育舞蹈展演"弘扬体育精神·展体育舞蹈风采"在韶关市体育馆举行 （市文广旅体局 供图）

【韶州体育中心建成】 2022年，韶州体育公园工程建设基本完工，韶州体育馆完工，投入使用。累计总投资6.64亿元，占地面积28.27公顷、建筑面积3.77万平方米。韶州体育公园及配套工程项目由中建三局深圳公司承建，于2020年8月动工。韶州体育公园项目是韶关市"一桥三园三路"项目的重要工程，建设内容包括1个有6000个座位的甲级体育馆，1个含2000个座位临时看台、400米环形跑道、1个足球场、6个网球场、5个篮球场及跳远沙坑等在内的运动场，以及地下停车场等，新建大型比赛场馆。韶州体育公园能同时兼顾赛后利用的经济性和便利性，可举办篮球、排球、羽毛球、乒乓球等全国性或亚运会的单项比赛，也满足城市景观和日常群众体育运动健身需求。 （邓桂文）

群众体育

【概况】 2022年，韶关市完善公共体育设施，韶州体育中心成功举办广东省第十三届中学生运动会、"市长杯"篮球赛等赛事，更新维护一批基层体育器材。推动大型公共体育场馆免费或低收费开放，实现市县两级大型公共体育场馆开放率100%。举办2022年广东省航空航天模型锦标赛、第八届广东省男子篮球联赛（韶关赛区）、高尔夫"广东巡回赛·韶关公开赛”、韶关市“全民健身日”启动仪式、首届市直机关男子篮球赛、首届游泳公开赛、韶关市老年人健身球保健操比赛等一系列群众体育赛事活动。完成国民体质监测任务和体质测定与运动健身指导工作，开展《国家体育锻炼标准》达标测验活动。开展社会体育指导员培训和社会体育指导员服务站评估工作，被省体育局评定AA级服务站5个、A级服务站2个、B级服务站8个。广东省第七届少数民族传统体育运动会荣获团体总分第三名。组团参加广东省第十六届运动会，竞技体育项目获得5枚金牌、9枚银牌、4枚铜牌，群众体育项目获得1个一等奖、14个二等奖、17个三等奖。

【体育社团】 2022年，韶关市有单项体育协会127个，市民政部门登记注册的市级体育组织36个，各县(市、区)民政部门登记注册的体育组织91个。全年全市办理体育协会负责人、地址变更等事项20次。

【社会体育指导员培养】 2022年，韶关市加强全市全民健身志愿服务人员、社会体育指导员队伍建设，完成市级二级社会体育指导员162名培训工作，全市拥有社会体育指导员1.1万人，每万人拥有社会体育指导员38.5名。完成国民体质监测任务和体质测定与运动健身指导工作，

2022年7月24日，2022年广东省第十三届中学生运动会开幕式在韶关市韶州体育公园体育馆举行 （市文广旅体局　供图）

开展《国家体育锻炼标准》达标测验活动。开展社会体育指导员培训和社会体育指导员服务站评估工作，被广东省体育局评定AA级服务站5个、A级服务站2个、B级服务站8个。

（邓桂文）

【国民体质监测】 2022年，韶关市完成3～79周岁的本辖区常住居民体质健康状况监测样本3657例，完成率108.8%，其中幼儿612例，完成率127.5%，成年人2491例，完成率103.8%，老年人554例，完成率115.4%，均按时将抽样数据报送省国民体质监测中心，其中在浈江区、曲江区、仁化县、乳源瑶族自治县选取22个测试点位，开展25场监测活动，浈江区7个测试点位，开展8场测试活动，曲江区5个测试点位，开展7场测试活动，仁化县4个测试点位，开展4场测试活动，乳源瑶族自治县6个测试点位，开展6场测试活动。完成国民体质监测工作任务，抽样数据有效率100%。 （杨方文）

2022年6月11日，2022年广东省青少年乒乓球锦标赛在韶州体育公园开赛。图为比赛现场 （韶州中学　供图）

【全民健身】 2022年，韶关市承办省级及以上群体赛事活动8场。其中国家级赛事活动2场，举办全国2022年“全民健身日”主题示范活动——2022年韶关市“全民健身日”活动启动仪式暨韶关市第六届健身气功比赛和2022年韶关市武江区“全民健身日”活动暨社区运动会启动仪式；省级赛事活动6场，举办广东省第七届少数民族传统体育运动会、2022年广东省航空模型锦标赛、2022年“高尔夫广东巡回赛·韶关公开赛”、2022年第八届广东省男子篮球联赛（韶关赛区）、2022广东省三人篮球联赛韶关城市预选赛和“我为群众办实事”——2022年广东省国民体质监测万里行活动(韶关站)。开展全民健身赛事活动。

【“我为群众办实事”——2022年广东省国民体质监测万里行活动】 2022年7月8日，由广东省体育局指导，广东省体育科学研究所（广东省国民体质监测中心）主办，韶关市文化广电旅游体育局承办，韶关市文化文物景点管理中心、韶关市体质测定与运动健身指导协会协办的“我为群众办实事”——2022年广东省国民体质监测万里行活动启动仪式在韶关市中山公园广场启动。启动仪式

现场设有文体展演、体质测定、健身游戏互动体验等活动。在体测服务区域，工作人员针对各项体质监测项目，为现场群众进行体质测试评价，为群众提供健身知识讲解和运动健身指导，帮助市民了解自身的体质状况并掌握科学健身锻炼知识。

【全国 2022 年“全民健身日”主题示范活动——韶关市“全民健身日”启动仪式暨第六届健身气功比赛】 2022 年 8 月 8 日，全国 2022 年“全民健身日”主题示范活动——韶关市“全民健身日”启动仪式暨第六届健身气功比赛在市区中山公园体育中心篮球馆举行。此次活动是由国家体育总局群体司、中华全国体育总会群体部、市文化广电旅游体育局、市体育总会主办，市健身气功协会、市武术协会承办。此次活动被列入全国 2022 年“全民健身日”主题示范活动。市文化广电旅游体育局组织各县（市、区）和各级体育协会在 8 月 8 日前后开展 50 场全民健身活动。其中，国家示范活动 2 场、省级活动 4 场、市级活动 5 场、县级活动 30 余场，包括篮球、足球、羽毛球、网球、游泳等活动。启动仪式由市健身气功协会和市武术协会 200 名代表展示健身气功八段锦和陈式太极拳，启动仪式之后进行健身气功比赛，13 支代表队进行集体和个人项目的比赛，韶关市共有 40 人次获得个人项目名次。 （邓桂文）

全国 2022 年“全民健身日”主题示范活动——2022 年韶关市“全民健身日”活动启动仪式暨韶关市第六届健身气功比赛在中山公园体育馆举行

（市文广旅体局 供图）

竞技体育

【概况】 2022 年，韶关市授予 20 人国家二级运动员技术等级证书，向省队、省体校及示范基地输送青少年体育后备人才 3 名，完成 301 名运动员全国注册，2199 名运动员完成年度确认。组团参加广东省第十六届运动会。配合市教育局做好广东省第十三届中学生运动会竞赛与器材组工作，完成各项既定任务。市委、市政府通报表扬韶关市文化广电旅游体育局为在广东省第十三届中学生运动会中作出积极贡献单位。开展韶关市的赛风赛纪和反兴奋剂工作，要求各青少年俱乐部、各运动队严格按照上级文件批示要求，做好各项工作。

【竞技体育人才培养】 2022 年，韶关市完成国家二级运动员技术等级证书授予工作，全年授予 32 人，其中田径 3 人、游泳 2 人、武术套路 8 人、排球 3 人、曲棍球 6 人、拳击 1 人、皮划艇 2 人、赛艇 4 人、举重 2 人，射击 1 人，该 32 人均达到国家二级运动员技术等级标准。完成 39 名运动员参加全国注册，2052 名运动员完成年度确认。完成 2021 年市业余训练重点班评分工作。命名 10 个重点班，给予 10 个县(市、区)各 1 个重点班补各助 3 万元。完成下拨 2022 年文化繁荣专项资金（省体育局部分）22.5 万元到中心业余体校。其中向省专业队输送后备人才 1 人补助 5000 元，输送 1 名运动员获得全运会冠军补助 2 万元，2021 年省级体育人才培养单位数量 1 个补助 20 万元。完成对韶关市参加第十四届全国运动会（竞技体育组）和 2021 年广东省青少年锦标赛获得成绩的运动员、教练员进行奖励，奖励经费 28.6 万元。对赵佳丽、王心怡、王楚皓、刘杰、邹宝怡、黄珍婷、陈思睿、方瑶、白依晨、李应权、梁颢、丘祥智、钟文生、刘张婉月、孙昊 15 名输送至省队、省体校和省示范基地的运动员发放补助 24 万元。

【体育赛事管理】 2022 年，韶关市开展赛风赛纪和反兴奋剂工作，要求各青少年俱乐部、各运动队要严格按照上级文件批示要求，做好各项工作。依托省反兴奋剂中心于 10 月 23 日对未出队参加广东省第十六届运动会的领队、教练员和运动员进行思想教育培训和反兴奋剂知识的再培训。

【韶关组队参加广东省第十六届运动会】 2022 年 6 月，广东省第十六届运动会在清远市举行，韶关市派出 832 人参加 34 个项目的比赛。截至 2022 年年底，韶关市参加的竞技体育项目已获得 5 枚金牌、9 枚银牌、4 枚铜牌，团体总分 937.58 分，暂列第 15 名。输送 3 名运动员代表广东省参加乒乓球、象棋、毽球 3 个群众体育项目的比赛，其中朱少钧参加群众比赛象棋项目获男子团体冠军，张欢庆参加群众比赛毽球项目获女子三人赛（中年组）冠军，郑启荣参加群众比赛乒乓球项目获男子团体铜牌。

【广东省第十三届中学生运动会在韶关举行】 2022 年 7 月 24—8 月 8 日，广东省第十三届中学生运动会（以下简称“省中运会”）在云端开幕，举办地为韶关市。来自全省各地 6000 余人参加、参与比赛。本届省中运会由 21 个地级以上市组团参加，比赛设田径、游泳（广州）、篮球、排球、足球、乒乓球、羽毛球、武术、健美

2022年韶关籍运动员重大比赛获奖情况一览表

表60

赛事名称	运动员姓名	性别	比赛项目/组别	名次
2022年赛艇世界锦标赛	邱秀萍	女	女子轻量级双人双桨	第八名
2022年亚洲赛艇锦标赛	黄梦怡	女	女子轻量级双人双桨	第一名
2022年全国赛艇锦标赛	邱秀萍	女	女子轻量级双人双桨	第四名
2022年全国赛艇锦标赛	孙佳辉	男	男子双人双桨	第六名

（资料来源：市文广旅体局）

操、啦啦操、跳绳、定向运动12个大项、252个小项，有全省中小学体育教师技能大赛、体育科学论文报告会，总计产生223枚金牌。游泳有2个项目破全国学生运动会（中学组）纪录，16个项目破全省中学生运动会纪录；田径有7个项目破全省中学生运动会纪录，其中韶关选手陈祺伟以10秒52的成绩打破2015年创造并保持至今的广东省中学生男子100米纪录。韶关组建360余人的代表团，满额参加所有项目比赛。最终，韶关市代表团以总分881.86分的成绩，排省中运会团体总分第六名，获得团体总分一等奖，取得历史最好成绩。以28枚金牌的成绩，与佛山队并列金牌榜第四名；共获46枚奖牌，排名奖牌榜第六名。（邓桂文）

体育产业

【概况】 2022年，韶关市打造文旅体融合新品牌，加快户外体育运动与旅游、文化、农业等产业融合发展。体育彩票销售额3.49亿元，为14个公共体育场馆争取免费或低收费开放补助资金179.8万元。

【体育彩票】 2022年，韶关市体育彩票销售额3.49亿元，超额完成年度销售任务；按照国家比例筹集体彩公益金2448.64万元，其中市本级公益金留成987.1万元，分配县（市、区）体彩公益金1461.54万元。市本级体育彩票公益金用于群众体育和竞技体育，其中群众体育114.51万元；竞技体育464.17万元。新丰县、南雄市超级大乐透玩法各中出1000万元大奖，翁源县中出633万元大奖。体彩在售实体店279个，解决就业580人；全市体育彩票公益金收入2448.64万元，代扣代缴个人偶然所得税931.26万元。

【场馆经营】 2022年，韶关市为14个公共体育场馆争取2022年中央财政补助地方公共体育场馆向社会免费或低收费开放补助资金179.8万元，实现市级、县级大型公共体育场馆开放率100%。全年市属场馆接待群众30万人次。参与打造体育品牌活动，为广东省第十三届中学生运动会预选赛（篮球、羽毛球、田径）、市第五届“劳动者杯”篮球赛、市第十五届“市长杯”篮球赛、市首届游泳公开赛等提供赛事场地保障。韶关市创新韶州体育中心运营管理模式，委托市交旅投集团引入华体（广东）体育产业有限公司，合作成立韶关华体体育旅游有限公司负责韶州体育中心的专业化运营管理并策划承办大型体育、文化、旅游等活动。

【2022年广东省青少年乒乓球锦标赛品牌赛事在韶关举行】 2022年6月11—13日，广东省青少年乒乓球锦标赛品牌赛事在韶关市韶州体育公园体育馆举行。来自全省各地级市学校共67支队伍参赛，其中领队55名、教练员114名、运动员432名。来自韶关学院的40名大学生将参加志愿服务工作。东莞市粤华学校、广东实验中学、深圳大学附属中学分别获得甲组团体总分前三名；佛山市、广州市、东莞市粤华学校分别获得乙组团体总分前三名。何辉鸿、薛慧儒、李俊鸣获优秀裁判员奖。韶关市教育局、韶关市文化广电旅游体育局、韶州中学获优秀组织单位奖。马敬华、徐道兵、张小卫等同志获优秀工作人员奖。（邓桂文）

2022年5月15日，广东省青少年羽毛球锦标赛在韶关开赛。图为比赛现场（陆瑶 摄）

收入消费

【概况】 2022年，韶关市居民人均可支配收入3.14万元，较上年同期增加1200元，名义增长4.0%，增速居全省第十二位，比2021年上升3位。自2020年新冠疫情发生以来，韶关居民收入水平总体保持稳定，由2019年的2.58万元增长至2022年的3.14万元，年均增长6.8%，与全省增速基本同步。全年全市居民人均可支配收入在北部生态发展区中位列第一，比清远市、梅州市、云浮市、河源市分别高出1499元、3980元、5459元、5586元。但从增速来看，韶关居民收入增速较全国低1.0个百分点、较全省低0.6个百分点，在北部生态发展区中，韶关城乡居民收入增速排第五位，增速较缓。全年韶关市居民人均生活消费支出21487元，比2021年增长0.7%。八大类消费支出呈现“五升三降”态势，食品烟酒、居住、交通通信、医疗保健、其他用品及服务消费支出分别8143元、4185元、2776元、1539元、396元，比2021年分别增长0.7%、3.1%、0.7%、1.2%、3.9%；衣着、生活用品和服务、教育文化娱乐消费支出分别为941元、1203元、2305元，比2021年分别下降1.7%、2.7%、1.4%。

2022年韶关与全国、全省居民人均可支配收入增速统计表

表61

国家地区	全体居民（%）	城镇居民（%）	农村居民（%）
全国	5.0	3.9	6.3
广东	4.6	3.7	5.8
韶关	4.0	3.0	4.8

（资料来源：市统计局）

2022年韶关市居民人均可支配收入与全国、全省及山区五市对比统计表

表62

名称	全体居民				城镇居民				农村居民			
	收入（元）	全省排位	增速（%）	全省排位	收入（元）	全省排位	增速（%）	全省排位	收入（元）	全省排位	增速（%）	全省排位
全国	36883	—	5.0	—	49283	—	3.9	—	20133	—	6.3	—
全省	47065	—	4.6	—	56905	—	3.7	—	23598	—	5.8	—

续表62

名称	全体居民				城镇居民				农村居民			
	收入（元）	全省排位	增速（%）	全省排位	收入（元）	全省排位	增速（%）	全省排位	收入（元）	全省排位	增速（%）	全省排位
韶关	31411	11	4.0	12	38742	9	3.0	15	21234	13	4.8	15
清远	29912	13	4.1	11	37244	11	3.0	16	20803	15	4.8	14
河源	25825	20	4.9	5	31518	19	3.5	9	20190	19	5.4	7
梅州	27431	17	4.7	6	33924	17	3.6	7	20290	17	5.4	8
云浮	25952	19	5.4	2	32381	18	4.6	3	20787	16	5.7	5

（资料来源：市统计局）

【城镇居民收入】 2022年，韶关市城镇居民人均可支配收入38742元，同比增长3.0%。相比于2019年的32634元，年均增长5.9%。分类别看，城镇居民人均工资性收入26188元，同比增长2.6%；经营净收入4799元，同比增长3.0%；财产净收入2175元，同比增长0.2%；转移净收入5580元，同比增长5.8%。工资性收入是居民增收的主要支撑点。韶关市人民政府出台《韶关市进一步稳定和扩大就业若干政策措施》，坚持“稳定就业”总基调，围绕“扩大就业”新目标，提出59项政策举措，从“减负担、育增长、稳重点、强技能、优保障”五个方面稳就业、促就业，继续实施返韶留韶就业补贴政策，有效保障居民工资稳定增长。全年全市城镇居民人均工资性收入对可支配收入增长的贡献率60.0%，居四大类收入之首。经营净收入呈恢复性增长。出台加快营利性服务业发展若干措施，企业生产经营稳步恢复，盈利状况逐步改善。全年韶关市城镇居民人均经营净收入4799元，同比增长3.0%，拉动城镇居民人均可支配收入增长0.4个百分点。

【城镇居民消费】 2022年，韶关市城镇居民人均消费支出2.52万元，与2021年相比增加90元，同比增长0.4%。回顾历年城镇居民消费支出情况，城镇居民人均消费支出在2018年突破2万元大关，达2.08万元，2021再次突破2.5万元大关，2022年继续保持增长态势。从整体来看，2016年以来城镇居民消费支出水平呈稳步上升态势，平均增速5.6%。

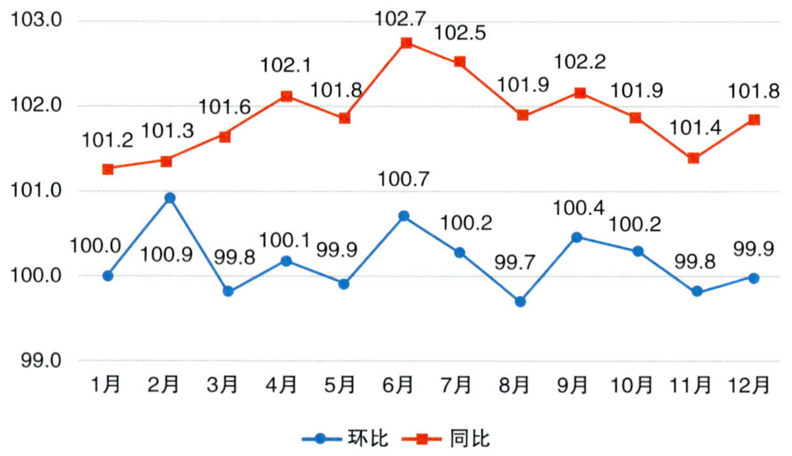

图8 2022年韶关居民消费价格指数月度走势统计图

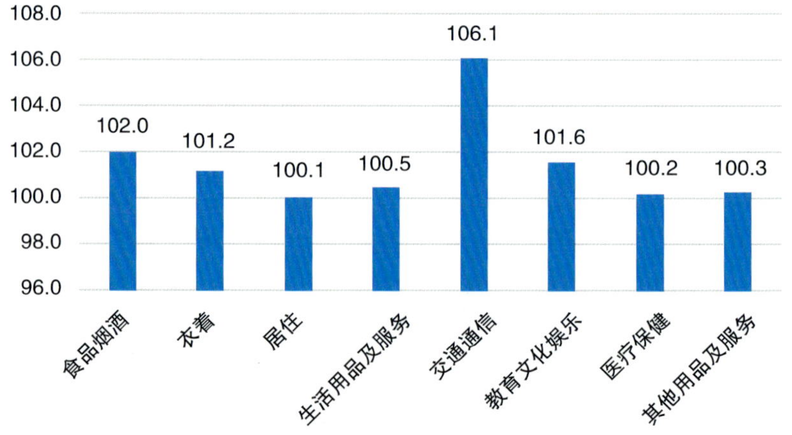

图9 2022年韶关居民消费价格指数分类指数(上年=100)统计图

2022年韶关市农村居民人均消费支出及构成一览表

表63

指标名称	2022年（元）	2021年（元）	增速（%）	占比（%）	贡献率（%）
农村居民人均消费支出	16376	16307	0.4	—	—
（一）食品烟酒	6373	6343	0.5	38.9	43.6
（二）衣着	557	561	-0.7	3.4	-6.0
（三）居住	3185	3124	2.0	19.4	88.3
（四）生活用品及服务	842	906	-7.0	5.1	-92.1
（五）交通通信	2300	2236	2.9	14.0	92.4
（六）教育文化娱乐	1739	1779	-2.3	10.6	-58.2
（七）医疗保健	1145	1124	1.9	7.0	30.6
（八）其他用品和服务	235	234	0.4	1.4	1.4

注：部分数据因四舍五入的原因，存在总计与分项合计不等的情况。（资料来源：市统计局）

【农村居民收入】 2022年，韶关市农村居民人均可支配收入2.12万元，同比增长4.8%。增长快于城镇1.8个百分点，城乡收入比为1.82，较2021年同期降低0.04，城乡居民收入差距缩小。韶关市10个县(市、区)农村居民人均可支配收入绝对值均超过全国平均水平，呈现城镇和农村携手并进、共享发展成果的良好态势。四项收入均衡增长，为居民稳定增收提供重要支撑。全年全市农村居民人均工资性收入9936元，同比增长5.3%；经营净收入7634元，同比增长5.7%；财产净收入917元，同比增长0.2%；转移净收入2747元，同比增长2.6%。

【农村居民消费】 2022年，韶关市农村居民人均生活消费支出16376元，同比增长0.4%。分类别看，八大类消费呈“五升三降”，其中，交通通信、居住和医疗保健消费支出增长较快，分别为2.9%、2.0%和1.9%。

【“韶关市2022年促进消费若干措施”新闻发布会】 2022年4月28日，韶关市人民政府新闻办公室召开韶关市2022年促进消费若干措施新闻发布会。会上公布，出台《韶关市2022年促进消费若干措施》，采取发放消费券、鼓励汽车消费、推动家电消费、引导文旅企业主动促消费、支持市场主体做大做强、开展“有奖发票”活动等6个部分共15条措施，筹措财政资金超5000万元。5月，韶关市通过云闪付App在全市发放4200万元消费券，其中购物消费券1800万元，油品消费券300万元，餐饮消费券1000万元，文旅体消费券1000万元，汽车消费券100万元。鼓励市内金融机构以发放消费券方式开展消费惠民行动，支持成品油零售企业开展促销活动。（市统计局）

就业创业

【概况】 2022年，韶关市贯彻落实3.0版市“促进就业十条”等政策措施，9月5日，修订实施《韶关市农业转移人口市民化就业创业政策扶持实施细则》，全年实现城镇新增就业2.05万人，为经济运行在合理区间和社会稳定提供支撑。6月24日，制定出台《韶关市离校未就业高校毕业生就业服务工作指引》；6月30日，发布《韶关市高校毕业生就业服务清单》和《致高校毕业生的一封信》；7月11日，发布《韶关市高校毕业生就业创业扶持政策清单》，为高校毕业提供“毕业前—毕业中—毕业后”的“闭环式”定制服务，促进高校毕业生就业。

【劳动就业】 2022年，韶关市全面落实人社领域稳经济一揽子政策措施，组织开展“三送”(送政策、送资金、送服务)活动，累计为企业和劳动者减负9.12亿元，稳住就业基本盘。提升就业专项资金促进就业创业效能，发放就业创业补贴1.06亿元、惠及4.71万人，发放创业担保贷款4830万元、惠及56家市场主体，全市促进创业1592人。推进重点群体就业，实施高校毕业生就业创业“十大行动”(市场就业拓展行动、创业创新扶持行动、基层人才支撑行动、国有企业就业引领行动、机关就业单位招聘行动、专项渠道促进就业行动、公共就业服务进校园行动、就业能力提升行动、实名制精准就业服务行动、就业权益保护行动），出台落实《韶关市离校未就业高校毕业生就业服务工作指引》，组织 828 名高校毕业生参加就业见习，推动本地 2 所高校应届毕业生去向落实率 95.87%，韶关生源离校未就业应届高校毕业生就业率 90.17%。完善困难群体分级帮扶机制，修订实施就业困难人员认定管理办法，对失业人员和就业困难人员开展就业援助“暖心活动”，推动城镇失业人员再就业 1.23 万人、就业困难人员就业 2332 人。优化公共就业服务，建立公共就业服务领域“全程网办”事项清单，25 个事项实现全流程网上办理。建立 1649 家次重点规模以上工业企业用工需求清单，向院校毕业生、登记失业人员等群体推送企业岗位信息 246.74 万条次，举办线上线下招聘和“直播带岗”等活动 167 场次。加强创业孵化基地建设管理，累计入孵企业 551 家，带动就业 1.06 万人次。

2022 年 11 月 7 日，韶关市人社局在市技能服务中心举行“韶关美食地图”首发仪式 （韶关市人社局 供图）

【创业投资】 2022 年，韶关市“创客广东”创新创业大赛征集到 140 个有效参赛项目参加初赛，其中企业组 33 个，创客组 107 个，涵盖新能源、新一代信息技术、新材料、机器人、生物医药与健康、智能家电、半导体与集成电路、智能制造 8 个领域。12 个优质项目参加省赛，企业组收获 1 个全省 50 强和 1 个全省 100 强，创客组项目“索拉新能源——中国绿色船舶装备领航者”进入省决赛，获得创客组二等奖并参加国赛进入全国 500 强，实现韶关市参赛项目进入省决赛和参加国赛“零”的突破。 （谭桄华）

【职业能力培育】 2022 年，韶关市推动韶关市技师学院扩容提质，支持省南方技师学院新校区建设。深化产教融合、校企合作，推动在韶关的技工院校与华南先进装备产业园签订战略合作协议，与本地企业、高职院校合作共建大数据产业学院，对接本地产业发展需求新增优化 6 个专业设置，韶关市技师学院毕业生留韶实习率 61%。是年，韶关市完成“粤菜师傅”培训获证 1513 人次、带动就业创业 4239 人次，开展补贴性职业技能培训 1.33 万人次、新型学徒制培训 1087 人，完成各类家政服务培训获证 6374 人次、带动就业创业 1.5 万人次，完成“粤菜师傅”“广东技工”“南粤家政”三项工程民生实事项目，提升劳动者就业本领。

2022 年 5 月 13 日，“创客广东”韶关市中小企业创新创业大赛在韶关市区启动。图为启动会现场 （侯海霞 摄）

【职业技能培训】 2022 年，韶关市推进“粤菜师傅”工程，全市建有“粤菜师傅”培训基地、大师工作室 11 家，推动 4 所职业技工院校设立烹饪专业，700 人就读。举办全市第四届“粤菜师傅”技能工匠大赛，组织星级“粤菜师傅”下乡开展“乡厨培训”。实施“韶州客家菜”品牌创建行动，成立韶州客家菜研究中心，首批遴选推广 10 款“韶州客家菜”和 30 家特色餐饮店，发布“韶关美食地图”，深挖“粤菜师傅”就业创业典型，讲好粤菜故事，擦亮“粤菜师傅”金字招牌。推进“广东技工”工程，举办全市第三届“广东技工”职业技能大赛，吸引 252 人参赛。深化职业技能等级认定改革，建立“专员、专家、专岗”的政府、专家和企业三方联动机制，形成行业企业广泛参与、校企共建共评共享的职业技能等级认定模式，有经认定备案机构 44 家，新增取得职业资格证书或职业技能等级证书 1.42 万人、高级工以上 5973 人，全市年度目标任务完成情况居全省前列。

【和谐劳动关系构建】 2022年，韶关市加强对企业实行劳动合同制度的指导、服务和监督，推广示范文本。开展劳动关系“和谐同行”能力提升三年行动计划，评定3名省级金牌劳动关系协调员。落实劳动关系信息共享、定期会商、重大信息直报和企业裁员每日一报“四项制度”，劳动纠纷应急调处机制健全。开展250家用工定点监测企业人工成本监测和企业薪酬调查工作，发布2022年韶关市人力资源市场工资指导价位及行业人工成本信息。落实最低工资标准，提高低收入职工工资水平。落实技能人才薪酬分配指引，指导企业建立健全技能人才薪酬分配体系，助力优化营商环境。乳源东阳光实业发展有限公司被人社部命名为“全国和谐劳动关系创建示范企业”。

【劳动保障监察执法】 2022年，韶关市督促在建工程项目落实工人工资分账管理、用工实名制管理、工资保证金等各项制度，全年处置劳资纠纷案件2237宗，为8720名劳动者追回工资等待遇1.06亿元。落实重大劳动保障违法行为社会公布、诚信“红黑榜”、拖欠农民工工资失信联合惩戒、行政执法与刑事司法“两法”衔接等制度，震慑欠薪违法行为。做好特殊时期人社领域信访工作，全市劳动保障监察举报投诉案件结案率和拖欠农民工工资举报投诉案件结案率均为100%，全市劳动关系保持总体和谐稳定，韶关市人社领域信访工作获广东省表扬。

【韶关市第四届“粤菜师傅”技能工匠大赛暨“韶州客家菜”文化交流活动】 2022年11月7日，由韶关市人力资源和社会保障局主办，韶关市高技能公共实训基地管理中心、韶关市餐旅烹饪协会和韶关市烹饪职业培训学校共同承办的韶关市第四届“粤菜师傅”技能工匠大赛暨“韶州客家菜”文化交流活动在韶关市技能服务中心举行，共有来自全市各县（市、区）的10个代表团、4所技工（职业）院校代表团的126名选手参赛。大赛为市级一类竞赛，前期进行2天的集训活动，11月7—8日举行决赛。决赛分为理论考核和烹饪实操，烹饪实操设有中式烹调师和中式面点师2个比赛项目，于11月8日举行。活动现场公布2022年度广东省星级粤菜师傅、首批30家“韶州客家菜”特色店和10款“韶州客家菜”特色美食。活动现场还举行“韶关美食地图”首发仪式和“韶州客家菜研究中心”揭牌仪式。（邱拔文）

社会保险

【概况】 2022年，韶关市加强社会保险扩面征缴，全市参加企业职工基本养老保险44.21万人、城乡居民基本养老保险104.34万人、失业保险35.97万人、工伤保险46.24万人，社会保险覆盖面扩大。依托大集中一体化信息系统，加大社会保险参保数据共享力度，落实政策直补快办、免申即享等便民惠企措施，70项社保经办服务全部实现网上办。在全市社保经办窗口、各银行网点配备自助服务终端机357台、智慧眼491台，人社便民服务圈基本形成。推动社区适老服务优化升级，设立社会保险经办“流动柜台”，为行动不便的老年人提供“一站式”上门服务。开展社会保险基金管理“提升年”和社保基金安全“警示教育月”活动，完善社保政策、经办、信息、监督“四位一体”风险防控体系，维护基金安全。9月23日，韶关市政府召开2022年全市城乡居民医保参保缴费工资动员部署会议，部署全市医保征缴工作。

【失业保险】 2022年，韶关市推进失业保险基金省级统筹，参加失业保险35.97万人，失业保险基金征缴收入10264万元。失业保险金标准从每月1269元调整为每月1458元。按省部署延续实施阶段性降低失业保险费率、失业保险浮动费率政策1年，执行期限至2023年4月30日。

【养老保险】 2022年，韶关市落实企业职工基本养老保险全国统筹，实施城乡居保基金市级管理。加快推进机关事业单位养老保险制度改革，职业年金实账积累累计做实13.09亿元、做实比例90.38%。放开灵活就业人员参加企业职工养老保险户籍限制。争取省级企业职工养老保险待遇支出调拨资金69.63亿元，确保企业离退休人员待遇及时足额发放。完成23.27万名退休人员基本养老金调整工作，企业退休人员月人均基本养老金提高至2667.17元。城乡居民基本养老保险基础养老金最低标准提高至每人每月190元。完成省对市2021年度企业养老保险省级统筹考核，考核结果为“B”等次。完成被征地

2022年9月23日，韶关市政府在韶关市区召开2022年全市城乡居民医保参保缴费工资动员部署会议（市医保局 供图）

农民养老保障留存资金分配 2.71 亿元，省考核结果为“A”等次，受到省通报表扬。落实困难群体城乡基本养老保险代缴政策，为 4.02 万名困难群体代缴养老保险费 482.66 万元。

【工伤保险】 2022 年，韶关市落实工伤保险基金省级统筹管理，工伤保险参保人数 46.24 万人，工伤保险基金征缴收入 7667 万元。实施 8 类特定人员单项参加工伤保险政策。延续实施工伤保险阶段性降费率政策至 2023 年 4 月 30 日，为 2.84 万家企业（42.20 万人）纾困减负 2579.69 万元。开展新业态人员职业伤害保障试点工作。做好 2021 韶关市年度工伤保险基金省级统筹考核，省考核结果为“A”等次。

【生育保险】 2022 年，韶关市制定并出台《韶关市职工生育保险实施办法》，对生育保险的适用范围、覆盖人群、部门职责、征缴规则、待遇标准等多个方面予以明确和规定。参保女职工的合规生育医疗费用报销比例 100%，取消享受生育保险待遇需缴费满一年及符合国家生育政策等限制条件；职工按规定享受生育津贴，在参保地定点医疗机构就医或经备案后在省内异地联网医疗机构就医发生的生育医疗费用，由医保经办机构与定点医疗机构直接结算。

【医保服务】 2022 年，韶关市推行医保经办服务“网上办”“掌上办”，提升医保经办服务便利度，落实异地就医医保直接结算服务。全市 160 家医疗机构开通门诊医疗费用联网直接结算服务，实现 52 个门诊特定病种省内异地就医直接结算；参保人在本地和省内异地发生的符合生育保险规定的生育医疗费用实现联网直接结算，减轻参保人生育医疗费用垫资负担。

【全民医疗保障制度建设】 2022 年，韶关市推动医疗保障经办机构改革，成立市医保中心，加强队伍建设和行风建设，承接各项医保经办业务。加强医疗保障基金监管人员力量配置，市医疗保障局增设基金监管科室、增加人员编制。开展异地就医备案结算改革，全市异地就医备案实现在粤省事、粤医保、国家医保服务平台等多个平台全流程线上办理，实现职工医疗保险普通门诊省内异地和跨省异地就医直接结算，全市 160 家医疗机构开通门诊医疗费用联网直接结算服务，实现 52 个门诊特定病种省内异地就医直接结算。实施生育医疗费用“一站式”联网结算。7 月 5 日，韶关市医保 DIP 支付改革启动仪式暨业务培训会举行。

【医疗保障政策调整】 2022 年，韶关市制定出台《韶关市基本医疗保险实施办法》《韶关市职工生育保险实施办法》，整合原职工医保和居民医保政策，重点优化灵活就业人员参保管理、个人账户待遇计入办法等，明确职工医保最低缴费年限的逐步调整办法，扩大职工医保个人账户支付范围，健全职工医保门诊共济保障机制，普通门诊年度报销提高到每人每年 2000 元，医保基金运行更加安全可持续。全年城乡居民医保个人缴费标准从 320 元 / 人·年调整为 350 元 / 人·年，财政补助标准从 580 元 / 人·年提高到 610 元 / 人·年。

【韶关市医疗保障事业管理中心揭牌成立】 2022 年 5 月 5 日，韶关市人力资源和社会保障局、韶关市医疗保障局组织召开韶关市医疗保障事业管理中心干部会议，宣布韶关市医疗保障事业管理中心成立及人员划转事宜。6 月 30 日，韶关市医疗保障事业管理中心揭牌成立。新成立的医疗保障事业管理中心整合市社保局内设的城镇职工医疗保险结算科、个人账户和门诊统筹管理科及相关科室职责，主要负责医疗保险、生育保险、医疗救助等经办业务工作。市医保局党组书记、局长罗国华出席仪式并致辞。市纪委监委派驻第十一纪检监察组组长张卫东，市人社局党组成员、副局长李子毅，市社保局局长曾东，曲江区政协副主席蔡红燕等人参加揭牌仪式。（黄　平）

2022 年 7 月 5 日，韶关市医保 DIP 支付改革启动仪式暨业务培训会在韶关市区举行（市医保局　供图）

社会救助

【概况】 2022 年，韶关市民政局战疫情、保民生、兜底线、救急难、促稳定，指导各地保障好新冠疫情防控期间困难群众基本生活。完成 2022 年省、市十件民生实事涉民政事项，提高困难群众基本生活保障标准，统筹发展城乡社会救助制度，完善分层分类的社会救助体系。促进巩固拓展脱贫攻坚兜底保障成果同乡村振兴有效衔接，将符合条件的原建档立卡贫困人口 2.02 万人纳入兜底保障范围，做到应保尽保、应救尽救、应兜尽兜。部署开展救助管理服务质量大提升专项行动，提升管理服务质量，深化寻亲送返和落户安置工作。

【最低生活保障】 2022年，韶关市印发《关于切实保障好困难群众基本生活的通知》等文件，健全主动发现机制，做到早发现、早介入、早救助，实现“应保尽保”。实施动态管理，及时调整保障标准或调整保障政策，巩固脱贫攻坚成果中退出低保对象落实6个月渐退机制。5月，韶关市发布全市城乡低保最低月标准，韶关市城乡低保人均月标准为828元和603元，比2021年分别增加28元、23元；补差水平由2021年的631元、300元分别提高到653元、315元。截至年底，全市城乡低保对象2.6万户、5.05万人，其中城市3714户5933人、农村2.23万户4.45万人，累计支出低保金3.11亿元。

（黄永雄）

【医疗救助】 2022年，韶关市享受医疗救助困难群众27.08万人次，其中住院救助4.3万人次、门诊救助22.78万人次；支出医疗救助金7812.95万元，其中住院救助金5600.6万元、门诊救助金2212.35万元。资助医疗救助对象参加城乡居民医保6.62万人，资助金额2119.71万元。全市医疗救助对象政策范围内个人自付合规医疗费用救助比例由不低于80%提高至不低于85%，其中，对特困供养人员、孤儿等重点救助人群救助比例100%。

（黄　平）

【特困救助】 2022年5月，韶关市印发《韶关市民政局韶关市财政局关于印发2022年全市城乡低保、特困人员供养最低月标准的通知》，对全市城乡低保、特困人员供养提标任务进行统一部署。提标后，韶关市城乡特困供养人均月标准由2021年的1280元、928元，分别提高到1325元、965元。4月，印发《关于贯彻落实广东省最低生活保障边缘家庭和支出型困难家庭救助办法的指导意见》，全面规范低保边缘家庭和支出型困难家庭的认定条件、申请审核确认程序、救助措施、监督管理责任等内容，统筹衔接医疗、教育、住房、就业等救助资源，打造精准分层、科学分类、多元救助体系。截至年底，全市城乡特困供养对象7806人，其中城镇750人、农村7056人，累计支出特困供养金9130.53万元、照料护理费2332.27万元。

【教育救助】 2022年春季学期，韶关市中小学幼儿园家庭经济困难学生有9.09万人次得到资助，资助金额8711.72万元；秋季学期，全市中小学幼儿园家庭经济困难学生9.09万人得到资助，资助金额8705.75万元。韶关市大学生生源地信用助学贷款办理人数7517人，贷款金额8152.36万元。韶关市资助工作实现“三个全覆盖”，即学前教育、义务教育、高中阶段教育、本专科教育和研究生教育所有学段全覆盖，公办民办学校全覆盖，家庭经济困难学生全覆盖，从制度上保障“不让一个学生因家庭经济困难而失学”。（蔡玉燕）

【临时救助】 2022年4月，韶关市重新修订并印发《韶关市临时救助实施细则》，取消户籍地、居住地申请限制，加大对非本地户籍人口临时救助力度，全面落实由急难发生地实施临时救助，提高制度可及性和救助时效性。全年全市累计支出临时救助金623.47元，开展临时救助4152人次，人均救助水平1501.6元。疫情防控期间向在保困难群众发放“一次性生活补贴”459.7万元；启动“临时价格补贴”月份合计发放补贴581.5万元。

【困难慰问】 2022年，韶关市民政局向部分特困供养对象、低保户等困难群体发放春节节日补贴，选取10家敬老院、20户低保户及20户特困户，按照敬老院每家1万元、困难家庭每户1000元的标准，发放节日补贴14万元。同时，各县（市、区）累计派出881个工作组，慰问低保、特困、低边、支出型困难家庭等困难群众16232户24716人，发放慰问金158.87万元，发放口罩、抗原检测、药品等防疫物资折款24万元；发放棉衣、棉被、米、油等防寒物品11360份，折款133.25万元，确保困难群众温暖过冬、幸福过年。

【流浪人员救助】 2022年，韶关市民政局开展长期滞留人员寻亲送返专项行动，强化多部门协作寻亲机制，健全滞留人员信息台账，通过政府购买服务的方式引入社会力量参与救助服务工作，延伸救助链条，提升救助服务管理水平。协同公安机关和城管、卫健等部门做好流浪乞讨人员街面救助、医疗救助、寻亲送返等工作，开展“寒冬送温暖”“夏季送清凉”等专项救助行动，动员社会力量参与救助。全市救助流浪乞讨人员3353人次，帮助寻亲送返750人次，未查明身份流浪乞讨人员落户安置62人、纳入特困供养59人。

【慈善救助】 2022年，韶关市完善慈善工作机制和服务保障体系。结合“中华慈善日”“6·30”扶贫济困日，开展救孤济困、扶老助残、助学助医等各类公益慈善活动300余场，营造民众参与慈善良好氛围。开展“招善引爱”工作，引进一批公益慈善大项目，推动“腾爱兴村帮镇”“爱心助听行动”“地中海贫血防控项目”等设立落户韶关，通过腾讯公益、广益联募、世广会平台等进行宣传募捐。全市募集善款1.2亿元，募集物资折款3532万元。韶关慈善总会接收抗洪救灾捐款1386.32万元，接收物资折价103.64万元，均按捐赠者意愿用于灾后重建等工作。

【2022年韶关市“广东扶贫济困日”活动】 2022年6月29日，韶关市举办2022年韶关市“广东扶贫济困日”全社会助力乡村振兴活动仪式暨灾后复产重建爱心捐赠活动。活动宣读《关于表扬2021年度韶关市本级“广东扶贫济困日”活动突出贡献集体及个人的通报》，宝武集团中南钢铁有限公司、广东中烟工业有限责任公司韶关卷烟厂等十大爱心企业，韶关市佛教协会等三家爱心社会团体受到表彰。志愿者代表宣读《2022年韶关市“广东扶贫济困日”暨灾后复

2022 年 4 月 28 日，腾讯公益慈善基金会在韶关市举行"腾爱兴村帮镇"韶关项目签约仪式　　（市农业农村局　供图）

产重建爱心捐赠活动倡议书》。捐赠活动上，韶关市四套班子有关领导；市直及驻韶有关单位主要负责人；爱心企业、爱心社团和爱心人士代表参加捐赠活动并进行捐款。活动现场 9 家爱心企业举牌认捐共 1309 万元。广东扶贫济困日（"6·30"活动）是省委、省政府实施先富帮后富、实现共同富裕的重要举措。2010 年至 2022 年，全市接收捐赠 5.53 亿元，捐赠资金在助残助学助教、医疗救助、产业帮扶和公共基础设施建设等方面发挥重要作用。　　（黄　平）

社会福利

【概况】 2022 年，韶关市应对人口老龄化，提高老年人健康素养，出台《韶关市老年人优待办法》，建立八十周岁以上老年人高龄津贴制度。启动"护佑童行"——韶关市困境儿童守护成长计划项目，为 311 名困境儿童筹集一份 200 元的关爱包。全年销售福利彩票 2.39 亿元，筹集福彩公益金 7423.57 万元，为全市社会福利事业发展提供资金支持。开展社工活动 1327 场，参与总人次 13.19 万人，服务 6 万余人。

【福利彩票】 2022 年，韶关市福彩销售站点 212 间，全年销售福利彩票 2.4 亿元，筹集福利彩票公益金 7423.57 万元，其中市本级总留成 2706.52 万元。全年安排市级福彩公益金 1616 万元，资助"城市居民居家养老服务试点""残疾人"两项补贴等九项社会民生事业。

【老龄福利】 2022 年，韶关市落实高龄津贴制度。8 月，印发《韶关市老年人优待办法》，建立八十周岁以上老年人高龄津贴制度，即：年满 100 周岁以上的老年人，每人每月发放 200 元；年满 90 周岁以上 100 周岁以下的老年人，每人每月发放 30 元；年满 80 周岁以上 90 周岁以下的老年人，每人每月发放 20 元。全市发放高龄津贴累计 91.24 万人次，发放金额 2051.42 万元。

【儿童福利】 2022 年，韶关市落实孤儿、事实无人抚养儿童生活兜底保障。截至 2022 年年底，有孤儿 311 人，事实无人抚养儿童 1118 人。每月严格落实散居孤儿生活费 1313 元/人，集中供养孤儿生活费 1949 元/人的标准进行发放，全年发放 1250.73 万元事实无人抚养儿童生活费补贴，592.73 万元孤儿生活补贴；实施"福彩圆梦·孤儿助学工程"、"明天计划"项目。全年为 153 名符合助学条件的孤儿发放助学金，共计 76.25 万元；"明天计划"项目资金为 183 人次支付有关医疗费用共计 14.63 万元。开展困境未成年人关爱保障工作，发放 16.1 万元的慰问物资；开展"童心守望·暑期安全教育活动""欢度六一，亲子美食活动"等关爱留守儿童活动，累计 10 场。全年市未保中心共对困境儿童心理赋能、矫治 20 人，其中危机干预 6 人，心理关爱赋能 14 人。通过市慈善总会申请成立"丹心护童项目"、在腾讯公益平台启动"护佑童行"——韶关市困境儿童守护成长计划项目，为 311 名困境儿童筹集一份 200 元的关爱包。同时向上级申请的专项资金 10 万元用于开展散居孤儿、事实无人抚养儿童的核查、慰问工作，帮扶 3 个区 7 个县 723 名儿童，为他们送包含"衣、食、资、教"等关爱包。

【福利彩票公益金活动】 2022 年，韶关市销售福利彩票 2.39 亿元，筹集福彩公益金 7423.57 万元，为韶关社会福利事业发展提供资金支持。投入福彩公益金 1597 万元，用于老年人福利类项目、社会事务类项目（残疾人两项补贴）、社会福利类（社工志愿者服务类）、医疗救助类（流浪乞讨人员专项救助资金）。韶关市民政局投入 825 万余元用于城市社区居家养老服务试点和长者饭堂试点建设，打造"15 分钟"养老服务圈。是年，韶关市有城市居家养老服务中心 19 个，长者饭堂 28 个，养老床位 19609 张。韶关福彩在全市 10 个县（市、区）开展 11 场"公益福彩，你我同行"系列公益活动，包括对老人、残疾人、贫困学生等困难群体开展帮扶慰问。实施"孤儿医疗康复明天计划"，投入 14 万元公益金用于救治孤儿。投入福彩公益金 300 万元用于流浪乞讨人员专项救助，部署市救助站开展"夏季送清凉""冬季送温暖"专项救助行动，做好流浪乞讨人员救助管理，全年救助流浪乞讨人员 3353 人次。全年双百工程社工督导累计指导社工开展活动 1327 场，参与总人次 13.19 万人，服务 6 万余人。

【"公益福彩，你我同行"关爱困境儿童活动】 2022 年，韶关福彩开展"公益福彩，你我同行"关爱困境儿童活动。该活动由韶关福彩资助，乳源销售站业主、爱心购彩者自发捐赠，购买一批米、面、牛奶、月饼等生活物资，慰问乳源瑶乡 10 户困境儿童家庭。“公益福彩，你我同行”是韶关福彩倾心打造的福彩公益品牌活动，主要是面向老年人、青少年、残疾人、困难群众等重点对象开展慰问、帮扶等形式多样的公益活动。活动以县(市、区)为单位，由市福彩中心资助每个县(市、区)3000 元，配套投注站业主、爱心彩民自发捐赠，发挥各县(市、区)综合管理服务人员的资源优势，结合各地实际确定公益活动项目，经市福彩中心审核后开展。

（黄　平）

住房保障

【概况】 2022 年，韶关市公共租赁住房筹集 5349 套；租赁补贴发放 381 户；完成公租房实物配租 66 人；办理公房新申请、续租、退房、信息变更等 4218 宗。住房公积金“数字化”改革服务升级，新增住房公积金网办业务 13 项，“跨省通办”服务 5 项。全年缴存住房公积金 48.24 亿元，提取额 36.91 亿元，为 4595 户家庭发放住房公积金委托贷款 14.12 亿元，

【公共租赁住房管理】 2022 年，韶关市公共租赁住房筹集 5349 套，其中：345 套在建设，建成已分配 4680 套。租赁补贴发放 381 户，其中市本级发放 69 户、曲江区发放 21 户、乐昌市发放 100 户、南雄市发放 170 户、仁化县发放 21 户。全年韶关市本级分 3 批完成公租房实物配租 66 人，发放公租房租赁补贴 69 户；办理公房新申请、续租、退房、信息变更等 4218 宗，其中，公有住房新申请 363 户，续租 1986 户，退房 433 户，保障对象信息变更 947 户，危旧房屋调换 55 户，给予公有住房属特困供养、低保、低收入、中等偏下收入家庭租金优惠减免 434 户；租金减免涉及服务业、制造业小微企业和个体工商户承租户 560 户，减免总额 877.92 万元；人才住房分配入住 63 套，退出 84 套。

【保障性住房建设】 2022 年，广东省住房和城乡建设厅下达韶关市公租房新开工 72 套，基本建成 50 套，保租房新开工 40 套，租赁补贴发放 294 户。年内，韶关市完成公租房新开工 72 套，完成率 100%；公租房基本建成 50 套，完成率 100%；保障房新开工 40 套，完成率 100%；租赁补贴共发放 381 户，完成率 130%。

（杨伟剑）

【住房公积金管理】 2022 年，韶关市推动住房公积金“数字化”改革服务升级。全年新增住房公积金网办业务 13 项，“跨省通办”服务 5 项；截至年末，实现 40 项个人业务和 27 项单位业务“全程网办”，13 项公积金服务“跨省通办”。缴存额持续增长。全年缴存住房公积金 48.24 亿元，增长 5.03%，实缴单位 6186 家，实缴职工 26.89 万人，新开户单位 717 家，新开户职工 2.74 万人，截至年末，缴存总额 458.86 亿元，增长 11.75%；缴存余额 122.72 亿元，增长 10.17%。提取额平稳增长。全年公积金提取额 36.91 亿元，增长 4.11%；年末提取总额 336.14 亿元，增长 12.34%。贷款平稳发展。全年为全市 4595 户家庭发放住房公积金委托贷款 14.12 亿元，年末累计发放个人住房贷款 8.45 万笔 173.71 亿元，金额同比增长 8.85%，贷款余额 98.21 亿元，增长 4.02%，存贷比 80.03%。增值收益支持公共租赁住房建设。全市提取住房公积金增值收益补充公共租赁住房建设资金 1.8 亿元，年末累计提取住房公积金增值收益补充公共租赁住房建设资金 15.47 亿元。

（梁　茜）

【《韶关市区城镇住房保障实施办法》出台】 2022 年 12 月 13 日，韶关市人民政府正式印发《韶关市区城镇住房保障实施办法》，主要包括七章内容，分为总则，规划与建设，申请与审核，轮候与配租，管理与退出，监督与责任及附则共四十三条规定。该办法加大对住房困难消防救援人员、公交及环卫行业一线职工的公租房精准保障力度，推进棚户区改造土地收储和安置。

（杨伟剑）

2022 年，韶关市曲江区区审计局宿舍改造前

（市住建管理局　供图）

2022 年，韶关市曲江区区审计局宿舍改造后

（市住建管理局　供图）

社会事务

人口家庭

【概况】 2022年，韶关市户籍总人口343.81万人，出生人口2.74万人。提高城镇落户便捷程度和服务水平，促进农业转移人口市民化。实施一对夫妇生育三个孩子的生育政策。推进“托幼一体化”建设。全年办理结婚1.4万对，办理离婚登记5725对。办理国内收养登记13宗。

【人口监测】 2022年，韶关市户籍总人口343.81万人，出生人口2.74万人，出生率7.9‰，自然增长率0.9‰，出生人口性别比113.68(以女性为100，下同)；全市常住总人口269.19万人，出生人口1.91万人，出生率7.2‰，自然增长率-1.2‰，出生人口性别比115.54。全市户籍人口出生数比2021年减少3456人，降幅11.2%；常住人口出生数比2021年减少2391人，降幅11.1%。2021年度全员人口数据质量评估(地级以上市)评分97.91分，位列全省第五。

（杨方文）

【户籍人口管理】 2022年，韶关市公安局推进户籍制度改革，于9月提请市府办印发《韶关市农业转移人口市民化户籍便民实施细则》，全面取消城区落户限制，实施以经常居住地登记户口制度，允许租赁房屋入户，实现落户城镇“零门槛”，全市农业转移人口落户城镇7856人；提高落户便捷程度和服务水平，实现全部户口迁移业务省内一站式通办和5项户口迁移业务“跨省通办”，全市省内一站式迁入2910人次、迁出1.62万人次，“跨省通办”迁入738人次、迁出443人次，受理签发身份证21.5万人次；创新实有人口服务管理模式，打造共建共治共享社会治理新格局，推广“粤居码”应用，全市流动人口“粤居码”持码人数11.48万人，持码率94.22%。

【流动人口管理】 2022年，韶关市公安局加强流动人口和出租屋信息采集管理工作，推广“粤居码”应用，流动人口“粤居码”持码率为94.22%。开展涉出租屋违法犯罪夜查行动，加强风险隐患摸排工作，不断提高人民群众获得感、幸福感、安全感。

（韩　徽）

【生育服务】 2022年，韶关市实施一对夫妇生育三个孩子的生育政策，12月20日，出台《韶关市贯彻落实〈关于优化生育政策促进人口长期均衡发展的实施方案〉任务分工方案》。全市农村部分计生家庭奖励、特别扶助、城镇独生子女父母计划生育奖励、农村计划生育节育奖励四项奖励扶助对象11.24万人，各级发放奖励扶助金总额1.18亿元。推进“托幼一体化”建设。截至2022年年底，全市登记注册的托育服务机构137家(其中纯托育服务机构60家、幼儿园托班77家)，提供托位数6733个，每千人口3岁以下婴幼儿托位数2.61个。全市有4家市级3岁以下婴幼儿照护服务示范单位。

（杨方文）

【婚姻登记】 2022年，韶关市办理结婚1.4万对，其中，内地结婚1.39万对，涉及中国香港、台湾同胞、华侨结婚40对；办理离婚登记5725对，其中，内地离婚5716对，涉及中国香港、台湾同胞、华侨离婚9对。6月，开展青年婚恋观讲座走进企业活动，邀请知名集团的年青团员30人参加学习活动，活动以青年婚姻观、人生观、价值观教育为主题，引导新时代的青年何处理家庭关系、如何奉献青春追求事业，倡导婚恋文明新风，培育和践行社会主义核心价值观通过开展“加强青年婚恋观、家庭观”主题教育，引导青年树立正确的家庭观、婚恋观。8月4日，市民政局联合武江区民政局开展一次树立文明节俭的婚俗宣传倡议活动，现场发放“节俭办婚礼，文明新婚俗”倡议书30余份。8月4日，全市办理结婚登记130对。

【收养登记】 2022年，韶关市各级民政部门办理国内收养登记13宗，其中按照辖区分类：浈江区1宗、南雄市2宗、翁源县5宗、乳源瑶族自治县1宗、新丰县2宗、乐昌市2宗；按情况分类：办理收养三代以内同辈旁系血亲的子女9宗、办理收养生父母有特殊困难无力抚养的子女2宗、办理收养社会福利机构抚养的查找不到生父母的儿童2宗。解除收养关系2宗，均为翁源县办理。

【殡葬管理】 截至2022年年底，韶关市有殡仪馆9家，火化机33台，免除殡葬基本服务费1.9万宗，免除金额2725.54万元。2022年，韶关市深化殡葬改革，成立殡葬改革领导小组及工作专班，于6月16日推动出台《韶关市深化殡葬改革十五条》，形成"1+4"政策体系。全市各殡仪馆通过预约、错峰等方式恢复遗体告别、守灵、骨灰祭祀等聚集性殡仪服务。完成殡仪馆火化机尾气排放治理，联合有关部门开展深化规范殡葬业价格秩序、安葬(放)设施建设经营专项行动等行业治理，解决一批群众反映的突出问题。加强殡葬领域移风易俗，推动清明节文明绿色安全祭扫。

（刘晓靖）

【和谐家庭建设】 2022年，韶关市妇女联合会持续组织开展寻找"最美家庭"、评选"书香家庭""五好家庭""绿色家庭""文明家庭"等活动，共推荐、评选全国、省级、市级先进典型家庭（个人)95户（人)，引导群众传承家庭美德，讲好最美家庭故事。于2021年2月4日印发《韶关市忠诚立家风行动（2020—2022)》，联合市直机关工委开展"清廉家风"主题征文活动，创建第二批忠诚立家风实践示范基地7个。联合市文明办开展"少年儿童心向党—亲子共沐书香 强国复兴有我"家庭亲子阅读系列活动，市委常委、政法委书记吴耿淡在线上参加直播活动，号召亲子家庭陪伴孩子多读书、读好书、善读书。全年共举办韶关市第三届"风筝节"暨传承弘扬好家风好家教主题宣传月、"建设好家庭 涵养好家教 传承好家风"韶关市2022年文明家庭现场交流会、韶关市贯彻落实家庭教育促进法工作启动仪式和韶关市"实施家庭教育促进法主题沙龙"活动及家庭教育主题讲座、亲子活动等家庭家教家风主题活动814场次，4万人次受益。联合市教育局、市广播电视台等单位共同启动《家庭教育亲子在线》栏目。全年"韶关父母学堂""家庭教育云课堂"等家庭教育线上工作品牌共开展71期，近10万人次收听收看。推进"南粤家政"工程，深入开展巾帼家政人员技能培训，开展"粤姐姐说家政"系列短片、"最美家政人"故事宣传，为776名家政服务人员购买"巾帼家政保"。乳源瑶族自治县的月嫂钟瑶妹的优秀故事案例入选全国妇联联合新华网开展的"蓄力向上，致敬新时代最美家政人"评选活动。

【入选全国五好家庭、全国最美家庭、全国家庭工作先进个人】 2022年5月15日，中华全国妇女联合会表彰997户全国五好家庭、200个全国家庭工作先进集体、198名全国家庭工作先进个人、揭晓997户全国最美家庭。其中，韶关市黄娇家庭、邹文慧家庭获评全国五好家庭；钟巧群家庭、邱国花家庭获评全国最美家庭；赖柳英获评全国家庭工作先进个人。

（李红艳）

老龄事务

【概况】 截至2022年年底，韶关市养老机构124间，其中，福利院10间、民办养老机构24间、乡镇敬老院88间、其他公办2间(医养结合)，全市有养老床位1.96万张。

【养老机构建设管理】 2022年，韶关市加大养老服务体系建设资金投入，投入中央、省、市级资金3586.71万元用于养老机构改造提升、适老化改造等养老服务体系项目建设。9月，完成新丰县马头镇敬老院和翁源县福利院养老机构改（扩）建验收工作。截至年底，完成全市499户高龄、失能、残疾老年人家庭居家适老化改造试点工作。推进养老机构通过消防审验工作，联合市自然资源局、市住建局、市消防救援支队一体推进解决韶关市17家养老机构消防审验（备案)问题，制订实施《韶关市养老机构消防安全整改工作督导方案》，成立市整改工作督查小组，截至年底，在全省率先完成养老机构消防审验整改工作，全市121家正常运营养老机构全部通过消防审验(备案)手续。

【养老服务活动】 2022年，韶关市19个城市居家养老服务试点和25个长者饭堂运营。全市全年19个城市居家养老服务中心累计开展"养老防诈骗""数字助老助残志愿活动""智慧助老""爱在夕阳，智享生活"等志愿服务等入户探访、文化娱乐、义诊等活动300余场，服务1万人次；25个长者饭堂提供配餐用餐人次数5万人次。

【养老服务管理】 2022年，韶关市提高养老服务质量和安全系数，开展打击整治养老诈骗、养老服务领域审计发现问题、养老机构经营性自建房安全隐患排查整治、养老机构服务质量"双随机、一公开"监督检查等养老服务领域安全隐患排查整治。强化养老政策制度创新，11月，印发《韶关市养老服务体系建设"十四五"规划》《韶关市民办养老服务机构扶持资助办法》。

【养老护理员管理】 2022年，韶关市加强养老护理队伍建设，组织1925人次参加省、市级养老护理员岗位培训。发动和组织全市养老机构护理员参加韶关市第三届"南粤家政"技能大赛，有20名养老护理员获奖。

【打造家门口的社区"养老院"】 2022年，韶关市民政局筹措资金3926.9万元建成19个城市社区居家养老服务中心，在市区老年人口居住密集且有配餐需求的社区建设长者饭堂配餐点25个，通过政府购买服务(政府补贴)方式，开展居家养老长者饭堂集中配餐服务试点，为有配餐需求的居家老年人提供集中用餐服务，每天供应午、晚两餐。同时，在全市163个农村村委建设农村养老服务"幸福计划"项目，为城乡社区(村委)年满60岁周岁以上的老年人（以保障特困、高龄、独居老人等为重点)提供日托照料、康复保健、配餐助餐、文化娱乐等居家养老服务。

（温心怡）

残疾人事务

【概况】 2022年，韶关市残联率先完成全市108个乡镇（街道）残联、

1459个村（社区）残协的建设任务，全省残联基层组织建设现场会于6月在韶关市召开。镇级残疾人专职委员全部纳入“双百工程”（广东兜底民生服务社会工作双百工程）社会工作服务站管理。全市持证残疾人9.19万人（办证9.37万人），其中视力残疾8430人，听力残疾9851人，言语残疾1383人，肢体残疾4.31万人，智力残疾1.08万人，精神残疾1.37万人，多重残疾4692人；重度残疾人（一级、二级）4.19万人，其中，重度一级1.24万人、重度二级2.95万人。

2022年7月，韶关市残疾人就业创业孵化之家入孵项目推介会在广东省残疾人粤北就业培训中心始兴基地召开　（市残联　供图）

【残疾人补贴救助】 2022年，韶关市筹得善款50万余元、助听器40台价值175.2万元、人工耳蜗9台价值167.4万元，完成40名听障残疾人助听器验配和11名人工耳蜗植入手术。联合腾讯公益定制残障儿童专属爱心保障方案，为仁化县、乳源瑶族自治县和新丰县3个县的637名残障儿童提供关爱保险。为63名考取汽车驾照的残疾人发放汽车驾驶技能培训一次性补贴12.6万元。

【残疾人康复服务】 2022年，韶关市为3176人提供辅具适配服务，为1.38万名残疾人提供各种类型的精准康复服务，其中106名残疾人适配假肢、172名残疾儿童适配矫形器。全市有效运营的残疾儿童康复服务定点机构20家，服务0—6岁残疾儿童1176人次，市残疾人康复中心获评广东省巾帼文明岗。韶关市每十万人得到康复服务25.01人，残疾儿童服务覆盖率位居全省第二。持续为残疾人提供免费法律咨询和心理咨询服务。

【残疾人管理】 2022年，韶关市持续推进严重精神障碍患者、疑似残疾孤儿等特殊人群的评残办证工作，开展残疾评定上门服务138次，入户评残人727人，集中评残1904人，做好违规持证清理核查。完成2项市级改革攻坚规范治理任务，市残联起草的《韶关市残疾人就业办法》和《韶关市无障碍环境建设管理规定》，经市政府常务会议审议原则通过，分别以韶府规〔2022〕5号、韶府规〔2022〕8号颁布，均在5月施行。4月10日，《韶关市“十四五”残疾人保障和发展规划》获市政府批准实施。

【残疾人就业培训】 2022年4月11日，韶关市出台《韶关市残疾人就业办法》，规范残疾人享有就业平等、自主择业和获得劳动报酬的权利。全年就业年龄段残疾人4.52万人，就业率53.49%，新增城镇就业人员478人，完成率187%，新增农村就业人员2136人，完成率228%。培训城乡残疾人1572人，完成率168%。全市应届残疾人高校毕业生51人，完成调查率、建档率、就业服务率、就业跟踪率“四个100%”。安排残疾人就业用人单位年审1176家，安排残疾人就业人数2858人，全市残疾人就业保障金征收金额6266.6万元。参加广东“众创杯”创业创新大赛残疾人公益赛，获1枚银牌、1枚铜牌、5个优胜奖，其中“誉满中外的‘炮弹香芋’，科学种植、精细化管理”项目获得企业自强组银奖，“残疾人编织文化艺术创意园”项目获得企业助残组铜奖。7月，召开韶关市残疾人就业创业孵化之家入孵项目推介会，为残疾人提供更多就业和创业机会。

【无障碍建设】 2022年，韶关市全面推进无障碍环境建设，保障残疾人等社会成员平等参与社会生活，促进社会文明和进步，于4月1日印发《韶关市无障碍环境建设管理规定》，于10月27日印发《韶关市无障碍环境建设“十四五”实施方案》，明确市、县两级政府及相关部门职责，推动全市无障碍环境建设。韶关市残联牵头规划并实施“韶关市无障碍”环境建设“十四五”实施方案，重点从城乡基础设施、公共交通、医疗机构、教育机构、公共文化场所无障碍建设，困难重度残疾人家庭无障碍改造，养老服务机构无障碍建设和居家适老化改造，信息无障碍环境建设和广播影视信息无障碍建设等方面对建设任务进行规划并抓好落实。指导督促各县（市、区）残联贯彻落实韶关市“十四五”残疾人家庭无障碍改造实施方案，注重提升改造质量。全年完成困难重度残疾人家庭无障碍改造823户，其中符合居家适老化改造条件的97户。

【韶关市残疾人就业创业孵化之家揭牌成立】 2022年8月9日，韶关市残疾人就业创业孵化之家揭牌成立。韶关市残疾人就业创业孵化之家依托韶关市创业孵化基地而建，为有志于创业的残疾人提供更好的创业孵化条件，为符合条件的残疾人初创企业或团队提供基础创业服务、创业导师服务、投融资服务、资源对接服务，并组织开展各类创业培训和交流活动。揭牌当天，韶关市残联现场召开“韶关市残疾人就业创业孵化之家入孵项目推介会”，与5位有意向入孵的残疾人创业者座谈，倾听残疾人创业者的心声和需求。（黄婷婷）

退役军人事务

【概况】 2022年，韶关市退役军人事务局完成退役军人安置、就业创业、优抚优待、双拥和褒扬等工作，推动全市退役军人事务工作开展。军转干部安置率100%，接收退役士兵和退出消防员中自主择业退役士兵和退出消防员92.48%。发放自主就业退役士兵一次性经济补助金。全市退役军人参加全员适应性培训，举办23场退役军人和随军家属专场招聘会，吸引6171家企业提供9320个岗位，达成就业意向312人。韶关市退役军人创业孵化专区揭牌成立。提高部分优抚对象抚恤和生活补助标准。完成11届全国双拥模范城(县)中期考评工作。

【退役军人安置】 2022年，韶关市严格落实安置政策，完成军转干部接收安置，其中计划分配军转干部安置率100%，接收军队离退休人员，举行三方见面会并签订移交协议书，完成“即交即接”的移交安置任务。

2022年5月27日，韶关市举行“戎归南粤谱新篇 牢记使命立新功”2022年粤北片区退役军人(网络)专场招聘会（市退役军人事务局 供图）

【退役军人就业创业】 2022年，韶关市发放自主就业退役士兵一次性经济补助金。全市退役军人参加全员适应性培训，退役士兵报读两年中等职业技能免费培训，参加短期技能培训。全市举办23场退役军人和随军家属专场招聘会，吸引1671家优质企业入驻；首次举办粤北区域现场直播招聘会，直播专场观看人数81万人，吸引214家优质单位和企业参与，并提供超1060个岗位。举办韶关市退役军人创业创新大赛，发动41家企业报名参赛，38家企业通过初审，经过网络评审，最终选出19个优秀项目晋级决赛。经决赛，风采茶楼、绿之洲生态农业等6个项目分别获得传统产业及生活服务业组和现代农业组第一名、第二名、第三名。截至年底，确定风采茶楼、绿之洲生态农业等5个项目代表韶关市参加全省退役军人创业创新大赛复赛。年内，韶关市退役军人创业孵化专区揭牌成立，首批由退役军人创办的企业已经入驻孵化专区。

2022年10月25日，韶关市退役军人事务局联合乐昌市退役军人事务局到梅花镇和坪石镇开展2022年“关爱功臣送医送药”活动。图为坪石镇活动现场（市退役军人事务局 供图）

【优抚优待】 2022年8月1日起，韶关市再次提高部分优抚对象抚恤和生活补助标准。其中，烈属标准提高到每月3357元；因公牺牲军人遗属标准提高到每月2888元；病故军人遗属标准提高到每月2712元；红军失散人员标准提高到每月3259元；在乡老复员军人标准提高到每月2090元，在乡老复员军人(抗日战争时期)标准提高到每月2098元；带病回乡退伍军人标准提高到每月902元；参战涉核退役人员标准提高到每月890元；年满60周岁烈士子女标准提高到每月645元；60周岁以上农村籍退役人员标准调整为每服一年义务兵每人每月补助54元；“五老”人员标准每月643元。年内开展优抚对象短期疗养活动2批次68人，活动期间韶关市疗养对象李社佑、陈坛先等8人被省第二荣军医院评为“优秀疗养员”。开展“关爱功臣•送医送药”活动，组织粤北第三人民医院（韶关市复退军人医院）医护

2022 年 11 月 6 日，韶关市开展"幸福双拥 缘定韶关"2022 年韶关市军地青年联谊会。图为"幸福双拥 缘定韶关"2022 年韶关市军地青年联谊会活动现场 （市退役军人事务局 供图）

专家组成巡回医疗队，为重点优抚对象提供免费心理咨询、免费体检，赠送常用常备药品及血压计、拐杖和轮椅等各类辅助器具价值 39.57 万元。

【双拥工作】 2022 年，韶关市完成第 11 届全国双拥模范城（县）中期考评工作，印发《韶关市 2022 年创建全国双拥模范城网上申报工作需求清单》，完成 2022 年度申报材料收集、整理和上传，争创第 12 届全国和广东省双拥模范城（县）。组织召开 2 次军地互提要求、互办实事"双清单"工作会议，解决随军家属就业、子女入学、交通保障、军地共建等 16 个需要军地双方协调共商的难题，确保军地"双清单"制度落实。开展帮扶援助工作，为韶关市家庭基本生活严重困难的退役军人家庭申请广东省退役军人应急救助资金 413.92 万元，为特困退役军人家庭申请韶关市退役军人特困慰问金 80 万元，支出 77.56 万元。全市组织开展元旦、春节和八一建军节期间系列慰问活动，走访慰问驻韶关部队、重点优抚对象代表、退役军人和享受定期抚恤补助优抚对象，发放慰问品（金）价值 797.84 万元。举办"幸福双拥·缘定韶关"韶关市 2022 年军地青年联谊活动，来自驻韶关部队和韶关各机关、企事业单位的 200 余名单身男女青年参加，现场有 26 对嘉宾牵手成功。提升军供应急保障能力建设，实施全面提质改造，完成军供保障任务，韶关军供站获部队赠送锦旗 2 副、感谢信 2 封及南部战区运输调度中心广州军代室的通报表扬。

【烈士纪念】 2022 年，韶关市倡导网上开展英烈祭扫活动，参加网上祭扫活动 18.16 万人次，向英烈献花 1.53 万人次，平台留言 3.53 万条。全市举办"9·30"烈士公祭活动 63 场，5300 人参加。开展县级以下烈士纪念设施保护管理，全市县级以下英雄烈士纪念设施有 1415 座，其中陵园内烈士墓 1254 座，集中保护率 88.62%；委托烈属或乡镇政府管理的英雄烈士纪念设施 198 处，签订管护协议 195 处，"应签尽签率"98%。推动烈士纪念设施提质改造和整修，"9·30"烈士纪念日前完成全市 146 座英雄烈士纪念设施修缮工作。

【韶关最美退役军人、最美军嫂评选】 2022 年 8 月 1 日，中共韶关市委宣传部、韶关市退役军人事务局、韶关军分区政治工作处和韶关市妇女联合会联合开展"韶关最美退役军人""韶关最美军嫂"学习宣传活动，推选付日宝、冯俊伟、刘志军、刘芬秀、朱春华、周礼成、林年昌、陈新钢、黄开战、曹明飞 10 人为年度"韶关最美退役军人"，推选马红雨、毛先花、方咏梅、汤蓉、汤嫚、杨锦霞、罗洁、赵赛男、黄晓华、曹璐婧 10 人为年度"韶关最美军嫂"。

【韶关首个退役军人创业孵化专区揭牌】 2022 年 10 月 25 日，韶关市退役军人创业孵化专区揭牌成立，这是韶关为退役军人初创项目提供的首个创业服务平台。市退役军人事务局局长周小明及市人社局相关领导、部分有创业意向的退役军人代表参加揭牌仪式。退役军人创业孵化专区是韶关市退役军人事务局和韶关市创业孵化基地共同打造的。退役军人进入孵化基地需要满足两个条件：一是创业项目必须为初创企业，也就是注册不超过三年的小微企业；二是还没有注册企业的创业人，团队项目也可以进入孵化基地，在入驻孵化基地后要成立公司。有意向入驻专区且符合条件的退役军人直接拎包就能入驻。揭牌仪式上，韶关市退役军人事务局与基地运营方暨南大学韶关研究院签订战略合作协议，联合为基地的在孵企业提供服务支撑，致力于孵化符合条件的创业团队和初创企业，重点孵化以"电子商务、农品推广、信息应用、文创产业"为主要发展方向，并且创新引领能力强、带动就业效果好的创业项目，为创业者提供免费场地和设施、免费工商代办、创业导师服务、投融资服务、资源对接服务、创业项目路演、创业沙龙、创业讲堂、政策宣贯等活动支持。 （彭启为）

社区建设

【概况】 2022 年，韶关市推动村民小组管理制度化、规范化，村民小组长队伍作用有效发挥。全市 10 个县（市、区）全部制定乡镇（街道）议事协商事项清单和乡镇（街道）协商与城乡社区协商联动机制。加强社会工作专业人才队伍建设。至年底，全市持有全国社会工作者职业水平考试证书 4351 人。全市注册志愿者 18.7 万人。规范村级组织机构悬挂牌匾工作。改进和优化（村）社区出具证明工作。完成武江区西河镇红星村、西联镇赤水村"村改居"试点工作。

【基层自治】 2022年，韶关市对村级公共事务、村(居)委会挂牌事项等工作进行回头看，指导各地开展规范村（居）民委员会下属委员会建设工作;开展乡镇(街道)议事协商能力建设工作调研,全市10个县(市、区)全部制定乡镇（街道）议事协商事项清单和乡镇（街道）协商与城乡社区协商联动机制。开展“最美城乡社区工作者”选树活动,全市共评选出20名城乡社区工作者。将新丰县大岭村的试点经验在各县（市、区）全面推广，逐步推进村级议事协商平台建设，规范村级议事协商程序。

【社工队伍建设】 2022年，韶关市开展全市2022年全国社会工作者职业水平考试组织动员、报名登记等相关工作。全年全市通过全国社会工作者职业水平考试的人数466人。抓好志愿服务阵地建设、站点培育，在各类社区综合服务设施中建设“八有”(有场地设施、有统一标识、有服务队伍、有服务内容、有服务指引、有管理制度、有服务记录和台账、有文化氛围）志愿服务站点1515个，覆盖率97.6%。10月，指导仁化县民政局于10月31日印发《仁化县关于开展志愿服务记录与证明抽查工作的实施方案》，开展全省试点志愿服务记录与证明抽查试点工作。

【社区（村）服务体系建设规划】 2022年，韶关市民政局于7月31日印发《韶关市民政局关于做好村级组织机构悬挂牌匾备案管理的通知》,加强对社区(村)牌匾的备案登记,建立备案登记年报告制度。于7月12日印发《关于积极引导乡贤参与乡村治理建设的指导意见》,鼓励乡贤带头执行村规民约。于6月28日印发《关于深化“社区万能章”治理专项行动实施方案的通知》，要求各地持续完善事项清单，细化办事指南，将《正面清单》的事项纳入广东政务服务事项管理系统管理,以办事指南的形式,明确村(居)可出具的证明的索要单位、政策依据、证明内容、办理流程和具体样式。牵头于11月7日印发《韶关市城乡社区服务体系建设“十四五”规划》。

【村改居试点工作】 2022年，韶关市民政局牵头于6月16日印发《韶关市“村改居”试点工作实施意见》。完成武江区西河镇红星村、西联镇赤水村“村改居”试点工作。于7月11日出台《关于进一步加强和规范村(居)民委会建设的指导意见》,对“建立健全基层群众性自治组织法人备案制度”“抓好村（居）民委员会增设下属委员会工作”“加强和规范村务监督委员会建设”“健全完善村（居）民委员会成员履职承诺和述职制度”四个方面提出指导意见。

【社会工作】 2022年,广东省、韶关市下达“广东兜底民生服务社会工作双百工程”建设项目资金6009.78万元，用于全市社工、督导招聘、培训、日常工作宣传及社工站（点）建设。组织开展乡镇（街道）社会工作服务站社工公开招聘工作，招聘社工970人。10月28日，全市新增村（社区）工作服务点挂牌仪式在浈江区十里亭镇碧桂园北区社区举办。是年，全市105个乡镇（街道）社工站建有社会工作服务点577个，实现社会工作服务点、困难群众和特殊群体社会工作服务100%覆盖，全年乡镇（街道）社工站开展1327场活动，参与13.19万人次，服务6万余人，开展个案服务781个。

【曲江钢之魂】 2022年，韶关市曲江区松山街道红旗区社区先行先试，通过探索建立健全共商、帮扶、结对“三项机制”，引导老党员们“退休不褪色”，把党员身份亮出来，投身社区志愿服务，率先开启银龄力量引领基层治理新模式。队伍从原来的6人小组发展成43人，他们的平均年龄70多岁，最大年龄的81岁，队员们分为7个小组，按照每天一组的轮值形式，义务为党员群众开展公园讲解、文明劝导、安全巡查等志愿服务，成为推动居民自我教育、自我服务、自我管理的一个载体，激发社区自治活力。 （达 丽）

2022年10月28日，韶关市“广东兜底民生服务社会工作双百工程”新增村(居)社会工作服务点挂牌仪式在浈江区碧桂园北区举行(韶关市民政局 供图)

社会组织管理

【概况】 2022年，韶关市社会组织登记在册的社会组织1979家，其中市本级513家、各县市区1466家。在册党员176名。全市获得社会组织等级3A级10家、4A级7家、5A级18家。规范社会团体分支(代表)机构专项整治工作，为多家社会组织减免会费104.43万元。

【社会组织建设】 2022年，韶关市以党建引领推动社会组织高质量发展，韶关市社会组织党委发展成立33个党支部(含临时党支部3个)，在册党员176名。于8月22日制定《韶关市市属社会组织负责人人选审核办法（试行)》，加强对社会组织负责人的审核工作，推动社会组织负责人担任社会组织党组织书记。全市性行业协会商会收费项目、收费标准等情况在“信用中国”公示 71 家。开展行业协会商会乱收费“回头看”工作，为多家社会组织减免会费 104.43 万元。

【社会团体治理】 2022 年，韶关市“改革攻坚规范治理”重点项目之一是规范社会团体分支（代表）机构专项整治工作，推进社会团体规范内部管理，开展行业协会商会乱收费“回头看”工作，清理整治违法行为，提高社会组织监管质量。全年全市梳理排查社会团体分支（代表）机构 869 家，完成不规范分支（代表）机构整改 4 家；实施撤销登记行政处罚 8 家；引导注销 10 家。支持引导社会组织参与社会服务和社会治理，全市获得社会组织等级 3A 级 10 家、4A 级 7 家、5A 级 18 家。10 月 26 日至 11 月 14 日，韶关市民政局委托韶关智杰会计师事务所进行抽查审计工作，抽取 20 家社会组织开展 2022 年全市性社会组织抽查审计工作。抽查的重点是：法人内部治理情况、遵守法律法规和制度建设及执行情况、行业协会商会涉企收费情况、民办非企业单位（社会服务机构）非营利执行情况、信息公开义务的情况、党建工作等情况。韶关市市政行业协会、韶关市医疗器械行业协会暂无发现问题，韶关市房地产行业协会、韶关市山东商会、韶关市五华商会、韶关市红丝带志愿者协会、韶关市禁毒协会、韶关市蜗牛公益互助会、韶关市投资协会、韶关市戏剧家协会、韶关粤北民营经济发展研究院、韶关市丹霞铁皮石斛研究院、韶关市协同创新研究院、韶关市三江书画院、韶关市精英青少年体育俱乐部、韶关市皇佳拉丁舞俱乐部、韶关市明智职业培训学校、韶关市知行人才培训中心、韶关市育威中等职业学校、韶关市张九龄文化发展基金会等发现有票据管理不够规范、信息公示不完整、监事未列席理事会会议等不规范问题。

【社会组织企业服务】 2022 年，韶关市为多家社会组织减免会费，助力优化营商环境。推进社会组织及其会员企业稳岗就业，为社会纾困解难，举办线上线下活动 29 场次，发动社会组织 1309 家，提供就业岗位 1827 个。

【2022 年度社会组织等级评估授牌仪式】 2022 年 12 月 1 日，韶关市民政局举行 2022 年度全市性社会组织等级评估授牌仪式，为 6 家获得社会组织等级评估荣誉称号的社会组织授牌、颁发证书。其中，韶关市乡村振兴公益基金会、韶关市女企业家协会、韶关市粤北中小企业服务中心 3 家获评 5A 等级，韶关市风景园林与生态景观协会获评 4A 等级，韶关市莞韶产业园联合会、韶关市张九龄文化发展基金会获评 3A 等级。2022 年度社会组织等级评估工作是根据《社会组织评估管理办法》和《关于开展 2022 年度社会组织评估申报的通知》要求，经参评社会组织对照指标自评、第三方评估机构实地考察初评、全市性社会组织评估委员会集体审议终评、公示，最终确定 6 家社会组织获得社会组织等级评估荣誉称号。（梁丽恒）

区划管理

【概况】 2022 年，韶关与湖南省郴州市 5 个县（市）和江西省赣州市 8 个县（市）相接壤，与广州、惠州、河源和清远毗邻，共涉及省级行政区域界线 2 条，市级行政区域界线 4 条，县级行政区域界线 18 条。韶关各级民政部门以改革攻坚规范治理工作为契机，加强边界管理的联系沟通，巩固行政区域界线勘界成果，抓好界线联检工作，组织多场平安边界创建宣传活动。韶关市建筑物住宅区命名 22 个、更名 1 个，道路街巷命名 110 条，桥梁命名 2 座。

【界线联检】 2022 年，韶关市县两级民政部门与湖南省、江西省的市县民政部门加强沟通协调，联合制订界线检查工作方案，逐段核对边界线走向及其两侧地物地貌等方位物的变化情况，组织工作人员和界线管护人员实地对界线及标志物进行检查核对，重点检查界线两侧与界线实地位置相关的地物、地貌是否发生变化，界线的实地位置是否清晰可辨，做好记录，对发现地物、地貌发生变化，致使界线实地位置模糊不清，不易辨认的记录变化情况，查明原因，组织修测，以保证界线实地位置清晰易认。与相邻县（市）签订《平安边界共建协议》，建立界线管理联系人制度和边界纠纷应争协调处理机制，把平安边界工作落实到村一级，形成市、县、镇、村四级共同参与管界的工作格局。第四轮行政区划界线联检工作完成，各级界线走向清晰，界桩保存完整，干部依法管界，群众自觉守界，边界地区和谐稳定，界线联检效果明显。

【界限管理宣传】 2022 年，韶关市各级民政部门通过“党员下社区”“深入边界村”等多种活动形式，以“共建赣粤平安边界，共享和谐边界成果”“加强民族团结，维护边界稳定”等为主题，通过摆设互动摊位、设置宣传展架、有奖知识问答、派发宣传册及印有宣传标语的小礼品，与当地群众互动交流，向群众宣传行政区域界线平安边界创建工作知识。市民政局拍摄以“守护边界共创和谐”为主题的平安边界宣传视频，在“韶关发布”“韶关新闻网”等多个媒体上播放，宣传行政区划管理的相关政策，推动界线管理法治化、标准化、规范化进程，增强群众对界线管理工作的了解和认知。以“平安边界创建”为主题，在乐昌市秀水镇秀水村、五山镇石下村和仁化县长江镇高洞村以农村村民房屋、广场墙面作为宣传载体，将平安边界创建和美丽乡村建设相融合，采用墙体彩绘的形式制作 20 多幅、总面积 2000 平方米的 3D 墙绘图，成为吸引游客前来“打卡”拍照的新亮点。

【地名管理】 2022 年，韶关市建筑物住宅区命名 22 个、更名 1 个，道路街巷命名 110 条，桥梁命名 2 座。维护韶关市辖区部分地名标志，规范合理设置地名标志，推进地名文化建设，提升地名管理服务水平。（达　丽）

民族宗教事务

【概况】 2022年，韶关市开展政务服务及行政执法各项工作，加大新冠疫情防控及安全生产工作监管力度，引导宗教界发挥积极作用，推动南华寺完成主要教职人员变更，指导云门寺完成2022年传授二部僧三坛大戒法会。推动民族地区高质量发展，举办广东省第七届少数民族传统体育运动会。

【民族团结管理】 2022年，韶关市在古尔邦节、开斋节、春节等重要传统节日走访慰问在韶关务工经商少数民族群众，协调城管、街道、社区等部门帮助外来少数民族解决实际问题。走访在韶关经商少数民族群众，全面开展民族领域矛盾纠纷排查。

【民族宣传教育】 2022年，韶关市在民族工作领域全面开展学习贯彻习近平新时代中国特色社会主义思想主题教育活动，学原著、悟原理、抓落实，在补短板上下功夫，在敢担当上作表率，在善作为上动脑筋。开展大调研活动，解决少数民族群众急难愁盼的问题。配合做好省政协、省社会主义科学院到韶关调研铸牢中华民族共同体意识工作，协助省民宗委做好中华民族共有精神家园建设专题调研工作。推进党的二十大精神学习宣传活动，市、县(市、区)民族工作部门通过组建宣讲小分队形式深入农村、社区、学校等基层开展宣讲，把中共二十大精神食粮传递到广大少数民族群众当中。贯彻落实中央、省、市委民族工作会议精神，加快学习成果转化。推进中华民族共有精神家园建设，促进各民族广泛交往交流交融，指导民族地区找准把握新发展阶段、贯彻新发展理念、融入新发展格局、实现高质量发展、促进共同富裕的切入点和发力点。组织开展9月全市民族团结进步宣传月活动方案并以市委统一战线工作领导小组办公室名义印发，开展宣传教育活动。结合民族团结宣传月活动，开展“推广普及国家通用语言文字 铸牢中华民族共同体意识”主题宣传活动。推进民族团结进步创建活动进机关、进企业、进社区、进乡镇、进学校、进宗教活动场所。推荐云门山大觉禅寺、乳源瑶族自治县东阳光实业发展有限公司、始兴县深渡水人民政府和深渡水瑶族乡民族学校等4个单位参与第十一批“全国民族团结进步示范区示范单位”评选。做好2023年广东省民族传统体育押加项目邀请赛并协助做好台湾青年岭南行少数民族体验营活动。广东省第七届民族传统体育运动会获得省领导“九个前所未有”的高度评价。

【民族政策法规】 2022年，韶关市做好涉及民族领域政策法规的立改废工作。全面梳理、评估现行有效的民族工作地方性法规、规章和政策性文件，推进落实取消中考考生加分政策。协助省民宗委开展涉少数民族大学生资助政策专项评估及实地调研工作。于9月26日出台《韶关市全面推动各民族交往交流交融的行动方案》。

【民族公共服务】 2022年，韶关市推进公共服务事项规范一门式一网式政务服务信息工作，加快推进“一件事”改革，全年审核完成公民民族成分变更事项33件。开展2023年度少数民族聚居区大学生资助金和2024年度少数民族聚居区高考考生资格审核工作，分别有266名少数民族考生和679名少数民族大学生审核通过。

【民族工作调研检查】 2022年，中共韶关市委主要领导主持召开市委民族工作会议和市委常委会会议，专题研究部署民族地区高质量发展工作，先后7次带队到乳源瑶族自治县和深渡水瑶族乡，调研督导民族地区高质量发展工作。撰写韶关市民族工作自查报告并上报省，于6月中旬迎接省民族宗教工作检查第十一实地检查组到韶关检查，并按照省检查组的反馈意见制定整改台账，推进整改工作。配合做好省对地级市领导班子统战工作考核和市域社会治理现代化试点省级验收涉及民族工作事项。

【扶持民族地区发展】 2022年，韶关市争取到各级少数民族发展资金7480万元用于支持特色民族镇村建设。民族地区实现行政村5G连续覆盖。全年网络零售额突破2亿元。4家企业入围广东省第一批制造业单项冠军企业(产品)名单，居全市各县(市、区)首位。推进东阳光“厂区变园区、产区变城区”试点建设，盘活土地63.87公顷，引进7个产业项目投资46.2亿元。2家企业技改项目获得省级奖励资金1576.65万元，东阳光公司牵头组建的省高性能电极材料创

2022年8月27日，广东省第七届少数民族传统体育运动会毽球的混合双人、男子团体以及女子团体比赛圆满结束。图为毽球比赛现场　（张伟　摄）

新中心投入运营。全县申报高新技术企业和科技型中小企业 19 家和 27 家，新增规模以上企业 5 家。支持乳源发展预制菜产业。投入 2.63 亿元和 1.85 亿元加快推进瑶药、油茶 2 个省级现代农业产业园建设，累计种植瑶药 1600 公顷，油茶低产林改造项目 600 公顷。创建省级休闲农业与乡村旅游示范镇 3 个、示范点 6 个。建成深渡水蜜蜂养殖特色产业基地及乡村振兴车间。民族地区村小组党组织实现全覆盖，基层党员培训覆盖率 100%。乳源瑶族自治县 9 个乡镇和深渡水瑶族乡均达到“宜居圩镇”和“示范圩镇”标准。民族地区干净整洁村达标率 100%，生活垃圾无害化处理率 100%，无害化户厕普及率 99%。完成乳桂走廊、环南水湖乡村振兴示范带建设和环车八岭深渡水段乡村振兴项目。成立强镇富村公司，拓宽村集体经济收入。民族地区 207 个行政村全部被列入“千企帮千镇万企兴万村”结对帮扶。引入腾讯公益慈善基金会“腾爱兴村帮镇”项目落户乳源，万科集团投入 1.3 亿元助力乳源乡村振兴建设。完成历史遗留矿山生态修复治理面积 240 公顷。完成南水水库周边 34 个自然村的生活污水处理设施建设。民族地区污水处理设施完成环保验收。民族地区所在县(市、区) 实现城镇新增就业 1.43 万人。投入 1.56 亿元支持民族地区新建和改扩建一批公办中小学和幼儿园。民族地区乡镇卫生院和行政村卫生站全面完成规范化建设。推动乳源 3 家县级公立医院与珠三角地区三级甲等医院开展“组团式”紧密型帮扶关系。成立中医药发展中心，设立瑶医药专科门诊，打造瑶医药产业一条街。新增市级非遗代表性项目 3 项，省级代表性传承人 2 名，建成省级瑶族刺绣非物质文化遗产工作站。《茶山谣》获广东省第十五届“百歌颂中华”歌咏比赛金奖。发行专项债券资金 9.6 亿元，支持乳源职业教育扩容提质、城乡供水一体化建设等 10 个项目。争取中央预算内投资 4000 万元。优先支持乳源瑶族自治县 8 个项目 22.87 公顷用地需求和复垦指标优先交易。完成乳源瑶族自治县 8 个市级项目环评审批。

2022 年 10 月 28 日，市政协副主席卢春燕率领市政协民族和宗教委员会委员赴曲江区南华寺专题视察宗教寺院内部文物管理工作 （市政协 供图）

【宗教事务】 2022 年，韶关市出台《韶关市全市性宗教团体负责人年度述职和民主评议制度》，加强宗教团体自我管理、自我约束，全面提升履职尽责能力。9 月 26 日，制定《韶关市宗教活动场所规范化建设标准(试行)》，探索以标准化推动宗教活动场所管理的规范化和法治化，提升教务管理水平。推动南华禅寺完成主要教职人员变更。开展政务服务及行政执法各项工作，全年完成行政许可 2 宗。组织全市宗教界筹集善款 663.8 万元用于扶贫济困和抗洪救灾，争取广东省佛教协会支援韶关市抗洪救灾 240 万元。云门寺被中央统战部评为首届全国宗教界先进集体，为广东省获得先进集体的 2 个宗教场所之一。

【云门寺被中央统战部评为首届全国宗教界先进集体】 2022 年 12 月 29 日，首届全国宗教界先进集体和先进个人表彰大会在北京召开。韶关市云门山大觉禅寺（简称“云门寺”）被评为全国宗教界先进集体，成为韶关市宗教界首个获此荣誉的单位。云门寺是千年古刹，是中国禅宗五宗之一“云门宗”的发祥地和根本道场，也是国务院首批公布的全国重点寺院之一。云门山大觉禅寺先后获省“十百千”扶贫济困工程先进单位、省模范宗教活动场所、省民族团结进步创建活动示范单位、第三届全国创建和谐寺观教堂先进集体、全国宗教界先进集体等称号。

【2022 年传授二部僧三坛大戒法会】 2022 年 10 月 29 日至 11 月 29 日，经中国佛教协会批准同意，由广东省佛教协会主办、韶关云门寺承办的 2022 年传授二部僧三坛大戒法会在韶关云门寺举办，700 名戒子、50 余名戒师参加此次法会活动。三坛大戒法会是汉传佛教僧人受戒并取得戒牒的仪式，是汉传佛教教职人员资格认定的必要程序。为此，广东省佛教协会、云门寺严格按照中国佛教协会《汉传佛教教职人员资格认定办法》对参与受戒人员的资格材料进行严格审核，开展思想政治和功课考核，签署个人行为和健康承诺书，严把僧众入口关。遴选爱国爱教、戒行谨严的菩萨比丘、比丘尼担任戒师和引礼师，开展戒期管理工作，严守传戒质量关。传戒期间坚持勤修三学、学修并进、解行相应的佛教修行原则与优良传统，强化以戒为师的丛林体制，展现僧团清净合和的精神面貌。利用在“得戒教育”“宗教法律法规”“上堂斋”“菩萨戒”等戒期重要开示中，融入开展崇俭戒奢教育活动、规范宗教放生活动等内容，组织全体戒子开展社会主义法治教育，正确理解国法与教规的关系，做爱国守法的好公民、持戒遵规的好教徒。

（刘秀易）

应急管理

综述

【自然灾害和安全生产综合普查】 2022年，韶关市加强安全风险统筹抓总工作。先后印发《韶关市2022年排查自然灾害和安全生产领域安全风险工作方案》《关于开展韶关市2022年安全生产领域风险点危险源排查管控工作的通知》，部署全市安委会成员单位建立安全生产领域2022年防范化解重大风险排查台账及风险点危险源排查管控工作。完成自然灾害综合风险普查工作，被列为2022年市十件民生实事之一。成立韶关市第一次全国自然灾害综合风险普查领导小组，由常务副市长任组长。全市七大行业(应急、交通、林业、水务、气象、自然资源、住管)均已完成自然灾害综合风险普查工作。组织完成9类公共服务设施承灾体、3类危险化学品自然灾害承灾体、3类非煤矿山自然灾害承灾体。完善全国避难场所综合信息管理服务系统信息录入工作。全市应急避难场所由2021年的134个调整为289个，全市避难场所总面积511.5万平方米，人均避难场所面积2.56平方米。牵头主办市第十五届人大一次会议代表建议的答复工作。牵头会同市自然资源局、市水务局、市政务服务数据管理局和市文广旅体局等有关会办单位就“关于把韶关打造成智能防灾减灾示范城市的建议”，向此届会议代表提出答复建议和意见。1月11日，国务院第一次全国自然灾害综合风险普查领导小组办公室对2021年度第一次全国自然灾害综合风险普查工作情况和典型经验做法进行通报，韶关市气象局、韶关市应急管理局监测减灾科副科长朱亚军获表扬。

（唐裔谊）

【安全生产责任体系建设】 2022年，韶关市成立由市委书记任第一主任、市长任主任的市突发事件应急委员会，将安委会、森防指挥部、“三防”指挥部等9个议事协调机构调整为委员会框架下的专项应急指挥机构，在全市10个县(市、区)成立应急委、105个乡镇（街道）设立应急办，基本形成统一领导、分类管理、分级负责的应急管理体制。印发《广东省第六考核巡察组反馈问题整改任务分解表》，明确整改方案和措施，倒排工期，挂图作战，做到问题不解决不松手、整改不到位不罢休。现场考核巡查发现的42项问题，日常考核发现的7项问题，全部完成整改。针对国务院2021年度省级政府安全生产和消防工作考核巡察发现问题，抓好11项共性问题的整改闭环。

【应急救援力量体系建设】 2022年，韶关市加强应急救援队伍和物资保障体系建设，提高应急处置和保障能力。经市委市政府批准，协调相关单位推进原市“三合一”专职消防大队和原市矿山救护队的优化整合。会同相关部门于1月19日完成改革，成立韶关市综合应急救援队。整合韶关市应急救援保障基地、韶关市综合应急救援训练基地、广东省轻舟三大队训练基地、国家矿山华南救援中心训练基地，建设韶关(粤北)三防物资曲江仓库。加快推动广东省粤北区域应急救援中心建设。落实项目选址，定在曲江区乌石镇杨梅村。该选址红线范围内地块面积36.53公顷，地类属性为建设用地。完成年度轻舟防汛抢险队伍骨干集训。5月12—25日，由市三防指挥部会同韶关军分区分两批次在浈江区龙洲岛南侧水域河道组织市防汛抢险骨干集训。此次集训是由全市民兵防汛分队、市民兵应急营、市综合应急救援队、武警韶关支队、韶关消防救援支队、驻韶火箭军部队及韶关市社会应急队伍等多种力量共同参与的一次综合性集训，参训300人。

【应急预案】 2022年，韶关市强化应急预案体系建设，完善应急预案管理。完成《韶关市突发事件总体应急预案(送审稿)》，于12月5日经市政府常务会议审议通过。

【应急指挥体系建设】 2022年，韶关市在应急管理系统内推广应用广东省应急管理厅统建信息化业务系统，包含1个综合应用平台门户和N项子系统，在应急指挥中心进行部署和应用，加强日常运营管理，发挥信息化系统支撑作用。向县级应急管理局和镇街推广应用广东省应急管理厅“智

2022 年 6 月，韶关市水文分局相关人员连夜应急指挥，应对强降雨灾害
（韶关水文分局　供图）

慧大应急”综合应用平台、“一键通”、值班值守系统。为韶关市应急指挥中心信息化建设项目做好项目调研、设计工作，完善项目建设方案设计。

【应急值班值守】 2022 年，韶关市、县、镇三级应急管理系统坚持关键岗位 24 小时有人在岗值班，尤其是法定节假日、防汛、全国两会期间及启动应急响应的值班值守及突发事件信息报送工作，向县、镇级传达省、市关于值班工作的要求并督促贯彻落实。应用省应急管理厅“一键通”、值班值守系统视频点名和金视通系统对县（市、区）应急管理局和镇（街）值班值守情况进行抽查并要求各地加强值班值守工作，随时接受应急部、省应急管理厅和市应急管理局的视频连线、会商调度。全年完成 78 起突发事件的信息核实报送工作，上报专报信息 129 期；完成 206 个卫星热点、火点报警信息的接报核实处置工作。

（唐裔谊）

防汛抗旱

【概况】 2022 年，韶关市天气气候总体特征是“开汛偏早‘龙舟水’强，降水极端洪涝严重，高温日数多强度强，9—10 月气象干旱明显”，气候年景中等偏差。年初寒潮影响，降温显著，多雨雪冰冻天气。3 月 24 日开汛，较常年开汛日期（4 月 11 日）偏早 18 天。全市年平均气温 20.6℃，较常年偏高 0.2℃，平均高温日数（49.6 天）为历史第五多，平均年降水量（2131.6 毫米）较常年（1695.4 毫米）偏多 26%，降水时空分布极不均，极端性强，“龙舟水”期间（5 月 21 日至 6 月 21 日），全市平均降水量 847.2 毫米（全省最多），较历史同期偏多 1.9 倍，突破历史极值，各县（市、区）“龙舟水”均刷新当地历史纪录。9—10 月温高雨少致气象干旱明显，11 月异常暖湿。8 月 1 日，召开韶关市抗洪救灾总结暨灾后重建部署会议。广东省水文局韶关水文分局管辖站点包括 15 个水文站（含 6 个巡测站），其中 3 个国家重要水文站，6 个国家基本水文站；32 个中小河流水文监测站点，其中 21 个水文站，11 个水位站；274 个雨量站，其中基本站 158 个；4 个蒸发站；33 个大中型水库水雨情监测站；11 个国家地下水监测站；11 个冰冻灾害站；8 个土壤墒情站；83 个常规水质监测断面、9 个市界断面。雨量、水位观测站点实现自动测报。在基本水文站安装 8 套在线 H-ADCP 及一套雷达测流系统。3 个站点安装在线泥沙监测系统，进入比测率定阶段。配备雷达测速枪、GPS RTD(RTK)、全站仪、数字水准仪、水深测量仪等辅助测量设备，使生产效率得到提高。站网建设完善，中小河流布设水文站网，能够满足地方政府及各涉水部门解决“洪、涝、旱、污”等水问题对水文技术服务支撑能力的需求。

【水文测报】 2022 年广东省水文局韶关水文分局完成辖区内水文位站的测验任务和水文资料收集整理，主持完成《中国人民共和国水文年鉴 2022 年第 8 卷珠江流域水文资料第 4 册（北江区）》的整理编纂。“龙舟水”期间，全市平均降水量 847.2 毫米，比历史同期偏多 1.9 倍，韶关市 26 站次出现超警洪水，部分站点多次超警。北江干流韶关站出现 3 次洪峰，1 次超十年一遇，1 次超二十年一遇；浈江新韶站出现历史实测最大洪水，超百年一遇；滃江出现三次洪峰，2 次超十年一遇，1 次接近五十年一遇。向地方报送水文预报 29 期，洪水预警 119 期，水情简报 520 期，预警短信 70186 条，水文专报 48 期，水文通

2022 年 8 月 1 日，韶关市抗洪救灾总结暨灾后重建部署会议在市委大会议室召开
（市应急管理局　供图）

报52期，水情旬月简报30期，参加三防会议70余次，应急值守30次。

【防洪预报调查】 2022年，韶关水文分局组织技术骨干开展“2022.6”洪水调查和复盘分析工作，历时3个月，完成调查河段长399千米，查测洪痕823处，拍摄照片至少823张，大断面测量141个。进行属下基本水文站7站、中小河流水文、位站14站的定线推流，基本完成北江韶关市“2022年6月”洪水调查和复盘分析工作。到市水务局、韶关市水库调研查勘，收集基础数据，编制大型水库预报调度一体化工作方案，开发水库调洪演算和水库纳雨能力计算工具，推进预报调度一体化工作。分别向乐昌峡水利枢纽、北江流域管理局提供水文预报538、536期，为北江洪水联合调度提供水文预报信息。“龙舟水”期间，韶关水文分局深参与各水利工程的调度，通过乐昌峡联合锦江水库、南水水库联合调度发挥削峰作用，使韶关市区洪峰水位降低1.27米。

【防汛测报】 2022年，韶关市汛前完成《韶关水文分局防汛防旱防风防冻水文应急测报预案》修编、复核完善、行政村防汛责任人通讯录的收集；参加各类应急演练及韶关市防汛安全准备工作专项督查。做好水情遥测维护及水情报汛工作。为全市水库开展报汛业务培训，每天以微信群等方式督促做好报汛工作。完成翁源县河流防洪能力整理及河段精细化预报方案分析；完善河流精细化预报资料收集；分析统计韶关市降雨致灾一般性情况。完成6个站点的预警指示牌安装工作，强化水情预警最后一公里服务。到2022年推动测报一体化的5个县区的应急、水务部门调研，了解地方政府对水文的需求，累计参加县级三防会商43次，报送洪水预警50期，开展辖区内应急监测465次。编写5个县水文测报一体化实施方案，完善测报一体化工作手册和中小河流水文站相关图预报方案。加强2支应急监测队伍建设，组织和参与各类应急演练，提高技术人员的应急监测及协调作战能力。经过多年优化完善，韶关水文分局研发的“一种中小河流洪水预报方法”在韶关市中小河流预警预报中应用效果较好，有提高预报精度和预见期，该创新成果获国家知识产权局发明专利；坪石站新型预报方法—仿真技术方案、乐昌峡和滃江单位线预报方案在实际作业预报中取得较好预报效果；自主开发调洪演算工具，为水库调度提供数据支撑；完成水库人工报汛数据监控统计模块开发，拟在全省推广应用。韶关市21个水文站安装的非接触式雷达测流系统经过比测率定通过验收。坪石站标准蒸发场改造完成，全自动水面蒸发仪安装使用，辖区内基本水文(位)站、中小河流水文(位)站全部实现水文监测要素自动化。加快推进水文测量工作的智能化，利用现有的电子水准仪和RTK等设备，自主开发水文测绘软件，基本实现“一人测断面、两人测水尺、三人测水准”，保障测量工作“随测随算、随整理随分析”。 （王贵妹）

2022年6月24日，韶关市气象局业务人员在新丰国家基本气象站检查气象仪器设备 （市气象局 供图）

【汛情防治】 2022年，韶关市平均年降水量2176.3毫米，比2021年平均年降水量（1541.4毫米）偏多41.1%，比多年平均年降水量（1682.3毫米）偏少29.4%，降水量与多年平均值相比偏大，属丰水年份。“龙舟水”（5月21日至6月21日）期间，韶关市经历3轮强降雨过程（5月22—23日、6月4—7日、6月11—21日），平均降水量847.2毫米（全省最多），达历史同期的2.9倍，为有气象记录以来最强“龙舟水”。受强降雨影响，水库蓄水量增长，6月12—21日，31座重要大中型水库蓄水量增加2.97亿立方米，总蓄水量占正常蓄水量的比例从77%上升至92%。全市先后出现6起水利工程险情，市、县水务部门处置化解险情。是年，韶关开展水利防汛备汛安全检查，检查水利工程4933处，修复水毁水利工程78处。市级补充价值30万元的水利工程抢险物资，重新组建51人的市级水旱灾害防御抢险专家库，组建2支110人的抢险队伍。

【旱情防治】 2022年7月中旬以来，韶关市涝旱急转，韶关水文分局做好旱情监测分析、预测和会商，报送旱情分析材料12份，为防旱抗旱和生态流量考核提供技术支撑。2022年7月以来，韶关市持续高温少雨。全市各级水务部门提前谋划启动防旱抗旱工作，做好山塘水库蓄水保水，加强用水管理，保障全市生活生产供水安全。市县水务部门对水库实行统一调度，从9月下旬开始制订水库阶段控制蓄水计划并跟踪执行情况，确保水资源合理利用；强化水电站用水监管，要求有供水任务的水电站执行“电调服从水调、发电服从灌溉”的原则，在来水不足的情况下减少甚至停止发电，杜绝浪费水资源。7 月以来，全市阶段平均降雨量比常年同期偏少 70% 以上。市应急管理局先后 4 次牵头组织抗旱会商研判会、7 次到重点受旱地区调研指导、编印 4 期工作简报并印发防旱抗旱保供水工作提醒函，累计指导解决近 6 万群众饮用水问题；协调各级投入抗旱资金 3359.88 万元，协调气象部门进行人工增雨作业，解决农作物受旱面积 4473.8 公顷。相关做法被省厅多次通过简报形式专题刊载，其中防旱抗旱“精算水账”的经验做法被省防总在全省推广。（刘　蔚）

【水环境监测】 2022 年，广东省水文水资源监测中心韶关分中心韶关分中心完成 46 个河流水质监测站点、36 个水库监测站点和 1 个地下水监测站点 83 个常规监测站点水质采样、分析与评价工作，其中包括国家重点水质站 24 个、重要饮用水源地站 3 个、重点水库生态站 20 个、市界水质站 9 个。开展广东省北江流域 2021 年冬至 2022 年春枯水期水量调度评估工作；完成 2021 年韶关相关市县水资源公报、年报和生态流量调度方案。承担连江口以上北江流域及新丰江上游的江河湖库及地下水水资源质量监测工作。提供生态流量服务和北江流域河湖重要断面智能监测系统运维及水质监测服务，助力生态文明建设持续发展。（王贵姝）

【“龙舟水”防御】 2022 年 6 月 12—21 日，韶关市出现连续性强降水天气过程，市水务局及时启动响应，逐步提升水利防汛应急响应至Ⅰ级，先后下发 13 道调令，调度锦江水库、湾头水库、横溪水库等流域骨干水利工程在暴雨到来前预泄腾库，在江河普涨时拦蓄洪水减轻干流防洪压力，协调乐昌峡水库发挥关键的拦蓄作用，错开武江、浈江洪峰。市县水务部门派出 422 个工作组 2582 人次到乡镇（街道）及各水利工程现场督导防御工作。5—7 月，市应急管理局接连发出 9 轮暴雨或洪水预警、2 轮指挥部令、3 轮重要提醒和 1 轮停工公告，协调组织各级救援队伍 7.6 万人次、冲锋舟橡皮艇 1858 艘次，安全转移避险群众超 12 万人、解救被困群众 9845 人，全市没有出现群死群伤、没有出现水库堤围溃决、没有出现群体性社会事件，防汛救灾工作取得历史性成绩，韶关市应急管理局被市委、市政府表彰为抗洪抢险突出贡献单位。在 2022 年“龙舟水”特大洪水防御过程中，广东省水文局韶关水文分局在市防汛指挥部全程参加会商决策，指导水文预测预警预报工作，奔赴各江河水文站开展应急抢测。6 月 19 日，提前 5 小时发布韶关站将达到 54.5 米的洪峰，实际 54.76 米；6 月 21 日，提前 11 小时发布浈江将出现超警戒 2.3 米的预报，提前 8 小时发布韶关市区将出现超警戒 3.6 米的预报。精准预测 6 月 22 日 7 时韶关站水位 55.0 米，实际水位 54.97 米。从 6 月 9 日开始，派出 6 支水文应急监测小组及 1 支应急设备维修组，投入测报人员超 30 人，投入测量仪器设备超 50 台套，对国家基本水文站、中小河流水文站、专用水文站开展全域巡测，抢测高洪流量、维护受损设备等。至 6 月 22 日，完成超 200 站次流量测验，超 100 站次泥沙测验，维护超 30 站次仪器设备。韶关水文分局被韶关市委市政府授予“韶关市抗洪救灾先进集体”称号，4 人被授予“韶关市抗洪救灾先进个人”称号，1 人被广东省三防办、广东省应急管理厅授予“2022 年三防工作表现突出个人”荣誉称号。（刘　蔚　王贵姝）

【全国科普教育基地申报】 2022 年 3 月 30 日，中国科协发布《中国科协关于命名 2021-2025 年第一批全国科普教育基地的决定》，命名 800 个单位为 2021-2025 年度第一批全国科普教育基地，水利学会推荐广东省水文局韶关水文分局申报的广东省水文局韶关水文分局科普基地（水文科普园）（全国水文系统唯一一家，水利行业 14 家）入围。至此，韶关市有国家级科普教育基地 4 家。韶关水文分局属下的广东水文科普园（位于韶关市浈江区大德路 5 号的新韶水文站内）是全省首家以水文为主题的科普教育基地，广东水文科普园总面积 2600 多平方米，其中展览馆面积为 386 平方米，设八个主题展区：大气水循环、水文学科发展、水的灾害、人水和谐、水资源、水文监测、水文预报及韶关水文发展。每周四下午，广东水文科普园面向公众开放，除参观展览，结合新韶水文站内齐全的测验项目，向公众讲解水文知识。广东水文科普园于 2020 年 7 月被评定为广东省中小学生研学实践教育基地。自 2017 年建成以来，广东水文科普园坚持免费开放。（刘　蔚）

气象防灾

【概况】 2022 年，韶关市完成“龙舟水”、始兴“10•31”森林火灾等重大灾害性天气过程的气象测报。完成春运、省中运会、中高考等重大活动的气象服务保障。更新完善 72 栋新农村村民集中聚集区公共场所建筑物的雷电防护装置。开展特色气象防灾科普宣传活动，累计参加公众 2.4 万人次。全年各科普馆开放 100 场，接待 1 万人次。

【气象测报】 2022 年，韶关市加密监测和分析研判，实行精细化滚动预报，完成历史最强“龙舟水”、始兴“10•31”森林火灾等重大灾害性天气过程的气象服务保障工作。是年，韶关市气象局筑牢防灾减灾第一道防线，针对暴雨、强对流、低温等高影响的重大天气开展气象服务，紧紧围绕灾害性天气、转折性天气、节假日天气以及汛期灾后复产天气共编发《重大气象信息专报》16 期，《重大气象信息快报》33 期，《天气报告》47 期，《气象信息》92 期，《手机气象专报》480 期，《雨情简报》230 期。

【气象灾害应急处置】 2022 年，韶关市更新完善 72 栋新农村村民集中聚集区公共场所建筑物的雷电防护装置。全市新农村直接受益 5 万人，辐射受益 20 余万人。全年全市气象部门实施地面火箭人工增雨作业 73 次，发射火箭弹 291 枚，广东省气象局安排覆盖范围包括韶关的飞机增

2023 年 8 月 4 日，韶关气象局开展强降水预报预警气象服务工作
（韶关气象局　供图）

雨作业 8 架 / 次，地面火箭、飞机作业累计增雨量 1.3 亿立方米。发布气象卫星遥感热源点信息通报 68 期，联合发布空气质量会商快报 66 期。雷电灾害偏轻。全年全市收到 4 宗雷击灾害报告，直接经济损失 3.01 万元。依托原有的恶劣天气交通预警处置平台，对接武深高速、京珠北高速、韶赣高速等具体服务需求，开发服务平台，推动建立气象预警、交通管控、道路处置的三方应急联动恶劣天气应急处置体系。

【气象科技创新】 2022 年，乳源瑶族自治县科教体验中心完成主体建设。翁源县气象局被评为全国气象科普教育基地。市气象科普馆被评为南方报业小记者实践（研学）基地称号。新丰县气象局、南雄市气象局、乐昌市气象局被评为 2022—2026 年度“广东省科普教育基地”。各科普馆开展特色气象防灾科普宣传活动，累计参加公众 2.4 万人次。全年各科普馆开放 100 场，接待 1.0 万人次；新丰县国家大气本底站业务用房主体建设、观测场、山顶园林绿化和围墙等附属工程建设基本完工，开展后期项目建设，推进南雄市国家基准气候站业务用房建设，进入装修收尾阶段。市气象局在广东省气象局立项课题 5 项，韶关市立项课题 23 项，发表科技论文 15 篇，其中国内核心 3 篇。韶关市气象卫星遥感综合应用专项试点项目被纳入市委全面深化改革委员会 2022 年韶关市全面深化改革重点任务清单，市气象局编制韶关市卫星遥感综合应用平台建设方案及产品清单，建设韶关市气象卫星遥感综合应用平台，该平台基于多源卫星遥感数据，紧扣不同行业的需求，实现天气遥感、大气环境、生态遥感、农业遥感、地质灾害遥感等不同场景专题遥感监测产品的可视化，为全市防灾减灾、生态文明建设、“双碳”工作等方面提供遥感科技支撑。

【气象服务保障】 2022 年，韶关市气象部门完成春运、省中运会、中高考等重大活动的气象服务保障。全年发布预警信号 111 次、发送决策服务务短信 75 万人次、推送微信专题 46 期。应对历史最强“龙舟水”、秋冬季气象干旱和森林火险天气过程极端天气气候事件，在“龙舟水”过程中，做好跟踪服务，每天发布快报、强降雨期间逐小时精细到县区的定量预报，为市委、市政府做好停工停课决策部署提供支撑。7 月中旬到 10 月底，韶关市连续温高少雨，森林防灭火形势严峻，预报科加强研判，发布重大气象信息专报（干旱专报）3 期、天气报告 8 期、决策服务短信 2.2 万条，开展逐三小时的火点定时定点预报，为重大森林火情提供专题气象服务。在交通、地质、森林、农业、水电、旅游等方面，保障专业气象服务网站平稳运行，利用专业服务平台产品，帮助乐昌峡科学调度，大宝山矿平稳生产，农事活动进行，增加相关部门的经济收益，传播天气趋势信息。

【“减轻灾害风险，守护美好家园”防灾减灾科普知识进校园志愿服务活动】 2022 年 5 月 12 日，韶关市气象局曲江局联合曲江区马坝镇府前社区到曲江区九龄小学开展以“减轻灾害风险，守护美好家园”为主题的防灾减灾科普知识进校园志愿服务活动。气象志愿者通过悬挂主题宣传横幅、设立防灾减灾宣传咨询台、摆放气象灾害宣传展板等方式来开展宣传，结合曲江连续性强降雨天气过

2022 年 3 月 18 日，韶关市气象局志愿者在市气象局办公楼前向学生讲解人工增雨作业流程及原理
（市气象局　供图）

2022 年 9 月 14 日，省气象局、省交通运输厅组成的检查组到广东东阳光科技股份有限公司电化厂开展气象灾害防御专项执法检查省级联合复查
（市气象局　供图）

程，重点向师生讲解暴雨、雷电等气象灾害预警信号及其防御科普知识，提升广大师生防范应对气象灾害的意识和能力。活动向师生派发《气象灾害防御手册》《洪水暴发时的救命宝典》等气象防灾减灾科普宣传材料 200 余份。（余汉清）

地质灾害防治

【概况】 2022 年，韶关市地震灾害风险普查数据入库审查结果合格。推进韶关市地震预警系统落地。全市完成 30 台地震预警终端的安装。加强韶关市地震管理工作，韶关市检查 12 处地震信息接收终端。“龙舟水”期间，指导地质灾害应急救援相关工作。开展 1 次地震灾害培训，1 次地震地质灾害应急演练，对全市地质灾害防御工作和应急管理工作开展 2 次督导检查。落实大型隐患点工程治理 3 处，专业监测隐患点 75 处，构建“市联系县、县联系镇、镇联系村、村联系户”的市县镇村四级地质灾害管理体系；市自然资源局联合气象、应急部门累计发布地质灾害气象风险预警 64 次。

【地震风险普查】 2022 年，韶关市成立自然灾害综合风险普查领导小组，由常务副市长任组长。指派专人负责并完成普查地震风险普查工作。全年全市汇交 1：25 万地震构造图相关资料收集情况，钻孔采集数量 89 个。地震灾害风险普查数据入库审查结果合格。

【震情预警预测】 2022 年，韶关市推进地震预警系统落地，全年全市完成 30 台地震预警终端的安装。加强韶关市地震管理工作，检查韶关市 12 处地震信息接收终端，7 处地震监测站，7 处预警基准站和 1 所防震减灾科普示范学校。

【防震减灾科普宣传】 2022 年，韶关市应急管理局联合粤北地震监测中心站、韶关市科技馆开展为期一周的地震灾害的主题展览活动，吸引 20 余家单位参加。是年，韶关市加强地震地质灾害应急演练，6 月在武江区开展“2022 年韶关市地震地质灾害应急救援演练”，提升抗震救灾指挥部各成员单位应急救援协调能力。开展 1 次地震灾害培训，提升全市地震系统管理人员地震管理工作水平。

【地质灾害防御】 2022 年，韶关市自然资源局地质灾害隐患点防治管理工作全面落实。落实大型隐患点工程治理 3 处，专业监测隐患点 75 处；建立健全韶关市地质灾害防治工作联席会议制度，创新构建“市联系县、县联系镇、镇联系村、村联系户”的市县镇村四级地质灾害管理体系；抵御最强“龙舟水”，市自然资源局联合气象、应急部门累计发布地质灾害气象风险预警 64 次，发送预警手机短信 7.67 万条，组织全市自然资源系统巡排查人员 3.17 万余人（次），开展隐患点、风险点巡查 1.36 万点（次）。8 月，韶关市委、市政府给予韶关市自然资源局“韶关市 2022 年抗洪救灾突出贡献集体”的表彰。

【“使命 2022”地震救援实战拉动演练】 2022 年 11 月 10 日，韶关市消防救援支队市级地震救援重型队参与全省消防救援队伍“使命 2022”地震救援实战拉动演练，完成各项既定演练科目。演练模拟震后极端恶劣条件下的作战情景，韶关消防第一时间启动《韶关市消防救援支队地震灾害事故处置预案》，集结 1 支重型地震救援专业队携带 72 小时自我保障物资及探测、破拆、起重、救生、防护和照明类等 1640 余件套器材装备，按照“箱组化、模块化”装载运输原则，全部装备、器材分类装箱，采用便携推车式 + 徒步行进，快速向“震区”挺进。同时成立地震救援前方指挥部，下设各功能小组。指挥部的主要任务是根据现场情况，制定救援计划，确定作战方案，确保地震救援拉动演练快速高效展开。演练设置营地搭建、废墟搜救、井下救援、绳索救援、建筑整体坍塌救援、狭小空间横向救援、车辆破拆救援等实战科目，围绕指令发布、编队行进、到达点验、徒步开进、区域搜救、宿营驻扎、夜间营救、应急通信、战勤保障、遂行政工、应急宣传、总结讲评等演练流程，实施全队伍协同、全要素保障、全过程管控、全时段作战。（唐裔谊）

安全生产监督管理

【概况】 2022 年，韶关市开展农业安全生产、建筑业安全生产、安全生产基础设施建设、安全隐患整治、安全生产专项整治、安全生产监督执法、安全事故调查处置等工作。截至 2022 年年底，韶关市完应急管理成

注销变型拖拉机清零工作，开展农药包装废弃物回收处理试点建设，回收农药包装废弃物169.02吨，开展渔船行业安全监管行动等工作，实现全年无渔业船舶安全生产事故。开展房屋市政工程安全生产治理行动，开展建筑施工安全日常巡查检查和专项监督检查，检查发现质量、安全隐患问题6497个，下发限期整改通知书2046份。组织全市安全生产工作督查，抽调业务骨干组成63个督导组，下沉乡镇（街道）基层，直插企业一线，紧盯重点领域、关键环节，累计开展441次督导检查。2022年，韶关市开展冶金行业安全生产专项整治。对3家钢铁企业开展现场检查。发现隐患10项，责令限期整改3家。开展铝加工（深井铸造）企业安全生产专项检查，对6家铝加工（深井铸造）企业进行检查，发现“铝7条”隐患数14条，责令限期整改6家。开展冶金等工贸行业使用易燃易爆气体专项检查。督查组随机抽查20家工业企业生产和使用易燃易爆气体的安全生产情况，检查发现企业存在60项问题。开展工贸行业安全生产专项整治“百日清零”行动工作。

【安全生产基础设施建设】 2022年，韶关市应急管理局抓严抓实苯乙烯、氯化、过氧化、液态烃、硝化纤维素等高危细分和老旧装置“两个领域”安全风险专项治理，检查企业161家，发现隐患1155处，立案查处3家。深度评估危险化学品企业老旧装置3套，排查安全隐患25项，隐患问题已全部整改完毕。

【安全生产隐患排查】 2022年，韶关市安委办在重点时期，特别是春节、“五一”、中秋、国庆和党的二十大期间，组织全市安全生产工作督查，抽调业务骨干组成63个督导组，下沉乡镇（街道）基层，直插企业一线，紧盯重点领域、关键环节，累计开展441次督导检查。11—12月，制定并组织实施韶关市“奋战三十天 全年保平安”安全生产攻坚行动，在道路交通、消防安全、建筑施工、水上交通和渔业船舶、非煤矿山和冶金等工贸行业、文化和旅游、涉农行业等重点行业领域开展安全生产再排查，刨根深挖安全风险隐患，形成韶关市岁末年初安全风险隐患报告和风险台账，整治安全生产重大风险和隐患。截至12月30日，全市各级有关部门成立检查组462个，组织开展督导检查822次，累计检查单位2166家，督导问题462个，约谈警示单位284家，实施行政处罚578次，处罚金额92.18万元。累计排查企业层面一般隐患3281处，整改完成3028处，其余隐患纳入销号管理。

【安全生产专项整治】 2022年，韶关市开展冶金行业安全生产专项整治。市、县两级执法人员聘请专家对3家钢铁企业开展现场检查。发现隐患10项，责令限期整改3家。开展铝加工（深井铸造）企业安全生产专项检查，吸取广东精美特种型材有限公司“4•3”爆炸事故教训，督促企业落实安全生产主体责任，对照国家“铝7条”进行自查并整改，防范和遏制同类事故发生。市应急管理局执法人员聘请相关行业专家对6家铝加工（深井铸造）企业进行检查，发现“铝7条”隐患数14条，其他一般隐患26条，责令限期整改6家。开展冶金等工贸行业使用易燃易爆气体专项检查。印发《韶关市安全生产委员会办公室关于开展工业企业生产和使用易燃易爆气体安全督查检查的通知》。开展对全市10个县（市、区）督查，随机抽查20家工业企业生产和使用易燃易爆气体的安全生产情况，检查发现企业存在作业现场管理不规范、特种设备压力表等管理不到位等60项问题。开展工贸行业安全生产专项整治“百日清零行动”工作，整治企业24家，其中钢铁企业3家，铝加工（深井铸造）6家，粉尘涉爆企业15家（涉粉作业人数30人以上的企业7家，涉粉作业人数10人至29人的企业8家），要求对企业涉“钢8条”“铝7条”“粉6条”的隐患问题清零。开展属地专项检查。自开展“百日清零行动”工作以来，全市在企业自查的基础上，对24家相关企业在7月20日前进行第一次属地专项检查，检查中配备专业技术人员进行排查诊断，本轮检查发现隐患和问题176条，其中涉“铝7条”隐患3条，涉“粉6条”隐患15条。对检查中发现的重大生产安全事故隐患，当场发出《现场措施决定书》，责令立即停止使用相关设施设备，并要求限期改正，制定整改方案，确保100%整改落实到位，此轮检查共下达12份《现场措施决定书》，下达22份《责令限期整改指令书》；立案查处2家。组织开展金属非金属地下矿山及采场边坡高度200米以上的露天矿山安全生产专项执法行动。组织开展头顶库安全生产专项执法行动。

【安全生产监督执法】 2022年，韶关市应急管理局编制下发《韶关市应急管理局2022年度安全生产监督检查计划》，统筹安排12项重点检查项目和3项一般检查项目，突出监督检查重点，督促生产经营单位落实安全生产主体责任，防范生产安全事故发生。组织开展安全生产执法警示“双随机、一公开”行动。组织开展2022年春节后复工复产专项执法行动。组织开展安全生产责任保险专项执法行动。开展“百日清零”专项执法行动。

【安全生产事故调查处置】 2022年，韶关市发生各类生产安全事故147起，死亡71人，直接经济损失2108.78万元，未发生重大事故。全年发生道路交通事故129起，比2021年上升14.2%；死亡53人，下降18.5%；受伤139人，上升32.4%；直接经济损失364.78万元，上升9.7%。

（唐裔谊）

【安全生产岗位人员管理】 2022年，韶关市加强三项岗位人员培训考试工作。组织三项岗位人员考试16124人，其中高危行业主要负责人761人、安全管理人员839人、特种作业人员14524人。开展安全生产培训“走过场”专项整治工作，累计发现安全生产培训机构、考试机构和考试点问题27项，下达9份责令限期整改指令书，注销培训项目5项，注销培训机构1家，处罚培训机构1家；

对安全生产单位培训和持证上岗情况进行检查，全市累计检查生产经营单位 453 家，发现问题 152 项，责令整改企业 26 家均完成整改。

（唐裔谊）

【农业安全生产】 2022 年，韶关市农业农村局先后开展渔船行业安全监管行动、水上交通安全监管联合行动、涉渔船舶监管专项行动、渔业安全生产百日攻坚行动、平安渔区创建达标行动、防范渔业船员落水伤亡专项行动等各项工作，实现全年无渔业船舶安全生产事故。每季度对有渔船的县(市、区)开展一次渔业船舶安全生产检查，各县（市、区）每个月至少进行一次安全生产检查，每年的安全生产检查要覆盖辖区内的全部渔船。检查过程中，发现问题要求船主立即整改，对于整改不到位的依法依规做出处理，对出现的问题决不姑息。在武江区、仁化县、翁源县、南雄市开展农药包装废弃物回收处理试点建设，初步取得成效，建立“农民—农资经营门店—第三方技术公司处理”的回收体系，实现农药包装废弃物流向及处理全流程闭环管理，项目累计回收农药包装废弃物 169.02 吨，无害化处理 169.02 吨。截至年底，市完成注销变型拖拉机清零工作。全市报废注销变型拖拉机 6477 台，提前三年完成省下达的目标任务，走在全省前列，受到省厅农业机械化管理处表扬。（张家洪）

【建筑安全生产】 2022 年，韶关市开展房屋市政工程安全生产治理行动，印发行动实施方案，组织检查组对全市房屋市政工程进行全覆盖检查，开展隐患排查整治情况“回头看”工作。全市持续开展建筑施工安全日常巡查检查和专项监督检查，检查发现质量、安全隐患问题 6497 个，下发限期整改通知书 2046 份，对建设工程各方责任主体违规人员进行动态扣分处理累计 780 人（次、项），合计分值 4439 分。开展建筑施工安全、汛期安全、消防安全、扬尘治理、农民工工资保障等专项检查和中共二十大、全国两会等重大活动，元旦、春节、“五一”、国庆等关键节点建筑施工安全生产管控等工作。6 月“龙舟水”期间，韶关市住建管理局启动应急预案，要求全市在建工地停工，组建汛期防控工作小组，下沉项目、工地一线走访检查，解决项目工地问题诉求，消除事故隐患。受此次“龙舟水”影响，全市受灾在建建筑工地 25 个，直接经济损失 1089.88 万元，无人员伤亡情况。

【林业安全生产和森林防火】 2022 年，韶关市林业局健全落实安全生产责任制，建立安全风险预防控制体系，全面依法履行安全生产监督管理职责，在林业系统内全面实行安全生产承诺制和森林防火责任制，强化林业重点领域安全整治，在清明、国庆、党的二十大等重要时间节点，开展安全生产、森林防火工作督导检查和森林火灾隐患大排查大整治“百日攻坚”等行动，全市发现森林火灾隐患点 1663 处，督促完成整改 1660 处，全市林业部门参与火情早期处置 100 余起。全市没有发生安全生产事故和出现重大森林火灾。

【“百日清零”专项执法行动】 2022 年，韶关市开展工贸行业安全生产专项整治“百日清零”专项执法行动。整治企业 24 家，要求对企业涉“钢 8 条”“铝 7 条”“粉 6 条”的隐患问题清零。开展属地专项检查。自开展“百日清零行动”工作以来，韶关市对全市 24 家相关企业在 7 月 20 日前进行第一次属地专项检查，此轮检查发现隐患和问题 176 条，立案查处 2 家并办结。截至 10 月 28 日，韶关市应急管理局执法监督科检查企业 58 家，应整改隐患 102 项，完成整改 84 项，隐患整改率 82.35%；行政处罚 3 宗，行政处罚金额 16.5 万元。韶关市发生各类生产安全事故 147 起，死亡 71 人，直接经济损失 2108.78 万元，未发生重大事故。全市累计检查生产经营单位 453 家，发现问题 152 项，责令整改企业 26 家均完成整改。

（杨伟剑）

消防救援

【概况】 2022 年，韶关市消防救援工作实现火灾形势和队伍管理“两个稳定”，全市消防救援队伍接警出动 5637 次，其中火灾 1870 起、抢险救援 1851 起，连续 12 年未发生较大以上火灾。支队被韶关市委、市政府记集体二等功，全市 10 个大队全部被记集体三等功，支队获“平安韶关建设先进集体”称号，11 人次获省级以上荣誉，其中 1 个集体获评“全国行政执法先进集体”，1 人获评全国青年岗位能手。支队 13 个集体、33 人次获市级表彰，其中 8 个集体和 21

2022 年 11 月 9 日，韶关市 2022 年消防宣传月启动暨芙蓉消防站及新消防指挥中心项目动工奠基仪式在韶关市武江区举行

（韶关市消防救援支队　供图）

2022 年 6 月 22 日,韶关市消防救援支队解救城市内涝被困群众
（市消防救援支队　供图）

名个人被市委、市政府表彰为“抗洪救灾”突出贡献集体和个人,获表彰对象数量为全市各系统、条线之最。在执勤训练、政治工作、宣传工作、调研工作、审计工作 5 个业务领域获评全省消防救援队伍先进支队。1 个集体、18 名个人立个人三等功,92 人获嘉奖。

【火灾普查】 2022 年,韶关市发生火灾 1870 起,比 2021 年减少 1.7%,未发生较大或有影响火灾。从发生火灾的区域看,县城城区、集镇和农村火灾数量占比较高,分别占比 27.5%、27.2%、22.1%;从火灾发生场所看,非建构筑物、建构筑物及交通工具火灾仍然高发,分别占比 43.6%、41.3%、11.7%;从起火原因看,电气火灾和用火不慎是引发火灾的主要原因,分别占比 18.6%、17.4%。

【消防基础建设】 2022 年,韶关市推动芙蓉消防站及新指挥中心大楼开工建设、区域模拟训练设施启用;实施消防队站提质升级工程,全年全市 2 个新建消防站建成并进驻执勤、2 个消防站新开工建设、2 个老旧队站完成改造;推进乡镇消防力量“空白点”三年清零行动,完成 25 支政府专职队建队任务;挂牌成立粤北片区财经培训基地,推动出台财政事权划分改革意见、消防救援队伍公共租赁住房保障政策;全市新增消防车 9 辆、装备 1.4 万余件(套),2 项发明创造获国家实用新型专利证书。

【消防应急演练】 2022 年,韶关市消防救援队伍实施“季比武、月调度、日抽查”岗位大练兵,开展支队级实战演练 13 次,修订重点单位预案 575 份,分岗位举办业务骨干培训班、专业技术资格培训班 12 期,培养救援骨干 165 人,提升山地、水域、深潜等领域专业队建设水平,出版《消防山地救援技术》教材。

【消防救援】 2022 年,韶关市消防救援队伍接警出动 5637 次,营救疏散群众 8870 人,抢救保护财产价值 4.9 亿元,成功处置北江流域特大洪涝灾害及“5·16”浈江区车辆坠河救援、“10·31”始兴县山火扑救等系列急难险重任务。承担全省警情跟踪与遂行出动试点建设,完成智能接处警系统建设,建立完善三级调度指挥体系,升级改造“119”接处警、应急通信融合指挥网络,28 支乡镇专职消防队纳入调度体系,与市公安局等 10 个部门和单位建立应急联动工作机制,获全省“119”接警调度比武团体第四名。（徐文涛）

【消防宣传】 2022 年,韶关市消防救援队伍推进消防“五进”活动,开展消防宣传“3+N”工程,举办“119 消防宣传月”启动仪式,消防宣传志愿者队伍达 3.9 万人,举行宣教活动 1679 场次,线上线下参与群众超 100 万人次。获全省消防救援队伍法制、火调和新闻宣传比武竞赛团体第二名,6 个项目位列全省前三名;推出“关关虎”“韶仔”消防原创 IP 形象,文创作品获“2022 年全国消防文创作品展”二等奖。

【消防执法】 2022 年,韶关市部署开展消防安全专项整治三年行动,打造落实消防安全责任制“韶关样板”,在全省实现“三个率先”:率先建立消安委“双主任制”、率先出台消防安全“两个清单”、率先建立专项整治考评约谈机制。推动市政府出台《火灾事

2022 年 10 月 31 日,韶关市森林消防人员在始兴县马市镇扑救森林火灾
（市应急管理局　供图）

故调查处理规定》，指导南雄市、乳源瑶族自治县、新丰县等地落实消防事业编7人。开展专项整治任务18项，挂牌督办整治重大火灾隐患单位33家、火灾高风险区域13个；确定消防安全重点单位595家，排查“三小”场所5.1万余家、“三合一”场所6942家，累计检查单位1.9万家，发现、整改火灾隐患2.7万处，下发行政处罚决定书524份，临时查封56家，责令“三停”单位25家，累计罚款180.6万元，移送拘留10人，开展火灾延伸调查落实责任追究12人。

（徐文涛）

【森林火灾防控】 2022年8月至12月13日，韶关市发生森林火灾11宗，其中一般森林火灾10宗，较大森林火灾1宗，无人员伤亡。受害森林面积6.72公顷，受害率0.005‰。进入秋冬季，市森防办组织相关成员单位对森林火险形势分析研判，印发《韶关市森林防灭火指挥部办公室关于印发2022年秋冬季森林火险形势研判报告》，为各地制定应对措施提供依据。9月，韶关市进入森林特别防护期和森林防火宣传月，市森防办下发《关于做好中秋、国庆和重阳节期间森林防灭火工作的通知》。元旦、春节、清明、“五一”、国庆节期间，市应急管理局、市林业局对各地的森林防灭火工作进行督查检查和指导。各地开展森林防火宣传。各镇（街）组织乡镇、村委干部和护林员，进村入户派发防火告知书、禁火令等宣传单张，进行宣传。7月，在全市开展森林防灭火业务培训，培训对象为乡镇（街道）负责人130人。7月中下旬至8月中旬组织全市11支森林消防专业队伍开展森林消防业务技能大练兵活动。12月初，市森防办组织市消防救援队伍与浈江区、武江区森防办联合举办森林消防实战演练。开展“五清”专项行动。开展林区输配电设施森林火灾隐患专项排查，治理线路周边可燃物清理。排查出林区内输配电线路沿线、铁塔周边可燃物83处，总计15.40万平方米，全部完成清理。加强装备建设，全年全市11支队伍投入各项资金2000万余元，用于森林防灭火装备购置，加强全市森林防灭火工作能力建设。

【“119消防宣传月”活动启动仪式】 2022年11月9日，韶关市以“抓消防安全，保高质量发展”为主题，分别在新消防指挥中心建设项目地块和韶关市保利广场举行韶关市消防宣传月活动启动仪式。韶关市、各县（市、区）消防安全重点单位代表、消防志愿者代表、新闻媒体记者参加启动仪式。此次活动采取“线上＋线下”形式，整场活动在广东消防、韶关消防微博等同步进行直播展示。启动仪式通过视频回顾韶关市消防救援支队改革转制4周年以来的发展历程和成果及各种形式的消防节目开展宣传。活动中，百余名由快递、邮政、美团骑手组成的电动车队，统一佩戴消防志愿者标识，为消防公益巡游发车。活动开展“消防安全进万家”志愿行动、消防装备器材展示、VR虚拟逃生体验、关关虎IP形象周边宣传品兑换、人偶互动、拍照打卡区域、逃生帐篷、电子火灾实验台、消防安全咨询问答互动等。

【消防救援站“开放日”活动】 2022年1月15日，韶关市消防救援支队在浈江前进路消防救援站组织开展消防站开放活动。活动组织10余组亲子家庭在浈江区消防救援大队前进路消防救援站进行参观学习，零距离接触消防、学习消防。消防员带领群众参观消防车辆、消防器材，详细讲解个人防护、消防器材的作用和功能，并组织大家进入火灾逃生体验屋，体验火灾现场。消防救援人员邀请参加的小朋友乘坐消防车、穿上战斗服、戴上头盔，当一次“小小消防员”。

【开展战勤保障实战拉动演练】 2022年6月1日，韶关市消防救援支队组织沐溪大道消防救援站在龙归镇戒毒公园河对面开展战勤保障实战拉动演练。根据模拟灾害情况，现场迅速出动卫勤保障、饮食保障、宿营保障、照明保障、器材保障编队为一线参战消防救援人员提供后勤保障及器材保障。通过演练，进一步提升抗洪救援能力，锻炼水上应急救援能力，检验卫勤保障、饮食保障、宿营保障、照明保障等保障项目，检验队伍在洪涝突发事件应急措施，为战斗持久战的保障能力。（徐文涛）

2022年1月15日，韶关市消防救援支队在浈江前进路消防救援站组织开展消防站开放活动。图为消防员向群众讲解消防器材的作用和功能

（市消防救援支队　供图）

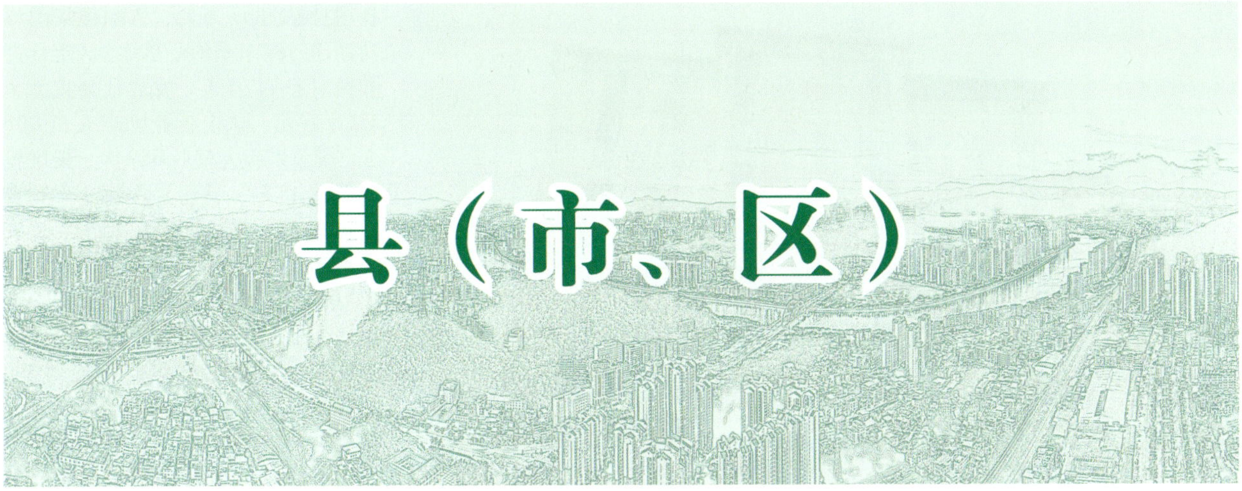

县（市、区）

浈江区

【概况】 浈江区位于韶关市区东北部。2022年，下辖5个镇、3个街道、1个办事处。土地面积572平方千米。年末户籍人口30.97万人，常住人口36.22万人。耕地面积5281.11公顷，粮食播种面积3086.67公顷，粮食产量1.84万吨。农林牧渔业产值14.31亿元，比2021年（下同）增长1.5%。林地面积3.56万公顷，森林覆盖率58.8%。活立木蓄积量283.57万立方米。浈江区地区生产总值226.81亿元，比2021年下降0.8%。人均地区生产总值6.26万元，下降0.6%。固定资产投资比2021年下降30%。外贸出口额7.9亿元，增长15.1%。地方一般公共预算收入3.93亿元，比2021年下降19.7%。城镇常住居民人均可支配收入4.59万元，增长2.3%；农村常住居民人均可支配收入2.38万元，增长3.4%。

【农业】 2022年，浈江区实现第一产业增加值8.17亿元，比上年增长0.1%。犁市镇（油茶）入选第十二批全国“一村一品”示范村镇，浈江区油茶产业发展基地被认定为2022年广东省首批林业特色产业发展基地。新增粤港澳大湾区“菜篮子”生产基地2个。拥有食用菌、油茶、南药、蔬菜等特色产业，新认定农民合作社市级示范社1家、市级家庭农场13家。成立镇属农业公司5家，实施花坪供港蔬菜基地、十里亭加州鲈鱼规模化养殖、新韶龟鳖养殖等产业项目；海大集团犁市黄沙大岭猪场、海大集团生猪屠宰冷链物流项目建成投产。4月，花坪镇供港蔬菜示范基地投入使用，项目1期总投资300万元，年产量100吨，年产值100万元，可带动60户周边农户稳定就业。

【工业】 2022年，浈江区实现第二产业增加值61.38亿元，比上年下降7.4%（规上工业增加值33.09亿元，增长5.5%）。培育国家级专精特新“小巨人”企业1家，认定高新技术企业18家，新增省级工程技术研究中心3家、省重点实验室1个，规模以上工业企业拥有研发机构25个。浈江产业园体制改革完成，由韶关高新区管委会统一运营。粤港澳大湾区枢纽韶关数据中心集群布局浈江产业园。比亚迪新能源汽车冲压模具生产基地启动建设。新开工工业项目8个，新投产工业企业2家，新上规模以上企业6家。韶冶、浈江产业园规模以上工业产值比2021年分别增长14%、30.1%，国粤电力、韶冶、比亚迪等支柱企业拉动工业增加值上升8.5个百分点。韶关市项目集中开竣工（浈江区分会场）项目58个，其中新开工项目26个，新竣工项目32个。制定资质建筑企业扶持方案，新增资质建筑企业3家。新签约招商项目19个（超亿元项目10个），投资总额35.9亿元，新开工项目11个，完成年度投资额12.03亿元。5月10日，正威韶关新材料科技示范城项目一期投产暨项目二期启动活动在浈江产业园举行，项目总投资228亿元。11月，寮浈共建标准厂房二期项目桩基工程全面施工，总建筑面积8.2万平方米。

【服务业】 2022年，浈江区实现第三产业增加值157.25亿元，比2021年增长1.7%。实现社会消费品零售总额127.46亿元，增长2%，总量位居全市第一。新增限上批发零售企业21家，限上批发企业完成销售额140.4亿元，比2021年增长13.6%；限上零售企业完成销售额57.9亿元，同比增长3.5%。全区有市场主体3.5万户，增加1034户，数量位居全市第一。南郊汽贸产业带新增限上汽贸企业4家，总数48家。开展“6•18”汽车消费节、金秋消费节等活动，百年东街、风度名城等商圈刺激消费。中农联•粤北农产品流通中心落户浈江区，华南农产品交易中心入驻商家800户。鑫金汇电商产业园被列入中国（韶关）跨境电子商务综合试验区的线下集聚区试点。完成58个村级综合性文化服务中心提质增效，达标率位列全市第一。举办文化旅游体育活动69场，建成“粤书吧”2个。1月，浈江区首届兰花迎春花市在鑫金汇财富中心举行。3月，浈江区文化馆获评国家一级文化馆。12月，“韶关酱油酿造技艺”（浈江区隆盛酱油酿造技艺）入选省级非物质文化遗产代表性项目名录。

2022 年 3 月，浈江区文化馆获评国家一级文化馆（浈江区档案馆　供图）

【城乡建设】 2022 年，浈江区实施“广富新街—升平路”历史文化街区改造，完成老旧小区改造 16 个，惠及住户 1068 户。建成新能源汽车充电桩 27 个，新增公共机动车停车位 164 个、电动车停车位 1239 个。设置垃圾分类点 4000 余个，建设停车场 3 个，查处“六乱”行为 9000 余宗，拆除违建 8 万平方米，新增绿地面积 5800 平方米。完成犁市镇和 62 个自然村饮用水保障工程，启动十里亭镇、犁市镇、花坪镇“139+”美丽圩镇建设改革试点。打造阅丹公路、武江河沿线及花坪古樟廊线等美丽乡村示范带，干净整洁村创建达标率、村庄保洁覆盖率、无害化卫生户厕普及率均达 100%。培育成熟产业项目 27 个，下达 1.1 亿元驻镇帮镇扶村资金实施 30 个项目。完成 98 千米农村村内道路建设、3.4 千米县道路面提升改造、14 千米单改双工程。落实农业转移人口市民化配套政策，常住人口城镇化率提高 0.7 个百分点。获评全市新型城镇化工作先进县（市、区）。

【社会事业】 2022 年，浈江区投向民生领域资金 12.34 亿元，占一般公共预算支出的 71.58%。投入 1.7 亿元改善 20 余所学校办学条件，启动韶冶实验学校改造项目，新增中小学校（幼儿园）优质学位 990 个，获评全省学前教育高质量发展实验区阶段性检查优秀等次。8 月，浈江区执信幼儿园（东河园区）开园。全区义务教育标准化学校比例 100%，学前三年毛入园率 144.17%，小学五年巩固率 112.5%，初中三年巩固率 99.95%。实现 60 岁以上老年人意外伤害保险全覆盖。新增城市居家养老服务中心 3 家、长者饭堂 3 个。举办“就业援助月”等线上招聘会，累计服务企业 478 家次、发布就业岗位 9690 个，发放技能晋升补贴 1257 人次。“粤菜师傅”“广东技工”“南粤家政”工程持续推进，举办各类专场招聘会 11 场，发放就业创业及在韶就业等各项补贴 2267 万元，兴顺佳集团成功创建省级巾帼创业基地。认定社会救助对象 7176 人，发放社会救助金 3120 万元，认定就业困难人员 505 人，安置残疾人就业 562 人。新增发明专利 43 项、博士工作站 2 家和乡村振兴人才驿站 5 个，举办各类人才活动 38 场，引入各类高层次人才 56 人。浈江区政务服务大厅进驻事项增至 1457 项，事项进驻率 97.1%；“粤智助”一体机实现镇、村全覆盖；596 项行政审批和便民服务事项实现手机一站式办理；办结“12345”工单 10522 件。发放稳岗返还、留工培训补助等资金 745.7 万元，惠及 2647 家企业，减免租金 266 万元，落实新增减退缓税（费）4.6 亿元。组织入库省级技术改造项目 3 个，争取各级科技创新奖励资金 220 万元，实施技改项目 28 个，完成技改投资 2.7 亿元。排查调处各类矛盾纠纷 1716 宗，调处率 100%；刑事治安警情数、立刑事案件数比 2021 年分别下降 3%、20.8%。

【犁市镇入选第十二批全国“一村一品”示范村镇】 2022 年 11 月，农业农村部公布第十二批全国“一村一品”示范村镇名单，全国 396 个村镇入选，韶关市浈江区犁市镇（油茶）榜上有名，是韶关市此次唯一入选的镇。浈江区于 2019 年成功申报油茶省级现代农业产业园。该产业园位于

2022 年 8 月，韶关市浈江区执信幼儿园（东河园区）开园
（浈江区档案馆　供图）

浈江区北部，覆盖犁市、花坪、十里亭3个镇，现有油茶面积1000多公顷，鲜果产量1.5万吨，其中犁市镇油茶种植面积及产量均超过全区的70%。犁市镇油茶产业集群发展水平、一二三产业深度融合发展、技术装备水平及品牌化水平均获得提高，形成油茶种植、加工、观赏结合一体化的油茶产业链，发展绿色生态经济，初步实现涵盖油茶育苗、种植、加工、销售、研学、科普教育、森林康养、农业休闲旅游等全产业链模块的发展布局，实现“生产+加工+科技+营销（品牌）”的发展目标。“浈江油茶”已成功创建国家级名特优新区域品牌，获得广东省名牌产品认证1个、有机油茶产品认证品牌2个，创立“恒百年”“舜然鲜”“溢丰”“一颗茶籽”“友丰婴儿宝宝”等多个油茶知名品牌，深受广大消费者喜爱。

【海大集团花坪奎塘益豚猪场、犁市大岭新建猪场建成投产】 海大集团益豚花坪猪场、海大集团益豚犁市猪场、海大集团益豚犁市产业园生猪屠宰厂均已建成投产，3个项目合计投资5.69亿元，所有项目满产后，预计年产值可达30亿元以上，提供就业岗位1000个以上，年增加优质商品肉猪9.6万头和商品猪苗12.3万头。位于犁市镇梅村、设计规模3000头生猪、年出栏6000头育肥猪的大成畜牧养殖项目正办理证件中。浈江区地处韶关市市中心，辖区内有犁市镇、新韶镇等生猪养殖大镇，有新韶镇东联群达生猪大型屠宰厂、犁市镇北山生猪小型屠宰点、乐园镇金苹果饲料厂，也有饲料兽药生物制品经营企业等生猪养殖配套行业。结合非洲猪瘟防控及生猪稳产保供工作，浈江区完善辖区全产业链养猪体系，做强生猪养殖行业。围绕“绿色发展、保障供应”的思路，制定规范生猪养殖审批、备案及退出措施，优化辖区生猪养殖土地使用、疫病防控、污染治理等政策，吸引海大集团来建设辖区生猪优势产业园。在现有生猪养殖场所的服务措施上，浈江区以“优质、安全”的生猪生产为目标，制定畜禽养殖废弃物资源化利用方案、动物防疫规范治理行动措施，主动指导养殖户淘汰老旧粪污治理设备，支持养殖户建设异位发酵床，做好辖区动物疫病免疫、流行病监测等工作，并利用现代信息化手段，优化动物检疫合格证开证及生猪运输车辆备案流程。浈江区生猪养殖上下游产业建设基础较好。畜禽养殖粪污资源化利用率92.05%，已有金苹果饲料厂、漓源饲料厂2家，生猪种畜禽生产场3个，兽药经营企业21家，动物诊疗场所3个，生猪屠宰厂（点）3个。

【韶关酱油酿造技艺入选省级非物质文化遗产代表性名录】 2022年12月，广东省文化和旅游厅公布第八批省级非物质文化遗产代表性项目保护单位，认定115家单位为第八批省级非物质文化遗产代表性项目保护单位，其中韶关隆盛酱油酿造技艺进入名单。隆盛酱油酿造技艺是韶州传统酱油酿造技艺，也是北江隆盛酱园的核心技术。隆盛酱园源自于清乾隆年间的佛山酱园。隆盛酱油酿造技艺，承袭原始的广式高盐稀态手工酱油酿造方法，经三代传人历时100多年的技艺改进，生产出“晒街油”精品，其发酵周期长，需放在大缸内曝晒三个伏天，日晒夜露，翻滚起沫，方可酿成。隆盛酱油酿造技艺复杂，共有15道大工序，107道小工序，每道工序对细腻程度的要求都很高。特晒酱油色泽红褐、酱香醇厚、咸香适口、豉味浓郁。

【中农联·粤北农产品流通中心落户浈江区】 2022年10月8日，中农联集团&中化学冷链在韶关市土地成交确认中取得广东省韶关市浈江区莲花大道商贸物流产业带LH0505A—03A、LH0505A—06A号地块，标志着中农联·粤北农产品流通产业中心项目落地韶关。项目总占地面积21.47公顷。8月30日，中农联控股有限公司、中化学冷链物流有限公司同韶关市人民政府通过云签约的方式，举行中农联·粤北农产品流通产业中心（一期）项目的签约仪式。中农联控股副总裁兼总工程师文成仁、中化学建投集团副总经理辛登高、韶关市副市长蒋文泓分别代表三方签署协议。中农联·粤北农产品流通产业中心项目以干货、水产品、精品果蔬及本地特色产业（滋补品及中药材、兰花、茶叶）等农副产品展示交易撬动市场，聚集人气，深化产业链，增加配套功能，打造现代化农副产品展示交易平台，打造农副产品一条龙的产销展示平台及区域型集散、仓储、加工及配送中心。作为广东省的农业大市，韶关市委、市政府历来高度重视现代农业发展，韶关坚持以实施乡村振兴“3510”工程为抓手，从产业规模、品牌建设、市场流通、质量安全等多个领域重点发力，构建韶关与粤港澳大湾区对接的农产品产销体系，擦亮“善美韶农”区域公用品牌，着力将韶关打造成为粤港澳大湾区的“菜篮子”“米袋子”“果盘子”“茶罐子”及连接周边省市、服务大湾区、面向全世界的“南菜北运”“北菜南运”区域综合农副产品交易集散地。该项目签约与建设将填补韶关市集农产品展示展销、加工配送、仓储物流等功能于一体的高端流通平台的短板，延长韶关市农产品链条，提升韶关市农产品品牌影响力。（谭景毅）

2022年浈江区国民经济和社会发展统计表

表64

指标	单位	绝对值	比2021年增长（%）
地区生产总值	亿元	226.81	-0.8

续表64

指标	单位	绝对值	比2021年增长(%)
第一产业增加值	亿元	8.17	0.1
第二产业增加值	亿元	61.38	7.4
第三产业增加值	亿元	157.25	1.7
规模以上工业增加值	亿元	33.09	5.5
农林牧渔业总产值	亿元	14.31	1.5
社会消费品零售总额	亿元	127.46	2.0
外贸进出口总额	亿元	9.87	12.4
实际利用外资	万美元	31	—
地方一般公共预算收入	亿元	3.93	-19.7
地方一般公共预算支出	亿元	17.24	-10.3
城镇常住居民人均可支配收入	万元	4.59	2.3
农村常住居民人均可支配收入	万元	2.38	3.4

(资料来源:浈江区人民政府)

武江区

【概况】 武江区位于韶关市西部。2022年，武江区下辖5个镇、2个街道。土地面积677.85平方千米。年末户籍人口30.69万人，常住人口38.44万人。耕地面积4996.88公顷，粮食播种面积3926公顷，粮食产量2.47万吨。林地面积5.08万公顷，森林覆盖率70.45%，活立木蓄积量382.54万立方米。2022年，全区地区生产总值306.87亿元，比2021年(下同)下降0.3%。其中：第一产业增加值8.68亿元，增长1.3%；第二产业增加值122.76亿元，下降1.6%(工业增加值104.82亿元，增长1.4%)；第三产业增加值175.43亿元，增长0.4%。人均地区生产总值8.04万元，下降1.6%。固定资产投资下降35.3%。社会消费品零售总额78.08亿元，增长3.7%。外贸出口额0.87亿元，增长17.2%。实际利用外商直接投资176万美元，增长780%。地方一般公共预算收入3.73亿元，扣除增值税留抵退税因素后比2021年下降32.07%。全区全体居民人均可支配收入4.33万元，增长3.4%，其中城镇居民人均可支配收入4.65万元，增长2.9%；农村居民人均可支配收入2.52万元，增长3.9%。

【工业】 2022年，武江区全年新增“四上企业”40家；全区市场主体累计2.8万家，全年新增4416家、比上年增长17.35%。全区规模以上工业增加值88.85亿元、增长1.0%，全区(不含新区)完成工业投资6.77亿元。新增高新技术企业22家。整区分布式光伏开发工作成效初显，完成投资1.47亿元，备案容量7.65万千瓦。武江科创园青创中心建成运营，吸引45家企业入驻办公；园区全年创造税收2.1亿元。武江区城乡融合产业园主干道全线通车，厂房片区基础工程二期基本完成，推出工业项目用地30公顷，引进年产值超亿元项目2个。全区完成400个5G基站建设。

【农业】 2022年，武江区农林牧渔业产值15.34亿元、比上年增长2.7%。粮食播种面积为3926公顷、产量2.47万吨，油料种植面积1260公顷、产量0.4万吨，蔬菜播种面积2793.33公顷、产量9.01万吨，水果种植面积1013.33公顷、产量1.29万吨。完成撂荒地复耕面积432.93公顷，土地流转184.3公顷。试点推广良种良法种植巨型稻、多年生水稻取得初步成效，粮食生产面积和总产量实现双增长，粮食安全得到保障。武江区现代农业产业园基础设施建设推进，成功创建蔬菜省级现代农业产业园，打造重阳大夫前蔬菜种植基地、西河北片蔬菜种植基地、龙归续

2022年8月14日，武江孟洲坝夜经济繁荣（邱光明　摄）

推进山水林田湖草生态修复工程，完成生态修复项目4个，治理水土流失1.2平方千米。整改土地卫片违法图斑24.27公顷。完成芙蓉园等11个地块征拆，全年交地8371公顷。创新试行政府投资非经营性项目代建制，争取到位各类债券资金7.96亿元，实施区重点建设项目77个，完成投资31.42亿元，推动全年完成固定资产投资（不含高新区）40.19亿元。营商环境便利度保持全市前列，新签约项目34个，投资额37.45亿元，其中超亿元项目8个。城乡融合发展省级试点推进，完成西联镇赤水村、西河镇红星村“村改居”试点建设。

源片区种植基地3个千亩蔬菜种植基地。新增韶关市武江区厚坪中药材种植专业合作社、武江区全顺茶园家庭农场等11家新型农业经营主体及龙归丝苗米、龙归生猪2个全国名特优新农产品。

【服务业】 2022年，武江区社会消费品零售总额增长3.7%，位居全市第一。区财政安排200万元开展消费券发放活动；引导大型商超持续拓展线上业务，举办汽车展销、家电以旧换新等促消费系列活动，沐溪大道吸引落户汽车销售企业8家。群康路、沙洲尾片区等街区夜间经济持续活跃，打造孟洲坝“网红夜市”。建成粤北首个国际标准飞盘场，组织举办“草地音乐会”等多场大型文化文艺活动，“端午龙舟文化旅游节”活动盛况被中央、省级媒体报道；全年接待游客69.6万人次，旅游收入12.14亿元。

【城乡建设】 2022年，韶州体育中心完成建设；教育西路建成通车，改造提升芙蓉东路、工业路、新华南路等7条主次干道。推进80个老旧小区改造项目，截至2022年年底，完工31个。完成7个背街小巷改造提升和5个“五小”项目建设。推进韶州文创园项目建设，盘活闲置资产打造成武江科普基地，建成“诗歌步道”，增设张九龄雕塑。推进精准拆违攻坚行动，全年拆除违法建筑13.73万平方米。武江区餐厨垃圾资源化处理站建成运行。实施农村人居环境整治“打擂比武”，28个村获得“区农村人居环境整治示范村庄”称号、14个村获得“区农村人居环境整治优秀村庄”称号；创建美丽庭院、“四小园”小生态板块50个。推进重阳镇“青林水岸·红色印记”、西河镇“什石园—糖寮”乡村振兴示范带建设，“西河—重阳”“龙归—江湾”精品线路新增黄塱沿河步道、湾仔古树公园等一批网红打卡点。完成24.25千米“四好农村路”、30.8千米美丽农村路建设。完成裸露土地整治5.2万平方米，市政道路、国省道周边连接线硬化5.38万平方米。空气环境指标优良达标率94.2%，空气质量保持市辖三区最优。完成龙归水（二期）、南水河（二期）、北江（市区段）碧道建设16.2千米。

【社会事业】 2022年，武江区全面完成区10件民生实事。武江第一小学、东岗保利小学、新区第二幼儿园建成开学，新增学位2520个；完成韶关市第九中学天子岭校区一期改造并投入使用，解决突增且超出招生计划600名学生就读难题。选聘305名教师充实教师队伍。区中医院基本建成，区儿童医院完成主体工程建设；3个镇卫生院和社区卫生服务中心，以及17个卫生站完成改造提升。完成50个基层综合性文化服务中心改造升级，基本完成区图书馆二期、文武阁塔保护修缮工程。成立5家强镇富村公司，建成4间乡村振兴生产车间。新增城镇就业3651人。深化政务服务“一门式、一网式”改革，1271项依申请事项和公共服务事项

2022年9月1日，武江区东岗保利小学开学（陈励　摄）

进驻政务大厅，进驻率达 96%；“粤智助”自助终端设备实现镇村全覆盖。开办企业事项环节实现“一网通办、一窗通取”。

【武江科创园创新综合体】 2022 年，武江区对旧厂区进行整体改造，实现内部功能、外部形象“双提升”，打造武江科创园创新综合体，企业招引魅力增强。自 2020 年 8 月园区改造以来，对标“‘双区’创新资源外溢首选地”的定位，以医药健康、智慧装备、信息技术、科技服务业四个产业维度，实施精准招引。2021 年引进浩辰医学、云印社文化发展、众同信律师事务所等优质企业。同年，把旧厂房改建为 4000 多平方米的全市首个大型路演中心，为全市初创型企业提供产品展示推广平台。2022 年 6 月完成改造的园区二期—青创中心，以“拎包即可入驻”的理念为青年创业者打造 220 间创新创业空间，招揽企业 45 家，有风武实业投资开发、广东发展新能源等 29 家企业进驻办公，办公场所使用率超过 85%。园区有注册企业 137 间，全年可创税 2.1 亿元。武江区推动园区运营及服务的建设。由区招商办负责招商引资、项目跟踪服务，把科创园的经营权统一配置到韶关市武江区国有投资集团有限公司，实现市场化运作、专业化提升、园区化转型。引入碧桂园物管公司进驻科创园，为企业提供“五星级”的社区服务。出台《武江区全生命周期管理工作方案》，加强项目跟踪服务保障工作，打造一流营商环境，形成“以商招商”的滚动循环。园区建成食堂、餐厅、咖啡吧、便利店、图书角等休闲生活区，近在咫尺的市四一九医院可提供综合性医疗服务。为年轻创新创业群体量身打造的高标准足球场、篮球场，成为园区网红打卡新地标。7 月动工建设人才周转公寓，年底可提供 40 间人才公寓。

【打造 3 个千亩蔬菜种植基地】 2022 年 6 月，经广东省委省政府批准，韶关市武江区蔬菜产业园成为省级现代农业产业园，武江区蔬菜产业园是武江区第一个省级现代农业产业园。武江区蔬菜省级现代农业产业园建设项目，总投资 2.13 亿元。其中，省级财政补助 0.5 亿元。建设范围覆盖全区 5 个乡镇。按照“绿色安全、品牌引领、科技支撑、三产融合”的发展思路，总体形成“一心驱动、一带联结、两区协同、多基地支撑”的发展格局，重点建设内容主要包括农业设施、科技研发与信息支撑、产业融合、土地流转、农业品牌、贷款贴息六大板块。2022 年，武江区省级蔬菜产业园项目建成 3 个千亩蔬菜基地。重阳番灵蔬菜基地在重阳镇大夫前村，由韶关市番灵饲料有限公司建成运营，公司流转土地 66.67 公顷，建有蔬菜大棚 5.47 公顷，水肥一化设施 28.67 公顷，重点开展叶菜类和设施蔬菜种植，采用订单委托式种植。其中，番灵菜心、番灵苦瓜获得有机蔬菜认证。龙归后坪丝茅姜种植基地位于龙归镇后坪村。丝茅姜于 2020 年入选全国名特优新农产品名录。丝茅姜生产专业合作社示范带动农户种植丝茅姜 100 多公顷。龙归龙安淮山千亩种植基地位于龙归镇龙安村。龙安淮山于 2020 年列入全国名特优新农产品名录。淮山生产专业合作社示范带动农户种植淮山 66.67 公顷，该基地开展良种培育试验。浅生槽种植技术获得成功，亩产到 1750 千克。

【打造孟洲坝网红夜市】 武江区找准夜间经济“突破口”，推动地摊经济、后备箱经济有序发展，点燃孟洲坝“烟火气”，点亮“夜武江”特色经济名片，助推文旅消费市场强劲复苏。武江区打造孟洲坝夜市新态势，运用大数据分析不同群体的文化、娱乐、消费等多样化需求，通过“夜市 +”创新消费体验模式。在 3000 平方米的区域科学划分汽车展销区、特色美食区、音乐广场区、自由摆卖区，融合购物、美食、音乐、潮流、汽车、街舞、二次元等多种元素，打造沉浸式场景舞台“打卡点”多处，设立格子商铺和自由摊位 300 多个。开展文娱活动，定期放映主旋律和正能量影片，举行“五一”劳动节、“我的舞台”草地音乐会等活动，厚植社会主义核心价值观，丰富“孟洲坝夜市”名片内涵，升级打造“孟洲坝夜市 2.0Plus”高质量品牌。孟洲坝夜市平均每日游客 1 万人次，每月产生经济效益 300 万元。武江区加强孟洲坝夜市基础设施的建设，新增绿化面积 4500 平方米，新建停车位 714 个，增设不锈钢铁马 100 个，改造供电指示牌 4 个，更换补缺一批破损公共设施。部门各司其职提供“硬核”保障，常态化联合执勤，运用监控视频、无人机、大数据分析等智能手段，维护现场治安、交通秩序、食品安全、卫生保洁、医疗保障等环境，每月涉孟洲坝的投诉控制在 10 单以内，购物品质、环境秩序和服务质量等得到升级。加强摊位管理，丰富消费业态，指导摊位设置，规范产品服务类型，避免恶性竞争，力促群众安全感、体验感和满意度“三提升”。武江区发挥健身广场、中环广场、沙洲尾片区、群康路片区、保利广场等成熟商圈和示范街区的辐射带动作用，通过“繁荣夜购、繁荣夜食、繁荣夜娱、燃购消费券”等系列活动，挖掘夜间消费潜力。引导孟洲坝“网红夜市”差异化、特色化、品质化发展，串联整合区“三馆”、武江科普基地、山蕉知青文化园、光明巷等特色文旅资源，将“孟洲坝夜市”品牌刻入“善美韶关•魅力武江”的名片中。

【粤北首个国际标准飞盘场建成】 2022 年 10 月 28 日晚，武江夜市（孟洲坝）旁的绿茵场上，迎来首场飞盘比赛，这标志着粤北首个国际飞盘场投入使用。来自武江区的干部职工、网络达人、企业和群众代表等组成两队，在长方形场地上，队员分列左右作为攻守两方，通过队友之间的相互传递推进前进，最终将盘传给在得分区的队友，算作得分。该飞盘球场位于武江夜市（孟洲坝）西面停车场，是粤北首座国际标准专业飞盘场，球场尺寸 37 米 ×100 米，达到举办飞盘正式比赛的硬件要求。此次比赛是该球场建成后的首次比赛，球场由区文旅投公司负责运营。

（董素梅　邱小庭　邱海燕）

2022年武江区国民经济和社会发展统计表

表65

指标	单位	绝对值	比2021年增长（%）
地区生产总值	亿元	306.87	-0.3
第一产业增加值	亿元	8.68	1.3
第二产业增加值	亿元	122.76	-1.6
工业增加值	亿元	104.82	1.4
第三产业增加值	亿元	175.43	0.4
人均地区生产总值	元	80403	-1.6
规模以上工业总产值	亿元	173.29	-6.9
农林牧渔业总产值	亿元	15.34	2.7
固定资产投资	亿元	—	-35.3
社会消费品零售总额	亿元	78.08	3.7
外贸进口总额	万元	57082.4	-18.9
外贸出口总额	万元	8745.5	17.2
实际利用外资	万美元	176	780
地方一般公共预算收入	亿元	3.73	-32.1
地方一般公共预算支出	亿元	16.70	-15.1
全区居民人均可支配收入	元	43305	3.4
城镇居民人均可支配收入	元	46454	2.9
农村居民人均可支配收入	元	25175	3.9

（资料来源：武江区人民政府）

曲江区

【概况】 曲江区位于韶关市南部。2022年，下辖9个镇、1个街道。土地面积1620.85平方千米。年末户籍人口31.09万人，常住人口29.05万人。耕地面积1.9万公顷，粮食播种面积1.2万公顷，粮食产量7.6万吨。林地面积12.42万公顷，森林覆盖率74.55%，活立木蓄积量776.4万立方米。2022年，曲江区生产总值209.27亿元，比2021年（下同）下降4.3%；人均地区生产总值7.2万元，下降4.4%；固定资产投资增长2.2%；外贸出口额13.46亿元，增长46.5%。地方一般公共预算收入7.76亿元，增长7.43%。农村居民人均可支配收入2.32万元，增长4%。

【工业】 2022年，曲江区实现第二产业增加值115.46亿元，比2021年下降8.5%（工业增加值107亿元，比2021年下降9.4%）。认定省、市级“专精特新”企业9家，致力打造绿色建材、钢贸等战略性产业基地（集群），引进低碳环保、高新科技项目15个。推进韶关数据中心集群起步区曲江白土区片区建设，签约大数据项目5个，计划投资额103.5亿元；新能源产业建设加快发展，启动樟市分布式光伏发电工程（二期）、整区屋顶光伏发电和农光互补项目建设。突出企业培育，全年培育规模以上工业企业16家、新增高新技术企业13家。完成固定资产投资总额总量稳居全市第一，在全市率先实现 9 次集中开竣工项目 100% 落地建设。全年完成新签约项目 22 个，计划总投资 104.07 亿元，其中超亿元项目 9 个，新开工项目 22 个，完成投资额 27.05 亿元，超额完成全年招商任务，位列全市前茅。

【农业】 2022 年，曲江区实现第一产业增加值 21.58 亿元，比 2021 年增长 2.3%。全年新增建设高标准农田 1166.67 公顷，完成撂荒耕地复耕复种 376.81 公顷，实现面积、产量“双增”；樟市镇消雪岭垦造水田项目通过验收，形成水田指标 57.37 公顷。申报全省首批、全市首个省级预制菜产业园。中国（广东韶关）RCEP 食用菌国际采购交易中心落户曲江。新增市级农业龙头企业 2 家，省级专业村 1 个，“三品一标”认证 3 个、“国字号”农产品 1 个，新增认定粤港澳大湾区“菜篮子”产品生产基地 2 家。探索农业生产新模式，农业生产托管服务 19.3 万亩次。省级畜禽养殖标准化示范场和现代化美丽牧场创建数量位居全市第一。

【服务业】 2022 年，曲江区实现第三产业增加值 72.23 亿元，比 2021 年增长 0.03%。实现社会消费品零售总额 38.4 亿元，增长 0.1%。多彩韶钢—工业文化园获评为国家 AAA 级旅游景区，“韶关钢铁工业之旅”入选省第二批工业旅游精品线路，“广东省韶关曲江文旅 IP——马坝人先生”项目获营销模式开发类作品全国示范奖。辖区内有国家 AAAA 级旅游景区 2 家，国家 AAA 级旅游景区 4 家；四星级饭店 2 家，三星级饭店 1 家；韶关市星级民宿 11 家，韶关市旅游驿站 2 家；省级乡村精品旅游线路 1 条；省级工业旅游精品线路 1 条。全年全区接待游客 60.86 万人次，比 2021 年下降 19.17%，实现旅游总收入 5.37 亿元，下降 38.16%。

【城乡建设】 2022 年，曲江区完成资质建筑业产值 18.21 亿元，比 2021 年增长 11.34%；房地产开发投资 10.64 亿元，下降 21.36%；新建商品房销售面积 18.78 万平方米，下降 9.58%。曲江十六冶一期棚户区改造项目在十六冶物业管理有限公司大院内完成抽签分房工作，抽签分配 84 户。实施华苑百货楼、华苑五金楼、同心小区、财税宿舍、曲江三小宿舍、供电宿舍、招商委宿舍、武装部宿舍、工商局宿舍、祈福楼 10 个老旧小区改造项目，超额完成原计划开工建设任务的 125%。全年拆除违建 168 处 12.33 万平方米，提前并超额完成韶关市下达曲江区拆违任务的 174%。全年供水完成工业总产值 5799 万元，总用户 11.68 万户，水质综合合格率 99.92%。推进第三批白土镇、乌石镇“139+”美丽圩镇建设工作，均完成“一个规划”和“三项整治”，开展“九项基础工程”建设工作，逐步补齐圩镇基础设施和公共服务短板。完成 12 户农村危房升级改造工作，改善农村低收入群体等重点对象住房条件，确保住房安全。新增韶关市历史建筑保护标志牌 44 处，实现历史建筑挂牌保护全覆盖。推进白土镇历史文化街区保护修缮工作，启动白土镇历史文化街区保护修缮项目一期工程，完成中大街 7 号建筑项目和忠字楼节点提升工程施工招投标等前期工作并动工建设，加强历史文化街区保护和活化利用。

【社会事业】 2022 年，曲江区有普通高中 2 所，中等职业技术学校 1 所，初中 9 所，九年一贯制学校 3 所，完全小学 19 所，特殊教育学校 1 所。全区基本医疗保险参保 26.22 万人，参保率 99.9%；参加企业职工基本养老保险 4.64 万人、机关事业养老保险 7311 人、城乡居民养老保险 9.27 万人、失业保险 4.53 万人、工伤保险 4.64 万人。全年检查定点医药机构 178 间，发现 44 大类 121 项存在问题，涉及金额 150.89 万元，已追回违规资金 150.89 万元。辖区内有国家 AAAA 级旅游景区 2 家，国家 AAA 级旅游景区 4 家；四星级饭店 2 家，三星级饭店 1 家；韶关市星级民宿 11 家，韶关市旅游驿站 2 家；省级乡村精品旅游线路 1 条；省级工业旅游精品线路 1 条。全年全区接待游客 60.86 万人次，比 2021 年下降 19.17%，实现旅游总收入 5.37 亿元，下降 38.16%。5 月，多彩韶钢 - 工业文化园景区被评为国家 AAA 级旅游景区，成为广东省唯一一家以钢铁为主题的旅游景区，实现曲江工业旅游的突破。累计支出就业创业资金 914.86 万元，惠及 3544 人次。全年曲江区行政服务中心推动“数字政府”建设和政务服务改革，做好“12345”政务服务便民热线工作，全年大厅受理各类业务 28.77 万件次，办结 24.5 万件次，办结率为 99.71%；曲江区“12345”政务服务便民热线受理工单 1.18 万件，群众满意率 92.93%。

2022 年 5 月 17 日，曲江柴烧陶艺传统工艺工作站（马坝窑）挂牌暨开窑仪式在曲江马坝镇举行

（曲江区史志办　供图）

【中国（广东韶关）RCEP 食用菌国际采购交易中心落户曲江】 2022 年 7 月 25 日，中国（广东韶关）RCEP 食用菌国际采购交易中心建设暨“善美韶农”农产品推介出口活动在韶关市曲江区粤港澳大湾区“菜篮子”产品韶关配送中心举行。活动现场，广东韶关 RCEP 食用菌国际采购交易中心揭牌，落户粤港澳大湾区“菜篮子”产品韶关配送中心。韶关海关推广 RCEP 政策全流程“手把手”式指导企业通关享惠。召开多场线上宣贯会，同步解读最新政策规定，解答企业疑难问题。主动送政策上门，现场指导企业办理签证业务，确保企业对该业务“读得懂”“办得快”。韶关市商务局全程追踪农产品出口进程，推动食用菌和活猪等农产品出口。出台《韶关市加快推进预制菜产业高质量发展实施意见》，打造“现代农业 + 美食文化 + 休闲旅游”的全产业链发展模型，力争通过预制菜促进创业就业、消费升级和乡村产业振兴。食用菌产业成为韶关重点打造的优势特色产业之一，曲江区发挥食用菌省级现代农业产业园建设优势，以龙头带产业，以产业促增收，达成年产食用菌超 3.5 万吨，年产值超 18.4 亿元，主要品种的种植规模及产量占全省 60% 市场份额，相关企业的食用菌产品畅销东南亚市场。7 月，设立韶关市犇牛农业发展有限公司，作为粤民投首个预制菜实业项目成功落户韶关曲江。9 月 9 日，韶关市犇牛农业预制菜项目开工仪式在粤港澳大湾区菜篮子产品韶关配送中心内预制菜厂房 1 楼举行。打造一系列菌类品牌产品：曲江区立足特色产业资源，研发以菌菇预制菜，满足广东饮食在“鲜”字上的追求，推动曲江区食用菌产业园从 1.0 版升级到 3.0 版，发挥食用菌全产业链优势。

2022 年 7 月 25 日，中国（广东韶关）RCEP 食用菌国际采购交易中心建设暨“善美韶农”农产品推介出口活动在韶关市曲江区举行。图为国内外网红在跨境电商直播间推介韶关农产品　　（曲江区农业农村局　供图）

【韶关市首个省级预制菜产业园申报】 2022 年 6 月 2 日，广东省农业农村厅发布 2022 年 53 个省级现代农业产业园建设名单及相关情况，韶关市曲江区预制菜产业园入选，成为韶关首个预制菜省级产业园。韶关市曲江区预制菜产业园总投资 2.061 亿元，规划面积 100 公顷，以马坝镇、白土镇和大塘镇 3 个镇为核心，总体形成“一心两园三区一带”的空间功能布局，园区有实施主体 8 家，包括 2 家省级重点农业龙头企业和各级农业龙头企业 6 家，经营状况良好，联农带农创新有效。重点推行“园区 + 企业 + 基地 + 农户”等生产经营模式。以菌蔬类为主导产业，生产产品包括菜品类、点心类、汤面类等。

【以生态环境导向的煤矸石综合利用项目成为全省首个入选全国第二批生态环境导向的开发（EOD）模式试点项目】 2022 年 4 月 28 日，生态环境部、发展改革委、开发银行联合印发通知，将“韶关市曲江区以生态环境为导向煤矸石综合利用试点项目”列为生态环境导向的开发（EOD）模式试点项目之一，该项目为广东省首个入选项目。该项目以韶关市曲江区工业资源综合利用基地为依托实施，立足试点地区社会经济、生态环境现状，按照煤矸石取用、煤矸石提质分选、砂石骨料系统、煤矸石综合利用等工艺路线对煤矸石进行全流程资源化，项目总投资 3 亿元。

（黄云峰）

2022年曲江区国民经济和社会发展统计表

表66

指标	单位	绝对值	比2021年增长（%）
地区生产总值	亿元	209.27	-4.3
第一产业增加值	亿元	21.58	2.3
第二产业增加值	亿元	115.46	-8.5

续表66

指标	单位	绝对值	比2021年增长（%）
第三产业增加值	亿元	72.23	0.03
工业增加值	亿元	107	-9.4
农林牧渔业总产值	亿元	35.97	-3.3
社会消费品零售总额	亿元	38.4	0.1
外贸进口总额	亿元	—	—
外贸出口总额	亿元	13.46	46.5
地方一般公共预算收入	亿元	7.76	7.4
地方一般公共预算支出	亿元	26.56	1.3
城镇常住居民人均可支配收入	万元	3.74	2.6
农村常住居民人均可支配收入	万元	2.32	4

（资料来源：曲江区人民政府）

乐昌市

【概况】 乐昌市位于韶关市北部，素有“广东北大门”“楚粤孔道”之称。2022年，乐昌市辖16个镇、1个街道和2个办事处。年末户籍人口52.44万人，常住人口38.05万人，人口自然增长率0.9‰。土地面积2419.28平方千米；粮食播种面积1.46万公顷，粮食产量9.05万吨。林地面积19.14万公顷，森林覆盖率70.8%，活立木蓄积量0.12亿立方米。是全国青花石之乡、观赏石之乡、马蹄之乡、象棋之乡；全国义务教育发展基本均衡市、全国体育先进市、全国健康促进县、广东水果之乡、省林业生态市、省旅游强市、省教育强市、省文明城市、省南粤锦绣工程文化先进市、省双拥模范市、省卫生城市、省药品安全示范县、省全域旅游示范区。2022年，乐昌市有中等职业教育1所，在校学生2691人；普通中学25所，在校学生2.55万人；小学63所，在校学生3.92万人；幼儿园89所，在校学生1.46万人；特殊教育学校1所，在校学生69人。医院7个，卫生院16个，床位3979张。文化馆1座，公共图书馆1座，博物馆1座。乐昌市生产总值137.84亿元，比2021年（下同）增长0.7%。其中，人均地区生产总值36109元，增长1%。固定资产投资下降12.3%。全社会消费品零售总额55.96亿元，增长1.1%。外贸出口额3.11亿元，增长23.9%；实际利用外商直接投资204万美元，下降71.23%。地方一般公共预算收入8.49亿元，增长3.6%。城镇居民人均可支配收入32860元，增长3.2%；农村居民人均可支配收入20175元，增长4.3%。

【工业】 2022年，乐昌市第二产业增加值28.52亿元，比2021年下降2%（工业增加值20.69亿元，下降0.6%）；实现规模以上工业增加值14.18亿元，比2021年下降2.6%。完成工业投资26.44亿元，增长0.2%，增速实现扭负为正。制定安商暖企措施，组建工作专班对接服务企业，新增规模以上企业16家，在韶关市排名第一。推行“云”招商，引进项目66个，投资总额88.62亿元，其中超亿元项目20个，获评韶关“招商引资优秀单位”。收储土地106.87公顷，解决企业用地用林等要素保障问题，推动中衡能源等26个项目动工，同向精密机械等26个项目建成投产。开展高新技术企业提升质量和树立创新发展标杆行动，完成工业技改投资3.77亿元，新增省级创新型中小企业13家、专精特新企业10家、高新技术企业14家、研发机构3家，高尔德公司建成省博士工作站。产业园区连续5年获评韶关“优秀园区”。

【农业】 2022年，乐昌市第一产业增加值31.66亿元，比2021年增长2.2%；农林牧渔业总产值52.83亿元，增长3.7%。其中，农业产值35.78亿元，增长7.9%，林业产值3.19亿元，增长12.1%，牧业产值11.49亿元，下降4.3%，渔业产值0.95亿元，增长5.3%。农林牧渔业增加值32.26亿元，增长2.2%。出台粮食生产补助方案与撂荒耕地复耕复种激励方案，粮食种植面积1.46万公顷、撂荒耕地复耕复种面积720公顷，整改非法占用耕地2.28公顷，粮食安全责任制考核连续六年获韶关“优秀”等次。推动农产品“12221”市场体系（建设“1”个农产品大数据，组建销区采购商和培养产区经纪人“2”支队伍，拓展销区和产区“2”大市场，策划采购商走进产区和农产品走进大市场“2”场活动，实现品牌打造、销量提升、市场引导、品种改良、农民致富等“1”揽子目标）建设，举办首届黄金柰李国际网络节暨乐农优品云展会。乐昌粤牧梅花猪、乐昌无花果、乐昌翡翠李、丽丰加州鲈鱼入选“全国名特优新农产品”名录。基本完成国家级电子商务进农村综合示范县项目建设，启动冷链物流园项目。全年完成生猪出栏40.77万头，年底存栏21.62万头。举办2期乡村振兴“打擂比武”活动，推进自然村美丽乡村建设40个，完成85.4千米村内干路硬化任务，完成全域集中供水工程。健全防返贫动态监测和帮扶机制，购买防返贫综合保险4899户1.34万人。成立强镇富村公司30个，建成乡村振兴车间46个，带动村民“家门口”就业1082人。

【服务业】 2022年，乐昌市第三产业增加值77.66亿元，比2021年增长0.9%。社会消费品零售总额51.22亿元，增长1.1%。限额以上零售业销售额3.49亿元，增长14.5%；限额以上批发业销售额21.14亿元，下降2.3%。批零增加值增速比2021年下降0.2%。其他营利性服务业增加值增长1.9%。新增批发零售企业10家，完成年度目标任务的250%。新增其他营利性服务业企业1家，完成年度目标任务。新增限额以上批零住餐企业19家，限上零售业销售额增长14.5%，限上住宿业营业额扭负为正、增长9.5%，其他营利性服务业营业额、限上餐饮业营业额增速排名韶关第一，分别增长101.7%和30.7%。启动坪石老街工坊建设项目，建成国立中山大学坪石新村纪念地与天文台遗址公园。举办线上桃花节等节庆活动，承办省第十三届中学生运动会排球赛事。升级改造完成1个市级电商公共服务中心和物流仓储配送中心，17个镇级电商服务站和101个村级电商服务点，依托镇村级电商服务站点建立物流服务站点。商品房销售面积27.76万平方米，住宅销售面积23.77万平方米，住宅、商品房销售均价4552.1元/平方米。旅游接待人数33.57万人次，旅游收入3.13亿元，比2021年分别下降20.31%、25.76%。成功创建省全域旅游示范区。银行业金融机构存款余额236.42亿元，增长10.92%；贷款余额144.07亿元，增长9.39%；存贷比60.94%。9月，广东省文化和旅游厅公布第五批广东省全域旅游示范区名单，乐昌榜上有名。12月，九峰镇入选国家级全域森林康养试点镇。乐昌市工商联获评首批全国“五好”标杆县级工商联；坪石镇商会获得全国“四好”商会。

2022年7月22日，中国（乐昌）黄金柰李国际网络节暨乐农优品云展会在广州开幕。图为乐昌黄金柰李在广州塔上滚动亮起“乐昌心意·黄金柰李，广东乐昌喊全球吃黄金柰李”宣传字样　（梁万祺　供图）

【城乡建设】 2022年，乐昌市实施县城品质提升“439”行动，完成北立交桥加固修缮、武江河城区段左岸碧道建设、10个老旧小区提升改造工程，推进省道248线铁路道口拓宽等市政工程，启动国道535线乐城至桥头段等项目，新建万里碧道2.78千米，启动市第二污水处理厂建设，完成生活垃圾填埋场飞灰填埋专区一期建设，生活垃圾无害化处理率100%。加强生态环境建设，空气质量优良率90.8%，全市8个监测断面有7个达到或优于Ⅲ类水标准，市区及镇级饮用水水源水质达标率100%；地表水水质主要为Ⅱ类、Ⅲ类，水质状况总体良好，各考核监测断面均值均达到或优于水质目标要求。通过省文明城市复评、省卫生城市复审。改造升级县乡道路50.5千米，村内干路硬化率100%。建成4G、5G基站328个。基本完成潜江至韶关输气管道工程、韶关天然气管道乐昌支线建设。成立产城融合示范区建设指挥部，完成产城融合示范区2个控制性详细规划编制及调整，启动乐昌新城和碳中和装备产业园基础设施建设。推进城乡融合发展，实施坪石镇城乡融合发展省级试点项目。优化能源供给结构，推进韶关乐昌五山风电场二期项目、三峡能源农光互补项目、广州发展乐昌云岩100兆瓦农光互补光伏发电等项目建设。推动用能方式变革，配备8辆新能源公务用车。推广新能源充电桩建设，建成投运充电桩79座，其中公共充电桩73座。筹措资金1.9亿元，完成五山、黄圃、白石等10个镇改造提升，坪石镇、廊田镇、九峰镇、黄圃镇排名韶关同类镇前列，美丽圩镇建设实现全覆盖。

【社会事业】 2022年，乐昌市完成造林种植633.33公顷、高质量水源林新造林抚育1333.33公顷，森林覆盖率70.79%，龙山林场获评首批省级林长绿美园。打好污染防治攻坚战，6项环境空气质量监测指标达到国家二级标准，县级集中式饮用水水质稳定保持在Ⅱ类水质标准，河长制考核连续4年被韶关评为“优秀”等次，污染地块、工业固体废物、危险废物安全利用率100%。完成双门寨石场采矿权出让工作，形成收益2.16亿元。新垦造水田86.67公顷，新增水田指标16.33公顷。开展补充耕地指标、水田指标、土地出让工作，完成资源资产价值化收入5.27亿元。投入民生资金34.91亿元，完成十件民生实事。新建梅花第一幼儿园等4所公办幼儿园，完成凤凰小学、新时代学校改扩建，启动坪梅小学项目，新增公办学位3020个。推进“麻雀学校”（规模小、条件差、质量低的100人以下学校，特别是在校生20名以下的农村小学，以及分散的教学点）优化整合，改造升级乐一中宿舍。落实中小学教师“小级别”晋升［指教师专业技术岗位层级内部小级别晋升，是相对于取得职称证的大级别晋升而言的，特指专业技术岗位副高级（五、六、七）、中级（八、九、十）、初级（十一、十二）内部之间的岗位晋升］政策，教师待遇整体提升。投入9000万元购买医疗设备和物资，建成启用市公共卫生应急处置中心，启动新建市人民医院建设项目，通过省卫生城市复审。建成首家省级示范性就业帮扶基地，城镇新增就业2503人。新时代文明实践中心建设实现镇村全覆盖。健全分层分类社会救助和社会福利体系，城乡低保、特困人员、孤儿、残疾人、困难退役军人等救助标准全面提标。实现兜底民生服务社会工作“双百工程”全覆盖［社会工作服务站（点）100%覆盖，困难群众和特殊群体社会工作服务100%覆盖］。规范养老机构管理服务，市社会福利院获评“省三星级养老机构”。推进“社会治理先行示范市”创建，培育调解组织25个，排查矛盾纠纷1841宗，调处成功率98.6%，打造全省首个县级第三方调处中心、邓火坚个人调解工作室等社会力量参与社会治理，选树各级道德模范142人，建成新时代文明实践所（站）273个，九峰镇茶料村、三溪镇三溪村获评省“民主法治示范村”。加强安全生产工作，市消防救援大队获评“全国行政执法先进集体”。北乡镇黄坌村获评全国民主法治示范村。

【九峰镇入选国家级全域森林康养试点镇】 2022年12月20日，中国林业产业联合会发布关于公布2022年国家级森林康养试点建设单位的通知。乐昌市九峰镇入选2022年国家级全域森林康养试点建设乡（镇）名单。九峰镇位于乐昌市北部，总面积1.88万公顷。全镇林业用地面积17801.1公顷，占国土总面积的94.86%，森林覆盖率达92.18%，其中九峰镇拥有4000公顷桃李资源。全镇辖有十二渡水生态旅游区和杨东山森林公园等森林生态旅游场所。九峰镇曾先后被评为韶关市“森林生态示范镇”“广东省森林小镇”。

【北乡镇黄坌村被命名为“全国民主法治示范村”】 2022年12月28日，司法部、民政部公布第九批“全国民主法治示范村（社区）”名单，乐昌北乡镇黄坌村上榜。北乡镇黄坌村统筹推进组织建设、民主建设、法治建设，发挥党总支部的领导核心作用，执行“四议两公开”制度，开展民主管理工作，民主建设规范有序。村“两委”班子成员带头尊法学法守法用法，增强自身法律意识，村务治理依法有序。落实村（社区）法律顾问制度，通过法律顾问参与涉及村务和全体村民利益的重大问题决策，为村务管理提供法律保障。该村推进基层法治建设，通过培育农村“法律明白人”、学法用法示范户，化解矛盾纠纷，助力该村依法治理；设置法治宣传长廊和法治形象标识，为村民学法提供场所，法治阵地建设有形有效；落实各项治理管理防范措施，完成“雪亮工程”，社会治安良好有序。开展法治文艺演出、法治专题宣传活动，利用村广播、LED显示屏、入户宣传等方式宣传宪法、民法典、土地承包法等法律法规及社会主义核心价值观，提升村民法律意识和法治素养，营造浓厚的法治乡村氛围。乐昌市通过开展“民主法治示范村（社区）”创建活动，依托三级公共法律服务平台及驻村律师，推动乡村治理体系和治理能力现代化。全市创建“全国民主法治示范村”1个、“省级民主法治示范村”5个。

【2022中国（乐昌）黄金柰李国际网络节暨乐农优品云展会】 2022年7月22日，2022中国（乐昌）黄金柰李国际网络节暨乐农优品云展会（以下简称“网络节”）在广州市举行。网络节由乐昌市人民政府、韶关市农业农村局、广东省农业对外经济与农民合作促进中心主办，并得到农业农村部农业贸易促进中心、广东省农业农村厅、广东省农业科学院、韶关市人民政府指导；以“乐昌心意，黄金柰李”为主题，以“网络节＋云展会”为小切口，推动乐昌农业产业三产融合高质量发展。自2022乐昌黄金柰李市场体系建设启动以来，乐昌以果亮牌，通过开展“黄金树”认养、发布《乐昌黄金柰李品控倡议书》、成立“乐昌九峰九人新农

2022年12月28日，北乡镇黄坌村被司法部评为“全国民主法治示范村（社区）”。图为黄坌村法治文化阵地一角　（吴卫东　摄）

青年团”、出口迪拜、举办“柰李王”评选、亲子研学游、云展会等系列活动，讲好中国黄金柰李故事，擦亮金字招牌，带动乐昌其他优势特色农产品走向全国，享誉世界。乐昌黄金柰李成为当地果农兴家富业的“黄金果”。乐昌黄金柰李种植面积 2933.33 公顷，产量 6.6 万吨，面积、产量均位居广东之首，是广东最大的黄金柰李生产基地，同时也是中国黄金柰李原产地和核心区。2018 年，“乐昌黄金柰李”获中国地理标志证明商标；2019 年，“乐昌黄金柰李”品牌价值评价 11.4 亿元；2020 年，乐昌获省政府批准建设岭南落叶水果省级现代农业产业园；2021 年，乐昌黄金柰李入选 2021 年第一批“全国名特优新农产品”名录。网络节现场发布乐昌黄金柰李区域公用品牌 logo 和包装，围绕乐昌产业振兴项目进行战略合作签约，向全球征集以“乐昌心意·黄金柰李”为主题的文章、照片等作品。乐昌素有“千年佗城”“广东北大门”之称，是典型的农业大市，特色农产品样多质高，是粤港澳大湾区重要的菜篮子基地。通过黄金柰李领衔的“乐农优品”产业、市场、科技、文化“四张牌”，乐昌推进优势特色农产品市场体系建设，推动乐昌农业产业三产融合高质量发展，促进农民增收致富，开辟一条乡村振兴助农的乐昌新路径。　（张春玲）

2022 年 11 月，乐昌龙山林场获评“2022 年广东省林长绿美园”。图为乐昌龙山林场一角　（朱洁　摄）

2022年乐昌市国民经济和社会发展统计表

表67

指标	单位	绝对值	比2021年增长（%）
地区生产总值	亿元	137.84	0.7
第一产业增加值	亿元	31.66	2.2
第二产业增加值	亿元	28.52	-2
第三产业增加值	亿元	77.66	0.9
规模以上工业总产值	亿元	65.88	-1.4
农林牧渔业总产值	亿元	52.83	3.7
社会消费品零售总额	亿元	55.96	1.1
外贸进口总额	亿元	0.76	72.14
外贸出口总额	亿元	3.11	23.9
地方一般公共预算收入	亿元	8.49	3.6
地方一般公共预算支出	亿元	39.71	-3.3
城镇居民人均可支配收入	元	32860	3.2
农村居民人均可支配收入	元	20175	4.3

（资料来源：乐昌市人民政府）

南雄市

【概况】 南雄市位于韶关市东北部。2022年，下辖17个镇、1个街道。土地面积2326.18平方千米。年末户籍人口48.95万人，常住人口35.24万人。耕地面积3.80万公顷，粮食播种面积3.51万公顷，粮食产量20.97万吨。林地面积15.85万公顷，森林覆盖率65.99%，活立木蓄积量1021.46万立方米。1月，南雄市被评为“2021年全国村庄清洁行动先进县”，南雄市文化馆被评为国家一级文化馆；2022年，南雄市生产总值132.25亿元，比2021年（下同）增长0.7%；人均地区生产总值3.74万元，增长1.0%；固定资产投资下降8.2%；外贸出口额5.24亿元，下降10.3%。地方一般公共预算收入7.50亿元，增长8.9%。农村居民人均可支配收入2.06万元，增长5.6%。

【工业】 2022年，南雄市实现第二产业增加值29.23亿元，比2021年下降2.7%（工业增加值20.29亿元，下降4.1%）。年内新签约招商引资项目50个，合同投资额117亿元，新开工项目61个，新竣工项目41个，完成年度投资额28.1亿元。争取上级资金51.6亿元，整合涉农资金4.36亿元投入106个项目。实施重点项目43个，完成年度投资62亿元、完成率103%，超过市下达年度目标任务。盘活处置高新区闲置低效企业，完成4家企业、16.4公顷闲置低效用地处置。完成园区扩园214.47公顷土地征收，谋划绿色植保产业园建设。高新区被列入全国31个发展农药产能重点园区之一，是广东省唯一入围的园区，涂料产业集群被认定为首批国家级中小企业特色产业集群。对精细化工、竹纤维、陶瓷建材等传统工业企业实施新一轮技术改造，全年完成技改投资1.4亿元。新增规模以上工业企业12家、国家级专精特新“小巨人”企业1家、省市级“专精特新企业”14家，“倍增”计划企业16家。2022年，韶关市项目集中开竣工活动（南雄市分会场）新开工项目47个，总投资56.5亿元，年度计划投资15亿元，完成投资15.2亿元；其中工业项目11个，总投资11.5亿元，年度计划投资3.8亿元；新竣工项目13个，总投资26亿元，其中工业项目7个，年产值8亿元。

【农业】 2022年，南雄市实现第一产业增加值37.49亿元，比2021年增长2.3%。守牢粮食安全底线，复耕复种撂荒耕地1440公顷，完成粮食播种3.51万公顷、产量20.95万吨，入选全国农作物病虫害专业化“统防统治百强县”创建名单。巩固传统优势产业，新建烤烟房240座，收购烟叶8590吨、收购金额2.77亿元。特色农业产业基地规模达到6666.67公顷，丝苗米产业园（扩容提质）入选全省2022年特色产业现代农业产业园建设名单，中药材产业发展基地入选广东省首批林业特色产业发展基地。2月，南雄市高新区被列入全国31个发展农药产能重点园区之一，5月，“南雄牛肉干”“南雄五黑鸡”2个农产品入选全国名特优新农产品名录，10月，“南雄青脆李”“南雄脐橙”“南雄土猪肉”入选第二批全国名特优新农产品名录。科学发展牧业，建成国家级、省级生猪产能调控基地各1家，建成省级畜禽养殖标准化示范场3家，利民屠宰厂投产运营，生猪产业园入选2023年省级现代农业产业园入库重点推荐名单。

【服务业】 2022年，南雄市实现第三产业增加值65.53亿元，比2021年增长1.1%。实现社会消费品零售总额47.02亿元，增长0.5%。限上批发企业8家，完成销售额20.19亿元，下降9.5%；限上零售企业13家，完成销售额3.27亿元，增长3.8%。限上住宿企业11家，营业额0.58亿元，增长0.3%。限上餐饮企业12家，营业额0.63亿元，增长5.1%。新增南雄市宝英餐饮管理服务有限公司限上住宿餐饮企业1个。提升旅游景区品质，帽子峰旅游景区被确定为国家级森林康养试点建设基地，珠玑古巷·梅关古道景区通过AAAA级旅游景区质量等级复核，鸦子寨森林康养基地被列入广东省森林康养基地（试点）名单。发展旅游新业态，举办首届文创产品设计作品征集活动。签约南雄新征程实践基地、数字藏品项目、帽子峰旅游景区帽子IP项目、南雄市钢琴小镇项目等文旅招商项目4个，总投资7.41亿元。帽子峰镇获评省级休闲农业与乡村旅游示范镇，水口镇水口村入选广东省乡村研学旅行特色村、广东省文化和旅游特色村。加快电商产业发展，创建“广府珠玑”区域公共品牌，推出南雄鹅王系列预制菜，被列为全省第一批国家县域商业建设行动示范县，国家级电子商务进农村综合示

2022年8月，南雄市烟农迎丰收。图为南雄烟叶收购开磅

（南雄市史志办　供图）

范县绩效评价获优秀等次。承办由工信部发起的“信息消费助力乡村振兴”区县行（南雄站）活动，布点工业品下行示范点50个。

【城乡建设】 2022年，南雄市持续推进城区扩容提质，北城区基础设施建设不断完善，中心城区实施雨污分流排水管网改造，建设安置房985套，实施30个老旧小区改造，新增公共地下停车位508个，城乡供水一体化工程取得实质性成效，被列入全省农村供水“三同五化”改造提升工作首批示范县创建名单，通过省卫生城市韶关市级考核验收评审。推进10个镇“139+”美丽圩镇建设。加快推进村镇生活污水处理基础设施PPP项目，610个自然村完成交工验收，512个自然村进入商业运营。建成红层沃土·缤纷湖珠乡村振兴示范带（湖口段），新建“四小园”1057个。完成农房外立面改造1271户。完成208个行政村村内干路硬化195.5千米。实施“万企兴万村”行动，成立镇级农业发展公司18家，创建乡村振兴车间18间，实施驻镇帮镇扶村帮扶项目136个，208个行政村村集体收入均达到10万元。梅关古驿道重点线路生态修复项目入选省国土空间生态修复十大范例项目。开展浈江河河坪国考断面水质整改工作，通过韶关市对各县（市、区）生态环境保护责任暨污染防治攻坚战考核，等次为优。农田水利设施显著改善，建成高标准农田1333.33公顷，垦造水田152.87公顷，完成43宗病险山塘除险加固，中坪灌区续建配套与节水改造工程投入使用。8月，南雄市获颁“四好农村路”全国示范县牌匾；11月，南雄市获评国家乡村振兴示范县。雄信高速公路完成投资14亿元，推进S516线公路路面改造及S342线全安镇至帽子峰段改建，佛岭隧道贯通，水南桥头至莲开净寺道路竣工通车，完成通建制村公路单改双工程58.8千米、农村公路路网联结工程20.2千米。推进208个行政村弱电线路整治，新建5G基站204个、4G基站155个、光缆1287.6千米。

【社会事业】 2022年，南雄市地方一般公共预算支出中民生支出占比84.72%。完成100套公租房建设和64户农村危房改造，完成51户老年人居家适老化改造及100户残疾人居家无障碍改造，新增2家居家养老服务中心。建成广东省“南粤家政”培训基地，新增城镇就业2531人。完成市一中运动场改造、雄中体育馆提升、第三小学扩建等项目建设。全市13所学校分别获评省国防教育特色学校和省绿色学校，5所学校获评韶关市劳动教育特色学校。推进健康南雄建设，中医院搬迁至北城新院区，人民医院获认证为国家级胸痛中心、国家防治卒中中心单位，第二人民医院“优质服务基层行”活动获国家通报表扬，通过广东省健康县（市、区）验收。“南雄板鸭制作技艺”被列入广东省非遗项目公示名单，市文化馆被评为国家一级文化馆，南雄市被列入2021—2025年第二批全国科普示范县创建单位。水口镇下湖村获评“全国民主法治示范村”，乌迳镇田心村、古市镇丹布村获评省级“民主法治示范村”。

【南雄市获评“四好农村路”全国示范县】 2022年8月11日，2021年度“四好农村路”示范单位授牌仪式在广东省公路管理局科技教育中心从化分部举行，南雄市被授予“四好农村路”全国示范县牌匾。截至2022年年底，南雄市对208个行政村、1811个自然村农村公路项目的基础数据建立数据库，展现该市农村公路的通达深度和路网密度。南雄市208个行政村全部通水泥（沥青）公路，助力南雄市8个美丽乡村特色精品村建成、68个相对贫困村全部脱贫出列，实现97.52%的相对贫困人口达到脱贫标准。南雄市深化农村公路管理养护体制改革试点工作、做好在18个乡镇全域推开路长制建设试点工作。

【南雄市获评国家乡村振兴示范县创建名单】 2022年10月8日，农业农村部、国家乡村振兴局公示2022年国家乡村振兴示范县创建名单，南雄市上榜，是广东省入选的4个县（市、区）之一，是韶关唯一入选的县域。南雄市脱贫攻坚和乡村振兴工作在韶关市考核中一直名列前茅，并获省市高度认可，2021年南雄市获评“四好农村路”全国示范县、“全国村庄清洁行动先进县”，南雄市乡村振兴局获评全国乡村振兴（扶贫系统）先进集体。2022年，南雄市打造出一条产业提升示范带，与原有的古巷新村风貌提升示范带串连。南雄市新产业提升示范带串联起7个村（社区），

2022年8月，南雄市被评为“四好农村路”全国示范县。图为南雄珠玑镇乡道Y028彩虹路 （邓国石　摄）

总长 16.8 千米。示范带完成 3120 户存量农房微改造。围绕南药、丝苗米、特色果蔬三大产业园打造，构筑起一、二、三产业融合发展的产业带。注册“烟稻轮作”“紫土香米”“长浦桥果蔬”等品牌。打造富民兴村产业。创建丝苗米、南药、丝苗米产业园(扩容提质)三个省级现代农业产业园，形成千亩镇级特色产业基地 26 个，创建 13.33 公顷村级基地 217 个，特色农业产业基地规模达到 6600 公顷。培育县级以上龙头企业 23 家、示范合作社 27 家、示范家庭农场 54 家，农业协会 2 家，成功申报粤港澳大湾区“菜篮子”生产基地 5 个，全国地理标志产品 1 个，全国名特优新农产品 7 个，粤字号品牌 19 个。出台《南雄市招商引资大会战工作方案》，签约乡村振兴产业招商项目 27 个投资金额 123 亿元，推动农村一、二、三产业融合发展。设立乡村振兴金融信贷风险补偿金 3000 万元对涉农经营主体贷款进行风险补偿和贷款贴息。累计为农户发放贷款 12763 笔 21 亿元，推动整村授信，17 个行政村累计授信金额 7.76 亿元，发放贷款 4.65 亿元。推进全省公共型农业社会化服务试点改革工作，构建“平台 + 供销社 + 企业 + 合作社 + 农户”的农业产业化联合体，农业社会化托管服务面积 6666.67 公顷。建成覆盖市、镇、村三级的农村电子商务服务体系和益农信息服务体系，通过电商销售农产品金额 4200 多万元。建立县级果蔬交易集散中心，帮助经营主体 42 家，农户 300 多户销售果蔬 1345 吨，总交易额为 632.6 万元。核准发放农村不动产权证 3.49 万本，审批宅基地建房 269 宗 2.84 公顷，发放“宅基地贷”9 户 131 万元。18 个镇以“党组织 + 村集体经济联社 + 企业”等模式，组建强镇富村公司，壮大村集体经济。通过全省首家县级农村集体产权交易中心流转市场公开挂网 163 宗，挂牌总面积 3226.67 公顷，其中通过中心成交的土地经营权流转 49 笔，面积 2113.33 公顷，成交金额累计 1890.12 万元。（周晓飞）

2022年南雄市国民经济和社会发展统计表

表68

指标	单位	绝对值	比2021年增长（%）
地区生产总值	亿元	132.25	0.7
第一产业增加值	亿元	37.49	2.3
第二产业增加值	亿元	29.23	-2.7
第三产业增加值	亿元	65.53	1.1
工业增加值	亿元	20.29	-4.1
农林牧渔业总产值	亿元	62.57	3.7
社会消费品零售总额	亿元	47.02	0.5
外贸进口总额	亿元	0.1148	-33.5
外贸出口总额	亿元	5.2378	-10.3
地方一般公共预算收入	亿元	7.5	8.9
地方一般公共预算支出	亿元	41.62	5.3
城镇常住居民人均可支配收入	万元	3.389	名义增长4.5
农村常住居民人均可支配收入	万元	2.0614	名义增长5.6

（资料来源：南雄市人民政府）

仁化县

【概况】 仁化县位于韶关市北部。2022年，下辖10个镇、1个街道。行政区域面积2223.22平方千米。年末户籍人口7.51万户、24.16万人，常住人口18.57万人。耕地面积1.09万公顷，粮食播种面积1.01万公顷，粮食产量6.94万吨。林地面积18.33万公顷，森林覆盖率80.78%，活立木蓄积量0.13亿立方米。2022年，仁化县实现地区生产总值119.26亿元，比2021年（下同）增长6.9%；人均地区生产总值6.42万元，增长7.1%；农林牧渔业总产值39.5亿元，增长15.3%；固定资产投资减少26.3%；外贸出口额2993.2万元，增长97.6%。地方一般公共预算收入4.98亿元，增长4.3%。城镇居民人均可支配收入34295元，增长2.8%；农村居民人均可支配收入22369元，增长5.4%；城乡收入比1.53。

【工业】 2022年，仁化县实现第二产业增加值51.45亿元，比2021年增长8.8%（工业增加值45.28亿元，增长12.7%）。新增认定省级“专精特新”企业5家、市级“专精特新”企业2家，“倍增”计划企业2家。拥有国家级高新技术企业23家，省、市级企业工程技术研发中心29家。韶关市项目集中开竣工（仁化县分会场）新开工项目77个，总投资70.43亿元，年度计划投资21.54亿元，完成投资22.17亿元，其中工业项目17个，总投资32.40亿元，年度计划投资4.32亿元。新竣工项目36个，总投资12.83亿元，其中工业项目11个，年产值15.11亿元。24个市重点项目完成计划投资比例105.4%，超过市下达年度目标任务。年内新签约招商引资项目31个，投资总额83.55亿元。

【农业】 2022年，仁化县实现第一产业增加值24.55亿元，比2021年增长13.2%。全县农作物种植面积2.89万公顷，完成春种粮食3635.5公顷、夏种粮食6386.2公顷；种植玉米1656.47公顷、豆类183.13公顷、油料作物6274.47公顷、蔬菜4886.2公顷、绿肥3120.13公顷。截至12月底，全县生猪总存栏量16.4万头，累计出栏生猪26.1万头，比2021年同期增长36.8%；羊存栏量0.63万只，累计出栏羊0.51万只；牛存栏量792头，出栏牛350头，增长22%；家禽存栏量76.76万羽，出栏家禽128.4万羽，同比增长5%。新增注册农民合作社10家、家庭农场27家。年内，形成水田指标41.2公顷，垦造水田验收报务任务完成情况及贡献率全市排名第一；新增乡镇主导产业投资项目28个；认定县级示范家庭农场11家，新增省级示范性家庭农场5家、市级示范性家庭农场10家；仁化县入选“2022年全国休闲农业重点县公示名单”“2021年度省级休闲农业与乡村旅游重点县”，仁化县向阳农机专业合作社认定为2022年“全省十佳农机社会化服务组织”。获评“三品一标”农产品2个，新增“粤”字号农业品牌产品1个，拥有粤港澳大湾区“菜篮子”生产基地9个，省级农业龙头企业5家、市级农业龙头企业17家。6月，在“中茶杯”第十二届国际鼎承茶王赛春季赛中，“烟竹红杏仁香”获红茶组特别金奖，“红山银刀白毫银针”和“红山银刀白牡丹王”获白茶组金奖。脱贫人口人均可支配收入1.99万元，增长7.11%，有劳动能力脱贫人口人均可支配收入2.1万元，增长7.37%。10月，仁化县被认定为广东省首批竹产业发展基地。仁化县成功申报省级毛竹产业园，全县新增省级示范家庭农场5家。长坝沙田柚被农业农村部列入2022年全国名特优新农产品名录。

【服务业】 2022年，仁化县实现第三产业增加值43.26亿元，比2021年增长1.9%。实现社会消费品零售总额25.79亿元，增长0.2%。新增红城林场、灵溪河、金喆园3个省级以上森林康养基地；新增仁化县古寨坪农庄等5家三星级乡村旅游民宿，禅意客栈被评为全国乙级旅游民宿，爱树·丹霞山苑民宿被评为首批广东省驿道乡村酒店，创建省休闲农业与乡村旅游示范镇4个、示范点9个。推动长征国家文化公园（广东段）项目建设，启动城口至铜鼓岭长征历史步道项目，仁化红色文化乡村游线路入选第三批广东省乡村旅游精品线路。建成风度书房石塘分馆，县图书馆新馆投入使用，承办广东省青少年武术套路锦标赛、广东省第十三届中学生运动会武术比赛，仁化获14枚金牌、7枚银牌、4枚铜牌、25枚奖牌，其中，仁化武术选手王笑代表韶关队获首金。开展仁化县首届中国白毛茶文化节暨仁化白毛茶春茶“云”开采活动、仁化白毛茶品牌推介会（广州芳村）等促销活动；新增限上批发企业1家、限上零售企业6家。完成建豪文旅产业园签约项目，签约金额8亿元。广东省首个电商小镇周田电商小镇运营。12月，仁化县被确定为国家

2022年，仁化县果农在采摘丰收的国家地理标志保护产品•丹霞贡柑
（龙全明　摄）

县域商业建设行动示范县；12 月，仁化农商银行户外劳动者工会爱心驿站获评为中华全国总工会“2022 年全国最美户外劳动者服务站点”。

【城乡建设】 2022 年，仁化县完成县人民医院补短板项目、县森林消防大队营房改造等大小工程设计项目 40 项，完成中心城区县人民医院宿舍等老旧小区改造 5 个，完成实验学校至高坪路 140 米、幼儿园西侧市政道路 230 米、碧桂园配套道路 500 米 3 个市政道路项目改造；完成危桥改造 7 座、农村村内干路硬底化 66.51 千米。全年全县房地产开发企业完成投资 6.66 亿元，比 2021 年下降 14.9%；房屋新开工报建项目 26 项，面积 28.94 万平方米，工程造价 7.81 亿元；新增商品房预售面积 13.07 万平方米；二手房交易面积 6.18 万平方米，交易金额 1.9 亿元。开展县城自来水厂备用水源建设。仁化县锦江河丹霞街道碧道项目开工，建成 10 千米锦江河碧道。仁化县入选省级 2020—2021 年度碧道建设工作激励名单并获激励资金 1000 万元。清理县城范围乱堆放现象 336 处、乱停放现象 2450 处，拆除违规搭建 70 处、0.24 万平方米；累计建成“四小园”3500 余处，干净整洁村创建达标率、村庄保洁覆盖率、无害化卫生户厕普及率均 100%；行政村美丽宜居村标准达标率 68.8%，984 个纳入规划自然村村道路面硬化 100%，自然村通达行政村总里程 1946.49 千米。完成红山镇新白村红色美丽乡村先行试点建设。仁化县被省农业农村厅推荐为全国村庄清洁行动先进县候选名单。

【社会事业】 2022 年，仁化县民生支出占一般公共预算支出的 80%。农村人居环境整治项目等 8 件惠民实事全面完成。完成“6·19”水毁村城口镇新寨村三斗种村小组重建。建成县实验学校综合楼，推进石塘、红山、城口 3 所幼儿园建设，新城幼儿园开园，扩容学前教育学位 240 个，投入校园公交 44 台，开设 33 条校园定制公交专线。建成红山、石塘卫生院业务楼，启动闻韶镇、城口镇、扶溪镇卫生院补短板项目 3 个。推动儿童友好城市建设，12 月，仁化县被评为广东省儿童友好城市示范县。完成低保和特困人员救助金提标工作，全县新增就业 1325 人，城镇失业人员再就业 823 人。新建董塘、长江等镇社区养老服务中心 5 个，社会资本投资新建的幸福里养老中心运营。城乡居民医保参保 16.01 万人，完成市下达任务的 97.32%；追回违规使用医保基金本金 33 万余元。全县义务教育标准化学校覆盖率 100%，公办及普惠性民办幼儿园覆盖率 90%；学前三年毛入园率 102.35%，九年义务教育巩固率 95.1%，高中阶段毛入学率 114.39%；4 月，仁化县被确定为 2021 年全国义务教育优质均衡先行创建县。1592 个政务服务事项已进驻县级政务服务大厅，进驻率 100%，在全市县区级首先设立“首贷服务窗口”；“一窗综合受理率”95%，事项网办率 100%，“最多跑一次”事项率 100%，开展“无证明城市”创建工作。商事制度改革深化，实现 11 个镇（街道）规范化服务中心全覆盖。5 月 25 日，韶关市首个“零窗”模式“非接触式”税费服务云厅在仁化县启动。7 月，安岗思诒堂、丹霞山狮子岩庙遗址、丹霞山清代塔墓群被列为第十批广东省文物保护单位；仁化县文化馆被认定为国家一级文化馆，仁化县人民检察院被评为全省先进基层检察院；3 月，丹霞山国家自然保护区被命名为 2021—2025 年第一批全国科普教育基地。

【仁化县被确定为 2021 年全国义务教育优质均衡先行创建县】 2022 年 4 月 20 日，教育部公布义务教育优质均衡先行创建县（市、区、旗）名单，仁化县成为韶关市首个创建全国义务教育优质均衡发展县的试点县。仁化县全力保障教育优先发展，义务教育经费投入连续三年增长，年均超过 4 亿元。提升教学质量，优化“双减”政策，落实中小学校“六项管理”，确保义务教育学校课后服务实现全覆盖。发挥“一名师一工作室”教师培训品牌示范引领作用，建立省市县名校长、名师、名班主任工作室 15 个，培养县级以上名师、骨干教师 409 人，招录高素质人才 26 人。把打造“一校多品”办学特色，创建全国足球特色学校 8 所、省级绿色校园 25 所、省级书香校园 8 所、省级田径传统学校 2 所、省级篮球特色学校 2 所。改善教育办学条件，推进义务教育优质均衡发展县达标校建设，新增学位超过 3000 个、住宿床位 1000 个，在乡镇新增 44 辆公交车、开通 33 条线路，解决学生上下学问题。建立健全“片区化、网格化”安全管理机制，校园安全“零事故”。

【仁化县获“中国摄影创作基地”称号】 2022 年 4 月 19 日，中国摄影家协会召开 2022 年中国摄影之乡、中国摄影创作基地工作视频会议，通报仁化县继续获评“中国摄影创作基地”，为省唯一被认定的“中国摄影创作基地”地区。仁化县主抓“仁化摄影”作为文化品牌，制订“发挥摄影资源优势，打造摄影文化品牌，建设摄影名县”的计划，用摄影语言，提高仁化旅游知名度和美誉度，加快旅游经济发展。先后组织举办《大众摄影》首次“中国好风光全国摄影大擂台·仁化站”赛事、“仁化杯”广东省 25 届摄

2022 年 8 月 7 日，长江镇美丽乡村示范点周村书楼坵古樟树公园。图为公园一角（刘志平 摄）

影展的启动和“全球百名华人摄影家走进仁化”采风活动开幕仪式暨仁化申报“广东摄影之乡”启动仪式的组织工作和采风等10场不同主题、创建仁化“中国好风光项目拍摄地”和石塘古村“广东摄影创作基地”。仁化县全年有100多幅本土题材摄影佳作入选由中国摄影家协会、广东省摄影家协会、《大众摄影》杂志社等国家级和省级摄影家协会、摄影主流媒体参与主办的摄影大赛展出、发表或获奖。

【仁化县入选2022年全国休闲农业重点县公示名单】 2022年12月27日，农业农村部办公厅发布全国休闲农业重点县名单，仁化县入选2022年全国休闲农业重点县。仁化县依托丹霞山世界地质文化遗产、生态观光农业、革命教育基地三大资源，仁化已创建省级休闲农业与乡村旅游示范县、省级休闲农业与乡村旅游示范镇4个、示范点9个、中国美丽休闲乡村1个(丹霞街道黄屋村)。仁化县曾获中国县域旅游竞争力百强县市、中国最佳生态休闲旅游名县、全国最美生态旅游示范县、中国摄影创作基地等称号。2022年接待旅游人数600多万人次，旅游总收入31亿元。业态活跃丰富，分布全县1/3以上乡镇，建成广东最美乡村旅游公路阅丹公路，环丹霞山生态休闲美丽乡村精品线路入选广东美丽乡村精品线路。全县从业人员中农民就业占比达60%以上，从业农民人均从休闲农业获得收入2.82万元，比全县平均水平高约33%。举办广东春茶开采节暨仁化白毛茶品鉴活动、中国农民丰收节、“平甫柰李”线上开园节、文化旅游节、仁化县丹霞贡柑开园节、仁化县首届荷花垂钓旅游文化节、韶关市第三届龙皇宫生态旅游文化节等一系列文化旅游活动。初步对仁化县休闲农业与休闲农业和乡村旅游资源进行优化整合，发展“山水”融合、“农趣”并重的旅游资源，打造“1+1+2+5+6+12”的休闲农业和乡村旅游空间立体开发格局，完成“山水农”全面融合发展目标，打造乡村生态休闲旅游。

（谢嘉文）

2022年仁化县国民经济和社会发展统计表

表69

指标	单位	绝对值	比2021年增长（%）
地区生产总值	亿元	119.26	6.9
第一产业增加值	亿元	24.55	13.2
第二产业增加值	亿元	51.45	8.8
第三产业增加值	亿元	43.26	1.3
工业增加值	亿元	45.28	12.7
农林牧渔业总产值	亿元	39.50	15.3
社会消费品零售总额	亿元	25.79	0.2
外贸进口总额	亿元	0.00001	—
外贸出口总额	亿元	0.29932	—
地方一般公共预算收入	亿元	4.98	4.3
地方一般公共预算支出	亿元	26.70	3.5
城镇常住居民人均可支配收入	元	34295	2.8
农村常住居民人均可支配收入	元	22369	5.4

（资料来源：仁化县人民政府）

始兴县

【概况】 位于韶关市东部。2022 年，始兴县辖 9 个镇、1 个乡（城区辖 1 个镇），年末户籍人口 26.28 万人，常住人口 19.85 万人。辖区总面积 2131.91 平方千米，其中耕地 1.45 万公顷，粮食播种面积 1.09 万公顷，粮食产量 7.48 万吨；林地 17.55 万公顷，森林覆盖率 77.81%，活立木蓄积量 1619 万立方米。2022 年，始兴县生产总值 101.89 亿元，比 2021 年（下同）增长 2.1%。其中，第一产业增加值 28.37 亿元，增长 6.9%；第二产业增加值 31.01 亿元，下降 1.7%；第三产业增加值 42.50 亿元，增长 1.6%。地方一般公共预算收入 4.16 亿元，下降 17.8%。全体居民人均可支配收入 2.61 万元，增长 4.0%。

2023 年 9 月 23 日，始兴县 2022 年中国农民丰收节暨“张九龄宰相粉”区域公共品牌创建启动仪式在沈所镇石下古村举行 （杨雨虹 张涛 摄）

【工业】 2022 年，始兴县第二产业增加 31.01 亿元，比 2021 年下降 1.7%；全县 43 家规模以上工业企业实现产值 80.16 亿元，下降 9.6%；实现规上工业增加值 20.02 亿元，下降 8.6%，增速全市排名第七。全年新签约引进项目 22 个，其中亿元以上项目 13 个，签约总金额 62.73 亿元；新开工项目 31 个，新竣工投产项目 7 个，实际到位资金 15.03 亿元；新增规模以上工业企业 4 家、高新技术企业 4 家，推动 10 家企业完成技改，全县技改投资增速排名全市第二，实际利用外资排名全市第一。伯克生物医药获批广东省博士工作站、省科技型中小企业，伯克生物医药团队入选韶关市“南岭团队”。启动内石山风电、马市集中光伏等项目建设，泽洋三期光伏项目成功并网发电，全县屋顶分布式光伏开发试点建设进度在全省 32 个试点中排名第二。投入 2.3 亿元实施工业园区基础设施建设二期项目，启动东湖坪片区污水处理厂、标准厂房二期工程，完成马市、沙水、东湖坪等园区扩园征地 62.07 公顷，建成标准厂房 7.78 万平方米。

【农业】 2022 年，始兴县第一产业增加值 28.37 亿元，比 2021 年增长 6.9%；全县农林牧渔业总产值实现 45.9 亿元，增长 8.7%，对经济增长的贡献率 91.6%，拉动始兴 DGP 增长 1.9 个百分点。全县完成撂荒耕地复耕复种 471.53 公顷，提质改造高标准农田 1066.67 公顷，在全市县级人民政府耕地保护责任目标考核中获评三等奖。全年种植农作物 2.46 万公顷，其中粮食作物 1.09 万公顷，经济作物种植 1.36 万公顷；水果种植面积 8063.06 公顷；截至年底，全县生猪存栏 10.71 万头，比 2021 年减少 5.03%，全年生猪出栏 18.75 万头，增长 5.38%，在全市粮食安全责任考核中获优秀等次。推进“3 个 10 万亩”农业产业带建设，实施粤港澳大湾区“果盘子”“菜篮子”基地建设项目，司前镇“菜篮子”基地投入使用，投资 8000 万余元完成蔬菜省级现代农业产业园，申报创建国家农村产业（竹产业）融合发展示范园。启动“张九龄宰相粉”区域公共品牌创建。新增省市级农业龙头企业 7 家，新增省级专业镇 1 个（马市镇）、专业村 1 个（罗坝镇角田村），新增“粤字号”农业品牌示范基地 3 个（广东柚创发示范基地、广东柑橘小橙示范基地、广东茶叶车八岭示范基地）。万明公司成功申报国家农民合作社示范社，罗坝南瓜成功入选全国名特优新农产品名录。

【服务业】 2022 年，始兴第三产业增加值 42.50 亿元，比上年增长 1.6%。社会消费品零售总额 29 亿元，比 2021 年增长 0.5%；限额以上批发业销售额 10.48 亿元，增长 59.9%；限额以上零售业销售额 1.33 亿元，下降 4%，新增限额以上批发零售企业 4 家，电子商务销售额 5100 万元；开展始兴蜜香李、红线李专场电商直播活动、杨梅节直播带货大赛，吸引 1.77 万人观看，获 77.6 万次点赞，总销售 1357 单，销售金额 14.46 万元。商品房销售总面积 11.01 万平方米，下降 26.7%；销售总金额 6.01 亿元，下降 28.1%。旅游收入 2.02 亿元，下降 26.81%；旅游接待人数 22.90 万人次，下降 16.30%；新签约引进文旅招商项目 3 个，签约总额 3.6 亿元，3 个重点文旅项目完成固定投资 1.32 亿元，新增限上住宿业企业 3 家，沈所旅游公路和开心农场旅游公路建成通车。八一村成功申报省乡村研学旅行特色村，举办“在始兴”系列活动 9 场，评选出“新时代始兴十景”。1 月，始兴县罗坝镇燎原村入选第三批广东省文化和旅游特色村名单，始兴乡村生态休闲游入选第三批广东乡村旅游精品线路名单。

【城乡建设】 2022 年，始兴县启动城东区雨污分流、石湖农贸市场、城市停车场等项目建设，完成 6 个城区老旧小区改造和 4 个圩镇改造提升工程，“三馆合一”[市民活动中心、老干部活动中心（老年大学）、工人文化宫］项目投入使用，人民医院南侧道路建成通车，在全市率先完成城镇管道燃气整治，常住人口城镇化率提高1个百分点。新建、改扩建农村公路57千米，完成危桥改造1座，硬化村内巷道388千米，安装1万多盏路灯，打造美丽乡村示范点23个，国道323线乡村振兴示范带基本建成，60%以上行政村达到美丽宜居村标准。完成造林和生态修复780公顷、森林抚育800公顷、国土绿化示范1373.33公顷，建设森林防火带66.7千米、万里碧道11千米，建成绿美古树乡村2个，全县森林覆盖率提高到77.81%，车八岭自然保护区获评"全国科普教育基地"。常态化落实河长制，完成1起中央环保督察信访交办事项整改，启动墨江流域污水综合治理工程，完成7.6千米中小河流治理，饮用水水源达标率和江河监测断面水质优良率均为100%，地表水环境综合指数改善幅度排名全市第一。

【社会事业】 2022年，始兴县一般公共预算支出25.4亿元，其中民生支出20.44亿元，占比80.61%，"双百工程"实现两个目标全覆盖，10件民生实事全部达成年初目标。落实就业优先政策，服务企业招工3152人，城镇登记失业率始终控制在3.5%以内。完成太平镇中心小学扩建工程，墨江、隘子2所公办幼儿园建成招生，新增学位1665个，成功申报"国家学前教育普及普惠县"试点，始兴中学获评省级"双新"示范学校。是年，始兴县人民医院完成搬迁，新院区全面投入使用。慢性病防治院、现代化疾病预防控制体系项目完成建设，医共体总院信息化系统运行，县妇幼保健院获评全市首批"二级甲等妇幼保健院"，县域医共体绩效评价排名全市第二、达到国家紧密型标准。新增乡镇风度书房2间，墨江文苑等文化新地标建成投用，县文体中心一期游泳场开放营业，县博物馆获评"广东省科普教育基地"，创建全市首个"广东省作家协会生态文学创作基地"。马市镇高水村被评为"全国百县千乡无邪教示范村"，城南镇城南社区被评为"全国示范性老年友好型社区"，马市镇堂阁村、隘子镇风度村被评为"广东省民主法治示范村"。2月，始兴开心农庄入选2021年广东省森林康养基地试点名单；4月，广东省车八岭国家级自然保护区获"全国科普教育基地"称号；12月，始兴县获"2022广东文化强省建设示范案例(县)"称号。

【始兴县首个屋顶分布式光伏电站并网发电】 2022年9月7日，始兴县首个建成的屋顶分布式光伏电站项目并网发电。始兴县作为国家整县屋顶分布式光伏开发试点县，支持和投入供电基础设施建设，县域电网日益完善。全县分布式光伏在建项目11个，总装机5.03兆瓦，投资2100万元。

2022年5月30日，始兴县人民医院新院区全面投入使用　（温琳　摄）

【2022年成功申报"国家学前教育普及普惠县"试点】 2022年，始兴县加大幼儿园项目资金投入，申报专项债券、一般债券和各类上级资金支持，2021年以来，该县投入资金2.38亿元，新建风度、日新、墨江、杨公岭、隘子镇中心幼儿园5所幼儿园，新增优质公办幼儿学位2790个，对比2020年，全县公办幼儿园在园幼儿占比增长13.26%，公办和普惠性民办幼儿园占比100%。加大幼儿园教师专业培训力度，每年安排100万元专项培训资金，提升在园教师综合素质和保教水平。2021年以来，组织幼儿教师参加省市县培训935人次。深化集团化办学理念，打造幼儿园教育特色品牌，以现有的"日新""风度"2个紧密型学前教育集团为基础，吸引民办幼儿园主动加入办学集团，推动资源共享、管理共进、师资共育。建立健全幼儿园教职员工编制动态管理和补充机制，并督促民办幼儿园严格按标准配备专任教师。强化年轻干部培养任用和师德师风建设，建立健全幼儿园后备干部管理制度，开展师德师风创建活动和师德量化考评，营造风清气正的良好教育生态。2021年以来，全县新招录公办幼儿园专任教师56名。统筹各类财政资金，足额保障并逐年增加学前教育建设和发展所需经费。建立健全幼儿园教师工资联动机制，全额落实公办幼儿园临聘教师"五险一金"，将保障民办园教师工资待遇纳入年检重要内容，确保教师工资及时足额发放。

【"新时代始兴十景"】 2022年，始兴县"新时代始兴十景"评选结果出炉，上榜的分别是春色满堂、斑斓秘境、清化诗月、红围烽火、周前古韵、深渡水谣、东湖听禅、墨江唱晚、十里彩杉、石下晴岚。始兴县文旅资源得到进一步开发，景点景观更加丰富，顺应当下游客审美的"网红景点"也相继产生。该县启动"新时代始兴十景"评选活动，通过网络投票、评委会评定的方式，最终产生"新时代始兴十景"。"新时代始兴十景"既有自然景观，又有人文景观。景点名字以意境为主，凸显始兴民俗风情和景观特色。其中，春色满堂景点命名出自《始兴赋》中的“秋光盈邑，春色满堂”，以满堂客家大围旅游区为主，核心是有“岭南第一围”之称的满堂客家大围。斑斓秘境景点以车八岭国家级自然保护区为主，是《始兴赋》中“登车八岭，林莽莽缀斑斓”对车八岭自然保护区的形象描述。清化诗月景点为隘子镇湖湾村石头塘，含九龄故里、文献公祠等，是盛唐名相张九龄的出生地。红围烽火是沈所镇红围景区；周前古韵是第五批中国传统村落——城南镇周前古村；深渡水谣是有“广东小九寨”之称的深渡水瑶族乡景区；东湖听禅是具有鲜明岭南客家建筑风格的东湖坪景区；墨江唱晚是始兴县城墨江两岸景色；十里彩杉以城南镇至沈所镇落羽杉公路为主；石下晴岚位于沈所镇石下村，村内檐街纵横贯穿，四通八达，给人以棋盘般的整洁之美，特别是春日山风拂过山岗，百姓安居乐业，故曰石下晴岚。

（梁恬馨）

2022年始兴县国民经济和社会发展统计表

表70

指标	单位	绝对值	同比增长（%）
地区生产总值	亿元	101.89	2.1
第一产业增加值	亿元	28.37	6.9
第二产业增加值	亿元	31.01	-1.7
工业增加值	亿元	25.66	-5.7
第三产业增加值	亿元	42.50	1.6
人均地区生产总值	万元	5.14	2.0
规模以上工业增加值	亿元	20.02	-8.6
农林牧渔业总产值	亿元	45.90	8.7
固定资产投资	亿元	—	4.2
社会消费品零售总额	亿元	29.00	0.5
外贸进口总额	亿元	14.06	-19.3
外贸出口总额	亿元	4.5	25.0
实际利用外资	万美元	3775.0	2069.5
地方财政一般公共预算收入	万元	41556.0	-17.8
地方财政一般公共预算支出	亿元	25.4	-0.3
城镇常住居民人均可支配收入	元	32709.6	2.6
农村常住居民人均可支配收入	元	21238.9	4.7

（资料来源：始兴县人民政府）

翁源县

【概况】 翁源县位于韶关市东南部。2022年，下辖8个镇。土地面积2175平方千米。年末户籍人口42.15万人，常住人口32.34万人。耕地面积2.33万公顷，粮食播种面积1.58万公顷，粮食产量9.53万吨。林地面积16.35万公顷，森林覆盖率73.5%，活立木蓄积量1214.7万立方米。2022年，翁源县生产总值132.08亿元，比2021年（下同）增长1.1%；人均地区生产总值4.09万元，增长0.9%；固定资产投资下降28.4%；外贸出口额9.86亿元，增长68.8%。地方一般公共预算收入6.73亿元，下降15.7%。农村居民人均可支配收入2.03万元，增长4.7%。

2022年9月28日，翁源县兰心国际康养小镇极喜地奠基仪式在翁源县举行 （翁源县档案馆 供图）

【工业】 2022年，翁源县实现第二产业增加值35.02亿元，比2021年下降2.7%(工业增加值27.39亿元，同比增长0.4%)。认定省、市级“专精特新”企业18家，“倍增”计划企业13家，拥有国家级高新技术企业27家，省、市级企业工程技术研发中心24家。韶关市项目集中开竣工（翁源县分会场）新开工项目35个，总投资67.85亿元，年度计划投资19.94亿元，完成投资19.30亿元，其中工业项目8个，总投资26.02亿元，年度计划投资7.25亿元；新竣工项目26个，总投资21.74亿元，其中工业项目9个，年产值8亿元。36个市重点项目完成计划投资比例145%，超过市下达年度目标任务。年内新签约招商引资项目30个，投资总额182.75亿元。6月3日，青云山年产1500吨功能性食品项目二期投产。9月1日，兰心国际康养小镇项目在翁源县开工。

【农业】 2022年，翁源县实现第一产业增加值34.81亿元，比2021年增长3.2%。三华李入选省级2022年农业生产“三品一标”提升行动试点项目，新认证水晶梨和山茶油“两品一标”绿色食品，新增“粤”字号农业品牌产品6个、粤港澳大湾区“菜篮子”生产基地1个、广东省“菜篮子”生产基地1个，拥有省级农业龙头企业9家、市级以上26家，入选广东省“互联网+”农产品出村进城工程省级试点县。广东省翁源县国家级现代农业产业园实现兰花全产业链年产值30.3亿元。5月31日，翁源县乡村振兴种苗繁育种植中心首期项目开工建设，该项目位于江尾镇，占地总面积2.53公顷，建筑面积1.66公顷，建设育苗大棚6个、自动现代化生产线4条、专家工作室1个，可为全县提供水稻秧苗3333.33公顷，各种优质蔬菜种苗2666.67公顷。1月，广东省翁源县现代农业产业园被认定为第四批国家现代农业产业园。10—12月，翁源县三华李、翁源鹰嘴桃、翁源水晶梨、翁源红茶、翁源麻鸡先后入选全国名特优新农产品名录。

翁源兰花 （蔡苏平 摄）

【服务业】 2022年，翁源县实现第三产业增加值62.25亿元，比2021年增长2.0%。实现社会消费品零售总额42.79亿元，增长2.4%，总量位居全市第5。新增批发零售、服务业上限企业13家，限上批发企业完成销售额14.18亿元，下降2.6%；限上零售企业完成销售额2.33亿元，增长55.7%。年内，开展春节、劳动节、国庆节等促销活动5场次；新增翁源县环宇酒店管理有限公司、翁源县万原品缦酒店管理有限公司、韶关城市精选酒店管理有限公司、翁源县仁川实业发展有限公司、韶关游心文化发展有限公司、翁源县社学文旅发展有限公司等限上住宿企业6个。4—8月，签订栖之圜现代富硒智慧农业田园综合体、翁城酱酒华南基地、兰花特色主题文创开发等文旅招商项目

3 个，总投资 17.2 亿元。

【城乡建设】 2022 年，翁源县推进商业总公司片区、土产公司片区等老旧小区改造 2 个，完成三旧改造项目 2 个，面积 6.17 公顷，农贸市场改造升级 1 个，“四小园”建设 788 个；查处“六乱”行为 6249 宗，拆除违建 6.4 万平方米；开展校园、市场等周边环境整治，完成龙仙镇弯子排口入茶坑河、龙仙镇田心村 2 号排口入田心水、江尾镇长江村农田 9 号排口入滃江长江支流等 19 个入河排污口问题排口整治，建国路、龙英路、青年路、解放路、光明路、公园路、康乐路、中医院后门规划路、紫荆路、环保路、胜利路 11 段公路路面改造，自然村安全饮用水保障工程 17 个；干净整洁村创建达标率、村庄保洁覆盖率、无害化卫生户厕普及率均 100%，新增城镇常住居民 0.09 万人。

【社会事业】 2022 年，翁源县完成社会事业类重点建设项目 11 个，其中教育项目类 4 个、卫生医疗类 2 个、治安项目类 1 个、居民保障类 4 个，项目总投资 37.56 亿元。年内完成投资 1.61 亿元。建成 1 个新时代文明实践中心、8 个新时代文明实践所、174 个新时代文明实践站、17 个新时代文明实践点，实现新时代文明实践阵地 100%；新增城市居家养老服务示范点 5 个；发放各项就业创业补助资金 490 万元，居民医保参保率 100.83%；追回违规使用医保基金本金 36.07 万元；全县义务教育标准化学校比例 97.22%，公办及普惠性民办幼儿园比例 93.55%；学前三年毛入园率 102.51%，小学五年巩固率 98.80%，初中三年巩固率 99.54%，成功申报省级 5 个；翁源县行政服务中心一窗综合受理率 94%，99% 的依申请政务服务事项实现“最多跑一次”，推出 400 项政务服务事项通过扫描粤省事码、408 项政务服务事项扫描粤商通码实现免证办；商事制度改革深化，实施“企业开办一网通办”，推广无纸化业务、商事主体智能化登记审批系统，市场主体数量位居全市第五，实现 8 个镇规范化服务中心全覆盖，建成村(居)服务中心 174 个，293 项政务服务事项延伸至镇办理。7 月 3 日，翁源县新政务服务中心举行揭牌仪式。翁源县人民政府办公室获评 2016—2020 年全国依法治理创建活动先进单位。11 月，翁源县气象局被认定为“第八批全国气象科普教育基地”；12 月，滃江源国家湿地公园成功申报为省重要湿地。

【青云山年产 1500 吨功能性食品项目二期投产】 2022 年 6 月，投资 1.7 亿多元的青云山药业有限公司年产 1500 吨功能性食品项目二期投产。公司在 2020 年 7 月立项备案，于当年 12 月动工，按国内现行 GMP、HACCP 标准建设，建设规模 3.05 万平方米。新项目可年产 1500 吨功能性食品，涵盖颗粒剂型、冻干剂型、液体剂型、代泡茶剂型的加工。该项目将利用中药自动化、数字化智能制造、天然活性原料绿色节能、天然活性原料萃取自动化升级等智能制造生产线，实现精准投料和资源调控，高效整合生产能源和资源，降低能耗使用，减少固废液；利用精萃加工、发酵和酶催化工艺等技术，对药渣进行综合利用，开发出饲料及功能性饲料配料，实现固废零排放；利用高新材料膜处理及膜浓缩技术，将清洁电能源替代燃烧蒸汽，实现低能耗的清洁浓缩。该项目投产后，所使用原材料将拉动种植面积 1333.33 公顷，直接惠及农户 2000 户，并带动 1000 多人就业。项目达产后，可实现产值 9 亿元，税收约 1 亿元。 （杨晓鸿）

2022年翁源县国民经济和社会发展统计表

表71

指标	单位	绝对值	比2021年增长（%）
地区生产总值	亿元	132.08	1.1
第一产业增加值	亿元	34.81	3.2
第二产业增加值	亿元	35.02	-2.7
第三产业增加值	亿元	62.25	2.0
工业增加值	亿元	27.39	0.4
农林牧渔业总产值	亿元	59.61	4.7
社会消费品零售总额	亿元	42.79	2.4
外贸进口总额	亿元	7.61	-25

续表71

指标	单位	绝对值	比2021年增长（%）
外贸出口总额	亿元	9.86	68.8
地方一般公共预算收入	亿元	6.73	-15.7
地方一般公共预算支出	亿元	33.18	-4.3
城镇常住居民人均可支配收入	万元	3.4022	3.5
农村常住居民人均可支配收入	万元	2.0330	4.7

（资料来源：翁源县人民政府）

新丰县

【概况】 2022年，新丰县位于韶关市南端，下辖6个镇、1个街道。土地面积2015.2平方千米。年末户籍人口26.66万人，常住人口19.56万人。耕地面积1.63万公顷，粮食播种面积0.86万公顷，粮食产量5.17万吨。林地面积16.95万公顷，森林覆盖率81.15%，活立木蓄积量1185.1万立方米。全年新丰县生产总值82.97亿元，比2021年（下同）下降0.7%；人均地区生产总值4.3万元，增长4.1%；固定资产投资下降25.8%；外贸进出口总额4.23亿元，增长43.9%。地方一般公共预算收入5.2亿元，增长8.05%。农村居民人均可支配收入2.02万元，增长6.1%。

2022年，回龙园清爽节能项目主体落成　　（新丰县史志办　供图）

【工业】 2022年，新丰县实现第二产业增加值23.04亿元，比上年下降9.1%(工业增加值18.15亿元，同比下降10.3%)。认定省、市级“专精特新”企业13家，“倍增”计划企业6家，拥有国家级高新技术企业17家，省、市级企业工程技术研发中心23家。韶关市项目集中开竣工（新丰分会场）新开工项目39个，总投资78.3亿元，2023年度计划投资16.3亿元，截至2023年6月已完成投资2.18亿元；其中工业项目4个，总投资3.3亿元，年度计划投资1.8亿元；新竣工项目16个，总投资39亿元。22个市重点项目完成计划投资比例83.9%，超过市下达年度目标任务。年内新签约招商引资项目23个，投资总额15.61亿元。韶关蓄能发电有限公司等一批龙头企业进驻新丰县。粤港澳大湾区500千伏等一批项目陆续建成。实施县四套班子组团调度项目新机制，实行常态化“集中办公”，“并联审批”开创项目建设的崭新局面。稀土采矿证通过“并联审批”模式半天办好。抽水蓄能电站项目4个月通过可研评审，先行工程开工建设，为省内同类项目最快速度。广汽测试中心进入全面开工建设阶段，回龙园清爽节能项目主体落成，马头园通过省循环化改造试点验收。华洁化工、邦弗特等8家化工企业完成绿色化改造。佰旺汽车配件一期投产，绿色工业服务中心竣工，顺威、东江材料、整县推进屋顶光伏等一批项目动工建设。韶能生物质、誉桦中纤板、美瑛等一批企业完成技改升级，海螺鸿丰入选省“两化融合”管理体系贯标试点企业。

【农业】 2022年，新丰县实现第一产业增加值18.16亿元，比上年增长6.7%。新增“粤”字号农业品牌产品1个、粤港澳大湾区“菜篮子”生产基地2个，拥有省级农业龙头企业4家、市级5家。省级现代农业产业园实现茶叶全产业链年产值1.78亿元。于2018年成功申报广东省第一批省级现代农业产业园新丰县茶叶产业园，核心区在黄磜镇辐射至梅坑镇丰城街道。园区目前累计种植茶叶 666.67 公顷。深业农科丰农生态投资有限公司龙头企业进驻新丰县。蔬菜产业园茶叶、蔬菜种植面积分别超万亩。乐葡萄农业生态园获评省级休闲农业与乡村旅游示范点，汇盛农林牧渔有限公司成为省级重点农业龙头企业。遥田桃源成功申报供港蔬菜基地，梅坑茶坑、长坪和沙田缠良获评省级“一村一品、一镇一业”专业村。全年建成高标准农田 733.33 公顷，整治撂荒地 400 公顷，新增土地流转 800 公顷。

【服务业】 2022 年，新丰县实现第三产业增加值 41.77 亿元，比上年增长 0.87%。全年实现社会消费品零售总额 26.95 亿元，增长 0.5%，总量位居全市第 8。新增批发零售、服务业上限企业 9 家，限上批发企业完成销售额 15.03 亿元，下降 5.5%；限上零售企业完成销售额 1.39 亿元，增长 0.4%。新增新丰县蝉鸣农业旅游发展有限公司、广东岭南凉都生态旅游有限公司等线上住宿餐饮企业 2 个。获“省级全域旅游示范区”“省级旅游创新发展十强县”，出台“省级电商示范县”。率先在全市出台成为市场主体纾困 15 条“促消费 5 条”，落实助企纾困资金 700 万元，累计新增减税降费及退税缓税缓费 3.1 亿元。

【城乡建设】 2022 年，新丰县推进老旧小区改造 3 个，农贸市场改造升级 1 个，小公园、小绿地等“微改造”项目 10 个；查处“六乱”行为 2 宗，拆除违建 8.0252 万平方米；开展罗洞村、城东村周边环境整治，完成新龙路、西岭路、第二中学环山路等“微改造”项目 3 个，车田路、新东路等道路供水改造和市区入河排口截污整治、4 段公路路面改造；干净整洁村创建达标率、村庄保洁覆盖率、无害化卫生户厕普及率均 100%。

【社会事业】 2022 年，新丰县完成社会事业类重点建设项目 4 个，其中教育项目类 3 个、文化旅游类 1 个，项目总投资 1.21 亿元。发放各项就业创业补助资金 348.73 万元，城镇新增就业 1304 人，城镇失业人员再就业 803 人，就业困难人员再就业 147 人，促进创业 124 人；城乡居民医保参保人数为 18.53 万人，职工医保参保人数为 2.6 万人，合计参保人数约 21.28 万人，基本实现常住人口全覆盖，追回违规使用医保基金本金 7.54 万元；全县义务教育标准化学校比例 100%，公办及普惠性民办幼儿园比例 96.9%，学前三年毛入园率 102.8%，小学五年巩固率 100%，初中三年巩固率 99.9%；政务服务中心一窗综合受理率 91.5%，“最多跑一次”事项率 99.9%，679 项事项实现免证办；商事制度改革深化，实行“一套材料、一表登记、一窗受理”的工作模式，持续深化新开办企业“马上办、零成本”，“跨市通办”“网上办”“掌上办”多措并举；市场主体数量位居全市第七，实现 7 个镇（街）规范化服务中心全覆盖，建成村（居）服务中心 141 个，镇（街）服务事项 281 项、村（社区）便民服务事项 228 项。

【丰城街道高桥获评全国民主法治示范村】 2022 年 12 月 28 日，司法部、民政部《关于命名第九批“全国民主法治示范村（社区）”的决定》，其中新丰县丰城街道高桥村上榜命名新丰县丰城街道高桥村为第九批“全国民主法治示范村（社区）”。高桥村位于新丰县丰城街道北部，总面积 14.8 平方千米。该村高度重视“全国民主法治示范村”创建工作，建立由村主要领导负责的依法治理领导小组，并加强依法治村的其他配套组织建设，保证依法治村各项工作正常开展。通过专题学习、驻村法律顾问进村入户开展法律宣传等方式方法，开展法治宣传教育，发挥人民调解组织的作用，化解纠纷，提高社区居民依法办事、依法维权和遵纪守法的自觉性，基本形成全村各方面力量广泛参与、共建共享的良好氛围。

【佰旺汽车配件一期投产】 2022 年，新丰佰旺高性能汽车配件生产基地总投资 6000 万元，生产能力为汽车雨刮器 1000 万支、橡胶制品 5000 万件。生产工艺、技术在汽车橡胶行业内具有先进性和优越性，全年产值 1400 万元。

【海螺鸿丰入选省“两化融合”管理体系贯标试点企业】 2022 年，海螺鸿丰水泥有限公司占地面积 48.33 公顷，建有 2 条日产 5000 吨 / 天熟料生产线，配有 4 套直径 4.2 米 ×13 米带辊压机水泥粉磨系统、2 套 9 兆瓦余热发电系统，年熟料设计产能 360 万吨、水泥设计产能 440 万吨。全年公司资产总额 36.33 亿元。全年实现工业产值 11.93 亿元，工业增加值 4.64 亿元。（黄文武）

2022 年 12 月 29 日，新丰县委常委、常务副县长刘国洪（右三）到广东海螺鸿丰水泥旗石岗石场检查安全生产工作（新丰县史志办 供图）

2022年新丰县国民经济和社会发展统计表

表72

指标	单位	绝对值	比2021年增长（%）
地区生产总值	亿元	82.97	-0.7
第一产业增加值	亿元	18.16	6.7
第二产业增加值	亿元	23.04	-9.1
第三产业增加值	亿元	41.77	0.87
工业增加值	亿元	18.15	-10.3
农林牧渔业总产值	亿元	30.03	8.4
社会消费品零售总额	亿元	26.95	0.5
地方一般公共预算收入	亿元	5.2	8.05
地方一般公共预算支出	亿元	25.47	-1.9
城镇常住居民人均可支配收入	万元	3.27	3.0
农村常住居民人均可支配收入	万元	2.02	6.1

（资料来源：新丰县人民政府）

乳源瑶族自治县

【概况】 乳源瑶族自治县位于韶关市西北部，是广东省3个少数民族自治县之一。2022年，乳源瑶族自治县下辖9个镇，103个行政村，13个社区。行政区划面积2299平方千米。年末，户籍人口23.32万人，常住人口18.86万人，其中瑶族人口2.56万人，瑶族、畲族、满族、回族等30个少数民族人口2.81万人。全年全县农作物播种面积1.54万公顷，粮食产量4.4万吨。林地总面积19.48万公顷，森林覆盖率78.49%，境内重要矿产资源有28种，水资源总量41.4亿立方米，水资源蕴藏量58.25万千瓦。全年乳源地区生产总值114.70亿元，比2021年（下同）增长3.2%。固定资产投资负增长，全县固定资产投资完成投资额比2021年下降20.6%。其中，工业投资比2021年增长43.0%。规模以上工业增加值完成41.04亿元，比2021年增长10.5%。农林牧渔业产值完成18.08亿元，比2021年增长18.2%。其中，农业增长21.5%，林业增长6.9%，牧业增长44.6%，渔业增长1.2%。粮食播种面

2022年8月22日，乳源洲街大桥通车　（乳源瑶族自治县史志办　供图）

积增长 1.4%、产量增长 0.3%；蔬菜种植面积增长 18.2%、产量增长 5%；水果产量增长 69.4%，中草药产量增长 139.3%；生猪实现较快增长，年末存栏增长 18.6%，全年出栏增长 44.5%。

【工业】 2022 年，乳源瑶族自治县第二产业增加值 58.82 亿元，比 2021 年增长 7.4%。规模以上工业产值突破 200 亿元，推进东阳光“双变”改革试点，新建标准厂房 6.5 万平方米，引进东阳光三氟乙酸、连捷、欧莱等重大项目，东阳光年产 1 万吨磷酸铁锂扩产、胜蓝电子二期、禾康一期等项目建成投产，生物医药、新材料和电子信息材料产业实现集群发展。支持企业创新发展，投入技改资金 4.5 亿元，新增研发机构 6 家，认定科技型中小企业 17 家，入选为国家级专精特新“小巨人”企业名单 2 家。

【农业】 2022 年，乳源瑶族自治县第一产业增加值 11.09 亿元，比 2021 年增长 15.8%。完成撂荒地复耕复种 1000 公顷，建设高标准农田 1033 公顷，新增土地流转 667 公顷。生猪存栏 13 万头，年出栏量 17 万头。成功创建瑶药、油茶省级现代农业产业园，新增优质茶 200 公顷、特色菜 433 公顷、中草药 667 公顷。累计培育新型农业经营主体 1013 家，“一村一品、一镇一业”项目 33 个，新增国家级专业镇 1 个、省级 4 个，省级专业村 20 个。

乳源瑶族自治县大桥镇种植油茶　（张伟　摄）

【服务业】 2022 年，乳源瑶族自治县第三产业增加值 44.79 亿元，比 2021 年下降 4.0%。限上批发业完成销售额 189.83 亿元，限上零售业完成销售额 6000 万元，分别比 2021 年下降 26.6%、比 2021 年增长 17.9%。限上住宿业完成营业额 8300 万元，限上餐饮业完成营业额 4900 万元，分别下降 4.3%、下降 12.3%。创建国家全域旅游示范区，打造省级乡村旅游精品线路 3 条，新增四星级民宿 1 家，三星级民宿 1 家，建成粤北首个非遗文创孵化基地，全年接待游客 160 万人、旅游综合收入 10.3 亿元。大桥镇大桥村获评“广东省文化和旅游特色村”。

【城乡建设】 2022 年，乳源瑶族自治县实施县城品质提升“439”行动，完成市政道路人行道改造提升 6 条、整治县城内涝点 4 个，洲街桥、高速出口下沉式隧道建成通车，建成城市广场、民族团结广场停车场，启动县城智慧停车项目。户籍人口城镇化率 32.9%。推进农村人居环境综合整治，新建“四小园”550 个，“美丽庭院”110 个，打造干净整洁村 80 个、美丽宜居村 10 个。依托万科集团帮扶、东莞长安对口帮扶和驻镇帮镇扶村，打造美丽乡村风貌带 4 条。推进“百村十万 +”工程，全县行政村集体经济达 10 万元以上 113 个，行政村集体经济达 50 万元以上 10 个。

【社会事业】 2022 年，乳源瑶族自治县建成东湖幼儿园、一六镇中心小学和桂头镇中心小学综合楼，新增学位 990 个。乳城镇、大桥镇通过省教育强镇第二轮复评验收。完成新人民医院整体搬迁，县妇幼保健院升级为二甲专科医院，建成县中医医院中医名医馆。发放就业创业补贴 539 万元，惠及 1733 人次。推进“粤菜师傅”“广东技工”“南粤家政”三项工程，实现城镇新增就业 1049 人。完成行政村（社区）综合性文化服务中心提质增效达标 58 个，建成少数民族特色村寨 3 个，创建为省级民主法治村（社区）111 个。广东省第七届少数民族运动会在乳源瑶族自治县举办韶关代表队在比赛中发挥出色，夺得 3 枚金牌、1 枚银牌。代表队 10 名运动员分别进入各跤种的前八名，团体总分位列本次摔跤项目比赛第二。

【2 家企业入选国家级专精特新“小巨人”企业名单】 2022 年 5 月，韶关市乳源瑶族自治县的广东硕成科技股份有限公司入选国家级专精特新“小巨人”企业名单(第三批)，成为粤东西北唯一入选的企业。该企业在 2021 年入围国家级（专精特新）“小巨人”企业的基础上，再次入围国家级重点“小巨人”名单，将获得中央财政资金重点支持。9 月，乳源东阳光氟树脂有限公司入围第四批国家级专精特新“小巨人”企业名单。是乳源瑶族自治县继广东硕成之后，第二家入围的企业。2022 年以来，韶关市乳源瑶族自治县把开展专精特新中小企业培育工程作为产业链提升和产业基础再造的重要抓手，强化资源要素保障，实施靠前精准服务，推动企业走上专精特新发展之路。截至 2022 年年底，乳源有国家级专精特新“小巨人”企业 2 家(在韶关市排名第二)、省级 6 家、市级 7 家。乳源瑶族自治县鼓励企业加大研发投入，创新政府产业基金支持手段，成立韶关市首支县域产业发展基金——韶源基金，重点支持硕成、东阳光等公司上市。全年为广东硕成科技股份有限公司扩建年产 7.8 万吨电子化学品项目提供 0.48 公顷的土地支持，引导

乳源东阳光氟树脂有限公司与东莞理工大学成果转化对接；广东硕成科技股份有限公司与广东工业大学、韶关学院进行产学研合作。

【广东省第七届少数民族传统体育运动会在乳源瑶族自治县举办】 2022年8月20—27日，由广东省民族宗教委、广东省体育局、韶关市人民政府主办的广东省第七届少数民族传统体育运动会在乳源瑶族自治县体育馆举行。此届少数民族运动会分为竞赛项目和表演项目两大类。竞赛项目12个；表演项目分竞技类、技巧类、综合类22个。参加队伍来自全省22个代表团、36个民族，有2600多名选手角逐12个竞赛项目的前8名和22个表演项目的一、二、三等奖。此届运动会设“组织奖”“体育道德风尚奖”和表演项目一、二等奖、团体总分前八名优胜奖。韶关夺得2枚金牌、3枚银牌，女子组（12人)500米决赛中，韶关队获得第一名；龙舟比赛男子组(12人)500米决赛中，韶关队第二；在混合组(12人)500米决赛中，韶关队摘得银牌。韶关毽球代表队夺得1枚银牌、2枚铜牌。民族健身操中，韶关获得二等奖。韶关队获蹴球男双第二名。蹴球韶关代表队获得1枚银牌和1个第七名。韶关获女子双人毽球赛铜牌。花炮项目，韶关队获得三等奖。

【全国中药材仓储物流广东区（乳源）基地揭牌】 2022年3月3日，全国中药材仓储物流广东区（乳源）基地（简称“乳源基地”）在韶关市乳源瑶族自治县揭牌。乳源基地于2021年8月开始筹备，通过盘活土地资源建设标准厂房，占地总面积1.38万平方米，是2022年广东上线的唯一一家中药材仓储物流基地。乳源地处粤北山区，森林覆盖率78.12%，被誉为“南岭和岭南生物多样性特丰之地”“广东绿色植物宝库”，已知有138个科、389个属，共719种中草药被收录在国家中草药资源数据库中，其中52种中药材属于国家重点药材目录。乳源全县拥有药企和生产基地20家，中草药（含育苗、野生半抚育）种植面积3666.67公顷，2021年乳源成功创建省级瑶药产业园。

（赵卫星）

2022年乳源瑶族自治县国民经济和社会发展统计表

表73

指标	单位	绝对值	比2021年增长（%）
地区生产总值	亿元	114.7	3.2
第一产业增加值	亿元	11.09	15.8
第二产业增加值	亿元	58.82	7.36
工业增加值	亿元	55.48	9.9
第三产业增加值	亿元	44.79	-4.0
农林牧渔业总产值	亿元	18.1	18.2
社会消费品零售总额	亿元	22.51	-6.8
外贸进口总额	亿元	1.06	-26.1
外贸出口总额	亿元	13.13	32.1
地方一般公共预算收入	亿元	5.24	-14.4
地方一般公共预算支出	亿元	28.77	-0.9
城镇常住居民人均可支配收入	元	33827	4.3
农村常住居民人均可支配收入	元	20149	6.2

（资料来源：乳源瑶族自治县人民政府）

人物·荣誉

先进人物

全国五一劳动奖章获得者

沈智姹

女，1974 年 8 月出生，广东乐昌人，中共党员，2008 年 8 月取得主管护师职称，2009 年 3 月起任粤北第二人民医院肺科护士长，2021 年 4 月起任粤北第二人民医院感染管理科副科长。自 1994 年 7 月进入粤北第二人民医院工作以来，一直以来关心集体，团结同事，以身作则，具有良好的同事关系和群众基础，起到党员的模范带头作用。在新冠疫情阻击战中，作为肺科护士长沈智姹履职尽责，配合科室主任抓好管理。在病区的日常护理中，对科室护理人员做好传、帮、带，加强科室医护人员物品准备、穿脱隔离衣防护服、手卫生、戴口罩、医疗垃圾处置、预检分诊、环境物品消毒等内容的全员培训，提高科室医务人员的自我防护意识和能力，确保科室医务人员零感染。2022 年，被中华全国总工会授予“2022 年全国五一劳动奖章”。（韶关市总工会）

全国优秀人民警察

黄晓明

男，汉族，1978 年出生，广东乐昌人，中共党员，2003 年 4 月参加公安工作，现任乐昌市公安局梅花派出所所长、三级警长。曾荣立个人三等功 4 次，获“全省优秀人民警察”“韶关市加强公安派出所建设先进个人”等称号。他扎根基层所队 19 年，扛起维护辖区治安稳定的大任。他坚持干字当头，近年来带领所内民警先后参与侦破入室盗窃系列案件 48 宗，打掉 1 个本地恶势力犯罪团伙。近三年来，成功调解各类矛盾纠纷 512 起。在 2020 年大年初一选择奔赴疫情防控一线，为辖区百姓构筑坚实的防疫屏障。2022 年，黄晓明被评为“全国优秀人民警察”。

王　东

男，汉族，1969 年出生，广东南雄人，中共党员，1988 年 12 月参加公安工作，现任南雄市公安局南城派出所副所长、一级警长。曾荣立个人三等功 1 次，获评“岭南百佳社区民警”“韶关市优秀法制副校长”等荣誉。从警 30 多年来，他参与侦破各类刑事治安案件 5120 宗，帮助群众追赃挽损 1030 万元。他经常深入社区，及时高效帮助群众协调解决难题、办实事好事。他勇于创新勤务模式，把日常警务工作与派出所勤务机制融合，破解基层管理难题。他爱岗敬业，倾心钻研业务，带好队伍，在平凡的岗位上得到同事们的肯定和社区群众的一致好评。2022 年，王东被评为“全国优秀人民警察”。

全国“人民满意的公务员”

曹吾林

男，汉族，1985 年 9 月出生，中共党员，现任韶关市武江区西联镇镇委副书记、镇长。在扎根基层乡镇期间，心系人民群众急难愁盼的小事，解决困扰群众许久的大事。作为西联镇党委副书记，任职近 6 年来，曹吾林始终坚持以党建引领提升基层治理效能，把群众满意度作为工作的重要目标。在任职期间，有效解决西联镇下胡村党支部班子纪律涣散、战斗力不强的问题，增强基层党支部带领村民增收致富和服务群众的能力。敏锐地捕捉镇内社区人员信息，推进党的“两个覆盖”，依托镇内小区居民和“两新”组织较集中的优势，率先建立全市、全区第一个物业公司党支部、第一个快递和第一个网约车公司党组织，推动和保障新就业群体融入组织生活。2021 年，西联镇党委充分结合农村人居环境整治"打擂比武"这一契机，他动员发挥上庙背村党员先锋模范作用，带动该村参与人居环境整治提升工程，发展夜间经济，促进消费升级。是年，上庙背村在武江区农村人居环境整治"打擂比武"活动中，获"农村人居环境整治示范村庄"。同时，曹吾林还心系西联镇教育事业，主动协调各方力量，解决风烈中学师生用水和饮水问题；做好阳山小学扩建工程保障工作。2022年3月，韶关市武江区西联镇发现1例新冠病毒感染确诊病例，曹吾林第一时间赶赴现场，迅速指挥部署疫情防控工作。因高强度工作，劳累过度，在工作岗位上突发脑溢血，经送医院抢救后脱离危险。2022年，被提名并成功获选全国"人民满意的公务员"。

"全国三八红旗手"称号获得者

周　姗

女，汉族，四川华蓥人，1983年7月出生，2005年7月参加工作，2016年11月加入中国共产党，中共二十大代表，现任韶关市星河生物科技有限公司项目组组长。曾获得"全国优秀农民工""全国五一劳动奖章"等称号。周姗在农业领域从事技术科研，坚持做好服务"三农"的工作，参与乡村振兴建设。依托星河生物公司从零起步成立项目组，牵头成立公司知识产权工作小组，组织党员骨干紧抓知识产权申报，加强农业科技研发与成果有效转化，其间取得专利21项、科技成果鉴定1项，推动星河生物公司获评"广东省食用菌工程技术研究中心""国家高新技术企业"。组建农技宣讲团并担任团长，开展高素质农民培训20余期，培训1500多人次，帮助农民解决生产经营难题。推动星河生物公司创建"农技推广服务驿站""广东省博士工作站"，为农业生产活动提供涉农科技支撑服务。2022年，被评为"全国三八红旗手"。

全国巾帼建功标兵

黄秀芬

女，汉族，1981年7月出生，广东亚北农副产品有限公司董事长，韶关市曲江区第十六届人大常委，韶关市政协第十届韶关市曲江区委员，韶关市工商联第十五届副主席。黄秀芬带领亚北公司成功申报韶关市"妇女之家"，并被韶关市妇联授予"韶关市女性创业创新孵化基地"，在2022年被评为"韶关市三八红旗集体"。她履行组织妇女、引导妇女、服务妇女和维护妇女儿童合法权益的职责，以妇女之家为平台，把"妇女之家"打造成为妇女思想政治教育、综合能力提升、科学文化培训的主阵地。她先后获得"广东省五一劳动模范"、"全国最美冷链人"、第八届"感动曲江十佳道德模范"（诚实守信模范）等称号，拥有"一种用于水果运输的长途保鲜装置"等9项实用新型专利及1项"农产品包装盒"发明专利证书。2022年，被评为"全国巾帼建功标兵"。

龙　鹄

女，土家族，1987年1月出生，中共党员，广东中南钢铁股份有限公司制造管理部产品首席研究员。龙鹄深耕绿色精品钢铁冶炼领域十多年，先后在炼钢厂技术科及制造部产品室工作，担任博士后研究员及产品首席研究员，主要研究方向为高品质特殊钢及绿色短流程冶炼技术，解决生产过程"卡脖子"技术难题；主动承担关键零部件材料国产化开发项目，创新性开发新技术，填补国内空白。她不断努力开展科研工作，著有论文21篇(7篇SCI收录)，专利20项(授权13项)，著作2本，并带领团队赢得广东省冶金科技一等奖，中国创新大赛优秀奖、广东省博士后创新赛银奖，中南优秀科创团队等多项称号。2022年，被评为"全国巾帼建功标兵"称号。

龚小倩

女，汉族，1969年10月出生，中共党员，韶关市粤北人民医院党委副书记、院长。龚小倩在调任粤北人民医院担任院长一职后，带领医院争取省级区域医疗中心项目，通过国家两部委审核，成为广东五家之一的省级区域医疗中心建设单位，获得中央建设资金支持。在新冠疫情防控三年里，作为韶关地区最大三甲综合医院院长，无论在何岗位，都能以全局观念和社会责任感很好地完成每件防疫任务。始终以实际行动践行共产党员的初心和使命，为建设健康韶关奉献智慧和力量。2022年，被评为"全国巾帼建功标兵"。

烈士

朱　峰

男，汉族，1998年9月12日生，广东省南雄市油山镇莲山村委会寨背洞村人，2016年9月入伍，2018年9月从武警三明支队退役，2019年8月就职于广州市白云区江高镇神山专职消防队，任一班副班长。2020年11月17日广州市白云区江高镇鑫龙五金塑料制品厂发生火灾，朱峰在灭火救人过程中不幸被坍塌的墙体掩埋，经抢救无效壮烈牺牲，2022年9月，经党和国家功勋荣誉表彰工作委员会办公室认定为烈士。

2022年度获省级以上表彰的先进个人一览表

表74

姓名	工作单位	荣誉称号	表彰单位
张　丽	市纪委监委	中央纪委国家监委新闻传播中心记者站、通联站2021年度宣传工作优秀通讯员	中央纪委国家监委新闻传播中心
沈智姹	粤北第二人民医院感染管理科副科长、主管护师	全国五一劳动奖章	中华全国总工会
王秉栋	市公安局刑事警察支队一大队大队长、一级警长	个人一等功	公安部
张德滢	市公安局政治处人事科副科长、三级警长	全国公安政治工作成绩突出个人	公安部
张家荣	市公安局禁毒支队一大队三级警长	全国公安机关成绩突出个人	公安部 中华全国总工会
黄晓明	乐昌市公安局梅花派出所所长、三级警长	全国优秀人民警察	公安部
王　东	南雄市公安局南城派出所副所长、一级警长	全国优秀人民警察	公安部
彭绍明	市公安局武江分局治安管理大队四级警长	个人嘉奖	公安部
吴焱昊	市公安局浈江分局刑事侦查大队一中队四级警长	个人嘉奖	公安部
刘日红	仁化县司法局	全国司法行政系统先进工作者	人力资源和社会保障部、司法部
钟文平	韶关市测绘研究院有限公司	第三次全国国土调查先进工作者	国务院第三次全国调查领导小组办公室、自然资源部
沈　峰	翁源县公安局指挥中心信息通信股副股长	个人三等功	公安部
何　勇	韶关市卫生健康局	爱国卫生运动70周年先进个人	全国爱国卫生运动委员会
黄洪满	中国人民银行韶关市中心支行	2021年中国人民银行会计财务工作先进工作者	中国人民银行办公厅
廖华清	—	个人战备训练荣立二等功	陆军某部队
徐彦伟	—	飞行训练保障任务中荣立二等功	空军某部队

续表74

姓名	工作单位	荣誉称号	表彰单位
曾海华	—	2022年度工作成绩突出荣立二等功	某战区某部队
聂炜琪	韶关市供销合作联社	2022年度信息报送工作先进个人	中华全国供销合作总社
周　姗	韶关市星河生物科技有限公司项目组	全国三八红旗手	中华全国女联合会
龚小倩	粤北人民医院	全国巾帼建功标兵	中华全国女联合会
黄秀芬	广东亚北农副产品有限公司	全国巾帼建功标兵	中华全国女联合会
龙　鹄	广东中南钢铁股份有限公司制造管理部	全国巾帼建功标兵	中华全国女联合会
吕　泱	韶关市住建局	2018—2022年先进表彰个人	农工党中央
邓海滨	广东省烟草科学研究所	烟草行业2022年“最美科技工作者”	中国烟草学会
冯俊伟	韶关市消防救援支队	全国青年岗位能手	共青团中央
刘　黎	韶关海事局	2022年直属海事系统建设模范机关先进个人	中共交通运输部海事局党组
李钢城	北江监狱	司法部个人嘉奖	司法部
刘范民	北江监狱	全国监狱先进个人	司法部
胡占平	北江监狱	全国监狱先进个人	司法部
林日成	市委政法委	广东省依法治省先进个人	中共广东省委
谢　颖	市委政法委	2020—2021年度平安广东建设先进个人	中共广东省委平安广东建设领导小组办公室、广东省人力资源和社会保障厅
曾鸿雁	南雄市实验中学	第三届广东省中小学青年教师教学能力大赛初中教育组总决赛冠军	广东省教育厅
陈礼建	始兴县公安局治安管理大队兼江口派出所大队长（所长）	个人二等功	广东省公安厅
黄文军	市公安局武江分局刑事侦查大队六中队中队长	个人二等功	广东省公安厅

续表74

姓名	工作单位	荣誉称号	表彰单位
曾　熙	市公安局特警支队一大队一中队三级警长	个人二等功	广东省公安厅
吴国浩	新丰县公安局特警大队办公室副主任	个人二等功	广东省公安厅
李伟忠	乐昌市公安局国内安全保卫大队副大队长	个人二等功	广东省公安厅
卢延羽	市公安局禁毒支队二大队三级警长	个人二等功	广东省公安厅
朱兰旭	乐昌市公安局政工办主任	个人三等功	广东省公安厅
易国平	乐昌市公安局老坪石派出所副所长	个人三等功	广东省公安厅
叶海天	南雄市公安局交通警察大队副大队长	个人三等功	广东省公安厅
温怀礼	仁化县公安局交通警察大队城口中队指导员	个人三等功	广东省公安厅
刘　威	仁化县公安局建设路派出所副所长、三级警长	个人三等功	广东省公安厅
张宇宏	始兴县公安局刑事侦查大队警务技术四级主管	个人三等功	广东省公安厅
罗发智	翁源县公安局治安管理大队大队长	个人三等功	广东省公安厅
江自强	乳源瑶族自治县公安局大桥派出所副所长	个人三等功	广东省公安厅
吴志伟	新丰县公安局国内安全保卫大队副大队长	个人三等功	广东省公安厅
李　明	市公安局浈江分局南门派出所四级警长	个人三等功	广东省公安厅
杨祥勇	市公安局曲江分局交警大队副大队长、一级警长	个人三等功	广东省公安厅
李庚申	市公安局刑事警察支队二大队大队长	个人三等功	广东省公安厅

续表74

姓名	工作单位	荣誉称号	表彰单位
叶永勤	市公安局交通警察支队高速公路四大队大队长	个人三等功	广东省公安厅
柏丙华	市公安局警卫支队副支队长	个人三等功	广东省公安厅
杜伟环	广东省韶关监狱	全国司法行政系统劳动模范	人力资源社会保障部、司法部
肖　易	南雄市公安局治安管理大队二中队四级警长	个人嘉奖	广东省公安厅
李佳鑫	市公安局信息通信科警务技术四级主管	个人嘉奖	广东省公安厅
张书泽	中国人民银行韶关市中心支行离退休干部	2022年第四季度“广东好人”	广东省精神文明建设委员会办公室
宋伟平	市公安局交警支队高速公路一、三大队大队长	防寒防冻工作表现突出个人	广东省防汛防旱防风总指挥部办公室、广东省应急管理厅
李警锋	市公安局刑事警察支队四大队大队长、警务技术四级主任	北京冬奥会、冬残奥会和2022年全国两会期间广东省驻京信访安全保障工作先进个人	广东省信访工作联席会议办公室
曾昭纯	韶关市拘留所副所长、一级警长	北京冬奥会、冬残奥会和2022年全国两会期间广东省驻京信访安全保障工作先进个人	广东省信访工作联席会议办公室
陈艳娟	翁源县司法局	广东省依法治省工作先进个人	中共广东省委
商丽杰	韶州公证处	广东省依法治省工作先进个人	中共广东省委
陈裕文	韶关市强制隔离戒毒所	疫情防控工作表现突出个人	广东省戒毒管理局
徐立良	韶关市强制隔离戒毒所	疫情防控工作表现突出个人	广东省戒毒管理局
戚刚刚	韶关市强制隔离戒毒所	疫情防控工作表现突出个人	广东省戒毒管理局
陈基伟	韶关市强制隔离戒毒所	疫情防控工作表现突出个人	广东省戒毒管理局
杜社明	韶关市强制隔离戒毒所	疫情防控工作表现突出个人	广东省戒毒管理局
王　斌	韶关市强制隔离戒毒所	疫情防控工作表现突出个人	广东省戒毒管理局
陈　楚	韶关市强制隔离戒毒所	个人三等功	广东省司法厅

续表74

姓名	工作单位	荣誉称号	表彰单位
周进三	韶关市强制隔离戒毒所	从事监狱劳教（戒毒）工作三十年干警荣誉表彰	广东省司法厅政治部（警务部）
魏晓云	韶关市强制隔离戒毒所	从事监狱劳教（戒毒）工作三十年干警荣誉表彰	广东省司法厅政治部（警务部）
何蔚杰	韶关市强制隔离戒毒所	从事监狱劳教（戒毒）工作三十年干警荣誉表彰	广东省司法厅政治部（警务部）
徐闻勋	韶关市生态环境局	2022年异地交叉执法表现突出人员	广东省生态环境厅
葛亮平	韶关市生态环境局	2022年异地交叉执法表现突出人员	广东省生态环境厅
付兴宇	韶关市生态环境局	2022年异地交叉执法表现突出人员	广东省生态环境厅
李文锦	韶关市生态环境局	广东省第三届生态环境监测专业技术人员练兵比武（县区站）个人总分三等奖	广东省生态环境厅、省人力资源社会保障厅、省市场监管局、省总工会、团省委、省妇联
葛亮平	韶关市生态环境局	全省生态环境保护执法大练兵网络知识竞赛优胜个人	广东省生态环境厅
陈　臻	韶关市生态环境局	全省重点行业企业用地土壤污染状况调查表现突出的个人	广东省生态环境厅
官茂贵	韶关市生态环境局	全省重点行业企业用地土壤污染状况调查表现突出的个人	广东省生态环境厅
侯世太	韶关市生态环境局	全省重点行业企业用地土壤污染状况调查表现突出的个人	广东省生态环境厅
黄亿文	韶关市生态环境局	全省重点行业企业用地土壤污染状况调查表现突出的个人	广东省生态环境厅
李　颖	韶关市生态环境局	全省重点行业企业用地土壤污染状况调查表现突出的个人	广东省生态环境厅
刘艳忠	韶关市生态环境局	全省重点行业企业用地土壤污染状况调查表现突出的个人	广东省生态环境厅
田　雨	韶关市生态环境局	全省重点行业企业用地土壤污染状况调查表现突出的个人	广东省生态环境厅
杨瑞杰	韶关市生态环境局	全省重点行业企业用地土壤污染状况调查表现突出的个人	广东省生态环境厅

续表74

姓名	工作单位	荣誉称号	表彰单位
袁辅辉	韶关市生态环境局	全省重点行业企业用地土壤污染状况调查表现突出的个人	广东省生态环境厅
沈憬斌	韶关市生态环境局	“三线一单”工作中表现突出个人	生态环境部办公厅
邹建雄	仁化县公安局特警大队	第二届“广东最美退役军人”	省委组织部、省退役军人事务厅、省军区政治工作处
田超群	广东省韶铸集团有限公司（韶关铸锻总厂）	广州工控十大工匠提名奖	广州工业投资控股集团有限公司
罗本诗	广东省韶铸集团有限公司（韶关铸锻总厂）	广州工控十大工匠奖	广州工业投资控股集团有限公司
杨水养	韶关市统计局	统计创新引领者	广东省人力资源和社会保障厅 广东省统计局
张凤英	韶关市统计局	全省统计系统先进个人	广东省人力资源和社会保障厅 广东省统计局
李玉明	广东雪花岩茶业有限公司车间主任	广东省五一劳动奖章	广东省总工会
饶盛祥	南雄市第一中学校长	广东省五一劳动奖章	广东省总工会
苏华将	广东三信科技有限公司工程部经理	广东省五一劳动奖章	广东省总工会
邹子阳	卡西欧电子（韶关）有限公司制造课设备管理系技术员	广东省五一劳动奖章	广东省总工会
陈初航	新丰县中医院普外科主任	广东省五一劳动奖章	广东省总工会
陈生利	广东韶钢松山股份有限公司炼铁高操	广东省五一劳动奖章	广东省总工会
刘　群	广东省大宝山矿业有限公司选矿部党委副书记、部长	广东省五一劳动奖章	广东省总工会
杨　成	深圳市中金岭南有色金属股份有限公司凡口铅锌矿选矿厂厂长助理兼自动化室主任	广东省五一劳动奖章	广东省总工会
陈锦洪	乐昌市餐旅烹饪协会会长	广东省五一劳动奖章	广东省总工会

续表74

姓名	工作单位	荣誉称号	表彰单位
胡党福	浈江区风度名城谭木匠工艺品店	最美志愿者	广东省精神文明建设委员
曾敏青	民盟韶关市委	优秀盟务工作者	民盟广东省委
邓　华	民进韶关市委会副主委、乐昌市政协副主席	民进全省全面建成小康社会作贡献先进个人	民进广东省委会
雷　检	民进韶关市委会二级主任科员	民进全省全面建成小康社会作贡献先进个人	民进广东省委会
翟　娜	韶关市人民政府办公室综合三科	广东省三八红旗手	广东省妇女联合会
邓冬梅	韶关市农业科技推广中心蔬菜研究室	广东省三八红旗手	广东省妇女联合会
江晓明	韶关市和平路小学	广东省三八红旗手	广东省妇女联合会
王海燕	韶关市妇女联合会	全省实施妇女儿童发展规划先进个人	广东省妇女儿童工作委员会、广东省人力资源和社会保障厅
黄良慧	乐昌市教育局教师发展中心	全省实施妇女儿童发展规划先进个人	广东省妇女儿童工作委员会、广东省人力资源和社会保障厅
陈　丹	韶关市税务局	广东好人	广东省精神文明建设委员会办公室
徐　哲	韶关市税务局	广东省三八红旗手	广东省妇女联合会
黄跃鹏	广东烟草韶关市有限公司	广东省农业技术推广奖一等奖	广东省农业技术推广奖评审委员会
杨水养	韶关市统计局	统计创新引领者	广东省人力资源和社会保障厅 广东省统计局
张凤英	韶关市统计局	全省统计系统先进个人	广东省人力资源和社会保障厅 广东省统计局
张文辉	韶关银保监分局	2021—2022年度“广东省优秀共青团干部”	共青团员广东省委员会
黄雅云	韶关银保监分局	广东银保监局系统2021年度信息工作先进个人	广东银保监局
喻　鑫	韶关银保监分局	广东银保监局系统2021年度信息工作先进个人	广东银保监局
陈　伟	韶关银保监分局	“优秀盟员”	中国民主同盟广东省委员会

续表74

姓名	工作单位	荣誉称号	表彰单位
张君国	韶关冶炼厂检验检测中心	2021-2022年度“中国铜业杯”全国有色金属行业班组长综合管理技能竞赛二等奖	中国有色金属工业协会/中国机械冶金建材工会全国委员会
彭　芸	韶关冶炼厂检验检测中心	2021-2022年度“中国铜业杯”全国有色金属行业班组长综合管理技能竞赛三等奖	中国有色金属工业协会/中国机械冶金建材工会全国委员会
张剑锋	乳源瑶族自治县公安局刑事侦查大队教导员	全国公安机关成绩突出青年民警	公安部、共青团中央
胡　强	韶关市文化广电旅游体育局	广东省“十三五”时期群众体育先进个人	广东省体育局
张志强	翁源县文化广电旅游体育局	广东省“十三五”时期群众体育先进个人	广东省体育局
陈建聪	韶关市体育场馆管理中心	广东省“十三五”时期群众体育先进个人	广东省体育局
刘韶艳	韶关市浈江区文化旅游体育局	广东省“十三五”时期群众体育先进个人	广东省体育局
赖淑芬	韶关市武江区业余体育运动学校	广东省“十三五”时期群众体育先进个人	广东省体育局
欧向阳	乐昌市排舞协会	广东省“十三五”时期群众体育先进个人	广东省体育局
徐志勇	仁化县旅游体育发展服务中心	广东省“十三五”时期群众体育先进个人	广东省体育局
丁海燕	韶关市武术协会	广东省“十三五”时期群众体育先进个人	广东省体育局
陈　祎	韶关市文化广电旅游体育局	广东省文化和旅游工作先进个人	广东省人力资源和社会保障厅 广东省文化和旅游厅
罗　成	韶关市粤北采茶戏保护传承中心	广东省文化和旅游工作先进个人	广东省人力资源和社会保障厅
谢跃煌	韶关市文化广电旅游体育局	2022年广东省“扫黄打非”工作先进个人	广东省文化和旅游厅
邓海滨	广东省烟草科学研究所	烟草行业2022年“最美科技工作者”	中国烟草学会
黄跃鹏	广东烟草韶关市有限公司	广东省农业技术推广奖一等奖	广东省农业技术推广奖评审委员会

（资料来源：全市各机关、企事业单位）

先进集体

全国产业转型升级示范区
广东省韶关市

2021 年推进老工业基地调整改造和产业转型升级工作成效明显城市
广东省韶关市

全国义务教育优质均衡先行创建县
韶关市仁化县

全国工人先锋号
深圳市中金岭南有色金属股份有限公司丹霞冶炼厂质量检验中心

全国公安机关爱民模范集体
韶关市新丰县公安局经侦大队

全国行政执法先进集体
乐昌市消防救援大队

全国司法行政系统先进集体
北江监狱九监区

2018—2022 年全国先进表彰集体
农工党韶关市委

民进全国信息化建设先进集体
民进韶关市委员会

首届全国宗教界先进集体
云门寺

全国先进集体奖
韶关市关工委

2021—2025 年第一批全国科普教育基地
韶关市丹霞山管理委员会

老区宣传工作一等奖
韶关市老促会

2022 年全国安全管理“六无”单位
韶关市强制隔离戒毒所

2022 年度全国信息报送工作先进单位
韶关市供销合作联社

工业和信息化部第一批产教融合专业合作建设试点单位
广东松山职业技术学院

工业和信息化重点领域产业人才基地
广东松山职业技术学院

第三批全国党建工作样板支部培育创建单位
广东松山职业技术学院经济管理学院教师党支部

五星高级卒中中心
粤北人民医院

全国自然资源信访工作业绩突出单位
韶关市自然资源局

全国节约型机关
广东省韶关监狱
韶关市税务局
中国人民银行韶关市中心支行

全国巾帼文明岗
国家税务总局韶关市税务局纳税服务中心(税收宣传中心)
韶关海关综合业务科
韶关市残疾人康复中心
仁化县人民检察院第一检察部

全国巾帼建功先进集体
国家税务总局韶关市武江区税务局
始兴县妇幼保健院

第十三届全国五好家庭
邹文慧家庭
黄娇家庭

全国最美家庭
钟巧群家庭
邱国花家庭

2022 年全国大中专学生志愿者暑期文化科技卫生“三下乡”社会实践“镜头中的三下乡”征集活动优秀组织单位
韶关学院

2015—2020 深化高校创新创业教育改革优秀成果征集活动优秀组织奖
韶关学院

2022 年第四届“欧倍尔杯”全国食品专业工程实践训练综合能力竞赛南部赛区优秀组织奖
韶关学院

2022 年“竞技世界杯”中国大学生计算机博弈大赛暨第十六届中国计算机博弈锦标赛优秀组织奖
韶关学院

2022 年第四届“欧倍尔杯”全国食品专业工程实践训练综合能力竞赛南部赛区优秀组织奖
韶关学院

2021 年中国人民银行宣传思想工作先进集体
中国人民银行韶关市中心支行宣传群工部

全国普法工作先进单位
韶关市税务局

2022年度获省级表彰的先进单位和集体一览表

表75

单位（集体）名称	荣誉称号	表彰单位
市公安局打击走私办公室	集体二等功	广东省公安厅
市公安局“2·26”专案组	集体二等功	广东省公安厅
韶关银保监分局	广东银保监局系统2021年EAST系统应用分析先进单位	广东银保监局
韶关市文化广电旅游体育局	广东省“十三五”时期群众体育先进集体	广东省体育局
曲江区文化广电旅游体育局	广东省“十三五”时期群众体育先进集体	广东省体育局
新丰县文化广电旅游体育局	广东省“十三五”时期群众体育先进集体	广东省体育局
乳源瑶族自治县文化广电旅游体育局	广东省“十三五”时期群众体育先进集体	广东省体育局
乳源瑶族自治县民族文化传习馆	广东省文化和旅游工作先进集体	广东省人力资源和社会保障厅、广东省文化和旅游厅
韶关市城市规划展示馆	2021年度广东省“巾帼文明岗”	广东省妇女联合会
韶关市自然资源局	在2022年广东省第六届测绘地理信息行业职业技能竞赛暨“十四五”广东省自然资源调查监测劳动和技能竞赛中获优秀组织奖	广东省自然资源厅
广东省韶关市	广东省首批产教融合试点城市	广东省发改委等六部门
广东省韶关市	2021年度广东省食品安全工作评议考核结果A级	广东省人民政府
广东省韶关市	2021年度广东省药品安全责任考核A级	广东省药品监督管理局
广东省韶关市	广东省第十三届中学生运动会代表团团体总分一等奖	广东省教育厅
韶关市教育局	广东省第十三届中学生运动会优秀组织单位	广东省教育厅
韶关市教育局	广东省第五届中小学体育教师教学技能大赛一等奖	广东省教育厅
韶关市教育局	广东省青少年武术套路锦标赛优秀组织单位	广东省教育厅
市特殊教育学校	广东省特殊教育内涵建设示范项目特殊教育示范学校	广东省教育厅
乳源瑶族自治县民族实验学校	交通安全文明示范学校	广东省教育厅
韶关市中等职业技术学校、曲江区职业技术学校	广东省首批中职学校‘三全育人’典型学校培育建设名单	广东省教育厅
始兴县城北路消防救援站	广东省青年文明号标兵号	团广东省委

续表75

单位（集体）名称	荣誉称号	表彰单位
韶关市卫生健康局	2021年度广东省工作场所职业病危害因素监测工作先进单位	广东省工作场所职业病危害因素监测工作项目办公室
广东烟草韶关市有限公司	广东烟草韶关市有限公司参与的“高效安全绿色农药制剂研制与推广应用”项目获得广东省农业技术推广奖一等奖	广东省农业技术推广奖评审委员会
韶关市税务局稽查局	广东省工人先锋号	广东省总工会
中共韶关市委办公室文电法规科	广东省依法治省工作先进单位	中共广东省委
韶关市强制隔离戒毒所警戒护卫队	疫情防控工作表现突出集体	广东省戒毒管理局
韶关市强制隔离戒毒所办公室	疫情防控工作表现突出集体	广东省戒毒管理局
韶关市强制隔离戒毒所二大队	集体三等功	广东省司法厅
韶关市科协	2022年度基层科协组织建设及提升基层科协组织力“3+1”工作先进单位	广东省科协
韶关市科协	2022年度省科协系统政务信息建设工作先进单位	广东省科协
韶关市科协	广东省全国科普日优秀组织单位	广东省科协
韶关市人民检察院第一检察部	集体二等功	广东省人民检察院
韶关市人民检察院政法队伍教育整顿工作领导小组办公室	集体二等功	广东省人民检察院
乳源瑶族自治县人民检察院政法队伍教育整顿工作领导小组办公室	集体三等功	广东省人民检察院
浈江区人民检察院	新时代“五好”基层检察院	广东省人民检察院
武江区人民检察院	新时代“五好”基层检察院	广东省人民检察院
仁化县人民检察院	新时代“五好”基层检察院	广东省人民检察院
乳源瑶族自治县人民检察院	新时代“五好”基层检察院	广东省人民检察院
中国人民银行韶关市中心支行调查统计科	一星级全国青年文明号	共青团广东省委员会联合省交通运输厅等12个单位
韶关市民政局	2021年度福利彩票工作组织领导奖二等奖	广东省民政厅
韶关市福利彩票发行中心	2021年度全省福利彩票综合奖二等奖	广东省民政厅

续表75

单位（集体）名称	荣誉称号	表彰单位
韶关学院	2021年度全省征兵工作先进单位	广东省人民政府征兵办公室、广东省教育厅
韶关学院	广东省绿色学校	广东省教育厅
韶关学院	2021年1Pv6规模部署工作积极推进单位	广东省教育厅
韶关学院	2021年全省首届美育教师教学基本功比赛优秀组织奖	广东省教育厅
韶关学院	第七届广东网络媒体展示节活动优秀组织奖	广东省教育厅
韶关学院	2021年广东省大中专学生志愿者暑期文化科技“三下乡”社会实践活动优秀单位	中共广东省委宣传部
韶关学院	2022年广东大中专学生志愿者暑期文化科技卫生“三下乡”社会实践活动“镜头中的三下乡”征集活动优秀组织单位	共青团广东省委办公室
韶关学院	2022年春季学期广东大学生“青马工程”学员集体备课及宣讲活动“优秀课程奖”三等奖	共青团广东省委办公室、广东省学生联合会秘书处
韶关学院	2022年度人民防空知识网络竞赛优秀组织奖	广东省人民防空办公室、广东省全民国防教育中心
韶关学院	2021年度广东高校后勤信息化建设优秀项目	广东省高校后勤协会
韶关学院	2022年广东省高校图书馆“学问杯”影评大赛优秀组织奖	广东省高等学校图书情报工作指导委员会
韶关学院音乐与舞蹈学院“金鸪鸪”瑶乡文艺帮扶工作组	2021年度广东省三八红旗集体	广东省妇女联合会
韶关学院创新创业学院	“创新创业基础”课程获省级就业创业特色示范课程	广东省教育厅
韶关学院音乐与舞蹈学院	舞蹈作品《永不褪色的旗帜》获第三届广东省法治文化节“法润人心”法治文艺作品评选大赛优秀奖	广东省普法办公室、广东省司法厅

续表75

单位（集体）名称	荣誉称号	表彰单位
韶关学院音乐与舞蹈学院	舞蹈作品《第一书记》获第三届广东省法治文化节“法润人心”法治文艺作品评选大赛优秀奖、最佳创意奖	广东省普法办公室、广东省司法厅
韶关学院政法学院“学史普法办实事 深入乡村助振兴”实践队、教师教育学院“心瑶同梦”志愿服务实践队	2022年广东大中专学生志愿者暑期文化科技卫生“三下乡”社会实践活动优秀团队	共青团广东省委办公室
韶关学院学生会	2021—2022年度优秀学生会	广东省学生联合会
韶关学院图书馆	广东省第三届“中华传统文化百部经典”知识大赛优秀组织奖	广东图书馆学会、广东省立中山图书馆（广东省古籍保护中心）
韶关学院图书馆	2022年广东省高校图书馆“学问杯”影评大赛优秀组织奖	广东省高等学校图书情报工作指导委员会
九三学社韶关学院三支社	九三学社广东省组织工作先进集体	九三学社广东省委员会
广东松山职业技术学院	省域高水平高等职业院校建设计划单位	广东省教育厅
广东松山职业技术学院	广东省国防教育特色学校	广东省教育厅
广东松山职业技术学院	广东省绿色高校	广东省教育厅
广东松山职业技术学院	2021年全省征兵工作先进单位	广东省人民政府征兵办公室、广东省教育厅
广东松山职业技术学院	广东省第十一届大学生运动会“体育道德风尚奖”	广东省教育厅
广东松山职业技术学院机械工程学院	曹智梅广东省三八红旗工作室	广东省妇女联合会
广东松山职业技术学院电子信息工程技术专业	工业和信息化部第一批产教融合型专业	工业和信息化部人才交流中心
广东松山职业技术学院大数据技术专业	工业和信息化部第一批产教融合型专业	工业和信息化部人才交流中心
广东松山职业技术学院经济管理学院2019级行政管理2班团支部	2021—2022年度获得广东省五四红旗团支部	共青团广东省委员会
广东松山职业技术学院学生会	2021—2022年度广东省优秀学生会	广东省学生联合会

续表75

单位（集体）名称	荣誉称号	表彰单位
广东松山职业技术学院电气工程学院南雄市油山镇“传承红色基因，助力乡村振兴”党史学习教育团助力乡村振兴	2022年广东大中专学生志愿者暑期文化科技卫生“三下乡”社会实践活动全国重点团队、省级重点团队	中共广东省委宣传部、广东省精神文明建设委员会办公室、广东省教育厅、共青团广东省委员会、广东省学生联合会
广东松山职业技术学院经济管理学院七彩假期缤纷童年实践队	2022年广东大中专学生志愿者暑期文化科技卫生“三下乡”社会实践活动省级优秀团队	中共广东省委宣传部、广东省精神文明建设委员会办公室、广东省教育厅、共青团广东省委员会、广东省学生联合会
广东松山职业技术学院南雄市古市镇助力乡村振兴、建设青年友好城市实践团	2022年广东大中专学生志愿者暑期文化科技卫生“三下乡”社会实践活动省级重点团队	中共广东省委宣传部、广东省精神文明建设委员会办公室、广东省教育厅、共青团广东省委员会、广东省学生联合会
广东松山职业技术学院韶关市工程处小学课后服务及劳动教育和推普实践助力七彩假期缤纷童年实践团	2022年广东大中专学生志愿者暑期文化科技卫生“三下乡”社会实践活动省级重点团队	中共广东省委宣传部、广东省精神文明建设委员会办公室、广东省教育厅、共青团广东省委员会、广东省学生联合会
广东松山职业技术学院乳源瑶族自治县“漫漫非遗路，一颗传承心”实践团	2022年广东大中专学生志愿者暑期文化科技卫生“三下乡”社会实践活动省级重点团队	中共广东省委宣传部、广东省精神文明建设委员会办公室、广东省教育厅、共青团广东省委员会、广东省学生联合会
广东松山职业技术学院“聚力促振兴”实践团	2022年广东大中专学生志愿者暑期文化科技卫生“三下乡”社会实践活动省级重点团队	中共广东省委宣传部、广东省精神文明建设委员会办公室、广东省教育厅、共青团广东省委员会、广东省学生联合会
韶关市发展和改革局	2021年度广东省粮食安全责任考核优秀	广东省人民政府办公厅
韶关市生态环境局	首届广东省环境教育基地建优秀组织单位	广东省环境保护宣传教育中心
韶关市生态环境局南雄分局	全省重点行业企业用地土壤污染状况调查表现突出的集体	广东省生态环境厅 韶关市生态环境局乐昌分局生态环境局
韶关市城市投资发展集团有限公司	“党的青年运动史”主题团日活动获“喜迎二十大、永远跟党走、奋进新征程”活力在基层优秀主题团日活动	共青团广东省委办公室

续表75

单位（集体）名称	荣誉称号	表彰单位
韶关市粤运汽车运输有限公司	广东省交通文明示范运输单位（韶关市粤运汽车运输有限公司韶关汽车客运南站）	广东省公安厅、广东省精神文明建设委员会办公室、广东省教育厅、广东省运输厅、广东省司法厅
广东省韶铸集团有限公司（韶关铸锻总厂）	广东省铸造行业协会第五届理事会副会长单位	广东省铸造行业协会
广东省韶铸集团有限公司（韶关铸锻总厂）	韶铸集团属下精锻公司、金宝公司进入2022广东省专精特新企业	广东省工业和信息化厅
韶关市统计局	全省统计系统先进集体	广东省人力资源和社会保障厅、广东省统计局
韶关市档案局	2022年度《中国档案》宣传工作先进单位	中国档案杂志社
韶关市供销合作联社	2022年度全省供销合作社系统综合业绩考核地级以上市优胜单位一等奖	广东省供销合作联社
韶关市卫生健康局妇幼健康科	全省实施妇女儿童发展规划先进集体	广东省妇女儿童工作委员会、广东省人力资源和社会保障厅
韶关海关综合业务科	广东省三八红旗集体	广东省妇女联合会
广东丹霞生物制药有限公司产品检验组	广东省三八红旗集体	广东省妇女联合会
刘满怀家庭	广东省五好家庭	广东省妇女联合会
邓术娥家庭	广东省五好家庭	广东省妇女联合会
朱能法家庭	广东十大“最美家庭”	广东省妇女联合会
白玉婷家庭	广东百户“最美家庭”	广东省妇女联合会
何彦家庭	广东百户“最美家庭”	广东省妇女联合会
深圳市中金岭南有色金属股份有限公司韶关冶炼厂	广东省五一劳动奖状	广东省总工会
广东粤江鸿锐电力科技发展有限公司	广东省五一劳动奖状	广东省总工会

续表75

单位（集体）名称	荣誉称号	表彰单位
广东志成冠军电气器材科技有限公司	广东省五一劳动奖状	广东省总工会
日本电产三协电子（韶关）有限公司	广东省五一劳动奖状	广东省总工会
国粤（韶关）电力有限公司运行部	广东省工人先锋号	广东省总工会
韶关市侨睿环保科技有限公司车队	广东省工人先锋号	广东省总工会
国家税务总局韶关市税务局稽查局	广东省工人先锋号	广东省总工会
中国电信股份有限公司韶关城区分公司工业西营业厅	广东省工人先锋号	广东省总工会
广东韶关烟叶复烤有限公司技术中心	广东省工人先锋号	广东省总工会
韶关市关工委	优秀组织工作奖	广东省关工委、省作家协会、省教育系统关工委
韶关市老促会	“光亮工程”项目工作特等奖	广东省老促会
韶关市老促会	“妇幼健康（国奶养育工程）”项目工作一等奖	广东省老促会
民盟韶关市委	2021年度民盟广东省参政议政工作优秀成果奖	民盟广东省委
民盟韶关市委	2021年度民盟广东省反映社情民意信息工作先进集体三等奖	民盟广东省委
民进韶关市委员会	民进全省全面建成小康社会做贡献先进集体	民进广东省委员会
民进韶关市委员会	民进全省新闻宣传（会刊报）工作先进单位	民进广东省委员会
民进韶关市委员会	民进全省全面建成小康社会——建言献策优秀成果奖	民进广东省委员会
民进韶关市委员会	民进全省全面建成小康社会——社会服务优秀成果奖	民进广东省委员会

续表75

单位（集体）名称	荣誉称号	表彰单位
韶关市统计局	全省统计系统先进集体	广东省人力资源和社会保障厅 广东省统计局
中共韶关市委政法委	2020—2021年度平安广东建设先进集体	中共广东省委平安广东建设领导小组办公室、广东省人力资源和社会保障厅
韶关冶炼厂	广东省第四届厂务公开民主管理示范单位	广东省厂务公开民主管理协调小组办公室（广东省总工会代章）
韶关冶炼厂	广东省五一劳动奖状	广东省总工会
韶关冶炼厂	广东省企业环境信用评价“绿牌”称号	广东省生态环保厅
仁化武深省际公安检查站	集体二等功	广东省公安厅
市公安局曲江分局马坝派出所	集体二等功	广东省公安厅
翁源县公安局刑事侦查大队	集体二等功	广东省公安厅
乐昌市公安局国内安全保卫大队	集体三等功	广东省公安厅
南雄珠玑省际公安检查站	集体三等功	广东省公安厅
新丰县公安局特警大队	集体三等功	广东省公安厅
市公安局浈江分局新韶派出所	集体三等功	广东省公安厅
乐昌市公安局梅花派出所	全国公安机关成绩突出青年集体	公安部、共青团中央
市公安局曲江分局马坝派出所	全国优秀公安基层单位	公安部
韶关市发展和改革局	韶关列入全国产业转型升级示范区，成为广东省唯一、全国20个示范区之一	发展改革委、科技部、工业和信息化部、自然资源部
韶关市发展和改革局	2021年推进老工业基地调整改造和产业转型升级工作成效明显城市	发展改革委、科技部、工业和信息化部、自然资源部
广东烟草韶关市有限公司	广东烟草韶关市有限公司使命必达QC小组获得2022年全国优秀质量管理小组	中国质量协会、全国总工会、全国妇女联合会
广东烟草韶关市有限公司	《烟草育苗期黄瓜花叶病毒病快速检测工具的研制》课题获得全国烟草行业第三十三届（2022年）优秀质量管理小组成果发布会一等奖	中国烟草总公司

（资料来源：全市各机关、企事业单位）

组织机构和负责人名录

△韶关市四套班子、纪委监委及办公室

中国共产党韶关市委员会

市委书记：王瑞军（任至8月）
陈少荣（8月任职）
市委副书记、市长：陈少荣（任至9月）
陈志清（9月任职）
市委常委、市纪委书记、市监委主任：
廖锦添
市委常委、统战部部长：高冬瑞
市委常委、副市长：邹振宇
市委常委、韶关军分区政委：黄星会
市委常委、秘书长：颜玉明
市委常委、组织部部长：张　丽
市委常委、副市长（挂职）：罗晓勤
市委常委、政法委书记：
吴耿淡（任至9月）
市委常委、宣传部部长：陈江帆

中共韶关市委办公室

市委常委、秘书长、市直机关工委书记：
颜玉明
市人大常委会副主任、市委常务副秘书长、市总工会主席：邓彩虹
市委副秘书长、市档案局局长、二级巡视员：谢祥腾
市委副秘书长（挂职）：周　曦
市委副秘书长（挂职）：刘汝杭
市委副秘书长、市纪委常委：余长勇
保留正处职：石云峰
周君明
市委国安办副主任：向　骏

韶关市人民代表大会常务委员会

主　任：王瑞军（任至8月）
陈少荣（9月任职）
党组副书记、副主任：
凌振伟（8月至9月任代理主任）
党组成员、副主任：林　岚
副主任、民建市委会主委：陈　曦
党组成员、副主任：
沈河民　胡德宁
邓彩虹（1月任职副主任）
副秘书长：陈早霞　段平波（任至9月）
成绍强

市人大专门委员会、市人大常委会办事机构及工作机构

财政经济委员会
主任委员：刘剑城
副主任委员：张小枫　程金勇
黄艺坤

法制委员会
主任委员：曾房兰
副主任委员：韩登池　王少敬
丁钢全

社会建设委员会
主任委员：刘剑飞
副主任委员：华一元　李芳足
汪　波

代表资格审查委员会
主任委员：邓小杰（任至3月）
凌振伟（3月任职）
副主任委员：高振忠（任至3月）
余构华（任至3月）
余席强（3月任职）
陈天雄（任至3月）

研究室
主　任：刘剑飞
副主任委员：徐伟华

法制工作委员会
主　任：曾房兰（3月任职）
副主任委员：谢建忠（任至12月）
刘　迅

财政经济工作委员会
主　任：刘剑城
副主任委员：张小枫　刘翠同

农村农业民族宗教工作委员会
主　任：杨日葵
副主任委员：彭桂珍　赵克生

教育科学文化卫生华侨外事工作委员会
主　任：贺金池
副主任委员：唐国驹　李宇强

选举联络人事任免工作委员会
主　任：余席强
副主任委员：吴术东

城乡建设环境与资源保护工作委员会
主　任：潘国忠（任至3月）
　　　　张　莉（3月任职）
副主任委员：宋卫红　王秀芳

监察和司法工作委员会
主　任：周正祥
副主任委员：陈雄标

韶关市人民政府
市委副书记、市长：陈少荣（任至9月）
　　　　　　　　　陈志清（9月任职）
市委常委、常务副市长：邹振宇
市委常委、副市长（挂职）、东莞韶关对口帮扶指挥部总指挥：罗晓勤
党组成员、副市长：蒋红林
　　　　　　　　　蒋文泓
副市长、九三学社市委会主委：
　李再丰（1月任职副市长）
党组成员、副市长，公安局局长：
　张　岩
党组成员、副市长、曲江区委书记：
　罗海俊（1月任职副市长）
党组成员：李　欣（任至4月）

韶关市人民政府办公室
秘书长：沈河民（任至3月）
　　　　庄　强（3月任职）
副秘书长：梁丽芳（任至5月）
　　　　　曾清兰　胡建文
　　　　　李　勇　钟科峰
　　　　　陈　刚（兼任）
　　　　　龙显顺（挂职）
　　　　　杨世如（挂职）
　　　　　吴小春（挂职，任至3月）
　　　　　靳晓兵（挂职）
　　　　　张东灵（12月任职）

中国人民政治协商会议韶关市委员会办公室
正厅级干部：胡海运（1月任职主席）
党组书记、主席：王青西（任至6月）
党组副书记：高冬瑞（1月任职）
副主席：刘大济（1月任职副主席）
副主席：张文铭（1月任职副主席）
党组成员、副主席：
　　王德雄（1月任职副主席）
　　谢天友（1月任职副主席）
副主席：卢春燕（1月任职副主席）
党组成员、副主席：
　　刘晓佳（1月任职副主席）
　　覃　峥（1月任职副主席）
副主席：林炜东（1月任职副主席）
党组成员：李安平
副厅级干部：兰　茵　吴春腾
　　　　　　许志新

市政协办公室、专门委员会
机关党组成员、副秘书长：
　张才明（5月任职副秘书长）
　李晓林（5月任职副秘书长）
　何新文（5月任职副秘书长）

办公室
副主任：赵东灿（5月任职）
一级调研员：张　衡　张红娟
　　　　　　孙　斌　华　明
　　　　　　周　平

提案委员会、社会和法制委员会
主　任：王　刚（5月任职）
副主任：徐志宏（5月任职）

经济委员会、人口资源环境委员会
主　任：刘德泉（5月任职）
副主任：罗洪伟（5月任职）

教科卫体委
主　任：丘明祥（5月任职）
副主任：刘平云（5月任职）

文化和文史委员会、民族和宗教委员会
主　任：梁丽芳（5月任职）
副主任：彭长伟（5月任职）

港澳台侨联络委
主　任：文火玉（5月任职）
副主任：李秋雯（5月任职）

农业和农村委
副主任：陈　军（5月任职）

联络工作委员会
副主任：罗江英（5月任职）

中共韶关市纪律检查委员会、韶关市监察委员会
市委常委、市纪委书记、市监委主任：
　廖锦添（1月任职监委主任）
市纪委副书记、市监委副主任：
　饶桦林（1月任职监委副主任）
　朱佳南
　邓　钢（1月任职监委副主任）
市纪委常委、市委巡察办主任：
　余长勇（3月任市委巡察办主任）
市纪委常委、市监委委员：徐建坤
　　　　　　　　　　　　陈　冰
市纪委常委：张群羚
市纪委常委、市监委委员：
　王　果（3月任职监委委员）
办公室主任：张群羚（任至1月）
　　　　　　汪庆峰（11月任职）
组织部部长：吴湘瑜
宣传部部长：汪庆峰（任至11月）
党风政风监督室主任：
　张慧兰（任至11月）
政策法规研究室主任：徐建平
信访室主任：彭奋生
案件监督管理室主任：
　王　果（任至1月）
第一监督检查室主任：周骁青
第二监督检查室主任：潘义白
第五监督检查室主任：田春华
第六审查调查室主任：刘福其
第七审查调查室主任：李志光
第八审查调查室主任：姚　毅
第九审查调查室主任：
　叶志明（任至2月）
案件审理室主任：张慧兰（11月任职）
纪检监察干部监督室主任：曹建龙

中共韶关市委巡察机构
市纪委副书记、市监委副主任、市委巡察办主任：
　饶桦林（市委巡察办主任任职至3月）
市纪委常委、市委巡察办主任：
　余长勇（3月任职市委巡察办主任）
市委巡察办副主任：伍荣文
市委第一巡察组组长：陈伟东
市委第二巡察组组长：曹　锢
市委第三巡察组组长：杜奇立
市委第四巡察组组长：
　沈步亮（2月任职）

市委第五巡察组组长：罗 斌
市委第一巡察组副组长：江仁瑞
市委第二巡察组副组长：叶 文
市委第三巡察组副组长：唐振朝
市委第四巡察组副组长：高 照
市委第五巡察组副组长：朱 彬

中共韶关市纪律检查委员会、韶关市监察委员会派驻（出）机构

市纪委监委派驻第一纪检监察组组长：肖建红
市纪委监委派驻第二纪检监察组组长：刘 峰
市纪委监委派驻第三纪检监察组组长：卢中强
市纪委监委派驻第四纪检监察组组长：杨维国
市纪委监委派驻第五纪检监察组组长：叶东生
市纪委监委派驻第七纪检监察组组长：关林勇
市纪委监委派驻第八纪检监察组组长：廖卫华（任至7月）
市纪委监委派驻第九纪检监察组组长：叶志明（2月任职）
市纪委监委派驻第十纪检监察组组长：缪龙虎
市纪委监委派驻第十一纪检监察组组长：张卫东
市纪委监委派驻第十二纪检监察组组长：刘发华
市纪委监委派驻市交通运输局纪检监察组组长：李国荣
市纪委监委派驻市人民政府国有资产监督管理委员会纪检监察组组长：王淑军
市纪委监委派驻市教育局纪检监察组组长：温 强
市纪委监委派驻市卫生健康局纪检监察组组长：尹恒春
市纪委监委派驻市公安局纪检监察组组长：吴梓章
市纪委监委派驻市人民检察院纪检监察组组长：白雪洲
市纪委监委派驻市中级人民法院纪检监察组组长：王献军
市纪委监委派驻市司法局纪检监察组组长：杨晓红
市直属机关纪检监察工作委员会书记：赖世生
市纪委监委派驻第一纪检监察组副组长：钟晓云
市纪委监委派驻第一纪检监察组副组长：孙纯杰
市纪委监委派驻第二纪检监察组副组长：伍 诚
市纪委监委派驻第二纪检监察组副组长：袁 东
市纪委监委派驻第三纪检监察组副组长：林卫东
市纪委监委派驻第三纪检监察组副组长：王 松

△中共韶关市委工作部门

中共韶关市委组织部

中共韶关市委常委、组织部部长，市委党校（市行政学院、市社会主义学院）校（院）长，广东南岭干部学院院长（兼）：张 丽
韶关市政协副主席、党组成员，市委组织部常务副部长，市公务员局局长：刘晓佳（1月任市政协副主席）
中共韶关市委老干部局局长，市委离退休干部工委书记（兼），副部长（兼）：胡韶斌
中共韶关市委机构编制委员会办公室主任，副部长（兼）：黄志忠（11月任职）
副部长：雷能福（任至3月）
　　　　孙 宇 李晓辉
部务委员：欧佩仪

中共韶关市委宣传部

市委常委、宣传部部长：陈江帆
常务副部长：黄勤昌
副部长、文明办主任：王明志
副部长：李 梅

中共韶关市委统一战线工作部（韶关市民族宗教事务局、韶关市台港澳事务局）

市委常委、统战部部长：高冬瑞（1月任职）
常务副部长：孔庆红
副部长、市民宗局局长：翁良方（6月任市民宗局局长）
副部长：廖雨婷
部务会成员：罗哲春 江卫华
　　　　　　邓红梅

中共韶关市委政法委员会

市委常委、政法委书记：吴耿淡（任至9月）
常务副书记：张立江
副书记：曾 洪
副处职干部：邓南炜 李先德
　　　　　　叶安强 胡克标

中共韶关市委政策研究室（市委改革办）

主 任：张 默（2月任职）
副主任：杨应海
专职副主任：廖 愉
副主任：董 明

中共韶关市委网络安全和信息化委员会办公室

副主任：赖小红 叶志雄

中共韶关市委外事工作委员会办公室

主 任：周新秀
副主任：赖展东

中共韶关市委机构编制委员会办公室

主 任：黄志忠
副主任：赵宏宇 李志兵
副处职干部：柯智耀

中共韶关市委军民融合发展委员会办公室

副主任：李志雄（主持工作）
　　　　黄庆红（任至11月）
　　　　叶玉春
　　　　陆魁员（9月任职）

中共韶关市直属机关工作委员会

市委常委、秘书长、市直机关工委书记：颜玉明
常务副书记、一级调研员：李志斌
副书记、二级调研员：梁镜华
副书记、三级调研员：向志强
市直机关纪检监察工委书记：赖世生

中共韶关市委老干部局

局长，市委离退休干部工委书记（兼）、市委组织部副部长（兼）：胡韶斌
副局长：马小青 涂海平

中共韶关市委机要和保密局

市委常委、常务副市长、市委保密委副主任：邹振宇
市委常委、秘书长、市委保密委副主任：颜玉明
市人大常委会副主任、市委常务副秘书长、市委保密委副主任：邓彩虹

市政府秘书长、市委保密委副主任：
庄　强
市委保密委专职副主任、市委机要和保密局局长：邓福德
市委机要和保密局副局长：廖文龙
市委机要和保密局专职密码督查员：
袁　睿

△韶关市政府工作部门

韶关市发展和改革局
局　长：郭先桂
副局长：肖荣忠　李剑虹
谭秋雁　赵伟明
谷志颖（挂职）
市重点建设项目办公室主任：廖寄萌
保留副处职，三级调研员：叶国权
朱必聪
杨　军

韶关市教育局
局　长：黄令遥
副局长：黄叶亭（任至11月，退休）
刘小文　曾楚清
梁丽娟　刘文胜

韶关市科学技术局
局　长：谭晓健
副局长：陈耀宇　范玲玲

韶关市工业和信息化局
党组书记、局长：欧阳全
党组成员、副局长：黄　玉　黄丽霞
谢　刚　徐建平
副局长：张南生
副局长（挂职）：李文高

韶关市公安局
韶关市政府党组成员、副市长，市委政法委第一副书记，市公安局党委书记、局长、督察长：张　岩
党委委员、政治处主任：曾　伟
党委委员、副局长：
谢玉田　连　卫
曾东野　钟火新
王　鑫
张韶梅（任至2月免去党务委员职务，任至3月免去副局长职务）

韶关市民政局
局　长：朱增志
副局长：张瑞兰　陈国营
黄燕斌　陈卫红
市社会组织委员会专职副书记：陈捌宝

韶关市司法局
党组书记、局长：吴文丽
党组成员、市纪委监委派驻市司法局纪检监察组组长：杨晓红
副局长：包玉兰
党组成员、市律师行业党委专职副书记：肖建鸿
党组成员、副局长：李丽冰
罗永忠
陈　敏
党组成员、政治处主任：刘卫红

韶关仲裁委员会办公室
副主任：吴文丽（兼）
谭伟才（兼）
曾清兰（兼）
赖勇平（兼）
驻会副主任：赖勇平

韶关市财政局
局　长：张　毅
副局长：肖少康　张文华
罗北京　黎　亮
王骥涛
市财政局总会计师：陈怡伊
市财政局国库支付中心：程　艳

韶关市人力资源和社会保障局
局　长：涂为群
副局长：伍梅华　张建国
邹新珍　李子毅

韶关市自然资源局
党组成员、局长：颜　亮
党组成员、副局长：何平良　叶富明
文武宏　徐建华
冯建国
张东灵（11月任职）
杨锦华
党组成员：缪龙虎
党组成员、副处职：杨淑华

韶关市生态环境局
局　长：张　彬
副局长：张　莉　方贵平
沈步亮　朱卫斌
总工程师：陈　卓
副处职干部：贾国东

韶关市住房和城乡建设管理局
工委书记、党组书记：曾清兰
局　长：吕　泱
工委专职副书记、党组副书记：蒲莱湘
工委委员、党组成员、副局长：谭宝龙
邱代胜
范韶旭
张广礼
葛晓起
工委委员、党组成员、总工程师：
陈志新
工委委员、党组成员：梁　敏
副局长（挂职）：何志伟
副处职干部：王　勇

韶关市交通运输局
党组书记、局长：唐明强
党组成员、副局长：罗缵锦　温领鸣
沈建图　徐维通
党组成员、总工程师：练耀明
党组成员、副局长（挂职）：张克雄
党组成员、副处职干部：张铁南

韶关市水务局
党组书记、局长：胡亮亮
党组副书记：彭爱华
党组成员、副局长：刘再辉
黄良勇
谭　辉
党组成员、总工程师：雷祖培
副处职干部：罗建湘
市防洪管理中心主任：严桂龙

韶关市农业农村局
党组书记、市农业农村局长，市委农办主任，市乡村振兴局局长：叶洪番
党组副书记，市委农办常务副主任，市乡村振兴局常务副局长：刘世冬
党组成员、副局长：张桂胜　肖盛华
赵金刚　赖建志
党组成员，市委农办专职副主任，市乡村振兴局副局长：许益云
市农业农村局党组成员、总畜牧兽医师：
黄苑芳
副处职干部：邱成标
李成忠（任至7月）

韶关市商务局
党组书记、局长：张 雯
党组成员、副局长：李季平 丁 冰
王卫军
副局长：胡远辉

韶关市文化广电旅游体育局
党组书记、局长：黄宣剑
党组成员、副局长：朱伙新 胡 强
黎阳升 王 镒
陈 祎 梁成斌
陈 忠
党组成员、副局长，市文物局局长（兼）：
温军燕（12月任职兼任市文物局局长）
党组成员：包其华

韶关市卫生健康局
局 长：胡德宁（任至3月）
刘国生（3月任职）
党组副书记：李高龙（2月任职）
党组成员、副局长：李高龙（任至3月）
刘建军 谢晓斌
党组成员、市纪委监委派驻市卫生健康局纪检监察组组长：尹恒春
副局长：陈汉飞

韶关市退役军人事务局
局 长：周小明
副局长：李燕山 杨瑞光
韶关军用供应站站长：肖卫球

韶关市应急管理局
党委委员、副局长：许立夫
党委委员、副处职干部：黄剑新
党委委员、副局长：洪益林
顾 健
党委委员、副局长：符利民
党委委员、副处职干部：聂郁烈

韶关市审计局
党组书记、局长：钟定鸿
党组成员、副局长：
丘光强
黄庆红（11月任职党组成员，12月任职副局长）
罗文达
林桂玉
党组成员、总审计师：刘 兵

韶关市人民政府国有资产监督管理委员会
党委书记、主任：陈树川
党委专职副书记：李湘柱
党委委员、市纪委监委派驻市国资委纪检监察组组长：王淑军
党委委员、副主任：谢雪波

韶关市市场监督管理局
党组书记、局长：欧新全
党组成员、副局长：张福志 王武生
陆伟杰 黄善智
蔡美华 杨万林
龚兴桥 杨炳祥
副处职干部：李应武 简冰浩
宋 欢

韶关市统计局
局 长：杨水养
副局长：张盛福 李春城
罗德威

韶关市医疗保障局
党组书记、局长：罗国华（4月任职）
党组成员、副局长：陈海明
曾烈省

韶关市金融工作局
局党组书记、局长：区毅明
局党组成员、副局长：周金满

韶关市信访局
韶关市政府副秘书长，市信访局党组书记、局长：陈 刚
党组成员、副局长：何 怡 李江南
罗伟强

韶关市政务服务数据管理局
局 长：潘 卫
副局长：叶新年 张 凤
谢金保

韶关市林业局
党组书记、局长：丘德周
党组成员、副局长：张国安 陈卫红
何秋懿
党组成员、总工程师：李贤胜

△韶关市党政直属部分事业单位

中共韶关市委党校（广东南岭干部学院）
市委党校（市行政学院、市社会主义学院）校（院）长，广东南岭干部学院院长（兼）：张 丽
常务副校（院）长：雷能福
副校长：杨 斌 陈 雪
赵倩倩 陈伦盛

韶关市接待办公室（韶关市机关事务管理局）
党组书记、主任（局长）：韩丽华
党组成员、副主任：冯宪青 冯广照
雷禹民 何燕芬

中共韶关市委党史研究室（韶关市人民政府地方志办公室）
主 任：段志坚
副主任：邓培雄 张文才

韶关市档案馆
馆 长：申爱平
副馆长：黄 平

韶关日报社
党委书记、社长、总编辑：林伟新
党委委员、副总编辑：赖玉平 李仲超
罗 翔 张小卫
党委委员、纪委书记、副社长：杨志明
党委委员、副社长：王小春

韶关市广播电视台
党委书记、台长、总编辑：王展渊
党委委员、副台长：张维平 庞小琥
李国荣 邓红红
党委委员、副总编辑：沈明礼
党委委员、纪委书记：
叶际明（2月任职）

韶关市发展研究中心
主任（院长）：张文铭
兼职副院长：唐继华

韶关市供销社
党组书记：庄 强
市政协副主席，理事会主任：
林炜东（1月任职市政协副主席）
党组副书记、理事会副主任：张元展
党组成员、监事会主任：朱超前
党组成员、理事会副主任：张 剑
林贵贱

韶关市丹霞山管委会（广东韶关丹霞山国家级自然保护区管理局）
副书记、副主任，局长：谢庆伟
党委副书记（兼）：陈夏广
党委委员、纪委书记：廖宏峰
副主任：侯荣丰
副主任、副局长：陈　昉

韶关市政府投资建设项目代建管理局
局　长：李　宏
副局长：邓永坚
总经济师：刘礼清
副局长：曹胜文　乔显辉
　　　　张国华

韶关市行政服务中心
党组书记、主任：罗国华
党组成员、副主任：林钟强
党组成员、纪检组组长：姚世昌
党组成员、副主任：裴　斐

韶关市高新技术开发区管理委员会
党工委副书记、韶关高新区管委会主任、韶关芙蓉新区管委会主任：
　石　文（11月任职党工委副书记、12月任职韶关高新区管委会主任、韶关芙蓉新区管委会主任）
党工委副书记：
　翟成洪（4月任职党工委副书记）
党工委委员、韶关高新区管委会副主任：
　赖香全（11月任职党工委委员、12月任职韶关高新区管委会副主任）
　阳火成（11月任职党工委委员、12月任职韶关高新区管委会副主任）
党工委委员、芙蓉新区管委会副主任：
　何声岳（11月任职党工委委员）
党工委委员、韶关高新区管委会副主任：
　李明华（11月任职党工委委员、12月任职韶关高新区管委会副主任）
党工委委员、韶关芙蓉新区管委会副主任：
　焦晓松（11月任职党工委委员）
党工委委员、韶关高新区纪检监察工委书记：龙惠平（11月任职党工委委员、韶关高新区纪检监察工委书记）
党工委委员、韶关芙蓉新区管委会副主任：周　伟（11月任职党工委委员）
芙蓉新区管委会副处职干部：
　黄端利（11月任职）
　何先觉（11月任职）

东莞韶关对口帮扶指挥部
总指挥：罗晓勤
办公室主任：周　曦
东莞驻韶关乡村振兴帮扶工作组组长、办公室副主任、乡村振兴局局长（兼）：
　刘汝杭
办公室副主任、招商局局长（兼）：
　黄海棠
办公室副主任、经协局局长（兼）：
　李文高
办公室副主任、国土局局长（兼）：
　何志伟
办公室副主任、综合局局长（兼）：
　钟浩华
办公室副主任，广东东韶实业投资开发有限公司董事长、总经理：廖俊晟

韶关华南先进装备产业园管理委员会
主　任：周　曦
常务副主任：黄庆忠（8月任职）
副主任：冯建国　黄海棠
　　　　何志伟　杨文乐（8月任职）
　　　　雷伟华

△法院、监察院

韶关市中级人民法院
党组书记、院长：陈小飞
党组成员、副院长：
　黄秋雄
　冯应昌（任至1月）
　刘　斌
副院长：李再丰（任至1月）
党组成员、政治处主任：谢庆文
市纪委监委派驻市中院纪检监察组组长、市中院党组成员：王献军
党组成员、执行局局长：谭伟才
审判委员会专职委员：肖裕忠
　　　　　　　　　　陈东阳

韶关市人民检察院
党组书记、检察长：
　高　波（1月任检察长）
党组成员、副检察长：傅泽熙
副检察长：宋良锋
党组成员、副检察长：邵　林
　　　　　　　　　　李亚军

△群众团体

韶关市总工会
主　席：邓小杰（任至4月）
　　　　邓彩虹（任至4月）
常务副主席：吴国强
副主席：肖伟旗　陆石辉
兼职副主席：邹志忠　钟国建
　　　　　　钟卫良
经审委主任：陆石辉

共青团韶关市委
书　记：李芳足
副书记：郭凡奇　徐　泳
　　　　罗　振（挂职）

韶关市妇女联合会
主　席：汪　波
副主席：伍海艳　彭跃勤

韶关市科学技术协会
党组书记：车万里
党组成员：曾年红
党组成员、副主席：黄端鹏

韶关市社会科学联合会
专职副主席：唐继华

韶关市文学艺术界联合会
主　席：夏　娟
副主席：丘雪媚

韶关市归国华侨联合会
党组书记、主席：钟山红

韶关市残疾人联合会
市残联理事长：叶济熊
市残联副理事长：谭祥红
　　　　　　　　王心钢

中国国际贸易促进委员会韶关市委员会
会　长：李敦华
副会长：陈汉城（任至5月）
　　　　陈岳峰（5月任职）

韶关市红十字会
会　长：李再丰
韶关市红十字会党支部书记、专职副会长：冯珍素
兼职副会长：靳晓兵　张文华
　　　　　　陈汉飞

秘书长、办公室主任：黄诗荣

韶关市工商业联合会（总商会）
党组书记：凌福传（6月任职）
党组成员、专职副主席：
莫志强
陈汉城（6月任职）
祝雄辉

韶关市关心下一代工作委员会
第二主任：张　丽
执行主任：李石保
常务副主任：许永吉　黄其振
李　铖　黄叶亭

韶关市老促会
会　长：胡灵光
第一副会长：梁　聪（主持工作）
副会长：甘义娣　李国华
甘　雷　夏忠礼
何新云

△民主党派

民革韶关市委
主任委员：张文铭
副主任委员：娄　平　钟树梅
秘书长：娄　平（兼）

民盟韶关市委
主任委员：林炜东
副主任委员：李敏瑶　龙仕华
曾敏青　王迅东
秘书长：曾敏青（兼）

民建韶关市委
主任委员：陈　曦
副主任委员：胡湘泉　钟爱明
张南生

民进韶关市委
主　委：刘大济
副主委：徐志宏　吕　伟
邓　华

农工党韶关市委
主任委员：卢春燕
副主任委员：李　亶　吕　泱
曹正国

九三学社韶关市委
主任委员：李再丰
副主任委员：谢　勇（专职）
何艳霞　徐晓南

△中央、省驻韶关部分行政事业单位

韶关海关
关　长：冯庆坚
副关长：姜开明　张　明
宋　鑫（9月任职）

国家税务总局韶关市税务局
党委书记、局长：程金勇
党委委员、副局长：朱伟波　李建新
党委委员、纪检组组长：李品良
党委委员、总会计师：蔡汉生
党委委员、总经济师：王海仁
党委委员、总会计师：王雅莉

韶关市烟草专卖局
党组书记、局长、总经理，广东省烟草科学研究所所长（兼）：罗福命
党组成员、副总经理（挂职）：
陈泽鹏（任至4月）
省局（公司）烟叶管理处副处长（挂职）、党组成员、副总经理：
邱妙文［省局（公司）烟叶管理处副处长任至4月］
党组成员、副总经理：
赵天顺（任至9月）
党组成员、党组纪检组组长、副总经理：李国鹏（党组纪检组组长任至9月、副总经理9月任职）
党组成员、副局长：钟俊周
总农艺师：李茂军（任至4月）

韶关市气象局
党组书记、局长：戴　润
党组成员、副局长：饶纲伟　曾运东
王天龙
党组成员、纪检组组长：张　周

韶关市消防救援支队
队　长：刘小冬
政治委员：黄　珂
副支队长：廖海容　温岸文
邓高华
副政治委员：邹勇群
政治部主任：程　健

韶关海事局
党委书记、局长：赖少流
党委委员、副局长：神小龙
党委委员、副局长：牟相颇

广东省韶关航道事务中心
党组书记：杨向东
党组成员、中心主任：胡森涛
党组成员、中心副主任：林庆齐

国家统计局韶关调查队
党组书记、队长：邸彦明
党组成员、副队长：王雄德
党组成员、纪检组组长：胡　蓉
党组成员、副队长：刘文燕（5月任职）
二级调研员：刘巧玲
三级调研员：陈伦明

韶关邮政管理局
党组书记、局长：官剑忠（11月任职）

广东省水文分局韶关水文分局
局　长：周　艏
副局长：王步杰
杨武志（11月任职）

广东省盐业集团韶关有限公司
党支部书记、执行董事、总经理：
欧志辉

△金融管理部门

中国人民银行韶关市中心支行
党委书记、行长、国家外汇管理局韶关市中心支局局长：刘志嘉（任至4月）
党委委员、副行长：
李　强（4月任职、主持工作）
党委委员、工会主任：
李　青（任至12月）
党委委员、副行长：邱　琳
党委委员、纪委书记：易　荣
党委委员、副行长：孙方江（任至10月）
党委委员、副行长、国家外汇管理局韶关市中心支局副局长：龙田华
党委委员、副行长：谢纪亮（3月任职）
陈　健（12月任职）

韶关市银保监分局
党委书记、局长：苏　华
党委委员、副局长：陈美玲
谭桔芬（7月任职）
侯　峰（1月任职）
党委委员、纪委书记：
王海龙（2月任职）

△中省驻韶企业事业单位

广东中南钢铁股份有限公司
党委书记、董事长：李世平
党委副书记、副董事长：吴琨宗
总裁、党委副书记：赖晓敏

韶关冶炼厂
党委书记、厂长：钟　勇
党委专职副书记：唐良卫

广东韶关瑶岭矿业有限公司
党委书记、执行董事：邓新生
党委副书记、总经理：张清伟
副总经理：宁鹏飞
副总经理：刘钦伟

广东省大宝山矿业有限公司
党委书记、董事长：巫建平
党委副书记、总经理：李中平

广东省有色金属地质局九三二队
大队长、党委书记：赖啸宇
副大队长：陈　强
纪委书记：林杜莲

△市属国有企业

韶关市城市投资发展集团有限公司
董事长：黄少洲
副总经理：李　撼　赖卫东
副总经理、总工程师（兼）：李爱成

韶关市交通旅游投资集团有限公司
党委书记、董事长：梁万红
党委副书记、总经理：姚　斌
党委副书记、董事：庞洁明
党委委员、纪委书记、市纪委监委派驻监察专员：王有志
党委委员、副总经理：卢少新
曾玉梅

韶关市金财投资集团有限公司
党委书记、董事长：蔡秉智
副总经理：欧锦梧

广东韶能集团股份有限公司
董事长：陈来泉
党委副书记、副董事长、总经理：
肖南贵
副总经理：刘　虹　邱敞华
罗德强　胡启金
党委副书记、纪委书记：周菊秋

韶关市工贸发展集团有限公司
党委书记、董事长、总经理：李清泉
党委委员、副总经理：黄　勇
党委委员、纪委书记；市监委派出市工贸发展集团有限公司监察专员：黄长秀
党委委员、副总经：理钟云
东南冶金矿产（香港）有限公司董事、总经理：高仁辉

韶关市水务投资集团有限公司
党委副书记、董事：吕志荣
党委委员、纪委书记，市监委派出监察专员：李健凯
党委委员、副总经理、总工程师：
饶其峰
党委委员、副总经理：
黄浩锋
肖福城（2月任职）

广东省韶铸集团有限公司（韶关铸锻总厂）
董事长、总经理：马　陆
党委书记、党委副书记、工会主席：
周学章（6月任党委书记、党委副书记任至6月）
党委委员、纪委书记：
张太荣（任至7月）
江　巍（8月任职）
总工程师：徐尔灵
党委委员、副总经理：徐春华
副总经理：刘敞平　杨李明
周　恩（7月任职）
总会计师：武扬创（5月任职）

韶关市丹霞山旅游投资经营有限公司
党支部书记、董事长：余永方

韶关市公共汽车有限公司
党委书记、董事长：邓权心（任至4月）
党委书记、董事长：龙华清（7月任职）
党委副书记、总经理：
邓　伟（7月任职）
党委委员、纪委书记、副总经理：
邓　忠
党委委员、总经理助理：李朝印
副总经理：梁永金（5月任职）
孙　娟（5月任职）

韶关市粤运汽车运输有限公司
党委书记、董事长：邓永海
党委副书记、总经理：
邓权心（12月任职）

△高等院校

韶关学院
党委书记：孔云龙
党委副书记、院长：廖　益
党委副书记、纪委书记、广东省监委驻韶关学院监察专员：邓惠毅
党委副书记：姚红光
党委委员、副院长：赵三银　何金明
吴善添

广东松山职业技术学院
党委书记：方迎生
党委副书记、校长：吴奇峰
党委副书记、纪委书记：谭春雨
党委副书记：张林茂
副校长：杨　宇
张　志（7月任职）
副校长、工会主席：
廖彩志（任至10月）

△县（市、区）

浈江区
中共韶关市浈江区委员会
书　记：陈来安
副书记、区长：鲁锦锋
副书记：钟　真
常委、政法委书记：刘　锋
常委、纪委书记：梁水平
常委、统战部部长：彭荣华
常委、常务副区长：罗奕文
常委、宣传部部长：李红保
常委、组织部部长：黄鹤明
常委、区委办主任：郭燕海
常委、副区长：黄灿光（挂职）

韶关市浈江区人大常委会
主　任：罗永东
副主任：宋宇林　麦桥悠
　　　　张玉花　刘伟光
　　　　麦章彬　卢群吉

韶关市浈江区人民政府
区　长：鲁锦锋
常务副区长：罗奕文
副区长：黄灿光（挂职）
　　　　马细妹　李朝亮
　　　　徐湘宜　何爱华
　　　　陈晟平
　　　　黎　剑（任至6月）

政协韶关市浈江区委员会
党组书记、主席：黄德乔
党组副书记、副主席：吕德基
党组副书记、统战部部长：
　　　　彭荣化（兼职）
党组成员、副主席：何艳霞　钟　荔
　　　　方志明　吴永亮
　　　　郭志毅

中共韶关市浈江区纪律检查委员会、监察委员会
纪委书记、监委主任：梁水平
纪委副书记、监委副主任：周可华
　　　　蓝志伟

武江区

中共韶关市武江区委员会
书　记：张广晖
副书记：黄艺坤　王友华
常委、纪委书记，区监察委主任：
　　沈中伟
常委、宣传部部长：廖功文
常委、组织部部长：段世甲
常委、政法委书记：黄向阳
常委、统战部部长：谢伟强
常委、区委办公室主任：廖钢青
常　委：房仲斌

韶关市武江区人大常委会
主　任：孙理鸣
副主任：卢建成　谭木初
　　　　聂平南　曾　宏
　　　　韩伟强　曾　瑛

韶关市武江区人民政府
区　长：黄艺坤
副区长：余志强　钟爱明
　　　　刘喆焱　马文娟
　　　　龚映韶　房仲斌
　　　　李小平（任至5月）
　　　　张　亚（任至5月）

政协韶关市武江区委员会
主　席：彭　波
副主席：潘歧亮　罗元月
　　　　林　健　张思建（任至3月）
　　　　黄艺顺　邱韶东

韶关市武江区纪委监察委
纪委书记、监察委主任：沈中伟
纪委副书记、监察委副主任：朱旭东
　　　　黄芬芳

曲江区

中国共产党韶关市曲江区委员会
书　记：罗海俊
副书记：李功保　吕小辉
常　委：罗海俊　李功保
　　　　吕小辉　王长征
　　　　谢章全　肖绍托
　　　　杨文乐　华志兵
　　　　张秀兰　邓光冲
　　　　刘日夫　周大伟（挂职）

韶关市曲江区人大常委会
党组书记、主任：谭雪华
党组副书记、副主任：文浩培
党组成员、副主任：刘文挺　张以荣
　　　　邓春鸿　蓝振球
副主任：钟树梅

韶关市曲江区人民政府
区委副书记、区政府党组书记、区长：
　　李功保
区委常委、区政府党组副书记、副区长：
　　杨文乐
区委常委，副区长，常平曲江对口帮扶指挥部总指挥：周大伟（挂职）
区政府党组成员、副区长：
　　朱永刚　黄　华
　　陈焕云　蒋　慧
　　刘　武
　　潘紫光（挂职至5月）
　　张　煜（挂职至7月）

韶关市曲江区政协
区政协党组书记、主席：林应良
区政协党组副书记、副主席：王爵承
区政协党组成员、副主席：张祥林
　　　　周炳康
区政协副主席：梁文华　龙仕华
　　　　蔡红燕

中共韶关市曲江区纪律检查委员会、曲江区监察委员会
书　记、主任：王长征
副书记、副主任：廖　琳　何国新
常　委：杨振威　何玉兰
　　　　叶伟民　陈飞文
委　员：叶伟民　陈飞文
　　　　黄伟平　黎志敏

乐昌市

中共乐昌市委员会
书　记：钟　曦
副书记、市长：刘华益
副书记：邹有胜
常委、政法委书记：欧伟强
常委、组织部部长：林砂胜
常委、统战部部长：谭群英
常委、副市长：张英宏
常委、市委办公室主任：
　　朱长林（任至6月）
常　委：朱长林（任至7月）
常委、宣传部部长：曹智辉
常委、纪委书记、监委主任：苏　斌
常委、副市长、大朗乐昌对口帮扶指挥部总指挥：李柱焜

乐昌市人大常委会
主　任：卢保新
副主任：林柏居　邓洪炜
　　　　王昭良　邹志忠
　　　　孙俊华　郭惠银

乐昌市人民政府
党组书记、市长：刘华益
党组副书记、副市长：张英宏
党组副书记、副市长：李柱焜（挂职）
党组成员、副市长：刘洪生　郭　葳
　　　　袁瑞峰　华癸莲
　　　　张　杰

政协乐昌市委员会
主　席：陈继平
副主席：刘允曾　邱才郁（任至5月）
　　　　何国志　邓　华
　　　　连旷怡　李敏瑶

中共乐昌市纪律委员会、监察委员会
纪委书记：苏　斌
纪委副书记：杨忠荣　欧阳勋
纪委常委：段定刚　杜利雷
许期新　周　欢
监委主任：苏　斌
监委副主任：杨忠荣　欧阳勋
监委委员：段定刚　许期新
周　欢　李来昌
巡察办主任：欧阳勋（任至9月）
段定刚（9月任职）

南雄市

中共南雄市委员会
书　记：林小龙
副书记：柯建忠　温　鑫
常委、组织部部长：林　军
常委、宣传部部长：温春花
常委、市纪委书记：钟　鸣
常委、办公室主任：陈志光
常委：李福全　吴良彬
常委、统战部部长：杨耀轩
常委、政法委书记：姚远华

南雄市人大常委会
主　任：曾文辉
副主任：刘发龙　叶凌峰
王高峰　田文斌
林绍发　何　艳

南雄市人民政府
党组书记、市长：柯建忠
副市长、南城.南雄对口帮扶指挥部总指挥：李福全
党组副书记、副市长：吴良彬
党组成员、副市长：
雷　洪
赖永兴（3月任职）
朱　慧　吴少华
石　为　叶　飞（任至3月）

政协南雄市委员会
主　席：刘光浩
副主席：袁元桃　李　冰
罗战勇　陈尚妹
何旗明　何少波

中共南雄市纪律检查委员会、南雄市监察委员会
纪委书记、市监委主任：钟　鸣
纪委副书记、市监委副主任：黄文儒
邱荣胜
纪委常委、市监委委员：刘福娣
张建兵
纪委常委：江学文　谢金城
监委委员：刘建平　杨叶春

仁化县

中共仁化县委员会
书　记：陈夏广（3月任职）
副书记：陈夏广（任至3月）
刘海旺
县委常委：林　静　潘文辉
李伟杰　连辉标
许细桥　刘拥军
龚　翔
毛建中（任至10月）
闫振一（10月任职）
陈浩华（挂职）

仁化县人大常委会
主　任：邱志坚
副主任：黄付养　邓田庭
夏德文　马小荣
周任康　何旺财

仁化县人民政府
县　长：陈夏广
副县长：刘拥军　叶剑斌
邹汉明　张伙胜
黄恒超　江艳芬
陈浩华（挂职）

政协仁化县委员会
主　席：谢林茂
副主席：李志贞　赖东北
李建平　包伟红
刘普新　李汉辉

中共仁化县纪律检查委员会仁化县监察委员会
书记、主任：许细桥
副书记、副主任：陈少忠
罗金宝

始兴县

中共始兴县委员会
书　记：华　关
副书记、县长：宋在军
副书记：朱海兵
常委、副县长、县政府党组副书记：
凌雪峰
常委、政法委书记：谭建华
常委、县政协党组副书记、县委统战部长：叶常青
常委、纪委书记、县监察委员会主任：
黎　明
常委、县委办主任、县直属机关工委书记：张福兴
常委、组织部部长、党校校长：汤应辉
常委、县政府党组成员、宣传部部长：
李俊枫
常委、县政府党组成员、副县长：
曾东营（挂职）

始兴县人大常委会
党组书记、主任：邹永祥
党组副书记、副主任：胡长江
副主任：刘胜春
党组成员、副主任：汤爱亮　何武强
刘丰文　沈润声

始兴县人民政府
县　长：宋在军
副县长：凌雪峰　曾东营
段　琪　王伟强
钟俊锋　钟万年
周志明

政协始兴县委员会
主　席：曾光明
副主席：张智光　邓海清
刘晓梅　曾秋荣
沈小明

始兴县纪律委员会、监察委员会
纪委书记、监察委员会主任：黎　明
纪委副书记、监察委员会副主任：
陈万化

翁源县

中共翁源县委员会
书　记：高　忠
副书记：谭晓健（任至4月）
凌福传（任至5月）
常　委：熊　亮　曾　光
魏卢捷
陆魁员（任至9月）
何新平　何茂文
童纪章　朱启养

王培力（10月任职）
叶沛长

翁源县人民代表大会常务委员会
主　任：温毅麟
副主任：陈路生　李翠红
陈福环　林有成
甘志初　王迅东

翁源县人民政府
副书记、县长：谭晓健（任至4月）
常委、县政府党组副书记、副县长：
熊　亮
常委、县政府党组副书记：何新平（县政府党组副书记职务任至7月）
常委、副县长：叶沛长
副县长：李庆生　林继开
赖永兴（任至3月）
朱新玉　廖　剑
李国洪（3月任职）

政协翁源县委员会
主　席：钟秋华
副主席：张　洪　刘少青
谢少龙　刘雪强
钟敏梅　易昌荣

中共翁源县纪律检查委员会、县监察委员会
纪委书记：曾　光
纪委副书记：许德群、胡可青
纪委常委：陈水晶　郭伟洪
赖燕英（任至8月）
黄　勇
刘凯华（8月始任）
监委主任：曾　光
监委副主任：许德群　胡可青
监委委员：郭伟洪　黄　勇
陈大双　黄天宇

新丰县

新丰县委员会
书　记：郑伟平
副书记、县长：区毅明（任至3月）
副书记：侯新祥
常委、常务副县长：刘国洪
常委、组织部部长：易建军
常委、县纪委书记、县监委主任：
罗　平
常委、宣传部部长：钟卫苏
常委、统战部部长：唐　浩
常委、政法委书记：郑万龙
常委、办公室主任、县直机关工委书记：王春家
常委、副县长、东城对口帮扶新丰指挥部总指挥：彭　俊

新丰县人大常委会
主　任：叶有昌
副主任：曾　军　陈小同
胡志彬　欧阳历
江武佳　李春娣

新丰县人民政府
副书记、县长：区毅明（任至4月）
常委、常务副县长：刘国洪
常委、副县长、东城新丰对口帮扶指挥部总指挥：彭　俊
副县长：陈征明　黄剑武
谢罗生　左文翠
谢金宏

政协新丰县委员会
主　席：何晓域
副主席：嵇春明　廖少明
谭雪梅　廖保青
郑　斌　罗哲行

中共新丰县纪律委员会、监察委员会
纪委书记：罗　平
纪委副书记：彭石泉　潘俊锋
纪委常委、巡察办主任：赵米生
纪委常委：游静茹　陈赞桃
张延平
肖常谦（任至12月）
监委主任：罗　平
监委副主任：彭石泉　潘俊锋
监委委员：陈赞桃　张延平
肖常谦（任至12月）
陈志辉（任至4月）

乳源瑶族自治县

中共乳源瑶族自治县委员会
书　记：陈大川
副书记：谢向军
常委、纪委书记：陈希茂
常委、政法委书记：唐保生
常委、统战部部长：秦正京
常委、县委办主任：李继发
常委、宣传部部长：
肖福城（常委任至2月、宣传部部长任至3月）
常委、组织部部长：肖俊青
常　委：林　欣
闫　凯（挂职）

乳源瑶族自治县人大常委会
主　任：张　军
副主任：简连英　许尔金
吴衍雄　禤继文
吴巧英　王　东

乳源瑶族自治县人民政府
副县长：林　欣　闫　凯（挂职）
高瑞坤　龚　民
陈小可　杨贤冰
叶　飞（3月任职）
李国洪（任至3月）

政协乳源瑶族自治县委员会
主　席：林昌卫
副主席：黄寿生　朱均玉
邱　波　李智军
李加武　赵天聪

中共乳源瑶族自治县纪委、监察委
纪委书记、监察委主任：陈希茂
纪委副书记、监察委副主任：赵　鹏
廖　平
纪委常委：付晓娟
明奋强（11月任职）
陈文煜（任至11月）
吴韶华　李文峰
监察委员会委员：明奋强（12月任职）
陈文煜（任至12月）
吴韶华　文蔡有
文志明

重要文献选录

改革攻坚 规范治理 以非凡之举开创韶关改革发展新局面

——在市委十三届二次全会上的报告

（2022年2月15日）

王瑞军

同志们：

这次全会的主要任务是，坚持以习近平新时代中国特色社会主义思想为指导，深入学习贯彻党的十九大和十九届历次全会精神，认真贯彻落实省委十二届十五次全会和省委李希书记在韶调研讲话精神，总结2021年全面深化改革工作情况，研究部署2022年改革攻坚、规范治理工作，审议《中共韶关市委关于深化改革攻坚加强规范治理的实施意见》，动员全市上下以更高的视野、更大的魄力、更实的举措，深化改革攻坚、加强规范治理，以非凡之举开创韶关改革发展新局面。

下面，我代表市委常委会向全会作报告。

一、凝心聚力深化改革，为推动韶关实现“十四五”良好开局汇聚强大力量

2021年是“十四五”开局之年，也是韶关全面深化改革年。一年来，我们坚持以习近平新时代中国特色社会主义思想为指导，全面落实党中央和省委改革工作部署，对标最高最好最优，制定出台了一系列打基础、利长远的文件制度，在破除传统思维定势、创新体制机制、突破发展制约上取得了明显成效，党员干部习以为常、按部就班、见怪不怪的作风正在转变，人心思变、人心思进、人心思干的氛围日益浓厚，经济社会发展各项事业取得明显成效。在环境质量明显改善、“十三五”以来首次超额完成省下达能耗强度下降目标任务的基础上，实现经济整体稳健较快增长，全市地区生产总值迈上1500亿元台阶、达1554亿元，通过凝心聚力深化改革实现了“十四五”高质量发展良好开局。

（一）以创造性引领性改革推动改革突围。立足新发展阶段，贯彻新发展理念，紧扣高质量发展主题，统筹谋划和推动实施了一批创造性引领性改革，推开了深化改革之窗，奏响了创新发展强音。积极抢抓碳达峰碳中和重大发展机遇，着力打造以“六个一”为实施路径的碳达峰碳中和“韶关模式”，低碳新能源全产业链加快布局，在实现碳达峰碳中和目标上走在前列、作出示范，入选全省首批碳中和试点示范市。聚焦加快传统产业转型升级，在全省率先推出三批“厂区变园区、产区变城区”改革试点，第一、二批试点盘活利用土地2591亩，韶钢产业园成功获批省产业园，中金岭南（韶关）功能材料产业园在韶冶厂区揭牌成立，探索出老工业基地转型升级发展新路径，传统企业焕发新活力，全市工业增加值占生产总值比重逐年下降态势得到扭转，比2020年提高近1个百分点。认真贯彻习近平生态文明思想，在全省率先出台“1+6”政策措施推动资源资产价值化，全民所有自然资源资产所有权委托代理机制国家试点落地韶关，绿水青山就是金山银山的韶关样板加快打造。坚持把新型城镇化作为推动高质量发展的强大引擎，在全省率先出台促进农业转移人口市民化加快新型城镇化的若干政策措施，推动落户韶关“零门槛”，2021年全市常住人口城镇化率提高近1个百分点，新型城镇化进程加快，并形成以市区为主体，县城、城镇协调发展的格局。

（二）以重大改革试点牵引带动改革全局。坚持把改革试点作为示范带动全市改革的重大抓手，在创建试点示范中获取前沿政策信息和资金资源支持，实现以试点示范创造优势、打造品牌、带动全局。全面落实25项国家级省级改革试点任务，在产业转型升级示范区建设、产融合作试点城市建设、市域社会治理现代化等方面推出一系列务实管用的举措，11项上级改革试点任务顺利完成验收，纳税服务体验师项目、返乡创业机制改革等经验做法走向全国，农村宅基地制度改革、公共文化服务体系示范区建设等经验在全省改革交流平台宣传推介，形成了一批既在全国全省领先、又具有韶关特色的改革亮点。准确把握上级关注与韶关工作的契合点，成功争取国土绿化试点示范项目、整县（市、区）屋顶分布式光伏开发试点、清理规范林权确权登记历史遗留问题试点等11项国家级试点，以及林业改革发展综合试点市、首席数据官制度试点等28项省级改革试点，全力争取全国一体化算力网络粤港澳大湾区国家枢纽节点数据中心集群落户韶关，通过争取众多国家和省的改革试点，实现以平台换资源、以试点换政策、以项目换资金，为韶关高质量发展按下“加速键”。聚焦县域镇域发展不平衡不充分问题，出台推动县域镇域经济高质量发展实施意见，强化镇域经济考核，在县（市、区）部署开展3项综合改革试点和7项专项改革试点，融湾产业平台建设步伐不断加快，乳桂经济走廊产业创新发展示范区等改革初见成效，形成了各县（市、区）错位发展、特色鲜明的基层改革创新布局。

（三）以重点领域改革提升改革综合效能。紧盯重点领域和关键环节，精心谋划实施11个领域109项

改革，实现以重点领域改革突破引领整体发展，不断增强改革综合效能。坚持把招商引资作为经济发展的“生命线”，改革完善招商引资工作机制，组建13支市级产业链工作队和11支县（市、区）级招商队、1支市世广会招商队，全面调动广大党员干部的招商热情，2021年全市新签约项目362个、合同投资额1886亿元，先后引进并启动建设广东鸿发、正威国际、华天科技等一批重大产业项目，招商引资数量和质量创历史新高。坚持把高新区作为培育和发展战略性新兴产业的主阵地，大力推进高新区“三去两化”改革，加快构建“一区多园”发展模式，有效引导高新区职能全面转到抓发展抓产业抓招商上来，2021年高新区工业固定资产投资增长36.9%、规模以上工业增加值增长12.5%。市财政收支管理改革取得较好成效，参与全国绩效评价的7个县(市)中，有5个县(市)进入前200名，其中翁源县获评全国第二、全省第一。针对工程建设项目审批耗时过长的问题，华南装备园积极探索实施“拿地即开工”新机制，有力推动项目加快落地建设、缩短开发周期。围绕加快农业农村现代化，以推进现代农村产业综合改革为重点，推动农业发展方式转变，创新农村发展体制机制，以经济思维、产业思维抓农业的意识不断增强，全市创建省级现代农业产业园21个、国家级现代农业产业园1个，大湾区“菜篮子”认定生产基地53个、全国名特优新农产品43个。坚决扛起筑牢粤北生态屏障政治责任，全面推进河长制、林长制改革，落实“河十条”工作举措，探索“先造后补、政府兜底”造林模式，13个地表水省考（国考）断面水质优良比例、9个在用县级以上集中式饮用水水源水质达标率均达100%，森林覆盖率、森林蓄积量、林业用地面积稳居全省前列，河长制、林长制工作在全省作经验交流，绿色发展底色更加鲜明。全面加强生态环境保护，完善环境民事公益诉讼制度改革，加大环境民事公益诉讼案件办理力度，全年提起生态环境类公益诉讼18件、追偿生态环境损失近1.08亿元，形成了对环境违法行为的强大震慑力，实现社会效益和环境效益“双赢”。紧扣韶关高质量发展需要和人才短缺实际，以前所未有的魄力制定实施韶关新时代“百团千才万匠”人才工程，明确5年投入50亿元用于引进培育各类人才，2021年累计有16名院士、48名院士专家团队成员、超100名相关领域专家学者来韶调研对接、开展合作，20多个高水平创新团队来韶开展项目共建，成功引进6个院士团队项目，博士、博士后数量增长22.7%，为高质量发展提供了强大的人才和智力支撑。

回首过去一年的工作，我们深刻体会到，问题是推进全面深化改革的“风向标”，必须坚持问题导向抓改革，任何时候都要保持不回避、不推诿、不拖延的态度，大力破解历史积压问题、遗留问题，确保以改革解难题、办实事、促发展；我们深刻体会到，政策是推进全面深化改革的“助推器”，必须坚持活用政策推改革，将每一次研究政策、争取政策、落实政策、用好政策的过程，转变为推动韶关高质量发展的机会，把政策红利转化为改革动力和发展活力；我们深刻体会到，试点是推进全面深化改革的“冲锋号”，必须坚持先行示范勇改革，在各领域主动作为、先行先试，积极争取各类改革试点落地韶关，以试点带动引领改革，形成先行效益；我们深刻体会到，督导考评是推进全面深化改革的“指挥棒”，必须坚持担当负责督改革，构建执行落实工作体系，确保全市上下统一思想、齐心协力，不折不扣抓紧抓实改革任务落地；我们深刻体会到，算清大账是推进全面深化改革的“指南书”，必须坚持提高境界谋改革，跳出韶关看韶关，在宏观层面上看待问题、分析问题、解决问题，不拘泥于一时一地的小得失，在谋划改革的过程中找准方向、一往无前，在争先进位、推动发展中体现大格局、大境界、大担当。以上这些经验行之有效、务实管用，在今后工作中需继续坚持和发扬下去。

同志们，成绩来之不易，经验弥足珍贵。改革是破解发展瓶颈的关键，只有通过坚持不懈地改革创新，才能越过因循守旧的“大山”、跨过思维定势的“沟壑”、打破按部就班的“藩篱”，才能以思想破冰引领改革突围。

二、清醒认识存在问题，切实增强改革攻坚、规范治理的责任感使命感紧迫感

党的十八大以来，党中央高度重视推进国家治理体系和治理能力现代化。党的十九届六中全会审议通过的《中共中央关于党的百年奋斗重大成就和历史经验的决议》指出，“明确全面深化改革总目标是完善和发展中国特色社会主义制度、推进国家治理体系和治理能力现代化”“勇于自我革命是中国共产党区别于其他政党的显著标志”。省“1+1+9”工作部署把全面深化改革开放摆在突出重要位置，强调要加快营造共建共治共享的社会治理格局。市委坚持从大局出发，以高度的政治自觉，坚决贯彻落实党中央决策部署和省委工作要求，召开市委全会部署开展“改革攻坚规范治理年”，主要考虑是：一是为了巩固成果、深化改革。虽然2021年我市“全面深化改革年”取得了明显成效，但改革不是一蹴而就，不仅已经取得的改革成果需要巩固，我们仍然还有一些改革攻坚的难题没有全部突破，深化改革需要与推进治理体系和治理能力现代化有机衔接、有机结合，长期存在的不规范、不规矩现象需要一并解决，努力为今后韶关发展打开空间、为将来留出空间。二是为了统一思想、凝聚共识。“改革攻坚规范治理年”配套出台的系列政策文件，事实上是体现健全党政执行落实体系、优化营商环境、加强有效治理的全方位行动，给各地各部门一个发令枪、一个动员令、一个依据、一个平台载体，让大家干事有支撑，敢干事、能干成事，解除大家干事的羁绊和制约，更有利于形成合力、加强源头治理，更好地检验谁在真改革、谁在真攻坚、谁在真规范治理，让懒政怠政、不敢改、改不动、改得慢、改改停停的人没有借口没有理由，大力营造一心一意谋发展、聚精会神抓改革的浓厚氛围，推动全方位、全体系、全领域规范治理，推动全体党员干部思想认识和

能力素质再改造再提升，以党委政府的规范治理实现对经济社会发展的有效治理。三是为了直面问题、破解难题。问题是行动的导向。当前，韶关发展仍然存在许多亟待解决的问题，治理不规范又是韶关工作中的突出问题，也是制约韶关高质量发展的核心难题。我们要勇于查找问题、揭短亮丑，敢于刮骨疗伤、自我革命，向全社会彰显我们既敢于直面问题、也有能力解决问题的勇气和信心，坚决彻底将影响规范治理的问题破除之、荡涤之、清扫之。

（一）清醒认识作风“五弊”。一是存在习以为常、见怪不怪的固化思维。有的干部因循守旧、墨守成规、思维僵化，习惯于按旧思维、老套路来思考问题、研究工作、推动工作。有的干工作缺乏统筹谋划、系统观念，算小账不算大账，存在“走一步、看一步”的思想，导致结果事与愿违、出力不讨好。特别是缺乏经济头脑、产业思维、价值观念，干工作没有方向、没有办法、欠缺“有发展的增长、有增长的发展”理念，典型的事务主义，只考虑投入、不考虑产出，陷于旧事堆、杂事堆、烂事堆，看似很忙、实则瞎忙，花了时间精力却没有带来实质性的发展，甚至事没办成、却惹出一堆麻烦。二是存在小富即安、小成即满的懒惰思想。有的干部眼界不宽、站位不高，缺乏强烈的发展意识、忧患意识，存在“觉得韶关就这样，这么多年了也是这样，谁干也是这样”的错误认识，工作只求过得去、不求过得硬，甚至面对落后局面依然无动于衷、甘于平庸。有的干部习惯自己与自己比，小成则满、小进即安，差不多就行，稀稀拉拉、不紧不慢，上面推一推才动一动，混日子、守摊子。三是存在纸上谈兵、争论纠缠的本本主义。有的干部办事前习惯先看文件，看文件是否说“可以”，没说“可以”就觉得是“不可以”，表面上是在坚持原则、认真履职，实际上是教条主义、本本主义在作祟。有的干部遇到问题无原则地争论纠缠，各部门你念你的经、我走我的路，协作意识不强。有的干部喜欢当评论员、裁判员、观察员，喜欢议论猜测、说三道四、打小报告，不琢磨事、专琢磨人，不干事的给干事的挑毛病。四是存在不敢碰硬、矛盾上交的鸵鸟心态。有的干部干工作畏首畏尾、求稳怕乱，怕惹麻烦、患得患失，存在“你好我好大家好”的好人主义，怕得罪人、讨巧卖乖，遇事就放、遇闹就让、遇难就躲、遇责就避，坐等领导指示，貌似按程序办事，实则把矛盾和问题上交。有的干部新官不理旧账，不敢坚持原则、不敢碰硬，随波逐流、明哲保身，说话办事看来头、看风向，随波飘、随风倒，导致一些地方和单位工作局面长期打不开，矛盾问题积累一大堆。五是存在推诿扯皮、人浮于事的蜗牛效率。有的干部秉承多一事不如少一事的原则，该办的事不办，假装看不见、拖延阻滞。有的单位领导不懂也不学政策，解释权在中层干部，有时单位领导说“可以”，中层干部却搬出一套套理由说“不可以”，给工作落实人为设置障碍，导致市委市政府的决策部署无法落到实处。有的干部唱功好、做功差，工作落实在口号上，决心停留在嘴巴上。有的干部抓工作三分钟热度，抓一阵缓一阵，紧一阵松一阵，没有抓反复、反复抓的劲头。有的干部办事拖沓，急件拖成平件、快件拖成慢件、易事拖成难事，久而久之小问题拖大、大问题拖炸。

（二）清醒认识制度“五桎”。一是政策措施“过时”。随着时间推移或条件变化，原来一些行之有效的政策措施会变得不符合新情况、不能解决新问题，反而成为制约工作的“藩篱”。如过去一些政策和做法，在某种程度上造成征拆难，城市建设、园区发展滞后。现行考核、财政体制等部分政策，与强化县域镇域经济功能的要求，也已经不相适应。二是规章制度“打架”。有的部门制定规章制度时随意性较大，导致部门之间政令不统一。有的行政部门审批互为前置条件、互相掣肘，造成企业在行政审批“转圈”中无所适从，成了企业进入市场的“禁行令”。有的多部门交叉施政的领域存在决策“神仙打架”，这个部门允许的，或许不符合另一个部门的规定。三是体制机制“滞后”。体制机制滞后于经济社会发展需要的问题，在各领域不同程度存在。如制约产业高质量发展的体制机制障碍仍未全面扫除，促进项目落地生根、开花结果的创新机制仍不够有效，促进干部解放思想、担当作为的正向激励机制需要健全完善。四是考核办法“粗糙”。有的考核办法内容空洞，存在指标粗糙缺乏量化以及针对性不足、可行性差等缺陷，考核流于形式、走过场，甚至有的部门之间争夺考核“话语权”，出现“人情考核”“关系考核”。有的考核“大锅饭”现象严重，干好干坏一个样，考核“指挥棒”作用大打折扣。有的考核方式僵化，考核项目过多过细、考核主体过多过滥，不看实际工作成效，只重视迎检资料。有的对下级和企业的督查检查不规范，存在走马观花、超标准接待现象，增加基层和企业负担。五是问责体系“虚化”。抓监督落实的制度刚性不够扎实，有的问责措施制定不够细化、设置不够精准，追责的程序设置简陋，责任追究无法具体到人到事或者责任主体过于泛滥，造成法不责众。有的问责办法是制定了，但是制度挂在墙上、锁在抽屉里、空转虚转。有的部门和领导干部问责避重就轻，存在大事化小、小事化了思想。有的问责简单化，存在着“刚播种就要收获”的计时式问责、对困难不闻不问的机械式问责、滥签“责任状”层层“甩锅”的职能式问责。

（三）清醒认识发展“五困”。一是营商环境“推拖绕”。“放管服”改革不够到位，“一窗受理”模式还需完善，“一网通办”存在信息壁垒，“多头跑、反复跑”现象依然存在，多个指标在全省营商环境评价中排名靠后。营商成本居高不下，企业融资难融资贵问题仍然突出，涉市场准入经营合同存在“霸王条款”，违规涉企收费问题屡禁不止。要素保障不到位，现代物流体系、专业市场建设滞后，用水用气用电服务保障不规范，特别是用气成本高于珠三角地区和周边地区。少数领导干部与企业家打交道掌握不好原则边界和尺度，出现政商关系“亲而不清”“清而不亲”的情况。二是资源开发“小散乱”。“小资本占用大资源”问题突出，部分领域资源散落在小老板手中，跑冒滴漏现象严重，开发利用水平不高，经济效益有限，产业延伸发展有待加强。资源开发规划执行不够到位，开发秩序约束力度不够，无序开采行为时有发生。监督管理存在漏洞，自然资源资产有偿使用制度不完善，资源开发企业在资源补偿、生态建设和环境整治等方面的主体责任仍未落实到位。三是土地利用“等靠要”。“项目等地”的问题比较突出，土地规划、林业规划、生态规划和产业规划统筹不足、衔接不畅、相互制约，引进项目时只能临时调规，部分征地整体谋划不充分、现场调查不深入，项目征地时红线往往多次调整。城镇用地效率不高、闲置土地数量大，存量土地盘活、闲置土地认定和处置工作的联合推进机制不健全，土地退出机制不完善，有的地方和部门存在畏难情绪，执行回收土地规定妥协让步、不敢碰硬。批用地存在“躺平”思想，不积极主动与上级部门沟通争取，等政策、等指标、等审批的现象比较常见。四是产业培育“少弱慢”。整合资源谋划产业发展的意识和能力不强，招商引资中存在“重企业引进、轻产业集聚”现象，产业发展“集而不群”等问题突出，园区发展方向不清、存在产业同质化竞争问题。产业发展政策和制度体系不够完善，“两高”项目监管体制机制不健全，落后产能退出不坚决，僵尸企业清理处置不给力，县（市、区）整体缺少能改变发展格局的大项目、好项目，产业发展后劲乏力。五是城镇管理“脏乱差”。城市规划、国土空间管理治理不够规范，部分区域控制性详细规划的编制不够科学，新改扩建城市道路重复开挖，交通组织不够顺畅，停车场、污水管网、井盖设置等基础设施建设滞后、布局不够合理。城市精细化管理不够到位，城市管理体制不健全，依法管理规章制度不完善，基础设施重建轻管，“六乱”问题重堵轻疏，违建问题突出，部分社区生活环境较差等问题依然存在，职能部门执法力量分散无力、执法依据程序不够规范。缺乏经营城市理念，城市建设不重投入效益、不重产出质量，城市资源闲置分散、利用率低，城市经济不够发达。

（四）清醒认识民生“五盼”。一是教育质量有待提升。教育资源分配不均，区域之间、城乡之间、校际之间发展不平衡，城乡教育一体化发展的新格局尚未形成。教师队伍建设需要进一步加强，考核激励和管理制度不够健全，优秀教师的引进和培训力度不足，部分学校教师结构失衡问题较为严重。教育培训行业管理和统筹用好校外培训机构教学办学力量有待加强。职业教育服务经济社会发展的机制还未建立，课程设置与产业需求对接不够紧密。二是医疗水平有待提高。医疗资源布局不够合理，农村三级卫生服务网络整体功能较弱，乡村卫生站利用率偏低。医药卫生体制综合改革推进力度不足，部分县（市、区）紧密型医共体建设进度偏慢，资源整合不够到位，未达到预期效果。医疗卫生行业秩序有待规范，检查结果互认管理政策未全面落实，医疗服务比价关系仍需理顺，个别医疗机构重复检查的现象仍然存在。三是就业服务有待强化。就业创业服务体系不够完善，提供多样化就业创业服务和指导能力有待提升。就业创业扶持政策不够健全，重点群体就业服务工作仍不到位，就业困难人群认定、经办流程不够完善。四是兜底措施有待完善。养老服务体系不够健全，缺乏全面的养老服务综合监管机制，社会力量参与养老服务不足，养老服务与需求明显不协调。困难群体兜底保障机制不够完善，生活困难群众救助保障力度仍需加强。“招善引爱”机制不够健全，社会力量、社会资源参与公益活动和慈善事业的渠道不多。五是社会治理有待加强。矛盾纠纷化解制度机制不够完善，人民调解与仲裁、公证、行政复议之间的衔接机制不够紧密。重大风险防范化解机制不够健全，一些风险隐患难以从源头防范、消灭在萌芽状态。基层社会治理基础薄弱，综治中心制度机制不健全。执法规范化不足，行政不作为、乱作为现象依然存在，推诿扯皮、有案不立、压案不查等执法突出问题需深化整治。安全生产领域隐患排查、安全防范不够到位，燃气、危化品等高危行业领域和乡村校车、渡口渡船等群众身边安全隐患仍然存在。

我们认真反思韶关出现上述情况，问题出在哪里？根子在哪里？主要还是干部思想不解放，韶关是老地级市、老工业城市，长期形成的思维方式、行为方式未彻底转变，身子进入了新时代，思想还停留在过去时，拿着“旧船票”想登上新时代的“客船”，很多思想观念跟不上形势发展的需要；敢于碰硬、争先进位的意识不强烈，作为传统农业大市，有些干部小农意识根深蒂固，内生动力与外部压力不足的情况下，主观上“差不多”、行动上就会“差很多”；缺乏敬畏之心，有些干部眼里只有自己，习惯按自己的想法做事，或心存侥幸、或我行我素，结果是身陷泥沼或翻车自毁；能力素质没能跟上时代步伐，我们处在一个无时无刻不在改变的时代，所有事物都在以它飞快的速度往前冲，韶关有些干部习惯于慢节奏的生活，知识更新跟不上时代，老办法不管用、新办法不会用。

箫韶九成，跨关出征。往后看，问题制约了我们发展；往前看，解决了问题，我们会厚积薄发、前景光明。我们必须冲破那些阻碍发展的“藩篱桎梏”，荡涤一切思想上的“陈规陋习”，以更大力度革新理念、转变作风、攻坚克难，使“人”的因素成为韶关奋起直追、迎头赶上的动力源，以新时代新韶关人的进取精神和奋斗姿态，汇聚高质量发展的滚滚洪流！

三、突出重点领域和关键环节，以改革攻坚、规范治理新成效全面激发高质量发展新活力

市委决定开展改革攻坚规范治理工作，成立韶关市开展“改革攻坚规范治理年”工作领导小组，制定出台“1+1+21+N”系列政策文件，即一个实施意见、一个工作方案、21个专项行动方案及若干个任务清单，实施意见提出的重点领域和21个专项行动分别由分管市领导同志牵头抓总，工作方案分别从动员部署、排查梳理、整改落实、总结提升等4个阶段进行安排。规范治理没有旁观者，每个单位、每名干部都要参与其中，除重点领域、专项行动、任务清单外，各地各单位也要进一步认真梳理涉及全局性的、本系统的、本单位内部的不规范事项，制定任务清单和工作台账，并将整改落实、建章立制贯穿全过程，推动改革攻坚规范治理取得实效。这里要强调的是，规范治理不是要“管死”，而是要“搞活”；不是要“捆绑”，而是要“松绑”。总体上就是要全面布局、系统治理、综合施策，坚持目标导向、问题导向、结果导向相统一，坚持依法依规、坚持改革攻坚、坚持推陈出新、坚持完善制度、坚持把事做成，坚持不懈推动全面深化改革，勇于自我革命，突出重点领域和关键环节，一个问题一个问题解决、一个领域一个领域拓宽、一个阶段一个阶段推进，努力破解一批长期想解决而未解决的问题，以改革攻坚、规范治理新成效全面激发高质量发展新活力。

（一）在优化营商环境上谋求新突破。营商环境是生产力，更是一个城市的生命力和竞争力。哪里营商环境好，集聚资源要素就会越多，就会形成强者愈强的良性循环，反之就会形成弱者更弱的恶性循环。要按照“人人都是营商环境，人人都要贡献力量”的要求，以“服务最优、成本最低”为目标，聚焦市场主体关切，完善“优商优企、惠商惠企”政策举措，推动营商环境与大抓招商、大抓项目、大抓产业的浓厚氛围更相匹配，更好激发市场活力和社会创造力。

一要以改进政务服务为重点，打造服务“高地”。政务服务效能是营商环境的重要方面。要聚焦企业和群众办事难点堵点问题，始终把市场评价作为第一评价，把企业感受作为第一感受，把群众满意作为第一标准，持续深化“放管服”改革，该“放”的彻底放开、该“减”的彻底减掉、该“清”的彻底清除，特别是全面推进审批制度改革，清理规范投资项目报建审批事项，更新各部门行政审批事项目录清单，最大程度利企便民。提高政务服务质量效率，开展政务服务大厅服务质量优化提升行动，全力推动一窗通办、一网通办、一次通办、一地通办、一证通办、一码通办，让“一次办成”成为常态。加快“数字政府”建设，推动政务服务体系线上线下一体化，打破不同县（市、区）、部门、层级、业务系统之间的信息壁垒，让更多政务服务事项实现“掌上办”“指尖办”。抓好“双随机、一公开”监管工作，规范对企业的各项检查，提升事中事后监管效能。构建亲清政商关系，健全完善领导挂点联系机制，引导党员干部主动和企业家交朋友，决不能说不见、决不能说不行、决不能说不成，做到有交集而不搞交换、有交往而不搞交易，形成政商之间既亲又清、良性互动的氛围。对损害和破坏营商环境的行为“零容忍”、快查办、严问责，将优化营商环境工作情况纳入监督检查和巡察范围，对有令不行、有禁不止，利用公权力谋取私利、吃拿卡要的，发现一件严肃查处一件；对有关单位管理不严、监管不力，损害市场经营主体合法权益问题易发多发、政商关系不亲不清的，严肃问责领导责任，以监督执纪问责的“硬约束”提升营商环境“软实力”。

二要以降低运营成本为关键，打造成本“洼地”。低廉的营商成本是营商环境的核心优势。要持续降低市场主体综合成本，清理取消不规范不合理收费，严格规范收费行为，最大限度激发市场活跃度。深化供水供电供气行业市场化改革，实现公用事业属性合理定位和成本合理分担。重点加快天然气市场化改革，进一步建立健全我市天然气供储销体系，严肃整治企业随意提价行为，切实降低终端用气价格。引导金融机构创新信用贷款产品，优化“菜单式”金融综合服务，提高融资便利度，让市场主体贷款不再难、融资不再贵。维护公平竞争秩序，清理涉市场准入经营合同中的不合理条款，打破利益垄断格局，有效降低制度性交易成本。聚焦降低综合成本优化政策供给，实施“一企一策”帮助企业纾困解难，助推企业专心创业、放心投资、安心发展，让大企业顶天立地、中小微企业铺天盖地、创新型企业勇闯天地。

三要以强化要素保障为支撑，打造发展“福地”。要素保障是企业发展的重要基础，也是评价营商环境好坏的重要指标。要以实施韶关新时代“百团千才万匠”人才工程为契机，积极帮助企业解决用工需求，狠抓职校学生留韶就业及符合条件的农民进城就业，同时积极主动走出去，与周边地市的职业学校以及劳动力输出大省相关城市人力资源市场建立合作，切实解决企业用工难题。积极争取省政府延续产业转移政策，协调省内相关产业基金、创新基金或专门设立粤北生态产业发展基金，引导珠三角产业项目优先向粤北转移，支持更多项目落户韶关。坚持把园区作为产业发展的主战场，争取省大型产业集聚区布局韶关，支持韶关高新区构建“一区多园”发展格局，支持各县（市、区）谋划布局现代专业园区，协调解决园区用地规划、能耗等要素制约，推动产业集聚发展。加快完善产业配套体系，积极推进国家跨境电子商务综合试验区建设，创建省区域消费中心城市，特别是要全力发展物流业，加快培育骨干物流企业，推进现代化物流园区建设，引进知名企业来韶投资建设专业化市场，发展生产性服务业，将韶关打造成高效联通湾区与内陆、“南货北运”“北货南运”的区域性商贸物流枢纽节点城市。

（二）在解决历史遗留问题上谋求新突破。用心化解历史遗留问题，就是为未来的发展铺平道路。由于各种原因，韶关背负不少沉重的历史包袱，制约了高质量发展步伐。要坚持“新官理旧账”，摒弃“旧事存在理由、新事就不敢做”的借口，以“决不把历史问题遗留给历史”的担当，迎难而上打好历史遗留问题攻坚战，找准解决问题的突破口和切入点，分类分批清理，做到历史遗留问题不解决不放手、解决不彻底不松劲、群众不认可不罢休，以存量盘活带动增量增长，为韶关高质量发展打开新的空间。

一要规范资源开发利用。资源因开发利用不规范造成的历史遗留问题，是韶关面临的发展难题之一，必须解决好、规范好。要规范自然资源及城市公共资源开发利用秩序，严厉打击自然资源乱占乱用等违法违规行为，重点整治矿产、山林、水、岸线、文旅等资源利用“小散乱”问题，推动资源开发利用“游击队”变身“正规军”。坚持既兼顾短期利益也追求长期利益，既保障个体利益也实现全局利益，通过资源整合利用、政策性退出、依法依规回收等方式，依靠公权力、政策、刚性举措，强化对全市自然资源的统筹协调与高效配置，加快实现资源节约集约高效利用。严格实行“三线一单”生态环境分区管控，压紧压实各地各部门资源监管主体责任，加强事前、事中、事后常态化监管，推动自然资源开发利用监管精准化、规范化，在高水平保护中实现高质量发展。严格国土空间和城市规划，严厉打击违建、抢建、抢种、违法圈地等行为，实行最严格的城镇、农村建房管控，“消灭增量、清理存量”，以后坚决不允许出现类似问题，出现一起，严厉打击一起，严肃问责一起。

二要盘活闲置低效土地。闲置低效土地是发展进程中形成的顽疾，大量挤占产业发展空间，必须处置好、盘活好。要加强土地收储和出让管理，健全征拆工作制度，压实各级政府征地拆迁主体责任，规范征拆行为和利益分配机制，促进土地资源高效配置和合理利用。在征拆工作中，高度重视做好与村集体、村小组和群众的沟通工作，规范其合理反映诉求的行为，决不允许干扰阻挠，也不能吊高胃口、提高预期，严厉打击骗补、套补等行为，推动形成积极向上、勤劳致富的淳朴民风。坚持以改革和创新的办法，分类指导、分情处理，有效化解集体“留用地”问题。完善国有建设用地“增存挂钩”工作，加快推进批而未供、供而未用土地处置化解，依法依规处置一批“涉法涉诉”“涉押涉访”的长期闲置土地。加快处置园区闲置低效用地，优化园区闲置低效用地认定标准，推进僵尸企业出清，依法依规推动落后产能退出，让低效用地获得“二次开发”“二次招商”的机会。全力盘活和改造低效闲置土地和厂房，为园区产业发展留出空间。加快盘活闲置农业用地，完善农村产权交易市场，推动农村土地经营权流转标准化、规范化发展，提高闲置农业用地使用效率，让撂荒地变成“丰收田”。

三要规范国资国企管理。国资国企对地方经济社会发展起着重要的支撑引领作用，必须管理好、发展好。国有企业曾为韶关的经济发展作出了重大贡献，但是随着形势和条件的改变，遗留了一些问题，在韶关经济社会发展中的作用呈下降态势。要加强国有资产日常经营管理，规范资产处置行为，通过招拍挂、注入、划转等方式，加快盘活变现一批闲置低效国有资产，壮大市属国有企业资产规模。规范国有企业投资行为，完善国有企业投资监管制度，实施投资负面清单管理，最大限度防范化解投资风险。优化国有资本重点投向，推动国有资本向新兴产业、资源资产价值化等重要行业和关键领域集中。推动国有企业劳动、人事、分配三项制度改革，实现国有企业员工能进能出、管理人员能上能下、收入能增能减，激发干事创业活力。加快建立现代企业制度，优化公司法人治理结构，规范党委(党组)和董事会建设，规范国有企业决策运行秩序，推动国有企业在促进经济社会发展中更好发挥骨干作用。

（三）在规范社会治理上谋求新突破。良好的社会治理是社会和谐稳定、人民安居乐业的前提和保障。要坚持问题导向和底线思维，落实好促进农业转移人口市民化加快新型城镇化系列政策举措，加强和创新社会治理，建设宜居舒心城镇，让人民群众生活更方便、更舒心、更美好。

一要注重城镇精细管理。城镇建设既要“面子”，更要“里子”。要严格落实《广东省重大行政决策程序规定》，坚持规划引领，完善新型城镇化规划与国土空间规划、环境功能区规划、产业发展规划等“多规合一”的规划体系，统筹优化全市人口、功能、产业、资源、土地、生态空间等布局，从源头上减少“城市病”的发病率。采用“绣花”功夫进行城市更新，坚持“留改拆”并举、以保留利用提升为主，健全古树名木、历史建筑等最严格的保护机制，坚决防止出现急功近利、大拆大建等破坏性“建设”问题，传承历史文脉，保留城市记忆。大力整治交通乱象、井盖乱设、道路乱挖、管网乱铺问题，加强城中村综合治理和改造提升，依法依规治理无序出租房屋行为，提高城市精细化管理水平，让城市公共空间更有品质。

二要注重依法依规治理。依法依规是“确保事要解决”的前提。要深化司法体制改革，打造明责、履责、考责、追责工作闭环，提升办案质效和执法司法公信力。强化府院联动，建立“一府两院”联合化解行政争议纠纷机制，推动行政争议源头化解、多元化解、实质化解，促进行政机关依法行政，实现政治效果、法律效果和社会效果有机统一。持续深化税收征管改革，建立健全全市一体化协税护税机制，拓展税收共治格局。创新完善鼓励社会各方参与社会治理的制度体系，积极畅通和规范市场主体、新社会阶层等参与社会治理的多种途径。深化乡镇(街道)体制改革，理顺基层权责关系、优化机构设置、健全运行机制、完善保障体系，推动重心下移、力量下沉、保障下倾。加强基层法治建设，强化基层司法所、派出所规范化建设，提升基层依法治理水平。加强和改进乡村治理，拓宽群众参与治理渠道，让群众“唱主角”，奏好乡村治理“协奏曲”。

三要注重风险防范化解。安全稳定是一切工作的前提。要健全金融监管体系，稳妥处置大型实体企业债务风险，严厉打击违法违规金融活动，守住不发生区域性、系统性金融风险的底线。聚焦公共安全、安全生产、消防安全、食品药品安全、网络安全等重点领域，全面排查整治安全隐患，加强自然灾害预警、防范和救援能力建设，常态化开展扫黑除恶斗争，严厉打击各类违法犯罪行为，建设更高水平的平安韶关。加强依法治安、源头控安、除患保安、科技强安，加快构建“智慧大应急”体系，打造更具韧性、更可持续的安全发展城市。健全重大舆情和突发事件舆论引导机制，提高舆情监测、管控和处置能力，强化意识形态阵地管理，严防舆情炒作事件发生，确保网络空间风清气正。

（四）在改善民生福祉上谋求新突破。全心全意为人民服务，是我们一切工作的出发点和落脚点。要践行以人民为中心的发展思想，既尽力而为，又量力而行，用心用情用力为民办实事解难题，努力让人民群众的获得感成色更足、幸福感更可持续、安全感更有保障。

一要优化公共服务供给。公共服务是实现人民美好生活的重要基础。要优化教育资源配置，建立健全城乡义务教育一体化发展机制，完善集团化发展、联合办学、委托管理、政府购买服务等多元办学体制，让优质均衡的教育资源全民共享。加快现代职业教育高质量发展，深化产教融合、校企合作，根据韶关产业发展需求优化课程设置，努力培养更多匹配韶关产业发展的高素质技术技能人才。精准落实“双减”政策，规范和加强校外培训机构、托管机构监管。加强校园安全防范，促进学生身心健康发展。完善医疗卫生服务体系和中医药服务体系，深化医药卫生体制改革，健全分级诊疗制度，加强紧密型县域医共体建设，规范医疗卫生服务行业秩序，建立健全职工基本医疗保险门诊共济保障制度，让老百姓看得上病、看得起病、看得好病。健全公共文化管理体系和运行机制，优化城乡文化资源配置，推进基层综合性文化服务中心建设，提升公共文化服务效能，推动由“送文化”向“种文化”转变。

二要完善民生保障体系。兜底保障是解决群众急难愁盼问题的关键。要加强困难群众救助，充分发挥政府对社会救助的主导作用，建立民政、人社、总工会、共青团、妇联等多部门联合救助体制机制，优化困难群众基本生活保障标准，创新实施“物质+服务”的救助方式，为困难群体送上最温暖的保障。强化养老服务保障，健全养老服务综合监管制度，引导激励养老服务机构诚信守法经营，让老人有个安心安定安全的生活环境。完善社会福利制度，强化残疾人、孤寡老人、孤儿等弱势群体关爱帮扶，完善困难残疾人生活补贴和重度残疾人护理补贴政策，建立补贴标准动态调整机制，提升关爱帮扶服务质量。

三要创新推动共同富裕。实现共同富裕是党委政府要持续推动的一项重要工作。要推进巩固拓展脱贫攻坚成果同乡村振兴有效衔接，优化东莞韶关对口帮扶机制，健全防止返贫监测和帮扶机制，加强和规范扶贫资产资金监管，拓宽群众增收渠道，用产业化思维发展现代农业，对重点低收入人口发展特色产业进行重点扶持，让群众的腰包越来越鼓。优化就业创业服务，完善就业创业服务体系，更新就业创业扶持政策，健全职业技能培训制度，提升服务重点群体就业创业水平。完善“招善引爱”机制，推动慈善公益事业依法规范发展，引导社会力量参与公益慈善事业，擦亮人心善、风物美“善美韶关”品牌。

（五）在健全政策制度上谋求新突破。政策对地方发展具有举足轻重的作用，哪里政策优、哪里政策活、哪里政策含金量高，资源要素就会向哪里聚集，发展优势就会向哪里倾斜。要坚持“废、改、立”并举，规范完善政策制度供给，用制度的边界规范行为的边界，用制度的落实促进工作的落实，用制度的力量激发干部的力量，推动制度优势转化为发展优势。

一要立足实际坚决“废”，废除制约发展的政策制度。要实现加快发展，必须先废除制约发展的政策制度。要废止年久失修的“老政策”，全面梳理多年以前，特别是党的十八大之前出台的法规和规范性文件，立即废除不配套、不适应、不协调、不衔接、不一致的政策文件，保持与时代同步。废止难以落实的“空政策”，全面清理不切实际、言之无物、模棱两可的政策制度，对有碍于政策制度贯彻执行、不利于政策制度建设推进的“空政策”坚决予以废止，保持与现实同步。废止阳奉阴违的“土政策”，对与国家政策不完全符合，甚至违反国家政策、侵害群众利益的“土政策”，应以国家法律、上级政策为准绳，坚决纠偏纠错，保持与顶层设计同步。

二要着眼问题及时“改”，更新不合时宜的政策制度。更新政策制度是适应新形势新任务新要求的需要。全面清查政策制度，聚焦制约高质量发展的体制机制障碍，深入研究论证，加强重大问题研究，把情况查明、把症结找准、把对策定实，推动重点领域和关键环节政策制度更新，实现治理效能全面提升。各级各部门要把推进重点领域和关键环节的政策制度更新作为分内职责，大胆改革一切不符合发展要求的制度性障碍，主动同中央部委和省直部门沟通协调，及时跟进工作进展，精准提出任务需求，齐心协力把政策制度更新落到实处，确保各项政策制度切合实际、行之久远。

三要与时俱进加快“立”，健全发展需要的政策制度。补齐空白政策制度是推动发展的重要手段。要大胆推出新政策，学习借鉴“双区”经验做法，立足韶关发展需要，在依法合规的前提下，注重做好政策衔接和制度创新，敢于给政策、舍得给政策、善于给政策，研究推出一系列含金量高、吸引力大、操作性强的支持政策。注重补齐已有政策的配套政策，充分发挥政策联动作用，构建全方位、全过程、全覆盖的政策制度体系。探索建立市县（市、区）协同发展机制，提高县（市、区）参与全市产业发展、园区建设等工作的积极性和主动性。灵活运用老区苏区政策、少数民族地区优待政策，争取省加快出台支持北部生态发展区高水平保护高质量发展、支持韶关建设全国产业转型升级示范区等政策文件，推动政策叠加效应最大化。加强政策制度宣传解读，多角度、多层次推介政策文件，让新政策“花开有人知”、好政策“花开有人赏”。

（六）在提高治理能力上谋求新突破。党员干部治理能力直接决定规范治理效能。要把提高治理能力作为新时代干部队伍建设的重大任务，推动广大干部严格按照制度履行职责、行使权力、开展工作，以高效能治理助推高质量发展。

一要提高抓政治能力。讲政治是具体的，要落实到具体行动上。要加强理论学习，认真落实第一议题制度，用好“大学习、深调研、真落实”工作方法，深刻把握“两个确立”的决定性意义，增强“四个意识”、坚定“四个自信”、做到“两个维护”，不断提高政治判断力、政治领悟力、政治执行力。严守政治纪律和政治规矩，认真执行省委坚决落实“两个维护”十项制度机制和市委实施方案，做到党中央提倡的坚决响应、党中央决定的坚决执行、党中央禁止的坚决不做。坚持把学习政策、运用政策、落实政策、谋划项目作为检验领导干部履职尽责的重要标准，推动领导干部把精力用在研究政策上、把智慧用在谋划项目上、把功夫用在推动落实上。加强党对一切工作的领导，团结一切可以团结的力量，调动一切可以调动的积极因素，引导人大、政协和各民主党派、工商联、无党派人士、新的社会阶层人士，聚焦市委中心工作和发展要务积极履职，凝聚起推动改革攻坚、规范治理的强大合力。坚持严的主基调，坚持不懈推进全面从严治党向纵深发展，紧盯"关键少数"和重点领域，系统施治、标本兼治，不断深化不敢腐、不能腐、不想腐一体推进，营造风清气正、干事创业的政治生态。

二要提高抓统筹能力。善弈者谋势，善谋者致远。要善于谋划、精于谋划，从系统性、整体性、预见性上思考问题、谋划工作、推动发展，不打没有准备的仗，不做没有准备的事，确保各项工作方向明、路子正、效果好。善于把事干好、把事做成、不留尾巴，说了就算、定了就干，干就干好、干出样子、干出成效。善于用产业思维、价值思维推动工作，强化县域镇域经济发展，加快实施乡镇（街道）经济发展监测，紧盯招商引资、项目建设、产业发展等重点领域和关键环节，找准切入点、突破口，各地各部门力争解决一批制约发展的突出问题，做成一两件改变发展格局的事情，实现有发展的增长、有增长的发展，推动全市经济发展三年大变样、五年大跨越。

三要提高抓落实能力。不抓落实，一切都是空谈。要坚决打好作风转变攻坚战，向作风"五弊"亮剑，扫清一切阻碍发展的作风顽疾，让干事创业、担当奉献蔚然成风。建立科学有效的执行落实体系，完善干部考核评价机制，认真落实"三个区分开来"要求，让敢干者有"舞台"、实干者有"平台"、会干者有"奖台"。特别强调的是，市委旗帜鲜明地为改革者负责、为担当者担当、为干净干事者撑腰鼓劲，对于一心为公、担当干事的党员干部，即使在工作中出现一些小差错、小失误，组织也会给予理解和保护，但是对遇事推诿、偷奸耍滑、讨巧卖乖者必将不留情面，有一个揪一个，决不姑息，以"零容忍"的态度祛除"中梗阻""下梗阻"，强化抓落实抓落地的刚性，确保市委市政府既定事项件件有着落、事事有回音。各级党委（党组）要提高规范治理能力水平，充分发挥党委政府坚强有力的领导作用，增强干工作的原则性和提升解决问题的灵活性，善于从重点处入手、从关键处下手、在根子上用功，努力找到解决根本问题与深层次问题的管用对策，在突破制约上破局、在体制机制上创新，向改革要动力、向创新要活力、向制度要效益。

同志们！号角吹响，正当扬帆破浪；任重道远，更需策马扬鞭。让我们更加紧密地团结在以习近平同志为核心的党中央周围，弘扬伟大建党精神，深化改革攻坚、加强规范治理，风雨无阻、坚毅前行，在现代化建设新征程中谱写韶关推进治理体系和治理能力现代化新篇章，奋力争当北部生态发展区高质量发展排头兵，以优异成绩迎接党的二十大胜利召开！

名词解释

1."六个一"为实施路径的碳达峰碳中和"韶关模式"：一个碳中和研究院、一个碳中和产业园、一个碳中和产业基金、一个碳中和智库、一个碳中和交易平台、一个以新能源为主体的新型电力系统示范区。

2."1+6"政策措施："1"是《韶关市关于加快推进资源资产价值化的实施意见（试行）》，"6"是六个配套实施的方案。

3. 高新区"三去两化"改革：推进韶关高新区"去机关化、去行政化、去社会化"，加强"专业化、专职化"建设。

4. 韶关新时代"百团千才万匠"人才工程："十四五"期间，全市从国内外引进和本土培育不少于100个南岭团队，不少于5000名丹霞英才，不少于10000名韶州工匠。

5."三个区分开来"：把干部在推进改革中因缺乏经验、先行先试出现的失误和错误，同明知故犯的违纪违法行为区分开来；把上级尚无明确限制的探索性试验中的失误和错误，同上级明令禁止后依然我行我素的违纪违法行为区分开来；把为推动发展的无意过失，同为谋取私利的违纪违法行为区分开来。

政府工作报告

——2023年2月1日在韶关市第十五届人民代表大会第四次会议上

韶关市市长 陈志清

各位代表：

现在，我代表市人民政府，向大会报告工作，请予审议，并请各位政协委员和其他列席人员提出意见。

一、2022年工作回顾

2022年是韶关应对风险挑战、经受重大考验、坚定平稳发展的一年。面对复杂严峻的国内外形势，以及多起本土疫情、历史罕见洪涝灾害、持续高温干旱等多重超预期因素叠加冲击，我们坚持以习近平新时代中国特色社会主义思想为指导，深入贯彻落实党的十九大和十九届历次全会精神，认真学习贯彻党的二十大精神和省委十三届二次全会工作部署，在市委的正确领导下，在市人大及其常委会、市政协的监督支持下，高效统筹疫情防控和经济社会发展，统筹发展和安全，着力稳增长、防疫情、保稳定、惠民生，以空前力度和超强措施抓好各项工作，打赢了疫情防控、抗洪救灾、森林防灭火三场硬仗，经济保持住了积极回稳的发展态势，实现扭负转正，经济社会各项事业取得新进步新成效。

一年来，我们坚持稳中求进工作总基调，加大对实体经济支持力度，千方百计稳住市场主体，经济保持平稳运行。全力稳增长。全面落实国家和省稳经济一揽子政策，及时出台《韶关市促进工业经济平稳增长若干政策措施》等系列文件，精准实施103条稳经济配套措施，逐步扭转了经济持续下行趋势。全市地区生产总值达1564亿元、增长0.2%，一般公共预算收入94.5亿元。全力稳市场主体。深入开展暖企活动，竭尽所能帮助企业纾困解难，全年落实退税减税降费54亿元，累计纾困减负8.89亿元，惠及13.25万户次企业，新增登记市场主体1.2万家、增长5.7%。全力稳投资。严格实行重点项目建设总指挥部运行机制和重大项目并联审批工作机制，举办四次集中开竣工活动，共涵盖470个项目、实际完成投资171亿元，推动全年完成固定资产投资583亿元。全力稳消费。出台《韶关市2022年促进消费若干措施》，统筹财政资金5300万元开展消费券发放、家电以旧换新等促消费活动，新能源汽车零售额同比增长近5倍，智能家电、手机零售额同比增长超20%，全年实现社会消费品零售总额494亿元，增长1.2%。南雄、仁化被列为全省第一批国家县域商业建设行动示范县。

一年来，我们坚持优化结构、转型升级，大力实施创新驱动发展战略，加快产业结构调整，产业发展提质增效。工业转型升级加快。坚持制造业当家，举全市之力抓招商引资、产业项目和园区建设，新兴产业加速发展，新招引的炬光科技、朗圣药业、韶华科技等一批优质项目顺利动工、

2022年9月，韶华动工　　（韶关新区　供图）

投产，产业转型升级示范区建设年度考核被国家发展改革委等5部委评为优秀等次。特别是成功争取国家数据中心集群布局韶关，是继“小三线”建设以来国家在韶关最大的产业布局。全市完成工业投资192亿元，其中制造业投资完成135亿元、占工业投资比重70.4%，高技术制造业投资增长52.8%。科技创新策源功能增强。全市研发投入占地区生产总值比重连续6年居粤东西北首位，新增省级工程技术研究中心17家、新增数量居粤东西北首位，省级新型研发机构总量达8家、在全省排第7位。新入选国家专精特新“小巨人”企业5家、新增数量连续三年居粤东西北首位，新入选省专精特新企业103家；新增高新技术企业45家、全市总量达421家。启动鹏城实验室韶关网络节点建设，季华—欧莱科技成果孵化基地挂牌运行。引进南岭团队6个，高水平研究院总量达11家，院士及团队项目落地30个，广东省珠江人才实现零的突破。农业发展提质增效。农林牧渔业增加值增长4.9%。全市粮食播种面积183.4万亩、总产量75.9万吨，实现面积、产量“四连增”。全国名特优新农产品、省级现代农业产业园、省级“一村一品、一镇一业”专业镇村等总数均居全省第一位，国家级农业产业园实现零的突破，高标准农田建设考核连续两年获全省第一，乡村振兴战略实绩考核连续三年获全省优秀等次，南雄入选国家乡村振兴示范县创建名单。

一年来，我们坚持深化改革、扩大开放，深化对口帮扶合作，持续优化营商环境，发展活力竞相迸发。重点领域改革扎实推进。开展乡镇（街道）高质量发展综合绩效评价，镇域经济实现新起步。深化农村综合改革，实施省级扶持壮大村集体经济试点项目37个。推动金融改革创新，创建全国金融服务乡村振兴创新示范区，建立首贷服务中心和新市民金融服务中心。开展“净矿”出让改革，全市涉矿收入超23亿元，矿产资源价值转化成效突出。推动土地要素改革提速提质，新增审批用地1.4万亩，争取新增建设用地指标7800多亩，垦造水田形成指标3400多亩，拆旧复垦1322亩，各项指标数量居全省前列。对外开放水平明显提升。获批国家跨境电子商务综合试验区，成功入选广东自贸试验区联动发展区，全年外贸出口总额90亿元人民币。对外联通水平不断提升，雄信高速和武深高速始兴联络线进展顺利，韶关港乌石综合交通枢纽一期工程5个千吨级泊位正式投产，入选国家第三批绿色货运配送示范工程创建城市。莞韶对口帮扶成效彰显。高质量完成第三轮莞韶对口帮扶各项任务、实现圆满收官，顺利通过省内对口帮扶协作三年考核评比，莞韶产业共建签约亿元以上项目247个、总投资1277亿元，13个共建园区规上工业增加值占全市比重达54.5%，成为拉动经济发展的重要引擎。营商环境持续优化。在全省营商环境考核评价中排第

13名、比上一年度前进4位，政务服务事项网上可办率96.5%、一窗综合受理率90.5%,99.9%事项实现最多跑一次，企业开办时间压缩至0.5个工作日，“粤智助”政府服务自助机实现乡镇(街道)和行政村全覆盖、业务量稳居全省前三，新丰、乳源政务服务中心被评为全省区县级标杆大厅、获评数居粤东西北首位。

一年来，我们坚持生态优先、绿色发展，加强全域生态保护修复，打好污染防治攻坚战，粤北生态屏障更加牢固。生态林业建设稳中有进。全面落实林长制，大力推进南岭国家公园、丹霞山国家公园创建，推动建立自然保护地管护机构61个。完成造林和生态修复21.9万亩、森林抚育46万亩、水源林建设12.6万亩，反映森林总体质量的森林覆盖率、森林蓄积量、林地面积三项指标稳居全省前列，荣获国家森林城市称号，入选国家林业碳汇试点市。扎实推进国家储备林项目建设，获批省级林业龙头企业4家，打造省级林业特色产业发展基地5个、数量居全省第一。生态修复成效明显。高质量完成粤北南岭山区山水林田湖草生态保护修复试点工程，梅关古驿道重点线路生态修复项目上榜省生态修复十大范例。在全省率先超额完成矿山石场治理复绿任务，完成率达273%。中央生态环境保护督察整改成效明显，成为全省五个正面典型案例之一。污染防治攻坚战深入推进。市区空气质量指数优良率连续5年达90%以上，全市地表水省考以上断面水质优良率连续5年达100%，重点建设用地安全利用率达100%，荣获国家生态文明建设示范区称号。

一年来，我们坚持城乡统筹、协调发展，以绣花功夫实施城市更新，全面推进人居环境改善，城乡面貌发生显著变化。中心城区品质持续提升。高质量划定“三区三线”，扎实推进城市更新，完成韶州体育中心建设、芙蓉山拾贝湖周边环境改造提升，开工改造老旧小区132个，新增公园绿地面积3.1万平方米。芙蓉北环山路、教育路、韶关高新区宝园路等城市交通“毛细血管”建成通车，水电气供应、垃圾分类、污水处理等一批基础设施补短板项目落地建设。县镇功能不断完善。持续提升县城品质，新建县级以上生活污水管网173公里，县城生活垃圾每日清运率、生活污水处理设施覆盖率和城乡生活垃圾无害化处理率均达100%。“县县通工程”天然气管道建设加快推进，新改建农村公路648公里，乐昌九峰镇入选国家级全域森林康养试点镇，南雄帽子峰镇获批省级休闲农业与乡村旅游示范镇。乡村面貌焕然一新。统筹推进美丽乡村建设，1.1万个自然村“三清三拆三整治”任务完成率、农村保洁覆盖率均达100%，农村自来水普及率达99%，累计打造乡村风貌提升示范带10条、美丽乡村精品路线示范带6条。

一年来，我们坚持一心为民、共享发展，大力发展社会事业，切实保障和改善民生，人民群众获得感幸福感安全感不断增强。社会保障更加有力。民生支出占一般公共预算支出达77.2%，全面完成十件民生实事。城镇新增就业2万人以上，城乡居民人均可支配收入达3.14万元、增长4%。完成基本医疗保险参保287.7万人，基本实现全民医保。创建强镇富村镇级公司133个，全面做好3.2万户8.3万名脱贫人口监测帮扶，牢牢守住不发生规模性返贫底线。教育卫生事业加快发展。新改扩建公办学校31所，提质优化小规模学校89个，新增学位1.65万个，职业教育办学条件达标率全省第三，仁化被教育部确定为全国义务教育优质均衡先行创建县。省级区域医疗中心扎实推进，完成基层医疗机构升级改造112家，引进基层医疗卫生人才255人，新冠疫苗全程接种率91%。文化体育事业蓬勃发展。改造提升体育场馆15个，圆满承办广东省第十三届中学生运动会、广东省第七届少数民族传统体育运动会，参赛成绩取得历史性突破。新建一批风度书房，新增省级非物质文化遗产4项、文物保护单位17处，在省公共文化服务评价中位居粤东西北首位，丹霞山、车八岭、南岭一峰科普生态园被评为全国科普教育基地，始兴、仁化、南雄入选全国科普示范县。社会治理全面提升。扎实推进“八五”普法、村居法律顾问工作，顺利完成“村改居”试点建设，“双百工程”社会工作服务站点实现100%覆盖。推动一大批信访积案难案有效化解，实现了“三个不发生”目标。全面巩固扫黑除恶斗争、电信网络诈骗综合治理、全民禁毒成果，安全生产态势平稳，食品药品安全考核获“双A级”，“双打”考核获全省第一档次，平安韶关、法治韶关质量更高、成色更足。

一年来，我们坚持改进作风、提升效能，全面加强服务型政府建设，政府工作提质增效。始终牢记政府机关是政治机关的属性，全面深入学习宣传贯彻党的二十大精神，深刻领悟“两个确立”的决定性意义，增强“四个意识”，坚定“四个自信”，做到“两个维护”。严格执行中央八项规定及其实施细则精神，持续加强政府系统党风廉政建设，充分发挥审计和统计监督作用，廉政为民作风持续改进、政府公信力稳步提升。自觉接受人大法律监督、政协民主监督和社会监督。全面支持人民武装工作，军地协同高效密切、双拥共建成果丰硕。国防动员和退役军人、民族宗教、气象地震、外事侨务、工会、共青团、妇女儿童、地方志、档案、老龄、红十字、慈善、残疾人保障等工作取得新进展新成效。

各位代表！过去一年极不平凡，成绩来之不易。这是以习近平同志为核心的党中央掌舵领航的结果，是省委、省政府和市委坚强领导的结果，是中省有关单位大力支持的结果，是东莞市倾力帮扶的结果，是全市上下共同努力、奋斗出来的结果。在此，我代表市人民政府，向全市干部群众，向各级人大代表、政协委员，向各民主党派、各人民团体，向离退休老同志，向驻韶解放军和武警部队，向中省有关单位和东莞市以及所有关心支持韶关发展的同志们、朋友们，表示衷心的感谢！

同时我们也要清醒看到，当前我市发展仍面临不少困难和挑战。一是我们干部队伍谋发展、抓经济的能动性还有待激发调动，“闯”的精神、

“创”的劲头、“干”的作风与新时代新征程的要求还有差距。二是产业结构转型升级亟待突破，钢铁、水泥、火电等传统产业增加值占全市工业增加值比重高达三分之二，电子信息、大数据、新材料、生物医药等新兴产业尚处于起步发展阶段，改革的力量、人才的集聚、要素资源的配置没有体现优先性。三是营商环境有待优化，行政审批环节还不够精简，项目落地建设耗时偏长，企业运营成本偏高，办事“多头跑、反复跑”现象仍然存在。四是民生事业短板突出，教育资源分布不均，基层医疗水平有待提高，养老、托育和就业保障不够充分。五是生态环保压力较大，环保基础设施历史欠账多，市区生活污水集中收集率偏低，臭氧成为影响空气质量的首要污染物。这些问题要在今后的工作中着力加以解决。

二、2023 年工作安排

各位代表！2023 年是全面贯彻落实党的二十大精神的开局之年，也是我们韶关抢抓机遇、加快发展的重要窗口期，做好今年工作任务艰巨、责任重大。

从发展大环境看，党的二十大站在统筹“两个大局”的战略高度，擘画了以中国式现代化全面推进中华民族伟大复兴的宏伟蓝图，重点部署了未来 5 年战略任务，提出深入实施区域协调发展战略、主体功能区战略、新型城镇化战略，国家将在宏观政策层面更加重视区域协调发展，在基础设施、公共服务、产业发展等方面采取更多有力措施；2022 年 12 月中央经济工作会议提出了“五大宏观政策”调控，作出了“五个纲举目张”重要部署，为做好 2023 年经济工作定向领航，必将改善社会心理预期、提振发展信心。省委、省政府大力支持北部生态发展区加快发展，印发《关于推动北部生态发展区高质量发展的意见》《支持韶关建设国家老工业城市和资源型城市产业转型升级示范区的若干意见》《关于推动产业有序转移促进区域协调发展的若干措施》；省委十三届二次全会作出了坚持制造业当家、启动“百县千镇万村高质量发展工程”、深入推进绿美广东生态建设等决策部署，高度符合我们韶关发展实际需要，必将为我们培育新动能、构筑新优势、加快高质量发展带来重大机遇和政策支持。

从自身发展看，我们拥有相对完备的制造业基础，韶关是老工业城市，经过多年的发展形成了涵盖 30 个行业大类的工业制造业体系，产业配套能力强大、综合成本较低，具备支撑中高端产业链发展的硬件基础。我们拥有比较优势的要素供给，韶关工业用地成本较低；工业供电价低质稳；技工人才培育充分，市域建有大中专院校超 30 家，每年毕业学生近 3 万人，且住房、用工、生活成本处于低价水平。我们拥有丰富优质的自然资源，韶关矿产资源禀赋居全省前列，金属矿、石英、辉绿岩等特色矿种储量丰富；风光资源优越，大风天数较多，每年有效日照时间长；水资源总量和人均耕地面积，森林覆盖率、森林蓄积量、林业用地面积稳居全省前列，资源价值化前景广阔。我们拥有通达内外的便利交通，韶关地处粤港澳大湾区、深圳先行示范区和横琴前海南沙三大平台辐射内陆地区发展的枢纽位置，基本建成“八高三铁两航”为主骨架的现代立体综合交通网，已融入大湾区城市 1 小时生活圈经济圈。我们拥有赶超发展的政策红利，迎来全国一体化算力网络粤港澳大湾区国家枢纽节点韶关数据中心集群建设、省支持韶关建设国家老工业城市和资源型城市产业转型升级示范区等重大发展战略叠加，支撑经济持续发展的利好因素不断集聚。我们拥有敢于斗争的拼搏意志，面对疫情汛情火情的大战大考，全市上下团结一心、齐心协力，坚决打赢疫情防控、抗洪救灾、森林防灭火三场硬仗，充分展现出我们韶关的干部群众是能担当、能吃苦、能战斗的。这是我们做好韶关工作实现高质量发展的优势所在、信心所在、底气所在。只要我们坚定不移沿着总书记指引的方向勇毅前行，抢抓机遇、乘势而上，在大胆开拓中把握主动，在积极作为中赢得先机，就一定能开创新时代韶关现代化建设新局面。

今年政府工作的总体要求是：坚持以习近平新时代中国特色社会主义思想为指导，全面贯彻落实党的二十大精神和中央经济工作会议、中央农村工作会议精神，深入贯彻习近平总书记对广东系列重要讲话和重要指示精神，认真落实省委十三届二次全会、省委经济工作会议、全省高质量发展大会精神和省委书记黄坤明在韶调研指示要求，按照市委十三届四次全会部署安排，坚持和加强党的全面领导，坚持稳中求进工作总基调，完整、准确、全面贯彻新发展理念，更好统筹疫情防控和经济社会发展，更好统筹发展和安全，大力实施生态立市、工业强市、县域富市“三大战略”，开展绿美韶关、产业攻坚、科教人才、营商环境优化、要素保障、资源盘活“六大行动”，推动基础设施水平、基层治理水平、民生事业水平“三大提升”，全面对接融入粤港澳大湾区，大力深化改革，优化营商环境，重点抓好产业有序转移承接主平台建设，加快制造业转型升级，着力促消费扩投资，加强生态文明建设，推进强县促镇带村，全力建设国家老工业城市和资源型城市产业转型升级示范区，奋力推动韶关高质量发展。

今年的主要预期目标是：地区生产总值增长 6%，规模以上工业增加值增长 8.5%，固定资产投资增长 10%，工业投资增长 12%，社会消费品零售总额增长 6%，地方一般公共预算收入增长 3%，居民消费价格涨幅 3% 左右，完成省下达的节能减排任务。

为实现上述目标，将重点做好九方面工作：

（一）以对接融入粤港澳大湾区为牵引，加快塑造韶关高质量发展新动能新优势

坚定不移对接融入粤港澳大湾区、深圳先行示范区和横琴前海南沙三大平台建设，承接产业有序转移，优化营商环境，吸引粤港澳大湾区更多的项目、资本、技术、人才落户韶关。

打造产业承接大平台。全力落实好省关于推动产业有序转移系列政策，坚持“全市一盘棋”，高起点规划建设 1 个省级重点主平台和 6 个特色产业园，积极承接大湾区大数据及

软件信息服务、生物医药、先进装备制造、电子信息、新材料、现代农业、商贸物流、医疗康养和文化旅游9大产业，实现与大湾区的功能互补、产业分工、市场对接和错位发展。以莞韶产业园和翁源产业园为基础，采取“一平台多片区”的形式，打造“万亩千亿”量级的首批省级重点支持建设的产业承接主平台；以乐昌、南雄、仁化、始兴、新丰、乳源等6个县(市)产业园区为载体，聚焦产业细分领域，每个园区重点培育1—2个特色主导产业，打造成为省级特色产业园。抓好新一轮莞韶对口帮扶协作，发挥莞韶两地互补优势，高水平谋划建设“产业飞地”，统筹推进华南装备园开发建设。建立主平台和重点园区项目土地要素保障提速提质审批机制，推进工业用地控制线划定，实施产业用地分级分类保障，强化承接产业有序转移用地支撑。全面提升园区产业承载能力，稳妥开展工业园区扩园工作，完成土地收储1万亩、处置盘活闲置低效用地3500亩以上、园区基础设施投资40亿元以上。

开展新一轮产业大招商。实施招商引资“一把手”工程，坚持“走出去、请进来”，深化全员招商，办好高质量发展招商大会、第二届“东数西算”粤港澳大湾区算力产业大会等各类招商推介活动。围绕现代农业、新能源及节能减排、大数据、先进装备制造、电子信息制造、商贸物流、林业经济、文化旅游、现代轻工、生物医药健康和先进材料等十一条重点发展产业链，搭建全产业可视化智慧化招商引资信息平台，建立产业链图谱清单和产业载体清单，大力开展精准招商、以商招商、驻点招商、产业链招商，着力引进产业链建链、延链、补链项目，开工一批招商引资重大项目、全年完成实际投资270亿元以上。做好项目招引“后半篇文章”，市县两级领导同志都要牵头联系1个以上大项目，对引进项目实行全生命周期服务，让项目引得进、落得下、能发展。创新招商利益共享机制，支持市县镇三级招商项目因地制宜落地，共享项目落地投产收益。优化调整招商引资优惠政策，在企业总部落户、技术改造、上规上市等方面给予更大力度支持，让来韶企业得到更多实惠、实现更大发展。

优化产业发展大环境。开展营商环境优化行动，学习借鉴粤港澳大湾区、深圳先行示范区在数字政府、政务审批、服务企业等方面的先进经验，加大改革力度，力争在省营商环境评价中走在粤东西北地区前列。优化政务服务环境，深化线下“一窗综办”和线上“一网通办”，拓展“跨省通办、省内通办、市内通办”渠道，实现“粤智助”服务事项增至190项，让广大企业、群众办事更便捷。持续开展系列暖企服务活动，精准落实各项助企纾困政策，完善领导挂点服务重点项目、企业和解决企业诉求“一跟到底”工作机制，优化服务供给，助力企业加快发展。用好政务服务“好差评”制度，力争好差评综合评分达9分以上，打造国企敢干、民企敢闯、外企敢投的一流营商环境。

（二）以更有力举措实施工业强市战略，全力创建国家产业转型升级示范区

坚持实体经济为本、制造业当家，狠抓传统产业改造升级和新兴产业培育壮大，开展产业攻坚行动，落实“制造业投资10条”，强化“制造业当家”考评，全面推动工作力量和政策资源向制造业集聚，加快构建现代化产业体系。

培育壮大新兴产业集群。全面提升当家产业优势，聚焦新一轮科技革命和产业变革，在大数据、先进装备制造、生物医药、先进材料、电子信息等领域招引建设一批高质量项目，抢占未来产业制高点，着手打造产值超1000亿元的大数据电子信息产业、先进装备制造产业，产值超500亿元的生物医药产业，全力塑造产业发展新优势。大数据产业要加快数据中心集群起步区建设，完善供电、供水、路网、管道等基础设施，推进四大运营商、万国数据、中瀚云等12个数据中心项目建设；先进装备制造产业要加快韶关模具创新创业产业园、南兴装备高端制造基地、比亚迪汽车模具生产基地、明德电器高端智能化配电设备产业基地、宏大新能源汽车动力总成等项目建设，建成广汽集团智能网联新能源汽车试验检测中心，加快推进一批汽车零部件和光伏、储能等新能源设备制造项目建设；生物医药产业要以高新区甘棠生物医药创新产业园和翁源创新原料药科技产业园作为核心发展载体、韶关综合客运枢纽一期作为孵化创新平台，形成“两园一平台”的发展格局，加快朗圣药业、岭南先创制药、一品红药业等项目建设，支持东阳光药业、丹霞生物、利民制药等龙头企业增资扩产，打造生物医药项目集聚新高地；先进材料产业要支持仁化建设新能源材料绿色循环利用特色产业园，加快锌基新材、南源铜材、欧莱新材等一批新材料项目建设，推动东阳光、盛祥等企业做大做强，支持始兴推进忠信覆铜板全产业链项目建设；电子信息制造产业要积极承接大湾区电子材料、电子信息元器件及终端产品加工制造环节的转移，推动韶华科技、朗科科技等项目尽快形成有效产能。

改造提升传统优势产业。保持战略定力，以“厂区变园区、产区变城区”改革为牵引，以实施“百企技改”“百企提升”为抓手，大力开展“工改工”、技术创新、产业孵化和引进上下游企业，加快推动钢铁、有色金属、绿色矿业、烟草、电力等传统支柱产业高端化、智能化、绿色化转型，力争在装备水平、核心技术、产品品质、工艺设计等方面取得新突破，全年完成技改投资50亿元以上。钢铁产业要支持中南股份优化调整产品结构，加快推进特殊钢改造项目建设，发展高端装备、汽车零部件特钢和优质钢；有色金属产业要支持韶冶、丹冶加快技术升级，延伸产业链条，建好“双变”产业园区；绿色矿业要全力推进全国绿色矿业发展示范区建设，加强铅、锌、铜、稀土等金属矿和石英、辉绿岩等优势矿产资源规划利用，支持大宝山、凡口铅锌矿等优势大型矿山企业延伸产业链条，提高产品附加值；烟草产业要推动烟厂卷接包车间及物流系统改造项目建设，支持复烤企业推进重点品牌原料区域加工中心建设；电力产业要加快三峡、明阳风光发电和国粤韶关综合利用发电

扩建等项目建设，启动总投资超 200 亿元的新丰、乐昌抽水蓄能项目，积极争取始兴、南雄山口抽水蓄能项目纳入国家中长期发展规划，支持粤电等发电企业稳定发展。

开展科教人才行动。全面统筹教育、科技、人才工作，为韶关高质量发展提供基础性、战略性支撑。支持职业教育提质培优，提高毕业生留韶实习就业率，为韶关建设工业强市培养更多技能型人才；支持韶关学院提升质量、办出特色，深化产学研合作，高质量建成硕士学位授予点 3 个。主动对接融入粤港澳大湾区国际科技创新中心建设，全力推动韶关高新区成功创建国家级高新区，加快武汉理工大学韶关研究院、广东碳中和研究院(韶关)、中震科建(广东)防灾减灾研究院等创新平台提质增效，推动建设大湾区数据产业研究院、药品省级重点实验室、东阳光动力电池关键材料技术实验室，新增申报 2 家省级研发平台、10 家省级工程技术研究中心；突出企业科技创新主体地位，实施高新技术企业树标提质行动，新增高新技术企业 30 家、入库科技型中小企业 300 家。落实韶关新时代“百团千才万匠”人才工程，围绕重点领域和新兴产业组织实施“南岭团队计划”，加快集聚高层次科技创新人才，力争引得进、留得住、用得好。

推进质量强市建设。坚持质量为王价值导向，大力提升产品、工程和服务质量，积极探索质量基础设施“一站式”协同服务新模式，加强重点领域产业基础质量攻关，不断提升“韶关品牌”的竞争力和话语权。深入实施“品质提升”工程，开展第二届制造业品质领跑者认定工作，支持培育更多优质产品和知名品牌。加强检验检测机构资质认定监管，推行“双随机、一公开”监督抽查，规范检验检测行业发展。

（三）以更高标准实施县域富市战略，推动城乡更加协调发展

推进“百县千镇万村高质量发展工程”，统筹抓好产业兴县、强县富民、县城带动，让县域进一步强起来、富起来、旺起来，在不同赛道上争先进位。

加快农业农村现代化。坚持农业农村优先发展，全面落实粮食安全党政同责，全年粮食播种面积 180 万亩以上、产量 75 万吨以上，完成省下达目标任务。加快 12 个在建省级现代农业产业园建设，擦亮“韶关兰花”“韶关珍果”“韶关茶”“韶关食用菌”等区域公用品牌，新增省级现代农业产业园 2 个。加快南雄盆地大型灌区建设，完成高效节水创新示范项目 5000 亩、高标准农田 16 万亩。发挥农产品冷链物流园联农带农作用，实施供销社联农扩面五项工程。深化驻镇帮镇扶村工作，开展乡村振兴擂台赛，打造乐昌“诗画田园”、南雄“红层沃土·缤纷湖珠”、乳源“瑶客共生”等一批乡村振兴示范带。深化农村改革，扶持新型农村集体经济，发展壮大新型农业经营主体。推进乡村建设行动，加强农房管控和外立面整治提升，持续推进农村生活污水治理和“四好农村路”建设。

发展壮大县域经济。用好县级对口帮扶协作机制，集约高效建设县域产业转移工业园，积极承接大湾区产业有序转移，实施一批亿元级项目，扶持一批十亿元级企业，打造一批经济强县。支持乐昌、南雄深化省际城市开放合作，大力发展精细化工、现代农业深加工和电子信息等产业，加快打造极具产业吸引力的省际门户城市。支持翁源、新丰高标准建设韶关融湾产业平台，重点承接大湾区汽车零部件、生物医药、新材料等产业外溢，全力打造我市融湾先行示范区。支持仁化、始兴做强绿色工业、生态农业，做优特色文旅产业，实现一二三产业协调发展。支持乳源加快推进生态产业化、产业生态化，充分发挥民族地区政策加持作用，构建以健康产业为主体的生态产业体系。强化 105 个乡镇（街道）高质量发展评价，压实镇村干部招商引资责任，营造大抓招商引资和产业发展的良好氛围，打造一批工业、农业、文旅强镇。

提升中心城区功能品质。以创建全国文明城市为总抓手，以“绣花”功夫提高城市规划建设和治理水平，增强中心城区的吸引力和凝聚力。加强中心城区东西通道规划建设，加快丹霞大桥等南北通道建设，逐步完善“双环 + 放射”状交通网络，整治优化交通拥堵节点，打通路网细枝末梢，提升城市内联外通水平。扎实有序推进城市更新，抓好“三旧”改造，下决心治理芙蓉新城内涝，推动中心城区智慧停车项目建成使用，整治提升城中村和背街小巷，改造提升中心城区污水管网、五里亭水厂和韶州自来水厂，开工改造老旧小区 71 个，建设一批“五小”场所，补齐停车场、充电桩、生活垃圾处理等基础设施建设短板。大力推进产城融合，加大芙蓉新城产业引进力度，加强信息、金融、研发、设计等生产性服务业设施及创新平台建设，全面提升城市宜居宜业水平。

改善城镇人居环境。优化县域和中心镇、重点镇国土空间规划布局，全面强化基础设施建设城乡统筹，推进国道 G535 线乐昌乐城至桥头段等 11 条国省干线公路提质升级，加快建设城乡防洪排涝、污水处理设施和建筑垃圾处理消纳场，完成翁源支线和新丰支线回龙段天然气“县县通”工程，增强县域综合承载力，引导农村人口向县城集聚。加强圩镇建筑风貌管控，抓好镇级标杆便民服务中心建设，优化教育、医疗、文化、养老托育等公共资源配置，把圩镇建设成为服务群众的区域中心。

（四）以更严要求实施生态立市战略，持续加强生态文明建设

落实习近平生态文明思想，开展绿美韶关行动，全域加强生态环境保护，让韶关大地天更蓝、山更绿、水更清、环境更优美。

推进绿美韶关生态建设。实施绿美韶关生态建设“六大行动”，深入推进高质量水源涵养林建设，优化重要生态区域低效林林分结构，加强森林抚育和封山育林，促进中幼林生长，完成林分优化 19 万亩、森林抚育 30 万亩。持续提升“五边”绿化美化品质，深入开展“四旁”植绿活动，高标准建设县级国家森林城市、森林城镇、森林乡村，形成市、县、镇、村四级绿色发展格局。深入推进南岭国家公园、丹霞山国家公园建设，加强自然

保护地整合优化，建设韶关植物园，完成“南岭植物”和“药用植物”两个专类园(一期)工程，提升华南虎繁育研究基地建设水平。全面落实林长制，积极开展全民义务植树活动，实施古树名木资源保护工程，加强松材线虫等有害生物防治，推进防火通道、防火林带、防火蓄水池等森林防火设施规划建设，提升森林资源管护水平。

深入打好污染防治攻坚战。持续巩固提升国家生态文明建设示范区成效，抓好大气污染防治，加强重点行业挥发性有机物和氮氧化物协同减排，推进钢铁企业超低排放改造，确保空气质量六项监测指标全面达标。抓好水污染防治，加快镇级以上饮用水水源地的规范化建设，实施污水管网建设和改造工程，开展入河排污口综合整治，确保全市13个国控断面水质优良比例100%、县级以上饮用水水源地水质达标率100%。抓好土壤、固体废物污染防治，完成历史遗留矿山生态修复治理3600亩，启动“无废城市”建设，推进固体废物源头减量和资源化利用，提升区域垃圾焚烧飞灰和建筑垃圾利用处置能力。

推动绿色低碳高质量发展。开展碳中和先行示范区创建，鼓励企业申报绿色制造体系建设示范名单，打造一批绿色制造先进典型。加快韶关碳中和装备产业园(乐昌)建设。统筹做好“双控”“双碳”工作，坚决遏制“两高”项目盲目发展。加快推进市属国有林场林权出让和国家储备林项目建设，打造韶关国家储备林项目建设示范点。推动特色经济林和林下经济规模化、集约化、专业化经营，加强油茶种植基地建设和油茶低产低效林改造，做大做强竹木和林下产品精深加工产业。加强全市森林康养资源整合开发，推进南雄林业生物产业整合发展专项试点改革，建设国家森林康养基地和国家林业生物产业基地，争创全省森林康养示范市。加快培育新型林业经营主体，做大做强林业龙头企业，持续推进林产品品牌建设，打造“韶林+”特色品牌。深化全国林业碳汇试点和全省林业综合改革试点工作，推动林业生态产品价值实现。积极探索“光伏+石漠化治理”新发展模式，推进石漠化综合治理。抓好公共机构节能降耗，绿色建筑占新增建筑面积达80%以上。加快新能源汽车推广应用和充电基础设施建设，促进交通领域节能降碳。

（五）以更大力度扩大内外需求，全面夯实经济恢复基础

牢牢把握扩大内需战略基点，千方百计抓项目促投资，全力促进消费提质升级，夯实经济发展基础，保持对外贸易稳定增长。

促进消费提质升级。把恢复和扩大消费摆在优先位置，全力打造省区域消费中心城市，实施“魅力韶城”“寻味韶城”“时尚韶城”“乐游韶城”四项工程，开展四季主题促消费活动，促进住房改善、新能源汽车、家电、养老服务等消费。实施县域商业建设行动，升级改造商贸中心、大型超市、集贸市场、仓储配送中心10家以上，全年新增限上批发零售企业30家以上。着力打造全域旅游示范区，积极推进云门五季、嘉华康养酒店、红军过粤北重点展示园等重点文旅项目，完善旅游基础配套设施，新增国家A级旅游景区3个，办好穿越丹霞山50公里徒步赛、环丹霞山自行车赛、丹霞山马拉松赛等品牌赛事活动，全面激活旅游市场。

推动基础设施水平提升。按照市委全会“三年工程瞄准两年干”的要求，全力推进重大平台、重点项目建设，用好重大项目挂图作战机制和并联审批工作机制，加快总投资超2300亿元、年度完成投资315亿元以上的295个重点项目建设，突出抓好雄信高速、武深高速始兴联络线、丹霞机场高速、北江航道扩能升级上延工程、锦江绿色航道、韶关港白土作业区一期等一批重大交通项目建设，推动全市固定资产投资完成640亿元。充分发挥专项债项目对投资的支撑作用，加强专项债项目前期工作和建设，全力争取新增专项债券资金发行额度。积极谋划储备政策性开发性金融工具项目，力争国粤电力二期、韶关数据中心集群等一批项目成功签约。

推动外资外贸稳定发展。全面落实省、市“外资十条”，加强外商投资权益保护，促进外资稳存量、扩增量，力争全年新设各类外资企业22家以上、利用外资增长5%。积极参加“粤贸全球”中国商品展览平台、广交会等重要境内外展会，推动经贸人员常态化走出去招商引资，稳住对欧美、日韩等国家和地区出口，扩大对东盟等新兴经济体出口，提高出口附加值。支持中南股份扩大铁矿石和生产原料优质煤炭进口量，全力稳定大宗商品进口。支持直播电商、跨境电商、海外仓等新业态发展，扎实推进国家级跨境电商综合试验区建设，力争入驻跨境电商园区企业达15家以上。

2022年3月30日，韶关市在市区召开韶关市深入打好污染防治攻坚战推进会 （市档案馆 供图）

高标准高质量建设广东自贸试验区韶关联动发展区，推进韶关保税物流中心（B 型）和韶关水运口岸项目建设，做优做强“铁海联运”，全面优化口岸通关环境。

（六）以更大魄力深化重点领域改革，更好激发创新发展活力

坚持问题导向，紧扣制约重点工程、重点项目、重点企业发展的关键环节，综合运用改革手段解决问题、推动工作，切实以改革增活力、提效率、开新局。

支持民营经济发展壮大。从严落实“两个毫不动摇”，为民营企业解难题、办实事，促进民营经济做大体量、做强质量。全面梳理修订涉企政策，对各类企业一视同仁，持续破除影响平等准入壁垒。精准落实助力中小微企业稳增长调结构强能力 15 条措施等支持政策，规范产业用房租赁市场、稳定租赁价格，着力降低企业制度性交易成本和生产经营成本。搭建推广“韶融码”线上对接平台，支持银行机构对符合条件的中小微企业按照市场化原则展期、续贷，强化风险补偿基金放大撬动作用，推动中小微企业稳增长、稳预期。

深化国资国企改革。坚持分类改革方向，促进国有经济布局优化和结构调整，推动市属国企实现营业收入增长 30% 以上。以去机关化为抓手，持续完善市属国企现代企业管理运营机制，清退一批“三无”空壳公司，压缩监管企业管理层级。支持数投、绿投等国企以市场化方式参与新兴产业项目建设，推动在各自赛道上加快发展。严密防范融资平台债务风险，健全以管资本为主的国资管理体制，确保国资国企健康发展。

深入开展要素保障行动。坚持要素跟着项目走，全力破解要素制约，用改革谋出路，以亩均论英雄。深化浈江区、武江区土地征收工作体制改革，集中攻坚一批重点项目、重大平台、重要民生项目“净地”收储，推动省级产业园实行“标准地”供应、“带设计方案”出让模式，实现“拿地即开工”。持续提升水电气获得便利度，设置综合窗口“一次办”，实现符合条件的低压用电和用水、用气报装“零上门、零审批、零费用”。提高用能保障和环评效率，全力争取国家和省级能耗指标支持，开辟重点项目环评审批“绿色通道”，确保大项目好项目顺利落地。

深入开展资源盘活行动。全面梳理重点领域资源资产底数，合理评估、核算资源资产价值，努力将资源优势转化为发展优势。深入推进 62 个国有资源资产价值化项目建设，全力实现国有资源资产价值最大化。深入推进矿产资源价值化，扩大“净矿”出让试点范围，积极引进有资金有实力的优质企业参与矿产资源的勘查开发和出让公开竞争摘牌，科学评估确定矿产资源价值，推动优势矿产资源绿色开发。

深化财税金融领域改革。深化预算管理制度改革，健全现代预算制度，促进预算科学精准编制、规范高效执行，兜住“三保”底线，为全市中心工作稳步推进提供坚实财力保障，确保财政管理绩效评价工作继续走在全省前列。进一步厘清市、县事权清单，优化乡镇（街道）财税分享机制，充分调动基层干事积极性。深化税收征管、税费精诚共治管理改革，提升税源精准监管和协税护税能力。全面实施“金融倍增”工程，全年新增信贷融资 180 亿元，实现制造业、科技创新、小微企业信贷增速超 20%。推动设立政府产业引导基金，引领带动更多金融、社会资本投向重点产业，实现“基金招商”新突破。分层次、全周期、全链条扶持企业利用资本市场加快发展，推动北江智纺和欧莱新材尽快成功上市。

（七）以更实成果保障改善民生，不断满足人民群众对美好生活的需要

坚持以人民为中心的发展思想，尽力而为、量力而行，强化基本公共服务，兜牢基本民生底线，推动民生事业水平提升，让老百姓的生活步步高、喜洋洋。

大力促进就业创业。全面落实 3.0 版“促进就业十条”等稳岗惠企利民政策，扎实做好高校毕业生、农民工、就业困难人员、残疾人等重点群体就业工作，力争城镇新增就业 2 万人以上。持续推进“粤菜师傅”“广东技工”“南粤家政”三项工程，打响“韶关保姆”“丹霞月嫂”“韶关工匠”品牌。抓好创业孵化基地、农村电商平台和乡村振兴人才驿站建设。深入开展根治欠薪工作，保障劳动者合法权益。

办好人民满意教育。全面落实立德树人根本任务，优化区域教育资源配置，推进学前教育普及普惠、义务教育优质均衡、县域高中整体提升发展，促进教育公平。高质量办好幼儿园、小学、中学，基本完成 50 人以下的乡村小规模学校优化提质，新改扩建公办中小学、幼儿园 25 所，新增公办学位 8280 个，更好满足人民群众对优质教育的新期待。积极创建全省基础教育高质量发展实验区，支持仁化创建全国义务教育优质均衡发展县。深入落实“双减”政策，规范校外培训和民办教育健康发展。弘扬尊师重教社会风尚，培养高素质教师队伍，推动教育高质量发展。

推进健康韶关建设。支持粤北人民医院创建省级区域医疗中心、粤北第二人民医院建设粤北区域重大疫情救治基地，加快市第一人民医院高水平医院、市中医院新院等项目建设，启动市疾控中心综合实验大楼建设。深化医药卫生体制改革，加快紧密型县域医共体建设，实施新一轮基层医疗卫生服务能力提升计划，推动优质医疗资源和服务向农村延伸。认真做好新阶段疫情防控工作，落实“乙类乙管”要求，加强医疗救治能力建设，完善分级诊疗服务体系，推动新阶段疫情防控平稳有序转段。

繁荣发展文体事业。加快长征国家文化公园（广东段）、华南教育历史研学基地建设。推进韶州历史文化博物馆、市党史方志馆布展，改造提升市文化馆和粤北采茶戏保护传承中心，建设一批公共文化设施，力争基层综合性文化服务中心提质增效达标率实现 65% 以上。广泛开展全民健身活动，促进群众体育和竞技体育发展。

健全社会保障体系。完善落实防止返贫监测帮扶机制，坚决守住不发生规模性返贫底线。深入实施全民参保计划，落实企业职工基本养老保险全国统筹、失业保险和工伤保险基金

省级统筹。提升市救助管理质量，稳步提高低保、特困人员、孤儿基本生活补贴和残疾人两项补贴保障水平。加快社区和居家养老服务体系建设，支持民办养老服务机构发展。推进儿童福利机构优化提质，切实保障妇女儿童合法权益，促进残疾人事业全面发展。

强化军政军民团结。深入开展全民国防教育，改造升级市国防教育训练基地，积极打造省级国防教育基地。推进新一届双拥模范城创建，实施退役军人服务中心（站）能力提升行动，做好退役军人优抚安置和就业创业保障，进一步巩固军政军民团结良好局面。

全力办好十件民生实事。一是优化生育支持政策。二是推进芙蓉新城内涝整治。三是深入实施“粤菜师傅”“广东技工”“南粤家政”三项工程。四是增加学前教育公办学位供给。五是深入推进健康养老服务体系建设。六是深入推进“四好农村路”建设和农村生活污水治理。七是加大食品药品安全监督检测力度。八是推进市区城镇老旧小区改造。九是提高低保、特困人员、孤儿基本生活补贴和残疾人两项补贴保障水平。十是推动病险水库除险加固。

（八）以更实措施防范化解重大风险，坚决兜牢安全稳定底线

落实总体国家安全观，更好统筹发展和安全，推动社会治理重心下移、力量下沉，建设更高水平的平安韶关、法治韶关。

有效防范化解重大经济金融风险。落实“金融16条”等政策，稳妥推进房地产行业风险防范处置，加快完善住房保障体系，新建一批保障性租赁住房、公租房，支持刚性和改善性住房需求，稳定房地产投资，确保房地产市场健康发展。加强金融监管和风险监测预警，抓好虚拟货币交易炒作、非法集资等涉众金融风险防范化解，加强地方中小金融机构风险防控，守住不发生系统性风险的底线。持续抓好垦造水田、土地出让和矿产资源出让等工作，强化财政资金监管，确保财政收支总体平稳、金融财税稳健运行。

深化平安韶关建设。加快广东省粤北区域应急救援中心、芙蓉消防站及新消防指挥中心项目建设，加强应急救援队伍建设及物资储备，全力抓好森林防灭火、防汛抗旱等工作，提高防灾减灾救灾能力。织密社会治安防控“五张网”，常态化开展扫黑除恶，纵深推进全民反诈，积极创建“无毒韶关”，建设全国市域社会治理现代化示范城市。加强食品药品、医疗器械和化妆品安全以及医保基金监管。扎实抓好公共安全治理，严格落实安全生产责任制，加强城镇燃气、自建房、危化品、消防、道路运输、非煤矿山、建筑施工、水上交通和渔业船舶等重点领域安全监管和隐患排查整治。

推动基层治理水平提升。实施公民道德建设工程，深入推进新时代文明实践中心建设，广泛开展精神文明创建活动，让“善美韶关”深入人心。以党建引领基层治理，加强基层网格化管理。全面开展基层矛盾纠纷大排查大化解专项行动，争创群众信访“零增量”城市。深化司法体制综合配套改革，推行法律援助申请市域通办，扎实推进“一村（社区）一法律顾问”工作。深入开展“八五”普法，常态化开展法治宣传教育，努力让尊法学法守法用法在全社会蔚然成风，建设更高水平法治韶关。

（九）以更强决心加强自身建设，打造人民满意服务型政府

始终保持“赶考”的清醒与坚定，毫不动摇坚持党的全面领导，建设人民满意的服务型政府，以奋发有为的精神状态在新征程上展现新气象开创新局面。

加强党的全面领导。坚持把政治建设摆在首位，牢牢把握正确政治方向，深入学习贯彻习近平新时代中国特色社会主义思想，深刻领悟“两个确立”的决定性意义，增强“四个意识”，坚定“四个自信”，做到“两个维护”，主动把韶关工作放在党和国家发展大局中去思考、谋划、推进，始终在思想上政治上行动上同以习近平同志为核心的党中央保持高度一致。

深入推进依法行政。认真学习贯彻习近平法治思想，全面落实法治政府建设实施方案，加快法治政府示范创建。严格规范公正文明执法，提高政府公信力和执行力。严格执行“三重一大”集体决策、合法性审查机制，提高政府决策科学化、民主化、法治化水平。自觉接受人大法律监督和工作监督、政协民主监督，继续做好人大代表建议和政协委员提案办理工作，确保权力在法治轨道上运行。

着力建设高效政府。始终把求真务实贯穿政府工作全过程，牢牢把握高质量发展首要任务，坚持任务项目化、项目清单化、清单责任化，推动重大项目从谋划储备到开工建设各环节全面提速提效。坚持大道至简、实干为要，以奋斗姿态抢时间、抢机遇，一刻不耽误地埋头苦干，在高质量发展中比学赶超、赛龙夺锦。大兴调查研究之风，不要做守在办公室的“门诊先生”，要当深入基层的“赤脚医生”，谋实事、摸实情、出实招、求实效，以实绩论英雄。牢牢把握团结奋斗的鲜明主题，推动全市政府系统心往一处想、劲往一处使，着力营造想干事、敢干事、干成事的浓烈氛围。

强化廉洁政府建设。严肃廉洁纪律和财经纪律，加强对权力集中、资金密集、资源富集领域的监管，坚决整治群众身边的腐败问题和不正之风。认真落实中央八项规定及其实施细则精神，着力解决“四风”突出问题。严格控制“三公”经费和一般性支出，以政府过“紧日子”“苦日子”来保障群众过上“好日子”。依法强化审计和统计监督，做好第五次经济普查，常态化开展“经济体检”，不断巩固风清气正的政治生态。

各位代表，征途漫漫，唯有奋斗！让我们更加紧密地团结在以习近平同志为核心的党中央周围，高举习近平新时代中国特色社会主义思想伟大旗帜，全面贯彻落实党的二十大精神，在市委的坚强领导下，坚定信心，同心同德，以钉钉子精神抓落实，把手中的“施工图”转化为韶关大地的“实景画”，奋力推动韶关各项事业再上新台阶，争当北部生态发展区高质量发展排头兵！

（徐　超）

重要文件辑录

2022年中共韶关市委重要文件目录一览表（选录）

表76

序号	文件名称	文号	发文单位	发文日期
1	中共韶关市委印发《关于深化改革攻坚加强规范治理的实施意见》的通知	韶发〔2022〕1号	中共韶关市委	2022年2月16日
2	中共韶关市委关于认真学习宣传贯彻《习近平谈治国理政》第四卷的通知	韶发〔2022〕9号	中共韶关市委	2022年8月15日
3	中共韶关市委关于认真学习宣传贯彻党的二十大精神的通知	韶发〔2022〕12号	中共韶关市委	2022年11月4日
4	中共韶关市委办公室、韶关市人民政府办公室印发《关于推进贸易高质量发展的行动方案》的通知	韶办发〔2022〕1号	中共韶关市委办公室 韶关市人民政府办公室	2022年1月27日
5	中共韶关市委办公室关于认真学习宣传贯彻市委十三届二次全会精神的通知	韶办发〔2022〕2号	中共韶关市委办公室	2022年2月15日
6	中共韶关市委办公室、韶关市人民政府办公室印发《关于进一步提升市直机关执行力专项行动方案》的通知	韶办发〔2022〕3号	中共韶关市委办公室 韶关市人民政府办公室	2022年2月28日
7	中共韶关市委办公室关于印发《韶关市市管职级公务员管理制度（试行）》的通知	韶办发〔2022〕7号	中共韶关市委办公室	2022年5月5日
8	中共韶关市委办公室、韶关市人民政府办公室印发《关于进一步规范工作程序加快推动重点工作提质增效的若干意见》的通知	韶办发〔2022〕8号	中共韶关市委办公室 韶关市人民政府办公室	2022年7月21日
9	中共韶关市委办公室关于印发《韶关市拓展新时代文明实践中心建设工作方案》的通知	韶办发〔2022〕11号	中共韶关市委办公室	2022年8月1日

（资料来源：韶关市人民政府办公室）

2022年韶关市政府重要文件目录一览表（选录）

表77

标题	文号	发文单位	发文日期
关于市政府领导班子成员分工的通知	韶府〔2022〕1号	韶关市人民政府	2022年2月28日
关于印发韶关市信息基础设施及数字经济发展“十四五”规划的通知	韶府〔2022〕3号	韶关市人民政府	2022年1月4日
关于印发韶关市科技创新“十四五”规划的通知	韶府〔2022〕5号	韶关市人民政府	2022年1月12日
关于印发韶关高新技术产业开发区“十四五”高质量发展规划（2021—2025年）的通知	韶府〔2022〕6号	韶关市人民政府	2022年1月22日

续表77

标题	文号	发文单位	发文日期
关于印发韶关市公共服务“十四五”规划的通知	韶府〔2022〕7号	韶关市人民政府	2022年3月10日
关于印发韶关市人口发展规划（2021—2035年）的通知	韶府〔2022〕10号	韶关市人民政府	2022年4月15日
关于印发韶关市应急管理“十四五”规划的通知	韶府〔2022〕12号	韶关市人民政府	2022年5月19日
关于印发韶关市全民科学素质行动规划纲要实施方案（2021—2025年）的通知	韶府〔2022〕15号	韶关市人民政府	2022年8月8日
关于市政府领导班子成员分工的通知	韶府〔2022〕18号	韶关市人民政府	2022年10月27日
关于公布韶关市行政许可事项清单（2022年版）的通知	韶府〔2022〕19号	韶关市人民政府	2022年11月3日
印发关于进一步促进科技创新若干政策措施（修订版）的通知	韶府〔2022〕20号	韶关市人民政府	2022年11月7日
关于印发韶关市生态环境保护“十四五”规划的通知	韶府办〔2022〕1号	韶关市人民政府办公室	2022年3月2日
关于印发韶关市人力资源和社会保障事业发展“十四五”规划的通知	韶府办〔2022〕5号	韶关市人民政府办公室	2022年1月15日
关于印发2022年度市政府规范性文件制定（修订）计划的通知	韶府办〔2022〕7号	韶关市人民政府办公室	2022年2月16日
印发关于促进韶关市道路货运物流发展实施意见的通知	韶府办〔2022〕8号	韶关市人民政府办公室	2022年2月19日
关于印发韶关市市场监管体系“十四五”发展规划的通知	韶府办〔2022〕9号	韶关市人民政府办公室	2022年3月2日
关于印发韶关市水生态环境保护“十四五”规划的通知	韶府办〔2022〕10号	韶关市人民政府办公室	2022年3月5日
关于印发韶关市农业农村发展“十四五”规划的通知	韶府办〔2022〕11号	韶关市人民政府办公室	2022年3月10日
关于印发韶关市“十四五”残疾人保障和发展规划的通知	韶府办〔2022〕13号	韶关市人民政府办公室	2022年4月10日
关于印发韶关市2022年促进消费若干措施的通知	韶府办〔2022〕14号	韶关市人民政府办公室	2022年4月28日
关于印发韶关市人民政府2022年度重大行政决策事项的通知	韶府办〔2022〕21号	韶关市人民政府办公室	2022年6月17日
关于印发韶关市应急救援领域市级与县（市、区）财政事权和支出责任划分改革实施方案的通知	韶府办〔2022〕24号	韶关市人民政府办公室	2022年11月4日

（资料来源：韶关市人民政府办公室）

统计资料

韶关市重要年份主要指标及年平均增长速度统计表

表78

指标		1978年	1990年	2000年	2010年	2020年	2022年
1.年末户籍总人口（万人）		231.55	279.15	310.93	328.10	336.60	336.71
城镇人口		54.67	84.55	109.65	122.05	151.89	151.16
乡村人口		176.88	194.60	201.28	206.05	184.71	185.55
2.地区生产总值（当年价，亿元）		9.56	55.00	192.72	624.77	1375.16	1563.93
第一产业增加值		3.04	16.17	44.01	87.97	199.87	224.56
第二产业增加值		4.64	23.14	75.71	244.52	474.36	556.69
工业增加值		4.12	20.96	63.77	205.71	376.06	467.77
第三产业增加值		1.88	15.68	73.00	292.28	700.92	782.67
人均地区生产总值（当年价：元）		410	1956	7045	21996	48200	54664
三次产业结构（当年价计，%）	第一产业	31.7	29.4	22.8	14.1	14.5	14.4
	第二产业	48.6	42.1	39.3	39.1	34.5	35.6
	第三产业	19.7	28.5	37.9	46.8	51.0	50
固定资产投资占GDP比例（%）		16.7	19.6	40.9	67.5	—	—
3.耕地面积（万亩）		215	205	201	196	—	—
人均耕地面积（亩）		0.93	0.74	0.65	0.60	—	—
粮食总产量（万吨）		73.55	104.28	106.93	78.79	74.45	75.90
稻谷亩产量（千克）		225.1	376.2	460.0	394.0	435.4	435.5
4.发电量（亿千瓦时）		20.71	39.67	63.22	128.13	189.37	234.77
钢产量（万吨）		12.12	57.41	145.68	509.18	893.32	833.91
5.公路通车里程（万千米）		0.49	0.54	0.90	1.38	1.70	1.72
公路密度（公里/百平方千米）		26.5	29.6	48.8	74.5	92.7	—
民用汽车保有量（万辆）		0.46	1.81	3.67	9.95	47.48	55.97
6.电话交换机总容量（万门）		1.77	9.22	66.08	170.32	—	—
固定电话安装用户（万户）		0.67	3.04	43.54	64.94	53.47	—

续表78

指标	1978年	1990年	2000年	2010年	2020年	2022年
7. 固定资产投资完成额（万元）	15969	107924	568205	4337312	—	—
房屋竣工面积（万平方米）	51. 59	182. 30	489. 53	665. 91	259. 93	227. 34
8. 社会消费品零售额（亿元）	4. 44	22. 61	75. 98	219. 10	445. 25	493. 97
9. 住户存款余额（亿元）	0. 52	19. 98	165. 47	562. 11	1459. 06	1820. 97
职工人平均工资（元）	656	2690	9193	31873	89366	—
农村居民人均可支配收入（元）	137	760	2793	6317	18289	21234
市区商品零售物价指数（以1950年为100%）	131. 4	322. 4	567. 2	623. 7	728. 6	—
市区居民消费价格指数（以1950年为100%）	133. 1	332. 9	668. 2	747. 3	1011. 0	—
10. 高等学校在校学生（人）	538	3343	10765	31118	44168	—
普通中学在校学生（万人）	14. 68	12. 68	18. 79	19. 99	15. 96	—
小学在校学生（万人）	35. 50	35. 36	33. 89	20. 73	26. 85	—
11. 医院数（家）	132	162	199	173	152	—
医院床位数（张）	5754	7352	8099	11227	17558	—
卫生技术人员数（人）	7446	11048	12434	14386	23162	—
每万人拥有卫生技术人员数（人）	32	40	40	44	81	—

（资料来源：市统计局）

2022年广东省各市主要经济指标完成情况统计表（一）

表79

市别	地区生产总值（GDP）			规模以上工业增加值		
	2022年（亿元）	增长率（%）	增速排位	2022年（亿元）	增长率（%）	增速排位
全省	129119. 0	1. 9	—	39533. 5	1. 6	—
广州市	28839. 0	1. 0	11	5144. 5	0. 8	9
深圳市	32387. 7	3. 3	2	10366. 8	4. 8	3
珠海市	4045. 5	2. 3	4	1480. 8	6. 9	1
佛山市	12698. 4	2. 1	6	5761. 8	1. 6	6
惠州市	5401. 2	4. 2	1	2424. 8	6. 3	2
东莞市	11200. 3	0. 6	16	5267. 4	-1. 3	12

续表79

市别	地区生产总值（GDP）			规模以上工业增加值		
	2022年（亿元）	增长率（%）	增速排位	2022年（亿元）	增长率（%）	增速排位
中山市	3631.3	0.5	17	1399.5	-1.4	13
江门市	3773.4	3.3	2	1359.4	3.1	4
肇庆市	2705.0	1.1	10	836.4	1.5	7
汕头市	3017.4	1.0	11	752.5	-2.3	16
汕尾市	1322.0	1.5	8	197.0	-6.3	19
潮州市	1313.0	2.3	4	272.5	-4.9	18
揭阳市	2261.0	-1.3	21	434.9	-17.5	21
阳江市	1535.0	0.8	15	405.0	1.1	8
湛江市	3712.6	1.2	9	1006.7	-1.7	14
茂名市	3904.6	0.5	17	593.5	-8.0	20
韶关市	1563.9	0.2	20	377.9	-1.8	15
清远市	2032.0	1.0	11	672.5	-0.8	11
河源市	1294.6	1.0	11	363.5	2.4	5
梅州市	1318.2	0.5	17	262.6	-2.8	17
云浮市	1162.4	2.1	6	153.5	0.0	10

（资料来源：市统计局）

2022年广东省各市主要经济指标完成情况统计表（二）

表80

市别	固定资产投资			社会消费品零售总额		
	2022年（亿元）	增长率（%）	增速排位	2022年（亿元）	增长率（%）	增速排位
全省	—	-2.6	—	44799.7	1.6	—
广州市	—	-2.1	9	10298.2	1.7	8
深圳市	—	8.4	2	9708.3	2.2	7
珠海市	—	-8.8	13	1044.7	-0.3	17
佛山市	—	-3.6	10	3593.6	1.0	11
惠州市	—	8.8	1	2040.5	3.1	2

续表80

市别	固定资产投资			社会消费品零售总额		
	2022年（亿元）	增长率（%）	增速排位	2022年（亿元）	增长率（%）	增速排位
东莞市	—	0.8	5	4254.9	0.4	14
中山市	—	-0.7	7	1593.4	4.1	1
江门市	—	-0.8	8	1309.0	2.4	4
肇庆市	—	-14.9	17	1117.1	-3.8	21
汕头市	—	-14.5	16	1485.0	-1.3	19
汕尾市	—	-6.2	11	475.5	-0.4	18
潮州市	—	0.4	6	487.1	1.3	9
揭阳市	—	-23.5	19	1066.1	1.0	11
阳江市	—	-32.8	21	495.6	2.7	3
湛江市	—	-9.6	14	1826.6	2.4	4
茂名市	—	6.3	3	1509.9	0.8	13
韶关市	—	-19.7	18	494.0	1.2	10
清远市	—	-6.9	12	581.2	0.3	16
河源市	—	-29.3	20	378.0	-2.5	20
梅州市	—	-11.0	15	656.8	0.4	14
云浮市	—	5.3	4	384.2	2.3	6

（资料来源：市统计局）

2022年广东省各市主要经济指标完成情况统计表（三）

表81

市别	地方一般公共预算收入			地方一般公共预算支出		
	2022年（亿元）	增长率（%）	增速排位	2022年（亿元）	增长率（%）	增速排位
全省	13279.7	-5.8	—	18509.9	1.6	—
广州市	1854.7	-1.5	9	3014.2	-0.2	12
深圳市	4012.3	-5.8	14	4997.2	9.3	2
珠海市	437.4	-2.4	10	754.1	-4.2	20

续表81

市别	地方一般公共预算收入			地方一般公共预算支出		
	2022年（亿元）	增长率（%）	增速排位	2022年（亿元）	增长率（%）	增速排位
佛山市	796.9	-1.4	8	1021.2	-4.0	18
惠州市	441.7	-3.0	11	693.0	4.5	6
东莞市	766.0	-0.4	7	863.6	-1.2	13
中山市	316.0	-0.1	6	463.1	-2.0	15
江门市	263.0	-6.0	15	453.6	-1.5	14
肇庆市	160.8	9.8	3	397.0	0.1	11
汕头市	128.0	-12.5	19	385.2	-6.0	21
汕尾市	61.3	16.2	2	296.6	5.9	3
潮州市	49.2	-4.9	12	214.9	2.4	8
揭阳市	71.4	-10.0	17	374.6	1.5	9
阳江市	78.3	0.8	5	269.4	9.7	1
湛江市	146.9	-8.4	16	521.8	-3.4	16
茂名市	141.0	-5.0	13	512.9	5.4	4
韶关市	94.5	-13.3	20	355.2	-4.1	19
清远市	141.0	2.6	4	420.6	3.7	7
河源市	71.6	-15.0	21	333.8	-3.4	16
梅州市	84.0	-11.6	18	449.6	1.2	10
云浮市	100.4	33.5	1	268.6	5.3	5

（资料来源：市统计局）

2022年广东省各市主要经济指标完成情况统计表（四）

表82

市别	出口总额			实际利用外资		
	2022年（亿元）	增长率（%）	增速排位	2022年（亿元）	增长率（%）	增速排位
全省	53323.4	5.5	—	—	—	—

续表82

市别	出口总额			实际利用外资		
	2022年（亿元）	增长率（%）	增速排位	2022年（亿元）	增长率（%）	增速排位
广州市	6194.8	-1.8	14	574.1	5.7	12
深圳市	21944.8	13.9	1	714.3	-2.2	14
珠海市	1928.7	2.3	9	87.7	-56.6	19
佛山市	5562.5	11.1	2	73.1	118.1	2
惠州市	2045.1	-4.1	16	104.0	39.8	5
东莞市	9240.1	-3.3	15	78.9	-17.3	16
中山市	2328.0	4.3	8	41.6	10.3	10
江门市	1446.5	-1.3	12	35.2	53.2	4
肇庆市	273.4	0.5	10	11.1	36.0	7
汕头市	634.9	5.6	6	1.9	-63.3	21
汕尾市	98.5	-12.2	19	2.8	-10.2	15
潮州市	206.9	7.2	5	7.0	21.1	8
揭阳市	125.5	-23.2	21	4.3	58.6	3
阳江市	179.0	-4.2	17	6.1	0.9	13
湛江市	212.2	-0.2	11	40.8	37.5	6
茂名市	180.0	5.4	7	1.9	-58.5	20
韶关市	90.9	-1.7	13	5.2	-24.1	17
清远市	257.1	7.7	4	11.1	11.4	9
河源市	193.9	-21.4	20	11.4	7.3	11
梅州市	91.5	-6.5	18	1.2	-28.4	18
云浮市	88.9	7.8	3	5.2	120.1	1

（资料来源：市统计局）

2022年韶关新命名（更名）地名名录一览表

表83

序号	行政归属	标准地名	类别	位置	原名	批准机关	备注
1	浈江区	金沙停车楼	楼宇	浈江区浈江大道中（中国南方电网南郊营业厅南侧）		韶关市民政局	命名
2	浈江区	广晟雅府	住宅区	浈江区DH0511-01地块（原精选厂）		韶关市住建管理局	命名
3	浈江区	广晟丽苑	住宅区	浈江区DB0204-01号地块，东靠聆韶路，南临韶关市居民制药有限公司，西依原冶金机械厂宿舍，北接黄冈山		韶关市住建管理局	命名
4	武江区	韶关亚琦贸易中心	楼宇	武江区MX0203A-23、MX0203A-24地块，东靠规划道路，南临沐芙路，西依沐溪大道，北接科阳五路		韶关市住建管理局	命名
5	武江区	新城之光二期苑	住宅区	武江区西联镇芙蓉新城韶关大道东侧XL0606-01号地块，东靠二十号路，南临韶关市公安局武江分局，西依三十三号路，北接十四号路		韶关市住建管理局	命名
6	武江区	东岗公馆	住宅区	武江区东岗岭37号		韶关市住建管理局	命名
7	曲江区	开创路	街路巷	北起盛世路，南至梅花北路		曲江区人民政府	命名
8	曲江区	开元路	街路巷	北起盛世路，南至梅花北路		曲江区人民政府	命名
9	曲江区	梅花北路	街路巷	西起马坝大道，东至曲江大道		曲江区人民政府	命名
10	曲江区	盛世路	街路巷	西起马坝大道，东至曲江大道		曲江区人民政府	命名
11	曲江区	狮岩北路	街路巷	北起滨江南路，南至狮岩路		曲江区人民政府	命名
12	曲江区	宝溪南路	街路巷	西起风度大道，东至马坝大道		曲江区人民政府	命名
13	曲江区	宝溪中路	街路巷	西起风度大道，东至马坝大道		曲江区人民政府	命名
14	曲江区	迴龙路	街路巷	北起宝溪南路，南至沿堤四路		曲江区人民政府	命名
15	曲江区	锦绣路	街路巷	北起宝溪中路，南至韶州大道		曲江区人民政府	命名
16	曲江区	爵光北路	街路巷	北起韶州大道，南至爵光路		曲江区人民政府	命名
17	曲江区	爵光路	街路巷	西起风度大道，东至马坝大道		曲江区人民政府	命名
18	曲江区	前程路	街路巷	北起宝溪中路，南至沿堤四路		曲江区人民政府	命名
19	曲江区	塘下路	街路巷	西起迴龙路，东至马坝大道		曲江区人民政府	命名
20	曲江区	下河路	街路巷	北起爵光路，南至沿堤四路		曲江区人民政府	命名

续表83

序号	行政归属	标准地名	类别	位置	原名	批准机关	备注
21	曲江区	沿堤四路	街路巷	西起风度大道，东至马坝大道		曲江区人民政府	命名
22	曲江区	玉麟路	街路巷	北起宝溪中路，南至宝溪南路		曲江区人民政府	命名
23	曲江区	科通路	街路巷	南起科技八路，北至君浦企业止		曲江区人民政府	命名
24	曲江区	科智路	街路巷	南起科技十路，北至城兴企业止		曲江区人民政府	命名
25	曲江区	东城景苑	住宅区	曲江区马坝镇宝溪中路		曲江区民政局	命名
26	曲江区	源河汇锦壹品花园	住宅区	曲江区马坝镇前程路		曲江区住建管理局	命名
27	曲江区	君悦华府	住宅区	曲江区马坝镇东苑路		曲江区住建管理局	命名
28	曲江区	合晟广场	住宅区	曲江区马坝镇韶州大道1号		曲江区住建管理局	命名
29	乐昌市	九峰街一路	街路巷	西北起九峰镇顺丰快递点，东南至九峰街十字街		乐昌市地名委员会办公室	命名
30	乐昌市	九峰街二路	街路巷	北起九峰街十字街，南至九峰镇政府方向环镇路口（九峰中学大门附近）		乐昌市地名委员会办公室	命名
31	乐昌市	九峰街三路	街路巷	西南起九峰街十字街，东北至三廊路环镇路口		乐昌市地名委员会办公室	命名
32	乐昌市	新街	街路巷	东起两江镇林业站，西至两江镇黄牛颈		乐昌市地名委员会办公室	命名
33	乐昌市	中学路	街路巷	东起两江镇两江大桥桥头，西至两江镇中心学校		乐昌市地名委员会办公室	命名
34	乐昌市	大坪子街	街路巷	南起两江镇两江大桥，北至两江中心幼儿园往前250米		乐昌市地名委员会办公室	命名
35	乐昌市	新村路	街路巷	西起两江镇供销社东南方向约200米，至西向东约500米		乐昌市地名委员会办公室	命名
36	乐昌市	长府路	街路巷	西北起长来镇人民政府，东南至长来镇大赛情怀民宿		乐昌市地名委员会办公室	命名
37	乐昌市	振兴路	街路巷	东北起长来农贸市场，西南至长来桥底转东南至西北，西北至长来镇旧桥头		乐昌市地名委员会办公室	命名
38	乐昌市	泰安路	街路巷	东北起长来温氏养猪公司，西南至长来镇旧桥头		乐昌市地名委员会办公室	命名
39	乐昌市	德清路	街路巷	东起中国电信长来营业部，西至泰安路		乐昌市地名委员会办公室	命名

续表83

序号	行政归属	标准地名	类别	位置	原名	批准机关	备注
40	乐昌市	长来街	街路巷	东北起长来照相馆，西南至长来农贸市场		乐昌市地名委员会办公室	命名
41	乐昌市	文康街	街路巷	西北起长来农贸市场，东南至长来镇卫生院转西南向东北，东北至长来镇长乐实验幼儿园		乐昌市地名委员会办公室	命名
42	乐昌市	幸福巷	街路巷	东北起德清路，西南至长来农贸市场后面		乐昌市地名委员会办公室	命名
43	乐昌市	黄白路	街路巷	南起黄圃镇新汽车站（G535）岔路口，北至白石方向至塘村湾山背井水（X328）		乐昌市地名委员会办公室	命名
44	乐昌市	白石路	街路巷	西起黄圃镇康园中心，东至塘村 湾山背井水（X328）		乐昌市地名委员会办公室	命名
45	乐昌市	黄圃街	街路巷	南起黄圃镇新汽车站（G535），北至黄圃凉桥		乐昌市地名委员会办公室	命名
46	乐昌市	老街	街路巷	西起黄圃镇塘村街社区党群服务中心，东至塘村村委会塘村湾村小组田洞口		乐昌市地名委员会办公室	命名
47	乐昌市	白沙桥路	街路巷	西北起坪北小学沿S248线，东南至青山自来水厂一带		乐昌市地名委员会办公室	命名
48	乐昌市	北道口路	街路巷	西北起坪石北道口立交，东南至白沙桥居民区止		乐昌市地名委员会办公室	命名
49	乐昌市	北货场路	街路巷	西北起进铁路货场路口，东南至铁路货场止		乐昌市地名委员会办公室	命名
50	乐昌市	金鸡北路	街路巷	东南起坪石火车站路口，西北至坪石血浆站		乐昌市地名委员会办公室	命名
51	乐昌市	劳动路	街路巷	西北起坪石大桥路口沿河边，东南至坪石火车站站台河边止		乐昌市地名委员会办公室	命名
52	乐昌市	坪园巷	街路巷	西北起坪石实验中学后面，东南至金鸡山西门		乐昌市地名委员会办公室	命名
53	乐昌市	白沙桥北堤路	街路巷	白沙桥靠北面河堤路段		乐昌市地名委员会办公室	命名
54	乐昌市	白沙桥南堤路	街路巷	白沙桥靠南面河堤		乐昌市地名委员会办公室	命名
55	乐昌市	黄泥坳二巷	街路巷	东南起黄泥坳路第三个路口经理想文具店，西北至坪梅街二巷止		乐昌市地名委员会办公室	命名

续表83

序号	行政归属	标准地名	类别	位置	原名	批准机关	备注
56	乐昌市	老坪石共和街	街路巷	西北起老坪石中心小学起，东南至老街社区居委会止		乐昌市地名委员会办公室	命名
57	乐昌市	老坪石建设街	街路巷	东南起老坪石中心小学起，西北至裴湾村口止		乐昌市地名委员会办公室	命名
58	乐昌市	老坪石交通街	街路巷	西北起107国道老坪石收费站起经过红绿灯路口到民主街路口，东南至肖家湾村罗家组		乐昌市地名委员会办公室	命名
59	乐昌市	老坪石交通街317号边贸城一巷	街路巷	南起107国道老坪石收费站往南方向第一个路口，西至经仕广源商店往西片区止		乐昌市地名委员会办公室	命名
60	乐昌市	老坪石交通街319号边贸城二巷	街路巷	西北起107国道老坪石收费站，南至顺达商行往西片区止		乐昌市地名委员会办公室	命名
61	乐昌市	老坪石交通街321号原子背三巷	街路巷	东南起交通街321号（107道原子背村口），西北至原子背村止		乐昌市地名委员会办公室	命名
62	乐昌市	老坪石民主街	街路巷	东南起回龙庙起沿河边经坪石区域性敬老院，西北至S248线路口往坪石方向50米止		乐昌市地名委员会办公室	命名
63	乐昌市	洗煤厂路	街路巷	北起乐昌市人民政府坪石办事处，南至洗煤厂水塔附近		乐昌市地名委员会办公室	命名
64	乐昌市	新居路	街路巷	东北起坪南小学附近的坪南路，西南至南岭新居小区南面污水处理		乐昌市地名委员会办公室	命名
65	乐昌市	共建路	街路巷	西北起坪南站道口，东南至河边止		乐昌市地名委员会办公室	命名
66	乐昌市	连心路	街路巷	西北起排岗下路往黄埔方向路口，东南至中石化加油站止		乐昌市地名委员会办公室	命名
67	乐昌市	梅子冲路	街路巷	西北起坪石粮所后面，东南至江湾电站止		乐昌市地名委员会办公室	命名
68	乐昌市	排岗上路	街路巷	西北起排岗路口，东南至金鸡小学路口止		乐昌市地名委员会办公室	命名
69	乐昌市	排岗下路	街路巷	西北起金鸡小学路口，南至南立交止		乐昌市地名委员会办公室	命名
70	乐昌市	坪南路	街路巷	南起南立交，东至坪南大桥止		乐昌市地名委员会办公室	命名
71	乐昌市	群众路三巷	街路巷	西北起金鸡南路建设建设银行后面，东南至华盛大酒店后面居民区止		乐昌市地名委员会办公室	命名

续表83

序号	行政归属	标准地名	类别	位置	原名	批准机关	备注
72	乐昌市	森下坪步行街	街路巷	东南起金鸡南路步行街路口，西北至群众路步行街路口居民区止		乐昌市地名委员会办公室	命名
73	乐昌市	梯子岭巷	街路巷	西北起排岗下路金意花园后面，东南至铁路旁居民区		乐昌市地名委员会办公室	命名
74	乐昌市	登峰路	街路巷	东南起金鸡中路水井路口其，西北至金鸡山东门口止		乐昌市地名委员会办公室	命名
75	乐昌市	金鸡南路	街路巷	西北起公安分局路口，东南至交警中队路口		乐昌市地名委员会办公室	命名
76	乐昌市	金鸡中路	街路巷	西北起火车站路口，东南至公安分局路口止		乐昌市地名委员会办公室	命名
77	乐昌市	老菜市巷	街路巷	东南起鸿达大厦后面，西北至登峰路口靠金鸡山脚居民区		乐昌市地名委员会办公室	命名
78	乐昌市	岭南路	街路巷	东南起电影院市场路口，西北至火车站路口		乐昌市地名委员会办公室	命名
79	乐昌市	南岭山巷	街路巷	西北起登峰路口后面，东南至金鸡山脚居民区		乐昌市地名委员会办公室	命名
80	乐昌市	群众路	街路巷	西北起公安分局路口，东南至广北大厦路口		乐昌市地名委员会办公室	命名
81	乐昌市	群众路二巷	街路巷	西北起坪石汽车站对面好又多超市旁路口，东南至铁路边居民区止		乐昌市地名委员会办公室	命名
82	乐昌市	群众路一巷	街路巷	西北起坪石电影院后面起，东南至铁路居民区止		乐昌市地名委员会办公室	命名
83	乐昌市	升平路	街路巷	东南起金鸡中路电信局路口，西北至原乐二院后居民区止		乐昌市地名委员会办公室	命名
84	乐昌市	新村巷	街路巷	西北起原乐二院旁路口，东南至排岗上路止居民区		乐昌市地名委员会办公室	命名
85	乐昌市	裕景公馆	住宅区	乐昌市乐城工业大道51号		乐昌市地名委员会办公室	命名
86	乐昌市	福园阳光家园	住宅区	乐昌市大瑶山路57号		乐昌市地名委员会办公室	命名
87	南雄市	北城之星花园	住宅区	东至中泰华府，南至大润发，西至幸福里，北至南雄一小		南雄市民政局	命名
88	南雄市	尚书府	住宅区	东至道路，南至道路，西至青嶂路，北至南雄中学运动场东北侧安置地块二期建设		南雄市民政局	命名
89	南雄市	尚林苑	住宅区	东至道路，南至南雄市中学运动场东北侧安置地块一期建设，西至青嶂路，北至翡翠路		南雄市民政局	命名

续表83

序号	行政归属	标准地名	类别	位置	原名	批准机关	备注
90	南雄市	新辉学府里花园	住宅区	东靠崇贤大道，南临规划道路，西依居民用房，北接廉租房。		南雄市民政局	命名
91	南雄市	凌江壹号花园	住宅区	东至北城大道，南至雄北路，西至凌江，北至凌江		南雄市住建管理局	命名
92	南雄市	源河汇景二期花园	住宅区	东至南雄职中，南至水西大道，西至规划路，北至凌江		南雄市住建管理局	命名
93	始兴县	源河汇文郡花园	住宅区	位于迎宾大道		始兴县民政局	命名
94	始兴县	源诚大楼	楼宇	始兴县太平镇兴平路81号		始兴县民政局	命名
95	始兴县	站南路	街路巷	东起永安大道，西至迎宾大道		始兴县人民政府	命名
96	始兴县	城北路	街路巷	南起北门路，北至迎宾大道		始兴县人民政府	命名
97	始兴县	莲子路	街路巷	东起公园北路，西至丹凤东路		始兴县人民政府	命名
98	始兴县	丹凤横路	街路巷	东起丹凤东路，西至丹凤路		始兴县人民政府	命名
99	始兴县	体育西路	街路巷	南起天元帝景小区北，北至红旗东路		始兴县人民政府	命名
100	始兴县	元锦路	街路巷	东起体育西路，西至南门路		始兴县人民政府	命名
101	始兴县	山水大桥	桥梁	南起山水桥南路，北至南门路		始兴县人民政府	命名
102	始兴县	山水桥南路	街路巷	南起河南路，北至山水大桥南端		始兴县人民政府	命名
103	始兴县	金润大桥	桥梁	南起金润桥南路，北至丹凤路		始兴县人民政府	命名
104	始兴县	金润桥南路	街路巷	南起河南路，北至金润大桥南端		始兴县人民政府	命名
105	始兴县	汇川路	街路巷	东起迎宾大道，西至进士路		始兴县人民政府	命名
106	始兴县	心泉路	街路巷	北起龙营，南至韶关新大通交通拯救清障有限公司		始兴县人民政府	命名
107	翁源县	迎宾大道	街路巷	北起京港澳高速翁城收费站，南至翁城派出所		翁源县人民政府	命名
108	翁源县	恒源路	街路巷	北起翁城京珠高速连接线（金悦通电子公司），南至金悦通电子（翁源）有限公司		翁源县人民政府	命名
109	翁源县	创源路	街路巷	北起翁城京珠高速连接线（金悦通电子公司），南至翁源万洋众创城科技发展有限公司地块一		翁源县人民政府	命名
110	翁源县	鸿源路	街路巷	南起翁城京珠高速连接线（金悦通电子公司），北至广东金源制桶有限公司		翁源县人民政府	命名

续表83

序号	行政归属	标准地名	类别	位置	原名	批准机关	备注
111	翁源县	悦源路	街路巷	西起翁城墨岭村温屋，东至翁源县凯南塑胶制品有限公司		翁源县人民政府	命名
112	翁源县	开源路	街路巷	北起翁城电源基地工业大道北端，南至翁源县凯南塑胶制品有限公司		翁源县人民政府	命名
113	翁源县	瑞源路	街路巷	南起京珠高速连接线，北至广东富诺顿电子有限公司		翁源县人民政府	命名
114	新丰县	星悦湾花园	住宅区	新丰县丰宁路1号和2号的住宅小区合并命名	新丰星悦湾花园	新丰县民政局	更名
115	新丰县	枫濠湾邸	住宅区	新丰县丰城街道丰城大道西193号		新丰县民政局	命名
116	新丰县	新丰紫龙华景花园	住宅区	新丰县丰城街道紫城村五小旁地块		新丰县民政局	命名
117	新丰县	荷树下一巷	街路巷	起始于105国道会前村荷树下段南，往东南方向约100米，止于989乡道会前村荷树下段西		新丰县民政局	命名
118	新丰县	永茂街	街路巷	起始于丰城街道黄陂村丰宁路北，止于黄陂村八组井头祖屋南		新丰县民政局	命名
119	新丰县	奥园一街	街路巷	起始于丰城街道黄陂村奥园路西侧，止于黄陂村永茂街东侧，丰宁路往北第一条横街		新丰县民政局	命名
120	新丰县	奥园三街	街路巷	起始于丰城街道黄陂村奥园路西侧，止于黄陂村永茂街东侧，丰宁路往北第三条横街		新丰县民政局	命名
121	新丰县	奥园四街	街路巷	起始于丰城街道黄陂村奥园路西侧，止于黄陂村永茂街东侧，丰宁路往北第四条横街		新丰县民政局	命名
122	新丰县	下楼路	街路巷	起始于黄陂村黄陂路东侧，往东方向约380米，止于黄陂村十一组茂利祖屋西侧		新丰县民政局	命名
123	新丰县	下楼二巷	街路巷	起始于黄陂村丰宁路南侧，道路全长约190米，宽约5米，止于黄陂村下楼路北侧，下楼新村规划区内自东向西数第二条小巷		新丰县民政局	命名
124	新丰县	中心楼一巷	街路巷	起始于黄陂村丰宁路南侧，道路全长约170米，宽约5米，止于黄陂村下楼路北侧，从下楼三巷自东向西数第一条小巷		新丰县民政局	命名

续表83

序号	行政归属	标准地名	类别	位置	原名	批准机关	备注
125	新丰县	中心楼二巷	街路巷	起始于黄陂村丰宁路南侧，道路全长约150米，宽约5米，止于黄陂村下楼路北侧，从下楼三巷自东向西数第二条小巷		新丰县民政局	命名
126	新丰县	中心楼三巷	街路巷	起始于黄陂村丰宁路南侧，道路全长约140米，宽约5米，止于黄陂村下楼路北侧，从下楼三巷自东向西数第三条小巷		新丰县民政局	命名
127	新丰县	宝新二街	街路巷	南起于丰城街道城西村岭头丘氏书院出口北侧，北到老围岭山脚下西侧，宝新一街往东第一条横街		新丰县民政局	命名
128	新丰县	荥阳巷	街路巷	南起于丰城街道城西村文化路北侧（岭南潘氏荥阳书院门口往西50米），北到育才街南侧		新丰县民政局	命名
129	新丰县	老围一街	街路巷	东起于923乡道（黄陂老围组）西侧，西到新龙大道东侧（黄陂村老围组段，会前桥头正对面），老围组自北向南第一条大街		新丰县民政局	命名
130	新丰县	迎宾路	街路巷	该路段位于县政府门前，东起人民东路，西至人民东路，是人民东路链接县政府、县城第一小学、第一幼儿园等的重要道路		新丰县人民政府	命名
131	新丰县	公园内街	街路巷	位于县政府家属院大楼的道路，东接迎宾路，西至县政府家属院大楼西侧		新丰县人民政府	命名
132	新丰县	奥园六街	街路巷	起始于丰城街道黄陂村奥园路西侧，止于黄陂村永茂街东侧，丰宁路往北第六条横街		新丰县民政局	命名
133	新丰县	松岭路	街路巷	位于人力资源大楼与行政服务中心之间的道路，南起行政服务中心，北至人力资源大楼		新丰县人民政府	命名
134	乳源瑶族自治县	为民路	街路巷	西至樟树下、东至一六镇中心小学		乳源瑶族自治县民政局	命名
135	乳源瑶族自治县	兴业路	街路巷	北至罗屋卫生站、南至敬老院		乳源瑶族自治县民政局	命名

（资料来源：韶关市民政局）

索引

主题索引

一、本索引采用主题分析方法，款目按首字汉语拼音字母(同音字按声调)顺序排列。

二、文中的类目题、分目题、次分目题用黑体字标明，其余用宋体字排印。

三、索引款目后的数字表示内容所在的页码，数字后的英文字母(a、b、c)表示栏别(即版面的1、2、3栏)。

四、因分目下常设“概况”，为避免过于重复，索引中不再另列“概况”。

A

艾滋病防治　362c
艾滋病、梅毒和乙肝母婴传播阻断　364c
爱国卫生　365a
安全生产岗位人员管理　403c
安全生产基础设施建设　403a
安全生产监督管理　402c
安全生产监督执法　403c
安全生产事故调查处置　403c
安全生产隐患排查　403a
安全生产责任体系建设　397b
安全生产专项整治　403b
安信证券股份有限公司韶关分公司　233c
安置帮教　99b

B

百货批发零售　207b
“百千计划”培养项目　327a
“百日清零”专项执法行动　404b
“百团千才万匠”人才引育　28c
佰旺汽车配件一期投产　432c
版权管理　348a
保供稳价　126b
保密工作　39a
保密监督检查　39b
保密宣传教育　39b
保险服务乡村振兴　229b
保险赔付和给付　229c
保险业　228c
保险业监管　119b
保障性住房建设　387b
报刊管理　348b
北江纺织（越南）有限公司项目　143a
北乡镇黄坌村被命名为“全国民主法治示范村”　418b
备战基础建设　101b

碧道建设 271b
标准化工作 130a
标准化养殖 168a
殡葬管理 389a
不动产登记 107b
“不敢腐不能腐不想腐”一体推进 66b
部队安全管理 102a
部门参与立法 91b

C

财经工作监督 46a
财政 110a
财政管理考核持续走在全省前列 114c
财政管理体制改革 112c
财政监督 114b
财政审计 121a
财政政策落实 111a
财政支持工贸发展 112c
财政支持经济建设 112b
采血献血 370b
参加2022广东国际旅游产业博览会 219a
参加第十届澳门国际旅游（产业）博览会 219a
参与“一带一路”建设 137a
参政议政 70c 72c 74a 75a 76b 77c 78c 87b
餐饮场所“瓶改管”试点 272a
餐饮业 208c
残疾人补贴救助 390a
残疾人管理 390a
残疾人就业培训 390b
残疾人康复服务 390a
残疾人事务 389c
残联改革 89a
测绘地理信息管理 108a
拆旧复垦 305a
产学研合作 317a
产业工人队伍建设改革 81c
产业共建 287b
产业结构优化 106a
产业数字化 157a
产业转型升级 179a
产业转移 288c
场馆经营 378b
成本调查监审 126b
成品油监督管理 214c
成品油销售 214c
成人教育 333c
诚信“红黑榜”制度建立 221a
城市更新 272c
城市管理 275b
城市管理检查考核 275b
城市管理综合行政执法 276a
城市规划 269a
城市建设 269
城市建设档案馆 356b
城市排水供水 270a
城市生活污水处理 314c
城市市容综合管理 275c
城市水利 271b
城市投资发展 274a
城市照明 271a
城乡建设 408a 411a 414a 417c 421a 424a 426c 430a 432a 434b
城乡综合服务 213c
城镇居民收入 380a
城镇居民消费 380a
城镇空间规划 269a
充电桩公共场所全覆盖 249c
出生缺陷综合防治 364b
出租汽车管理 261c
初中学业水平考试 326a
畜禽科技 173a
畜禽屠宰 168c
畜禽养殖 168a
畜禽疫病防控 168b
传染病监测防控 361b
传染病卫生监督工作 368a
船舶安全监督管理 266a
船舶污染防治 266a
船舶养护 265c
船员管理 266c
船闸养护 265c
创建全国文明城市 32a
创建乡村振兴车间的做法入选全国巩固脱贫攻坚成果同乡村振兴有效衔接成果展 278b
创明（韶关）绿色能源材料技术研究院开院仪式暨签约仪式 317c
创新“绿红蓝”治理路径 92b
创业投资 382a
慈善救助 385c
村改居试点工作 393b
村镇规划 281c

D

打击走私 147a
打造3个千亩蔬菜种植基地 412a
打造家门口的社区“养老院” 389c
打造孟洲坝网红夜市 412b
大气污染防治 313b
“大桥石鲤”禾花鱼美食文化旅游节入围丰收节庆特色活动名单 257b
大事记 9
大数据和云计算 155a
大数据技能人才 321c

大数据中心建设应用 162b
代表工作 47b
代表履职平台建设 47c
丹霞机场建设 263c
丹霞山国家公园 310a
丹霞山和张家界两个世界地质公园缔结友好姊妹公园 308a
丹霞山科普研学 310b
“丹霞英才计划”实施 29a
单位转企改制 37a
淡水养殖 169b
党的创新理论学习和宣传 31a
党风廉政建设 35c **66b**
党管武装述职 102b
党史编研 353a
党史文化服务 353c
党史宣讲 353c
党史研究 353a
党史著作编辑出版 353b
党外代表人士队伍建设 33c
党外知识分子及新的社会阶层人士统战工作 33c
党校工作 41a
党员教育培训 35b
党组织建设 37c
档案编研开发 357a
档案馆业务建设评价 356b
档案管理 356a
档案接收征集 357a
档案利用服务 357a
档案信息化建设 357b
档案宣传教育培训 356c
档案专业职称评审 356c
导游管理 258a
道路改造 273c
道路货运 261c
道路交通安全管理 94c
道路客运 261b
道路桥梁 269c
“稻田里”南岭乡村文化节系列活动 284b
德育教育 332a
地方病与寄生虫病防治 363a
地方金融机构监管 119c
地方性法规制定 91a
地方志 354a
地方志理论研究 354c
地名管理 394c
地情书籍编辑出版 354b
地情文化服务 355a
地情文化宣传 355a
地下车位销售 248b
地形地貌 17a
地震风险普查 402a
地质公园保护管理 306a
地质矿产资源保护 305c
地质项目 307b
地质灾害防御 402b
地质灾害防治 402a
第二届韶台禅宗文化交流活动 34a
第二届特约监察员聘请会议暨“特约监察员走进机关”活动 66c
第六届机关工作创新创优竞赛 36a
第三轮莞韶对口帮扶任务完成 288b
典当行 234c
电力工业 197c
电影放映 350a
电子商务 209c
电子信息产业 155c
电子信息制造业 192b
电子印章应用推广 162a
电子证照推广应用 162a
电子政务 54a
调查研究 35a
东莞银行股份有限公司韶关分行 227b
督查工作 26b 51a
对外及对港澳台贸易 139a
对外经济技术合作 143a
对外投资 143a
对外宣传工作 31c
多孔介质燃烧技术产学研合作 317b

E

儿童福利 386b
二手房“带押过户” 247a
二手房交易 247a

F

发展研究 321a
发展战略建言 61a
法规学习宣传 37b
法律监督 47a
法律援助 99a
法院 97a
法　治 91
法治化营商环境营造 95c
法治政府机制建设 92c
法治政府建设 92c
反洗钱工作 118c
方言 20b
防返贫监测及帮扶 277c
防洪预报调查 399a
防汛测报 399a
防汛救灾及灾后重建献力 287c
防汛抗旱 398a
防震减灾科普宣传 402b
房产产权管理 247b
房地产风险防控 248b
房地产开发 235b

房地产开发经营 235a
房地产市场调控 247c
房地产市场监管 247b
房地产销售 235c
房地产业 235
房地产中介服务 247a
房地产中介和租赁服务 246a
房地产专项检查 248c
房屋交易合同网签备案 248b
房屋征收 276b
房屋征收与补偿 235b
房屋质量管理 247b
房屋租赁管理 247a
放射诊疗机构职业健康监管 366a
放心农产品产销对接网络构建 213b
放鱼日活动 170b
非公有制经济人士统战工作 33b
非税收入 112b
非物质文化遗产保护 342b
非学历教育培训 333c
分级诊疗体系建设 361a
丰城街道高桥获评全国民主法治示范村 432b
风度书房 337a
“风度有理”百姓宣讲 33a
风俗 20c
扶持民族地区发展 395c
服务科技工作者 85c
服务企业 145a
服务业 407c 411a 414a 417a 420c 423c 426b 429c 432a 434b
服务业企业扶持 106c
福利彩票 386a
福利彩票公益金活动 386c
辐射环境质量 298a
腐败惩治 68a
妇女创业就业 84a
妇女儿童关爱 84c
妇女儿童实事项目 84a
妇女合法权益维护 85a
妇幼保健 364a
妇幼保健机构绩效考核 364c
妇幼保健体系建设 364b
妇幼健康国奶养育工程 291c
附 录 455

G

改革攻坚规范治理年 25c
改革开放 23a
干部队伍建设 28a
干部监督管理 28b
干部理论培训 28a
港澳事务 56c
港澳台对韶关投资 140b
港航物流 211b
港口 267b
港口建设与管理 267b
港韶两地互动 57a
高标准农田建设 165a
高考招生 328a
高耐蚀环氧涂层钢筋关键技术研究及产业化 317b
高速公路建设 260c
高新技术产业发展 318c
高压惩腐 68a
耕地保护 305a
耕地“进出平衡”工作 305b
工程安全质量监督 202c
工程建设监理管理 202c
工程造价管理 202b
工程招投标管理 202c
工伤保险 384a
工 业 179 407b 410b 413b 416b 420a 423a 426a 429a 431b 434a
工业倍增计划 180b
工业产品质量安全监管 129a
工业和信息化融合 179c
工业经济发展 179a
工业企业服务 179c
工业数字化 157a
工业投资 179a
工业污染防治 314c
工业污染物减排 312a
工业遗产游 253b
工作创新 65a
工作研究及宣传 42b
公安 93c
公安“一件事”改革 95a
公共场所卫生监督 367c
公共创新平台 318c
公共法律服务 99a
公共机构节能减排 312b
公共交通 270a
公共卫生监测 363a
公共文化服务 358b
公共型冷链区域网建设 213b
公共资源交易平台运行 53b
公共租赁住房管理 387a
公立医院改革 363c
公路 260a
公路养护 260a
公民道德建设 32b
公平竞争秩序维护 128a
公务用车管理 58a
公务员管理 28b
“公益福彩，你我同行”关爱困境儿童活动 386c
公益诉讼检察 95b
公园建设 259a
公证服务 219c

供电　270c
供气　271a
供销合作　213b
巩固拓展脱贫攻坚成果同乡村振兴有效衔接相关政策落实的审计问题整改　123a
共青团主题教育　82b
共享单车　261c
构建“1+N”税费服务新体系　117a
固定资产投资　105c
固体废物处置　313c
关爱保护工程　40c
关爱无偿献血志愿者活动　370c
关税征管　146c
关心下一代工作　39c
《关于促进我市商贸物流高质量发展的实施意见（试行）》印发　213a
馆藏档案整理抢救　357a
光亮工程　291c
广播电视频道栏目　349c
广播电视作品　341b
广播行业管理　358c
广播影视　349b
广电网络　350a
广东第五建筑工程有限公司　205b
“广东宏远”认养韶关华南虎“宏宏”　312a
广东韶关数据产业投资发展有限公司成立　156a
广东省财政厅选定的非税电子缴款书首批唯一一个试点上线地市　114b
广东省第七届少数民族传统体育运动会在乳源瑶族自治县举办　435a
广东省第三届生态环境监测专业技术人员练兵比武决赛　315c
广东省第十三届中学生运动会在韶关举行　377c
广东省韶钢产业园　150c
广东省特殊教育建设项目推广暨送教下乡　330c
广东省特殊教育内涵建设示范项目特殊教育示范学校——韶关市特殊教育学校　331a
《广东省职业病防治“十四五”规划》宣传　367a
广东松山职业技术学院　329c
广东松山职业技术学院张沈宁团队获德国红点奖　330b
广东粤北南岭山区山水林田湖草生态保护修复工程试点专项资金管理使用的审计问题整改　123b
广东种业大会粤北（翁源）分会场活动　218c
广东自贸试验区联动发展区　144a
广东自贸试验区韶关联动发展区成功申报　144a
广发银行股份有限公司韶关分行　227a
广发证券股份有限公司韶关营业部　233a
广佛肇清云韶经济圈合作　288b
广佛肇清云韶经济圈环保专责小组联席会议　289a
广府文化发祥地　21b
广告监管　128a
广告业　219b
广韶同城发展　286a
广州银行股份有限公司韶关分行　227c
规范性文件备案审查　46c
国防动员　102a
国际商会建设　145c
国家级农业平台创建　174c
国家级重点龙头企业　176c
国家跨境电子商务综合试验区　143b
国家森林城市创建　308b
国家生态公园　309c
国家谈判药品“双通道”管理　370a
国家统计调查　125b
国库管理　113c
国民体质监测　376b
国有企业改革改制　108b
国有资产监管　108b
国有资产考核评价　109a
国有资产运营　108c
国资国企监管机制　109a

H

海大集团花坪奎塘益豚猪场、犁市大岭新建猪场建成投产　409a
海关监管　146a
海关检验检疫　147a
海关助力食品出口　147a
海关助力外贸发展　146a
海螺鸿丰入选省“两化融合”管理体系贯标试点企业　432c
海事智慧监管　266b
海外交流联谊　87a
旱情防治　399c
航标维护　265b
航道　264a
航道工程建设安全监管　265a
航道技术服务　265a
航道建设　264c
航道养护　264c
航空　263b
航运企业管理　265a
航运线路　263b
和谐家庭建设　389a
和谐劳动关系构建　383a
河长制工作　300c
核辐射环境管理　313c

核工业研究 319c
盒马有机山茶油成为首个碳中和食品 192a
“黑皮鸡枞菌大棚覆土栽培技术”被列入2022年省农业主推技术 173c
红军长征粤北纪念馆 336c
“红三角”合作 289a
红色教育学习活动 78b
红色教育游 254a
红色文化 20a
红十字志愿服务 90c
宏观经济调控 105a
洪涝灾后消杀 365b
互联网平台管理 34b
户籍人口管理 388a
户外广告管理 275c
护理服务 370b
护照签证管理 94c
花卉种植 165a
华南虎文化品牌共建 288b
华南虎宣传 32c
华南教育历史研学基地建设 357b
华南先进装备产业园 150c
华南装备园建设 288a
化肥农药减量增效 165c
环保合作 288c
环境卫生管理 275c
环境影响评价 292a
环境质量 18a
环境资源案件审判 97b
黄烟生产 215c
汇丰银行（中国）有限公司韶关分支行 228a
会展业 218c
婚姻登记 388c
混凝土搅拌企业管理 205a
火灾普查 405a
货币政策 118b
“获得电力”服务 272b

J

机场服务管理 263c
机动车维修与检测 261c
机构编制管理 36b
机构编制监督检查 37b
机关安全保卫 58b
机关档案综合检查 356c
机关绩效考核 36a
基本公共卫生服务 363c 364a
基层党组织建设 27c
基层工会组织建设 80a
基层医疗服务能力建设 363c
基层医疗卫生 363b
基层医疗卫生机构 363b
基层自治 393a
基层组织建设 35b
绩效考核 39c
疾病预防控制 361b
计量监管 129c
纪检监察体制改革 65a
纪律教育 102a
纪委监委机构设置 65a
技术创新 184c 190c 193c
技术服务保障 39b
“季华实验室—欧莱新材料科技成果孵化基地”揭牌 318b
寄递运输安全保障 217b
家庭农场 176c
家庭医生签约服务 364a
家政服务业 220c
价格调整 126a
价格管理 125c
价格监测 126a
价格监督检查 126a
价格临时补贴 126a
价格认定 126b
驾驶员培训 262a
坚持党对立法工作的领导 91a
监督执纪 66c
减费让利 223c
“减轻灾害风险，守护美好家园”防灾减灾科普知识进校园志愿服务活动 401c
减税降费 115a
检察 95a
检务公开 96a
见义勇为表彰奖励 94c
建立领导干部廉洁档案制度 67c
建设工程行政审批服务 204b
建言献策 64b
建置区划 18a
建置沿革 18a
建筑安全生产 404a
建筑工程管理 203b
建筑工程消防管理 204c
建筑工程质量监督 200c
建筑合规管理 200b
建筑企业管理 200a
建筑企业信用宣贯 205a
建筑人才培养 200b
建筑市场管理 203a
建筑业 200
建筑业检查 203b
建筑原材料监管 204b
健康城市建设 360a
健康教育与健康促进 365b
交房即交证 248c
交通基础建设合作 289b
交通基础设施互联互通 290a
交通 水利 260
交通银行股份有限公司韶关分行 226a

交通综合改革　262a
教师队伍建设　41c　324a
教学工作　41a
教学建设　330c
教研服务　325a
教　育　324
教育督导　324b
教育交流　325a
教育救助　385b
教育科研　324c
教育信息化　325a
节会参展推介　257a
节能减排　312a
结核病防治　362b
界线管理　18c
界线联检　394b
界限管理宣传　394c
金融保民生　222c
金融风险防控　118a
金融服务乡村振兴　278a
金融改革助力营商环境持续优化　120a
金融监管　118a
金融业　222
金融业发展　222a
金融支持招商　222c
金融支持制造业　222a
金融助企纾困　222b
进城务工人员随迁子女义务教育　326a
禁毒工作　94b
经济案件侦破　94b
经济发展　50a
经济管理　105
经济合作　286a　286c
经济建设　22b
经济纠纷仲裁　100c
经济社会发展　22b
经济运行监测　105c
经贸促进　144c
经贸摩擦预警　145a
景区建设　252a
警情管理　93c
竞技体育　377b
竞技体育场馆建设　375a
竞技体育人才培养　377b
九峰镇入选国家级全域森林康养试点镇　418b
九三学社韶关市委员会　77b
救护培训和设备配置　90b
就业创业　381b
就业与教育　89b
举办多党合作史讲座　74b
决策咨询　50a
军分区党委十二届六次全体（扩大）会议　102c
军　事　101
君临·新天地广场开业　207c

K

开发区建设　147c
开放型经济　137
开展2021年度民用建筑能源资源消耗统计调查　201a
开展“小微公益聚善力”实践　75c
开展战勤保障实战拉动演练　406c
勘察设计　201b
康复与帮扶　89a
科技创新　318b
科技创新大会　319c
科技创业平台　318a
科技平台　318a
科技人才　321b
科技人才引进　321b
科技项目　316a
科技学会工作　85c
科技支撑乡村振兴　316b
科技主题教育活动　322b
科普工作　85b　322a
科学创新支撑服务　319a
科学技术　316
科学研究　319c
科研工作　41b
客家文化聚居地　21a
空气环境质量　293b
口岸营商环境优化　146c
跨境电商　210c
跨境电商产业园建设　144a
跨境电商人才培养　144a
跨境电商制度政策　144a
“跨省通办”政务合作　289c
快递服务　217a
快递员权益保障　218a
会计服务　220a
会计管理　114a
矿产应用研究　320b
矿山生态修复　298c
困难慰问　385b

L

垃圾处理管理　276a
“兰花贷”助力翁源县兰花产业　166b
劳动保障监察执法　383a
劳动和技能竞赛　80c
劳动就业　381c
劳动人事争议仲裁　100a
劳模先进评选　80b
老干部工作　37c
老干部红色记忆展　38c

老干部学习调研活动 38b
老工业基地调整改造 106b
老旧小区改造 273a
老旧小区物业引进 249b
老龄福利 386b
老龄健康 367a
老龄事务 389b
老年健康服务 367a
老年健康管理 367a
老年教育 333c
老区促进 291a
老区刊物 291c
老区苏区红色遗址利用情况调查研究 291b
老字号 207a
乐昌经济开发区 149b
乐昌市 416a
乐昌循环经济环保园 313a
离退休干部服务管理 38a
离休干部"一人一策" 38b
犁市镇入选第十二批全国"一村一品"示范村镇 408c
"礼赞新时代 奋进新征程"韶关摄影作品展开展 88c
历史留用地解决专项行动 276b
历史人文 19a
历史文化 19a
历史文化保护规划 269b
历史文化名城保护 342c
历史遗留矿山生态修复 306b
利用外资及港澳台资 138a
连锁经营 206b
联通在线沃音乐AI影像计算中心揭牌 160a
廉洁文化建设 66c
粮食安全保障 214b
粮食安全宣传 214b
粮食储备 214a
粮食流通监管 214b
粮食生产责任制落实 165c
粮食种植 164b
粮食种植结构调整 165a
粮油应急保供 214a
两家企业获批省新型研发机构 317c
"两融两改"模式推广 339a
烈士 437c
烈士后裔助学 291c
烈士纪念 392b
林长制实施 309a
林业 166b
林业安全生产和森林防火 404b
林业病虫害防治 166c
林业经济 166c
林业科学研究 320a
林业生态修复 298c
林业有害生物联防联控和防控效能评价活动 290c
林业资源管护 308c
林政管理 167b
临时救助 385b
领导干部经济责任审计 121a
流动人口管理 388b
流浪人员救助 385c
"龙舟水"防御 400a
陆生野生动物资源调查 310c
路政管理 261a
旅行社管理 258a
旅游安全管理 257c
旅游厕所 259a
旅游产业规划 250a
旅游饭店管理 257c
旅游服务平台建设 259b
旅游公共服务 258c
旅游管理 257b
旅游惠民惠企政策实施 250b
旅游交流合作 288c
旅游接待 250a
旅游节会活动 256c
旅游年卡管理 259b
旅游商品开发 257a
旅游市场管理 257b
旅游市场开发 256b
旅游宣传推广 257a
旅游宣传推介与合作 289c
旅游业 250
旅游业态 253a
旅游营销 256a
旅游重点项目建设 251b
旅游资源 251a
履职能力提升 42a
履职平台深化拓展 63b
律师服务 219b
绿美韶关建设 308c
绿色建筑 204c
绿色矿山创建 306c
绿色蔬菜产业基地 165b
落实韶关市食品安全"两个责任"工作机制 216b
落实推行建筑行业机构改革 201a

M

麻风防治 362b
马坝人的故乡 21c
满堂客家大围 253a
慢性病防控 362b
矛盾纠纷多元化解 100c
美术创作 341a
免疫规划 362a
民办非学历教育机构设置 334b
民办非学历培训 334b
民办教育 334b
民兵建设 101c

民间交流　56b
民建韶关市委青年和妇女委员会成立　74b
民盟南雄市总支“盟员之家”挂牌成立　73a
民商事案件审判　97b
民生案件审判　97c
民生领域检察监督　95c
民生审计　121c
民生实事　50b
民生实事建言　61b
民事检察　95b
民营经济营商环境优化　78c
民主党派·工商联　70
民主监督　62a
民族　21a
民族工作调研检查　395c
民族公共服务　395b
民族教育　331b
民族团结管理　395a
民族宣传教育　395a
民族政策法规　395b
民族宗教事务　395a
木材加工业　189a

N

内部审计　121c
内河水上交通安全管理　266a
纳税服务　116a
纳税信用建设　136a
南国书香节　339b
南岭国家公园　310a
南岭团队人才计划实施　29a
南雄高新技术产业开发区　149a
南雄市　420a
南雄市获评国家乡村振兴示范县创建名单　421c
南雄市获评“四好农村路”全国示范县　421b
南雄市丝苗米产业园（扩容提质）　175b
南雄市推进全国农村宅基地制度改革试点　279c
年度计划编制与执行　105b
年鉴编纂　355b
农产品“12221”市场体系建设工作　178a
农产品品牌建设　177c
农产品质量安全监管　178a
农产品质量建设　177c
农产品质量认证　177c
农村创业青年培训服务　40c
农村电子商务　210a
农村改厕　282a
农村改革　279b
农村合作金融服务　213c
农村黑臭水体治理　314b
农村基本经营制度　280b
农村基础设施建设　282b
农村集体产权制度改革　279b
农村居民收入　381a
农村居民消费　381a
农村客运　261a
农村生活污水治理　314a
农村水利水电　282c
农村土地流转　279b
农村危房改造　282a
农村移风易俗　284a
农村宅基地改革　279c
农户积分制　285a
农机安全管理　174b
农机购置补贴　174a
农机推广和社会化服务　174b
农技推广服务　173b
农家书屋　337b
农贸市场管理　207a
农民合作社　176c
农民增收新模式　278a
农膜回收　166a
农　业　163　407a　410c　414a　416c　420b　423a　426a　429b　431c　434a
农业安全生产　404a
农业保险　163c
农业产业发展　163a
农业产业化经营　176b
农业机械化　174a
农业结构调整　163b
农业科技　172a
农业科技创新与推广　172a
农业龙头企业　176b
农业面源污染防治　314b
农业数字化　157b
农业园区建设　174c
农业植物检疫　166a
农业综合行政执法　164a

P

拍卖　220c
派出所建设　94c
棚户区改造　273b
品牌培育　129a
平安韶关建设　92a
普法教育　98c
普法下基层　71c
普法宣传教育　40c
普惠帮扶　81a
普通高等教育　329b
普通高中教育　328a

Q

其他非银行金融机构 234a
企业服务 79a
企业股改上市 222b
企业培育认证 146c
气候水文 17a
气象测报 400c
气象防灾 400c
气象服务保障 401b
气象科技创新 401a
气象灾害应急处置 400c
汽车销售处置 207b
“千企帮千镇·万企兴万村”行动 281a
牵头推进“改革攻坚规范治理年”工作 47b
前海人寿韶关医院 373c
强军文化活动 103b
抢险救援 104a
侨界慈善公益和归侨侨眷帮扶 86c
侨界权益维护 87b
侨情调研 87b
侨务工作 33c
青年创新创业 82c
青少年科技创新 86a
青少年维权工作 83a
青云山年产1500吨功能性食品项目二期投产 430c
轻骑兵乡村行 174a
区划管理 394b
区域发展 286
区域教育合作 290b
曲江钢之魂 393c
曲江经济开发区 149a
曲江区 413a
曲江区曹溪温泉度假村 252b
曲江区狮坪农机专业合作社 174b
曲江区预制菜产业园 175a
全国2022年“全民健身日”主题示范活动——韶关市“全民健身日”启动仪式暨第六届健身气功比赛 377a
全国国土绿化试点示范项目 306c
全国巾帼建功标兵 437b
全国科普教育基地申报 400b
全国绿色矿业发展示范区 307a
全国“人民满意的公务员” 436b
“全国三八红旗手”称号获得者 437a
全国五一劳动奖章获得者 436a
全国优秀人民警察 436b
全国中药材仓储物流广东区（乳源）基地揭牌 435b
全媒体融合 350b
全面依法治市 92c
全民参与立法 91c
全民健身 376c
全民医疗保障制度建设 384b
全民阅读 339b
全年开通7条13个城市的航线 264a
全市勘察设计质量检查 201c
全市巡察工作会议暨十三届市委第一轮巡察工作动员部署会 66a
全域旅游 250b
群众反映强烈突出问题专项整治动员部署会 66a
群众体育 375c
群众团体 80
群众文化 339a

R

人才队伍建设 28b
人大代表构成 47c
人大代表和机构设置 42a
人大代表主题活动 48b
人大监督 46a
人大监督筑牢森林防火安全防线 47b
人大立法 44b 91a
人道救助 90b
人防法规宣传 104b
人防工程建设管理 104b
人防警报建设管理 104a
人口 20c
人口家庭 388a
人口监测 388a
人口 民族 宗教 20c
人力资源服务 57b 220b
人民调解 99c
人民防空 104a
人民生活 23b
人事管理 57a
人事人才公共服务 57b
人物·荣誉 436
仁化县 423a
仁化县被确定为2021年全国义务教育优质均衡先行创建县 424b
仁化县禅意客栈被认定为全国乙级旅游民宿 258b
仁化县产业转移工业园区 149c
仁化县“村品通”商城电子商务平台 158a
仁化县获“中国摄影创作基地”称号 424c
仁化县入选2022年全国休闲农业重点县公示名单 425a
仁化县上榜义务教育优质均衡先行创建县名单 327b
仁化县石塘镇石塘村入选全国乡村旅游重点村 254b
认证认可与检验检测 129c

融湾产业转移平台建设　288c
融资担保公司　234b
乳腺癌和宫颈癌防控　364b
乳源东阳光实业发展有限公司被命名为“全国和谐劳动关系创建示范企业”　79c
乳源民族实验学校　331b
乳源民族实验学校获评广东省“非遗少年学”优秀乡村传承学校　331c
乳源瑶族自治县　433a
乳源油茶产业园　176a
入选全国五好家庭、全国最美家庭、全国家庭工作先进个人　389b
软件和信息服务业　155b

S

“三教”结合工作　40b
“三项机制”盘活用好镇街编制资源　37b
散装水泥应用　204b
扫黄打非　348c
森林和湿地保护　309a
森林和自然保护地保护　308b
森林火灾防控　406a
善美韶关抖音号　350c
善美韶农入选2022中国区域农业形象品牌影响力指数入围名单　281b
商贸服务业　206
商贸流通　206a
商贸物流设施建设　211b
商品房交易管理　248a
商品房预售资金监管　248a
商事认证出证　145b
商业综合体　206b
“尚善尚美”社科专家基层行活动　353a
韶关8家旅游企业入选全省2022年首批建立“首席质量官”“标杆服务员”旅游企业名单　258c
韶关标识　21a
韶关博物馆　336a
韶关城市宜居推介会　238b
韶关地质工程勘察院有限公司　201c
韶关东站　263a
韶关发布　351a
韶关法院创新探索网上立案容缺受理机制　98b
韶关钢铁工业之旅被评为广东省第二批工业旅游精品线路　254c
韶关港乌石综合交通枢纽一期工程正式投产运营　267b
韶关高新区　147c
韶关国资系统上线首个水电气共享营业厅　109c
韶关华南虎繁育研究基地　311a
韶关家园网　350b
韶关酱油酿造技艺入选省级非物质文化遗产代表性名录　409b
韶关军分区　101a
韶关军分区党委第十二届第六次全体（扩大）会议　102c
韶关军分区举行2022年军地青年联谊活动　103a
韶关开放大学　334a
韶关考古　342a
韶关朗科SMT工厂生产项目产品投产　287a
“韶关历史文献丛书”首发仪式暨出版精品座谈会　358a
韶关民声网　350c
韶关南雄市瀑布灌区入选国家级节水型灌区　301c
韶关农商行　227c
韶关日报社　348c
韶关日报社获第32届中国新闻奖重大主题报道二等奖　349a
韶关乳源高新技术产业开发区　148c
韶关商品房销售分析　236a
韶关市2021年度优秀诚信AAA级、AA级企业　203a
“韶关市2022年促进消费若干措施”新闻发布会　381a
韶关市2022年教师信息素养提升实践活动　333b
韶关市2022年节能宣传周和低碳日主题活动　313a
韶关市北伐战争纪念馆　336c
韶关市残疾人就业创业孵化之家揭牌成立　390c
韶关市残疾人联合会　89a
韶关市残联开展“汇爱工程·助听行动”活动　90a
韶关市搭建“法院+仲裁”解纷模式　100c
韶关市丹霞山风景名胜区　252a
韶关市党史方志馆建设　354c
韶关市第二人民医院　372a
韶关市第三人民医院　372b
韶关市第三污水处理厂完工　275a
韶关市第四届“粤菜师傅”技能工匠大赛暨“韶州客家菜”文化交流活动　383a
韶关市第一建筑工程有限公司　205c
韶关市第一人民医院　371c
韶关市妇女联合会　83c
韶关市妇幼保健院　373a
韶关市工商业联合会　78b
韶关市归国华侨联合会　86c
韶关市国资国企在线监管平台通过验收　109c
《韶关市红色资源保护条例》颁布实施　91c

韶关市红十字会 90a
韶关市获得全省《广东省学校安全条例》知识竞赛奖项 326c
韶关市监察委员会聘请第二届特约监察员 68a
韶关市检察院聘任首批特邀检察官助理 96b
韶关市建筑设计院有限公司 202a
韶关市交通旅游投资集团有限公司 267c
韶关市举办“守护三江 善美韶关”水上突发事件应急演练 266c
韶关市开展各级公共法律服务实体平台整合工作 93b
韶关市开展人防法治宣传教育“五进”工作 104c
韶关市科普讲解大赛暨“广东省科普讲解大赛”韶关市预赛 323a
韶关市科学技术协会 85b
韶关市绿色投资发展有限公司成立 309c
韶关市慢性病防治院 373b
韶关市民保 231c
韶关市某米业公司侵犯水稻植物新品种权案入选全国农业执法10个典型案例 285c
韶关市企业参加第131届、132届广交会 140a
韶关市启动“红十字博爱送万家”活动 90c
韶关市强制隔离戒毒所开展戒毒工作改革 99c
《韶关市区城镇住房保障实施办法》出台 387c
韶关市人民代表大会 42
韶关市人民政府 50
韶关市仁化县丹影文化传播有限公司获“全国服务农民、服务基层文化建设基层电影服务先进集体”称号 359c
韶关市认定26所学校为韶关市劳动教育特色学校 333b
韶关市入选全国第三批绿色货运配送示范工程创建城市名单 262a
韶关市史志部门“学党史 讲党史 喜迎二十大”宣讲会 354a
“韶关市首贷服务中心”揭牌运作 228a
韶关市首个省级预制菜产业园申报 415b
韶关市首届地方志理论研讨会 355c
韶关市首届“农行杯”“个十百”乡村振兴擂台赛 283a
韶关市首批党史方志驿站揭牌 355b
韶关市书法精品展开展 88c
韶关市水生态环境保护“十四五”规划 301a
韶关市图书馆 335b
韶关市推出2022年促进消费若干措施 145c
韶关市完成第三次全国国土调查 108a
韶关市文化馆 335c
韶关市文学艺术界联合会 87c
韶关市星级饭店从业人员服务技能竞赛举行 258b
韶关市循环经济环保园 312c
韶关市医疗保障事业管理中心揭牌成立 384c
韶关市粤北采茶戏保护传承中心 337b
“韶关市-粤知保-长江楚越1—3期知识产权资产支持证券专项计划”启动 234a
韶关市政府表彰镇村统计能力建设先进单位 125b
韶关市政府与深圳市农科集团有限公司战略合作框架协议签订 287a
韶关市政协调研“乡村公共文化基础设施现状” 64c
韶关市政协农工党界别委员工作站建成 77a
韶关市政协首批委员工作站启用 61c
韶关市中医医院被列为国家中医特色重点医院项目储备库单位 369b
韶关市中医院 372c
韶关市总工会 80a
韶关市“最美科技工作者”评选 321c
韶关首个退役军人创业孵化专区揭牌 392c
韶关首届房产交易展销会 218c
韶关首所公办专门教育学校揭牌 330c
“韶关数据中心集群开拓性建设”获评“粤有数”优秀案例 154b
韶关碳市场服务中心揭牌 197b
韶关文化研究 352c
韶关文物 342b
韶关新时代十年经济社会发展成就 1
韶关星直播 350c
韶关学院 329b
“韶关一号”卫星成功发射 319b
韶关银行业机构产品创新助力乡村振兴 228b
韶关有戏——家门口的小剧场 341c
韶关与港澳台贸易 140c
韶关站 262c
韶关中小学生在2022年广东省“非遗少年说”青少年展示展演活动获得7个奖项 327a
韶关组队参加广东省第十六届运动

会　377c
韶关最美退役军人、最美军嫂评选　392b
“韶州工匠计划”实施　29b
韶州体育中心建成　375b
社工队伍建设　393a
社会保险　383b
社会服务　71a　73a　74a　75b　77a　78a
社会福利　386a
社会工作　393b
社会合作　286a
社会救助　384c
社会考试　333c
社会领域合作　290b
社会事务　388
社会事业　24a　408a　411c　414b　417c　421b　424a　427a　430a　432a　434c
社会体育指导员培养　376a
社会团体治理　394a
社会宣传　31b
社会治安管理　93c
社会组织管理　393c
社会组织建设　393c
社会组织企业服务　394a
社科规划　351c
社科普及　351b
社科学会管理工作　351c
社科研究基地工作　352a
社区（村）服务体系建设规划　393a
社区建设　392c
社区矫正　99b
社区教育　333c
涉案企业合规改革试点　96c
涉台事务　34a
涉外人员服务　56a
涉烟执法　215c
摄影创作　341a
深入实施“粤菜师傅”“广东技工”“南粤家政”三项工程　57c
深韶对接　286c
深圳文博会韶关亮相　287a
审计　120c
审计问题整改　122b
审计信息化　122a
审判改革　98a
审判体制综合配套改革　98b
审判执行质效提升　98a
生活饮用水卫生监督　368b
生态产业招商　145a
生态和谐游　254b
生态环境保护合作交流　292a
生态环境保护宣传教育　292c
生态环境保护执法　315a
生态环境监测　315a
生态环境监管　314c
生态环境建设　24c
生态环境科技监管　315b
生态环境质量　293a
生态建设　292
生态治理联动　290c
生物多样性保护　310b
生物生境保护修复　311b
生物医药产业　193c
生育保险　384a
生育服务　388b
生猪稳产保供　168a
声环境质量　293c
省级良种场—始兴县水产良种场　171c
省级特色小镇建设　281a
省级现代农业产业园创建　175a
失业保险　383c
施工管理　202b
十三届韶关市委财经委员会第一次会议　27b
十三届市委第二轮巡察　69a
十三届市委第一轮提级巡察　69c
十三届市委第一轮巡察　69a
石峡文化发祥地　22a
食品安全监管　130a
食品工业　190b
食盐经销　216b
食盐销售　216a
“使命2022”地震救援实战拉动演练　402c
始兴工业园区　149c
始兴县　426a
始兴县、仁化县、南雄市摘取“全国科普示范县”牌匾　86c
始兴县深渡水乡民族学校　331c
始兴县首个屋顶分布式光伏电站并网发电　427b
始兴中学入选新课程新教材实施省级示范校　328a
市场监督管理　127
市场监管稽查执法　127c
市场监管智慧化建设　128a
市场主体准入制度改革　127b
市档案馆建设　356b
市工贸集团　109b
市公共数据开发服务有限公司揭牌　162c
市情概览　17
市人大常委会会议　43c
市人大常委会任免　44c
市十五届人大二次会议　43a
市十五届人大三次会议　43b
市十五届人大一次会议　42c
市属国有企业审计协同监督工作机制建立　123a
市委常委会（扩大）会议　27a
市委出题　党派调研　77b

市委议军会　27b
市县巡察工作规范　68c
市巡察服务保障中心设立　69c
市邮政业安全中心正式揭牌成立　218b
市政府常务会议　51b
市政府党组会议　51c
市政公用事业　269c
市直机关党建　35a
市直机关食堂健全制止餐饮浪费工作机制　58c
市直机关事务管理　58a
市中医院和平分院整体搬　369b
事业单位改革　36c
事业单位管理　57c
视察调研工作　46b
视察监督韶关市宗教寺院内部文物管理工作　62c
适龄女生HPV疫苗接种完成　364c
收费监管　126b
收入消费　379a
收入与分配　379
收养登记　388c
首届“东数西算”粤港澳大湾区（广东）算力产业大会举办　156a
首届粤港澳大湾区算力产业大会全媒体传播　350b
首宗林地林木资产公开流转交易　55a
兽药监管　168c
书法创作　341a
蔬菜种植　164c
数据要素市场培育建立　152c
数据中心集群通信基础设施建设　154a
数据中心项目引进　154b
“数说新时代　奋进新征程”第十三届“统计开放日”活动　125c
数字产业化　155a
数字基础设施建设　153c
数字交通　161b
数字教育　160c
数字经济　152
数字经济保障　152c
数字经济产业　152a
数字经济产业创新发展　155b
数字经济领域人才服务保障　153b
数字社会化服务　152b
数字水利　161c
数字文旅　160b
数字医疗　161a
数字邮政　161b
数字政府建设　160b
“数字政府”网络信息安全保障　54c
“数字政府”政务云平台建设和应用　54c　152b
“双变”改革试点　106b
“双随机、一公开”专项检查　369a
双拥工作　101c　392a
水产品加工　169c
水产种业　170c
水果种植　164c
水环境监测　400a
水环境质量　293b
水库灌区建设　299c
水利　268a
水利改革创新　268c
水利项目改造加固　268b
水利行业监管　268c
水量水质量监测　299b
水上应急搜救　266c
水生态修复　298b
水土保持及地下水监测　299c
水文测报　398c
水源地保护　300a
水资源保护　299b
水资源管理　300a
税收稽查　117a
税收宣传　116b
税收征管　114c
税务　114c
司法监督　47a
司法鉴定　99a
司法行政　98c
思想道德主题活动　40b
思想建设　70a　71c　73c　74c　76a　77c
思想引领　83c
思想政治建设　103a
思想政治教育　101a
“四风”问题纠治　66b
“四好农村路”建设　260b
“四小园”建设　165b
“四种形态”运用　68a
饲料生产　168b
素质教育　332a
素质教育实践基地建设　333a

T

碳中和研究　321a
特困救助　385a
特色产业高质量发展　280c
特殊教育　330b
特　载　1
特种设备安全监察　129b
提案办理　62b
提案工作研究会二届一次全会　60b
体　育　374
体育彩票　378a
体育产业　378a

体育教育　332c
体育赛事管理　377c
体育设施　374a
体育社团　376a
铁路　262b
铁路安全　262c
铁路服务　262c
铁路客运　262b
听取和审议专项报告　46a
停车场建设　249b
通信业　158b
统筹经济发展　105a
统筹经济社会发展　25a
统计　123c
统计服务　124b
统计改革　124a
统计基层基础建设　124b
统计监督　124c
统计数据质量　124a
统计资料　484
统战工作　33a
“头雁工程”实施　30b
投诉举报受理　128b
突发公共卫生事件处理　361c
土地出让　235a
土地房屋征收问题专项巡察　69b
土地资源保护　304a
土肥植保　165c
土壤环境质量　298a
土壤生态环境保护　305b
团结联谊　59a
推出“红利账单”智能外呼特色服务　117c
退役军人安置　391a
退役军人就业创业　391b
退役军人事务　391a
脱贫攻坚成果巩固拓展　277a
脱贫人口结对帮扶　277c

W

外汇管理　118c
外贸结构　139b
外事工作　55c
莞韶对口帮扶　287b
莞韶对口帮扶成效纪实　7
莞韶“圆梦助学”活动　288a
万名乡贤帮千村　285a
“网络安全宣传周”活动　34c
网络电商　210c
网络市场监管　128a
网络数据安全管理　34b
网信工作　34b
危险化学品处置　313c
围绕推进改革攻坚规范治理建真言　64b
围绕推进经济高质量发展献良策　64b
围绕推进乡村振兴发展出实招　64c
委托课题研究　352a
委员工作　63a
委员履职培训及考核　64a
委员提案　64a
委员走访　59b
卫生城镇村创建　365b
卫生监督　367b
卫生监督行政执法　367b
卫生健康　360
卫生健康规划发展　360a
卫生健康人才发展　361a
卫生健康宣传　360a
未成年人帮扶　40a
未成年人检察　95c
未成年人思想道德建设　32c
位置面积　17a
文　化　335
文化产业　357b
文化场馆　335a
文化创意产业　357c
文化服务平台体系建设　358a
文化惠民　339a
文化经贸交流　56c
文化旅游合作　286a
文化品牌打造　357c
文化市场管理　358a
文化市场监管　359a
文化市场扫黄打非　359b
文化市场综合执法　359a
文化体验游　254a
文化遗产保护　342a
文化艺术创作　340c
文旅产业合作　290b
文旅融合　250c
“文明诚信餐厅”评选　208c
文明旅游　259b
文学创作　340c
文学艺术　340c
文艺活动　88a
文艺人才队伍建设　87c
文艺院团演出　341c
翁源家促会　92b
翁源经济开发区　150a
翁源县　429a
“我为群众办实事”——2022年广东省国民体质监测万里行活动　376c
污染防治　313b
污水处理　271b
无线电管理　159c
无障碍建设　390b
武江第一小学投用　327c
武江科创园创新综合体　412a
武江科创园招商项目集中签约仪式　138c

武江区 410a
武江区建设新产业发展载体 151c
武江区蔬菜产业园 175a
武江区一企业入选国家2022年畜禽养殖标准化示范场名单 168c
武警韶关支队 103a
物流项目建设 211c
物流业 211a
物流园区建设 211b
物业服务 249a
物业管理 249a
物业小区电动自行车安全专项整治 249b
物业行业党委成立 30c
物种资源普查 310c
物资和粮油储备 213

X

希望工程 83b
“喜迎二十大、奋进新时代”主题宣传教育活动 38c
先进材料产业 180c
先进材料科技创新 181a
先进集体 446a
先进人物 436a
县（市、区） 407
“县域固废综合处理与资源化利用”示范项目落户韶关 316c
现代轻工业 187b
乡村产业 280b
乡村建设 281c
乡村建设管理 282c
乡村民宿游 253c
乡村文化传承保护 283c
乡村文化活动 283b
乡村文化建设 283b
乡村文化平台 283c
乡村文化人才培育 283c
乡村文明创建 284a
乡村小规模学校整合优化 326b
乡村振兴 277
乡村振兴“3510”工程 281b
乡村振兴巾帼志愿宣讲员项目启动 85a
乡村振兴助力 287c
乡村振兴资金管理使用暨农村集体“三资”管理专项巡察 69b
乡村执法 285b
乡村治理 284c
项目管理 195c
项目建设 184c 189c 190c 192c 194a 196a 198a
项目落实 50b
消保维权 128b
消毒产品和餐饮具卫生监督 368b
消防基础建设 405a
消防救援 404c 405b
消防救援站“开放日”活动 406c
消防宣传 405c
消防应急演练 405b
消防执法 405c
消费者权益维护 229a
小额贷款有限公司 234a
小微企业金融服务 222a
校企合作产教融合 329a
校外培训机构专项治理 334c
校园安全管理 325b
协商议政 60c
协商议政平台建设 60c
新丰县 431a
新丰县产业转移工业园区 150b
新华书店 337a
新媒体 350b
新能源产业 195a
新能源汽车及充电设施建设 197a
新能源综合开发 196c
新时代韶关市少先队社会化工作体系构建 83b
“新时代始兴十景” 427c
新时代文明实践中心建设 32a
新闻出版 348a
新兴服务业 219b
新型科技服务 220a
新型农民培育 173b
新增现场教学点 41c
信访案件化解 55b
信访工作 55a
信访工作举措 55b
《信访工作条例》贯彻落实 55c
信访源头治理 55b
信用惩戒 136a
信用分级分类监管工作全覆盖 136b
信用服务 136a
信用监管 135b
信用体系建设 135a
信用信息平台建设 136b
信用制度建设 136b
刑事案件审判 97a
刑事案件侦破 94a
刑事检察 95a
行政案件审判 97b
行政复议 93a
行政机构编制管理 36c
行政检察 95b
行政区划 18c
行政审批改革 53a
行政事业单位国有资产管理 114a
行政应诉 93a
行政执法规范化建设 93a
行政执法监督 93b
休闲度假游 254a
休闲农业创建 164a

畜牧良种繁育　171a
畜牧业　167c
畜禽粪污资源化利用　168c
宣传工作　30c
宣传工作和文体活动　89c
学前教育　325b
学校卫生监督　368a
巡察工作　68c
循环经济　312c
汛情防治　399b

Y

烟草专卖　215b
烟业服务　215c
烟制品零售　216a
沿线地区合作　289c
演艺创作　341b
养老保险　383c
养老服务管理　389c
养老服务活动　389c
养老服务业　220c
养老服务质量建设“双随机、一公开”专项检查　221c
养老护理员管理　389c
养老机构建设管理　389b
药品安全监管　130b
药品耗材采购　370b
药品监管稽查工作合作　289c
药事管理　370a
夜间经济　207a
“一把手”和领导班子等“关键少数”监督　67b
“一带一路”共建国家和地区产业投资　137a
“一带一路”共建国家和地区服务贸易合作　137b
“一带一路”共建国家和地区贸易　137a
“一十百”治理工程推进　92b
医保服务　384b
医保基金监管　370b
医疗保障政策调整　384b
医疗单位选介　370c
医疗机构卫生监督　368a
医疗救助　385a
医疗科研　361a
医疗器械、化妆品监管　130b
医疗卫生基础建设　360b
医疗卫生信息化建设　360c
医卫教育培训　370a
医养结合服务　367b
医药价格　370a
医政管理　369c
医政药政管理　369c
依法治税　116b
依法治统　124c
遗体和人体器官捐献　90b
以生态环境导向的煤矸石综合利用项目成为全省首个入选全国第二批生态环境导向的开发（EOD）模式试点项目　415c
以巡促改促建促治　69c
义务教育　325c
义务教育学位和招生　325c
艺术教育　333a
议案建议办理　48b
银行业　223b
银行业监管　119a
引进产学研研究项目　317a
印刷业发行行业监管　358b
应急管理　397
应急救援抗洪救灾　90c
应急救援力量体系建设　397b
应急预案　397c
应急值班值守　398a
应急指挥体系建设　397c
应急种子调拨　171a
营商环境评价　200c
营商环境体验师项目　117a
营商环境优化　54b
影视创作　341b
影院行业管理　358c
用地保障　107a
优抚优待　391c
优化“社区吹哨党员报到机制”　29c
优良品种示范推广　171b
邮政经营　218a
邮政 快递　216b
邮政快递行业监管　217c
邮政绿色发展　216c
邮政普遍服务　217a
油茶发展　167a
油料种植　164c
友城交往　56b
友好交流　56a
幼儿园建设　325c
幼小衔接教育　325c
渔业　169a
渔业安全生产　169c
渔业补贴　169c
渔业科技　172c
渔业增殖放流　169c
渔政执法　170a
语言文字教育　333a
预算编制　112a
预算绩效管理　113b
预制菜产业　176c
园林绿化　271c
园区帮扶　287c
远程异地评标活动　53c
粤北第二人民医院　371a

粤北第三人民医院（韶关市复退军人医院、韶关市精神卫生中心） 371b
粤北华南教育抗战历史展 340a
粤北南岭山水林田湖草生态保护 298b
粤北南岭山水林田湖草生态保护修复试点工程 299a
粤北区域农业一体化综合服务中心建设 213c
粤北人民医院 370c
粤北首个国际标准飞盘场建成 412c
粤港澳大湾区“菜篮子”韶关配送中心 178b
粤港澳大湾区人才韶关行 30a
粤贸全国-2022韶关市夜经济消费节暨“绿色出行·智慧生活”新能源车＆智能家电快闪集市 219a
“粤系列”韶关专版建设 161c
“粤治慧”平台建设推进 162b
云门寺被中央统战部评为首届全国宗教界先进集体 396b
运政管理 261a

Z

在全省率先推动“政策性油茶种植保险” 167c
造血干细胞捐献 90b
战备训练 101b
招商引资 78c 137b
招商引资大工作格局 137c
招商引资管理 137c
哲学社会科学 351a
浈江区 407a
浈江区价格认定工作实现“三零”目标 126c
镇街体制改革 36c
震情预警预测 402b
争取发展稀土产业支持 197a
征兵工作 101c
征信服务助力中小微企业高质量发展 119c
整治群众身边腐败问题和不正之风 68b
证券业 233a
政策文稿起草 35a
政策研究 34c
政党协商 33b
政法委与综治 92a
政府采购管理 113c
政府和社会资本合作 113a
政府投资工程建设管理 203c
政府投资基金 113a
政府投资项目建设 274a
政府性债务管理 113c
政府重大工程投资审计 121a
政务服务 52a
政务服务体系建设 52b
政务公开 53c
政协第十三届韶关市委员会常务委员会会议 60a
政协第十三届韶关市委员会第一次会议 60a
政协机构设置 59a
政协委员构成 59b
政治监督 67a
政治建设 25a
支持扩大国内名优特色农食产品出口 147b
支持乡村振兴建设 223a
知识产权保护 132a
知识产权保护管理 133a
知识产权创造 132b
知识产权服务 133c
知识产权宣传 134a
知识产权运用 133a
执勤战备 103c
执行工作 97c
执行应急任务 102b
直播电商 210b
职工维权工作 81b
职工文体活动 81c
职业病危害因素监测 366b
职业病预防治理服务 366a
职业技能培训 382c
职业技术教育 329a
职业健康 365c
职业健康宣传教育 366c
职业能力培育 382b
职业卫生和放射卫生监督 368c
职业卫生监督 366c
职业学校建设 328c
志愿服务 83a
制止餐饮浪费的长效机制建立 209a
治理示范建设 285a
质量强市建设 129a
智慧金融 157c
智慧物流建设 211c
中等职业教育 328c
中共二十大精神学习宣传贯彻 25c
中共广东省委粤北省委历史陈列馆 336b
中共韶关市十三届纪委二次全会 65c
中共韶关市委十三届二次全会 26c
中共韶关市委十三届三次全会 26c
中国电信 159a
中国工商银行股份有限公司韶关分行 224b
中国共产党韶关市纪律检查委员会 韶关市监察委员会 65
中国共产党韶关市委员会 25

中国共产主义青年团韶关市委员会 82a
中国（广东韶关）RCEP食用菌国际采购交易中心落户曲江 415a
《中国（广东）自贸试验区韶关联动发展区建设实施方案》印发实施 144b
中国国民党革命委员会韶关市委员会 70a
中国建设银行股份有限公司韶关市分行 225c
中国联通 159b
中国民主促进会韶关市委员会 74c
中国民主建国会韶关市委员会 73b
中国民主同盟韶关市委员会 71c
中国农工民主党韶关市委员会 75c
中国农业发展银行韶关市分行 224a
中国农业银行股份有限公司韶关分行 225a
中国平安财产保险股份有限公司韶关中心支公司 231b
中国人民财产保险股份有限公司韶关分公司 230a
中国人民政治协商会议韶关市委员会 59
中国人寿保险股份有限公司韶关分公司 231a
中国（韶关）跨境电子商务综合试验区获批 143c
中国石化销售股份有限公司广东韶关石油分公司 215a
中国石油股份有限公司广东韶关销售分公司 215a
中国移动 159a
中国银行股份有限公司韶关分行 225a
中国邮政储蓄银行股份有限公司韶关市分行 226b
中海油销售韶关有限公司 215a
中考招生 326b
中南股份产改经验入选全国总工会“五小”群众性创新活动典型案例 82a
中农联·粤北农产品流通中心落户浈江区 409c
中山大学与韶关市教育局结对帮扶签约仪式在乐昌市第二中学举行 326b
中铁五局集团第四工程有限责任公司 205c
中心工作落实情况监督 67a
中央生态环境保护督察整改成效显著 298a
中医药发展 369a
中医药服务 369b
中医药事业 369a
中医药体系建设 369a
种业 170c
种植补贴补助 166a
种植业 164b
种植业种业 171a
种子市场监管 171a
仲裁 100a
仲裁案件管理 100b
仲裁法律宣传 100b
仲裁委员会换届 100b
重大风险防范化解 26b
重大科技项目 316a
重大农业科技项目 173a
重大题材宣传 31a
重大政策措施落实情况跟踪审计 120c
重点建筑公司选介 205b
重点领域腐败案惩治 68b
重点企业 181b 186a 187b 190c 191a 193a 194c 196b 199a 213a
重点项目 181a 187b
重点项目建设 106a
重金属污染防治 313c
重要会议 26c 42c 51a 59c 65c
重要决定 44b
重要决定 人事任免 44b
重要文件辑录 482
重要文献选录 466
周边地区对韶关投资 290a
珠玑巷·梅关古道景区 252c
珠江人寿保险股份有限公司韶关分公司 231a
竹产业 189a
住房保障 387a
住房公积金管理 387b
住宿餐饮业 208a
住宿业 208b
住宅专项维修资金管理 249b
助力办好办实民生实事 64c
助力社会治理 96a
助力提升城市治理水平 64c
驻镇帮镇扶村行动 278b
专题视察 62a
专题协商议政 60c
专 文 7
专项领域改革 37a
专业和实训基地建设 329a
专业化农资农技服务网络构建 213b
专业技术人才职称评定 57a
装备保障 102b
装备制造业 184c
装配式建筑 204c
资产管理 58c
资源环保审计 121b
资源物产 17c

自然保护地划定和管理 309c
自然地理 17a
自然灾害和安全生产综合普查 397a
自然资源调查监测 107c
自然资源管理 106c
自然资源统一确权登记 107b
自然资源信息化建设 107c
自然资源执法监察 107c
自学考试 334a
宗教 21a
宗教事务 396b
综述 25a 42a 50a 59a 65a 152a 163a 179a 200a 222a 250a 292a 324a 360a 397a
组织工作 27c
组织机构和负责人名录 455
组织建设 72a
组织建设和权益维护 89c
组织企业参加2022粤澳名优商品展览会 140b
组织韶关市企业参加德国汽车制造行业供需对接会 56c
最低生活保障 385a
“最美科技工作者”学习宣传活动 86b
作风建设 35c

非音标

1月 9a
2家企业入选国家级专精特新“小巨人”企业名单 434c
2月 9c
3月 10a
“4·23”世界读书日活动 339c
4月 11a
5G网络建设 158c
5月 11c
“6+6”现代农业产业 176b
6月 12b
7月 13a
8月 13c
9月 15a
10条乡村旅游精品线路发布暨“一机游韶关”上线 259c
10月 15b
11月 15c
12月 16a
“119消防宣传月”活动启动仪式 406b
“139+”美丽圩镇建设 282a
“439”县城品质提升三年行动 273a
“439”县城品质提升三年行动 276b
2022民生领域“铁拳”行动十大典型案例 130c
2022年成功申报“国家学前教育普及普惠县”试点 427c
2022年传授二部僧三坛大戒法会 396c
2022年度“韶关保姆”“丹霞月嫂”推荐评选活动 221a
2022年度韶关市星级乡村旅游民宿评定 258b
2022年度社会组织等级评估授牌仪式 394b
2022年高中招生政策发布 328b
2022年广东省青少年乒乓球锦标赛品牌赛事在韶关举行 378c
2022年居民健康素养知识竞赛 365c
2022年抗洪救灾工作综述 5
2022年“亲情中华·为你讲故事”侨联网上夏令营活动 87c
2022年全市粮食应急供应和安全生产培训暨粮食应急供应和安全生产应急综合演练活动 214b
2022年韶关楼市年度成交榜 238a
2022年韶关市“广东扶贫济困日”活动 385c
2022年韶关市科技活动周 323a
2022年韶关市利用红色故事开展保密工作宣传 39c
2022年韶关市全国科普日科普嘉年华活动 323c
2022年“文化和自然遗产日”韶关市非物质文化遗产宣传展示活动 342c
2022年在穗常住台胞国情研学营 34a
2022年知识产权行政执法典型案例 134b
2022年制造业数字化转型活动会召开 158a
2022韶关歌手大赛暨“同饮一江水”韶关总决赛举办 340b
2022“我最OK”广东全民才艺大比拼韶关赛区决赛 340a
2022中国（乐昌）黄金柰李国际网络节暨乐农优品云展会 418c
2022中国韶关大数据创新创业大赛启动 156c
“12345”政务服务便民热线 54a

表 格 索 引

表1 2022年韶关市行政区划简明一览表 …………… 19
表2 2022年韶关市人大常委会制定的重要文献、法规目录 ………… 48
表3 2022年韶关市人大常委会重点办理及督办市十五届人大一次会议代表建议安排一览表 ………… 49
表4 2022年韶关市政协重点提案跟踪督办安排一览表 ………… 62
表5 2022年度韶关市一般公共预算收入决算录入统计表 ………… 110
表6 2022年度韶关市一般公共预算支出决算功能分类录入统计表 ………… 110
表7 2022年韶关市税费种收入情况统计表 ………… 116
表8 2022年韶关市内部审计情况统计表 ………… 122
表9 2022年韶关市直接利用外资和港澳台资完成情况统计表 ………… 138
表10 2022年韶关市对外及对港澳台贸易统计表 ………… 140
表11 2022年韶关市对外及对港澳台贸易主要商品统计表 ………… 141
表12 2022年韶关市自营出口十强企业名单统计表 ………… 142
表13 2022年韶关市先进材料产业主要经济指标统计表 ………… 180
表14 2022年韶关市装备制造业主要经济指标统计表 ………… 185
表15 2022年韶关市现代轻工业经济指标统计表 ………… 188
表16 2022年韶关市木材加工业主要经济指标统计表 ………… 190
表17 2022年韶关市食品工业主要经济指标统计表 ………… 191
表18 2022年韶关市电子信息产业主要经济指标统计表 ………… 192
表19 2022年韶关市生物医药产业主要经济指标统计表 ………… 193
表20 2022年韶关市新能源产业主要经济指标统计表 ………… 195
表21 2022年韶关市电力工业主要经济指标统计表 ………… 197
表22 2022年韶关市十大批发零售贸易企业一览表 ………… 206
表23 韶关市2022年度“文明诚信餐厅”入选名单 ………… 209
表24 2022年韶关市银行业统计表 ………… 223
表25 2022年韶关市保险业赔付和给付情况统计表 ………… 229
表26 2022年韶关市人寿保险公司经营业绩统计表 ………… 232
表27 2022年韶关市人财保险公司经营业绩统计表 ………… 232
表28 2022年韶关三区七县入市房源详情统计表 ………… 237
表29 2022年武江区热门项目入市房源汇总统计表 ………… 237
表30 2022年浈江区、曲江区入市房源汇总统计表 ………… 238
表31 2021年、2022年韶关每月商品房销量对比统计表 ………… 241
表32 2022年韶关市各行政区域商品房网签汇总

统计表 ………………………………………… 241
表33 2022年韶关市各行政区域住宅房销售情况统计表 ………………………………………… 242
表34 2022年韶关市区商品房成交基本情况统计表 ………………………………………… 242
表35 2022年韶关市区房企住宅房成交前十名统计表 ………………………………………… 243
表36 2022年韶关市武江区统计表 ……………… 243
表37 2022年韶关市浈江区统计表 ……………… 245
表38 2022年韶关市曲江区统计表 ……………… 245
表39 2022年韶关市新建商品房上市及成交情况统计表 ………………………………………… 246
表40 2022年韶关市入选省文旅厅首批建立“首席质量官”“标杆服务员”旅游企业名单一览表 ………………………………………… 250
表41 2022年韶关市国家AAA级以上旅游景点一览表 ………………………………………… 255
表42 2022年韶关市区饮用水水源水质状况统计表 ………………………………………… 293
表43 2022年韶关市区市控以上河流水质变化趋势分析结果一览表 ……………………………… 294
表44 2021—2022年韶关市区大气监测结果统计表 ………………………………………… 296
表45 2021—2022年韶关市区降水质量统计表…… 297
表46 2022年韶关市区道路交通噪声监测统计表 ………………………………………… 297
表47 2022年韶关市区域环境噪声功能区统计表 ………………………………………… 298
表48 2022年韶关市行政分区地表水资源量统计表 ………………………………………… 301
表49 2022年韶关市行政分区地下水资源量统计表 ………………………………………… 302
表50 2022年韶关市行政分区供水量统计表 …… 302
表51 2022年韶关市行政分区用水量统计表 …… 303
表52 2022年韶关市各行政分区主要用水指标统计表 ………………………………………… 304
表53 2022年韶关市“最美科技工作者”名单一览表 ………………………………………… 322
表54 2022年韶关市本级风度书房一览表 ……… 337
表55 2022年韶关市全国重点文物保护单位名录一览表 ………………………………………… 343
表56 2022年韶关市广东省文物保护单位名录一览表 ………………………………………… 343
表57 韶关市国家级非物质文化遗产代表性项目名录一览表 ………………………………… 347
表58 韶关市省级非物质文化遗产代表性项目名录一览表 ………………………………………… 347
表59 2022年韶关市体育设施基本情况一览表…… 374
表60 2022年韶关籍运动员重大比赛获奖情况一览表 ………………………………………… 378
表61 2022年韶关与全国、全省居民人均可支配收入增速统计表 ……………………………… 379
表62 2022年韶关市居民人均可支配收入与全国、全省及山区五市对比统计表 ……………… 379
表63 2022年韶关市农村居民人均消费支出及构成一览表 ………………………………………… 381
表64 2022年浈江区国民经济和社会发展统计表 ………………………………………… 409
表65 2022年武江区国民经济和社会发展统计表 ………………………………………… 413
表66 2022年曲江区国民经济和社会发展统计表 ………………………………………… 415
表67 2022年乐昌市国民经济和社会发展统计表 ………………………………………… 419
表68 2022年南雄市国民经济和社会发展统计表 ………………………………………… 422
表69 2022年仁化县国民经济和社会发展统计表 ………………………………………… 425
表70 2022年始兴县国民经济和社会发展统计表 ………………………………………… 428
表71 2022年翁源县国民经济和社会发展统计表 ………………………………………… 430

表72　2022年新丰县国民经济和社会发展统计表 ……433
表73　2022年乳源瑶族自治县国民经济和社会发展统计表 ……435
表74　2022年度获省级以上表彰的先进个人一览表 ……438
表75　2022年度获省级表彰的先进单位和集体一览表 ……447
表76　2022年中共韶关市委重要文件目录一览表（选录） ……482
表77　2022年韶关市政府重要文件目录一览表（选录） ……482
表78　韶关市重要年份主要指标及年平均增长速度统计表 ……484
表79　2022年广东省各市主要经济指标完成情况统计表（一） ……485
表80　2022年广东省各市主要经济指标完成情况统计表（二） ……486
表81　2022年广东省各市主要经济指标完成情况统计表（三） ……487
表82　2022年广东省各市主要经济指标完成情况统计表（四） ……488
表83　2022年韶关新命名（更名）地名名录一览表 ……490

图 照 索 引

新时代十年韶关市经济指标对比表 ……2
政治建设 ……6
经济建设 ……11
文化建设 ……16
社会建设 ……22
生态文明建设 ……27